U0922382

江苏保险年鉴

2014

主办　中国保险监督管理委员会江苏监管局　承办　江苏省保险学会

中国文史出版社

图书在版编目(CIP)数据

江苏保险年鉴. 2014 / 江苏省保险学会编. —— 北京 : 中国文史出版社, 2014.9
ISBN 978-7-5034-5346-5

Ⅰ. ①江… Ⅱ. ①江… Ⅲ. ①保险业-江苏省-年鉴 Ⅳ. ①F842.753-54

中国版本图书馆 CIP 数据核字(2014)第 220206 号

书名:江苏保险年鉴(2014)

编　　纂:江苏省保险学会
责任编辑:殷　旭
出　　版:中国文史出版社
发　　行:中国文史出版社　发行部
地　　址:北京市西城区太平桥大街 23 号(邮编:100811)
经　　销:全国新华书店
印　　刷:南京四彩印刷有限公司
开　　本:16　889×1194
印　　张:26
字　　数:1103 千字
印　　数:0001-1500 册
版　　次:2014 年 9 月第 1 版第 1 次印刷
书　　号:ISBN　978-7-5034-5346-5
定　　价:240.00 元

2014版《江苏保险年鉴》编委名单

编辑说明

一、《江苏保险年鉴》是中国保险监督管理委员会江苏监管局主办的省级保险专业年鉴，是按年度编印、全面反映江苏保险市场状况、记载江苏保险事业发展历程的资料性工具书。

二、《江苏保险年鉴》自2004年以来，已出版11版，本卷为2014版，收编的内容为2013年全年度的江苏保险业情况。

三、本年鉴包括综合情况、动态信息和辅助资料三部分，共13个板块。综合情况设《行业发展》1个板块；动态信息分设《年度要事》《保险监管》《财产保险》《人身保险》《保险中介》《社团组织》6个板块；辅助资料分设《领导名录》《理论研究》《数据统计》《文件选编》《光荣榜》《通讯录》6个板块。各公司领导名录反映2013年底时的状况。为了帮业内人士了解和研究江苏保险业现状和发展趋势，2014版在《数据统计》中收集整理了《江苏省历年保险业务发展情况表（1993~2013）》《江苏保险与国民经济和社会发展关系表（2009~2013）》《长三角地区城市保险费收入情况表(2003~2013)》。

四、《江苏保险年鉴》中各保险机构的排列顺序是按照在江苏设立机构的先后顺序或行业惯例而定。

五、《江苏保险年鉴》根据省内各保险机构提供和编辑部收集的相关资料编辑而成。

《江苏保险年鉴》编辑部

二〇一四年九月

4 月 25 日，中国保监会陈文辉副主席调研东吴人寿保险股份有限公司

5 月 24 日，中国人保财险江苏省分公司牵头召开社商合作研讨会

5 月 27 日，江苏省保险学会举办江苏保险业文化建设专家报告会

5月28日，中国人寿投资控股有限公司与无锡市人民政府签署合作框架协议仪式在北京举行

7月8日，江苏保险业举行全国保险公众宣传日广场咨询活动

8 月 29 日，江苏保监局局长宋志华赴淮安深入开展党的群众路线教育实践活动。图为宋志华局长会见淮安市市长曲福田

10 月 30 日，江苏省保险业第三届岗位技能大赛现场，参赛选手与评委合影

10 月 31 日 -11 月 1 日，江苏保监局在南京举办全省保险高管人员形势政策和法律法规培训班

11 月 9 日，由共青团江苏省保险行业工作委员会主办，新华人寿江苏分公司承办的“江苏省保险业青年第九套广播体操比赛“在南京举行

11 月 17 日，太平洋财险苏州分公司在北京与外交部举行“使馆财产及公共责任险”签约仪式

2013 年，江苏保险业掀起保险行业核心价值理念学习热潮，图为江苏保监局副局长王宝敏（左一）为扬州市保险从业人员解读保险行业核心价值理念

目

年度要事

领导名录

保险监管

行业发展

财产保险

人身保险

保险中介

社团组织

理论研究

数据统计

文件选编

光荣榜

通讯录

索引

年度要事

ANGSU BAOXIAN NIANJIAN

江苏保险业十大新闻

【大病保险全面推开，覆盖人群达 2794 万人】 2013 年，江苏保监局出台了大病保险 5 项创新举措，大病保险在全省 12 个地市全面铺开（镇江除外），全省大病保险已覆盖 2794 万人，实现保费收入 5.12 亿元。数据显示，全年保险公司共接到理赔报案 46548 人次，已赔付 40136 人次，补偿金额 1.1 亿元，平均补偿水平 2740 元/人，大病保险为缓解人民群众因病致贫返贫的突出矛盾提供了有力支持。

【全国首设高速路口保险快速理赔点】 2013 年 9 月 30 日 14 时起，江苏全境主要高速路口设立轻微交通事故一站式 22 个保险快速理赔点，交警和保险公司派驻 400 多名理赔人员全天候服务，处理“十一”黄金周交通保险理赔事故。江苏省是全国首个采取此项举措的省份。22 个点由“点长”任总指挥，公安交警和保险公司资深理赔专员全天候上岗，进入受理程序后 10 分钟内完成查勘。据统计，2013 年 10 月 1 日至 6 日期间，22 个轻微事故快速处理点处理事故 4000 多起，涉及事故车辆近万辆。

【建立“2+2”保险消费者权益保护合作机制】 为落实“新消法”保护消费者权益有关要求，江苏保监局、省保险行业协会和江苏省工商局、江苏省消费者协会四方共同建立“2+2”保险消费者权益保护工作工作机制。建立保险消费者权益保护联席会议制度，不定期就保险消保工作进行沟通协调，就如何保护保险消费者合法权益，改进服务质量，方便消费者权益救济等方面提出要求。建立保险投诉联动处理机制，12378 维权热线与 12315 维权热线协调联动，畅通保险消费者维权渠道，保险行业协会与消费者协会共同组建保险消费者维权监督站，强化监督机制，江苏保监局与省工商局形成保险纠纷受理处理机制，不断提升保险纠纷处理能力。建立保险消费者宣教联动机制，利用各自媒体资源建立多方参与的保险消费者宣传教育平台，引导保险消费者理性消费。

【打击保险欺诈成效显著】 2013 年，江苏保监局与公安机关联合，加大打击保险欺诈力度，纵深推进反保险欺诈工作。全行业启动反保险欺诈提示制度，构建动态预警指数、发布全省风险地图，向社会公众赠阅反保险欺诈漫画手册，着力营造惩治保险欺诈的浓厚社会氛围。运用反保险欺诈信息系统串并赔案、深挖线索，着力提升打击保险欺诈的针对性和有效性。2013 年，全行业共向公安机关移送 840 件案件线索，涉案金额 4000 余万元，减损 2500 余万元。公安机关破案 31 起，抓获 69 名犯罪分子，破获 9 个车险诈骗犯罪团伙。

【赔付人身险 1700 万元创史上单笔最大赔案】 被保险人徐某，2012 年分别向银行贷款 1200 万和 500 万元人民币用以扩大企业经营规模，并在国泰人寿和中国人寿购买保额 1200 万元、500 万元的借款人意外伤害保险，年缴保费 16200 元。2013 年 3 月份，徐某因车祸意外身亡，两家保险公司在 20 个工作日内理赔结案，累计赔付 1700 万元，创下江苏保险业个人保险产品理赔之最。

【保险中介深度参与社会管理创新】 在江苏保监局指导下，保险中介机构充分发挥专业优势，推动保险业参与社会管理创新。省保险行业协会引入公估机制，通过创立“保险理赔工作室”平台，形成五位一体、四方联动的合作机制，南京保险理赔工作室共受理人身伤害案件 3373 件，其中调处案件 2548 件，调处成功结案率 93.32%，化解了社会矛盾。中介机构做好保险顾问、助推政府采购改革。保险经纪参与了无锡市环污险、农业保险、全省电梯责任保险以及城乡居民大病保险、开发了苏州新型养老模式——居家养老服务等项目，发挥了专业优势，居家养老保险共接理赔报案 2108 件，赔付金额 520.61 万元，延伸了政府创新社会管理职能，得到政府肯定。

【正式推行电梯保险制度】 2013 年 12 月 5 日，江苏省政府办公厅正式下发了《电梯责任保险实施意见》。电梯责任保险按照“政府推动、市场运作、专业经营”和“广覆盖、低负担、高保障”原则，进行公开招标，选择具有信誉好、实力强、服务优的保险公司承保，鼓励中标保险公司组成共保体，确定首席承保人、共担承保和理赔等事项，实行全省统保。保险业充分发挥保险辅助社会管理功能，探索建立与投保单位安全管理水平相挂钩的费率浮动机制和对方参与的安全监管与责任保险良性互动的安保互动机制，实现投保单位、保险机构、社会公众互利共赢。数据显示，截止到 2013 年底，全省电梯数量已经达到了 26.5 万部，占江苏省特种设备总量的 21.7%，但投诉率大概占 80%以上。

【开展保险合同纠纷诉调对接试点】 江苏是被保监会和最高院确定保险纠纷诉调对接全省试点省份之一。江苏保监局联合江苏省高级人民法院先后制定了《保险行业协会保险合同纠纷诉调对接工作办法》《保险行业协会保险纠纷快速处理工作考核暂行办法》以及江苏保监局制定了包含保险纠纷诉调对接工作在内的《保险行业协会保险纠纷快速处理工作考核暂行办法》。2013 年，江苏共有 12 个地市保险行业协会与当地法院建立了保险纠纷诉调对接机制，通过诉调对接机制共调解 9508 件保险合同纠纷件，涉案金额达 4.25 亿元，调解成功率达 72.51%。其中，立案前委派调解共 5032 件，调解成功 4367 件；立案后调解 4476 件，调解成功 2527 件。

【全国知识产权综合责任险第一单履约】 2013 年 6 月，苏州保监分局联合苏州市知识产权局举行知识产权保险签约仪式。苏州市知识产权局与人保财险苏州市分公司、阳光产险苏州分公司等保险机构签订了知识产权保险战略合作协议，天臣国际医疗科技、昆拓热控等公司签约投保“知识产权综合责任险”，全国知识产权综合责任险第一单正式履约。按照《苏州市知识产权保险补贴实施办法（试行）》，市知识产权专项资金发放了首单知识产权保险补贴资金，给予符合条件的企事业单位投保知识产权保险不超过50%的保费补贴，其中天臣国际医疗科技获得30万元补贴。目前，苏州已开发知识产权综合责任险和专利执行保险两大类知识产权保险。预计未来两到三年，苏州知识产权保险保费有望达到2000万元。

【保险业文化建设和精神文明创建成果丰硕】 江苏保险业坚持精神文明建设和业务发展两手抓、两手硬，在全行业开展了岗位技能大赛、服务标兵评选、保险知识宣传和行业形象专题片展播活动，精神文明建设硕果累累，中国人寿江苏省分公司被省委、省政府授予省级文明单位标兵、有53家单位获评省级文明单位，比上一评选年度增加了20家，保险社团职业化建设进一步提升，省保险学会和苏州市保险行业协会等6家单位被评为5A级社会组织。

江苏保险业大事记

【重大活动】 1月26日，由江苏省民政厅、省老龄办、中国人寿江苏省分公司联合主办，江苏老年云媒体电视承办的江苏省首届“中国人寿”杯老年春节联欢晚会在南京举行。晚会以“爱在春风里”为主题，借助多种艺术表演形式展示江苏老年人良好的精神风貌，并通过视频短片展示中国人寿关注民生、诚信服务的企业形象。

2月1日，江苏省反保险欺诈信息系统正式上线运行。

2月25日，中国保监会正式批复，同意三星财险经营电话营销专用机动车商业保险。5月1日，包括苏州地区在内的6个分公司全部获准正式经营交强险。

3月15，在江苏保监局的指导下，江苏省保险学会和江苏省保险行业协会牵头组织省内30多家保险企业积极参与江苏省暨南京市2013年纪念“3·15”国际消费者权益日大型广场活动。

3月20日，由江苏省保险学会主办、人保财险江苏省分公司承办的2013年首次江苏保险专家讲座举办。中南财经政法大学刘冬姣教授作题为《保险公司中介销售渠道发展的几点思考》的报告。

3月27日，美国友邦保险有限公司江苏分公司正式更名为友邦保险有限公司江苏分公司。

4月3日，经中国保监会批准，美亚保险正式取得机动车交通事故责任强制保险经营资格。

4月25日，中国信保江苏分公司针对苏州某电器股份有限公司的EDI项目正式上线试行。该项目是江苏省内首个信保EDI项目。

4月26日，联合国肿瘤防治与康复联合会聘任华邦保险销售公司董事长李萍萍为公益顾问。

5月7日，在中银保险总公司支持下，江苏分公司个贷保G业务自动核保系统正式上线。

5月8日，中国人寿财险江苏省分公司与连云港东海县举行“结对共建”仪式，积极参与江苏省委、省政府组织的对苏北经济薄弱地区的帮扶活动，用实际行动展现了企业的诚挚爱心和强烈的社会责任感。

5月10日，江苏保监局主办，江苏省保险学会承办江苏省保险业城乡居民大病保险业务培训班。

5月10日，中华财险江苏分公司与东方资产南京办事处举办以“资源共享、互动共赢”为主题的2013年业务发展研讨会，双方签订长期友好合作协议。

5月11日，华泰人寿江苏分公司“CC100”项目正式启动，以达到适应客户需求的理性趋向与多样化，坚持客户至上，全方位提升服务品质的目的。

5月14日，中国信保江苏分公司与中国进出口银行江苏省分行、国家开发银行江苏省分行共同与省发改委签订境外投资合作协议，建立项目联合评价机制，为省内企业搭建“走出去”投融资风险管控平台。

5月15日，扬州市保险行业协会消费维权投诉站正式挂牌成立。

5月24日，由人保财险江苏省分公司、人保健康江苏分公司和江苏省医疗保险研究会共同举办的“社商合作，共建全民医保体系”研讨会在南京隆重召开。

5月27日，江苏保险业文化建设专家报告会暨保险知识竞赛颁奖仪式在南京举办。会议由江苏保监局主办，江苏省保险学会承办。

5月30日，在泰康人寿总公司运营中心核赔部的支持下，泰康人寿江苏分公司完成首例微信理赔，全流程仅用一小时结案，赔付客户1800元。

5-6月，经江苏保监局核准，大地、太平财产等8家公司成为第一批具有在江苏省内经营城乡居民大病保险资质的保险机构。

5月，中邮人寿江苏分公司试点开发南通邮政局、泰州邮政速递物流公司团体保险项目，率先实现中邮附加团体意外伤害医疗保险的承保工作。

6月28日，太平洋产险吴江支公司成功签订苏州市政策性农业保险林木火灾保险第一单，为吴江区同里镇东郊的肖甸湖森林公园的1500亩生态林提供300万元的林木风险保障。

7月8日，江苏省保险行业协会在南京举办“全国保险公众宣传日”广场宣传活动，多家公司参与，现场接受客户的咨询和投诉。江苏省内其他12个地级市保险行业协会同步组织所在地的保险机构举行多种类型咨询活动。

7月8日，苏州保险业学雷锋志愿者服务队和慈善爱心基金正式成立。

7月15日，经中国保监会批复同意，太平财险江苏分公司获得农业保险经营资质。

7月17日，太平洋寿险江苏分公司与江苏省疾病预防控制中心举行“健康江苏社区行”签约仪式。

8月1日，东吴人寿第一个网络销售平台东吴人寿淘宝官方旗舰店(http://soochowlife.tmall.com)正式开业。

8月2日，江苏省保险学会联合江苏保监局法制处、南京大学保险法研究所，邀请南京大学法学院副教授岳卫、江苏省高级人民法院民二庭审判长李道丽就《最高人民法院关于适用<保险法>若干问题的解释(二)》作专题讲座。

8月15日，苏州市保险学会召开第六次会员代表大会，会议选举中国人寿苏州市分公司李伟民为会长，金裕任秘书长。

8月19日，江苏华邦保险代理有限公司正式更名为江苏华邦保险销售

有限公司。

8月26日，英大泰和财险江苏分公司移动查勘定损系统正式上线运行。

8月，国泰产险新增"知识产权保险"，为全国首创。

9月3日，盐城市保险学会成立大会召开，人保财险盐城市分公司总经理朱礼荣当选会长，朱志旺当选秘书长。

9月13日，乐爱金财产保险（中国）有限公司开发《职业赔偿责任保险条款(适用于过失和遗漏)》。

9月17日，中国保监会批准乐爱金财产保险(中国)有限公司筹建广东分公司。

9月初，江苏省政府办公厅下发《关于促进外贸稳增长调结构的意见》，明确提出要扩大出口信用保险规模、扩大进口保险业务和充分利用出口信用保险拓宽企业融资渠道、大力支持企业走出去等要求。

10月16日，中德安联人寿江苏分公司推出新费率重疾产品"安康逸生"及"安康福瑞"。

10月21日，三井住友海上(中国)江苏分公司首次开展机动车辆商业保险业务。

10月29-30日，人保财险总公司副总裁王德地率队与环保部政策法规司副司长别涛对环境污染责任保险"无锡模式"进行调研。

10月，平安人寿推出首款费率市场化产品"平安福健康保障计划"。

11月15日，由江苏、上海、浙江省保险学会，无锡市保险学会和南京大学保险法研究所联合主办的长三角地区"保险法司法解释二"适用理论研讨会在无锡召开。

11月20-22日，江苏省政府金融办副主任查斌仪在人保财险江苏省分公司副总经理孙益民等陪同下，深入泗洪县，专题了解泗洪农业保险开展情况。

11月，中国人寿保险股份有限公司江苏省分公司被省文明委授予"2010-2012年度江苏省文明单位标兵"，中国人民财产保险股份有限公司江苏分公司、中国太平洋人寿保险股份有限公司江苏分公司、江苏省保险学会、恒泰保险经纪有限公司等共52家单位被省文明委授予"2010-2012年度江苏省文明单位"。

11月，中银保险推出全辖系统首批"车通卡"(机动车商业险保费预付卡)产品。

12月10日，江苏省车辆承保理赔情况自主查询手机APP软件正式上线运行。

【重大承保】 1月1日，乐爱金财产保险（中国）有限公司与PICC共同承保LG Display在中国的7个工厂一揽子保险业务，总保费约1918万元。

1月1日，平安财险江苏分公司以主承保身份承保徐州铜山华润电力有限公司投保的企财和机损险项目，份额50%，保额1110000万元；华泰财险江苏分公司参与承保，份额35%，保额777000万元；太保财险江苏分公司参与承保，份额15%，保额333000万元。

1月10日，夏某在招商信诺人寿江苏分公司投保丰硕年年投资连结保险，保额1000万，趸交保费1000万元。

1月15日，郑某在太平人寿常州中心支公司投保太平财富红赢一号两全保险(分红型)，保费2000万元。

1月21日，南京地铁建设有限责任公司宁和城际轨道交通一期工程的建筑工程一切险及第三者责任险招标。平安财险江苏分公司参与承保，份额30%，保费约1296.6万元；人保财险江苏省分公司参与承保，份额20%，保费约864.4万元；太保财险江苏分公司参与承保，份额15%，保费约648.3万元；中国人寿财险江苏省分公司参与承保，份额10%，保费约432.2万元；紫金财险参与承保，份额8%，保费约345.7万元；阳光财险江苏省分公司参与承保，份额7%，保费约302.543万元；大地财险江苏分公司参与承保，份额6%，保费约259.32万元；天安财险江苏省分公司参与承保，份额4%，保费约172.88万元。

1月29日，人保健康江苏分公司成功续保连云港城镇职工大额医疗救助再保险，为连云港城镇职工大额医疗救助再保险参保人员提供保障以及相应健康管理服务，累计承保职工约44.19万人，总保额约883.9亿元。

1月31日，阳光人寿江苏分公司承保史某投保的富贵年年两全保险(分红型)2单，累计保费1000万元。

1月，华泰财险江苏省分公司独家承保华润电力运营期一揽子保险，总保费约2000万元。

1月，太平洋寿险江阴支公司为江阴市居民提供大额住院费用补充医疗保险，共有43.64万人参保，保额872.8亿元；同年9月，为江阴市24万名在校学生提供学生幼儿短期意外伤害保险，总保额超372.83亿元。

1月，华泰财险江苏省分公司独家承保华润燃气和中燃燃气家财险项目，总保费约600万元。

1月，太平洋财险江苏分公司承保某电力公司财产一切险、机器损坏险、公众责任险、供电责任险，保额约814.52亿元。

1月，英大泰和财险江苏分公司签单南通中远川崎2013年度船舶建造险、财产一切险、机器损坏险，保费840万元。

1月，英大泰和财险江苏分公司承保常州亿晶光电科技有限公司英大太阳能光伏组件25年期产品质量及功率补偿责任保险业务，保费约805万元。

1月，泰康养老江苏分公司为华润江苏分公司3000多名员工及子女提供涵盖意外、重大疾病、疾病身故、疾病门诊及住院医疗等一揽子综合保障，保费800万元。

2月1日，王某在太平人寿南通中心支公司投保太平稳得赢两全保险(分红型)，保费900万元。

2月26日，无锡市退休职工保障互助会在平安养老江苏分公司投保平安长期综合健康团体医疗保险，保费4800万元。

2月26日，陈某在信泰人寿江苏分公司投保金瑞两全保险（分红型)A款，保费500万元。

2月27日，友邦保险江苏分公司承保王某投保的常青树终身寿险(分红型)，保额1000万元，期缴保费22.50万元，总保费652.50万元。

2月、9月，沈某、朱某分别在新华保险江苏分公司投保红双喜A，趸交保费各400万元。

3月1日，太平洋寿险苏州分公司与苏州工业园区政府正式签约商业补充医疗保险项目，承保三年保费规模将近1亿元，总覆盖人口超过90万，为太保系统内首单大病保险项目。

3月13日，陈某在华泰人寿江苏分公司为自己投保安心理财两全保险(分红型)，保费500万元。

4月1日，乐爱金财产保险(中国)有限公司与PICC共同承保LG化学在中国15个工厂一揽子保险业务，总保费约2450万元。

5月24日，中邮人寿江苏分公司完成南通邮政局团体人身保险业务承保，覆盖南通邮政局及下辖6个县、区单位，总保额达11.98亿元。

5月，陈某在新华保险江苏分公司投保精选一号，累计保额500万元，趸交保费500万元。

5月，太平洋产险苏州分公司为“蛟龙”号首个试验性应用航次全程提供保险保障，承保“蛟龙”号载人潜水器保险及船上人员人身意外伤害保险，总保额24880万元，其中深海潜水器保额16000万元、意外险保额8880万元。

6月6日，同程网络科技股份有限公司在平安养老江苏分公司投保平安交通意外伤害保险，保费1807万。

6月18日，周某在华泰人寿江苏分公司为自己投保安心赢利终身寿险(万能型)，保费600万元。

6月28日，中国人寿江苏省分公司承保昌某某投保的国寿鑫丰两全保险（分红型），累计意外险净风险保额1170万元，趸交保费300万元。

6月，人保财险江苏省分公司承保苏宁集团一揽子保险，保费11359万元。

6月，某发电有限公司在太平洋寿险江苏分公司投保信恒D团体年金保险(分红型)，保费926.74余万元。

6月，太平洋产险苏州分公司独家为中国商务部驻全球甲类经商机构的1000多名工作人员提供团体人身意外伤害保险和境外紧急救援保险保障，保额116500万元，这是苏州分公司继独家承保中国外交部保险项目之后的第二大国家部委保险单。

6月，英大泰和财险江苏分公司承保中电投、华电、大唐发电集团属地资产保险业务，年度保费约600万元。

7月2日，太平洋寿险江苏分公司独家承保盐城市响水县大病保险项目，为响水县47.7万农村居民提供大病医疗保障，保费715万元。

7月30日，应某在信泰人寿江苏分公司投保金利来两全保险(万能型)A款，保费420万元。

7月，郁某、华某在太平洋寿险江苏分公司分别投保“红利发”，趸交保费各1000万元。

7月，徐某、庞某、胡某分别投保建信人寿江苏分公司金富多两全保险(万能型)，保费分别为900万元、450万元、500万元。

8月15日，南通市如东县政策性育肥猪保险招标，其中政府共保比例50%，中华财险江苏分公司占比30%，保费751.53余万元；人保财险江苏省分公司占比20%，保费501.02余万元。

8月22日，中华财险淮安中心支公司独家承保淮安市农村居民大病保险第二标段，该标段覆盖淮阴区和盱眙县百万农村居民，保费1786.49万元。

8月23日，南京钢铁股份有限公司进行财产一切险及机器损坏险招标。人保财险南京市分公司参与承保，份额35%，保费428.75万元；永安财险江苏分公司参与承保，份额30%，保费367.5万元；天安财险江苏省分公司参与承保，份额16%，保费196万元；中华财险江苏分公司参与承保，份额9%，保费110.25万元；平安财险江苏分公司参与承保，份额7%，保费85.75万元；人保财险无锡市分公司参与承保，份额3%，保费36.75万元。

9月11日，国华人寿江苏分公司承保葛某投保的国华财富双收两全保险(万能)，保费300万元。

9月29日，长安责任保险江苏省分公司承保某钢铁股份有限公司投保的雇主责任险，保额65亿元。

9月，东吴人寿苏州分公司承保潘某投保的欣享鸿运两全保险，趸交保费300万元。

9月，安信保险江苏分公司承保江苏信宁建材有限公司企财险，保额7.6亿元。

11月7日，太平洋产险苏州分公司承保中国外交部驻外使领馆财产一切险和公众责任险，总保额1759317万元，在三年的合作协议期内承担起外交部262个驻外使领馆的资产和三者险的保障责任。

11月21日，友邦保险江苏分公司承保张某投保传世尊享终身寿险，保额2000万元，期交保费88.60万元，总保费1329万元。

12月10日，平安人寿江苏分公司承保曹先生投保的幸福A04+附加意外08+护身福+护身福重疾+附加意外08+智胜人生，保费17万，保额4030万。

12月，建信人寿江苏分公司承保某银行共2100余人无忧健康保障委托管理产品，规模保费1050万元。

12月，三井住友江苏分公司承保常熟某橡胶制品有限公司国内信用险，保费630万元。

2013年，太平洋寿险无锡分公司陆续为惠山区和锡山区的43万名居民提供意外保障，总保额约122.23亿元，并为11296名残疾人提供综合保障，总保额4.07亿元。

2013年，中国信保江苏分公司为江苏某新能源企业投资东欧某国的电站项目提供海外投资保险，项目金额2.1亿美元。该项目被视为江苏省新能源产业转型的典型案例。

2013年，中国信保江苏分公司为盐城某纺织集团在坦桑尼亚投资的纺织项目提供海外投资保险，项目金额6500万美元。该项目是国家主席习近平2013年3月访坦成果之一。

2013年，太平财险江苏分公司承保亚东石化航次保险业务，保费949.90万元。

2013年，三星财险苏州分公司承保苏州三星电子液晶显示科技有限公司工厂一揽子保险业务，保费1481.36万元。

2013年，恒安标准人寿江苏分公司承保无锡社保补充住院医疗保险，保费1104.1万元，承保被保险人213218人；承保南通市社保补充保险团体万能险、住院津贴险和意外伤害险，保费1906.1万元，参保人数6740人。

2013年，泰康养老江苏分公司为江苏省电力公司近6万在职及退休员工提供特需医疗金保险保障，累计保费1.96亿元。

【重大赔付】 2000年5月31日至2013年3月1日期间，被保险人先后在投保了康宁终身保险、国寿小额贷款借款人意外伤害保险等险种8份，基本保额511万元。2013年3月31日，被保险人柳某驾驶轿车发生交通事故并致当场身故。6月8日，中国人寿江苏省分公司赔付513万元，其中给付家属受益人13万元，给付丹阳农村商业银行股份有限公司500万元。

2011年2月20日，被保险人瀚宇博德科技公司发生火灾。人保财险江苏省分公司于2013年最终赔付4267万元。

2011年8月2日，被保险人给门吊上铁锲固定门吊行走机构时发生事故，门吊内部变形严重。2013年4月1日，经与被保险人扬州某造船有限公司达成一致，平安财险江苏分公司赔付被保险人财产一切险保险金4000.5万元。

2011年10月9日，被保险人苏州园区某化成工业公司生产设备起火。2013年3月21日，日本财险江苏分公司赔付财产险保险金2262.95万元，利损险保险金1830.06万元。

2011年10月14日，被保险人南亚电路板公司电镀车间发生火灾。人保财险江苏省分公司于2013年4月17日最终一次性支付赔款4352万元。

2011年12月21日，被保险人苏州园区某金属公司生产设备发生火灾。2013年，日本财险江苏分公司合计赔付772.971万元。

2012年8月21日，建基1502轮(物料船)遭遇暴风，船舶断缆后，被刮至大丰港一期码头引桥边，不断撞击引桥，造成新建粮食码头栈桥Y37#-Y27#桩基排架断裂，原引桥Y35-Y29整段桥面、桩基塌陷，后因桥面板坍塌砸沉“建基1502”轮。2013年12月23日，平安财险江苏分公司最终赔付被保险人某工程有限公司建筑工程一切险及第三者责任险保险金598.2万元。

2012年8月28日，被保险人在对运行的#2主变压器油样色谱分析时，发现#2主变压器油中总烃含量超标，8月29日、30日总烃含量持续增长。经过初步分析认为#2主变压器内部存在接触不良或局部放电现象，致使发热分解出气体。2013年5月14日，经与被保险人江苏某发电有限公司达成一致，平安财险江苏分公司赔付被保险人机器损坏保险金670.1万元。

2012年8月，被保险人徐某独自驾车外出与重型专项作业车相撞，发生车祸。2013年1月，平安人寿南通中心支公司给付109.57万元。

2012年11月2日，被保险人南钢集团能源中心发电作业区4#锅炉在计划大修项目进行过程中发生瞬爆炸。2013年12月，人保财险江苏省分公司支付赔款1742万元。

2012年11月9日，被保险人南通某制纸有限公司因配电设备故障起火。三井住友江苏分公司2013年最终赔付1070万元。

2012年11月20日，被保险人仓库发生火灾。2013年3月28日，平安财险江苏分公司赔付被保险人扬州某塑胶有限公司约459.9万元。

2012年12月30日，被保险人乔某因病在家身故。正德人寿江苏分公司赔付86.35万元。

2012年12月，被保险人于某在大连洽谈生意过程中不幸被人杀害。平安人寿南通中心支公司及时按合同约定赔付意外身故保险金190万元。

1月11日，生命人寿江苏分公司赔付被保险人韩某身故受益人疾病身故保险金96.45万元。

1月20日，被保险人苏州某真空技术公司因设备短路引发火灾。三井住友江苏分公司最终赔付586万元。

1月24日，被保险人张某某以行人身份因交通事故致“严重颅脑损伤”身故。招商信诺江苏分公司给付94.6万元。

1月29日，被保险人孙某因肝癌身故，太平洋人寿苏州分公司赔付100万元。

1月29日，被保险人孙某因病抢救无效死亡。人保寿险江苏省分公司给付身故保险金100万元。

1月，英大泰和财险江苏分公司赔付江苏省电力公司电网财产一切险岔河变电站电缆回流线被盗案赔款97.6万元。

1月份，交银康联江苏分公司为一名投保交银安贷意外伤害保险（C款）出险的江苏客户赔付500万元。

2月9日，被保险人南通某科技有限公司发生火灾。太平洋财险江苏分公司赔付被保险人1450万元。

3月3日，被保险人周某因肝硬化医治无效身故。平安人寿江苏分公司保单受益人支付理赔款近111万元。

3月4日，被保险人徐州某药业有限公司成品仓库突然发生火灾。紫金财险江苏分公司赔付700万元。

3月31日，被保险人柳某驾驶小轿车追尾一辆重型半挂牵引车，柳某死亡。国泰人寿江苏分公司最终赔付1200万元。

4月16日，友邦保险江苏分公司赔付受益人赵某安益意外伤害保险金200万元。

4月24日，被保险人孙某驾驶一辆昌河面包车与一辆大货车追尾，孙某当场死亡。平安人寿江苏分公司向保单受益人支付理赔款100万余元。

5月17日，紫金保险向英展金属制品(昆山)有限公司支付财产一切险项目下因火灾而受损的机器设备保险赔款750万元。

6月15日，被保险人张某因患脑胶质瘤医治无效身故。平安人寿苏州中心支公司支付赔款109.27万元。

6月，镇江某小微出口企业遭受某香港买家大额货款拖欠，中国信保江苏分公司帮助该企业追回欠款约109.6万美元，并按约定按期赔付累计107.52余万美元的欠款。

7月5日，被保险人公司仓库发生火灾。根据原保公司提供的索赔资料，9月17日，三星财险苏州分公司赔付2031.63万元。

8月5日，姚某驾驶标的车行驶中撞护栏，标的车受损、姚某受伤。阳光财险江苏省分公司赔付 105.16 万元。

8 月 12 日晚，被保险人黄某在家服毒自杀死亡。被保险人投保时间已超 2 年，平安人寿江苏分公司向保单身故受益人支付赔款 49 万元。

8 月 14 日，驾驶员嵇某驾驶标的车发生三车相撞事故，致三责方二人(李某，徐某)死亡，一人(莫某)受伤，驾驶员嵇某负事故主要责任。中华财险江苏分公司最终赔付 102.89 万元。

8 月 15 日，被保险人江苏鹿港科技股份有限公司仓库突发火灾，原料烧毁殆尽。人保财险江苏省分公司支付赔款 2649 万元。

9 月 4 日，海力士半导体无锡有限公司发生爆炸并引起火灾蔓延。12 月，乐爱金财产保险(中国)有限公司预付赔款 1500 万美元，大地保险江苏分公司预付赔款 1504 万美元。

9 月 14 日，被保险人好孩子儿童用品有限公司锂电池仓库发生火灾并导致重大损失。人保财险江苏省分公司赔付 6156 万元。

9 月 15 日，被保险人杭某死亡。中国人寿江苏省分公司共给付被保险人家属身故保险金 563 万余元。

9 月，徐州某大型工程机械公司出口巴西货物遭买家拖欠，中国信保江苏分公司支付赔款约 994.46 万美元。

10 月 10 日，人保健康江苏分公司赔付被保险人李某大额医疗保险金 44.43 万元。李某系淮安市城镇职工医疗保险参保职工。

10 月，"菲特"台风期间，太平洋产险苏州分公司承保非水险客户共发生 1058 起损失案件，苏州分公司合计支付赔款近 2500 万。

11 月 4 日，平安财险苏州分公司赔付被保险人昆山某电子工业有限公司 550 万元。

6 月 11 日，被保险人食堂爆炸，致朱某某、范某某等 11 名员工身故。11 月，泰康养老江苏分公司合计给付某燃气公司意外身故理赔保险金 110 万元。

12 月 23 日，紫金保险支付杂交水稻制种保险项目下因旱灾而受损的杂交水稻制种稻保险赔款 1137 万元。

12 月，江苏一大型贸易集团因其在国内一家下游买家资金链断裂，出售货物面临损失。中国信保江苏分公司按照保单约定向保户支付赔款 1089 万元。

【公益活动】 3 月 5 日，太平洋寿险常州分公司"蓝鲸"志愿者分会成立，启动"太平洋人寿杯"龙城志愿者标识及歌曲征集大赛，并现场向常州市志愿者总会捐赠总保额达 1100 万元的公益保险。

3 月 5 日，江苏泰兴一位三岁女童张雅彤在自家灶台玩耍被突然爆炸的打火机严重烧伤，生命垂危。3 月 11 日，友邦保险泰州市泰兴营销服务部的营销员叶军自发组织"命运无情人有情"的捐款活动，4 月 14 日，友邦保险泰州中心支公司组织募捐活动。截止当天下午，共募集 5.94 万元。

3 月 5 日，天安财险江苏省分公司团委与江苏保监局团委共赴位连云港市赣榆县抗日山希望小学，开展学雷锋活动，捐款 3.4 万元，并捐赠价值 0.5 余万元的文具体育用品。

4 月 14 日上午，第四届苏州环金鸡湖国际半程马拉松赛成功举办。东吴人寿是本次大赛唯一指定的保险机构，同时也是本次比赛摄影大赛的冠名赞助单位。

4 月 18 日，华安保险苏州中支向滨河社区、三元四村社区 40 余名环卫工人赠送保额价值达 400 多万元的禽流感保险。

4 月 20 日，四川雅安发生 7.0 级强震。江苏境内各保险社团、保险法人机构、保险公司、保险中介机构积极行动起来，向灾区奉献爱心，全省共募集爱心款 130 余万元，各机构员工积极无偿献血支援灾区。

6 月，中融人寿江苏分公司接洽江苏省红十字会，为"博爱青春"暑期高校志愿者提供保险保障，累计赠送保额 1 亿元。

7 月 22 日，太平洋寿险无锡分公司与山东省郯城县高峰头镇签约捐资助学活动，设立爱心助学基金 20 万元资助 50 名贫困学生。

8 月 23 日，苏州保险业慈善爱心基金通过市慈善总会向贫困学子捐助 3 万元。

8 月，平安人寿江苏分公司与江苏城市频道联合开展"圆梦手拉手"大型公益主题活动，邀请贵州、雅安芦山震区以及江苏苏北经济困难家庭的 100 名小学生，利用暑假分为 4 批到南京，和南京的爱心志愿家庭共同体验为期四天的暑期生活。

9 月 1—22 日，平安财险江苏分公司集结 15 名志愿者，前往盐城市滨海镇蔡桥希望小学支教，志愿者为孩子们带去了以"儿童安全教育"为主题的多项课程，提高孩子们的自我保护意识和在自然灾害面前的应对能力。

9 月 26 日，江苏省保险学会爱心团队走进溧水东屏中学，开展保险进校园活动，赠送包括保险知识普及丛书在内的各种图书、文具、体育用品等，并继续资助 6 名贫困女童。

10 月 18 日，东吴人寿成为第四届环太湖国际公路自行车赛唯一保险服务商，为赛事提供价值 121 亿的保险保障，同时冠名常熟昆承湖赛段。

11 月 11 日，南通市保险行业协会积极响应南通市慈善总会"送温暖·献爱心"慈善救助一日捐活动，组织全辖保险机构为贫困家庭筹集善款，共筹集善款 4.17 万元。

12 月 8 日，紫金财险江苏分公司工会赴南京市六合区竹镇镇红阳小学开展捐资助学活动。自 2011 年开始，江苏分公司的捐助活动已经持续三年，每年资助 6 名家庭困难的贫困学生，累计捐助金额 3.5 万余元。

2013 年，中国人寿江苏省分公司向各地市慈善总会、老年机构、扶贫地区累计捐款达 155 万元，充分彰显公司心系社会、共谋发展的企业形象。

2013 年，合众人寿江苏分公司分别在常州、南通、盐城、南京共举办 7 场助学行活动，来自各举办地的爱心人士捐款捐资，并与孩子们结成爱心对子，构建长期帮扶关系。共约百名学龄孩童获得捐助。

2013 年，恒泰保险经纪有限公司共为结对共建贫困村帮扶资金 35 万元。

保险业十大热点

【保险销售人员学历门槛提高】 1月份，保监会下发《保险销售从业人员监管办法》(下称"《办法》")，将保险营销员参加资格考试学历门槛由2006年规定的"初中以上文化程度"提高至"应当具备大专以上学历"。新规将于2013年7月1日起实施。但各地方保监局可以根据地区实际情况适当调整，分为全国通用(简称A证)和地方使用(简称B证)两种证书。报考学历为大专及以上者，可通过考试获取A证；报考学历为高中、中专及同等学历者，可通过考试获取B证，A、B证在销售地域上有所不同。

【汇丰人寿关闭个险渠道】 3月20日，网络上多名网友爆料，汇丰人寿在事前毫无通知的情况下，突然关闭个人营销渠道，损害了员工权益，侵害了客户的利益。这引起众多的员工聚集在汇丰大厦进行维权。此后，相关政府部门介入汇丰人寿裁撤个险渠道员工一事，并从中进行指导和协调。

【保协发布新版《人身保险伤残评定标准》】 6月8日，中国保险行业协会联合中国法医学会共同发布了《人身保险伤残评定标准》。新标准在原标准7个伤残等级、34项伤残条目基础上，大幅扩展到10个伤残等级、281项伤残条目，并针对1~10个等级明确了100%~10%的赔付比例，将于明年成为商业保险意外险领域残疾给付新的行业标准。新标准将从2014年1月1日起实施。

【确立保险宣传日】 为提高全社会保险意识，保监会决定，将每年7月8日确定为"全国保险公众宣传日"，该宣传日的主题是"保险，让生活更美好"。今年保险公众宣传日的年度主题是"倾听由心，互动你我"。7月8日还将举行首个全国保险公众宣传日启动仪式，播放专题宣传片，发布保险公众调查结果，开通保监会官方微博、微信公众账号等。

【人身险取消2.5%上限】 8月2日，保监会发布《关于普通型人身保险费率政策改革有关事项的通知》，明确普通型人身保险费率改革试点将于8月5日启动。该类产品预订利率由保险公司按照审慎原则自行决定，不再执行长达14年的2.5%的上限。所谓预定利率，通俗地说就是保险公司提供给消费者的回报率，主要是参照银行存款利率和预期投资收益率来设置的。国内的寿险预定利率上限为2.5%。

【上海泛鑫事件】 8月14日，上海泛鑫保险代理有限公司资金链断裂，公司总经理陈怡携款跑路加拿大。8月16日，各地保监局及各人身险公司收到保监会下发的紧急内部通知，要求对保险专业中介业务进行全面风险排查。8月19日，中国警方在斐济抓获陈怡。

【另类保险走红网络】 8月26日，安联财险与淘宝保险共同合作推出"赏月险"，只要被保险人在中秋之日因为天气原因不能在赏月城市看到月亮，保险公司就做出理赔。其实，"赏月险"的全名是"赏月不便险"，是一款人身意外险的附加险，赔付的是消费者不能赏月造成的心情损失，类似民众熟悉的"航班延误险"。

【广东车损险"限折令"】 10月初，广东保险行业协会向各家财险公司下发了车损险保额的"限折令"——《关于严格执行机动车辆保险条款确定新车购置价的通知》(以下简称《通知》)，规定车损险中的保险金额最高下浮比例为新车购置价的25%。该《通知》要求，此折扣比例在10月15日起开始实施。由于下浮比例的调整，最终客户的车险保费将有一定的上涨，引起消费者的广泛关注。

【众安保险公司开业】 11月6日，注册资本仅10亿元的小型财险公司"众安在线财产保险"在上海举行启动仪式，在业内引起强烈反响，原因是该公司的前三大股东阿里巴巴的马云、腾讯的马化腾、中国平安的马明哲"三马"齐聚启动仪式现场探讨互联网金融发展问题。而目前，众安保险首款产品"众乐宝"已经上线，该产品在其股东方阿里或腾讯的平台上发布，专为电商平台提供信用风险保障。

【"双11"保险公司疯狂吸金】 "双11"的网购狂欢节让保险公司赚的盆满钵满。国华人寿华瑞2号开卖仅10分钟，成交金额便轻松突破1亿元。截至11日18时，国华人寿官方旗舰店发售万能险达4.44亿元，生命人寿官方旗舰店限量发售的1亿元理财产品售罄，而华泰的退货运费险总发售笔数也超过1亿元。

ANGSU BAOXIAN NIANJIAN

领导名录

中国保险监督管理委员会江苏监管局

局　　长　宋志华(2013年5月就任)
　　　　　谢　宪(2013年5月调离)
副 局 长　葛　翎
　　　　　刘　昇(2013年4月就任)
　　　　　王宝敏(2013年7月升任)

中国保险监督管理委员会苏州监管分局

局　　长　单来锦
副 局 长　黄　庆　蔡毅钧

财产保险公司

紫金财产保险股份有限公司

董 事 长　徐祖坚
执行董事、总裁　许　坚
常务副总裁　谢　跃
副总裁、董事会秘书　闵卫东
副 总 裁　赵　颖
党委副书记　崔瑞华
总裁助理　沈发鸿
两核总监　陈加明
财务总裁　何怀安

乐爱金财产保险(中国)有限公司

总 经 理　曹哲镐(2013年4月就任)
　　　　　尹京洙(2013年3月离任)
副总经理　夏东佑　张效振
　　　　　黄成洙(2013年11月就任)

中国人民财产保险股份有限公司江苏省分公司

总公司总裁助理兼省分公司总经理
　　　　　华　山
副总经理　孙益民　娄伟民
　　　　　林幼竹　于敬东
　　　　　许　波　李　旭
党委委员　沈丽敏

中国太平洋财产保险股份有限公司江苏分公司

总 经 理　孙海洋
副总经理　焦祖滨　金　虹
　　　　　沈丹吉　刘忠贺
财务总监　谭　蔚

中国平安财产保险股份有限公司江苏分公司

总 经 理　原廷会
副总经理　马晓岗　葛增强
　　　　　王兆科(2013年1月就任)
　　　　　魏　炜(2013年3月就任)

天安财产保险股份有限公司江苏省分公司

总 经 理　吴永平
副总经理　吴国安　贺晨华

大众保险股份有限公司江苏分公司

总 经 理　佘晓静
副总经理　李　坪
总经理助理　孙久祥

华泰财产保险有限公司江苏省分公司

总 经 理　孙　鉴
总经理助理　胡艳阳　池　清

中国出口信用保险公司江苏分公司

总公司资深专家兼江苏分公司总经理
　　　　　汪涤凡
副总经理　蒋殿明
　　　　　潘水根(2013年6月调离)
党委委员　陈　宏(2013年9月就任)
　　　　　林　峰(2013年9月就任)

中华联合财产保险股份有限公司江苏分公司

总 经 理　姜跃武
副总经理　陈志标　王金城
总经理助理　张　军(2013年8月就任)

太平财产保险有限公司江苏分公司

总 经 理　华　巍(2013年9月调任)
　　　　　袁　欣(2013年9月离任)
副总经理　袁　欣(2013年9月就任)
　　　　　史　晋
助理总经理　张　琳(2013年7月就任)

中国大地财产保险股份公司江苏分公司

总 经 理　孙荣和(2013年1月就任)
　　　　　秦国民(2013年1月调离)
副总经理　赵青杉(2013年1月离任)
　　　　　朱金和
　　　　　彭作和(2013年1月就任)
总经理助理　周　丽(2013年7月就任)
　　　　　高青松(2013年5月就任)

永安财产保险股份有限公司江苏分公司

总 经 理　史智宏(2013年10月离任)
副总经理(主持工作)
　　　　　孙　辉(2013年10月就任)
副总经理　吕　骏
　　　　　许文杰(2013年12月就任)
　　　　　曹　伟

华安财产保险股份有限公司江苏分公司

总 经 理　李　刚
副总经理　詹晓峰

安邦财产保险股份有限公司江苏分公司

总 经 理　陈　阳
副总经理　朱　莉
总经理助理　刘懋难(2013年12月离任)
　　　　　吴　琳

阳光财产保险股份有限公司江苏省分公司

总 经 理　朱印发(2013年9月离任)
副总经理(主持工作)
　　　　　刘建平(2013年9月就任)
副总经理　周金陵(2013年11月退休)
　　　　　王立新

都邦财产保险股份有限公司江苏分公司

总 经 理　朱长宏
副总经理　钱　寥　张　宇
　　　　　王　睿(2013年9月5日离职)

中银保险有限公司江苏分公司

总 经 理　王丽丽(2013年1月就任)
　　　　　韩安萍(2013年1月退休)
副总经理　李书成
总经理助理　杨振华

天平汽车保险股份有限公司江苏分公司

副总经理(主持工作)
　　　　　陈国水(2013年4月就任)
副总经理　娄　敏(2013年4月就任)
　　　　　张同强(2013年4月就任)

永诚财产保险股份有限公司江苏分公司

总 经 理　齐永健

副总经理　杨　帆

民安财产保险有限公司江苏分公司
总　经　理　赵永斌(2013年8月离任)
临时负责人　蒋月胜(2013年8月13日–11月)
总公司副总经理兼江苏分公司临时负责人　李红春(2013年11月就任)
副总经理　范　明
总经理助理　蒋月胜

中国人寿财产保险股份有限公司江苏省分公司
总　经　理　邱家洋
副总经理　李亚平
总经理助理　于　葳

渤海财产保险股份有限公司江苏分公司
总　经　理　王绍发
总经理助理　朱　勇

安诚财产保险股份有限公司江苏分公司
总　经　理　杨全良
总经理助理　周　浩(2013年8月就任)
　　　　　　刘　浩(2013年11月调任)

华农财产保险股份有限公司江苏省分公司
总　经　理　李德新
总经理助理　叶　欣
　　　　　　李艳良(2013年9月就任)
　　　　　　陈晓鸣(2013年8月调任)

长安责任保险股份有限公司江苏省分公司
总　经　理　沈庆宏
副总经理　戎　锋
　　　　　张年华(2013年5月升任)
总经理助理　刘跃虎

三星财产保险(中国)有限公司苏州分公司
总　经　理　刘明钟

紫金财产保险股份有限公司江苏分公司
总　经　理　孟善彬
副总经理　李　伟(2013年8月就任)
　　　　　杨　勤
总经理助理　王　虹　张　敏

国泰财产保险有限责任公司江苏分公司
总　经　理　曾荣池
副总经理　涂　群(2013年1月就任)
　　　　　陶振球(2012年12月调离)

日本财产保险(中国)有限公司江苏分公司
总　经　理　宫尾仁(2013年4月就任)
　　　　　　小林孝(2013年3月离任)

英大泰和财产保险股份有限公司江苏分公司
总　经　理　周小丹
副总经理　朱广国
总经理助理　谈　蓓

丘博保险(中国)有限公司江苏省分公司
总　经　理　林一峰

三井住友海上火灾保险(中国)有限公司江苏分公司
总　经　理　田村弘之(2013年3月调离)
　　　　　　篠原康人(2013年4月就任)
副总经理　李东革

信达财产保险股份有限公司江苏分公司
总　经　理　蒋耀良(2013年1月就任)
副总经理　曹明兴(2013年11月调任)

太阳联合保险(中国)有限公司江苏省分公司
总　经　理　张　芳

东京海上日动火灾保险(中国)有限公司江苏分公司
总　经　理　比留间太郎
总经理助理　章征富　李　萍
　　　　　　高桥将文(2013年10月离任)

浙商财产保险股份有限公司江苏分公司
总　经　理　黄迎升
副总经理　刘晓武
总经理助理　虞钦霖(2013年3月就任)

泰山财产保险股份有限公司江苏分公司
总　经　理　张　蕾
总经理助理　许炎国

美亚财产保险有限公司江苏分公司
总　经　理　潘韶辉

安信农业保险股份有限公司江苏分公司
临时负责人　张伟勇

人身保险公司

利安人寿保险股份有限公司
董　事　长　祝义才
副董事长、总裁　刘政焕
常务副总裁　袁　寒
副　总　裁　严维金　蒋正忠
　　　　　　吴　烨
总精算师　王修文

东吴人寿保险股份有限公司
董　事　长　黄建林
副董事长、总裁　徐建平
副　总　裁　朱　凯　钱　程
　　　　　　贺　力
副总裁、总精算师　陈尉华
副　总　裁　夏卫新(2013年6月就任)
总裁助理　胡玉杰(2013年6月就任)
总裁助理　张　勇
总裁助理　陆正宇
董事会秘书　张　杰
人力资源总监　黄忠平

中国人寿保险股份有限公司江苏省分公司
总　经　理　刘安林(2013年2月离任)
副总经理(主持工作)
　　　　　　肖建友(2013年2月就任)
副总经理　郑晓敏　刘炳懿
　　　　　张晓刚
　　　　　俞德本(2013年4月由总经理助理升任)
总经理助理　冉正源(2013年4月就任)

中国太平洋人寿保险股份有限公司江苏分公司
总　经　理　郭建明
资深副总经理　周建刚
资深副总经理、财务总监　王剑峰
副总经理　陈海燕　季金忠

中国平安人寿保险股份有限公司江苏分公司
总　经　理　潘　亮
副 总 经 理　吴有华　丁易钰
　　　　　　黄　臻　张　胜
　　　　　　樊兆昌
　　　　　　周　琴(2013年3月就任)
　　　　　　侯　勇
　　　　　　刘天东
　　　　　　周京洪(2013年3月离任)

新华人寿保险股份有限公司江苏分公司
总　经　理　彭　军
副 总 经 理　吴伟民　商力杰
　　　　　　郭晓军
总经理助理　朱　健

泰康人寿保险股份有限公司江苏分公司
总　经　理　薛继豪
副 总 经 理　李鹏飞
　　　　　　陈　立(2013年5月离任)
　　　　　　张　震(2013年11月离任)

美国友邦保险有限公司江苏分公司
总　经　理　沈子昌
副 总 经 理　蔡永清

太平人寿保险有限公司江苏分公司
总　经　理　陈赣洪(2013年11月就任)
　　　　　　张立辉(2013年7月离任)
　　　　　　乔　宁(2013年7月–11月任职)
副 总 经 理　吴　博(2013年6月升任)
总经理助理　林知超　陈跃辉
　　　　　　李少君(2013年8月就任)

民生人寿保险股份有限公司江苏分公司
总　经　理　管　斌
副 总 经 理　李　民(2013年6月–11月就任)
　　　　　　金海霞(2013年3月升任)

生命人寿保险股份有限公司江苏分公司
总　经　理　姜　勇
总经理助理　鄢耀华　钱　锟
　　　　　　黄珊梅

信诚人寿保险有限公司江苏省分公司
总　经　理　叶永军
　　　　　　管玉明(2013年12月离职)

合众人寿保险股份有限公司江苏分公司
总　经　理　董智民
总经理助理　韩　旭　徐玮

海康人寿保险有限公司江苏分公司
总　经　理　郭　新
副 总 经 理　黄婷婷(2013年6月升任)
　　　　　　许天河　吴　烁
　　　　　　刘思恩(2013年7月就任)

中宏人寿保险有限公司江苏分公司
总　经　理　赵哲明
副 总 经 理　徐文昌(2013年8月调离)
　　　　　　林锦照
　　　　　　王黛玲(2013年8月就任)
　　　　　　涂明正(2013年4月就任)
总经理助理　宗　琦

国泰人寿保险有限责任公司江苏分公司
总　经　理　商应楷
总经理助理　曾宪文

中国人民健康保险股份有限公司江苏分公司
总　经　理　王　笋
总经理助理　祝　艳　梁　建

北大方正人寿保险有限公司江苏分公司
总　经　理　陈　旺
总经理助理　张　继(2013年4月就任)

中意人寿保险有限公司江苏省分公司
总　经　理　金永光(2013年1月离任)
临时负责人　陈志威(2013年1月–4月)
　　　　　　王　昊(2013年4月–8月)
副总经理(主持工作)
　　　　　　王　昊(2013年8月就任)
总经理助理　朱庆国(2013年4月就任)

恒安标准人寿保险有限公司江苏分公司
总　经　理　刘剑锋
副 总 经 理　吴圣梅(2013年4月升任)
总经理助理　周体松　周彩虹(2013年3月就任)
　　　　　　钱　进(2013年2月离任)

光大永明人寿保险有限公司江苏分公司
总　经　理　庞　涛
助理总经理　魏爱臣(2013年12月就任)

农银人寿保险股份有限公司江苏分公司
副总经理(主持工作)　蔡欣雨
副 总 经 理　郭　莹(2013年11月就任)
　　　　　　夏　炎(2013年11月调任苏州)

和谐健康保险股份有限公司江苏分公司
总　经　理　屈超美
总经理助理　周秀芳(2013年7月就任)
　　　　　　王　鹏(2013年7月就任)

平安养老保险股份有限公司江苏分公司
总　经　理　梁嘉源
副 总 经 理　於文清　陈　新
　　　　　　陆思东

华泰人寿保险股份有限江苏分公司
华泰人寿总经理助理兼分公司总经理
　　　　　　谢　飞
常务副总经理　韩　薇(2013年7月就任)
总经理助理　马　翔　陈书德
　　　　　　卞东杰(2013年10月离任)

招商信诺人寿保险有限公司江苏分公司
副总经理(主持工作)
　　　　　　张　玺

中美联泰大都会人寿保险有限公司江苏分公司
总　经　理　胡　沙
副 总 经 理　宋　杰(2013年8月离任)

瑞泰人寿保险有限公司江苏分公司
总　经　理　田　军(2013年9月就任)
　　　　　　程晓阳(2013年9月调任)
副 总 经 理　顾　昀(2013年12月离任)

正德人寿保险股份有限公司江苏分公司
总　经　理　马云山
副 总 经 理　朱　燕

中德安联人寿保险有限公司江苏分公司
副总经理(主持工作)
　　　　　　黄晓晖

华夏人寿保险股份有限公司江苏公司
总　经　理　袁振光

副总经理　李　军
总经理助理　薛　冰　邰　劼

中国人民人寿保险股份有限公司江苏省分公司
总经理　冶思松
副总经理　张学萍(2013年8月离任)
　　赵忠良
总经理助理　谢　飞

英大泰和人寿保险股份有限江苏分公司
总经理　马亚军
副总经理　李晓刚

信泰人寿保险股份有限公司江苏分公司
总经理　朱岩芹
副总经理　高　军
总经理助理　聂建强　李云峰

中英人寿保险有限公司江苏分公司
总经理　魏冠云
副总经理　沈瀚慈
助理总经理　毛亚武

长城人寿保险股份有限公司江苏分公司
总经理　顾　兵
副总经理　王　勇
总经理助理　刘红卫(2014年1月就任)

工银安盛人寿保险有限公司江苏分公司
总经理　周　敏
副总经理　钱耀康

太平养老保险股份有限公司江苏分公司
总经理　单友明
副总经理　刘永春(2013年12月调离)
助理总经理　毛　净　王　清

建信人寿保险有限公司江苏分公司
总经理　唐庆霞
副总经理　孙志民　陈永华

幸福人寿保险股份有限公司江苏分公司
临时负责人　褚庆鹏(2013年11月就任)
　　黄占平(2013年11月离任)
资深专员二级　陈京燕(2013年离任)

阳光人寿保险股份有限公司江苏分公司
总经理　王　庆(2013年11月就任)
　　储　良(2013年11月离任)
副总经理　徐晓冬
　　葛海峰(2013年5月升任)
　　陈东鹏(2013年5月离任)

长生人寿保险有限公司江苏分公司
总经理　朱　进

国华人寿保险股份有限公司江苏分公司
总经理　蔡立新
总经理助理　安丽哲

中国人寿养老保险股份有限公司江苏省分公司
总经理　梅国洪
副总经理　童贞平　陈　健

平安健康保险股份有限公司江苏分公司
副总经理(主持工作)
　　周　俊

安邦人寿保险股份有限公司江苏分公司
总经理　周京平(2013年7月就任)
副总经理(主持工作)
　　黄欣生(2013年6月离任)

中邮人寿保险股份有限公司江苏分公司
总经理　刘文骏(2013年6月就任)
副总经理　马德强

百年人寿保险股份有限公司江苏分公司
总经理　鲁其军
副总经理　龚　伟
　　王　冲(2013年5月就任)
总经理助理　张　勤(2013年4月就任)
　　李　东(2013年4月离任)
　　冯　波(2013年5月离任)

交银康联人寿保险有限公司江苏省分公司
总经理　刘栓星
副总经理　戈　瑜

利安人寿保险股份有限公司江苏分公司
常务副总裁兼江苏分公司总经理
　　袁　寒
副总经理　陈丹敏
　　邹庆龄(2013年7月就任)
总经理助理　陈金刚
　　王　冲(2013年5月离任)

中融人寿保险股份有限公司江苏分公司
总经理　赵雪军
副总经理　秦　扬
总经理助理　张春梅(2013年8月就任)

泰康养老保险股份有限公司江苏分公司
副总经理(主持工作)　彭　亮
助理总经理　丁　浩

东吴人寿保险股份有限公司江苏分公司
总经理　黄希武
副总经理　戚海东(2013年7月就任)
总经理助理　黄海霞(2013年12月就任)

保险中介公司

恒泰保险经纪有限公司
总经理　薛　健
副总经理　陈　缨　田　坤
　　解止宽
总经理助理　池　晨

江苏华邦保险销售有限公司
董事长兼总经理　李萍萍
副总经理　朱建新

江苏敏梅保险代理有限公司
执行董事兼总经理　孙敏梅
总经理助理　马苏湘

江苏恒诺保险代理有限公司
执行董事兼总经理　刘　伟
运营总监　胡　颖

江苏智德保险公估有限公司
总经理　刘　飚

保险学会

江苏省保险学会
秘书长　张正宝
秘书长助理　偶　见

常州市保险学会
秘书长　郭文昌

连云港市保险学会

秘　书　长　周益华

苏州市保险学会

秘　书　长　胡月美(2013年8月离任)
　　　　　　金　裕(2013年8月就任)

徐州市保险学会

秘　书　长　权太猛
副秘书长　陈士钧

无锡市保险学会

秘　书　长　华　晓

镇江市保险学会

秘　书　长　刘　亮

扬州市保险学会

秘　书　长　葛天俊
副秘书长　姚步阶

盐城市保险学会

秘　书　长　朱志旺(2013年9月就任)

保险行业协会

江苏省保险行业协会

秘　书　长　濮　阳

无锡市保险行业协会

秘　书　长　尤玲娜

徐州市保险行业协会

副秘书长　郑宗峰

苏州市保险行业协会

秘　书　长　张爱华

常州市保险行业协会

秘　书　长　孟金贵

淮安市保险行业协会

秘　书　长　顾志明
副秘书长　欧长友

宿迁市保险行业协会

秘　书　长　武士琦

南通市保险行业协会

秘　书　长　崔汉飞

连云港市保险行业协会

秘　书　长　尹广志
秘书长助理　孙竹松

泰州市保险行业协会

秘　书　长　朱　彤

盐城市保险行业协会

秘　书　长　朱志旺(2013年10月离任)
　　　　　　孙乃涛(2013年10月就任)
副秘书长　王　晶(2013年10月升任)

扬州市保险行业协会

秘　书　长　葛天俊

镇江市保险行业协会

秘　书　长　康　勇

ANGSU BAOXIAN NIANJIAN

保险监管

中国保险监督管理委员会江苏监管局

【工作概况】 抓好风险防范，守住不发生系统性区域性风险的底线。一是稳妥处置满期给付风险。2013年，江苏保监局印发《江苏人身保险业防范处置满期给付与集中退保风险工作指引（试行）》，完善风险预警机制和响应程序。建立满期给付和退保工作旬报、月报制度，加强对重点公司、重点地区的督导，对满期给付量最大的中国人寿和邮政系统给予重点关注。多次到徐州、南通、扬州等重点地区指导满期给付工作。2013年，全省满期给付工作平稳有序。二是防范和处置重大案件风险。制定《保险案件风险监管工作细则》《重大案件风险应急预案》等6项制度，完善案件风险防范制度框架。开展销售管理环节专项风险排查，加强对内部审计的督导抽查，建立内审工作评估制度，完善稽核审计联席会议运行机制。三是开展重点领域风险排查。针对产险公司，重点查单证管理、销售行为、理赔行为、中介业务、远程出单业务和代收代缴车船税业务等。针对人身险公司和专业中介，重点排查中介业务风险和个人营销渠道资金案件风险。探索建立人身险公司案件风险预防机制，包括重点人员信息备案登记制度、分支机构负责人任前尽职调查制度和重大案件风险信息共享机制。

加强消费者权益保护。一是积极推进诉调对接工作。2013年，全省有12个地市开展诉调对接工作，调解9508件保险合同纠纷件，涉案金额4.25亿元，调解成功率72.51%。二是加强与省工商局、省消协的工作联动，建立保险消费者权益保护联席会议制度，实现12378保险维权热线与12315热线协调联动。三是改进信访投诉处理工作。修改完善信访投诉量化考核办法，实施投诉处理与分类监管联动制度。坚持局长信访接待日制度，完善12378保险消费者维权热线江苏分中心的过程监控制度，提高维权热线服务质量。2013年，12378热线江苏分中心接听来电8594个，综合接通率92.09%；客户满意度99%，全国排名第一位。

加强保险监管，维护市场秩序。全年派出131个检查组，对105家次保险机构、25家次专兼业代理机构、1家业外机构开展现场检查，对24家次机构实施行政处罚，其中产险机构13家次，寿险机构4家次，专兼业代理机构7家次；对机构罚款223.7万元，警告4家次；处罚个人17人次，罚款26.1万元，警告17人次。

一是以车险电销和农业保险为重点开展专项整治。启动车险电销“百日整治”活动，采取公司自查、监管检查和行业自律三方联动形式，规范电话销售行为，对发现违规问题的3家机构进行处罚。开展农业保险专项巡查。对徐州、盐城、淮安、扬州等地农业保险巡查发现的基层政府代垫保费、承保验标及查勘定损不到位等问题进行纠正。要求各经办公司对大棚保险100%验标承保，3.34公顷（50亩）以上的种植业大户必须核查投保真实性。二是进一步完善车险监管和自律体系。取消手续费比例限制，建立以综合成本率为核心的监测指标体系。以产品精算、车险综合成本率、公司综合成本率为主，构建监测指标体系，以公司综合成本率100%为红线。指导省保险行业协会制定承保规范指引，突出费率因子使用规范、车型录入规范和车辆使用性质审核规范。三是开展兼业代理市场治理清理整顿。重点加强兼业机构客户信息真实性、业务台账规范性、手续费结算合法性、兼业代理关系的管理。启动汽车企业代理保险业务专业化经营试点，推动大型企业单独设立专业保险代理机构、其他汽车企业与现有专业中介机构合作。

综合治理销售误导。一是开展销售误导综合治理评价工作。对各公司治理销售误导情况进行评价，公开通报评价结果，对排名末5位的保险公司进行现场巡查，下发监管函。二是加强销售误导的处理和检查。对8家银行13个网点开展暗访，向存在销售误导问题的银行网点和保险公司下发7份监管函。全年处理涉及销售误导的信访投诉件231件，开展现场检查6次，对部分公司使用误导性培训课件、违规使用产品说明会课件进行处罚。三是将治理销售误导纳入行业协会自律工作重点。指导各地协会重点做好治理销售误导自律工作。

推动大病保险试点。2013年，大病保险在全省12个地市（镇江除外）全面铺开，覆盖2794万人，接到理赔报案46548人次，赔付40136人次，补偿金额1.1亿元，平均人均补偿2740元。

一是与省医改办等5部门联合制定江苏《关于开展城乡居民大病保险工作的实施意见》，参与制定《江苏省城乡居民大病保险承办机构招标管理若干规定》。建立大病保险事前、事中和事后监管体系，确保大病保险经营合规有序。二是加强重点环节、重点领域监管。严把资质准入关，对经营大病保险资质提出9项具体要求。2013年，保监局干预3起保险公司非理性、不规范参与大病保险的投标行为，要求两个招标单位调整招标方案。三是提升行业服务能力。对全省保险业209名业务骨干开展两次大病保险专业培训。制定《江苏省保险公司经营城乡居民大病保险基本服务规范》，对保险公司承保能力、理赔服务管理、客户服务、医疗监督管理、档案管理等五方面提出明确要求。

解决理赔难问题。一是构建理赔指标测评体系，推动理赔服务指标公开。出台《江苏省机动车辆保险理赔服务质量评价办法（试行）》，对各公司理赔测评结果“行业公布，总公司通报，全社会公开”，杜绝保险公司为提高结案率人为注销赔案、零结案等现象。二是提高人伤理赔案件处理效率。推动省保险协会出台《南京市轻微人身损害道路交通事故快速处理规定》，规范行业小额人伤案件理赔流程，将南京人伤理赔工作室扩大到市区11家交警大队。开展人伤理赔诉讼代理专项整顿。保监局推动出台高速公路免费通行期间轻微道路交通事故快速理赔服务措施，为群众节假日平安顺畅出行提供保障。

【局领导简介】 宋志华，研究生学历，高级经济师。曾在江苏省人大常委会办公厅、江苏省政府办公厅工作，2001年7月调入中国保险监督管理委员会南京特派员办事处任党委委员、副主任，2004年6月任中国保险监督管理委员会江苏监管局党委委员、纪委书记、副局长,2010年9月任中国保险监督管理委员会山东监管局巡视员,中国保险监督管理委员会青岛监管局党委书记、局长,2013年5月任中国保险监督管理委员会江苏监管局党委书记、局长。主持全面工作,分管负责苏州分局、办公室(党委办公室)、人教处(党委组织部、党委宣传群工处)。

刘昇,1973年2月生,安徽亳州人,1994年1月入党,1994年7月参加工作,中央财经大学金融学专业在职硕士。曾在中国物资再生利用总公司、财政部商贸金融司工作,1998年11月调入中国保监会,2003年11月任财产保险监管部制度处(综合处)副处长,2008年1月起先后任财产保险监管部制度处(综合处)处长、农业保险监管处处长。2012年10月起在甘肃省定西市挂职,经甘肃省定西市第三届人大常委会六次会议通过,担任定西市人民政府副市长,负责金融、保险等方面工作。2013年4月任江苏保监局党委委员、副局长。分管产险处、稽查处,协助联系省内各保险学会。

王宝敏,1960年10月生,山东平度人,1983年2月入党,1979年9月参加工作,中央党校经济管理专业本科学历,高级政工师。曾在解放军炮兵某部工作,1995年12月任南京军区司令部直工部副团职参谋,1998年3月任南京军区某部政治委员,2004年12月进入中国保监会,历任江苏保监局人事教育处(党委组织部、党委宣传群工处、纪检监察处)副处长(正处级)、处长,2010年9月任江苏保监局党委委员、局长助理,2013年7月任江苏保监局党委委员、副局长。负责工会工作,分管保险中介监管处、法制处,协助分管党委办公室、党委宣传群工处,协助联系省内保险行业协会。

【处室职责】 办公室(党委办公室)主要职责　拟定保监局办公规章制度,组织协调日常办公;督办局领导批办的重要事项;组织承办重要会议;负责保监局公文处理工作,对各类公文进行核稿,会同有关处室发布保监局对外新闻和信息;负责向保监会及地方政府和有关部门报送保监局工作信息和当地保险业重要情况;负责保监局的档案、机要、保密及安全、保卫、消防工作;负责保监局行政后勤、物资采购与管理工作;负责保监局的财务管理工作,编制机关年度财务预决算;归口管理辖区内保险行业协会和保险学会等行业社团组织;负责保监局的外事管理;管理外资保险机构驻当地办事处的有关事务;承办地方有关的人大代表建议和政协提案;根据中国保监会党委工作规则,负责局党委办公室日常工作。

财产保险监管处主要职责　承办对辖区内财产保险市场的监管工作。根据国家法律法规及中国保监会规章,拟订和落实辖区内财产保险市场监管的相关实施细则、具体办法和工作措施;检查规范财产保险市场行为,对违法违规行为进行查处;负责辖区内财产保险公司、再保险公司分支机构的非现场监管;承办财产保险公司、再保险公司分支机构及财产保险公司营销服务部准入、变更、退出等事项的审批和管理工作;审查和管理财产保险公司、再保险公司分支机构高级管理人员任职资格;负责财产保险条款及费率的有关管理工作;研究财产保险市场运行情况,提出政策建议。

人身保险监管处主要职责　承办对辖区内人寿保险市场的监管工作。根据国家法律法规及中国保监会规章,拟订和落实辖区内人寿保险市场监管的相关实施细则、具体办法和工作措施;检查规范人身保险市场行为,对违法违规行为进行查处;负责辖区内人寿保险公司分支机构的非现场监管;承办人寿保险公司分支机构及营销服务部准入、变更、退出等事项的审批和管理工作;审查人寿保险公司分支机构高级管理人员任职资格;负责人身保险条款及费率(含短期健康险、短期意外险)的有关管理工作;研究人身保险市场运行情况,提出政策建议。

保险中介监管处主要职责　承办对辖区内保险中介市场的监管工作。根据国家法律法规及中国保监会规章,拟订和落实辖区内保险中介市场监管的相关实施细则、具体办法和工作措施;检查规范保险中介机构及其分支机构的市场行为,会同有关处室检查规范营销员及兼业代理机构的市场行为,对违法违规行为进行查处;负责保险中介机构及其分支机构的非现场监管;根据中国保监会的授权,承办保险中介机构及其分支机构准入、变更、退出等事项的审批和管理工作,审查有关高级管理人员任职资格;承办保险兼业代理机构的准入、变更、退出等事项;负责组织辖区内保险中介从业人员基本资格考试工作;研究保险中介市场运行情况,提出政策建议。

法制处主要职责　制定或者审核贯彻实施保监会监管规章的有关文件;对辖区内行政许可事项的合法合规性进行审核;审核保监局的行政处罚程序、内容、依据及相关证据的合法性;对保监局各类监管措施的合法性进行审核;承办辖区内有关的行政诉讼、行政复议工作;监督有关行政执法工作情况和法律法规、规章的执行,协调地方立法机关、司法机关和有关政府部门之间的有关法律事务;接受保险法律咨询,组织普法宣传和法制教育;跟踪了解辖区内保险业发生的重要案件,及时收集和反映存在的问题,提出意见和建议。受理、催办、督办保险业务方面的信访投诉;受理行政许可申请,送达行政许可决定,颁发许可证。

统计研究处主要职责　归口管理当地保险业统计资料和数据,汇总、编制和报送全辖区保险业数据、报表,对保险业统计数据进行分析并向保监会报送统计分析报告;负责向办公室提供对外发布和报送地方政府及有关部门的保险业统计数据;负责维护和管理保监局的保险监管信息系统、办公自动化系统和内部网站,根据授权负责辖区内的保险业信息化建设工作;负责维护保监局网络的正常运行,维护和管理保监局的计算机设备;研究、拟订当地保险业的发展规划和政策措施;调研、分析保险市场整体运行情况,研究监管工作和保险业发展中的重要问题,提出解决的意见和建议;负责保监局有关重要文件和文稿的起草工作。

人事教育处(宣传群工处、党委组

织部）主要职责　根据中国保监会的规章，拟订保监局人力资源管理的制度、办法并组织实施；按照干部管理权限，负责保监局的人员调配、考核任免、人员工资管理、专业技术职务管理、人事档案管理和干部教育培训等工作；负责保监局党的组织建设和党员教育管理工作；负责保监局党的思想建设、宣传和思想政治工作，负责统战、群工及工会、共青团、妇联等工作；承办中国保监会对派出机构年度工作业绩考核、评估的有关工作。

稽查处主要职责　处理保险业非法集资、打三假等专项工作，协调公安、司法部门共同打击保险领域违法犯罪活动；配合人民银行组织实施辖区内保险业反洗钱案件检查；承担稽查委员会日常工作；组织、协调辖区内综合性检查工作和保险业重大案件调查；负责处理保监会稽查局转办的信访件；承办局长室交办的其他工作。

监察处（纪委办公室）主要职责

负责拟定保监局纪检监察工作办法、制度并组织实施；监督检查党和国家的路线方针政策及保监会党委、纪委有关指示、决定的贯彻执行情况；监督检查国家法律法规和保监会各项规章制度的贯彻执行情况；组织开展对党员干部党风党纪和反腐倡廉宣传教育培训工作；检查处理保监局所属党组织和党员违反党纪政纪的案件；领导监管分局和保险社团的纪检监察工作；指导监管分局和保险社团的党风廉政建设工作；受理对所属基层党组织、党员的检举、控告；受理所属基层党组织、党员和工作人员的申诉；协调落实当地党委、纪委转办的工作；完成保监会纪委、监察局和保监局党委交办的其他工作。

中国保险监督管理委员会苏州监管分局

【工作概况】　2013年，中国保险业监督管理委员会苏州监管分局坚持“稳中求进”的工作基调和“抓服务、严监管、防风险、促发展”的基本思路，突出抓好提升保险服务质量、规范保险市场秩序、提升服务地方经济发展以及分局建设等方面工作。

苏州保险市场发展的总体情况

一是保费收入高位增长。全年全市实现保费收入269.8亿元，占全省总保费的18.66%，保费规模居全省第一，在全国大中城市中列第九位。保费同比增长13.64%，分别超过全国、全省平均水平2.44个百分点、2.51个百分点。二是市场体系更加完善。苏州辖区共有保险主体72家，总公司1家，省级分公司3家，其他总公司直管机构18家。保险专业保险中介机构76家，保险从业人员近3.1万人。三是服务能力不断增强。全市保险业为6.3万家企业、16.2万户家庭、333万辆机动车等提供总额9.3万亿元的财产保险保障；农业保险为全市28万户次农户提供32.3亿元风险保障，向3.77万受灾农户支付赔款3011.6万元；大病医疗保险扩面工作取得明显成效；保险业加大社会保障体系参与力度。四是区域风险有效防范。2013年苏州保险行业市场秩序稳定规范，车险理赔难、财产险恶性价格竞争等行为得到有效遏制；寿险挪用保费、侵占保险金、非法集资以及因销售误导引发的非正常退保等风险得到较好控制。行业继续加强内控机制建设，未出现系统性风险和群访群诉事件；未出现较大规模的退保和满期给付风险，未出现重大案件。

主要监管工作

防范系统性区域性风险。2013年，苏州保监分局以维护市场安全稳健运行为重点，高度关注退保和满期给付风险、案件风险。一是根据2013年度苏州人身险公司风险排查图，每月定期监测退保、满期给付的产品和规模情况，并建立重点公司月度预警通告制度；建立与市政府及宣传部门的联动工作机制，要求新闻媒体慎重报道负面新闻。二是加强风险动态监测和预警，对常熟、昆山、太仓、张家港保险市场开展实地巡查，实现苏州下辖区县监管全覆盖。三是积极防范各类案件风险，对辖区内保险司法案件风险现状摸底排查，加强与苏州公安经侦沟通协调，指导协会建立月度保险诈骗案件会商制度和反保险欺诈培训机制。四是建立大病保险运行监测制度，及时跟踪辖区大病保险保障内容、筹资机制、风险共担机制等情况。

保护消费者权益。2013年，苏州保监分局建立健全消费者权益保护机制。一是在全省率先推出五项举措，推进解决车险理赔难和寿险销售误导，包括：开展夜间车险理赔服务质量现场测评，建立轻微事故怠于理赔受害方求偿机制，建立小额人伤事故快赔快处机制，建立银行邮政代理渠道神秘人巡查制度，搭建苏州市保险行业电话营销禁拨号码登记平台。二是推动协会完善保险合同纠纷调解和裁决机制，在全省首创在基层交警队设立保险理赔咨询室，聘请公估机构进行事故理赔纠纷调处；与物价部门共同开展保险毁损财物价格鉴证；深化与法院等部门共建的四方联动诉前调处机制。三是建立重点难点信访件事前会商办法，加强重点信访件督办和信访工作量化考核。全年分局收到信访件477件，正式受理229件，通过对接机制办理125件合同纠纷，为消费者挽回经济损失超过200万元。四是继续开展“文明服务窗口”创建活动，举办首届苏州保险业专业中介机构岗位技能大赛，促进保险行业提高服务质量和水平。

规范市场秩序。2013年，苏州保监分局以强化监管制度执行力为着力点，持续规范市场秩序。一是突出检查重点，财产险重点选取业务增长高、市场反应高、费用指标高的“三高”公司作为监管重点对象；人身险重点查处销售误导、业务和财务数据不真实；保险中介重点整治非法套取资金。对20家机构开展30次现场检查，罚款26万元，下发监管函23份，对36家机构负责人实施监管谈话或风险警示性谈话38次。二是开展基层机构和高管的清理，举办2013年苏州保险业县区支公司高管人员形势政策和法律法规培训班，强化对高管人员的合规管理。三是分局支持和指导协会聘请独立第三方开展自律检查，指导协会开展全市企财险行业自律公约执行情况、保单回访、银保网点暗访等自律检查，以自律形式对监管形成有效补充。

开展保险宣传。2013年作为苏州“保险宣传年”，苏州保监分局开展“保险相伴,美好生活"为主题的形式多样的保险知识普及工作,加大保险正面宣传力度。一是围绕保险宣传的"五进入"目标,重点开展"五个一"工作:编制一套教育宣传手册,拍摄一部苏州保险业形象宣传短片,针对基层群众进行一系列保险知识集中宣讲活动,联合市教育局开展一次"保险让生活更美好"为主题的书画摄影比赛,联合市消保委举办一场保险消费者教育实践和路径探索论坛。在全省率先开展保险知识"进党校",向全市党政机关领导赠送《中国保险报》,提高苏州各级党政领导干部运用保险促进和谐社会建设的能力。二是开展"3·15"消费者权益日、"全国保险公众宣传日"等主题宣传活动,实现监管部门、市场主体、保险消费者和社会公众的互动。三是整合行业公益慈善资源,成立全行业"学雷锋志愿者服务队"和"保险业慈善基金",每月开展公益活动,向各类困难人群捐助款物近50万元。

服务地方经济建设。2013年,苏州保监分局配合市政府打造区域金融中心,出台苏州特色区域保险市场发展规划。沟通协调保险资金落地苏州,全年保险资金在苏投资余额115.8亿元,2013年新增105.5亿元,同时分局密切监控相关项目建设风险。参与市贸银信合作平台建设,通过信用保证保险为企业提供融资便利58.1亿元;发展出口信用保险,支持全市外贸出口129.2亿美元,占全省28.7%。协助苏州高新区获批"保险与科技结合"综合创新试点;推动全国首单知识产权综合责任险在苏州签约;推动保险业加入"苏州市科技金融服务平台",为科技企业提供一站式金融服务;与相关部门联合出台科技保险和知识产权保险保费补贴办法;推动市政府设立科技保险风险池资金,分担承保公司超额赔付风险;支持全国第一家科技保险专营机构发展。全年科技保险保费收入近3000万元,为科技型小微企业提供融资便利超过2亿元。

参与社会管理体系建设。2013年,苏州保监分局加大保险业参与社会管理力度。一是推进"三农保险",在实现基本种养殖业保险险种和区域全覆盖的基础上,重点发展高效农业和特色农业保险,在全省首创农产品价格指数保险,推动相关公司开发"种桃"保险、内塘螃蟹养殖保险等新险种,扩大高效农业保险覆盖面。二是发展多层次责任保险,为各类企业提供5.67亿元的环境污染责任保障;为全市665所学校、405家医院、71家旅游公司分别承保校园方责任保险、医疗责任保险和旅行社责任保险;安全生产责任保险扩面工作取得明显成效,为全市各类企业提供近40亿元的安全生产责任风险保障。苏州道路救助基金垫付救助规模1096万元,同比增长27%。

参与社会保障体系建设。2013年,苏州保监分局推动大病保险,鼓励符合条件的保险公司参与大病医疗保险项目;拓宽和深化自然灾害民生保险保障范围和程度,以地方政府与保险公司"联办共保"方式在全市所有区县开办自然灾害民生保险,为647万户籍居民和214万家庭提供逾万亿元风险保障;与相关部门合作为全市62.5万名老人、5.28万余名残疾人提供80多亿元的老年人和残疾人团体意外风险保障;承保养老机构综合责任险和居家养老服务组织责任险,提升养老行业的风险抵御能力;与苏州市计生委合作开展覆盖全市的优生优育疾病保险。

【局领导简介】 单来锦,1966年4月生,山东滕县人,大学学历,高级会计师。曾任煤炭工业部南京设计研究院副处长、主任会计师,2003年1月进入中国保监会,历任江苏保监局检查处副处长(主持工作)、机构处副处长(主持工作)、财产保险监管处处长,2010年4月任苏州保监分局党委书记、局长。

黄庆,1977年10月生,湖北宜昌人,大学本科毕业,硕士学位。2000年7月参加工作,2004年12月进入中国保监会,历任江苏保监局财产保险监管处副科长、科长、处长助理、副处长,2012年8月任苏州保监分局党委委员、纪委书记、副局长。

蔡毅钧,1977年4月生,江苏南通人,大学学历,硕士学位。1999年7月参加工作,2004年12月进入中国保监会,历任江苏保监局办公室科长、苏州保监分局监管处处长、局长助理,2012年9月任苏州保监分局党委委员、工会主席、副局长。

【机构设置】 2010年4月29日,苏州保监分局正式挂牌成立,成为全国第一家地市级保险监管机构。分局设办公室、监管处和统计研究处3个处室,全局有干部17名,平均年龄32岁,均为本科以上学历,其中硕士以上学历10人,中共党员15名。

为民监管
依法公正
科学审慎
务实高效

ANGSU BAOXIAN NIANJIAN

行业发展

江苏保险业综述

【市场概况】 2013年，江苏省保费收入1446.08亿元，比上年增长11.1%。在全国36个省(市)中，江苏保费规模列第一位。其中，财产险保费518.61亿元，人身险保费927.47亿元。

【机构建设】 截至2013年底，江苏省有保险公司90家，其中法人机构4家，分别为紫金产险、利安人寿、东吴人寿、乐爱金产险，另有一家国联人寿正在筹建，产险公司39家，寿险公司51家。保险中介法人机构146家。保险公司资产总额3573亿元。

【服务经济社会】 推进大病保险工作。2013年，大病保险在江苏省12个省辖市(除镇江市外)铺开，覆盖2794万人，保费收入5.12亿元；接到理赔报案46548人次，赔付40136人次，补偿金额1.1亿元，人均补偿2740元。

率先推动科技保险发展。苏州、南京2家科技保险支公司率先获批，目前江苏是全国唯一设立科技保险专营机构的省份。2013年，全省实现科技保险保费收入1.66亿元，为536多家次高科技企业提供风险保障1000多亿元。

引导保险资金投资基础设施项目。江苏保监局引领全行业支持全省重大项目建设，加大保险资金在江苏投资力度，丰富保险资金运用方式和手段，为全省实现"稳增长、促转型、惠民生"目标提供长周期、低成本资金支持，服务"八项工程"(转型升级、科技创新、农业现代化、文化建设、民生幸福、社会管理创新、生态文明建设、党建工作创新)建设。截至2013年底，保险资金在江苏投资基础设施16项，投资规模356亿元；投资不动产项目6项，投资规模158亿元；加上债券、未上市公司股权、其他金融产品等，2013年底全省保险资金投资余额1034亿元。

完善农业保险经营模式。2013年，农业保险保费收入及农险基金31.49亿元，支付各类农业保险赔款12.13亿元，受益农民378.38万户次，主要种植作物小麦和水稻承保覆盖面均超过90%。江苏农业保险工作实现"三个涵盖"，即保险险种基本涵盖江苏种植养殖业主要品种、保险责任基本涵盖江苏发生频繁和易造成较大损失的灾害风险、参保对象基本涵盖从事农业生产和农产品加工的各类主体，全省农业保险覆盖网络已经形成。

推进责任保险发展。发展环境污染责任保险、食品安全责任保险、医疗责任保险、电梯安全责任保险等关乎社会稳定、民生安全的重点业务。环境污染责任保险方面，推动建立地方强制环境污染责任保险试点，2013年，环境污染责任保险为全省3854家投保企业提供34.22亿元风险保障；食品安全责任保险为全省422家企业提供8.55亿元食品安全保障；医疗责任保险实现保费收入1.88亿元，承保2713家医疗单位，提供风险保障14.15亿元。

无锡市保险市场

【市场概况】 2013年，无锡保险业实现保费收入169.62亿元，同比增长10.76%，市场保费规模位列江苏省第三位。其中财产险保费收入65.06亿元，同比增长15.12%；人身险保费收入104.56亿元，同比增长8.21%。全行业上缴营业税3.93亿元，上缴个调税1.13亿元，上缴房屋及土地税219万元，代扣代缴车船税4.24亿元。保险深度2.10%，同比增长0.8%；保险密度3591.89元，同比增加333.89元。

【机构建设】 2013年，无锡商业保险公司69家，其中财产险公司28家，人身险公司41家。保险中介机构14家，其中经纪公司2家、代理公司11家、公估公司1家。无锡财产保险业承担风险保障4.21万亿元，产寿险支付保险赔款及各类给付55.99亿元。

2013年，无锡市商业保险主体新增永诚财产保险股份有限公司、东吴人寿保险股份有限公司无锡分公司2家，江苏宁价保险公估有限公司无锡分公司关闭。考试中心累计报名人数21926人次，参考20094人次，参考率为91.64%；考试合格14967人，通过率为74.48%。全年结算中心累计结算10761笔，结算金额为23554.15万元。

【服务民生】 2013年，政府出资购买服务，无锡市先后建立自然灾害公众责任保险、养老机构综合责任保险、"安康关爱"意外伤害保险、居民住房财产保险等保险制度。

新一轮自然灾害保险全覆盖。从3月25日起，凡无锡市区、江阴、宜兴户籍居民，在无锡市行政区域范围内因自然灾害受到人身伤害的，均可获保险公司理赔。12月6日，新一轮自然灾害公众责任保险正式签约，投保期限由1年改为3年。从2013年11月20日起，无锡市区及江阴市、宜兴市继续实施一体化自然灾害公众责任保险制度，对全市城乡居民遭受13种自然灾害及火灾、爆炸等事件造成的人身伤害给予慰问救助和医疗补助，对特定家庭住房财产损失给予补助。救助慰问金最高每人每次10万元，医疗补助金最高每人每次4万元。无锡实施自然灾害保险制度1年来，发生出险案件29件，发放救助慰问金251.43万元。

养老机构综合责任保险关爱老人。自1月起正式推出养老机构综合责任保险。养老机构综合责任保险保费标准为入住人员每人100元/年，政府补助70%，养老机构自负30%。无锡市养老机构综合责任保险属于准公共保险产品，全市依法登记运营且自愿参加综合责任保险的养老机构均可投保。该保险主要保障范围为参保养老院入住老人的意外伤残及由此引发的身故责任、施救费用和相关法律费用三项。养老机构综合责任保险对无锡市(含江阴市、宜兴市)范围内依法登记运营的各种所有制养老机构，实行"统一条款、统一费率、统一管理、统一保险服务"的原则。目前全市145家养老机构参保，保障入住老人约1.3万人。

居民住房财产保险率先"破冰"。从8月30日起，无锡在锡山、惠山两区先行试点建立城乡户籍居民住房财产保险制度。城乡户籍居民住房财产保险按照"低保障、广覆盖、普惠百姓"

的思路设计，为锡山区、惠山区城乡户籍居民每户限保自主确定的自有的任何一处住房及其合同约定的室内附属设备、室内装潢、室内财产（违章建筑部分除外）提供保障。城乡重点优抚对象家庭、低保家庭等困难群体赔付增加1倍。

职工住院补充保险缓解“看病贵”。无锡市在职职工住院医疗互助保险项目自1月起实行。该项目被列入2013年度无锡市政府“为民办实事”十大工程。在职职工住院医疗互助保险由无锡市政府指定无锡市总工会、无锡市退管会以购买商业保险的方式具体实施。该保险覆盖全市20万参加社保的在职职工。被保险人在无锡市社保基金管理中心认定的医院住院治疗，或是特殊病种的门急诊治疗，在统筹医疗保险基金和补充医疗保险基金支付范围内，属于个人自负部分的医疗费用，可获得该费用60%的保险理赔金。

大病保险制度解居民后顾之忧。作为2013年度无锡为民办实事项目，大病保险制度9月1日起在无锡市区全面施行。保障对象为无锡市区居民基本医保和城镇职工基本医保的参保人员。保障范围是对参保人员年度发生的住院和门诊特殊病种治疗的合规医疗费用，经居民基本医疗保险、城镇职工基本医疗保险和职工补充医疗保险、公务员医疗补助补偿后，个人负担超过上一年度城镇居民年人均可支配收入50%以上的部分（1.7万元）给予保障。大病保险资金分别从职工基本医疗保险基金和居民基本医疗保险基金结余中划拨，不足部分，由补充医疗保险基金弥补。

2013年，无锡在全省率先推出老年人意外伤害公益险，15万人参保。无锡市区2.32万名低保对象获赠免费人身意外险。

江阴新型农村合作医疗自2005年起参合率连续8年达到100%。新型农民基本养老保险使农民老有所养。宜兴新型农村合作医疗参保人数40.9万人，其中领取养老金人数为22.1万人。

【服务经济社会】 推进环境污染责任险。截至2013年底，无锡市对拟投保企业进行环境风险评估累计1200余家，帮助企业排查出较大隐患200多个，经风险评估后的投保企业824家，承担责任风险11亿元。无锡环境污染责任保险企业投保率达到68.7%。

推进安全生产责任保险。无锡地铁1号线建设中无锡保险业承担了220亿元的风险保障。从2008年开始，无锡市陆续在危化行业、建筑施工行业、交通运输行业试点安全生产责任保险，满足3626家企业、8954个工程项目、72514辆运输车的不同需求。4年来，累计实现保费30527.75万元，共受理2864件理赔案，累计支出赔款6693.24万元，为三大行业提供了近1500亿元的风险保障。

推进农业保险。无锡保险业不断探索完善政府与保险公司的“联办共保”机制，政策性农业保险在继续巩固小麦、油菜、水稻、能繁母猪、奶牛五大险种的基础上，又重点开办高效设施保险和地方特色农业保险，新开发林木火灾、水蜜桃、水生蔬菜、育肥猪等10个高效特色农保险种，参保农户52.53万户次，提供风险保障16.51亿元。无锡太湖阳山水蜜桃科技有限公司为桃农6.67公顷（100亩）桃林投保水蜜桃保险。该险种覆盖锡山、惠山等乡镇。

“庭前调解”开启诉调对接新模式。无锡市保险行业协会会同无锡市中级人民法院，制定对于司法实践、人民调解、保险理赔共同适用的道路交通涉人伤案赔偿标准——“终极理赔标准”，并确立“庭前调解”工作模式。4月实行“庭前调解”，至10月，市行业协会参与成功调解案件251件，涉案金额1550万元，调解成功结案率94%。

提升保险理赔速度。2013年国庆黄金周期间，无锡交巡警和保险公司在相关高速公路收费站、服务区、交巡警大队设立事故快速处理点，处理轻微事故1680起。

【消费者合法权益保护】 2013年，无锡保险业投诉率同比下降65%。市保险行业协会与市消费者权益保护委员会在无锡市保险行业协会、人保财险无锡分公司、中国人寿无锡市分公司成立消费维权12315监督（联络）站。68家产寿险公司设立总经理接待日。

【服务创新】 保险理赔运用高科技。无锡人保财险开展快速理赔项目攻关，利用3G查勘等新技术，2万元以内单独车损案件1小时就可赔付。“掌上人保”让保险理赔变得更简单，客户发生不涉及人伤、物损的车辆损失事故时，只要通过手机提交相关单证等资料，就可以理赔。平安产险升级“快易免”服务，推出“结案支付、及时到账”服务，赔款金额单笔支付5万元以下均可享受。这项服务从赔案结案发起支付，赔款到账只需60秒。阳光车险最新推出“闪赔”自助服务，客户通过手机客户端或登录官网“车险自助理赔”服务模块即可办理索赔。平安人寿推出微信服务平台和“永不落幕”网上客户节。

开展保单有奖查询。2013年5月1日—11月30日，凡持有江苏省人身险公司一年期以上个人保单的客户，通过从媒体、省、市保险行业协会网站以及其他途径获取保单信息反馈表，并反馈至保险公司，或通过其他查询渠道进行保单信息查询，即可参与抽奖。

【行业宣传】 制作保险微电影。11月，由无锡市保险行业协会与市中级人民法院联合制作的宣传诉调对接的微电影《有话好好说》，在江苏电视台城市频道及无锡电视台播出。无锡市保险行业协会还组织拍摄《选择》《依靠》等10部保险微电影，电影情节均取材于无锡保险公司真实理赔案例。

宣传保险知识。无锡保险行业协会利用网站等新媒体，全年上载稿件210篇；无锡广播电视台《今晚60分》《第一看点》《今日财经》和《阿福聊斋》等栏目播放“远离非法集资，拒绝高利诱惑”等公益广告及宣传片；与《无锡日报·金融周刊》合作，成立无锡市保险宣传工作委员会，开展行业宣传、普及保险知识。

赠送保险丛书。无锡市金融办、无锡市保险行业协会和市保险学会联合举办保险知识普及丛书赠书仪式，全市60家保险机构出资赠书，将保险书籍送到学校、街道和社区。

【人员培训】 无锡保险业加强人才培养，提高从业人员素质。无锡市保险行业协会连续2年组织全行业岗位技能大赛。2013年保险销售从业人员岗位技能大赛，5名获奖选手代表无锡保险业参加江苏保监局举办的技能大赛，无锡市保险行业协会获得优秀组织奖。

徐州市保险市场

【市场概况】 2013年，徐州市保险业实现保费收入102亿元(不包括寿险分红理财险保费和出口信用险保费)，保费规模首次突破百亿大关，同比增长15.62%，增速在全省排位第四名，扭转近两年来业务增速低位徘徊的状况。其中，财产险32.9亿元，同比增长15.3%，全市财产险系统业务整体实现盈利；人身险保费收入69.3亿元，同比增长15.74%。

【机构建设】 截至2013年底，徐州市级保险机构57家，其中产险机构23家，人身险机构32家，养老险机构2家；中资保险公司50家，外资保险公司7家；全市保险分支机构和营业网点400余家。代理公司及分支机构近400家，其中，经纪公司1家、专业保险代理机构16家，保险兼业代理机构380余家；保险从业人员3.5万余人。徐州保险业已经形成主体多元、功能多样、保险公司与保险中介相互协调的保险市场体系。

【运行特点】 整体实力持续增强。2013年，徐州市保费规模在全省排名第六位，与第五位常州市基本接近；在苏北及淮海经济区地市中持续排名第一位。保险公司整体实力不断增强，中国人保财险、中国人寿、太平洋财产、平安财险、华泰人寿等多家分(中支)公司业务规模经营效益在各自系统全国地市机构中排位靠前。

防范风险成效明显。妥善应对集中满期给付和退保高峰的冲击，行业现金流保持充足，个别公司满付和退保风险得到及时处置，行业抵御风险的能力不断增强。2013年8月寿险费率市场化改革启动以来，普通型人身险新单保费同比增速明显。资金运用改革拓宽投资渠道、优化资产结构，保险资金参与徐州经济建设合作有所进展，平安保险资产管理公司、泰康人寿资产管理公司两家成功对接2013年徐州市重大项目建设。

服务能力不断提升。农业保险、责任保险、养老和健康保险等领域覆盖面进一步扩大，参与社会管理创新和社会保障体系程度进一步提高。徐州外贸企业出口信用保险金额6.94亿美元，同比增长34.8%，连续3年居苏北之首。2013年，全市保险业承担风险总额2万亿元。

常州市保险市场

【市场概述】 2013年，常州保险业务持续较快增长。全市保费收入为118.42亿元，同比增长9.83%，市场份额居全省第五位，财产险保费39.38亿元，同比增长16.74%；人身险保费79.04亿元，同比增长6.68%。全市保险深度约为2.72%，保险密度约为2524元，比2012年增加300余元。

【机构建设】 常州保险主体增加至64家，其中产险公司27家，寿险公司37家，(县)市、区基层机构进一步增设，服务网络逐步完善，管理水平逐步提高；专业保险中介机构18家，其中法人机构5家，分支机构13家；保险从业队伍不断发展壮大，从业人员约1.3万人，其中持证营销员人突破万人。

【服务创新】 一是经济补偿功能充分发挥。2013年，全市产险承担风险保障金额2.37万亿元，同比增长85.31%。各财产保险公司支付赔款23.37亿元，同比增长23.21%；各人寿保险公司支付赔款2.56亿元，给付满期保险金13.95亿元，各项合计39.88亿元，同比增长33.29%。赔案及给付件数663409件，工作日平均每天处理约2550件，理赔结案时间平均控制在15天以内，理赔结案率95%以上。二是社会管理功能进一步加强。全年农业总保险金额24.31亿元，为全市38.5万公顷(537.73万亩)农作物、2339.05万头家畜提供保险保障，保费总量4771.95万元，较上年同期增长44.7%，其中高效农业总保费2376.8万元，占总量49.81%。医疗、高危行业、环境污染、火灾公众责任、科技创新等责任保险及城镇居民自然灾害保险、新型农村合作医疗保险、大病保险等民生保险正在让企业群众受惠。道路救助基金累积垫付595件，总金额1587.63万元，其中垫付抢救费576件，金额为1580.61万元，丧葬费18件，金额为6.03万元。2013年共垫付281件，垫付金额767.71万元，其中垫付抢救费280件，金额为767.07万元，丧葬费1件，金额为0.64万元。全市保险业逐步建立健全重大自然灾害、安全事故的快速反应机制和协同工作机制，2013年初发生雨雪灾害天气，全行业紧急动员，各家保险公司快速参与事故处理，尽可能帮助受灾企业群众，特别是受灾农户恢复生产生活。

【开展反保险欺诈工作】 一是车险诈骗打击区域由常武地区向溧阳市(县)延伸。二是常州市公安经侦和交警部门合作成功侦破一起“杀妻骗保”案，保额为450万元。三是全市保险业与公安经侦部门建立日常协作机制，拟共同建立理赔信息数据库，加大筛查可疑案件线索力度，做到即发现、即侦破，努力遏制保险欺诈行为。四是将反保险欺诈由车损向企业财产损失、人伤损失等方面延伸，进一步加大反保险欺诈工作覆盖面。五是将交警部门引入反保险欺诈联动机制，将打击骗赔从既遂案件拓展到未遂案件，对涉案金额未达到刑事案件立案追诉标准或骗赔未遂的案件，共同协商依法给予治安管理处罚。

【构建完善的纠纷调解机制】 一是2013年常州市保险行业协会调处中心共接到各类投诉咨询206件，其中有效投诉案件80件，寿险59件，产险19件，办结率超过96%。二是构建的市区三公里范围圈的道路交通事故保险理赔“一站式”服务网络再次延伸，轻微交通事故调处机制由市内延伸至高速公路。个人调解(即自行协商处理方式)成为了化解轻微交通事故赔偿的主要方式，事实清楚责任明确的轻微交通事故由各方当事人自行协商，提升事故处理效率，有效化解矛盾纠纷。三是常州保险行业协会与市交警支队事故处理大队联合建立的“服务信息资源库”，以“QQ群”方式搭建的各产险公司理赔部门与事故处理部门交流平台，帮助处理事故的交警快速、准确地进行赔偿调解工作。四是顺利完成调解专家委员和专职调解员的聘任工作，保障保险合同纠纷调处工作有序开展。

【开展放心消费、平安金融创建工作】 常州市保险行业先后赢得17项“先进行业”、“示范单位”、“先进单位”等称号，常州市保险行业协会与市法院、公安、司法共同建立的道路交通事故损害赔偿纠纷联动调处机制入选“江苏省放心消费创建百件惠民实事”。全市50余家保险公司通过平安金融创建验收。

【配合政府职能部门推动政策性险种】 常州市保险行业协会积极与市政府金融办、农工办、财政局、人社局、科技局、环保局、工商局等职能部门沟通协作，加快科技保险、环境污染责任险、食品安全责任保险、高效农业保险和大病保险等推广工作。

【举办常州市公共场所安全保障体系建设研讨会】 研讨会由常州市安全生产委员会、常州市社科联和常州大学主办，常州市保险行业协会和保险学会承办。来自常州市人大、市政府、常州大学、市安全生产委员会、市社科联、人民银行常州中心支行、市质检局、市工商局、市消防支队、常州日报、常州广播电视台、常州晚报、常州中吴网、保险行业协会和保险学会等单位的26位有关领导和专家出席研讨会。与会人员结合各自部门的工作职能，围绕政府职能部门如何监督公共场所的安全和推动火灾公众责任保险；如何提升公共场所经营者和广大市民的风险意识；如何高效处理事故发生后的赔偿等一系列安全保障体系方面中的问题进行广泛的研讨，提出了许多富有建设性和可操作性的真知灼见。常州电视台、常州广播电台、常州晚报和常州中吴网对公共场所安全保障体系建设研讨会作全面报道，特别是《常州日报》理论版对研讨会的参与人员的发言作整版报道，创下常州新闻媒体对保险报道的新纪录。

【广泛宣传保险功能】 一是在“3.15”和“7.8”前后举行大型广场宣传咨询活动，市各主流媒体全方位报道，充分展现行业维护保险消费者合法权益和践行保险行业核心价值理念的决心和举措。二是持续开展保险好新闻评比活动，全年播出保险新闻200余篇(条)，对其中评选出好新闻的记者和编辑进行奖励。三是保险行业协会和保险学会与新闻媒体记者建立了良好的互动机制，发挥新闻媒体宣传保险功能和普及保险知识的主力军作用。

苏州市保险市场

【市场概况】 2013年，苏州市实现保费收入269.8亿元，保费同比增长13.64%。其中，财产险保费122.79亿元，同比增长17.20%；人身险保费147.01亿元，同比增长10.83%。

【机构建设】 苏州辖区有保险主体72家，2013年新增4家。产险公司33家，寿险公司39家；中资公司52家，外资公司20家。总公司1家，省级分公司3家，其他总公司直管机构18家。保险公司分支机构880家，分支机构数量居全国地级市首位。保险专业中介机构76家，保险从业人员近3.1万人。

【运行特点】 保费收入高位增长。2013年，苏州市实现保费收入269.8亿元，占全省总保费的18.66%，保费规模居全省第一位，在全国大中城市中列第九位。保费同比增长13.64%，增速在苏南五市排名第一位，分别超过全国、全省平均水平2.44个百分点、2.51个百分点。财产险保费122.79亿元，同比增长17.20%；人身险保费147.01亿元，同比增长10.83%。全市保险深度2.07%，保险密度4127元/人。

经营质量持续优化。全市产险业实现承保利润6.3亿元，占全省产险业承保利润的33.83%，承保利润总额保持江苏省第一位，居全国大中城市第四位。意外险、健康险等保障型业务发展较快，同比分别增长19.0%、28.9%；寿险业务质量进一步提升，寿险新单标准保费32.5亿元，同比增长19.6%，增速同比提高13.1个百分点。

区域风险有效防范。2013年，苏州保险行业市场秩序稳定规范，车险理赔难、财产险恶性价格竞争等行为得到有效遏制，产险业务综合费用率低于全省平均水平2.55个百分点，综合费用率水平全省最低；寿险挪用保费、侵占保险金、非法集资以及因销售误导引发的非正常退保等风险得到较好控制。行业继续加强内控机制建设，未出现系统性风险和群访群诉事件；未出现较大规模的退保和满期给付风险，未出现重大案件。

【服务经济社会】 2013年，苏州市保险业为6.3万家企业、16.2万户家庭、333万辆机动车等提供总额9.3万亿元的财产保险保障；农业保险为全市28万户次农户提供32.3亿元风险保障，向3.77万受灾农户支付赔款3011.6万元；大病医疗保险扩面工作取得明显成效；保险业加大社会保障体系参与力度。保险赔款与给付94.13亿元，同比增长31.39%。保险资金在苏投资余额115.8亿元，列全省第二位。

南通市保险市场

【市场概况】 2013年，南通市保险公司70家，保险销售公司15家，保险专业中介机构24家、兼业代理机构615家，保险从业人员2万多人。实现保费收入139.86亿元。其中，财产保险保费收入39.45亿元，同比增长23.83%；人身险保费收入100.41亿元，同比增长0.67%。机构数、从业人

员数和保费规模均居全省第四位、全国第21位。

【服务经济社会】 南通市保险业参与政府管理。2013年,南通多家保险公司参与"高效设施农业、残疾人意外伤害、新农合以及海门山羊、海安白头鸡"等政府主导保险的项目承保工作。协会与政府主动协调,合作并成功进行环境污染责任险、城镇职工大病医疗补充保险等项目的开发承保工作。

综合治理理赔难。研究制定《南通市保险行业协会开展2013年机动车辆保险理赔综合测评工作方案》,以提高产险公司理赔服务水平。市保险行业协会会同交巡警支队召开加强市区道路交通事故定损服务中心建设的座谈会,印发《关于进一步加强市区道路交通事故定损服务中心建设的通知》,推动定损服务中心建设,提高快速理赔中心服务水平。协会制定培训计划,聘请资深理赔经理、经侦专家和专业教授担任讲师,对查勘员分期分批进行培训考核。

【消费者合法权益保护】 南通市保险行业协会成立消费者权益保护部,配备专职工作人员,负责建立投诉受理台账、记录投诉信息和及时反馈投诉处理结果。在市保险行业协会设立消费者权益监督站,通过电台、报社、协会网站等媒介,公布保险消费者权益保护举报方式,为保险消费者提供保险消费方面的服务咨询、政策法规和诉讼请求。市保险行业协会与南通中院和交巡警支队,联合召开全市法院、公安系统、保险行业纠纷联动化解工作座谈会,确立诉调对接工作机制。定期召开联席会议,交流经验、沟通问题,实现社会资源有机整合。2013年,协会参与调解各类案件3953件,总金额1.75亿元。其中,调解成功2755件,金额9811万元。收到调解通知书和出庭通知书2703份,调解成功率90%以上。

【反保险欺诈】 2013年,南通市反保险欺诈工作站受理各类疑似骗保案件115件,涉案金额1400万元,经查涉及骗保和虚假赔案106起,减损金额214万元。移交公安部门处理18件,公安立案5起,追回保险赔款26万元。查获假发票60余张、假公安派出所事故证明100多份。抓获各类骗保分子30余人,犯罪嫌疑人6名,1人被批捕。反保险欺诈工作站"调查报告"得到公安部门、会员公司上级公司和法院的采信和肯定。有的公安部门把调查报告作为立案侦办主要依据,有的会员公司上级公司把调查报告作为审核批复重要依据,按照调查报告出具结论,作出"免赔、拒赔、协赔、全赔"决定;南通市中级人民法院在判决和调解中开始采纳认可调查报告。

【行业自律】 制定规范。2013年10月1日,《南通保险业车险自律行为规范》发布,要求各产险公司严格按照向保监会报备的费率因子制定车险核保政策,严禁随意使用、调整和突破自律约定;车险电销经营,严禁赠送"礼品";据实列支手续费,严禁通过"虚列费用变相暗贴"支付手续费;南通市保险行业协会与南通市维修行业协会共同下发《南通地区保险事故车辆钣喷定损价格行为规则》,解决理赔定损"随意性"、定损价格"欠公正"和价格标准"不统一"等问题。

开展自律检查。南通市保险行业协会对20家经营车险电销的产险公司,通过现场抽查、电话回访和电话呼入等方式,进行自律检查,违规公司受到处罚;成立"南通市2013年摩托车、拖拉机(变拖)交强险承保工作暗访检查小组",对各产险公司、专业中介公司、销售公司(含各市、县、区分支机构)营业场所及上述公司驻各市(县、区)车管所、交警队的出单点进行检查暗访;聘请第三方会计师事务所对29家产险公司,进行费用内控自律检查,对发现问题以风险提示和预警函方式给予警示;加大银邮渠道暗访力度,治理销售误导自律检查小组分别对市区、如皋、启东、通州辖区工行、农行、中行、建行等7家银行十多个网点代理销售保险产品的情况。

【行业宣传】 2013年7月22日,南通市保险行业协会与江苏城市频道联合拍摄大型南通保险业宣传片《江海追梦》在江苏城市频道播出。

2013年,《南通:反保险欺诈一个月减损214万元》《让保险造福南通人民》《南通保协搭建诉调对接大平台》在《中国保险报》连续发表。

《江苏保险》第8期刊登《依据行业本质特征、构建核心价值体系》《以法文化打造受人尊敬的保险业》《加强引导、注重诚信》等文章。

【考试中心建设】 2013年,南通市保险行业协会电子化考试配合各保险公司做好持证上岗工作,严格把好保险中介从业人员资格准入关。考场有考试电脑50台,电子监控摄像头8个,场外监控显示屏1个,身份证识别仪1个。全年安排考试351场,接受代理人考生报名16520人;参加考试14567人,参考率88.18%;及格10912人次,通过率74.91%。

连云港市保险市场

【市场概况】 2013年,连云港市保费收入45.86亿元,同比增长14.97%。其中,财产险保险费收入16.15亿元,同比增长22.32%;人身险保费收入29.71亿元,同比增长11.30%。

【机构建设】 截至2013年年底,连云港市有保险主体43家,其中产险公司17家,寿险公司20家(其中新成立公司3家),专业代理公司6家(其中法人机构5家,分支机构1家),保险从业人员1.2万余人。

【服务社会经济】 2013年,连云港市保险业参与防灾、救灾和灾后补偿等辅助社会管理工作,全年保险业支付给赔付156162万元,其中产险赔付支出87442万元,寿险赔付支出9568万元,满期给付59152万元;农险赔付支出5500余万元,道路救助基金垫付600余万元。

【探索引入刑侦参与反保险欺诈工作】反保险欺诈"工作站"自成立以来,运作一直不顺畅，效果不明显，分析其主要原因为：一是经侦支队在现有人少事多的情况下，经侦支队的主要精力都放在侦破市委、市政府督办的非法集资案上，对涉嫌保险欺诈的案件重视程度不够，积极性不足；二是经侦支队往往是在涉嫌欺诈的保险赔案结案后才立案侦破，而刑侦支队则是提前介入侦破案件，更利于保险公司所接受，也利于刑侦人员积极性的提高。鉴于以上两点分析，目前本市保险业务规模较大的部分公司探索引入刑侦支队在公司内部成立了"警务室"，直接参与打击保险欺诈案件，取得了一定效果，为下一步成立保险行业性的"警务室"积累了宝贵经验。

【做好满期给付与集中退保风险防范处置工作】 2013年春节刚过，因满期给付引起客户不满投诉接踵而至，连云港市保险行业协会一天十几个投诉电话，相关主流媒体不断有没经核实涉及保险的负面报道，保险公司全额退保的虚假报道更是火上浇油；还有客户到本地影响力较大网络论坛发表不负责任的言论等等，给本市满期给付工作带来了严峻的考验。客户购买保险产品是建立在对保险的认识和信任的基础上的，一旦客户获取到了大量的保险负面信息，对保险的信任就会随之发生变化，如果处理措施失当，不仅能引发群体性事件，甚至危及行业发展。为避免谣言扩散，正确引导舆论，市保险行业协会联合中国人寿连云港市分公司主动与政府沟通，积极向金融办、人民银行、消协、广播电视局等单位汇报2013年满期给付应对工作情况，得到了政府相关部门的高度重视和大力支持。市政府副市长兼公安局长批示"此事涉及面广，会产生连锁反应，要密切掌握动向，提前应对"，市委常委，政法委书记批示："完善预案和措施，全力做好处置工作，坚决防止群体性事件发生"。3月29日省维稳办发通知：要求做好保险理财产品因分红未达预期可能引发不稳定事端防范应对工作。4月25日，市委办召开保险理财产品满期给付舆情分析会，市委宣传部、市委办、金融办、银监局、各主流媒体（含移动、联通开办的网上论坛）、各大银行参加了会议，市政府领导要求参会人员高度重视，未雨绸缪，一旦发生群体性事件，将追究相关人员责任；在舆情方面，市内主流媒体对保险公司有争议的事件不做报道，港城各网络论坛对"保险分红"等敏感词严格把关，公安网监要24小时监控，如发现及时清理，避免使满付演变为舆论焦点。金融办也要求各银行对到银行办理满付的客户要做好解释工作，不许推诿，不许不负责任的将客户推给保险公司或者帮助客户找保险公司投诉，防止群体性事件发生。6月26日下午，市政府金融办召开保险理财产品满期给付稳定工作协调会，市金融办、市维稳办、银监局、邮政局以及各大银行分管负责人共同参会。市金融办、市银监局要求各银行要做好满期给付工作紧急预案，培训银行员工处理满付话术，与保险公司密切配合，强化责任意识，共同做好本次分红维稳工作，确保平稳过渡不发生群体性事件风险。6月27日，市公安局联合中国人寿共同召开中国人寿系统安保工作协调会，来自各县区公安分局经文保部门的主要负责人、各大银行分管安全保卫负责人、市内主流媒体、市银监局、市消协以及中国人寿全市系统相关负责同志参加会议，会议就如何积极配合满期给付工作进行了专题部署和安排。市公安局经文保处对全市公安系统及各银行统一布署，确保有较好的社会舆论环境和治安环境。当年没有人身保险公司或银邮代理机构出现5名以上投保人集中要求集中退保或非正常满期给付事件的发生。

淮安市保险市场

【市场概况】 2013年，淮安市保险业实现保费收入42.9亿元，同比增长17.6%，增速列全省第一位。其中，财产险保费收入14.5亿元，同比增长21.1%；人身险保费收入24.8亿元，同比增长12.3%；意外险保险收入1.2亿元，同比增长27.9%；健康险保险收入2.4亿元，同比增长64%。保险深度1.96%，保险密度782.9元/人。

【机构建设】 2013年，淮安市拥有保险机构33家。其中财产险公司16家、人身险公司17家，新增人保健康、和谐健康、东吴人寿3家人身险公司，另有英大财险、太平财险、英大人寿3家产寿险公司在筹；县（区）支公司及营销部348家；专业保险中介机构9家，兼业代理网点遍布全市；保险从业人员近万人。

【服务经济社会】 2013年，淮安市保险业累计向地方纳税8400万元，承担各类财产风险责任5000亿元。为124万农户、49万公顷（733万亩）三麦、水稻、林业提供31亿元种植业风险保障；为3.5万农户养殖的能繁母猪、育肥猪、奶牛、山羊、鸡鸭鹅等家畜、家禽提供14亿元养殖业风险保障；为8000多农户种植的2.33万公顷（35万亩）大棚、荷藕、果树等高效农业提供10亿元高效农业风险保障；为13万农户提供1亿元种植业、养殖业、高效农业赔款。为1500家企业提供104亿元雇主责任和公众责任风险保障，为55家企业提供1.4亿元环境污染责任风险保障，为72家小微企业和14家科技企业提供3.6亿元贷款保证风险保障。全年为27家企业提供70万元赔款，为432万名城镇居民、农户提供大病风险保障，为2700人结报1335万元大病医疗费用。

【保险行业监管】 保险合同纠纷诉调对接。2013年，淮安市保险行业协会与市专记人民法院合作建立"诉调对接"平台，联合下发《淮安市保险合同纠纷案件诉调对接工作细则》，聘请38名保险合同纠纷调解员，并对调解员开展业务培训。

反保险欺诈。与市经侦支队合作开发车险理赔研判系统。对驻淮各产险公司2009年1月1日~2013年6月30日期间产生的23万余件车险车损赔案信息录入研判系统，进行初步筛选、排查，发现疑似诈骗案件6起，计赔案201件。

消费者权益保护。开展保险公司总经理每月信访接待日活动，建立消费者现场投诉咨询渠道；在全市348

家保险网点张贴“淮安市保险服务投诉电话”宣传图，建立统一电话投诉咨询渠道。

【行业宣传】 2013年，淮安市保险行业协会与淮安日报社联合开展保险行业“优秀代理人”宣传活动，在《淮安日报》对王月英等24名优秀代理人进行整版宣传，树立“诚实守信”行业典型。

开展“3·15”消费者权益日宣传、“全国保险公众宣传日”、《保险知识普及丛书》赠送、保险知识普及讲座等活动，宣传普及保险知识。

盐城市保险市场

【市场概况】 2013年，盐城市保险业实现保费收入69亿元，较去年同期净增保费4.99亿元，同比增长7.79%。其中财产险保费收入21.5亿元，增长20.62%；人身险保费收入47.5亿元，增长2.83%。保险深度、密度分别为1.97%和823.77元/人。

【机构建设】 2013年，盐城市专业保险机构50家(当年新增3家，分别为建信人寿、英大财险、东吴人寿)，其中产险公司19家，寿险公司31家。保险公司下属分支机构及营销网点524个。一级法人代理机构16家。保险从业人员2.2万余人。

【服务经济社会】 2013年，盐城市保险业累计赔(给)付28.72亿元，其中产险11.34亿元，寿险17.38亿元。盐城保险业围绕社会生产、人民生活、人身保障等多方面风险管理需求，发挥专业优势，服务于新农村建设，全年实现农业保费收入4.79亿元，赔付1.95亿元，为农民提供风险保障93.25亿元。参与承办大病保险工作，盐城市市区及射阳、建湖、响水、亭湖、盐都等地完成大病保险招投标工作，全市农村大病保险总计参保人数266.55万人，年度保费3586.5万元，城镇职工、居民大病保险全市参保242万人，年度保费5808万元。

全年向地方纳税1.85亿元，代收代缴车船税1.03亿元。全市保险业融入城市发展战略之中，为沿海风力发电、汽车及设备制造、港口建设和全市部分重点项目和工程提供上百亿元的保险保障；服务“平安盐城”建设。

扬州市保险市场

【市场概况】 2013年，扬州市保险业实现保费收入87.88亿元，同比净增保费13.68亿元，增幅为18.44%，保费收入在全省排第七位。其中财产险实现保费收入23.9亿元，同比净增保费3.44亿元，增幅为17%；人身险实现保费收入63.98亿元，同比净增保费10.24亿元，增幅为19%。保险深度为2.7%，保险密度为1966元。

2013年，扬州保险业为全市474.9万人次、7144家企业、16514户家庭提供12230亿元的风险保障。全市保险赔付支出累计15.79亿元。其中财产险赔付支出13.28亿元，赔付率为56%；寿险赔付支出2.51亿元，赔付率为4%，短期寿险赔付率为55%。另外各类寿险其他给付14.35亿元。

【机构建设】 截至2013年底，扬州市有保险公司61家，比上年增加3家，其中产险公司25家，人身险公司36家。另有保险专业中介机构3家。

【合同纠纷诉调对接】 扬州市保险业合同纠纷调处中心处理消费者投诉、保险纠纷快速处理、诉调对接等工作。2013年，中心受理8起案件，涉及金额90余万元，调解给付66.62万元，调解成功率、执行率100%。

【行业自律】 2013年，扬州市保险行业以强化行业自律为核心，规范市场秩序。一是继续组织开展人身险治理销售误导专项检查，专门制定《人身险治理销售误导自律检查工作方案》和《2013年扬州市人身险保单抽样电话回访自律检查工作方案》，每季度定期开展专项检查。二是强化营销员同业流动自律公约执行力，突击组织对各寿险公司进行人员流动公约专项考试，并将考试结果反馈给各寿险公司。三是应对投资理财保险产品满期给付高峰。要求各公司成立满期给付、退保和投诉处理应急处置领导小组，加强领导和督查。加强与银邮渠道沟通，建立联动机制，妥善处理客户纠纷。建立重大事件报告制度，对重大案件处理进展情况每日向江苏保监局报告。四是开展机动车辆保险理赔服务质量现场测评。2013年年底，对全市25家产险公司机动车辆保险理赔服务质量进行一次现场测评。

镇江市保险市场

【市场概况】 2013年，镇江市保险业实现保费收入61.79亿元，同比增长6.8%。其中，产险公司保费收入17.96亿元，同比增长22.2%；寿险公司保费收入43.83亿元，同比增长1.6%。

产、寿险赔款和给付共19.5亿元，同比增长43.9%。其中，财产险赔款支出8.6亿元；人身险给付支出10.9亿元。国泰人寿、中国人寿赔付同一客户意外险1700万元，成为镇江市首例个人赔付最高纪录。

【机构建设】 2013年，镇江市保险机构50家，其中产险24家，寿险26家，在筹安信农业保险镇江新区营销服务部1家。市级专业保险代理机构5家。

【服务社会经济】 镇江市保险行业协会积极主动向市政府金融办、市人行、市银监局、市工商局、市民政局、市司法局等政府部门汇报工作，争取各部门对保险业的重视与支持，改善保险业发展环境。协会秘书长每季度参加市金融办组织召开的全市金融工作分析会，反映保险行业发展中的问题和建议。多次走访市环保局、市安监局等有关职能部门，推动拓展责任保险新领域。2013年5月20日、6月20日，镇江环境污染责任险项目和安全生产责任险项目在恒泰保险经纪公司指导下分别开标，产生由人保财险主承保的环境污染责任保险和安全生产责任保险两大共保体。

【消费者合法权益保护】 镇江市保险业开展争创“保险行业诚信单位”活动，镇江市保险行业协会联合市工商局、市消协在2013年6月初召开全市保险行业争创“保险行业诚信单位”动员大会。市消协、市保协共同开展车险查勘理赔服务现场模拟测试，寿险治理销售误导专项检查等活动。同时结合消费者投诉解决情况，11月初联合组织对申报公司进行现场评议考核，征求意见。经市消协、市保协评议审定，授予15家公司为“2013年镇江市保险行业诚信单位”，并召开大会进行表彰。

【合同纠纷诉调对接】 2013年12月，镇江市保险行业协会与镇江市中级人民法院共同制定印发《关于保险纠纷诉调对接工作的实施办法》。该实施办法有以下特点：一是诉调对接工作场所设置在各基层法院，工作场所固定，便于法官直接参与指导诉调对接。二是设置专职保险纠纷调解员，协会除建立行业保险纠纷特邀调解员队伍外，还引进专业中介机构人员担任专职调解员，保证调解的质量和工作效率。

【行业自律】 2013年8月底，镇江市保险行业协会组织开展产险行业自律检查，采取行业自查与引入第三方机构检查相结合的方式，对镇江市财险市场份额排列靠前和1~6月保单获取成本及销售费用较突出的部分财险公司开展业务、财务检查。协会对检查结果在业内通报，并分别对相关公司提交整改建议函。

组织开展对寿险公司治理销售误导自律专项检查。推动各公司开展治理销售误导，落实《镇江市人身保险诚信销售行为自律公约》和治理销售误导效果评价考核办法。11月中旬，市保险行业协会组织全市24家寿险公司开展治理销售误导的专项检查和通报，同时，协会对涉及销售误导投诉件进行了解，及时调处。全年有效处理合同纠纷60件。

泰州市保险市场

【市场概况】 2013年，泰州市保险业实现保费收入73.23亿元，增长4.79%，其中人寿险保费收入51.76亿元，同比1.8%；财产险保费收入21.47亿元，同比增长18%。保费规模居全省第8位，保险深度2.4%，保险密度1446元。支付赔款11.09亿元，同比增长23.77%，赔付率52%，办理赔案16466件。人身险公司赔付及给付保险金15.66亿元，同比增长66.94%。

【机构建设】 2013年，泰州市保险公司54家，其中产险公司23家，寿险公司31家，保险分支机构及营销网点300多个，保险中介专业机构10家，兼业代理机构近500家，保险从业人员 人。

【服务经济社会】 *为受灾企业和受害家庭及时解决困难*。2013年，新浦化工（泰兴）有限公司企财险单笔赔付1500多万元。为泰州长江大桥、泰州电厂、扬子江药业等重点项目及时提供保险服务。开办各类信用保险、中小企业贷款保证保险和借款人意外伤害保险。保险业社会管理功能进一步显现，在化工、造船、环境污染、危险品运输、公共娱乐场所等高危行业相继开办责任保险。全年保险业缴纳税收超2亿元。

参与新型农村合作医疗管理，推广农村小额人身保险。开展商业养老、医疗健康保险、企业补充养老保险、城镇职工居民大病保险等；为全市残疾人承保意外伤害保险，为1万名低保人群承保重大疾病保险。全市保险业累计吸纳大中专毕业生、下岗失业人员1万多人，缓解社会就业压力。保险业还参与各类社会公益活动，其中有捐资助学、帮扶贫困、义务献血、植树绿化等；保险业员工向雅安灾区捐款23万多元。

农业保险。开发、拓展适应农村发展实际、农业生产需要、农民保障要求的种养业保险、高效设施农业保险、农用机械险、优势特色农产品保险等险种，农业保险险种基本涵盖种植、养殖业主要品种及18种高效农业品种，。2013年，全市政策性农险签单5000多份，保费收入首次突破亿元，累计赔付3000多万元，惠及农户2万多户。

道路救助。截至2013年底，全市道路交通事故社会救助基金累计垫付总额2199万元，825名交通事故受害人得到及时救助。

【消费者合法权益保护】 2013年，泰州市保险业组织保险公司参加“3·15”主题宣传、总经理信访接待日以及12345政风行风热线等活动，及时处理各类保险投诉咨询。全年处理有效信访投诉171件，较上年同期增加22件，增长14.8%。其中：上门投诉58件，电话投诉55件，书信投诉10件，“12345”政风行风热线43件，市长信箱投诉5件。

【合同纠纷诉调对接】 2013年，泰州市保险业聘任市交巡警部门、海陵法院、律师事务所、保险公司等单位14人为保险合同纠纷调解员。2013年，经泰州市保险行业协会调处中心调解成功一般合同纠纷3起，涉及金额4.9万元；参与调解涉诉保险合同纠纷7起，其中4起调解成功，涉及金额34.75万元。

【反保险欺诈】 2013年，泰州市保险行业协会定期与市经侦支队召开联席会，沟通协调反保险欺诈工作，建立统一的案件报送制度和反保险欺诈专项基金。邀请市公安局经侦支队金融大队就《保险诈骗案件的甄别与防范》进行授课，利用报纸、网站等媒介，加大对反保险欺诈工作的宣传力度。2013年，向市经侦支队移送案件5起，系统筛选1起，涉及金额102.5万元；成功处理4起，减损金额55.5万元。

【行业文化建设】 2013年，泰州市开展保险业双十佳“保险服务明星”评选活动，做好文明职工和文明班组、道德模范、市劳模人选推荐工作，开展放心消费创建、岗位技能大赛，发挥示范作

用，引导职工立足岗位创先争优。2013年，中国人保泰州市分公司理赔经理王国祥获泰州市劳动模范称号；中国人寿客服中心和都邦保险业管部获五一文明班组称号，都邦保险业管部经理王志平获文明职工称号。运用广播、电视、网络以及泰州市保险行业协会内刊《泰州保险》，宣传泰州保险业，完成保险形象片《祥泰之州》拍摄。

宿迁市保险市场

【市场概况】 2013年，宿迁市保费规模持续增长，实现保费收入33.83亿元。其中产险保费收入14.38亿元(含农业险1.72万元)，同比增长19.53%；人身险保费收入19.45亿元，同比增长6.64%。

【运行特点】 一是保障功能得到发挥。2013年，宿迁市财产险赔款6.94亿元，简单赔付率54.8%；人身保险赔款支付5767.7万元，满期给付2.38亿元；农险赔款支出6863.83万元，赔付率40%。二是经营主体扩大。新增市级保险机构4家(其中寿险2家、产险2家)，总数32家，其中财产险公司18家，人身险公司14家。三是新险种得到推广。大病医疗保险、农业保险、小额贷款保证保险、环境责任险等一批新险种得到推进。四是服务能力提升。原来投诉数量较为突出的拖拉机、摩托车交强险承保难问题得到有效遏制。

2013年2月，宿迁市保险行业协会及宿迁人保财险、紫金财险、太平洋财险、中国人寿、平安人寿等5家公司被评为"保险工作先进单位"，受到表彰奖励。

【行业监管】 2013年，宿迁市对财险自律公约进行清理；11家具有大病保险承保资质的公司总经理共同承诺"不参与低于成本价恶意竞争"；销售误导综合治理工作被纳入行业自律，补充和完善《寿险公司人员流动自律公约》《代理人资格考试巡考考办法》等自律公约；签订《宿迁市保险专业中介机构自律公约(2013版)》。

维护消费者利益。2013年，宿迁市保险业开展反保险欺诈提示制度执行情况抽查；设立投诉电话，规定投诉、信访案件快速处理流程；成立"宿迁市保险业反保险欺诈中心"和"反保险欺诈工作站"，向公安经侦部门移交一批可疑案件线索。

【保险政策调研】 2013年，宿迁市保险业先后就推广小额贷款保证保险、环境责任保险、大病医疗保险和农业保险，参与多层次社会保障体系建设，发展与基本医疗保险相衔接的补充医疗保险，发展商业养老保险等议题开展调研，并及时向市政府、金融办等相关领导提出建议。其中，加快宿迁大病医疗保险、开展小额贷款保证保险试点、交通违法行为列为保险费率浮动等相关建议，引起市政府及有关部门重视，促成《宿迁市大病保险暂行办法》《关于开展小额贷款保证保险试点工作的意见》《关于推进环境污染强制责任保险试点工作的意见》《关于深入实施宿迁文明交通工程的工作意见》等文件出台。此外，宿迁市保险行业协会就全市保险业发挥自身优势，支持和策应宿迁农村新型城镇化建设、农业产业化发展、支持农村创业主体发展等问题进行探讨，提出一系列建议。

【行业宣传】 2013年，宿迁市保险业开展"3·15"广场宣传活动和"全国保险公众宣传日"主题活动；在《中国保险报》发表新闻类作品近20篇。其中，宿迁市委常委、常务副市长王益《加快宿迁农业保险发展》《强力推进环境污染强制责任保险试点工作——访宿迁市政府副秘书长、金融办主任张林》《市场的需求在哪里，协会工作的重点就该定在哪里！——访江苏宿迁市保险行业协会秘书长武士琦》等作品，产生较大社会影响。《宿迁保险信息》刊物每期约2万多字，全年12期；建立舆情监测体系，做好网络问政回复工作。

ANGSU BAOXIAN NIANJIAN

财产保险

江苏省财产保险业发展综述

【市场概况】 截至2013年12月底，江苏省有产险主体40家。其中，总公司2家，分别是紫金产险、乐爱金(中国)；省级分公司38家；主体中外资机构9家。全省有产险分支机构2477家，比上年同期增加70家。

2013年，全省产险公司原保险保费收入539.87亿元，比位列全国第二的广东省多30.34亿元，总量继续位居全国首位。保费收入同比增长17.93%，增幅高于上年增速（15.93%)2个百分点，高于全国平均增速(17.20%)0.73个百分点。增速在东部6省市中列第二位(山东省18.40%，列第一位)；占全国财产保险原保险保费收入比重8.33%，较上年同期提升0.05个百分点。产险公司保费收入占全省总保费收入比重为37.33%，同比上升2.15个百分点。

2013年，全省产险公司累计赔款支出310.98亿元，同比增长26.46%。承保利润18.62亿元，同比下降21.24%，承保利润总额居全国第二位（山东省22.03亿元，列第一位)。承保利润率4.23%，比全国平均水平(0.5%)高3.73个百分点，在东部6省市中排名第二位(山东省6.67%，列第一位)。

2013年，全省综合成本率95.77%。其中，综合赔付率65.81%，同比上升1.65个百分点，高于全国平均水平(64.15%)1.66个百分点，在东部6省市中排名第五位(山东省58.93%)；综合费用率29.96%，同比上升0.59个百分点，低于全国水平(35.35%)5.39个百分点，在东部6省市中列第二位(浙江省29.48%，列第一位)。

【总体特征】 保费增速企稳回升，保费规模平稳增长。2013年，江苏省产险公司实现保费收入539.87亿元，首次突破“500亿元”大关，居于全国首位。与此同时，保费实现同比增长17.93%，扭转近年来非寿险保费增速下降的趋势，同比回升近2个百分点。增速居前四位的险种为健康险、农险、保证险和责任险。

指　　标	2010年	2011年	2012年	2013年
保费收入(亿元)	324.25	394.86	457.79	539.87
保费增速(%)	36.18	21.78	15.94	17.93
增速高于全国(百分点)	1.63	3.10	0.23	0.73

险种结构方面，车险业务实现保费收入393.49亿元，同比增长19.64%；非车险业务实现保费收入146.38亿元，同比增长13.58%。车险保费占产险总保费比重72.89%，比上年同期增加1.04个百分点；对保费规模增长贡献度为78.70%，仍然是产险业务增长的主要拉动因素。

经营效益好于全国平均水平，险种与公司之间经营效益差距放大。一是承保利润在全国占比大幅提升。2013年，全省保费收入对全国的贡献率为8.33%；承保利润贡献率达70.45%，同比提升51.09个百分点。二是非车险赢利能力远高于车险。2013年，全省车险和非车险承保利润分别为1.14亿元和17.48亿元，承保利润率分别为0.34%和17.40%。非车险以27.11%的保费规模产生93.88%的承保利润。三是经营利润主要集中在三家大型公司，中小公司亏损过半。2013年，三家大型公司(人保、太保、平保)保费规模占市场份额的70.14%，而利润则占利润总额的91.89%。35家中小公司(除出口信用保险)亏损达22家，亏损面63%。

产险服务能力增强，保险保障功能得到发挥。一是保障覆盖面进一步扩大。2013年，全省交强险承保机动车辆1043.53万辆，同比增长13.24%。责任保险、农业保险承保覆盖面进一步扩大。全省实现责任保险保费收入19.22亿元，同比增长19.81%。农业保险保费与农险基金首次突破30亿元达31.49亿元，同比增长32.53%。承保小麦237万公顷(3555万亩)，水稻201.54万公顷(3023万亩)，承保覆盖面均超过90%；农业保险为全省投保农户提供649亿元的农业生产风险保障。二是经济补偿功能增强。妥善做好“鑫川8号”海轮碰撞南京长江大桥事故、无锡海力士公司火灾等多起重大灾害事故保险理赔和善后处置工作。农业保险方面，累计向378万户次农民支付各类农险赔款12.13亿元，同比增长17.31%。其中，向5300多户制种稻保险的参保农户(包括承保大户和散户)支付9378万元赔款，户均赔款1.74万元。三是社会管理功能得到发挥。2013年，江苏创建高速公路免费通行期间轻微交通事故快速处理机制，国庆期间全省保险业通过高速公路快速理赔中心受理案件4038件，涉及事故车辆9077辆，案均处理时间10分钟左右。路救基金方面，江苏路救基金垫付救助金额1.13亿元，其中垫付抢救费用1.12亿元，5000余户事故受害者或其家庭得到及时救助。

紫金财产保险股份有限公司

【概况】 紫金财产保险股份有限公司由江苏省国信资产管理集团有限公司等企业共同发起成立、首家总部设在江苏省的全国性财产保险公司。公司注册资本金人民币25亿元，注册地江苏省南京市。公司成立以来，通过开办农业保险，开发涉农保险、科技保险、小额信贷保证保险，承办中小学生意外伤害责任保险、环境污染责任保险，受托管理江苏省道路交通事故社会救助基金，为经济社会发展做出积极的贡献，初步建立起“江苏有优势、华东有影响、全国有特色”的紫金保险品牌。2013年，紫金保险公司按照中国保监会监管要求，执行董事会决策部署，以公司成长期经营战略为指引，围绕“加快发展、确保品质、推进改革、防范风险”的工作思路，较好完成全年工作目标。

【经营业绩】 2013年，紫金保险公司实现保费收入30.34亿元，首次突破30亿元大关，同比增长31%，高于全国产险市场平均增幅14个百分点以上；全国产险公司业务规模排名第22位；累计赔款支出17.5亿元；投资收益2.27亿元，成功实现总体持续盈利。

机构建设和渠道建设。经营公司公司下辖各级分支机构216家，其中，省级分公司24家，中心支公司81家(含在筹3家)，支公司101家（含在筹7家)，营销服务部10家(含在筹1家)。公司在职员工4488名，同比增加590名。公司综合竞争力居全国产险公司第13位，在同期成立的产险公司中名列前茅。2013年，紫金保险公司主动加强内外部形势研判，通过专业化经营、集约化管理、市场化运作等举措，推进渠道改革等五项重大改革。重点实施销售渠道改革，提出销售渠道改革四部曲，通过整合渠道、打造队伍、专业营销及成本优化等一系列举措，建设以市场和客户为导向的营销体系。同时，开展机构分类改革，对分支机构进行差异管理；推行后援集中改革，实现运营自动化、流程化、标准化，提升服务效率；启动客户管理改革，提高客户信息质量；组织人力资源改革，优化人力配置和成本。

【内部管控】 2013年，紫金保险公司继续建立健全内部控制体系，覆盖销售管理、核保理赔、财务会计、资金运用、人事管理和信息系统等内控关键环节，内控体系能够适应公司经营管理要求和业务发展需要，基本到达《保险公司内部控制基本准则》要求；公司开展内控执行有效性的监督检查，保证内控的有效执行，并随着业务发展、内控环境、管理需要的变化，及时改进和完善内控体系；公司全面贯彻落实《中华人民共和国保险法》《保险公司管理规定》等法律法规要求，强化合规管理和流程规范，严格控制各类运营风险。

【重大活动】 2013年1月17日，紫金保险公司获“2012中国保险业年度风云榜：年度成长保险企业”大奖，公司总裁许坚获“年度新锐经理人”大奖。

1月28日，紫金保险电话服务中心获省部属企业工会颁发的2012年江苏省“工人先锋号”称号。

3月27日，经中国保监会批准，紫金保险公司获内蒙古自治区经营农业保险业务资格。

7月15日，经中国保监会批准，紫金保险公司获江苏省经营农业保险业务资格。

7月16日，紫金保险公司召开党的群众路线教育实践活动动员大会，开展教育实践活动。

7月18日，紫金保险公司继推出“快接通、快查勘、快定损、快核赔、快支付”五快方案后，推出“快出单”便捷创新服务，运用二维码新技术，通过扫描译码，2秒钟提取新车合格证相关信息，提升了录入时效。

7月25日，紫金保险公司定制首张二维码农业保险保单，开创保险业利用保单二维码查询农业保险承保理赔信息的先河。

10月31日，紫金保险公司获江苏省地方金融企业业绩绩效评价“良好”等级。

11月28日，紫金保险公司与泛华保险销售服务集团签订“总对总”合作协议。

12月27日，“紫金保险网络营销平台”正式上线使用，迈出“战略触网”第一步。

【重大承保】 2013年1月1日，紫金保险公司承保苏州智能交通信息科技有限公司人身意外伤害保险项目，保额4041213万元。

3月1日，紫金保险公司承保徐州重型机械有限公司人身意外伤害保险项目，保额221805万元。

6月15日，紫金保险公司承保江苏省农垦集团农业发展股份有限公司黄海分公司水稻种植保险项目，保额4488万元。

6月15日，紫金保险公司承保江苏省渔业互助保险协会渔船保险项目，保额1600万元。

10月15日，紫金保险公司上海分公司承保四川义博建筑工程有限公司建筑工程施工人员人身意外伤害保险项目，保额6600万元。

12月19日，紫金保险公司承保宿迁市宿城区敬卫西瓜专业合作社蔬菜大棚保险项目，保额2780万元。

【重大理赔】 2013年2月7日，紫金保险公司赔付被保险人江苏龙波物流实业有限公司固定资产保险赔款370万元。

5月17日，紫金保险公司赔付被保险人英展金属制品(昆山)有限公司机器设备保险赔款750万元。

5月17日，紫金保险公司赔付被保险人江苏兴业塑化股份有限公司固定资产保险赔款348万元。

5月29日，紫金保险公司赔付被保险人徐州三江药业有限公司库存商品保险赔款700万元。

6月19日，紫金保险公司赔付被保险人上海福澳木业有限公司固定资产保险赔款250万元。

9月11日，紫金保险公司赔付被保险人江苏省农垦农业发展有限公司临海分公司冬小麦保险赔款309万元。

12月23日，紫金保险公司赔付被保险人江苏方强农场集团有限公司、江苏大中农场集团有限公司、江苏省洪泽湖农场集团有限公司杂交水稻制种稻保险赔款1137万元。

【企业文化】 2013年，紫金保险公司丰富完善并构建起具有紫金特色的企业文化体系。在企业文化规划实施方面，一是践行保险行业核心价值理念，按照行业文化建设的统一部署，切实贯彻执行，并结合实际指导公司经营发展，借鉴保险行业文化建设成果加强公司自身企业文化的继承、创新和发展。二是巩固紫金文化建设成果，固化责任文化、创业文化、绩效文化和执行文化在日常经营管理工作中的渗透和支撑，在实践中发展和完善紫金文化内涵。三是丰富紫金企业文化体系，2013年重点建设和培育销售文化，在全辖推行“销售第一”的理念，成立销售文化推广领导小组和执行小组，围绕经营主题开展劳动竞赛，创新销售培训和考核方式，提升销售能力和氛围。四是加强企业文化宣传力度，全年完成全辖职场文化系列海报上墙、公司新版三折页修订，启动紫金司歌创作，使公司企业文化深入人心，成为公司员工共同的价值追求和行为准则。五是以文化建设促进人才队伍建设，分析、研究和解决进入成长期公司遇到的新问题和新挑战，加强干部职工教育、培训和管理，促进文化交融、思想统一、认识提升，形成同心、同声、同行的良好局面。

乐爱金财产保险(中国)有限公司

7月11日,乐爱金参加韩商会组织高淳福利院慈善募捐活动

【概况】 乐爱金财产保险(中国)有限公司是由韩国LIG财产保险有限公司在中国投资成立的独资财产保险公司。公司于2009年10月23日在南京正式成立,注册资本2亿元,2012年1月13日,经中国保监会批准,公司注册资本从2亿元人民币增加至2.2亿元。2013年有1家分支机构即苏州营销服务部,2013年9月17日经中国保监会批准筹建广东分公司。

【经营业绩】 2013年,乐爱金保险公司总保费收入11085万元,同比增长12%,其中直保保费收入9804万元,分入保费收入1281万元;赔款支出12234万元(摊回赔款10600万元)。2013年,公司销售首位的险种为企业财产保险,保费收入5726万元,占总保费收入51.66%。2013年新增保险险种有职业责任险(适用于过失和遗漏)。

【渠道建设和教育培训】 乐爱金保险公司采取以直接销售为主,各中介渠道为铺的销售模式。直销业务主要依靠公司销售人员完成,因公司主要客户多为韩资企业,市场部员工多为韩语专业大学本科生。公司选择10余家信誉良好的保险经纪公司和专业保险代理公司签订保险经纪或代理协议,拓展销售渠道。11月28日-12月2日,对广东分公司(筹)新入职工集中进行培训,内容包括公司基本制度,风险合规管理及系统操作等内容。

【内部管控】 乐爱金保险公司坚持依法合规经营,严格执行监督内控制度。2013年,公司各部门对本部门相关制度进行修订完善及补充制定,使公司各项活动都有章可依。公司合规管理部在每项新制度制定完成后向各部门转发,并对全体员工培训重要的内控制度。公司审计部门定期审计各部门内控制度的执行情况,确保各项内控制度的落实。

5月17日,乐爱金第四届员工运动会

【企业文化】 乐爱金保险公司以"守护现在,肩负未来"为经营理念,以"以正直、诚实为准则,源源不断为顾客、股东、员工创造价值"为经营原则。公司坚持每周二下午17:00学习培训的活动,内容涉及保险产品、企业风险管理等各个方面;2013年,公司举办"读书经营"活动并召开读书心得交流和分享会,促使员工自我发展。

【重大活动】 2013年5月17日,乐爱金保险公司在南京河西奥体中心举办"第四届员工运动会"。

9月13日,乐爱金保险公司制定《职业赔偿责任保险条款(适用于过失和遗漏)》。

9月17日,中国保监会批准乐爱金财产保险(中国)有限公司筹建广东分公司。

【重大承保】 2013年1月1日,乐爱金保险公司与PICC(人保财险广东分公司)共同承保LG Display在中国的7个工厂包括财产一切险、公众责任险、建筑工程一切险、货物运输险等一揽子保险业务，总保费1918万元。

4月1日，乐爱金保险公司与人保财险广东省分公司共同承保LG化学在中国15个工厂包括财产一切险、机器损坏险、货物运输险等一揽子保险业务，总保费2450万元。

11月1日，乐爱金保险公司与人保财险广东省分公司共同承保LG电子中国22个工厂包括财产一切险、产品责任险等一揽子保险业务，总保费1521万元。

12月1日，乐爱金保险公司与人保财险广东省分公司、太保财险广东分公司共同承保青岛丽东化工包括财产一切险、公众责任险、建筑工程一切险等一揽子保险业务，总保费1278万元。

【重大赔付】 2013年4月10日，喜星电子(南京)有限公司厂房发生火灾并蔓延，导致部分厂房、生产线设备及存货严重受损。乐爱金保险公司于2014年1月预付赔款1000万元。

5月13日，重山风力设备(连云港)有限公司组装仓库因线路老化引起火灾，导致厂房、存货受损，乐爱金保险公司于10月22日赔付279.50万元。

9月4日，海力士半导体无锡有限公司发生爆炸并引起火灾蔓延，导致部分厂房、生产线设备等严重受损，同时导致营业中断。乐爱金保险公司预计赔款金额4500万美元，并于12月30日预付赔款1500万美元。

【公益活动】 2013年7月11日，乐爱金保险公司参加韩商会组织的高淳福利院慈善活动，捐助生活用品、衣物、食品等物资。

7月29日，乐爱金保险公司苏州营销服务部向苏州市慈善基金会捐款2000元。

11月21日，乐爱金保险公司苏州营销服务部在苏州保险行业协会举办的第十二届“同在蓝天下，慈善一日捐”活动中捐款3500元。

中国人民财产保险股份有限公司江苏省分公司

【概况】 2013年，人保财险江苏省分公司坚持“紧密结合政府政策需求和服务当地经济社会发展做业务”的发展观念，保费总量实现197.90亿元。在业务快速发展的同时，探索为地方经济建设、社会大众服务的有效途径，较好发挥支持江苏经济社会发展的作用。

【经营业绩】 2013年，人保财险江苏省分公司业务实现保费收入197.90亿元，同比增长22.89%；实收保费197.05亿元，同比增长22.56%；市场份额37.33%。实现利润总额10.41亿元，保持全系统第一；分板块看，财险、寿险、健康险等三大业务板块全线盈利。13家市分公司保费收入均超过5亿元，8家超过10亿元，其中苏州突破40亿元，南京逼近40亿元，无锡突破20亿元，南通突破15亿元；15家区县支公司保费收入超过3亿元

【渠道建设】 经纪渠道。2013年，人保财险江苏省分公司经纪业务保费收入突破8亿元，合作经纪公司近百家。全省系统形成“以客户为中心，视经纪公司为客户”的理念，一方面通过完善管理制度、调整营销模式、打造专业团队、做好日常培训等举措加强内部管理，促进业务发展；另一方面通过“走出去”——主动拜访经纪公司和“请进来”——组织业务研讨、培训会、座谈会等形式，与经纪公司形成良性互动局面，建立互利互惠的新型合作关系，促进经纪渠道产能的提高。

银保渠道。一方面对银保渠道实行专管专营，另一方面建设银保专业销售队伍推动银行有需求的新兴险种销售。全省银保渠道成为企业、银行、保险“三位一体”的良好互动平台。

【内部管控】 客户满意度进一步提升。2013年，人保财险江苏省分公司开展服务品质提升驻点项目，率先引入5S现场管理；加强客户投诉闭环管理，投诉处理及时率和责任追究合格率达100%，投诉客户满意率从2012年87%提升到92%，亿元保费投诉量控制在1件左右，在全系统排名A类。95518中心运营稳定，话务总量761万通，接报案总量289万件，在人员数量稳定的情况下工作量为2011年的2.3倍，中心话务量和人均劳动效率保持全系统第一。

理赔效能提高。实施理赔流程优化，深化理赔运营模式，进一步提升了理赔专业能力。全年处理赔案206万件，金额117.7亿元；人均劳动效率保持系统第一；万元以下理赔周期提速11.8%；快速预赔国内保险业最大赔案——海力士火灾案，预赔金额1.05

8月12日，江苏省委副书记石泰峰到江苏人保财险调研农业保险

9月27日，常州人保财险与主办方举行保险合同签约，承保第八届全国花卉博览会

亿美元。在保监局、省市行业协会、公安交管、新闻媒体、消费者协会等联合开展的多次车险理赔服务现场模拟测评中均排名第一。

运营管理机制完善。一是初步建立经营企划机制，年初明确公司经营管理目标和实施路径，月度跟踪市场、业务、财务的过程指标，形成经营闭环管理；建立面向市场的信息搜集机制，形成对标经济、市场的分析体系。二是建立健全管理工具的全生命周期管理机制，推出信息技术服务目录和服务巡检，推进岗位门户建设等工作，全省信息技术的支持广度和深度进一步加强。三是依托新一代财务系统、新收付费系统，提升财务中心运营效率，承保端日均集中收款13000笔、5500万元，赔款端日均支付赔款7000笔、4500万元。

【企业文化】 2013年，人保财险江苏省分公司开展党的群众路线教育实践和“三近三促”（走近基层促发展、走近客户促服务、走近员工促和谐）活动，推进党建协调工作试点，评选践行“三业”（敬业、专业、乐业）精神十佳青年员工，扩建全省系统历史与文化展示馆，举行“跨越之路大型采访”活动并编印企业文化丛书之六《跨越只有进行时——200亿前的回顾与思考》专辑。2013年，人保财险江苏省分公司获全国金融系统企业文化建设先进单位称号，首次获江苏省文明单位以及2012-2013年全国金融系统思想政治工作先进单位等称号。

【重大活动】 2013年5月7日，中国人民保险集团江苏省党建工作协调委员会成立大会暨第一次工作例会在人保财险江苏省公司召开。委员会主任华山，常务副主任王笋、冶思松，副主任张峥，委员会办公室主任林幼竹、副主任杜铭铭以及部分工作推进小组成员参加会议。

5月24日，由人保财险江苏省分公司、人保健康江苏分公司和江苏省医疗保险研究会共同举办的“社商合作，共建全民医保体系”研讨会在南京召开。江苏省人社厅、省医保中心相关领导，各地市人社局具体负责推动大病保险工作的分管局长、处长以及医保中心主任，人保财险、人保健康江苏省公司、各地市机构及相关县级机构负责人参加会议。

7月9日下午，无锡市人民政府代市长汪泉一行应邀到人保财险无锡市分公司，与省分公司总经理华山会面。汪泉一行参观无锡人保展示馆，汪泉为无锡人保财险题词“无锡人保，奋勇争先”。

8月11日，江苏省委副书记石泰峰一行到人保财险江苏省分公司调研。

9月28日，人保财险总公司总裁助理兼江苏省分公司党委书记、总经理华山一行赴常州武进出席第八届中国花卉博览会开幕式。中国人保财险是本届花博会保险类独家合作伙伴。

10月29-30日，总公司副总裁王德地率队与环保部政策法规司副司长别涛一行到无锡对环境污染责任保险“无锡模式”进行调研。调研组重点了解无锡环境污染责任保险的发展情况和“无锡模式”的特色经验，并对环境污染责任保险发展工作存在的困难进行了解和分析。

11月4日，集团公司副总裁俞小平到人保财险江苏省分公司指导工作。俞小平先后参观“95518”客户服务中心

7月21日，江苏男篮教练胡卫东到江苏人保财险体验公司优质服务

和江苏省分公司历史与成就展示馆。

11月20–22日，江苏省政府金融办副主任查斌仪一行到泗洪县，通过走访村镇、家庭农场、合作社、种养大户，与基层干部、农民群众开展面对面谈心、召开座谈会等形式，专题了解泗洪农业保险开展情况。

12月9日，人保财险总公司总裁助理兼江苏省分公司总经理华山在南京会见江苏省民政厅厅长侯学元一行。双方就民政救助基金与商业保险开展合作、创新民生保险、完善社会管理机制等进行交流。

【重大承保】 2013年1月，人保财险江苏省分公司独家承保罗盖特（上海）管理有限公司财产保险，保额613100万元，保费210万元。

1月，省分公司独家承保华能启东风力发电有限公司财产保险，保额139800万元，保费45万元。

6月，人保财险江苏省分公司承保苏宁集团一揽子保险，保额3282300万元，保费11359万元。

【重大理赔】 2011年2月20日，被保险人瀚宇博德科技（江阴）有限公司4B厂三楼发生火灾导致重大损失。人保财险江苏省分公司配合财产施救，双方共同委托公估评估损失，最终于2013年赔付4267万元。

2011年10月14日，被保险人南亚电路板（昆山）有限公司二厂二楼电镀车间发生火灾并导致重大受损。人保财险江苏省分公司第一时间委托精密仪器施救公司进行清理、施救，于2013年4月17日一次性赔付4352万元。

2012年11月2日，南钢集团能源中心发电作业区4#锅炉在计划大修项目进行过程中发生瞬爆炸，造成被保险人财产损失。2013年12月，人保财险江苏省分公司与被保险人达成协议，赔付1742万元。

8月15日，被保险人江苏鹿港科技股份有限公司仓库突发火灾，原料烧毁殆尽。人保财险江苏省分公司接到报案后，立即派员协助施救，11月22日赔付2649万元。

9月14日，被保险人好孩子儿童用品有限公司锂电池仓库发生火灾并导致重大损失。人保财险江苏省分公司全力协助客户施救、清点损失、调查事故原因，并于11月27日赔付6156万元。

【公益活动】 2013年4月19日，为鼓励员工人保财险江苏省分公司机关团委/机关工会共同发起以“义务献血，奉出爱心”为主题的本部中青年员工义务献血活动，33名青年志愿者参加并成功献血。

5月2日，人保财险江苏省分公司本部机关团委会同江苏保监局机关团委部分团员青年代表，到南京康明孤独症儿童训练中心，与孤独症患儿共同度过“五四”青年节。志愿活动捐赠爱心款8051元，并捐赠价值3000多元的爱心文具和玩具。

11月9日，江苏人保财险参加全省保险业广播操比赛获一等奖

中国太平洋财产保险股份有限公司江苏分公司

【概况】 2013年，太平洋财险江苏分公司按照“稳增长、重价值、促转型、增效率”的工作方针，完成各项工作任务，公司综合实力、发展速度、风险管控能力继续领先系统和行业。

*车险业务较快发展。*车险主要销售渠道持续保持较好市场竞争力，综合成本率低于江苏市场平均，在调整结构、提升辆均保费方面取得业绩。

非车险经营质量健康稳定，居市场第二位。全年实现保费收入持续增长，市场份额进一步提升。

*重大项目取得成效。*重大客户保费收入系统排名第三，同比增长保费排名系统第二，异地项目以及外资全球保单有重大突破。信用险总保费位居系统第三。全球保单业务承保技术和承保能力位居全系统前列。

*理赔服务能力提升。*持续创新3G技术运用，3G快速理赔指标在系统内位居前列。投诉管理指标在系统位居第一，亿元保费投诉量下降幅度明显，单证管理获总公司单证管理二等奖，客户服务在中国质量万里行明察暗访中获江苏（南京）产险唯一A类评价。

*转型试点项目深入开展。*2013年，实施集团公司6个转型试点项目，其中i02数据治理项目试点获集团项目组质量提升奖和优秀组织奖，i09中小企业项目获集团“创新试点践行奖”。公司创新3G技术拓展运用、提升综合服务能力，化解车险理赔难。

【经营业绩】 2013年，太平洋财险江苏分公司累计实现保费收入94.3亿元，绝对增长额14.4亿元，同比增长18.1%。其中，车险业务加速发展，实现保费收入71.7亿元，同比增加12.2亿元，增幅20.5%；非车险业务规模稳定增长，实现保费收入22.6亿元，同比增长22177.4万元，增幅10.9%。公司全年实现净利润43683万元，为社会提供61179.9亿元的风险保障，累计赔款53.8亿元。

【渠道建设和内部管控】 2013年3月,太平洋财险江苏分公司成立新渠道部,集中力量推动新渠道业务发展。

2013年,分公司加强内部管控,完善内控自查、合规督查机制;加强合规风险宣导教育和预警提示;加强对数据真实性的检查,惩处违法违规行为。

【企业文化】 太平洋财险江苏分公司加强职业道德素养培养,营造风正气顺的和谐环境;树立讲政治、讲团结、讲大局、讲奉献的良好风尚;各级领导干部身先士卒,在工作中始终保持昂扬的锐气、蓬勃的朝气和浩然的正气。办公室、工会、团委等部门发挥宣传和引导功能,宣传先进模范优秀事迹,开展向先进模范学习活动,激励广大员工建功立业。

2013年,分公司组织登山、乒乓球、献血、捐赠等文体、公益活动。

【创建工作和教育培训】 太平洋财险江苏分公司党支部组织党员学习十八大精神,组织党日活动,收看《中国梦》宣传片;开展党的群众路线教育实践活动。

2013年2月17–18日,太平洋财险江苏分公司第六期领导干部能力建设培训班在淮安开班,进一步提高县支机构领导综合素质和能力。

【重大活动】 2013年2月,太平洋财险吴江支公司与吴江三港农副产品配送有限公司签订产品责任保险,这是吴江首张农副产品责任保险保单。

4月初,太平洋财险江苏分公司在全辖范围内针对3–4月电销续保业务开展数据治理工作。

6月17–18日,太平洋财险总公司吴宗敏董事长到苏州分公司调研指导工作

5月8日,太平洋财险苏州分公司与苏州市老年大学举行保险启动仪式,为老年大学学员在校期间的学习和生活提供保险保障。

5月,太平洋财险江苏分公司贯彻落实监管部门和上级公司通知精神,开展防范和打击非法集资宣传教育活动。

6月19日,太平洋财险吴江支公司将吴江第一份农产品责任险保险单交到同里镇肖甸湖周江葡萄生态园园主手中,为他的2.54公顷(38亩)葡萄园提供全程风险保障。

6月28日,太平洋财险吴江支公司成功签订苏州市政策性农业保险林木火灾保险第一单,为位于吴江区同里镇东郊的肖甸湖森林公园的100公顷(1500亩)生态林提供300万元的林木风险保障。林木火灾保险是保险配合政府做好民生服务的一项新举措。

8月31日,为期三个月的集团公司i09中小企业项目第三批启动创新试点先导阶段结束,太平洋财险江苏分公司成功完成首期试点目标,在第三批试点公司中位居第一位。

9月16–17日,中国太平洋保险集团党委委员、常务副总裁顾越一行在太平洋财产、人寿保险江苏分公司进行群众路线教育实践活动转型宣导、调研和座谈。

9月29–30日,太平洋保险集团财务管理部、集团信息技术中心相关负责人及车险业绩分析平台项目组一行对太平洋财险江苏分公司车险业绩分析平台迁移项目进行验收交付。

9月下旬至11月上旬,太平洋财险江苏分公司新渠道部针对全辖各机构分别举行"提辆均、调结构"专题分析与培训现场/视频会议。

10月29日,中国保监会苏州监管分局会同太平洋财险苏州分公司到常熟市海虞镇开展保险知识普及暨赠书活动,并请潘弁给与会村民、学生代表介绍保险种类、如何规避风险及如何参保。

11月30日,中国质量协会部长王璐、现场管理评审专家张玉萍对常熟中心支公司进行星级门店现场管理评审。常熟中心支公司客户服务中心通过2013年服务业现场管理星级评价,被全国质量协会授予五星级服务门店称号。

12月3日,苏州市姑苏区、工业园区、高新区自然灾害民生综合保险签约仪式在太平洋财险苏州分公司举行。苏

8月27日,太平洋财险苏州分公司与苏州轨道交通集团公司联合举办2013年"太保杯"苏州轨道交通应急比武大赛

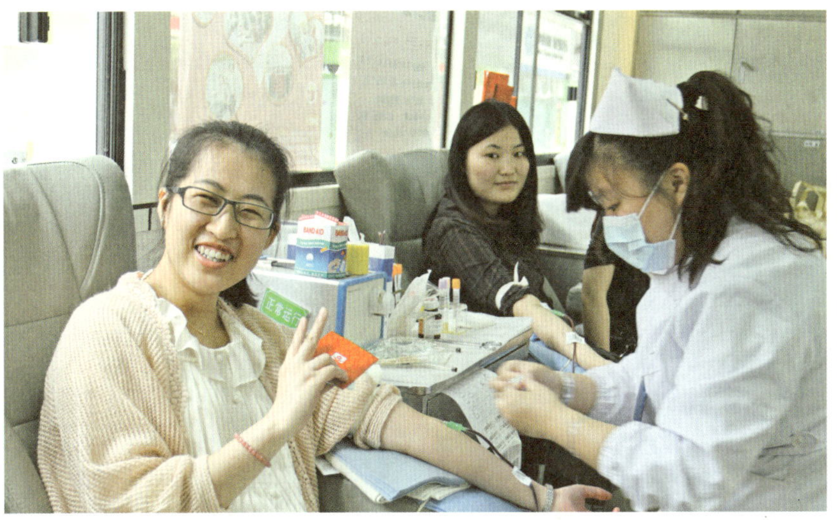

5月27日，太平洋财险江苏分公司本部员工为雅安地震灾区无偿献血

州市2014年度"三城区"自然灾害民生综合保险由太平洋财险苏州分公司承保，惠及"三城区"户籍居民近51万户、148余万人。

【重大承保】 2013年1月，太平洋财险江苏分公司承保某电力公司财产一切险、机器损坏险、公众责任险、供电责任险，保额8145236万元。

1月，太平洋财险江苏分公司承保某电力股份有限公司财产一切险、机器损坏险、安工一切险、公众责任险、雇主责任险、团体人身意外伤害保险等，保额2787179万元。

2月，太平洋财险江苏分公司承保某集团公司财产一切险、机器损坏险、营业中断保险、公众责任险、建工一切险，保额2850123万元。

3月，太平洋财险江苏分公司承保某公司建工一切险，保额1236034万元。

5月，太平洋财险苏州分公司再次赢得"蛟龙"号业务运营单位认可，为"蛟龙"号首个试验性应用航次全程提供保险保障，承保"蛟龙"号载人潜水器保险及船上人员人身意外伤害保险，总保额24880万元，其中深海潜水器保额16000万元，意外险保额8880万元。

6月，太平洋财险苏州分公司与中国商务部签订保险合作合同，独家为其驻全球甲类经商机构的1000多名工作人员提供团体人身意外伤害保险和境外紧急救援保险保障总保额116500万元，这是苏州分公司独家承保的第二张国家部委保险单。

11月7日，太平洋财险与中国外交部签署"驻外使领馆财产一切险和公众责任险"合作协议，总保额1759317万元，由苏州分公司具体承保，在此后三年的合作协议期内承担起外交部262个驻外使领馆的资产和三者险的保障责任。

【重大赔付】 2013年1月31日，被保险人某化学有限公司发生爆炸，太平洋财险江苏分公司开展理赔查勘，于12月20日赔付234.29万元。

2月9日，被保险人南通某科技有限公司发生火灾，太平洋财险江苏分公司开展理赔查勘，于12月19日赔付1450万元。

10月，"菲特"台风期间，太平洋财险苏州分公司承保非水险客户发生1058起损失案件，苏州分公司合计支付赔款近2500万元。

【公益活动】 2013年4月20日，芦山地震发生后，太平洋财险江苏分公司向全辖发出捐款倡议书，共募集善款14.99万元，定向捐助四川雅安灾区。分公司直属工会、直属团委联合发出无偿献血倡议，组织员工参加无偿献血活动。

4月26日，太平洋财险苏州分公司举行"雅安加油，在你身边"的捐款活动，不到半天时间里，共筹集善款9.48万元。

6月14日，为庆祝公司成立19周年，太平洋财险苏州分公司组织员工参加无偿献血活动。这项活动已经坚持19年，参与人员超过958人次。

中国平安财产保险股份有限公司江苏分公司

【概况】 中国平安保险（集团）股份有限公司于1988年深圳蛇口成立，截至2013年12月31日，平安集团旗下有24家子公司，包括平安寿险、平安产险、平安养老险、平安健康险、平安银行、平安证券、平安信托、平安大华基金等。中国平安财产保险股份有限公司江苏分公司是中国平安财产保险股份有限公司设在江苏的省级分支机构，成立于1993年。现分公司在全省设立中心支公司17个，支公司及营销服务部近130家。

【经营业绩】 2013年，平安产险江苏分公司实现保费收入87.4亿元（以下分项相加为87.5亿元，请调整），其中车险62.6亿元，其他财产险23.0亿元，意外险和短期健康险1.9亿元。全年累计赔付45.1亿元，其中车险38.6亿元，其他财产险5.9亿元，意外险和短期健康险0.7亿元。

【渠道建设】 车行渠道建设。2013年，平安产险江苏分公司持续推进车行渠道集中化改革，建设专业的渠道化销售管理团队，提升车行渠道业务规模和效益。

重点客户渠道建设。分公司重点客户渠道始建于2003年，是分公司从事重点项目、统保业务、经纪业务以及特殊风险项目拓展和维护的专业销售渠道。成功独家及共保参与省内诸多重大项目，同时与国内外众多经纪公司建立了良好的业务合作关系。

综合开拓渠道建设。通过培训、激励，培养具有综合能力的专业人员。

新渠道建设。自2006年，分公司开始搭建电话销售基础平台，现已建立覆盖全省的销售、服务、理赔网络，提供"万元以下、一天赔付"、"全国通赔、异地办理"、道路救援等增值服务。

直销渠道。自2011年开始，中国平安以稳步推进个团分设为契机，大胆改革销售架构，优化直销模式，推动直销渠道发展。

11月，平安财险董事长孙建平在江苏分公司调研

银保渠道。2011年，平安产险将银保渠道从混合渠道中剥离出来，建立以银行、邮政、小额贷款公司、金融担保公司等金融类兼业代理机构作为依托对象的分销渠道。银保渠道独立发展后实现快速发展。

代理渠道。2011年，建立起由公司集中管理运作的，以专业代理公司、兼业代理公司(不包括银行、车行及平安集团其他专业公司)及个人代理人为合作对象，主要面向个人零售客户的多元化产品专业销售渠道。

【内部管控】 环境控制。分公司各个部门和业务岗位职责明确、权责一致、逐级负责；分公司建立了决策评估机制、统一授权经营制度、薪酬与公司效益和个人业绩相联系的有效激励约束机制，建立并实施公正透明的高级管理人员绩效评价标准和程序、对内控执行力的考核评价机制、科学的内部控制制度评审机制和回避、重要岗位轮换、档案管理和劳动人事管理等制度。

业务控制。分公司目前业务部门设置合理、职责明确、运行顺畅，业务部门设置与其职责相匹配的岗位，并配备了能胜任的工作人员，确保各项业务控制活动在分支机构得到有效执行。分公司建立了完善的承保、理赔、再保险等业务环节的规章制度和操作流程。分公司设立反洗钱专门机构或指定内设机构负责反洗钱工作，建立了反洗钱内部控制制度。

财务控制。分公司建立完善的分支机构账户管理制度并有效执行，建立财务负责人委派制度，对财务负责人实行层层负责，保障财务负责人依法行使财务监督权，会计账务处理实行岗位分工，明确岗位职责，不存在一人兼岗或独自操作全过程，公司财会岗位实行定期或不定期轮换或交流。

【企业文化】 2013年，平安产险江苏分公司秉承“专业创造价值”的文化理念，履行社会责任，投身教育慈善以及环保低碳、红十字公益及社群服务等公益事业。根据集团综合金融的战略目标，平安文化的发展观描述为追求“领先”的文化，要求每个机构搭建“领先”的平台。要求在制定战略和计划时，要以“领先”为最核心的目标；在选拔人才、配置资源时，要以是否有利于实现“领先”为基本原则；在问责考核时，要以是否达到或靠拢“领先”为核心评判标准。

【重大活动】 2013年3月15日，平安产险江苏分公司在南京举行2013年季度大讲堂《网络改变生活》培训。

4月15日，中国平安在北京召开“心服务、快体验”快易免服务升级发布会，首次在业内推出四项创新服务，包括赔款即时到账、零查勘简易理赔、微信实时查询理赔进度、APP客户自助免费救援等。

5月11日，分公司在南京举办保险行业核心价值理念学习讲座，江苏保监局局长助理王宝敏授课。

7月8日，分公司参与南京地区“全国保险公众宣传日”广场活动。

8月13-14日，分公司职场举行“赢在正能量”培训。

11月，平安产险董事长孙建平一行到江苏产险调研。

【重大承保】 2013年1月1日，平安产险江苏分公司独家承保徐州华鑫发电有限公司企财和机损险，总额325936万元。

1月1日，分公司承保南京长安民生住久物流有限公司货运险项目，保额

8月5日，平安财险江苏分公司在河西万达举行乔迁盛典

700000 万元。

1月1日,分公司以主承保身份承保铜山华润电力有限公司企财和机损险,份额50%,保额391017万元。

1月4日,分公司以主承保身份承保徐州华润电力有限公司企财和机损险,份额65%,总保额362528万元。

1月21日,分公司以主承保身份承保南京地铁建设有限责任公司宁和城际轨道交通一期工程建筑工程一切险及第三者责任险,份额30%,总保额944429万元。

2月27日,分公司参与共保中核集团江苏田湾核电项目3号、4号机组项目,保险险种为建筑工程一切险及第三者责任险,份额20%,总保额3090085万元。

7月1日,分公司以主承保身份承保大唐南京发电厂企财和机损险,份额57%,总保额687500万元。

2013年,无锡分公司承保无锡公共交通有限公司公交车项目,保费300万元。

2013年,分公司承保东南旅游、江南客运等旅游车项目,保费近600万元。

10月16日,中国首个跨省地铁项目——上海地铁11号线江苏昆山延伸段正式载客试运营,平安产险苏州分公司独家承保运营期一揽子保险,保额20000万元。

11月,苏州分公司承保苏州轨道交通1号、2号线2013—2017年度运营期综合保险,保额约135000万元。

【重大赔付】 2013年9月1日,被保险人昆山某电子工业有限公司2期厂房三楼烤漆房在清扫过程中发生火灾事故,火势引起烤漆房爆炸,造成一死两重伤;火势沿通风管道蔓延,造成一楼阳极生产线受损,屋顶排气设施、冷却塔等受损严重。平安产险江苏分公司于11月4日赔付550万元。

6月7日,被保险人太仓某纸业有限公司太仓港码头受两艘泊靠货轮撞击,码头下游防护桩及引桥断裂受损。平安产险苏州分公司赔付440万元。

【公益活动】 2013年9月1–22日,平安产险江苏分公司集结15名志愿者,前往盐城市滨海镇蔡桥希望小学支教,为孩子们带去以"儿童安全教育"为主题的多项课程。

12月20日,平安产险江苏分公司邀请2012—2013年度参与支教行动的10名志愿者代表和来自蔡桥希望小学的两名小学生参与在公司的平安夜晚会,平安产险江苏分公司总经理原廷会向希望小学捐赠书籍和电脑,购买书籍和电脑的费用来自分公司2013年组织的午间义卖费用。

7月8日,平安财险江苏分公司员工参与保险公众宣传日活动

天安财产保险股份有限公司江苏省分公司

【概况】 2013年年末,天安财险江苏省分公司有1个营业部、12个中心支公司、29个支公司、53个营销服务部,在册员工970余人,其中大专及以上学历占比73.4%。多年来,分公司发扬"化险为夷,补天爱人"的企业精神,坚持"以客户为中心"的经营理念和"以奋斗者为本"的核心价值观,履行"为社会、客户、员工和股东创造更大价值,赢得市场尊重和社会认同"的公司使命,为江苏地方经济建设和社会大众服务。

【经营业绩】 2013年,天安财险江苏省分公司实现"业务大发展,经营好效益"的目标。保费收入8.12亿元,同比增长13.22%。其中,车险保费收入59997万元,占比73.91%,增加8101万元,增长15.61%;财产险保费收入13219万元,增加149万元;人身险保费收入6746万元,增加1228万元;水险保费收入1214万元,同比基本持平。综合成本率92.20%,减少7.38个百分点;承保利润增加5870万元。

【渠道建设】 强化兼业渠道建设。2013年,天安财险江苏省分公司根据产品特点制定专门银保、车商渠道业务政策,省分公司发挥管理、考核、费用配置产品销售的作用,与100余家车商、118家银行合作。着力专业代理经纪渠道建设,与公司合作的专业代理机构32家、专业经纪机构18家。完善直销渠道建设。建立专业化销售管理渠道规划,重点打造支公司、营销部直销渠道建设,形成公关协调服务好、销售能力强的直销作业团队;优化个代渠道建设。重点进行个人代理人诚信和能力建设。

【内部管控】 2013年,天安财险江苏省分公司一是加强合规培训教育。省分公司及各机构、各部门利用各种会议,宣传和学习保险监管部门及总公司有关规范经营的文件精神和要求。4月底前,公司全辖所有理赔管理人员及一线查勘人员签订"理赔人员自律承诺书"。

5月6-14日，天安财险总公司经营班子现场调研

5月30日，公司组织开展全辖"合规经营十大禁令"培训考试。二是强化制度建设。除包含常规性审计内容外，还从审计方案制订开始就征求各条线部门对年审内容的意见，增加以近年来总、分公司管控热点为主要内容的审计事项，如客户服务水平、"一纸快赔"、间接理赔费用使用等，从风险管理角度，多方面为年审机构"问诊把脉"，促进和规范各机构的经营管理工作。三是加强对各指标监控，尤其是加强对各风险指标所反馈的问题进行分析，督促机构做到合规经营。

【企业文化】 2013年，根据天安财险新的企业文化内涵，天安财险江苏省分公司通过各个层级和多种形式的宣导、先进典型的树立、服务社会和广大客户等公益活动的开展、对广大干部员工的关心、教育和引导，使公司企业文化建设软实力进一步提升，公司的凝聚力、向心力进一步增强。

【重大活动】 2013年5月6—14日，由天安财险总公司经营班子、总公司各部门主要负责人组成的调研组，分别对天安财险江苏省分公司本部、分公司营业部和无锡、泰州、连云港中心支公司及其所辖支公司进行现场调研。

7月8日，省分公司参加江苏省保险行业协会组织的"全国保险公众宣传日"广场宣传活动。

8月20日，省分公司与各中支机构及本部各职能部门签订安全目标管理责任书。

9月30日，省分公司出台《关于加强销售团队建设实施方案》，同时开展加强销售团队建设活动。

12月27日，省分公司组织召开2014年计划工作会议暨一季度"开门红"誓师大会。

【重大承保】 2013年1月4日，天安财险江苏省分公司独家承保艾欧史密斯(中国)热水器有限公司产品责任险，保费436万元。

1月4日，省分公司独家承保丹阳市齐梁路南延至312国道及丹桂路延伸段工程建筑工程一切险，保费108万元。

3月13日，省分公司以4%份额参与共保宁和城际轨道交通一期工程地铁工程建筑工程一切险，份额保费173万元。

3月25日，省分公司以30%份额参与共保苏州市中环快速路改造工程建筑工程一切险，份额保费120万元。

4月19日，省分公司以1.07%份额参与共保中星11号卫星发射及在轨一年的卫星保险，份额保费137万元。

5月16日，省分公司独家承保江苏省格林艾普化工股份有限公司财产综合险及机器损坏险，保费95万元。

8月30日，省分公司独家承保华润万家有限公司、苏果超市有限公司及其分公司、子公司和其他相关利益公司财产一切险等一揽子保险，保费504万元。

8月23日，省分公司以16%份额参与共保南京钢铁股份有限公司财产一切险及机器损坏险，份额保费196万元。

【重大赔付】 2013年4月，天安财险江苏省分公司赔付被保险人某某43万元。1月19日，被保险机动车辆发生事故后损毁。

5月，省分公司赔付被保险人兴化市热电有限责任公司183万元。2012年3月2日，被保险人主厂房一号发电机组发生火灾。

天安财险江苏省分公司组织召开2014年计划工作会议暨一季度"开门红"誓师大会

4月13日，天安财险江苏分公司开门红总结表彰暨二季度工作部署动员会

7月，省分公司赔付被保险人苏州龙亿企业管理服务有限公司48万元。4月27日，被保险机动车辆与张某、陆某相撞，致其死亡。

8月，省分公司赔付被保险人凌某某47万元。7月8日，被保险机动车辆与孔某相撞，致其死亡。

9月，省分公司赔付被保险人苏州小川企业服务有限公司43万元。3月25日，被保险机动车辆与许某相撞，致其死亡。

9月，省分公司赔付被保险人沭阳天成混凝土有限公司50万元。3月22日，被保险机动车辆与茆某相撞，致其死亡。

9月，省分公司赔付被保险人中交第一公路工程局有限公司247省道六合雄州至金牛湖段改扩建工程项目经理部96万元。6月23日、25日、27日暴雨，247省道六合雄州至金牛湖段改扩建工程路床、结构[illegible]灌水受损。

11月，省分公司赔付被保险人常熟市福茂红木[illegible]具有限责任公司113万元。7月1[illegible]，被保险人厂区发生火灾，厂房及其[illegible]物受损。

【公益活动】 2013年3月5日，天安财险江苏省分公司团委与江苏保监局团委和江苏连云港市赣榆县抗日山希望小学，联合开展“真情暖校园，青春见行动”学雷锋活动。向学校捐款3.4万元，捐赠价值5000余元的文化体育用品，并对该校部分班级学生进行互动教学。

3月15日，省分公司组织管理部门的业务骨干，参加江苏省暨南京市2013年纪念“3·15”国际消费者权益日大型广场咨询活动。

4月23日，省分公司组织开展各中支机构、分公司本部全体员工参加的天安财险“4·20”抗震救灾捐款仪式特别晨会活动，为雅安受灾地区同胞捐款7.07万元。

10月、12月，无锡中支分别在无锡市“红十字人道万人捐”、“送温暖、献爱心”慈善捐赠活动中，募集捐款8800余元。

【教育培训】 2013年4月14日，天安财险江苏省分公司邀请国际职业培训师、中国人力资源开发研究会副研究员、国风营销管理研究中心董事长谢清顺作《团队建设与业务推动》的专题培训。省分公司领导、本部全体员工、各中支机构主要负责人、所有四级机构主要负责人参加培训。

7月6日，省分公司邀请江苏省委党校科社部副主任、法学博士陈蔚教授，作《重温十八大，开启新征程》的学习贯彻中共十八大精神专题视频党课。分公司全辖196人参加培训。

7月7日，省分公司举办由全辖30余名理赔技术骨干参加的汽车零部件修复工艺培训班。

9月18—22日、9月26—29日，省分公司举办两期由业管、理赔、单证、出单、财务等岗位人员参加的“天财动力系统”上线培训班。

大众保险股份有限公司江苏分公司

【概况】 大众保险是1995年元月在上海注册成立的股份制商业保险公司，大众保险江苏分公司是在南京设立的省级分公司，成立于1997年7月。分公司为客户提供全面的保险服务，理赔服务优质、高效，在南京率先提出“理赔110”服务。分公司以“信誉为本，服务大众”为服务宗旨，以敬业、守信、高效、创新的服务精神创造大众信心与价值，造福于大众富裕与安宁。根据“新大众、新形象、新发展”的二次创业要求，分公司坚持效益优先、稳健发展，努力把公司建设成综合实力强、品牌信誉好、员工待遇高的一流财产保险公司。

【经营业绩】 2013年，大众保险江苏分公司保费收入21839.49万元，车险保费收入17036.35万元（其中商业险保费收入13656.61万元，交强险保费收入3379.74万元），非车险保费收入4803.14万元；综合赔付率66.17%，同比增长0.38%；综合费用率36.02%，同比增长2.02%；综合成本率102.19%，同比增长2.4%。

【渠道建设】 2013年，大众保险江苏分公司与银行、车行、经纪、代理公司等建立良好合作关系，拓展业务渠道，并与众多中介机构建立良好的业务合作关系，其中有AON保险经纪公司、WILLIS保险经纪公司、金诚保险经纪公司、江泰保险经纪公司、康安保险经纪公司、远东海领保险经纪公司、全顺保险经纪公司。

【内部管控】 内部管理方面，管理水平、服务意识、协调作战能力显著提高。分公司公司开展内控执行情况监督检查，并随业务发展、管理变化，改进和完善内控体系。各条线规范管理，制定一系列风险管控制度，防范风险。

【企业文化和创建工作】 “效益、发

12 月 5 日，大众保险江苏分公司 2013 年度总结表彰大会

展、提升、创新"是大众保险江苏分公司企业文化的核心价值。分公司全体人员以务实精神，坚持"效益为先"的经营理念，走内涵式发展之路，把江苏大众打造成一个"员工素质高""客户满意度高""业内受尊重"有品质的保险公司。

分公司开展"党、工、团"活动，营造积极向上的和谐氛围。开展多样主题活动。党委召开讲学习，献计策，建文化，抓服务，促发展及专题组织生活会，就业务渠道建设、新产品推广、理赔服务、品牌宣传、提高员工凝聚力等提出建议和意见 30 多条，经过分公司党政联席会讨论研究，归纳为"车险渠道封闭式运转模式""快赔""人才引进""竞争策略"四大方面并制定详细实施方案和具体措施。

【重大活动】 2013 年 1 月 5 日，大众保险江苏分公司外聘老师为员工进行"赢在执行"的培训。

1 月 16 日，由《保险经理人》杂志策划并组织实施的中国保险业年度风云榜颁奖仪式在北京举行。大众保险升级版"众行天下"旅行系列保险产品获 2013 中国保险业年度风云榜之"年度最具创新型产品"奖项。

7 月 4 日，大众保险总公司总经理陈耀中、车险部副总经理华立民一行赴江苏分公司检查工作。

10 月 17 日，江苏省委党校社教部主任、心理学教授倪洪兰为大众保险江苏分公司员工做《职场心理健康与情绪压力管理》《职场人际沟通与社交礼仪》等培训。

12 月 17 日，史带传统渠道部负责人 Joseph Gravier 在大众保险总公司渠道管理部总经理刘林陪同下，到大众保险江苏分公司访问并拜访客户。

【重大承保】 2013 年，大众保险江苏分公司承保南京某交通运输公司机动车辆保险、雇主责任险、货物运输险，保费 820 万元。

2013 年，分公司承保南通某外资电子企业财产一切险、机器损坏险、雇主责任险、货物运输险，保费 160 万元。

2013 年，分公司承保无锡某电厂财产一切险、机器损坏险、货物运输险，保费 90 万元。

【重大赔付】 2013 年 7 月 4 日，被保险人常州东木橡塑制品有限公司突发大火，导致存货和机器设备大面积烧毁。大众保险江苏分公司于 9 月 24 日赔付被保险人 89.84 万元。

华泰财产保险有限公司江苏省分公司

【概况】 2013 年，华泰财险江苏省分公司推动公司转型的深化、细化和落实，落实主渠道战略，推动力争全面达成各项经营目标；强化制度建设、队伍建设和风险管控等基础建设，实现分公司整体管理能力提升。分公司贯彻落实集团"十二五"规划，突出 EA 模式（专属门店模式，下同）主渠道发展，加快重客经纪和银行业务的发展，鼓励和支持发展有效益的传统渠道。同时夯实基础，强化风险管理、机构管理、员工队伍建设和服务能力提升，强调以服务推动销售，以服务推动主渠道发展，促进增长。

【经营业绩】 2013 年，华泰财险江苏省分公司完成保费 23888.9 万元，完成全年预算 78.8%，同比增长 8.9%。其中：车险保费 17045.7 万元，完成全年预算 79.5%，同比增长 17.9%；商险保费 5637.8 万元，完成全年预算 71.7%，同比增长 -15.9%；个险保费 1205.5 万元，完成全年预算 120.9%，同比增长 53.2%。EA 渠道实现保费 11658 万元，完成全年预算 105.31%。综合成本率110.82%，超出预算 13.04%；承保利润 -2172.70 万元。

【渠道建设】 2013 年，华泰财险江苏省分公司重点推进 EA 和经纪重客，将主要资源都放在主渠道发展上，并着重加强两个主渠道的团队建设，EA 门店数和保费量都稳定增长。

2013 年，江苏 EA 发展由门店的高速铺设向追求门店质量的方向转变。截至 2013 年 11 月底，江苏 EA 完成库存门店数 165 家，至年底预计完成 170 家，预算达成率 72%；当年新增开工号门店 66 家。

重点推进经纪重客渠道，解放核保人的生产力，让销售与核保有机结合，推动非车业务发展。分公司成立经纪重客部，并在苏州、徐州、南京设立经纪部，其他机构设立重客虚拟岗，为重大项目本地化服务打好基础。

推动优势产品和优势渠道，银行渠道和燃气项目均实现快速健康发展。银行渠道完成全年保费计划，并实现承保利润。

【内部管控】 2013 年，华泰财险江苏省分公司采取多种措施减少人力成本，对人员和职场进行调整；对办公用品采购、使用进行严格管理，削减办公经费。落实监管要求，加大车险和商险未决赔案清理力度，使未决案件数量持续下降，结案率和理赔服务质量不断提升。加强规章制度建设，完善风控管理体系，提高防范风险能力。落实反洗钱、打击非法集资活动，推动开展中介业务合规情况自查整改及风险排查。加大媒体宣传报道及新闻危机处理力度，做好舆情监测和新闻危机管理，维护公司对外形象。细化财务管理流程，开展费用管控自查及增设考核机制建设，推动公司财务费控系统正式上线。

【企业文化】 2013 年，华泰财险江苏省分公司开展和丰富企业的文化建设活动，以先进的企业文化创建和谐的公司文化氛围。

5 月 8–9 日，华泰财险总公司领导对分公司 EA 项目进行调研

提升员工思想水平。在员工中弘扬“服务大局、勇担责任、团结协作、为民分忧”的行业精神，树立“想全局、干本行，干好本行、服务全局”的大局意识。培育公司对社会、对客户、对员工以及员工对公司的诚信文化，促进保险信用体系及企业执行力建设的提升。

健全和完善责任结构及部门岗位责任体系建设。形成以责任环环相扣、相互承担企业组织责任使命完整的“责任链”，构建全员以责定岗、以岗设人、岗责分明的责任体系；配合有效的“责任权重”、相关的激励制度建设，促使每个员工主动承担起岗位责任，强化全员责任感和紧迫感，树立依法合规经营意识，健全和完善责任明晰、绩效考核、差错追究的责任考核体系，从而推动公司组织责任使命的实现和发展进步。

倡导“情系客户”的公司理念。以方便客户为本，推进保险标准化建设，实现服务亲情化、标准化和承保理赔便捷化、规范化。

提高合规意识，培养合规文化。高度重视保险合规风险管理机制的构建和完善。倡导和培养良好的合规文化，强化“合规人人有责”“主动合规”“合规创造价值”等理念。

建立健全规章制度和行为规范。使企业理念制度化的同时实现制度的观念化，从而实现员工行为既有价值观的导向，又有制度化的规范。价值观是企业文化的核心，把企业文化的基本理念融入到各项规章制度中，制定和完善符合现代企业经营实际的管理制度、操作规范、工作职责，形成企业共同价值观系统和全体员工积极向上的职业道德规范、原则和方式，从而激发全体员工工作的主动性、积极性和创造性，形成人与人之间和谐、部门及部门间和谐，推动公司整体与社会的和谐发展。

【重大活动】 2013 年 1 月 11 日，华泰财险江苏省分公司召开 2012 年年终工作总结和表彰会，对 2012 年包括 EA 渠道在内的各条线工作进行总结分析，并介绍新一年的工作规划，总经理孙鉴作“发扬创业精神、落实战略转型、打赢背水一战”的工作报告。华泰财险总公司丛雪松总经理参加会议。

1 月 12 日，华泰保险江苏省 EA 年度联谊暨表彰会在南京举行，江苏保监局领导、江苏省及部分地市行业协会领导、华泰财险总公司赵建宇副总经理、财险江苏分公司管理层与百余名江苏 EA 店主参加此次会议。

3 月 15 日，分公司派员参加省学会开展的“3·15”广场咨询活动。

5 月 8 日—9 日，华泰财险总公司廖迎辉副总经理一行对分公司 EA 工作进行专题调研。

7 月 8 日，分公司总经理室成员带领相关人员参加协会举办的保险公众

宣传日活动。

7月19—21日，分公司召开2013年中期工作会议，并特别召开EA讨论会。

【重大承保】 2013年1月，华泰财险江苏省分公司独家承保华润电力运营期一揽子保险，年总保费约2000万元。

1月，江苏分公司独家承保华润燃气和中燃燃气家财险项目，年总保费约600万元。

7月，江苏分公司参与共保江苏沙钢集团有限公司财产险和货运险，年总保费约250万元。

【重大赔付】 2013年7月25日，被保险人陈某某的标的车在行驶时不慎撞到一骑自行车人，三责一人死亡。经交警大队认定，标的车承担全责。经法院判决，分公司最终赔付62.58万元。

5月10日，被保险人苏州凯力鑫贸易有限公司标的车在行驶时不慎撞到一骑电瓶车人，导致三责头部受重伤。经市交警大队认定，标的车承担主责。因赔付金额已远超承保的商业险三责限额，经法院调解，分公司最终在限额内赔付49万元。

7月6日，被保险人扬州华新出租汽车有限公司标的车在行驶时不慎撞到一骑电瓶车人，导致三责行人受伤，并经抢救无效死亡。经交通巡逻警察大队认定，标的车承担全责。经法院调解，分公司在商业险限额内赔付47.91万元。

8月10日，被保险人华润包装材料有限公司车间PET1号线终聚反应器减速箱有异响，减速机出险故障。8月11日，减速机停下来后，经检修发现，顶部压盖三级齿轴已严重损坏，四级齿轮有轻微损伤，侧盖二级齿轴也有部分齿损坏，三级齿轮有轻微损伤，停车20天。分公司赔付203.29万余元。

9月18日，被保险人华润包装材料有限公司生产二厂中控室发现催化过程中，氧气指标异常，经检查催化床网被烧毁，催化剂掉落，进而导致产品品质降低。分公司赔付124.21万元。

11月14日，被保险人深圳南方车友物流有限公司实际承运车辆鄂F2Q728、鄂FHT53挂车行驶至宁夏银川吴忠与青铜峡之间的黄河大桥时，车辆尾部货物着火，由于火势过大，致挂车和车上所在货物基本全损。根据当地公安消防机构初步意见，分公司赔付120万元。

【公益活动】 2013年5月30日，华泰财险江苏省分公司组织员工代表前往江苏涟水县南集中心小学开展为农村小学送温暖活动，赠送投影仪、电脑、体育用品、图书等物品，并为20名特困小学生送上文具礼包。

5月30日，华泰财险江苏省分公司开展为农村小学送温暖活动

中国出口信用保险公司江苏分公司

【概况】 2013年，中国信保江苏分公司履行政策性使命，创新工作举措，拓宽服务领域，为江苏开放型经济发展作出贡献。

【经营业绩】 2013年，信保江苏分公司短期出口信用保险承保453.1亿美元，同比增长13.1%，高于全省同期出口增幅近13个百分点。项目险(包括中长期出口信用保险、海外投资保险、海外租赁保险)总保额11.7亿美元，支持"走出去"项目39个，支持项目融资近8亿美元。国内贸易险、资信业务收入近6000万元。资信报告超过2万份。

【服务经济社会发展】 支持出口规模再创新高。2013年，信保江苏分公司支持各类出口464.9亿美元，比上年增长15.5%，高于全省同期出口增幅15个百分点，连续七年保持全国第一。其中，对全省一般贸易出口支持率由上年28.8%提升至31.7%；支持企业向新兴市场出口233.2亿美元，承保国别涉及172个国家和地区；支持收汇期在90天以上的长账期出口业务80.8亿美元，同比增长53.2%。

服务企业数量再创新高。服务出口企业数量7764家，新增服务出口企业数1584家，均位居全国第一。对全省出口企业覆盖面从2012年底的16.4%提高到18.4%。

助力小微企业发展取得成效。第二年开展小微企业平台统保服务，全年服务小微企业数达到5966家，同比增长25.3%，对全省小微出口企业的承保覆盖面达到20.6%。全年拉动小微企业实现出口47.8亿美元，帮助在保小微企业出口额实现12.4%的增幅，远超全省出口平均增幅。

支持企业"走出去"取得进展。专门为"走出去"企业举办20场专题培训会，对有"走出去"需求的企业，逐户进行上门培训，讲解"走出去"的相关知识。全年推动多个重点海外总包项目、海外资源开发项目、新能源海外投资和

12 月 3 日，出口企业向江苏信保送锦旗

海外总包项目、船舶项目顺利落实。

风险保障力度提高。全年向企业提供资信报告超过 2 万份，召开各类风险管理培训 54 次，累计支付赔款高达 1.27 亿美元，帮助企业追回海外欠款 6900 万美元，较好保障企业海外权益。对小微企业，全年赔付案件 59 件，支付赔款 147.6 万美元，同比增长 502.9%。

【渠道建设】 为出口信用保险工作出谋划策。2013 年，信保江苏分公司通过参加省政府各类出口工作会议、座谈会议和调查研究，为外贸稳出口、调结构和推动“走出去”献言献策。在省政府落实“国十二条”的 19 条重点措施中，出口信用保险占 4 条。省领导李云峰、傅自应和南京、苏州、无锡、常州、南通等市领导专门批示肯定分公司支持外经贸发展的作用。

深化与商务部门、财政部门的协作。连续两年联合搭建小微出口企业服务平台，优化小微企业出口风险基本保障制度。

银行合作水平提升。召开全省出口信用保险核心银行研讨会，加大融资风险提示，进一步规范银信企三方合作机制，与多家国资、外资银行建立支持企业“走出去”的合作关系，与民生银行、招商银行联合搭建小微企业专属的保单融资渠道，全年帮助小微企业获得信保易融资 5917 万元，中央电视台等媒体对此进行专题报导。

电子信息服务渠道加强。面向服务企业，完善“信保通”电子功能，开通电子签名服务，推广 EDI 在线服务。2013 年，除小微企业外，“信保通” 开通率 100%，电子签名开通率 97%。

【内部管控】 完善制度建设。2013 年，信保江苏分公司对业务、综合类规章制度，分别明确制度体例、文件类别，建立文件邮件工作事项督办制度，先后修订业务、财务、人事、行政等方面 19 项管理制度。

强化风险防范。针对业务风险，对重点工作、关键指标、业务结构进行定期评估和监控，加大对日常承保业务的常态合规监控，建立上报限额审批机制和重案跟踪机制，妥善处理多项大额案件。针对融资风险，设立专项办公室，修订融资业务操作规程，完善融资风险提示制度，规范银行操作。

加强合规检查。落实制度廉洁性评估，开展效能监察和合规经营自评，贯彻集中采购制度，加强对合同文本的法律合规审查，对执行情况定期进行检查，发现问题及时纠正。在各项内外检查中，均获得好评。

【企业文化】 2013 年，信保江苏分公司举办各类专业学习、业务研讨和员工培训 52 次，开展“我的中国梦”、帮扶贫困县、员工及家属慰问、迎青奥健身等主题活动 12 次。

【重大活动】 2013 年 4 月 25 日，信保江苏分公司针对苏州某电器股份有限公司的 EDI 项目正式上线试运行。EDI 项目是分公司为核心客户提供的贴身信息化服务，实现将信用风险管理融入企业内部贸易流程管理中的目的。该项目是江苏省内首个信保 EDI 项目。

5 月 14 日，在省发改委召开的全省境外投资推进会上，分公司与中国进出口银行江苏省分行、国家开发银行江苏省分行共同与省发改委签订境外投资合作协议，建立项目联合评价机制，为省内企业搭建“走出去”投融资风险管控平台。

5 月 30 日，分公司召开 2013 年度小微企业平台统保工作部署会议，标志着分公司连续第二年对全省小微出口企业提供出口风险基本保障服务。

7 月 3-5 日，中国信保总公司股权董事、汇金公司有关领导组成调研组，调研考察分公司服务外贸发展情况，对分公司的工作和作用予以肯定。

7 月 5 日，根据中央和中国信保总公司党委部署，分公司召开党的群众路线教育实践活动动员部署大会。

7 月 11-12 日，中国信保党委书

9 月 11 日，江苏信保面向出口企业召开政策支持宣讲会

记、董事长王毅到分公司调研指导党的群众路线教育实践活动，会见江苏省政府副省长傅自应，就政策性出口信用保险支持江苏经济结构调整和转型升级交换意见。

9月初，江苏省政府办公厅下发《关于促进外贸稳增长调结构的意见》，就促进全省外贸经济发展提出十九条具体意见，明确提出要扩大出口信用保险规模、扩大进口保险业务和充分利用出口信用保险拓宽企业融资渠道、支持企业"走出去"等要求。

9月16日，江苏省政府办公厅向省领导行文报告，指出自党的群众路线教育实践活动开展以来，很多基层群众、企业普遍反映，信保江苏分公司能够围绕中心、服务大局，在促进地方发展、服务基层企业方面做了大量实事。

12月27日，在中国信保总公司董事长、党委书记王毅，第三督导组组长、总经理助理谢志斌等领导的现场指导下，分公司党委召开党的群众路线教育实践活动专题民主生活会，按照"照镜子、正衣冠、洗洗澡、治治病"的总要求，开展批评与自我批评。总公司王毅董事长和第三督导组给予了"会议紧扣主题、聚焦四风、坦诚务实，达到了统一思想、提高认识、解决问题、增进团结的目的，是一次质量比较高的专题民主生活会"的评价。

【重大承保】 2013年，信保江苏分公司为江苏某新能源企业投资东欧某国的电站项目提供海外投资保险，项目金额2.1亿美元。该项目被视为江苏省新能源产业转型的典型案例。

2013年，分公司为江苏某工程公司在孟加拉承建的燃煤电站项目提供出口买方信贷保险，项目金额1.92亿美元。

2013年，分公司为盐城某纺织集团在坦桑尼亚投资的纺织项目提供海外投资保险，项目金额6500万美元。该项目是国家主席习近平2013年3月访问坦桑尼亚成果之一。

2013年，分公司为江苏某船舶公司船舶出口业务提供出口信用保险，保额3.4亿美元。

【重大赔付】 2013年6月，镇江某小微出口企业遭受某香港买家大额货款拖欠，由于该企业参加出口信用保险平台统保，分公司帮助该企业追回欠款109.6万美元，并按约定按期赔付累计107.52万余美元的欠款。

9月，徐州某大型工程机械公司出口巴西货物遭买家拖欠，分公司启动快速理赔程序，向该公司支付赔款994.46万美元。

12月，江苏一大型贸易集团因其在国内一家下游买家资金链断裂，出售货物面临损失。分公司全程辅导该集团报损和开展索赔，按照保单约定向保户支付赔款1089万元。

【公益活动】 2013年4月26日，分公司16名员工前往江苏省血液中心开展无偿献血活动。7月29日，分公司赴挂钩扶贫点涟水县成集镇开展扶贫捐赠活动，向成集镇捐赠25台折旧电脑和电脑卡座。

11月8日，江苏信保开展"迎青奥环湖走"员工主题活动

中华联合财产保险股份有限公司江苏分公司

【概况】 中华联合财产保险股份有限公司江苏分公司于2003年2月28日成立，下辖13家中支机构、90家四级机构、213个乡镇三农服务站，员工近2000人。自成立以来，分公司累计保费收入近130亿元，支付赔款91亿多元，为省内外近750多万个团体和个人客户提供保单服务，累计为新老客户提供近23000亿元的风险保障。

分公司始终把保护消费者利益放在首位，抓住治理"理赔难"契机，创新理赔服务，理赔服务各项关键指标均进入全省先进行列。2013年，分公司被省委、省政府评为"江苏省文明单位"。

【经营业绩】 2013年，中华财险江苏分公司保费收入15.4亿元，同比增长14.22%。其中，车险11.2亿元，增长11.61%；非车险1.7亿元，增长12.48%；意健险1亿元，增长48.78%；农险1.5亿元，增长18.67%。全险种终极赔付率64.31%；简单费用率33.64%，下降1.85%。综合赔付率55.47%，综合成本率35.98%，实现利润1.12亿元，现金净流入7690万元。

【渠道建设】 2013年，中华财险江苏分公司基本完成渠道部门组建和人员配备：一是夯实销售渠道改革基础，提升非车险专业化队伍能力；二是做大电商业务，全省实现电商保费收入3.31亿元，占总车险保费29.65%，续保率67.54%，高于全系统平均水平，规模位列全国前三；三是努力破解车商业务发展难题，车商渠道占比38%，位于系统前列；四是银保业务超常规发展，与省农行、农发行、建行、交行联合开展业务合作，拓展邮政等新渠道；五是积极开拓大项目及政企渠道，开拓无锡东方新纪元、泰州环责险、苏州安责险等大项目100笔，实现保费1.013亿元，新增大项目29笔，新增保费3200万元，大项目续保率80%；六是在经纪代理渠道谋求突破，对经纪公司进行梳理和对接，实现保费1215万元，同比增长

8月8日，中华财险江苏分公司召开党的群众路线教育实践活动工作会议

111%。七是尝试开发互动渠道与东方资产平台资源。

【内部管控】 2013年，中华财险江苏分公司持续加强内部管控，严把承保、理赔质量关，贯彻总公司“优赔增效”指导思想，坚持质量效益第一不动摇，当期保单业务质量相对较好，全险种终极赔付率维持在64.31%。坚持合规经营促进业务发展，高度重视审计、税务和监管机构检查，适期组织风险合规管理专题培训，注重当期保单质量、赔案质检、固定资产管理等专项检查，及时发现风险点并予以整改，公司上下遵守法律法规及监管行业政策，2013年公司取得“零处罚、零投诉”好成绩。

【企业文化】 2013年，中华财险江苏分公司围绕“制度化、系统化、实践化、奖惩化、教育化”，抓好企业文化建设。坚持把“以人为本，塑造人、教育人”作为重点工作，坚持“软实力”建设至上，开展系列工作。一是抓队伍建设，加强中支班子力量，优化干部队伍结构。二是加大绩效考核力度，拉开收入差距，激发员工积极性。三是创建省级文明单位取得重要成果，创建综合评分在保险行业居于前列。四是开展党建团建和工会工作，结合群众路线教育实践活动，发展新党员；分公司及各中支均成立共青团委员会，举办分公司青年员工征文演讲比赛等活动；工会结合重大节日组织多项活动，丰富员工物质文化生活。

【创建工作】 2013年，中华财险江苏分公司重视文明创建工作，年初即组织召开全体员工动员大会，分公司党支部、工会、团委等组织带头参与各项活动。分公司与共建学校、驻区街道建立深厚友谊，发挥企业责任感。在获得“2010-2012年度玄武区文明单位”称号的基础上，分公司以争创“江苏省文明单位”为目标和抓手，通过坚持科学发展，着力提高公司综合实力；狠抓思想教育，着力提高员工道德素质；创新制度体系，着力提升公司管理水平；坚持以人为本，着力打造公司特色文化；承担社会责任，着力提升文明创建层次；以党建带创建，着力提升班子领导能力等六个方面，开展系列创建活动，并于11月获“江苏省文明单位”称号。

【重大活动】 2013年1月1日，中华财险江苏分公司总经理姜跃武带领本部40名干部员工参加南京市委、亚青执行局等部门主办的“办好亚青会，建设新南京”元旦健身长跑运动会，并获“优秀组织奖”。

1月29日，分公司举办公司成立十周年庆典大会。

2月8日，分公司出台《2013年经营计划》，确立“认真贯彻落实总公司‘转型升级 卓越发展’工作部署，以创新精神，打好渠道改革、客服创新和成本控制三大战役，标本兼治推动业务发展，同心协力赶超行业发展水平”的指导思想。

4月12日，中国保险行业协会主办、中华财险总公司承办的全国农业保险承保人联席会第四次会议在南京召开。

5月10日，分公司与东方资产南京办事处举办以“资源共享、互动共赢”为主题的2013年业务发展研讨会，双方签订长期友好合作协议。

6月17日，分公司召开领导班子补充人选竞聘大会，中华财险总公司董事长李迎春率总公司人力资源部总经理樊建昭、车险部副总经理张丽蔚一行全程参与指导。

6月18—20日，中华财险总公司董事长李迎春一行在分公司总经

1月29日，中华财险江苏分公司举办公司成立十周年庆典大会

1月1日，中华财险江苏分公司参加南京市第31届元旦健身长跑运动会

理姜跃武陪同下，赴南京营业总部、无锡中心支公司和苏州中心支公司调研。

8月29日，江苏保监局局长宋志华在淮安市金融办主任吴正华、市保协秘书长顾志明、分公司副总经理陈志标一行陪同下，到淮安市清浦区和平镇“三农”保险服务站调研。

9月17日，分公司召开全省系统“优赔增效”活动动员大会。

11月14日，中华财险总公司总经理刘显龙及财务总监宁静一行在江苏分公司调研指导工作，分公司总经理姜跃武作重点汇报，并请求总公司根据当地行业发展实际和各分公司实际情况，实行差异化指导和管理。

【重大承保】 2013年8月15日，中华财险南通中心支公司中标南通市如东县政策性育肥猪保险。截至2013年12月31日，年度保费收入总额2505.10万元，保额50102.08万元，其中政府共保比例50%，中华财险占比30%，保费751.53万元。

8月22日，中华财险淮安中心支公司中标淮安市农村居民大病保险招标项目，独家承保第二标段，该标段覆盖淮安市淮阴区和盱眙县百万农村居民。截至2013年12月31日，为119.10万人提供保障，保费1786.49万元。

10月1日，中华财险苏州中心支公司独家承保昆山鼎泰丰劳务派遣有限公司雇主责任险，保险金额155400万元，保费127.53万元。

【重大赔付】 2103年6月23日，被保险人江苏金马运业有限公司“金马788”轮受热带风暴“贝碧嘉”影响，导致船舶沉没。中华财险江苏分公司委托民太安财产保险公估有限公司查勘，因本次事故系“暴风”所致，推定作全损处理，最终赔付176.98万元(含公估费4.98万元)。

7月1日，被保险人镇江丹阳海龙纺织品有限公司无纺布车间发生火灾，财产严重受损。中华财险江苏分公司委托泛华公估公司查勘，经查勘本案属于保险责任，最终赔付179.12万元(含公估费8.2万元)。

8月14日，驾驶员嵇某驾驶被保险人赵某标的车在233省道发生三车相撞事故，致三责方二人死亡，一人受伤，驾驶员嵇某负事故主要责任。经核算，中华财险江苏分公司最终赔付102.89万元。

【公益活动】 2013年4月18日，中华财险江苏分公司本部工会发起“资助贫困生爱心捐款”活动，帮助校企结对共建文明单位(江宁初级中学)贫困学生完成学业，募得1.61万元，工会出资购买10台电脑捐赠。

4月22日，分公司机关工会迅速行动，第一时间向全系统工会会员发出捐款倡议，截至23日中午，捐款17.98万元。江苏电视台等媒体对本部捐款仪式进行全程采访。

8月30日—9月4日，分公司响应总公司“我为希望小学捐书”活动，在全辖发起号召，各机构人员有830人参与，捐赠书籍1750本，图书全部加盖“中华保险爱心图书章”，捐赠四川北川县通口镇希望小学，用于建立“中华保险爱心图书室”。

太平财产保险有限公司江苏分公司

【概况】 2013年，太平财险江苏分公司深入贯彻落实集团公司“一二三四工程”要求，以“稳健发展、积极进取、完善管理、追求价值”工作方针为指引，在业务推动、渠道管理、队伍建设及“争先进位、跑赢大市”等方面取得较好的成绩，全辖发展能力得到进一步加强。

【经营业绩】 2013年，太平财险江苏分公司实现保费收入62619万元，同比增长34.53%；市场排名由2012年的第13为上升至第10位，业务同比增速高于行业平均水平16个百分点。

【渠道建设】 2013年，太平财险江苏分公司深化销售体制改革，实现各渠道平稳较快发展。

团队渠道。夯实基础管理，强化团队建设，注重过程管控，推动业务可持续发展，经营成绩突出：非车险保费收入同比增长42.85%；与32家代理中介机构开展业务，同比增长179.1%；有效增员63人，新增大项目6个。

车商渠道。强化业务推动，业务范围向二、三线城市延伸，加强投产比管理，业务发展能力有效提升：新增合作网点29家，总对总合作项目新增合作3家，本部业务同比增长53.62%，固定薪酬比低于总公司预算。

经代银保渠道。鼓励机构发展经代业务，引导业务方向，加强政策扶持，重点推进非车险业务发展，强化渠道业务品质管理，业务发展趋势良好：全年超额完成预算目标，新签中介19家，与省工行、建行及农行签订“分对分合作协议”；非车险业务发展增速明显，占渠道业务30.16%。

综合开拓渠道。加强产寿互通，共同开展机构调研走访；开展增员，对接四级机构；在专员队伍中推行八项基本动作不变形，业务实现稳定增长：渠道车险续保率不断提升，专员队伍基本覆盖对接寿险50人以上营业区，非车险占比显著提升，完成江宁、沿江、江都、靖江、扬中等5个四级机构的对接。

2月5日，太平保险集团总经理宋曙光莅临江苏开展“送温暖”活动，期间抽空视察太平财险江苏分公司职场

【内部管控】 2013年，太平财险江苏分公司加强内部管控：一是财产险内部业务结构不断优化，效益险种同比增长达50%以上，占比明显提高，高风险业务占比有所降低；二是车险启动销售费用投产比体系工作，为合理配置资源提供有效工具；三是各渠道完善基本法，加强薪酬及考核管理，销售人员固定成本率均控制在预算范围内；四是各机构内部常规稽核评级均在B级以上，徐州、连云港机构获A级评分；五是全辖销售人员资格证考试通过率为96%，开展“严守底线、合规经营”宣传活动月、风险排查工作，定期组织反洗钱、反保险欺诈及打击非法集资培训。

【企业文化】 2013年，太平财险江苏分公司公司致力于人文、和谐、诚信的企业文化建设，营造“公司有凝聚力、员工由归属感、企业有竞争力”的太平文化。组织全体员工参观南理工二月兰；组织广大团员青年开展“五四”青年节活动；赴淮安周恩来纪念馆参观，开展党性教育活动；举办首届职工运动会，增强员工的身体素质。工会搭建企业与员工间关怀与沟通的平台：赴扬州机构开展“送温暖”活动，看望困难职工；赴无锡机构看望逝者家属；开展“走向健康，分享太平”竞走活动，丰富职工业余文体活动，提倡健康向上的生活品质。

【创建工作】 2013年，太平财险江苏分公司贯彻落实中共中央关于改进工作作风、密切联系群众的八项规定的要求，督促推动各级机构领导干部身体力行，围绕中心、优化管理、改进作风、励行节约、提高效率、促进公司科学发展。组织本部党员参观淮安周恩来纪念馆，启迪党员干部立足本职工作，发挥基础党组织的先锋模范作用。开展党的群众路线教育实践活动。组织开展学习教育，广泛征求意见；查摆问题，开展批评与自我批评，通报民主生活会情况；强化正风肃纪，加强制度建设。

【重大活动】 2013年2月5日，中国太平保险集团总经理宋曙光到太平财险江苏分公司开展“送温暖”活动。

3月28日，太平保险集团董事长王滨赴太平财险苏州分公司进行调研。

6月6日，经江苏保监局批复同意，太平财险江苏分公司获得大病保险经营资质。

7月8日，太平财险江苏分公司在江苏展览馆露天广场参加“保险公众宣传日”活动，开展保险知识宣传，为消费者答疑解惑。

7月15日，经中国保监会批复同意，太平财险江苏分公司获得农业保险经营资质。

8月，中华联合苏州中心支公司、中银保险苏州分公司、华农财险苏州中心支公司的相关领导齐聚太平财险苏州分公司，就共同关心的发展问题开展交流和讨论。

11月16日，太平财险江苏分公司工会开展“走向健康，分享太平”竞走比赛活动。

11月28—29日，太平财险总公司总经理陈锦魁分赴江苏分公司及苏州分公司调研。

8月、9月、12月，太平财险扬中、靖江、惠山、新沂支公司分别获准开业。

【重大承保】 2013年，太平财险江苏分公司承保ORIENTAL PETROCHEMICAL(SHANGHAI)CORPORATION航次保险业务，保费949.90万元。

2013年，太平财险江苏分公司承保南京某食品有限公司车险业务，保费163万元。

【重大赔付】 2013年2月7日，太平财险江苏分公司赔付被保险人江苏某重工有限公司115.48万元。2012年7月28日，被保险人电炉车间正在炼钢水时，电脑自动控制电炉前2个支承柱液压系统向上升起时，发生故障并产生爆炸。

4月7日，太平财险苏州分公司赔付被保险人张家港某钢板有限公司252.28万元。

【教育培训】 2013年3月2日，太平财险江苏分公司组织全辖综合岗人员开展机构设立指引培训，为加快机构开设步伐理顺流程。

10月11日，太平财险江苏分公司组织本部全体管理人员60余人，开展反保险欺诈工作培训。

10月31日，太平财险江苏分公司举办消防安全教育培训。

3月15日，太平财险江苏分公司开展消费者权益日宣传活动，图为客户向我司客服人员现场咨询

中国大地财产保险股份有限公司江苏分公司

【概况】 2013年，大地财险江苏分公司以"效益发展"为总体要求，围绕"优化业务品质、强化理赔管控、完善考核机制、推进队伍建设"开展工作。全年实现保费收入8.96亿元，同比下降1.4%；全险种精算赔付率77.31%，同比增长10.8个百分点。

3月31日，大地财险江苏分公司理赔查勘人员进行现场考试

【渠道建设】 车险发展。2013年，大地财险江苏分公司改善车险业务品质。一是推进车险优质业务发展。提高优质业务基础费用，开展优质业务专项竞赛，对优质团单、项目实行点对点补贴，对合作关系良好、业务品质高的车商渠道进行重点扶持。二是不断完善核保政策管控。在对历史经营数据进行分析的基础上，完善车险核保政策和核保规则。三是改善车商、电商渠道业务品质。对车商渠道进行全面清理，与部分高赔付车商中止合作；筛选高赔付机构的电商业务，试运行自动报价系统，通过报价手段提高电商业务的承保质量。

非车险发展。力促平稳发展。一是保存量促增量。制定《续保业务管理办法》，落实专人跟踪续保进展；实施大项目奖励办法、设立项目拓展基金，促进增量业务发展。二是推进非车险渠道业务发展。与省建设银行、农业银行、农业发展银行签订合作协议，与工行达成部分地区信用险试点合作准入，与江泰、恒泰、北京世纪等经纪公司建立合作关系。三是推进业务创新。加大责任险、信用险业务发展；取得在江苏省内经营城乡居民大病保险、农业保险的资质；开通部分地区旅行社网销旅意险出单渠道；推动银行、信用社借款人意外险业务发展。四是加大业务推动，设立中支财意推动岗，制定挂点联动方案、财意推动方案和问责机制，建立督导、检视机制。

【内部管控】 重点加强理赔管控。2013年，大地财险江苏分公司强化估损偏差管理，对以前年度所有人伤案件进行梳理，重新跟踪，调整历史低估案件；加大案件清理，落实责任人分片督查，强化各环节管控，小额案件清理效果明显；开展"打假"专项活动，全年减损金额超1000万元。规范服务流程，改善服务举措，统一服务形象。开展理赔"雷霆行动"，每周对关键指标进行通报，对指标排名靠后的机构实行问责机制，包括警示谈话、经济处罚等。

强化基础管理工作。各项改革加快落地，完成组织架构改革，实施薪酬体系改革和渠道改革；考核机制逐步完善，以效益为导向，制定三、四级机构的绩效考核办法，建立覆盖分公司各层级和条线人员考核的体系。合规观念不断强化，开展多次合规培训和不同形式的宣传活动，就保险中介业务、车险理赔、单证和账户管控、销售行为、远程出单、反洗钱、规范用工、档案管理等方面开展全面自查和整改落实。

4月27日，大地财险江苏分公司组织员工开展拔河比赛活动

【企业文化和队伍建设】 2013年，大地财险江苏分公司加大对行业文化的宣导，加强职业道德培训，要求员工严格遵守保险从业人员守则。完善党、团、工会组织体系，开展形式多样的文体活动、公益活动，增强公司凝聚力；改善办公职场环境，营造良好的文化氛围；加强信息新闻宣传，建立内刊和内网，搭建员工之间信息交流的平台。

开展多层次、多形式的员工培训，组织定级考试、技能比赛、先进评比，以及学习交流等活动；强化人员配置科学性和合理性，在积极引进关键岗位人员的同时，对部分不合规人员进行调整。开展党的群众路线教育实践活动，通过认真组织学习、广泛征求意见、开展谈心活动、深入对照检查等，增强党员干部的党性意识和宗旨意识。

【重大活动】 2月1—2日，中再集团党委副书记、监事会主席王永刚一行到大地财险江苏分公司调研。

3月，江苏分公司成立车险理赔特别调查小组，旨在进一步强化理赔风险管控，搭建车险反欺诈工作组织架构。

5月20日起，江苏分公司启动“车险扭亏——理赔百日整治雷霆行动”，成立整治行动指挥部，出台多项措施开展集中理赔整治，旨在有效改善理赔管理状况，降低赔付率。

5月份，经江苏保监局核准，江苏分公司成为第一批具有在江苏省内经营城乡居民大病保险资质的保险机构。

7月份，江苏分公司正式启动渠道化改革，迈出分渠道专业化经营第一步。

9月26日，江苏分公司召开会议，贯彻落实中央、总公司关于群众路线教育实践活动相关要求，动员部署分公司群众路线教育实践活动。

10月12—13日，江苏分公司举办“感悟大地·建设高品质公司”演讲比赛，全辖共26名人员参加比赛。

11月底，江苏分公司开展“感恩十年”活动，向“十年成长见证人”倪先生等人送去感谢信和公司纪念品。

12月2—4日，江苏分公司组织召开2014年主要工作研讨会，总结2013年工作，重点分析存在的问题，研讨2014年应对措施。

【重大承保】 2013年7月，江苏分公司成功中标镇江丹阳市2013—2015年建工团意险业务，承保份额30%，累计保费收入约600万元，为公司历年意外险招投标业务中承保份额最高的一次。

12月，江苏分公司信用险业务取得重大突破，首单独家承保自展风控型信用险业务成功签约，保费收入122.88万元。

【重大赔付】 2013年9月4日，江苏无锡海力士半导体(中国)有限公司发生重大火灾事故，估损金额9亿美元。12月，江苏分公司在责任范围内按承保份额预付赔款1504万美元。

【公益活动】 2013年4月26日，江苏分公司全辖开展向雅安地震灾区“送温暖献爱心”捐款活动，全体员工800多人募集款项5.6万元。

10月底，江苏分公司组织开展为青海省循化县小学生捐助活动，捐赠衣物238件，儿童课外读物149本。

12月25日，江苏分公司组织青年员工到南京儿童福利院，了解福利院孩子们的身体、生活状况，捐赠价值0.5万元的洗衣机、食品等爱心礼物。

【教育培训】 2013年3月13—14日，江苏分公司组织开展合规经营培训，邀请人民银行南京分行反洗钱处、江苏保监局财产险处领导分别授课，并组织合规考试。

4月20—21日，江苏分公司举办近年来规模最大的全省理赔人员上岗资格考试，180多名理赔人员根据岗位性质分六类进行考试，查勘定损人员还参加现场定损的实务操作。

9月7—8日，江苏分公司举办非车险出单员培训班，重点就非车险常用产品、核保政策、出单操作和规范进行培训，并由出单员现场操作演练。培训结束后，安排出单员进行现场笔试和实务操作考试。

永安财产保险股份有限公司江苏分公司

【概况】 2013年，永安保险江苏分公司坚持“竭诚服务，笃守信誉”的服务宗旨，弘扬“忠于职守、勤勉尽责、任劳任怨、崇尚奉献”的企业精神，依托优越的企业文化和具有雄厚经济实力股东的支持，开发经营各类险种。分公司在南京、苏州、无锡、常州、镇江、扬州、南通、徐州、泰州、盐城、宿迁成立11家中心支公司，在启东、常熟、江阴等县市设立34家县级支公司或营销服务部，员工1000多人，在连云港、淮安等地则借助保险中介公司开展业务，构建了以南京为中心，以长江沿线为两翼、兼顾苏北的营销服务网络。

【经营业绩】 2013年，永安保险江苏分公司保费收入54094.09万元，比上年减少992.82万元。车险保费收入36793.34万元，减少1688.91万元。财产险保费收入12427.23万元，增长1934.21万元，增长率18.43%。人身险保费收入4873.52万元，减少1237.58万元。

【渠道建设】 2013年，永安保险江苏分公司拥有专业代理机构数58个；兼业代理机构187个，其中银邮代理业务63个，车行124个；经纪公司28个。合作机构同比增长20%。

【内部管控】 2013年，永安保险江苏分公司将风险管控列入日常工作要求和考核范围，抓好思想行为管理、基础管理和日常管理，使风险管控体现在每一个细小的环节及具体的工作中，为分公司的合规经营发挥应有作用。分公司总经理室是分公司的决策机构，各职能部门对内部控制制度的制定和有效执行负责，风险管理部是对全辖各机构经营管理工作合规性以及不合规的、可能引发风险的经营管理行为的管理与监管，风险管理部的稽核监察履行指导、教育、预防和惩处职能，确保公司的正常经营运转。

倡导以人为本的管理理念。中支

总经理签订《2013年度廉政建设责任书》、制定《江苏分公司2013年经营方案》和《江苏分公司2013年合规考核办法》，明确绩效管理的组织机构与职责。

建立以周例会，月度生产经营分析例会为核心的公司各类专项和综合分析制度。综合运用业财系统、市场和财务等方面的信息，通过因素分析、对比分析、趋势分析等方法，对公司运营情况进行定期分析，发现存在问题及时查明原因并加以改进。针对经营活动中可能出现的风险状况，采取相应防范措施进行控制，同时对关键环节、关键岗位制定相应操作规范和风险提示，内部控制制度在兼顾全面的基础上突出重点，针对重要业务与事项、高风险领域与环节采取更为严格的控制措施，确保不存在重大缺陷。

量化考核指标，强化问责力度。对各中心支公司的总经理室成员，坚持绩效优先、兼顾公平的原则，引入总公司关键绩效指标和关键管理指标进行考核，提高内控管理水平；同时建立中层以上人员问责制度，根据管理人员的职责、分工，对经营工作分月度、季度和年度进行不同级别的考核和问责，从电话问责、书面问责、诫谈问责直至降职和免职，提高各级管理人员特别是高管人员的责任意识、风险意识和危机意识。

【企业文化】 永安保险江苏分公司徽标采用兵马俑布质护颈的形状作为公司徽标的造型，象征着永安保险的行业功能和力争行业领先的奋斗目标；同时，以永安保险公司英文的第一个字母"Y"正写和倒写的字母"A"变形而来，形似一颗光彩夺目的钻石，磨砺千年，终获得大自然的精华，恒久尊贵，辉耀华夏，象征着永安保险扎根于西部沃土，实现对客户的永久保护。

企业精神：诚信、创新、敬业、和谐。

企业使命：为客户创造满意；为员工创造机会；为股东创造效益；为社会创造价值。

服务理念：永安——永远为客户着想。

员工行为规范：格物致知，知行合一；己所不欲，勿施于人；正心修身，和而不同。

【创建工作】 2013年，永安保险江苏分公司打出改善理赔服务"组合拳"，加强理赔服务管控，实施理赔案件会商制度，狠抓车险结案率、预估偏差率、案件重开率、多次出险率、车险结案周期等综合考核指标等措施，强化代查勘案件管理，提升理赔服务质量。

【重大活动】 2013年4月1日，永安保险宿迁中心支公司获江苏保监局批复开业，6月3日取得工商营业执照，6月14日获得税务登记证，并办理完基本户开户手续。

5月20—26日，为贯彻落实总公司《关于开展2013年反洗钱宣传工作的通知》，泰州中心支公司开展反洗钱宣传活动。

5月下旬到6月初，分公司按照总公司和江苏保监局要求，开展防范和打击非法集资宣传月活动。

7月1日—9月30日，分公司有针对性地开展系列反洗钱宣传教育活动，并对员工开展反洗钱知识培训。

7月26日，分公司第一张电销保单（保单号码为23201001033004130000001）出单，保额2036元。这标志着电销（转介绍）业务在江苏分公司正式启动。

8月下旬至9月上旬，分公司对中介业务违规签订合作协议、虚挂代理业务套取费用等问题开展自查。

9月29日，总公司副总裁陈宇带领群众路线教育实践活动第九调研组在分公司召开征求意见座谈会。

11月12日，分公司被评为南京市金融业"2013年度创建放心消费城市先进单位"，应邀参加"2013年南京市放心消费城市创建金融业服务新价值"年度活动。

【重大承保】 2013年6月29日，永安保险南京中心支公司成功进入南京广电局一揽子保险项目，承保南京市江宁、高淳两个区广电公司一揽子财产保险业务，保费60万元。

6月15日，南京中心支公司中标南京市司法局2013—2014年度律师责任综合保险项目，份额30%。与人保产险组成共保体，为南京市所有执业律师提供责任保险等服务，份额内保费50万元。

8月26日，苏州中心支公司中标南京宁高新通道建设有限公司项目，参与共保宁高新通道工程，份额35%，份额内保费138.21万元；参与共保宁高城际轨道交通石臼湖特大桥工程，份额35%，份额内保费98.88万元。

8月29日，无锡中心支公司签订宜兴市公路管理处及其下属单位为期两年的机关车辆保险项目合同，保费200余万元。

9月2日，江苏分公司续保股东"南京钢铁"财产险业务，分公司承担的

3月22日，永安财险泰州中心支公司举行消防培训

11月12日，永安财险江苏分公司被评为南京市金融业“2013年度创建放心消费城市先进单位”.

总保额47亿元左右，保费合计360多万元。

9月10日，泰州中心支公司承保兴化市民生出租汽车有限公司，交强险、商业车险，保费收入398万。

10月11日，徐州中心支公司承保邳州市汽车运输公司，交强险、商业车险，保费213万。

12月22日，无锡中心支公司承保无锡市顺福运输有限公司，交强险、商业车险，保费191万。

【重大赔付】 2013年2月26日，永安保险江苏分公司赔付被保险人江西宏源彩色包装有限公司119.19万余元。2012年8月，江西宏源彩色包装有限公司厂房着火，导致分公司承保标的胶印机受损。

7月10日，分公司赔付81.09万元。2012年10月，投保人扬州天予混凝土有限公司投保的标的车在行驶时撞到一辆电瓶车，导致三责车损、三者一男性死亡。

7月25日，被保险人李某下班骑电瓶车回家时，在靖江沿江公路不慎被汽车撞死。此事故属于意外死亡，分公司赔付60万元。

8月1日，分公司赔付111万元。6月14日，投保人苏州凉兴混凝土有限公司投保标的搅拌车在行驶时与一辆电动车发生碰撞。导致三责车受损、两名三者当场死亡。

9月25日，分公司赔付117.79万元。5月21日，投保人常州市华凌危险品运输有限公司投保标的车在行驶中与三责车发生碰撞，导致双方车损，标的车上一名乘客死亡、一名女性三者死亡、一名男性三者重伤。

10月3日，被保险人施某在俄罗斯从三楼摔下死亡。此事故属于意外死亡，分公司赔付40万元。

10月21日，被保险人单某在四川省内江市资中县明心寺硫酸厂高空坠落，当场死亡。此事故属于意外死亡，分公司赔付60万元。

10月29日，分公司赔付被保险人南通市通州红利来纺织品厂145万元。2012年8月30日，被保险人车间起火造成房屋、机器设备、存货等烧毁。

10月31日，分公司赔付被保险人兴化市安太运输有限公司92.78万余元。5月27日，被保险人投保标的船舶行至泰州高港江面时由于风浪大导致船沉没。

【公益活动】 2013年4月20日，四川省雅安市芦山县发生7.0级地震后，永安保险江苏分公司捐款2.86万元。

7月8日，永安保险总分公司上下联动，开展贯彻落实保险联系群众的社会活动。邀请新闻媒体、社会各界人士及客户走进办公职场，了解保险；与到访客户沟通，了解客户需求。

华安财产保险股份有限公司江苏分公司

【概况】 2013年，华安保险江苏分公司实现新的突破，完成利润指标，业务发展较上年增长10%，电销，信用保证险等创新业务取得一定突破，为十年司庆献上一份最好的礼物。

【经营业绩】 2013年，华安保险江苏分公司考核保费收入28495万元，年度达成率为89%，同比增长10.4%；其中车险26718万元，财产险1297万元，人身险480万元。实现考核利润1303万元，利润达成率113%，经营绩效较2012年持续改善。

【渠道建设】 2013年，华安保险江苏分公司与农业银行、工商银行、建设银行、江南银行、恒丰银行、江苏民丰银行等10多家国有银行及股份制商业银行签订13项银保业务保合作协议及专项产品协议，代理常规银保产品6个，金融保险渠道实现保费收入510万元，信用保险渠道实现保费收入20万元。

【内部管控】 2013年，华安保险江苏分公司加强内部管控，取得效果。

财务方面。细化费用管控措施取得成效。变动管理费用预算执行率98%，固定运营预算执行率88%，销售推动费用预算执行率100%。

人事方面。员工队伍统筹控制，弹性调节。人员增加11人，增加幅度为3%。人均产能自2012年66万元上升至2013年的71万元，人均保费达成率91%。

承保方面。加强核保工作时效，提高服务效率。对高风险行业严格限制承保，并加大对此类行业的风险查勘力度和深度，通过费用系数引导机构业务发展方向。

客服方面。理赔既定工作卓显成效。出台小额案件处理办法，加快案件结案率，提升结案周期，合理降低未决赔款；完善并出台江苏分公司复勘管理工作操作细则，组建复勘工作团队，介入各类案件复勘管理工作。

【企业文化】 “责任、专业、奋进”，是华

安经营恪守的最高理念，是华安人的人格体现。责任，是彼此间的相互信任以及“心忧天下”的胸怀；专业，是华安的发展之本、创新之举；奋进，是要敢于否定自我、超越自我。以人为本的管理，让华安大家庭美满温馨；人性化的服务，让华安客户倍感温暖。

用理想吸引人、用文化留住人、用待遇回报人，是华安一直秉承的人才理念，坚持用资本说话、知识说话、本事说话、事实说话，勇敢迎接每一个挑战。

【重大活动】 2013年4月15日起，华安保险江苏分公司重视并开展“禽流感无忧”疾病保险的销售与宣传工作，《南京晨报》《京江晚报》《扬州时报》和南京电视台生活频道、扬州电视台等媒体先后对公司推出的“禽流感无忧”疾病保险进行深入采访和报道。

5月2日，通过苏州中心支公司的沟通、联系，华安保险江苏分公司与苏州银行签订合作协议。

5月23—24日，分公司组织分公司及三级机构新员工开展为期两天的入职培训。

5月27日，华安保险副总裁封智君、电销管理部副总经理兼电话服务中心副总经理朱军威一行到分公司指导工作。

6月1日，分公司举行庆祝“六一”系列活动。

9月24日，首届“华安杯”全国篮球争霸赛华东赛区初赛在江苏南京结束，分公司代表队以累计8分的成绩，夺得华东赛区冠军。

9月10日，分公司拉开2013年“春蕾计划”大学生集中培训工作序幕。

9月26日，分公司与恒丰银行城北支行联合开展业务培训会议。

【重大承保】 2013年1月，华安保险江苏分公司承保大丰鑫港置业有限公司财产综合险，保费47万元。

5月—9月，分公司作为独家承保江阴海润集团财产一切险、机器损坏险，总保费186万元。

11月，分公司承保国核维科锆铪有限公司财产一切险、雇主责任险、公众责任险，保费40万元。

11月，华安与人保、紫金、华泰等公司共同承保江苏徐矿综合利用发电有限公司财产一切险、机损险、公众责任险，华安保险江苏分公司保费40万元。

【重大赔付】 2012年2月15日，被保险人某某港口股份有限公司一台门座式起重机受损。华安保险江苏分公司于2013年赔付61.3万元。

4月18日，孙某驾驶被保险人宜兴市某运输服务部投保的标的车行驶时，为避让横穿马路的两辆电动车撞到另一辆电动车，骑车人当场死亡。标的车负事故主要责任。华安保险江苏分公司于11月29日交强险赔偿11.18万元，商业三责险赔偿42.47万余元，合计赔付53.65万余元。

5月18日，严某驾驶标的货车与马某驾驶的人力三轮车相撞，马某死亡，乘坐人王某受伤，严某负事故主要责任。华安保险江苏分公司于12月17日交强险赔偿10.82万元，商业三责险赔偿30万元，合计赔付40.82万元。

5月21日，顾某驾驶标的车行驶准备从左侧超车道超车上立交桥时，行驶在机动车中间车道的电动车(同向行驶)突然向左变道，标的刹车不及，与电瓶车相撞，电瓶车又被另一三者货车碾压，电瓶车人员经医院抢救无效死亡。标的负事故同等责任。华安保险江苏分公司于9月9日交强险赔偿11万元，商业三责险赔偿33万元，合计赔付44万元。

10月8日，由于受“菲特台风”影响，连续降雨已使标的段河水大幅上涨，河水漫过围堰，造成投保人江苏某某建设工程有限公司投保的在建工程被淹。华安保险江苏分公司赔付61.3万元。

【公益活动】 2013年4月18日，华安保险苏州中心支公司向滨河社区、三元四村社区40余名环卫工人赠送保额价值达400多万元的禽流感保险，为他们提供安全保障。

4月23日，分公司召开特别晨会，举行向雅安灾区捐款活动，共募得救灾捐款25.89万元。

7月8日，分公司参加首个“保险公众宣传日”广场咨询活动。

安邦财产保险股份有限公司江苏分公司

【概况】 安邦财产保险股份有限公司是经营财产保险业务的全国性保险公司，安邦财产保险股份有限公司江苏分公司成立于2004年12月，系安邦产险首批成立的省级分公司之一。截至2013年底，辖分公司1家、中心支公司12家、四级机构77家，有在编员工近600人。

【经营业绩】 2013年，安邦财险江苏分公司保费收入4.22亿元，同比下降27.61%，其中车险4.20亿元，同比下降27.46%。全年累计赔付4.86亿元，其中车险4.85亿元。

【渠道建设】 传统车险渠道。2013年，安邦财险江苏分公司传统车险渠道持续加强出单口管理，并联合财务、风控部门对单证管理、业务品质监控、出单口合规性以及高产能性等方面进行定期综合评分，以确保渠道业务的健康有效地增长。另一方面，传统车险渠道还积极学习和宣导汽车金融项目，仅2013年下半年便成功签约46家合作单位。

电话车险渠道。2013年，电话车险渠道业务数据保持均衡增长的态势。电话车险渠道重点抓机构推荐业务，将推荐业绩作为对各机构每月考核的重要指标；同时与江苏电信、联通、移动公司就客户资源共享、员工车、积分兑换产品及客户增值等方面进行多次洽谈沟通。

代理渠道。2013年，一方面对现有在职代理人进行梳理，另一方面配合机构开展新增代理人工作，扩大江苏代理人队伍。同时开拓代理渠道业务，加强与保险专、兼业代理公司合作，对当地保险专、兼业代理公司进行全面调研和签约。

银保渠道。2013年，银保渠道加强与各家银行的密切合作，并将银保业务细分至工行、农行、中行、建行等十个渠道，实施专业化对接服务。

【内部管控】 风控管理：一是合理调整核保政策，2013年，安邦财险江苏分公

3月9日，安邦财险江苏分公司参加“共植青奥林”公益植树活动

司根据总公司下发的承保政策结合江苏赔付率高的实际情况拟定江苏分公司承保细则。二是对2013年所有交强险保单进行车船税交纳自查、所有车险保单条款费率的执行自查、销售信息跟单打印自查；对项下所有出单口的映射关系进行梳理；逐个核对所有远程出单点信息、保费规模。清理出单口、清理不合格出单人员，确保远程出单点的合规性。

内部管控：一是分公司重新制订《江苏分公司信访处罚机制》，梳理信访处理流程，确定各环节责任人，进行专题信访通报。二是重视监管投诉。每个投诉均督促责任部门积极处理，争取客户撤诉。2013年未发生因投诉造成的恶化事件和罚款。

理赔管理：2013年，分公司要求各级机构理赔负责人、机构负责人、财务人员共同参与理赔管理。防范保险欺诈，做好疑难赔案调查处理工作。一方面推进电子查勘、直赔直汇工作，另一方面加强查勘管理，杜绝虚假赔案，加强疑案、大案责任人的落实，重组疑案、大案人员工作分工，提高打假压虚人员的工作主动性。全年拒赔金额1000万元左右。

【企业文化和创建工作】 安邦保险一直崇尚“水文化”、“家文化”、“互联网文化”的企业文化；注重客户增值、员工增值、股东增值的价值理念；并在发展中积极承担社会责任，投身公益事业和慈善事业，成为卓越的企业公民。

2013年，分公司积极参与南京市“放心消费”创建活动，并于11月12日获“创建放心消费城市先进单位”称号。

【重大活动】 2013年2月6日，安邦保险集团董事姚大锋一行赴江苏调研指导工作，并拜会江苏保监局，与局长谢宪进行会谈。

4月8日，经江苏保监局批准，南京中心支公司获准开业。至此，安邦财险在江苏全辖13地市完成全面布局。

7月8日，安邦财险江苏分公司参与江苏省“保险公众宣传日”广场宣传咨询活动，同期安邦产险各机构依托网点优势，开展“保险公众宣传日”主题活动。

7月30日，安邦财险推出微信理赔、理赔管家APP、移动营销等一系列科技创新特色服务。

9月9日，分公司到南京金陵中等专业学校，以“专注倾听与感恩”为主题启动安邦保险第二届客服节（江苏站）。

10月15日，分公司在南京举行“一柜通”移动营销专项培训会议，全省客服人员系统学习如何利用iPad平板电脑，通过移动终端向客户定向和精确地传递安邦为客户定制的个性化保险产品。

12月20日，分公司首家“安邦保险社区金融服务站”在南京市丁家桥社区揭牌。安邦财险将不定期在该社区开展车辆保险咨询、家庭理财计划、金融普法教育等各种宣传咨询活动。

【重大赔付】 2013年3月7日，王某驾驶标的车与张某驾驶的货车发生相撞，张某及货车乘坐人李某死亡，两车及货物受损。安邦财险江苏分公司最终赔付62万元。

3月15日，刘某驾驶标的车与骑人力三轮车的唐某发生碰撞，唐某当场死亡，车辆不同程度损坏。安邦财险江苏分公司最终赔付61万元。

4月5日，成某驾驶标的车与朱某驾驶的无牌二轮摩托车发生碰撞，朱某当场死亡，两车不同程度受损。安邦财险江苏分公司最终赔付59.95万元。

4月24日，徐某驾驶标的车与傅某骑乘的电动自行车发生碰撞事故，傅某经抢救无效死亡。安邦财险江苏分公司最终赔付60.58万元。

7月29日，张某驾驶标的车与陆某驾驶的电动自行车发生追尾，陆某经抢救无效死亡。安邦财险江苏分公司最终赔付52万元。

【公益活动】 2013年3月9日，安邦财险江苏分公司组织员工及家属在汤山翠谷参加由南京市绿委主办的“共植青奥林”大型公益植树活动。

4月23日，分公司发出倡议向雅安灾区同胞捐款，截至28日，分公司员工累计捐款2.07万元；同期安邦保险集团公益基金向地震灾区捐款1000万元。

捐赠证书

CERTIFICATE OF CONTRIBUTION

安邦财产保险股份有限公司江苏分公司员工 为江苏省慈善捐赠贰万[illegible]元整

用于扶危济困。抗震救灾捐款

特颁此证，并致谢忱

江苏省慈善总会

2013年4月28日

4月，安邦财险江苏分公司员工向雅安地震灾区捐款2.07万元

阳光财产保险股份有限公司江苏省分公司

【概况】 2013年，阳光财险江苏省分公司抓住江苏经济及整个保险行业快速发展的历史机遇，上下同心同德、团结一致、努力拼搏、共克时艰，以阳光文化为引领，坚持价值发展不动摇，在合规经营、机构建设、渠道拓展、人员管理等方面均取得较好成绩。

【经营业绩】 2013年，阳光财险江苏省分公司实现保费88616万元，同比增长15.82%。其中，车险实现保费62902万元，占比70.98%；财产险实现保费20985万元，占比23.68%；意健险实现保费4729万元，占比5.34%。全省13家三级机构中，有9家机构年度业务发展正增长，占比69.23%。

【渠道建设】 2013年，按照集团、总公司的统一部署和要求，阳光财险江苏省分公司推进多元化渠道拓展战略，在巩固原有直管等优势渠道的基础上，建设网电、车商、经代、综拓等新兴渠道，网电渠道实现跨越式发展。

【内部管控】 2013年，阳光财险江苏省分公司坚持合规经营，认真履行各项监管要求，不断完善内控制度，化解内控风险。通过内部审计及督导检查等手段，使全省内部管控基础管理工作得到进一步加强，有力支撑了公司业务的价值发展。

【企业文化】 2013年，阳光保险致力于以崇高的道德水准、高效健全的管理和高素质、高境界、高度职业化的员工队伍，成为优秀人才向往的公司；以品质及关爱文化，为客户提供高效、便捷、优质、稳定的阳光服务，成为客户首选的公司；以人文、科技为驱动力，成就高成长、高价值的公司。

【重大活动】 2013年1月29日—2月1日，阳光财险江苏省分公司在徐州中国矿业大学学术交流中心举办全省客服条线工作会议。

5月22—24日，江苏省分公司在南京成功举办2013年第一期“拥抱阳光”新人培训班。

5月27—28日，阳光财险总公司总裁罗海平一行赴江苏省分公司调研督导工作。

6月5—6日，江苏省分公司召开全省车险理赔降赔增效专项会议。

8月8日，江苏省分公司在南京六合召开全省团险业务价值发展推动会议。

8月23日，江苏省分公司组织全辖开展“重温阳光文化，我为基层办实事”主题活动。

10月26—31日，阳光财险总公司电销总监庞柏青一行到江苏省分公司调研督导理赔专项工作。

【重大承保】 2013年1月9日，苏州中心支公司承保苏州轨道交通4号线及支线工程保险期内所有建设项目，保险期限一年，保额48373万元，保费238万余元。

2月27日，南京中心支公司承保宁和城际轨道交通一期工程建筑工程一切险，保险期限一年，保额69610.73万元，保费302.5万余元。

7月30日，南京中心支公司承保中国电子科技集团公司第十四研究所团体意外伤害保险项目，保险期限一年，保费39.76万元。

9月1日，常州中心支公司承保中国远洋物流有限公司及其分支机构和下属公司物流监管责任险，保险期限一年，保额5550万元，保费450万元。

12月27日，无锡中心支公司承保宜兴市民政局团体意外伤害保险项目，保险期限一年，保费30万元。

12月30日，南通中心支公司承保南通醋酸纤维有限公司财财一切险、机损险项目，保险期限一年，保额200051万元，保费112.5万余元。

【重大赔付】 2013年8月5日，姚某驾驶标的车在合肥市蜀山区长西路高架桥行驶中撞护栏，标的车左前受损，姚某本人受伤。阳光财险江苏省分公司赔付105.16万元。

5月13日，被保险人承建的一艘供应船发生火灾，事故造成甲板层多个房间以及船上部分设备烧毁，阳光财险江苏省分公司聘请专业公估人查勘，及时赔付100万元。

6月19日，张某驾驶标的车在行驶中撞到陶某骑行的电瓶车，陶某经抢救无效死亡，张某付全责。阳光财险常州中心支公司赔付63.72万元。

3月23日，施某驾驶标的车行驶时，与戴某骑行的电动车发生碰撞，致本车损坏，戴某死亡，施某付全责。阳光财险常州中心支公司赔付61.51万元。

5月6日，张某驾驶标的车转弯时撞到陆某骑行的电瓶车，卢某经抢救无效死亡，张某付全责。阳光财险淮安中心支公司赔付60.00万元。

【公益活动】 2013年3月15日，阳光财险江苏省分公司参加由江苏省工商局、南京市工商局主办，江苏省消协、南京市消协、玄武区人民政府联合承办的“江苏省暨南京市2013年纪念‘3·15’国际消费者权益日大型广场活动”。

4月23日，分公司组织全辖员工向“4·20”雅安地震灾区捐款，捐赠善款6万余元。

8月23-25日，阳光财险江苏省分公司在南京举办2013年第一期“如何打造高绩效团队”职业经理人培训班

都邦财产保险股份有限公司江苏分公司

【概况】 2013年，都邦保险江苏分公司贯彻落实总公司“重质量效益 创都邦特色”和“全面加强盈利能力建设”的要求，以利润指标为统领，以保费增长为抓手，转变经营方式，着力开拓经营，规范内控管理，优化客户服务，各项工作取得较好成绩。

【经营业绩】 2013年，都邦保险江苏分公司保费收入60886万元，同比上升3.2%。其中车险保费45061万元，业务占比74%；财产险保费11803万元，业务占比19.4%；意健险保费4022万元，业务占比6.6%。综合成本率达成93%，承保利润3953万元。

【渠道建设】 2013，都邦保险江苏分公司从以直销为主向直销、渠道并重转变，从以车险为主向车险、非车险并重转变，从以传统销售为主向模式创新、产品创新、渠道创新转变。一是强化公司化业务开拓，加强公司渠道业务、营销业务、后线人员业务的发展，逐步提升公司对业务的掌控能力；二是强化续保业务维护，重点关注大客户的维护、大渠道的维护、“孤儿单”业务的维护，逐步提升优质客户的认同感和稳定性；三是强化渠道开发和4S店渠道开拓，创新意健险网销渠道和财产险新产品开发，加强客户资源的“二次”开发力度等；四是加强业务结构调整，通过提升优质的小货车业务、私家车业务、银保业务、短期网销意外险业务的占比，调整业务结构，优化板块、险种和结构，收到良好效果。

【内部管控】 2013年，都邦保险江苏分公司坚持基础工作达标管理，完善各项流程制度。通过达标检查、风险排查等方式，加强机构检查与指导，及时调整完善，确保规范。深化“一对一”机构对接机制，落实“对口联系责任人”制度，确保信息畅通渠道，确保机构运作规范有序。强化两核政策执行有宣导、有沟通、有检视，建立和市场高度接轨的两核机制。强化人伤、诉讼减损有举措、有跟踪、有反馈。2013年，人伤减损864万元，诉讼减损718万元，车物损打假减损100万元，其他减损132，共计减损1814万元，比上年增长5.7%。

【客户服务建设】 2013年，都邦保险江苏分公司发挥客户服务中心省级青年文明号的先锋模范作用，持续注重服务创新，优化以“快”字为主的“三快”特色服务工程（快速现场查勘、快速定损核损、快速支付赔款）、以“优”字为主的“三有”亲情服务工程（客服门店有导赔专员、有亲情关爱、有文化氛围）、以“全”字为主的“超值”服务工程（车险人伤查勘、财产险风险查勘、法律援助等），以服务促品牌、促发展。

【队伍建设】 2013年，都邦保险江苏分公司强化两核队伍建设，通过考核、淘汰、转岗等方式，促进两核队伍专业化、精细化、规范化管理；强化员工队伍建设，重点完善用人育人机制，开展“双比双赛”创先争优活动，探索构建人才管理体系，实践2∶7∶1机制（即培育20%，善待70%，淘汰10%）；推行公开考核机制，实行职能部门负责人季度述职考核，推行公平述职、公开考评、当场亮分、上网公布等举措，将考核结果与部门负责人年终考评、评优、任职直接挂钩，促进干部队伍建设；通过有效增员、培训育成、跟进考核、激励淘汰等措施，加大销售队伍建设。

【党群工作】 2013年，都邦保险江苏分公司坚持党建带团建，开展党的群众路线主题教育活动和“我的中国梦”主题教育实践活动；组织开展七一党建专题活动，加强党员先进性教育，提升党员干部综合素养。发挥工会组织优势，定期召开职工代表大会，审议公司重要规章制度，践行企业民主管理。发挥共青团组织优势，凭借省级青年文明号创建、省级五四红旗团委创建的良好契机，团结和引领广大青年员工为公司的发展建功立业。

【创建工作】 2013年，都邦保险江苏分公司坚持文明创建与日常经营管理、员工思想政治工作的紧密结合；持续抓好企业文化项目，狠抓理念认同，狠抓职场规范、着装礼仪、工作纪律等行为特征，把公司两个文明建设落在实处。2013年，徐州中支被徐州市工商行政管理局评为“AA级重合同守信用企业”，镇江中支被镇江市保险行业协会、消费者协会授予“2013年镇江市保险行业诚信单位”，泰州中支获“泰州市文明单位”“泰州2012—2013年度五一文明班组”称号，宿迁中支获“宿迁市青年文明号”，分公司被江苏省委、省政府授予“2010—2012年度江苏省文明单位”称号，并获“江苏省五四红旗团委创建单位”“南京市民满意保险机构”“南京市建邺区五四红旗团委”“南京市建邺区优秀志愿服务组织”等荣誉。

【重大活动】 2013年3月24日，都邦保险江苏分公司召开二届二次职工代

7月8日，都邦保险江苏分公司开展保险公众宣传活动

10月21日，都邦保险江苏分公司开展全省精英主管培训

表大会，来自系统各个岗位的168名职工代表听取、审议《江苏都邦2013年度销售管理办法(讨论稿)》。

4月25日，江苏分公司被江苏保监局评定为A类监管机构。

6月6日，石家庄团市委副书记陈宏锋、袁天照一行7人在南京团市委副书记戴修成的陪同下，到江苏分公司参观交流企业共青团工作。

7月8日，江苏分公司组织落实全国保险公众宣传日系列主题活动，参加由江苏保监局、江苏省保险行业协会组织的江苏保险业集中广场宣传活动，普及保险知识。

9月28日，江苏分公司党委召开党的群众路线主题教育座谈会，学习领会党中央关于开展党的群众路线的有关文件精神，学习贯彻总公司党委关于落实党的群众路线的具体要求。

10月12日，江苏分公司召开职能部门季度述职会，采用“总经理室代表、三级机构一把手、职能部长、员工代表”等四个层面无记名打分、当场亮分的形式，探索建立健全公司人才考核机制。

【重大承保】 2013年1月4日，都邦保险泰州中心支公司承保泰州市公安局车辆保险，保额28900万元。

1月5日，都邦保险南京营业部承保南京金陵石化集团车辆保险，保额12578万元。

3月10日，苏州中心支公司承保苏州阳澄湖维景国际度假酒店有限公司关于房屋建筑、机器设备以及存货项目的财产综合保险，保额25000万元。

4月15日，都邦保险无锡中心支公司承保无锡中彩新材料股份有限公司关于存货，固定资产以及机器等项目的财产综合保险以及机器损坏保险项目，保额66367.97万元。

8月20日，连云港中心支公司承保江苏新海发电有限公司的机器损坏保险、财产一切险、家庭财产保险以及公众责任保险的一揽子业务，保额83182.46万元。

【重大赔付】 2013年5月10日，都邦保险江苏分公司赔付保险赔偿金58.8万元。1月12日，被保险人江苏金马纺织有限公司车间突然起火。

6月27日，江苏分公司赔付被保险人79.9万元。3月19日，被保险人泰州市红旗交通运输服务部标的车苏M07497、苏M0503挂发生重大交通事故。

7月9日，江苏分公司赔付被保险人60.8万元。3月26日，被保险人扬州明豪医药有限公司标的车苏K39086发生重大交通事故。

8月16日，江苏分公司赔付保险赔偿金55万元。7月13日，被保险人靖江市海荣航运有限公司员工因受台风影响，失去重心跌入江中死亡。

9月2日，江苏分公司赔付被保险人63.1万元。5月3日，被保险人南京五环旅游客运实业有限公司标的车苏A52432发生重大交通事故。

10月17日，江苏分公司赔付保险赔偿金71.1万元。9月16日，被保险人姜堰市第五航运公司标的船舶“丰润1号”轮在闸北发电厂码头，燃料油从阀门处进入蒸汽废水排出管子进入黄浦江。

10月21日，江苏分公司赔付投保人89.9万元。4月3日，被保险人江苏鸿和物流有限公司标的车苏KS9011发生重大交通事故，造成4人死亡。

【公益活动】 2013年4月23日，都邦保险江苏分公司党委组织开展向四川雅安地震灾区捐款系列活动，募集个人捐款4.9万元。

9月6日，江苏分公司工会、团委组织南京地区青年志愿者进行无偿献血活动，有22名员工报名参加。

【教育培训】 2013年5月4—5日，都邦保险江苏分公司联合江苏敏梅保险代理公司开展车辆保险、财产保险专题培训。

10月26—27日，江苏分公司召开全省理赔经理及潜质人才培训会。全省理赔系列潜质人才、机构理赔经理、分公司财产险部、分公司理赔服务中心50余名员工参加培训。

12月18日，江苏分公司利用晨会时间，特邀江苏省消防协会、南京市安居防火教育培训中心主任、特级教官时真银为分公司全体员工进行冬季消防安全知识宣讲。

7月5日，都邦保险江苏分公司党委开展七一党建活动

中银保险有限公司江苏分公司

【概况】 2013年，中银保险江苏分公司围绕总公司"扩规模、打基础、强服务"的工作要求，不断完善机制、创新产品、强化管理、提升服务，推动业务全面发展，公司业务规模稳健增长，业务结构不断优化，业务品质明显改善，经营效益显著提升。

【经营业绩】 业务实现较快发展，市场排名取得进位。2013年，中银保险江苏分公司保费收入41833万元，同比增长18%，中银保险系统排名第三，其中银保保费34827万元，同比增长13%；市场渠道保费7006万元，同比增长46%。分公司保费在系统占比8.1%，市场份额1.07%。市场排名第14位，较同期进步4名。

业务质量明显改善，经营利润创下新高。2013年，分公司综合赔款16179万元，综合赔付率44%。综合费用12802万元，综合费用率35%，同比下降15%。综合成本率79%，同比下降15%。实现利润8208万元，全国系统排名第一。江苏分公司承保利润在省内39家财险公司排名第四位。

支付中国银行手续费增加，综合贡献度提升。2013年，分公司为中国银行贡献中间业务收入5673万元，支付各类赔款4475万元，在中银保险系统排名第一位，在增加中国银行中间业务收入、化解不良资金的同时稳定中银集团客户基础。

9月5日，中银保险江苏分公司作为系统首家分公司召开第一届职工代表大会

【渠道建设】 做好做实银保联动。2013年，中银保险江苏分公司与中国银行江苏省分行先后两次联合召开银保协调小组会议，明确全年银保联动思路；成立"银保推动小组"，落实各条线银保业务的日常推动工作；全力推动全省"一横一纵"银保联动体系建设；与中国银行省行公司、个金、中小企业、国际结算等条线业务部门建立协调机制；推动各二级分行将各中心支公司纳入板块管理，联合营销大客户；分公司与中支公司联动，共同营销江苏核电、徐运集团等大客户；根据市场不同时点，银保、市场各有侧重，制定配套的竞赛激励方案，通过竞赛营造比学赶超的氛围，促进目标达成。采取"集中起来、分散下去"的培训模式，集中培训优秀客户经理及讲师，对支行进行送培训上门，对网点进行"拉网式"培训；认真组织协调，联动推动互联互通系统，在全辖系统率先实现覆盖率、出单率双100%；银保双方业务契合度进一步增强。

5月29日，中银保险江苏分公司到南京聋儿听力语言康复中心开展爱心公益活动

紧抓市场业务不动摇。分公司制定市场业务发展方案，发挥财务资源、绩效考核的杠杆作用，引导全辖拓展市场业务；参与市场业务大项目招投标，锻炼队伍，积累经验；加强与非中行金融机构和市场同业合作，先后与江苏银行、富登担保公司签订总对总代理协议；开展车险专兼业代理机构拓展竞赛，引导全辖与代理机构开展合作，车险业务全年保持正增长态势。

积极推动银保产品创新。分公司和中国银行江苏省分行联合发起开发企贷保E、个贷保H、车险预付卡新产品。车通卡上线实现销售，个贷保H产品与中国银行江苏省分行签订合作协议。

【内部管控】 2013年，中银保险江苏分公司设立系统首个专职稽核岗，牵头成立分公司内部稽核工作小组，先后派出70余人次，对辖内10家机构进行常规稽核，100%覆盖日常管理中重点环节和外部监管焦点，管理、合规、稽核三位一体的风控体系逐步建立；顺利完成合规内控架构划分，梳理内控组织关键

环节,将内控合规、审计稽核、信访投诉、客户业务投诉等工作剥离,保证内控合规、稽核监察等岗位的独立性,"部门管理—条线检查—稽核审计"环环相扣;绩效引导经营单位加强内控管理,细化考核指标,层层传导合规压力,全员合规意识得到提升。

【企业文化】 2013年,中银保险江苏分公司围绕总公司"不求最大但求最好,创建最佳银行保险公司"的企业愿景,分公司提出"做最佳银行保险公司排头兵"的理念。同时分公司组织党员开展"一书一片"教育学习活动,营造"廉洁高效"的工作氛围;组织团员青年开展"学雷锋、迎青奥、添绿色""喜迎青奥 走出健康""喜迎青奥 登顶紫金 展望中银"等文体活动;组织青年志愿者开展"迎六一 献爱心"公益募捐、走进康复中心过"六一"等活动。

【创建工作】 2013年,中银保险江苏分公司本部开展争创"工人先锋号"活动,在全省350家金融机构中,被评为"工人先锋号"单位,受到省总工会通报表扬。

分公司开展争创中国银行集团"职业道德建设标兵单位"活动。经过数轮选拔,分公司入围总行评选名单。

【重大活动】 2013年3月21日,中银保险江苏分公司联合中国银行江苏省分行召开2013年银保联动协调小组会议。

4月18日,中银保险2013年度客户服务与防灾防损工作会议在江苏召开。

5月7日,江苏分公司个贷保G业务自动核保系统正式上线。

5月17日,分公司被评为中银保险2012年度品牌宣传先进单位。

5月28日,分公司邀请安居防火教育培训中心教员开展消防专题培训。

6月7日,分公司党委、纪委组织开展全体党员、入党积极分子集中培训。

6月,江苏分公司推出"EMS一袋式"贴心服务项目,为客户节省时间,提高理赔速度。

7月29日,分公司与中行江苏省分行联合举办银保金融产品创新培训。

8月,分公司开展反保险欺诈宣传活动,通过横幅、公告和发放宣传单、公布举报电话和设立举报信箱以及与新闻媒体合作等方式,宣传反保险欺诈内容。

9月5日,中银保险江苏分公司召开第一届职工代表大会,为系统首家,职工民主管理迈上新台阶。

10月,分公司再次被授予江苏省金融监管机构"工人先锋号"称号。

11月,中银保险推出全辖系统首批"车通卡"(机动车商业险保费预付卡)产品。

【重大承保】 2013年2月17日,中银保险江苏分公司成功续保扬州瘦西湖旅游发展集团有限公司企业贷款履约保证保险,保费300万元。

2月26日,分公司成功续保华菱锡钢特钢公司国内贸易信用保险(B款),保费180万元。

5月6日,中银保险江苏分公司成功续保江苏国建企业发展股份有限公司国内贸易信用保险(B款),保费248万元。

7月1日,分公司成功续保塞拉尼斯(中国)财产一切险,保费534万元。

9月30日,分公司成功续保徐州宏厦物资贸易有限公司产品责任保险,保费200万元。

【重大赔付】 2013年3月,被保险人生产车间发生火灾,导致机器设备受损,中银保险江苏分公司赔付160.32万元。

6月,被保险人所投保的船舶在滑道下水时,船底板受损,中银保险江苏分公司赔付227.93万元。

12月,被保险人所投保的轮船首部位与另一艘轮船尾部机舱发生碰撞,导致两艘船舶受损,中银保险江苏分公司分摊赔款135.12万元。

【公益活动】 2013年3月3日,中银保险江苏分公司组织团员、青年志愿者开展"迎青奥 学雷锋 添绿色"的义务植树活动。

5月29日,分公司工会、团委、理赔服务部联合组织青年团员、志愿者到南京市聋人学校聋儿听力语言康复中心,与孩子们一起提前欢度儿童节。为配合此次活动,江苏分公司前期组织开展"缤纷'六一'献爱心,一份礼物一份情"的爱心募捐活动。

6月22日,分公司全体党员赴台儿庄开展党日活动,增强党组织的凝聚力和战斗力,提高党员的政治素质和党性修养。

7月4日,分公司工会开展主题为"喜迎青奥走出健康"的环湖走活动。

9月17日,中银保险泰州中心支公司联合泰州交通广播电台、泰无聊网站开展"接过环卫工人手中枪、给环卫工人放个早假"的志愿者活动。

6月22日,中银保险江苏分公司全体党员赴台儿庄开展党日活动,增强党组织的凝聚力和战斗力,提高党员的政治素质和党性修养

天平汽车保险股份有限公司江苏分公司

【概况】 天平汽车保险股份有限公司是中国第一家全国性的专业汽车保险公司，是中国第一家实行非核心业务外包模式和第一家提供全面汽车安全服务的保险公司。天平保险围绕“让出行更美好”的使命，致力于成为全面汽车安全服务提供商。天平保险结合了国际先进的保险技术、管理经验和中国市场实际，打造中国汽车保险第一品牌。

天平汽车保险股份有限公司江苏分公司于2006年8月在南京成立，并先后在苏州、无锡、常州、扬州、南通、盐城及泰州设立分支机构。

【经营业绩】 2013年，天平保险江苏分公司保费收入25067.02万元，其中机动车辆保险25021.58万元，意外伤害保险45.44万元。受公司战略转型和业务结构调整的影响，保费收入比上年有较大幅度的下滑。

【渠道建设】 2013年，天平保险江苏分公司在继续巩固和挖潜分销渠道、车商渠道的同时，快速向直销渠道发展，积极探索网络销售模式，投入网站平台改造，天平网销平台初步建立，并顺利实现出单。

【内部管控】 2013年，天平保险江苏分公司注重风险管控体系建设，强化合规经营，建立健全一套完整的财务、承保、理赔、合规、稽核等内控管理的制度体系，实施数据全国集中管理。通过建立强大的经营管理平台，持续、有效提升公司经营效益和客户服务、运营管理效率、品质，实现在效益、成本、质量、服务和速度等方面业绩的显著提高。分公司从主要业务条线人员总公司委派、常规稽核与离任审计、重大突发事件应急预案、财务费用审批、全面预算等多方面建立健全内部管控体系。

【企业文化】 2013年，天平保险江苏分公司倡导“尊重、共享、执行、卓越”的企业文化，秉承“诚信、专业、创新、效益”的经营理念，全方位提升企业文化层次，真正做到创品牌、树形象、占市场。公司在开拓发展市场的同时，做好员工队伍建设及人员培训工作，从政治思想素质及业务技能等多方面入手，提高每个员工爱岗敬业的主人翁思想。推行“多角度、多层次、终身学习”的培训理念，创建学习型组织，公司提倡部门内部、部门间进行业务交流，实行部门内训和跨部门公开课、专题讨论等培训形式，以实现知识资源的共享和形成良好的学习型文化。通过集中培训，分散指导，提高队伍业务水平及风险防范管控意识，不断充实、提高、完善整个队伍的综合素质。

【重大活动】 2013年1月18日，在天平保险总工会举办的“天平八周年献礼作品征集活动”中，江苏分公司两名员工的作品获奖。

1月中旬，天平汽车保险风险定价系统上线。

3月29日，“天平车险”在淘宝首页“旅行”模块呈现，天平、淘宝站内合作推广模式正式启动。

7月8日，天平保险总裁室焦建刚总莅临江苏，针对江苏分公司及辖内5家机构和总公司直管的二级机构苏州、无锡当前的发展情况开展了为期三天的调研指导。

7月9日，江苏分公司及各机构开展公众开放日活动和总经理接待日活动。分公司和各机构邀请社区居民、客户代表走进公司，倾听新老客户的意见和建议。

8月中旬，天平保险理赔部服务经理制上线。

10月底，天平保险总公司开展“寻找理赔服务榜样”活动，扬州中心支公司吴兵获“优秀服务标兵”称号。

【重大承保】 2013年2月18日，天平保险江苏分公司承保无锡国家高新技术产业开发区市政公用事业有限公司车险团单业务，其中商业险保额1283.81万元，保费10.91万元；交强险保额305万元，保费为3.35万元。

6月18日，江苏分公司承保无锡市华泰驾驶培训有限公司的车险团单业务，其中商业险保额2729.8万元，保费为7.01万元；交强险保额353.8万元，保费2.41万元。

2013年，江苏分公司承保长客集团车险团单业务，其中商业险保额40688.4万元，保费328.27万元，交强

7月6日，天平保险江苏分公司举行羽毛球赛

7月8日,天平保险总公司常务副总裁焦建刚总到江苏调研指导工作

险保额3440.4万元,保费94.1万元。

【重大赔付】 2011年12月11日,驾驶员驾驶标的车与另一车相撞,造成本车损失,对方行人伤。同等责任。经法院判据,天平保险江苏分公司于2013年9月26日赔付61.87万元。

2012年9月18日,驾驶员驾驶标的车在333省道撞到人又撞到卡车,造成对方人身故。标的车全责。经法院调解,天平保险江苏分公司于2013年2月4日赔付60.78万元。

2012年9月18日,驾驶员驾驶标的车江苏省常州市天宁区晋宁北路多车相碰,造成第三者行人身故。同等责任。经法院判决,天平保险于2013年7月18日赔付49.57万元。

2013年4月7日,驾驶员驾驶标的车在南通市撞到行人,造成本车损失,对方行人身故。事故责任无法认定。经法院判决,天平保险江苏分公司赔付62.03万元。

7月1日,驾驶员驾驶标的车在扬州市撞到骑电动车的人,造成对方人身故。事故责任无法认定。经法院判决,天平保险江苏分公司赔付61.2万元。

【公益活动】 2013年3月15日,天平保险江苏分公司参与国际消费者权益日咨询活动,现场宣传保险知识,接受保险咨询。

3月23日,天平保险总公司通过官方微博发起"地球一小时,天平365天"环保行动,江苏分公司积极响应,争做"绿V客"。

7月2—5日,江苏分公司全辖员工身着印有"倾听由心、互动你我"宣传主题的T恤衫,在机构所在地公共场所进行保险知识宣传,发放挪车牌,活动拉近与公众的距离,"倾听由心,互动你我"得以很好的体现。

7月8日,江苏分公司总经理陈国水带领业管、销售和理赔条线骨干员工参加"全国保险公众宣传日"主题活动,现场接受咨询,分发挪车卡和行业核心价值观主题宣传单。

9月16日,盐城中心支公司在盐城市儿童福利院开展《什么样的保险适合我》一书赠阅活动,并看望福利院的儿童,献上爱心。

【教育培训】 2013年5月11—12日,天平保险江苏分公司理赔部在南京举办为期两天的理赔内勤培训。此次主要从理论和实物操作两个方面进行培训,增加实务操作,进行现场模拟收单流程培训。

6月22—23日,江苏分公司在南京举办直销、业管系列员工培训。

7月29日,江苏分公司邀请南京市安居防火教育培训中心专业教官为员工开展"消防安全知识培训"。

8月2—3日,江苏分公司管理干部管理能力提升培训在泰州举行。

8月10日,江苏分公司经理陈国水带领全体员工到中国金陵廉政文化教育纪念馆参观学习。

12月2日,天平保险苏州中心公司组织员工在穹窿山缥缈峰举办为期一天的素质拓展训练。

永诚财产保险股份有限公司江苏分公司

【概况】 永诚财产保险股份有限公司是一家由国内实力雄厚的大型电力企业集团和产业投资集团共同发起组建的全国性股份制财产保险公司,成立于2004年9月,总部位于上海市,注册资本金21.78亿元。江苏分公司成立于2006年9月,在全省设有11家三级机构,服务网络覆盖南京、常州、扬州、南通、镇江、无锡、泰州、徐州、江阴等地区。

2013年是分公司三年发展规划的第三年,公司围绕"跟上市场发展平均增速、深化经营管理转型、创新运营经营模式、实现可持续发展"的经营方针,提高两核政策与资源匹配度,秉持"好马吃精草"的理念,坚持"利润为先"的方针,树立"开源节流"的工作作风,经营品质得到优化,车险保费保持增速,系统性销售等各方面取得一定成果,上半年提前21天实现"双过半"。

【经营业绩】 2013年,永诚保险江苏分公司保费收入21938.99万元,同比增长7.37%,时间进度达成率87.76%;分险种来看,车险业务实现保费15691.65万元,同比增长16.61%;非车险业务实现保费6247.34万元,同比下降10.46%。

【渠道建设】 2013年,永诚保险江苏分公司提出发展渠道业务的工作要求:重视银行业务发展,4S业务勇于"进攻",经代业务做优质业务,闭环业务做出分公司的"亮点",企事业个人业务跟上总公司部署。分公司各专业条线分工更加清晰,各渠道齐头并进,相互支撑,推动公司业务发展。针对各代理渠道保费贡献及资质进行梳理和清理,对全辖远程出单点系统进行合规宣导,禁止强行搭售保险产品,遏制出单点违规行为的发生,全辖有效渠道157家。

【内部管控】 永诚保险江苏分公司是总公司股份制公司治理结构下设的二级分支机构,实行总经理负责制,总经理对分公司的各项经营活动结果负总责。公司现下设人力资源部、办公室、监察审计部、财务部、财产险部、市场开发部、车险业务管理中心部、重点业务部、股东业务部、4S渠道部、网电销渠道、经代渠道部、银行渠道部、企事业部共14个部门。下辖南京、常州、扬州、镇江、南通、徐州、泰州、无锡中心支公司，江阴、通州及海门支公司，江都营销服务部。

“内部信息门户”网站：包括财务系统、销售管理系统、报表分析系统、网上理赔系统、视频会议系统、在线培训系统、航意险平台、反洗钱系统、配件查询系统、人力资源系统、客户信息系统等20余个系统或平台。

坚持合规经营。2013年，8月，分公司召开专题会议要求全辖上下统一认识、合规经营、调整工作方式方法、改进作风，应对当前形势。

【企业文化】 2013年，以总公司下发的《企业文化建设实施方案》为指导，分公司企业文化推广工作分为“规定动作”和“创新工作”两部分开展。突出加快转变经济发展方式这一主线，追求创新发展，坚持以人为本，坚持企业文化贴近机构经营管理实际、贴近员工岗位要求。

【创建工作】 2013年，永诚保险江苏分公司党委贯彻党的十八大会议精神，围绕公司经营中心开展党建工作，把党的建设贯穿于公司经营发展中。开展争先创优和精神文明单位创建活动；全辖开展参观新四军纪念馆纪念活动，重温入党誓词。

【重大活动】 2013年1月17日，永诚保险无锡中心支公司获得江苏保监局开业批复。

3月11日，分公司举行题为“如何开展系统性销售工作”的培训，全辖各机构负责人、专业化渠道销售管理人员参加培训。

3月21日，国电保险经纪公司总经理吴波一行到访江苏分公司。双方就目前业务合作情况及下阶段的业务推动进行交流。

4月26日，分公司工会组织员工向四川雅安地震灾区捐款，善款通过当地红十字会捐往灾区。

5月23日，总公司董事长兼总经理杜林到江苏分公司检查指导工作，并拜访江苏保监局局长宋志华。

7月，徐州中心支公司被徐州市消费者协会授予“2012年度零投诉单位”称号。

7月15日，江苏分公司同江苏银行股份有限公司南京鼓楼行签订保险兼业代理协议。

9月12日，江苏分公司召开全辖合规专题会议，宣导合规经营促进公司健康发展的重要性，并对近阶段风险排查等重点工作进行安排部署。

9月，经江苏保监局批准，南京中心支公司正式与江苏分公司合署办公，这是分公司2013年深入贯彻总公司二次创业精神，严控经营成本的重要举措。

【重大承保】 2013年8月，永诚保险江苏分公司与北京三吉利能源股份有限公司签订财产一切险、机器损坏险项目，总保费365万元。

1月，分公司与中国国电集团公司谏壁发电厂签订财产一切险、机器损坏险、营业中断险(财产)、营业中断险(机损)项目，总保费353万元。

1月，与国电泰州发电有限公司签订财产一切险、机器损坏险、营业中断险(财产)、营业中断险(机损)项目，总保费244万元。

8月，分公司与江苏华电句容发电有限公司签订财产一切险、机器损坏险项目，总保费243万元。

1月，分公司与江苏省电力公司签订财产一切险、供电责任保险项目，总保费220万元。

【重大理赔】 2011年8月22日，被保险人江苏龙源风力发电有限公司环港风电场39号风机动力传动系统故障停机，齿轮箱箱体下部开裂，齿轮箱漏油。2013年永诚财险江苏分公司赔付240万元。

2012年6月1日，被保险人江阴扬子江船厂有限公司在建的华江17号轮机舱大面积进水，机舱底层及管弄内被水浸没，积水深度约5米、1200吨，造成主机仓内设备受损。2013年永诚财险江苏分公司与平安财险江阴支公司赔付410万元。

2012年10月22日早晨7点53分，华能启东风力发电有限公司运行人员发现闷响，从主控室向外观察发现35kV #1 SVC装置TCR支路C相着火，同时一期311至316共6组35kV风机跳闸，61台风机全部停机。2013年本案分公司赔付65万元。

7月19日，泗洪经济开发区境内遭遇雷暴雨强对流天气，24小时降雨量超过50毫米，由被保险人江阴阳阳建设有限公司承建的太湖路、五里江路、杭州路、人民路、小康路五幅路基被雨水浸泡，积水深30厘米以上，造成硬化后的灰土路基与水发生水化反应，产生较大的体积膨胀，灰土表面产生鼓包崩裂现象。永诚财险江苏分公司赔付264万元。

3月30日，被保险人江阴苏南国际集装箱码头有限公司501号正面吊在码头作业区进行空箱装船作业时突然起火，正面吊受损严重。永诚财险江苏分公司赔付55万元。

9月12日，永诚财险江苏分公司召开中层干部合规专题培训

民安财产保险有限公司江苏分公司

【概况】 2013年，民安财产保险江苏分公司秉承公司经营理念，牢记民安发展新战略，围绕新目标和新要求，抢抓机遇，攻坚克难，迎接挑战，加快发展，在优化提升、"三核两率"、体系建设和提升软实力等方面取得一定成绩，在市场上继续保持"诚信、专业、效益、合规"的良好企业形象。

【经营业绩】 2013年，民安保险江苏分公司保费收入16707万元，同比增长9.91%，满期赔付率68.14%，车险保费占比71.54%，非车险保费占比28.46%。

【渠道建设】 2013年，民安保险江苏分公司继续深化渠道改革，实施销售管理职能优化与前移，加强管理、简化流程，改善服务效果，提升服务效率；结合渠道开拓，通过销售模式变革、产品创新、借助信息技术手段等举措，实施渠道合作和建设创新，开辟新业务增长点。

【内部管控】 2013年，业务发展突出品质、效益。采取措施，把品质好、效益高、赔付低的业务拓展和客户服务放在首位，细分市场与客户，加大意健险等拓展力度；细分车型与客户，提升车险经营品质，摒弃低品质业务，实现业务同比正增长。

突出中心，抓好推动。贯彻"三核两率"新思路，通过做强核心机构、打造核心产品、全面提升竞争力，销售人员人均产能同比增长，内勤人员人均产能超目标计划。推动销售系列员工与团队成长，与产品部门协调沟通，做好新版销售基本法蓝本选择，引进人才并加强考核激励，组织开展劳动竞赛，加大县区业务开拓力度。

健全流程，强化合规。在内控管理、应收管控上，继续健全制度和流程，重点管控，动态跟踪，适时评估，及时处置。做好司法案件责任追究、反洗钱、治理商业贿赂、反不正当交易、反欺诈、非法集资等工作。会计核算、预算、资金、应收管理等均按制度和文件要求严格执行。合规方面，按照保监局相关文件精神，查缺补漏，规范费用报销等管理。开展发票单证自查和检查工作，通过现场检查等方式，摸清情况，发现问题及时整改，规范管理。重视信访投诉工作，及时化解和处置相关问题。

抓住重点，优化运营。实施精细管理，加强车险查勘定损员管理，实施工作考核管理方案。控制赔付率，加快简易案件快速处理，实施快赔率考核方案。组织开展两核人员上岗资格考试与两核人员初级资格评聘工作。加强车险未决案件清理，制定与实施年度未决清理管理考核方案。关注交强险赔付、经营情况，专题报告管控。实施出单员工号、外设出单点工号审核制。进行单证清理，进行系统内核销，做到帐实相符。开展单证管理专题培训。组织出单员技能培训和中级、初级核保人员考试评定。出台车险承保系列人员考核办法。加强续保业务管理，着眼新增和渠道业务拓展，注重产品渠道创新，加强防灾防损工作。打击虚假骗赔案件成效显著，拒赔车险案件39件，拒赔金额169万余元。实施人伤案件跟踪管理办法，健全机制，通过对人伤案件调查减损187万余元。非车险诉讼案件减损成效明显。

【企业文化】 2013年，民安保险江苏分公司加强企业文化工作。

加强考核，推行绩效文化。健全分公司部门与机构挂钩联系点制度，健全挂钩机构联络人制度，明确职责与要求，制定具体工作方案，抓好落实与推进，7家机构工作整体成效较好。加大机构经营状况监控力度，对落后机构提出整改要求，强化督导，推进整改与优化提升，促进任务计划和经营指标达成，为持续发展夯实基础。

围绕品牌，树好公司形象。江苏保险业开展《保险知识普及丛书》编撰和赠书活动。作为第四套丛书指定参编单位，分公司积极参加省内保险消费者权益保护工作连续四届被行业推荐参与保险知识普及丛书编撰。

深化贯彻集团企业精神价值和行业核心理念体系建设。坚持每日晨会制度，组织学习海航企业文化和行业核心价值理念，每位员工交流分享心得体会等。组织干部员工集中学习与自学等方式，重点学习海航必读与选修书籍，领会行业核心价值观内涵与精髓，并在工作中努力践行。

参加保险诚信宣传活动。3月15日，分公司参与在南京江苏展览馆开展"3·15"维权活动，为市民答疑解惑，发

3月16日，民安财险江苏分公司组织员工户外活动

放《保险知识普及丛书》和公司宣传彩页等资料。7月8日保险宣传日，分公司参加广场宣传活动，活动中结合民安保险70周年的宣传。

【创建工作】 加强党建，开展员工关爱活动。2013年，民安保险江苏分公司一是把党建工作纳入重要议题，党委成员分工明确，专人负责，健全党建工作制度。二是学习落实中共十八大、十八届三中全会精神，开展行业核心价值理念等主题活动。三是开展员工关爱活动。四是深化海航善举，向海航机场患病员工募捐款0.77万余元；全省员工向雅安地震灾区人民捐款1.3万元；向海南分公司员工献爱心捐款0.32万元；扬中支公司响应地方金融行业号召，进行“爱心一日捐”捐款0.61万元。

优化服务，持续提升品质。深化“四免四一”(免资料、免上门、免等待、免垫付，一张笑脸、一声问候、一瓶茶水、一份真情。)

理赔服务。3月16日，全省保险业对外唯一保险电视栏目《保险@生活》对公司进行专访，并在江苏电视台城市频道播出。

【重大活动】 2013年3月15日，民安保险江苏分公司参与省暨南京市2013年“3·15”国际消费者权益保护日大型广场活动。

3月16日，分公司安排组织员工户外活动，丰富员工精神文化生活，增强凝聚力与向心力。

7月8日，分公司参与全国保险公众宣传日广场活动。

9月16–17日，分公司召开经营分析会。

【重大承保】 2013年，民安保险江苏分公司承保某船务公司船舶险，签单保费172万元。

2013年，分公司承保某集团航运保险(国内运输)，签单保费197万元。

【重大赔付】 2月19日，某公司因“雪灾”导致生产装配车间房屋屋面坍塌，并致南北两侧彩钢墙面扭曲变形。经查勘定损，民安保险江苏分公司赔付81.46万元。

中国人寿财产保险股份有限公司江苏省分公司

【概况】 2013年，中国人寿财险江苏省分公司创新驱动发展战略和全面、均衡、创新发展的要求，以“美好江苏”为年度主题，以“三创三先”为动力，强管理、促发展、夯基础，实现能力建设的重大突破，年度各项工作取得较好发展。

【经营业绩】 2013年，人寿财险江苏省分公司保费收入26.99亿元，同比增长30.9%，其中车险保费23.72亿元，同比增长32.36%；非车险保费3.27亿元，同比增长21.1%。完成总公司年度计划108.8%，获全国系统规模效益双优奖。全省各机构都保持较快增长，5家中支公司入选全国三级机构50强，13家支公司入选全国四级机构100强。

【渠道建设】 2013年，人寿财险江苏省分公司致力于销售队伍建设有突破。

销售队伍建设。加强销售团队建设，坚持队伍建设的长抓不懈，年度销售能力有了明显提升。跟进销售人员的教育培训工作。举办销售培训班15期，培训1200余人次。

渠道建设。坚持“保障优势渠道、突出自主渠道、建强薄弱渠道”的总体方针，有针对性在全省推进渠道专业化建设。一方面，强化政策支持，在编制、薪酬等方面，满足基层单位各销售渠道的引人需求。另一方面，加强观念引导和考核，在月度绩效考核中加大对渠道建设工作的考核力度，逐月兑现。互动、重客、车商、电销、银保等都较好完成年度任务。

【内部管控】 加强车险理赔管控。将车险“一降一提”(降低赔付率，提高结案率)工作作为强化管理、提升效益的重中之重，实施车险“三核”集中，从机制、制度上，改变车险经营现状。通过车险理赔综合治理方案，对第一现场查勘、人伤案件跟踪、诉讼管理、打假防骗、通赔案件处理等关键环节加强管理，在机制、制度、考核上不断改进与完善理赔工作。加强服务管控，坚持“客服先行”经营理念，强化窗口服务双星管理机制，通过创建标杆服务网点、服务人员，打造和提升对外服务形象。在总公司综合考评中，分公司客服能力竞赛成绩连续三年保持系统领先。信访工作在江苏保监局考核中位列行业第一。加强合规管控，省公司全年开展内部综合性合规检查、财务业务质量专项检查18次，对三级机构现场检查覆盖率为100%。组织合规测试，开展合规风险点、反欺诈、反洗钱、审计工作等培训11场，员工合规意识得到有效加强。省、市公司接受江苏保监局、行业协会、地税部门等总计19家次检查，总体反馈情况较好，未受到监管处罚，守住总公司“不发生重

7月8日，中国人寿财险江苏省分公司参与全国保险公众宣传日活动

7月23日，中国人寿财险江苏省分公司组织参观梅园新村周恩来纪念馆

大违规风险”的经营底线。

【企业文化】 2013年，人寿财险江苏省分公司重视企业文化建设，提升公司软实力和品牌影响力，以年初提出的“弘扬三创三先，提升发展能力，建设美好江苏”为发展主题，引导广大员工投身发展，弘扬创业文化。制作分公司成立五周年宣传片，更新职场企业文化布置。连续第五年开展“读一本书”活动和优秀读书心得评比活动。重视员工教育培训工作，组织全省员工进行“应知应会”测试，江苏省分公司作为集团唯一被推荐单位，获得中国金融教育发展基金会授予的“金融教育先进集体”称号。

【创建工作】 2013年4月，人寿财险江苏省分公司召开全省文明创建工作会议，明确全省年度创建目标，省公司本部和10家中支公司被评为2010—2012年度省级文明单位，成为获评数量最多的保险主体。通过文明创建工作，进一步加强公司品牌宣传工作，保持与各级媒体的良好合作关系，在总公司和江苏保监局年度信息报道考核中名列前茅。分公司是江苏保险业唯一一家获评省级放心消费单位、诚信单位的企业。

【重大活动】 2013年1月17日，人寿财险江苏省分公司举办销售渠道新进员工培训班，对全省中支公司直属销售团队新进员工进行为期两天的专题培训。本年度，全省累计举办销售人员培训班15期，培训1200余人次。

1月19日，分公司总经理邱家洋在江苏省政协十一届一次会议上提出，在《政府工作报告》关于加强城乡和社会保障体系建设部分，增加“发挥商业保险的补充作用”，得到会议认可。

1月27日，分公司召开2013年工作会议。会议提出要弘扬“三创三先”精神，提升发展能力，并将2013年确定为“美好江苏”建设年，努力实现“公司形象好、员工待遇好、发展氛围好”，开创国寿财险江苏公司“发展更具活力、管理更为健全、环境更显和谐、公司更加美好”的发展新局面。

2月13—16日，分公司举办2013年全省查勘定损岗位技能提升培训班，培训课程涉及人伤案件处理、反保险欺诈和“一路行”手机终端操作实务等，全省200名专兼职查勘定损人员参加培训。

3月13日，分公司召开行风监督员座谈会，向行风监督员介绍公司2012年客服工作情况，听取行风监督员对分公司客服工作的建议和意见，并向他们颁发2013年度行风监督员聘书。

3月26日，中国人寿江苏省寿险、财险、养老险三家分公司联合召开2013年度全省系统互动业务工作视频会议。

4月6日，分公司召开车险理赔综合治理启动大会，出台综合治理方案，围绕行业解决车险理赔难这一热点问题，推进车险“一降一提”工作。

5月8日，分公司与连云港东海县举行“结对共建”仪式。

6月18日深夜，以分公司总经理邱家洋为组长的三名班子成员，分三路赴全省12个地市开展现场查勘专项检查——“雷霆行动”。

7月8日，分公司参与“保险公众宣传日”广场宣传活动。

11月3日，分公司举办精算知识培训讲座，内容涉及如何运用精算方法分析公司经营情况，了解公司利润来源及业务质态等。江苏省分公司总经理室成员，各部门负责人，13个地市中心支

4月20日，四川雅安地震发生之后，中国人寿财险江苏省分公司及时启动对灾区的捐助工作，累计募捐爱心款20多万元

公司班子成员等参加培训。

12月25—26日，集团公司副总裁张响贤一行到财险徐州中支公司开展调研。

【重大承保】 2013年1月1日，人寿财险江苏省分公司承保江苏华能集团常州分支机构的团体人身意外伤害保险和建筑施工人员团体意外伤害保险，为该单位员工提供总价值5591750万元的风险保障，累计保费610余万元。

1月11日，分公司承保中煤第三建设(集团)所属分支机构雇主责任险，累计保费537万元。

2月25日，分公司成功中标南京市宁和城际轨道交通一期工程保险项目，参与承保该项目的地铁建筑工程一切险和雇主责任保险，累计保费430余万元。

【重大赔付】 2013年3月9日，被保险人南通市某化工企业三车间离心机突然出现明火，火势蔓延导致整个三车间东南角全部过火。人寿财险江苏省分公司赔付210万元。

3月15日，被保险人江苏某电动工具有限公司厂区发生火灾，损失惨重，经鉴定损失金额逾500万元。经与主承保人合力查勘定损，人寿财险江苏省分公司按21%的份额赔付金115余万元。

11月27日，被保险人淮安市某投资发展公司所属车辆在淮安涟水县大东镇刘赵村，与骑行电动车的杨某相撞，造成标的车前面板、左前保险杠、混合前灯总成、前雾灯总成受损，三者杨某当场死亡。被保险人负主要责任。人寿财险江苏省分公司赔付64余万元。

【公益活动】 2013年1月11日，人寿财险江苏省分公司组织开展以“关爱困难职工、构建和谐企业”为主题的送温暖活动，总经理邱家洋到基层困难职工家中走访慰问，并送上慰问金。

4月20日，四川雅安发生地震，分公司及时启动对灾区捐助工作，累计募捐爱心款20多万元。

8月9日，人寿财险江苏省分公司组织员工冒高温献血。

渤海财产保险股份有限公司江苏分公司

【概况】 渤海财产保险股份有限公司成立于2005年10月18日，是首家总部设在天津的全国性财产保险公司。公司由天津泰达投资控股有限公司、天津联津投资有限公司、天津泰达集团有限公司、天津保税区投资有限公司、北方国际信托投资股份有限公司五家天津和滨海新区的国有骨干企业发起设立。2012年渤海保险与澳大利亚保险集团强强联手，综合实力迈上新台阶。

渤海财产保险股份有限公司江苏分公司于2007年7月成立，在南京、徐州、宿迁、镇江、淮安、无锡、常州、苏州、扬州、连云港、泰州、南通、盐城设立16家分支机构，有员工203人。

【经营业绩】 2013年，渤海保险江苏分公司保费收入8317万元，其中车险业务6210万元，占总保费收入的74.7%；意健险业务1530万元，占总保费收入的18.4%；财产险业务577万元，占总保费收入的6.9%。

【渠道建设】 2013年，渤海保险江苏分公司以业务结构优化调整，提升业务平台为工作重点。继续加强与保险中介公司的合作，渠道业务量约占公司整体业务量57%，合作中介代理公司有55家，其中南京5家、无锡7家、徐州8家、常州3家、南通3家、连云港6家、淮安7家、盐城3家、扬州1家、镇江3家、泰州6家、宿迁3家。

【内部管控】 2013年，渤海保险江苏分公司加强内控管理，做到依法合规经营。开展人事、行政、业务、财务、承保、理赔、单证、以及营销团队管理、学习培训等工作措施。从规范流程到营业场所环境、个人着装仪表等方面提出具体要求并监督，保证公司建设有章可循、有据可依。要求强化“组织性、纪律性、原则性”，用制度规范日常言行、活动，建设打造一支作风过硬的企业团队。

【企业文化】 渤海保险秉承“海纳百川、风雨同舟”的核心价值观，以致力于打造中国保险业的精品公司为企业愿景，崇尚和谐、责任、盈利、合规的企业文化，秉持“积极稳健发展、长期稳健盈利”的经营理念，以精英团队治理公司，以企业精神凝聚力量，以精明管理降低成本，以精湛技术服务客户，以精致创新开拓前行，为员工提供发展，为客户分担风险，为股东创造财富，为社会奉献价值。

【重大活动】 2013年7月1日，渤海保险江苏分公司召开全体党员会议，学习领会党的十八大精神，选举新的党委领导。

8月，分公司分别举行全辖承保操作培训会议和客服技能培训会议。

9月起，分公司从单证管理方面、销售管理方面、理赔管理方面、职业责

11月27日，渤海保险总裁朱波莅临江苏视察并合影留念

3月15日，渤海保险淮安中心支公司参加3.15广场咨询活动

任、保险中介业务、远程出单业务、代收代缴车船税业务几个方面着手，以各中支自查为主，分公司检查为辅，并选择常州、淮安、盐城三家中支进行风险排查工作的现场督导。

10月18日，为迎接八周年司庆，分公司相继开展"实现公司战略发展目标——从我做起"论坛活动、"渤海之梦"摄影主题大赛、"献礼八周年、共圆渤海梦"销售评优大赛等活动。

11月8日，为更好地整合资源，发挥团队优势，进一步推动业务更快、更健康地发展，确实有效的提高承保质量，减少签报流程沟通环节，提升市场竞争力，分公司成立业务管理委员会。

11月27日，渤海保险总公司总裁朱波到江苏分公司调研。

12月，为规范人伤理赔工作流程，加强人伤诉讼案件的管理，分公司召开全辖客服人员人伤、诉讼培训会议。

【重大承保】 2013年4月2日，渤海保险徐州中心支公司与徐州新巴士有限公司签订道路客运承运人责任险合同，总保费29.3万元。

4月11日，南京营业部与中交一公局第三工程有限公司签订建筑施工人员团意险合同，总保费14.9万元。

5月16日，镇江中心支公司与江苏省镇江船厂(集团)有限公司签订机器损坏险合同，总保费10.6万元。

7月2日，无锡中心支公司与无锡滨湖都市建设投资有限公司签订财产综合险合同，总保费31.8万元。

8月28日，常州中心支公司与常州四药制药有限公司签订财产综合险合同，总保费23.1万元。

9月18日，常州中心支公司与江苏省常州技师学院签订校方责任保险合同，总保费12万元。

9月18日，淮安中心支公司与淮安中欣国际实验学校签订学生意外伤害保险合同，总保费11.7万元。

9月27日，常州中心支公司与江苏五星建设集团有限公司签订建筑施工人员团意险合同，总保费28万元。

【重大赔付】 2012年2月10日，方某驾驶标的车在镇江市撞死一名10多岁的小孩。渤海保险江苏分公司赔付约41.22万元。(请补充赔付时间)

2月5日，吴某驾驶标的车在泰州市撞死一名骑电动车的男子。渤海保险江苏分公司赔付62万元。

2月26日，高邮市某汽车出租有限公司中的一辆标的车驾驶人沈某在驾驶时不慎发生交通事故受伤。渤海保险在江苏分公司赔付21.6万元。

4月2日，嵇某驾驶标的车在扬州邗江区撞到一名行人，至其伤残。渤海保险江苏分公司赔付62.3万元。

安诚财产保险股份有限公司江苏分公司

【概况】 2013年是安诚保险江苏分公司转型发展关键的一年。一年来，分公司践行"统筹兼顾，突出重点，构建特色，加强保障"的十六字方针，坚持"智慧经营、勇于超越"的经营策略，把有质量的发展作为第一要务，围绕转型发展、创新发展的主题，各项工作取得新的突破。

【经营业绩】 2013年，安诚保险江苏分公司实现签单保费2.73亿元，同比增长66.93%，高于江苏财险同行(18.18%)增长率，居江苏产险市场第五位，提前21天完成总公司下达的全年目标任务，达成2.71亿元的保费计划指标，其中车险保费2.46亿元，非车险保费2675万元。分公司日均业务平台由68万元上升到109万元，一举改变多年业务发展低迷的局面，尤其在二三季度的传统淡季，月均保费均突破2000万元。

【特色服务】 2013年，在"一对一的特色服务"上，安诚保险江苏分公司作为试点单位主动为客户提供高附加值服务，推行差异化经营服务初显成效，2013年2月中旬，《中国保险报》配发编者按作专题经验介绍，在业内产生较大反响。

【渠道建设】 经、代渠道建设。2013年，安诚保险江苏分公司经、代效渠道113家，新增65家，分公司业务部、徐州中心支公司、秦淮支公司年度新增渠道均超过10家，其中分公司业务部仅连云港和盐城新增3家渠道，实现保费收入997万元。常州、扬州、宿迁等中心支公司在渠道建设中也取得成绩，常州中心支公司渠道建设搭建完成后，保费收入迅速增长，走出自身转型发展的一大步。

政府招标业务。一年来，安诚保险江苏分公司介入政府各项招标业务，尤其是在"安保互动"上敢于先尝先试，为渠道开拓趟出一条新路。2013

年，分公司进行政府投标业务 9 次，成功中标 5 次。

【内部管控】 安诚保险江苏分公司职能部门服务意识加强，部门之间交流协调顺畅，工作效率进一步提高。财务部门成本管控效果明显，固定成本率下降至 8.5%以内，同期下降 3.88 个百分点，低于总公司要求 0.5 个百分点；销售部门发挥“销核联动”作用，在严把业务进口关的同时，支持和推动业务销售工作，完成总公司下达的全年保费任务。理赔部门风险有效化解能力逐渐加强，2013 年，分公司接诉讼案件 813 笔，结案 697 笔，未发生一笔罚款。其中通过协调、自动撤诉等为公司挽回损失近 73.53 万元。全年打假压虚活动挽回损失共计 151.69 万元。

管理形式多样化。分公司建立机构联系人制度，对部分条件的成熟四级机构进行垂直管理，通过实地调研、部门定期联席等多种形式，及时协调解决工作中的各种问题与困难。

【企业文化】 2013 年 4 月 20 日，四川雅安发生地震。安诚保险江苏分公司募集 3.4 万元通过江苏慈善总会捐给灾区人民。在公司 6 周年庆之际，分公司努力营造积极向上、健康和谐的文化氛围，开展“我与江苏安诚共成长”主题征文活动，收到征文稿件 31 篇，其中 13 篇优秀稿件获得不同奖项，一、二等奖作品被收录刊载在公司期刊。6 月，《保险 @ 生活》走进安诚保险江苏分公司，展现江苏安诚保险竭诚为客户服务的精彩画面，将江苏安诚保险“以客户为中心”的服务形象展现在公众面前。2013 年，分公司推送的两篇论文《保险公司建设核心价值观途径刍议》《践行保险核心价值理念，发展保险企业文化》，先后被《中国保险报》、国务院发展研究中心网、中国金融网等媒体刊载。

3 月，安诚保险江苏分公司 VIP 客户为感谢公司的优质服务向总经理杨全良赠送锦旗

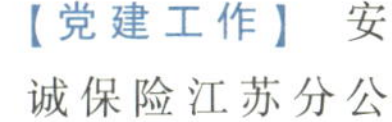
【党建工作】 安诚保险江苏分公司注重吸纳新鲜血液，2013 年，安诚保险江苏分公司发展新党员 7 人，是分公司开业以来发展新党员最多的一年，也是安诚系统内一次性获批党员数量最多的省级机构，成为 2013 年分公司党建工作的一大亮点。

【重大活动】 2013 年 4 月 11 日，安诚保险总公司副总经理李一可到江苏分公司调研。

6 月 7 日，安诚保险董事长华渝生到江苏分公司，对分公司经营管理和综合服务工作进行调研指导。

6 月 22—23 日，分公司创新业务部在南京师范大学、东南大学开展“清凉一夏、倍享关爱”——空调免费检测活动，检测高校老师汽车空调 50 台。

【重大承保】 2013 年 2 月至 12 月，安诚保险江苏分公司成功承保“应流集团”一揽子保险项目（财产综合险、机器损坏险），保额约 21 亿元，保费 393.51 万元。

6 月，分公司成功承保“镇江天工集团”一揽子保险项目（财产综合险、机器损坏险），保额约 16 亿元，保费 137.26 万元。

6 月 7 日，安诚保险董事长华渝生到江苏分公司察看

6 月，分公司成功承保“常州中天钢铁（财产综合险、机器损坏险），保额约 5.95 亿元，保费 40 万元。

【重大理赔】 2011 年 6 月 24 日，任某驾驶标的车与同向严某驾驶的电动车发生碰撞，导致其受伤。经交警部门认定，标的车负全责。严某受伤严重导致高位截瘫，最终抢救无效死亡。经法院判决，安诚保险江苏分公司最终于 2013 年 10 月 23 日赔付交强险 12 万元，商业险 50 万元。

1 月 4 日，于某驾驶标的中型封闭货车与沈某驾驶的电动车相撞，沈某受伤因抢救无效于 1 月 9 日死亡。经交警部门认定，于某负全责。经法院调解，安诚保险江苏分公司在商业险范围内赔付 49 万元，交强险赔付 12 万元。

2 月 7 日，赵某驾驶标的车撞上同方向在非机动车道内骑车的郑某，标的车受损，郑某经医院抢救无效死亡。经交警部门认定，标的车负全责。经法院调解，安诚保险江苏分公司在交强险内承担 12 万元，在商业险内承担 49.75 万元。

7 月 18 日，谷某驾驶标的重型自卸货车驶入非机动车道，与在非机动车道同向内行驶的刘某驾驶的无牌电动车相撞，刘某倒地后被自卸货车碾压后当场死亡。经交通部门认定，谷某负全责，刘某不负事故责任。经调解，安诚保险江苏分公司在交强险、商业险限额内赔付死者 61.03 万元。

华农财产保险股份有限公司江苏省分公司

【概况】 华农财产保险股份有限公司江苏省分公司是华农保险在北京总部以外设立的第一家分公司，于2007年12月开业，其后在苏州、无锡、扬州、南通、常州、连云港等地设立6家中心支公司。

分公司注重强抓管理，推行“创新、认真、诚信、规矩”的公司理念，建立健全承保管理、销售管理、理赔服务管理、财务管理、人事行政管理五位一体的高效管理体系。实行专业化的“承保人制度”管理，实现全系统核心业务系统电子化处理流程。同时贯彻强化内控制度建设的标准，建立以防范和化解风险为目的的运行机制，提升基础管理工作。并设立项目服务小组，以一对一的服务模式，为投保客户提供详细的风险评估与保险方案设计服务，保障客户投资经营的商业利益；并通过对客户的防损工作提出有益的建议，努力做到为客户减少损失，在增强生产能力的同时降低客户的保险成本，确保能为客户提供专业化的全程服务和优质的风险保障服务。

分公司秉承“农”字特色，不断创新产品及服务，为江苏“三农”领域提供风险保障。2013年7月，分公司取得农险业务经营资质，获准在江苏地区经营农业保险。其后开发紫菜保险，出台紫菜保险条款，并向省金融办报批。

【经营业绩】 2013年，华农保险江苏省分公司保费收入9456万元，其中车险8447万元，非车险1009万元；全年赔付支出4315万元。公司经营状况明显改善。

【渠道建设】 2013年，华农保险江苏省分公司与多家保险代理公司和汽车经销商建立业务合作关系，开展保险代理业务。通过与渠道的磨合与合作，公司轻型化效果进一步显现。

【内部管控】 合规基础管理。华农保险江苏省分公司发挥稽核审计的执行监督作用，组织开展经济责任审计和专项审计，对机构及高管人员履职过程中遵章守规和政策执行落实情况进行监督和检查，各类专项审计工作覆盖辖内各级机构。2013年，对中心支公司、支公司、营销服务部高管经济责任审计工作覆盖率100%。同时，尝试内控管理的新办法，推行机构负责人经营管理授权机制，并通过调查、稽核审计等手段，加强履职行为的过程监督，不断提升合规管控水平。

加强高级管理人员履职行为管理。与机构高管人员签订履职承诺书，对经营管理工作进行授权，同时配套建立高管人员合规履职监督机制，通过填报合规调查问卷的形式，定期对机构高管人员日常经营管理、经济事项有关的十余项合规经营指标内容进行调查和动态监控。此项工作的开展，对加强公司内部高管人员任期管理，规范高管人员日常经营管理合规行为起到积极的推进作用。

【企业文化】 华农保险江苏省分公司核心文化理念是“创新、认真、诚信、规矩”，奉行“华农治企九条法则”。

第一条，“当期价值、长远价值和行业价值三个价值相统一”的原则是公司一切工作的出发点。第二条，公司发展要始终坚持效益性原则、可持续性原则、控制性原则及创新性原则。第三条，管理要做到制度化、程序化、数字化。第四条，管理就是指资金管得住、两核管得住、下属机构管得住。用管得住的人，做管得住的事。第五条，车险业务要靠精耕细作；非车险业务要靠专业人才；农险业务要靠综合效益。第六条，“三提倡、三反对”是公司员工奉行的行为准则。即提倡精益求精，反对粗制滥造；提倡艰苦奋斗，反对贪图享乐；提倡勇于奉献，反对讨价还价。第七条，公司用人的基本原则是“德才兼备，以德为先”。“德”是统帅，是灵魂，决定着“才”的施展力度和用力方向。第八条，合格的中层干部所具备的的基本能力是“懂经营、会管理、能带队伍”。第九条，公司不以人划线，不允许宗派主义、小团体出现。不唯上，只唯实。对于干部的考核评价，基本原则是“不听说、给时间、看结果”。

【重大活动】 1月21日，分公司召开2013年年度工作会议。

5月9日，分公司“新驾宝”激活卡业务启动会在盐城射阳召开，标志着江苏省分公司“新驾宝”产品业务的正式启动。

5月20—24日，总公司内控工作检查小组对江苏省分公司内控基础管理工作情况进行现场检查，重点对分公司内部治理情况、人力资源管理、内控风险管理等情况进行检查和评估。

6月5—9日，总公司相关领导及江苏省分公司班子成员组成调研小组赴常州、南通等地区进行农险调研工作，为公司找准农险工作切入点。

7月，经中国保监会批复，华农保险江苏省分公司获取农业保险业务经营资质。

11月14日，中国农业龙头企业协会副秘书长许英华在华农保险总公司相关领导陪同下，对华农保险南通中心支公司进行调研，并出席由南通市渔业与海洋局、市农险办与华农保险共同主持的条斑紫菜保险条款的座谈会。

11月，分公司制定出紫菜保险条款。

【重大承保】 1月，常州心中公司支承保莱蒙集团旗下的莱蒙都会置业以及莱蒙水榭花都房地产公司的房产及五星级酒店项目，险种涉及财产一切险、机器设备损坏险、财产营业中断保险，保费80余万元。

【重大赔付】 2012年12月22日，何某驾驶标的车与陈某驾驶的电动车发生碰撞，致三者抢救无效死亡。经交警认定，标的车承担同等责任。经多次协商及法院调解，华农保险江苏省分公司最终于2013年赔付41.2万元。

1月5日，王某驾驶标的车与周某驾驶的电动车发生碰撞，致三者抢救无效死亡。经交警认定，标的车付全责。被保险人家属与三者家属在交警的调解下签署赔偿协议，一次性赔付60万元。后被保险人家属将齐全的理赔材料递与分公司进行理赔，经审核，华农保险江苏省分公司赔付42万元。

5月2日，邓某驾驶标的车与王某驾驶的电动车发生碰撞，致三者抢救无效死亡。经交警认定，标的车承担同等责任。经法院调解，华农保险江苏省分公司赔付45万元。

长安责任保险股份有限公司江苏省分公司

【概况】 2013年，是长安责任保险江苏省分公司以改革统揽公司发展全局，落实三、四级机构经营体制改革的各项措施，推动公司业务发展和内部建设，公司经营管理能力、创新能力得到提升，业务发展能力取得突破。

【经营业绩】 2013年，长安保险江苏省分公司保费收入52583.43万元，同比上升20.08%。其中：车险保费43488.65万元，同比上升25.8%；财产险保费2759.48万元，同比下降23.93%；责任险保费2468.31万元，同比增长3.55%；人身险保费3867万元，同比上升20.5%。

【渠道建设】 2013年，长安保险江苏省分公司挖掘各种资源，努力加强业务渠道建设。

全力参与政府、企事业单位招标项目。2013年，有7家中支在当地政府和企事业单位15个招标项目中成功中标。

努力拓展银保业务渠道。2013年，在缺乏总对总协议的不利条件下，分公司及各级机构挖掘资源，拓展银保渠道。泰州市中心支公司在维护好原有银行渠道同时，拓展2家银行银保业务。分公司与江苏农行的合作也于二季度启动。

拓展校园系列保险业务渠道。2013年，南京市中心支公司加强同当地教育部门与学校的沟通与联系，全年实现学平险、校园方责任险等保费680万元，同比增长15%。

销售渠道创新。2013年，分公司开发乘客意外险网上销售系统，通过在南京市中心支公司试运行，取得良好效果。

【内部管控】 2013年，长安保险江苏省分公司强化内部管控措施，提升公司精细化管理水平，夯实企业发展基础。

业务承保。分公司多次组织人员深入基层调查研究，并通过业务和理赔数据分析，制定科学的业务承保政策，严把业务“进口关”。

理赔管理。完善理赔流程，强化理赔各环节管控；制定理赔各岗位管理和考核办法，提升理赔人员工作责任心和工作质量；开展未决案件清理工作，严控案件存量风险，确保经营数据真实性；加大打假减损工作力度，力压理赔水分，避免公司效益流失。

财务管控。加强预算管理，严格按照预算落实成本管控；实施费用总公司集中支付制度，严格管控费用支出；加强全辖财务人员培训，提高财务人员技能。

合规经营。加强内控合规风险管理，落实依法合规经营责任制，强化合规经营宣传工作和内部审计工作，提升各级机构依法合规经营意识，促进公司平稳健康发展。

反洗钱。贯彻执行《中华人民共和国反洗钱法》和《金融机构反洗钱规定》，开展反洗钱培训、宣传和检查工作，做好客户身份识别、大额交易报告、可疑交易报告、交易记录保存等各项基础工作。

11月29日，长安责任保险吴建卫副总裁一行莅临无锡市中心支公司就责任险业务发展开展专项调研

【企业文化】 2013年，长安保险江苏省分公司围绕总公司“忠诚、专业、创新、进取”的核心价值观，以勇担责任、服务社会为己任，开展“集聚百年动力、打造责任长安”主题教育活动，进行企业文化建设，以此来增强企业的凝聚力和向心力，提升支撑公司可持续发展的软实力。

【党建工作】 2013年，长安保险江苏省分公司党委学习贯彻党的十八大会议精神，加强党的基层组织建设，发挥党组织的政治核心作用，为公司平稳健康发展保驾护航。

加强党的基层组织建设。分公司党委加强和完善党的组织建设和制度建设，发挥党组织的战斗堡垒作用和党员的先锋模范作用。

开展组织发展工作。全年发展新党员4名，壮大公司党员队伍。

开展党员的党性教育活动。分公司党委通过上党课、号召党员立足岗位建功立业等形式，加强党员的思想教育，提高党员对党的认识。同时，分公司党委还通过慰问困难员工等方式，紧密党群关系。

【重大活动】 2013年1月5日，首届苏商发展大会在南京举行，长安保险江苏省分公司获“2012年度苏商首选创新型保险公司”称号。

1月7日，江苏保监局批准长安责任保险溧水支公司、句容支公司等2家机构开业。

3月23—24日，分公司在常州市中心支公司召开“学习‘两会’精神，全面推动江苏省分公司三年发展目标战略研讨会”。

5月25日，分公司组织全辖查勘员、法务人员就保险反欺诈、打击虚假案件、诉讼案件处理及管理等方面进行培训。

5月31日，分公司召开贯彻执行保监会会议精神、规范市场行为、开展自查自纠工作视频会议。

7月29日，江苏保监局批准长安责任保险扬州市城区支公司开业。

8月28日，分公司召开全辖车险“百日打假”活动动员视频会议。

9月6日，江苏保监局批准长安责任保险赣榆支公司开业。

11月22日，江苏保监局与长安责任保险江苏省分公司在扬州共同举办食品安全责任险调研会。

11月22日，镇江市保险行业协会秘书长康勇、财产险部主任俞坚一行调研长安责任保险镇江市中支食品安全责任保险开展情况。

11月29日，长安责任保险股份有限公司副总裁吴建卫一行到无锡市中心支公司，就责任险业务发展问题开展专项调研。

【重大承保】 2013年1月1日，长安保险江苏省分公司承保某中烟公司国内货物运输险，保额755500万元。

5月10日，分公司承保某船业有限公司财产一切险，保额97600万元。9月29日，分公司承保某钢铁股份有限公司雇主责任险，保额650000万元。

【重大赔付】 2013年4月3日，因厂区外居民燃烧生活垃圾，造成被保险人太仓某塑业有限公司房屋着火，房屋、机器设备、存货受损。长安责任保险江苏省分公司赔付27.25万元。

7月21日，被保险人山西某机电设备安装有限公司员工覃某在检修行车时发生意外，不慎从5米高的行车梁上坠落，经抢救无效死亡。长安责任保险江苏省分公司赔付团体意外伤害保险金70万元、团体意外伤害医疗保险金0.84万元。

11月18日，被保险人南京某钢铁公司工李某在骑车上班途中发生交通事故，经抢救无效死亡。长安责任保险江苏省分公司赔付50万元。

10月7日，被保险人南京某工程机械实业有限公司在挖掘石料过程中，因巨石砸到挖掘机的后部配重，造成挖掘机后部下沉变形。长安责任保险江苏省分公司赔付20.57万元。

【公益活动】 2013年4月23日，四川雅安发生强烈地震，长安保险淮安中心支公司员工自发捐款，为灾区人民捐款0.5万余元。

6月1日，淮安中心支公司开展向“淮安市孤残儿童福利院”献爱心捐助主题活动，募捐善款0.6万余元，为福利院儿童购置热水器等急需用品，这也是该中支开业以来连续第5次向福利院捐款。

三星财产保险(中国)有限公司苏州分公司

【概况】 三星财产保险(中国)有限公司成立于2005年4月，是韩国三星火灾海上保险公司在中国设立的具有法人资格的独资财产保险公司。母公司是韩国最大的财产保险公司，具有50余年的经营历史，主要经营企业财产险、机器损坏险、利润损失险、货物运输险、工程保险、团体意外伤害险及车辆保险等险种。总部位于上海，目前已经在北京、天津、苏州、深圳及青岛5个城市建立分支机构。

三星财产保险(中国)有限公司苏州分公司成立于2008年8月，是设立在苏州的省级分公司，营业范围为江苏全省。

【经营业绩】 截至2013年底，三星财险苏州分公司保费收入12744万元，赔款支出2179万元，承保利润31.45万元，综合赔付率132.46%，综合费用率-10.52%，承保利润率-27.92%。

2月25日，中国保监会正式批复，同意三星财产保险(中国)有限公司经营电话营销专用机动车商业保险。

2013年底，三星财产保险(中国)有限公司推出境外旅游意外险，保障的内容包括意外事故及医疗保障、紧急救援、个人财务保障、行程延误、个人赔偿责任等内容。

【渠道建设】 2013年，三星财险苏州分公司销售渠道以直接销售为主，中介业务为辅。全年直接业务比例93%，经纪业务比例4.7%。

【内部管控】 2013年，三星财险苏州分公司内控管理部门检查各部门工作是否符合法律法规的规定，有无违法违规之处，是否存在经营风险、监管风险，保持与监管机构日常工作联系，跟踪评估监管措施和要求，反馈相关意见和建议；审查业务流程、内部规章制度，提出修改、整改意见，组织反洗钱制度，并组织协调业务部门实施。

分公司每年进行内部控制检查，各部门首先进行自查自纠，然后由合规部对各部门进行检查，发现问题及时改正。先后建立金融信息报送制度、市场信息反馈制度、保险统计分析报送制度、案件责任追究报送制度、司法案件报送制度、治理商业贿赂工作情况报送制度、重点领域财产保险业务发展数据报送制度、总经理信访接待日制度等各项制度。

每年接受总公司审计，由总公司对分公司各个部门及各项工作流程进行抽样检查，出具审计报告。针对审计中发现的问题，制定改进方案，定期考核。

【企业文化】 三星财产保险发扬“以客户为中心，挑战世界，创造未来”的三星精神，更好地贯彻本地化经营方针，及时应对中国保险市场变化。

为把三星财产保险建设成为国际化的超一流企业，三星财产保险坚持以人才和技术为基础，创造最优的产品和服务，为人类社会做出贡献的经营理念。为此，三星财产保险全体员工遵循“人才第一、最高指向、引领变革、正道经营、追求共赢”的核心价值体系。同时，还应遵守法律和伦理，发挥企业的

10月19日，三星财险苏州分公司看望慰问吴江福利院儿童

作用，履行企业应承担的责任。

三星财产保险的经营原则是：遵守法律和伦理，保持廉洁的组织文化，尊重客户、股东、员工，重视环境、安全、健康，履行国际企业的社会责任。

【重大活动】 2013年1月1日起，核心业务系统Global-i上线，全球范围内的公司员工可以使用统一系统，对数据的整理分析及业务流程有很大的改进。

3月26日，非官方三全体员工分批参加由总公司组织的电话礼仪培训。

5月1日，经中国保监会正式批复，三星财产保险可以在包括苏州地区在内的6个分公司正式经营交强险。

5月2日起，分公司开展为期一个月的防范打击非法集资宣传月活动。

11月23日，分公司对所有员工分批进行企业文化培训，让员工更加了解集团企业的文化，更加具有归属感和责任感。

【重大承保】 2013年，三星财险苏州分公司承保苏州三星电子液晶显示科技有限公司的工厂一揽子保险业务，保费1481.36万元。

【重大赔付】 2012年7月5日，被保险人公司仓库发生火灾，过火面积约2700平方米，二楼成品区域过火严重，一楼半成品湿损为主。根据原保公司提供的索赔资料，三星财险苏州分公司于2013年9月17日赔付2031.63万元。

3月24日，被保险人从昆山运往智利的笔记本电脑，运抵智利港口后遭遇抢劫，整车2673台被抢，委托WK-Webster（overseas）进行查勘（133/13/11870）。根据被保险人提供的索赔资料，三星财险苏州分公司赔付488.28万元。

【公益活动】 2013年3月15日，三星财险苏州分公司参加苏州市保险行业协会组织的“3·15”国际消费者权益日活动，为市民解答保险相关问题。

10月19日，分公司前往吴江社会福利院进行慰问孤儿的活动。

紫金财产保险股份有限公司江苏分公司

【概况】 2013年是紫金财产保险股份有限公司江苏分公司“转型升级、降本增效”之年。分公司围绕总公司“加快发展、确保品质、推进改革、防范风险”总体决策部署，继续保持“总体平稳、稳中有进”的良好态势，主要经济指标处于预期目标区间，在转型升级中实现平稳健康较快发展。面对宏观经济增长缓慢、保费增长乏力、市场竞争恶化的严峻形势，分公司坚持“改革创新、转型升级、纵深推进”原则，以规模效益为中心，以改革创新统领发展，以砍红扩蓝提升效益，转变职能，改进管理，合规经营，各项工作成效明显。全年南京、扬中、淮阴、大丰等11家机构获批开业，通州、句容、灌南、滨海等8家机构获得批筹。截至年末，全省累计有35家四级机构开业运营。

【经营业绩】 2013年，紫金保险江苏分公司保费收入11.74亿元，同比增长2.62%。其中车险保费67283万元，同比增长1.14%；非车险保费50097万元，同比增长4.65%。车险、非车险保费占比为57.32%:42.68%。整体承保盈利，市场份额2.28%。

2013年，为满足建筑施工企业对受雇员工在工作过程中存在的安全风险需要保障的要求，分公司新增建筑施工企业雇主责任保险，并于11月向保监会报备成功。

【渠道建设】 2013年，对全辖销售人员进行渠道清分，并于年底初步完成渠道化改革。截至年底，紫金保险江苏分公司有效合作渠道623个，保费收入5.35亿元，同比下滑12.44%；完成全辖电销任务9068万元，同比增长239%；银保渠道、车行渠道保持稳步发展。

【内部管控】 紫金保险江苏分公司通过建立健全内控管理制度，落实外部监管政策，持续开展培训教育，建立与公司运营管理相匹配的内控管理体系。2013年，分公司完善各项内控管理制度，理顺各项工作流程，制定重大投诉和重大案件风险应急预案，建立健全公司重大突发性事件应急处置工作机制，提升对群体性、突发性事件的应急处置能力。推进核保、核赔、财务集中管理，加强过程管控，风险管控能力提高；不断完善分公司考评体系，引导分支机构合规经营、健康发展。同时，分公司持续开展各类内控培训，内容涵盖公司承保、理赔、财务、销售、人力资源、行政管理、机构建设等经营管理各环节，切实提高员工自觉主动合规的意识，防范各类风险和违规违纪行为的发生。

【企业文化】 落实员工培训关怀。2013年，紫金保险江苏分公司建立健全员工培训制度体系，制订“江苏分公司2013年培训工作方案”。全年组织员工培训教育12次，其中视频授课8次，集中培训4次，计1100人次。并安排南京大学、中国人民大学、对外经贸大学教授到公司做课程宣讲4次，有13人报名参加金融管理研究生班学习。

落实岗位练兵。分公司组织出单、理赔内勤、现场查勘大规模岗位技能标准化操作考试3次120人，现场评出前三名、后三名，并对后进人员进行教育指导，促进业务技能提升；同时江苏分公司重点落实员工激励关怀。在年度工作会议上，对辖内机构16名展业能手及5个先进集体进行表彰，并安排3名先进个人代表作经验交流；争取员工成长性调薪1次，涉及后线157人，月增资额9.9万元，人月均增资630元。

【创建工作】 重视领导班子建设。在南京分公司分设成立后，紫金保险江苏分公司重视其领导班子组建，推荐提任3名能力较强、素质较高的业务干部进入南京分公司领导岗位；结合年度考核结果，及时对徐州班子进行调整；结合机构发展需求，在考核基础上，向总公司党委推荐晋升6名中层干部，被批准任用5人。

健全党员队伍组织架构。成立南京

分公司党委，同时调整江苏分公司党的基层组织架构，重新进行支部划分，做好分公司党委组织培养工作。

建立党委委员工作联系点制度。安排7名党委委员分别挂钩联系到7个中支机构，帮助联系机构理清工作思路，制定工作规划，确保保费计划达成及各项工作任务的贯彻落实。

认真组织开展党的群众路线教育实践活动。江苏分公司组织召开6次专题学习会，2次党组中心组学习扩大会，向全体员工发放“调查问卷”972份，收集群众意见27条，落实整改措施33项，领导班子专题民主生活会准备充分，聚焦反对“四风”，突出“四查四治”，达到解决问题、改进作风。

【重大活动】 3月15日，江苏省行业协会秘书长濮阳一行到紫金保险江苏分公司调研。

5月18日，紫金财产保险股份有限公司南京分公司成立。

5月25日、29日，紫金保险江苏分公司在宿迁中支和江苏分公司两职场分别组织专业技能考试，省内11家中支30名“两核”、财务条线委派干部及委派岗位人员参加考试。

7月10日，按照省委统一部署，根据紫金保险总公司的安排，紫金保险江苏分公司组织全辖开展为期半年的党的群众路线教育实践活动。

10月23日，经江苏保监局批准，紫金财产保险股份有限公司无锡中心支公司改建为分公司，这是继人保、太保、平安之后，无锡财险成立的第四家分公司。

【重大承保】 2013年5月1日，紫金保险江苏分公司承保江苏国信某发电有限公司财产一切险、机器损坏险，保额319027.5万元，保费246万元。

9月1日，泰州中心支公司承保中国气象局国家卫星气象中心卫星、火箭发射前保险，保额424万元，保费42.25万元。

12月21日，连云港中心支公司承保中交二航局第四工程有限公司连云港市海滨大道跨海大桥项目建筑工程一切险，保额29000万元，保费97.01万元。

12月26日，苏州分公司承保苏州市公共交通有限公司公众责任保险，保额2000万元，保费157.52万元。

【重大赔付】 2013年3月4日，投保人徐州某药业有限公司成品仓库突然发生火灾，造成仓库内药品等严重烧损。紫金保险江苏分公司赔付700万元。

4月15日，泰州市某运输有限公司投保的“振陵机9166”轮在长江中游巴河水道池湖港1#至2#红浮之间航道外装载沙子，因操作失误造成船身受损。紫金保险江苏分公司赔付128万元。

4月22日，投保人江苏××家私有限公司由于机械爆燃，工人自救未果，导致火灾，造成被保险人厂房及机器设备受损严重。紫金保险江苏分公司赔付148万元。

8月24，江苏某海运有限公司投保“东锦1号”在上海市闵行区闸港码头靠港过程中与协助靠港的拖船配合失误，致使“东锦1号”轮在靠泊码头过程中，船舶右侧首部与码头前沿护轮坎/码头/门吊机发生触碰，船舶、码头、门机受损。紫金保险江苏分公司赔付110万元。

【公益活动】 2013年4月23日，紫金保险江苏分公司向全员发起倡议——“一方有难，八方支援，扶危济困，乐善好施”，向四川雅安地震灾区捐款。省内机构(含苏州、无锡)捐款捐物8.33万元，部分机构还组织员工献血。

12月8日，江苏分公司、南京分公司工会赴南京市六合区竹镇镇红阳小学开展捐资助学活动。红阳小学是江苏分公司对口支援的乡村小学，自2011年开始，江苏分公司的捐助活动已经持续三年，通过党员群众募集善款每年资助6名家庭困难的贫困学生，累计捐助金额3.5万余元，捐赠费用定点专项用于交通费和伙食费等费用补助。

国泰财产保险有限责任公司江苏分公司

【概况】 国泰财产保险有限责任公司是第一家在大陆地区经营非寿险业务的台资财产保险公司，成立于2008年9月，总部设在上海。国泰产险注册资本为4亿元，是由台湾地区最大的金融集团国泰金融控股股份有限公司旗下的国泰世纪产物保险股份有限公司与国泰人寿保险股份有限公司各出资50%成立的财产保险公司。

国泰产险江苏分公司成立于2009年12月，是国泰产险在大陆地区设立的第一家省级分公司。公司拥有丰富的集团资源与专业的经营团队，同时秉持“守法、纪律、诚信”的经营理念，与“专业、服务、创新”的核心能力，为广大的客户与企业提供更好、更优质的商品及专业风险管理的服务。2010年8月，昆山营销服务部获批设立；2011年8月，苏州营销服务部获批设立。

【经营业绩】 2013年，国泰产险江苏分公司保费收入6480万元，同比增长33.1%。分公司也逐步建立健全较为完善的运营流程、风险管理手段和客户服务体系，同时具备对于下辖营销服务部的管理、指导和服务能力。

【渠道建设】 国泰产险江苏分公司开业之初采用“多点开花，均衡发展”的发展思路，2013年初步形成“直销业务为主，各中介渠道为辅”业务渠道发展局面。分公司拥有一支“成熟、专业、可靠”的业务团队，并和多家国际保经代公司以及省内大中型保经代公司建立了比较良好的合作关系。

【内部管控】 按照中国保监会2013年财产保险监管工作重点及江苏保监局相关监管要求、总公司《2012年度合规风险管理计划》，国泰产险江苏分公司确立2013年度开展合规工作的目标、任务及具体操作内容，要求持续完善公司内部管理制度，加大反洗钱力度，指导分支机构下辖营销服务部开展合规工作，强化对新法令的宣导与培训力度，深化合规意识。

分公司坚持把合规经营作为第一要务，推进保险事业，赢得市场竞争主动权；强调纪律和原则，以规章制度严格约束自身行为，做到规范严谨、令行禁止，提高战斗力和凝聚力。

【企业文化】 国泰产险秉承国泰金控优良的企业文化，秉持稳健踏实、永续经营的经营理念，以守法、诚信、纪律为核心价值，致力于为客户提供更好、更优质的商品与服务。国泰产险希望能给予每个客户最好的保障与幸福的人生，透过“风调雨顺、国泰民安”的文字，传达出祝福之意。

【重大活动】 2013年8月，国泰产险新增“知识产权保险”，这一险种是全国首创。

【重大承保】 2013年5月1日，国泰产险江苏分公司承保汉达精密电子(昆山)有限公司投保的财产一切险，保额167961万元，保费67万元。

9月1日，分公司承保永丰余造纸(扬州)有限公司投保的财产一切险，保额184972万元，保费72万元。

【重大赔付】 2012年8月14日，广元科技(广州)有限公司厂房二楼南侧一密闭仓库突然发生大火，造成房屋建筑物损失、机器设备损失、存货(含税金)损失等。经与被保险人沟通，国泰产险江苏分公司按30%的份额赔付1168万元。

11月2日，日本财险江苏分公司2013年员工户外拓展训练

日本财产保险(中国)有限公司江苏分公司

【概况】 日本财产保险(中国)有限公司是日本财产保险公司在中华人民共和国辽宁省大连市注册成立的外商独资保险公司，江苏分公司是日本财产保险(中国)有限公司在中国大陆开设的第三家分公司，2010年6月成立并正式开始营业。分公司现有办公室、财务部、营业部、核保部和理赔部五个部门，员工40人，其中高管人员1名，日方员工6名，中方员工34名。

【经营业绩】 2013年，日本财险江苏分公司总保费收入8747.46万元，同比增加10.20%，其中，原保费收入7863.19万元，分保费收入884.27万元。在营业支出方面，赔款支出2536.55万元，手续费支出551.10万元，业务及管理费1309.36万元，综合赔付率为27.10%，综合费用率为36.76%，实现承保利润1913.50万元。

【渠道建设】 日本财险江苏分公司采取直接销售和中介渠道销售相结合的展业模式，以直接销售为主。

【内部管控】 日本财险江苏分公司内部控制组织架构遵循日本财产保险(中国)有限公司的相关规定和要求。董事会是日本财产保险(中国)有限公司常设决策机构，对公司经营活动重大事项进行审议并做出决定。在经营层方面，公司总经理任职和罢免由董事会决定，在董事会的领导下，全面负责公司日常经营管理活动，组织实施董事会决议事项等。此外，日本财产保险(中国)有限公司经营会议下面同时设有承保收支管理委员会、运用管理委员会、合规委员会、人事战略委员会和IT战略委员会等五个专门委员会。各委员会通过召开定期会议，根据公司经营基本方针，分别就保险风险、资产运用及流动性风险、操作风险、劳务风险和系统风险等方面问题接受经营会议咨询，指导实施内部控制。

分公司的内部控制制度除了遵循日本财产保险(中国)有限公司相关规定和要求，还建立健全内部控制制度，范围涵盖投资决策、财务管理、人事行政管理、信息管理、系统管理、合规管理、业务管理等各个管理环节，确保各项工作都有章可循，形成规范管理体系。

结合日本财产保险(中国)有限公司《组织规定》《职权规定》和《分工规定》，日本财产保险(中国)有限公司江苏分公司各部门均制订相应岗位职责，各职能部门之间职责明确、相互牵制、互通信息，确保控制措施切实有效。

【企业文化】 品牌口号：精准护航，智迎风浪。

经营理念：以“实现客户利益最大化”为己任，通过开展以保险为基础的多项事业，竭尽全力为客户提供“安心、安全”的最高品质服务，为社会的稳定可持续发展做贡献。

企业愿景：在全世界，成为客户满意度No.1的保险服务集团。

核心价值观：共存、专业、承担。

企业使命：秉承日本的百年经验，通过打造现代企业风险管理的先进理念，树立在中国市场的专业服务品质标杆；积极参与个人生活和企业活动中的各项风险管理活动，提供稳定的发展环境，共同成长。

日本财产保险(中国)有限公司高度重视江苏分公司发展，为分公司配备了高级别、经验丰富、专业型的外方管理人员，同时积极推进“本地化”建设。

分公司重视员工培训，多次组织多

名本地员工到日本财产保险（中国）有限公司以及其他分公司进行研修。2013年5月，分公司组织全体员工游三亚沙滩；11月，组织全体员工户外拓展训练。此外，公司每个月进行一次部门间的交流餐会，以此来增进员工之间的信任合作，增强团队建设。

【重大活动】 2013年9月29日—10月6日，日本财险江苏分公司组织营业部2名员工代表前往日本母公司（日本财产保险公司），进行为期8天的海外培训，拓展员工视野，增强业务对应能力。

11月2日，分公司组织员工前往昆山巴城拓展培训基地开展员工户外拓展训练，提升公司员工的团队意识，增强凝聚力。

【重大承保】 2013年1月，日本财险江苏分公司承保昆山某企业财产险、责任险、货运险，保费100.06万元。

1月，分公司承保昆山某企业财产险、责任险、货运险，保费173.39万元。

3月，分公司承保苏州某电子厂财产险、责任险、货运险，保费100.42万元。

3月，分公司承保无锡某化工厂财产险，保费157.60万元。

【重大赔付】 2011年10月9日，苏州园区某化成工业公司生产设备起火，2013年3月21日结案。日本财险江苏分公司赔付财产险保险金2262.95万元，利损险保险金1830.06万元。

2011年12月21日，苏州园区某金属公司生产设备发生火灾。2013年2月5日，日本财险江苏分公司预赔付430万元，2013年7月8日赔付尾款342.97万元，合计赔付保险金772.97万元。

【公益活动】 2013年3月15日，在苏州市保险行业协会的组织下，日本财险江苏分公司参加“3·15”大型保险咨询服务活动。

10月24日，分公司在苏州高新区人力资源协会会议室举行2013年企业员工健康风险管理讲座，有47家日资企业人事行政负责人出席，与会人员就健康管理、健康保险等内容进行沟通交流。

英大泰和财产保险股份有限公司江苏分公司

【概况】 英大泰和财产保险股份有限公司自2008年成立以来，连续5个完整经营年度实现盈利，市场业务全面覆盖股东业务，自生能力得到不断提升。在中央财经大学发布的《2013中国保险公司竞争力评价研究报告》中，公司综合竞争力和业务发展潜力分列行业第五位和第四位。

2013年，英大财险江苏分公司把握顺应市场变化和监管形势，坚持“求质量、保效益、强内控、促发展”工作主线，保费规模与经营效益同步增长，业务拓展能力与品质稳步提升，内控管理与队伍素质不断优化，取得健康跨越式发展。

【经营业绩】 2013年，英大财险江苏分公司保费收入54617万元，同比增长50.92%，其中非车险保费收入31294万元，同比增长73.37%；车险保费收入23323万元，同比增长28.58%。综合赔付率56.41%，实现利润461万元。

【渠道建设】 2013年，英大财险江苏分公司贯彻落实总公司中介渠道为主，直销渠道为辅，中间渠道为补充的“433”销售模式，加快渠道建设步伐，建立合作中介渠道112家，其中2013年新增专业代理公司10家、经纪公司5家、兼业代理渠道20家、代理人6个，实现新增中介渠道保费收入1164.76万元，中间渠道电销业务排名公司系统首位，银保合作业务全面铺开，网销新渠道正式上线运行。

【内部管控】 决策机制统全局。建立“三重一大”（公司重大决策、重要人事任免、重大项目安排和大额度资金运作）决策制度，规范公司重大事项决策程序，实行重点工作目标管理体系，制定了重点工作目标表，确保公司经营的刚性和计划性。

业务控制显成效。实行承保理赔联动，建立“三位一体”考察机制，业务品质名列行业前茅；推行“保险优质服务年”活动，优化客户服务手段，连续两年成为行业车险理赔“零投诉”省级分公司。

队伍建设促发展。全年新增中支4家、支公司12家，经营服务网络基本形成；加大人才引进和培训力度，全年引进各类人员140名，举办各类教育培训72期，培训人次达到1228人（次）；实施干部红黄牌制度，严格德能勤绩廉考核，为公司发展奠定后劲。

【企业文化】 2013年，英大财险江苏分公司贯彻企业文化建设“五统一”（统一价值理念、统一发展战略、统一企业标准、统一行为规范、统一公司品牌）要求，将保险行业“守信用、担风险、重服务、合规范”的核心价值理念融入公司企业文化建设，落实企业文化建设重点工作项目，打开统一企业文化建设的新局面。建立健全企业文化组织体系，形成上下贯通的管理体系；组织开展对保险行业核心价值理念的专题学习，各级领导干部带头宣讲撰写心得体会；加强职场企业文化环境建设，将企业文化和行业核心价值理念、公司战略上墙，推进企业文化理念体系“入眼”工程；依托“晨会”这一教育培训、鼓励士气、分享经验的管理工具，打造统一的企业文化传播平台；开展“永恒的朝阳”司歌大联唱比赛，将公司价值理念渗透到员工心

6月19日，英大泰和财险江苏分公司义务献血队伍正式成立

7月8日,英大泰和财险江苏分公司参加保险宣传日活动

中,引导员工爱岗敬业、以司为荣;征集、整理公司企业文化故事,以全员参与的方式,将公司发展过程中积淀的优秀企业文化底蕴和精神内涵记载下来,广为宣传,让公司优秀企业文化得到传承并最终形成主流。

【创建工作】 中共十八大以来,英大财险江苏分公司一是开展作风纪律整顿活动,督导分支机构正文风、改会风、转作风、树新风,广大员工事业心和责任感明显增强。二是坚持教育和预防为主的廉政工作方针,召开反腐倡廉建设工作会议,网上开设反腐倡廉大讲堂,适时传达贯彻中央精神、汇制警示案例、传播时事热点,弘扬激发干事创业正能量。三是加强党的建设,完善党建基础工作,做好党员发展和管理,加强思想政治教育,提高党员干部政治素质水平,做好员工思想动态调查和团青宣传工作,提高组织凝聚力和向心力。

【重大活动】 2013年2月,英大财险南通中心支公司获中国能源化学工会"全国能源化学系统工人先锋号"荣誉称号。

4月12—13日,分公司举办新员工培训,培训从管理、业务、服务多方面提高新员工的履职能力。

4月16日,扬州中心支公司获江苏保监局批复开业。

4月25日,江苏分公司被江苏保监局评为2012年度分类监管A类机构。

5月23日,盐城中心支公司获江苏保监局批复开业。

6月21日,分公司特邀合作律师事务所高级律师、南医大司法鉴定所专家进行法律诉讼案件管理及司法鉴定知识培训。

7月1日,南京中心支公司获江苏保监局批复开业。

7月11日,总公司副总经理孙江滨一行到江苏分公司及常州中支调研指导工作。

8月1日,总公司总经理范跃一行到常州中支调研指导工作。

8月26日,江苏分公司移动查勘定损系统正式上线运行。

10月8日,国家电网公司依法治企审计组进驻江苏分公司开展2013年度依法治企审计工作。

【重大承保】 2013年1月,英大财险江苏分公司签单南通中远川崎2013年度船舶建造险、财产一切险、机器损坏险,保费840万元。

1月,分公司承保常州亿晶光电科技有限公司英大太阳能光伏组件25年期产品质量及功率补偿责任保险业务,保费约805万元。

1月,南通中心支公司承保上海经贸一缆子保险项目,年度保费收入约90万元。

1月,无锡中心支公司承保江阴市华宏集团一揽子保险业务,实现保费收入约90万元。

1月,分公司成功实现国网电力科学研究院财产险统保,保费约250万元。

1月,无锡中心支公司承保江阴加华新材料资源有限公司一揽子保险,保费约275万元。

2月,分公司承保淮安淮汽集团保险业务,年保费约300万元。

5月,分公司成功承保中盛光电集团英大太阳能光伏组件25年期产品质量及功率补偿责任保险业务,保费约101万元。

6月,分公司承保中电投、华电、大唐发电集团属地资产保险业务,年度保费约600万元。

6月,分公司承保浙江省交通工程建设集团赞比亚卢萨卡城市道路升级改造工程建工意外险业务,保费203万元。

10月,无锡中心支公司与江苏银行无锡分行签订合作协议,年保费116.97万元。

【重大赔付】 2013年1月,英大财险江苏分公司赔付江苏省电力公司电网财产一切险岔河变电站电缆回流线被盗案赔款97.6万元。

1月,英大财险江苏分公司赔付江苏省电力公司电网机器损坏保险南京旭日华庭开关柜烧损案赔款57.5万元。

3月,英大财险江苏分公司赔付江苏省电力公司电网财产一切险仪征虹桥小区2号箱变火灾案赔款52.9万元。

3月,英大财险江苏分公司赔付扬州天地人车辆服务有限公司车辆三者险赔款50万元。

9月,英大财险江苏分公司赔付溧阳神马机电设备安装有限公司英大雇主责任险案赔款60万元。

11月,英大财险江苏分公司赔付被保险人祁某建筑施工人员团体意外伤害险赔款50万元。

【公益活动】 2013年4月23日,为帮助四川雅安地震灾后重建,英大财险江苏分公司系统270多名员工募集善款3.6万余元。

7月17日,分公司组织多个小分队赶赴客户单位和基层公司,开展"盛夏送清凉"慰问活动。

11月5日,分公司开展希望小学爱心捐款活动,募集善款2.14万元用于资助盱眙县希望小学。

丘博保险(中国)有限公司江苏省分公司

【概况】 丘博保险(中国)有限公司江苏省分公司2010年12月开业,是丘博保险(中国)有限公司的第一家分公司。丘博保险(中国)有限公司前身为美国联邦保险公司上海分公司(美国联邦保险公司为美国丘博保险集团成员)。美国联邦保险公司上海分公司2000年9月28日在上海开始营业,2008年2月1日改建为丘博保险(中国)有限公司(美国联邦保险公司全资拥有的法人子公司)。

除了提供保险保障,丘博公司还向中国客户提供许多增值服务,以帮助客户控制风险、减少损失。其中有公司风险控制专家利用丰富的防损经验为客户详细提供投保标的风险分析,同时根据现存风险情况提出整改建议供客户参考。

在理赔服务方面,专业理赔人员在接到客户报案的24小时内联系相关方并确认受理赔案;在服务客户的过程中秉承诚信、体恤、迅速、专业和公平的理念;在收集全部索赔资料并与客户达成赔偿协议后48个小时内支付赔款。此外,公司开通400免费报案电话,为客户提供便捷的接报案服务。

【经营业绩】 2013年,丘博保险江苏省分公司承保金额1536854万元,保费收入733万元,其中货运险保费收入175万元,意外健康险保费收入110万元,责任保险保费收入448万元。赔付金额117万元。

【渠道建设】 2013年,丘博保险江苏省分公司依靠直接渠道、中介渠道和再保险业务渠道进行业务拓展。

【内部管控】 丘博保险江苏省分公司始终把合规经营置于公司经营目标的首要位置。在多年的经营实践中,公司奉行“在遵守严格的法律条文之外还应恪守道德义务”的理念,依法合规经营,重视风险和业务质量,要求员工在最大诚信的原则下开展业务。

三井住友海上火灾保险(中国)有限公司江苏分公司

【概况】 三井住友海上火灾保险(中国)有限公司江苏分公司是三井住友海上火灾保险(中国)有限公司(注册地:上海市)在中国大陆设立的第三家分公司,地址设立在无锡,是无锡市唯一外资产险公司,和江苏分公司、广东分公司、北京分公司一起形成辐射华东、华南、华北三大区域的外资财产保险公司网络格局。三井住友海上(中国)江苏分公司2011年1月开业,同年5月在苏州设立苏州营销服务部。

【经营业绩】 2013年,三井住友海上(中国)江苏分公司保费收入8385.59万元,在江苏省日资产险公司中排名持续保持第一。10月,三井住友海上(中国)江苏分公司首次开展机动车辆商业保险业务。

【渠道建设】 2013年,三井住友海上(中国)江苏分公司主要采取直接销售的展业方式。为解决销售渠道单一的问题,公司通过发展兼业代理网点来弥补直接业务的不足,以便发挥兼业代理机构贴近客户、营业成本低廉、灵活多样、拾遗补漏的特长。

【内部管控】 2013年,三井住友海上(中国)江苏分公司完善相关岗位配置,强化组织运营体系,并通过培训、会议、日常业务指导等形式,在全体员工中渗透公司企业品质,贯彻客户满意至上以及合规经营的价值观。公司持续进行一系列业务自查,月度点检以及信息安全管理等内部管控工作,确保各种业务的开展符合各项规章制度的要求。

分公司在有效落实《三井住友海上火灾保险(中国)有限公司客户之声管理规定》的基础上,于2013年8月制定《〈客户之声管理规定〉补充规定》(江苏分公司版),同月制定《总经理信访投诉接待制度》《信访投诉处理工作考核评价办法》,规范信访投诉对应工作,提高信访投诉处理工作效率。2013年,三井住友海上(中国)江苏分公司继续执行公司《危机管理及应急处理手册》及《客户回访调查管理规定》,听取客户诉求,早期预防,将公司投诉风险降至最低。

【企业文化】 三井住友海上的经营理念为:在财产保险事业中,合规、诚信、为客户提供最佳的风险解决方案和保险服务;稳定经营,持续发展,回报股东;履行企业的社会责任,积极贡献社会。

【重大活动】 2013年2月26日—3月1日,三井住友海上(中国)江苏分公司营业部员工代表前往东亚印度本部参加NS交流会(National Staff Meeting)。

10月21日,分公司首次开展机动车辆商业保险业务。

11月19日,三分公司实施2013年度业务持续行动(BCP)演习。

7月8日,三井住友海上(中国)江苏分公司苏州营销服务部参加“全国保险公众宣传日”广场宣传咨询活动

8月29日,三井住友海上(中国)江苏分公司参加苏州园区环卫工人中秋慰问活动

【重大承保】 2013年1月，三井住友海上(中国)江苏分公司承保南通某塑料制品有限公司企财险、责任险、运输险,保费196.57万元。

4月,分公司承保无锡某电子制品有限公司企财险、责任险、运输险,保费186.1万元。

7月,分公司承保南通某制纸有限公司企财险、责任险、运输险，保费404.03万元。

7月,分公司承保丹阳某安全系统有限公司企财险、责任险、运输险,保费287.02万元。

11月，分公司承保常熟某橡胶制品有限公司企财险,保费350.81万元。

12月,分公司承保常熟某橡胶制品有限公司国内信用险,保费630万元。

【重大赔付】 2012年11月9日,南通某制纸有限公司因配电设备故障起火,造成财产损失以及企业利润损失,三井住友海上(中国)江苏分公司2013年最终赔付1070万元。

2012年8月30日,南通某制纸有限公司因生产设备故障起火,三井住友海上(中国)江苏分公司2013年最终赔付425万元。

1月20日，苏州某真空技术公司因设备短路引发火灾，三井住友海上(中国)江苏分公司最终赔付586万元。

5月21日，无锡某电子制品公司在上海存货的仓库中发生倒货,三井住友海上(中国)江苏分公司最终赔付34万元。

5月24日，常熟某饮料制品公司因技术人员操作失误造成设备损坏,三井住友海上(中国)江苏分公司最终赔付90万元。

7月8日,浙江舟山某造船厂,因建造中意外事故造成在建船舶损坏,三井住友海上(中国)江苏分公司最终赔付75万元。

11月7日，南通某运输公司因交通事故造成承运物资灭失,三井住友海上(中国)江苏分公司最终赔付40万元。

【公益活动】 2013年7月8日，苏州营销服务部前往苏州市会议中心参加“全国保险公众宣传日”广场宣传咨询活动。

8月29日，苏州营销服务部参加苏州保险行业协会组织的园区环卫工人中秋慰问活动。

【教育培训】 2013年3月至10月,三井住友海上(中国)江苏分公司营业部及业务支援部员工每月参加总公司举办的机动车辆商业保险知识及车险系统操作培训。

6月7日、6月18日，分公司合规与风险控制岗对全体员工进行上半年合规培训,培训内容包括重要法律法规介绍、保险行业核心价值理念宣导、《金融机构洗钱和恐怖融资风险评估及客户分类管理指引》说明等内容。

11月28日,三井住友海上(中国)合规与风险控制部、法务部、客户服务部就合规政策有关修订、洗钱风险评估和客户分类管理、关联交易、客户之声合规管理等内容对江苏分公司全体员工进行下半年合规培训。

12月13日,三井住友海上(中国)财务总监及相关领导到江苏分公司,为全体员工实施费控系统上线培训。

信达财产保险股份有限公司江苏分公司

【概况】 信达财产保险股份有限公司于2009年8月经中国保险监督管理委员会批准成立，注册地北京。2012年底,信达财险完成增资,注册资本金达30亿元。信达财险江苏分公司于2011年2月经中国保险监督管理委员会江苏监管局批准开业。下设三级机构5家,分别是:南通中心支公司、无锡中心支公司、淮安中心支公司、常州中心支公司、南京中心支公司;设立四级机构5家,分别是:江阴支公司、宜兴支公司、南通市通州支公司、盱眙支公司、海安支公司。

【经营业绩】 2013年，信达财险江苏分公司保费收入22582.35万元。其中车险保费收入21182.3万元，占比为93.8%；财产险保费收入881.06万元，占比为3.9%；意健险保费收入518.99万元,占比为2.3%。

【渠道建设】 2013年，信达财险江苏分公司通过前期认真、细致的调研,在江苏省范围内选择105家口碑好、业务品质好、经营管理规范的专、兼业保险代理公司签订合作协议并进行业务合作。从中挑选硬件齐全、管理水平高、人员技能强的公司设立远程出单点。对业务合作伙伴的经营行为进行严格管控,保证渠道拓展的同时严格遵守监管部门和公司的各项要求。

【内部管控】 2013年，信达财险江苏分公司把内控制度的建设和内部管理工作作为重点工作来抓,除总公司下发的各项制度外,还先后制定一系列涉及经营活动和日常工作规范性文件,形成一套完整的员工日常行为管理及业务工作管理的内控制度,力争通过制度建设和规范管理使全体员工养成遵章守纪、合法合规的工作习惯。

【企业文化】 坚持企业经营效益,实现有价值的增长。信达财险江苏分公司发展坚持以经营效益为核心，不为

当前利益而牺牲长远利益。通过实施基于细分市场需求，对传统产品和服务升级换代，通过渠道和产品创新建立适应不同客户群需求的现代营销体系，在某些专业领域奠定领先地位。通过严格风险管控，实现公司有价值的增长。

坚持“以规范求生存、以创新求发展”。牢固树立合规守法的指导思想，并将这一思想贯穿公司经营管理的各个方面。通过建立完善的内控制度来防范经营风险和道德风险，确保和实现规范经营。通过技术创新和产品创新，夺取部分传统业务市场，占领业务质量好、技术含量高的高端市场。提高产品创新和服务创新对于业务增长的贡献度，努力增加公司产品、营销、管理和服务的附加值，通过机制创新、绩效考核创新、渠道创新，使公司走可持续发展之路。

坚持以市场为导向，实施差异化和专业化战略。以市场需求为导向，通过产品、服务、制度、科技等方面创新，为社会提供适销的保险保障产品，通过实施与同业差异化管理模式，形成信达财险独有特色。严格遵循保险行业的经营运作规律、盈利特点，充分掌握行业专业技能，以高素质的专业化团队、业内领先的技术，奠定公司专业品质基础并不断提升，形成品牌。通过高质量的服务、专业化的风险管理和销售管理、严格的内部控制，高起点地进入保险市场，为合作伙伴和客户带来价值最优的产品和服务。以产品选择与产品定价能力为基础，建立并不断培育公司的比较竞争优势，不断提升企业核心竞争能力。

坚持以人为本，追求员工与企业共同成长。公司发展依靠员工，公司发展为了员工。倡导团队精神和包容文化，创造一个和谐和睦和美的大家庭；强化“大处着眼、小处着手”“细节决定成败”等理念，培养严谨、细致的操作规范；激发员工“攻无不克、战无不胜”自信心和职业自豪感，用身边的典型案例教育人、引导人；倡导“努力工作、快乐生活”的现代生活方式，引导形成“简单清新”的阳光心态。

【重大活动】 3月21—22日，信达财险江苏分公司2013年财产险工作会议在江苏南京召开。

4月24日，南京中心支公司领取工商营业执照。

7月22日，分公司组织全体员工开展反洗钱和安全生产知识培训。

7月，分公司完成公司操作手册的编制工作。

9月，分公司客服部成功查处盐城东台的骗保案件，挽回经济损失29万余元。

9月—11月，分公司开展对南通中支、无锡中支、淮安中支、常州中支的内部审计工作。

10月30日，分公司在南京市机动车辆保险理赔服务模拟测评中取得85分的成绩，在参加测评的30家财险公司中排名第二。

【重大承保】 2013年3月21日，信达财险南通中心支公司承保上海城建工程(集团)有限公司建筑工程一切险，保费50.38万元。

4月10日，南通中心支公司承保建行南通分行家财险，保费收入40.36万元；团体意外险，保费60.54万元。

6月26日，无锡中心支公司承保江苏超能电缆有限公司国内贸易短期信用保险，保费80.001万元。

12月，分公司承保沿海高速、沪宁高速、禄口机场公务车辆保险，保费215万元。

【重大赔付】 2013年1月31日，尹某照驾驶标的重型厢式货车，行驶时与相对方向崔某驾驶的两轮摩托车相撞，崔某当场死亡，摩托车上乘客高某抢救途中死亡，两车损坏。经交警认定，尹某负全责。信达财险江苏分公司在交强险中赔付死亡赔偿金11万元，商业三者险中赔付50万元。

7月7日，董某驾驶标的车与对面方向骑乘两轮摩托的刘某发生碰撞，致使刘某当场死亡，标的车损。经交警认定，董某负主要责任，刘某无证驾驶摩托车付次要责任。本案三者死亡金额95万余元。信达财险江苏分公司赔付73.09万元。

2月19日，被保险人南通迪爱生金属颜料有限公司因积雪导致车间后面的仓库屋顶倒塌并导致原材料受损。被保险人索赔42.3万元。经核实，信达财险江苏分公司最终赔付29.12万元(含公估费用)。

【公益活动】 2013年4月28日—5月2日，信达财险江苏分公司组织情系雅安抗震救灾捐款活动，共捐款16990元。

7月8日，分公司参加江苏省行业协会在南京市规划建设展览馆广场举办的“全国保险公众宣传日”广场宣传活动。

5月24日，信达财险江苏分公司举行中国梦主题交流活动

太阳联合保险(中国)有限公司江苏省分公司

【概况】 太阳联合保险(中国)有限公司由原皇家太阳联合保险公司上海分公司改建而成,2007年7月,上海分公司获中国保监会批准改建为全资子公司。2008年3月,RSA（前皇家太阳联合)集团向太阳联合保险(中国)有限公司完成注资,资本达5亿元,提高了偿付能力和中和竞争力。2011年7月,经保监会批准,太阳联合江苏分公司正式启动运营。

太阳联合保险(中国)有限公司为众多中资、中外合资及外商独资企业客户提供保险和风险管理方案，服务集中在财产险、水险、意外及责任险、可再生能源险和建筑及工程险。作为RSA集团在中国的首家省级分公司，太阳联合保险江苏省分公司发挥公司历史悠久、保险经验丰富的优势，在江苏省保险市场树立良好和持久的品牌形象和市场影响力，以特有的保障特色和能力投入到江苏省经济的蓬勃发展中，靠的经验和技术为江苏省的经济发展提供优质保障。

【经营业绩】 2013年，太阳联合保险江苏省分公司保费收入1317.12万元,基本达到年度保费计划。其中责任险853.39万元、意外险434.94万元、货运险12.59万元、企财险16.09万元、其他0.11万元，相对2012年度均有着显著的增长。

3月,太阳联合保险江苏省分公司对代理公司人员进行小商户财产险、旅行险等险种的培训

【渠道建设】 太阳联合保险（中国)有限公司目前首席执行官下设业务发展和销售渠道管理部、核保部、理赔部、业务组织、战略市场及沟通部、法律合规部、内审及北京、江苏省分公司。公司为适应业务发展的需要，公司平衡了商业保险和个人保险业务架构，在拓展个人保险业务的同时，对成熟发展的商业保险业务部门进行以中介业务渠道为基准的结构整合。业务发展及销售渠道管理部内部细分为国际经纪人、本地经纪人、代理和直接业务部、全球及再保险业务和客户服务部,业务能力得到全面提升。

【内部管控】 2013年，太阳联合承袭RSA集团的先进内控和风险管理经验,将其渗透到企业经营的各个环节和各个层面,建立了一套科学完善的内部控制管理体系,并采用独立的内部稽核与公正的外部审核相结合的方式进行监督检查。建立承保权限管理制度和风险评估机制，规范对核保人员的管理和考核流程是公司在承保方面的重大举措。在理赔方面,推行理赔作业标准化和规范化管理,提高定损系统的适应性,规范主要险种理赔业务操作流程的实务规程,完善赔案风险控制制度；公司坚持盈利为导向的财务制度,采用全面预算管理,严格控制成本。同时,公司单独设立合规部,保证公司各项业务和活动符合中国保监会和集团的要求。

4月,太阳联合保险江苏省分公司员工前往韩国首尔学习

【企业文化】 卓越服务——提供令人难忘的服务,深受触动的客户会将我们推荐给他人；

克尽职守——履行承诺并精简流程来简化处理过程；

做正确的事——运用常识进行人际交往，以他人所期望的方式待人,从而获得信任；

奇思妙想——始终将我们的技术专长与对客户需求的深入了解相结合,来创造和提供为客户所称道的解决方案；

乐观向上——营造有利于员工出色工作的环境。

【公益活动】 2013年6月，太阳联合江苏省分公司组织员工向四川省大凉山地区的贫困儿童捐赠衣物。

【教育培训】 2013年，太阳联合江苏省分公司每月不定期开展培训工作,涉及核保、理赔、合规等各个方面,在反洗钱、反商业贿赂、反保险欺诈等方面都培训到位。并邀请总公司领导到分公司指导工作。

东京海上日动火灾保险(中国)有限公司江苏分公司

【概况】 东京海上日动火灾保险（中国)有限公司,前身为成立于1994年的日本东京海上火灾保险株式会社上海分公司,是首家进入中国保险市场的日资保险公司。2008年7月获批改建为独资法人公司，同年11月1日正式开业。东京海上日动火灾保险(中国)有限公司江苏分公司于2011年8月8日正式开业,对外承接保险业务。主要经营除法定保险以外的各类财产保险业务。

【经营业绩】 2013年，东京海上江苏分公司直接保费收入7393.37万元,同比增长4.67%。其中,企业财产保险实现保费收入3304.10万元，同比增加16.33%,占总体保费收入的44.69%;责任保险实现保费收入1009.94万元,同比增加21.59%，占总体保费收入的13.66%;货物运输保险保费实现保费收入2782.57万元,同比下降6.24%,占总体保费收入的37.64%。2013年,分公司承保利润3367.39万元。

【渠道建设】 直销是东京海上江苏分公司主要的销售方式。2013年,分公司寻求多渠道发展,与经纪公司建立合作关系,虽然通过中介渠道实现的保费收入占比不到20%，但仍保持了中介业务保费收入结构占比逐步扩大的稳定发展趋势。

【内部管控】 2013年第三季度,东京海上江苏分公司根据中国保监会《关于加强保险业突发事件应急管理工作的通知》的要求,制定《危机管理手册》。并组织公司全体员工参加危机管理培训,使员工熟悉公司危机管理方针和体制,掌握紧急事态应对以及迅速恢复日常业务的方法,确保投保人和被保险人基本利益等。

为贯彻落实中国保监会2013年第8号、第9号令,以及《中国保监会关于贯彻实施《保险消费投诉处理管理办法》的通知》(保监消保〔2013〕686号)等保险消费投诉处理及信访工作相关的通知精神,分公司规范客户意见及投诉处理流程,提高服务品质。在修订保险消费投诉处理相关制度的同时,加强保险消费投诉处理培训及宣传工作。分公司《客户意见及保险消费投诉处理规定实施细则》(第2版)将于2014年1月1日起正式实施。

【企业文化】 东京海上江苏分公司秉承“以客户之信任为企业经营之己任,以‘安心、安全’之服务,贡献于经济发展和社会繁荣”的经营理念,竭诚为客户提供更优质的保险产品和服务。

【重大活动】 2013年,东京海上江苏分公司全力推动总公司“Good Company”活动,推进重视团队协作精神,发扬公司诚信服务、合规经营的优良传统,提高员工对于公司未来的关注度,鼓励员工积极开展各项创新、挑战性的尝试。

3月15日，分公司积极响应苏州市保险行业协会的号召,参与苏州保险业“3·15”保险业消费者权益日活动。

7月8日,分公司参与苏州保险行业协会举办的“苏州行业协会保险全国宣传日活动”。

三季度，在总公司的统一部署下，分公司结合实际情况确定检查重点项目,按照全覆盖、零容忍、重实效的要求开展安全生产大检查。

三季度,分公司开展以“警惕洗钱陷阱”为主题的反洗钱集中宣传活动。

三季度，分公司对2012年7月1日起至2013年6月30日期间,公司全险种、全流程的经营情况分阶段开展重点风险排查工作。

【重大承保】 2013年1月，东京海上江苏分公司承保南通某化学品公司投保财产险、责任险、机损险,保费146.11万元。

3月,分公司以85%份额参与承保无锡某电子公司投保财产险、机损险,保费129.49万元。

4月，分公司以80%份额参与承保苏州某公司投保货运险、财产险、责任险,保费132.37万元。

5月,分公司承保昆山某公司投保货运险、责任险,保费301.06万元。

7月，南通某公司投保财产险、货运险、责任险,保费311.13万元。分公司分别承担42%、53%和50%的份额。

【重大赔付】 2013年3月，某公司受台风“海葵”影响,造成大量建筑工地财产、物料受损。东京海上江苏分公司赔付建筑工程一切险保险金123万元。

3月,某物流公司运往四川的货物在运输途中因交通事故造成货物受损。东京海上江苏分公司赔付承运人责任险保险金73.75万元。

8月,苏州新区某工厂因意外事故导致工厂内部分建筑物、设备受损。承保公司东京海上分公司赔付财产一切险78.86万元。

8月,某公司生产过程中用于运输燃油的管道异常,导致生产用的燃油受损。东京海上江苏分公司赔付财产一切险保险金71.80万元。

11月，苏州某公司运往香港的货物因运输公司未妥善放置,导致货物因高温受损。东京海上江苏分公司赔付货物运输保险保险金81.71万元。

【公益活动】 2013年5月,由东京海上江苏分公司总经理率领多名志愿者,参与东京海上总公司资助的由南京市人民对外友好协会、南京市聋哑学校、中日学生手语交流会主办，日本早稻田大学北京教育研究中心特别协助举办的“中日学生手语交流南京交流项目”的活动。

5月24日,分公司参与举办上海日本人学校浦东校中学生企业参观活动。

5月17日,东京海上江苏分公司举行中日学生手语交流南京交流项目活动

浙商财产保险股份有限公司江苏分公司

【概况】 2013年，浙商财险江苏分公司围绕总公司"固本强基，改革创新，坚持走效益规模型发展道路"的年度经营思路，更新观念、创新办法、团结进取、提高效益，在保持业务稳步发展的同时优化险种结构，为公司的可持续发展奠定基础。

【经营业绩】 2013年，浙商财险江苏分公司（含苏州地区）实现签单保费23834万元，实收保费23335万元；实收保费非车险占比9.62%。

【机构建设】 2013年，浙商财险江苏分公司新开徐州、宿迁2家中心支公司和溧阳、海门2家支公司；有7家机构获批筹，分别是：镇江、南京和泰州3家中心支公司，浦口和东台2家支公司和溧水、射阳2家营销服务部。截至12月末，全辖（含苏州）累计有7家中支，8家支公司获准开业，7家三、四级机构获准筹建。

【渠道建设】 精简渠道低产能渠道。截至2013年12月底，浙商财险江苏分公司全辖有销售渠道64个，其中：专业代理35个，兼业代理27个，经纪公司2个。渠道较上年末减少56家，减幅为46.67%，主要是精简低产能渠道所致。

销售团队。截至12月末，全辖有销售团队44个，团队年化均产能328.55万元；销售系列人员共计161人，人均产能为89.79万元。

商会渠道建设。分公司依托各级各地浙江商会组织，拓展商会业务，服务在苏浙商，培养独特的核心竞争力。2013年，全辖与各级商会组织签订战略合作协议2份，3家机构加入商会；参与各项活动16次；省商会报道分公司保险活动8篇；对商会渠道专员培训4次。在12月9日召开的江苏省浙江商会年会上，省商会及主要会员单位认可公司为在苏浙商提供的保险服务，并在年会工作报告中总结分公司服务在苏浙商的典型案例。

6月22日，浙商保险江苏分公司机关党支部全体党员及入党积极分子前往爱国主义教育基地新四军军部旧址，重温入党誓词

【内部管控】 双率联动、优化结构，提高经营效益。2013年，浙商财险江苏分公司制定《车险业务结构管理指引》，引导机构主动选择，强力调整；宣导《业务结构调整主动战》方案，明确主动战的实施目的及步骤；召开全辖"销售费用匹配方式调整"宣导会，推进双率联动机制；制定《江苏分公司机构经营情况评价分类管理办法》，每月对机构经营状况进行测评并及时通报。

夯实基础、创新服务，提升客户服务水平。一是加强理赔基础管理。制定《客服基础工作达标项目》《日报案受理台账》《周报统计台账》《人伤案件调解台账》《诉讼案件登记台账》模板，规范机构理赔工作。二是坚持打假压虚。制定《打假压虚实施方案》，截至年末，成功打假20件，减损154.3万元。人伤前置调解且明显减损68件，减损372万元。三是提高理赔水平。每月定期召开全辖理赔工作会议，发布攻坚战战报；截至年末，分公司在总公司理赔21项数据考核排名稳步提升至第八名，在江苏省车险理赔服务指标排名中列第十一位，在江苏保协现场服务测评中排名第八位。四是加强理赔队伍建设。成立4个区域客服部，将区域优势资源共享，提高理赔质量及服务品质；成立"车物大案合议组"，保证案件处理质量。五是提升客户服务水平。创新服务手段，在南京推行服务E通车试点工作。

精细管理、强化内控，增强管控能力。一是强化机构"算账经营"意识，增强预算刚性管理；"降三费、不浪费"，降低非生产性成本；二是优化人力配置，加强成本管控，9月开始精简富余人员，后线人员从125人下降至112人，前线人员从199人下降至161人；三是严格培训与考核，提高工作效能。开展两核专业技术资格评定工作，8人获得初级资格，3人获得中级资格；对全辖员工开展综合、财务、业管、客服四个系类职级评定工作，其中：47人评定为初级，21人评为中级；继续开展干部挂职锻炼和员工轮岗工作。四是加强内控管理，规避经营风险。制定《浙商保险江苏分公司违规处罚暂行办法》《浙商江苏分公司信访投诉管理暂行办法》等制度；全年先后开展3次常规审计和6次离任审计。

【企业文化】 2013年，浙商财险江苏分公司坚持以浙商文化引领公司发展。

6月24日至30日举办第三届浙商文化活动周，分公司通过全员观看励志电影，摄影、摄像、培训课件等优秀作品展播及机构负责人现场授课等方法，弘扬浙商精神，营造良好的工作氛围。

坚持效益规模型发展，把员工思想统一到"用好双率联动机制，建立以利润为核心的全员评估考核体系"上。

全辖开展后线支持前线、"有问题，我解决"主题活动和岗位服务明星评选活动。通过开展提建议、设立投诉邮箱和OA流程时效督查岗、评选岗位服务明星等活动，改善公司管理水平和服务质量。

实施积分管理并不断完善薪酬福利激励项目，体现浙商"共创共享"的核心价值。

【创建工作】 开展党工团工作。2013

6月24—30日，浙商保险江苏分公司举行第三届浙商文化周

年，浙商财险江苏分公司先后组织员工参加“青奥林”义务植树活动、“我的浙商梦”主题征文活动、“工人先锋号”岗位技能大比武活动及保险销售从业人员技能大赛等主题活动，提高员工技能，丰富职工业余生活。在总公司组织的岗位练兵业务技能大比武劳动竞赛活动中，分公司选派的参赛选手获得多个团体及单项奖励。

【重大活动】 2013年1月1日，浙商财险江苏分公司组织员工参加南京市第31届元旦健身长跑活动，并被评为优秀组织奖单位。

3月7日，徐州中心支公司获江苏保监局批复，批准开业。

4月19日，分公司与江苏省浙江商会签订全面战略合作协议。

5月17日，分公司工会在全辖开展创建“工会先锋号”活动之“岗位练兵、业务技能大比武”劳动竞赛活动。

5月30日，浙商财险副总裁梅晓军、人力资源部总经理徐剑峰到江苏分公司参加领导班子民主生活会。

6月27日，宿迁中心支公司获江苏保监局批复，批准开业。

8月29日，浙商财险董事长屠锦成到江苏分公司视察指导工作。

11月19日，总公司党委副书记、纪委书记陈继光到江苏分公司视察指导工作。

【重大赔付】 2013年2月3日，被保险人吴某驾驶标的车撞到骑自行车的人，标的前部损，三者物损，三者1人伤，交警判定同等责任。浙商财险江苏分公司最终赔付50万元。

3月3日，被保险人杨某驾驶标的车刮擦电瓶车，本车无损，三者1人伤，交警判定标的全责，浙商财险江苏分公司赔付61万元。

9月17日，被保险人郁某驾驶标的车撞到电瓶车，标的车无损，三者1人死亡。浙商财险江苏分公司最终赔付68万元。

【公益活动】 2013年3月9日，浙商财险江苏分公司工会、团委组织员工及员工家属参加南京市农委、绿委办共同推出的“第六届欢乐植树节”活动。

7月8日，分公司参与首个“全国保险公众宣传日”活动，围绕“保险，让生活更美好”主题，开展形式多样的公益活动，做到“倾听由心，互动你我”。

8月9日，分公司工会通过江苏电视台《南京零距离》报道的“丰收的葡萄是最后的希望”的新闻，了解到一对句容农民夫妇急卖葡萄给白血病女儿筹钱治病的情况，第一时间给这个家庭送去温暖，献出爱心。

【教育培训】 2013年5月7日，浙商财险江苏分公司中层以上干部参加2013年南京大学“企业家沙龙”和江苏省人力资源学会春季高层论坛。南京大学商学院名誉院长、博导赵曙明教授就企业人力资源管理与大家进行交流。

6月22日，分公司机关党支部全体党员及入党积极分子前往爱国主义教育基地新四军军部旧址，重温入党誓词，接受革命传统教育。

2013年度，江苏分公司100余人参加时代光华远程教育学习，人均选课6门，学时40学时，通过5门选修课结业考核。

泰山财产保险股份有限公司江苏分公司

【概况】 泰山财产保险股份有限公司江苏分公司于2011年7月21日获保监会批筹，2011年12月27日取得工商营业执照，2012年2月15日正式开业。公司秉承“规范治理、稳健发展、创新经营、诚信服务”的经营理念，着力建设成为治理结构完善、偿付能力充足、员工队伍优秀、管理机制先进、服务能力卓越、市场竞争能力强的一流财产保险公司。2013年分公司探求发展新动力，稳健铺设机构，队伍结构不断优化，品牌形象不断提升，2013年7月获江苏省市场管理协会授予的“诚信经营示范单位”称号。

【经营业绩】 2013年，泰山保险江苏分公司保费收入10212.65万元，整体非车险占比3.81%，交强险占比25.03%。车险件数结案率87.16%，整体综合赔付率66.99%。3家中心支公司开业，4家支公司获得保监局筹建批复。

【渠道建设】 2013年，泰山保险江苏分公司坚持承保政策和费用政策差异化管理。

车险业务。通过差异化的承保政策和费用政策及理赔联动，既做到风险管控，也充分兼顾地域特点，最大程度调动各销售团队的工作积极性。

非车险业务。参照具体险种的赔付情况，针对性选择承保，与金诚国际保险经纪公司合作，紧跟国家扶持光伏产业的政策和导向，成功参与光伏产业共保体，并完成第一单光伏产品保险项目。

银保渠道。成立公司业务部银保团队，和常熟农商行、南京银行和宁波银行江苏分行签订合作协议，并和江苏银行、招商银行、中信银行、光大银行等开展业务。

【内部控制】 2013年是泰山保险江苏分公司精细化管理的开局之年，分公司重视基础管理工作的铺设，建立健全内控制度、加强两核管控、重视合规教育，保证公司内控管理到位，业务稳健发展，实现合规经营。一是规范制度建设，在2012年制度建设的基础上，新增管理制度11项，对各条线建章立制情况自查摸底，梳理并整理成册，加强制度的执行力和完成效果。二是加强两核管控，做到核保核赔合规。三是夯实财务管理，财务工作井然有序。四是不断完善考核制度，在日常工作中及时发现问题，有效沟通，解决问题。五是合规工作稳扎稳打。分公司根据监管部门的要求，切实履行反洗钱、反保险欺诈、反商业贿赂、反非法集资等工作职责。

【企业文化】 泰山保险江苏分公司在总公司文化理念的基础上提出江苏分公司文化理念，即“关爱、指导、帮助”。2013年，分公司组织开展多种活动：3月中旬与南京市地税局重点税源管理局在红山社区“希望来吧”共同举办“献爱心、社区行”——保险税务共建文明社区、关爱民工子女的捐赠活动；4月下旬组织对雅安地震灾区捐款；5月份参与迎亚青企业志愿者活动，各中心支公司开业仪式均与公益活动相结合。

【重大活动】 2013年1月9日，泰山保险泰州中心支公司正式开业。

2月21日，分公司举行“算账经营，效益发展，实现目标”专题研讨会。

3月上旬，江苏城市频道对泰山保险江苏分公司快速理赔特色服务进行专题报道。

3月21日，泰山保险南通中心支公司通过江苏保监局现场验收；4月18日，江苏保监局批复同意南通中心支公司开业；6月25日，南通中心支公司正式开业。

7月8日，分公司开展“全国保险公众宣传日”宣传活动，邀请南京市红山社区代表走进公司、了解保险行业运营特点。

7月19日，泰州中心支公司成功中标当地政府环境污染责任保险承保项目，成为5家共保公司之一。

9月8日，分公司成功加入国家发改委国合中心光伏保险项目共保体，并承保苏州盛康光伏科技有限公司太阳能光伏组件有限质保责任保险。

9月26日，泰山保险常州中心支公司正式开业。

10月16—17日，分公司召开“正衣冠、照镜子、查摆问题；提能力、夯基础、健康发展”专题研讨会，开展党的群众路线教育实践活动，提升机构业务发展能力，实现公司效益发展。

1月9日，泰山保险泰州中心支公司开业仪式暨“爱心奉献”捐赠仪式

美亚财产保险有限公司江苏分公司

【概况】 美国国际集团（AIG）是一家国际领先的保险机构，为130多个国家和地区的客户提供服务。美亚财产保险有限公司是AIG旗下在中国经营财产责任险保险的独资子公司，在北京市、上海市、广东省、深圳市、江苏省和浙江省设有分支机构。美亚保险江苏分公司于2012年2月正式成立，是继上海、广东、深圳、北京后在中国大陆开办的第五家分支机构。美亚保险在宣传美亚保险品牌、特色创新产品和高效理赔服务的同时，致力于为公众提供安全防护教育，推广安全理念，提高消费者的风险防范意识。

【经营业绩】 2013年，美亚保险江苏分公司总保费2923万元，同比增加95.9%。责任险、企业财产险、意外伤害险和信用险为主要险种，分别占公司保费收入的44.1%、23.9%、20%和4.5%。综合成本率为153%，同比下降74个百分点。

【渠道建设】 美亚保险江苏分公司开业以来，致力于通过产品和渠道创新打开局面，维护市场良性竞争，为江苏企业和个人提供具备保险内涵价值的风险解决方案和服务。

经过两年的发展，公司已经形成多元化渠道格局，包括：直销员、兼业代理公司、专业代理公司以及经纪公司，与市场其他财险公司基本保持一致。现有直销员5名；建立合作关系的兼业代理公司5家，专业代理公司21家，经纪公司41家。保险险种涉及财产险、工程险、责任险、信用险、货运险、意外健康险、保证保险、特殊金融险等9大类险种。业务类型包括直保、再保、统括保单、全球保单等各种形式。

【内部管控】 美亚保险江苏分公司直接负责经营管理、承担内部控制直接责任的业务单位、部门和人员，对内部管控负首要责任。严格执行总公司要求的

内部控制制度，按照规定的流程和方式进行操作。分公司建立内部管控问责制度，明确划分责任等级，规定具体的处理措施和程序。

2013年，分公司继续遵循全面管理与重点监控相统一，将内部控制落实到各业务流程和操作环节，并根据监管机构要求及公司内部合规风险管理需求及时检测各业务流程内部控制的有效性及合规性，并协助相关部门执行落实，确保公司重要业务活动的健康运营。

【企业文化】 美亚保险所属AIG保险集团的愿景是成为世界上最有价值的保险公司，在全球以“make the world a safer place”（令世界更安全）为使命，服务全球7000万客户。在此愿景和使命下，公司本着长期发展、专业经营的承诺，引入国际先进的保险理念，用全球经验和创新产品为中国客户服务。

美亚保险在中国采取的业务模式基于以下三大核心价值：拓展业务增加盈利、客户至上一流服务，互相尊重团队合作。围绕上述核心价值，公司将致力于促进企业文化和经营业务的协同发展，增强AIG/美亚品牌吸引力，提升企业形象，最终增强公司的市场竞争力。

美亚保险一直致力于社会公益。自2013年初，中国区暨美亚保险就启动企业社会责任项目——员工志愿者活动。鼓励员工自愿奉献时间，参与各类公益活动。为支持员工参与企业社会责任活动，美亚保险员工每年都有2天的志愿者休假（VTO）。

【重大活动】 2013年3月30—31日，2013世界女子七人制橄榄球赛首次登陆中国。而由美亚保险所属集团——美国国际集团（AIG）赞助的球队新西兰女子橄榄球队（New Zealand Women's Sevens）参加此次比赛。

4月3日，经中国保监会批准，美亚保险取得机动车交通事故责任强制保险经营资格。

7月8日，美亚保险江苏分公司参与江苏保监局和行业协会举办的“全国保险公众宣传日”广场宣传活动。

1月6日，美亚保险延保责任险（EW产品）在“中国百万中产家庭首选保险品牌榜”评选中荣获“2013年中国十大年度保险产品”奖项。

【重大承保】 2013年8月，美亚保险江苏分公司承保江苏某集团公司产品责任险，责任限额800万元。

9月，分公司承保某科技工公司产品责任险，责任限额3050万元。

9月，分公司承保江苏某织造公司雇主责任险，责任限额500万元。

7月8日，美亚保险江苏分公司参与”保险让生活更美好“广场活动

【重大赔付】 2013年4月22日，被保险人江苏某材料有限公司的员工邵某下班途中驾驶二轮摩托车行驶时，摩托车前部与路侧电线杆发生碰撞，邵某受伤死亡。被保险人在美亚保险江苏分公司投保雇主责任险，保单扩展承保员工上、下班途中的意外事故。经核实，美亚保险江苏分公司赔付18万元。

【公益活动】 2013年4月2日，在联合国第六个世界自闭症关爱日，美亚保险江苏分公司开展“One AIG Blue Day”——为自闭症儿童点亮蓝色之光公益行动。号召员工在办公室里穿一件蓝色衣服，或带上一点蓝色的物品；一起来提高员工和社会公众对关爱自闭症儿童的意识，共同关注未来，履行企业社会责任。

12月5日，分公司开展以保护紫金山虎凤蝶栖息地生态环境为主题的环保志愿者行动——“虎凤蝶”公益活动。由近20名美亚员工组成公益环保志愿者，走进南京紫金山，捡拾沿途每片垃圾，一路传递AIG环保意识。

12月19—20日，美亚保险员工代表驱车近600公里，历时7小时，来到江西婺源美亚希望小学，为孩子们颁发新一年的奖、助学金，并送上爱心礼物；同时，员工代表们还为孩子们精心准备道路安全课程和英语培训。美亚保险婺源希望小学由美亚保险于2003年出资30余万元建造，2004年小学建成，“美亚保险希望基金”同时成立。自2004年学校建成至今，逾200名同学获得“美亚保险希望基金”捐助。

【教育培训】 2013年7月—9月，美亚保险江苏分公司开展以“警惕洗钱陷阱”为主题的反洗钱宣传季活动。

8月—12月，分公司员工参加中国美亚保险总公司举办的“2013年AIG网络课程学习大赛”，来自货运险部的周宝安获得大赛一等奖。

9月26日，分公司在全体员工范围内进行一年一度的AIG合规行为规范培训，计8个方面合规课程。

安信农业保险股份有限公司江苏分公司

【概况】 安信农业保险股份有限公司成立于2004年9月。公司秉承“安为上，信为本”的核心价值理念，围绕“政府关注、农民需要”，践行“服务三农、保障民生”的经营宗旨，开创了中国农业保险领域“政府引导、市场化运作、专业化经营、以险养险”的发展模式，发挥农业保险在参与社会管理、减轻政府公共管理负担、保障农民生产生活等方面的风险保障作用。

2013年是安信保险江苏分公司进入江苏市场第一个完整的经营年度。江苏分公司以业务发展为中心，以机构建设为主线，以基础管理为重点，探索多元化发展策略和模式，各方面工作成绩斐然，经济效益、社会效益和企业形象不断提升。2013年，安信保险江苏分公司着力农险业务、涉农险业务的基础准备工作，加大与政府部门、监管部门、农业社和农户的沟通、协调、走访，为下一步全面开拓农险业务和涉农险业务、为“三农”提供专业化的保险服务和保险保障打下基础。

【经营业绩】 2013年，安信保险江苏分公司保费收入8746万元，其中，非车险保费占比12.4%，涉农险占比3%，车险业务中高效益型车险占比达76%。已决赔款1439.71万元。

【创新管理】 2013年，安信保险江苏分公司以创新为发展动力，以科学的精算方法为手段，建立“业务管理、销售管理、理赔管理、财务管理”四大条线分析模块，对业务经营进行管控监督和日常运营管理，提升经营管理水平。

【渠道建设】 2013年，安信保险江苏分公司从专业角度强化销售队伍建设和销售推动管理。12月，集销售过程控制、客户资源管理、人员工作协同、销售数据统计分析等功能于一身的“销售管理系统”在江苏分公司正式上线，保单成本“跟单走”、薪酬自动化考核、团队业绩实时预警等工作项目实现智能化处理，标志分公司销售管理工作迈上新台阶。

9月17日，安信农保党委书记、董事长、总裁李中宁带队到江苏分公司召开江浙两地干部员工代表座谈会

【内部管控】 2013年，安信保险江苏分公司坚持合规经营、规范管理，保证内控管理到位、业务发展稳健、经营合规合法。

规范制度。2013年以来，分公司陆续出台《“三重一大”集体决策制度》《2013年江苏分公司内部审计工作方案》等一系列规章制度，夯实基础管理工作，并对制度的执行过程和最终结果进行监督。

加强两核。分公司重视和强调两核管理在经营过程中的重要性，加大学习培训力度，提升两核管理人员的专业技术技能。坚持集约经营，努力提高效率效益。分公司以创新承保理赔管理、明确岗位标准为抓手，以物理集中和逻辑集中相结合的集约化模式为实施原则，实现“质量提高、标准统一、信息真实、成本可控”，从而提升公司盈利能力和客户服务水平；完善两核管理制度和流程，制定和调整差异化核保政策，强化赔案处理的质量和时效，严把进出口关。

管控财务。贯彻落实《江苏省财产保险股份有限公司费用内控监管指引》文件精神，以及总公司《会务费用管理办法》《职务消费管理办法》等系列制度要求。

强调合规。重视合规管理和合规教育工作。及时传达、学习监管部门和上级公司的相关管理规定，着重在机构筹建培训中安排大量反洗钱、反商业贿赂等合规内容，引导新建机构员工树立防范意识，增强全员合规思想警示。年内有步骤有计划地实施对承保、理赔、财务、人事等各条线工作的排查。

【企业文化】 安信农业保险股份有限公司建立了个性化的企业文化理念体系，以令人耳目一新的企业文化为先导，跻身保险业界，树立起独树一帜的品牌形象。

核心价值观：安为上，信为本。

使命：致力于成为中国农业保险的先行者、开拓者和探索者。

经营理念：以人为本，笃守诚信，服务“三农”，创造价值。

企业精神：超越、忠诚、关怀、合作。

员工精神：特别能吃苦，特别能战斗，特别能攻关，特别能奉献。

企业愿景：打造中国现代农业保险第一品牌。这既是安信企业使命的体现，也是公司发展战略的要求，更是全体安信员工的共同愿望。安信将在行业中坚持走“精、专、优”的发展道路，打造在产品、管理、技术、创新、服务等方面的领先地位，塑造中国现代农业保险第

9月11日，安信农保江苏分公司召开党的群众路线教育实践活动动员大会

一品牌。

【重大活动】 2013年6月，安信保险无锡中心支公司通过江苏保监局开业验收。

7月25日，安信保险总公司一届二十四次董事会议在南京召开。

7月，安信保险常州中心支公司、徐州中心支公司获准筹建；10月，常州、徐州两家中心支公司顺利通过江苏保监局创新工作流程后首次远程视频验收。

9月17日，党的群众路线教育实践活动第一阶段征求群众意见座谈会在南京召开，安信总公司党委书记、董事长、总裁李中宁到江苏分公司主持召开江浙两地干部员工代表座谈会，并以别样的方式庆祝公司成立九周年。

10月，镇江新区营销服务部、扬州邗江营销服务部、南通海门营销服务部、连云港海州营销服务部获准筹建。

12月11日，上海市金融党委教育实践活动第一督导组施昕，安信保险总公司监事长、党委副书记、纪委书记顾勇，总公司党委委员、人力资源部总经理许琳到江苏参加分公司党的群众路线教育活动专题民主生活会。

12月15日，安信保险总公司党委委员、总裁助理石践带领总公司农险部领导至江苏分公司进行农险培训指导和交流。

【重大承保】 2013年3月—9月，安信保险江苏分公司承保南京中电熊猫集团企财险，保额2.6亿元。

9月，分公司承保江苏信宁建材有限公司企财险，保额7.6亿元。

10月，分公司承保张家港华芳集团一揽子业务，保额3.38亿元。

【重大赔付】 2013年7月8日，苏州某纺织公司因火灾导致工厂原材料发生损失，安信保险江苏分公司最终赔付95万元。

8月2日，闵某驾驶标的车与自行车发生碰撞事故，造成三者受伤后死亡，标的主要责任。安信保险江苏分公司最终赔付16.5万元。

8月26日，南京某建筑公司员工因施工时意外跌落导致死亡，安信保险江苏分公司最终赔付40万元。

9月6日，陆某驾驶标的车撞到行人，造成行人当场死亡，标的主要责任。安信保险江苏分公司最终赔付36.5万元。

【教育培训】 2013年3月2日，安信保险江苏分公司客户服务部组织现场查勘培训，采用基础理论和实践操作相结合的方式，指出查勘定损工作中存在的误区，提高基层查勘定损工作水平。

3月28日，分公司组织行政、人事、机构筹建工作综合培训，为机构铺设、建立健全营业网点打基础。

7月20日，分公司业务管理部组织承保档案管理培训，籍以提高基层业务部门实务操作水平。

12月15日，分公司组织农险业务培训，总公司总裁助理石践就农险业务现状、发展趋势和农险、涉农险业务条款等内容授课，并与参训员工讨论，交流农险业务拓展心得体验。

人身保险

ANGSU BAOXIAN NIANJIAN

江苏省人身保险业发展综述

【市场概况】 2013年，全省人身险业务累计实现保费收入927.47亿元（含产险公司短期意外险和健康险21.26亿元），同比增长7.8%，业务规模仅次于广东，居全国第二位。全省共有人身保险公司省级分公司51家，法人机构2家，另有中航三星、新光海航省级分公司获准在筹；各类分支机构3311家，保险从业人员18.77万人，其中寿险营销员15.93万人，较2012年底（15.5万人）增加0.43万人。

【运行特点】 业务规模实现稳步增长，新单业务触底反弹实现正增长，续期业务依然是保费增长的主要动力。2013年，全省人身保险公司实现保费收入906.21亿元，同比增长7.43%，低于全国平均增速0.43个百分点。其中，新单业务保费收入453.68亿元，较上年同期增长3.3%；续期业务保费收入452.53亿元，同比增长11.9%。

直销渠道增长迅猛，个人代理渠道平稳发展，银邮渠道保费规模持续萎缩。2013年，全省直销渠道实现保费收入89.09亿元，占人身险公司保费收入的9.83%，同比增长达43.04%。全省个代渠道实现保费441.96亿元，同比增长10.76%，占业务总额的48.77%，较上年（47.31%）增长1.46个百分点。从中外资公司具体经营情况看，外资公司个人代理渠道的业务增速明显优于中资公司，分别为20.41%和10.29%。全省银邮渠道保费收入354.8亿元，同比下降2.93%，占业务总额的39.15%，较上年（43.33%）下降4.18个百分点。

业务内含价值稳步提升。一是期缴业务平稳增长。全省人身保险公司新单期缴保费113.43亿元。其中，10年期及以上新单期缴保费71.37亿元，增速12.69%，增速较上年同期提高13.69个百分点。二是新单折标率进一步提升。全省人身保险公司新单标准保费184.89亿元，较上年同期增长11.36%，其中5年期以上的新单期交业务折标保费88.75亿元，占全部标保比重的48%。三是保障型险种保费同比大幅提高。全省人身保险公司健康险业务实现保费收入70.33亿元，同比增长达27.07%。意外险业务实现保费收入26.7亿元，同比增长19.8%。普通寿险业务保费收入94.2亿元，同比增长13.1%。

市场竞争更加充分。一是大公司逐步回归价值发展模式。6家大公司市场份额合计下降1个百分点。二是银行系和主推高现金价值产品保险公司发展迅猛。中邮人寿、农银人寿、交银康联、工银安盛保费收入同比增幅靠前。中融人寿和东吴人寿等主推高现金价值产品的保险公司业务规模迅速扩大，同比分别增长5745.47%、577.27%。

积极参与地方保障体系建设，创新服务方式。辖内泰康人寿等公司积极开展养老社区建设，通过养老社区与商业养老保险的有机结合，提供解决国民养老的新途径。部分公司改变传统服务模式，创新服务方式。如太平洋人寿设置专属客户体验店，普及保险知识，提升公众保险意识。对客户采取一对一专属服务。泰康人寿开辟重大疾病绿色服务通道，客户可获得省内知名专家的诊治，提升保险业的服务水平。

利安人寿保险股份有限公司

【概况】 利安人寿保险股份有限公司成立于2011年7月14日，是经中国保险监督管理委员会批准设立的一家全国性人身保险公司。利安人寿由江苏省国际信托有限责任公司、江苏凤凰出版传媒集团有限公司、江苏交通控股有限公司、江苏汇鸿国际集团有限公司、南京紫金投资控股有限责任公司5家国有大型企业和江苏雨润食品产业集团有限公司、远东控股集团有限公司、红豆集团有限公司、月星集团有限公司4家知名民营企业发起设立。公司注册资本金10亿元人民币，总部位于南京。利安人寿以“利国安民”为使命，秉承“客户至上、稳健经营、创新发展、价值导向”的经营理念，坚持“诚信做人、勤勉做事、持续创新、追求卓越”的核心价值观，着力构建专业、便捷的保险服务平台，积极为社会大众提供全面周到的保险保障和财富管理服务在帮助客户实现终身价值最大化的同时，致力于打造“广受尊重的保险金融集团”，努力为员工的职业生涯发展提供良好平台，努力为健全社会保障体系、保障民众生活安定做出积极的贡献。

【经营业绩】 2013年，公司业务规模跃升至22.5亿元，年度目标达成率114%；内含价值高的期缴及团险短险业务2.21亿元，占业务规模的10.25%，同比增加1.35个百分点，标准保费3.89亿元，同比增长75%；公司保费规模在全国71家寿险公司中排名第37位，较2012年前进2位，江苏市场稳居第九位，份额从1.54%提升到1.8%。

财务指标持续改善。销售费用比例为12.7%，低于预算1个百分点；后援费用执行率80%，较预算节省4000万元；百元保费现金流52.4元，获取政府补贴1502万元，利润总额-1.8亿元，利润率-11.5%，较预算减少亏损3.4个百分点。总资产达到48亿元，较年初增长91%，公司实力进一步增强。全年累计为132万人次提供5210亿元的风险保障，累计赔付9291件，赔付总金额2468万元。

【渠道建设】 团险多措并举构筑发展平台，效益型路线初步形成。业务结构和综合成本控制良好，意外险占比70%，较上年提高8个百分点；政府项目实现破冰，如东职工自费补充医疗险项目合作协议顺利签署，覆盖参保人群15万，泰州和南通的计生险实现保费产出，为后续政府项目积累了宝贵经验和资源；渠道拓展已见成效，建工险、航意险均有较高保费产出，渠道业务合计占比47%，同比提高22个百分点。

银保渠道建设方面，明确提出构建“3+N”渠道战略，农行、邮政、中行三大主渠道全年共实现保费13.8亿元，占银保总保费的97%，成功启动工行渠道，合作银行达到9家。持续围绕活动率、打造绩优人力等基础指标强化管理，不断提升队伍销售技能和网点产能，月均人员趸、期缴活动率、人均件数等同比均有较好提升。以日平台建设为载体，以活动量管控为基础，强抓关键动作落实，推进周进度目标达成；明确各层级工作重点，强化分片区督导力度，全方位开展追踪与帮扶，推进机构运作水平和能力不断提升。

个险制度建设方面，制定《业务经理培养计划》《业务经理聘才计划》《营业部经理聘才计划》和新版《基本法》，引导队伍向“亚精英制”方向发展；培训拓展方面，举办新进主管培训班、准主任培训班、业务经理培训班等多场专题培训，累计开发产品类、营销类和主题类专题课件25件，分享类专题近100件；文化建设方面，针对性地完善紫金荣誉俱乐部，使其“更形象、更全面、更人性”，逐步建立起渠道年度、半年度、季度、月度荣誉体系。

【内部管控】 完善合规体系，较好履行反洗钱义务。制定《利安人寿资金运用管理办法》《利安人寿监管协查管理暂行办法》等内控制度，进一步完善制度体系；认真履行反洗钱义务，修订、完善公司客户风险等级管理制度及客户风险等级评估指标体系，年度反洗钱非现场评估中，公司在B类保险机构中排名第一，在所有参评的79家保险机构中排名第七。此外，公司销售服务评价三项指标中年度回复率第一位，满意度第14位，不满意率第41位，均处于行业较好水平。进一步完善内审机制，监督作用有效发挥。组织开展各类审计项目15个，及时发现公司内控管理缺陷；建立内审问题整改督导机制，较好发挥了公司内部审计的监督作用；认真组织开展内审自查自纠工作，监管部门现场督导反馈结果良好。

【企业文化】 2013年，公司不断加大品宣管理力度，年内全省共组织7次新闻宣传推广。广告投放布局更加科学，宣传物料与宣传活动日益丰富，公司知名度和美誉度进一步提高。年内，公司荣获“江苏省希望工程实施20周年特殊贡献奖”、“3·15维护消费者权益—诚信服务满意单位”等荣誉称号。此外，公司成功举办第二届客户服务节暨公益节，提出“美好生活，利安相伴”宣传口号。此次活动参与客户5500人，举办各类公益知识讲座125场，收到微摄影大赛作品2360件，发放客服报1万多份。活动得到省政府金融办等相关部门的支持和肯定，受到多家媒体的关注和好评，产生良好的社会影响，提升了公司形象。

【创建工作】 安徽分公司和河南分公司在2013年10月15日和12月26日相继批准筹建，标志着利安人寿成功地迈出了走向全国的第一步。公司对山东、北京、河北等地也进行考察调研，为2014年全国机构布局奠定基础。江苏省内服务网点深入县域城区和乡镇，整体运行良好。2013年，公司进一步完善机构建设的管理制度，修订《二、三、四级机构筹建手册》，制定《利安人寿江苏分公司乡镇营销服务部建设管理规定》（试行），下发《关于加强机构建设和高管人员行政许可管理的通知》，这些制度的制定和完善，为机构的有效管理和新机构的开设提供了制度保障。

【重大活动】 1月5日，在首届苏商发展大会暨第七届全国苏商领袖年会上，利安人寿凭借多元化销售渠道、创新型产品开发和特色服务举措，荣获“2012年度苏商首选人寿保险公司”和“2012年度苏商首选创新型保险公司”两大殊荣。

1月23日，第二届中国公益节颁奖典礼在北京举行。利安人寿因“2012首届公益节”及“利安人寿一元公益基金”等公益举措，获评2012年中国公益奖–集体奖。

1月29日，2013年省级金融机构新春座谈会在南京举行。公司副董事长兼总裁刘政焕代表公司作为保险企业唯一代表在会上发言，对于利安人寿未来服务江苏实体经济，参与社保体系覆盖，积极推进“两个率先”作了积极的表态。

3月28日，利安人寿客服新呼叫中心系统(400–808–0080)正式上线。此次客户服务中心呼叫系统在原有系统功能基础上做了全面升级，客户信任度大幅度提升，对公司的品牌推广及公司客服形象起了积极作用。

5月24日，利安人寿增资扩股领导小组会议在省政府405会议室召开。利安人寿监事长王惠荣主持会议，省政府副秘书长徐立、省金融办副主任查斌仪出席会议并作重要讲话。各股东单位即席发言，表示将全力配合增资工作，继续支持利安人寿，为江苏尽早实现“两个率先”添砖加瓦。

7月25日，中国工商银行总行机构部总经理席德应一行8人莅临利安人寿考察、交流。公司副董事长、总裁刘政焕、副总裁吴烨及相关部门领导接待，双方就未来多领域的合作发展进行了展望。

7月31日，利安人寿独家冠名赞助的大型新编越剧《董小宛与冒辟疆》在南京市文化艺术中心首演，该剧的全国巡演也由此启动。

8月，利安人寿第二届客户服务节暨公益节在南京盛大开幕。围绕“美好生活，利安相伴”的主题，全省各级机构精心策划服务升级、微摄影大赛、公益讲座等活动，倾听客户心声，切实回馈社会。

10月26日，“第六届中国保险文化与品牌创新论坛”暨“第八届中国保险创新大奖颁奖盛典”在东莞召开，利安人寿“幸福全保”保障计划和“金禧连连年金保险(分红型)”分别荣获“最佳产品组合”及“最佳理财保险产品”两大奖项。

10月15日，利安人寿安徽分公司(筹)获保监会批复筹建，公司迈开走向全国的第一步。

12月16日，江苏省委组织部、省总工会联合下发《关于确认第二批全省党建带工建“四统筹一创争”活动示范企业、示范片区的决定》，利安人寿荣获“全省党建带工建‘四统筹一创争’活动示范企业”。

12月27日，“2013年度保险产品评选”结果揭晓，利安人寿“至尊金禧”、“金禧连连”、“幸福全保”、“安好一生”4款产品分别获得“年度投资型保险产品”、“年度少儿保险产品”、“年度健康保险产品”和“年度终身寿险产品”奖项，获奖产品数量位列寿险公司前列。

【重大赔付】 1月4日，被保险人邓某在工厂工作时不慎被机器严重绞伤右手臂，经抢救无效身故。利安人寿赔付意外身故保险金30万元。

1月26日,被保险人金某某在山东东营家中被入室盗贼勒颈窒息死亡。利安人寿赔付意外身故保险金30万元。

4月29日,被保险人杨某某在某货场工作时不慎自高处坠落,经抢救无效身故。利安人寿赔付意外身故保险金及意外伤害医疗保险金约30.22万元。

8月16日,被保险人居某某发生交通事故,经抢救无效身故。利安人寿赔付意外身故保险金30万元。

10月19日,被保险人蔡某某乘坐摩托车时因爆胎而发生车祸,经抢救无效身故。利安人寿赔付意外身故保险金40万元。

11月3日,被保险人朱某某在俄罗斯建筑工地施工时不慎自高处坠落,经抢救无效身故。利安人寿赔付意外身故保险金40万元。

11月26日,被保险人赵某某在电信工程作业时不慎被面包车撞伤头部,经抢救无效身故。利安人寿赔付意外身故保险金60万元。

【公益活动】 1月29日,利安人寿办公室会同新城科技园和社区工作人员走访慰问社区的五户困难家庭,为他们送去节日祝福,并发放慰问金以及米、油等生活物品。

2013年,总公司号召全省分支机构设立"利安人寿一元公益基金"捐款箱,培育员工参与公益、关爱贫困人员的意识和习惯,提升全员"博爱、崇善"的精神追求。

东吴人寿保险股份有限公司

【概况】 2013年,是东吴人寿成立之后的第一个完整经营年度。东吴人寿认真贯彻落实保监会"稳中求进"的总体发展部署,坚持"社会保障供应商和财富管理服务商"的战略定位,按照"打基础、上规模、有创新、见成效"的工作主线,立足"开好局、起好步、定好位"的主体要求,攻坚克难,抢抓机遇,创新经营,以超常规的速度实现了创业发展的良好开局,总体发展呈现出"快速、稳健、创新"三大特点。一是机构建设推进速度一流,在江苏市场完成机构布局的全覆盖,所有地级市顺利展业;二是业务规模扩张速度一流,业务总收入达到经营区域内中等寿险公司水平,在同期开业的寿险公司中名列前茅;三是创新发展实践速度一流,开业伊始就主动对接政府社会救济工程,积极履行社会责任,打出了品牌影响力;四是基础建设持续加强,创新领域拓宽加深,人才队伍加速搭建,产品体系加速构建,合作渠道加速开拓,服务能力不断增强,奠定了稳健、可持续发展的根基。

【经营业绩】 2013年,东吴人寿实现保费收入2.9亿元,同比增长577%,其中个险0.17亿元,猛增1106倍,团险1.26亿元,同比增长4323%,银保1.47亿元,同比增长268%,年末总资产达到29.8亿元,净增9.4亿元。个险渠道:短期意外险和短期健康险145.4万元,长期传统型保险520.0万元,长期分红型产品996.2万元,长期万能型产品772.2万元;银保渠道:分红险1.47亿元,万能险6.09亿元;团险渠道:短期意外险和短期健康险1.26亿元,长期年金型产品0.58亿元。

2月22日,东吴人寿总裁徐建平走访慰问因病致贫家庭

【渠道建设】 强化渠道开拓,全力推动业务发展步伐。业务发展结合渠道定位、各有侧重,推动渠道均衡发展,齐头并进。

个险横向纵深发展,创造公司内涵价值。2013年,个险渠道以机构铺设为依托,销售队伍不断壮大,业务平台持续提升。个险营销制度和营销员管理体系逐步制定和健全,基础培训体系继续完善,销售组织、经营督导等行销支持工作不断加强。

团险规模效益并举,彰显公司战略定位。围绕公司的战略定位,团险业务聚焦社会保障服务,开辟民生保障与公司发展的新蓝海。促进"医保康"项目的平稳成功运行,建立特色化的服务体系,开展和落实各项增值服务。

银保加强渠道开拓,业务规模迅速扩张。巩固并拓展与建行、交行、苏州中行、江苏银行、苏州银行的合作关系。截至12月底签约合作银行网点数接近1000家。初步建立起销售人员荣誉激励体系,为实现中长期制度激励奠定了基础。

电商渠道首次突破,创新销售模式。积极参与互联网金融,以网络销售为突破点,打造全方位的电子商务平台。与淘宝合作推出系列爱情保险产品,如宁心E终身寿险A款上市三日即完成5000万的销售业绩。与淘宝网和珍爱网开展三方合作,探索国内网络保险销售的新模式。

【内部管控】 完善制度机制,着力夯实企业发展基础。2013年,公司共出台100多项规章制度,累计已出台201项制度,构建起较为完善的业务运作和风险控制制度体系,形成核保核赔、财务管理、投资运用、信息技术和风险管理的集中管控平台。建立权责清晰、统一的内控组织构架和内部授权体系。完善稽核审计制度，开展内部审计自查，完成专项审计和开业机构及高级管理人员经济责任审计。完善风险管理组织架构，有效控制公司运营风险。

【企业文化】 东吴人寿遵循“稳健务实，追求卓越”的经营理念，发扬“精进、创新、融和”的企业精神，秉持“诚信、责任、关爱”的核心价值观，成为“价值的创造者，市场的创新者，大爱的传承者”，逐步形成东吴特色的价值体系和企业文化，致力于成为广受社会尊重的金融保险服务集团，成为江苏一流、全国有影响力的保险公司。2013年，东吴人寿以党组织建设为依托，统领企业文化建设工作；以工会建设为基础，关心关爱员工；以《品味东吴》等内部刊物为载体，大力宣传企业文化。启动“五进”（进学校、进社区、进农村、进机关、进企业）工程，全面宣传和践行“守信用、担风险、重服务、合规范”的行业文化价值理念，参与首个全国保险公众宣传日活动。组织大型活动，成为2013年苏台灯会独家赞助单位，组织金鸡湖半程马拉松东吴人寿方阵，成为2013第四届环太湖国际公路自行车赛唯一保险服务商并冠名常熟昆承湖赛段，与优漫卡通携手举办了为期3个月的东吴人寿杯“明日之星”少儿才艺大赛。东吴人寿省下周年庆典活动费用成立东吴人寿“梦想”公益慈善基金，启动资金50万元，此外全年共捐献爱心善款12万余元，树立了良好的企业公民形象。

【重大活动】 1月19日，中国精算师协会会长，原中国保监会副主席魏迎宁莅临东吴人寿视察指导工作。公司总裁徐建平就公司未来发展以及近期重要工作做了简要汇报。魏迎宁对公司“社会保障服务提供商”这一角色定位给予充分肯定。

2月22日，苏州人社局副局长苏耀良与东吴人寿总裁徐建平一行走访慰问两户因病致贫家庭，送去“医保康”医疗保险救助金，同时徐建平代表东吴人寿送上由公司全体员工募捐的食用油、大米、汤圆等食用品，表达了东吴人寿全体员工对他们的关爱。

4月25日，中国保监管会副主席陈文辉、资金运用监管部主任曾于谨一行在江苏保监局局长谢宪等领导陪同下，莅临东吴人寿视察指导工作。

7月29日，东吴人寿首届创业精英表彰大会召开。会上，江苏分公司、苏州分公司个险、银保、团险三个条线12个团队获得“创业先锋团队”荣誉称号，13名业绩突出的个人和优秀讲师获得“创业精英”荣誉称号。

8月1日，东吴人寿第一个网络销售平台东吴人寿淘宝官方旗舰店（http://soochowlife.tmall.com）正式开业。

8月22日，江苏保监局党委书记、局长宋志华一行在苏州保监分局局长单来锦等领导陪同下，莅临东吴人寿视察指导工作。

9月1日，东吴人寿首届客户服务节正式启动。此次客户服务节突出“呵护成长，关爱健康”的主题，旨在全面提升客户体验，近距离倾听客户心声，践行“一份承诺，一生呵护”的服务理念，体现公司以卓越的客户服务，为客户创造价值、与客户共同成长的价值理念。

9月24日，东吴人寿保险股份有限公司第一次工会会员（职工）代表大会在高新区人才大厦召开。苏州市总工会党组书记、副主席沈华莅临指导并讲话。

11月8日，东吴人寿保险股份有限公司与小微金融服务集团淘宝保险、珍爱网三方合作项目启动仪式在上海举行。东吴人寿继七夕情人节与淘宝首创爱情保险后，宣布于双十一期间，在淘宝保险上开售“爱情保险——单身版”。

【重大承保】 3月，东吴人寿苏州分公司承保许某投保的欣享鸿运两全保险，趸交保费200万元。

4月，东吴人寿苏州分公司承保罗某投保的欣享鸿运两全保险，趸交保费200万元。

6月，东吴人寿苏州分公司承保黄某投保的欣享鸿运两全保险，趸交保费200万元。

7月，东吴人寿苏州分公司承保于某投保的欣享鸿运两全保险，趸交保费200万元。

9月，东吴人寿苏州分公司承保潘某投保的欣享鸿运两全保险，趸交保费300万元。

【公益活动】 3月15日，在苏州市保监分局的统一组织下，东吴人寿分别参加在苏州市会议中心和圆融时代广场举办的金融消费者权益保护活动。东吴人寿的工作人员热情地向社会公众普及保险知识，积极地解答客户对于保险权益的咨询，并接受客户的现场投诉。

4月14日，第四届苏州环金鸡湖国际半程马拉松赛成功举办。此次赛事由中国田径协会、江苏省体育局、苏州市人民政府共同主办。东吴人寿是此次大赛唯一指定的保险机构，同时也是此次比赛摄影大赛的冠名赞助单位。

6月9日，东吴人寿保险股份有限公司成立一周年前夕，公司召开“梦想慈善基金”暨保险“五进”项目启动新闻发布会，以此为公司的首个周岁生日庆生。

7月8日，苏州保监分局联合苏州市保险行业协会、苏州市保险学会以及苏州市各保险公司，在苏州市会议中心广场举办首个全国保险公众宣传日活动。东吴人寿积极参与此次活动。

10月18日，2013年第四届环太湖国际公路自行车赛主赞助商——东吴人寿签约仪式在江苏省体育局隆重举行。东吴人寿成为第四届环太湖国际公路自行车赛唯一保险服务商，为赛事提供价值121亿的保险保障，同时冠名常熟昆承湖赛段。

6月9日，东吴人寿梦想慈善基金暨五进项目启动发布会

中国人寿保险股份有限公司江苏省分公司

【概况】 中国人寿保险股份有限公司江苏省分公司是中国人寿保险股份有限公司在江苏省的分支机构。公司下辖13个市级分公司,91个县(区)支公司。主要开办有普通寿险、分红保险、健康保险、意外伤害保险、养老保险等多个种类险种,已成长为一个机构网点和销售网络遍布全省城乡、产品体系日趋健全、服务机制不断完善、经营管理高度集中、信息技术全面渗透、企业文化独具特色的大型股份制企业。

2013年,公司巩固了在国寿系统和江苏寿险市场的“双领先”地位:实现总保费324.68亿元、同比增长1.50%,市场份额35.83%;总保费、首年保费、首年期交、10年期及以上期交、短险、标保、续收保费总量均居中国人寿全国系统第一位。

公司贯彻落实中央关于厉行勤俭节约、反对铺张浪费的有关要求,切实转变工作作风,加强财务成本管控,本部重点办公行政费用支出同比下降44.84%;以扎实开展党的群众路线教育实践活动为契机,公司建立了督办制度,提高了省分公司主动服务基层的意识和效率;出台“新主人翁精神”员工激励方案,制订并下发三年发展规划和荣誉激励方案,凝聚全省系统发展共识。

公司通过强化各级管理干部依法合规意识和风险防范意识,加大对销售误导、集资诈骗、小金库等的查处力度,保障了公司持续健康发展;特别是满期给付工作守住不发生系统性区域性风险底线,“警保合作”的长效机制得到保监会的充分肯定。

2013年,公司获得多个奖项和荣誉:荣膺全省保险业唯一“江苏省文明单位标兵”称号、新浪江苏“2013年度江苏最受信赖寿险品牌奖”、集团公司“创新成果奖”;扬州市分公司客户服务中心荣获“全国青年文明号”称号;省分公司、南通市分公司、武进支公司团体业务部荣获第一届“全国敬老文明号”称号。

1月26日,“中国人寿”杯老年春节联欢晚会在南京举行

【经营业绩】 2013年,公司实现总保费324.68亿元,同比增长1.50%,其中长险首年标准保费21.88亿元,完成率110.34%;长险新单保费126.09亿元,完成率101.95%;短期险保费17.48亿元,完成率112.66%;首年期交保费43.38亿元,完成率103.19%;10年期及以上期交保费23.82亿元,完成率116.42%;寿代产保费6.73亿元,完成率116.05%;代理企业年金新增中标标准规模6.30亿元,完成率128.50%。业务结构持续优化,经营效益持续提升,长险首年期交创费率21.53%,同比提高1.84个百分点,短险简单赔付率46.49%,同比降低0.87个百分点。

【渠道建设】 个险渠道借力升级营销,业务发展屡创新高;团险渠短险规模、意外险规模列系统第一;银保渠道新单总量列系统第一,期交和标保列系统第二;电销渠道标保列系统第一。个险坚持队伍为先的发展思路,投入资源推动队伍建设,银保渠道顺应银保转型发展的趋势,促进队伍扩量提质;团险渠道坚持“有效扩张、优化结构、夯实基础”的队伍建设思路,适应市场开拓与市场竞争的新要求,电销渠道重视主管队伍建设,电话收展队伍持续发展。

【内部管控】 2013年,公司进一步深化经营管理体系改革,持续开展合规性审核、合规风险监测与评估分析,反洗钱工作取得新成绩;省分公司得到中国人民银行南京分行的高度肯定并被推选为江苏省保险业的唯一一家寿险公司在金融机构反洗钱工作会议中作交流发言。扎实推进关键岗位检查防控关键风险,落实廉政责任制,开展反腐倡廉建设考核。签订《2013年党风廉政建设责任书》,印发《2013年党风廉政建设责任分工方案》,明确领导班子成员的管理责任。开展县支公司班子成员风险预警工作,持续做好销售风险提示工作。开展专项风险排查监测风险,日常审核各类合同、协议、宣传资料等法律性文件,积极配合各部门对重大疑难案件提出法律意见和建议,扎实推进各层级合规培训,加强治理销售误导宣传教育,组织开展高管预防教育活动,积极开展岗位合规培训。

【企业文化】 公司坚持“价值先导、规模适度、优化结构、注重创费”的经营思路,以“三年规划”为指引,以实现业务领先、效益领先、队伍领先、管理领先、文化领先的“五个领先”为统领,以“确保员工人均年收入增长不低于8%”为目标,深化改革创新,加快转型升级,不断提升核心竞争力和持续发展能力,合力打造标杆建设升级版,共筑员富司强国寿梦。

【重大活动】 1月26日,由江苏省民政厅、省老龄办、中国人寿江苏省分公司联合主办,江苏老年云媒体电视承办的江苏省首届“中国人寿”杯老年春节联欢晚会在南京举行。晚会以"爱在春风里"为主题,借助歌舞表演、服装走秀、京剧联唱、相声等艺术表演形式展示江苏老年人良好的精神风貌,并通过视频短片展示中国人寿关注民生、诚信服务的企业形象。

2月22日，中国人寿江苏省分公司2013年全省系统工作会议在宁召开。会议分析2012年预算执行情况和内外部发展形势,表彰全省系统先进单位、先进个人和TOP30先进单位、先进个人,兑现2012年度绩效考核奖励,签订预算责任状、个险销售队伍建设责任状和党风廉政建设责任书,听取苏州等6家市分公司的表态发言。省分公司负责人肖建友代表省分公司党委、总经理室作题为《砥砺奋进开拓创新　推进"三最"标杆型省级分公司实现新跨越》的工作报告。

3月,中国人寿江苏省分公司关爱救助领导小组再次审批3件营销员救助申请。至此,在全省系统开展的"国寿爱、手足情"关爱救助活动已接受申请17件,救助5件,救助金额达21万元。自2012年7月1日起，江苏省分公司在全省系统探索开展"国寿爱、手足情"关爱救助活动,以从制度上解决伤病销售人员的实际困难,努力构建销售队伍的职业安全感和从业责任感。关爱救助机制救助金专项预算每年100万元,由省、市两级分公司按比例共同承担,旨在为销售一线签约一年以上、患病(致残)前正常出勤、符合销售渠道考核要求的销售人员,提供经济救助。

4月3日,中国人寿投资控股有限公司总裁王军辉一行赴无锡市分公司,与无锡市市长汪泉、副市长黄钦就未来在锡投资合作事项进行深入交流,并就合作模式、项目主题、投资规模等初步达成合作意向。中国人寿江苏省分公司负责人肖建友陪同会见。

4月25日,由《新华日报》、中国江苏网、江苏省摄影家协会和中国人寿江苏省分公司共同主办的中国人寿杯"美丽江苏"摄影大赛启动仪式在宁举行。此次大赛设置"吴韵汉风"之风光美、"巧夺天工"之建筑美、"物华天宝"之民俗美、"盛世民安"之人物美、"万家灯火"之生活美、"源远流长"之发展美六大主题，旨在通过多元视角记录身边事、身边人、身边景,进而全面反映江苏在推进"两个率先"进程中政治、经济、社会、文化及生态文明建设中取得的喜人成果,展现广大人民群众积极向上的精神风貌。

4月21日，由江苏省卫生厅组建的江苏卫生防疫应急队驰援四川雅安地震灾区,这也是到达灾区的全国第一支外省卫生防疫救助队。中国人寿江苏省分公司向应急队的43名队员免费提供团体意外伤害保险和意外费用补偿医疗保险,人均保额25万元。

5月28日，中国人寿集团公司副总裁、国寿投资控股有限公司董事长王思东,江苏省委常委、无锡市委书记黄莉新和无锡市市长汪泉共同参加无锡市重大建设项目恳谈会,并出席国寿投资控股有限公司与无锡市人民政府签署合作框架协议仪式。

6月9日,江苏保监局宋志华局长一行到中国人寿江苏省分公司调研指导工作。

6月30日–7月3日,以"英荟义乌　星耀横店"为主题的中国人寿江苏省分公司全省系统第13届销售精英高峰会在浙江成功举办,省分公司总经理室成员、各部门主要负责人,各市分公司主要负责人，以及来自全省系统个险、银保、团险、电销渠道的近300名销售精英,欢聚义乌、横店,体验寿险人生的激情与梦想，分享拼搏奋斗的成功与喜悦。表彰大会上,省分公司负责人肖建友作了题为"筑梦国寿　点亮人生"的主题讲话。

8月5–6日,中国人寿江苏省分公司团委举办"火热青春　激情分享——百家讲坛"演讲比赛,来自全省系统的15名选手参加比赛。参赛选手就个人推荐书籍中的观点,以多元的视角并结合自身的感悟进行演讲发布。此次百家讲坛演讲比赛是第四届"书香溢国寿读书伴我行"读书季系列活动的重要组成部分,是检验和分享读书季活动成果的一种有效方式。

12月21日,新浪金麒麟论坛在南京召开,中共江苏省委常委、南京市委书记杨卫泽,江苏省政府副秘书长李一宁等出席论坛。中国人寿江苏省分公司在此次论坛企业评选中，一举荣获"2013年度江苏最受信赖寿险品牌",省分公司俞德本副总经理参加论坛并领奖。

【重大承保】 2月21日，张某某投保国寿小额贷款借款人意外伤害保险,基本保额1300万元。

4月26日，马某某投保国寿福满一生两全保险（分红型)，基本保额103.4万元,累计意外净风险保额1034万元,累计年交保费50万元。

5月30日，王某某投保国寿安心意外伤害保险(A型)及(B型),保险期间一年，累计意外险净风险保额2000万元。

6月28日，昌某某投保国寿鑫丰两全保险(分红型),累计意外险净风险保额1170万元,趸交保费300万元。

2月22日,中国人寿江苏省分公司召开2013年全省系统工作会议

4月25日，中国人寿杯"美丽江苏"摄影大赛启动仪式

【重大赔付】 1月29日，被保险人孙某因肝细胞肝癌术后复发在苏州九龙医院医治无效死亡。经审核，客户2009年投保的7份保单符合保险责任，给付此7份保单的疾病身故保险金约293万元；2011年承保的保单因存在带病投保未如实告知问题，拒付疾病身故保险金约142万元，退还所缴保费136万元。被保险人自2009年起，客户陆续投保国寿鸿泰两全保险(2003版分红型)8份，88型终身保险、国寿鸿丰两全保险(分红型)各1份，已累计交纳保费416万元，总赔付额约为435万元，出险时合同均为有效状态。

3月31日，被保险人柳某驾驶轿车发生交通事故并致当场身故。5月16日，客户家属提出索赔；6月8日，中国人寿江苏省分公司将513万元保险金交到受益人手中，其中给付家属受益人13万元，给付丹阳农村商业银行股份有限公司500万元。2000年5月31日至2013年3月1日期间，被保险人先后购买康宁终身保险、国寿小额贷款借款人意外伤害保险等险种8份，基本保额为511万元。

4月，被保险人鞠某在苏州因交通事故意外亡故。7月2日，中国人寿常州市分公司一次性赔付鞠某个人寿险赔付金159.9万元，包括157.44万元保险金和2.47万元红利。鞠女士于2009年6月通过银保渠道，一次性交保费49万元为其父亲鞠某投保中国人寿鸿富分红型保险，基本保险金额52万余元。

9月15日，被保险人杭某死亡。11月25日，保单指定受益人提出索赔。经核实，中国人寿江苏省分公司给付被保险人家属身故保险金563万余元。被保险人自1997年起陆续投保88型终身保险、国寿美满一生年金保险（分红型）、国寿福禄双喜两全保险(分红型)等险种6份，已累计交纳保费390万余元，总保额约为563万余元。

【公益活动】 2月16–17日，中国人寿连云港市分公司组织18名青年员工参加以"和谐港城　情暖春运"为主题的春运青年志愿服务活动。公司志愿者们连云港市火车站坚守岗位、服从安排，为车站管理组织和广大往来游客提供候车室及站前广场客流调查、出行咨询、秩序维护、重点旅客服务等一系列便民服务。

7月14日，中国人寿泰州市分公司参与市建工局组织开展的"关爱农民工"学雷锋志愿服务活动，活动当天分别走访慰问市区部分重点建设工程项目的建筑工人，并送去《建筑业农民工入场安全知识必读》以及夏季防暑降温慰问品。

7月24日，中国人寿江苏省分公司组织本部74名员工前往南京红十字血液中心参加献血活动，61人通过体检进行献血。

12月17日，中国人寿连云港市分公司参加由中共连云港市委宣传部、连云港市文明办主办，连云港广播电视总台承办的"大爱港城道德先锋——连云港市道德模范与身边好人现场交流活动"，向连云港市70位道德模范捐赠总保额为700万元的人身意外保险。

2013年，中国人寿江苏省分公司积极履行社会责任向各地市慈善总会、老年机构、扶贫地区累计捐款达155万元。

【教育培训】 10月17–21日，中国人寿江苏省分公司在南京举办第二届"百名青年员工素质提升工程"第六期培训班。第二届百青工程培训班历时近二年，共进行6期集中培训，此次培训为第二届百青工程的结训培训。

9月11–14日，中国人寿江苏省分公司在南京组织全省系统首期高级管理人员德鲁克EDP课程系列培训班第一次集中学习。省分公司领导，本部各部门、电销中心主要负责人，各市分公司主要负责人和1名分管业务条线的总经理室成员参加培训。此次培训班根据前期问卷调查中高管人员提出的问题，结合公司发展实际，从彼得·德鲁克学院的EDP课程中精选出8门课程，分4次组织高管人员集中学习。首次集中学习，来自彼得·德鲁克学院的于俊江教授和包刚升教授分别讲授《目标管理与自我控制》和《创新与企业家精神》两门德鲁克经典课程。课程主要通过分组讨论、案例分析等方式，充分调动参训高管思考问题的主动性，促进交流，引发思考。

10月28日–11月3日，中国人寿江苏省分公司在苏州培训中心举办全省系统县、区支公司经理个险专业技能提升培训班，来自全省系统的98名县(区)支公司经理参加此次培训。此次培训主要包括两部分内容，一是个险专业课程，由基础制度、队伍发展、队伍管理和队伍训练四个版块内容组成，综合运用了案例研讨、角色扮演等多种教学方式，重点提升学员个险专业管理技能；二是通用管理课程，由省分公司各部门分别讲授《组织架构与绩效管理》《财务管理与预算管理》《内控合规》以及《依法合规经营》。

中国太平洋人寿保险股份有限公司江苏分公司

【概况】 太平洋寿险江苏分公司成立于2001年12月27日，设有88家分、支公司(营业部)和226家营销服务部，3247名员工和1.3万余名营销员。分公司秉承规范经营、服务社会的优良理念，为江苏省内居民提供养老、医疗、意外等综合风险保障。公司积极参与地方社会保障体系建设，为居民医疗保障体系搭建有力屏障。

【经营业绩】 2013年，江苏分公司实现保费收入100亿元，各渠道业务均衡发展，个险保费收入60.91亿元，较上年增长10.68%，其中个险新单保费收入13.50亿元，较上年增长11.52%；银行代理渠道保费收入30.52亿元；团险条线保费收入7.76亿元；电销渠道保费收入0.81亿元。险种的保费收入为：分红险保费收入74.3亿元，较上年增长10.63%；万能险保费收入0.04亿元；传统险保费收入18.73亿元。2013年，新开办险种26个(其中附加险18个)，停办险种13个（其中附加险6个)，所有渠道共升级55个险种。

【渠道建设】 营销渠道坚持“推动和实现可持续的价值增长”的经营理念，强化目标管理意识，紧盯标保年度预算，通过加强过程追踪和工作督导、关注队伍结构改善、聚焦销售能力提升等相关措施的实施，全面落实“双轮驱动”工作策略，深化推进“两个聚焦”，锁定经营发展中的“五个聚焦点”。通过产品策略拉动、绩优人力推动，提升人均产能；通过基础管理、基础培训的扎实运作，扩大举绩，提升绩优；在进一步“整合县域、突破城区”的基础上推广“精确营销”和“神行太保”项目，强化客户资源和产品策略的运作。

直销渠道坚持以“细分团险客户，满足差异化需求”为发展主线，坚持推动和实现可持续价值增长的经营理念，稳步推进转型发展，着力打造专业队伍，努力提升创新能力。一方面不断完善创新项目管理办法和产品分类管理，在深入推进职团开拓项目、个团交叉项目的基础上，启动综和开拓项目；另一方面，加强政策研究，充分运用政府政策导向，拓宽成长空间，在渠道业务和法人业务突破上取得新的成效。

银代渠道按照“紧盯标保达成，突出工作重点，顺应市场变化”的工作要求，围绕“巩固网点经营、强化客户经营、拓宽新渠道经营”的发展思路，坚持以客户经营为代表的转型发展，持续推进机构差异化政策、产品差异化政策和渠道差异化高低柜结合。通过推动销售模式深入转型，推动新型期缴快速发展，推动存量客户资源有效开发，推动人力发展持续提升等措施上取得了一定进展。

【内部管控】 2013年，分公司按照江苏保监局及集团公司、总公司内控管理的要求，坚持“以风险为导向、以控制为主线、以服务为目标”的工作思路，重点加强七个方面工作：一是不断加强内控管理专业队伍建设，以相对独立的组织架构和专业化团队，构建公司内部控制的三道防线，搭建“分公司–中心支公司–支公司”三级内控管理网络体系，初步建立全员、全程、全面的内控管理工作机制；二是建立健全内控管理制度体系，制定和完善一系列行之有效的内控管理制度和流程，形成全面覆盖、无缝对接的良好监控机制；三是调整内控管理模式，从风险源头提升内控管理水平，将内控管理嵌入到具体业务和流程中，注重“事前管控”和“过程管理”，力争实现内控管理“关口前移”；四是创新内控管理方法与工具体系，形成内控重点风险事项主动检视、内控评价常态运行的管理平台，内控管理水平和技术得到有效提升；五是持续加强内控文化建设，通过组织多种形式的合规培训，形成“人人讲合规、事事要合规”的软环境，培育公司自觉、自发的合规与内控管理的硬实力；六是加强对合规与风险管理突出问题的揭示、预防、检查与整治，组织开展多项合规自查自纠工作，深入开展综合治理销售误导，从源头防范、过程控制、后续惩戒等各环节实施全面治理；七是加大内控缺陷整改力度和违法违规惩治力度，确保公司经营合规、风险可控、客户权益得到保障。

2013年，分公司在合规工作方面，持续倡导和培育良好的合规文化，努力培育全体员工和营销员的合规意识，增强全员风险管控意识。逐步建立健全合规管理制度，不断完善合规管理组织架构，明确合规管理责任，构建合规管理体系，有效识别并积极主动防范化解合规风险，确保公司稳健运营。近三年江苏分公司连续被江苏保监局分类监管评级为“A”类机构。

【企业文化】 分公司始终秉承“诚信天下、稳健一生、追求卓越”的企业核心价值观念，在追求价值可持续增长的同时，致力于关爱孤残、捐资助学、扶贫赈灾等公益活动，积极服务和奉献于社会。组织辖内所有内外勤员工参与“爱聚雅安”大型公益活动，在号召全司捐款捐物的同时将爱心带入社会，带进社区，带到每个客户家庭。为促进员工不断学习，在全司开展“比、学、赶、帮”和“读书与分享”活动，不断改进和完善工作作风，建设“创新、争先、责任、高效”

7月7日，太平洋寿险江苏分公司与江苏省疾病预防控制中心举行“健康社区行”签约仪式

11 月 14 日,太平洋寿险苏州分公司被世界卫生组织授予"健康单位"荣誉称号

的企业文化。为回馈广大客户,组织太平洋寿险第八届"未来之星"书法、绘画、摄影比赛,以提升和推广公司形象。2013 年,公司获得"2013 年度最具社会责任保险机构"、"2012 年度南京市民满意保险机构"。

【创建工作】 2013 年,江苏分公司参加由南京市放心消费创建办公室、南京市工商局、南京出版传媒集团共同主办的"2013 年南京市放心消费城市创建金融业服务新价值"年度活动,获得"2013 年度创建放心消费城市先进单位"荣誉称号。被江苏省精神文明建设指导委员会授予"2010-2012 年度江苏省文明单位"称号。被江苏省档案局授予 2013 年度"省级机关档案工作先进集体"荣誉称号。

【重大活动】 4 月 18 日,由江苏省计生委、计生协会联合太平洋寿险江苏分公司主办的江苏省"服务民生、生育关怀"计生保险工作会议在泰州召开。会上,省计生委、省计生协主要领导肯定了江苏分公司对江苏省计生工作给予的支持和帮助,并指出计生保险要长期持续地开展下去,要求各地计生部门与分公司进一步加强合作,在遵循自愿购买原则的前提下,加大对全省计生家庭的保险宣传力度,实现双方的合作共赢。

7 月 17 日,分公司与江苏省疾病预防控制中心举行"健康江苏社区行"签约仪式。此次与省疾控中心的战略合作,是保险领域与卫生领域实现"跨界合作"的一次探索,也是双方实现资源共享,形成优势互补,积极推进健康教育新模式的一次有益尝试。

3 月 5 日,常州市市委常委、市委宣传部部长徐缨等领导一行莅临太平洋寿险常州分公司,宣读"蓝鲸"志愿者分会的成立批复,并启动"太平洋人寿杯"龙城志愿者标识及歌曲征集大赛。分公司现场向市志愿者总会捐赠总保额达 1100 万元的公益保险,为优秀志愿者们提供完善的风险保障。

10 月,中国质量万里行促进会调查组到无锡市,对当地服务类行业进行明察暗访,太平洋寿险无锡分公司获得中国质量万里行最高评价 A 类。

11 月 14 日,在上海市金山区召开的世界卫生组织(WHO)健康城市合作网络会议暨健康场所命名仪式上,太平洋寿险苏州分公司被授予"健康单位"荣誉称号。

【重大承保】 1 月,太平洋寿险江阴支公司为江阴市居民提供大额住院费用补充医疗保险,共有 43.64 万人参保,保险金额达 872.8 亿元;同年 9 月,为江阴市 24 万名在校学生提供学生幼儿短期意外伤害保险,总保额超过 372.83 亿元,进一步完善了江阴市多层次农村医疗保障体系。

1 月,太平洋寿险江阴支公司与中船澄西船舶修造有限公司签订员工综合保障计划,为 4292 名员工提供的身故保险金额达 12.88 亿元。

2 月,王某在太平洋寿险江苏分公司为自己投保安贷宝意外保险,保额 800 万元。

3 月 1 日,太平洋寿险苏州分公司与苏州工业园区政府正式签约商业补充医疗保险项目,承保三年保费规模将近 1 亿元,总覆盖人口超过 90 万,并成为太保系统内首单大病保险项目。

3 月,某石油化工有限公司在太平洋寿险江苏分公司投保健康险委托管理产品,保费共计 723.33 万余元。

3 月,某农村商业银行在太平洋寿险江苏分公司投保团体长期补充医疗保险,保费共计 567.63 万余元。

5 月,吴某在太平洋寿险江苏分公司为自己投保金尊人生及附加重大疾病,保额 600 万元。

6 月,某发电有限公司在太平洋寿险江苏分公司投保信恒 D 团体年金保险(分红型),保费 926.74 万余元。

7 月 2 日,太平洋寿险江苏分公司在盐城市响水县大病保险项目招标中成功胜出,独家承保该项目。该项目将为响水县 47.7 万农村居民提供大病医疗保障,保费规模达 715 万元。

7 月,郁某为自己投保太平洋寿险江苏分公司"红利发",趸缴保费 1000 万元。

7 月,华某为自己投保太平洋寿险江苏分公司"红利发",趸缴保费 1000 万元。

8 月,王某在太平洋寿险江苏分公司为自己投保安贷宝意外保险,保额 1200 万元。

9 月,某寺院在太平洋寿险江苏分公司投保信恒 D 团体年金保险(分红型),保费 600 万元。

2013 年,太平洋寿险无锡分公司陆续为惠山区和锡山区的 43 万名居民提供意外保障,总保险金额约为 122.23 亿元;为 11296 名残疾人提供综合保障,总保险金额为 4.07 亿元。

【重大赔付】 1 月 29 日,被保险人孙某因肝癌身故,太平洋人寿苏州分公司赔付 100 万元。

1 月,太平洋寿险常州分公司赔付被保险人韩某家属 72.67 万元。韩某数年前被诊断为乳癌,手术治疗后于 2012 年 12 月 16 日身故,死者生前作为被保险人购买太平洋寿险老来福(97)终身寿险、小康之家·鸿福年年两全保险(分红型)。

4 月 25 日,被保险人王某驾驶车辆,车辆驶入路下,王某死亡。太平洋寿险江苏分公司赔付 53.05 万余元。被保险人王某投保了“太平盛世·长虹两全保险(分红型)”,保额3万元,及“安贷宝意外伤害保险(B款)”,保额50万元。

5月30日,太平洋寿险江苏分公司赔付被保险人费某家属保额及至被保险人保单未领取年金共计51.53万余元。被保险人费某于2010年1月15日投保“鸿利年年年金保险(分红型)”12份,保额48万元。2012年2月,被保险人在上海中山医院确诊患肝癌,后多次行介入术,5月23日在家中死亡。

7月21日,投保人沭阳县江南木业有限公司员工张某在厂内热磨车间工作时,不慎从3楼摔下,经医院抢救无效死亡。沭阳县江南木业有限公司投保“(2008)团体意外伤害保险”,单人意外身故保额为45万元,保险人为该公司251名员工。太平洋寿险江苏分公司赔付45万元。

【公益活动】 1月13日,太平洋寿险常州分公司“健康在你身边”巡讲活动正式启动。首场讲座于当天在红星大剧院开讲,500多位市民出席。中国抗癌学会会员、苏州大学附属第一医院急诊部主任朱春荣应邀讲解肿瘤预防和治疗的常识,现场还免费派发家用急救包、保健盒、体检卡等礼品。8月23日、11月30日,巡讲活动又先后走进永红乡种田村活动广场和常州图书馆,为更多人带去健康生活的理念。

5月6日,太保寿险江苏分公司在全辖启动“爱聚雅安”大型公益活动,全体内外勤员工积极参与献爱心,同时走向街头、走进社区,向社会、向广大客户传递爱的理念。此次活动全省爱心捐款总计10.36万元。

5月21日,太平洋保险“责任照亮未来”爱心书屋在苏州市相城区英才民工子弟学校正式挂牌,分公司各支部青年志愿者代表10余人与相城区英才民工子弟学校的学生代表提前欢度六一儿童节。

6月14日世界第十个献血者日,太平洋寿险江苏分公司80余名员工参与江苏省血液中心举行的大型献血活动。

7月22日,太平洋寿险无锡分公司“情系珍珠　大爱无疆”捐资助学见面会在山东省郯城县高峰头镇举办。双方签约爱心助学基金合同,设立爱心助学基金20万元用来资助50名贫困学生。分公司党委书记、总经理陈爱国和相关领导及28名营销绩优人员参加捐助活动,并现场捐赠爱心书包、文具书箱等学习用品。

【教育培训】 8月21-23日,太平洋寿险江苏分公司营销培训部在南京举办“太保好讲师　金秋我争先”技能提升种子讲师培训。

10月13日,太平洋寿险江苏分公司首轮“企业风险管理师”(简称ERM)初级培训在南京举办。此次培训围绕企业风险管理师的职责、法人客户开拓的意义、法人客户的风险点分析、专项企业组织营销的窍门等方面展开培训。

12月14日,太保寿险江苏分公司举办“职场礼仪”培训班,江苏省公关协会礼仪专家委员会委员史秦老师从服饰、手势、工作用语、接待等方面讲解了职场礼仪对提升公司素养和专业形象的重要性。

6月14日,太平洋寿险江苏分公司80余名员工参与献血

中国平安人寿保险股份有限公司江苏分公司

【经营业绩】 2013年,平安人寿江苏分公司坚持以“抓服务、严监管、防风险、促发展”的工作思路为指导,以加快转变发展方式为核心,在专业管理水平和综合服务能力方面积极改革创新,更好地满足了广大人民群众的保险需求,整体业务经营取得稳步发展。全年平安人寿江苏分公司累计实现保费收入93亿元,较上年同期增长10.2%。其中新单保费收入27.91亿元,较上年同期增长10.3%;续期保费收入65.09亿元,较上年同期增长10.1%。在主要销售渠道中,个险保费收入82.07亿元,较上年同期增长10%;银行代理保费收入10.41亿元,较上年同期增长10.3%。按产品分类:传统险保费收入10.53亿元,较上年同期增长24.5%;分红险保费收入62.33亿元,较上年同期增长7%;万能险保费收入4.46亿元,较上年同期增长5.6%;投连险保费收入2168万元,较上年同期下降5.3%。

【渠道建设】 个险渠道　以队伍建设为基础,以晋升发展为主线,通过夯实基础管理,推动产能提升等多方面举措促进业务稳健增长;推动三级机构的大型化发展,通过制定规划目标,投入政策资源,完善增员及培训平台的建设,使三级机构的保费和人力规模保持较快增长;充分利用保监会费率改革的契机,以市场需求为导向,及时推出保障型新费率产品,扩大保障型产品的销售规模,促进新单业务的价值增长。

银保渠道　坚定不移地推进期缴转型战略,与主要银行渠道深化合作,努力挖掘潜力,引导银行网点销售期缴产品,加强长期险的销售,实施差异化竞争;创新销售模式,持续强化产说会、微训练营、理财沙龙等模式,改善客户体验,提升服务质量,推动业绩增长。

【内部管控】 为有效杜绝风险,平安人寿江苏分公司按照总公司构建的内控管理框架,建设自身的内控管理体系,不断促进和完善内部控制和全面风险管理体系的建立，严格执行总公司的合规政策。分公司设立合规委员会，负责建立健全机构的合规管理环境，指导、监督、推动公司的业务增长和管理活动按照依法合规、安全稳健、审慎经营、有效控制的原则进行，倡导并培育公司良好的合规文化。分公司设立合规岗，各部门、各三级机构设立法律合规联络人以保证合规政策得到全面贯彻执行。公司还通过事前制度建设、业务流程合规评审，事中内部控制测试、合规风险检视，事后独立稽核、考核问责等多种手段进行多层次、全方位的内部风险管控。加之持续不断的合规文化推广，公司形成“人人合规、主动合规”的良好氛围。

【企业文化】 中国平安企业文化的核心内涵：专业创造价值；公司愿景：成为国际领先的综合金融服务集团；企业使命(四大责任)：对股东负责——稳定回报、资产增值；对客户负责——服务至上，诚信保障；对员工负责——生涯规划、安居乐业；对社会负责——回馈社会、建设国家。2013 年，平安人寿江苏分公司响应集团号召，推动以“专业创造价值”为核心的文化理念体系，全面提升前后线全体员工的服务水平和专业知识。公司通过积极推动 E 化营销、首推二维码交费、推出远程机服务、开发“天下通”APP 客户服务端等一系列创新举措，用科技引领金融，让客户省心省力，体验“一个客户，一个账户，多个产品，一站式服务”综合金融的便捷，充分贯彻总公司“简单便捷，友善安心”的服务主张，为公司创造了更大价值，为客户提供了更多便捷服务。为倡导员工快乐工作、健康生活，公司还与平安产险、养老险、银行等各家兄弟公司共同开展“平安一家亲”趣味运动会，并参加由保险行业协会举办的保险业青年广播体操比赛，取得三等奖的佳绩。公司工会组织的各大员工俱乐部也全年持续开展活动，极大地丰富了广大员工的业余生活。

【创建工作】 平安金融建设 根据《南京市平安金融创建评审管理办法》的要求，平安人寿江苏分公司于 2013 年年初正式成立平安金融创建领导小组，全面推进平安金融的创建工作。创建工作通过积极开展宣传，全面形成“平安金融”的企业文化，并通过加强风险内控的管理，梳理公司内控制度，严查各类风险敞口。此外，为构筑职场安全保障机制，各部门、各区办及下辖各机构严格执行《机构职场物业管理方法》《职场管理系统物业管理功能操作手册》等规章制度，积极在人防、技防、物防等方面构筑起了长效的保障机制。为有效应对、处理消费者的投诉，各部门、各区办及下辖各机构严格落实分公司设立的“信、访、电、网”四位一体的保险消费投诉渠道，并在营业场所开辟投诉专区，张贴投诉办理须知，公布投诉办理流程和时限，健全了公司网站的投诉功能，建立与消费者的网上互动交流平台。

党务建设 7 月，总公司成立地区统管党委，分公司配合平安银行参加江苏地区产寿证投银行等机构召开的党员代表大会，选举地区统管党委的领导，进行整建制转出工作。分公司党委还全面开展 2013 年度创先争优的评比总结工作，表彰先进基层党组织优秀共产党员和党务工作者。

【重大活动】 5 月，平安人寿江苏分公司联合产、养险、银行、证券共同举办“平安一家亲”趣味运动会，倡导员工快乐工作、健康生活。

5–9 月，平安人寿江苏分公司举办“友善安心，欢乐平安”第 18 届客户服务节。活动项目包括少儿才艺大赛、平安大讲堂、社区活动、志愿者行动等线下活动以及“记忆中的旋律”、“千万客户大回访”和“才艺总决赛投票”等线上活动。活动共邀请到 27 万余名新老客户参与。

8 月，平安人寿江苏分公司举办“圆梦手拉手”活动

6 月 15 日，平安人寿江苏分公司联合平安产险在南京市文化艺术中心开展“易经智慧 财富人生”VIP 会员大型专场讲座，约 1000 名 VIP 客户及其家属参加此次活动。此次 VIP 专场讲座是本年度江苏地区平安产寿联办规模最大的一次会员活动。

9 月，在由江苏省保险行业协会所举办的保险销售人员岗位技能大赛中，平安人寿江苏分公司荣获保险销售人员岗位技能大赛优秀组织奖。

10 月，平安人寿推出首款费率市场化产品——“平安福健康保障计划”。作为公司保障型产品的旗舰品牌，该产品由平安福终身寿险、附加平安福提前给付重大疾病保险组成，是涵盖身故、30 种重大疾病、普通意外、公共交通意外、自驾车驾乘意外、281 项残疾、保费豁免等多项责任的综合保障。与过去的传统型寿险产品相比，在保费相同的情况下，“平安福”保额更高，为消费者带来更多保障和实惠。

12 月 14–15 日，平安人寿江苏分公司举办的“圣诞乐”VIP 会员观影活动于在南京紫峰卢米埃影城举办。此次活动邀约平安人寿南京地区 700 位 VIP 黄金卡会员及其家属，现场近 1400 位客户及家属参与。

12 月，平安人寿江苏分公司先后获得由南京放心消费创建活动办公室、南京出版传媒集团、《金陵晚报》等单位评选颁发的创建放心消费城市先进单位、2013 年最具影响力保险公司、“家门口的特色网点”等荣誉称号。

2013年，为践行“简单便捷 友善安心”的服务理念，平安人寿推出三大服务举措：一、服务多渠道。客户只要有电脑、手机、电话等，无需到公司柜面就可以办理业务；二、理赔提速。对于资料齐全的标准案件，两天内承诺赔付；三、上门理赔服务。客户通过电话等形式预约，足不出户即可享受专员上门理赔服务。此外，公司信守合约，主动开展“为客户寻找理赔理由”行动，秉承“拒赔更审慎”原则，优化理赔程序，确保每一起拒赔案件均由具有多年从业经验的资深核赔人审慎核查。全省相继涌现出多起数额较大的主动赔付案例，得到投保人的一致赞扬，受到媒体广泛关注。

【重大承保】 1月17日，平安人寿江苏分公司承保陈某投保的“护身福+护身福重疾+附加意外08”险种，保费21万元，保额3039万元。

2月17日，平安人寿江苏分公司承保陈某投保的“护身福+护身福重疾+护身福意外+附加残疾+附加定期+豁免重疾C12”险种，保费9万元，保额832万元。

3月14日，平安人寿江苏分公司承保周某投保的“护身福+护身福重疾+护身福意外+豁免重疾C12”险种，保费41万元，保额1596万元。

4月15日，单某年投保鑫盛12+附加意外08+意外医疗A，人身险保额1100万元，整单保费39.36万元。

5月8日，平安人寿江苏分公司承保何某投保的“护身福+护身福重疾+护身福意外+豁免重疾C12+附加残疾”险种，保费8万元，保额1185万元。

5月23日，平安人寿江苏分公司承保顾某投保的“护身福+护身福重疾+豁免重疾C12+护身福意外”险种，保费17万元，保额1083万元。

5月29日，平安人寿江苏分公司承保顾某投保的“护身福+护身福重疾+豁免重疾C12+护身福意外”险种，保费16万元，保额1062万元。

5月30日，平安人寿江苏分公司承保裴某投保的“豁免重疾C12+护身福重疾+护身福意外+护身福+附加意外08+意外医疗B+附加定期”险种，保费4万元，保额1012万元。

8月22日，平安人寿江苏分公司承保季某投保的“护身福+护身福重疾+附加意外08+豁免重疾C12”险种，保费27万元，保额1609万元。

9月2日，平安人寿江苏分公司承保柯某投保的“幸福A04+附加意外08”险种，保费2万元，保额1000万元。

12月10日，平安人寿江苏分公司承保曹某投保的“幸福A04+附加意外08+护身福+护身福重疾+附加意外08+智胜人生”险种，保费17万元，保额4030万元。

【重大赔付】 2012年8月16日，被保险人王某驾驶小型轿车行驶过程中，方向失控撞上路边护栏，王某当场死亡。2013年，平安人寿江苏分公司向保单受益人赔付约70.29万元。王某于2007年5月15日投保稳赢一生II险30份。

2012年9月6日，被保险人童因鼻咽癌医治无效身故。2013年，平安人寿江苏分公司向保单受益人赔付54.19万余元。童某于2000年8月28日投保长青B险，附加住院医疗险1档，住院安心险1档，意外伤害险，意外医疗险，平安康泰险；2003年8月2日再次投保平安鸿祥险。2011年7月被保险人确诊鼻咽癌，同年曾申请赔付3万元，并豁免该险种保费。

2012年11月29日，被保险人高某作为乘车人在乘坐他人小型普通客车时发生交通事故，经抢救无效死亡。2013年，平安人寿江苏分公司实际向保单身故受益人赔付约61.54万元。高某于2008年11月13日和2010年6月26日分别在南京投保如意两全险，如意意外险，安行两全险，安行意外险。2009年5月26日在吉林省通化市投保智盈人生险，智盈重疾险，附加无忧意外险，无忧意外医疗险。

2012年12月，被保险人于某在大连洽谈生意过程中被人杀害。平安人寿在最短的时间内完成所有内部流程，于2013年初按合同约定赔付意外身故保险金190万元。于某于2006年9月投保智富人生保险；因经常出差，2011年初加保意外伤害保险；2012年初再次投保常青树健康保障计划组合。

1月10日，被保险人许某驾驶小型普通客车与另一辆重型半挂牵引车相撞，许某经抢救无效后死亡。平安人寿江苏分公司向保单受益人赔付约80.1万元。许某于2012年12月29日在宿迁支公司投保安行两全险。

1月，被保险人陈某递交理赔申请资料。平安人寿南通中心支公司给付保险金109.57万元。陈某为其妻徐某于2011年2月在平安人寿投保平安智盈人生保险12万+智盈重疾10万+无忧意外5万+无忧医疗1万，同时投保平安逸享人生12万+健享人生2份；2012年3月又通过电话销售投保平安安行意外保险40万。2012年8月，徐某独自驾车外出，途中与重型专项作业车相撞死亡。

3月3日，被保险人周某因肝硬化医治无效身故。平安人寿江苏分公司向保单受益人赔付约111万元。周某于2009年8月11日投保千禧红E险100份。

4月24日，被保险人孙某驾驶一辆昌河面包车与一辆大货车追尾，孙某当场死亡。平安人寿江苏分公司向保单受益人赔付100万余元。孙某于2012年8月30日投保鑫盛险、鑫盛重疾险，

5-9月，平安人寿江苏分公司开展第18届客服节活动

5月，平安人寿江苏分公司与各兄弟公司共同开展"平安一家亲"趣味运动会

附加意外08险、意外医疗A险、健享人生A险2份、住院日额075份；2013年3月8日投保意外伤害08险67万元。

6月7日，被保险人胡某驾驶自有小型普通客车在104国道宁杭高速溧阳西高速桥下处，撞到高速桥东侧中央桥墩发生事故，胡某死亡。平安人寿江苏分公司向保单受益人赔付约83.36万元。胡某于2010年7月27日投保安行两全险914元，安行意外险。

6月15日，被保险人张某因患脑胶质瘤医治无效身故。平安人寿苏州中心支公司向受益人赔付109.27万元。张某于2001年7月29日投保世纪理财险，2004年5月12日投保世纪同祥险，2006年3月28日投保智富人生B险，2010年10月28日投保金裕人生。

6月20日，被保险人李某因急性心肌梗死医治无效身故。平安人寿江苏分公司向保单受益人赔付约64.7万元。李某于2010年在公司投保千禧红E险计5份，2012年购买金宝盆险3份，2011年购买金利多险2份，2011年购买金富贵A险1份。

8月12日，被保险人黄某在家服毒自杀死亡。经核实，被保险人投保时间已超2年，此次事故明确属于保险责任，平安人寿江苏分公司向保单身故受益人赔付49万元。黄某于2008年7月24日投保幸福A04险。

10月6日，被保险人鲁某驾驶农用手扶拖拉机不慎翻入农田路边沟内，被保险人死亡。平安人寿江苏分公司向保单受益人赔付50万元。鲁某于6月9日投保智胜人生险，智胜重疾险，附加健享人生A险，无忧意外险，无忧医疗A险。

【公益活动】 4月20日，平安人寿无锡中心支公司组织员工向雅安地震灾区捐献善款1.6万余元。

7月8日，全国保险业首个"保险公众宣传日"，平安人寿江苏分公司在全省范围内积极开展广场宣传等系列活动，向社会大众宣传保险知识。

8月，平安人寿江苏分公司与江苏城市频道联合开展"圆梦手拉手"大型公益主题活动。活动邀请贵州、雅安芦山震区以及江苏苏北的经济困难家庭的100名小学生，利用暑假分为4批来到南京，和南京的爱心志愿家庭共同体验为期四天的暑期生活。

8月5日，南京巨鼎区的普通业务员沈佳佳，与公司同事一起前往庐山游玩时，勇救落水儿童。

11月9日，平安人寿苏州分公司的志愿者们驱车前往泰州市高港区大泗平安希望小学，除向学校捐赠全套音响设备用于学校基础建设，志愿者们还为整个五年级约100多名学生上了课，让他们更加了解自己的身体构造，学会在日常生活中保护自己。

【教育培训】 10月11日，平安人寿江苏分公司平安福新产品启动大会暨种子讲师班同时举行，拉开江苏分公司保障型产品推动的序幕。此次会议秉承"回归寿险销售本质"的精神，全力引导队伍产品结构转型。

4月，平安人寿江苏分公司培训部在南京举办"训练型讲师转型示范班"，在全省五家大型机构精心挑选近40名外勤专业导师进行训练型转型的第一次尝试。截至2013年底，全省近10名导师完成训练型转型，这批导师以全新的面貌和对课程目标的精确掌握，活跃在分公司甚至是东区的各类培训讲堂上。

新华人寿保险股份有限公司江苏分公司

【概况】 2000年4月28日，新华人寿保险有限公司江苏分公司经中国保监会批准，在南京正式成立。至2013年，分支机构已覆盖江苏省内苏州、无锡、南通、常州等12个地市，分支机构数量73家，机构达标率稳步提升，内外勤队伍逾6000人；累计实现业务规模保费近400亿元，累计服务客户数超过130万个。

2013年，分公司紧密围绕总公司提出的"三个目标、四个要求、两个主题、五个到位、一个原则"，坚持"讲责任、谈奉献、树正气、举创新、重执行"十五字方针，以持续人力发展为基石，以价值正成长为依托，以"提高管理效益、深化队伍建设、积极产品转型、推动机构发展，资源不断集中"为支柱，重点打造本部计划和苏南腾飞工程，全体江苏新华人奋勇拼搏，实现了价值的成长与突破，核心渠道业务快速增长，组织绩效位于系统前列。

【经营业绩】 2013年，江苏分公司实现新契约规模保费18.8亿元，年度计划达成率139%；实现价值保费3.4亿元，年度计划达成率124%，增长率系统第一，达成率系统第二；实现总规模保费51亿元，年度计划达成率115%。2013年，分公司整体毛价值达成率133.5%，达成率排名系统第三；其中个险年度达成率143%，达成率排名系统第二；续期新单年度达成率165.9%，达成率排名系统第三。

【渠道建设】 营销渠道　截至12月，新华保险江苏分公司实现个人营销价值保费2.45亿元，系统排名第五，个险规模3.05亿元，系统排名第9。KPI指标情况良好，规模人力5195人，合格人力2341人，活动率47%，绩优人力1057人。

银代渠道　银代渠道实现价值保费4333.5万元，期交保费1.45亿元，规模保费13.28亿元；规模人员活动率63%，期交人均产能1.8万元，期交网均产能1.7万元。

法人渠道　法人渠道实现短险保费6187万元，总公司计划达成103.1%，同比增长27.2%；规模保费达成11620万元，达成率为149.0%。

续收渠道　续收渠道新单实现规模保费6629万元，价值保费4523万元，价值达成率为157.3%，系统内排名第八位。个险13个月继续率89%，银代13个月继续率91%。

【内部管控】关注价值成长，关注队伍优化、产品结构优化。新华保险江苏分公司承接总公司战略，提出坚守价值，走健康可持续发展之路。主渠道成功完成产品转型、队伍转型；营销渠道产品结构快速调整，业务价值率达70%以上，个人业务绩优人力从两年前的700多人，提升到2013年的1100人。标准组数从100多个，提升到2013年的230个。银代也积极转型创新，开始发展服务营销队伍，成为新的价值增长点。续收渠道也大力调整产品结构，以提高客户保险保障为突破口，加大产品组合销售，健康险占比稳步提升。

启动苏南计划，开拓战略市场，培育富裕客户。三季度，江苏分公司凭借总公司"苏南腾飞"计划实施契机，探索经营路径，加快发展脚步，呈现机构发展新局面。江苏分公司采用高投入、高产出、高平台的机构发展策略，以系统化运作的方式，集省公司、中支、支公司三方力量，集中资源和精力，夯实队伍基础，扩大市场规模。组数、标准组数、合格人力、绩优人力四大关键指标均实现提升。

关注思想统一，干部成长，人才培养。江苏分公司建立起以价值为核心的考核体系，保证了全年任务的达成。同时加快人才引进，有效支持业务持续健康发展与机构延伸，分公司非常重视人才梯队建设，根据总公司"5+X"培训体系，2013年举办13期"动力系"培训，参训人数为654人。

建好后援平台，优化运营保障、客户体验。运营各项KPI指标持续向好，排名系统前五名；大项目E保通推广顺利，全省业务员使用E保通近千人，2013年通过E保通顺利出单的最大单笔保费达308万元；2013年年中完成业务档案首批区域集中。同时，江苏分公司定期在全省开展退保、满期给付风险排查工作，2013年无一起群访群诉事件发生。反洗钱管理水平也得到有效提高，业务支持能力不断提升。通过E保通推广、绩优业务员绿色通道服务，全省推广100%住院慰问服务等举措，持续提升客户满意度，加大支持业务发展力度。

7月5日，新华保险江苏分公司开展"寻访党摇篮 共圆新华梦"教育实践活动

前、后线共振，资源配置效率化。江苏分公司财务运转良好，资源投入坚持向前线倾斜。2013年整体预算执行率92.7%。前线开源，后线节流，分公司从快递校核、车辆管理、职场减租等细微环节入手，加强费用管控，并通过创新实施EMC照明节能项目，每年预计节省40万-50万元照明电费。

【企业文化】愿景：中国最优秀的以全方位寿险业务为核心的金融服务集团。使命：为客户提供幸福生活的保障，为股东贡献稳定持续的回报，为员工创造成就自我的机会，为社会增添和谐安宁的力量。价值观：诚信、责任、公平、创新、进取。

【创建工作】2013年，新华保险江苏分公司参加全省保险业青年第九套广播操比赛荣获一等奖。分公司党委积极开展以科学发展为主题的创建文明单位活动，并切实与公司各项发展有机结合起来，健全创建长效机制，形成较好的发展氛围，首次被评为"江苏省文明单位"。分公司还陆续荣获"诚信守约典范金融(保险)机构"、"年度最佳保险服务创新奖"、"创建放心消费城市先进单位"等多项殊荣。

【重大活动】1月10日，江苏分公司组织召开十八大精神学习会议，全省党员、入党积极分子及基层经理层级以上人员分别以现场和视频的方式参会。此次学习会由南京市委党校领导主讲，详细讲解了党的指导思想、发展道路、奋斗目标以及战略部署。

1月11日，分公司召开全省契约骨干"E保通承保支持培训会议"，会议要求参会人员对E保通承保管理规范、实际投保操作、PAD功能使用全员通关。

1月29日，分公司召开2013年吉庆有余满期风险应对培训会议，会议就2013年吉庆满期数据进行分析，并对吉庆满期客户投诉应对方案、柜面服务方案、给付流程优化方案等内容进行宣导，同时作了媒体应对工作流程专项培训。

2月起，分公司在全省逐步推广微信服务相关应用功能，建立客服系列四个微信群，涉及柜面、服务管理、投诉管理、回访管理等，主要应用于日常工作发布、成果展示、交流沟通，以此提升工作效率，改善绩效。

4月11-13日，分公司组织举办2013年一季度主管轮训暨养老规划资格认证5班联动，来自全省541位主管、跨越主任及42位区经理参训。此次

2013年,新华保险江苏分公司开展寻找生存金主人活动

培训内容包括主管自主经营理论与实际知识,自主经营典范分享,以及从资产传承、养老规划的角度进行新产品的学习和通关。

4月下旬,为深入贯彻落实公司"以客户为中心"的经营战略,全面提升四级机构运营服务支持能力,根据总公司要求,分公司正式启动全省四级机构柜面运营标准化建设工作,并对全省中支总经理做现场宣导。

5月中旬,新华保险江苏分公司被江苏保监局确定为江苏省第一批大病保险经营资质公司。

6月17日,共青团新华保险江苏分公司第三届委员会改选大会召开,参会人员共计33人,会议通过民主投票差额方式选举出7名新任团委委员,刘英任书记、倪畅任副书记,顾玥、陈晓晨、苍宇旻、史传斌、原野任委员。

6月25日,分公司召开非正常退保、给付突发事件应急处置工作小组会议,彭军总经理、陈宁总监及各部门小组成员参会。会议通报分公司突发事件应急处理自查工作情况,对分公司突发事件应急预案进行宣导,并布置下一阶段突发事件应急处置工作安排。

7月5日,分公司党委组织三个直属党支部35名党员,到浙江嘉兴南湖开展"寻访党摇篮　共圆新华梦"教育实践活动。

7月8日,新华保险江苏分公司参加由江苏保监局和江苏省保险行业协会联合举办的"全国保险公众宣传日"广场活动。

12月19日,新华保险江苏分公司运营管理部联合客户服务部召开"江苏分公司2013年度运营工作会议暨投诉专项现场技能培训会",分公司郭晓军副总经理、运营总监陈宁及部门相关负责人参会。会议总结2013年运营整体工作达成情况,深入研讨2014年整体工作思路及开门红服务支持。

12月21日,新华保险江苏分公司在南通召开"2014年开门红期间投诉风险应对研讨暨培训会议"。会议对部分重点机构万能险投诉处理进行研讨并达成共识:高度重视万能险投诉处理,严防群访群诉;凝聚机构集体力量,分工协作,共同处理;扎实基础工作,做好日报预警。

【重大承保】 2月,沈某在新华保险江苏分公司投保"红双喜A"险种,累计保额460万元,趸交保费400万元。

4月,周某在新华保险江苏分公司投保"精选一号"险种,累计保额300万元,趸交保费300万元。

5月,陈某在新华保险江苏分公司投保"精选一号"险种,累计保额500万元,趸交保费500万元。

9月,朱某在新华保险江苏分公司投保"红双喜喜福汇"险种,累计保额424万元,趸交保费400万元。

【重大赔付】 9月18日,被保险人胡某在驾驶二轮摩托车行驶时,与转弯掉头的小轿车相撞,胡某受伤,经医院抢救无效于9月25日死亡。新华保险江苏分公司向受益人赔付50万元。8月10日,南通某金属构件公司为其员工胡某投保"华平团体意外伤害保险",保额50万元。

11月15日,被保险人周某在驾驶电动自行车行驶时,与停放在非机动车道的重型半挂牵引车发生碰撞,经抢救无效身故。新华保险江苏分公司赔付50万元。4月8日,南通某劳务公司为其单位员工周某投保"华平团体意外伤害保险",保额50万元。

11月12日,被保险人潘某跳楼自杀身亡。由公安机关相关证明证实,属于保险责任,新华保险江苏分公司赔付身故保险金及对应红利共计46.37万元。常州潘某在2006年5月至2009年7月期间,为其本人投保"定期寿险(A款)"、"健康天使重大疾病保险"、"美满安康两全保险(A款)(分红型)"、"健康福星增额终身重大疾病保险"、"富贵人生两全保险(A款)(分红型)",保额共计36.8万元。

7月11日,新华保险江苏分公司苏南腾飞计划启动

泰康人寿保险股份有限公司江苏分公司

8月13日，泰康人寿江苏分公司业管部理赔团队荣获南京市文明办、南京日报社、人行南京分行等主办的"美丽南京 微笑使者"主题活动荣誉称号

【经营业绩】 个险业务 2013年，泰康人寿保险股份有限公司江苏分公司个险业务坚定走专业化路线，全年个险业务新契约标准保费3.4亿元，同比增长15%。其中期交保费3.3亿元，同比增长14%。

银保业务 全年银保业务规模保费17.4亿元，其中新契约规模保费11.1亿元，与2012年基本持平，期交保费8679万元。

电销业务 全年电销业务实现年化标保4132万元，同比增长45%。

2013年，分公司新增险种有："泰康财富人生E款年金保险（分红型）"、"泰康万里无忧两全保险"、"泰康附加基本B款重大疾病保险"、"泰康盈泰A款年金保险"、"泰康金满仓E款两全保险（分红型）"、"泰康智慧理财B款终身寿险（万能型）"、"泰康富足人生年金保险（分红型）"、"泰康祥云一号C款保障计划"、"泰康e顺高额航空意外保险计划"、"泰康e爱家养老无忧终身年金保险（分红型）"、"泰康蒲公英保障计划"、"泰康e康终身防癌疾病保险条款"、"泰康乐鸿两全保险"、"泰康附加乐鸿防癌疾病保险"、"泰康乐顺意外伤害保险"、"泰康乐顺少儿重大疾病保险"、"泰康乐顺女性疾病保险。

【内部管控】 中支公司内控梳理工作 2013年，泰康人寿江苏分公司启动中支公司内控梳理项目。至年底，分公司已经完成对扬州、无锡、连云港、泰州、淮安五家中支的内控梳理项目现场测试工作并提交内控测试报告，其余7家中支的现场测试将在2014年一季度完成。项目现场测试完成后，将整理形成中支公司内控管理手册。

反洗钱工作 江苏分公司加大对反洗钱宣传和培训的力度，5月和三季度两次开展反洗钱专项宣传活动。11月份配合总公司承办2013年度全系统反洗钱专项培训。在反洗钱制度执行方面，分公司也加强对机构反洗钱工作开展情况和制度执行情况的检查，对检查发现的问题及时予以解决。

风险防范 2013年，分公司开展重大案件风险预防和排查、中介业务风险排查、涉嫌非法集资广告资讯信息排查、年度风险排查、销售管理风险排查等各类风险排查工作。各类风险排查均按照要求，有序开展，对于排查发现的风险隐患能得到有效解决，没有出现系统性重大风险，同时分公司还对全省各机构进行风险监测，发现风险及时提示，全年共发出风险提示20份，有效化解各类经营风险。

9月17日，泰康人寿江苏分公司爱心志愿者为南京市方兴小学献爱心

【重大活动】 1月7日，2012年（第三届）南京金融风云榜揭榜，泰康人寿江苏分公司获"理赔创新服务奖"。

2月5日，江苏分公司在南京召开2012年度先进表彰大会暨新春联欢会，表彰2012年度为公司发展做出卓越贡献的优秀集体和优秀个人。

2月20-21日，为贯彻公司"组织发展"和"机构建设"两大主题工作的落实，江苏分公司个险系列在海军指挥学院召开全省组织发展研讨暨四级机构经营分析会。

3月15日上午，江苏省暨南京市2013年举行纪念"3·15"国际消费者权益日大型广场活动，江苏分公司参与保险业现场咨询。

3月30日，由江苏分公司与南京《东方卫报》联手举办的"拥抱春天、幸福有约"泰康人寿风筝节完美落幕，3000多名市民及公司准客户获邀入园参与风筝放飞、泰康爱家小画手、幸福微语录及高跟鞋比拼等丰富多彩的游园活动。

5月30日，在总公司运营中心核赔部的大力支持下，江苏分公司率先完成江苏市场首例微信理赔，全流程仅用一小时结案，赔付客户1800元。

6月8-9日，江苏分公司明星俱乐部表彰暨惊雷行动阶段启动大会在泰州召开。

8月13日，江苏分公司业管部理

赔团队获南京市文明办、南京日报社、人行南京分行等单位主办的“美丽南京　微笑使者”主题活动荣誉称号，向市民展现了窗口服务单位的动人微笑。

9月14日，“幸福有约养老社区”全国巡展江苏站活动在南京国际会议大酒店隆重举行，来自全省各地市的120余名高端客户参与此次发布会。

9月17日上午，江苏分公司的爱心志愿者到长江大桥下的方兴小学，为民工子弟带去70份代表爱心与关爱的月饼。

11月26日，泰康人寿总公司董事长兼首席执行官陈东升赴江苏分公司调研指导工作。

【重大承保】 1月，泰康人寿无锡中支承保吴某投保的个险财富人生C，保费年缴100万元。

1月，泰康人寿常州中支承保张某投保的银保幸福人生A，保费年缴100万元。

3月，泰康人寿无锡中支承保王某投保的银保幸福人生A，保费年缴125万元。

3月，泰康人寿扬州中支承保褚某投保的银保幸福人生A，保费年缴200万元。

3月，泰康人寿常州中支承保朱某投保的银保幸福人生A，保费年缴100万元。

6月，泰康人寿南通中支承保成某投保的银保幸福人生A，保费趸缴200万元。

7月，泰康人寿南京本部承保刘某投保的个险财富人生E，保费趸缴200万元。

9月，泰康人寿扬州中支承保吴某投保的银保幸福人生A，保费年缴100万元。

【重大赔付】 5月24日，泰康人寿江苏分公司赔付被保险人钟某身故受益人保险金63万余元。4月，被保险人钟某在工地因墙体倒塌被意外砸伤不幸身故。

8月29日，泰康人寿江苏分公司赔付被保险人过某身故受益人保险金42.7万余元。8月，被保险人过某因肝癌医治无效不幸身故。

9月2日，泰康人寿江苏分公司赔付被保险人庄某身故受益人保险金43.8万余元。8月，被保险人庄某因肝癌医治无效不幸身故。

【教育培训】 2013年，泰康人寿江苏分公司认真践行人才立司、以人为本的战略，认真执行“专业　突破　脚踏实地”的精神，落实“让所有员工有所成长、让优秀人才脱颖而出”，重视员工的教育培训，关注员工的持续成长，针对各层级干部员工，有针对性地开展系列培训，先后举办千人计划龙蟠训练营、海安电销专项培训班、千人计划鸿泰训练营江苏班、第10期基层主管培训班、第22期新员工培训班，参训191人次。同时鼓励员工进行企业大学网络课程的学习，出台2013年度泰康企业大学网络课程学习方案，对企业大学网络课程学习进行要求，同时建立奖惩制度。

11月26日，泰康人寿总公司董事长兼首席执行官陈东升在江苏分公司调研

美国友邦保险有限公司江苏分公司

【概况】 2013年，友邦保险有限公司江苏分公司继续致力于为广大客户提供全面、优质的保险保障服务。在优化销售渠道、创新销售模式的基础上，公司坚持合规经营，全面落实监管规定，真正做到“守信用、担风险、重服务、合规范”。截至年底，友邦保险江苏分公司设有8家中心支公司、1家电话销售中心及40家营销服务部，业务范围遍及南京、苏州、南通、徐州、无锡、泰州、常州、扬州、连云港、盐城10个城市。公司拥有内勤员工319人，其中本科及以上学历占比68.34%；营销员2343人，持证率100%。

【经营业绩】 2013年，友邦保险江苏分公司实现保费收入70420.32万元，同比增长21.79%。其中，个人代理保费(包括个险和团险产品）收入60540.94万元，同比增长23.81%；银行保险渠道保费收入7984.81万元；其它渠道保费收入1894.57万元。2013年的总保费收入中，保障性保险(包括意外、健康和传统寿险)的保费收入44915.21万元，同比增长32.57%。

2013年，分公司新增10个险种：友邦双盈人生II终身寿险（投资连结型)、友邦尊享全佑一生“六合一”保障计划(加强版)、友邦康惠医疗保险、友邦尊享康惠医疗保险、友邦康逸医疗保险、友邦尊享康逸医疗保险、友邦稳赢一生保险计划、友邦全佑一生(乐成长版)疾病保险、友邦尊享全佑一生(乐成长版)疾病保险、友邦稳赢一生育英才保险计划。

停售5个险种：友邦双盈人生投资连结保险计划、友邦尊享全佑一生“六合一”保障计划(加强版)、友邦康乐成长保险计划、友邦康乐人生保险计划、友邦安盈人生保险计划。

【渠道建设】 个人营销　个险渠道仍然为友邦保险江苏分公司的主要营销渠道。2013年，公司继续坚持可持续发展的经营理念，打造一支职业化、专业化、

12月12日，友邦保险苏州中心支公司新职场启用仪式

信息化及制度化的高素质精英营销员队伍，持续加大对业务主管和保险营销员的训练辅导力度，进一步提高其业务素质和经营才能，为优秀人才的引进创造有利的环境，并力求向客户提供更为专业、优质的服务。同时公司继续鼓励和推广营销员使用IPAD展业的方式，继2012年上线AIATouch一站式互动销售平台之后，公司于2013年进一步推出AIA Touch2.1版本，在原有功能基础上新增在线刷卡即时支付保费功能，极大方便了客户缴费，提高了营销员的展业效率。通过完善的硬件、软件设施，分公司致力于建立便捷全面的营销模式，为客户提供切实的保障和服务。

银保　2013年，友邦保险江苏分公司着重加强与外资银行和地方性银行的合作，致力于满足客户真实需求，提供多元的全面财富保障型产品销售和专业化的保险服务。通过“顾问式营销”、“保险专业化销售流程”等一系列课程培训，公司加强银行保险销售人员的素质培养，力求提升银行保险销售人员的专业能力和服务意识。公司改变交叉捆绑销售模式，坚持以客户需求为导向，提供合适、专业的保险建议，杜绝销售误导。同时，加大风险防范意识，形成系统的责任追究机制和投诉处理流程，进一步加强银保渠道健康发展，以充分贯彻保险行业核心价值理念。

团险　2013年，友邦保险江苏分公司团险新单业务大幅度提升，公司累计协助超过4800家企业客户完善保障规划。在渠道创新方面，团体旅行险在线投保系统全面上线，为企业客户提供更加便捷的投保方式和保障服务。同时，公司制定有效的业务管理工具和标准化的作业流程，进一步加强对团险业务的管理。此外，通过不断优化运营流程、完善服务平台等措施，团险渠道的各项服务时效和满意度均获得显著提升。

电话营销　9月，友邦保险有限公司江苏分公司电话销售中心正式获得经营执照。作为公司多元化渠道发展的重要环节，电销话销售渠道采用自建运作模式，坚持合法、合规经营，严控销售质量，不断完善、扩大和有效管理电销渠道自有客户数据库，深度分析客户需求，致力于通过便捷的电话销售方式，为电话客户提供多样化的保险产品，满足客户不同阶段的保障需求，提高客户满意度。同时，渠道十分注重人才发展，积极培养高素质销售人员，形成专业、规范的销售系统，从而实现电话营销渠道的稳定发展。

【内部管控】　2013年，友邦保险江苏分公司进一步完善内控制度体系，上线并时时更新风险控制管理系统，定期采集风险控制评估结果，形成风险事件以及关键风险指标并进行分析跟进，建立多层次、多方位的监控体系，实现了对内部工作自始至终的严格监控。在员工及保险营销员的教育方面，分公司在中国区总部的统一安排下，以入职培训、日常邮件刊物及专项教育测评等多种形式深化员工及保险营销员的合规意识。在监管部门的指导下，公司制定了《满期给付与退保风险应急预案》，并形成定期检查更新机制，充分保障保险业务持续稳定健康发展，同时，友邦保险中国区总部修订生效了新版《友邦中国反洗钱政策》，进一步强化员工合规意识。分公司2013年度内控工作得到监管机构的表彰。全年江苏分公司及下属分支机构未发生任何一起监管处罚案件，也未发生任何一起重大风险事故。

【企业文化】　友邦保险致力于成为推动区域经济与社会发展的领袖企业，并将成为“亚太区寿险行业翘楚”作为企业的愿景。为实现这一目标，友邦确定了运营哲学——“用合适的人，以正确的方式，做正确的事”，这是友邦的核心价值观，也是奠定友邦保险独特文化的基石。遵循这一目标，分公司遵循“财务稳健　信守一生”的经营原则，坚持以诚信为本，坚守保障本质，倡导“用心服务”、“持续创新”、“人才发展”的企业文化，从产品设计、技术支持、人员培训、理赔服务等多方面不断完善，以充分满足客户需求。2013年，友邦保险提出“真生活　真伙伴”的全新品牌定位，完美诠释了友邦保险“以专业、诚信和爱，帮助家庭和企业抵御风险、积累财富、实现梦想”品牌文化内涵。专业、诚信、爱心、感恩，是友邦保险企业文化的灵魂，这样的文化理念指引公司的多元化服务质量不断提升，为更多的客户送上保障和关爱。

【重大活动】　3月27日，友邦保险有限公司江苏分公司完成行政许可和工商变更登记，正式更名为友邦保险有限公司江苏分公司。

6月1日，友邦保险针对营销员使用I PAD的展业方式正式推出AIA Touch2.1版本，在提供互动销售平台的基础上新增在线刷卡即时支付保费功能，极大方便了客户缴费，提高了营销员的展业效率。

9月2日，友邦保险全新推出“友邦稳赢一生保险计划”。该计划持“稳固本、赢无尽”的核心卖点，优化保险利益和投保规则，成为兼具保险保障、资金安全和长期账户增值潜力的新型保险产品。

12月1日，友邦保险推出“友邦全佑一生(乐成长版)疾病保险”及“友邦尊享全佑一生(乐成长版)疾病保险”两款产品。这两款产品面向儿童市场销售，在保持“一张保单、全面保障”的核心卖点基础上扩展了儿童特定疾病保障，同时尊享版在延续减免一年保费优惠的同时，针对儿童多发的白血病进行

9月22日,"友邦青年领袖激励沙龙暨中期分享会"江苏站活动

强化保障,贴合父母需求,保障儿童无忧成长。

12月12日,友邦保险苏州中心支公司新职场启用仪式在公司所在地苏州市苏绣路89号恒宇商务广场举办。新职场启用仪式上,公司向苏州市儿童少年基金会捐赠人民币2万元,该笔费用将用于苏州地区品学兼优、家庭困难的优秀学子的贫困助学使用。

【重大承保】 2月27日,友邦保险江苏分公司承保王某投保的常青树终身寿险(分红型),保额1000万元,期缴保费22.5万元,总保费652.5万元。

6月8日,友邦保险江苏分公司承保陈某投保的常青树终身寿险(分红型),保额500万元,期缴保费33.9万元,总保费406.78万元。

11月21日,友邦保险江苏分公司承保张某投保的传世尊享终身寿险,保额2000万元,期缴保费88.6万元,总保费1329万元。

12月27日,友邦保险江苏分公司承保张某投保的常青树终身寿险(分红型),保额500万元,期缴保费28.13万元,总保费422.02万元。

12月27日,友邦保险江苏分公司承保柳某投保的常青树终身寿险(分红型),保额500万元,期缴保费13.23万元,总保费304.27万元。

【重大赔付】 4月10日,友邦保险江苏分公司赔付投保人潘某全佑一生"五合一"疾病保险金50万元。投保人潘某于2011年1月06日为自己投保全佑一生五合一疾病保险、附加添益意外伤害保险。2013年3月15日,投保人因原发性肝癌伴破裂出血、肝炎后肝硬化、乙肝病毒携带者、门脉高压症在上海东方肝胆科医院住院治疗。

4月16日,友邦保险江苏分公司赔付受益人赵某安益意外伤害保险金200万元。投保人赵某于2012年9月27日为自己投保安益意外伤害保险、附加安益意外医药补偿医疗保险。2013年1月8日,投保人因交通事故溺水身故。

6月17日,友邦保险江苏分公司赔付投保人郭某附加守御人生重大疾病保险、尊享全佑一生六合一疾病保险金共计44万元。投保人郭某于2009年12月6日为自己投保守御人生两全保险、附加守御人生重大疾病保险、附加守御人生定期寿险。2011年12月23日,郭某再次为自己投保了尊享全佑一生六合一疾病保险、附加尊享全佑一生意外伤害保险。2013年5月15日,投保人因左叶甲状腺恶性肿瘤在昆山市第一医院住院治疗。

8月13日,友邦保险江苏分公司赔付被保险人朱某尊享全佑一生六合一疾病保险、全佑一生五合一疾病保险金共计48万元。投保人丁某分别于2010年12月1日和2013年1月10日为其配偶朱某投保全佑一生五合一疾病保险、附加添益B款住院费用补偿医疗保险和尊享全佑一生六合一疾病保险。2013年5月13日,被保险人因乳腺癌在上海市黄浦区中心医院住院治疗。

12月27日,友邦保险江苏分公司赔付被保险人顾某全佑一生五合一保险金95万元。投保人朱某于2011年2月27日为其配偶顾某投保全佑一生五合一保险。2013年8月9日,被保险人因脑膜瘤到复旦大学附属华山医院住院手术。

【公益活动】 2月1日,友邦保险江苏分公司携手南京市鼓楼区红十字会举办"博爱送万家"活动,向南京市鼓楼区中央门街道辖区内的20户贫困家庭捐助价值1万元的棉衣、球鞋、食品、学习用品等爱心物品,为生活困难的孩子们送上一份特别的新春问候。

3月5日,江苏泰兴一位3岁女童张某彤在自家灶台玩耍被突然爆炸的打火机严重烧伤,生命垂危。因无力支付高昂的医疗费,她只能在家靠注射消炎针、葡萄糖维持生命。3月11日,友邦保险泰兴营销服务部的营销员叶军自发组织"命运无情人有情"的捐款活动,活动志愿者联系市团委、市红十字会、村委、城管、各商家、各企业,发放倡议书,一场爱心活动迅速传播至泰兴的大街小巷。4月14日,在泰兴市鼓楼广场上,友邦保险泰州中心支公司组织募捐活动,截止下午6时,活动共募集人

6月1日,友邦保险江苏分公司邀请客户家庭与外来工子弟学校小朋友举办欢乐家庭日,共同度过"六一"儿童节

民币 5.94 万余元，公司全体营销员现场共捐献善款人民币 0.36 万元，公司累计捐献善款人民币 1.56 万元。

4 月 13 日，友邦保险江苏分公司爱心志愿者来到爱德面包坊，参观温馨的小作坊，现场和“喜憨儿”交流沟通，共同制作糕点。公司与爱德基金会签署合作协议，每月一次组织员工来到这里开展公益活动。爱德面包坊是爱德基金会旗下的非营利机构，是为智障青少年进行职业训练的工作坊。该工作坊为智障学员提供“非常真实的工作场景”，是一个公益性的职业技能培训项目。在爱德面包坊的工作人员将近三分之一是智障人士。

5 月 12 日，友邦保险江苏分公司在苏州大学敬贤堂举办“激励行动——友邦青年领袖计划” 活动的江苏启动仪式。为了鼓励、支持在校大学生持续地开展社会公益服务，为社会带来有益改变，同时通过项目实践，帮助青年提升能力，成为有责任的行动者和公益文化的倡导者，培养青年领袖，2012 年 11 月，友邦保险携手中国青少年发展基金会、网易在全国 12 所高校发起“激励行动—友邦青年领袖计划”。活动共收到来自北京、上海、广东、江苏、深圳地区包括北京大学、中国人民大学、复旦大学等 12 所高校的在校大学生提交的 252 个项目申请。经过数月的激烈角逐和严格的层层筛选，最终全国共有 57 个大学生公益项目入围“激励行动——友邦青年领袖计划”。江苏地区共有两所学校、8 个团队获得该项活动的资助。

2013 年，友邦保险有限公司向四川雅安地震灾区共捐款人民币 260 万元(包含员工及营销员捐款)，同时宣布启动多项应急措施，全力以赴支援抗震救灾工作，履行企业公民的社会责任。捐款通过中国儿童少年基金会购买灾区紧缺物资，尤其用于购买受灾当地妇女、儿童生活及医疗急需物资，同时对伤残儿童进行慰问及物资补贴；通过中国青少年发展基金会在灾区建立 30 所活动板房教室，并资助 100 位地震灾区困难学生，以最短时间帮助灾区少年儿童恢复正常生活与学习状态。友邦保险在华各分支机构也开通绿色理赔通道，最高级别优先处理地震相关理赔案件，简化理赔程序，并主动收集伤亡客户名单。

太平人寿保险有限公司江苏分公司

【概况】 太平人寿保险有限公司江苏分公司自 2003 年 7 月 3 日正式开业起，秉承“用心经营，诚信服务”的经营理念，以“创造富裕的安宁生活”为己任，建立起先进的业务集中管理体系、完善的各项管理制度，形成并强化了以“创新”、“专业化”、“体系化” 为特色的核心竞争优势。拥有了一支“高素质、高品质、高绩效”的内、外勤队伍。公司业务发展稳健，业务结构持续优化，稳居江苏省寿险公司前列。截至 2013 年底，分公司服务网络覆盖全省所有地级市，并基本覆盖所有县级城市，已在省内 13 个地市开设 2 家分公司、11 家中心支公司和 57 家四级机构。公司拥有内勤员工 1342 人，其中本科及以上学历人员占比 52%；营销员 5452 人，持证率 100%。

2013 年是中国太平保险集团公司实施新三年战略规划的关键年，作为新时期中国太平战略实施的“领头羊”和战略支撑力量，太平人寿勇担使命和责任。江苏分公司作为系统内贡献率排名前列的机构，紧密围绕“三年再造一个新太平”的战略目标，积极践行“一个客户、一个太平”的品牌战略，开拓进取，改革创新，提升专业服务，争创行业一流，为将“中国太平”打造成为世界金融服务的杰出中国品牌贡献更大力量。

【经营业绩】 2013 年，江苏分公司进一步加大对风险保障型和长期储蓄型等相关业务的重视程度，深化险种结构调整。分公司总保费收入 43.13 亿元，同比增长 38.69%。分红险 41.17 亿元，同比增长 39.30%，占总保费的 95.47%；普通险 1.95 亿元，同比增长 27.20%，占总保费的 4.53%；投连险 10.42 万元，万能险 0.51 万元，投连万能合计占总保费不足 0.01%。

【渠道建设】 太平人寿江苏分公司主要通过个人寿险营销、银行代理两大营销模式销售保险产品。2013 年个人代理渠道保费 16.39 亿元，同比增长 45.70%，占总保费的 38.01%；银邮代理渠道保费 26.38 亿元，同比增长 35.07%，占总保费的 61.17%；公司直销 0.35 亿元，同比增长 12.84%，占总保费的 0.82%。2013 年个人代理和银邮代理渠道同比增幅分别为 45.70%、35.07%。个人代理渠道的主要举措为：在人力方面，通过大力推动组织发展及荣誉体系建设，夯实基础管理；在经营策略方面，得益于总公司整体产品策略的推动。银邮代理渠道保费大幅增长主要源于开门红期间，分公司不断拓展合作渠道、狠抓队伍管理以及“红动太平”分公司挑战赛推动。分公司还依托中国太平保险集团的综合金融服务平台，为客户提供全方位的保险保障、金融理财和增值

11 月 28 日，集团李劲夫监事长在太平人寿江苏分公司开展中区调研指导工作

服务。

【内部管控】 2013年，江苏分公司坚持“诚信立司、专业治司、效益兴司、合力强司”的经营理念，深化总公司“整合资源，专业经营，创新发展，持续增长”的指导方针，在发展业务的同时，根据总公司和监管部门的要求不断完善内控制度，公司内控制度已涵盖公司管理的相关环节和层面，形成较为规范的管理体系，能够预防和及时发现、纠正公司运营过程中可能出现的风险，保护公司资产的安全和完整性，保证会计记录和会计信息的真实、准确、完整。

11月21日，江苏省红十字血液中心向太平人寿江苏分公司“无偿献血”活动赠匾

【重大活动】 1月19日，中国太平保险集团外方股东富杰集团中国首席代表苏永雄先生莅临太平人寿苏州分公司指导工作。

2月5日，中国太平保险集团总经理宋曙光一行慰问太平人寿江苏分公司一线员工。

3月13日，2013年度“月度十佳暨绩优成长日——舍我其谁”在江苏南京拉开帷幕。来自全国的2012年12月、2013年1月和2月的月度十佳以及江苏分公司300余名精英出席。

3月22日，太平人寿江苏分公司“十周年庆典杯”篮球挑战赛在南京落幕。江苏分公司代表队摘得桂冠，苏中、苏南代表队分获二、三名，来自南通中支的伙伴荣获“最佳得分王”称号。

4月27日，太平人寿江苏分公司借助总公司客服部联合交通银行举办“名家之约高端讲座”的机会，在全省范围组织交行高端客户参与活动，反响强烈，为2013年分公司“服务行销”战略的贯彻落实打下基础。

6月17日，太平人寿江苏分公司正式启动2013客户服务系列活动，活动以“爱在太平，幸福一生”为主题，举行一系列丰富多彩的客户服务活动，包括公益活动之“太平手拉手爱心书屋”，少儿活动之“把蓝天留给未来”，客户关怀系列活动三大方面。

7月8日，太平人寿江苏分公司响应保监会下发的以“保险，让生活更美好”为主题的全国保险公众宣传日活动号召，组织“公众开放日”、“公众接待日”系列活动。

7月18日，太平人寿江苏分公司10周年庆典暨表彰大会在河西希尔顿酒店盛大召开。太平人寿保险有限公司副总经理叶非、太平人寿江苏分公司领导班子成员，以及来自各机构的约800名参会代表共同参加此次盛会。

9月23日，太平人寿江苏分公司启动“绿色办公、全员行动、从我做起”系列活动，活动持续到2013年年底，分公司各部门以该活动主题进行早会演述，同时组织开展节水、节电、节能等方面的职场检查。

11月28日，集团监事长李劲夫一行莅临太平人寿江苏分公司进行中区调研座谈会。太平寿险、财险、养老、电商相关负责领导参与此次会议。

12月初，太平人寿江苏分公司总经理陈赣洪对泰州、无锡、南通3家机构开展调研指导。

【重大承保】 1月15日，郑某在太平人寿常州中心支公司投保太平财富红赢一号两全保险(分红型)，保费2000万元。

2月1日，王某在太平人寿南通中心支公司投保太平稳得赢两全保险(分红型)，保费900万元。

3月26日，陆某在太平人寿常州中心支公司投保太平财富红赢一号两全保险(分红型)，保费500万元。

【重大赔付】 5月17日，太平人寿徐州中心支公司赔付被保险人李某身故保险金30.27万元。2008年7月2日，李某为自己购买太平福祥一生终身寿险(分红型)，保额5万元，并且附加定期寿险，保额20万元。2013年4月10日李某在家中突发疾病，因治疗无效身故。

10月14日，太平人寿无锡中心支公司赔付被保险人许某身故保险金22.27万元。2007年11月9日，许某为自己购买太平一世终身寿险5万和太平人寿附加定期寿险15万元。2009年7月，许某罹患(鼻咽)上皮性恶性肿瘤。2013年经医院抢救无效身故。

12月10日，太平人寿镇江中心支公司赔付被保险人叶某重大疾病保险金28万元。2012年12月21日，赵某为丈夫叶某购买太平无忧终身寿险(分红型)，保额28万元。2013年下半年叶某被医院诊断为胃部恶性肿瘤。

【公益活动】 3月23日，太平人寿江苏分公司开展以“奉献爱”为主题的爱心敬老活动，分公司志愿者走进梅园老年照料中心，帮助老人，为老年照料中心清洁室内空调。

4月20日，四川雅安发生7级大地震。太平人寿江苏分公司迅速开展向灾区献爱心的行动部署，4月27日组织员工向江苏省血液中心进行集中献血，同时设立临时募捐箱，积极组织全体内外勤员工开展爱心捐款活动。

9月10日，太平人寿江苏分公司助理总经理李少君一行赴南京市江宁区龙都中心小学参加由双方共同举办的“太平人寿与龙都小学‘手拉手爱心书屋’捐赠暨龙都小学师徒结对仪式”活动，并代表江苏分公司的员工、客户们捐赠1000余本科普读物。

【教育培训】 3月1–2日、8月2–3日，太平人寿江苏分公司举办两期新员工培训，让新员工认识保险，充分了解江苏分公司的组织架构、各部门职能。全省共62名新员工参加培训。

10月26–27日，太平人寿江苏分公司开展2013年内勤PTT培训，全省共18名内勤员工参加培训，此次培训以提升分公司内勤员工讲演授课能力为主要目的。

11月1–3日，太平人寿江苏分公司举办全省一岗通培训，64名内勤参加此次培训会议，内容涵盖新契约、保全、反洗钱及咨诉等方面内容。

11月15日，太平人寿江苏分公司召开品牌宣传专项工作培训会议。

民生人寿保险股份有限公司江苏分公司

【经营业绩】 2013年，民生保险江苏分公司总实现总规模保费60530.95万元，同比下降19.84%。个险业务规模保费44569.48万元，同比增长10.77%；银保业务实现规模保费11821.8万元；多元综拓业务实现规模保费233.13万元；续期业务实现规模保费50929.76万元，同比减少2.42%。

【渠道建设】 民生保险江苏分公司将实现结构优化调整、提升业务平台、扩大市场占比作为工作中的重点。全面贯彻落实“稳健经营、以效益为中心”的指导思想，积极推进业务结构的战略性调整。在个险业务方面，继续坚持走内涵价值的路线，以个人期缴为业务核心，优化业务结构，加大业务推动力度；加强基础管理，狠抓队伍建设，落实各项改革措施。以营销标准部的建设作为以提升有效人力为突破口，强化新增管理。深入推进重点四级机构战略，稳健提升机构产能。持续推动绩优工程，建立绩优体系。理顺和完善培训组织架构，以新人育成为核心，持续提升新人留存率。客服续收方面，在加大客户服务专员技能技巧培训的基础上，强化区域管理，加续期知识的培训和管理。客户服务工作方面从抓服务入手，加强对客服工作的管理力度，加强县区内勤管理体现服务品质。全年通过“理赔绿色通道服务”、“客服嘉年华”等活动的开展，牢固树立“以客户为中心”的理念，扎扎实实抓基础、全力以赴抓服务，积极打造民生人寿优质服务的品牌。

【企业文化】 民生保险以“创造受人尊敬的公司”为企业愿景，以“为民生服务”为企业使命，奉行“利他共生，共创共享，共同富裕”的企业价值观，秉持“讲真话，干实事”的企业精神，坚持内涵式可持续发展之路，为广大民众提供真诚体贴、专业全面的风险保障服务。

【创建工作】 2013年，分公司将思想政治工作与公司经营管理相结合，抓基层，打基础，开展“五好”党组织建设和“五带头”党员创建活动。分公司还在全省范围内深入开展精神文明创建活动，一方面在公司内优化客服柜面服务礼仪、提高服务效率，另一方面在公司外开展保险服务进社区活动，为居民普及保险知识，提供保险服务、产品的咨询，向居民宣传新《保险法》，切实做好“以创建树形象，以创建促发展”。

【重大活动】 6月1日，江苏分公司推出富贵尊贵产品，产品一经上市，好评

6月18日，民生人寿江苏分公司举行民生保险十年司庆献血活动

如潮，反响强烈。

6月18日，分公司举办形式多样的庆祝公司10周年生日活动，组织分公司全体内勤开展献血活动。

6月22日，分公司隆重举行“同心百团　传递荣耀”10周年司庆庆典活动，总结经验，表彰优秀团队及个人。

【重大承保】 1月1日，王某为其女儿投保民生幸福360少儿两全保险（分红型），保额109.73万余元，保费100万元。

8月7日，王某投保民生如意金康终身重大疾病保险，保额100万元，保费7.47万元。

【重大赔付】 2012年9月10日，被保险人朱某因脑中风在宜兴市人民医院住院治疗，于2013年4月25日被宜兴市中医院司法鉴定所鉴定为左上肢肌力II级以下，不能随意识活动。民生人寿江苏分公司赔付重疾保险金20万元。

2012年12月3日，被保险人杭某接过电话后突发昏迷，送至宜兴市人民医院治疗，12月7日Glasgow评分3分。民生人寿江苏分公司经调查，排除既往病史和免责事由后予以重疾正常赔付10万元。后杭某于2013年1月11日因“脑干出血”治疗无效死亡，民生人寿江苏分公司予以疾病身故正常赔付10万元。

1月2日，被保险人张某在公交站台附近被摩托车撞伤，送至镇江市第一人民医院急诊治疗，治疗无效死亡。民生人寿江苏分公司赔付19.6万元。

1月24日，被保险人吴某因在工作时被撬棒砸伤头部，抢救无效死亡。民生人寿江苏分公司赔付40万元。

4月7日，被保险人张某在工地干活不慎从楼上摔下，被送至江苏大学附属医院治疗，抢救无效于当日死亡。民生人寿江苏分公司赔付20万元。

9月19日，被保险人朱某在造桥时不慎从桥上摔下导致头部受伤，后经医院抢救无效于9月22日早晨死亡。民生人寿江苏分公司赔付39.68万余元。

生命人寿保险股份有限公司江苏分公司

【概况】 生命人寿保险股份有限公司是一家全国性的专业寿险公司，成立于2002年3月4日，总部位于深圳，公司现注册资本金117.52亿元。生命人寿江苏分公司成立于2004年8月，下设11家中心支公司和分公司本部，下辖支公司以下63家营业机构。此外，还有总公司直管单列的苏州分公司。

【经营业绩】 2013年，生命人寿江苏分公司实现总保费35.2148亿元，同比增长8.8%，实现新单规模29.3505亿元，同比增长5.6%，其中个险标保达成1.2亿元，同比增长0.4%，达成率84%；银代新单达成24.6715亿元，同比增长6.5%，达成率80%，银代期交达成0.59亿元，同比增长69%；团险规模保费达成650万元，同比负增长63%，系统排名第21位；经济代理渠道新单标准保费达成667万元，同比负增长15.4%。

【渠道建设】 2013年，江苏分公司贯彻总公司整体发展战略要求，以及未来在江苏市场的格局和定位，发起“百团大战”新筹弱改项目，针对全省具有发展潜力的机构，进行统一筹备及培训运作。分公司统一思想强化责任意识，落实重点工作，提升培训规格和质量，为2014年个险业务稳定奠定坚实基础。

【内部管控】 2013年，江苏分公司合规部坚持围绕中心、服务大局，以制度建设为核心，以强化基础管理为重点，着力推进公司内部工作流程优化。一是完善分公司制度，2013年修订和新增制度共计24项，废止制度5项。二是加大合规培训力度，对本级员工进行《提高制度执行力》《进行防范和打击非法集资工作》《合规政策宣导》等专题培训。三是深入开展各类风险排查，组织开展“重大案件风险排查”、“中介业务风险排查”、“销售管理环节风险排查”等自查自纠工作。

1月11日，生命人寿江苏分公司赔付被保险人韩某身故受益人疾病身故保险金96.45万元

【企业文化】 2013年面临改革转型和可持续发展的两大战略性问题，在关键时刻，江苏分公司从战略眼光出发，紧紧抓住企业文化这个核心竞争力，高度重视企业文化建设，打造独具特色的生命保险软实力。生命人寿江苏分公司自成立以来，一直秉持“内诚于心，外信于行”的核心价值观，打造“以营销为核心”的企划文化；“以培养人为核心”的成长文化；“简单”、“和谐”、“高效”、“务实”的职场文化；以“知恩”为美德的感恩文化；以“生命微力量”为代表的慈善文化，鼓励员工自强不息，奋发向上，争做一名敬业、专业、职业，有价值的优秀员工。

【创建工作】 2月，分公司召开职工代表大会，选举产生新一届工会组织。3月，分公司党总支升格为党委，并在全省机构建立党的基层组织，党组织的战斗力和凝聚力得到增强。分公司工会、团委号召和组织青年团员积极参加志愿者活动，在亚青会期间，主动上街义务为民服务。分公司还与南京建邺区社会福利院建立定点帮扶联系单位，每月安排十人以上到敬老院为老人送温暖爱心服务。分公司各级机构参加地方精神文明建设，如爱心帮扶、龙舟比赛、集会演讲、保险宣传、体育赛事等。

【重大活动】 4月8-12日，分公司8名入党积极分子参加由中共南京市建邺区委组织部及中共建邺区委党校组织的为期5天的入党积极分子培训班。

5月17日，分公司工会组织14名“生命微力量”内勤志愿者对南京市建邺区福利院进行帮扶及慰问。

6月4日，生命人寿股份有限公司总经理杨智呈莅临江苏分公司指导工作，并在分公司姜勇总的陪同下，拜访江苏保监局局长宋志华。

10月25日，分公司召开“江苏生命本级D类内勤培训班”，来自分公司各部门共23位D类内勤员工参加此次培训。

11月22-24日、12月1-2日，分公司在南京“十月军校”举行“三百金马”全省新人职前培训班，共有209人参与培训。

【重大承保】 8月9日，王某投保江苏分公司两全分红型保险，保费约200.58万元。

9月3日，唐某投保江苏分公司两全分红型保险，保费105.3万元。

【重大赔付】 1月11日，江苏分公司赔付被保险人韩某身故受益人疾病身故保险金96.45万元。被保险人韩女士于2010年购买生命伙伴财富连连年金保险(分红型)，2011年被保险人被确诊患右乳癌，经多次治疗，于2012年12月16日因右乳癌腋下淋巴结转移病故。

11月14日，江苏分公司赔付被保险人胡某理赔金33万元。胡某为中交第一公路工程局有限公司西气东输三线天然气管道东段隧道工程第四标段EPC项目工人，该单位于2012年8月投保生命团体建筑装修工程意外伤害保险(A款)，2012年7月2日被保险人在进行屋面作业时不慎把电焊手套掉入吊车滑线上，在取手套过程中不慎触电受伤，致左手、左腿、阴茎全毁，左手、左腿全面截肢。

【公益活动】 至2013年底，“生命微力量”共资助13名贫困学子，共134500元。每年9月一次性捐助3名贫困儿童各2000元，2012年10月帮扶4个困难家庭。截至2013年底，爱心账户预存25565.6元。

信诚人寿保险有限公司江苏省分公司

【概况】 信诚人寿保险有限公司成立于2000年，由中国中信集团和英国保诚集团共同发起创建，双方各占50%的股份。总部设在北京，公司的注册资本为23.6亿元人民币。信诚人寿于2004年9月入驻苏州，次年3月迁址南京并更名为江苏省分公司，是江苏省第一家中英合资人寿保险公司，南京市首家外资寿险省级分公司。公司产品涉及保障、储蓄、投资、养老及医疗等诸多领域，为江苏客户提供丰富、快捷、优质的保险和理财服务。至2013年底，江苏省分公司已在南京、苏州、无锡、常州、南通、镇江、徐州、宿迁8个地级市设立分支机构。2013年，公司在机构开设、业务拓展、渠道建设、内控合规等方面，以良好的业绩表现、专业的市场运作、成熟的管理机制，活跃在江苏寿险市场。

【经营业绩】 2013年，江苏省分公司实现总保费15270.34万元，其中营销渠道保费9144.78万元，银行保险渠道保费5864.64万元，团险渠总保费257.86万元，其他渠道保费3.06万元。分红险保费11124.94万元，较上年同期同比负增长3.90%；投资连结保险保费438.88万元，同比增长8.00%；万能保险保费87.83万元，同比增长15.30%；传统险保费3618.70万元，同比增长38.00%。

【渠道建设】 2013年，江苏省分公司紧紧围绕“改革与成长”的主题，向市场要业绩、向管理要效益，分公司营销员渠道、银保渠道和团险渠道均实现同比正增长，开创“全面增长、共同发展”的新局面。营销员渠道，通过调整组织架构、完善干部任用制度、强化培训和督导体系，继续夯实和优化营销基础管理，打造了一支敢于挑战、勇于创新和高执行力的营销队伍。银保渠道，稳固主渠道、拓展新渠道，利用银行代理兼业模式，拓宽营销区域；加强集团内部合作，成功开辟中信集团内子公司在江苏地区证保合作新局面；产品选择采取理财和保障类型同步推进、配套操作的模式，有效提高单位产能；进一步完善团队架构，提高从业人员素质，强化队伍的合规培训和技能培养。团险渠道，强化会议经营效果，将会议经营作为业务督导与合规经营的重要手段；完善客户服务体系，通过推出人性化服务项目不断提升客户满意度；细化岗位分工与职责，业务追踪积极有力、大大提升工作效率。

【内部管控】 2013年，江苏省分公司以提高风险意识、加强合规管理、完善问责机制为纲，以强化合规培训、严格风险检查、狠抓反洗钱工作为本，内控合规不断改善，全年无重大违法违规事件发生。(1)强化组织领导，落实监管规定。总公司层面建立以风险控制为导向的三道防线或三个层次的管理框架，对分公司风险进行管理。分公司有专门的风险合规项目经理，负责与总分公司、监管部门、消费者投诉等的协调沟通。

6月1日，中信证券—信诚人寿证保合作会议

9月8日，信诚人寿江苏省分公司开展“爱家悦生活”调研活动

针对各项现场与非现场检查等监管项目，均第一时间成立以总经理为组长的领导小组，强化沟通协调与解决机制。(2)完善考核体系，加强制度执行。公司以考核激励机制为切入点，努力引导各单位协调好业务发展与长期品质管理的关系。坚决执行制度约束机制，认真执行“总经理接待日”制度、落实群体性满期给付和退保事件管理办法、坚持运作“消费者权益保护及纪律委员”制度，积极、有效地处理各类投诉事件，将综合治理销售误导落到实处。(3)持续合规培训，强化合规监督。公司在合规基础知识、销售行为合规、管理团队合规及监管要求等方面，有序开展各类合规培训，持续提高员工合规工作水平及其专业素质。

【企业文化】 企业精神：聆听所致，信诚所在

愿景：成为中国最值得推荐的保险及理财方案的提供者(最专业的、客户最满意的、人才最向往的、最创新进取的)

核心价值观：卓越成长，尊重差异，信任授权，全心关怀，快乐工作

使命：让每个家庭安心，让每个客户称心，让每个营销员舒心，让每个员工开心，让每个股东放心，让未来充满信心。

【创建工作】 2013年，信诚人寿江苏省分公司全体共产党员紧紧围绕“公平文化、增长文化、贡献文化、奖惩文化”的核心价值理念，切实加强思想、组织、作风和制度建设，为省分公司党支部成立构筑制度基础和组织保障，分公司已于2013年底向信诚人寿总公司正式提出党支部成立申请，并已处于获批阶段。分公司继续坚持内勤荣誉激励体系建设。分公司和各级机构设立优秀员工、优秀主管、优秀管理者、五星员工等荣誉称号，并给与物质与精神奖励，激励员工奋发向上，全力服务业务发展。南通中心支公司积极加强风险控制，健全安全防控体系，全面落实各项安全措施，深入推进各方面矛盾纠纷化解，杜绝可防性案件、事故的发生，在平安金融创建活动中取得一定成绩，成功入围江苏省平安金融创建示范单位评选。11月12日，在由南京市消费者协会、南京市工商局等主办的“2013年南京市放心消费城市创建金融业服务新价值”年度活动中，信诚人寿江苏省分公司荣膺“2013年度创建放心消费城市先进单位”殊荣。

【重大活动】 3月11日，公司全新推出电子投保服务并正式上线运行。

7月8日，信诚人寿江苏省分公司响应监管号召，认真组织参与“全国保险公众宣传日”活动。

8月2日，信诚人寿江苏省分公司-中信证券江苏省分公司业务合作启动大会顺利召开，掀开中信集团子公司在江苏地区证保合作新篇章。

8月12日，信诚「信悦行」两全保险产品上线。

9-10月，信诚人寿江苏省分公司全面启动“悦生活·爱家活动”，通过“爱家承诺事件”和“家庭责任意识”两大活动主题传播“爱家”情感、传递品牌正能量。

9月22日，信诚[智赢未来]终身寿险B款/C款(万能型)产品上线。

10月1日-12月31日，公司推出“2013，爱你一生”家庭保单客户服务活动，以“家庭式保障”与“家庭式回馈”相结合，推动家庭保障意识的整体提升。

10月15日，公司360客户需求分析系统APP正式上线，该系统帮助营销员与客户面对面，从分析客户生命周期各阶段保险需求着手，与客户共同定制适合其个人与家庭的保险计划。

11月5日，信诚首款网销产品——万能型两全保险「E本万利」上线。

11月12日，信诚人寿江苏省分公司在南京市放心消费创建办等主办的“2013年南京市放心消费城市创建金融业服务新价值”年度活动中，荣膺“2013年度创建放心消费城市先进单位”荣誉称号。

11月21日，信诚“E畅行”交通意外险在信诚人寿官网商城上线开售。

12月4-5日，信诚人寿江苏省分公司召开以“改革发展、突破成长”为主题的2014年发展规划研讨会，分公司总经理要求全省管理干部做好迎接新变革时代的准备，敢于向市场要业绩、向管理要效益，真正从经营者的角度把握发展契机，向着更高、更快、更强的目标迈进。

12月20日，信诚人寿江苏省分公司如皋营销服务部开业。

【重大承保】 5月，吴女士在常州中信银行金坛支行为自己投保信诚意外伤害保险，保额400万元，保费0.88万元。

6月，李先生在常州中信银行天宁支行为自己投保信诚意外伤害保险，保额250万元，保费0.55万元。

5月，施女士在苏州中信银行为自己投保信诚[六福盈门]两全保险B款(分红型)，保额250万元，保费50万元。

3月，王先生在苏州中信银行为自己投保信诚 [六福盈门] 两全保险B款(分红型)，保额250万元，保费50万元。

【重大赔付】 2012年11月，被保险人周某罹患“主动脉瓣闭锁不全“住院治疗，2013年4月11日申请理赔。信诚人寿江苏省分公司快速赔付重疾保险金20万元。被保险人周某于2011年11月投保信诚附加[及时予]长期重大疾病保险。

1月25日晚，被保险人张某某发生交通意外事故，120急救车赶到时事

故现场时诊断被保险人已死亡，保单受益人于2月26日提出理赔申请。信诚人寿江苏省分公司公司赔付身故保险金80万元。被保险人张某某于2012年12月投保信诚意外伤害保险。

5月，被保险人朱某某因“意外”坠落，待发现后已身故。身故受益人于6月14日申请公司理赔。信诚人寿江苏省分公司赔付意外身故保险金24万元。被保险人朱某某于2010年11月投保信诚[福连金生]投资连结保险。

8月3日，被保险人张某某在江苏省中医院因“急性白血病”身故，保单受益人于8月9日提出理赔申请。信诚人寿江苏省分公司赔付身故保险金30.7万元。被保险人江某于2006年1月投保信诚［智胜未来］终身寿险(万能型)及附加险。

【公益活动】 4月24日，信诚人寿江苏省分公司组织员工发起爱心募捐，为四川雅安地震受灾人民捐款捐物，共募集爱心捐款0.96万元。

10月15日，信诚人寿江苏省分公司参加由江苏省老龄协会、南京报业传媒集团和金陵晚报社主办的“2013金陵养老节暨第二届老年养生博览会”，举办以“快乐养老”为主题的现场讲座，结合社会热点向老人们讲解有关“养老金”问题的系列知识。

【教育培训】 4月和10月，信诚人寿江苏省分公司分期举办新员工内勤培训，参训人员合计59人，通过此次培训让每位新员工都了解、掌握公司企业文化、公司发展战略、规章制度和岗位职责，帮助新员工尽快融入职场，成为新生力量。

7月，江苏省分公司针对基层员工和部分中层管理员工共计33人举办《六顶思考帽:个人工作中的平衡思维》《管理人思维技巧——在合作中解决问题》的面授课程，协助员工提升工作绩效和个人能力，帮助员工实现职业生涯发展，实现公司与员工共同发展。

2013年，公司为每位员工制订专属化的个人培训发展计划，为每位员工提供量体裁衣式的持续性培训及发展机会，全年约160门实用型在线课程和50门面授课程供员工选择。

合众人寿保险股份有限公司江苏分公司

【概况】 2013年，围绕总公司“寻找蓝海、机制创新及人才培养”的三大战略，合众人寿江苏分公司从创新求发展、合规稳发展、管理推发展、品宣助发展、实干促发展五个方面积极推进各项工作，坚持实事求是、求真务实的工作作风，在具体工作中认真执行、落实到位，取得一定成绩。

【经营业绩】 2013年，合众人寿江苏分公司共实现规模保费14.81亿元，同比增长83.98%，其中新单保费10.87亿元，同比增长148.52%，续期保费3.94亿元，同比增长7.17%。分渠道来看，个人代理渠道保费41375.59万元，同比增长6.02%；银保渠道保费99141.53万元，同比增长147.55%；直销渠道保费2139.23万元，同比增长970.85%；其他渠道保费5446.53万元，同比增长343.74%。从险种结构来看，分红险保费39960.00万元，同比下降42.34%；万能险保费97987.48万元，同比增长1166.81%，普通险保费10155.41万元，同比增长193.44%。

【渠道建设】 个险 坚持“双轮驱动”，坚持荣誉体系及绩优运作，坚持独具特色的小交会、个人产酒会及个人创说会的运作；建立“三产一旅一酒一战一训”的周经营模式，推广旅说会，实现主顾开拓及新人留存的突破，完善新人岗前、保代、衔接、转正培训，实现新人培育体系的突破，建立弱潜突围分布实施计划，实现营销服务部达标率的突破。

银保 突出重点，渠道为先，做到主力渠道牢牢抓住、辅助渠道产能提升、新增渠道广拓网点；产品布局，保费上量，做好新产品在农行、邮政渠道的上线工作，同时强势推动满转、直销业务；强化管理，提升绩效，每周召开全省业务视频会，及时发现问题并解决问题，机构建立短信督导平台，追踪保费平台；规范经营，合规销售，注重业务品质，加大电话回访力度，防范各类经营风险。

团险 不断提高服务质量，做好现有渠道业务的稳定和维护；积极开拓新的业务增长点，实现保费的持续增长；创新沟通平台，建立个销团微信沟通平台，追踪机构业绩、进行在线产品培训与销售指导；创新增值服务，定期整理编辑精彩的健康、教育、业界时事等资讯，以健康邮件、时事短信、教育宝典的形式发送给客户，给客户最专业贴心的服务体验。

【内部管控】 强化基础管理。干部考核前置，强化过程考核；合理推动中支财务转型工作，顺利实现了平稳过渡；开展全省资产实地盘点工作，摸清资产状况，理顺资产管理工作，实现资源利用最大化，为各条线的工作提供物质保障。

加强制度建设。运营系列制定非正常解约、司法案件等制度5项；行政系列下发职场、资产、证照等管理制度8项；稽核转发总公司案件责任追究、违规处罚制度等一系列制度，为公司的合

11月9日，合众人寿江苏分公司在南京组织开展员工户外团队建设活动

规经营提供了制度保障。

防范经营风险。组织进行风险排查,形成了风险应对的常态应急机制;进一步学习领会保监会下发的销售误导治理、高管人员责任追究等相关文件精神,自觉承担相应责任,规范销售行为。

【企业文化】 合众人寿始终倡导一种"大分享"理念——与客户分享、与员工分享、与社会分享。公司将"分享"贯穿于企业文化之中,鼓励员工与公司共同成长,为与员工实现分享,公司建立起多层次的激励机制,使员工与企业结成利益共同体。公司积极帮助员工规划职业生涯,制定符合公司可持续发展的人才培训计划;坚定不移地遵循"以业绩求发展"的激励体系,实现员工满意和公司价值双丰收;在人才选聘上以公司价值导向为基础明确人才标准,推行"岗位胜任力标准",要求认同公司企业文化和价值观,具备良好的职业道德操守和行为准则,具备积极向上的工作态度、敬业精神和良好的精神面貌,具备可持续发展的学习能力和优秀发展潜质。

公司不忘关注员工的身心健康,划拨专门经费组织丰富多彩的业余活动,并定期组织员工体检,使员工在实现自我发展的同时,快乐工作,享受生活。作为负责任的企业公民,公司还将培养员工社会责任感作为自己的使命,以身作则,积极投身公益事业,扶贫济困,广大员工在这样的感召下,关注社会民生,身体力行。

【重大活动】 1月19日,江苏分公司2013年工作会议在南京召开。此次会议为江苏合众2013年的各项工作奠定基调,指明方向。

1月,在江苏省保险业双十佳"优秀服务标兵"、"优质服务窗口"评比活动中,合众人寿江苏分公司员工孔丽丽获得由江苏省保监局授予的保险业十佳"优秀服务标兵"称号。

3月20日,江苏分公司获"南京市民满意保险机构"殊荣并应邀参加颁奖活动。该调查评选活动由南京市消费者协会、南京出版传媒集团共同主办,南京广播电视报社承办,有将近百家保险机构作为被调查目标参与评选。

6月21日,江苏分公司举行工会改选活动,分公司全体内勤伙伴现场参会,各三、四级机构内勤伙伴视频会参会。会议实行差额选举,由全体参会人员对提名候选人进行投票,最终选举产生第三届工会主席1人、工会委员6人。

7月25日,国内首款"保单+实物对接"保险产品合众优年养老计划正式上市销售。

7月,江苏分公司以"倾听由心、互动你我"为主题宗旨,在全省范围内发起组织主题鲜明、参与面广、互动性强的"保险公众宣传日"宣传活动,普及保险知识,宣传行业文化,展示优质服务。

【重大承保】 2月3日,黄某向合众人寿江苏分公司投保合众养老定投年金保险(分红型),保额57万元,保费24.08万元。

2月3日,王某向合众人寿江苏分公司投保合众养老定投年金保险(分红型),保额59万元,保费24.2万元。

2月18日,王某向合众人寿江苏分公司投保合众稳赢一号两全保险(万能型),保费100万元。

4月9日,王某向合众人寿江苏分公司投保合众稳赢一号两全保险(万能型),保费150万元。

5月22日,姚某向合众人寿江苏分公司投保合众稳赢一号两全保险(万能型),保费200万元。

【重大赔付】 3月27日,合众人寿常州中心支公司赔付被保险人王某保险金27.15万元。2013年2月13日,被保险人感觉不适,在睡眠中猝死。

3月28日,合众人寿江苏分公司赔付被保险人余某保险金21.83万元。3月22日,被保险人因病毒性感染性休克导致器官衰竭,经抢救无效身故。

6月3日,合众人寿江苏分公司赔付被保险人刘某保险金21.52万元。2012年6月3日,被保险人在加油站被汽车意外撞倒,经医院抢救无效后身故。

12月9日,合众人寿盐城中心支公司赔付被保险人王某保险金20万元。10月21日,被保险人无意间发现左侧乳房存有肿块,后经医院确诊为左乳腺癌。

【公益活动】 2013年,合众人寿江苏分公司在常州、南通、盐城、南京共举办7场助学行活动。活动中,来自各举办地的爱心人士捐款捐资,并与孩子们结成爱心对子,构建长期帮扶关系。约百名学龄孩童获得捐助。

【教育培训】 3月12–14日,合众人寿江苏分公司举办新员工培训班,来自全省20位2012年及2013年应届大学毕业生参加此次培训,培训内容涉及公司企业文化、公司礼仪、规章制度等。

9月9–13日,合众人寿江苏分公司组织来自4家中心支公司的6位一柜通新进员工进行为期一周的岗前集中培训,内容主要涉及新契约及保全,重点强调新契约及保全各环节的规范流程、风险管控、时效及服务质量。通过培训,学员们在岗前测试中均取得良好成绩,荣获上岗资格。

2013年,合众人寿江苏分公司在盐城举行助学行活动

海康人寿保险有限公司江苏分公司

10 月，海康人寿继续推进"1 份早餐"公益活动

【概况】 海康人寿保险有限公司由荷兰全球人寿保险集团与中国海洋石油总公司各出资 50%组建而成，于 2003 年 5 月正式获得营业执照，在中国开展寿险业务。2005 年 9 月，海康人寿江苏分公司正式成立，是海康人寿第一家省级分公司。截至 2013 年底，江苏分公司已在南京、无锡、南通、常州、镇江、扬州、徐州、江阴、宜兴、溧阳设立 10 家分支机构。

【经营业绩】 海康人寿江苏分公司自成立以来就在海康人寿机构系统排名中处于领先地位。2013 年，江苏分公司以稳健、夯实的业务策略，秉承专业、优质、全面的保险服务理念，实现各机构业务规模的均衡发展。为适应市场发展、满足客户需求，海康人寿积极调整产品结构，推出新险种。3 月，代理人渠道新产品"海康「奔驰一生」两全保险"完成全体范围的开售启动，分公司根据渠道节奏进行全面推动。7 月 15 日，经代渠道「百万身价」年金保险（分红型）保障计划正式开售，银保渠道也紧接着推出「百万身价」B 款。

【渠道建设】 海康人寿江苏分公司非常重视渠道建设与员工发展，培训内容涉及企业文化、员工守则、法律法规、监管文件、财务制度、沟通技巧、团队管理等各方面。同时，分公司各业务渠道针对各自的特点，建立相应的教育机制并展开工作。2013 年，银保渠道加强对重点渠道深度合作与拓展，在原有的银行渠道基础上，与南洋银行携手合作。严格执行监管部门及海康人寿总公司的要求，进一步规范银保渠道客户经理销售行为，在实现保费收入稳定增长的同时严控业务风险防范。经代渠道致力于协助和服务合作经代公司，通过对代理公司及客户提供全面周到的服务，提升客户对代理公司，以及对海康品牌的信任度和满意度。通过形式多样的培训学习和团队拓展活动，打造一支高素质的经代队伍，确保将一流的保险产品与诚信的服务提供给广大的消费者。代理人渠道组织渠道全体内外勤传达监管部门的相关会议要求，学习相关文件精神，加强宣传落到实处；通过培训、高峰会、业界交流等多种形式，深入浅出的进行产品解读、合规宣贯，并通过与台湾资深保险业专家的交流，分享领先的保险经营服务理念。

【内部管控】 海康人寿有限公司法律及合规部下设营运风险管理部、内控部、合规部、法务部四个功能模块，江苏分公司及下属的合规及法律工作，主要通过分公司的法律及合规部进行推动落实，总公司法律及合规部直接管理和指导分公司法律及合规部的工作。在总公司法律及合规部的指导下，分公司贯彻落实总公司合规、内控、法律等等各项制度及相关规定。分公司法律及合规部根据总公司的年度合规工作计划和反洗钱工作计划以及结合监管部门的要求，定期开展合规联系人会议和反洗钱工作领导小组会议，宣导当季的合规政策、解读重点监管文件并协调相关问题，从新入职员工到各部门负责人以及高管，均安排与其职责相适应的培训；分公司各部门均指定专人作为合规联系人，由其负责向分公司法律及合规部报告其部门的合规履职状况及对合规联系人会议的内容进行二次宣导，从而营造江苏分公司的合规氛围。

总公司每年通过安排对分公司进行合规现场或非现场检查、开展内部控制自我评估专项工作，对公司内部管控情况随时监督和检查，以贯彻落实合规政策的推动和执行。分公司配合落实总公司的上述各项措施，并且根据监管和公司实务要求，不定时安排下属分支机构的现场检查，分公司法律及合规部对上述各类检查和自查发现的缺陷持续进行整改推进，确保分公司及下属分支机构经营活动的合规性。

【企业文化】 海康人寿秉承专业、诚信、开创的经营理念，在业务发展、产品开发和团队建设等方面取得了一定的成绩，业务稳步上升，保费收入实现稳定增长，通过一次次脚踏实地、负责任的服务获得社会和客户的广泛认可。未来，海康将在巩固和发展现有市场的基础上不断拓展新市场，搞好系统管理、集约管理，优化组织体系，培养专业人才，不断增强企业可持续发展的实力。同时，不忘自己的社会责任，致力于做一个优秀的企业公民。

公司愿景–成为中国最值得推荐的人寿保险公司。

公司使命–我们致力于帮助客户未雨绸缪，实现财务保障，安享未来。

核心价值–团队协作、诚信透明、超越期望。

【重大活动】 5–12 月，海康人寿举办以"十年相伴，时刻关怀"为主题的第二届客户服务节。江苏分公司在南京、无

锡、常州等地开展“祝福海康”、“寻宝之旅”等客户互动项目。活动吸引众多客户的踊跃参与,并获得参与客户们的一致认可与好评,海康人寿的品牌关注度有明显的提升。

9月9日,海康人寿联合江苏银行、清华大学经济管理学院中国保险和风险管理研究中心举办“中国居民退休准备指数调研报告(江苏地区)”论坛活动,得到江苏保监局大力支持。报告发布后,引起社会各阶层广泛关注,调研项目影响力的逐步扩大,退休准备理念开始为越来越多的人所了解和认同。

【重大承保】 1月24日,海康人寿保险有限公司承保鲁某投保的“海康招财猫两全保险”万能型,保额40万元。

3月27日,海康人寿保险有限公司承保陈某投保的“海康「锦绣前程」两全保险(F款)”,保额40万元。

3月31日,海康人寿保险有限公司承保袁某投保的“海康「锦绣前程」两全保险(F款)”,保额50万元。

4月3日,海康人寿保险有限公司承保张某投保的“海康「锦绣前程」两全保险(F款)”,保额50万元。

9月26日,海康人寿保险有限公司承保查某投保的“海康「锦绣前程」两全保险(F款)”,保额50万元。

【重大赔付】 4月24日,海康人寿江苏分公司向被保险人陆某的家属赔付重大疾病保险金约21.38万元。陆某于2007年5月6日投保海康“卓越理财终身寿险(万能型)”。2013年4月5日,陆某因确诊为胰腺癌在家中身故。

5月28日,海康人寿江苏分公司向被保险人周某赔付重大疾病保险金20万元。周某于2012年1月2日投保海康“安心如意321”定期寿险,附加“定期重大疾病保险”。2012年12月3日,周某在上海瑞金医院行心脏瓣膜置换手术。

6月27日,海康人寿江苏分公司向被保险人辛某的家属赔付48万元身故保险金。辛某于2005年11月14日投保海康“卓越理财终身寿险(万能型)”,2007年3月15日投保海康“至尊如意256理财计划”,2007年10月20日投保海康“安心如意321”定期保险,附加定期重大疾病保险,2008年8月8日投保海康“都来保”两全保险10份。2013年4月18日,被保人辛某因病在医院身故。

11月7日,海康人寿江苏分公司向被保险人刘某的家属赔付约42.17万元身故保险金。刘某于2012年6月12日投保海康“招财猫”两全保险,附加招财猫“意外伤害医疗保险”。2013年7月1日,刘某因车祸医治无效在医院身故。

11月21日,海康人寿江苏分公司向被保险人窦某的家属赔付身故保险金约20.53万元。窦某于2010年10月8日投保海康“卓越理财终身寿险(万能型)”,附加重大疾病保险,附加“人身意外伤害保险”,附加“意外伤害医疗保险”。2013年8月28日,被保人窦某乘车遭遇车祸身故。

5-10月,海康人寿举办第二届客服节

【公益活动】 10月,海康人寿继续推进“1份早餐,满分关怀”企业社会责任项目,再次前往云南山区对学生们进行回访。此次回访,海康人寿除了如约为学生们送上“1份早餐”外,还带去精心准备的支教课程。海康人寿对一些品学兼优的贫困生家庭进行了深入走访,为他们带去学习用品和助学金。

11月,海康人寿经代渠道开展爱心送温暖公益活动,为宿迁市启智学校的孩子送上保暖三件套,让冬天不再寒冷,让每个孩子温暖过冬。

2013年,海康人寿江苏代理人各机构分别组织举办20场以上次客户公益讲座活动,在讲座活动中,公益宣传普及各类人身安全知识、财务安全知识。

【教育培训】 3月2-4日,海康人寿代理人渠道全国主管培训班在无锡召开。培训班除经营分析报告、文章分享等内容外,还增加产品演练环节,各位业务高手也分享了各自的销售经验和技巧。培训班还安排了合规和保险法学习环节。

7月25-27日,海康人寿代理人渠道常州培训会召开。会议邀请台湾资深保险专家李恩守讲述如何打造实力团队的成功经验。

8月,海康人寿经代渠道认真学习并贯彻落实《中国保监会关于开展保险专业中介业务风险排查的通知》文件精神和内容,加强对合作代理的合规经营宣导与培训,增加职业道德教育、防范销售误导等培训内容。同时将合规培训深入合作公司基层各个网点,增加培训的力度和深度。

8月,海康人寿江苏分公司举办“优质客户服务&知己解彼促沟通”培训课程,传授客户服务理念,传递有效沟通技能。并多次在海康人寿江苏分公司一二三级机构举行“有效沟通”内部培训课程,传授沟通技巧,传递交流文化,有效提高海康员工的沟通技能。

9月,海康人寿江苏分公司举办“产品财务营运”培训课程,传授产品财务营运知识,传递企业组织文化。

中宏人寿保险有限公司江苏分公司

【概况】 中宏人寿保险有限公司成立于1996年11月，由加拿大宏利金融旗下的宏利人寿保险(国际)有限公司和中国中化集团公司核心成员——中化集团财务有限责任公司合资组建，是国内首家中外合资人寿保险公司。2005年12月，中宏人寿保险有限公司江苏分公司正式开业，成为国内第一批获得批准进入江苏省的中外合资保险公司之一。至2013年，江苏分公司除在南京直接开展业务活动外，在江苏省内设有无锡、常州、镇江、苏州、南通、扬州、盐城7家地市级分支机构以及昆山、宜兴、太仓3家县级分支机构。

【经营业绩】 2013年，江苏分公司共实现保费收入46569.60万元，同比上升19.16%，其中新单保费收入10846.64万元，同比上升2.13%，新单保费中期缴保费收入10326.04万元，同比下降0.58%；续期保费收入35722.95万元，同比上升25.51%。所有保费收入中，个人代理渠道保费收入45815.63万元，同比上升18.05%；银邮代理渠道保费收入753.97万元，同比上升176.12%。按产品类别划分，保费收入主要集中在寿险业务，寿险业务总保费为37639.69万元，同比上升19.27%；意外险和健康险业务分别同比上升5.53%和20.08%。寿险业务当中，分红寿险保费占比最高，新型产品保费收入37174.39万元，定期等其他传统寿险产品保费收入465.30万元，无万能和投连等新型产品的销售。分公司全年赔款及死伤医疗给付共计2891.32万元，发生年金给付637.81万元，退保金支出为1174.88万元。全年退保率为2.52%。

2013年，分公司继续通过开发新产品，进一步丰富分公司的产品线，突出保障和理财的有效结合，为客户提供更多的上佳选择。2月18日，推出新一代中短期灵活保险理财类产品——中宏丰盈年年两全保险(分红型)；4月10日，推出新一代团体意外保险计划——中宏“宏逸无忧”团体意外保险计划；7月8日，在广泛调研的基础上，公司在个险渠道推出中宏金裕年年A/B款两全保险(分红型)。

年内产品停售：4月1日，停售“中宏安享无忧重大疾病保险”和“中宏附加安享无忧长期失能收入损失保险”；6月1日，在个险渠道停止销售中宏金彩人生Ⅱ终身寿险(分红型)、中宏金福连连A款两全保险(分红型)和中宏丰裕年年年金保险 (分红型)；9月2日，停售富贵年年两全保险分红型。

【渠道建设】 江苏分公司长期以来深耕个险市场，采取个人营销方式，无论个险或者团险，销售渠道均通过个人代理渠道销售。同时，努力开拓银行代理渠道业务，2013年较上年相比保费收入取得较大增长，但整体业务量较小，未形成规模。2013年，个人代理渠道保费收入45815.63万元，保费收入同比上升18.05%；银邮代理渠道保费收入753.97万元，同比上升176.12%。个人代理渠道占总保费收入98.38%，银保渠道仅占总保费收入1.62%。

【内部管控】 江苏分公司实行的是总部高度集中管控的模式，总公司各职能部门统一制定规章制度及流程，分支机构遵照执行。各项业务的权限均由总公司统一管理、控制，依据相关的规章制度和流程对分支机构进行系统及操作的授权。总部还负责规章制度和流程的推行、检查、督导及评价执行效果。公司对各个部门均有工作职责要求，总公司、分公司相应部门对基层公司作条线监督及评估管理，同时每年人力资源部门进行绩效考核管理。其中合规工作考评是绩效考核中的重要因素。

2013年，江苏保监局对中宏人寿保险有限公司江苏分公司2012年度非现场评估风险状况类别为“A”。人民银行南京分行对79家法人和省级分公司2012年度反洗钱工作评估中，分公司评估结果为“A类”。

【企业文化】 公司愿景：成为中国最专业的人寿保险公司，为公众提供稳健可靠、深受信赖和具有远见的保险产品和服务。

公司价值观：专业的精神　卓越的服务　正直的品行　健全的财务　上选的雇主。

【创建工作】 1月，镇江营销服务部由镇江市保险行业协会评选为“2012年度代理人资格考试送考先进单位”

3月，无锡中心支公司被无锡市人民政府金融工作办公室和无锡市保险行业协会共同授予“2012年度无锡市保险行业稳健发展奖”荣誉称号。

4月，苏州中心支公司总经理唐健因其对于公司的杰出贡献，经总部评选，获得2012年度“亚太之星”荣誉称号。

5月，江苏分公司在由南京市商务局、南京市金融办、人行南京分行以及南京日报社共同组织的“金融2012年度价值榜”评选活动中，被评选为“2012年度最具公信力保险公司”。

5月，盐城营销服务部员工陈晓春获颁“盐城市保险业讲师达人称号”。

6月，江苏分公司在由江苏保监局和新华日报社联合举办的全省保险知识竞赛活动中，获得“江苏省首届保险知识竞赛优秀组织奖”。

12月，镇江营销服务部在镇江市保险行业协会对镇江市寿险公司2013年治理销售服务检查评选考核中获得第一名。

【重大活动】 3月5日，苏州中心支公司被苏州市消费者权益保护委员会授予“苏州市2012年度消费者满意单位”荣誉称号。

4月24日，分公司在全省范围内落实开展“柜面服务评价系统”，当客户和营销员到服务台递交资料办理业务之时，电脑系统会主动邀请客户或营销员给予评价；客户评价能指向明确的某一次具体业务，评价结果将被客观保存并可随时查询；公司能够在当天就通过系统来发现“不良评价的具体业务”，并能及时了解原因和协调处理。

5月18日，为支持全体营销人员利用先进工具实现移动办公、移动展业，经管理层决定向全体在册营销员开放“iPad展业系统”应用下载，该系统运行稳定，功能卓越，得到销售人员的认

可,起到了提升中宏营销伙伴的专业形象的作用。

8月1日,中宏人寿总公司总裁万士家、高级副总裁兼江苏分公司总经理赵哲明一行拜访江苏保监局局长宋志华。

【重大承保】 2月16日,中宏人寿常州中心支公司承保张某投保的中宏金玉吉祥Ⅱ产品,保额100万元,趸缴保费100万元。

4月22日,中宏人寿江苏分公司承保朱某投保的中宏长保健康钻石套餐保险产品,保额100万元,年缴保费3.85万元。

4月26日,中宏人寿无锡中心支公司承保钮某投保的中宏丰裕年年年金保险(分红型)和附加安行意外伤害保险产品,保额100万元,年缴保费31.7万元。

7月3日,中宏人寿无锡中心支公司承保朱某投保的中宏长保健康钻石套餐保险产品,保额100万元,年缴保费6.6万元。

7月30日,中宏人寿无锡中心支公司承保倪某中宏长保健康钻石套餐和附加安行意外伤害保险产品,保额最高达100万元,年缴保费3.79万元。

9月29日,分公司承保被保险人周某投保的中宏长保健康钻石套餐和附加安行意外伤害保险产品,保额最高达200万元,年缴保费5.29万元。

9月30日,分公司承保曹某投保的中宏富贵年华B款+附加惠选定期寿险保险产品,保额最高达300万元,年缴保费10.83万元。

11月18日,分公司承保张某投保的中宏长保健康钻石套餐+附加安行意外伤害保险产品,保额最高达100万元,年缴保费2.32万元。

12月27日,分公司承保唐某投保中宏长保健康白金套餐+附加安行意外伤害保险产品,保额最高达100万元,年缴保费1.39万元。

12月30日,分公司承保汤某投保的中宏长保健康白金套餐+附加安行意外伤害保险产品,保额最高达400万元,年缴保费1.85万元。

【重大赔付】 2013年,中宏人寿江苏分公司赔付被保险人朱某重疾保险金39万元。朱某于2009年投保中宏长保无忧–黄金套餐。朱某因罹患右乳腺浸润性微乳头状癌做右乳癌局部扩大切除+腋窝淋巴结清扫术,进行治疗。

中宏人寿江苏分公司赔付被保险人袁某的身故受益人21万元。朱某于2011年投保中宏长保无忧–黄金套餐2011,因车祸身故。

中宏人寿江苏分公司赔付被保险人颉某重疾保险金20万元。2009年,监护人为颉某投保中宏长保无忧–黄金套餐保险。四岁时,被保险人颉某被确诊为再生障碍性贫血。

【公益活动】 3月11日,分公司启动"2013幸福1+1中产家庭健康规划调研"社会公益活动,通过举办各种形式的活动,发放并回收调研问卷,了解客户对健康保障的规划和需求,统计至5月29日,江苏分公司共回收有效调研问卷7300余份,为公司发布中国首部《中产家庭健康规划白皮书》提供了第一手资料。

4月20日四川雅安发生7.0级强烈地震后,总公司启动应急机制,开通全天候24小时应急电话,第一时间联系所有受灾地区的中宏人员和客户并迅速主动联络四川和重庆所有受灾地区的客户,通过短信方式一一慰问,并承诺自地震发生之日起至5月13日,每签发一份寿险保单,即向灾区捐助人民币30元,以此来承担社会责任。截至5月13日,江苏分公司内外勤员工味雅安灾区共捐款2.6万余元。

7月8日,江苏分公司参与由江苏保监局、省行业协会组织的"全国保险公众宣传日"活动,分公司下辖各分支机构当天都采用不同形式开展宣传活动。

【教育培训】 12月2–3日,江苏分公司与上海分公司、浙江分公司在南京联合举办"2013年终策划会暨营销管理进修会",3家分公司高管、各级营销管理干部以及高级销售主管参加此次会议。会议特邀香港保险业杰出代表、1995年香港十大杰出青年、2001年香港特别行政区政府荣誉勋章的获得者、2003年广东省政协委员、2005年全国政协委员、2008年香港特区政府委任太平绅士龙子明对与会者作题为《打造优秀保险企业基因》的专题培训。

2月,中宏人寿江苏分公司举行群英会

国泰人寿保险有限责任公司江苏分公司

【概况】 国泰人寿保险有限责任公司是海峡两岸第一家合资寿险公司，总部设在上海，于2005年1月正式对外销售保单。国泰人寿已开发和销售包括寿险、健康险、意外险、年金险在内的百余种商品，其长期看护类产品填补了业内空白。国泰人寿江苏分公司成立于2006年，是总公司成立后设立的第一家分支机构，2013年下辖苏州、无锡、常州、昆山、南通、扬州、镇江、泰州8家营销服务部，所售产品涵盖意外、人寿、医疗、养老四个方向，为保户提供全面合理的保险保障。在“诚信为本 以客为尊”价值观的引导下，江苏分公司不断提高服务水平，不仅对传统的柜面业务做出更高要求，还不断升级互联网、移动平台服务系统，力求为广大客户提供全方位的、专业化的、国际化的寿险服务。

【经营业绩】 2013年，江苏分公司实现总保费收入1.268亿元，总保费较上年同比增长-2.4%。其中个险保费收入5721.29万元，增长8.6%，银保收入2250.99万元，同比增长-9.8%，团险收入4586.01万元，同比增长-10.5%。

年内，国泰人寿新开售险种：国泰安翔航空旅客B款意外伤害保险、国泰意外宝B款、旅行宝B款、顺达交通B款意外伤害保险、国泰附加安顺意外伤害保险、国泰金稳盈两全保险（万能型）、国泰福宏人生年金保险（分红型）、国泰聚宝盆终身寿险（万能型）、国泰如意年年年金保险、国泰百万身驾两全保险、国泰期颐意外伤害保险、国泰美裕人生重大疾病保险计划。新停售险种：国泰附加安家意外伤害保险、国泰期颐意外伤害保险国泰意外宝综合意外伤害保险、国泰顺达交通意外伤害保险、国泰学生幼儿意外伤害保险、国泰附加学生幼儿一年定期寿险、国泰附加学生幼儿住院医疗保险、国泰附加意外伤害保险、国泰安心旅行意外伤害保险、国泰安达公共交通意外伤害保险、国泰安康意外伤害保险、国泰安枕无忧意外伤害保险、国泰旅行宝意外伤害保险、国泰安心贷借款人意外伤害保险、国泰安翔航空旅客意外伤害保险、国泰关爱园丁两全保险（分红型）、国泰附加关爱园丁意外伤害保险、国泰附加关爱园丁住院定额给付医疗保险、国泰乐意人生两全保险、国泰附加乐意人生长期意外伤害保险、国泰乐意人生B款两全保险、国泰附加乐意人生B款长期意外伤害保险、国泰附加安家意外伤害保险。

【内部管控】 江苏分公司专设合规内控岗，负责企业内部合规管理工作。5月，江苏分公司进行非法集资知识教育，以提升员工专业度。11月，进行反洗钱知识专项宣传，以协助打击洗钱犯罪，维护金融安全。

【企业文化】 在人员部分，国泰人寿致力于构建人才培育机制，不断为人才培育尽心尽力，在兼容并蓄的企业文化引领下，创造适合员工发展的事业平台；在商品与服务部分，国泰人寿以客户需求为中心，不断地开发、创新商品与服务，为不同需求的客户创造价值。在渠道部分，除现有的个、团、银渠道外，将持续创新、发展新兴渠道，为保户提供更多元、便捷的投保平台，满足客户的多样化需求。作为国泰人寿在大陆成立的第一家分公司，江苏分公司努力秉承“诚信为本、以客为尊”的企业价值观，坚持诚信经营、合规发展，追求合理的保费规模与成长，努力建设永续经营的品牌，为提升保险业形象发挥关键的影响力。

【重大活动】 9月，国泰人寿www.52toubao.com网上商城推出全新积分计划，让注册会员能够使用积分兑换不同礼品，以此给予保户更多回馈。

10月，“国泰如意年年年金保险”开售，预定利率超过原来2.5%的限制。同之前的商品相比，产品保障更充足、利益更稳定，而费用更加优惠。

【重大赔付】 3月30日，被保险人郎某驾驶电动自行车行驶至交叉路口时被一辆重型自卸货车右拐弯撞倒并碾压，郎某当场死亡。国泰人寿江苏分公司赔付35万元。

3月31日，被保险人柳某驾驶小轿车行驶交叉路口时，追尾一辆重型半挂牵引车，柳某死亡。国泰人寿江苏分公司赔付1200万元。

5月10日，被保险人冯某落水，经医院抢救无效死亡。国泰人寿江苏分公司赔付40万元。

5月25日，被保险人施某于安哥拉当地工作时发生意外事故，所乘车辆腾空撞上住宅房屋，被保险人经送当地洛比托总医院抢救无效死亡。国泰人寿司联系安哥拉共和国本格拉省政府卫生局健康检查监督局，落实事故责任及情况，以最快速度协助客户办理理赔，最终赔付50万元。

8月7日，被保险人陈某驾驶摩托车发生碰撞事故导致重伤，后送医院经抢救无效死亡。国泰人寿江苏分公司赔付40万元。

10月26日，被保险人许某因工作不慎摔落电梯基坑底部，导致颅脑损伤，因伤势过重抢救无效死亡。国泰人寿江苏分公司赔付50万元。

【公益活动】 4月17日，国泰人寿江苏分公司总经理出席“2013年南京大学国泰人寿奖学奖教金颁奖仪式”，为获得此项殊荣的优秀学员和教师颁奖。

4月28日，国泰人寿江苏分公司员工在南京红十字会血液中心进行爱心献血。

4月，国泰人寿第九届少儿绘画比赛江苏赛区正式开赛。大赛以“描绘世界传递关爱”为主题，继续为广大少年儿童搭建展现艺术才能的平台。赛事覆盖南京、苏州、无锡、常州、昆山、南通、扬州、镇江、泰州9个城市。

【教育培训】 2013年，江苏分公司坚决贯彻保监会《关于加强和完善保险营销员管理工作有关事项的通知》（保监发[2009]98号）及江苏保监局再三重申继续教育内容和重要件等文件的精神，遵照《国泰人寿诚信日实施办法》的规定，每月第8天组织全体在职业务同仁学习、研讨由公司统一制作的诚信教育材料。为了进一步增强人员及社会公众反洗钱意识，分公司认真开展反洗钱培训和宣传工作，全年共计开展反洗钱培训33次、反洗钱宣传活动25次。

中国人民健康保险股份有限公司江苏分公司

【经营业绩】 2013年，中国人民健康保险股份有限公司江苏分公司全面落实集团、总公司战略部署，紧紧围绕“保持稳健增长、注重价值创造”工作主基调，学习领会公司新时期发展战略，积极作为，全年实现保费收入54995.15万元，其中团险渠道实现保费收入41205.04万元，个险渠道实现保费收入2476.99万元，银保渠道实现保费收入8898.76万元，各业务渠道均超额完成年度计划并领先全系统。

【渠道建设】 2013年，江苏分公司稳步推进机构建设，新设立淮安中心支公司，地市级机构已经增至8家；新设立宜兴和靖江支公司，支公司已经增至5家。分公司根据2012年四级机构管理情况，围绕规模与效益，出台2013年考核管理办法，赋予四级机构负责人更大的责任和压力，引导四级机构做大规模、做出效益。

【内部管控】 有效防范化解退保风险。按照“沟通到位、工作到位、预案到位、处置到位”的总体要求，江苏分公司出台满期给付和集中退保重大突发事件应急预案等办法，同时，后援服务部门与业务部门配合，扎实开展满期给付风险和退保风险的排查工作，妥善解决客户诉求。进一步健全内控体系，相继出台印章管理、反保险欺诈等制度，健全内控体系，防范经营风险。集中开展综合效能监察工作。7月下旬，江苏分公司对全省7家中支和4家支公司进行现场检查，督促整改，帮助分支机构在解决问题中实现健康发展。加强中介业务管理。分公司运营管理部牵头，从中介业务代理协议管理、手续费结算、报表追踪等方面入手，加强管控，实现了中介业务的规范运作，降低了经营风险。

【企业文化】 2013年，江苏分公司按照企业文化建设行动规划，以年度企业文化建设十件大事为抓手，整合资源，充分发挥工会和团组织在企业文化建设中的积极作用，先后开展员工登山活动、中国人保“五四”主题演讲比赛、青年风采大赛、“六一”亲子活动、羽毛球比赛、“我的中国梦”演讲比赛、掼蛋比赛等形式多样、内涵丰富、费用可控、参与度高的集体活动，并与人保财险组建联合代表队参加保监局组织的广播操比赛，取得第一名的好成绩，有效调动了员工的集体荣誉感、激情与活力。

2013年，公司多个单位和个人获得省级以上荣誉称号：太仓联合办公室获得中国保险业、江苏保险业“十佳服务窗口单位”荣誉称号，南通中支获得“中国人保五一劳动奖状”，分公司团险销售部获得集团“女职工文明示范岗”，机关党支部获得集团2011-2012年度“先进基层党组织”荣誉称号，镇江中支被评为人保健康“青年文明号”。

【重大活动】 1月17-18日，江苏分公司召开2013年工作会议，全面回顾2012年各项工作，规划部署2013年主要工作，表彰先进，总结经验，为实现2013年任务指标凝聚共识、统一行动。

3月6日，江苏分公司与人保财险江苏省分公司联合举办职场女性健康与妇科疾病防治讲座。讲座特邀南京医科大学附属医院专家阚延静现场授课，以什么是健康生活方式为切入点，盘点了现代职场女性的常见疾病，详细讲解了不良生活习惯对女性身体可能造成的伤害，并根据不同疾病的引发原因、预防方式、治疗注意事项等，指导大家养成健康的生活习惯、掌握正确的防治方法、树立良好的治疗心态。

3月14-16日，集团公司副总裁、党委委员周树瑞赴江苏围绕《中国人保企业文化建设纲要(2012版)》开展调研工作。

4月12日，江苏分公司组织所辖各中支、部门13名青年员工代表举办以“激扬青春新华章、共谱梦想同启航”为主题的“中国人保五四主题演讲比赛”。

5月24日，江苏分公司联合人保财险江苏省分公司与江苏医疗保险研究会共同举办“社商合作，共建全民医保体系”研讨会。江苏分公司主要负责人结合中国人保服务新医改，参与江苏多层次医疗保障体系建设的具体工作和成效，对推动社商合作更好开展大病医保阐释了理论依据，提出了实践构想。

6月25日，江苏分公司在南京举办首届青年风采大赛决赛。决赛部分为答题环节、广播操展示和才艺展示三个部分。

7月8日，江苏分公司与人保财险、寿险江苏省分公司共同设立中国人保展区，参与由江苏保监局、江苏保险行业协会举办的“全国保险公众宣传日”广场咨询活动。

7月12日，在湖北武汉由《中国保险报》、中保网主办的“中国保险年度经理人颁奖典礼”上，江苏分公司党委书记、总经理王笋当选“2012中国保险年度经理人”。

7月30-31日，江苏分公司召开党的群众路线教育实践活动动员部署暨2013年半年工作会议，传达贯彻集团公司、总公司半年工作会议精神，总结上半年工作，安排部署下半年工作，在全省系统深入开展党的群众路线教育实践活动。

11月28日，江苏分公司组织全辖7个地市公司和分公司7个部门的17名选手，举办“我的中国梦——奋斗的青春最美丽”主题演讲比赛。

10月10日，人保健康总裁宋福兴在江苏分公司考察工作

【重大承保】 1月29日，江苏分公司成功续保“南通市职工补充工伤保险”，继续为南通市职工工伤保险参保人员提供保障以及相应健康管理服务，累计承保职工约86.7万人，总保险金额约867亿元。

1月29日，江苏分公司成功续保“淮安市市直职工大额医疗保险”，继续为淮安市市直职工大额医疗保险参保人员提供保障以及相应健康管理服务，累计承保职工约26.04万人，总保险金额约520.8亿元。

1月29日，江苏分公司续保“连云港城镇职工大额医疗救助再保险”，为连云港城镇职工大额医疗救助再保险参保人员提供保障及相应健康管理服务，累计承保44.19万人，总保额883.9亿元。

3月29日，江苏分公司与镇江市社会保险基金支付中心签订保险协议，继续为镇江市职工医保参保人员提供自费医疗补充保险以及健康管理、健康导护服务，累计承保职工约45.12万人，总保险金额达451.2亿元。

4月27日，江苏分公司与太仓市医疗保险基金结算中心续签保险协议，为太仓市城镇职工、城镇居民提供住院医疗再保险以及相应健康管理服务，累计承保职工约54.96万人，提供政策范围内自负+政策范围外自费补偿服务，总保险金额达549.6亿元。

6月27日，江苏分公司与泰州市城镇职工医疗保险管理中心签订保险协议，为泰州市职工医保参保人员提供大病医疗救助补充保险以及相应健康管理服务，累计承保人数约16.5万人，总保险金额[illegible]4.9亿元。

9月[illegible]日，江苏分公司成功续保“靖江市城镇职工大病医疗救助保险”，继续为靖江市城镇职工基本医疗保险参保人员提供大病医疗救助保险以及健康管理服务，累计承保职工人数约19.75万人，总保险金额达568.8亿元。

【重大赔付】 1月25日，人保健康扬州中心支公司赔付被保险人高某身故受益人意外伤害保险金30万元。高某系海沃机械（扬州）有限公司职工，该公司于2012年1月1日为其投保福佑专家人身意外团体意外伤害保险。高某于2012年12月21日因交通事故身故。

2月19日，人保健康江苏分公司赔付被保险人阙某大额医疗保险金24.89万元。阙某系高淳县城镇职工医疗保险参保职工，高淳县职工医疗保险管理中心于2012年1月1日为其投保和谐盛世城镇职工大额补充团体医疗保险。阙某于2012年6月12–25日因直肠癌住院治疗，共计花费约36.99万元。

6月6日，人保健康江苏分公司赔付被保险人李某大额医疗保险金30.57万元。李某系淮安市城镇职工医疗保险参保职工，淮安市社会医疗保险基金管理中心于2012年1月1日为其投保和谐盛世城镇职工大额补充团体医疗保险。李某于2012年7月9–12日因疾病住院治疗，共计花费约45.91万元。

10月10日，人保健康江苏分公司赔付被保险人王某大额医疗保险金28.85万余元。王某系淮安市城镇职工医疗保险参保职工，淮安市社会医疗保险基金管理中心于1月1日为其投保和谐盛世城镇职工大额补充团体医疗保险。王某于1月27日至6月6日因疾病在外埠医疗机构（三级）治疗，共计花费45.78万余元。

10月10日，人保健康江苏分公司赔付被保险人李某大额医疗保险金44.43万元。李某系淮安市城镇职工医疗保险参保职工，淮安市社会医疗保险基金管理中心于1月1日为其投保和谐盛世城镇职工大额补充团体医疗保险。李某于2012年1月15日至2013年7月19日因慢性阻塞性肺疾病在淮安市第二人民医院治疗，共计花费约69.91万元。

11月5日，人保健康江苏分公司赔付被保险人金某重大疾病保险金40万元。金某系金陵饭店股份有限公司职工，该公司于6月30日为其投保关爱专家短期重疾（推广版）团体疾病保险。金某于10月17日在江苏省肿瘤医院确诊为乳腺癌。

12月6日，人保健康江苏分公司赔付被保险人崔某大额医疗保险金约28.31万元。崔某系连云港市城镇职工医疗保险参保职工，连云港市人力资源和社会保障局于2012年1月1日为其投保和谐盛世城镇职工大额补充团体医疗保险。崔某于2012年6月20日至12月14日因胃恶性肿瘤住院治疗，共计花费48.56万余元。

12月13日，人保健康泰州中心支公司赔付被保险人王某身故受益人意外身故保险金40万元。王某系江苏宏远安装防腐工程有限公司职工，该公司于3月7日为其投保福佑专家人身意外团体意外伤害保险。王某于10月19日在吉林某工地进行钢结构安装施工过程中不慎从高处坠落，经医院抢救无效身故。

6月，人保健康江苏分公司组织开展户外亲子活动

【公益活动】 10月20日，江苏分公司志愿者参加“博爱之家南京爱心妈妈群”发起的秋季爱心义卖活动，为需要帮助的两名重症患儿募集善款，整个活动筹集的3.18万元善款。

【教育培训】 12月3–6日，江苏分公司举办为期四天的2013年度新入职员工培训班。培训采用引导式的培训方式，以讲授、答疑、学员展示等多样化、互动式的授课形式，具体讲授了公司企业文化、公文写作、规章制度、商务礼仪、保险的意义与功用、产品体系、专业特色等知识。按照“逢训必考”的要求，授课结束后进行了结业考试。

北大方正人寿保险有限公司江苏分公司

【概况】 北大方正人寿保险有限公司是由方正集团、明治安田生命保险相互会社和海尔集团旗下的青岛海尔投资发展有限公司联合组建的一家中外合资保险机构(原名:海尔人寿保险有限公司),2002年11月28日正式成立,注册资本人民币11.8亿元。方正集团、明治安田生命与海尔集团分别持有北大方正人寿51%、29.24%和19.76%的股份。公司总部设立在上海,专为社会大众提供各类人寿、健康、和人身意外伤害保险等产品。北大方正人寿保险有限公司江苏分公司成立于2006年7月,至2013年底,江苏分公司已在无锡、苏州、常州、扬州、南通、南京等地设立分支机构。

【经营业绩】 2013年,江苏分公司各渠道、各机构整体呈上升趋势,业务同比增长幅度较大,共实现保费收入6409.30万元人民币,较上年同比增长36.9%。其中新业务2248.23万元,同比增长247.68%;团险渠道同比增长432.4%;电销同比增长366.7%;个险同比增长165%。2013年新开设银保渠道。

【渠道建设】 个险渠道 2013年起,江苏分公司在全省各机构重新沿用黄金系统,走精英路线,通过招募无保险同业经验、既往收入较高、对保险行业认同的人员,通过系统培训,培养出公司自己的高产能代理人。人员发展方面,重视对优秀代理人的表彰,保持队伍纯洁性和稳定性,提高留存率。业务管理上,加强对代理人活动率的检视,强调一日多访,保证活动量和转介绍名单的收集,保持活动率的持续性。2013年启动全省代理人“名仕俱乐部”,每季度在江苏不同地区进行表彰和活动。

团险渠道 加强股东方业务的开拓,加强与中介公司的合作,在公司多元化营销战略的指导下,主推短期医疗险和意外险,逐步建立稳定的月均销售平台。加强交叉销售,同时加强对赔付率和费用控制,实现两率联动考核管理,确保团险盈利。

【内部管控】 公司严格遵守各项法律、法规及见监管部门的要求,并根据公司经营管理的需要,遵循相互监督、相互制约、协调运作的原则,合理、精简、高效设置部门和岗位。明确各机构、部门、岗位、人员的职责和权限,关键岗位、特殊岗位、不相容岗位按内部控制要求设置,并配备相应具有专业知识、经验和技能的人员,确保其有效履行岗位职责。日常积极开展有关培训,建立诚信道德观念,树立合规意识和风险意识,提高员工职业道德水准,规范员工职业行为。在分公司内建立风险预防和识别机制,同时考虑公司内部因素和外部因素,建立了用印、合同、支出等各项审批程序,完善了公司的内部控制体系。2013年,分公司全辖各渠道、各机构未发生系统性风险,未发生司法案件、未发生群体性信访案件、无责任追究案件。在总公司内控管理基础上,分公司加强了司法案件、非法集资、销售误导等风险的预防监控,财务上坚持收支两条线,所有保费业务均实时录入系统,做到审计、合规独立。

【企业文化】 北大方正人寿江苏分公司坚持秉承“以人为本、创新求实、专业高效、客户至上“的价值观,坚持学习创新。分公司制定了完善的员工培训体系,定期组织公司制度文件、企业文化的学习培训,规范员工的行为,提高员工的职业道德水准。在充分利用内部资源的前提下,分公司不遗余力地为员工创造更多的培训机会,定期组织集体活动,提高员工的归属感。同时,在分公司内部多次举办保险故事比赛,通过销售人员讲述自身或身边的故事,使公司所有员工认同保险和行业。

【重大活动】 2月20日,北大方正人寿南京玄武营销服务部成立。

4月19日,北大方正人寿江苏分公司首届代理人“名仕俱乐部”在扬州瘦西湖畔开幕。

7月25日,江苏、上海、湖北三地“聚富首选”新产品培训班在南京召开。

10月30日,北大方正人寿南通中心支公司成立。

12月8日,江苏WPP“飞跃巅峰管理课程—培育”在南京举办。

12月26日,江苏分公司召开2014年全省开门红启动会。

【重大赔付】 1月9日,被保险人李某因肝癌身故。北大方正人寿江苏分公司给付身故保险金7万元。

6月15日,被保险人陈某因右侧输卵管壶腹部妊娠,北大方正人寿江苏分公司赔付附加母婴重大疾病保险妊娠期综合并发症保险金2万元。

7月19日,被保险人程某因宫颈癌行广泛宫颈切除术+盆腔淋巴清扫术,北大方正人寿江苏分公司给付重大疾病保险金共20万元。

11月9日,北大方正人寿江苏分公司第三届名仕俱乐部

中意人寿保险有限公司江苏省分公司

【概况】 中意人寿保险有限公司江苏省分公司于2006年6月8日获中国保监会筹备批准，9月20日获开业批复，10月18日正式挂牌营业。至2013年，已先后在无锡、南京、苏州、扬州、泰州、南通6个地级市设有6家三级分支机构、8家四级分支机构，业务发展主要集中在苏南、苏中地区。

【经营业绩】 2013年，江苏省分公司各业务渠道累计完成总保费29366万元，实现首年标保11497万元。其中，个人营销业务渠道累计完成总保费12314万元，首年标保3791万元，较上年同比分别增长15.78%和13.77%，实收续期保费8228万元，同比增长20.71%。银保渠道累计完成总保费12387万元，首年标保3795.65万元，总保费同比负增长39%，首年标保同比增长10.76%，新单期交保费3171.36万元，同比增长78.43%，实收续期保费2955.53万元，同比增长46.87%。团险业务渠道累计完成总标准保费3353.49万元，同比增长30.85%。经代渠道总保费1261.3万元，首年标准保费511.57万元，分别同比增长228%和40.39%。实收续期保费295.96万元。

【渠道建设】 个人营销渠道　坚持以"客户需求"为导向，定位打造知识型、专业化的个人客户综合理财服务专家，通过高品质、创新型业务加强渠道核心竞争力，同时不断提升续保服务水平，优化续期队伍结构，改善新单业务品质，从而为公司可持续性发展提供保障。

银保渠道　加强产品创新，在巩固现有渠道合作关系的同时，更促进新兴渠道的快速成长，紧密围绕"队伍建设"和"网点经营"两条主线，加快推进渠道转型。

团险渠道　通过提供优质的服务、合理的价格以及差异化服务持续保持上升势头，稳固经纪渠道业务，并逐步推进直销、交叉销售等其他渠道发展，以期最终实现渠道均衡发展。

9月4日，中意人寿江苏省分公司举办"移动互联网时代下的综合理财新趋势"大型论坛

经代渠道　通过提供稳定、优良的售后服务等方式，与省内优质代理公司继续保持良好合作关系，经过两年多的快速发展，品牌形象及产品已被众多经纪代理公司认同并接受。

【内部管控】 江苏省分公司自开业以来，始终遵循监管单位的各项管理规定，在总公司内部控制管理制度的指导下，分公司明确目标，建立标准，规范流程，适时监督，持续改进。设立法律合规及内控专岗，成立分公司品质管理委员会、合规及风险管理委员会、反洗钱小组，通过信息分享、部门联动、以会代训等多种方式，进行风险联合管控，并着重加强对业务经营活动及财务管理环节的风险控制。分公司近五年内未受金融监管机构重大行政处罚或司法机关调查、处罚，近四年在江苏保监局分类监管评估结果均为"B"。

【企业文化】 江苏省分公司对外坚持"诚信为本、客户为尊、专业为基、创新为魂"的经营理念，竭诚为客户提供个性化、多样化的保险产品，以及全方位、专业化、高品质的服务。在为社会不断创造经济价值的同时，在总公司公益善举的感染下，分公司不遗余力地承担起作为企业公民应尽的社会责任，激发员工作为寿险从业人员的关爱精神、倡导员工形成关注慈善的生活方式，更引导员工乃至社会大众对于"人"和"生命"的关注。分公司对内坚持"学习、和谐、专业、进取、稳健"的企业价值观，为员工提供立体化的培训模式，组织员工参与羽毛球友谊赛、瑜伽健身等集体活动，努力营造和谐有序、积极向上的职场氛围，进一步提高公司的凝聚力和向心力。

【重大活动】 1月26日，江苏省分公司新春晚会在南京江宁大福门酒店举行。

4月16日，江苏省分公司2013年第一季度员工大会在南京营销服务部职场召开。

4月17-18日，江苏省分公司2012年度保险营销员荣誉颁奖典礼在苏州同里湖大酒店举办。

6月3-4日，中意人寿总经理易思乐莅临江苏省分公司视察指导工作。

7月3-4日，江苏省分公司个险渠道在泰州举办2013年业务总监沙龙。

7月12-16日，中意人寿江苏省分公司个人营销业务部组织42名第七届知性之旅获奖营销员赴武汉，开展"知性之旅"。

7月17日，江苏省分公司运作部在南京召开全省运作体系年中运营

会议。

8月24日，江苏省分公司南京营销服务部举行“中意杯”少儿魔方大赛。

9月4日，江苏省分公司南京营销服务部在索菲特银河大酒店举行“移动互联网时代下的综合理财新趋势”大型论坛，向广大市民介绍公司推出的依托移动互联网技术的创新性在线保险理财新模式——“空中业务”。

11月8日，江苏保监局批准设立中意人寿保险有限公司江苏省分公司六合营销服务部。

12月11-12日，江苏省分公司个人营销渠道在南京方源金陵国际酒店举行年终业务主管策划会。

12月27日，江苏省分公司在南京举行以“全面提升 加速发展”为主题的2014年经营策划会。

【重大承保】 8月，何某在中意人寿江苏省分公司为自己投保“福保今生”两全保险产品，附加普通意外险、住院险、交通意外险，3年期，期缴保费约55.56万元。

11月，沈某在中意人寿江苏省分公司为自己投保“一生保”终身寿险，20年期，期缴保费约10.49万元。

【重大赔付】 3月6日，被保险人王某某因饮酒后出现中度酒精中毒，昏迷不醒，发现后被送往医抢救无效死亡。中意人寿江苏省分公司赔付受益人身故保险金24.48万元。

3月23日，被保险人范某某在茶室与他人发生争执被刺伤，经常熟市第二人民医院抢救无效死亡。中意人寿江苏省分公司赔付受益人意外身故保险金20万元。

4月27日，中意人寿江苏省分公司赔付被保险人周某某重大疾病保险金20万元；10月25日，赔付身故保险金50万元，累计赔付70万元。被保险人周某某3月初确诊为“结肠高分化腺癌”，6月被保险人结肠癌转移，伴肝、肺、腹腔转移，6月4日在苏州市立医院医治无效死亡。

7月8日，被保险人杨某某乘坐小车在高速公路发生交通事故，经医院抢救后，于10月29日医治无效死亡。中意人寿江苏省分公司赔付意外身故保险金20万元。

7月12日，被保险人蔡某某因小脑、脑干肿瘤开颅治疗效果不理想，在家中身故。中意人寿江苏省分公司赔付受益人身故保险金45万元。

8月4日，被保险人周某某无明显诱因出现胸闷憋气就诊于青岛大学医学附属医院，经检查后诊断为“慢性肾功能衰竭、慢性肾功能不全尿毒症期、高血压病3级、肺部感染”。中意人寿江苏省分公司赔付重大疾病保险金20万元。

12月，中意人寿江苏省分公司赔付被保险人杨某某受益人身故保险金44.89万余元。被保险人杨某某2011年9月无明显诱因出现下腹疼痛到苏州市立医院检查，经诊断为结肠癌，后转入上海复旦大学肿瘤医院进行治疗，于2013年11月医治无效身故。

【公益活动】 4月8日，江苏省分公司工会主席许京钟带领分公司部分伙伴前往明光金都民工子弟小学，看望接受学费捐助的学生。9月29日，分公司向南京栖霞区钟化小学贫困生捐款并赠送学习用品。

【教育培训】 3月31日-4月2日，江苏省分公司举办“携手中意，拥抱未来”准主管晋升培训班，全省33位助理营销员(AU)层级营销员参加专业技能提升培训。

5月3-5日，分公司经代业务部在南京培训教室与大童保险销售服务有限公司联合举行职业培训师培训。

6月5-6日，分公司人力资源部在南京举办全省新员工培训，此次培训让新入职员工更好地了解中意人寿文化、体系、制度。

10月10-14日，中意人寿人力资源部副总经理马慧勤与江苏省分公司副总经理王昊，共同为江苏省分公司员工及管理人员讲授《责任与绩效》及《卓越领导力》课程。

11月14-15日，中意人寿江苏省分公司个人营销渠道在南京举办2013年全省个险渠道内勤培训。

恒安标准人寿保险有限公司江苏分公司

【概况】 恒安标准人寿保险有限公司于2003年12月1日成立，总部设在天津。中方股东为天津市泰达国际控股(集团)有限公司，英方股东为世界500强标准人寿保险公司。至2012年底，公司注册资本为23.82亿元人民币，双方股东各出资50%。恒安标准人寿江苏分公司于2006年10月在南京开业，至2013年已在南京、扬州、无锡、南通、盐城、常州、徐州、苏州和泰州等地设立分支机构。2013年是恒安标准人寿开始实施新五年发展战略的第二年，公司主力渠道业绩实现逆势增长，各项经营指标稳中有升。同时，公司通过大力开展基础能力建设，紧抓企业文化建设等手段，逐步培育公司核心竞争力，为公司长期战略的实现积蓄了力量。

【经营业绩】 2013年，江苏分公司总保费收入22327.91万元，同比增长5.31%。其中，新单业务保费收入9581.29万元，同比增长-3.93%；续期业务保费收入12746.62万元，同比增13.51%。

各渠道保费收入：个人代理渠道保费收入11540.53万元，占比51.69%；直销渠道保费收入2831.62万元，占比12.68%；银邮代理渠道保费收入5560.38万元，占比24.90%；其他渠道保费收入2395.38万元，占比10.73%。

险种增减情况：2月，推出个险渠道新产品——恒安标准幸福金生卓越版两全保险(分红型)和恒安标准附加卓越版提前给付重大疾病保险。7月，推出个险渠道新产品——恒安标准幸福到老长寿版终身年金保险(分红型;9月，推出个险渠道新产品——恒安标准百万保驾两全保险。1月1日，银保渠道推出长期储蓄型的终身年金产品“福惠逸生终身年金”。

【渠道建设】 恒安标准人寿江苏分公司构建了个险、银保、团险、多元行销四大营销渠道，力求全方位为客户提供服务。2013年，在总公司“把个险和银保做为主渠道，大幅压缩经代业务，也不靠团险挣规模”的经营战略调整下，公司业务结构大幅优化、业务品质持续提高、经营效益逐步好转。

【内部管控】 江苏分公司设有合规与运营风险部，对下级机构定期进行相关政策培训，对分支机构合规经营情况进行监督和定期检查。江苏分公司在总公司内控制度基础上，结合江苏监管机构的要求和公司发展需要，对制度、标准、流程等不断改进和完善，并定期对各分支机构执行情况进行检查、评估和总结。严格贯彻和落实责任追究制度，明确风险事件上报的时限和要求，严防机构出现与监管及总公司要求不一致的行为和现象的发生。

【企业文化】 公司愿景：使公司成为富于创新和值得信赖的寿险与财务规划专家

公司使命：为客户提供诚信的服务，为股东创造价值，为员工提供全面发展的成长平台

公司价值观：诚信、稳健、创新

品牌口号：生活比生存更广阔

对消费者：一种感悟和理解生活丰富含义的生活方式

对员工：一份高尚的和追求专业价值的职业

对社会：一个负有社会责任感的企业

【重大活动】 1月28日，恒安标准人寿江苏分公司盐城营销服务正式获批升级为盐城中心支公司。

1月，公司与《南京晨报》结为年度合作伙伴，通过专题报道、合作财富沙龙、联办小记者活动等丰富多彩的活动，提升品牌形象，为拓展渠道及企业客户创造机会，进一步提升客户满意度和忠诚度，树立恒安标准人寿的服务品牌。

3月12日，英国标准人寿集团董事长兼恒安标准人寿董事长杰瑞·格林斯通正式受聘第三届江苏省政府经济顾问并受邀参加本年9月江苏发展国际咨询会议，再次成为江苏省政府“洋高参”。

5月6日，公司在微博平台新浪及腾讯开通官方微博，提升公司品牌知名度，扩大品牌宣传范围。

二季度，恒安标准人寿组织“感恩有你 美丽中国我的家”为主题的少儿环保绘画大赛活动，希望可以在轻松愉快的活动中，培养孩子热爱祖国，保护环境，提高环保意识，同时在活动中找到与自己志趣相投的伙伴，建立友谊，发展友谊，将友谊延续到生活当中。

9月25日，恒安标准人寿江苏分公司昆山营销服务部正式获批开业。

四季度，恒安标准人寿组织“感恩回馈 乐享保障”为主题的关爱客户感恩季主顾开拓活动，包括“感恩十年，保险十年，保险让生活更美好”为主题的保单故事机照片征集活动、“保单体检，保障关怀”为主题的保单检视特色服务等，让客户感受高品质的服务，提升客户满意度，同时还可以参与公司组织的抽奖活动。

【重大承保】 1月4日，吴某为其孙子投保恒安标准人寿恒爱年年终身年金保险保额20万元，年缴保费12.03万余元。

1月28日，金某为其子张某投保恒安标准人寿幸福到老年金保险保额100万元，年缴保费约15.45万元。

5月20日，桑某为自己投保恒安标准人寿恒爱年年终身年金保险计划保额48万元，年缴保费20余万元。

6月8日，张某为其女投保恒安标准人寿恒爱年年两全保(分红型)保额22万元、附加住院医疗2012保险保额1万元，年缴保费13.46万余元。

2013年，恒安标准人寿江苏分公司团险渠道承保无锡社保住院补充保险项目，补充住院医疗保险，保费约1104.1万元，承保被保险人213218人；承保南通市社保补充保险项目，团体万能险、住院津贴险和意外伤害险，保费1906.1万元，参保人数6740人。

【重大赔付】 6月4日，被保险人王某因肝癌病逝。恒安标准人寿江苏分公司赔付受益人身故保险金10万元。

7月5日，被保险人王某家人发现其身体不适，拨打120前往青海西宁医院，经医院抢救无效死亡。恒安标准人寿江苏分公司赔付受益人身故保险金14万元。

10月6日，被保险人严某在连云港市上海创艺建筑工地出现腹痛，后送至连云港市中医院，经抢救无效身故。恒安标准人寿江苏分公司赔付受益人身故保险金10万元。

【公益活动】 3月3日，以分公司党员代表、团员代表和工会代表一行6人在南京市淮海路街道社区开展志愿服务活动，走访慰问社区孤寡老人，并为贫困家庭送去现金和问候。

3月，分公司围绕“3.15”消费者权益保护日，陆续开展“共铸诚信保险，践行优质服务”全体员工签名活动、“从购买到理赔：保险知识大讲堂”系列讲座、“诚信共献策”客户恳谈会、“感恩十年客户大回访”活动和“保险诚信之我见”微博比赛等系列活动。

【教育培训】 9-12月，为进一步落实ORM(运营风险管理)制度体系，提高各项制度的认知度，增强制度执行力，江苏分公司开展全体员工ORM制度培训，每期针对不同的模块进行培训，让员工对各项制度有了更全面的认知。

光大永明人寿保险有限公司江苏分公司

【概况】 2013年，光大永明人寿江苏分公司以“加快创新转型，实现跨越发展”为创新工作方针，提出“创新是保险行业唯一的出路”的口号，以销售创新和服务创新为重点，通过提高从业人员自身素质，进一步强化管理职能、提高决策职能，使公司整体管理水平上升到一个新台阶。诚信服务、渠道开拓、合规管理、社会管理稳步进行。至年底，在保险资金运用方面，光大永明人寿江苏分公司为江苏地方经济建设投入保险资金35亿元，另有50亿元的合作协议已经签署。

【经营业绩】 2013年，光大永明人寿江苏分公司累计完成保费收入19924.47万元，同比增长-49.60%。新单

7月8日，光大永明人寿江苏分公司开展全国首届保险公众宣传日宣传活动

保费14898.04万元，同比增长-58.77%，其中期交保费3895.83万元，占新单保费的26.15%。

【渠道建设】 综合销售 年初总公司即确定“保增长、控费差、调结构”的业务发展战略，江苏分公司执行总部战略，合并原银保、个险、经代三条业务渠道的所有员工，重组成为新的综合金融销售渠道，真正建立一支适合综合金融发展的专业型及服务型团队。进一步优化成本，将资源集中支持重点地区、重点渠道的业务发展。业务结构转型，主动放弃部分收益低投入大的业务，将业务发展重点聚焦到长期储蓄型和风险保障型业务上。经过近一年时间的调整和发展，江苏分公司逐步理清综合金融发展的商业盈利模式和发展思路。

经代渠道 2013年，江苏分公司经代渠道稳步发展，实现以区域重点代理公司为战略合作对象，中小代理公司甄选新增的发展模式，业务铺设全省大多地市。在原有全国性总对总签约的合作公司基础上，深入服务理念与合作宗旨，同时开拓6家区域中小代理公司。积极开展省保监、总分公司要求的各项合规工作，保证业务品质、提升风险意识。2013年，经代渠道全年保费收入同比增长65%，13个月继续率达成83.8%。

团险渠道 江苏分公司团险渠道在政府项目、大病医疗、银团信贷保险等很多领域取得了很好的成绩。全省在南京、常州、无锡、南通、泰州、扬州、徐州、连云港、盐城等主要城市都成立了团险作业单位。在现有团险销售队伍建设的基础上，不断加大队伍的专业化素质培养和综合金融服务能力提升，逐步打造一支“综合金融服务团队”和贴近苏中、苏北县域市场的“个团交叉销售团队”，以解决业务发展与队伍收入、成本控制之间的矛盾。

【内部管控】 2013年，江苏分公司努力推动落实《保险法》及保监会各项监管要求，加强激励和处罚并举的合规管理措施，不断强化合规制度建设、组织建设、文化建设和市场行为管控。建立健全防范保险业务违法违规行为的快速反应机制和长效机制，同时进一步强化公司内部管控，防范风险，提升公司品牌形象，切实贯彻“合规经营，人人有责”的合规理念。通过资深律师团队为公司管理层及各部门提供专业的法律指导意见与咨询服务，随时追踪最新法律法规与监管政策并进行深层研究与解读，确保公司依法经营、健康发展。通过建立完善的规章制度和管理流程，利用培训、沟通、调查、监督、管控、研究更新等手段，以定期会议、工作讨论、现场或非现场检查等形式，对公司内部的合规工作进行管理，并定期向公司股东、董事会、政府监管部门汇报，以保证公司运营的合法合规性。

【企业文化】 为了关注社会人群身心健康，引导大众养成低碳、健康生活方式，公司一贯积极倡导公益环保事业的光大永明人寿在国家体育总局训练局的大力支持下，携手国内领先财经媒体《21世纪经济报道》，于2010年推出“爱走爱生活——光大永明人寿路走公益计划”，鼓励更多的人亲身参与走路实践。公司分别在北京、天津、南京、重庆、上海和广州、杭州举办嘉年华活动。并推出“路走公益计划”的官方网站——路走网(www.luzou.cn)。网站致力于打造以“路走”为主题的公益资讯平台，定期举办注册赢大礼、徒步美景照片秀等线上活动，并携手新浪微博与开心网、人人网等传播平台，为会员提供路走健康资讯，向大众推广“爱走爱生活”的理念。2013年，路走俱乐部会员已超过60万人，新浪微博粉丝数超过31万人。他们定期自发组织和参与各地的徒步活动，成为践行低碳生活理念的生力军。

【重大活动】 1月7日，光大永明人寿新泰营销服务部盛大开业。

1月12日，江苏分公司客服部因在2012年的业务冲刺以及四季度业务高峰中表现优异，获得总公司“金融服务先锋号”推荐资格。

1月14—15日，江苏分公司个险业务部举办“光大永明人寿光大永明人寿江苏分公司个险综开业务培训班”。

1月24日，来自江苏省10个中支的银保培训讲师齐聚光大永明人寿江苏分公司，参加2013年第一期专讲研讨会。此次培训主要结合“保增长、控费差、调结构”的主题展开，就2013年整体培训工作做出计划和部署，从“主题、形式、课件、效果”四方面确定每个季度的具体工作；最后针对当前金保富E火热销售背后引起的回访问题进行交流，收集目前存在问题及整改的合理化建议。

3月1日，总公司银保部总监梁栋一行莅临南通中心支公司进行工作指导。

3月1日，光大永明人寿江苏分公司团险渠道与光大银行无锡分行团险业务启动培训大会举行。这是无锡中心支公司第一次与光大银行无锡分行举办的团险业务启动培训，标帜着光大银行与光大永

10月18日，光大永明人寿江苏分公司工会举办"绿色环保，从我做起"环保登山活动

明人寿无锡机构团险业务的正式启动。

3月18日，集团改革发展调研组张岚部长一行莅临光大银行南京分行开展集团调研，座谈会上，光大永明人寿江苏分公司与光大银行、光大证券、光大期货、光大国际一同听取了张岚部长对于党的十八大精神的传达，对于集团改革重组、集团基本情况、推进集团总部职能转变，以及2013年重点工作的介绍。

3月28日，光大集团江苏区域2013年一季度联动工作会议在光大银行南京分行召开，光大集团江苏区域机构一起在客户资源共享、交叉销售、培训、活动等方面互帮互助，实现战略合作，做好综合金融服务。

3月28日，光大永明人寿资产管理公司与南京城建20亿元项目顺利完成，所有资金全部到账。项目的完成，标志着光大永明人寿江苏分公司已全面开启资管业务项目。

4月12日，总公司法务合规部王首阳经理莅临江苏分公司，进行"合同管理与风险防范"培训。王首阳依次从签订合同注意事项、常见合同中存在的风险点、怎样规避风险等几个方面讲述。

4月28日，江苏保监局官网公示《江苏省保险公司省级分公司第一批大病保险经营资质名单》，光大永明人寿江苏分公司获得江苏省第一批大病保险经营资质。

5月21日，集团长江三角洲地区联动工作调研暨2013年第二季度南京地区集团企业联席工作会议在南京召开。本次集团调研会议主要就目前业务联动情况和业务联动情况进行研讨。

7月8日，光大永明人寿江苏分公司围绕"倾听由心，互动你我"的主题，组织开展"全国保险公众宣传日"活动。

8月10日，光大永明人寿江苏分公司与光大银行江苏省分行共同举办"国际SOS急救医疗知识讲座"，让客户具备更多的应急、防灾、自救知识。

10月17日，光大集团督导组集团巡视办主任郁建国、集团人力资源部资深高级经理张春生同志莅临光大永明人寿江苏分公司进行党的群众路线教育实践活动调研工作。

2013年，在南京报业传媒集团主办、《江苏商报》承办的"激荡十年"十佳企业评选中，光大永明人寿江苏分公司荣获"最具消费者满意品牌"称号。

【公益活动】 4月，江苏分公司组织内外勤员工为四川雅安地震灾区捐款1.77万余元。

10月18日，江苏分公司工会举办"绿色环保，从我做起"环保登山活动，提倡在登山过程中捡起身边的垃圾，为改善南京紫金山的生态环境做一点努力，提高大家的环保意识和能力，带动更多的人参与到环保公益中来，让绿色环保理念深入生活，保护绿色紫金山。

【教育培训】 3月14–15日，徐州中心支公司举办首期经代渠道衔接培训班。

3月21日，分公司客服部开展"学法律　强服务　助业务　求发展"法律法规学习课堂活动，邀请北京大成律师事务所颜士海律师授课。颜士海讲解了《新保险法》的变化解析、保险业务中常用的法律法规条例以及案例分析等内容。

4月15日，江苏分公司银保部召开以"发展价值业务，提升销售品质"为主题的直销业务培训，全员深入学习了五款产品、流程和营销技巧，培训后进行考试。

农银人寿保险股份有限公司江苏分公司

【概况】 农银人寿保险股份有限公司是由中国农业银行股份有限公司、北京中关村科学城建设股份有限公司、中国希格玛有限公司等公司强强合作打造，并在国家工商行政管理总局注册的全国性人寿保险公司，公司总部位于北京。农银人寿保险股份有限公司江苏分公司于2007年1月1日正式开业，至2013年，在全省开设7家三级机构、12家四级机构，内勤管理人员192人，渠道客户经理82人，保险代理人338人。农业银行控股后，农银人寿各渠道业务均得到长足发展，在江苏保险市场同期开设的寿险公司中已初步成为具有一定影响力、一定保费规模、一定市场美誉度和知名度的公司。

【经营业绩】 农银人寿保险股份有限公司江苏分公司全省范围内主要采用银行代理、财富业务、个人代理、团体保险等模式，经营各类人寿保险、健康保险、意外伤害保险等各类人身保险业务。2013年，公司实现累计总保费收入33087万元，累计赔付322万元，满期给付26174万元。2013年底，农银人寿先后推出一系列的保险产品，包括个险系列的"农银爱永远定期寿险"、"农银爱相随年金保险"、"农银附加财富宝终身寿险"、"农银爱相守重大疾病保险"、"农银万世鸿福年金保险计划"、"农银爱一生防癌疾病保险"等，银保系列的"农银金太阳两全保险"、"农银爱自由两全保险"。

【渠道建设】 2013年是公司由农业银行控股并更名后的第一个完整经营年度，也是努力打造品牌领先银行系寿险公司的基础之年、改革之年、转型之年。

银保渠道　江苏分公司全年银保业务表现出较强发展势头，全年业务达成2.7亿元，实现整体业绩同比增长961.66%。

个险渠道　个险以"调结构、调人员、调机构"为抓手，打破了几年停滞不前的被动局面，通过大量清理虚有人

3月29日，农银人寿董事长邵建荣在江苏分公司调研

力，机构先后休眠12家，撤销1家，使十分有限的资源集中使用，提前36天达成总公司下达的全年任务，较好地激发了个险干部的积极性。

团险渠道　团险坚持效益导向的产品策略，以借款人意外、建工意外等效益型险种为主推产品，行司联动借意险、农信社借意险、建设行业的建工险等渠道业务快速发展，全年完成保费728.98万元。

【内部管控】 江苏分公司基本建立起较为完善、合理、有效的内控管理体系。内控制度涵盖公司组织建设、分支机构管理、业务流程管控、人事流程规范、财务等各方面。风险点的排查与预防机制进一步保证了能及时了解、处理运营中的风险。现场检查与追责，则从根本上确保内控制度得到有效、认真落实。

【企业文化】 “思者无域、志者恒进”，作为农业银行旗下子公司，农银人寿将在未来发展中追求“将农银人寿打造成农业银行服务客户的重要平台之一的愿景”，遵循“以市场为导向、以客户为中心、以效益为目标”的经营理念，秉承“合规创造价值，责任成就事业”的价值观，坚定的走快速、协调、持续、健康的发展之路，全力构筑完善的法人治理结构、高效的经营管理团队、良好的运行保障机制以及健全的规章制度体系，依托于农业银行的网点和客户资源优势，持续深耕现有业务渠道，不断锐意进取，在“诚信立业、稳健行远”这一核心价值观的指引下，开创公司经营治理新格局，逐渐成长为国内最具价值的银行系金融保险企业。在农业银行发展战略整体布局下，统筹兼顾、夯实基础、稳步推进，着力打造令股东满意、客户放心、社会认同的专业性人寿保险公司，向着更高水平、更远境界迈进。

【重大活动】 1月16日，中国农业银行江苏省分行办公室下发《关于加强与农银人寿保险股份有限公司行司联动的通知》，标志农银人寿江苏分公司行司联动工作正式启动。

3月29日，农银人寿董事长邵建荣等一行四人莅临江苏分公司检查。

8月25日，“农银爱永远定期寿险”正式上线，成为保险业费率改革的首款保障型产品。

9月3日，农银人寿团险分管总经理梅励赴江苏分公司听取“党的群众路线教育实践活动”中基层员工意见。

【重大承保】 11月18日，投保人刘某某投保农银意外伤害保险、农银财富人生年金保险（分红型）、农银祥瑞意外伤害保险，保费合计33.5万元。成为农银人寿财富业务系统承保第一单。

【重大赔付】 3月15日，被保险人刘某某从工地下班回宿舍途中，过马路时被车撞伤，于3月21日医治无效身故。农银人寿江苏分公司赔付意外身故保险金20万元。

7月29日，被保险人王某某因肝癌多发转移、2型糖尿病等疾病住院，于9月15日医治无效在家中身故。农银人寿江苏分公司赔付身故保险金12万元、账户价值结算3.24万元，合计15.24万元。

9月22日，崔某某在公司操作电焊拆解旧厂房时不慎触电，在宜兴市武警医院抢救无效于当日身故。因被保险人职业类别发生变更，农银人寿江苏分公司决定按比例给付意外伤害保险金及意外医疗保险金合计22.98万元。

11月30日，被保险人陈某某在单位工作时不慎从高处摔下，经抢救无效当日身故。农银人寿江苏分公司赔付意外伤害保险金20万元。

【公益活动】 3月15日，农银人寿江苏分公司及各级分支机构举办主题为“农银在身边”的系列客户回馈活动。7月8日，农银人寿江苏分公司参与由江苏保监局、江苏省保险行业协会组织的“全国保险公众宣传日”广场宣传活动。

【教育培训】 11月10日，农银人寿总公司核保核赔部在南京举办《保险法司法解释（二）》培训班。培训班邀请北京西城区法院民四庭庭长、《保险法司法解释（二）》修订参与者刘建勋法官授课。

3月15日，农银人寿江苏分公司举行理财知识讲座

和谐健康保险股份有限公司江苏分公司

【概况】 和谐健康江苏分公司成立以来，不断提升服务质量和效率，增强核心竞争力，逐步建立了包括健康管理、银行保险、团体保险、政府医保合作等多个业务渠道，并全面推行健康保障和健康管理相结合的创新服务模式，逐步在全省各地设置经营机构，为广大客户提供贴心的保险和健康管理服务。至2013年，公司已推出涵盖疾病、医疗、失能、护理、意外保险等在内的多种健康保障和健康管理服务项目，依托"呼叫中心"、"和谐健康俱乐部"和"网络医院"等服务平台，通过广泛整合各类医疗、健康服务等社会资源，最大限度地为广大客户提供多元化的服务和家人般的服务。

【经营业绩】 2013年，和谐健康江苏分公司银保总保费18亿元，团险总保费0.0135亿元。

【渠道建设】 健康管理 总公司设立"和谐健康俱乐部"，并将全新的概念传达到各家分公司。通过与医疗服务资源或医疗服务提供者和特约商户的合作，进行日常健康指导、干预和诊疗管理等活动，公司还提供会员健康档案管理、健康讲座、健康通讯、优惠的健身项目、健康体检、特需诊疗安排等丰富的健康维护和诊疗管理服务项目，供客户进行选择。公司开发了"网络医院"系统平台，利用互联网将全国最优秀的专家资源整合起来，为广大客户提供"面对面"的网上健康咨询服务；开发了高端健康管理服务产品，如海外抗衰老治疗及肿瘤筛查等，将全球最先进的医疗服务引入中国，丰富公司产品线；针对高端客户的特殊需求，提供家庭私人医生服务。通过健康管理，客户将得到科学、系统化、个性化的健康教育与指导，定期的健康评估，从而改善风险水平，尽享健康人生。

银保 公司与全国各大商业银行、各省市（地区）商业银行建立业务合作关系，延伸了业务销售和客户服务渠道。针对合作银行的客户群需求，公司开发与之相适应的集医疗保障、理财投资于一体的保险产品，通过遍布全国各地的银行服务网点，让客户轻松便捷的分享公司投资收益。至2013年，分公司已开通招商银行、建设银行渠道，工行渠道网点也已经在开通中。

团险 为服务企业客户，公司开发了一系列团体产品，包括团体医疗、团体重疾、团体意外等，并专门设立"团体保险业务部"，集中公司骨干力量服务于全国各类机关、事业单位、企业等团体，为大型团体客户开通绿色服务通道，进一步提升服务速度和质量。

政府医保合作 公司在开展商业保险业务和服务的同时，积极参与各地方政府医保合作项目，为社会医疗保险提供有力的支持和补充。公司根据不同地域的具体情况，开发设计具有针对性的产品组合和合作方案，充分发挥公司在各地的医疗资源优势，提供贴近百姓的丰富多样的产品和服务。

个人保险 公司注重分析不同客户群体的差异化需求，把不断完善产品的个性化需求作为一项重要工作，为客户提供包括疾病、医疗、失能、护理、意外在内的多样化保险服务；对于高端客户，公司可根据其自身的具体需求量身定做保险、健康管理、医疗等多方位服务方案，实现"一对一"的个性化保姆式服务。

【内部管控】 内部控制建设 在组织结构方面，严格遵守国家法律、法规规定以及监管部门的要求，并根据公司业务规模、经营管理的需要，遵循相互监督、相互制约、协调运作的原则，合理、精简、高效设置部门和岗位。明确各机构、部门、岗位、人员的职责和权限，关键岗位、特殊岗位、不相容岗位按内部控制要求设置，并配备相应具有专业知识、经验和技能的人员，确保其有效履行岗位职责。在企业文化方面，积极开展有关培训，建立诚信道德观念，树立合规意识和风险意识，提高员工职业道德水准、规范职业行为。在人力资源方面，公司建立了完备的制度和程序，对员工招聘、晋升、绩效考核、薪酬、奖惩等进行明确规定，并充分考虑人力资源管理中的风险，且明确各岗位人员，特别是与风险和内部控制有关的人员的适任条件，确保相关人员能够胜任。

风险识别与评估 分公司在整个系统内的风险识别及评估方面积极开展工作，特别是在关键风险点的控制上，建立相应的风险管理体系，同时考虑公司内部因素和外部因素，分析和识别公司层面和业务层面的各类风险，还建立了重大合同协议联签、资金联签等书面审批程序，推动和完善了公司内部控制体系。

活动控制 （1）业务控制。建立对销售人员的甄选、签约、解约、薪酬、考核、档案、品质管理等规定，加强对销售人员进行专业培训和职业道德教育，建立并实施客户回访制。建立核保核赔管理制度，明确核保、核赔标准，实施权责明确、规范操作。在资金管理方面制订各项管理制度，特别对与总公司之间、中支机构之间的资金划拨制订严格的审批制度，定期对各项费用进行分析，对下阶段的各项费用进行合理安排，严格控制各项费用的列支。建立服务质量管理制度，实施业务操作标准和服务质量标准，对销售、承保、保全、理赔等活

9月，和谐健康江苏分公司在客服节期间向客户介绍公司理赔管家

动的服务质量进行规范管理,并建立客户服务质量考评机制;建立咨询投诉管理制度、咨询投诉处理程序,对咨询投诉处理中发现的问题进行核实、分析、反馈,并及时向总公司进行报备,并整改和跟踪监督。建立单证、印鉴、档案管理制度,对保险单证的印刷、保管、领用、作废和核销,印鉴的刻制、保管、使用范围、使用审批、使用登记、作废和核销以及档案的保管进行严格的管理和程序。(2)财务控制。根据总公司规定的各项财务会计制度和财务管理规定,合理设置岗位,对不相容岗位分离;建立并实施规范的会计核算流程,及时编制财务报表。在资产管理方面,对收付费进行控制,明确收付费的操作流程与岗位职责,妥善保管现金、有价证券、空白凭证、印鉴、固定资产等,定期核对及组织盘点。在预算控制方面,实行全面预算管理,严格各项费用的审批和支出,控制费用成本。加强对中支机构人员的风险防控的培训,增强风险防范意识。(3)资金控制。按照总公司要求进行资金统一管理和运作,严格实行收支两条线,对中支机构的资金实行监控,确保资金及时足额上划集中。(4)信息安全。建立信息安全管理办法,对硬件、操作系统、应用程序和操作环境实施控制,确保信息的完整性、安全性和可用性;计算机机房建设符合国家的有关标准;及时更新系统安全设置、软件补丁程序等,不断完善安全控制措施。分公司已初步建立计算机安全应急措施。

信息与沟通　分公司建立相关工作程序,及时准确地搜集到公司目标实现及经营管理有效运作的内外部信息,能及时准确的向管理层反映业务信息、管理信息、重要风险信息;确保及时、真实、完整的向监管部门和总公司报告;同时建立了相关的内外部沟通渠道,确保信息及时上传、下达,并在上下级机构及部门之间充分交流。另外对信息的安全、保密也建立相关办法,考虑信息安全性和保密性要求,对信息的报告、发布、披露进行合理授权。分公司全系统都应用了总公司OA系统,制定了公文审批和流转的制度,并组织培训学习,在发文查询、披露、授权、留存、记录方面进行了规范。对于留存的档案性文件和资料应予以适当标识。

监督　总公司内审部门对分公司内控建设进行指导监督,制定分公司稽核监督工作规定及相关工作程序。分公司初步建立稽核信息档案的管理,定期搜集获取公司经营各个方面的信息,配合总公司做好内部控制建设调查工作,对在检查中所发现的问题进行监督整个整改过程。

【重大活动】 1月1日,和谐健康江苏分公司启用新版《理赔申请书》,并在全省范围内推广实施反保险欺诈提示制度,反保险欺诈提示制度适用于公司开办的所有险种。

9月9日,教师节前夕,和谐健康江苏分公司携手安邦产险江苏分公司走进南京金陵中等专业学校,以"专注倾听与感恩"为主题开启安邦保险第二届客服节(江苏站)。

12月31日,和谐健康江苏分公司召开2013年反洗钱工作总结暨2014年反洗钱工作安排会议。

2013年,和谐健康险江苏分公司在销售环节进行投保提示,确保投保人亲笔抄录风险提示语句;对于新型产品,增加对投保人风险承受能力的测评,将具有一定风险的保险产品销售给有相应风险偏好的投保人;重点加强对保险知识相对缺乏、风险承受能力较弱的老年人群体的风险提示;向客户详细介绍《江苏省人身保险业销售服务评价系统》,取得他们的信任、支持和配合,以期提高消费者满意度。

2013年,和谐健康江苏分公司成功筹建淮安机构;扬州机构已获总公司批复,正在紧张准备中。

【公益活动】 3月13日,和谐健康江苏分公司组织宣传活动小组,到南京五大社区开展义务宣讲活动,组织理赔、银保、健康险团队,为居民做全面的保险知识解答。

【教育培训】 10月15—17日,分公司参加总公司举办的"全国首期咨询投诉培训",进一步规范投诉管理工作,增强投诉处理人员专业技能,持续提升服务品质,维护公司形象,支持和促进公司业务快速、健康发展。

平安养老保险股份有限公司江苏分公司

【概况】 平安养老保险股份有限公司于2004年12月1日在上海正式成立。作为中国平安保险(集团)股份有限公司的全资子公司,平安养老保险公司秉承中国平安在养老保险领域的丰富经验,肩负完善社会保障制度的社会责任,经过多年的开拓创新,锐意进取,已发展成为业内规模最大的专业养老保险公司。至2013年,平安养老保险股份有限公司江苏分公司拥有员工324人,在苏州、无锡、常州、南通、徐州、扬州、镇江、盐城开设中心支公司8家,是江苏最大的团体养老保险公司之一,年金市场份额最高。

【经营业绩】 2013年,江苏分公司整体保费累计收入27504.98万元。同比增长16%。其中:短期险业务保费收入26091.84万元,同比增长15.5%;长期险保费收入1413.14万元,同比增长25.99%。收取保户投资款8636.09万元,同比增长38.24%。企业年金累计供款74944万元,同比增长-32%。

【渠道建设】 2013年,江苏分公司重点发展直销渠道,直销渠道净增员28人,短险产能7599万元,长险产能37414万元,年金标规36867万元,分别为分公司内部第二、第一、第一大贡献渠道;平台积累效果明显,通过平安E化平台新建商机超过500个。外部渠道方面,分公司建立多条渠道业务。建工险产能3119万元,成为分公司第一大口子渠道。此外乘意险、学平险、航意险、旅意险等渠道贡献均超过百万级,成为分公司重要业务来源。

【内部管控】 江苏平安养老险在日常业务开展过程中,制定了严格的内部控制管理制度,加强经营风险的事前和事中防控,防范于未然,保证公司合规经营。首先,建立健全的风险管理制度,使各业务、流程有规可依,并根据法律法规的变化、公司经营战略目标的调整和内外部经营环境的变化,及时制订、修改和梳理现行公司制度流程，持续维护制度体系的健全性、合理性和有效性，充分发挥制度流程对公司经营的规范作用、指导作用、核心技术积累作用；其次，加强合规文化建设，营造浓厚的合规文化，使员工知规学规，进而主动合规，为公司的合规经营打下坚实的基础；再次，每年开展内部控制测试和补充抽样测试，检视各流程的设计有效性和运行有效性，通过检视，可以及时发现各流程和制度存在的缺陷，并及时进行整改，充分发挥各流程和制度对风险的持续防控能力；最后，每年开展风险排查工作，排查做到不留死角，不流于形式，涵盖各业务流程，保证经营风险的早发现、早处置，及时发现内控和经营管理等方面的漏洞，有效提升公司管理水平和从业人员素质，做到从源头上控制风险。

【企业文化】 平安养老险公司经营目标：

一次腾飞：综合实力第一的养老金公司；

二轮驱动：销售能力，投资业绩；

三位一体：资产管理，团体保险，创新业务；

四大基石：销售平台，投资平台，风险管控，科技引领；

五种精神：使命精神，拼搏精神，奉献精神，团队精神，专业精神；

五种文化：执行文化，凝聚文化，克难文化，卓越文化，价值文化；

六种能力：销售能力的挑战，投资能力的挑战，创新能力的挑战，经营风控能力的挑战，服务能力的挑战，团队战斗能力的挑战

分公司"三个永远"：永远把公司的事当作自己的事，永远把最小的事当作最大的事，永远把这一次当作第一次。

【重大活动】 3月4日，平安养老江苏分公司参加江苏团省委开展的"梦美丽江苏——日行微善月月评"学雷锋主题志愿服务活动启动仪式，并向青年志愿者赠送保险保障。分公司在践行企业社会责任、传递正能量的同时，还积极拓新市场，结合自身专业经验，为志愿者量身打造了"日行微善，平安相伴"系列保险产品，并已开始服务于省内的部分志愿者组织。

3月15日，参加"江苏省暨南京市2013年纪念3.15国际消费者权益日大型广场活动"，通过易拉宝展示、发放宣传材料、现场解答咨询等方式，增进消费者对养老保险的了解，向广大消费者树立"诚信保险，服务民生，平安中国"的服务品牌。

6月，平安集团品牌宣传部授予平安养老险江苏分公司员工于琼2013年品牌系统"专业技能PK赛"优胜奖。

7月8日，分公司参加由江苏保监局和江苏省保险行业协会举办的以"保险　让生活更美好"为主题的保险宣传日活动。活动现场，由平安产、寿、养、健四家分公司代表组成的专业服务团队为广大群众提供了各类保险咨询。

11月，平安集团法律事务部授予平安养老险江苏分公司员工王超集团年优秀个人奖(优秀法律岗)。

2013年，分公司紧紧围绕"健康中国　平安养老"的活动主题，组织开展系列客户服务活动，活动分为公益慈善、服务体验、健康讲座三大类，共计37场，在提升广大客户对养老险了解度和体验度的同时践行"保险服务社会"的核心价值理念。

【重大承保】 1月1日，平安养老江苏分公司参与共保无锡市企业安全生产意外伤害保险，险种为平安建筑工程团体意外伤害保险，保费1000万元。

1月1日，江苏分公司承保海门市职工医疗保险基金管理中心投保的平安高额团体医疗保险(A款)，保费1017万元。

2月26日，江苏分公司承保无锡市退休职工保障互助会为无锡市退休职工投保的平安长期综合健康团体医疗保险，保费4800万元。

6月7日，江苏分公司承保同程网络科技股份有限公司投保的平安交通意外伤害保险，保费1807万元。

9月5日，江苏分公司承保江苏省电力公司投保的平安团体健康保障委托管理产品，保费5.7亿元。

【重大赔付】 2012年7月18日，投保人昆山贝瑞康生物科技有限公司员工刘某乘坐他人驾驶的轿车与另外一辆货车发生相撞，经抢救无效死亡。平安养老江苏分公司于2013年初赔付50万元。

3月4日，平安养老江苏分公司参加"梦美丽江苏·日行微善月月评"学雷锋主题志愿服务活动

2012年10月16日，投保人常州市武进区前黄镇人民政府职员沈某因颈椎骨折意外医疗，经德安医院司法鉴定所鉴定为一级残疾。平安养老江苏分公司于2013年赔付44.35万元。

2012年12月22日，投保人南通天业对外劳务合作有限公司务工人员曹某在安哥拉奎托工地三星酒店1号楼拆模时，不慎被坠落的方钢砸中，送医院抢救无效死亡。针对境外务工特殊人群，在接到报案后，平安养老江苏分公司立刻展开调查，并请专业翻译公司翻译救治资料，及时确认事故性质，于2013年初向家属给付40万元理赔金。

2012年12月25日，投保人苏州友邦人力资源职介有限公司劳务派遣人员翟某在车间操作自动模切机时，因操作失误脖子被卡住，经救治无效不幸身故。平安人寿江苏分公司于2013年初赔付40万元。

4月8日，投保人上海展威建设工程有限公司员工张某驾驶电动自行车与同方向行驶的摩托车发生碰撞，经抢救住院三天，医治无效身亡。平安养老江苏分公司赔付51.37万元。

【公益活动】 6月1日，分公司组织VIP客户到大别山区太阳乡希望小学，为希望小学的每一位孩子准备了丰富的学习用品，将关爱送给需要帮助的孩子。

【教育培训】 2月25日-3月1日，江苏分公司与浙江分公司在南京开办“江浙新人培训班”。

5月16-18日，分公司在南京召开《职场实用写作》培训，对入司2年以上的30名内勤进行通用技能培训，帮助员工掌握职场写作核心要领，提升书面沟通技巧。

8月9日，分公司在徐州召开《法律合规》培训，对南京地区和部分机构的77名内外勤进行反洗钱培训和保险法司法解释，帮助员工提升法律合规知识，牢固树立遵纪守法的意识。

9月12-13日，分公司在南京召开《公文写作》和《高效沟通》培训，对全省30名内外勤进行通用技能培训，帮助员工提升员工提升沟通和公文写作技巧，解决公文写作中的疑惑。

华泰人寿保险股份有限公司江苏分公司

【概况】 华泰人寿保险股份有限公司是一家全国性寿险公司，其主要股东华泰保险集团股份有限公司是国内九大保险集团之一，另一主要股东美国安达集团(ACE Group)是全球最大的财产险、责任险及再保险公司之一。华泰人寿江苏分公司2007年3月开业，至2013年已在全省13个地市开设分支机构96家，服务网络覆盖全省，员工及各类销售服务人员过万人，为近百万名客户提供保险服务。2013年，分公司遵循“规范管理、稳健经营、创新发展”的宗旨，调整业务结构，注重价值经营，提高业务品质，加强内控管理和风险防范，推动机构均衡健康发展，业务稳健快速发展，连续在华泰全国系统排名第一，位居江苏寿险行业前列，已成为江苏乃至全国最具潜力和成长性的分公司，案件赔付速度居行业前列，真正把“理赔快，找华泰”的良好口碑落实为一次次实际行动，赢得了社会各界的广泛赞誉，连续荣获省市“文明单位”等一系列荣誉称号。

【经营业绩】 2013年，华泰人寿江苏分公司实现总保费68696.10万元。其中，个险49203.11万元，银保18268.6万元，团险959.84万元。个险、银保、团险新单期缴保费分别为16186.52万元、1373.53万元和75.34万元，在全省分别排名第7、第17和第12名。续期个险k2为86.13%，银保k2为89.65%。8月，个险新产品“百万爱驾两全保险”上市。9月9日，个险新产品“百万精英意外身故定期寿险”上市。12月，个险新产品“百万财富年金”保险上市。

【渠道建设】 个险渠道　作为分公司稳定发展和实现价值增长的主要渠道和核心渠道，2013年个险渠道以提高人均产能、价值保费、内涵式发展为主旋律，通过CC100、黄埔军校等创新项目深化绩优体系，深入开发中高端市场，推动业务发展。深入贯彻“沉淀年”的发展主题，紧紧围绕“队伍沉淀、管理沉淀、素质沉淀、技能沉淀”年度指导思想，积极深化改革，谋求创新，通过管理运作强化队伍基础，通过有针对性地创新训练提高团队的综合素质和技术技能，加大培训投入，优化培训形式，着力引导队伍由“销售大军”向“营销大军”逐步转型。

银保渠道　回归价值，VIP理财试点取得突破。6月，分公司推动银保VIP客户综合理财规划师项目，VIP综合理财规划师团队在南京、徐州、扬州、无锡、镇江5家机构试点，并于11月21日进入试运营阶段，良好的基础管理习惯和营销模式的转变已初步形成，队伍得到转型。

团险渠道　小额信贷取得突破，卡单、交叉销售业务充分依托代理人队伍，健康持续发展，业务总量名列全国系统第一，团险保单赔付率在全国系统创造的利润价值最高。

【内部管控】 江苏分公司坚持全面与重点、制衡与协作、权威与适应、有效

5月31日，华泰人寿江苏分公司与乡镇小学结对建立爱心书屋

与合理"四统一"的原则,努力实现"行为合规、资产安全、经营有效、战略保障"的目标。2013年,开展系列内控活动,预防和排查重点人群案件风险、重大案件风险、涉嫌非法集资、销售管理环节风险、反商业贿赂、反洗钱,同时组织配套的宣传教育活动,用两个月时间全面检查各中心支公司的合规工作。内控工作取得实效,风险防范能力有新的提高,合规经营普遍得到重视,3月份被省保监局评为信访投诉工作先进单位。

【企业文化】 江苏分公司以"专业品质 恒久保障"为企业承诺,倡导平等、人文的合作文化氛围,同时又不断赋予品牌新的生机与活力,在多年发展过程中逐步打造了"开放、进取、参与、包容"的企业文化。公司提倡"智慧工作 享受生活"的工作精神,以其作为推动公司高效运作和健康发展的理念基础,提高核心竞争力。

【创建工作】 分公司以科学发展观为统领,将文明创建作为公司内在经营发展的根本需求,制度全、措施硬、活动多、效果好,实现了经济效益和社会效益的同步增长。2013年12月10日,被中共江苏省委、江苏省人民政府、江苏省精神文明建设指导委员会授予"文明单位"称号。

【重大活动】 5月11日,江苏分公司"CC100"项目正式启动。

7月,分公司开启华泰系统首届"2013星光璀璨 唱响华泰好声音"歌唱大赛。

8月22-23日,为落实"改进提高,创新发展"的指导方针,全面推动公司战略转型及落地,总公司总经理李存强一行莅临江苏召开分公司战略规划落地宣导会。

10月19-20日,分公司首届"倾听由心 互动你我"客户服务节活动在镇江举办。

10月30日,在江苏保监局和江苏省总工会联合举办的"中邮人寿杯"保险销售从业人员岗位技能大赛中,常州中心支公司的倪建东和周佳以分别夺得总决赛亚军和季军。

【重大承保】 1月16日,投保人史某在华泰人寿江苏分公司为自己投保安心赢利终身寿险(万能型)保险,保费300万元。

3月13日,投保人陈某在华泰人寿江苏分公司为自己投保安心理财两全保险(分红型)保险,保费500万元。

6月18日,投保人周某在华泰人寿江苏分公司为自己投保安心赢利终身寿险(万能型)保险,保费600万元。

【重大赔付】 9月,被保险人陈某在工地干活时不慎从五楼坠落,全身多处骨折,经医院抢救无效死亡。华泰人寿江苏分公司赔付约30.85万元。

10月22日,被保险人俞某因肺动脉栓塞在常州二院病逝。被保险人俞某于2011年1月投保吉庆年年年金保险分红型。华泰人寿江苏分公司赔付24万元。

12月5日,被保险人刘某因患系统性红斑狼疮伴肾炎申请理赔。被保险人刘某于2012年8月投保福佑双鑫两全保险(分红型),附加福佑双鑫重大疾病保险。华泰人寿江苏分公司赔付28万元。

【公益活动】 5月16日,徐州中心支公司组织入职新人参加黄集镇圣范村共建活动,为贫困家庭送去米、面等生活必需品。

5月31日,江苏分公司总经理助理陈书德带领徐州中心支公司入职新人在郑集实验小学共建华泰书屋,为小学生捐赠书籍及部分小礼品,并开展多项互动活动。

【教育培训】 5月11-13日,华泰人寿江苏分公司"CC100"项目在南京社会主义学院正式起航,获得圆满成功。

7月13 14日,"飞龙在天"——华泰人寿江苏分公司首届ADD在职研修班举办,来自全省13家中支的58位ADD参加培训。

11月2日,华泰人寿总经理李存强莅临江苏,向江苏分公司总经理室成员、部门经理和全省各中支领导班子成员,开展营销的精细化管理培训。

招商信诺人寿保险有限公司江苏分公司

【概况】 招商信诺人寿保险有限公司(以下简称招商信诺)成立于2003年8月4日,是设在深圳的第一家中外合资寿险公司。招商信诺的中外股东分别是招商银行和美国信诺北美人寿保险公司,双方各占50%股份。公司的战略目标,是成为一家通过直销渠道在保障型寿险、意外险及补充医疗保险市场中占领导地位的、盈利性成长型公司。主要通过电话营销和银行网点营销等方式向销售合作伙伴的客户销售以保障型寿险、意外险和补充医疗保险为主的保险产品和服务。招商信诺江苏分公司正式成立于2007年3月,下设无锡营销服务部。为严格控制风险,谨慎经营,公司采用总公司高度集中统一管理模式,主要营运和管理职能都由总公司统一管理,工作任务和业务指标由总公司统一计划和制定,分公司严格遵照执行。

【经营业绩】 2013年,招商信诺江苏分公司实现保费收入29216.94万元,其中银保渠道6145.84万元,其中,新单保费3343.01万元,续期保费2802.83万元;其他渠道保费收入23071.10万元。

【渠道建设】 2013年,公司在全国的电销中心合计13个,其中与银行(主要是银行的信用卡中心和借记卡中心)合作的电销中心有12个,自建电销中心1个,分布在北京、上海、武汉、花桥、广州、深圳、成都7个城市和地区。江苏花桥地区的电销中心为交通银行信用卡中心,该中心2008年11月26日开展电话营销,并于2011年4月1日从武汉呼叫中心搬到花桥,销售人力约600人,销售区域覆盖北京、上海、湖北、四川、浙江、江苏、山东、广东、辽宁、青岛、深圳,主要以销售寿险、健康险和意外险为主。

2013年,公司银保渠道开发新产品"臻藏版珍爱一生",该产品为满足市场上客户对健康险产品的多样化需求,

在原来重疾险产品的基础上,拓展保险范围,增加男女性特定重疾、原位癌赔付及慢性疾病等保障内容上,真正帮助客户抵御重疾呵护健康。年内,银保渠道重点开展"畅享金生年金保险"培训、"压岁钱和年终奖"营销推动培训、期交"传家典范"培训及"臻藏版珍爱一生"培训。

【内部管控】 为严格控制风险,谨慎经营,总公司在管理模式上,实现高度集中统一的模式。江苏分公司主要业务职能如产品、客户服务、财务、人力资源、承保、理赔、保单管理、法律、合规等实务均由总公司统一集中管理,电话销售中心由总部直接管理,分公司负责日常行政事务、当地银行保险业务的销售及简单客户服务事务,分公司无相关业务权限。此类管理模式有利于总公司对分支机构的统一管理和控制,有利于内控管理。

【企业文化】 公司使命:帮助客户更加健康、更加幸福、更加有保障。

核心价值观:关怀员工,诚实正直,尊重差异,充满勇气,追求卓越。

企业精神:坚持崇高的道德和诚信标准,信守"诚信百年,一诺千金"的庄重承诺;以市场和销售为导向,以客户为中心,客户的需求就是我们努力的方向和动力,力争我们的服务超越客户的预期;汇聚优秀人才、让每一位员工都能和公司共同成长,达到双赢;努力创造高额利润,为股东带来最大的回报。积极承担企业社会责任。

【重大承保】 1月11日,招商信诺江苏分公司承保夏某投保的丰硕年年投资连结保险,保额1000万元,趸保险费1000万元。

【重大赔付】 2012年2月25日,被保险人张某某因在路边等车过程中遭运输型拖拉机撞倒致头部受伤并遗留"植物人状态",2013年10月23日申请理赔。张某某于2010年9月13日投保身故及残疾意外伤害保险、2011年3月21日投保惠吉住院定额给付医疗保险。招商信诺江苏分公司赔付意外每日住院保险金、意外残疾保险金50.3万元。

2012年7月2日,被保险人夏某某因交通事故导致住院治疗并遗留肢体功能障碍,2013年7月22日申请理赔。夏某某于2011年8月15日投保康健无忧第二代两全保险,2010年8月13日投保身故及残疾意外伤害保险。招商信诺江苏分公司给付意外残疾保险金、重大疾病保险金、重大疾病关爱保险金合计42.5万元。

1月24日,被保险人张某某以行人身份因交通事故致"严重颅脑损伤"身故,2月27日身故受益人申请理赔。张某某于2011年8月30日投保身故及残疾意外伤害保险,2012年1月20日再次投保身故及残疾意外伤害保险。招商信诺江苏分公司赔付意外身故保险金及意外身故每月伙食补贴保险金合计94.6万元。

10月9日,被保险人王某某被确诊为宫颈癌,11月29日申请理赔。被保险人王某某于2010年9月2日投保尊贵版珍爱一生重大疾病保险。招商信诺江苏分公司给付首次重大疾病保险金40万元,保险合同继续有效,豁免以后各期保险费。

10月13日,被保险人薛某某因"发现淋巴结肿大两月余"入院,确诊为恶性B细胞性淋巴瘤,11月27日申请理赔。招商信诺江苏分公司给付癌症保险金、癌症每日住院保险金、重大疾病保险金合计41.82万元。

【公益活动】 2013年,江苏分公司响应总部号召,开展两次爱心捐款行动,组织全体员工为慈善活动捐款。员工每捐款1元钱,招商信诺也相应捐款1元。募集的捐款用于提升招商信诺希望小学孩子们的健康和营养、分公司回馈当地社区的爱心活动以及信诺全球开展的为贫困家庭建房活动。

【教育培训】 4-6月,江苏分公司两名人员参加信诺集团组织的全球在线课程《以客为尊》学习。6月7日,江苏分公司负责人在深圳参加《寿险电销行业信息分享及思考》的管理层培训。

中美联泰大都会人寿保险有限公司江苏分公司

【概况】 2013年,中美联泰大都会人寿江苏分公司坚持稳健经营、客户利益至上的原则,业务平稳发展。截至年底,全省累计代理人339人,较上年末净增127人,同比增幅60%。

【经营业绩】 2013年,江苏分公司个险营销达成首年新单年化保费2751万元,同比增幅24.8%。其中,南京实现首年新单年化保费1357.6万元,增长8.0%;无锡实现首年新单年化保费922.8万元,增长56.5%;常州实现首年新单年化470.6万元,增长31.3%。银行保险业务实现首年新单年化保费3262万元,同比减少40%。直效行销实现首年新单年化保费收入10899万元,同比增长34%。团体保险达成首年新单年化保费138万元,同比增长160%。

分公司全年共受理理赔案件417件,赔付583.4万元,其中重疾和身故案件受理53单,赔付487.5万元,单笔最高赔付30万元。重大疾病平均出险时间2.2年,最短的127天。重大疾病平均出险年龄43岁。

【渠道建设】 个险营销 2013年,在市场低迷的情况下仍实现高于市场和系统内其他分公司的增长速度,其中保费较上年净增546.4万元,人力比2012年末净增127人。团队销售职和管理职人员综合素质、能力进一步提升,全省当年晋升高阶行销职12人,晋升管理职29人,专业寿险的服务能力增强。在绩优人才的培养上,MDRT成员数量进一步扩张,MDRT人员占比接近5%,远高于同业平均水平。16人达成2013年多伦多MDRT,其中包括2名COT,较上年增长6人。顾问行销渠道继续秉承"保险即是爱与关怀"的服务理念,在为客户量身定制家庭保障计划时,始终以客户利益为第一位,用最小的支出换取最大程度的家庭保障。尤其重视其职业本身所赋予的社会价值,在为客户送去保障、成就个人发展的同时,不断为江苏各地的弱势群体提供支持和帮助。

5月9日，联泰大都会人寿江苏分公司举行母亲节感恩活动

银行保险　2013年，银行渠道经营迈向多元化，招行、民生以总对总的MDRT方案为激励点贯穿全年，区域性银行分对分联动营销，外资渠道发展多样化，将大都会人寿的品牌在江苏不断推广。银行保险销售模式发展立体化，将高端客户经营、联动营销、电话约访、理财沙龙等销售模式有机结合，与合作银行共同探索在新环境与新政策下有价值的银保经营方式。年内，分公司成立专项推动小组，在大客户销售推动中提供销售支持与培训相关的支持，通过不断的进行内外部大客户服务等相关宣导与培训，已经为江苏银保贡献16个大客户。现有银保外勤员工100%持有保险代理人资格证书，根据公司规定，所有银保专管员上岗前均设立1个月的培训期，只有通过AQE保险代理从业人员资格证书及公司相关培训考试者方可进入网点进行银行代理网点的相关服务工作。公司出台了一系列管理办法对客户经理的日常行为进行规范管理，每月对销售人员进行业务品质方面的综合评定，评分直接与销售人员薪酬挂钩，并针对品质管理专门设定处罚标准。同时严格遵照监管机构的要求，由总公司按照监管机构要求的回访内容统一进行100%电话回访。

直效行销　2013年，直效行销渠道在渠道建设、人才培养等方面不断完善。渠道建设方面，搭建了运营流程系统、行政管理系统、会议经营系统、业务推动系统，使得渠道后援朝着系统化、标准化、规范化的道路不断迈进。与此同时不断丰富质检管理标准，使其更严格、更专业。在追求业绩成长的同时，更关注客户感受，关注大都会人寿核心价值文化的推动。人才培养方面，在电话销售人员中启动“员工学历深造计划”，提供平台让在职的电话销售人员利用工余时间提高文化素质、提升自身学历。此外，还进行《客服礼貌用语》《赞美与缓和》《客户类型分析》等专项培训，力求提升客户服务质量。

团体保险　2013年，分公司团体险渠道顺利搭建团险架构，正式启动直销、中介及银团交叉业务。年内共服务团体客户116个。借助个险代理人优势，稳步推动交叉销售业务，全年共有51人出团单，合计99件。

【内部控制】　江苏分公司顾问营销渠道一直以来不断强化严格的内控制度和对代理人团队的专业化培训。在人员管理方面，代理人100%双证上岗，代理人岗前培训长达21天。在代理人销售管理方面，严格把控保单品质、销售品质，并将职业道德规范、反洗钱规范等课程纳入代理人新人培训课程。在此基础上，不断推出针对各级管理职、销售职的专业培训，不断宣扬合规经营的服务理念。

公司继续加强保险营销人员的日常行为规范管理，包括业务品质管理办法、孤儿单分配管理办法、签收条回收管理办法、投诉管理办法等行为规范管理办法，以规范和约束保险营销员的展业行为，确保控制经营中的风险。公司内部制定严格的销售资料管理办法，保险营销员所使用的所有宣传材料和行销辅助品，包括名片均为总公司统一设计、统一印制。

在客户服务方面，分公司执行严格的回访制度及操作流程，设立公开、全面的电话服务平台、信函及来访等多个渠道受理内外客户的投诉。为使投诉、信访的受理、处理及时有效，公司根据案件的类型、影响范围，制定“二级响应”制度，明确各阶段各岗位的工作职责，特别强调重大案件由公司总裁、各部门负责人组成的客户投诉委员会把关。

【企业文化】　中美联泰大都会人寿江苏分公司员工的核心价值观：正直诚信、不断创新、同心协力、以客户为中心。公司销售人员入职培训中，服务品质观念的建立为重点培训内容之一。所有销售过程的诚信体现均通过专业培

6月18日，联泰大都会人寿江苏分公司爱心传递捐赠活动走进常州市儿童福利院

训得以贯彻落实。

【重大活动】 3月6-7日，江苏分公司开展“百人赴沪观剧”活动，组织百位客户前往上海，观看由大都会人寿作为唯一保险品牌赞助的财经舞台剧《女人一定要幸福吗》的专场演出，并由此开展为期一个月的“女人一定要幸福”的系列品牌营销活动。

4月12日，分公司银行保险渠道携手浦发银行举行“双剑合璧　齐心共赢”中高端客户保险规划培训，帮助银行梳理如何开发高端客户，提供专属服务。

4月19日，分公司无锡机构举办江阴浦发银行-大都会人寿“富过三代，家业长青”高端财富论坛活动。活动以“财富传承和企业资产与家庭财富安全隔离”为主题，主要面向江阴浦发银行高端客户群体。

5月9日，分公司顾问行销渠道在母亲节到来前夕举办“感恩母亲，还母亲一个愿望”特别活动。现场邀请到两位母亲，聆听她们对子女最大的期望。活动最后，渠道伙伴们在“感恩母亲节，母亲心愿长廊”上写下对母亲的感恩和祝福。

6月22日，分公司顾问行销举办首场“尊悦客户、财富传承”高端客户服务活动，帮助高端客户人群如何实现财富有效、合理传承。

7月8日，分公司及各三级机构响应当地保监、保协的号召，以形式多样的宣传活动，积极参与首个“保险公众宣传日”活动。

8月13日，南京市文明办联合南京日报社、南报网等单位共同举办的“美丽南京　微笑使者”评选活动举行授牌仪式。大都会人寿江苏分公司顾问行销渠道代理人黄浩、李晶、李晓龙、徐瑶、左军5人成为“微笑使者”。

9月14日，江苏分公司顾问行销团队携手南京朗诗国际街区，举办首届“大都会人寿杯——乒乓球赛”，开启大都会人寿保险走进社区、服务社区居民的序幕。

10月18日，分公司银保渠道携手中国银行举行“财富传承　巅峰之道”中高端客户保险规划培训，着重在高端客户的资产传承、婚姻规划、资产隔离等三个方面进行深入、细致的讲解。

10月19日、11月16日，大都会人寿作为合作伙伴的《欢乐牛仔镇》巧虎舞台剧分别在南京、无锡上演，大都会人寿“趣味投投乐”的主题现场活动也在巡演中亮相，有趣的游戏环节和精美的奖品，吸引了众多南京、无锡的小观众和家长们的热情参与。

【重大承保】 3月22日，江苏分公司承保孙某投保的终身寿险(分红型)，保额500万元，期交保费22.46万余元。

9月16日，分公司承保印某投保的金贷宝意外伤害保险，保额500万元，保费1.15万元。

10月25日，分公司承保刘某投保的终身寿险(分红型)，保额930万元，期交保费39.37万余元。

【重大赔付】 1月，被保险人吕某某手术后病理诊断肝恶性肿瘤。经核实，联泰大都会人寿江苏分公司赔付重大疾病保险金30万元。

3月，被保险人李某被确诊为肝门胆管腺癌。经核实，联泰大都会人寿江苏分公司赔付重大疾病保险金30万元。

7月，被保险人汤某某确诊为乳腺恶性肿瘤。经核实，联泰大都会人寿江苏分公司赔付重大疾病保险金30万元。

10月，被保险人解某经病理诊断骶骨骨肉瘤。经核实，联泰大都会人寿江苏分公司赔付重大疾病保险金30万元。

【公益活动】 5月，江苏分公司联合南京电视台《大刚说新闻》栏目举办“520”爱心传递活动，慰问南京宁燕外来工子弟小学的孩子们。

5月，分公司承办“绿动青奥”短信接力传递活动，该活动由南京青奥组委文化教育部、共青团南京市委、南京报业传媒集团主办。此次“绿动青奥”手机短信火炬传递活动，用手机参与青奥会接力短信传递，鲜明地展现了绿色青奥、科技青奥、人文青奥的特色。

6月，分公司“爱心传递捐赠”活动向常州市儿童福利院赠送大米、食用油等生活物资和学习用品，关爱孤残儿童。

12月，分公司顾问行销渠道为秦皇岛山海关龙腾学校举办爱心捐款活动，南京、无锡、常州三地的代理人和客户累计捐赠图书近千本，爱心捐款5000元。

瑞泰人寿保险有限公司江苏分公司

【概况】 瑞泰人寿江苏分公司成立于2007年4月，是瑞泰人寿第一家省级分公司。公司自成立以来，始终坚持科学发展、规范经营、严格内控、诚信服务的原则，积极承担社会责任，为促进保险业持续健康发展、树立良好的行业风气作出了积极贡献。瑞泰人寿销售的产品以投资类保险产品为主，销售模式一直坚持专业的第三方分销商的经营策略。公司希望通过投资类保险产品能够为客户提供一份长期、合理的理财规划，实现客户财产有效增值。

【经营业绩】 2013年，江苏分公司共计达成规模保费1.84亿元，同比上涨296.11%。其中新单保费1.82亿元，同比上升305.82%。年内，总公司研发并在江苏市场投入瑞利一号万能险。该产品的开发极大的补充公司产品线，为各个类型的客户提供了更多的选择。

【渠道建设】 2013年，江苏分公司积极开拓江苏市场及销售渠道，分别与建设银行、民生银行签署合作协议，与工商银行、中国银行续签合作协议，并在销售中严格规范销售，受到各银行渠道及各保险代理公司等第三方专业渠道一致好评。

【内部管控】 2013年，分公司在加强渠道及公司渠道顾问的专业知识及销售技能的同时，坚持按照监管部门及总公司相关规定，加强风险销售及操作流程中的风险控制，提升销售团队整体素质，通过完善操作流程如使用产品说明书、投保提示、风险测评表、100%电话回访等，做到防微杜渐，合规经营。

【企业文化】 瑞泰人寿的总体目标与企业文化通过公司的领导力实现，包括与下属开放式坦诚的交流、清晰传达工作目标、推动工作进程和视员工成功为己任。成为目标市场的领导者，和员工以及业界心目中的最佳雇主。公司帮助

2013 年，瑞泰人寿江苏分公司合影

客户实现他们所期望达到的生活质量目标。通过产品和服务为客户创造足够的资金来源来实现他们的梦想。通过提供世界一流的服务，为客户、合作伙伴和股东创造价值。旨在为客户提供世界一流的理财方案。通过发挥和发展瑞泰员工的技能来实现这一目标。在员工之间、员工与合作伙伴和客户之间建立联系。富有责任心，在团队工作和开放合作中互相学习。惟有开拓创新，精益求精，才能取得成功。

【重大活动】 2013 年，为了深入贯彻落实党的十八大精神和习近平总书记关于中国梦的一系列重要讲话精神，根据团中央《关于印发<“我的中国梦”主题教育实践活动总体方案>的通知》要求，并以喜迎青奥会，推动全民健身运动的蓬勃开展，提高大家身体素质，展示积极向上的精神面貌为契机，以符合团员青年生动活泼的特征的活动方式，在江苏分公司内组织“瑞泰人寿江苏分公司 2013 年员工广播体操比赛”，将 5 月、6 月定为“广播体操推广普及月”。自 5 月 1 日至 6 月 30 日，每个工作日 15:30 至 15:45 为广播体操时间。

【重大承保】 2 月 25 日，张某在南京市工商银行新街口支行投保瑞泰人寿的瑞利一号万能险，保费 1000 万元。

【公益活动】 3 月 28 日，分公司响应总公司发出的“爱心捐款倡议书”，为甘肃天水地区座崖小学捐款 1.14 万元，用于座崖村小学校舍翻新、操场重建等硬件设施改善。

4 月 20 日，雅安发生 7.0 级地震。分公司一天时间募集 0.75 万元捐助灾区。

7 月 23 日，分公司响应总公司号召为甘肃天水在江苏就读的贫困学生踊跃捐款，确保他们能够顺利完成学业。瑞泰座崖小学所在的中梁乡，全乡人均年收入只有 1000 元，在这种艰苦的条件下，每年都有考生走出村庄，走进大学。2013 年，中梁乡 14 个村庄共有 30 名贫困在校大学生，其中有 2 名在江苏就读。

3 月 28 日，瑞泰人寿江苏分公司积极为甘肃天水地区座崖小学捐款

正德人寿保险股份有限公司江苏分公司

【概况】 正德人寿保险股份有限公司江苏分公司成立于 2007 年 9 月 5 日，2013 年辖 5 个分公司职能部门（人事行政部、财务部、业务管理部、银邮业务部、个人业务部）和 1 个营业本部（南京本部）、6 家三级机构（连云港中心支公司、镇江中心支公司、南通中心支公司、盐城中心支公司、无锡中心支公司、徐州中心支公司）、1 家在筹三级机构（扬州中心支公司）。作为保险行业的新军，分公司秉承“正扬诚信、立德为民”的核心经营理念，遵照“低调、内敛、务实、高效”的工作原则和“有所为者有其位、有所得”、“能者上、平者让、庸者下”的用人政策，以“诚信、卓越、专业、创新、实践、发展”的企业精神融入江苏保险市场。2013 年，分公司紧跟总公司战略部署，合力攻坚、强势奋进，保持业务持续、健康发展。

【经营业绩】 2013 年，江苏分公司坚持依法合规经营底线和“有条件要上，没有条件、创造条件也要上”的艰苦奋斗精神，认真履行“抓内控、防风险；抓业务品质、促精细化管理，向两核要效益”，累计承保保费收入 5663.34 万元。其中，银邮保费收入 4595.80 万元，个险保费收入 1067.54 万元。

【渠道建设】 2013 年，分公司的销售渠道包括个人代理销售渠道、银邮兼业代理销售渠道、中介业务销售渠道等，成功开拓邮储银行、农业银行、建设银行、交通银行、江苏银行、民生银行、浦发银行等渠道。

【内部管控】 分公司将合规经营是业务发展无限发展的底线，要求各地在业务发展的同时必须坚持依法合规经营，按照监管部门和总公司要求，及时组织全省内外勤员工、全体干部员工认真学习各类政策法规和规章制度，加强风险管控，各地银邮业务系列每周一按时上报合规报告；认真学习各类防范销售误导、依法合规经营、保护消费者权益等文件精神，江苏正德各机构全年未发生违规问题。

11 月 2 日，正德人寿总公司在南京组织召开“2014 年经营计划会议”

【企业文化】 核心理念：正扬诚信、立德为民

企业精神：诚信、卓越、专业、创新、实践、发展

工作原则：低调、内敛、务实、高效

竞争理念：以诚取信、以德取胜、服务最好、理赔最快

用人原则：有所为者有其位、有所为者有所得

服务准则：领导为员工服务、二线为一线服务、全员为客户服务、公司为社会服务

企业愿景：把正德人寿建设成为一家让消费者满意，股东放心，员工幸福的一流寿险公司和百年老店。

【重大活动】 1 月 17 日，总公司举行“优秀兼职讲师表彰大会”，江苏分公司6 人被评为“2012 年度优秀兼职讲师”。

2 月 7 日，分公司人事行政部获南京市总工会颁发的“市级工人先锋号”荣誉称号。

8 月 27 日，分公司举办全系统反洗钱工作人员的反洗钱业务知识培训，中国人民银行南京分行吴正德科长从监管机关对保险公司如何进行监管评估以及具体的监管评估标准等方面作了授课指导。

10 月，分公司启动法律汇编工作，将与保险公司运营相关的外部法律法规和监管文件、公司内部的规章制度，分门别类编纂成册。

12 月 31 日，扬州中心支公司获江苏保监局准予开业的批复文件。

【重大承保】 1 月 30 日，李某通过银邮渠道投保正德龙盛两全保险（万能型），保额 260 万元。

2 月 17 日，姚某通过银邮渠道投保正德龙盛两全保险（万能型），保额 300 万元。

11 月 26 日，冒某通过银邮渠道投保正德龙盛两全保险（万能型），保额 403.6 万元。

【重大赔付】 2012 年 12 月 30 日，被保险人乔某某因病在家身故。2009 年 9 月 20 日，乔某某投保正德龙裕两全保险(分红型)。2013 年初，正德人寿江苏分公司赔付约 86.35 万元。

3 月 29 日，被保险人刘某某因交通事故死亡。1 月 19 日，刘某某投保正德龙盛两全保险(万能型)。正德人寿江苏分公司赔付约 12.41 万元。

【公益活动】 3 月 5 日，江苏分公司及南京本部派员参加属地总工会组织的“学习雷锋广场咨询活动”，宣传保险。4 月 23 日，分公司及各机构举行“心系雅安”捐款特别晨会，总计捐款 1.17 万余元。

【教育培训】 1-2 月，分公司在系统内掀起《弟子规》学习热潮，通过宣讲、默写、读后感、测评等方法让员工进一步学习传统文化，领会做人做事的道理。4-8 月，分公司组织承办全辖反洗钱培训。

中德安联人寿保险有限公司江苏分公司

【概况】 中德安联人寿保险有限公司于 1999 年 1 月 25 日在上海正式开业，是中国第一家获准成立的中欧合资人寿保险公司。外方股东为德国安联保险集团(Allianz SE)，中方股东为中国中信信托有限责任公司(CITIC Trust)，注册资本为 20 亿元人民币。其中，安联保险集团占股权 51%，中信信托占股权 49%。中德安联人寿保险有限公司江苏分公司成立于 2007 年 10 月，是中德安联在中国成立的第六个分公司，也是公司在长三角地区布局的重要市场之一。凭借“诚信、严谨、专业、承责”的企业精神，中德安联江苏分公司打造了一支多渠道的营销和服务团队，包括营销员、中外资银行和多元化渠道。公司通过创新的产品，优质的服务为越来越多的江苏客户提供保险保障。至 2013 年，中德安联江苏分公司已在省内多个重要城市设立营销服务部，并不断扩大营销网络的覆盖范围。

【经营业绩】 2013 年，中德安联江苏分公司保费收入为 9184 万元；期末有效保单件数 1.52 万件。年内，中德安联江苏分公司推出新费率重疾产品“安康逸生”及“安康福瑞”健康保障计划。

【渠道建设】 通过营销员团队、中外资合作银行以及多元化销售渠道等全方位的营销网络，中德安联江苏分公司为当地客户提供最专业和优质的保险金融产品及服务，业务范围覆盖人寿、养老、投资、教育、医疗、意外等各个领域，全方位地满足客户的需求。

【内部管控】 2013 年，江苏分公司主要从风险防范、风险识别与评估、控制活动、监督等几个方面来加强内部管控，严格执行总部下发的各类内部管控相关政策，包括《中德安联江苏分公司案件风险防范工作机制》《中德安联江苏分公司重大案件风险应急预案》《中德安联江苏分公司反洗钱管理办法》《中德安联江苏分公司大额交易和可疑交易报告实施细则》《中德安联江苏分

公司风险等级客户持续识别实施细则》《中德安联江苏分公司客户风险等级划分标准及系统功能说明手册》《中德安联江苏分公司客户身份识别和客户身份资料及交易记录保存实施细则》《中德安联江苏分公司反洗钱内部审计制度 1.0 版》和《中德安联江苏分公司满期给付与集中退保应急工作预案》等，并在组织结构、业务流程、信息安全等各方面进一步加强内部管控。

【企业文化】 2013 年，江苏分公司积极响应总部号召，加强企业文化建设，大力推行“诚信、严谨、专业、承责”的企业精神，着力于“拒绝平庸、提升专业、减少内耗、团队协作”的四大关键点，不断拓展业务空间，提升内外部客户的满意度，更好地提升员工的专业度，为消费者提供优质服务。

【重大活动】 7 月，江苏分公司启动“关注您的保险保障，关注您的保险保单”为主题的保险消费者“人身保险个人保单信息有奖查询”活动，活动得到客户的积极响应。同月，江苏分公司开展“倾听由心。互动你我”全国保险公众宣传日活动。

【重大承保】 2 月、9 月、10 月，殷某、陈某、周某分别在中德安联江苏分公司购买安联汇金世家投资连结保险，期交保费均为 200 万元。

9 月，王某在中德安联江苏分公司购买安联逸升优享年金保险(分红型)，期交保费为 150 万元。

10 月，吴某在中德安联江苏分公司购买安联汇金世家投资连结保险，期交保费为 100 万元。

【重大赔付】 4 月 10 日，被保险人黄某被发现在家中死亡，经警方及法医调查后排出他杀定性为窒息导致死亡。中德安联江苏分公司赔付死亡保险金 20 万元。

2 月 3 日，被保险人王某某被发现在小区楼道中死亡，经警方及法医调查后排除他杀定性为猝死。中德安联江苏分公司赔付死亡保险金 15.75 万元。

9 月 10 日，被保险人蔡某某因急性白血病死亡。中德安联江苏分公司赔付死亡保险金 12 万元。

华夏人寿保险股份有限公司江苏分公司

【概况】 华夏人寿保险股份有限公司江苏分公司成立于 2007 年 10 月。2013 年，公司新增连云港和宿迁 2 家中心支公司，无锡中心支公司升格为无锡分公司。截至年底，全省共有 2 家分公司，南通、徐州等 10 家中心支公司，32 家支公司和营销服务部，在全省核心城市及县域完成了机构铺设。公司拥有内勤员工 557 人，外勤员工 1672 人。

【经营业绩】 2013 年，江苏分公司实现保费收入 29239 万元，其中，个人业务 10987 万元，银行邮政代理 131530 万元。全年赔付支出(含赔款支出、死伤医疗给付、满期给付、年金给付)共 33740 万元。

分公司建立了完善的销售产品体系，产品覆盖普通寿险、分红险、万能险、意外险及健康险范畴。2013 年，公司更针对市场需求，积极调整产品策略。在银邮代理方面推出新产品，在银行、邮政渠道均取得重大突破，促使保费规模大幅提升。在个险业务方面推出华夏红双喜两全保险产品。

【渠道建设】 江苏分公司已建立个险营销、银行保险、团体保险、电话销售、代理销售及区域拓展多种销售渠道，并提出“个险为基础、银保为重点、团险为补充、多元为突破”的经营发展思路。通过各销售渠道的资源整合及优势互补，稳步扩大公司保险销售的领域及提升客户服务质量。

【内部管控】 分公司在发展机构、发展业务的同时，不断规范内控制度，强化反洗钱等法律法规知识培训。同时内部进行流程优化，通过优化费控管理系统，优化合理科学的 OA 管理系统，帮助公司运营向良性轨道发展。

【企业文化】 公司愿景：建设业内领先的金融保险服务集团

具有卓越的管理水平、领先的市场地位、雄厚的财务实力、强大的可持续发展能力

为客户提供以保险为基础的一揽子综合金融服务

公司使命：携手共成长

为客户创造价值和增值服务

为员工构建良好的成长环境

为投资者提供理想的回报

为和谐社会建设担当责任

经营理念：持续稳健　价值成长

核心价值观：立信厚生、尊道致远

企业文化：对内“以人为本　和谐兴司”，对外“用心服务　履职尽责”。

【创新工作】 9 月，分公司开展最美夕阳红——金秋客服节活动，在重阳节登门看望孤寡老人和空巢老人，在老年人群中获得良好口碑。

2013 年，公司建立微信公共平台，提供最新的保险资讯和保险产品，开放式地为微信客户群提供全方位的保险服务。

【重大活动】 1 月 18 日，华夏人寿董事长李飞莅临江苏分公司指导工作。

1 月 21 日，无锡中心支公司获江苏保监局批复升格为无锡分公司。

2 月 6 日，南通中心支公司海门营销服务部正式开业。

2 月 7 日，淮安中心公司盱眙营销服务部、徐州中心支公司新沂营销服务部正式开业。

4 月 28 日，连云港中心支公司获江苏保监局批复，正式开业。

4 月 29 日-5 月 3 日，江苏分公司为四川雅安地震捐款 3.83 万元。

6 月 26 日，宿迁中心支公司正式获得保监局批复，准予开业。

【重大承保】 11 月 4 日，魏某投保华夏人寿银保产品华夏一号两全保险(万能型)，保费 100 万元。11 月 26 日，张某投保华夏人寿银保产品华夏财富一号两全保险(万能型)，保费 103 万元。

【重大赔付】 2010 年 9 年 15 日，溧阳市某公司为其员工陈某通过团险销售渠道投保“华夏建筑工程团体意外险”附加“意外伤害医疗保险”，并通过华夏人寿保全延长保险效力至2013

年3月12日。2011年11月，被保险人陈某在施工时被钢木行架支座夹伤。华夏人寿江苏分公司于2013年赔付33万元。

1月4日，被保险人刘某因交通意外死亡。2月17日，受益人申请理赔。2月21日，华夏人寿江苏分公司赔付50万元。2012年10月19日，刘某通过电销渠道为其本人投保华夏人寿“铂金樽两全保险”（分红型）附加“铂金樽重大疾病保险”。

3月18日，华夏人寿江苏分公司2倍给付被保险人马某重大疾病保险金30万元。2012年4月2日，马某通过电销渠道为其本人投保华夏人寿“铂金樽两全保险”（分红型）附加“铂金樽重大疾病保险”。2013年，马某被确诊为恶性肿瘤。

5月20日，被保险人刘某因意外交通事故当场身亡。华夏人寿江苏分公司给付意外身故保险金30万元。2012年2月9日，陈某通过团险销售渠道为其本人投保华夏人寿“团体意外伤害保险”附加“团体意外伤害医疗保险”。

【教育培训】 6月20-23日，总公司中支管理干部银保业务能力提升培训班在南京举办。11月1-3日，江苏分公司银保讲师团培训在陆军指挥学院举行。

中国人民人寿保险股份有限公司江苏省分公司

【概况】 2013年，人保寿险江苏省分公司坚持创新探索，创造差异化竞争优势。在机构铺设、队伍招募、业务发展上最大限度地发挥“中国人保”的品牌优势。秉承“规模效益化”的发展思路，开拓进取，知难而进，继续保持了业务发展的良好态势。

江苏人保寿险积极投身人身保险保障工作，近年来，共为全省2000多万人次提供各类人身保险服务，承担了5000亿风险保障。通过参与省内城镇职工大病医疗保险的合作，实现医保基金良性循环及社会保险与商业保险的良性互动；通过与江苏人保财险协作，开发以家庭为单位、综合保障为一体的小额信贷保险，使保险保障能覆盖到家家户户；同时在农村市场上，积极设计新款和谐惠民卡及惠民系列产品组合，使所销售产品更符合老百姓低交费、高风险保障需求。

【经营业绩】 2013年，人保寿险江苏省分公司认真落实总公司“规模效益化”的经营思路及“超常规跨越式发展”要求，在系统内争位次、在市场上争份额，持续推动业务发展，主渠道业务保持领先。共完成总保费61.17亿元，其中首年保费57.24亿元，趸交54.51亿元，期交1.56亿元，短险1.17亿元。

4月，人保集团林帆监事长在人保寿险江苏分公司调研

【渠道建设】 2013年，江苏分公司渠道建设各展所长。银保渠道坚持以邮政为主，六大商业银行共同发展的多元发展策略，全省共实现新单保费43.5亿元，同比增长0.4%，其中期缴保费7009万元，同比增长4.6%，综合理财共实现保费2.27亿元，列全国系统第二位。个险渠道效益提升，新单期交和短险保费大幅上扬，截至12月26日分别达成6473万元和798万元。团险渠道先后与多个高品质，重服务的优质客户进行战略合作。与招商银行、省民政厅、国内大型旅游网站等合作项目等进展顺利，初见成效。互动渠道实现产寿险协同发展，保费收入59290万元，完成年度任务目标的95.6%，同比增长3.4%，渠道保费贡献度为9.75%。

【内部管控】 内控合规深入开展。从健全和完善各项制度入手，加强与监管部门的联系，有计划组织内控合规检查和各类专项检查工作。对13家机构中的11家机构负责人，进行了任中、离任审计，处理信访件54件，诉讼案件13件，防范和化解风险。落实上级公司党风廉政建设要求，督导推进反洗钱、廉政报告制度、三重一大制度。全年无违规违纪案件，无监管处罚。

【企业文化】 2013年，江苏分公司推出《“树典型、学榜样、争先进”文化建设活动方案》，历时7个月，共分四个部分，树立了三四级机构、渠道销售团队和销售精英等各层级典型，引导全省系统比学赶超，为奖励先进、促进和谐、凝聚人心起到了推动作用。

【重大活动】 5月1日，人保寿险组织“劳动我最美”全国职工微博大赛。

5月18日，人保寿险一年一度的“中国人保客户节”正式启幕，围绕本届客户节的主题“携手中国人保　共创美好生活”，开展一系列丰富多彩的体验活动，提升服务水平，回馈广大客户。

6月10日，人保寿险江苏省分公司举办“雄鹰成长计划”特训营。进一步夯实公司发展基础，提高四级机构负责人经营水平及管理能力，帮扶全系统有发展潜力的四级机构抢抓机遇。

11月5日，人保寿险召开组织学习党的群众路线会议，学习并贯彻落实习近平总书记重要讲话精神。

【重大承保】 3月22日，南通某船舶公司在人保寿险南通中心支公司投保人保寿险团体意外伤害保险，保费22万多元，人均保额30万元。

3月28日，南通某建筑公司在人保寿险南通中心支公司投保人保寿险建筑工程团体意外伤害保险，保费34万多元，人均保额30万元。

9月9日，无锡某慈善机构在人保寿险无锡中心支公司投保人保寿险团体意外伤害保险，保费21万多元，人均保额5万元。

11月22日，扬州某大桥公司在人保寿险扬州中心支公司投保人保寿险建筑工程团体意外伤害保险，保费43万多元，人均保额20万元。

11月25日，苏州某电子公司在人保寿险苏州中心支公司投保人保寿险团体意外伤害保险，保费24万多元，人均保额30万元。

【重大赔付】 1月3日，被保险人童某因患喉癌身故；3月4日，身故受益人申请理赔。人保寿险江苏省分公司给付意外身故保险金保额及红利共计44.6万元。

1月27日，被保险人钱某在某船厂上班时不慎从约2米左右高的脚手架上摔下抢救无效身故；11月21日，身故受益人申请理赔。人保寿险江苏省分公司给付意外身故保险金62万元。

1月29日，被保险孙某因病抢救无效死亡；3月18日，身故受益人申请理赔。人保寿险江苏省分公司给付身故保险金100万元。

2月8日，被保险人王某因乘坐他人驾驶的轿车发生交通事故身故；3月11日，身故受益人申请理赔。人保寿险江苏省分公司给付意外身故保险金50万元。

4月21日，被保险人南通某建设集团有限公司职工蔡某在工地不慎从七层通风道掉下，当场身故；7月9日，身故受益人申请理赔。人保寿险江苏省分公司给付意外身故保险金35万元。

8月5日，被保险人王某在某工地上被高处坠物砸伤致死亡；8月28日，身故受益人申请理赔。人保寿险江苏省分公司给付意外身故保险金50万元。

8月17日，被保险人陈某乘坐摩托车不慎发生交通事故身故；11月11日，身故受益人申请理赔。人保寿险江苏省分公司给付意外身故保险金50万元。

9月1日，被保险人曾某因结肠癌身故；11月21日，身故受益人申请理赔。人保寿险江苏省分公司给付身故保险金保额及红利共计89.83万元。

10月14日，被保险人李某在某工地不慎从采光井坠落地下二层导致身故；11月25日，身故受益人申请理赔。人保寿险江苏省分公司给付意外身故保险金45万元。

10月23日，被保险人吴某因交通事故身故；12月19日，身故受益人申请理赔。人保寿险江苏省分公司给付意外身故保险金55万元。

【教育培训】 7月24–26日，分公司举办2013年江苏省分公司新员工培训，使全省新员工对公司有一个全方位的了解，认识并认同公司的事业及企业文化，理解并接受公司的共同语言和行为规范，明确自己的岗位职责、任务、目标，掌握工作要领、程序、方法，尽快进入岗位角色。

8月1–2日，分公司举办2013年全省系统“产品大比武”技能比赛，在全省系统内部掀起人人“学产品、讲产品、爱产品”的良好学习风尚，充分挖掘人保寿险产品的亮点，全面提升产品销售的专业水平，在全省形成比学赶帮超的劳动竞赛氛围。

9月13–15日，分公司举办全省系统2013年银保渠道管理干部“百万身价”专项培训班。

11月20–22日，分公司举办2013年培训年会暨2014年开门红传承培训，总结2013年培训教育工作的开展情况，奖励并整合全省优秀师资力量，同时也为2014年开门红教育培训的进一步开展传承做好充足准备，有效提升师资人员在开门红阶段的专业辅导技能。

英大泰和人寿保险股份有限公司江苏分公司

【概况】 英大泰和人寿保险股份有限公司是由国家电网公司发起设立的一家全国性寿险公司，2007年6月在北京成立。2009年6月，引进境外战略投资者美国万通人寿保险公司。2010年12月，国家电网公司成立国网英大国际控股集团有限公司，业务范围涵盖银行、保险、证券、资产管理等四大版块，下辖中国电财、英大人寿、英大财险、英大信托、英大证券等7家金融机构。英大人寿作为控股集团旗下7家金融企业之一，是国家电网公司金融平台的重要组成部分。英大人寿江苏分公司作为公司第一批设立的二级机构，于2007年12月开业，经过六年的发展，已成为公司系统的标杆公司。

【经营业绩】 2013年，江苏分公司共实现保费收入11553万元，其中新契约总保费8450万元，续期业务3103万元；个人保险保费3983万元，银邮代理保费5315万元，团险业务保费1326万元，公司总保费比上年同期上升80%。

【内部管控】 公司严抓内控管理，设立了风险控制和合规管理专职独立岗，直接向总经理室负责；将内控管理和风险事项作为对所辖机构的绩效考核指标之一，并实行一票否决制。

【企业文化】 公司强化企业文化建设，秉承国家电网公司“诚信、责任、创新、奉献”的核心价值观，践行“努力超越、追求卓越”的企业精神，员工坚持“立心尽则　止于至善”的工作信念；公司在实现持续、健康、快速发展的同时，积极打造出使广大员工收入待遇改善、职级事业发展、能力素质提升、心情舒畅和谐的发展局面，致力于成为国内一流、国际知名的现代寿险公司。

公司关心员工成长，每年定期举行拓展培训等员工教育训练活动，并组织员工进行各类体育竞技或联谊活动。1

月15–17日，英大人寿江苏分公司人力资源部组织全省范围的PTT兼职讲师培训班，旨在提升员工的综合表达能力。5月15日，江苏分公司召开员工运动会。

【重大活动】 1月18日，英大人寿常州中心支公司正式开业。

8月29日，英大人寿董事长、党组书记李友谊莅临江苏分公司调研指导工作。

【公益活动】 7月8日，江苏分公司在全省同时开展首个"全国保险公众宣传日"系列活动，共同宣导"保险，让生活更美好"。12月6日，江苏分公司举办以"关注您的保险保障·关注您的保险保单"为主题的个人保单信息有奖查询活动。

【年度荣誉】 1月，英大人寿江苏分公司荣膺"2012年度苏商首选创新型保险公司"荣誉称号，成为江苏商会中各大企业的寿险保障服务的首选创新型供应商。

1月，经"中国质量万里行市场调查中心"严格评选，英大人寿江苏分公司荣膺"2013年中国3·15诚信企业"荣誉称号，成为2013年首批创建成功的诚信企业。

3月，英大人寿江苏分公司荣膺"2012年度最佳保险理赔服务保险公司"荣誉称号。

信泰人寿保险股份有限公司江苏分公司

【概况】 信泰保险江苏分公司成立于2007年12月24日。作为信泰人寿第一家获得批筹的分公司，机构发展和业务发展一直走在系统前列。至2013年，已开设泰州、扬州、盐城、徐州、无锡、常州、镇江、南通、苏州、淮安和连云港11家中心支公司。开设营销服务部、营业部、支公司等四级机构达35家。五级机构1家。基本完成公司在江苏寿险市场的发展布局。个险营销外勤946人，银保外勤164人，中介业务部外勤9人，后援队伍356人。分公司业务发展规模稳居前三甲。业务规模从2008年的3.5亿元增长到2013年的29.78亿元，业务发展呈现良好的增长势头。

【经营业绩】 2013年，信泰保险江苏分公司实现新单保费58709.32万元，其中个险保费收入3693.68万元，团险保费收入984.99万元。银保保费收入51814.06万元，系统内银保保费一直排名第一，经代保费收入1663.61万元。分公司总保费在江苏寿险市场占比呈现上升势头。

【渠道建设】 信泰保险主要有个险、银保、团险、经代行销四大营销渠道，力求为客户提供全方位和多元化的保险服务。银保销售渠道主要通过与中行、工行、农行、建行、招行、邮储等银行的合作来实现多渠道经营发展的目标，中介渠道也已开拓永达理、华邦、紫金、盛大众联、恒瑞达、江天民生、红叶、大同等知名中介代理公司作为主要渠道。

7月，英大泰和人寿江苏分公司举行全国保险公众宣传日活动

【内部管控】 2013年，分公司建立健全规章制度，建立内控管理制度，做到各项执行有据可依。自开业以来，分公司在执行总公司的各项规章制度中充分考虑分公司的实际情况，制定并下发了包括行政管理、人事管理、运营管理、营销管理、培训管理、财务管理等在内的各项规章制度，印发了《信泰保险江苏分公司财务管理制度》《信泰保险江苏分公司行政管理制度》《信泰保险江苏分公司人力资源制度》《信泰保险江苏分公司运营管理制度》《信泰保险江苏分公司营销管理制度》《信泰保险江苏分公司培训管理制度》《信泰保险江苏分公司内部控制管理制度》《信泰保险江苏分公司反洗钱控制制度》《信泰保险江苏分公司品质管理办法》等制度，并认真遵照执行。

随着保监等监管机构加大监管力度，公司积极配合开展合规检查并进一步完善公司架构，专设合规岗，努力实践依法合规经营思路，促进企业更健康发展。分公司自进驻江苏保险市场以来就十分重视合法、合规经营，组织员工认真学习相关法律法规，了解经济形势发展动态以及监管政策变化，积极有效应对当前复杂的全球经济形势。2013年，由合规人员对公司日常合规工作进行相关预警，并为业务发展提供合规管理的指导和意见，进一步加强公司合规经营意识，为公司的健康持续发展提供了有力的保护，使各项工作真正做到依法合规，持续稳健经营。

【企业文化】 信泰保险一直秉承"恒信稳健 厚德 致远"的企业精神，主张"艰苦创业、甘于奉献、激情乐观、勇往直前"的创业精神，力争做稳健于世的百年金控蓝筹。2013年，江苏信泰开展"3·5"雷锋活动月、"3·12"植树节、"3·15"消费者权益保护日、"心手相牵 助力雅安"、弘扬孝心、青奥志愿者、保险

3月15日，信泰保险江苏分公司参与国际消费者权益日活动

宣传进社区、为困难客户献爱心等活动，在公司中营造了浓厚的文化氛围，增强了员工凝聚力和归属感，使全体员工充分认识企业文化建设的重要意义。

【创建工作】 2013年，分公司及所辖机构积极开展创建工作，其中常州中心支公司获得“常州市保险系统目标管理考核联络员会议”寿险类第四名，为2012年度目标管理考核“先进单位”。镇江中支在由中国人民银行对2012年江苏金融机构反洗钱工作的分析和评价中，获得A级称号，成为2013年反洗钱工作免检单位。南通中心支公司经过平安金融创建活动领导小组检查考核，获得2012年度江苏省“平安金融单位”称号。

【重大活动】 2月18日，信泰保险总裁兼CEO莅临江苏分公司，进行新春拜访及工作调研，同时赴南通机构进行新春慰问。

4月16日，信泰保险江苏分公司电销营业部获开业许可，4月28日正式开业。

6月7日，信泰保险连云港中心支公司获开业许可，6月19日正式开业。

8月9日，信泰人寿推出“百万前程保险计划”，集教育创业、重大疾病、意外伤害等多种保障于一体。

10月11日，信泰保险COO王小洁莅临江苏分公司进行考察指导工作，并对江苏辖内机构进行走访调研。

11月4日，信泰保险推出百万保家综合保险计划：三个一百万综合解决家庭未来风险。

12月12日，泰保险登陆淘宝聚划算，推出史无前例的“一元理财”，这款充满互联网口味的保险理财产品，上线24小时内创下聚划算史上最高成交笔数纪录。

【重大承保】 2月26日，陈某投保信泰保险金瑞两全保险（分红型）A款，保费500万元。

4月1日，吴某投保信泰保险金瑞两全保险(分红型)A款，保费250万元。

7月30日，应某投保信泰保险金利来两全保险(万能型)A款，保费420万元。

【重大赔付】 2012年10月30日，被保险人孟某被他人用软质绳类物提勒颈部致机械性窒息死亡。孟某于2012年5月投保信泰保险金利来两全保险(万能型)。信泰保险江苏分公司赔付46.51万元。

9月24日，被保险人杨某在单位工地测量窗户尺寸时，不慎踏空，从一个50*50公分正方形空洞内摔至一楼，其头部着地受伤，经抢救无效于9月26日身故。信泰保险江苏分公司赔付31.63万元。。

11月6日，被保险人某建筑单位员工工作时不慎头部被卡住，经抢救无效身故。信泰保险江苏分公司赔付40万元。

【公益活动】 3月5日，江苏分公司南通中心支公司开展“学习雷锋信泰先行”活动。与社区街道积极联系，在社区小花园开展清洁环境和清理垃圾的活动，同时在社区和街道清理小广告和乱张贴；通过社区联系到“空巢老人”，对空巢老人进行慰问，打扫卫生，让老人倍感温暖。

4月20日，四川雅安7.0级强震。信泰保险江苏分公司在第一时间组织“心手相牵，助力雅安”的爱心募捐，累计捐款金额逾4.2万元。

中英人寿保险有限公司江苏分公司

【概况】 中英人寿保险有限公司由英国英杰华集团与中国中粮集团合资组建，于2003年1月1日正式开业，注册资本金达29.46亿元人民币。至2013年，业务已拓展至广东、北京、江苏等省市共50多个重点城市，公司规模与利润均稳居外资第一梯队。江苏分公司成立于2007年12月，至2013年共有5家分支机构网点，分别为南京、无锡、扬州、南通、徐州。

【渠道建设】 个人营销渠道是中英人寿最早成立的营销渠道之一。保费规模已稳居中国保险市场外资个人营销渠道第五位。直销与电话行销渠道跻身行业前六名，成为中英最有价值增长渠道。银行保险渠道方面，中英银保率先提出“客户导向、精确营销”的转型战略以应对市场变化。该战略由营销流程四部曲、人才养成与过程管理两大系统组成，专注打造客户需求为导向的专业化营销，从招募、训练提升专业素质，从过程管理提升管理、专业水准。客户导向、精确营销是中英银保具有品牌特点的差异化竞争有力“武器”。经代渠道业务稳扎稳打，发展稳健。公司是第一家高举保险经代大旗的外资寿险公司、第一家成立寿险经代公司培育中心的公司、第一家致力于打造“中国寿险”经代市场领导品牌的公司、第一家协办2005年首届保险代理机构年会2006年第二届保险代理机构年会的公司。经代渠道核心竞争力表现在提供专业的行销辅导及业务管理支持、与经代公司衔接的高效率行政作业系统与流程、中高端客户开发、创新型项目开拓等。团体保险渠道建构了三大发展策略，即以向中型客户转型、可持续盈利的团单、风险控制与合规经营、匹配的产品的市场策略，以提升直销业务占比、中介专注于良质业务、改善综开业务品质、跨渠道客户资源共享的渠道策略，以持续推动客户服务体验的改善、系统性的服务优化与标准化的服务策略，以团体客户需求和客户体验为导向的高效优质服务体系、持续创新中小企业客户的拓展模式为核心竞争力。以控风险、重利润、创价值为战略目标，以合规标杆、

持续盈利、创造个人信息附加价值为经营目标，以“协助企业成为照顾员工风险保障需求的最佳雇主”为愿景，正不懈努力，不断发展。

【企业文化】 中英人寿以 Care in Every Home（关爱万家）为企业愿景，以 C.A.R.E.（关爱）为企业文化的核心价值观（Core Value），演绎出团队情（Collaboration）、行动力（Action）、务实性（Result-oriented）、关怀心（Empathy）的中英文化，成为企业持续、高速发展的坚实基础和源动力。

【重大活动】 3月3日，中英人寿正式启动电子信函替代工作，向2012年底已留有邮箱的客户发送短信，让客户享受环保高效、安全多样化的保单信函E服务。

7月8日，中英人寿举办“全国保险公众宣传日”系列活动，包括分公司客户座谈会和外网客户保险服务在线问卷调查，倾听和收集客户对中英服务的评价及建议。

8月27日，中英人寿推出寿险费率改革后首款保障型产品“康佑一生长期疾病保险”。

【公益活动】 7月1日，“星星点灯·中英少儿绘画大赛”正式启动。此次大赛为中英人寿“星星点灯 关爱留守儿童公益计划”重要组成部分，让中英客户及其子女参与到关爱留守儿童的活动中，传递爱心与梦想。活动历时两月，足迹遍布12个省区50多个城市，征集500名留守儿童及城市儿童的绘画作品。8月，江苏分公司赛区比赛举行。

长城人寿保险股份有限公司江苏分公司

【经营业绩】 2013年，长城保险江苏分公司贯彻落实“聚精会神抓业务 一心一意谋发展”，以“打造具有高内涵价值、强市场竞争力的优秀分公司”为目标，锐意进取、奋发有为，在保费收入、资产规模、机构数量、市场地位、队伍建设等方面稳健成长，各项经营指标全面提升，实现了长城保险在江苏的基本布局。全年江苏分公司共实现寿险首年保费4.18亿元，其中个险3595万元，同比负增长39.4%；银保趸交1.95亿元，保费同比增长4.53%，完成全年计划的92.68%，期交3038万元，保费同比负增长15.24%，完成全年计划的72.34%，银保综合达成81.5%。

【渠道建设】 个险队伍，稳步扩大。坚持营销队伍健康发展，坚持以“转正留存 夯实基础”为核心的增员策略，强化经营管理平台建设，营销员数量截至2013年底达到2254人。银保合作伙伴，快速发展。在第三方合作方面，长城保险江苏分公司银保期末合作网点数由2008年末的94个增加到2013年末的400个，与中国银行、工商银行、建设银行、苏州银行、江苏银行等大型商业银行签订了协议，建立了较为完善的银保渠道。

【内部管控】 “合规从高层做起、合规人人有责、主动合规、合规创造奇迹”是长城保险江苏分公司合规文化的精髓。自开业以来，分公司合规工作整体情况良好，从未发生重大违法违规事件，无司法案件和重大责任追究案件。2013年，分公司合规管理向全面风险管理转型合规管理向全面风险管理转型，同时根据保监会的要求和总公司的统一部署，开展全面风险排查工作。制定《风险排查工作实施方案》，组织分公司各部门、各机构全面开展风险排查。与此同时开展了重大案件预防及风险排查工作、销售管理环节风险排查工作和专业中介业务风险排查工作

年内，分公司继续深化内控管理，陆续出台《长城人寿保险股份有限公司江苏分公司满期给付与集中退保应急预案（试行）》《关于进一步加强公司风险合规管理工作的通知》《高风险人员管理细则》《重大洗钱案件应急处理实施细则》《反洗钱培训管理规定》等一系列规章制度，进一步完善了公司内控制度体系。分公司继续以“总经理信访接待日”为主线，有效开展信访接待工作和外部危机处理。反洗钱工作有序开展，成功接受人民银行南京分行反洗钱现场走访。全年以多种形式开展分公司系统培训工作，使合规经营的理念深入每个员工内心。

【企业文化】 长城保险江苏分公司秉持“打造服务最好的保险品牌”为公司愿景，积极响应总公司以“关注责任、聚焦服务、强化管理、支持业务”这一发展主题，通过多种路径开展丰富多彩、健康有益的文体活动，有效促进公司文化建设；关心员工生活，在员工生病、生日及遇到困难时，及时带来公司的慰问和关怀，增强了员工的忠诚度和公司的凝聚力。本着“以人为本”的宗旨，“营销员服务中心”有统筹、有组织地对营销员提供人文关怀服务，对营销员的服务，将从系统的、有组织的“促营销”延伸到系统的、有组织的“送关怀”。组织司庆活动“长城一家亲”演讲比赛和“体验式”内勤培训，提升员工的凝聚力，激发员工积极进取、奋发向上的精神。热心社会公益活动，组织爱心捐书、长城人文论坛等大型公益活动，号召江苏长城

8月24日，中英人寿江苏分公司“星星点灯·中英少儿绘画大赛”

8月1日，长城人寿江苏分公司在徐州举办"描绘梦想 关爱健康"健康讲座

内外员工"人人献爱心"，尽显公司社会责任感。大力弘扬肯吃苦、肯奉献、肯拼搏的精神，以"尊重、合作、价值、进取"为核心价值观，倡导"诚信、服务、专业、创新"的经营理念。

【重大活动】 1月13日，总公司总经理董利平抵达江苏镇江中心支公司，参加分公司开门红总结大会。

7月8日，江苏分公司参加江苏保险行业协会统一在南京市规划建设展览馆广场举办的"全国保险公众宣传日"广场活动。

7月15日，"长城金街1号终身寿险(万能型)"正式在多元行销渠道销售。

10月22日，江苏分公司召集全省中支机构负责人和服务部经理，召开关于"紧抓保单品质，合规经营寿险"的专项会议。

9月，总部批准在泰州、镇江2家中心支公司开展收展试点工作。

【重大赔付】 1月13日，长城人寿江苏分公司赔付被保险人王某重大疾病保险金约11.33万元。王某投保长城金通利两全保险B款(分红型)。

2月19日，长城人寿江苏分公司赔付被保险人王某重大疾病保险金约5.44万元。王某投保长城鸿盛两全保险(分红型)、长城附加定期寿险、长城附加意外伤害保险、长城附加意外伤害医疗保险，因罹患脑溢血申请理赔。

3月15日，长城人寿江苏分公司赔付被保险人金某重大疾病保险金10万元。金某投保长城鸿盛两全保险(分红型)、长城附加鸿盛提前给付重大疾病保险，因罹患扁桃体恶性淋巴瘤申请理赔。

5月22日，长城人寿江苏分公司赔付被保险人陈某重大疾病保险金约15.26万元。陈某投保长城金宝利年金保险(分红型)，因罹患系统性红斑狼疮申请理赔。

6月20日，长城人寿江苏分公司赔付被保险人陆某重大疾病保险金5.09万余元。陆某投保长城金宝利年金保险(分红型)，因罹患原发性肝癌申请理赔。

10月8日，长城人寿江苏分公司赔付被保险人王某重大疾病保险金8.62万余元。王某投保长城鸿盛两全保险(分红型)、长城附加鸿盛提前给付重大疾病保险、长城附加意外伤害保险、长城附加意外伤害医疗保险、长城附加住院医疗保险(2007)，因罹患宫颈癌申请理赔。

【公益活动】 3月12日，长城人寿"萌芽100"第75座爱心图书室在宿迁市大兴镇中心小学揭牌，本座爱心图书室是宿迁投入使用的第4座图书室，也是江苏捐赠的第14所爱心图书室。

7–8月，分公司根据总部《关于明确客服节宣传工作相关工作要求的通知》要求，上下统一，采用各种方式进行广泛宣传。举办少儿绘画比赛、举办"健康1+1论坛"、开通E化服务，为全省各类客户提供多样性服务。

12月27日，长城人寿"萌芽100'爱心图书室"徐州铜山马坡镇赵段小学揭牌。该图书室是长城人寿在江苏捐赠的第15所爱心图书室，也是全国第98爱心图书室。

工银安盛人寿保险有限公司江苏分公司

【概况】 2013年，工银安盛人寿保险有限公司江苏分公司累计保费、新业务标保、新业务价值均呈现上升趋势，尤其是在银保渠道保费规模迅猛提升，根据江苏保监局公布的2013年行业数据，分公司市场排名位居合资寿险公司第一、所有寿险公司第12，成为合资和银行系寿险公司的领头羊。

【经营业绩】 2013年，江苏分公司全年实现累计保费11.19亿元，同比增长105.33%；新单保费达成10.62亿元，同比增长152%；年度新单标保达成1.87亿元，同比增长46%；年度新业务价值达成5214万元，同比增长6%。年内，推出以下适用于多渠道业务拓展的产品：工银安盛人寿富享金生两全保险、工银安盛超级御立方两全保险、工银安盛人寿财富宝六号两全保险(分红型)、工银安盛人寿吉祥安心意外伤害保险、工银安盛人寿尊享晚年年金保险。

【渠道建设】 2013年，江苏分公司银保渠道和个险渠道架构搭建完成，8月开设网络销售渠道；调整机构运营模式，健全全省运营架构及运营体系，统一和明确岗位职责，建立了标准化作业流程，制定了科学的考核制度。

【内部管控】 江苏分公司总经理室下设法律合规部、市场部、营运部、财务部、人力资源部、个险部、银行保险部、团险事业部和培训部等职能部门。各职能部门独立运作又相互配合协调运作。分公司建立月度管理层会议机制，并及时召开部门间管理会议，加强对日常经营的追踪和管理。

总公司对江苏分公司设置完善的考核指标，全面考核分公司的经营管理。另外，在总公司建立内审集中机制。同时，在多渠道销售模式下，总公司个险、银保和团险渠道通过制定基本法和落实日常业务督导等管理方法，加强对分支机构相应销售渠道的管控。借助"三道防线"的风险管理框架，第一道防

1月，工银安盛江苏分公司特邀原泰国CEO-Mike主讲“提升销售能力”

线即管理层层面，总公司制定各职能部门规章制度并落实授权审批机制，加强对分支机构相应职能部门的日常操作管理。另外，总公司召开月度管理会议，加强对分支机构日常经营状况的及时追踪和管控；第二道防线即风险管理与合规层面，合规部在日常经营活动中持续提供法律及合规建议以及合规培训，并定期检查分支机构市场行为/销售流程；第三道防线即独立审计层面，内审部定期对分支机构运营进行独立审计，对发现的控制缺陷及时提出整改建议并追踪落实情况。为提高营运效率和加强风险管理，在总公司和分支机构之间分离业务和后援支持职能。总公司负责在各项业务和管理活动中统筹并制定明确的内部控制政策，规定内部控制的原则和基本要求，并通过专责管理委员会传达给分支机构以及相关适用业务部门，指导员工实施风险控制措施。总公司实施全面授权管理制度，覆盖资金控制、投资管理、费用管理、税务管理、核保、理赔、保单服务、再保险管理、人力资源管理等，明确各级职能的权限范围和执行程序。

2013年，江苏分公司及辖下各机构未有重大违规行为发生。分公司始终高度重视合规经营，并将有效的合规管理作为治理的重要任务来抓，，初步建立起合规管理体系。

【企业文化】 依托股东无以匹敌的雄厚资本实力和卓著品牌声誉，充分融合股东中国工商银行在中国金融领域的深厚经验和博大根基，AXA安盛集团全球领先的风险管理和保险专业优势，以及中国五矿集团公司雄厚的财务实力和丰富本土资源，坚持以客户需求为导向，通过差异化经营策略、产品创新优势、多元化销售渠道，针对子女教育、退休规划、家庭保障和财富管理这四大人生最需财务保障和财富规划的关键领域，为客户提供度身定制的个性化保险解决方案及服务，满足客户日益提升的多样化需求，真正打造“以客户为中心”的保险公司。

【重大活动】 6月，工银安盛人寿江苏分公司完成职场搬迁。

8月，工银安盛人寿开通网络销售渠道。

12月，工银安盛人寿苏州、无锡中心支公司合作，在新马太农庄举办VIP客户节。

【重大承保】 1月1日，工银安盛人寿保险有限公司与蒂森克虏伯零部件(中国)有限公司签订团体意外伤害、团险意外伤害医疗、团体重大疾病、团体门急诊、团体住院医疗保险，投保人数382人，保费29万元。

1月1日，工银安盛人寿苏州营销服务部与工商银行苏州分行签订团体意外伤害、团险意外伤害医疗、团体重大疾病、团体住院医疗保险，总人数6851人，保费573.52万元。

【重大赔付】 4月19日，工银安盛人寿江苏分公司赔付被保险人王某78.75万元。王某生前投保工银安盛人寿稳添金两全保险，2012年12月19日因心脏骤停猝死。

【公益活动】 1月17日，分公司组织20余名员工前往南京红山民工子弟小学慰问并捐赠体育器材。

太平养老保险股份有限公司江苏分公司

【经营业绩】 2013年是太平保险集团“三年再造一个新太平”的关键之年，太平养老江苏分公司深入贯彻集团“一个客户，一个太平”的综合经营理念，全面推进“抓客户、抓创新、抓服务”工程，着力提升管理能力、创新能力、服务能力、协同能力，相关经营指标良好，通过大力抓业务结构调整，业务品质改善明显。全年太平养老江苏分公司(含苏州)实现总保费收入11075.29万元，较上年同比增长7%，均为新单缴费。其中，意外险3690.14万元，占比33.32%；健康险7031.32万元，占比63.49%；寿险353.83万元，占比3.19%。

【渠道建设】 2013年，太平养老江苏分公司直销、银行、综合开拓三大销售渠道采取多种方式，积极拓展非健险业务。

非健险业务　分公司积极探索电子商务业务渠道的开拓，在充分对市场进行调研的情况下，大力推动电子商务平台的非健康险产品销售；通过参与大病医保项目等方式，推进相关政府项目的参与。

直销条线　加强建工险、公共交通意外险等业务的追踪力度，加大出单网点的铺设量，针对不同业务特点制定相应的激励方案，并对原有渠道业务的产品进行了相应优化。

银行渠道　统筹全局，整合资源，以内外培训为基础，以内外激励为抓手，对渠道业务进行系统化推动与管理。坚持“项目推动”，推动工行、苏通招行短险业务发展。

综合开拓渠道　针对不同地区特点，分别采用不同的险种产品推广方式，加强品质良好的业务的追踪力度，加强客户续保率。

【内部管控】 2013年，江苏分公司严格遵循监管机构的各项规定，不断加强合规文化和内控制度建设，坚持用制度来规范、约束员工的日常行为。根据集团和总公司统一部署，江苏分公司完成

10月29日，太平养老总经理傅文胜在江苏分公司调研并拜访江苏保监局局长宋志华

了所有内勤岗位的合规工作手册的初稿编制修改并已开始试运行。平时，分公司多次通过合规培训和考试、特别早会等形式，宣导合规经营的重要性，将合规意识贯彻到每一位员工。

【企业文化】 公司愿景：打造世界金融服务的杰出中国品牌

公司使命：创造富裕的安宁生活

经营理念：用心经营，诚信服务

核心价值观：诚信、专业、价值

管理理念：诚信立司、效益兴司、专业治司、合力强司

组织宣言：尊重个性，创造和谐；敢于梦想，务实创新；高效敬业，追求卓越；诚信正直，彼此欣赏。

【重大活动】 7月27日，央视二套《经济信息联播》节目以较大篇幅播出专题报道，介绍太平养老江苏分公司与南通市政府合作，在大病医保领域进行的尝试和探索。

10月21日，太平养老总公司党委党的群众路线教育实践活动巡视组到江苏分公司参加专题民主生活会。

12月25日，《扬子晚报》对太平养老江苏分公司承保南京市10万持证残疾人出行意外险进行宣传报道。此项目每人每年1元钱，可享受到身故最高赔付1万元，受伤医疗最高赔付1000元，法定节假日出险获3倍赔偿金的保险保障，从2014年元月起正式运作。

【重大赔付】 4月14日，被保险人陈某意外身故，太平养老江苏分公司赔付20万元。2012年12月5日，江苏鹏腾建筑有限公司济川街道安乐园工程投保太平盛世建筑工程团体意外伤害保险，陈某为该公司员工。

6月6日，被保险人徐某猝死身故，太平养老江苏分公司赔付53.35万元。2012年7月1日，错误！超链接引用无效。投保太平盛世团体一年定期寿险，徐某为该公司员工。

8月24日，被保险人张某意外身故，太平养老江苏分公司赔付20万元。2013年7月31日，错误！超链接引用无效。投保太平盛世团体意外伤害保险，张某为该公司员工。

【公益活动】 5月14日，太平养老江苏分公司组织青年党团员和入党积极分子，到南京新街口街道敬老院进行走访慰问，与老人拉家常，帮老人们做家务、打扫卫生，并为老人送上大屏彩电和部分生活必需品。

6月1日，江苏分公司党委与新街口街道联合举行“手拉手送温暖，关爱留守儿童”活动，青年党员给孩子们带去了书包、文具等必需品。

7月，太平养老江苏分公司党委因在基层党组织创先争优活动中，被玄武区委新街口街道工委授予“先进党员义工组织”称号。

【教育培训】 6月5-7日，太平养老江苏分公司举行“专业知识和销售技能”培训，培训对象为入司1年内的新员工。

10月30日，太平养老第三届高峰精英巡讲团在江苏开讲，分公司全体内外勤员工听取张涛和肖文礼带给大家的营销技能分享。

建信人寿保险有限公司江苏分公司

【概况】 2013年是建信人寿江苏分公司业务全面发展的一年，也是作为一家银行系保险公司探索省级分公司更好更快发展模式的一年。作为中国建设银行控股的保险公司，建信人寿江苏分公司依靠强大的股东资源，秉承总公司“创新转型、加快发展”的经营思想，不断深化与建行的渠道战略协同度，深入推动银保、团险、个险三条线保持协调发展的势头，努力建设具有银行系特色的综合竞争力的保险公司。江苏分公司在总公司2013年度综合考评中荣获三级直属分支机构，连续两年获得晋升考评。常州中心支公司被总公司评定为二级机构并在当地保险行业协会组织的平安金融创建中，评为“平安金融创建示范单位”；南通中心支公司、南京业务本部均被评定为三级机构，徐州、扬州、泰州、无锡4家中心支公司均被评定为四级中心支公司。先后完成盐城和无锡中心支公司，金坛和沛县支公司的筹建工作；大丰、泰兴营销服务部已经装修完毕。建信人寿江苏分公司三级机构已基本覆盖各个地市。

【经营业绩】 2013年，建信人寿江苏分公司实现规模保费15亿元，同比增长110%。银保渠道实现规模保费142779万元，在建行合作的30家保险公司中业务占比23.1%，位列第一；团险渠道业务进一步覆盖全省，全年累计实现规模保费6201.22万元；个险渠道新营销试点不断扩大，全年累计完成规模保费821.49万元。

年内，建信人寿打造“聚富系列”“金富系列”安全稳健收益型产品：“聚富1号”两全保险(万能型)、“聚富2号”、金富鸿两全保险、金富多两全保险(万能型)产品；继人身险费率市场化改革新政实施后，又先后推出采用新预定利率设计的产品“福佑一生”两全保险、“龙行福寿年金保险A款”终身年金保险。

【渠道建设】 建信人寿保险有限公司充分利用控股股东建设银行的资源，战

略协同更进一步。与建设银行江苏省分行各部门及各二级支行多次对接，建行–建信双方业务推进的融合度进一步提升。建立双方联合视频、电话、专题座谈、专项调研等多项会议推动机制，并联合建立建行客户经理建信人寿销售荣誉体系。建信人寿江苏分公司在深挖建行渠道资源的同时，积极开拓第三方渠道。2013 年，新签约第三方渠道7 家。至年底已累计达到 12 个辅助渠道，并全部实现出单，累计保费 236.58 万元，同比增长 59%，实现了对整体业务发展的有益补充。

2 月 26 日，建信人寿江苏分公司召开党员领导干部民主生活会

【内部管控】 2013 年，为更好适应公司全面健康发展，建信人寿江苏分公司在内控方面结合总公司及监管机构相关要求，做了进一步的完善。一是完善激励约束机制，引导业务快速健康发展，积极落实总公司薪酬改革精神，深入分析，通过进一步完善考核办法、强化考核奖励力度等，进一步优化了分公司的约束管理机制。二是整合资源强化费用管理，提高资源利用率。在总公司授权范围内，认真研究贯彻增收节支、厉行节约的措施，出台了一系列制度措施，实行了分公司条线费用集中管理、有效规范费用支出。三是积极开展内审工作，初步建立分公司三道防线。配合做好总行审计、总公司检查的配合工作。针对发现的问题，各部门认真研究、逐条分析、狠抓责任人员落实和整改。

【企业文化】 建信人寿江苏分公司贯彻总公司“坚定信心，加快发展”的工作精神，秉承“善建者行，守信者远”的经营理念，不断加强品牌建设，提高客户认识，形成了以下企业文化：一是倡导服务于渠道、服务于客户、服务于一线的经营理念，提出了“后台服务前台、二线服务一线、全司服务业务”的大服务理念，这是保险业务做大做强的基本前提。二是倡导经营管理的无缝对接，消灭管理盲区，公司组织各部门重新梳理岗位职责，拟定“岗位说明书”，同时制定了首问负责的客户服务制度，让每一位团队成员各司其职，并能有效实现交叉补位。三是倡导健康有序的风险文化，用制度来管理，制度面前人人平等。树立风险管控意识，合理规避风险，公司合规经营的理念深入人心，深入到工作的每个细节，做到全年安全运营无事故。四是倡导建立业绩导向的激励机制，激发业务发展的主动性。使员工的绩效奖金和机构业绩挂钩和业务评比结果挂钩，实行对机构和机构负责人的月度、季度、年度绩效考核制度，充分调动各机构负责人及广大员工的工作积极性，促进公司快速发展。

11 月 15 日，建信人寿江苏分公司举行客户联谊会

【创建工作】 2013 年，建信人寿江苏分公司个险渠道积极创新销售模式，通过组织广场舞比赛等活动，探索出一条渠道外直销的有效途径。在队伍销售中继续创新探索，发掘银行系保险公司的销售潜力。个险与团险、银保队伍组成销售小组，形成销售组合，在银保队伍的销售转型和个险积累准客户中起到了良好的推动作用。盐城尝试个险人员与建行网点合作的销售模式，开始显现初步的效果。

【重大活动】 2 月 26 日，建信人寿副总裁肖敏娟参加江苏分公司党员领导干部民主生活会，检视研究党建、企业文化建设、客户服务等方面的意见和建议。

3 月 18 日，建信人寿江苏分公司党总支在常州市委党校举办 2013 年第一期入党积极分子专题培训班。

6 月 14 日，建设银行江苏省分行与建信人寿江苏分公司联合召开银保业务推进会。

6 月 29 日，建信人寿江苏分公司召开安全生产大检查专题会议，排除安全隐患，为分公司业务发展保驾护航。

7 月 8 日，建信人寿江苏分公司在“全国保险公众宣传日”活动中围绕“保险，让生活更美好”的宣传主题，以及“倾听由心，互动你我”的年度主题，开展主题宣传活动。

7 月 30 日，建信人寿江苏分公司召开党的群众路线教育实践活动动员大会，总公司副总裁肖敏娟在会议上明确此次实践活动的指导要求。

12 月 6 日，建信人寿江苏分公司召开 2014 年“开门红”会议，各地市机构负责人进行“开门红”方案的工作汇报，为分公司的达成开门红业务目标奠定了扎实基础。

【重大承保】 1月，建信人寿江苏分公司承保某银行共2000余人意外伤害保险，保额12.7亿元，保费33万余元。

1月，李某投保建信人寿江苏分公司金富裕两全保险(分红型)，保费400万元。

2月，刘某投保建信人寿江苏分公司金富裕两全保险(分红型)，保费400万元。

3月，沙某建信人寿江苏分公司投保金富裕两全保险(分红型)，保费400万元。

4月，建信人寿江苏分公司承保某培训中心共500余人重疾、意外伤害及医疗保险等保障，保额3.1亿元，保费68万余元。

5月，建信人寿江苏分公司承保某实业有限公司共790余人意外伤害保险，保额2.6亿元，保费86万余元。

7月，陆某投保建信人寿江苏分公司金富多两全保险(万能型)，保费400万元。

7月，徐某投保建信人寿江苏分公司金富多两全保险(万能型)，保费900万元。

7月，戴某投保建信人寿江苏分公司金富多两全保险(万能型)，保费400万元。

7月，庞某投保建信人寿江苏分公司金富裕两全保险(分红型)，保费450万元。

7月，胡某投保建信人寿江苏分公司金富裕两全保险(分红型)，保费500万元。

12月，建信人寿江苏分公司承保某银行共2100余人无忧健康保障委托管理产品，规模保费1050万余元。

【重大赔付】 5月，南京某公司为员工再次投保建信人寿江苏分公司附加团体重大疾病保险；同月，李某因白血病就诊。建信人寿江苏分公司赔付10万元。

6月，沙某投保建信人寿江苏分公司安逸意外伤害保险；9月，因意外身故。建信人寿江苏分公司赔偿10万元。

9月，南京某公司为员工投保建信人寿江苏分公司团体意外伤害保险；10月，该公司员工王某因交通意外身故。建信人寿江苏分公司赔偿10万元。

【教育培训】 4月27日，建信人寿江苏分公司举办“消防安全基础知识”专题培训，通过对防火基础知识学习以及消防疏散逃生演习，树立员工防火减灾意识。

6月9日，分公司举办“年度反洗钱”培训，增强全司上下反洗钱意识，共同防范分公司反洗钱风险。

6月25日，在《女职工劳动保护特别规定》实施一周年之际，分公司举办《女职工劳动保护特别规定》相关内容宣导，普及并提升广大女性员工对相关法律法规的了解。

7月19日，分公司举办“电话礼仪”专题培训。

8月8日，分公司为培养内勤员工的综合职业素养，树立正确的职业心态，举办“企业员工职业心态培训”。

8月20日，分公司为进一步提升员工自我管理时间的能力，有效提高工作效率，组织《如何有效管理时间》的专题培训。本次培训增强全司员工制定工作计划的能力，并学习养成如何落实执行、定期检视的良好习惯。

8月28日，分公司邀请江苏省党委校党建教研部副主仕李继峰教授讲授“群众路线是党的生命线”专题党课培训课程。

11月21日，分公司举办“寿险意义与功用”专题培训。

12月25日，分公司举办《中国简史》培训课程，通过对中国历史沿革的回顾，让内勤员工进一步了解中国历史知识，并结合当前中国形势，坚定员工对中国发展和拥护共产党领导的信心。

幸福人寿保险股份有限公司江苏分公司

【概况】 2008年8月14日，中国保监会正式批准幸福人寿保险股份有限公司筹建江苏分公司，2008年11月28日获得经营保险业务许可证及工商营业执照并正式开业。至2013年江苏分公司下辖5家中心支公司、3家支公司，主要经营范围为人寿保险、健康保险、意外伤害保险等各类人身保险业务。

【经营业绩】 2013年，分公司实现规模保费13908.7万元（含团长险），其中，新单保费6758.4万元(含团长险581.8万元)，续期保费7150.3万元，综合标保1859.5万元；银保渠道实现新契约保费4848.3万元，中高端渠道实现新契约规模保费33.6万元，团短险渠道实现新契约短险规模保费1038.6万元，中介个险渠道实现新契约中介个险规模保费129.2万元，个险渠道实现新契约规模保费127万元，续期渠道实现新契约规模保费7150.3万元。

【渠道建设】 在个险渠道方面，坚持稳重求进的发展思路，将发展模式由过去粗犷式为向内涵式转变，加强队伍的基础培养、有效人力的提升、育成体系的建立，管理水平有了显著提升。在银保渠道方面，大力进行渠道开拓，

7月5日，幸福人寿江苏分公司举办“我的幸福梦”演讲比赛

10 月 19 日，幸福人寿江苏分公司举办“中国梦·幸福梦”少儿绘画比赛

增加合作渠道，扩大有效网点，提高网均产能，同时调整产品结构，推出适合市场需求的保障型产品的销售，2013 年完成全年计划任务。在团险渠道方面，以全年任务完成为目标，建立综合成本及法律合规为评价标准的市场化经营为策略，巩固团险营业部建制，加强销售人员招聘。在结构性目标方面，实现直销业务占比 35%，专业代理占比 25%，兼业代理占比 40%的目标，人均团险短险为80 万元/年，人力成本控制在 10%以内，超额 107.39%完成全年任务。

【内部管控】 合规管理 2013 年，江苏分公司根据业务发展和管理实际需要结合 ISO 质量管理认证内控合规检查，对江苏分公司工作手册进行全面改版，对分公司组织架构，角色分布进行了深入细化，将质量管理岗、法律岗分别调整为风控管理岗、法律事务岗，并按照监管部门要求将反洗钱工作职责明确到各相关岗位的岗位说明书中，在各部门、各中心支公司负责人岗位职责中增加负责组织实施本部门、本机构合规、内控、风险、质量管理工作内容。共新增规章制度 3 个，修订 22 个，通过制度的完善，基本满足分公司业务运转和内控建设的需要。

合同审核、案件管理 做好合同审查工作，全年共审核各类合同 127 份，针对合同审查中遇到的问题，利用晨会向全体员工宣导《有关合同的法律常识及签订合同时的注意事项》，请人力资源专家讲解新版劳动法修改术语解释，普及劳动合同法律常识。开展反洗钱工作，履行反洗钱职责，全年开展反洗钱、反保险欺诈、反商业贿赂方面培训 12 场次。

内部审计 分公司按照总公司和保监会内部审计指引的要求，以强化内审机制建设和创新审计方法为手段，增加审计工作的针对性和时效性，年内先后开展单证审计、印章管理审计、团险业务费用审计。组织开展了“小金库”治理全面复查工作，开展保险机构第三次财务业务数据真实性检查和“规范经营、防范风险”自查自纠工作。开展了关联交易、反洗钱、经营风险控制情况审计。通过审计，对分公司在内部控制、业务管理等方面存在的问题及时发现、督促整改。

【企业文化】 幸福人寿江苏分公司以“诚信、责任、高效、创新”为经营理念，秉承“以人为本、诚信规范、肩负责任、共创价值、服务社会”的核心价值观，强化基础管理工作，坚持依法合规经营，不断提高企业的核心竞争力，力争打造一流的保险服务企业，促进中国保险业的发展与社会和谐。2013 年，分公司以企业文化建设为核心，举办“中国梦，幸福梦”读书演讲比赛活动、“幸福人寿江苏分公司成立 5 周年征文比赛”活动。在企业文化建设的同时，分公司积极开展员工关爱工作，发挥工会、妇女组织的集体作用，切实为员工办实事、做好事、解难事，把企业的关怀落到实处。健全完善困难员工信息管理和快捷帮扶机制，增强救助的及时性和有效性。1 月，公司得知盐城建湖支公司陈庆军妻子罹患肝硬化继而转为肝腹水严重病情及家庭困难后，立即从工会会费中对其进行困难救助，并向全公司发出倡议书，开展捐款活动，得到员工积极响应，公司总经理亲自将募捐款送到其家中。此事在公司系统引起较大共鸣，提高了员工的集体意识，增强了员工的凝聚力和向心力。

【创建工作】 在新党员发展方面，江苏分公司积极培养品优、能力强、爱党、爱司、有事业心的员工加入党组织，2013 年有 3 名同志转为中国共产党正式党员、1 名同志被发展成中国共产党预备党员。分公司现有正式党员 19 名、预备党员 1 名，党员占比 25%。在共青团工作中，分公司发挥团员青年年轻有为的排头兵作用，为素质过硬的团员青年提供锻炼成长的平台，组织优秀团员青年参加各项培训、讲座活动，帮助解决学习费用、为团员青年提升发展平台和成长的机遇。

【重大活动】 7 月 8 日，幸福人寿江苏分公司组织开展全国保险公众宣传日活动，认真落实宣传活动，突出宣传主题，活动中宣传保险行业文化作，接受公众咨询，在活动结束后认真总结，为公司更好地办好保险公众宣传日活动提供借鉴。

11 月 22 日，幸福人寿李传学董事长一行莅临江苏分公司调研并宣布褚庆鹏、黄占平的任免决定。

12 月 3 日，幸福人寿江苏分公司组织召开全体员工大会，邀请重庆分公司李虹、吴志翔做营销经验分享；会上李虹、吴志祥分别用亲身经历讲述了自己从事保险事业的经验心得、员工管理方法等。

12 月 9 日，幸福人寿江苏分公司召开 2014 年预算编制启动会。

12 月 16 日，幸福人寿江苏分公司本部接受江苏省行业协会四季度电话回访检查。

【重大承保】 1月28日，幸福人寿江苏分公司承保丁某投保的幸福祥利两全保险(分红型)，10年期，期缴保费5万元。

1月31日，幸福人寿江苏分公司承保宗某投保的幸福金福宝两全保险(分红型)，趸交保费120万元。

6月27日，幸福人寿江苏分公司承保童某投保的幸福守护金生两全保险(分红型，A款)，5年期，期缴保费9万元。

11月14日，幸福人寿江苏分公司承保冯某投保的幸福福鑫宝一号两全保险(万能型)，趸交保费90万元。

【重大赔付】 2012年11月29日，被保险人李某在复旦大学附属肿瘤医院被诊断为右肺腺癌。2012年1月5日，李某投保幸福附加幸福人生提前给付重大疾病保险。幸福人寿江苏分公司赔付重大疾病保险及住院津贴险合计17.24万元。

5月20日，被保险人钱某被确诊为甲状腺乳头状癌。4月15日，钱某所在单位南京某市政建设工程有限公司投保幸福团体重大疾病保险。幸福人寿江苏分公司赔付重大疾病保险金15万元。

【公益活动】 4月23日，分公司开展向雅安地震灾区开展募捐活动，共筹捐款0.91万元。

10月19日，分公司举办客服节现场活动，与南京市青少年宫联合主办以"中国梦·幸福梦"为主题的少儿绘画比赛，活动进一步普及了少儿保险知识。

【教育培训】 5月24日，分公司举办《劳动合同法(修正案)》培训班，邀请具有丰富人力资源管理工作经验的讲师授课。参训人员对现行的人力资源管理法律、法规和《劳动合同法(修正案)》等方面进行了学习，并就工作中遇到的问题及7月1日《劳动合同法(修正案)》等实施执行组织研讨答疑。

9月6日，按照总公司的"启航计划"，分公司对全体CD类员工进行职业能力进阶课程《时间管理》的培训。

阳光人寿保险股份有限公司江苏分公司

【概况】 阳光人寿江苏分公司成立于2008年8月，截至2013年底，共开设11家中心支公司，39家支公司，8家营销服务部，累计总保费突破50亿元，现有销售人员2500多人，内勤人员400多人。2013年，江苏分公司以价值和转型为中心，强化目标，坚定执行，各项工作取得较好成绩。

【经营业绩】 2013年，阳光人寿江苏分公司实现年度总保费8.94亿元，市场排名第13位，其中年度新单保费达成3.79亿元，市场排名第16位，年度新单期缴保费达成2.24亿元，市场排名第七位。个险业务保费4.84亿元，同比增长28.4%，新单期缴保费1.51亿元，市场排名第八位，成为阳光系统内首个连续四年标准保费过亿的分公司；银保渠道总保费2.37亿元，其中新单保费1.31亿元，新单期缴规模保费546.7万元；团险渠道实收保费2903万元，其中个销团保费465.7万元。经代业务新单保费4583万元。职团业务保费788万元。电销业务规模保费9798万元，其中新单期缴保费2492万元。

2013年，分公司新推险种：个险业务推出一世安康、爱随行等保障型、富贵金升分红型、金娃娃万能型新产品，银保业务新推阳光随行、阳光吉利等产品。

【渠道建设】 个险渠道　截至2013年底，江苏分公司营销人力达2746人，持证率100%。

银保渠道银保销售网络已覆盖到全省开设有机构的12个地市，先后与工商银行、农业银行、建设银行、中国银行、邮政银行、浦发银行等保持良好的业务合作关系，并针对各银行的不同特点，制定独特的合作方案，加强渠道的拓展，构建阳光的核心优势，形成国有银行为主，中小型商业股份制银行为辅的多渠道多层次发展模式。

团险渠道　团险部以加大直销队伍建设为目标，在分公司本部搭建起精干高效的团险直销团队，负责团险业务管理和销售支援工作，在拓展直销业务的同时积极借助代理经纪渠道拓展意外险业务。在总公司的要求和指导下，团险部与个险渠道合作，建立个销团交叉销售队伍，实现内部资源的有效整合，效果良好。

经代渠道　经代部以"品质为先"为目标，在拓展合作渠道的同时，积极推动代理公司的讲师建设，加强对代理公司的销售支持力度，实现合作双方共同成长；根据不同合作商的优势，有选择地推动分红、万能等产品，产品市场反映较好。

职团渠道　职团业务部积极创新业务拓展模式，建立了一支精干高效的销售团队，深入社区、企业开展保险宣传，针对不同客户的不同情况，有选择地推介保险产品。

电销渠道　电销业务区域已遍及全省，各电销开呼机构均设有稳定的落地服务平台，电销保单的递送及保全申请等均采取快递公司上门服务方式，快速便捷。

【内部管控】 江苏阳光始终坚持"合法合规、诚信服务"的理念，公司通过加强合规培训，完善合规管理制度、加大检查力度等措施，有效提高公司合规内控的工作质量，确保公司依法合规经营、稳健发展。在日常工作中，注重保持与监管机构的日常工作联系，及时跟踪地方法律法规、监管规定的变化情况。2013年反洗钱宣传月中，为提高公司员工以风险为本的反洗钱工作意识，将风险管控流程融于业务流程，开展专项培训，取得良好效果，在保监局、协会、人行的各项走访检查中都获得好评。

【企业文化】 阳光人寿江苏分公司自2010年起在全省开展"阳光文化深化工程"系列活动，每年选定一个主题，将阳光文化落实到基层、队伍中去，2013年"标准化服务体系"活动持续深入开展，得到总公司、集团公司的一致认可。

【创建工作】 阳光人寿江苏分公司党委高度重视基层党组织的建设，定期举办各项学习和教育活动，2013年荣获中共阳光保险集团委员会颁发的"先进

基层党组织”荣誉称号。分公司工会大力推进工会组织建设,不断增强工会组织的凝聚力,在促进公司发展、丰富员工文体生活、营造和谐氛围、维护职工合法权益等方面取得良好成绩。2013年,江苏分公司南京本部被江苏省总工会授予“工人先锋号”荣誉称号;分公司运营管理部客服室和盐城中支被省财贸轻纺工会授予“工人先锋号”荣誉称号。分公司团委于2012年5月正式成立,针对分公司青年员工居多情况,团委特别注重青年员工岗位技能和专业技能的培训。五四青年节之际,江苏分公司开展以“寻找感动、放飞梦想”为主题的活动,青年员工积极参与。

【重大活动】 5月19日,阳光人寿江苏分公司“保险就是阳光”第四届客服节开幕式在主会场南京举办,全省各中心支公司作为分会场在各地市同步开展此活动。

5月21日,阳光人寿副总裁谭宁一行至江苏分公司就“凤凰计划”开展情况进行现场调研并指导工作。

7月8日,阳光人寿江苏分公司根据江苏保监局文件精神开展“全国保险公众宣传日”活动,配合主题“倾听由心,互动你我”,全力投入到宣传活动中,全辖持续大力建设E服务平台,全面升级绿色服务,积极践行低碳生活。

8-9月,根据江苏保监局办公室关于印发《江苏保险业排查清理涉嫌非法集资广告资讯信息活动实施方案》的通知,阳光人寿江苏分公司组织全辖学习,全省联合开展排查活动,切实部署落实公司内外勤员工的政策学习、风险排查等各项活动,担负起防范非法集资的责任。

10月29日,阳光人寿副总裁宁首波莅临江苏分公司,进行调研并指导银保业务、人力发展等工作。

【重大承保】 1月5日、1月11日,阳光人寿江苏分公司承保史某通过经代渠道投保的富贵年年两全保险(分红型)2单,累计保费158万元。

1月12日,张某在常州营销渠道投保爱随行两全保险1单,保费68万元。

1月16日,唐某在南通营销渠道投保好兆投成人年金保险(分红型)1单,保费80万元。

1月31日,史某在常州经代渠道投保富贵年年两全保险(分红型)2单,累计保费1000万元。

2月28日,印某在南通营销渠道投保好兆投成人年金保险(分红型)1单,保费80万元。

【重大赔付】 1月20日,阳光人寿江苏分公司赔付被保险人陈某身故保险金26.4万元。投保人陈某于2011年2月22日为自己投保“阳光人寿金满堂终身寿险(万能型)”11.4万元,后于2012年2月29日为自己投保“阳光人寿定期寿险”6万元及“阳光人寿附加意外伤害保险”9万元。被保险人陈某于2012年10月13日被货车撞倒当场身故,受益人于2013年1月7日提交理赔申请。

3月13日,阳光人寿江苏分公司赔付被保险人张某身故保险金20万元。沙某于2012年2月28日为其配偶张某投保“阳光人寿定期寿险”。被保险人张某于2013年2月14日因自己的面包车堵路与人发生争执,被其持凶器捅伤致死,受益人于2013年3月8日提交理赔申请。

3月22日,阳光人寿江苏分公司赔付被保险人唐某身故保险金31万元。唐某于2010年2月5日为自己投保“阳光人寿财富双账户终身寿险(万能型)”,后于2012年3月31日为自己投保“阳光人寿定期寿险”及“阳光人寿附加意外伤害保险”。被保险人唐某于2013年2月11日行走时被一辆小型越野车撞倒,经抢救无效当日死亡,受益人于2013年3月18日提交理赔申请。

5月15日,阳光人寿江苏分公司赔付被保险人何某身故保险金20万元。何某于2011年2月23日为自己投保“阳光人寿金满堂终身寿险(万能型)”。被保险人何某于2012年10月19日在建筑工地被高空坠落的钢管砸伤头部身故,受益人于2013年5月7日提交理赔申请。

7月12日,阳光人寿江苏分公司赔付被保险人丁某重疾保险金20万元。丁某于2011年1月7日为自己投保“阳光人寿附加真心120提前给付重大疾病保险”。被保险人丁某于2013年6月9日确诊膀胱癌住院治疗,受益人于2013年7月3日提交理赔申请。

【公益活动】 1月15日,分公司为淮安市淮阴区赵集镇渔民小学提供价值1.3万余元的文具套装、书包、毛毯、各类工具书、文学科普读物等用品。

1月25日,分公司走进南京新街口香铺营社区,为社区12户因病致困、因病返贫的困难家庭送去温暖和祝福。

3月,阳光人寿江苏分公司机关及下辖中支分别以多种形式和载体,开展学习雷锋青年志愿者公益活动。

4月10日,阳光人寿江苏分公司爱心共建活动在淮安市淮阴区赵集镇渔民小学举行。江苏分公司为渔民小学提供学习用品,与渔民小学学生们共同在阳光林下种植小树苗。

4月22日,分公司在全辖发起为四川雅安祈福的募捐倡议书,组织全体内外勤员工为灾区群众捐款,共募得善款27088元人民币。

8月23日,分公司邀请共建单位淮安市淮阴区赵集镇渔民小学的师生们参与公司5周年活动,联合举办“迎青奥南京夏令营”活动,并为渔民小学捐赠电教室。

【教育培训】 1月14-17日,江苏分公司总经理人才发展计划培训班第二阶段课程学习在南京举办,分公司各部门工作表现优秀、有自我提升需求和发展潜力的20名青年员工参加培训,通过课程学习体验充分了解业务经营的实际情况,具备营业区日常经营运作的实际工作能力。

4月17-19日、9月25-27日,江苏分公司第一、二期新人培训班先后在南京开班,每期20余名新员工参训,通过学习进一步了解企业文化和公司相关规章制度。

5月3日,江苏分公司第一期基础管理课程培训——高效沟通在南京举办,来自共同资源部门20名员工参加培训。

8月23日,江苏分公司5周年司庆文化学习班在南京举办,分公司机关/南京本部内勤、三级机构负责人、入司五周年员工80余人参加培训。

长生人寿保险有限公司江苏分公司

【概况】 长生人寿保险有限公司前身为广电日生人寿保险有限公司，成立于2003年9月，是中国首家获准开业的中日合资寿险公司。公司由中国长城资产管理公司和日本生命保险相互会社共同合资经营，总部设置在上海，注册资本金13亿元人民币（中外双方各占股50%）。2013年是长生人寿保险有限公司江苏分公司开业后的第五年，江苏分公司管理层和全体员工齐心协力，做好分支机构建设，稳步壮大组织规模，销售业绩增幅明显。

【经营业绩】 2013年，长生人寿江苏分公司总保费收入3758.27万元，同比增长15.09%。其中：个人代理渠道业务累计实现保费收入1946.24万元；直销渠道业务累计实现保费收入1503.49万元；银邮代理渠道业务累计实现保费收入158.50万元；其他渠道业务累计实现保费收入150.03万元。

2013年新增险种：个险渠道于2月推出长生附加意外伤害费用报销医疗保险D款、长生附加意外伤害住院津贴医疗保险D款。长生附加意外伤害费用报销医疗保险D款包含意外伤害门急诊费用、意外伤害住院费用报销；长生附加意外伤害住院津贴医疗保险D款包含意外住院津贴保险金给付、意外住院重症监护病房津贴保险金给付两项。公司还推出“长生天御意外保险计划”（卡式业务），该保险计划包含意外伤害、意外伤害医疗、综合交通意外伤害及意外伤害住院津贴等多项保险责任。团险渠道新增长生建筑工程团体意外伤害保险、长生附加建筑工程团体意外伤害医疗险。

【重大活动】 6月1日，江苏分公司全面实施团险理赔案件发票录入工作，提高了团险理赔操作的效率和准确率，方便团险被保险客户查询发票的赔付情况，使团险理赔工作登上一个新台阶。

8月13日，盐城营销服务部正式加入盐城市保险行业协会。

10月22日，长生人寿总经理前波吉伸莅临江苏分公司视察指导工作。

11月11-12日，总公司内部审计部在江苏分公司进行年中审计、常规审计。

是年，分公司与常柴大厦物业公司协商，扩租常柴大厦11楼140平方米房屋增作常州营销服务部的职场用房，以满足业务发展的实际需求。同时，换领《经营保险业务许可证》、办理许可证公告事宜，并及时向当地工商行政管理机关办理营业场所变更手续。

10月22日，长生人寿总经理前波吉伸莅临江苏分公司视察工作

【重大承保】 1月1日，江苏分公司承保苏州某制纸公司投保的团体一年定期寿险及附加险，保费64.2万元。

2月1日，分公司承保张某投保的龙凤呈祥两全保险（分红型）及附加险，保费10.6万元。

3月18日，分公司承保苏州某安全系统公司投保的团体一年定期寿险及附加险，保费105.8万元。

【重大赔付】 1月4日，被保险人李某猝死。长生人寿江苏分公司给付定期寿险保险金10万元。

5月23日，被保险人张某某因HIV相关脑病、AIDS、慢丙肝住院，不治身故。长生人寿江苏分公司赔付重疾及附加医疗保险金10万元。

5月31日，被保险人戴某某骑电动车与小轿车相撞，致深度昏迷。长生人寿江苏分公司赔付重疾保险金10万元。

7月31日，被保险人黄某某因从楼梯摔下致重度脑损伤，经抢救无效死亡。长生人寿江苏分公赔付身故及附加医疗保险金27.2万元。

10月28日，被保险人树某某被保险人确诊为左乳癌。长生人寿江苏分公司赔付重疾及附加医疗保险金10.4万元。

【公益活动】 3月15日，长生人寿江苏分公司苏州、常州、南通、盐城等营销服务部分别组织骨干力量，由机构负责人亲自带队，参加当地保险行业协会组织的广场活动，开展保险咨询。

4月20日，四川雅安芦山县发生7.0级地震。长生人寿江苏分公司派专人组织捐款救灾活动，在短短20个小时内，共捐款1.73万余元，捐款直接汇往四川庐山县民政局。

8月24日，“第七届长生人寿奥林匹克数学少儿夏令营”在常州举行，邀请长生人寿总精算师王龙根担任少儿奥林匹克数学夏令营主讲。作为首届中国精算师、北美精算师，王龙根为来自常州和上海的50名中小学生深入浅出地讲解奥林匹克数学解题技巧。

国华人寿保险股份有限公司江苏分公司

【概况】 国华人寿保险股份有限公司成立于2007年11月，总部位于上海，是由中国保险监督管理委员会批准设立的全国性、股份制专业寿险公司。国华人寿保险股份有限公司江苏分公司成立于2009年5月。国华人寿保险打造的企业文化是，企业使命：让每个家庭拥有保障和幸福。企业愿景：成为最能为客户、员工、股东、社会创造价值的保险公司。核心价值观：信任–信任于人，取信于人；责任–勇于担当，责有攸归；精益–精益求精，创新进取；价值–创造价值，分享价值。

【经营业绩】 2013年，江苏分公司银保业务总保费239527.4065万元，同比增长76.48%，完成总公司下达计划的比例119.76%；新单业务保费收入238706.7638万元，同比增长76.52%，完成总公司下达计划的比例119.35%。团险业务总保费2920.92万元；其中航意险2828.68万元，保费占比96.8%；卡单6万元，保费占比0.2%；建工险70万元，保费占比2.4%；小额信贷6.06万元，保费占比0.2%；员福计划5.58万元，保费占比0.2%；畅行无忧4.6万元，保费占比0.2%。经代业务总保费724.53万元，同比增长69.33%。

【渠道建设】 分公司有银保、团险、经代三条业务条线。银保方面，工行、农行、邮政为主要业务代理渠道，团险及经代的主要渠道都是有专业代理资格的保险代理公司。2013年，江苏分公司有南通、无锡、徐州、扬州、常州、镇江、苏州、泰州8家中心支公司，8家中心支公司均只开设银保条线。

【内部管控】 国华人寿江苏分公司根据《保险法》《企业内部控制基本规范》和其他相关规定制定《国华人寿企业内部控制基本规范》，并建立《关联交易管理暂行办法》《风险管理方针》《风险管理策略》《风险分类办法》《各业务系列风险点提示》《内部风险控制指南》等各项内控制度，对个人营销、银行保险、团体保险、财务管理、运营管理、续期管理(契约、核保、核赔、客服)、企划、行政管理等风险领域的风险识别、风险分析方法、风险控制目标作出明确定义。

【重大活动】 1月14日，国华人寿董事长刘益谦、总裁付永进莅临江苏分公司视察指导工作。

1月19日，江苏分公司召开“破十亿暨2013年业务发展启动大会”。

3月1–2日，江苏分公司在南京举办“步步为赢——全省销售技能提升班”。

5月16–17日，江苏分公司召开以趸交促规模、期交养队伍为主旨、围绕邮政竞赛方案的推动为主要内容的银保系列“二三联动”工作部署会议。

5月30–31日，江苏分公司召开为期两天的“2013年度新员工入职培训班”。

10月16日，江苏分公司在苏州召开银保邮政渠道跨年赛业务推动会议。

【重大承保】 9月11日，葛某在国华人寿江苏分公司投保国华财富双收两全保险(万能)，保费300万元。

9月17日，戴某在国华人寿江苏分公司投保国华终身寿险（分红型）(2009)，保额300万元。

10月1日，邓某在国华人寿江苏分公司投保国华终身寿险（分红型）(2009)，保额500万元。

【重大赔付】 3月，被保险人杨某乘坐二轮摩托车时发生意外车祸，颅脑损伤死亡。杨某于2012年9月在银行投保国华财富双收两全保险(万能型)。国华人寿江苏分公司赔付16.87万元。

4月，被保险人王某在帮邻居拆房时从高处坠落并被房梁击中左胸死亡。王某于2011年9月在银行投保国华华瑞丰年两全保险(分红型)B款(2009)。国华人寿江苏分公司赔付8.72万元。

11月，被保险人王某坐在电动自行车发生交通意外事故，当场死亡。王某于2012年11月在银行投保国华财富双收两全保险（万能型),2013年10月再次在银行投保国华财富双收两全保险(万能型)。国华人寿江苏分公司正常赔付27.22万元。

【公益活动】 3月15日，江苏分公司参加在南京市规划建设展览馆广场举行的“江苏省暨南京市2013年纪念315国际消费者权益日大型广场活动”。

1月14日，国华人寿刘益谦董事长、付永进总裁一行莅临江苏分公司视察工作

中国人寿养老保险股份有限公司江苏省分公司

【概况】 中国人寿养老保险股份有限公司江苏省分公司2009年9月16日正式成立。分公司成立以来,遵循"用心经营、诚信服务"的企业宗旨,恪守"以人为本、关爱生命、创造价值、服务社会"的公司使命,充分利用中国人寿的品牌、技术、客户、网络等资源优势,将分公司建设成为江苏地区市场领先、制度健全、管治先进、服务一流的专业养老保险公司,为广大企事业单位提供全方位的企业年金管理及其他养老保险服务,为江苏全面建设小康社会和构建社会主义和谐社会贡献力量。

【经营业绩】 2013年,中国人寿养老保险股份有限公司江苏省分公司累计新增企业年金中标标准规模5.4亿元;新增管理资产标准规模13.35亿元,其中,集合计划标准规模1.57亿元;累计管理资产规模83.56亿元,其中,累计投资管理规模48.3亿元,累计受托管理规模31.19亿元,累计账户管理规模4.07亿元。

【渠道合作】 依托中国人寿江苏省分公司销售渠道,中国人寿养老保险股份有限公司江苏省分公司持续提升合作互动水平。在考核机制上,公司与中国人寿江苏省分公司各个层面建立和落实定期沟通交流机制,力求实现工作同布置、活动同步组织、进度同步推进、过程同步检查、考核同步进行。在节奏把握上,全年紧扣团险渠道业务发展节奏,配合团险业务发展,确保公司各项任务目标完成。在推动激励上,公司与中国人寿江苏省分公司联合制定业务推动奖励方案,以利益杠杆调控,充分调动核心渠道的积极性。在销售支持上,公司通过培训加强团险渠道专业水平,通过销售工具支持基层业务拓展,坚持以团险、企业年金共同发展、相互促进为目标,积极促成年金客户与团险客户之间的相互转化。在文化融合上,与中国人寿江苏省分公司共同组织"领导力智慧"培训讲座、"百名青年员工素质提升工程"培训班及其他员工讲座,共同策划南京地铁二号线组合广告宣传;先后参加两届寿险公司全省系统职工运动会、国寿客户节活动;共同组队参加全省保险业歌咏比赛等。

不断巩固和优化与银行渠道的合作。根据江苏企业年金市场特点和竞争状况,公司加强与工、农、中、建4家重点银行的合作,联合下发业务推动方案,鼓励寿险地市分公司自选合作最为融洽银行,制定联合推动方案。定人定岗加强对银行推动方案落实的追踪,促进市级分行与寿险地市公司在指标落实、业务拓展上的有效衔接,进一步巩固和提升了与银行渠道的合作水平。

【内部管控】 2013年,江苏分公司修订或新订《员工考勤与假期管理暂行办法(修订版)》《薪酬管理暂行办法》《绩效管理暂行办法》等,进一步健全各项内部管理制度。组织开展风险排查活动,完善各个部门、各个岗位、各个流程、各个环节可能存在的风险点,并由总经理室与各部门负责人签订《2013年度风险防范责任书》,将风险防范责任分解到各部门、各岗位,并纳入部门负责人的绩效考核。公司明确信访工作职责、工作流程、分类处理的责任部门,建立"信访接待日总经理值班制度"。

【企业文化】 公司十分重视企业文化建设,通过建立和完善教育培训体系,不断提升公司团结向上、开拓进取的创业文化。2013年,公司认真落实全年教育培训计划,先后举办投资知识讲座、"企业年金税延政策"视频讲座;参加中国人寿江苏省分公司举办的"领导力智慧"培训讲座;选拔青年骨干参加中国人寿江苏省分公司举办的"百名青年员工素质提升培训班";丰富"图书长廊",为员工营造良好的学习氛围,促进员工的共同成长。

【重大活动】 1月5日,江苏省分公司组织开展党委中心组学习,党委、总经理室成员及各部门负责人再次学习十八大报告和中央经济工作会议精神,思考和讨论2013年宏观经济形势和企业年金市场情况。

1月6日,江苏省分公司组织召开2013年工作研讨会,总经理室成员与各部门负责人总结回顾公司成立三年以来的发展情况,分析查找存在的主要问题,研究2013年公司发展目标、工作措施和相关建议。

1月10–11日,江苏省分公司总经理梅国洪参加徐州矿务集团有限公司企业年金计划管理人会议,沟通介绍投资管理情况。

3月12日,江苏省分公司总经理梅国洪拜访张家港港务集团,沟通企业年金业务合作事宜,积极争取理事会受托转移和投资管理资格。

3月19日,江苏省分公司梅国洪拜访江苏省电力设计院,沟通企业年金业务合作事宜。

4月22日,江苏省分公司副总经理陈健拜访南京新港高科技股份有限公司,商量企业年金运营模式转换事宜。

7月11日,江苏省分公司副总经理陈健拜访江苏烟草,洽谈长江养老另类投资事宜。

7月30日,国寿养老总公司董事长王建到江苏分公司调研。

8月12日,江苏省分公司组织全体党员参加寿险省分公司组织的全省系统"扫除'四风',改进作风,以高度的政治责任感抓好'四查四治'"的专题视频培训会。

8月20日,江苏省分公司召开党委中心组(扩大)会议,专题学习中央八项规定,总、省公司关于改进工作作风的有关文件。

8月23日,江苏省分公司教育实践活动领导小组,邀请江苏省预防腐败局副局长陈良灵为全体党员作以"反腐倡廉"主题的专题讲座。

8月26日,江苏省分公司召开"我想问问总经理、打开天窗说亮话"座谈会。

10月10日,江苏省分公司总经理梅国洪总经理拜访江苏镇江农村商业银行,参加企业年金管理合同签约仪式。

平安健康保险股份有限公司江苏分公司

【概况】 平安健康保险股份有限公司是中国平安集团旗下的专业健康保险公司，2005年6月13日经中国保险监督管理委员会批准设立，主要业务范围包括各类健康保险业务、意外伤害保险业务、政府委托管理健康保险业务、健康咨询服务业务、健康保险再保险业务等，公司注册资本人民币6.25亿元，总部设在中国上海。平安健康保险股份有限公司江苏分公司2010年10月设立。

【经营业绩】 平安健康保险股份有限公司江苏分公司依托集团强大的开户资源，着力建设内部产、寿、养渠道，建立良好的内部渠道平台。同时，积极发展中介等外部渠道资源。2013年，平安健康保险江苏分公司公司保费1499万元。

【内部管控】 至2013年，江苏分公司根据《中华人民共和国保险法》《健康保险管理办法》《保险公司合规风险管理指导意见(征求意见稿)》等相关文件的要求，以契约、核保、理赔、财务到人事行政作业等各项业务流程为基础，制定了多项内部管理的规章制度和风险管理制度，包括业务运营管理、财务管理、人事行政管理、合规管理、内部审计等多个方面，分公司坚决贯彻集团"守法+1"的要求，初步建立了涵盖外部法律合规、市场经营，内部业务管理和运营要求的多层次、全方位的风险管理体系。

安邦人寿保险股份有限公司江苏分公司

【概况】 安邦人寿保险股份有限公司是2010年经中国保险监督管理委员会批准、由安邦财产保险股份有限公司为主发起设立的全国性寿险公司，总部设在北京，注册资本金37.9亿元，在全国寿险公司中注册资本金名列前茅。公司经营各类人寿保险、健康保险、意外伤害保险等人身保险业务、上述业务的再保险业务以及经中国保险监督管理委员会批准的其他业务。安邦人寿保险股份有限公司江苏分公司于2010年12月成立，至2013年底下属分支机构5家，分别是无锡、常州、盐城、泰州、南通。

【经营业绩】 2013年，安邦人寿保险江苏分公司保费共计7578万元，其中个险188.6万元，团险6.33万元，银保7247.3万元，电销135.46万元。

【渠道建设】 银保渠道　江苏分公司与全省各大银行(包括工商银行、中国银行、无锡农村商业银行等)建立的"总对总，分对分"的战略合作关系。银保业务不但扩大了保费的收入，同时也延伸了客户拓展的渠道。公司针对银行渠道的客户，开发各具特色的分红型及万能型保险理财产品，通过全省各大银行网点，让客户更加快捷的享受到公司带来的投资收益及保险保障。

电销渠道　通过拨打"400-88-95569(客服)"和"400-111-1111(业务)"2个热线，让客户享受到从"保险询价"到"赔款支付"的一站式服务。

团险渠道　公司十分重视团险渠道业务的开拓，开发了一系列团险产品，包括团体意外保险、团体医疗保险、团体养老保险等，同时还为不同的企业设计了各种不同的团体组合保险。

个险渠道　针对个险客户的差异性，公司将个险产品的完善作为首要工作，同时开发出价值增长999号年金保险(分红型)及价值增长8号终身寿险(分红型)等产品，推向市场。

【内部管控】 江苏分公司将风险管理作为经营管理过程中核心内容之一，以最低风险管理成本获得最大的安全保障，实行稳健风险管理策略，风险管理始终服务并支持整体战略，确保重大风险基本可控，保证业务发展持续健康，实现经营业绩稳步提升。分公司设立了合规管理岗。2013年，分公司大力加强风险管理工作，健全完善风险管理制度流程，建立完善风险管理责任追究制度，制定风险偏好体系，全面组织开展各种风险识别和评估工作。同时加强风险管理培训，不断提高员工风险管理的意识。

【重大活动】 8月1日，安邦人寿保险股份有限公司无锡中心支公司获保监批复开业。12月24日，安邦人寿保险股份有限公司南通中心支公司获保监批复开业。

【公益活动】 10月27日，第二届安邦杯"保护地球，保护环境"少儿绘画大赛在南京弘阳广场举行。

中邮人寿保险股份有限公司江苏分公司

【概况】 中邮人寿保险股份有限公司成立于2009年9月9日，是一家以"服务基层，服务三农"为宗旨的全国性寿险公司。中邮人寿保险股份有限公司江苏分公司于2010年12月27日获批筹建，2011年3月11日在南京正式挂牌运营，是中邮保险在全国成立的第七家省级分支机构。2013年，江苏分公司紧紧围绕"打基础、学标杆"的工作主线，在品牌提升、团队共建、结构转型、客户管理、合规管控和文化建设六个方面突出重点，锐意进取，攻坚克难，企业改革创新取得明显成效，发展业绩迈上新台阶。

【经营业绩】 2013年，中邮保险江苏分公司完成保费收入54.4亿元，同比增长28.6%，保费规模列全国系统第一位；其中，期交新单保费收入1.86亿元，同比增长34.8%，规模居全国系统第二位；团险保费212.8万元，同比增长731.3%，规模居全国系统第三位；小额保费51.4万元，同比增长667.2%，规模居全国系统第四位。总保费规模名列省内51家寿险公司省级分公司第四位。

2013年，中邮保险"年年好"系列产品在江苏地区推出上线。

【渠道建设】 开业至2013年，江苏分公司依托全省市县邮政局采用全面代理的经营管理模式，建立起依托江苏邮政2500多个网点覆盖全省、特别是县以下区域的服务网络，初步形成以省级分支机构为核心，以市、县级邮政为支撑的组织架构。在充分发挥“自营+代管”模式优势，深耕邮银渠道的同时，江苏分公司积极尝试渠道创新，在若干网点布置建设中邮保险专厅专柜；利用邮政资源，大力拓展团险渠道，发展团险等高效业务。

【内部管控】 2013年，江苏分公司围绕“打基础，学标杆”的主线，始终坚持“合规先行”的原则，严格落实“风险为本”的理念，积极完善营运管理机制，强化内部管理和风险管控。一方面，江苏分公司依托江苏邮政，进一步完善中邮保险省、市、县营运管理体系建设，建立健全相关规章制度，严格营运岗位人员的准入和考评机制。另一方面，突出营运管控工作重点，在11月保监会出台《人身保险客户信息真实性管理暂行办法》之前，提前下大力做好客户信息真实性整治工作，将客户资料信息真实性指标纳入中邮保险营运管理KPI考核体系，通过狠抓落实，使分公司电话回访成功率提升至90.55%。2013年全年，全省新契约质量抽检合格率为96.08%、续期宽末综合达成率98.65%、理赔五日结案率100%，各项营运管理指标在中邮保险开业省分公司中位居前列。

江苏分公司牢固树立合规经营理念，高度重视合规管控工作，坚持组织每年两期的全省中邮保险合规检查人员培训班，不断提升检查人员的履职能力。2013年，分公司合规与风险管理部门累计开展65次检查、涉及127个销售网点，开业以来分公司检查已覆盖全省所有13个地市和58个县(市、区)邮政局，完成监管部门对市、县邮政局全面覆盖的检查要求。分公司不断加强风险管控工作，建立了全省中邮保险风险评估指标体系，对全省各地市和分公司内部风险预警情况按月进行持续追踪报告。

1月，中邮人寿江苏分公司举办连云港市留守儿童欣赏“爸爸妈妈，我想对你说”绘画大赛

【企业文化】 2013年，江苏分公司继续秉承“诚信 创新 卓越 共赢”的核心价值观、“传承百年邮政 服务社会大众”的企业精神，以及“为客户终身负责”的服务理念，精心打造“诚信+爱心”的核心品牌价值，积极树立江苏中邮保险“爱心保险”的良好品牌形象。在强化自身企业文化理念体系的同时，坚持与时俱进，深入践行中国保监会提出的“守信用 担风险 重服务 合规范”保险业核心价值理念。

【创建工作】 江苏分公司自成立以来，在实现业务快速发展、规模不断壮大的同时，高度重视企业精神文明建设和争先创优工作，以追求卓越的精神鼓励、促成集体和个人先进创建工作，被江苏保监局评为2012年度江苏保险行业统计先进单位，中邮人寿保险股份有限公司呼叫中心江苏分中心获省邮政系统模范职工小家称号。此外，分公司还申报省级青年文明号和平安金融单位等荣誉称号，以荣誉目标自我激励，开拓进取，实现公司各方面协调发展。

1月12日，中邮人寿江苏分公司刘文骏总经理向连云港市留守儿童捐赠价值22万元的“爱心书包”

【重大活动】 3月14-15日，中邮保险总公司副总经理刘斌带队在江苏分公司开展调研。

3月29日，中邮年年好A款两全保险(分红型)正式上线销售，行业首创30天犹豫期。

4月10日，中邮禄禄通9号综合交通意外伤害保险正式上线销售，专门针对乘坐商业营运交通工具的被保险人提供综合交通意外伤害保险保障。

5月，江苏分公司试点开发南通邮政局、泰州邮政速递物流公司团体保险项目，在中邮保险开业省分公司中率先实现中邮附加团体意外伤害医疗保险的承保工作。

7月25日，中邮年年好重疾保障计划正式上线销售，提供多达50种高额重疾保障。

8月20-22日，中邮保险总公司副总经理邹江平带队深入苏州、扬州等地邮政企业开展调研。

8-10月，江苏分公司承办“中邮人寿杯”保险销售从业人员岗位技能大赛，分公司员工曾小艺获得大赛个人一等奖，李福洲、杜玉阳两名员工获三等奖。

【重大承保】 2月1日，李某在常州邮政金融网点投保中邮富富余1号两全保险(分红型)，保费130万元。

5月24日，中邮保险江苏分公司完成南通邮政局团体人身保险业务承保。该项业务覆盖南通邮政局及下辖6个县(市)、区单位、承保包含邮递员在内的全部邮政职工4148人，总保险金额达11.98亿元。中邮保险江苏分公司通过团体人身保险业务，有效解决外勤邮务人员的后顾之忧，为全省邮政通信

安全提供坚实保障。

【重大赔付】 8月29日，中邮人寿江苏分公司赔付受益人意外身故保险金25.392万元，给付红利0.267万元，共计25.659万元。王某于2012年5月14日及2012年10月1日投保120份中邮富富余1号两全保险(分红型)，2013年7月24日意外身故。

【公益活动】 1月，江苏分公司会同江苏少年儿童出版社、连云港市级机关工委、教育局、文明办及连云港市邮政局联合举办中邮保险杯“爸爸妈妈，我想对你说”关爱留守儿童绘画大赛颁奖仪式，通过连云港市级机关工委向留守儿童捐赠2000个“爱心书包”。

4月，参与江苏省妇联与江苏省邮政公司联合组织的全省“让心不再留守，让爱传递温情”儿童安全守护公益活动，创新研发、制作5万张中邮保险“四季关爱”儿童保险卡，嵌入江苏省邮政公司统一制作的“四季平安”盒(内含“四季关爱”保险卡、文具等物品)，通过全省各市、县妇联组织网络免费发放给全省的留守儿童家庭。

6月，会同泰州市妇联、泰州邮政局联合举办“星语心愿”留守儿童梦想寄语活动，通过泰州市妇联向当地留守儿童捐赠1000个“四季平安”盒。

【教育培训】 7月10日，江苏分公司下发《全省中邮保险兼职讲师考评办法(暂行)》明确中邮保险兼职讲师的准入和退出机制，从全省保险督训师中优选出19名中邮保险兼职讲师，初步搭建省、市、县三级中邮保险培训体系。

9月25日，江苏分公司举办全省邮政金融保险督训师培训班，邀请中央财经大学等知名高校专家、行业监管部门领导进行授课，香港财经事务及库务局局长保险业咨询委员会委员李冠群作了专题讲座。

11月3-5日，江苏分公司举办全省中邮保险合规检查人员培训班，全省共50名合规检查人员参训，培训班邀请人民银行南京分行反洗钱处、江苏保监局人身保险处等监管部门负责人就相关工作进行讲解。

百年人寿保险股份有限公司江苏分公司

【经营业绩】 总体保费 2013年，百年人寿保险股份有限公司江苏分公司累计实现保费收入14668.65万元，同比增长374.99%；其中，新单保费13639.06万元，续期保费1029.59万元。从保费结构状况看，新单保费中期缴保费为1370.30万元，十年期及以上期缴保费为1136.14万元。

渠道保费 2013年，个险渠道实现保费2132.63万元，其中新单保费为1373.78万元，十年期及以上期缴保费为1120.25万元；团险实现短险保费1015.12万元；银行保险实现保费11383.56万元，其中三至五年期期缴保费274.36万元，十年期及以上期缴保费2.7万元。

产品保费 2013年，意外险业务保费756.19万元，占人身险保费收入的5.16%；健康险业务保费411.30万元，占人身险保费收入的2.80%，寿险业务保费13501.16万元，占人身险保费收入的92.04%，其中分红险保费收入13345.25万元，占人身险保费收入的90.98%；传统险保费收入155.91万元，占人身险保费收入的1.06%。

【渠道建设】 2013年，百年人寿江苏分公司以机构发展为主线，围绕“自主经营”和“内涵发展”两大战略，大力推动新机构开拓与存量机构标准化建设。

个险渠道 全面推动“学习的革命”，通过百年晨讯、月度六杰分享、主管季训等一系列平台，持续宣传百年人寿个险“价值保单、内涵发展”、“百年家文化”、“百年人才高地”、“为大而来”等文化内容。借助总公司两届双峰会的举行，通过荣誉、竞赛、重点关注、会议、微信平台等方法，持续构建全省绩优体系，初步沉淀一批业务品质较好、产能相对较高且稳定的业务单位和绩优个人，为百年个险渠道未来的可持续和内涵式发展奠定了基础。

银保渠道 以银行渠道开拓为重点，一方面大力开拓工行渠道，成功与工行签约，打破单一建行渠道的经营局限，另一方面，提高与现有建行渠道的合作深度和广度，不断增强建行渠道的产能。销售支持方面大力推动CDD项目升级版的落地，分层级启动、培训，加强督导追踪，搭建分享平台，拉升总APE平台。

团险渠道 不断拓宽业务渠道，业务结构趋向合理，无忧系列、新航意系列、建工险系列等均形成一定的月平台；营业单位及队伍建设方面，初步搭建起南京公司业务部、南京渠道营业部、扬州营业部、公司直属营业部、泰州营业组5个营业单位的架构。

【内部管控】 2013年，百年人寿江苏分公司继续秉承“合规创造价值”、

5月27日，百年人寿江苏分公司举办两周年司庆活动

"合规人人有责"的理念，对分公司及下辖机构的经营管理情况进行规范和监督，将合规放在首位。在业务发展规划制定、规章制度建设、运作流程设计方面，严格遵守法律法规以及监管机关的各项规定，严格执行总公司各项合规制度，规范运营，夯实公司的各项管理基础。分公司全年日常经营无重大违规行为，未发生重大风险、事故、案件，也未发生被执法机关查处的情况。

【企业文化】 百年人寿江苏分公司全面深化文化引领作用，弘扬百年精神。百年的"家文化"、"船文化"、"四爱文化"、"铁人精神"已成为公司核心价值观和凝心聚力的源泉。2013年，百年人寿江苏分公司积极推动企业文化建设，通过"百年家书"主题征文活动、"2013感动百年十大人物评选"、江苏分公司两周年司庆活动"百年好声音"励志歌曲大家唱·歌咏比赛、"保险行业核心价值理念"学习宣导、《百年基业》企业文化手册以及"江苏百年企业文化"的推广、"百年家园"感恩宣言等活动，倡导关爱文化，践行"四爱"精神，营造健康向上的团队氛围，提升全体员工的道德情操，增强员工队伍的凝聚力。

【公益活动】 2013年，百年人寿江苏分公司积极推动总公司全国性品牌公益活动在江苏各机构的有效执行，通过"蔚蓝中国，健康百年"、"徒步接力"、"健康星"、"约绘温暖少儿绘画大赛"等多种形式的主题活动的开展，传递关爱文化和环保理念，向广大社会公众展现百年人寿积极致力于社会公益事业的良好企业形象和强烈的社会责任感，百年人寿的品牌知名度和美誉度得到进一步提升。

【教育培训】 2013年，江苏分公司合规岗通过晨会、邮件、集中培训等多种形式，积极开展反洗钱、反商业贿赂、反保险欺诈及其他各项合规培训工作。"合规创造价值，合规人人有责"的合规文化在分公司得到有效传承。

交银康联人寿保险有限公司江苏省分公司

【概况】 交银康联人寿保险有限公司是交通银行控股的中外合资保险机构，成立于2010年1月28日。公司注册资本金15亿，交通银行持股62.5%，澳大利亚康联集团持股37.5%，交银康联经营范围为人寿保险、健康保险和意外伤害保险等业务以及上述业务的再保险业务，公司总部位于上海。交银康联人寿江苏省分公司作为交通银行入驻交银康联后开设的第一家省级分公司，肩负试点使命，拓路前行。2013年，根据总公司确定的"在保障型保险业务领域成长性盈利性居领先地位"的发展战略目标，江苏省分公司主动融入交通银行集团发展战略，积极发挥保险保障在财富管理中的基础配置作用，回归保险本质，走资本节约型效益发展之路，凭借股东双方雄厚的资本优势、卓越的品牌信誉、成熟的管理经验、健全的服务网络、先进的金融技术，为客户提供优质的产品和服务。公司从客户生命周期、资产状况和职业特征等多个维度，不断完善和丰富交银集团财富管理保障业务的产品线，满足客户风险保障、财富传承和资产隔离等多方面的保险需求。

【经营业绩】 江苏省分公司依托交通银行强大的网络资源，着力发挥交行江苏省分行主渠道的优势，努力拓展业务发展的空间，积极服务不同层次的个人客户和零售信贷客户。2013年，交银康联人寿江苏省分公司（含苏州、无锡中心支公司）共完成原保费35811万元。其中趸缴标准保费27563万元，期缴标准保费4583万，法人业务累计完成标准保费3875万元。

【内部管控】 2013年，江苏省分公司继续建立和完善各项规章制度，制定《交银康联江苏省分公司客户意见管理办法》《交银康联江苏省分公司加强消费者权益保护工作的办法（试行）》《交银康联江苏省分公司非正常退保应急预案》等27项规章制度，建立和完善内控管理机制。分公司定期召开季度全面风险管理委员会会议，回顾上季度风险管理状况，研究安排本季度的风险管理工作，加强合规方面的学习培训；组织开展风险案件集中排查、银代网点抽查及电话回访抽查等各类检查活动，严格管控风险，保证公司健康发展。全年无一起信访投诉案件发生。

在机构建设方面，2013年初完成徐州市中心支公司筹建、验收、开业工作；在团队建设方面，一是规范招聘流程，多渠道广纳人才，充实分公司各层面的业务力量。初步形成能进能出、能上能下的用人机制。淘汰部分技能弱、心态差的业务人员，重新引进符合公司总体发展要求的人员入职。加强内部培训，提升销售人员的技能，提高队伍的核心竞争力。

【企业文化】 交银康联重视企业文化建设，致力于打造优秀的企业文化，公司以"拼搏进取、责任立业、创新超越"

11月7日，交银康联人寿江苏省分公司召开第一次团员代表大会

4月10日，交银康联徐州市中心支公司开业

的交行文化为主导，结合公司自身特点，培养和塑造具有诚信、主动变革等有保险业特色的企业精神和理念，积极建设具有交银康联特色的企业文化。

交银康联人寿江苏省分公司主动融入交行企业文化，2013年按照交总行和总公司的部署，积极组织党员、干部参加党的群众路线教育实践活动，强化党员干部的优良作风，增强公司的凝聚力。公司还通过开展阶段性的劳动竞赛，加强员工全局意识、服务意识、岗位意识和责任意识，提升信心和振奋士气。分公司工会组织员工参加由交行江苏省分行工会举办的“龙舟大赛”、“职工运动会”等活动。通过多种形式的企业文化建设活动，活跃员工的思想，丰富员工的文化生活，增强队伍的向心力。

【重大活动】 4月10日，交通银行徐州分行重组25周年庆典暨交银康联徐州市中心支公司开业仪式在徐州举行。

5月22日，总公司监事长徐明、副总裁钱陈慧莅临交银康联人寿江苏省分公司调研银代业务发展情况。

11月7日，共青团交银康联委员会江苏省分公司第一次团员代表大会召开，选举产生江苏省分公司第一届团支部书记和4名团支部委员。

12月5日，总公司党委副书记徐明、第二督导组成员赵卫刚及姜玉青参加交银康联人寿江苏省分公司党支部组织生活会。

12月18日，交银康联人寿江苏省分公司在交通银行南通分行举办“1+1”训练营，交银康联副总裁钱陈慧及总公司银代部总经理李莉、江苏省分公司总经理刘栓星以及交行江苏省分行个金部以及南通分行相关负责人等出席会议。“1+1”综合金融人才培训项目是指由“交行理财经理+交银康联客户经理”组成联合训练小组，建立从课堂培训到网点实训一体化的长期有效的训练机制，培养具有综合金融服务能力的人才。2013，江苏省分公司相继在南京、徐州、扬州、南通、宿迁、盐城、镇江与当地交行联合举办7场“1+1”培训班。

【重大理赔】 1月，交银康联为一名投保交银安贷意外伤害保险(C款)出险的江苏客户赔付500万元，这是交银康联迄今为止意外险赔付金额最高的案例。

【公益活动】 4月28日，交银康联人寿江苏省分公司员工通过南京市慈善总会向雅安灾区捐款约0.46万元，为抗震救灾和灾后重建工作尽绵薄之力，为交银康联在江苏树立良好的社会形象。

8月25日，交银康联总公司在全国范围内倾力打造的健康万里行系列“健康养生自调有道”讲座在江苏议事园举办。本次健康讲座特邀中央电视台《百家讲坛》主讲嘉宾、著名中医学家、北京中医药大学教授郝万山讲解科学的养生理念和方法。此次活动使交行客户和交行江苏省分行领导、员工切身感受到交银康联人寿带来的健康人文关怀及特色服务理念。

利安人寿保险股份有限公司江苏分公司

【经营业绩】 2013年，利安人寿江苏分公司上下紧紧围绕“有价值、可持续、跨越式”的发展战略，主动作为、开拓创新、艰苦创业，全面推进各项工作。全年分公司累计实现保费16.11亿元，同比增长65.04%，各渠道业务平台均取得较快发展。其中，个险渠道新单规模保费首次突破亿元，达到1.03亿元，同比增长101%；银保渠道新单业务收入14.08亿元，为公司提升业务规模和加大市场份额作出了重要贡献。在经营管理中，强化制度建设和基础管理，强化分片区督导力度，全方位开展追踪与帮扶，推进机构运作水平和能力不断提升，各业务渠道逐步建立起年度、半年度、季度、月度荣誉体系。

【创建工作】 江苏分公司积极参与监管部门和社会组织的各项活动，荣获“江苏省希望工程实施20周年特殊贡献奖”，“保单有奖查询优秀组织奖”，“3·15维护消费者权益——诚信服务满意单位”等荣誉称号，被评为“全省党建带工建‘四统筹一创争’活动示范企业”，公司品牌价值和社会形象进一步提升。

【渠道建设】 为深耕江苏市场，增强服务江苏百姓的综合能力，公司高度重视组织体系及服务网络建设，持续加强机构建设，在市、县分支机构设立初具规模的基础上，2013年构建了4家乡镇营销服务部，组织体系进一步向市场终端延伸，在省内县域地区的服务能力逐步增强；同时注重加强销售队伍建设，通过近3年的努力，公司的个险、团险、银保销售队伍初具规模，为提升综合服务能力奠定基础。

【内部管控】 江苏分公司初步建立内控制度和培训体系，充分发挥内审、巡检职能作用，开展各项主题教育培训和活动，加强对销售误导行为的防范。认真履行反洗钱义务，修订、完善反洗钱内控制度，完善反洗钱内控体系。组织

4 月 3 日，利安人寿个险高峰会

开展内审自查自纠工作，建立内审问题整改督导机制，较好地发挥了公司内部审计的监督作用。

2013 年，分公司完善产品规则体系，优化承保流程，提高公司承保的效率。高度重视投诉处理和保险消费者权益保护工作，建立了系统追踪机制，坚持“投诉处理不过夜”，有效化解矛盾，切实维护客户权益；此外，举办各类公益知识讲座 125 场，收到微摄影大赛作品 2360 件，发放客服报 1 万多份。活动得到省政府金融办等相关部门的支持和肯定，受到多家媒体的关注和好评，产生了良好的社会影响。

【重大活动】 4 月 3 日，利安人寿高峰暨紫金表彰大会在南京召开。大会对 2012 年度先进个人进行了隆重表彰。省金融办、省保监局有关领导，公司总裁室领导参加会议。

6 月，利安人寿推出利安盈(D 款)两全保险(万能型)，该产品系满两年后无账户提取费用，丰富了万能险产品种类，当年销量突破 5 亿元。

7 月 8 日，利安人寿组织参加全国首个保险公众宣传日活动。

7-9 月，公司开展为期 3 个月的“安全生产集中大检查”活动，并于 7 月 30 日组织全体内勤和外勤骨干开展以“紧急疏散及消防演练”为主题的安全生产日活动。

9 月 1 日，利安人寿推出幸福全保两全保险。该产品系第一款费率市场化新产品，因保障全、保费低深受客户青睐。

10 月 1 日，利安人寿推出富贵金禧两全保险(分红型)，一个季度销量达到 1886 万元。

12 月 20 日，公司按照监管部门的通知要求，制定《利安人寿江苏分公司应对重大突发事件应急预案》。

【重大赔付】 1 月 4 日，被保险人邓某在工厂工作时不慎被机器严重绞伤右手臂，经抢救无效身故。利安人寿江苏分公司赔付意外身故保险金 30 万元。

1 月 26 日，被保险人金某某在家中被入室盗贼勒颈窒息死亡。利安人寿江苏分公司赔付意外身故保险金 30 万元。

4 月 29 日，被保险人杨某某在某货场工作时不慎自高处坠落，经抢救无效身故。利安人寿江苏分公司赔付意外身故保险金及意外伤害医疗保险金共计 302177.83 元。

5 月 21 日，被保险人敬某某被确诊为“肝癌破裂出血”，经抢救无效身故。利安人寿江苏分公司赔付重大疾病保险金住院费用补偿医疗保险金及住院补贴责任疾病给付保险金共计 206697.54 元。

8 月 16 日，被保险人彭某某在广场工地工作时不慎从高处摔落，经抢救无效身故。利安人寿江苏分公司赔付意外身故保险金 30 万元。

8 月 16 日，被保险人居某某发生交通事故，经抢救无效身故。利安人寿江苏分公司赔付意外身故保险金 30 万元。

10 月 19 日，被保险人蔡某某在乘坐摩托车时因爆胎而发生车祸，经抢救无效身故。利安人寿江苏分公司赔付意外身故保险金 40 万元。

10 月 19 日，被保险人陈某在俄罗斯建筑工地施工时不慎自高处坠落，经抢救无效身故。利安人寿江苏分公司赔付意外身故保险金 40 万元。

11 月 3 日，被保险人朱某某在俄罗斯建筑工地施工时不慎自高处坠落，经抢救无效身故。利安人寿江苏分公司赔付意外身故保险金 40 万元。

11 月 26 日，被保险人赵某某在电信工程作业时不慎被面包车撞伤头部，经抢救无效身故。利安人寿江苏分公司赔付意外身故保险金 60 万元。

【公益活动】 4 月 24 日，分公司发起“身在利安，情牵雅安，为爱祈福，让心传递”抗震救灾捐款活动，为灾区人民捐款 5.61 万余元。“六一”前夕，分公司团总支启动第一期“爱心‘留衣’行动”活动，为四川凉山州布拖县贫困学校捐赠物资，其中衣帽 290 件、书籍 77 本、文具、玩具 56 件。为响应总公司号召，常年在全省分支机构设立“利安人寿一元公益基金”捐款箱，培育员工参与公益、关爱贫困人员的意识和习惯，提升全员“博爱、崇善”的精神追求。

8 月 23 日，利安人寿为客户服务监督员代表颁发聘书

中融人寿保险股份有限公司江苏分公司

【概况】 中融人寿保险股份有限公司成立于2010年3月18日，是经中国保险监督管理委员会批准成立，由国有金融机构、上市公司和大型企业集团等多家实力雄厚的股东共同发起设立的全国性人寿保险企业，注册资本4亿元人民币，总部位于北京。公司经营范围包括人寿保险、健康保险、意外伤害保险等各类人身保险业务及再保险业务，以及经中国保监会批准的其他业务和国家法律、法规允许的保险资金运用业务。中融人寿江苏分公司是中融人寿设立的第四家分公司，成立于2012年1月13日，至2013年下设南通、徐州和苏州3家机构，主营银行保险业务，银行代理渠道分别为中行、邮政和建行三个渠道。

【经营业绩】 2013年，中融人寿江苏分公司共实现规模保费11.7亿元，其中分红险规模保费109474.6万元，万能险规模保费7441.2万，均为新单趸缴保费。2013年，主要销售产品为融华富贵两全保险（A款），该款产品是一款保障期限为5年的趸交型分红险产品；四季度新增中融融耀一生A款终身寿险。

【内部管控】 中融人寿江苏分公司自成立后，秉承合规经营、健康发展的经营理念，坚持持续稳健发展。严格遵守相关法律法规和监管部门的各项规章制度，坚决杜绝驻点销售。2013年，分公司制定了《中融人寿江苏分公司重大突发事件应急预案》《销售误导责任追究管理办法》《中融人寿江苏分公司信访管理办法》等内控制度，明确各部门的工作流程，将责任落实到人，并建立各项考核制度，确保制度执行到位。为有效预防和杜绝洗钱行为及保险欺诈风险，分公司分别制定《中融人寿保险股份有限公司江苏分公司反洗钱管理办法》及《反保险欺诈政策》。

【重大活动】 3月20日，中融人寿建立职工代表大会管理制度，江苏分公司3名职工代表参加公司第一次职工代表大会。

10月9日，中融人寿苏州分公司获得江苏保监局的开业批复，取得经营许可证。

10月29日，董事长陈远莅临江苏分公司工作视察和指导并召开2014年度经营计划及预算会议。

12月9日，在南京市公证处的监督下，中融人寿江苏分公司对2013年度人身保险个人保单信息进行抽奖，共产生264位中奖客户。

12月20日，中融人寿盐城中心支公司获得江苏保监局的筹建批复。

【公益活动】 6月，中融人寿江苏分公司接洽江苏省红十字会，为“博爱青春”暑期高校志愿者提供保险保障，累计赠送保险金额1亿元。

【教育培训】 1–3月，中融人寿江苏分公司对全体员工进行《保险从业人员职业道德》持续成长培训，培训以讲义和考试相结合。10月17日，分公司对全体内勤员工进行反洗钱培训，通过各种案例详解提高员工防范网络诈骗的意识。

6月，中融人寿江苏分公司为“博爱青春”暑期高校志愿者提供保险保障

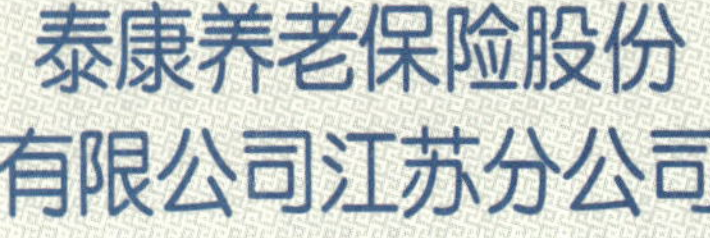

泰康养老保险股份有限公司江苏分公司

【概况】 泰康养老保险股份有限公司成立于2007年8月10日，是由泰康人寿保险股份有限公司和泰康资产管理有限责任公司共同出资成立的全国性、股份制专业养老保险公司。公司注册资本金26亿元。总部设在北京。业务范围涵盖团体保险、企业年金、个人养老保险三大领域。泰康养老保险股份有限公司江苏分公司成立于2012年4月12日，紧跟总公司战略，始终奉行“专业化、规范化、国际化”的发展战略，依托泰康人寿17年丰富的员工福利及补充养老保险管理经验，坚持“以客户为中心，以价值为导向，做强员福，做大年金”的经营策略，致力于为广大企业和企业员工提供团体寿险、意外伤害险、短期健康险、团体养老险、企业年金、个人养老险全方位的员工福利计划和一站式服务，用专业的服务打造企业员工福利一揽子解决方案最佳供应商。

【经营业绩】 2013年，泰康养老江苏分公司累计实现规模保费37701万元，非健康险保费9281万元，年度任务达成率119%，同比增长57%；年金签约28360万元，年金到账58550万元。

【渠道建设】 2013年，分公司直销、银行、中介、综拓四大渠道布局成熟，根据总公司提出的组织破局，各渠道致力于组织发展和人员综合能力的提升，总分公司联动，先后多次组织各渠道不同层级销售人员参加新人培训、转正培训、技能提升培训等，助力渠道发展，促进渠道业务平台提升。

【内部管控】 2013年是泰康养老江苏分公司的完整经营年度，秉承合规经营、稳健发展的经营理念，公司先后成立反洗钱、反欺诈、治理商业贿赂等领导小组，及时通过公文形式下发监管部门及总公司文件精神，并积极组织培训，学习和宣导合规稳健，加强内部管控。

【企业文化】 分公司坚持以客户为中

心，凭借先进的大受托服务体系和E服务体系，打造BBC全新商业模式，让服务更便捷、更实惠，让广大中国人过上“富足而退，养老无忧”的晚年生活，致力于打造专业化、以良好的客户体验为先的服务体系，用专业的服务，打造企业员工福利一揽子解决方案最佳供应商。

【重大活动】 3月25日，泰康人寿副总裁兼泰康养老董事长李艳华赴江苏调研检查指导工作。

7月25日，泰康养老江苏分公司组织召开上半年工作总结及下半年业务启动会，同时倡导“有氧呼吸，绿色生活”，组织员工登山活动，提倡绿色健康的生活工作理念。

9月13日，泰康养老江苏分公司组织全省30多家高端企业，举办“聚焦养老产业，服务引领未来”第二届企业养老金高端论坛，聚焦养老，关注未来。

2013年，泰康养老创新发展，MSS行销辅助电子投保单上线，弹性福利平台上线，CRM系统上线，E管家平台上线等，泰康养老跨步走进信息化新时代。

【重大承保】 1月，分公司成功中标华润江苏分公司员工及子女保险保障项目，为该单位3000多名员工及子女提供涵盖意外、重大疾病、疾病身故、疾病门诊及住院医疗等一揽子综合福利计划，累计保费800万元。保障年度内，分公司为客户单位的所有员工均提供员工福利手册，对全省10余家项目公司的员工提供现场员工福利宣导，同时邀请多名国内医学专家开展多次健康讲座。

4月，分公司参加南京市交通建设投资控股集团的员福项目招标，成功中标该集团及下属11家公司员福计划，为1000多名员工提供意外伤害、重大疾病以及疾病医疗等全方面员工福利保障，累计保费80万元。

2013年，分公司为江苏省电力公司近6万名在职及退休员工提供特需医疗金保险保障，累计保费1.96亿元。分公司覆盖全省的服务专员队伍，为全省县级及以上区域共138个网点提供上门服务，并特为该客户制作了月度服务分析简报，形成定期反馈沟通制度，让客户清晰月度赔付情况，赔付进展及

9月13日，泰康养老江苏分公司举办“聚焦养老产业，服务引领未来”高端论坛

分公司对问题的解决举措。

2013年，分公司成功承保拥有自主品牌，由中国人自主创立，以苏州为总部的跨国集团——宝时得机械。针对单位管理层、普通员工、员工配偶、子女、外籍管理人员等不同层级人员设计专属的个性化员工福利方案，累计保费70万元。

【重大赔付】 2012年10月9日，被保险人钱某某下班途中发生交通事故，三天后抢救无效死亡。2013年2月，泰康养老江苏分公司赔付意外身故保险金合计40万元。2012年09月30日，钱某某由所在单位投保泰康团体意外伤害保险。

2012年12月12日，被保险人陈某施工过程中坠落死亡。经核实，泰康养老江苏分公司赔付意外身故保险金30万元。2013年10月10日，陈某所在单位投保泰康团体意外伤害保险。

1月11日，被保险人孔某因肺癌治疗无效身故。泰康养老江苏分公司给付身故理赔保险金40.5万元。1月1日，孔某由所在单位投保泰康团体定期保险。

2月5日，被保险人符某因工作中发生颅脑外伤致死，泰康养老江苏分公司赔付意外身故保险金30万元。2012年10月10日，陈某由所在单位投保泰康团体意外伤害保险。

2月25日，被保险人李某因急性心肌梗塞住院治疗。泰康养老江苏分公司向被保险人本人给付重大疾病及医疗保险金51.6万元。1月1日，李某由所在单位投保泰康团体重大疾病保险及泰康社会统筹补充团体医疗保险。

5月22日，被保险人李某某因骑电动车发生交通事故，抢救无效死亡。泰康养老江苏分公司向受益人给付身故及医疗保险金合计60万元。5月16日，李某某由所在单位投保泰康团体意外伤害及意外伤害医疗保险。

6月8日，被保险人陈某某确诊为肝癌。泰康养老江苏分公司赔付重大疾病保险金及补充团体医疗保险金22.6万元。1月1日，陈某某由所在单位投保泰康重大疾病及泰康统筹补充团体医疗保险。

6月11日，投保人某燃气公司单位食堂爆炸致朱某某、范某某等11名员工身故。泰康养老江苏分公司合计给付意外身故理赔保险金110万元。该公司于2013年1月1日起为员工投保泰康团体意外伤害保险，保额10万元。

6月14日，被保险人陈某某确诊为恶性淋巴瘤。泰康养老江苏分公司赔付重大疾病及医疗保险金合计22.6万元。1月1日，陈某由所在单位投保泰康重大疾病保险及泰康统筹补充团体医疗保险。

7月13日，被保险人许某某垂钓时溺水死亡。泰康养老江苏分公司赔付意外身故保险金30万元。5月19日，许某某由所在单位投保泰康团体意外伤害保险。

【教育培训】 3月，泰康养老江苏分公司举办内外勤新人培训，帮助新员工认识泰康，走进泰康，与泰康共成长；12月25日，分公司举办泰康养老江苏分公司中高层领导力培训。全年，分公司共举办4届兼职讲师培训，培养分公司讲师团队。

东吴人寿保险股份有限公司江苏分公司

【概况】 东吴人寿江苏分公司于2012年11月26日取得江苏保监局的开业批文,2012年12月19日举行揭牌仪式，正式进入江苏市场。2013年,江苏分公司超常规、高质量、高标准筹建分支机构,12家市级机构、10家县级机构先后开业,13家县级机构在筹，初步完成覆盖全省的服务网络。江苏分公司遵循寿险市场发展的客观规律,奉行和倡导"合规经营"的文化理念,努力实现个人、团体、银行保险和政府民生保障业务健康、快速、可持续发展，为江苏保险市场注入了新的活力，为江苏保险消费者提供了更多更实惠的东吴特色的保险保障和贴心服务。

【经营业绩】 2013年，东吴人寿江苏分公司共实现保费10.64亿元，其中，个险渠道保费2438万元，团险渠道保费1.85亿元,银保渠道保费7.56亿元,网销渠道保费0.99亿元。

【渠道建设】 2013年，个险渠道突出不同阶段的工作主题,推动"建平台、严标准、养习惯"的核心理念建设,代理人队伍发展壮大到2000多人,涌现出宿迁、徐州、无锡、淮安等多家首月过百万标保的优秀三级机构，刷新了当地新开业机构业务发展历史纪录。银保渠道销售网络布局南京、南通、无锡、苏州等11个地市,先后与交行、建行、江苏银行、苏州银行建立合作关系,合作网点1100余个。团险渠道大力推进与中介渠道的合作，在全省范围内与30多家大中型保险中介机构建立合作关系,同时开拓乘意险、小额信贷等渠道项目。

【内部管控】 2013年，东吴人寿江苏分公司强化内部管理，防范风险，致力于综合实力的全面提升，建立健全各项内部管理制度，确保合规合法经营。定期开展财务自查，防范财务风险，逐步实现机构业务发展和财务费用的平衡，简化财务流程，提高工作效率。公司时刻践行"一份承诺 一生呵护"的服务承诺，以客户满意为目标，以客户需求为导向，大力提升运营客服管控水平，提高专业化经营和优质服务质量。不断细化完善后援服务工作流程，做好各项行政后援管理工作，提高行政后援工作水平和工作效率,重点做好机构筹建、开业、运行等环节行政后援服务、行政许可审批、行政流程标准化建设、重大活动组织协调，公司品牌宣传等工作,以管理促发展，为业务发展提供优质安全的行政后援保障。

【企业文化】 东吴人寿江苏分公司坚守"稳健务实,追求卓越"的经营理念,秉承"诚信、责任、关爱"的核心价值观,以"广受社会尊重的金融保险服务集团"为发展目标,发扬"精进、创新、融和"的企业精神,努力践行"以人为本,服务客户,创造价值,回馈社会"的历史使命。2013年江苏分公司逐步培育、形成以"敢为天下先,永远争第一"为核心内容的"争先文化"、"绩效文化"和"合规文化"。合规就是效益,合规意识贯穿于"开机构,引人才,做业务"的每个环节,开业至2013年,江苏分公司没有发生任何违规事件。

【重大活动】 3-12月，东吴人寿南通分公司、泰州分公司、无锡分公司、扬州分公司、常州分公司、宿迁分公司、镇江分公司、徐州分公司、连云港分公司、淮安分公司、盐城分公司先后开业成立。

6月29日，东吴人寿江苏分公司会议,总结机构筹建中取得的成绩和存在的问题,明确工作重点,此次会议是江苏分公司加快发展实现突破的一个关键转折点。

9月1日,东吴人寿正式启动首届客户服务节,推出系列客户服务新举措和客户回馈活动,其中包括专家义诊和少儿才艺大赛。12月1日,东吴人寿杯"明日之星少儿才艺大赛"总决赛完美落幕,东吴人寿总裁徐建平为总冠军颁发奖杯和奖金,并聘请6名小选手为东吴人寿形象小天使。

10月19日,东吴人寿无锡分公司在锡山区斗山花苑社区开展"知名专家义诊活动"。

【重大承保】 3月,东吴人寿苏州分公司承保许某投保的欣享鸿运两全保险,趸交保费200万元。

4月,东吴人寿苏州分公司承保罗某投保的欣享鸿运两全保险,趸交保费200万元。

6月,东吴人寿苏州分公司承保黄某投保的欣享鸿运两全保险,趸交保费200万元。

7月,东吴人寿苏州分公司承保于某投保的欣享鸿运两全保险,趸交保费200万元。

9月,东吴人寿苏州分公司承保潘某投保的欣享鸿运两全保险,趸交保费300万元。

10月17日,东吴人寿镇江分公司开业,总、分公司领导现场指导工作

ANGSU BAOXIAN NIANJIAN

保险中介

江苏省保险中介行业发展综述

【市场概况】 截至2013年底，全省有保险专业中介机构147家，兼业代理机构15610家，保险销售从业人员16.56万人。保险公司通过保险中介渠道实现保费收入1224.17亿元，同比增长11.9%，占全省总保费收入的84.65%。其中专业中介机构实现保费收入61.05亿元，兼业渠道实现保费收入661.14亿元，保险销售从业人员实现保费501.98亿元。保险中介机构和保险销售从业人员(代理人)实现业务收入103.47亿元，其中：保险专业中介机构实现业务收入10.92亿元，兼业机构实现业务收入33.18亿元，保险销售从业人员实现业务收入59.37亿元。保险专业中介机构整体亏损3734.55万元。

专业中介机构。江苏省有保险专业中介法人机构147家，比上季度增加3家，其中，保险代理公司129家(其中两家车商，分别是德和汽车保险销售有限公司和益福汽车保险销售有限公司，紫金保险销售从宁波迁址到南京)，保险经纪公司6家，保险公估公司12家。保险专业中介分支机构501家，较上季度增加62家(主要为保险公司专属代理公司，华泰、平安等，另有板桥和红叶开设的车商代理)。保险专业中介机构从业人员12949人，平均持证率99.44%。全年保险专业中介机构注册资本总额9.24亿元，同比增长42.15%；总资产9.78亿元，同比增长39.79%。

专业代理渠道实现保费46.66亿元(其中本省代理法人机构的本省业务为32.27亿元)，占全省保费收入的3.23%。其中，财产险保费收入40.63亿元，占本省财险保费的7.84%；人身险保费收入6.03亿元，占本省寿险保费的0.65%。实现业务收入7.04亿元(其中本省代理法人机构的本省业务实现收入4.97亿元)，其中财产险佣金收入5.84亿元，人身险佣金收入1.2亿元。全省盈利的专业代理机构63家，盈利面48.83%，整体亏损3952.3元。

经纪渠道实现保费14.39亿元(其中本省经纪法人机构的本省业务3.81亿元)，在全省保费中占1%。保费结构以财产险为主(占比88.9%)。实现业务收入29683.41万元(其中本省经纪法人机构的本省业务实现收入5480.13万元)，财产险佣金收入占比86.05%。经纪机构盈利240.38万元。

公估渠道处理案件数477422件(其中本省公估法人机构的本省案件190586件)，案件以机动车辆险为主，占比98.05%。实现业务收入9080.57万元(其中本省法人机构的本省业务实现收入3672.7万元，同比上涨77.26%)，公估机构小幅盈利5.3万元。

兼业代理。全省有保险兼业代理机构15610家，增长0.3%。其中银邮类机构9896家，同比增长1%。汽车类兼业机构3265家，比上年度减少76家。

兼业代理渠道实现保费661.14亿元，同比增长25.25%，占全省总保费收入的45.72%。银邮渠道实现保费521.15亿元，占兼业渠道保费的78.82%，同比增长28.86%；车商渠道实现保费95.32亿元，同比增长18.58%，占兼业渠道保费的14.41%，同比下降5.69个百分点。

兼业代理渠道实现业务收入33.18亿元，同比增长10.74%。其中，银邮渠道手续费20.43亿元，同比增长8.55%，平均手续费率3.92%，较上年同期降低0.73个百分点；车商渠道手续费7.84亿元，同比增长15.12%，平均手续费率8.22%。

保险销售从业人员。全省有保险销售从业人员16.56万人，减少0.6万人，其中寿险销售从业人员14.99万人，产险销售从业人员1.57万人。全省保险销售从业人员持证率达100%。

保险销售从业人员实现保费501.98亿元，同比减少4.73%，占全省总保费收入的34.71%，同比下降16.65个百分点。其中，寿险销售从业人员实现保费收入441.96亿元，同比增长10.76%，占全省寿险公司保费收入的48.77%；财险销售从业人员实现保费收入60.02亿元，同比增长51.64%，占全省财险公司保费收入的11.11%。

保险销售从业人员获得佣金总额59.37亿元，同比减少31.8%，人均月收入3585.1元，同比减少22.8%。

其他类保险销售从业人员(非代理制)有2.21万人，持证率89.5%。实现保费收入410.27亿元。

省外机构驻江苏分支。省外代理机构驻江苏分支机构超过百家，保费收入排名前三位的是平安、紫金、和谐，其中平安保费98869.04万元，在本省保险代理机构中排名第一，占全省专业中介机构保费收入的16%。手续费收入排名前三位的是平安、紫金、国泰家和。

省外经纪机构驻江苏分支机构27家，实现保费9.08亿元，是本省经纪机构省内业务的1.7倍，手续费收入4.15亿元。其中英大长安经纪保费26271.48万元，排名第二。明亚保险经纪手续费排名第一，为10057.43万元。保费规模前十位的机构中，江苏本地的经纪机构有恒泰经纪和江苏东吴保险经纪等两家。

省外公估机构驻江苏分支机构14家(比上季度多一家，为安徽中衡保险公估江苏分公司)，全年实现公估业务收入5235万元，是本省公估机构省内业务的1.3倍。在本省保险公估机构前十名排名中外省分支机构数量占一半。

【总体特点】 专业中介各渠道主体数量明显增加，兼业机构主体数量小幅增长。2013年，以保险公司为股东的保险代理机构(以下简称“保险公司系”)在本省设立分支机构数量增多，有11家在本省设立分支机构，这些机构的设立使专业代理渠道保费收入明显增加。

银邮类兼业机构主体数量经过前几年的大幅增加后，逐步趋于平缓。随着保监会暂定新增兼业的出台，对银邮机构的影响还有待观察；2013年初，省保监部门出台关于规范保险兼业代理业务许可证有效期延续审核的文件，从严控制兼业代理证换证，推动车商“兼转专”，车商类兼业机构同比减少2.32%。

中介各渠道整体保费稳步增长。专业中介和兼业代理增长幅度明显，保险销售从业人员保费同比减少4.73%。兼业渠道中银邮渠道的保费依旧快速增长，同比增长28.86%。车商渠道保费收入虽同比依然增长,但在兼业机构的保费占比呈下降态势,今后这种状况将延续。专业代理保费收入同比增长68.33%,主要是保险公司专属代理公司新设分支带来的保费规模增长。专业中介机构总体保费结构仍以财产险为主。本省保费收入排名前十位中有四家省外法人驻江苏分支,分别为平安、紫金、和谐、华泰,比上年度增加3家。

专业中介机构总体业务收入持续增长。专业中介机构业务收入增长迅速,兼业机构手续费平稳增长,保险销售从业人员手续费明显减少。银邮机构平均手续费率下降0.74个百分点,车商渠道的平均手续费率下降0.25个百分点。其中南京众达保险代理公司保费收入排名全省24位,手续费收入排名全省第8位,国泰家和代理公司保费收入排名全省64位,手续费收入排名全省第9位。

保险专业中介机构整体竞争力有所增强,但总体仍存在亏损。亏损总额3734.55万元,其中本省代理机构实际亏损3952.3万元,由盈转亏。经纪机构和公估机构在本季度均转亏为盈,实现小幅盈利。

省外法人驻江苏的分支业绩突出,体现专业中介规模化优势。专业代理机构保费收入前十名中有四家是"保险公司系"代理机构,平安代理近10亿元的保费规模,可排进2013年产险公司保费收入前10名。经纪机构保费收入前十名中本省法人机构有两家,明亚和中元两家机构保费和业务收入同比大幅度增长,其中明亚经纪的业务收入排名第一位。公估机构业务收入排名前十位中本外省各占一半。总体来说,本地法人及分支还需进一步挖掘核心竞争力。

【主要问题】 *中介市场违规行为仍然比较突出*。一是保险公司非法中介业务屡禁不止。自实施保险公司中介业务专项检查以来,保险公司利用中介渠道虚列费用、套取资金的行为得到一定程度的遏制,但由于保险专业中介经营模式上的粗放,加上保险公司对中介业务和中介渠道的管理责任落实不到位,非法中介业务仍然存在。2013年,江苏保监局中介处在专项检查中查实太保产险常州分公司新北支公司虚列费用69万余元,责令太保产险常州新北支公司改正,并处15万元罚款,对一名责任人处以警告并罚款2万元的行政处罚;二是专业中介机构违规扩张行为时有发生。为加强保险中介市场秩序,营造一个有序竞争的市场环境,近年来中介监管政策不断收紧,一方面行政许可门槛逐步提升,另一方面清理整顿力度继续加大,大部分中介机构顺势而为,整合现有资源,内强素质,外塑形象,提升公司实力,然而个别公司企图打政策擦边球,违规进行机构扩张。

风险防范形势依然严峻。一是部分公司在经营管理环节上存在漏洞,在法人治理和内部控制管理上亟待加强。主要表现形式为:"买单卖单"等转介绍行为,此类业务招揽方式极易演变成为虚开发票等违规行为;个别公司对分支机构多以加盟店或挂靠形式管理,缺乏管控,容易滋生承诺收益、制售假保单、刻制假公章、非法集资、挪用侵占保费等违法违规行为;二是本省代理市场重大风险事项未最终得到解决。其中华康代理权益证纠纷、华邦代理内部经营权纠纷等陈案,均隐藏着一定风险隐患。

兼业代理机构违法违规现象一定程度上存在。2013年,江苏保监局从严把关兼业代理许可证审核,并加大对兼业代理机构的检查和巡查力度,无证经营、超范围经营、强制搭售等问题,有一定程度缓解,但其他一些违法违规现象有所抬头。中介处通过中介业务专项检查,延伸对三家车商兼业机构进行检查,发现提交虚假资料行为;通过对银邮兼业代理机构开展日常巡查,发现保险销售环节不规范的问题。部分兼业机构还存在业务和财务管理不规范等问题。

现行保险营销体制弊端日现,亟待稳步推进改革。目前保险营销队伍庞大,业务占比重,人员素质不高,涉及行业和社会稳定大局,保险营销员没有合法明确的法律身份,社会地位尴尬等固有弊端日益显现,现行营销体制改革的既得利益者,对改革的必要性和紧迫性认识不够,需要汇集行业智慧,力争对现有制度有实质性触动。

恒泰保险经纪有限公司

【概况】 恒泰保险经纪公司成立于2001年7月,现有24家股东,注册资本5900万元,省内外有17家分支机构,是江苏保险市场最大的保险经纪公司。除传统的财产险业务外,在安全生产责任保险、医疗责任保险、环境污染责任保险等责任保险及工程项目保险方面形成自己的专业特色。

2013年,恒泰保险经纪有限公司围绕董事会制定的经营目标,发挥保险经纪公司优势,一方面关注政府社会管理导向,继续坚持探索创新:落实责任险项目在全省和全系统内的推广,推进系统性项目的储备与大型工程险项目的攻关,深化现有的责任险项目;另一方面抓好精神文明单位创建,努力做到抓文明促经营:增强服务意识、做好客户风险防范服务、保险培训及协助理赔服务,加强机构的建设和发展,加强规范管理,开展创建活动,提升企业品牌。

【经营业绩】 2013年,恒泰保险经纪公司保险经纪业务收入8292.33万元,比上年同期增加1885.18万元,增长29.42%,其中公司本部业务收入2933.43万元,增加548.02元,增长22.97%。经纪业务收入中,按险种规模,财产险类业务收入为5696万元,占业务收入的68.69%;人身险类业务收入2102.93万元,占业务收入的25.36%;咨询费收入493.39元,占业务收入的5.95%。全年为3000家法人客户提供保险经纪服务,安排保费60000万元,其中财产险保费53820万元,占89.7%;人身险保费6180元,占10.3%。为约2000亿资产提供风险管理和保险保障服务。

【内部管控】 2013年,恒泰保险经纪公司一方面继续健全和完善内部控制体系,覆盖办公室、人事,财务管理,业务管理,机构管理,信息管理与沟通,风险分析和评估等内控关键环节,并强化基础管理,提高制度的执行力;另一方面根据监管部门要求,

6 月,恒泰保险经纪公司“学雷锋志愿服务队”捡拾垃圾保护环境

开展自查活动，对内控缺陷和风险问题进行报告和整改，实行实时监控和定期排查。

【企业文化】 2013 年，恒泰保险经纪公司组织党员、员工学习贯彻党的十八大精神，参加网上十八大竞赛答题，覆盖面 90%以上。结合公司实际制定“六个一”活动，带领党、团员开展系列活动，广大员工也积极参与。组织党员、员工进行“学党史，知党情，跟党走”为主题的党课教育以及反腐案例视频教育；纪念党的生日，到雨花台烈士陵园瞻仰缅怀革命先烈，增强党的信念；党员领导干部写“廉洁自律承诺书”并在公司公示，同时还写“自查自纠报告”；公司内开展反腐征文活动，并参加国信集团反腐倡廉征文比赛。参加“群众路线教育实践活动”，按计划落实各项活动内容。

公司团委组织团员、青年积极参与公益活动，成立“学雷锋志愿服务队”，现有 10 余人注册志愿者。到敬老院送亲情，到公共场所维护秩序、维护环境。

工会开展多样活动：因地制宜办春节联欢，场地虽小气氛火爆；恒泰欢聚庆“三八”，缤纷美食厨艺秀；工会组织员工利用周末到南京举办亲情欢乐绿色行活动。开展“连连拍活动”，记录员工工作状况、业务信息、公司大活动、员工细小事。参加国信集团第三届运动会，获得集团“文明竞赛奖”。

【渠道建设】 2013 年，恒泰保险经纪公司加强机构的建设和发展，加强规范管理，完成省内机构布局，新增盐城、镇江分公司；注重各分支机构在人才队伍方面的引进工作，在徐州、云南地区引进优秀人才队伍，上海分公司方面也引进新的团队。随着机构增加，公司更加注重监管工作，强调规范经营，严格制度管理，以稳健经营为重，杜绝经营风险。

【创建工作】 2013 年，恒泰保险经纪公司开展省创建“精神文明单位”，以及争创“省工人先锋号”活动，在公司内提倡“五个一”活动，即：一流素质、一流工作、一流业绩、一流服务、一流团队。力求内强素质、外塑形象，让员工为公司赢得良好的经济效益和社会效益成为自觉行为。公司业务一部获省总工会财贸轻纺工会“工人先锋号”称号。公司开展“精神文明单位”创建活动，全公司总动员，领导重视、员工响应，公司自成立来首次获得江苏省“精神文明单位”称号。

【重大活动】 2013 年 2 月 20 日，恒泰保险经纪公司收购南京中江保险代理有限公司公司，更名为江苏鼎泰保险代理有限公司。

7 月 2 日，公司组织全体党员、共青团员到雨花台革命烈士陵园缅怀革命先烈的丰功伟绩、进行爱国主义教育。

9 月 23 日，江苏省总工会财贸轻纺工会(金融监管机构)在扬州召开“创建工人先锋号经验交流暨表彰大会”，公司业务一部获“工人先锋号”表彰。

9 月 27 日，中共恒泰保险经纪有限公司无锡分公司支部委员会正式成立，会议选举朱国强为无锡分公司党支部书记。

10 月，江苏省文明委授予恒泰保险经纪有限公司 2010—2012 年度“江苏省文明单位”称号。

12 月 25 日，公司增资扩股 500 万元，现注册资本 5900 万元。

12 月，公司业务五部总经理杨卫国获国信集团 2013 年度先进个人称号。

【重大承保】 2013 年 4 月 19 日，镇江市环境污染责任保险项目公开招标。

5 月 21 日，恒泰保险经纪公司进行南京长江四桥运营综合保险招标工作，保险金额 68.57 亿元。

7 月 4 日，泰州市环境污染责任保险定点承保服务招标。

7 月 21 日，公司获得中铁一局集团有限公司郑徐铁路客运专线工程指挥部委托，成为郑徐客专 ZXZQ06 标段范围内建筑/安装工程一切险及第三者责任险的保险经纪人。

10 月 23 日，徐州市环境污染责任险项目招标。

11 月 22 日，公司对盐城市企业安全生产责任保险（雇主责任保险和公众责任保险部分）定点项目进行公开招标。

12 月 10 日，公司对关于江苏省电梯责任保险项目进行公开招标并于 12 月 31 日开标。

12 月 25 日，南通分公司受南通市通州区安监局的委托，组织举行南通市通州区安全生产责任保险项目的投标与评标会议。

截至 2013 年末，公司提供保险经纪服务的医疗机构 100%覆盖公立医疗机构，并有部分厂办、民营医疗机构逐步纳入统保，保费规模从600多万元扩大到2000多万元，保障额度从1600万元上涨至1.2亿元；医疗机构获保险赔付5000多万元。医责险项目涉及南京、南通、徐州、张家港、武汉等城市。

【重大理赔】 2013年7月6日傍晚，宜兴热电洗涤塔发生火灾，洗涤塔12米高以上过火，塔体、塔内填料喷淋管等受损。爆燃气体由原烟道冲击电除尘，导致电除尘内极线、芒刺受损。出险后公司作为保险经纪人第一时间前往事故现场查勘，理赔过程中与保险人、公估人以及被保险人进行沟通协调。2014年春节前期，江苏协联热电脱硫洗涤塔“7·6”火灾赔案赔款全部到账。

【公益活动】 6月，恒泰保险经纪公司“学雷锋志愿服务队”全体队员到南京市月牙湖老年公寓和残疾人托养服务站送爱心，到紫金山、地铁站等公共场所维护环境。

2013年，公司为结对共建贫困村帮扶资金35万元。

【教育培训】 2013年11月22日，恒泰保险经纪公司组织20余人参加江苏省政府采购培训。

2013年，公司继续注重员工教育，制定并落实培训计划，组织全体员工参加保险法律法规、风险管理与控制、系统项目推广等培训。

江苏华邦保险销售有限公司

【概况】 江苏华邦保险代理有限公司是2001年6月14日正式营业的专业保险代理公司，是中国第一批批设的保险中介公司、江苏省内第一家成立的保险代理公司，注册资本1000万元，总部设于南京。公司主要在江苏省行政范围内为企业及个人代理各种财产保险及人身保险等保险代理业务，业务范围包括：代理销售人身保险，财产保险等保险产品；代理收取保险费；协助保险公司进行损失的勘察和理赔；中国保监会批准的其他业务。

2013年8月，“江苏华邦保险代理有限公司”正式更名为“江苏华邦保险销售有限公司”。

【经营业绩】 2013年，华邦保险销售公司实现非寿险、寿险保费25248.92万元，其中非寿险保费13459.56万元，寿险新单保费1138.74万元，寿险续期保费10650.62万元；实现代理手续费收入3637.76万元，其中非寿险手续费收入2784.81万元，寿险手续费收入852.95万元。

【渠道建设】 华邦保险销售公司以“振兴民族保险中介，打造中介第一品牌”为使命，自开业以来，公司业务规模快速增长，机构遍及苏中、苏北、苏南地区。2013年末，江苏省内有36家分公司，在申请筹建的3家，业务队伍近1000人，先后与10余家产寿险公司签约合作，业务规模在江苏所有的代理公司中名列首位。

【内部管控】 2013年，华邦保险销售公司运营模式采取自主经营、费用承包模式。为了给更多的创业者提供平台，公司与其签订经营承包合同书，实行自主经营、费用承包，总公司直接垂直管理各分支机构。加强风险管控，由于是总分关系，总公司承担经营风险，从源头上进行管控，将分公司公章全部上缴至总公司集中管理，防范经营风险，杜绝与当地保险公司乱签协议和开票的行为；同时制定严格的业务管理制度与财务制度，并加大制度的执行力。

【企业文化】 华邦保险销售公司一直倡导“军队、家庭、学校”三合一的企业文化，秉承信而有情、珍惜所托的经营宗旨，依托居中、公正、专业、渠道的优势，以振兴民族保险中介为己任，打造中介第一品牌为目标，提出与员工“一起成长、一同增值”的核心价值观，努力开创公司、员工、客户、合作伙伴共赢的繁荣局面。

【创建工作】 2013年，华邦保险销售公司继续开展公益爱心活动，与“联合国肿瘤与康复联合会”结成公益合作伙伴，并在全辖开展“献爱心公益方案”，业务伙伴每销售出一张意外卡，公司捐出1元；每销售一张车险，公司捐出3元；每销售一张寿险，公司捐出5元；所有捐助钱款集中起来作为华邦专项公益基金，资助急需资金的癌症病患者。2013年下半年启动“关爱聋哑儿童，奉献爱心保障”活动，与南京市雨花区婷婷聋童幼儿园结对帮扶。

【重大活动】 2013年4月2日，华邦保险销售公司苏北片区“四五联动”启动会于淮安市淮安区召开。

4月25日，华邦保险销售公司第十二届“华邦之夜”高峰会在西安召开。

4月26日，联合国肿瘤防治与康复联合会聘任华邦保险销售公司董事长李萍萍为公益顾问。

8月，恒泰保险经纪公司镇江安责险签约仪式

5月23日，华邦保险销售公司首次股东会在南京召开，重新选举董事会成员，确立新的管理团队。

7月9日，华邦保险销售公司对内勤人员重新定编定岗，增设车险与意健险岗，尝试全辖统一集中管理。

8月19日，江苏华邦保险代理有限公司正式更名为江苏华邦保险销售有限公司。

8月29日，举行“华邦公益行——向聋哑儿童捐赠少儿关爱卡”活动。

9月9日，“新华邦、新思维、新突破”骨干主管训练营于泰州溱湖成功举办。

9月29日，华邦保险销售公司手机微信公众平台正式上线。

11月28日，信泰人寿副总裁王国根到华邦保险销售公司调研指导工作。

南京敏梅保险代理有限公司

【概况】 敏梅保险代理有限公司是全国性专业保险代理公司，并取得保监委批复的全国性网销资质，注册资本5000万元。公司秉承“诚信、专业、效率、和谐、创新”的经营理念，立足江苏，辐射全国，近五年来代理保费年增长率超过30%，为500余家大中型企业提供全面的保险咨询、策划、投保、理赔等工作。

【创建工作】 敏梅保险代理有限公司适时打造集保险在线咨询、网上交易、信息查询于一体的“保险直购”(www.bxzg.cn)保险网络交易平台。公司打造“保险直购”，以保险产品自由选择、保障条款透明公开、信息咨询全面完整、购买支付安全便捷为特色，向客户提供方便、透明、安全的一站式服务。

随着电子商务的不断普及，保险逐渐深入百姓生活的时代背景下，公司率先提出保险“O2O”线上线下联动营销模式，是中国首家综合互联网与实体店，完成联动对接与创新服务的保险代理公司。

公司保险直购体验店依照“面向基层，服务群众”的理念，以“保险直购”免费服务平台为投保终端，通过提供指导投保服务，理赔服务等，实现线上线下联动。

【企业文化】 企业愿景：让每一个人都拥有一份适合自己的保险

企业使命：为客户谋保障，为员工谋成长，为合作伙伴谋发展

经营理念：诚信、专业、效率、和谐、创新

企业精神：拼搏、责任、感恩、分享

服务宗旨：主动、耐心、细心、便捷

企业宣言：诚信为本，稳健经营，盛世中华，敏梅同行

江苏恒诺保险代理有限公司

【概况】 江苏恒诺保险代理有限公司是2005年4月设立的专业保险代理公司。多年来，公司凭借雄厚的实力和良好的市场口碑与多家大型保险公司建立紧密的战略合作关系。保证客户投保更加便利优惠；出险理赔快捷迅速，体现一站式服务的经营优势。

公司一贯秉承“以人为本”的管理理念，倡导“合规、合作、和气、和谐”的企业文化，坚持“惟精、惟专、惟实、惟新”的发展战略。产寿并举，彼此促进，业务规模逐年递增，取得良好经营业绩和显著经济效益，成为淮海经济区保险代理行业的中坚力量！

【经营业绩】 2013年，江苏恒诺保险代理有限公司完成保费1066万元，其中财产险保费803.46万元，人寿险保费262.54万元，连续四年实现保费过千万。

【企业文化】 “恒基天下，诺守四方”，江苏恒诺用永恒的爱心坚持、勤奋、智慧、忠诚、凝聚、团结。精湛的业务水准、优良的服务品质，积极的团队意识，高尚的个人情怀，是恒诺人的精神和庄严的承诺！

合规、合作、和气、和谐的企业文化理念阐述江苏恒诺保险代理有限公司在惟精、惟专、惟实、惟新的核心发展战略的基础上构建营销体制中的成长体系及员工福利待遇体系。展示恒诺保险代理以人为本的经营管理理念。

江苏智德保险公估有限公司

【概况】 江苏智德保险公估有限公司2002年4月开业，是江苏省第一家由中国保险监督管理委员会批准设立的保险公估机构，总部设在南京，业务经营范围为全国。

江苏智德保险公估有限公司拥有资深的保险专业和工程专业人士，以专业技术和道德力量为企业精神，秉承公平、公正、合理的原则，科学、认真、及时地处理每一赔案。智德保险公估以专业技术为特长，以科学细致为特点，形成一支有较高职业道德水准、有较强专业技术水平公估人队伍，并建有完善的专家网络的。

江苏智德保险公估有限公司现场查勘仔细认真，努力还原事件的真实面目；分析事故原因透彻、明了；确定损失科学合理。其中在处理化工企业赔案时，公估师通过对工艺流程的分析，计算出应该损失的物料量。

江苏智德保险公估有限公司在处理受托的案件中，体现保险公估的作用，为保险人和被保险人提供良好的服务。智德保险公估的公估服务涵盖财产险、货运险、责任险、工程险、船舶险、车险、人伤医疗等领域。成功公估了一些大赔案、复杂赔案，同时拒赔一些赔案。

江苏智德保险公估有限公司同时在司法评估方面也成功公估一系列复杂案件，为法院和仲裁机构审理案件提供专业依据。

【经营业绩】 2013年，江苏智德保险公估有限公司主要开展财产险、货运险、责任险、工程险、车险、医疗等方面公估。2013年公估最大案件的索赔金额为976.81万元。

【内部管控】 江苏智德保险公估有限公司建立有公估业务内控和考核管理制度，包括非车险公估管理制度及措施、车险公估管理制度及措施、医疗公估管理制度及措施、客户服务制度及措施，以及财务、人事管理制度。

ANGSU BAOXIAN NIANJIAN

社团组织

江苏省保险学会

【概况】 2013年，江苏省保险学会立足行业发展，不断创新服务形式，为行业提供智力支持，目前已形成保险理论研究、保险知识普及等服务品牌，着力打造有为有位的社会组织。

【知识普及】 2013年，江苏省保险学会编写第四套知识普及丛书《保险在我身边》，并于9月份出版，发行14万册，在全省组织开展保险知识普及丛书赠书活动。

组织保险知识进校园活动。3月20日，保险宣讲团走进南通地区高校，为100名学生带去保险知识；9月26日，学会走进溧水东屏中学，将90套、900本《保险知识普及丛书》(1-4套)赠送给东屏中学，帮助学生了解保险；10月，宣讲团团长王宝敏在苏州市委党校县处级干部培训班上，作题为《政府职能转变背景下的风险管理与现代保险业》的专题讲座；11月，团长王宝敏为南大研究生讲授风险管理知识。

保险讲座进图书馆。4月13日、7月6日、11月2日，分别邀请副会长、南京财经大学闫海峰院长，常务理事、南京大学于润教授，理事、南京大学顾海教授在南京图书馆作保险专题公益讲座。

全省保险知识宣讲。2013年，在全省范围内开展27场宣讲，主题涉及保险核心价值理念、保险法律、健康保险、保险中介、养老保障、市场分析等多方面。

广场咨询宣传。3月15日，与省保险行业协会共同组织业内30多个公司参与省市消费者协会组织的“3·15”国际消费者权益日广场咨询活动。此项活动为消费者和公司搭建一个交流平台，公司现场发放各具特色的保险知识宣传单页，为消费者提供咨询服务。省学会以发放保险知识普及丛书(简装本)、开展“保险知识小问答”等形式，向消费者介绍保险基本知识。

7月8日，为做好“7·8”全国保险公众宣传日活动，省学会设计制作全国保险公众宣传日海报1.2万多张，由公司在各职场张贴，参与由江苏保监局、江苏省保险行业协会组织的全国保险公众宣传日广场活动，赠送保险知识丛书。

保险专业培训。承办全省首次大病保险培训班。5月10日，受江苏保监局委托，省学会承办2013年度全省城乡居民大病保险政策首次培训班。

组织保险研修班。经江苏保监局同意，与对外经贸大学合作举办研究生培训班。本班招收学员51人，5月25日举行开班典礼，第一学年完成7门课程及相应课程考试。与以往招生不同的是此次研修班由学会负责日常组织工作。

举办讲座和报告会。3月20日，邀请中南财经政法大学刘冬姣教授就“保险公司中介业务”作专题报告；5月27日，邀请南京审计学院汪祖杰于就“保险文化的价值定位”作专题报告。

8月2日，省学会联合江苏保监局法制处、南京大学保险法研究所，邀请南京大学法学院副教授岳卫、江苏省高级人民法院民二庭审判长李道丽就《最高人民法院关于适用<保险法>若干问题的解释(二)》作专题讲座。

举办保险高端沙龙。3月19日、8月20日，分别举办以“保险行业文化建设”“江苏环境污染责任保险发展对策探讨”为主题的保险沙龙。

【理论研究】 立项课题专项研究。2013年，江苏省保险学会组成27个课题组。立项课题研究内容涵盖范围较广。省学会牵头组织《江苏农业保险农户行为调查》《新形势下银行保险的创新与转型》和《基于当前寿险市场信息不对称下的消费者权益保护研究》课题研究。《江苏农业保险长效机制研究》申报并确立为江苏省社科联立项课题。

核心价值理念征文。3月21日，保险监管核心价值理念和保险业核心价值理念发布。省学会随即组织在全省开展保险核心价值理念征文活动，收到征文68篇。举行专题评审和表彰。

由江苏省保险学会承担的《江苏农业保险长效机制探讨》获省社科类学会学术成果一等奖；南京大学保险教育研究所承担的《新型城镇化背景下发展农村商业养老保险的机遇与路径》获省社科类学会学术成果二等奖；江苏省保险学会课题组承担的《新形势下银行保险的创新与转型》、江苏省保险学会偶见秘书长助理撰写的《培育职业良知　建设受人尊敬的行业基础工程》获省社科类学会学术成果三等奖。

专家谈保险。配合省政府金融办和江苏保监局，开展“专家学者谈保险”活动，利用学会资源，在全省征集保险学者专家谈保险文章。征集到39篇稿件，邀请业内外专家学者对稿件进行评审，并整理出版。

省市学会互动。2013年，学会举办4次省市学会工作例会，就学习贯彻十八大精神、保险文化、保险核心

9月26日，江苏省保险学会赴溧水东屏中学献爱心举行保险进校园活动

5 月 17 日，2013 年第二季度全省保险学会交流例会在常州召开

价值理念及各学会工作进行研讨和交流。

长三角地区研讨会。11 月，由江苏、上海、浙江省保险学会，无锡市保险学会和南京大学保险法研究所联合主办的长三角地区“保险法司法解释二”适用理论研讨会在无锡召开。会上，来自南京大学、浙江大学、华东政法大学、江南大学、南京市中级人民法院以及相关律师事务所和保险公司的 18 名论文作者分别作交流。

【编写保险志鉴】 编撰年鉴。学会承担每年的《中国保险年鉴·江苏版》及《江苏保险年鉴》编纂工作，连续多年被中国保险年鉴编辑部评为“优秀编辑组”；2011 版《江苏保险年鉴》开始公开发行。2013 年 5 月，经过江苏保监局审核，将《中国保险年鉴·江苏版》文字和数据材料上报中国保险年鉴社。2013 版《江苏保险年鉴》总计 100 多万字。

修志。自 2009 年开始，学会承担第二轮《江苏省志·保险志》的修志工作。截至 2013 年 12 月，《江苏省志·保险志》初稿基本完成，并进入送审阶段。

【打造会刊会网宣传品牌】 围绕不断提高思想性、指引性、可读性、实用性和时效性要求，学会打造“一刊一网”品牌，并创办电子期刊《江苏·保险纵览》，为江苏保险业提供多种宣传渠道，力求将最新资讯最快速度传达到基层。

【秘书处自身建设】 创建文明单位。2013 年，省学会申报2010—2012 年度江苏省精神文明单位，被江苏保监局推荐，江苏省保险学会被评为省文明委评为省文明单位。

制度建设。省学会有基本完备的各项制度，根据文明单位建设的要求，以及在群众路线教育中查找出的问题，学会对有关制度进行修改，并新增奖惩办法、行为规范、信息安全等规章制度。

党建团建工作。根据江苏保监局党委安排，省学会秘书处党支部完成党建课题《江苏保险业落实行业核心价值理念研究》，开展群众路线教育。团支部参与保监局团委“我的中国梦”主题演讲等活动。

【公益活动】 2013 年 4 月，省保险学会与南京红十字会联系，员工向雅安灾区捐款。

9 月，省保险学会赠送书籍和体育用品给溧水东屏中学，并继续资助溧水东屏中学 6 名贫困女生。

江苏省保险学会组织机构设置

会　长：华　山（2013 年 8 月就任）
刘安林（2013 年 8 月离任）

副会长：肖建友　孙海洋　潘　亮
吴永平　汪涤凡　彭　军
姜跃武　沈子昌　裴　平
汪祖杰　闫海峰　郭建明
王　笋　孟善彬　袁　寒
原廷会

秘书长：张正宝

常务理事：马云山　于　润　王　笋
王　峰　王　雷　叶永军
孙　辉　华　山　董智民
齐永健　刘文骏　刘亚耕
刘剑锋　肖建友　朱印法
朱岩芹　马亚军　闫海峰
陈　旺　孙海洋　孙　鉴
沈子昌　彭　军　朱长宏
袁振光　张立辉　张正宝
吴永平　王绍发　张延军
张　晓　张　维　华　巍
李　刚　陈　阳　汪祖杰
冶思松　汪涤凡　邱家洋
佘晓静　杨全良　李鹏飞
周小丹　王　昊　於文清
管　斌　庞　涛　周　敏
孟善彬　赵哲明　胡　沙
郭建明　郭　新　姜跃武
原廷会　黄迎升　唐庆霞
顾　兵　顾　海　孙荣和
袁　寒　黄占平　谢　飞
商应楷　梅国洪　王丽丽
储　良　裴　平　潘　亮
鲁　强　濮　阳　刘文骏
张　蕾

秘书处机构设置及负责人

学术部兼编志室：偶　见

综合部兼教育培训部：张义萍

会员单位：

财产保险公司：

中国人民财产保险股份有限公司江苏省分公司

中国太平洋财产保险股份有限公司江苏分公司

中国平安财产保险股份有限公司江苏分公司

天安保险股份有限公司江苏省分公司

大众保险股份有限公司江苏分公司

华泰财产保险股份有限公司江苏省分公司

中国出口信用保险公司江苏分公司

中华联合财产保险股份有限公司江苏分公司

中国人寿财产保险股份有限公司江苏省分公司

中国大地财产保险股份有限公司江苏

8月23日，江苏省保险学会举行保险高端沙龙

分公司
民安财产保险股份有限公司江苏分公司
华安财产保险股份有限公司江苏分公司
安邦财产保险股份有限公司江苏分公司
永诚财产保险股份有限公司江苏分公司
渤海财产保险股份有限公司江苏分公司
阳光财产保险股份有限公司江苏省分公司
太平财产保险股份有限公司江苏分公司
永安财产保险股份有限公司江苏分公司
安诚财产保险股份有限公司江苏分公司
中银保险有限公司江苏分公司
华农财产保险股份有限公司江苏省分公司
都邦财产保险股份有限公司江苏分公司
紫金财产保险股份有限公司江苏分公司
英大泰和财产保险股份有限公司江苏分公司
国泰财产保险有限责任公司江苏分公司
天平汽车保险股份有限公司江苏分公司
长安责任保险股份有限公司江苏省分公司
中国太平洋财产保险股份有限公司常州分公司
中国太平洋财产保险股份有限公司无锡分公司
三星财产保险(中国)有限公司苏州分公司
日本财产保险(中国)有限公司江苏分公司
三井住友海上火灾保险(中国)有限公司江苏分公司
信达财产保险股份有限公司江苏分公司
东京海上日动火灾保险(中国)有限公司江苏分公司
丘博保险(中国)有限公司江苏省分公司
太阳联合保险(中国)有限公司江苏省分公司
泰山财产保险股份有限公司江苏分公司
浙商财产保险股份有限公司江苏分公司
安信农业保险股份有限公司江苏分公司

人身保险公司：

中国人寿保险股份有限公司江苏省分公司
中国太平洋人寿保险股份有限公司江苏分公司
中国平安人寿保险股份有限公司江苏分公司
新华人寿保险股份有限公司江苏分公司
友邦保险有限公司江苏分公司
泰康人寿保险股份有限公司江苏分公司
民生人寿保险股份有限公司江苏分公司
太平人寿保险有限公司江苏分公司
中国人民健康保险股份有限公司江苏分公司
中国人民人寿保险股份有限公司江苏省分公司
信诚人寿保险有限公司江苏省分公司
平安养老保险股份有限公司江苏分公司
中德安联人寿保险有限公司江苏分公司
中意人寿保险有限公司江苏省分公司
正德人寿保险股份有限公司江苏分公司
农银人寿保险股份有限公司江苏分公司
华泰人寿保险股份有限江苏分公司
北大方正人寿保险有限公司江苏分公司
长城人寿保险股份有限公司江苏分公司
合众人寿保险股份有限公司江苏分公司
恒安标准人寿保险有限公司江苏分公司
中美联泰大都会人寿保险有限公司江苏分公司
华夏人寿保险股份有限公司江苏公司
英大泰和人寿保险股份有限江苏分公司
建信人寿保险有限公司江苏分公司
中宏人寿保险有限公司江苏分公司
信泰人寿保险股份有限公司江苏分公司
工银安盛人寿保险有限公司江苏分公司
阳光人寿保险股份有限公司江苏分公司
中英人寿保险有限公司江苏分公司
太平养老保险股份有限公司江苏分公司
招商信诺人寿保险有限公司江苏分公司
光大永明人寿保险有限公司江苏分公司
海康人寿保险有限公司江苏分公司
国泰人寿保险有限责任公司江苏分公司
中国人寿养老保险股份有限公司江苏省分公司
幸福人寿保险股份有限公司江苏分公司
生命人寿保险股份有限公司江苏分公司
安邦人寿保险股份呢有限公司江苏分公司
中邮人寿保险股份有限公司江苏分公司
百年人寿保险股份有限公司江苏分公司
交银康联人寿保险有限公司江苏省分公司
利安人寿保险股份有限公司江苏分公司

保险中介公司：

江苏华邦保险代理有限公司
南京敏梅保险代理有限公司
南京泰恒保险代理有限公司
江苏恒诺保险代理有限公司
恒泰保险经纪有限公司

保险学会：

苏州市保险学会
无锡市保险学会
常州市保险学会
镇江市保险学会
徐州市保险学会
扬州市保险学会
连云港市保险学会
盐城市保险学会

高等院校：

南京大学商学院
南京财经大学金融学院
南京审计学院金融学院
东南大学公共卫生学院

江苏省保险行业协会

【创先争优】 2013年，江苏省保险行业协会学习贯彻党的十八大精神，开展党的群众路线教育实践活动。一是充分认识十八大的重大意义，切实把思想、行动统一到学习贯彻全会的精神上来，进一步发挥好保险行业协会在保险业深化改革中的重要作用。二是深入扎实开展党的群众路线教育实践活动，推动江苏省保险业社团党总支委员会工作。三是增强责任意识，贯彻以人为本、强化服务的理念，以各项工作的成绩体现学习贯彻十八大精神的成效。

学习宣传贯彻行业核心价值理念。一是围绕“保险，让生活更美好”这一主题，联合省消费者协会于7月8日当天举办广场宣传咨询活动。二是增进与政府有关部门及相关协会的沟通与协调，开展保险消费者教育，组织省内30多家保险机构参加江苏省暨南京市2013年“3·15”国际消费者权益保护日大型广场活动。三是加强保险消费者宣传教育平台建设，形成日常宣传的骨干网络。

【消费者权益保护】 2013年，省保险行业协会落实省领导对保险消费者权益保护工作的一系列指示，加大保险消费者权益保护工作力度。推动建立“2+2”(缩略语要注释)保险消费者权益保护合作机制；通过对江苏保险市场份额占比前十名产、寿险公司的销售和理赔服务情况进行问卷调查；每季度统计并公布江苏省机动车辆保险理赔服务指标，开展车险理赔服务满意度测评，对一季度理赔车辆进行满意度回访；升级完善人身保险业销售服务评价系统，避免客户数据外泄；开展人身险个人保单有奖查询活动，与媒体联办宣传，组织公司利用自身优势进行多渠道、全方位活动推广；发挥保险合同纠纷投诉处理中心作用，与南京市中级人民法院建立诉调对接工作机制，协助拟定《南京市中级人民法院、江苏省保险行业协会保险合同纠纷案件诉调对接工作办法》做好诉讼与非诉讼渠道的相互衔接，为消费者提供更多可供选择的纠纷解决方式。

【行业自律】 2013年，省保险行业协会组织各省级保险公司签署《江苏保险业反商业贿赂自律承诺》，推进反商业贿赂工作长效开展；对照《中华人民共和国保险法》《中华人民共和国反垄断法》等相关法律法规要求，梳理现行具有自律性质的公约、纪要、通知等文件，对其中不符合相关规定以及不适应行业发展要求的内容进行修订或废止；召开第十二届产险公司总经理峰会，组织审议并签署《江苏省机动车辆保险行业自律公约2014版》等相关自律性文件；开展保单抽样电话回访，加强销售品质管理，减少合同纠纷，防范欺诈误导，建立健全售后服务制度；开展南京地区保险专业中介机构统一外部审计工作，规范从业人员行为，建立“专业保险中介机构销售保险产品投保提示”制度；协助公估机构参与江苏省高院建立的全省法院评估、拍卖机构信息库；配合监管部门进一步规范保险兼业代理机构审核流程，协助监管部门加快行政审批工作。

【服务行业发展】 2013年，省保险行业协会防范化解风险，保障行业稳定。试点设立南京市经侦支队驻省协会公安办公室，行业利用此平台，在协作办案、信息交换、业务指导、信息共享、宣传教育等方面集结行业资源及优势，与公安经侦部门共同打击保险欺诈；出台《江苏保险业反保险欺诈中心可疑线索的报送指引》等一系列制度和规范；优化升级反保险欺诈信息系统，为提升反保险欺诈工作准确性及工作效能提供技术支持；建立预防重大案件风险信息共享机制；成立满期给付风险应急防范处置领导小组，建立满期给付、非正常退保月报制度，加强与新闻媒体的良性互动；制定《江苏人身保险业南京地区满期给付与集中退保风险应急预案》，对各人身保险公司应急预案的培训和实战演练情况进行巡查。

服务行业发展，营造良好环境。创建江苏农业保险网，与五家开办农险业务的保险公司和江苏省下辖各市农险办对接。引导农户及时掌握各项支农惠农政策，方便农户查询参保和理赔情况。

制定江苏省车险人伤案件理赔服务指引。创新人伤事故处理模式，配套开发人伤理赔工作室专用业务系统，并开辟千元以下人伤案件快速处理通道，尝试与司法鉴定行业共建良性互动工作机制，建立人伤案件司法鉴定所选择机制。

成立大病保险专业委员会。与政府部门沟通协调，探索成熟先进的经办模式。建立大病保险业务统计制度，实行招投标信息事前报告和合作协议事后备案制度。

轻微交通事故快速处理。配合江苏保监局、省公安厅、省交通运输厅、江苏交通控股有限公司联合试点开展的高速公路免费通行期间轻微交通事故快速处理工作，为广大市民出行提供保障。协调江苏省道路交通事故社会救助基金管理工作协调小组办公室，将交强险保费收入中提取救助基金比例幅度，由交强险保费收入的2‰调整为1‰。

推进保险人才队伍建设。联合南京市总工会、南京市财贸工会联合会，举办江苏保险业保险销售从业人员岗位技能大赛南京地区选拔赛。

推广从业人员学历教育项目，逐步建立学历教育、继续教育等多方位、全行业的教育培训机制，提升从业人员的职业素质；制定《江苏省保险行业协会电子化考试中心证书管理办法》，统一全省证书管理制度。同时完善《考生入场须知》《考场纪律》等考点制度，并对南京辖内各保险机构进行考务工作的培训指导。

【重大活动】 2013年2月1日，江苏省反保险欺诈信息系统正式上线运行。

5月1日，开展人身险个人保单有奖查询活动。

5月28日，根据保监会加强服务的要求，进行车险平台软件系统升级，满足交强险保单的“即时生效”功能。

7月8日，举办“全国保险公众宣传日”广场宣传活动。

7月24日，成立经侦支队驻江苏省保险行业协会公安办公室。

8月，举办南京地区保险销售从业人员岗位技能大赛南京地区选拔赛。

1月、10月，开展机动车辆保险理赔服务模拟测评工作。

12月10日，车辆承保理赔情况自主查询手机APP软件正式上线运行。

12月13日，江苏车险平台与交管数据对接正式开发。

2013年，升级完善人身保险业销售服务评价系统。

【公益活动】 2013年4月20日，四川雅安地震，省保险行业协会积极组织协会所有工作人员向南京红十字会捐款。

【教育培训】 2013年7月31日，省保险行业协会在平安人寿江苏分公司培训中心组织全省省级保险公司，开展关于中国保监会2013年第2号令的宣导，理顺报名考试流程，加强保险公司报名人员对保监会关于保险中介从业人员新政的理解。

10月，协会在中国人寿南京中心支公司开展关于报名流程及监管文件的宣导，理顺中介机构报名无序的问题。

【其他】 2013年，省保险行业协会与南京市交管局试点在全市各交警大队成立“保险理赔工作室”，协助交通事故人伤案件的调处和理赔工作。

在“人伤工作室”开辟千元以下人伤案件快速处理通道，制定快速处理适用标准，提高交通事故涉人身损害民事赔偿处理效率，最大限度节约社会资源。此举受到广大人民群众的一致好评，并获“南京市公安局2013年度服务群众基层新举措”的“十佳办实事项目”的第二名。

江苏省保险行业协会组织机构设置

会　长：华　山

副会长：孙海洋　肖建友

秘书长：濮　阳

秘书处机构设置及负责人：

办公室：孙　健

产险部：张　鹏

寿险部：束　怡

中介部：袁　辉

信息技术部：丁　正

考试中心：黄　伟

会员单位：

中国人民财产保险股份有限公司江苏省分公司
中国人寿保险股份有限公司江苏省分公司
中国太平洋财产保险股份有限公司江苏分公司
中国太平洋人寿保险股份有限公司江苏分公司
中国平安财产保险股份有限公司江苏分公司
中国平安人寿保险股份有限公司江苏分公司
中国出口信用保险公司江苏分公司
天安保险股份有限公司江苏省分公司
大众保险股份有限公司江苏分公司
华泰财产保险股份有限公司江苏省分公司
新华人寿保险股份有限公司江苏分公司
泰康人寿保险股份有限公司江苏分公司
中华联合财产保险股份有限公司江苏分公司
太平人寿保险有限公司江苏分公司
民生人寿保险股份有限公司江苏分公司
中国大地财产保险股份有限公司江苏分公司
永安财产保险股份有限公司江苏分公司
华安财产保险股份有限公司江苏分公司
生命人寿保险股份有限公司江苏分公司
合众人寿保险股份有限公司江苏分公司
安邦财产保险股份有限公司江苏分公司
信诚人寿保险有限公司江苏省分公司
太平保险有限公司江苏分公司
中宏保险有限公司江苏分公司
海康人寿保险有限公司江苏分公司
国泰人寿保险有限责任公司江苏分公司
阳光财产保险股份有限公司江苏省分公司
北大方正人寿保险有限公司江苏分公司
恒安标准人寿保险有限公司江苏分公司
中银保险有限公司江苏分公司
天平汽车保险股份有限公司江苏分公司
光大永明人寿保险有限公司南京分公司
都邦财产保险股份有限公司江苏分公司
华泰人寿保险股份有限公司江苏分公司
中美联泰大都会人寿保险有限公司江苏分公司
友邦保险有限公司江苏分公司
民安财产保险有限公司江苏分公司
中国人民健康保险股份有限公司江苏分公司
中英人寿保险股份有限公司江苏分公司
中意人寿保险有限公司江苏省分公司
英大泰和人寿保险股份有限公司江苏分公司
华夏人寿保险股份有限公司江苏分公司
长城人寿保险股份有限公司江苏分公司
瑞泰人寿保险有限公司江苏分公司
工银安盛人寿保险有限公司江苏分公司
渤海财产保险股份有限公司江苏分公司
中国人寿财产保险股份有限公司江苏省分公司
永诚财产保险股份有限公司江苏分公司
长安责任保险股份有限公司江苏省分公司
安诚财产保险股份有限公司江苏分公司
信泰人寿保险股份有限公司江苏分公司
中国人民人寿保险股份有限公司江苏省分公司
农银人寿保险股份有限公司江苏分公司
和谐健康保险股份有限公司江苏分公司
建信人寿保险股份有限公司江苏分公司
平安养老保险股份有限公司江苏分公司
太平养老保险股份有限公司江苏分公司
阳光人寿保险股份有限公司江苏分公司
正德人寿保险股份有限公司江苏分公司
幸福人寿保险股份有限公司江苏分公司
国华人寿保险股份有限公司江苏分公司
国泰财产保险有限责任公司江苏分公司
长生人寿保险有限公司江苏分公司
中国人寿养老险公司江苏省分公司
紫金财产保险股份有限公司江苏分公司
中德安联人寿保险有限公司江苏分公司
华农财产保险股份有限公司江苏省分公司
招商信诺人寿保险有限公司江苏分公司
英大泰和财产保险江苏分公司
百年人寿保险股份有限公司江苏分公司
乐爱金财产保险（中国）有限公司江苏分公司
信达财产保险股份有限公司江苏分公司
丘博保险（中国）有限公司江苏省分公司
中邮人寿保险股份有限公司江苏分公司
平安健康保险股份有限公司江苏分公司
浙商财产保险股份有限公司江苏分公司
交银康联人寿保险有限公司江苏省分公司
安邦人寿保险股份有限公司江苏公司
太阳联合保险（中国）有限公司江苏省分公司
泰山财产保险股份有限公司江苏分公司
美亚财产保险有限公司江苏分公司
利安人寿保险有限公司江苏分公司
泰康养老保险股份有限公司江苏分公司
安信农业保险股份有限公司江苏分公司
东吴人寿保险股份有限公司江苏分公司
中融人寿保险股份有限公司江苏分公司

无锡市保险学会

【概况】 2013年，无锡市保险学会践行保险行业核心价值理念，结合无锡保险业实际，推进保险理论研究、开展学术交流活动，做好保险知识宣传，改进鉴刊编纂质量，比较好的实现学会年度工作目标。

【理论研究】 `2013年，无锡市保险学会一是部署“理论研究推进年”活动。年初学会专门下发通知，明确活动的目的意义、方法部署、主要方向和具体要求，尤其是强调要在研究中突出党的十八大精神，得到各会员单位的支持和重视。二是建立一支由25人组成的理论骨干队伍，并于2月举办专题培训班，邀请有关专家讲授论文写作基本知识。一年来学会收到研究文章25篇，上年有新进步。三是认真组织“专家学者谈保险”活动。学会邀请江南大学金融研究所和驻锡大专院校保险专家学者，召开座谈会、调研会，结合无锡地区和无锡保险业实际深入研究。由江南大学金融研究所课题组撰写的《保险业与经济社会发展的互动效应研究》一文发表后受到广泛好评。

【交流合作】 2013年，无锡市保险学会一是积极参加省学会组织的秘书长例会，与省内七家友邻学会保持紧密联系，尤其在理论研究方面深度加强交流与合作。全年收到友邻学会投稿保险论文21篇，多数在《保险与民生》期刊发表，并收录于《2013年无锡市保险学术文集》。二是与全国部分省市进行保险期刊交流。《保险与民生》双月会刊已与全国22个省市保险学会进行交流。三是参加市社科联组织的活动，与社科系统社团组织保持密切沟通。与金融学会、中小企业学会、锡商学会等社团适时进行交流合作，增强学会在社科系统内的影响力。

【刊鉴编纂】 2013年，无锡市保险学会为加强《保险与民生》编辑工作，一是建立通讯员队伍，举办专题培训班，帮助通讯骨干提高新闻捕捉能力和通讯写作水平，《保险与民生》的投稿数量和质量都有新提高。二是多次召开期刊编纂会议，听取专家意见。在此基础上对栏目设置进行调整并建立校对制度，设置并试行特约撰稿人制度，特邀太湖文化研究会会长浦学坤为期刊“梁溪晨话”专栏作者，使期刊更加贴近无锡本土，增强可读性。

2013年年鉴编纂工作在各保险机构人员变动大、资料收集难的情况下，编辑人员克服困难、努力工作，虽然在时间上有所延迟，但保证年鉴资料完整性、真实性，年鉴编纂在前几年的基础上又有新提高。

【重大活动】 2013年4月25日，无锡市保险学会联合市保险行业协会举办保险行业核心价值理念专题讲座，邀请江苏保监局副局长王宝敏到锡作专题讲座，驻锡保险机构领导、高级管理者和理论骨干近300余人参加。

7月17日，中国社科院学部委员朱玲，经济学部工作室主任韩朝华，经济研究所公共政策研究中心常务副主任姚宇，经济所副研究员、《经济研究》编辑部副主任金成武一行就“社会保障”“民生保险”等有关议题，在无锡保险业调研。朱玲一行对无锡保险业积极发挥保险功能，在探索环境污染责任保险、“新农合”、“新农保”等民生保险方面作出的成绩给与充分肯定。

11月14日，由江浙沪三省市保险学会、南京大学保险法研究所、无锡市保险学会联合主办的长三角保险论坛“保险法司法解释二”适用理论研讨会在锡举办。此次“保险法司法解释二”适用理论研讨会收到论文19篇，有13名论文作者进行大会交流。

12月26日，学会组织召开“纪念毛泽东诞辰120周年专题报告会”。邀请市关工委副主任范云生作主题报告《论毛泽东的思想精髓——实事求是》。会上还播放《毛泽东四访无锡》专题视频，向与会者发放由《保险与民生》编辑部编辑出版的纪念特刊《墨韵心香》。

【公益活动】 2013年10月26日，无锡市保险学会组织会员单位参加无锡市第十三届哲学社会科学知识普及周活动广场宣传活动。此次活动，学会的主题是《保险，让生活更美好》。围绕主题，开展现场咨询和发放保险宣传资料，向群众赠送保险知识丛书第四套《保险就在你身边》2000多本，各种宣传资料、折页近千件，现场接受咨询60余人次。

【教育培训】 2013年2月28日，《保险与民生》通联工作会议暨通讯员培训讲座召开。会议邀请通联报道工作专家、人保财险江苏省分公司企业文化建设指导委员会顾问、该公司宣传部原部长黄牛，对保险理论研究和编辑会刊富有经验的江苏省保险学会原副秘书长吴尚忠分别围绕如何做好通讯报道工作、如何进行保险理论研究论文撰写进行专题讲授。

3月1日，专门召开期刊编辑工作会议，总结分析期刊创办以来编辑

4月25日，无锡市保险学会联合保险行业协会邀请江苏保监局王宝敏副局长来锡作“保险行业核心价值理念专题讲座”

7月17日，中国社科院学部委员朱玲一行就"社会保障"、"民生保险"等有关议题在无锡保险业调研

情况，进一步明确办刊方向，增强办刊信心。

6月20日，在《保险与民生》创刊一周年之际，编辑部邀请无锡太湖文化研究会，江南大学金融研究所，市翻译协会《无锡翻译》编辑部等专家以及期刊编辑人员召开座谈会。就《保险与民生》创刊一年以来的情况听取意见。与会人员在充分肯定期刊成功的同时，也提出许多宝贵意见。

无锡市保险学会组织机构设置

会　长：尤力人

秘书长：华　晓

常务理事：弓艺兵　尤力人　朱锡祎
邓永东　兰青松　许　威
华　晓　华永康　朱玲玲
吴小平　房　恒　吴园一
宋秀龙　狄秀英　陈　勇
张建平　陈爱国　吴耀宇
周幼幼　周振冬　杨　伟
郑　采　孟　军　罗蔚文
赵吉平　祝志炜　袁宗翰
徐长庚　徐　芳　徐竹逸
钱　烽　鲁　强　穆　睿

秘书处机构设置及负责人：

编辑部：王锡兴

会员单位：

中国人民财产保险股份有限公司无锡市分公司

中国人寿保险股份有限公司无锡市分公司

中国太平洋财产保险股份有限公司无锡分公司

中国太平洋人寿保险股份有限公司无锡分公司

中国平安人寿保险股份有限公司无锡中心支公司

中国平安财产保险股份有限公司无锡分公司

大众保险股份有限公司无锡中心支公司

都邦保险股份有限公司无锡中心支公司

中银保险股份有限公司无锡中心支公司

紫金财产保险股份有限公司无锡中心支公司

新华人寿保险股份有限公司无锡中心支公司

正德人寿保险股份有限公司无锡中心支公司

泰康人寿保险股份有限公司无锡中心支公司

安邦财产保险股份有限公司无锡中心支公司

中华联合联合保险股份有限公司无锡中心支公司

阳光财产保险股份有限公司无锡中心支公司

中国人民人寿保险股份有限公司无锡中心支公司

太平财产股份有限公司无锡中心支公司

中国人寿财产保险股份有限公司无锡市中心支公司

英大泰和财产保险股份有限公司无锡中心支公司

华泰人寿保险股份有限公司无锡中心支公司

永安财产保险股份有限公司无锡中心支公司

天平汽车保险股份有限公司无锡直属中支

天安保险股份有限公司无锡中心支公司

中国人民健康保险股份有限公司无锡中心支公司

徐州市保险学会

【概况】 2013年是徐州市保险学会换届后的第一年，是四届理事会履行职责的第一年，市保险学会有条不紊地开展工作。

【召开四届二次常务理事会议】 2013年3月18日，徐州市保险学会召开四届二次常务理事会，审议通过换届后的工作和财务工作报告，部署2014年度工作安排。会议决定本届理事会将承上启下，再接再厉，依靠全体会员智慧和力量把学会建设提高到新水平；努力把学会建成沟通会员的桥梁，展示各家特色的舞台，搞好理论研究的阵地，树立保险形象的窗口；把创新学会工作作为重点，办实事、讲实效，不搞形式主义的活动，多搞有利于各公司思想建设、文化建设、道德建设的活动。

【确定徐州保险行业年度文化建设意见】 2013年，徐州保险行业以十八大精神为指针，扎实开展文化建设工作，提高全体从业人员文化素养和道德素质，端正服务方向，提高服务质量，改善保险行业的社会形象，增强行业认同感和从业自信心，推动保险向着健康稳定的方向发展。文化建设三条要求为：

（一）提高认识，明确方向，增强组织和参与文化建设的自觉性。

（二）围绕中心，突出重点，抓好学习和调研工作。

（三）多种形式，多方努力，狠抓落实，保证文化建设卓有成效。

【开展"说实话——做保险好人"志愿者活动】 徐州市保险行业协会与保险学会联合开展"说实话——做保险好人"活动。活动时间从2013年四季度启动，延续2014年全年。全市各保险机构及人员全部参加。活动要求打造一支诚信队伍，培育客户信得过的销售人员，树立行业新形象，使广大客户对保险有新的认识；引导行业销售人员做说实话的业务员，成为说实话的保险好人。

【编辑出版《徐州市保险年鉴》】 《徐州市保险年鉴》从2003年开始编辑，已出版十本，年鉴中有徐州国民经济发展汇总资料，有上级文件汇编，有各会员单位经验总结，有徐州市保险大事件和先进人物，是一本综合资料。年鉴是了解保险信息的工具书，是研究保险发展规律的参考书；是同仁间相互学习的资料书。2013 版《徐州市保险年鉴》的印刷出版，为徐州保险史留下可查询资料。

【《徐州保险志》刊印工作】 徐州市从 2009 年开始组织编写徐州保险志的工作，历经 4 年，2013 年通过地方志组织审查，由中国经济出版社出版。这本志是徐州市保险业汇总。全书近 70 万字，记载徐州市近百年保险业发展历程。本书将发挥服务当今，惠及后人的资治和教化作用。

【学会自身建设】 2013 年，徐州市保险学会一是加强走访，征求多方意见。学会秘书处经常开展走访活动，听取会员单位对学会工作意见和建议，对学会工作创新起到推动作用。二是主动参加年审工作，确保一次通过。三是加强自身学习，提高办会水平。学会秘书处经常开展多种形式学习活动，学上级文件，领会主要精神；学习专业文件，提高办会水平；学习先进经验，增强活动能力；学习理论书籍，提高理念水平，使学会增强活力。

【重大活动】 2013 年 5 月，徐州市保险学会、保险行业协会开展文化建设工作。

10 月，徐州市保险学会、保险行业协会共同开展“说实话——做保险好人”志愿者活动。

12 月，历经 4 年的努力，《徐州保险志》编纂完成并交印刷厂印刷。

徐州市保险学会组织机构设置

会　长：李晓飞

秘书长：权太猛

常务理事：朱徐阳　任凯军　李晓飞　吴海洋　邹卫中　王　毅　高洪涛　孙志远　孙可可　周立军　朱传平　张　勇　钱惠云　胡家友　孟　新　陈　卓　陈正春　夏永银　李国玉　刘永恒　梁　勇　颜　军　杜振海　亓　浩　岳　雷　周　浩　闫　军　冯　毅　张立民　杨孝君　赵　沂　范海玲　周彩虹　李文华　张桂泽　权太猛　陈士钧

秘书处机构设置及负责人：

办公室：弓　锐

会员单位：

财产保险：

中国人民财产保险股份有限公司徐州市分公司

中国太平洋保险股份有限公司徐州中心支公司

中国平安财产保险股份有限公司徐州中心支公司

中华联合保险股份有限公司徐州中心支公司

天安保险股份有限公司徐州中心支公司

大众保险股份有限公司徐州中心支公司

华泰财产保险股份有限公司徐州中心支公司

永安保险股份有限公司徐州中心支公司

中国大地保险股份有限公司徐州中心支公司

安邦保险股份有限公司徐州中心支公司

华安保险股份有限公司徐州中心支公司

太平财产保险有限公司徐州中心支公司

中银保险有限公司徐州中心支公司

阳光财产保险股份有限公司徐州中心支公司

都邦财产保险股份有限公司徐州中心支公司

中国人寿财产保险股份有限公司徐州中心支公司

渤海财产保险股份有限公司徐州中心支公司

长安责任保险股份有限公司徐州市中心支公司

紫金财产保险股份有限公司徐州中心支公司

人身保险

中国人寿保险股份有限公司徐州市分公司

中国太平洋人寿保险股份有限公司徐州中心支公司

中国平安人寿保险股份有限公司徐州中心支公司

泰康人寿保险股份有限公司徐州中心支公司

新华人寿保险股份有限公司徐州中心支公司

嘉禾人寿保险股份有限公司徐州中心支公司

华泰人寿保险股份有限公司徐州中心支公司

中国人民人寿保险股份有限公司徐州中心支公司

合众人寿保险股份有限公司徐州中心支公司

正德人寿保险股份有限公司徐州中心支公司

信泰人寿保险股份有限公司中心支公司

和谐健康保险股份有限公司徐州中心支公司

民生人寿保险股份有限公司徐州中心支公司

恒安标准人寿保险有限公司徐州营销服务部

保险中介

江泰保险经纪有限公司徐州市分公司

社团组织

徐州市保险学会

徐州市保险行业协会

徐州保险

2014年1月　特刊　主办：徐州市保险行业协会　徐州市保险学会　内部赠阅

徐州保险行业“说实话—做保险好人”志愿者活动参与公司及销售人员

编者按：

在广大保险工作者的辛勤努力和全市人民的大力支持下，保险已经成为经济发展和社会生活的重要保障，给人民带来平安和快乐。但由于保险销售过程中的不如实告知，也使部分居民对保险产生误解和烦恼。为了让广大市民明明白白了解保险，心甘情愿选择保险，在2014年，我市保险行业决定开展“说实话、争做保险好人”志愿者活动。报名参加活动的有55家市级保险公司，5000多名保险销售人员。他们决心以真诚善良面对客户，再树保险新形象。欢迎全市人民监督。

徐州市保险行业协会、徐州市保险学会监督服务电话：83721963

公司承诺

1、坚持客户至上的宗旨，承担社会责任。在产品销售中，以客户需求为导向，不搞虚假宣传，不忽悠客户，不强行推销，以良好的服务建立公司品牌和信誉。

2、积极组织销售人员参与“说实话--做保险好人”活动。加强对销售人员职业道德教育，使诚心诚意为客户服务蔚然成风，促进业务和队伍健康成长。

3、加强对业务人员的管理，严格制度，严明纪律。对业务人员的过错不护短，对公司的过错不推诿，不回避。

4、积极面对客户，实事求是。及时处理好各种投诉，切实维护客户权益。做到主动、热情、耐心，千方百计提高客户满意度。

5、在大力开展“说实话--做保险好人”活动的同时，积极开展有益的社会活动，为提高保险行业的信誉度多作贡献。

10 月，徐州市保险学会、保险行业协会共同开展“说实话—做保险好人”志愿者活动

常州市保险学会

【概况】 2013年，常州市保险学会在保险理论研究、实务探讨和保险知识普及教育方面做出成绩。

【常州市公共场所安全保障体系建设研讨会】 2013年7月3日，常州市公共场所安全保障体系建设研讨会由常州市安全生产委员会、常州市社科联和常州大学主办，常州市保险行业协会、保险学会、市消防协会、市安全生产协会和人保财险常州分公司承办。来自常州市人大、市政府、常州大学、市安全生产委员会、市社科联、人民银行常州中心支行、市质检局、市工商局、市消防支队、常州日报、常州广播电视台、常州晚报、常州中吴网、保险行业协会、保险学会和人保财险常州分公司等单位的26名有关领导和专家出席研讨会。常州市保险行业协会和学会提出《关于在常州市建立公共场所火灾公众责任保险的建议》，与会人员结合各自工作职能，围绕政府职能部门如何监督公共场所安全和推动火灾公众责任保险；如何提升公共场所经营者和广大市民风险意识；如何高效处理事故发生后赔偿等一系列安全保障体系方面等问题进行研讨，提出许多富有建设性和可操作性的真知灼见。常州电视台、常州广播电台、常州晚报和常州中吴网对公共场所安全保障体系建设研讨会作全面报道，《常州日报》理论版对研讨会发言作整版报道。

本次研讨会形成共识：将通过两个途径促进火灾公众责任保险在常州市推行，一是将保险行业协会和学会提出的《关于在常州市建立火灾公众责任保险的建议》呈送中共常州市委、市人大和市政府主要领导，从而引起主要领导的重视和支持；二是通过人大代表议案和政协委员提案的途径，列入常州市人大和政协工作。此次会议通过“立法强制、政府推动、政策引导、市场化运作”的方式，推进火灾公众责任保险在常州市的推广。

【保险行业核心价值理念报告会】 2013年4月25日，常州市保险行业协会和保险学会邀请江苏保监局党委委员、局长助理王宝敏作《保险行业核心价值理念宣贯报告》，在常州保险机构和保险中介机构班子成员和办公室主任共165人参加报告会。

【保险宣传】 在第一个全国保险公众宣传日，常州市保险学会秘书长郭文昌走进常州电台与主持人一起，开展2013年度保险公众宣传日年度主题“倾听由心，互动你我”活动。郭文昌呼吁地方人大和政府领导在“制定法规、政府推动、财政补贴”方面为保险公司发挥保险社会管理功能提供实实在在的支持，特别是要重视和支持保险公司开展交强险、农业保险、大病保险、公共场所火灾责任保险和出口信用保险等重点险种，为保险业健康发展提供政策和舆论环境，真正把“保险让生活更美好”落到实处。

在当前重大火灾事故频发的背景下，2013年6月17日，常州市保险学会秘书长郭文昌应邀走进常州广播经济台直播间，与主持人一起做了60分钟的《建立和实施公共场所火灾公众责任强制保险制度》专题节目，呼吁地方人大和政府尽快建立火灾公众责任强制保险制度。

【保险知识“三进入”】 2013年，常州市保险学会开展保险知识“三进入”（进政府、进企业、进学校）活动，普及保险知识和发挥保险功能。一是在走进走进常州市公证协会，为全市公证员和公证助理员60多人讲解《保险让生活更美好》专题讲座，为公证员运用保险功能化解风险和社会矛盾奠定基础。二是常州市保险学会秘书长郭文昌教授于2013年12月25日到常州市科教城作《构建高科技企业风险保障机制》公益讲座。讲座主要围绕三个方面展开：高科技企业的风险识别和管理；保险功能和保障机制在化解高科技企业风险中的作用；结合高科技企业不同发展阶段的具体投保险种的建议。通过全面细致的讲解和现场答疑释惑，对科教城高科技企业和科研院所了解和运用保险的功能起到推动作用。

【理论研究】 2013年，常州市保险学会组织会员单位围绕常州保险业的改革和创新的新情况和新问题，开展保险理论研究和实务探讨，完成省保险学会关于财产保险防灾防损方面的课题研究并得到结项证书。同时组织会员单位理论骨干撰写一批保险方面的论文，先后有20多篇论文发表在《中国保险》《中国经贸》《中国外资》《中国保险报》等报纸杂志，有部分论文分别在省保险学会和常州市金融学会获一、二、三等奖。

【交流合作】 2013年，常州市保险学会参加3次社会科学进企业、农村、社区等活动，先后到常州社区开展保险知识普及教育。组织会员公司参加市社科

7月2日，常州市公共场所安全保障体系建设研讨会召开

7月6日，常州市保险学会秘书长郭文昌在常州广播新闻台作全国保险宣传日讲座

联组织的专题调研、合理化建议、征文和优秀社科成果评选等活动。

常州市保险学会组织机构设置

会　长：蒋　旭

秘书长：郭文昌

常务理事：高新华　王　峰　陆美琴　姜　宇　朱成文　邵　磊　孟庆飚　杜炳冲　谈文兴　潘俊铭　吴昌发　卢保东　袁龙才　凌志华　黄显学　徐　炜

秘书处机构设置：

学术部：华建平　李德洋

综合部：赵莉娜

会员单位：

中国人民财产保险股份有限公司常州市分公司

中国人寿保险股份有限公司常州市分公司

中国太平洋财产保险股份有限公司常州分公司

中国太平洋人寿保险股份有限公司常州分公司

中国平安财产保险股份有限公司常州中心支公司

中国平安人寿保险股份有限公司常州中心支公司

天安保险股份有限公司常州中心支公司

泰康人寿保险股份有限公司常州中心支公司

新华人寿保险股份有限公司常州中心支公司

大众保险股份有限公司常州中心支公司

中华联合财产保险股份有限公司常州中心支公司

永安财产保险股份有限公司常州中心支公司

江苏平衡保险代理有限公司

江苏常信保险经纪有限公司

太平财产保险有限公司常州中心支公司

华安财产保险股份有限公司常州中心支公司

太平人寿保险有限公司常州中心支公司

生命人寿保险股份有限公司常州中心支公司

安邦财产保险股份有限公司常州中心支公司

中国出口信用保险公司常州办事处

合众人寿保险股份有限公司常州中心支公司

都邦财产保险股份有限公司常州中心支公司

民生人寿保险股份有限公司常州中心支公司

信诚人寿保险有限公司常州中心支公司

永诚财产保险股份有限公司常州中心支公司

中宏人寿保险有限公司常州中心支公司

海尔纽约人寿保险有限公司江苏分公司常州营销服务部

中国大地财产保险股份有限公司常州中心支公司

海康人寿保险有限公司江苏分公司常州营销服务部

阳光财产保险股份有限公司常州中心支公司

国泰人寿保险有限责任公司江苏分公司常州营销服务部

华泰人寿保险股份有限公司常州中心支公司

中银保险有限公司常州中心支公司

和谐健康保险股份有限公司常州中心支公司

平安养老保险股份有限公司常州中心支公司

民安保险(中国)有限公司常州中心支公司

渤海财产保险股份有限公司常州中心支公司

华农财产保险股份有限公司常州中心支公司

恒安标准人寿保险公司江苏分公司常州营销服务部

友邦保险有限公司江苏分公司常州营销服务部

中国人寿财产保险股份有限公司常州市中心支公司

中德安联人寿保险有限公司江苏分公司常州营销服务部

安诚财产保险股份有限公司常州中心支公司

中国人民人寿保险股份有限公司常州中心支公司

长安责任保险股份有限公司常州中心支公司

华夏人寿保险股份有限公司常州中心支公司

金盛人寿保险有限公司常州中心支公司

阳光人寿保险股份有限公司常州中心支公司

信泰人寿保险股份有限公司常州中心支公司

天平汽车保险股份有限公司常州中心支公司

紫金财产保险股份有限公司常州中心支公司

长城人寿保险股份有限公司常州中心支公司

苏州市保险学会

【概况】 2013年，苏州市保险学会贯彻学习中国保监会关于保险行业核心价值理念，以科学发展观为指导，开展调查研究，组织论文撰写，开展保险宣传活动，促进保险行业的文化建设。

【完成“地域保险市场规划”课题】 2012年10月22日，苏州保监分局召开会议，成立“创新服务 创优发展建设苏州地域特色保险市场规划”课题小组。小组由学会牵头，组织有关人员以及大学保险专家共同撰写。学会在反复调查和征求意见基础上，多次讨论易稿。2013年5月底完成。规划描述未来三年苏州保险业发展路径和目标，对苏州保险业发展具有重要的指导意义。苏州保监分局以文件形式下发执行。

【理论研究】 2013年，苏州市保险学会被省学会立项应用课题为5个；苏州学会立项课题为4个。全部完成。6月中下旬，学会对苏州科技保险、太仓大病医疗保险等课题，组织课题组成员到基层进行实地的调查研究。

全年收到学术论文22篇，其中有《苏州特色区域保险市场的个性与完善》《科技保险支持苏州创新型企业发展的机制研究》《大病医疗保险太仓模式简析》《新形势下农村寿险营销模式的转型及创新》等。

【苏州市保险学会换届】 2013年8月15日，苏州市保险学会第六次会员代表大会召开。大会审议通过第五届理事会工作报告和财务审计报告、修改学会章程、选举产生74名理事，28名常务理事。李伟民、金裕分别当选为新一届学会会长和秘书长。学会秘书处工作人员进行新老交替，保证工作连续性。

【保险知识宣传】 2013年3月4日，苏州市保险学会组织中国人寿苏州市分公司和长城人寿保险苏州中心支公司到苏州市工业园区新加社区进行保险知识普及宣传与消费者权益咨询活动；3月14日保险学会讲师团成员，中国人寿资深法务人员汪裕萌到苏州市工业园区新加社区举办保险知识普及宣传——商业保险维权讲座，同时将保险知识普及漫画丛书60余册分发到居民手中。

10月29日，由苏州市保险学会主办，苏州人保财险和苏州太保财险分别承办的苏州保险业“保险知识普及宣传”暨赠书活动在张家港市乐余镇和常熟市海虞镇分别举办。镇机关、企业、学校、社区和农村近200人参加活动。活动邀请苏州人保财险资深讲师、中国金融系统优秀教育工作者潘弃作保险让生活更美好的专题讲座。

【专题学术报告】 2013年年初，苏州市保险学会邀请苏州市委副秘书长王辉斌作当前苏州经济形势发展情况的报告。报告以宏观的视野，深刻的分析，全面客观讲述苏州经济发展所处的大环境、大背景和市委、市政府为保持快速、健康发展制定的主要举措。报告对学习理解全国“两会”精神，更好地服务于苏州经济发展大局具有一定的指导意义。各会员公司副会长、副秘书长50余人到会。

【“保险 让生活更美好”论坛】 2013年12月18日，苏州市“保险 让生活更美好”宣传论坛在中国人寿苏州市分公司召开。全市70余家保险公司分管宣传工作的领导参加会议。会议由苏州市保险学会秘书长金裕主持，采用一问一答形式对保险消费者宣传教育的现状、经验和今后的路径进行讨论并观看有关视频资料。最后还和与会者进行互动。由于准备比较充分，形式活泼，取得良好效果。

【专家学者座谈会】 2013年11月15日，学会秘书处召开以“提升办会质量”为主题的专家座谈会。应邀参加座谈会的有：苏州保监分局局长单来锦、苏州市前副市长孙中浩、苏州市社科联副主席韦刚、苏州大学商学院教授贝新政等。

学会秘书长金裕首先汇报学会今后工作设想，与会人员重点对办好《苏州保险前沿》双月刊、与苏州大学联合成立苏州大学保险研究所以及提升苏州保险学会影响力和知名度等问题进行讨论，提出很多宝贵并具有可操作性的意见。

【教育培训】 2013年3月12日，苏州市保险学会在南林饭店召开经济形势报告会，邀请苏州市委副秘书长王辉斌作“当前苏州经济形势发展情况”的报告。应邀参加会议的领导和嘉宾有：苏州保监分局副局长黄庆、统研处处长朱天乐，苏州市金融办处长顾卫东，苏州

8月15日，苏州市保险学会第六次会员代表大会召开，新任会长李伟民(左)向名誉会长孙中浩颁发聘书

12 月 18 日,苏州保险宣传论坛成功举办

市社科联处长蒋蔚毅,苏州大学贝政新教授。各会员公司副会长、副秘书长 50 余人到会。

苏州市保险学会组织机构设置

会　长:李伟民(2013 年 8 月就任)
　　　　徐林南(2013 年 8 月离任)
秘书长:金　裕(2013 年 8 月就任)
　　　　胡月美(2013 年 8 月离任)
常务理事:沈丽敏　李伟民　席于林
　　　　费旭东　王　新　冯　军
　　　　蒋　雷　柯　峰　刘　勇
　　　　李红芳　汪小清　张　伟
　　　　徐　峰　张学芳　徐苏宁
　　　　孙　辉　任兴根　曹义勇
　　　　张瑞武　赵　凉　周立人
　　　　陈德林　沈明计　王法林
　　　　郑　平　许京钟　金　裕
　　　　许　苏

会员单位:
中国人民财产保险股份有限公司公司苏州市分公司
中国人寿保险股份有限公司苏州市分公司
中国太平洋财产保险股份有限公司苏州分公司
中国太平洋人寿保险股份有限公司苏州分公司
中国平安财产保险股份有限公司苏州分公司
中国平安人寿保险股份有限公司苏州中心支公司
苏州希尔保险代理有限公司
天安保险股份有限公司苏州中心支公司
大众保险股份有限公司苏州中心支公司
友邦保险有限公司江苏分公司苏州中心支公司
中国人寿江苏省分公司培训中心
中华联合财产保险股份有限公司苏州中心支公司
华安财产保险股份有限公司苏州中心支公司
太平财产保险有限公司苏州分公司
永安财产保险股份有限公司苏州中心支公司
都邦财产保险股份有限公司苏州中心支公司
阳光财产保险股份有限公司苏州中心支公司
中国大地财产保险股份有限公司苏州中心支公司
中国人寿财产保险股份有限公司苏州市中心支公司
中银保险有限公司苏州分公司
出口信用保险公司苏州办事处
太平人寿保险有限公司苏州分公司
苏州未来网络科技有限公司(苏州保险网)
中国人民人寿保险股份有限公司苏州中心支公司
永诚财产保险股份有限公司苏州中心支公司
东吴保险经纪公司
中意人寿保险有限公司苏州中心支公司

连云港市保险学会

【概况】 2013 年,连云港市保险学会依据学会章程、上级要求和本会年度安排,认真开展工作。

【课题研究】 2013 年初,连云港市保险学会向各会员单位转发江苏省保险学会《关于申报“2013 年度江苏保险应用课题研究立项”的通知》,组织会员公司申报立项。

3 月 21 日,市学会与市保险行业协会联合转发《江苏保监局关于深入学习宣传贯彻保险行业核心价值理念的通知》,组织全市行业学习宣传贯彻。确定召开一次各公司主要负责人参加的研讨交流会,征集各公司高管论文 15 篇。

11 月 29 日,市学会向各会员单位转发省保险学会关于组织开展“学习贯彻十八届三中全会”精神征文的通知。

2013 年,市学会会员在公开发行报刊、各级学会刊物上发表研究文章 32 篇,其中《保险研究实践与探索》1 篇,《江苏保险》10 篇,长三角交流会 2 篇,《学会工作动态》19 篇。

在推动理论研究工作方面主要做法:一是在年初明确本会全年研究方向;二是结合江苏省保险学会季度例会的研讨课题,及时向会员单位通报并明确征稿任务和要求,确保每季度研讨交流会不少于 2 篇;三是注重加强与理论研究骨干和联络员的联系,本会《学会工作动态》每期不少于 2 篇理论研究文章。

【学术交流】 2013 年,全省保险学会季度工作例会和研讨交流会,每次都有连云港市保险学会会员单位论文作者参加交流。一季度全省保险学会学习贯彻十八大精神专题交流会,人保财险连云港市分公司《巩固联办共保成果　积极开拓农险新领域》、中国人寿连云港市分公司《立足服务民生　以专业构建城乡居民医疗体系》参加书面交流;第二季度全省保险学会研讨交流工作例会,本会有两篇论文参加书面交流,分别是人保财险连云港市分公司《倡导行

7月4日，连云港市保险学会特邀江苏省保险知识普及教育宣讲团副团长、江苏省保险学会副会长、南京审计学院汪祖杰教授来连作保险行业核心价值理念报告

业核心价值理念　促进行业共生文化建设》和太保财险连云港中心支公司《服务就要"在你身边"学习贯彻保险行业核心价值理念，持续推进企业文化建设》；第三季度全省保险学会研讨交流会由本会承办，本会连云港师范高等专科学校《基于ARMA模型的江苏省中资人身保险保费收入的预测研究》、太保产险连云港中心支公司《浅谈构建全方位覆盖多层次服务的保险发展新格局》、人保财险连云港市分公司《财产保险业应提升服务能力　助力推进城镇化发展进程》参加交流；11月14日，长三角地区"保险法司法解释二"适用理论研讨会在无锡召开，人保财险连云港市分公司《论车辆保险合同中新车购置价与实际价值的适用》和中国人寿连云港市分公司《略论电子保单的成立与生效——以激活卡式保险合同为视角》参加交流。

【专场报告会】 2013年7月4日下午，连云港市举行保险行业核心价值理念报告会。特邀江苏省保险知识普及教育宣讲团副团长、江苏省保险学会副会长、南京审计学院汪祖杰教授作保险行业核心价值理念报告。全市各市级公司总经理室成员、办公室主任，各经营单位主要负责人、各保险中介机构负责人、连云港师范高等专科学校部分教师等近300人参加报告会。

【资料编撰】 2013年，连云港市保险学会编印《连云港市保险论文汇编五》，将近两年各会员撰写的论文、特别是保险行业核心价值理念发布后的文章共37篇收入汇编，分为五类：理念篇(8篇)、发展篇(9篇)、业务篇(8篇)、服务篇(8篇)、教学篇(2篇)、选登(2篇)；《学会工作动态》电子版方式，每月编出一期，年底汇编成册；组织编撰《连云港市保险年鉴》，每年编撰一本；完成《江苏保险年鉴(2013)》组稿工作；为《连云港年鉴(2013)》提供资料；为编纂《连云港保险志》收集整理资料。

【重大活动】 2013年1月14日，连云港市保险学会向各保险公司发出关于报送《连云港市志》保险篇章资料的函。

1月25日，连云港市社科联召开五届七次理事会。连云港市保险学会获2012年度先进学会称号。

4月1日，向市地方志办提交连云港市志第十八编第二章保险业初稿。

4月17日下午，连云港市保险学会秘书处召开由各会员单位参加的市地方志保险篇章编撰会议，传达市地方志办审稿意见，要求各单位提供相关翔实数据。

8月8日上午，由学会承办的第三季度全省保险学会研讨交流会在连云港连岛召开，学会组织三篇论文参加交流。

连云港市保险学会组织机构设置

会　长：王者元

秘书长：周益华

常务理事：杨　光　魏　欣　李　强　王　岗　王新仁　周　昭　王长利　刘厚亮　曹鸿燕　艾玉波　尹广志

会员单位：

中国人民财产保险股份有限公司连云港市分公司

中国人寿保险股份有限公司连云港市分公司

中国太平洋财产保险股份有限公司连云港中心支公司

中国太平洋人寿保险股份有限公司连云港中心支公司

中国平安财产保险股份有限公司连云港中心支公司

中国平安人寿保险股份有限公司连云港中心支公司

中国天安财产保险股份有限公司连云港中心支公司

泰康人寿保险股份有限公司连云港中心支公司

都邦财产保险股份有限公司连云港中心支公司

中国人寿财产保险股份有限公司连云港市中心支公司

江苏连云港师范高等专科学校

扬州市保险学会

【概况】 2013年，扬州市保险学会履行自身职能，启动《扬州保险志》编辑基础工作，加强“保险行业核心价值理念”的学习研讨和宣传活动，促进扬州保险行业持续健康的发展。

【编纂《扬州保险志》】 2013年4月上旬，扬州市保险学会召开学会会长联席会议，启动《扬州保险志》编纂工作。

4月下旬，召开各会员单位撰写人员会议，现场培训和下达各公司在保险志中的篇章任务，提出具体方法，要求各单位人员真实反映各公司全面资料，在本年内完成本单位资料图片的收集整理上报。

【保险业核心价质理念宣传】 2013年5月30日，扬州市保险学会召开学会会长办公会议，讨论研究扬州保险业“保险行业核心价值理念”的学习贯彻活动宣传实施方案，制定并印发《扬州保险业“保险行业核心价值理念”学习宣传实施方案》，明确指导思想和方法步骤。

6月27日，邀请江苏保监局副局长王宝敏作保险行业核心价值理念专题辅导宣讲，并将王宝敏所作保险行业核心价值理念专题辅导宣讲材料刻制成光盘发往各单位，组织全员学习。

【保险宣传和理论研讨】 2013年，根据《江苏保监局办公室关于开展全国保险公众宣传日活动的通知》精神，扬州市保险学会制定印发《扬州保险业全国保险公众宣传日活动方案》，于7月8日在扬州电视台、扬州广播电台、扬州时报、扬州新闻、扬州新闻网等媒体开展全国保险公众宣传日主题宣传；7月9日统一开展总经理接待日宣传和接待公众咨询服务，并在经营场所、相关社区开展保险公众主题宣传。

响应省保监局和保险学会组织专家学者论保险的号召，联系扬州大学专家学者写出2篇保险学术研究论文，并按时报送省保险学会。

《学习贯彻党的十八大精神　推动保险学会工作上新台阶》在年初省保险学会学习贯彻十八大精神专题交流会上进行交流。

12月初，市学会组织保险行业“学习贯彻十八届三中全会精神”主题征文活动，并选送优秀征文报省保险学会。

扬州市保险学会组织机构设置

会　长：杨玉宏(2010年9月就任)

副会长：黄广银　吴　华　刘　枫　高继荣　黄占北　高　翔　姬景瑜

秘书长：葛天俊

常务理事：田志强　韩　钧　郑伟方　李继凤　童莉萍　王明玉　封旭明　王荣晴　赵丹琳　陆子春　李　旭　毕建辉　任新平　刁海燕　徐万军　程　凯　朱维平　包原维　许升云　戴仁惠　汪　涛　赵　军　孙　宾　庞茂勇　吕桃仁　潘　诚　赵世界　王长才　申忠泽　姚顺利　冯春梅　陈崇勇　鞠　东　徐亚峰　李万梅　陈　杰　叶龙生

秘书处机构设置：

保险学会与行业协会合署办公

会员单位：

中国人民财产保险股份有限公司扬州市分公司

中国人寿保险股份有限公司扬州市分公司

中国太平洋财产保险股份有限公司扬州中心支公司

中国太平洋人寿保险股份有限公司扬州中心支公司

中国平安财产保险股份有限公司扬州中心支公司

中国平安人寿保险股份有限公司扬州中心支公司

泰康人寿保险股份有限公司扬州中心支公司

天安保险股份有限公司扬州中心支公司

新华人寿保险股份有限公司扬州中心支公司

大众保险股份有限公司扬州中心支公司

中华联合财产保险股份有限公司扬州中心支公司

民生人寿保险股份有限公司扬州中心支公司

生命人寿保险股份有限公司扬州中心支公司

中国大地财产保险股份有限公司扬州中心支公司

永安财产保险股份有限公司扬州中心支公司

华安财产保险股份有限公司扬州中心支公司

太平人寿保险有限公司扬州中心支公司

太平财产保险有限公司扬州中心支公司

安邦财产保险股份有限公司扬州中心支公司

合众人寿保险股份有限公司扬州中心支公司

阳光财产保险股份有限公司扬州中心支公司

恒安标准人寿保险有限公司江苏分公司扬州营销服务部

农银人寿保险股份有限公司扬州中心支公司

都邦财产保险股份有限公司扬州中心支公司

华泰人寿保险股份有限公司扬州中心支公司

华泰财产保险有限公司扬州中心支公司

中国人寿财产保险股份有限公司扬州市中心支公司

国泰人寿保险有限责任公司江苏分公司扬州营销服务部

海康人寿保险有限公司江苏分公司扬州营销服务部

永诚财产保险股份有限公司扬州中心支公司

信泰人寿保险股份有限公司扬州中心支公司

中国人民人寿保险股份有限公司扬州中心支公司

华农财产保险股份有限公司扬州中心支公司

友邦保险有限公司江苏分公司扬州中心支公司

中宏人寿保险有限公司江苏分公司扬州市营销服务部

民安财产保险有限公司扬州中心支公司

中银保险有限公司扬州中心支公司

安诚财产保险股份有限公司扬州中心支公司

长安责任保险股份有限公司扬州市中心支公司

平安养老保险股份有限公司扬州中心支公司

中英人寿保险有限公司江苏分公司扬州营销服务部

中意人寿保险有限公司江苏省分公司扬州中心支公司

阳光人寿保险股份有限公司扬州中心支公司

安盛天平财产保险股份有限公司扬州中心支公司

中国人民健康保险股份有限公司扬州中心支公司

镇江市保险学会

【概况】 2013年3月，中国保监会正式发布保险监管核心价值理念——“为民监管、依法公正、科学审慎、务实高效”和保险行业核心价值理念——“守信用、担风险、重服务、合规范”。镇江市保险学会将2013年学术研究主题确定为“践行保险行业核心价值理念 推动保险业科学发展”，以此作为2013年的工作思路和工作重点，引导全市保险行业对核心价值理念的探研深入开展。

【核心价值理念讲座及征文】 2013年6月，镇江市保险学会举办保险行业核心价值理念讲座，邀请江苏保监局党委委员、局长助理王宝敏主讲，全市各保险公司和保险专业中介公司的主要负责人、办公室主任等100余人到会听讲。

镇江市保险学会在全市保险业界组织开展“践行保险行业核心价值观”征文活动，收到各类征文40余篇，正在修改编撰之中，从中遴选优秀论文编辑成册。

【理论研究】 2013年6月，最高人民法院发布《关于适用〈中华人民共和国保险〉若干问题的解释(二)》，具体规范保险合同一般规定部分的法律适用。为做好宣传贯彻工作，镇江市保险学会一是在全市部分财产险公司中开展《关于适用〈中华人民共和国保险〉若干问题的解释(二)》适用理论征文活动；二是于9月与行业协会共同举办《保险法司法解释(二)》辅导讲座，邀请省保监局法制处领导及市司法系统法律专家主讲，全市各保险公司法规部门及理赔中心有关人员到会听讲。

【《保险新观察》期刊】 镇江市保险学会会刊《保险新观察》围绕保险业发展重点、热点、难点问题，从实践角度关注保险政策，务实研究和探讨，成为涵盖理论、政策和实务、市场信息三个不同层面的综合刊物。2013年，刊物从版式到内容都有显著变化，社会影响力日益扩大。同时还不断调整栏目，进行归纳提炼，严格筛选信息来源，确保信息快捷、真实和准确。

【年鉴编撰】 镇江市保险学会承担每年《江苏保险年鉴·镇江版》以及《镇江保险年鉴》的编纂工作。

2013版《镇江保险年鉴》进一步改版升级，在2012版基础上，对内容进行调整和充实，表述更加清晰完整。

【发布“2012镇江保险市场情势报告”】 从2008年起，镇江市保险学会就开始发布“镇江保险市场情势报告”，对前一年镇江保险市场运行状况作明晰、现实、全面的剖析和总结，并为政府、各保险机构提供资料丰富、数据准确的信息，对研究镇江经济发展规律，制定未来发展规划具有重要的参考价值，并深入分析研究当前镇江保险市场的发展状况和运行特点，对科学展望镇江保险业发展前景和制定决策具有重要意义。学会每年发布“镇江保险市场情势报告”的作法在国内省市保险学会中尚属首例。

【编撰《镇江保险志(2004~2011)》】 镇江市保险学会着手开展续编《镇江保险志(2004~2012)》的工作，并与《镇江保险志（1871~2003)》对接。这项工作2010年启动，2013年起对各卷进行总纂，工作量大、时间紧，秘书处克服种种困难，要把《镇江保险志》编撰为存真求是的权威史籍、丰富翔实的资料文库、内涵深刻的学术精品。年底完成志书全部总纂工作，并出版发行。

【搭建理论研究平台】 镇江市保险学会自2008年开始在全省率先与江苏大学财经学院联合组建“保险研究所”，搭建高端理论研究平台。2013年，保险研究所先后开展系列调研工作，并取得成果：完成“江苏省政策性农业保险可持续发展研究”课题，课题全文被收录《2013中国农业保险报告》一书；邀请江苏大学金融保险系主任谭中明教授为业界举办专题论坛，对中国保险业的发展趋势及存在问题作全面解读。

【学术交流】 2013年，镇江市保险学会参加由上海保险学会主办的华东地区保险理论研讨暨学会工作交流会。会议围绕业界热点和如何改进学会工作，开展探讨和交流。镇江市保险学会被大会指定作专题发言，并介绍了学会工作经验。

学会参加由浙江省保险学会举办的保险期刊工作交流年会，来自全国20个省、市、自治区保险期刊代表，就“办好保险期刊，服务行业科学发展”主题进行研讨。

参加全省保险学会季度研讨交流例会。镇江市保险学会交流、探讨各自主要工作情况和经验，还进行专题论文交流。

开展保险学术研讨活动。在《中国保险》《上海保险》《江苏保险》刊登多篇学术论文，为解决保险行业新问题提供理论支持。

11月，镇江市委宣传部副部长、市社科联主席潘法强(中)在市社科联副主席邵利明(右二)、秘书长薛玉刚(左一)陪同下，到镇江市保险学会调研工作

【自身建设】 2013年，镇江市保险学会按规定参加年审，执行市社科联各项工作安排。

加强组织建设。学会坚持全心全意为会员单位服务的宗旨，做好发展新会员单位工作。截至2013年底，学会会员单位达35家。

做好财务管理。每年请会计师事务所对上一年财务收支情况进行全面审计，对学会财务状况实行有效监督。

召开镇江市保险学会三届十次常务理事会议，增补会长、第一副会长，报告2012年度工作总结及财务报告等各项工作。

镇江市保险学会组织机构设置

会　长：姚盛锋

秘书长：刘　亮

常务理事：尹东浩　王海波　王彩霞
刘　亮(学会)
刘　亮(人保财险)　孙力宇
孙兴盛　孙宏兵　严建俊
何雨函　张振华　张敏泉
张雪冰　邴海萍　陆　忠
陆　俭　陈　勇　陈　艳
单培春　周　武　周绿林
郑国荣　郑建华　姚盛锋
赵　荣　赵泰来　徐红英
顾培发　高　民　崔建中
康　勇　曹如忠　盛如国
黄锡荣　蒋　波　蒋金署
谢光荣　谭中明

会员单位：

中国人民财产保险股份有限公司镇江市分公司
中国人寿保险股份有限公司镇江市分公司
中国太平洋财产保险股份有限公司镇江中心支公司
中国太平洋人寿保险股份有限公司镇江中心支公司
中国平安财产保险股份有限公司镇江中心支公司
中国平安人寿保险股份有限公司镇江中心支公司
天安保险股份有限公司镇江中心支公司
大众保险股份有限公司镇江中心支公司
泰康人寿保险股份有限公司镇江中心支公司
新华人寿保险股份有限公司镇江中心支公司
永安财产保险股份有限公司镇江中心支公司
安邦财产保险股份有限公司镇江中心支公司
华安财产保险股份有限公司镇江中心支公司
太平人寿保险股份有限公司镇江中心支公司
大地财产保险股份有限公司镇江中心支公司
阳光财产保险股份有限公司镇江中心支公司
中国人寿财产保险股份有限公司镇江市中心支公司
阳光人寿保险股份有限公司镇江中心支公司
华夏人寿保险股份有限公司镇江中心支公司
长城人寿保险股份有限公司镇江中心支公司
中国人民人寿保险股份有限公司镇江中心支公司
民安财产保险有限公司镇江中心支公司
华泰人寿保险股份有限公司镇江中心支公司
中银财产保险公司镇江中心支公司
紫金财产保险股份有限公司镇江中心支公司
中国人民健康保险股份有限公司镇江中心支公司
安诚财产保险股份有限公司镇江中心支公司
信泰人寿保险股份有限公司镇江中心支公司
渤海财产保险股份有限公司镇江中心支公司
中宏人寿保险股份有限公司镇江市营销服务部
太平财产保险股份有限公司镇江中心支公司
信诚人寿保险股份有限公司镇江营销服务部
长安责任保险股份有限公司镇江中心支公司
江苏大学财经学院
江苏大学工商管理学院
镇江市保险行业协会

盐城市保险学会

【概况】 2013年，盐城市保险学会按照“起点高、标准高、水平高”的“三高”标准加强和完善自身建设，探索开拓学术交流平台，参加有关部门组织的各项活动，围绕“研究与服务”履责尽职。

【健全组织机制】 2013年是盐城市保险学会的成立之年，也是开展科研课题工作的谋划之年，这标志着盐城市保险行业理论学术研究进入实质阶段。市保险学会把完善规章制度，健全组织机制当作首要工作去抓。

【打造宣传阵地】 2013年，原由盐城市保险行业协会主办的杂志《盐城保险信息》改版由市保险行业协会和市保险学会共同主办。市保险学会发挥“互补”优势，对改版后杂志的稿件质量和理论深度均提出新的更高要求，协会负责杂志的时效性，学会把关杂志的理论性。《盐城保险信息》出版3期。

【强化外部宣传】 2013年，盐城市保险学会参加市社科联组织的“盐城市第十届社科普及宣传周”活动。市保险学会围绕“推进生态文明，建设美丽盐城”这一活动主题，确立“诚信保险　优质服务”这一具有盐城保险业特色的活动主题，组织业内专家为广大前来咨询的社会民众就保险法律法规、保险产品和保险理赔等方面的热点问题答疑解惑；11月26日上午，市保险学会联合市保险行业协会组织会员公司共同参加市文明办组织的“放心消费诚信经营一条街”宣传活动，展示“诚信保险、放心消费”的行业新形象。

【保险知识普及】 2013年，根据省保险学会、省保险协会联合下发的《关于在全省开展〈保险知识普及丛书〉第四套〈保险在我身边〉赠送活动的通知》要求，盐城市保险学会联合市保险行业协会，组织各单位开展保险知识普及丛书大赠送活动，向机关、社区、学校累计赠送图书2000余套。

【学术交流】 2013年，盐城市保险学会参加外部学术交流活动。11月14日下午，长三角地区“保险法司法解释二”适用理论研讨会在无锡召开，会议由江苏省保险学会、上海市保险学会、浙江省保险学会、无锡市保险学会、南京大学保险法研究所联合主办。盐城市保险学会秘书长朱志旺代表盐城参加此次会议。

深入基层开展调研活动。学会秘书处到中国人寿等多家公司调研，听取会员公司心声，征求对保险理论学术研究工作的意见和建议。

【编纂盐城地方志——保险篇】 盐城市保险学会牵头编写“盐城地方志——保险篇”，反映盐城保险业20年(1984——2005)历程，还原历史，繁荣行业文化、延续行业精神。学会经过前期组织筹备，组织全市2005年之前成立的14家保险机构参与地方志撰写工作。编撰过程中，学会克服久远年代资料缺失、早期行业数据统计空白等难题，采取向会员单位发函、去电、走访等形式征集，及时查漏补缺。“盐城地方志——保险篇(1985—2005)”初稿完成。

【重大活动】 2013年9月3日，盐城市保险学会成立大会暨第一次会员代表大会隆重召开。

【公益活动】 2013年9月22日，盐城市保险学会参加盐城市社科联在盐城市迎宾公园广场举办的“盐城市第十届社科普及宣传周”活动。此次活动中，学会紧贴盐城市实际，普及了保险知识。

盐城市保险学会组织机构设置

会　长：朱礼荣

秘书长：朱志旺

常务理事：朱志旺　朱礼荣　洪　耘　刘长森　刘文军　沃　军　殷　辉　鲁勇军　何　全　张富昶　茆　军　高永君　刘　远　钱　锐　马吉良　邹　军　陈　健

9月3日，盐城市保险学会成立

会员单位：

保险公司：

中国人民财产保险股份有限公司盐城市分公司

中国人寿保险股份有限公司盐城市分公司

中国太平洋财产保险股份有限公司盐城中心支公司

中国太平洋人寿保险股份有限公司盐城中心支公司

中国平安财产保险股份有限公司盐城中心支公司

中国平安人寿保险股份有限公司盐城中心支公司

天安保险股份有限公司盐城中心支公司

新华人寿保险股份有限公司盐城中心支公司

中华联合财产保险股份有限公司盐城中心支公司

太平人寿保险有限公司盐城中心支公司

泰康人寿保险股份有限公司盐城中心支公司

民生人寿保险股份有限公司盐城中心支公司

合众人寿保险股份有限公司盐城中心支公司

华安财产保险股份有限公司盐城中心支公司

安邦财产保险股份有限公司盐城中心支公司

生命人寿保险股份有限公司盐城中心支公司

阳光财产保险股份有限公司盐城中心支公司

农银人寿保险股份有限公司盐城中心支公司

中银保险有限公司盐城中心支公司

中国人寿财产保险股份有限公司盐城市中心支公司

华泰人寿保险股份有限公司盐城中心支公司

渤海财产保险股份有限公司盐城中心支公司

华夏人寿保险股份有限公司盐城中心支公司

信泰人寿保险股份有限公司盐城中心支公司

都邦财产保险股份有限公司盐城中心支公司

恒安标准人寿保险有限公司江苏分公司盐城中心支公司

中国人民人寿保险股份有限公司盐城中心支公司

中德安联人寿保险有限公司江苏分公司盐城营销服务部

正德人寿保险股份有限公司盐城中心支公司

阳光人寿保险股份有限公司盐城中心支公司

长城人寿保险股份有限公司盐城中心支公司

长安责任保险股份有限公司盐城中心支公司

平安养老保险股份有限公司盐城中心支公司
幸福人寿保险股份有限公司盐城中心支公司
中宏人寿保险有限公司江苏分公司盐城市营销服务部
英大泰和人寿保险股份有限公司盐城中心支公司
紫金财产保险股份有限公司盐城中心支公司
光大永明人寿保险有限公司江苏分公司盐城中心支公司
中国大地财产保险股份有限公司盐城中心支公司
利安人寿保险股份有限公司盐城分公司
友邦保险有限公司江苏分公司盐城营销服务部
安邦人寿保险股份有限公司盐城中心支公司
天平汽车保险股份有限公司盐城中心支公司
永安财产保险股份有限公司盐城中心支公司
百年人寿保险股份有限公司盐城中心支公司
浙商保险股份有限公司盐城中心支公司
建信人寿保险有限公司盐城中心支公司
长生人寿保险股份有限公司盐城中心支公司
英大泰和财产保险股份有限公司盐城中心支公司
东吴人寿保险股份有限公司盐城分公司
保险专业中介公司：
江苏后羿新诚保险代理有限公司
江苏宏泰保险代理有限公司
盐城万帮保险代理有限公司
江苏人和安邦代理有限公司
盐城泰和保险代理有限公司
江苏金阳光保险代理有限公司
盐城通凯保险代理有限公司
江苏安康保险代理有限公司
盐城嘉德保险代理有限公司
盐城昌泰保险代理有限公司
盐城荣泰保险代理有限公司
盐城华厦保险代理有限公司
盐城惠康保险代理有限公司
盐城中顺保险代理有限公司
盐城双双飞保险代理有限公司
盐城中凡保险代理有限公司

无锡市保险行业协会

【概况】 2013年，无锡市保险行业协会践行中国保监会“守信用、担风险、重服务、合规范”的保险行业核心价值理念，科学有序创新发展，不断拓展保险服务民生、服务社会管理、服务经济发展的发展空间，为无锡经济建设和社会事业发展保驾护航。

【消费者权益保护】 无锡市保险业协会不断完善信访投诉受理机制，建立消费维权12315监督（联络）站，维护消费者权益。市保险行业协会与市消费者权益保护委员会共同研究，在无锡市保险行业协会、人保财险无锡分公司、中国人寿无锡市分公司成立消费维权12315监督（联络）站。保险合同纠纷调解委员会、反保险欺诈工作站，增强行业协会维权协调力度。科学协调客户与保险公司的矛盾，维护消费者权益。“3·15”现场咨询、总经理接待日、保单信息有奖查询、“庭前联合调解” 创新模式等，让更多的保险消费者科学认识保险、科学消费保险。根据无锡消协提供的数据，2013年无锡保险投诉同比下降65%。

【服务经济社会】 2013年，无锡市保险行业协会探索与法院 “诉前联合调解”新模式。对道路交通涉人伤案，实施由法官主持，各方当事人与协会、保险公司调解人员参与的非正式诉讼程序的调解。自4月至10月正式实行“庭前调解”，保险行业协会参与成功调解案件368件，涉案金额2282万元，调解成功结案率达到94%。

协会协调组织在无锡全境主要高速路口设立5个轻微交通事故一站式保险快速理赔点，交警和保险公司派驻30多名理赔人员全天候服务，处理“十一”黄金周交通保险理赔事故。公安交警和保险公司资深理赔专员全天候上岗，进入受理程序后10分钟内完成查勘。据统计，10月1日至6日期间，5个轻微事故快速处理点处理事故900多起，涉及事故车辆近2000辆。

【行业宣传】 2013年，无锡保险行业协会利用网站等新媒体，及时传递中国保监会、江苏保监局的政策和法规，反应保险公司工作新亮点，全年上载稿件210篇。无锡市保险行业协会与新闻单位合作，开展形式多样的保险宣传。在无锡广播电视台《今晚60分》《第一看点》《今日财经》和《阿福聊斋》中播放“远离非法集资，拒绝高利诱惑”等公益广告及宣传片。与《无锡日报》“金融周刊”栏目合作，成立无锡市保险宣传工作委员会，开展行业宣传、普及保险知识。无锡市保险行业协会还组织拍摄《有话好好说》《选择》《依靠》等11部保险微电影，电影情节都取材于无锡商业保险公司的真实理赔案例。《有话好好说》微电影11月在江苏电视台城市频

9月27日，无锡市保险行业协会诉调对接联席会

道及无锡电视台播出。这是由无锡市保险行业协会与市中级人民法院联合制作的宣传诉调对接的微电影。

【重大活动】 2013年1月5-6日，无锡市保险行业协会会同无锡市公安局交巡警支队事故科，对无锡市道路交通事故保险理赔服务中心进行检查。重点检查《无锡市道路交通事故保险理赔服务中心管理制度》落实情况、各家财产保险公司履行服务承诺及行业自律情况和检查驻点民警服务工作情况。

2月17日，根据江苏保监局《关于建立江苏保险业总经理信访接待日制度的通知》相关要求，明确无锡地区2013年每月总经理信访接待日。

3月14日，无锡保险业精神文明建设工作会议暨2012年先进集体（个人）表彰会议召开。市人民政府金融工作办公室、市保险行业协会联合发文表彰无锡保险业2012年度16个先进集体和103名先进个人；市人民政府金融工作办公室、无锡日报社、无锡保险行业协会联合发文通报表彰《无锡日报·金周刊》4个单位优秀组织者和13位信息员，并进行颁奖。

3月15日，为学习贯彻环境保护部、保监会下发的《关于开展环境污染强制责任保险试点工作的指导意见》，人保财险无锡市分公司和无锡市环保局共同主办无锡市环境污染强制责任保险试点研讨会。2009年，无锡市在全国率先启动环境污染责任保险试点工作。4年来，无锡市参保企业达1064家，在试点城市中名列前茅。

4月25日，保监会中介部副主任赵庆晗一行到无锡调研，会同江苏保监局相关领导就“产险公司营销员管理专题”召集座谈。

5月30日，江苏保监局副局长葛翎率队在无锡调研，出席无锡市保险行业协会“诉调对接”工作座谈会，重点了解协会与市中级人民法院在保险纠纷诉调对接工作中确立的“诉前联合调解”模式的开展情况。

6月27日，无锡市保险行业协会与市消费者协会联合召开无锡市保险业加强社会监督强化行业自律动员大会，提高各保险公司对加强社会监督，强化行业自律重要性的认识。

8月，无锡市保险行业协会组织全市保险从业人员参加岗位技能大赛初赛、复赛，决出胜出的5名选手代表无锡保险业参加江苏保监局、省总工会举办的“中邮人寿杯”保险销售从业人员岗位技能大赛。

9月27日，市保险行业协会与市中院联合召开“诉调对接”联席会议，各财险公司分管总及经办人员、中院两级法院有关庭长及法官参加会议。无锡地区涉保险纠纷诉调对接属于动员社会力量化解矛盾的一项机制创新，也是推动完善有中国特色诉讼与非诉讼相衔接矛盾纠纷解决机制的一项生动实践。自4月实行“庭前调解”模式，行业协会参与调解案件368件，结案率达94%。

10月18日，江苏保监局局长宋志华带领办公室主任钮磊磊和产险处处长王雷无锡调研。

11月14日，无锡市保险行业协会召开反保险欺诈工作座谈会。市经侦副支队长许昌就本市查处金融案件情况以及形势作介绍，各公司与经侦互动对典型案例分析、对疑难问题解惑，太保、天平两家公司还当场递交三个疑似案件。

11月20—21日，中国保险行业协会在无锡召开保险法律工作联席会议。会议主要从《中华人民共和国保险法》司法解释(二)对行业的影响与挑战、保险公司法律工作管理模式经验与新机制建设探讨、保险诉讼经验、保险纠纷调处机制建设与经验、保险行业协会自律协议反垄断问题探讨、保险资金运用中法律风险及防范经验等方面进行交流。最高人民法院民二庭审判长宫邦友到会作主题演讲。

【公益活动】 2013年3月15日，无锡市消委会组织纪念“3·15”国际消费者权益日现场互动活动。无锡市保险行业协会组织行业内有关保险公司参加“3·15”现场互动活动，组织专业骨干人员设立服务台，接受保险咨询。

【教育培训】 2013年5月21日，无锡市保险行业协会特邀请市公安局经侦支队有关领导给全市各保险公司相关人员作保险业防范和打击非法集资专题讲座。市经侦支队副支队长许昌列举发生在无锡地区大量真实、触目惊心的案例，对非法集资案件进行剖析。

11月22日，无锡市保险行业协会特邀南京大学政府管理学院顾海教授到无锡开展关于“国内外不同健康保障制度模式比较与评析”的讲座。顾海从社会保障、健康保障两大方面分别阐述中国与国外保障制度的区别与比较。

无锡市保险行业协会组织机构设置

会　长：陈爱国

秘书长：尤玲娜

常务理事：尤力人　鲁　强　许　威　徐　芳　吴耀宇　徐竹逸　张建平　陈爱国　侯　勇　谢　丹　狄秀英　顾鹏飞　尤玲娜

秘书处机构设置及负责人：

综合管理：尤玲娜(兼)

业务联络：邹富强

考试中心：万林敏

会员单位：

财产保险：

3月14日，无锡保险业精神文明建设工作会议暨年度表彰会召开

中国人民财产保险股份有限公司无锡市分公司
中国太平洋财产保险股份有限公司无锡分公司
中国平安财产保险股份有限公司无锡分公司
天安财产保险股份有限公司无锡中心支公司
大众保险股份有限公司无锡中心支公司
中华联合财产保险股份有限公司无锡中心支公司
永安财产保险股份有限公司无锡中心支公司
中国大地财产保险股份有限公司无锡中心支公司
华安财产保险股份有限公司无锡中心支公司
安邦财产保险股份有限公司无锡中心支公司
阳光财产保险股份有限公司无锡中心支公司
华泰财产保险有限公司无锡中心支公司
太平财产保险有限公司无锡中心支公司
都邦财产保险股份有限公司无锡中心支公司
中国人寿财产保险股份有限公司无锡市中心支公司
民安财产保险有限公司无锡中心支公司
渤海财产保险股份有限公司无锡中心支公司
华农财产保险股份有限公司无锡中心支公司
中银保险有限公司无锡中心支公司
天平汽车保险股份有限公司无锡中心支公司
安诚财产保险股份有限公司无锡中心支公司
长安责任保险股份有限公司无锡市中心支公司
紫金财产保险股份有限公司无锡分公司
三井住友海上火灾保险(中国)有限公司江苏分公司
英大泰和财产保险股份有限公司无锡中心支公司
信达财产保险股份有限公司无锡中心支公司
浙商财产保险股份有限公司无锡中心支公司
永诚财产保险股份有限公司

人寿保险
中国人寿保险股份有限公司无锡市分公司
中国太平洋人寿保险股份有限公司无锡分公司
中国平安人寿保险股份有限公司无锡中心支公司
新华人寿保险股份有限公司无锡中心支公司
泰康人寿保险股份有限公司无锡中心支公司
太平人寿保险有限公司无锡中心支公司
民生人寿保险股份有限公司无锡中心支公司
生命人寿保险股份有限公司无锡中心支公司
海康人寿保险有限公司江苏分公司无锡中心支公司
合众人寿保险股份有限公司无锡中心支公司
信诚人寿保险有限公司江苏省分公司无锡营销服务部
中宏人寿保险有限公司江苏分公司无锡中心支公司
北大方正人寿保险有限公司江苏分公司无锡中心支公司
中意人寿保险有限公司江苏省分公司无锡中心支公司
国泰人寿保险有限责任公司江苏分公司无锡营销服务部
农银人寿保险股份有限公司无锡中心支公司
恒安标准人寿保险有限公司江苏分公司无锡营销服务部
友邦保险有限公司江苏分公司无锡中心支公司
瑞泰人寿保险有限公司江苏分公司无锡营销服务部
中国人民健康保险股份有限公司无锡中心支公司
光大永明人寿保险有限公司无锡中心支公司
平安养老保险股份有限公司无锡中心支公司
华泰人寿保险股份有限公司无锡中心支公司
和谐健康保险股份有限公司无锡中心支公司
长城人寿保险股份有限公司无锡中心支公司
英大泰和人寿保险股份有限公司无锡中心支公司
华夏人寿保险股份有限公司无锡分公司
工银安盛人寿保险有限公司江苏分公司无锡营销服务部
中美联泰大都会人寿保险有限公司江苏分公司无锡营销服务部
阳光人寿保险股份有限公司无锡中心支公司
正德人寿保险股份有限公司无锡中心支公司
中国人民人寿保险股份有限公司无锡中心支公司
信泰人寿保险股份有限公司无锡中心支公司
国华人寿保险股份有限公司无锡中心支公司
中英人寿保险有限公司江苏分公司无锡营销服务部
幸福人寿保险股份有限公司无锡中心支公司
中德安联人寿保险有限公司江苏分公司无锡营销服务部
利安人寿保险股份有限公司无锡分公司
招商信诺人寿保险有限公司江苏分公司无锡营销服务部
交银康联人寿保险有限公司无锡市中心支公司
东吴人寿保险股份有限公司无锡分公司

中介机构:
江苏统一保险代理有限公司
江苏首信保险代理有限公司
江苏华美保险代理有限公司
无锡诚安保险代理有限责任公司
无锡新天地保险代理有限公司
无锡市瑞达信保险代理有限公司
恒泰保险经纪有限公司无锡分公司
江苏康安保险经纪有限公司
大童保险销售服务有限公司江苏无锡营业部
江苏华邦保险代理有限公司无锡市惠山分公司
上海恒量保险公估有限公司无锡分公司
江苏华鹏保险代理有限公司无锡分公司
平安保险代理有限公司无锡分公司
紫金保险销售有限公司无锡分公司

徐州市保险行业协会

【概况】 徐州市保险行业协会于1998年3月18日由中国人民银行徐州市中心支行成立，2001年，业务主管机关变更为中国保险监督管理委员会江苏保监局，设秘书处为日常办事机构。2013年，协会把握稳中求进工作基调，正确处理改革、发展、稳定的关系，围绕“抓服务、严监管、防风险、促发展”的总体要求，做好各项工作。

【风险防范】 一是突出重点，加强防范。2013年，徐州市保险行业协会始终把防范寿险满期给付和退保风险、司法案件风险、非法集资风险作为重点，常抓不懈。二是加强风险排查，及时发现和处置问题。建立寿险满期给付和退保风险排查和报告制度，坚持每月排查、调度、报告一次情况，及时发现和处理问题。三是建立应急预案，落实工作责任制。成立由市维稳办、银监局、消费者协会、相关银行和保险公司、协会秘书处有关领导参加的应急处置工作领导小组。四是加强与公安、法院等相关部门协调和联动，及时处置各种风险苗头。五是加强舆情监测，引导媒体宣传，坚持每日舆情报告制度，及时发现和处置负面影响。

【行业自律】 2013年，徐州市保险行业协会采取“大联动、全覆盖、高频率”自律检查模式，加强行业自律管理工作。一是突出重点，加大检查工作力度。在检查的内容上，重点对产险市场的规范、理赔和寿险销售误导、银保业务等问题开展检查；在检查的对象上，以业务规模较大、违规问题较多和市场反映强烈的公司为重点；先后组织行业自律工作集中检查、自查和互查7次，先后5次对16家公司进行重点检查，对12家公司进行举报核查。二是不断扩大自律领域，先后9次到县(市)区调研情况，检查工作，强化对基层市场的自律规范。三是严格自律处罚。采取业内通报、扣罚违约金等方式对违约行为进行处理，先后对3家公司进行处罚，对14家公司进行高管约谈。四是加强考试中心管理和服务工作。全年组织全市保险营销代理人员考试报名人数22423人次。

【服务行业发展】 2013年，徐州市保险行业协会一是围绕治理销售误导和理赔难等问题，加强督促和检查；采取现场检查和电话检查相结合的办法，每月对地市级保险机构“总经理信访接待日”制度落实情况检查一次；畅通保险咨询投诉渠道，完善信访工作机制，协调处理客户投诉问题，及时化解矛盾纠纷，先后受理保险消费者上门投诉和咨询160余人次，处理率90%。二是扩大调解面和工作影响，成功调解3002起保险纠纷，调解金额1.09亿元。先后应邀参加中国保险法学研究会和中国人民大学联手在北京举办的2013年度中国保险市场发展的新阶段、新问题、新举措(制度创新与发展)研讨会和中保协举办的全国保险纠纷诉调对接工作培训会，并作典型发言；全年先后有4家省级保监局和兄弟协会到徐州市保险行业协会进行现场学习和交流。三是加强快速理赔服务中心建设。对快速理赔服务中心的管理和服务工作进行规范，聘任2名理赔服务专员，常年派住理赔服务中心，负责理赔中心的日常管理，协助中小公司对轻微交通事故理赔案件进行快速处理，会同公安事故处理大队，先后2次对快速理赔服务中心的管理和服务工作情况进行突击检查，5次对22家产险公司进行车险理赔服务质量模拟测评，并将测评结果在业内进行通报。全年三个理赔服务中心快速处理38000余起轻微交通事故理赔案件。

【服务经济社会】 2013年，徐州市保险行业协会加强协调，发挥保险功能作用。一是组织保险机构参与全市重点工程对接洽谈会，协调保险机构支持徐州市经济建设；组织和参与东三环高架快速路、环境污染责任保险及大病保险的相关准备与招投标工作；定期或不定期向市政府领导及金融办汇报保险业工作情况，及时反映保险业发展中存在问题。二是激发行业活力，主动参与创新社会管理。协会加强与市金融办、市农机局、市文明委、市人行等单位的沟通交流，参与平安金融创建、全市金融生态县创建、拖拉机交强险承保、政策性农业保险、道路救助基金管理等工作。在高科技企业、交通运输、环境整治、卫生服务、安全生产、出口贸易、农业建设等领域不断发挥商业保险风险保障、社会管理的功能。三是发挥协会桥梁纽带作用，加强业内协调，及时化解行业内部因业务和人员流动引发的矛盾纠纷，促进行业和谐发展。

【行业宣传】 徐州市保险行业协会通过媒体畅通与保险消费者的沟通渠道，倾听消费者的意见建议，推进保险业改革创新和发展。2013年，《人民日报》、中央电视台报道徐州市保险道路救助基金管理工作情况，《中国保险报》“记者走进苏北之徐州篇”全面介绍徐州保险业近年来的改革和发展情况，人民网、《新华日报》报道徐州市保险诉调对接工作经验和做法。通过报刊、微博等多种形式，强化对大病保险、农业保险等热点问题的宣传力度，组织开展7月8日“全国保险公众宣传日”和“3·15”消费者权益日集中宣传活动。

【重大活动】 2013年3月2日，徐州市保险行业协会组织召开人身险工作会议并下发文件，部署退保风险防范化

5月29日，徐州市保险行业协会联合徐州市保险学会召开保险文化建设启动大会

解工作。

3 月 15 日，徐州市保险行业协会牵头组织保险公司开展大型户外保险宣传服务活动，通过听取社会公众对保险服务的意见和建议，使企业公司认识解决销售误导、理赔难问题，自觉接受来自社会各界的监督。

3 月 29 日，江苏保监局副局长葛翎在徐州市保险行业协会主持召开部分财产险公司座谈会，重点就消费者权益保护、保险矛盾纠纷诉调对接、政策性农业保险等方面工作开展调研。

4 月 11 日，2013 年徐州重大项目投融资对接洽谈会在徐州市新城区会议中心举行。此次洽谈会上，中国人寿、平安保险、利安人寿、太平洋保险、太平保险等 5 家保险机构与政府投融资公司、企业签订 50 亿元保险直投融资合作意向协议。

4 月 23 日，徐州市保险行业协会组织全体工作人员，向四川雅安地震灾区捐款 1400 元。

5 月 29 日上午，徐州市保险行业协会、徐州市保险学会联合召开徐州市保险行业文化建设工作会议。

7 月 8 日，全国首个保险公众宣传日，徐州市保险行业协会围绕“守信用 担风险 重服务 合规范”的行业核心价值理念开展了一系列宣传服务活动，宣传“全国保险公众宣传日”主题及设立的意义，通过普及保险知识，传达保险服务，促进全社会认知、关注和运用保险，较好实现“倾听由心、互动你我”的宣传目标。

7 月 30 日，江苏保监局副局长王宝敏一行深入徐州、铜山，开展以服务基层、服务消费者、服务保险业发展为主要内容的群众路线教育实践活动，并同践行保险核心价值理念、维护保险消费者权益、做好当前各项工作紧密结合起来。

8 月 28 日，两位文艺、高校教育领域工作者，走进徐州市保险行业协会畅谈保险，拉开“专家学者谈保险”活动序幕。

9 月 2 日，徐州市保险行业协会举办保险销售从业人员岗位技能（知识）大赛。

10 月 18 日，徐州市保险行业协会联合徐州市中级人民法院召开徐州市保险纠纷联合化解工作推进会暨保险理论研讨会。

10 月中旬，徐州市保险行业协会联合江苏电视台推出江苏保险行业文化宣传专题片徐州篇《汉风飞扬》。

徐州市保险行业协会组织机构设置

会　长：任凯军

副秘书长：郑宗峰

常务理事：朱徐阳　李晓飞　孟洪祥　高洪涛　张桂泽　任凯军　吴海洋　王　毅　周立军　刘　亮

秘书处机构设置及负责人：

寿险部：曹祥玲

产险部：郑宗峰

中介部：童小红

综合部/考试中心：张海松

会员单位：

中国人寿保险股份有限公司徐州市分公司

中国太平洋人寿保险股份有限公司徐州中心支公司

中国平安人寿保险股份有限公司徐州中心支公司

泰康人寿保险股份有限公司徐州中心支公司

新华人寿保险股份有限公司徐州中心支公司

太平人寿保险有限公司徐州中心支公司

生命人寿保险股份有限公司徐州中心支公司

民生人寿保险股份有限公司徐州中心支公司

合众人寿保险股份有限公司徐州中心支公司

农银人寿保险股份有限公司徐州中心支公司

华泰人寿保险股份有限公司徐州中心支公司

友邦保险有限公司徐州中心支公司

华夏人寿保险股份有限公司徐州中心支公司

中国人民人寿保险股份有限公司徐州中心支公司

恒安标准人寿保险有限公司徐州中心支公司

正德人寿保险股份有限公司徐州中心支公司

信泰人寿保险股份有限公司徐州中心支公司

海康人寿保险有限公司徐州营销服务部

中英人寿保险有限公司徐州营销服务部

阳光人寿保险股份有限公司徐州中心支公司

光大永明人寿保险有限公司徐州中心支公司

中德安联人寿保险有限公司徐州营销服务部

和谐健康保险股份有限公司徐州中心支公司

英大泰和人寿保险股份有限公司徐州中心支公司

国华人寿保险股份有限公司徐州中心支公司

信诚人寿保险有限公司徐州营销服务部

长城人寿保险股份有限公司徐州中心支公司

利安人寿保险股份有限公司徐州分公司

建信人寿保险有限公司徐州中心支公司

中融人寿保险股份有限公司徐州中心支公司

交银康联人寿保险有限公司徐州中心支公司

百年人寿保险股份有限公司徐州中心支公司

7 月 8 日，徐州保险业在市中心商业广场举办全国保险公众宣传日活动

东吴人寿保险股份有限公司徐州市分公司
中国人民财产保险股份有限公司徐州市分公司
中国太平洋财产保险股份有限公司徐州中心支公司
中国平安财产保险股份有限公司徐州中心支公司
天安保险股份有限公司徐州中心支公司
大众保险股份有限公司徐州中心支公司
中华联合财产保险股份有限公司徐州中心支公司
华泰财产保险股份有限公司徐州中心支公司
永安财产保险股份有限公司徐州中心支公司
阳光财产保险股份有限公司徐州中心支公司
中国大地财产保险股份有限公司徐州中心支公司
华安财产保险股份有限公司徐州中心支公司
都邦财产保险股份有限公司徐州中心支公司
安邦财产保险股份有限公司徐州中心支公司
中国人寿财产保险股份有限公司徐州中心支公司
太平财产保险有限公司徐州中心支公司
安诚财产保险股份有限公司徐州中心支公司
渤海财产保险股份有限公司徐州中心支公司
中银保险有限公司徐州中心支公司
长安责任财产保险股份有限公司徐州中心支公司
紫金财产保险股份有限公司徐州中心支公司
永诚财产保险股份有限公司徐州中心支公司
江泰保险经纪有限公司徐州分公司
徐州爱健保险代理有限公司
东恒保险代理有限公司徐州分公司
汉源保险代理有限公司
江苏恒诺保险代理有限公司
江苏红叶保险代理有限公司
华邦保险销售有限公司徐州分公司
江苏华能保险代理有限公司
徐州蓝惠保险代理有限公司

常州市保险行业协会

【概况】 2013年，常州保险行业协会践行“守信用、担风险、重服务、合规范”核心价值理念，推进改革创新，转变发展方式、拓宽服务领域、加强行业自律，维护保险消费者合法权益，打造受人尊敬的保险行业。

【行业自律】 2013年，常州保险行业协会一是以“巩固自律成果，扩展自律范围，维护消费权益”为总体目标，由监控手续费率转变为监控综合成本率，开展产险业务自律检查工作。二是重点治理车险理赔难。协会以贯彻落实2012版车险理赔自律公约为基本要求，不定期开展车险理赔自律检查、快速理赔中心服务评比、车险理赔服务模拟测评工作，推动保险机构推出便民服务新举措，为建立全行业理赔服务标准打下基础。人身险自律：协会以治理寿险销售误导为中心工作，关注公司销售行为，与公安内保支队等部门联动，防范化解满期给付和集中退保风险。中介自律：一是圆满完成保险中介行业自律“三步走”模式，即“开展保险主体中介业务自律—建立中介自律组织—开展中介行业自律”；二是做好中介机构基本情况登记和相关事宜的提示工作，协助江苏保监局开展新中介机构筹建指导工作；三是协会保监局督促保险专业中介机构做好年度外部审计工作。

【服务协调显功能】 2013年，常州保险行业协会做好政府“参谋和助手”。一是受市政府委托完成年度目标管理考核工作；二是配合市政府金融办制订并贯彻落实《常州市金融业发展三年行动计划(2013—2015)》；三是“保险业参与社会管理机制创新工程”被纳入全市年度社会综合管理工程。

构建完善的纠纷调解机制。一是个人调解。市区三公里范围圈道路交通事故保险理赔“一站式”服务网络再次延伸，轻微交通事故调处机制由市内延伸至高速公路。个人调解(即自行协商处理方式)成为化解轻微交通事故赔偿主要方式，事实清楚责任明确的轻微交通事故由各方当事人自行协商，提升事故处理效率，化解矛盾纠纷。二是行政调解。协会与市交警支队事故处理大队联合建立的“服务信息资源库”，以“QQ群”方式搭建的各产险公司理赔部门与事故处理部门交流平台建成，帮助事故民警快速、准确进行赔偿调解工作。三是人民调解。参与医患纠纷调解工作和融入交通事故赔偿纠纷调解各环节。四是司法调解。推进道路交通事故损害赔偿纠纷案件联动调解机制，扩大机制覆盖范围和增强执行力。五是保险业内合同纠纷调解。推进保险合同纠纷调处工作，完成调解专家委员和专职调解员聘

5月7日，江苏保监局副局长葛翎视察常州市武进交通事故巡回法庭

任工作，保障保险合同纠纷调处工作有序开展。

开展行业安全保卫工作。安全保卫工作委员会遵循“以防为主、以堵为辅、防堵并举”原则，建立安全保卫应急处理机制防范化解风险，不断建立健全工作机制，防堵并举保障安全，重点关注人身险满期给付和集中退保问题。截至目前，全市未发生“群退群闹”“有组织上访”“恶意冲击保险机构”等损害保险行业形象的事件。

【营造和谐发展环境】 2013年，常州保险行业协会一是行业内加强交流。协会组织召开理事会、常务理事会、总经理联席会议及专业委员会、部门工作例会，传达贯彻江苏保监局、省协会文件精神，协商并签署各类自律公约，交流各阶段市场动向。二是业内外加强沟通交流。协会多次组织多部门联席会议，及时化解联动机制运行中存在问题；组织媒体专线记者交流活动，引导媒体记者了解行业特色，正确把握报道尺度；组织行风监督员开展调研督导活动，帮助保险行业规范经营并获得政府职能部门支持。

协会按要求参加江苏保监局、市委市政府组织召开的各类会议，参与省协会组织的各项活动，通过联谊、电话、邮件等方式与兄弟协会交流，互通有无，探究适合全市保险业发展的新路子。

【坚持整合宣传资源】 2013年，常州保险行业协会开展集中宣传活动。一是在“3·15”和“7·8”前后举行大型广场宣传咨询活动。二是协会以举办车险查勘定损岗位技能大赛和保险销售从业人员岗位技能大赛(取得两名选手分获全省总决赛第二、三名的佳绩)为契机，集中向社会宣传。

持续开展保险好新闻评比活动。完成每年度保险好新闻评选工作，评选出报纸、广播、电视获奖作品，向记者和编辑颁奖。市各主流媒体刊发、播出保险新闻200余篇(条)。

推进多元化宣传战略。平面媒体深入合作。协会连续三年在常州晚报开设“家与保险”专栏，每周一期，内容

3月15日，常州市保险行业协会举行保险消费维权活动

涉及保险承保、理赔等各环节，并以此为主阵地宣传监管部门推出的新政策、新措施。电波媒体相互协作。协会与媒体记者建立良好互动机制，协会有好的新闻点及时邀请记者进行报道，记者遇保险纠纷类新闻及时通报协会，保证报道公正、客观。网络媒体日渐成熟。

【自身建设】 2013年是常州保险行业协会换届年，协会按照《章程》规定和江苏保监局要求完成换届工作，选举中国人寿保险股份有限公司常州市分公司总经理高新华任会长，中国人民财产保险股份有限公司常州市分公司总经理蒋旭、中国太平洋人寿保险股份有限公司常州分公司总经理陆美琴任副会长，孟金贵连任常州市保险行业协会秘书长。

5月27日，江苏省民政厅发布《关于第四批社会组织评估结果的通报》，协会成为全市首批、全省第三家保险社团成功创建AAAAA级社会组织的单位之一。

【重大活动】 2013年1月10日，常州保险行业协会首次组织召开全市保险业财务工作会议，全市61家保险公司财务经理参加，常州银联代表应邀出席，会议传达《江苏产险市场区域监管工作办法(试行)》和通报2013年度全市保险业重点工作。

1月24日，协会召开2012年度全市保险系统目标管理考核暨六届二次理事会。市政府金融工作办公室、市民政局社会组织管理处等领导出席会议。会长高新华和秘书长孟金贵分别向理事会作协会2012年度工作报告和财务报告。会议对保险系统获得2012年度优胜单位和先进单位称号的12家公司进行通报表彰并颁发奖牌。

5月7日，江苏保监局副局长葛翎带队对武进区道路交通事故保险赔偿纠纷案件“四方联调”机制进行调研。武进区“四方联调”机制在保险行业协会的推动下成立，以事故当事人和保险公司为主体，当地法院和公安交警参与，“四方联调”机制走出一条“便利、高效、低成本”化解道赔案件纠纷新路，取得事故当事人、法院、公安交巡警部门、保险公司各方共赢的预期效果。

10月21日，常州市保险行业协会消费维权投诉站挂牌成立。常州市消费者协会秘书长孙力、副秘书长金红惠一行专程赴常州市保险行业协会，为全市保险业消费维权投诉站授牌。

【公益活动】 2013年，常州保险业开展保险消费维权系列活动。常州市保险行业协会在市中心商业广场与市放心消费创建活动办公室、市消费者

协会共同举办“保险消费　安全放心”大型宣传咨询活动，常州电台、《常州日报》、《常州晚报》及中吴网、化龙巷网站分别通过不同切入点对保险行业维护消费者权益工作进行报道。

常州市保险行业协会组织机构设置

会　长：高新华
秘书长：孟金贵
常务理事：孟金贵　高新华　姜　宇　朱从文　蒋　旭　王　峰　陆美琴　王年宝　谈文兴　杜炳冲　袁龙才　孟庆飙　刘云鹏

秘书处机构设置及负责人：
财产保险部：钱骏峰
人身保险部：杨　帆
综合部：钱骏峰
中介部：韩燕平
电考中心：孟　陈
结算中心：韩燕平
保险合同纠纷调处中心：李明伟

会员单位：
中国人民财产保险股份有限公司常州市分公司
中国人寿保险股份有限公司常州市分公司
中国太平洋财产保险股份有限公司常州分公司
中国太平洋人寿保险股份有限公司常州分公司
中国平安财产保险股份有限公司常州中心支公司
中国平安人寿保险股份有限公司常州中心支公司
天安财产保险股份有限公司常州中心支公司
泰康人寿保险股份有限公司常州中心支公司
新华人寿保险股份有限公司常州中心支公司
大众保险股份有限公司常州中心支公司
中华联合财产保险股份有限公司常州中心支公司
太平人寿保险有限公司常州中心支公司
永安财产保险股份有限公司常州中心支公司
太平财产保险有限公司常州中心支公司
华安财产保险股份有限公司常州中心支公司
生命人寿保险股份有限公司常州中心支公司
安邦财产保险股份有限公司常州中心支公司
合众人寿保险股份有限公司常州中心支公司
都邦财产保险股份有限公司常州中心支公司
民生人寿保险股份有限公司常州中心支公司
信诚人寿保险有限公司江苏省分公司常州营销服务部
永诚财产保险股份有限公司常州中心支公司
中宏人寿保险有限公司江苏分公司常州中心支公司
北大方正人寿保险有限公司江苏分公司常州营销服务部
中国大地财产保险股份有限公司常州中心支公司
海康人寿保险有限公司江苏分公司常州中心支公司
阳光财产保险股份有限公司常州中心支公司
国泰人寿保险有限责任公司江苏分公司常州营销服务部
华泰人寿保险股份有限公司常州中心支公司
和谐健康保险股份有限公司常州中心支公司
民安保险(中国)有限公司常州中心支公司
中银保险有限公司常州中心支公司
恒安标准人寿保险有限公司江苏分公司常州营销服务部
渤海财产保险股份有限公司常州中心支公司
平安养老保险股份有限公司常州中心支公司
中德安联人寿保险有限公司江苏分公司常州营销服务部
友邦保险有限公司江苏分公司常州营销服务部
中国人寿财产保险股份有限公司常州市中心支公司
中国人民人寿保险股份有限公司常州中心支公司
安诚财产保险股份有限公司常州中心支公司
长安责任保险股份有限公司常州市中心支公司
华夏人寿保险股份有限公司常州中心支公司
阳光人寿保险股份有限公司常州中心支公司
工银安盛人寿保险有限公司江苏分公司常州营销服务部
华农财产保险股份有限公司常州中心支公司
信泰人寿保险股份有限公司常州中心支公司
天平汽车保险股份有限公司常州中心支公司
紫金财产保险股份有限公司常州中心支公司
长生人寿保险有限公司江苏分公司常州营销服务部
长城人寿保险股份有限公司常州中心支公司
光大永明人寿保险有限公司常州中心支公司
幸福人寿保险股份有限公司常州中心支公司
中美联泰大都会人寿保险有限公司江苏分公司常州营销服务部
国华人寿保险股份有限公司常州中心支公司
安邦人寿保险股份有限公司常州中心支公司
建信人寿保险有限公司常州中心支公司
利安人寿保险股份有限公司常州分公司
中国人民健康保险股份有限公司常州中心支公司
浙商财产保险股份有限公司常州中心支公司
信达财产保险股份有限公司常州中心支公司
英大泰和财产保险股份有限公司常州中心支公司
英大泰和人寿保险股份有限公司常州中心支公司
东吴人寿保险股份有限公司常州分公司
泰山财产保险股份有限公司常州中心支公司

苏州市保险行业协会

【概况】 2013年，苏州市保险行业协会充分履职，主动创新，提升服务社会和行业的能力，同时不断强化协会自身建设，从而促进行业持续稳健发展。

【行业宣传】 创新宣传形式。2013年，苏州市保险行业协会制作《保险普惠民生，助建和谐社会》行业宣传片，并在全市3000辆公交车和市区主要路口电子屏上滚动播放；将行业宣传片和《保险与民生》电视节目视频刻录成光盘并下发，由各保险公司在服务窗口播放。

巩固宣传阵地。一是继续与电视台、电台、报纸合作，以《保险与民生》《保险直播间》《保险消费者教育》等栏目为载体，向市民普及保险基本知识，推广科学消费理念。《保险与民生》播放47期，《保险直播间》播放52期，《保险消费者教育》刊登35期，127人走进电视台和电台节目现场。二是走进社区。与市广电总台、卫生局合作，开展"健康大巴进社区、保险服务进万家"系列活动，利用双休日时间，11次组织保险公司走进大型社区，为附近居民送上保险知识。三是协会网站改版升级，增加《政策法规》《保险案例》等栏目，强化网站指导性和实用性功能，并融入地域特色。

把握宣传节点。协会围绕"3·15"消费者权益保护日、反保险欺诈宣传日、"全国保险公众宣传日"活动等重要节点，组织保险公司在市民广场开展大型广场咨询服务活动，并向社会公布诚信服务庄严承诺。共分发3万余册协会编印的《走进保险》宣传册，接待投诉、咨询群众1800多人次。

【行业自律】 以自律维护市场秩序。2013年，协会制定《机动车辆保险行业自律公约(补充公约)》；组织企财险行业自律检查，通报违约公司4家，处理违约金6.1万元；抽查反保险欺诈提示制度执行情况，并在业内通报；对查实有挪用保费行为营销人员进行业内"风险提示"；与会员单位沟通，贯彻江苏保监局关于自律工作新要求。结算中心全年支付手续费21271笔，支付手续费总金额43062.84万元。

以自律预防群体风险。制定《苏州人身保险业防范处置满期给付与集中退保风险工作应急预案》，组织专业人员，对苏州市场上满期给付压力较大的15家保险公司35个基层网点柜面进行抽查，并通过书面形式，对柜面人员测评应知应会相关政策，将检查结果进行全行业通报。

以自律提升服务质量。开展7次"神秘人"检查，覆盖全市城乡32个银行网点，以买保险形式亲身体会销售全过程，严堵销售误导；组织公司专业人员开展人身险保单回访及再回访检查，并公布检查结果；每半年开展一次车险模拟现场查勘定损测评；组织客户满意度调查，发放测评问卷表5000份，回收率74.5%；在全省首家设置车险电销禁拨平台。

【服务行业发展】 创新行业服务方式。2013年，苏州市保险行业协会与公安交警部门联系沟通，建立节假日高速免费通行期间轻微交通事故快速处理机制。国庆期间，苏州保险业在苏州境内高速公路段设立4个轻微交通事故快速处理点，处理轻微事故416起，涉及车辆825辆，估损金额600万元左右。2013年，市区5家理赔服务中心定损事故车21万余辆，平均每天近600辆；继续发挥道路交通事故快速处理信息平台即"警务通"作用，全年记录各类事故信息96432条，同比增加54.27%。

维护消费者合法权益。协会继续完善保险合同纠纷处理机制。做好"四方联动"沟通协调工作，深化道路交通事故保险合同纠纷多方联动诉前快速调处机制；接受中级法院委托，开展诉前调解；做好秘书长接待日信访处理工作。协会全年处理投诉调解案件543件；通过诉前调解机制受理案件905件，涉案金额10419万元，其中调解成功540件，调解结案金额5743万元。

提高协会服务水平。协会考试中心在年中新系统上线初期，为各保险公司统一在线培训报名操作流程以及资格证、执业证换发和申请的操作流程，确保新老系统衔接。全年考试中心组织708场保险销售从业人员资格考试，33756人报名，参考人数30527人；新发资格证23530本，换发资格证6959本；同时承办654人次参加的人身保险资格考试和109人参加的华南理工大学继续教育入学考试。

【行业文化建设】 2013年，苏州市保险行业协会组织苏州保险业专业中介机构首届岗位技能大赛，22支代表队、66名选手参加比赛；通过层层选拔，选派4名优秀选手参加全省保险业第三届岗位技能大赛（销售从业人员岗位），其中2人获奖；组织"行业文化和行业价值理念"宣讲会，300多人参加会议；举办诉调对接培训班、讲师组训综合技能培训班，全年600多人次接受培训；组织从业人员撰写保险核心价值理念学习心得，收到149篇，其中18篇陆续在《苏州保险信息》上刊登。7月，协会牵头成立苏州保险业慈善爱

7月8日，苏州保险业学雷锋志愿者服务队成立

心基金和学雷锋志愿者服务队，组织保险公司开展一系列公益活动：向市福利院、贫困学子、雅安地震灾区捐款68.27万元；向全市党员关爱基金捐款37.2万元，参加“慈善一日捐”活动捐款32.78万元；组织志愿者慰问100多名环卫工人，牵手30多名民工子弟小学孩子欢度周末等。苏州保险业慈善爱心基金筹集捐款81.63万元。2013年，协会深入贯彻党的群众路线教育实践活动，围绕自律、维权、协调、宣传、服务等5大类共10项工作，向会员单位征求意见和建议，收到162条意见、建议。协会党支部开展“三员”体验活动，每名党员利用三天时间，分别到保险公司体验定损员、营销员和客服人员工作，了解客户需求，并撰写学习体会。

【重大活动】 2013年3月15日，苏州保险业在会议中心广场举办大型宣传咨询服务暨诚信服务承诺签名活动，向市民分发5000册保险知识宣传册，现场接待咨询、投诉300多人次。

3月20日，苏州市保险行业协会纳税人之家正式成立。

6月21日，苏州保监分局、苏州市公安局经侦支队、苏州市保险行业协会在会议中心广场联合组织开展反保险欺诈宣传日活动。

7月8日，苏州首个“全国保险公众宣传日”活动启动。市委宣传部、市金融办、文明办、消保委、慈善总会领导出席活动。500多名保险从业人员参加活动。

【培训交流】 2013年9月5日，苏州市保险行业协会举办行业文化和行业价值理念宣讲会，江苏保监局统研处科长沈健蓉主讲，300多名保险从业人员参加会议。

11月12日，协会举办苏州保险业诉调对接实务培训，邀请市中级人民法院审判长顾平授课。全市33家产险公司近百名相关人员参加培训。

12月11日，苏州保险业讲师组训综合技能培训班在相城在水一方大酒店举办。苏州大学汪晓媛教授、市教育局张维元特级教师分别授课。近200人接受培训。

【技术练兵】 2013年3月13日、10月18日，苏州保险业分别组织车险理赔现场测评。测评活动邀请当地主流媒体和保险业社会监督员参加。

6月25日，协会在金阊市民活动中心举办苏州保险业专业中介机构首届岗位技能大赛。大赛分预赛和决赛两部分。22支代表队、66名选手参加比赛。

【公益慈善】 2013年7月8日，苏州保险业学雷锋志愿者服务队和慈善爱心基金成立。

8月23日，苏州保险业慈善爱心基金通过市慈善总会向贫困学子捐助3万元。

8月29日，保险业学雷锋志愿者慰问环卫工人，送上中秋节日祝福。

11月16日，协会组织28名志愿者牵手外来务工子弟学校立新小学的孩子们到石湖公园，共度快乐周末。

苏州市保险行业协会组织机构设置

会　长：沈丽敏

副会长：李伟民　席于林　冯　军

秘书长：张爱华

常务理事：沈丽敏　李伟民　席于林　夏建阳　王　新　冯　军　蒋　雷　季小良　汪小清　张　炜　徐苏宁　陈德林　王法林　唐　健　赵　凉　李红芳　刘明钟　陆英豪　张爱华

秘书处机构设置及负责人：

综合管理部：张　颖

务联络部：李　剑

考试中心：金梅珍

会员单位：

中国人民财产保险股份有限公司苏州市分公司

中国人寿保险股份有限公司苏州市分公司

中国太平洋财产保险股份有限公司苏州分公司

中国太平洋人寿保险股份有限公司苏州分公司

中国平安财产保险股份有限公司苏州分公司

中国平安人寿保险股份有限公司苏州中心支公司

天安财产保险股份有限公司苏州中心支公司

大众保险股份有限公司苏州分公司

华泰财产保险有限公司苏州中心支公司

新华人寿保险股份有限公司苏州中心支公司

泰康人寿保险股份有限公司苏州中心支公司

友邦保险有限公司江苏分公司苏州中心支公司

中华联合财产保险股份有限公司苏州

8月29日，苏州保险业学雷锋志愿者慰问环卫工人，送上中秋节日祝福

中心支公司
信诚人寿保险有限公司苏州营销服务部
太平财产保险有限公司苏州分公司
太平人寿保险有限公司苏州分公司
民生人寿保险股份有限公司苏州中心支公司
永安财产保险股份有限公司苏州中心支公司
生命人寿保险股份有限公司苏州分公司
华安财产保险股份有限公司苏州中心支公司
中国大地财产保险股份有限公司苏州中心支公司
安邦财产保险股份有限公司苏州分公司
阳光财产保险股份有限公司苏州中心支公司
国泰人寿保险有限责任公司苏州营销服务部
都邦财产保险股份有限公司苏州中心支公司
天平汽车保险股份有限公司苏州中心支公司
永诚财产保险股份有限公司苏州分公司
北大方正人寿保险有限公司苏州营销服务部
光大永明人寿保险有限公司苏州分公司
中宏人寿保险有限公司江苏分公司苏州中心支公司
中银保险有限公司苏州分公司
民安财产保险有限公司苏州中心支公司
渤海财产保险股份有限公司苏州中心支公司
中德安联人寿保险有限公司苏州营销服务部
中国人寿财产保险股份有限公司苏州市中心支公司
和谐健康保险股份有限公司苏州中心支公司
平安养老保险股份有限公司苏州中心支公司
华夏人寿保险股份有限公司苏州分公司
华泰人寿保险股份有限公司苏州中心支公司
中国人民健康保险股份有限公司苏州中心支公司
安诚财产保险股份有限公司苏州中心支公司
华农财产保险股份有限公司苏州中心支公司
中国人民人寿保险股份有限公司苏州中心支公司
恒安标准人寿保险有限公司苏州中心支公司
中意人寿保险有限公司江分公司苏州中心支公司
工银安盛人寿保险有限公司江苏分公司苏州营销服务部
长安责任保险股份有限公司苏州市中心支公司
三星财产保险(中国)有限公司苏州分公司
阳光人寿保险股份有限公司苏州中心支公司
长城人寿保险股份有限公司苏州中心支公司
幸福人寿保险股份有限公司苏州中心支公司
紫金财产保险股份有限公司苏州分公司
中美联泰大都会人寿保险有限公司苏州支公司
日本财产保险(中国)有限公司江苏分公司
长生人寿保险有限公司苏州营销服务部
乐爱金财产保险(中国)有限公司苏州营销服务部
三井住友海上火灾保险(中国)有限公司江苏分公司苏州营销服务部
东京海上日动火灾保险(中国)有限公司江苏分公司
国泰财产保险有限责任公司苏州营销服务部
利安人寿保险股份有限公司苏州分公司
太平养老保险股份有限公司苏州营业部
信泰人寿保险股份有限公司苏州中心支公司
浙商财产保险股份有限公司苏州中心支公司
建信人寿保险有限公司苏州分公司
英大泰和财产保险股份有限公司苏州中心支公司
信达财产保险股份有限公司苏州中心支公司
东吴人寿保险股份有限公司苏州分公司
交银康联人寿保险有限公司苏州市中心支公司
瑞泰人寿保险有限公司苏州中心支公司
百年人寿保险股份有限公司苏州中心支公司

南通市保险行业协会

【概况】 2013年，南通市保险行业协会围绕“抓服务、严自律、防风险、促发展”的基本思路，努力培育和践行保险行业核心价值理念，落实监管要求，提升服务水平，改善行业形象，实现又好又快发展，各项工作取得较为满意的成果。

【行业文化建设】 南通市保险行业协会学习宣传、贯彻落实保险行业核心价值理念，推动南通保险业文化建设。一是组织协会工作人员每人撰写1篇学习心得体会(1篇被评为2等奖、3篇被收录保险研究杂志)。二是组织会员公司进行专题座谈，并邀请华邦保险代理公司总经理李萍萍作“身患绝症励壮志、不计名利献爱心”的事迹报告。三是利用宣传栏、网站、电子杂志等宣传途径，引导全行业开展形式多样的学习宣传活动，使保险行业核心价值理念成为全行业追求进步的力量源泉，为行业发展提供政治保障。

【服务社会】 2013年，南通市保险行业协会做好银保满期给付工作，维护南通社会稳定。一是专题部署。协会召开专题部署会，南通市发改委、江苏保监局主要负责人，南通市银监分局、公安内保支队、南通中院、维稳办、应急办等相关政府部门主要领导参加会议。南通市银行业协会和南通市保险行业协会，采取共同发文形式，要求各保险公司和合作银行认真落实。二是专题研讨。组织召开人身险公司高峰论坛，要求各人身险公司牢记“保险的政治意识、保险的服务意识、保险的经营意识”，强化“自己的孩子自己抱走、摆平就是水平、稳定压倒一切”。三是措施到位。协会和各人身险公司都成立群体性事件应急处理小组，实施与政府相关部门有效对接和通信畅通。

【行业自律】 2013年，南通市保险行业协会完善车险自律行为。协会多次召开产险公司总经理高峰会，研究制订《南通保险业车险自律行为规范》，

7月8日，由南通市保险行业协会主办的全国保险公众宣传日主题活动在南通环西文化广场举行

一是要求各产险公司严格按照向保监会报备的费率因子制定车险核保政策，严禁随意使用、调整和突破自律约定。二是车险电销经营，严禁赠送“礼品”。三是据实列支手续费，严禁通过“虚列费用变相暗贴”支付手续费。四是制订保险事故车辆喷漆定损价格标准，协会与南通市维修行业协会充分沟通协调，共同下发《南通地区保险事故车辆钣喷定损价格行为规则》，解决理赔定损“随意性”、定损价格“欠公正”和价格标准“不统一”等问题。

组织开展自律检查抓落实。一是根据相关文件要求和自律约定，协会对20家经营车险电销的产险公司，通过现场抽查、电话回访和电话呼入等方式，进行自律检查，违规公司受到处罚。二是规范摩托车、拖拉机(变拖)交强险承保工作，杜绝交强险拒保和强制搭售。三是费用内控检查，协会聘请第三方会计师事务所对29家产险公司，进行费用内控自律检查。对发现的问题，协会以风险提示和预警函的方式给予警示。四是加大银邮渠道暗访力度，南通辖区各寿险公司人身险业务的销售误导情况得到有效遏制。

【服务行业发展】 *做好“政府主导、公司参与”保险项目*。2013年，南通多家保险公司参与“高效设施农业、残疾人意外伤害、新农合以及海门山羊、海安白头鸡”等项目的承保工作。与政府主动协调，合作并成功进行环境污染责任险、城镇职工大病医疗补充保险等项目的开发承保工作。

综合治理车险理赔难。南通市保险行业协会研究制定《南通市保险行业协会开展2013年机动车辆保险理赔综合测评工作方案》。依据该方案对保险公司进行模拟事故现场抽样测评。加强快速理赔中心建设，完善快速理赔机制，提高快速理赔中心服务水平。做好查勘员教育培训，协会制定培训计划，聘请资深理赔经理、经侦专家和专业教授担任讲师，分期分批进行培训考核持证上岗。

做好消费者权益保护工作。协会成立消费者权益保护部，配备专职工作人员，通过电台、报社、协会网站等媒介，公布保险消费者权益保护举报方式，全天候为保险消费者提供保险消费方面的服务咨询、政策法规和诉讼请求。另外协会与南通中院和交巡警支队，联合召开全市法院、公安系统、保险行业纠纷联动化解工作座谈会，确立“三位一体、两级联动”诉调对接工作机制。定期召开联席会议，交流经验、沟通问题，实现社会资源有机整合。2013年以来，协会参与调解各类案件3953件，总金额1.75亿元。其中，调解成功2755件，金额9811万元。收到调解通知书和出庭通知书2703份，均派专人参与调解，调解成功率90%以上。

反欺诈增效益。2013年，协会受理各类疑似骗保案件115件，涉案金额1400万元，经查涉及骗保和虚假赔案106起，减损金额214万元。移交公安部门处理18件，公安立案5起，追回保险赔款26万元。查获假发票60余张、假公安派出所事故证明100多份。抓获各类骗保分子30余人，犯罪嫌疑人6名，1人被批捕。南通工作站“调查报告”得到公安部门、会员公司上级公司和法院采信和肯定。

【重大活动】 2013年3月25日，南通市保险行业协会联合市公安局经侦支队、市公安局交巡警支队，在人保南通分公司召开“南通保险业反保险工作誓师动员大会”。此次大会着力打击保险领域欺诈犯罪，切断保险领域欺诈犯罪活动“产业链”，净化保险业理赔环境，保障南通社会和南通保险业的健康和谐发展。

7月8日，由南通市保险行业协会主办的“全国保险公众宣传日”主题活动在南通环西文化广场举行，全市50多家保险公司参加活动。

7月26日，南通市保险行业协会联合南通市人民银行、市社会管理综合治理协调处、市金融办、市公安局内保支队在人保会议室召开南通市保险业“平安金融单位”命名表彰大会。

8月27日，南通市中级人民法院、南通市公安局与南通市保险行业协会联席召开三方道路交通纠纷联动化解工作座谈会。会议总结道赔案件的主要特点，分析道赔纠纷处理中的重要问题，提出切实可行的应对措施，三方领导就加强三方联动调处工作若干意见达成三方联动、紧密配合的共识。

9月13日，南通市政协委员17人在南通市保险行业协会秘书长崔汉飞陪同下视察人保启东支公司、中国人寿南通市分公司。

【公益宣传】 2013年3月15日，南通市保险行业协会秘书长崔汉飞接受南通市人民广播电台记者采访，对南通市保险业“3·15”活动安排情况向媒体作解答，同时就如何做好各类信访接待工作，妥善处理好各类投诉，遇到群访事件、突发事件如何妥善处理，都一一向媒体作了答复。

4月20日，四川雅安地震。协会组织员工通过南通市红十字会为雅安地震受灾群众捐款0.28万元。

5月8日起，协会组织各公司开展“讲诚信　做贡献　树形象”主题实践活动，发动员工参与“文明交通”；参与关爱他人、关爱社会、关爱自然“三关爱”志愿服务活动；充分利用单位现有特色场馆资源，参与首批“江苏未成年人校外活动联系点”建设等。

11月11日，协会积极响应南通市慈善总会“送温暖·献爱心”慈善救助一日捐活动，组织全辖保险机构为贫困家庭筹集善款4.17万元。

【教育培训】 2013年3月20日，南通市保险行业协会邀请江苏保监局人身保险监管处科长毕胜到江苏高等商贸专科学校，为电子系150多名学生进行保险知识普及讲座。

6月6日，协会邀请中国保险报驻江苏保监局记者站站长祖兆林对各保险公司办公室主任进行公文写作培训。

11月1日，协会组织举办银保讲师培训，全辖34家经营银保业务的寿险公司银保培训讲师参加培训。

南通市保险行业协会组织机构设置

会　长：许　锋

副会长：高　峰　周焕中

秘书长：崔汉飞

常务理事：许　锋　高　峰　周焕中
　　顾祖平　王森林　崔广祝
　　马维莉　刘天东　朱　健
　　郑　丽　朱泉海　吴　伟

秘书处机构设置及负责人：

消费者权益保护部：王晓如

业务管理部：曹宇坤

财务管理部：王　霞

反保险欺诈工作站：花新培

考试中心：任丽华

会员单位：

中国人民财产保险股份有限公司南通市分公司

中国太平洋财产保险股份有限公司南通中心支公司

中国平安财产保险股份有限公司南通中心支公司

天安保险股份有限公司南通中心支公司

大众保险股份有限公司南通中心支公司

华泰财产保险股份有限公司南通中心支公司

中华联合财产保险股份有限公司南通中心支公司

太平财产保险有限公司南通中心支公司

中国大地保险股份有限公司南通中心支公司

永安财产保险股份有限公司南通中心支公司

华安财产保险股份有限公司南通中心支公司

安邦财产保险股份有限公司南通中心支公司

阳光财产保险股份有限公司南通中心支公司

都邦财产保险股份有限公司南通中心支公司

中银保险有限公司南通中心支公司

民安财产保险有限公司南通中心支公司

中国人寿财产保险股份有限公司南通市中心支公司

渤海财产保险股份有限公司南通中心支公司

华农财产保险股份有限公司南通中心支公司

长安责任保险股份公司南通市中心支公司

永诚财产保险股份有限公司南通中心支公司

安诚财产保险股份有限公司南通中心支公司

天平汽车保险股份有限公司南通中心支公司

紫金财产保险股份有限公司南通中心支公司

英大泰和财产保险股份有限公司南通中心支公司

信达财产保险股份有限公司南通中心支公司

浙商财产保险股份有限公司南通中心支公司

泰山财产保险股份有限公司南通中心支公司

中国人寿保险股份有限公司南通市分公司

中国太平洋人寿保险股份有限公司南通中心支公司

中国平安人寿保险股份有限公司南通中心支公司

新华人寿保险股份有限公司南通中心支公司

泰康人寿保险股份有限公司南通中心支公司

太平人寿保险有限公司南通中心支公司

民生人寿保险股份有限公司南通中心支公司

合众人寿保险股份有限公司南通中心支公司

生命人寿保险股份有限公司南通中心支公司

海康人寿保险有限公司江苏分公司南通营销服务部

友邦保险有限公司江苏分公司南通中心支公司

恒安标准人寿保险有限公司江苏分公司南通中心支公司

农银人寿保险股份有限公司江苏分公司南通中心支公司

信诚人寿保险有限公司江苏省分公司南通营销服务部

国泰人寿保险有限责任公司江苏分公司南通营销服务部

中国人民健康保险股份有限公司南通中心支公司

正德人寿保险股份有限公司南通中心支公司

平安养老保险股份有限公司南通中心支公司

和谐健康保险股份有限公司江苏分公司南通中心支公司

中宏人寿保险有限公司江苏分公司南通营销服务部

光大永明人寿保险有限公司江苏分公司南通中心支公司

中国人民人寿保险股份有限公司南通

8月27日，南通市中级人民法院、南通市公安局与南通市保险行业协会联席召开三方道交纠纷联动化解工作座谈会

中心支公司
华夏人寿保险股份有限公司南通中心支公司
阳光人寿保险股份有限公司南通中心支公司
中英人寿保险有限公司江苏分公司南通营销服务部
长城人寿保险股份有限公司南通中心支公司
中德安联人寿保险有限公司江苏分公司南通营销服务部
华泰人寿保险股份有限公司南通中心支公司
幸福人寿保险股份有限公司南通中心支公司
信泰人寿保险股份有限公司南通中心支公司
国华人寿保险股份有限公司南通中心支公司
英大泰和人寿保险股份有限公司南通中心支公司
中美联泰大都会人寿保险有限公司江苏分公司南通营销服务部
中意人寿保险有限公司江苏省分公司南通营销服务部
长生人寿保险有限公司江苏分公司南通营销服务部
工银安盛人寿保险有限公司江苏分公司南通营销服务部
利安人寿保险股份有限公司南通分公司
中融人寿保险股份有限公司南通中心支公司
建信人寿保险有限公司南通中心支公司
东吴人寿保险股份有限公司南通分公司
安邦人寿保险股份有限公司南通中心支公司
北大方正人寿保险有限公司南通中心支公司
江泰保险经纪有限公司南通分公司
江苏宁价保险公估有限公司南通分公司
江苏永诚保险代理有限公司
江苏一迪保险代理有限公司南通分公司
江苏苏通保险代理有限公司
上海环亚保险经纪有限公司南通分公司
江苏立德保险代理有限公司
江苏鑫顺保险代理有限公司
江苏定律保险经纪有限公司
恒泰保险经纪有限公司南通分公司
南通合安保险代理有限公司

连云港市保险行业协会

【风险防范】 2013年，连云港市没有人身保险公司或银邮代理机构出现5名以上投保人集中要求集中退保或非正常满期给付事件的发生。

【妥善处理新闻危机】 2013年3月8日，连云港市《苍梧晚报》刊登署名文章《银行存款被忽悠成保险——不满5年提取　没有利息却有违约金》。连云港市保险行业协会意识到，新闻媒体对个别保险机构违法违规行为进行报道，可能会在保险行业中连锁反应，影响保险业整体形象，甚至使公众形成对保险过于负面的理解和认识。为防止因该篇报道诱发多人集中退保事件，协会启动突发事件紧急预案。经调查，发现报道有不实之处。经积极处理，化解负面影响，同时维护了与媒体的关系。

【永久保存考生资料】 2013年，连云港市保险行业协会决定添置高拍仪，对2013年7月1日后参考的所有考生资料、考场信息等材料实行电子档管理，永久保存考试资料。具体做法：一是建立考生报名资料三级审核机制，加大考生报名资料的审核力度。考试分中心建立三级审核机制，考生资料由送考公司进行初步审核后送交考试分中心，考试分中心工作人员指定其他公司送考人员进行二次审核，二次审核后再由考试分中心资料审核人员进行三审，确保报名资料的真实完整性；二是建立考生资料小档案。考试分中心工作人员对参考人员系统报名后，利用高拍仪将该考生报名表、学历证书、身份证、准考证等资料，拍照留存并建立以考生姓名为文件名称的小文件夹进行保存归档；三是建立考试情况大档案。每场考试结束后，考试分中心工作人员将参加本场考试所有考生资料小档案和集体报名表、送考人员评分表、考场情况登记表等资料，拍照留存并建立以考试时间为名称的大文件夹对本场考试情况进行保存归档。由于电子照片占用空间较小，考试分中心可以永久性保存，这既便于考生资料的存放工作，也便于日后查阅。

【服务行业发展】 2013年，连云港市保险行业协会自觉为会员公司服务、主动地帮助会员公司排忧解难，维护会员公司利益，促进行业健康平稳发展。1.建立会议沟通制度，共商财产险行业发展大计。2.开展车险自律检查，促进车险合规经营。3.开展财产险自律公约自查工作，依法做好行业自律工作。4.开展车险理赔服务模拟现场测评工作，提高车险理赔服务水平。5.协助做好道路交通事故社会救助基金追偿工作。6.做好财产险代理手续费结算中心管理工作。7.综合治理销售误导，加强人身险业务自律工作，做好对银行网点的暗访工作，促进寿险公司合法合规开展业务。8.建立专门销售误导投诉处理机制，及时化解矛盾纠纷。

*加强保险合同纠纷诉调对接工作。*传达会议精神，认识诉调对接工作重要性。召开研讨会，促进诉调对接工作有序开展。经验交流，探索引入保险公估参与诉调对接工作。召开保险合同诉讼案件座谈会，加强诉调对接工作。

*加强打击保险欺诈工作力度。*统一思想、高度重视反保险欺诈工作重要性。建立联席会议制度，定期交流和分析反保险欺诈工作情况。探索引入刑侦参与反保险欺诈工作。

*协调处理好信访投诉案件。*协调多部门关系，为行业发展争取宽松空间。加强行业内部交流与协调，实现市场竞争良性循环。联合市消费者协会，共同表彰保险行业"诚信服务标兵"。

【重大活动】 2013年1月底，由连云港市医改办牵头，召开市财政、人社、卫生、民政和保险行业协会工作会议，连云港市城乡居民大病保险工作启动。

2月19日，连云港市保险行业协会组织召开财产险自律领导小组工作会议，与会人员就如何进一步规范车险市场、打击保险"三假"案件等问题达成广泛共识，为本年度市财产险行业良性发展奠定基础。

4月11日，协会印发《连云港市机动车辆保险业务自律检查工作方案》，对全市车险业务进行自律检查

5月29日，连云港市召开政府常务会议，对《连云港市城乡居民大病保险工作实施方案(试行)》进行讨论。

7月25日，协会组织召开车险自

律工作会议，与会人员就规范全市车险市场秩序展开讨论和交流，并就如何规范承保新车保险、家庭自用车保险、营业性货车保险等达成一致意见。

8月1日，协会印发《关于协助做好江苏省道路交通事故社会救助基金追偿工作的通知》(连保协发〔2013〕45号)，加强道路交通事故社会救助基金追偿工作，并要求各公司配合救助基金追偿工作。

8月12日，协会组织召开保险诉调对接工作座谈会，市法院、市仲裁委以及连云港市部分保险机构工作人员参加会议。会议就如何进一步促进诉调对接工作进行讨论和交流，并达成共识：加强对保险纠纷成因、行业规范、执法立法等问题的研究。

8月22日，连云港市保险行业协会组织技能大赛笔试比赛。8月29日，笔试比赛前15名选手进行演讲比赛，演讲主题"保险行业价值理念"，经笔试和演讲比赛综合得分，选拔出三名选手代表连云港市参加全省保险岗位技能大赛。

9月5日，协会组织开展车险电网销业务自律检查，对检查中发现的问题，协会及时向涉及公司进行反馈，并要求当事公司立即进行整改，维护车险电网销市场的良好经营秩序。

10月份起，各公司在报送业务报表时，再报送由反保险欺诈工作站提供的"连云港市涉嫌骗取保险人员信息表"，并由工作站汇编后，统一向经侦支队报送并追踪调查情况；每季度召开一次座谈交流会，定期交流和分析反保险欺诈工作情况等。

11月21日，协会遵照江苏保监局《关于推动在全省开展机动车辆保险理赔服务模拟测评工作的通知》的相关要求，联合江苏徽商公估公司对了连云港市所有财产险公司开展机动车辆保险理赔服务现场模拟测评工作。测评工作结束后，协会要求各财产险公司应针对测评中发现的问题积极整改，有效促进理赔查勘服务水平的提升。

11月27日，协会同市中级法院进过协商，在法院会议室组织召开保险合同纠纷诉讼案件座谈会，市中级人民法院副院长、民二庭全体法官、部分县区法院代表，以及全市财产险公司理赔部负责人参加会议。座谈会上，协会秘书长介绍全市保险业概况，并对做好诉调对接工作提出明确要求；市中级人民法院民二庭介绍保险合同纠纷诉讼案件的发案情况和特点、审判过程中发现保险公司存在的问题等，保险公司与会代表就保险合同产生纠纷的原因、急需市中院解决的问题等向市中院进行阐述，双方并就上述问题进行广泛交流

12月17日，市卫生局和人社局督查各县完成大病保险承办服务协议签订工作。12月底，市政府通过召开新闻发布会等形式及时将城乡居民大病保险工作进展情况向社会公布。

连云港市保险行业协会组织机构设置

理事长：王者元

秘书长：尹广志

常务理事：杨　光　魏　欣　李　强　王新仁　顾　斌　吕华中　曹鸿燕

秘书处机构设置及负责人：

办公室：王　琴

产险处兼考试中心：孙竹松

寿险处：王　琴

中介处：董　毅

结算中心：凤　斋

会员单位：

中国人民财产保险股份有限公司连云港市分公司

中国人寿保险股份有限公司连云港市分公司

中国太平洋财产保险股份有限公司连云港中心支公司

中国太平洋人寿保险股份有限公司连云港中心支公司

中国平安财产保险股份有限公司连云港中心支公司

中国平安人寿保险股份有限公司连云港中心支公司

天安保险股份有限公司连云港中心支公司

泰康人寿保险股份有限公司连云港中心支公司

中华联合财产保险公司连云港中心支公司

安邦财产保险股份有限公司连云港中心支公司

阳光财产保险股份有限公司连云港中心支公司

民生人寿保险股份有限公司连云港中心支公司

华安财产保险股份有限公司连云港中心支公司

都邦财产保险股份有限公司连云港中心支公司

中国大地财产保险股份有限公司连云港中心支公司

中银保险有限公司连云港中心支公司

太平财产保险股份有限公司连云港中心支公司

渤海财产保险股份有限公司连云港中心支公司

中国人寿财产保险股份有限公司连云港市中心支公司

太平人寿保险股份有限公司连云港中心支公司

正德人寿保险股份有限公司连云港中心支公司

合众人寿保险股份有限公司连云港中心支公司

新华人寿保险股份有限公司连云港中心支公司

长安责任保险股份有限公司连云港市中心支公司

华泰人寿保险股份有限公司连云港中心支公司

中国人民人寿保险股份有限公司连云港中心支公司

生命人寿保险股份有限公司连云港中心支公司

阳光人寿保险股份有限公司连云港中心支公司

长城人寿保险股份有限公司连云港中心支公司

紫金财产保险股份有限公司连云港中心支公司

华农财产保险股份有限公司连云港中心支公司

友邦保险有限公司江苏分公司连云港营销服务部

光大永明人寿保险股份有限公事连云港中心支公司

利安人寿保险有限公司连云港分公司

华夏人寿保险股份有限公司连云港中心支公司

信泰人寿保险股份有限公司连云港中心支公司

东吴人寿保险股份有限公司连云港分公司

淮安市保险行业协会

【行业自律】 2013年，淮安市保险行业协会一是对以往制定的各类自律公约全面梳理，废止涉嫌损害消费者利益的条款。二是搭建交流平台，先后3次组织“业务交流探讨会”，促进财产险市场健康发展。三是排查非法经营摩托车交强险线索，防范非法经营行为发生。四是开展3次车险理赔现场测试，不断提升各产险公司理赔服务品质。五是规范银保专管员从业行为。制定出台2013版《淮安市银邮保险专管员管理办法》，对专管员从业资格、聘用、薪酬、业务开展等进行完善。六是开展人身险销售误导重点治理。对各寿险公司一年期以上保单电话回访录音先后组织4次检查；对所有经营银保业务保险机构合作银行网点组织4次暗访；对保单合规销售情况面访34名客户；对保单信息真实性情况电话回访120名客户。

【畅通维权渠道】 一是设立消费者权益保护工作部，完善组织架构，专人接待消费者投诉咨询；通过协会牵头、公司参与，开展总经理每月信访接待日活动，建立消费者现场投诉咨询渠道；在全市348家保险网点张贴“淮安市保险服务投诉电话”宣传图，建立统一电话投诉咨询渠道。2013年，淮安市保险行业协会协调处理各类消费者咨询投诉150多起，客户满意度90%以上。二是通过与市中院紧密合作，建立“诉调对接”平台。2013年，保险合同纠纷投诉处理中心聘请38名保险合同纠纷调解员并对其开展业务培训，联合市中院下发《淮安市保险合同纠纷案件诉调对接工作细则》。三是发挥反保险欺诈工作办公室作用，维护保险公司合法权益。通过与市经侦支队合作，开发车险理赔研判系统。对驻淮各产险公司2009年1月1日—2013年6月30日期间产生的23万余件车险车损赔案信息集中录入研判系统，并进行初步筛选、排查，发现疑似诈骗案件6起，计赔案201件。

【服务行业发展】 2013年，淮安市保险行业协会及时向市政府汇报保险业发展状况，得到重视与支持。一是在协会协调下，市政府制定出台《淮安市保险工作综合考核办法》，每年由政府对保险业十家“保险工作先进单位”进行表彰和现金奖励。2013年，市政府金融办增设“服务地方经济贡献奖”和“业务创新贡献奖”十个单项奖。二是满期结付和集中退保工作得到政府高度重视。市政府召开淮安市人身险满期结付与集中退保工作专题会议，对市银监局、公安局、银行(邮政)、新闻媒体等相关部门配合保险业开展风险防范处置工作提出具体要求，确保全市2013年满期结付和集中退保工作完成。三是保险业发展被纳入政府发展规划统筹安排。市政府连续三年将保险业纳入《政府工作报告》中统筹规划，先后将安责险、环境污染险、科技保险、农村小额人身保险等责任保险和三农保险、大病保险作为市政府工作重点进行安排部署。

10月31日，淮安市保险行业协会组织召开诉调对接会议

【行业宣传】 2013年，淮安市保险行业协会坚持典型引路，加强宣传发动，塑造行业形象。一是坚持诚信为本典型引领。协会与淮安日报社联合开展保险行业“优秀代理人”宣传活动，在《淮安日报》对24名优秀代理人进行整版宣传，塑造“诚实守信”行业典型。二是扎实开展保险知识宣传。协会利用“3·15”宣传、“全国保险公众宣传日”、赠送《保险知识普及丛书》、保险知识普及讲座等活动，向行业内外宣传普及保险知识。2013年发放1万余份保险知识宣传资料，近3000名社会民众接受保险知识普及。

【重大活动】 2013年1月5日，淮安市保险行业协会被授予“淮安市保险行业协会‘4A级社团组织’”称号。

1月11日，江苏保监局局长助理王宝敏一行对淮安保险市场展开调研，与淮安市部分保险公司负责人座谈交流。

1月14—16日，协会会同市金融办开展“保险服务年”综合考核工作。

6月27日，协会牵头组织由市金融办、银监局、公安局、邮政局和部分保险公司、银行等部门参加的寿险满期给付协调会。

7月29日，协会召开四届六次寿险高峰会议，讨论并通过寿险满期给付工作应急方案。

7月29日，协会召开常务理事会，专题研究、讨论反保险欺诈工作站制度机制建设，审议通过反保险欺诈工作站前期工作预案。

8月9日，协会与市公安局经侦支队联合召开全市反保险欺诈工作会议，市金融办主任吴振华、市公安局副局长初晓、协会秘书长顾志明出席并致辞。

8月19日，“中邮人寿杯”淮安赛区理论测试选拔赛开赛。8月29日，“中邮人寿杯”淮安赛区选拔赛决赛开赛。最终中国人寿淮安分公司王宇鹏、平安人寿淮安中支公司乔红霞(女)、太平洋人寿淮安中支公司王春娜(女)等三名选手胜出，代表淮安参加全省“中邮人寿杯”比赛。

8月29日，江苏保监局局长宋志华一行到调研淮安市保险市场。

10月25日，协会分三组对驻淮财险16家公司开展车险理赔现场测试，并邀请行风监督员全程参加。了解各产险公司实际车险理赔情况，并对发现问题督促其改进。

10月31日，协会联合市中院召开“诉调对接工作座谈会”，市中院、各县区法院民二庭相关人员、部分保险公司总经理就诉调对接工作细则展开讨论。

11月14日下午，江苏省民政厅社会组织管理局副局长黄晓晔一行到淮安调研社会组织工作。淮安市保险行业协会秘书长顾志明应邀出席社会组织调研座谈会，就协会组织开展情况进行题为“提升服务水平、践行行业使命，积极发挥保险行业社团社会管理功能”的专题汇报。

11月26日，淮安市保险行业协会邀请市中级人民法院民二庭庭长蒋其文、副庭长李玲、审判员陈加雷等对全市保险业合同纠纷调解人员举办为期一天的合同纠纷调解培训班，驻淮30余家保险公司分管总经理、负责诉调对接工作的部门负责人、特聘调解员等50余人参加培训。

【公益活动】 2013年3月15日，协会组织30家会员公司在市国际会展中心开展“3·15”大型广场宣传活动，放发资料3000多份，接待咨询200多人次。

7月8日，协会组织30家会员公司在市委东大院开展全国保险公众宣传日广场活动，放发资料2000多份，接待咨询100多人次。

【教育培训】 2013年10月18日，由江苏省保险学会主办、淮安市保险行业协会承办的“江苏保险知识普及宣讲团走进淮安”宣讲活动正式开讲。本次宣讲活动特邀江苏保险知识宣讲团成员、江苏保监局统计调研处处长刘长宏就“保险业的发展与监管展望”进行宣讲，34家驻淮保险机构市级公司总经理及总经理室成员、县区经理共300多人参加宣讲活动。

7月8日，淮安市保险业开展全国保险公众宣传日活动

淮安市保险行业协会组织机构设置

理事长：周焕中

秘书长：顾志明

常务理事：周焕中　王　胜　钱小倩　王　颂　孙　毅　王百勇　顾志明

秘书处机构设置及负责人：

综合部：顾志明（兼）

业务部：朱海明

中介部：王彬森

考试中心：王彬森

消费者权益保护工作部：欧长友（兼）

保险合同纠纷投诉处理中心：欧长友（兼）

反保险欺诈工作办公室：欧长友（兼）

治理销售误导办公室：朱海明（兼）

会员单位：

中国人民财产保险股份有限公司淮安市分公司

中国人寿保险股份有限公司淮安市分公司

中国太平洋财产保险股份有限公司淮安中心支公司

中国太平洋人寿保险股份有限公司淮安中心支公司

中国平安财产保险股份有限公司淮安中心支公司

中国平安人寿保险股份有限公司淮安中心支公司

天安保险股份有限公司淮安中心支公司

中华联合财产保险股份有限公司淮安中心支公司

中国大地财产保险股份有限公司淮安中心支公司

泰康人寿保险股份有限公司淮安中心支公司

太平人寿保险有限公司淮安中心支公司

华安财产保险股份有限公司淮安中心支公司

安邦财产保险股份有限公司淮安中心支公司

阳光财产保险股份有限公司淮安中心支公司

中国人寿财产保险股份有限公司淮安中心支公司

合众人寿保险股份有限公司淮安中心支公司

渤海财产保险股份有限公司淮安中心支公司

都邦财产保险股份有限公司淮安中心支公司

中银保险有限公司淮安中心支公司

长安责任保险股份有限公司淮安市中心支公司

新华人寿保险股份有限公司淮安中心支公司

中国人民人寿保险股份有限公司淮安中心支公司

生命人寿保险股份有限公淮安中心支公司

阳光人寿保险股份有限公司淮安中心支公司

紫金财产保险股份有限公司淮安中心支公司

华夏人寿保险股份有限公司淮安中心支公司

信达财产保险股份有限公司淮安中心支公司

信泰人寿保险股份有限公司淮安中心支公司

华泰人寿保险股份有限公司淮安中心支公司

利安人寿保险股份有限公司淮安分公司

江苏华邦保险代理有限公司淮安分公司

江苏盛大众联保险代理有限公司淮安分公司

江苏中诚保险销售有限公司

江苏金鑫保险销售有限公司

江苏爱建保险代理有限公司

江苏恒瑞达保险代理有限公司淮安分公司

江苏万联保险代理有限公司

江苏宏泰保险代理有限公司淮安分公司

浙江浙商保险销售有限公司江苏淮安营业部

盐城市保险行业协会

【风险防范】 推进反保险欺诈工作。2013上半年，盐城市保险行业协会组织全市各产险公司对2011年、2012年所有道路交通人伤诉讼案件进行“回头看”，对两年近7000件诉讼案件伤者进行电话回访及走访，筛选出一批具有重要价值的线索。5月，协会联合市公安局经侦、刑侦支队成立专案组，市公安局抽调三人在协会定点办公，对案件进行全部梳理，对重点案件、重点涉案人员进行前期排查、暗访。同时下发《2013年盐城市保险业道路交通人伤理赔案件反欺诈工作实施方案》，落实定期联席会议制度。6月，根据群众举报及监管部门确认，锁定射阳某假机构负责人私自兜售外省摩托车假保单，通过与射阳车管所通力合作，初步排查出7644张违法销售外省摩托车交强险保单，案件移送公安经侦部门。江苏保监局、省公安厅经侦总队职能部门专程到盐城召开盐城地区反保险欺诈工作座谈会。

防范寿险经营潜在风险。2013年初，协会下发《关于建立防范非正常退保和满期给付潜在风险应急预案》：一是建立行业风险排查机制，二是建立退保信息月报制度，三是建立满期给付监测机制。市委、市政府高度关注盐城保险业满付风险，成立由市委、市政府分管领导任组长、24个相关部门组成的盐城保险业协调工作领导小组，构建风险防范化解体系。

强化保险合同纠纷调解。协会推进保险合同纠纷投诉处理工作，确立交通事故保险前置调解、司法调解、信访调解、当事人自行调解“四位一体”行业调处格局，探索“业内裁决”新机制，加强与市中级人民法院、仲裁委等司法部门协作，形成行业保险合同纠纷“大调解”格局；借助“12345”政府公共服务平台以及“总经理信访接待日” 等内外渠道载体，拓宽投诉服务途径，有效化解和消除各类信访纠纷。2013年，协会受理信访投诉254件，结案249件，结案率98.03%。

【合规管理】 产险市场。2013年，盐城市保险行业协会研究市场状况，下发《盐城市产险行业自律公约(2013年补充协议一)》，对商业车险手续费支付标准进行适当放宽。下半年根据反垄断工作推进和监管形势的变化，协会在政策调整过程中不断加强引导，使盐阜公路集团和盐城市公务用车保险招标这两项标杆性工作顺利过渡，成为全省车险自律调整创新试点地区；根据反欺诈工作衍生出来的情况，协会进一步强化产险业务承保特别是交强险承保工作，联合盐城市交巡警支队共同下发《关于规范承保机动车辆保险、深化道路交通事故处理一体化工作的意见》，强调交强险承保工作“四不准”，同时明确车管部门加强对投保外省交强险的本地机动车的管控责任；协会与市交巡警支队联合下发《关于进一步加强全市轻微道路交通事故现场快处快赔工作的通知》，特定情况下，实行小额现场赔付。12月下旬，协会联合市中级人民法院、司法局出台《在当前形势下规范道路交通事故人身损害赔偿纠纷案件审判管理工作的暂行规定》《关于实行道路交通事故人身损害赔偿纠纷案件理赔付款“直通车”制度的四项规定》《关于规范道路交通事故人身损害赔偿纠纷案件委托代理行为的四项规定》三份文件，以改善盐城财产保险市场法制环境。

寿险市场。协会通过网站、新闻媒介发布《盐城市保险行业协会保险消费提示》，明示风险八条，提醒消费者正确认识保险、理性购买保险、善用维权渠道维护自身合法权益。同时从规范银邮代理保险市场秩序入手，强化督导检查，对银邮渠道销售情况进行多次暗访，了解网点销售产品话术、宣传等情况，暗访区域覆盖盐城市区及下辖县区。协会制定《盐城市保险行业关于人身险保单抽样电话回访自律检查的工作方案》，成立专项工作组，对盐城市开展1年期以上人身保险业务的人身保险公司进行季度保单抽样电话回访工作。全年完成对所有寿险公司一、二、三季度电话回访录音自律检查工作。

中介行业。2013年，协会制定《关于推进盐城保险中介行业文化建设的工作方案》，使保险行业核心价值理念逐步渗透和融入到保险经营管理和服务全过程，提升中介行业服务能力和水平，通过文化建设促进中介行业各项制度和业务经营规范提升；协会手续费结算中心将费用渠道管控作为着力点，规范中介机构的经营行为，全年累计结算6732.34万元；借助江苏保监局开展的“规范保险专业中介机构年度外部审计有关事项”工作的契机，协会委托会计师事务所，对全市15家保险专业中介法人机构的内部管理、财务管理、业务管理及其他监管规定执行情况进行审计，仔细查堵公司财务、业务以及内控管理等方面的漏洞，下发整改通知书，督促中介机构有效整改。发挥协会辅助监管作用，2013年，对8家保险专业中介代理机构、3家保险经纪公司开业进行预验收、对7家中介机构(包括法人机构和分支)进行地址变更预审核、对15家中介法人机构进行到期换证预审核，履行江苏保监局监管前移的工作部署。把好行业准入关，开展电子化考试中心工作。2013年，累计报名18665人次，参考17091人次，参考率

5月28日，盐城市保险行业协会组织举办保险行业价值理念与行业建设讲座

91.57%;通过 11156 人,通过率 65.27%。

【行业宣传】 开辟行业宣传新篇章。2013 年,盐城市保险行业协会制定《盐城保险业贯彻落实保险行业核心价值理念工作方案》,成立由协会秘书长担任组长、各会员公司总经理为小组成员的贯彻落实行业核心价值理念工作领导小组,力争通过 3—5 年时间建立起贯彻落实行业核心价值理念的长效机制。同时和市放心消费创建办联合举办盐城保险业深入开展行业核心价值理念推广暨道德大讲堂活动。邀请江苏保险知识普及宣讲团副团长、南京审计学院院长、二级教授汪祖杰,江苏保险局统研处科长沈健蓉授课,对盐城市保险业践行行业核心价值理念,培育具有盐城特色的行业文化提供了智力支撑和理论保障。

开展多彩的主题活动。2013 年,盐城保险业拍摄第一部行业文化宣传片——《盐阜腾飞》,展示行业风采,扩大行业影响力。该片在江苏城市频道《保险 @ 生活》栏目予以展播,展示盐城保险业服务社会、服务民生、服务经济发展的底蕴文化,报道农业保险、大病医疗保险、责任保险、道交事故处理一体化等亮点、特色工作。借力"7·8"全国首个保险公众宣传日,协会组织会员公司举办大型广场文艺汇演及现场咨询活动,通过群众喜闻乐见的形式向市民普及保险知识,并通过《盐城晚报》、盐城广播电台予以宣传。注重与盐城主流媒体合作,协会利用重要节日节点、时点深化宣传,通过多种形式,让更多社会公众知道保险、了解保险、感悟保险,努力实现"保险,让生活更美好"。

增进行业部门合作。在贯彻落实好公安部与中国保监会联合发布的《关于加强协作配合共同打击保险领域违法犯罪行为的通知》等文件精神要求的同时,协会与市公安局经侦部门合作,搭建和维护保险金融安全平台,开展"5·15"法制宣传日等活动,宣传反保险欺诈专业知识,增强百姓防范意识,推进打击保险经济犯罪工作;与盐城市人民银行、市消费者协会加强合作,开展"反洗钱""平安金融"和"放心消费"创建的各项工作,为保险行业发展营造健康的外部环境;参与 2013 年盐城金融人物评选,展示行业员工优秀风采;发动会员单位参与 2013 年全市"人民满意基层服务单位"创建活动。

7 月 8 日,盐城市保险行业协会组织开展保险公众宣传日活动

【自身建设】 换届改选。2013 年10 月 25 日,协会召开换届工作会议,选举中国人寿盐城市分公司总经理洪耘担任协会第五届会长,平安产险盐城中支党委书记孙乃涛担任秘书长,协会新老班子顺利交接。

党建工作。2013 年,协会党支部一是抓谋划理思路,健全完善党建制度,建立基础工作台账;二是开展以为民务实清廉为主要内容的党的群众路线教育实践活动,开展批评与自我批评,坚决反对形式主义、官僚主义、享乐主义和奢靡之风;三是围绕党建抓重点工作,付诸于治理销售误导,保护消费者合法权益、提优理赔快捷服务等工作。

行业工会工作。2013 年初,研究制定《2013 年工作要点》,按照"行业推进,工会运作,各方配合"的建会领导体制和工作格局,在健全组织机构、加强基层工会建设上下功夫,日常工作做到了"三公开、四统筹"(三公开指工会组织公开职责、工会干部公开身份、工会工作公开服务项目;四统筹指非公企业党、工组织统筹建立、人员统筹配置、活动统筹开展、保障统筹落实)。截至 2013 年底,全市保险行业基层工会 26 家,凡与保险公司建立事实劳动关系的员工都发展成为工会会员。组织开展"播种绿色、约会春天"义务植树活动,发动全行业做好帮扶活动,举办首届"盐城保险行业讲师达人"比赛,以及保险销售从业人员岗位技能大赛和年度车险理赔测评服务工作,并在江苏银宝集团牵头下,与江苏银行、盐务局等单位开展"联手兴家"活动。

行业团委工作。2013 年,团委工作重点是与行业志愿者服务活动紧密联系,弘扬爱心文化和文明风尚。借助毛泽东同志号召"向雷锋同志学习"50 周年之际,开展"学习雷锋无偿献血"活动,活动当天 21 家公司 128 人累计献血 31200 毫升。为弘扬"五四精神",激发全行业青年员工学习工作热情,协会团委于"五四"当日举办"青春保险业跃动健康行"的趣味运动联谊赛。

【创新工作】 财产保险市场生态环境获得改善。2013 年 12 月底,盐城市保险行业协会联合市中级人民法院、司法局出台三份文件。这三份文件既有利于道路交通事故案件的规范处理,又有利于保障事故当事人的切身利益,规范全市道路交通事故人身损害赔偿纠纷案件工作,是改善财产保险市场法制环境取得的标志性成果。

道路交通损害赔偿处理"一体化"工作稳步推进。市中院、司法局、交巡警支队、市保险行业协会等成员部门加强沟通、联系、协作,不断健全道路交通损害赔偿处理"一体化"工作机制,完善人伤案件跟踪调解机制,对预估赔付 5 万元以上人伤案件实行周报制度,定期进行一体化工作交流沟通,分析案件受理和处理情况,各项工作全省领先。19 家产险公司陆续派员入驻市道路交通事故处理"一体化"理赔服务中心,逐步实现"四位一体"交通事故保险理赔"一站式"服务。

多方协作，防范化解赔(给)付风险。2013年，盐城市寿险业按照“行业牵头、统筹兼顾、上下贯通、协调一致”原则，协会协调各相关部委办局24个单位成立由市委、市政府分管领导任组长的盐城保险业协调工作领导小组，并在行业内成立由协会秘书长任组长、各寿险公司一把手任组员的盐城市人身保险业防范化解非正常退保和满期给付潜在风险应急工作领导小组，加强与银邮渠道协作，共商共议工作方案；加强与新闻媒体良性互动，借助报纸、电视、广播、电话咨询服务等多种手段，向保险消费者开展政策正面讲解、风险提醒等工作。

【重大活动】 2013年5月，盐城市保险行业协会联合市总工会组织开展“盐城市保险行业讲师达人”选拔大赛，来自业内10名优秀讲师脱颖而出，“盐城市保险业讲师宣讲团”宣告成立。

7月8日，协会联合市消费者协会、市放心消费创建活动办公室和市广播电台共同举办2013年盐城保险业全国保险公众宣传日文艺晚会。

盐城市保险行业协会组织机构设置

会　长：洪　耘

秘书长：孙乃涛

副秘书长：王　晶

常务理事：孙乃涛　朱礼荣　洪　耘　刘长森　刘文军　沃　军　殷　辉　鲁勇军　茆　军

秘书处机构设置及负责人：

综合部：王　晶

产险部：蔡中源

考试中心：李晨辉

会员单位：

中国人民财产保险股份有限公司盐城市分公司

中国人寿保险股份有限公司盐城市分公司

中国太平洋财产保险股份有限公司盐城中心支公司

中国太平洋人寿保险股份有限公司盐城中心支公司

中国平安财产保险股份有限公司盐城中心支公司

中国平安人寿保险股份有限公司盐城中心支公司

天安保险股份有限公司盐城中心支公司

新华人寿保险股份有限公司盐城中心支公司

中华联合财产保险股份有限公司盐城中心支公司

太平人寿保险有限公司盐城中心支公司

泰康人寿保险股份有限公司盐城中心支公司

民生人寿保险股份有限公司盐城中心支公司

合众人寿保险股份有限公司盐城中心支公司

华安财产保险股份有限公司盐城中心支公司

安邦财产保险股份有限公司盐城中心支公司

生命人寿保险股份有限公司盐城中心支公司

中国大地财产保险股份有限公司盐城中心支公司

阳光财产保险股份有限公司盐城中心支公司

农银人寿保险股份有限公司盐城中心支公司

中银保险有限公司盐城中心支公司

中国人寿财产保险股份有限公司盐城市中心支公司

华泰人寿保险股份有限公司盐城中心支公司

渤海财产保险股份有限公司盐城中心支公司

华夏人寿保险股份有限公司盐城中心支公司

信泰人寿保险保险股份有限公司盐城中心支公司

都邦财产保险股份有限公司盐城中心支公司

恒安标准人寿保险有限公司江苏分公司盐城中心支公司

中国人民人寿保险股份有限公司盐城中心支公司

中德安联人寿保险有限公司江苏分公司盐城营销服务部

正德人寿保险股份有限公司盐城中心支公司

阳光人寿保险股份有限公司盐城中心支公司

长城人寿保险股份有限公司盐城中心支公司

长安责任保险股份有限公司盐城中心支公司

平安养老保险股份有限公司盐城中心支公司

幸福人寿保险股份有限公司盐城中心支公司

中宏人寿保险有限公司江苏分公司盐城市营销服务部

英大泰和人寿保险股份有限公司盐城中心支公司

紫金财产保险股份有限公司盐城中心支公司

光大永明人寿保险有限公司江苏分公司盐城中心支公司

利安人寿保险股份有限公司盐城分公司

友邦保险有限公司江苏分公司盐城营销服务部

安邦人寿保险股份有限公司盐城中心支公司

天平汽车保险股份有限公司盐城中心支公司

永安财产保险股份有限公司盐城中心支公司

百年人寿保险股份有限公司盐城中心支公司

浙商保险股份有限公司盐城中心支公司

建信人寿保险有限公司盐城中心支公司

英大泰和财产保险股份有限公司盐城中心支公司

长生人寿保险有限公司江苏分公司盐城营销服务部

东吴人寿保险股份有限公司盐城分公司

江苏后羿新诚保险代理有限公司

江苏宏泰保险代理有限公司

盐城万帮保险代理有限公司

江苏人和安邦代理有限公司

盐城泰和保险代理有限公司

江苏金阳光保险代理有限公司

江苏华邦保险代理有限公司盐城分公司

盐城通凯保险代理有限公司

江苏安康保险代理有限公司

盐城嘉德保险代理有限公司

盐城昌泰保险代理有限公司

盐城荣泰保险代理有限公司

盐城华厦保险代理有限公司

盐城惠康保险代理有限公司

盐城中顺保险代理有限公司

盐城双双飞保险代理有限公司

扬州市保险行业协会

【概况】 2013年，扬州市保险行业协会围绕“自律”与“服务”两大职能，贯彻落实全省保险社团工作会议精神，开拓创新，扎实工作，为扬州市保险业持续、快速、健康发展发挥积极作用。

【行业自律】 一是继续组织开展人身险治理销售误导专项检查。2013年，扬州市保险行业协会专门制定《人身险治理销售误导自律检查工作方案》和《2013年扬州市人身险保单抽样电话回访自律检查工作方案》，每季度定期开展专项检查。通过检查，规范全市寿险市场秩序，促进各寿险公司加强对销售人员业务知识、职业道德和相关法律法规的培训，杜绝销售误导行为。二是强化营销员同业流动自律公约的执行力。协会突击组织对各寿险公司人管进行人员流动公约专项考试，并将考试结果反馈给各寿险公司。三是应对投资理财保险产品满期给付高峰。协会要求各公司成立满期给付、退保和投诉处理应急处置领导小组，加强对满期给付、退保和投诉处理等工作的领导和督查。协会还加强与银邮渠道的沟通，建立联动机制，妥善处理客户纠纷。四是开展机动车辆保险理赔服务质量现场测评。2013年年底，协会对全市25家产险公司机动车辆保险理赔服务质量进行现场测评。

【行业文化建设】 2013年，扬州市保险行业协会将培育和践行保险行业核心价值理念作为全年的一项重要工作来抓，培育和发展保险行业文化，提升行业发展软实力。一是制定《扬州保险业“保险行业核心价值理念”学习宣传实施方案》，组织全体人员学习、宣传“保险行业核心价值理念”的具体内容。二是组织开展保险行业核心价值理念宣传报告会。6月27日，协会与保险学会邀请江苏保监局副局长、江苏省保险知识普及教育宣讲团团长王宝敏为扬州保险从业人员作专题宣讲报告。三是联合市总工会举办“太平财产保险杯”保险销售从业人员岗位技能大赛。四是组织“践行保险行业核心价值理念”征文比赛，征集文章23篇。

【参与社会管理】 一是协调做好节假日免费通行期间高速公路轻微交通事故快处工作。2013年，扬州市保险行业协会与交管部门、公估机构和保险公司进行沟通协调，保证全市4个快速理赔点办公场所、工作人员和配套服务及时到位。二是推动参与新农合大病保险项目。经过公开招标，人保财险、中国人寿两家公司赢得扬州市农村居民大病保险投标项目经办权。三是联合市消费者协会成立消费维权投诉站。该投诉站作为扬州市消费者协会分支机构，直接接受保险行业咨询、投诉，调解纠纷，是消协在扬州成立的首家行业类消费维权投诉站。四是与经侦支队联合成立扬州市保险业反保险欺诈中心，统一指导、预防打击全市反保险欺诈工作。

【行业宣传】 一是开展“全国保险公众宣传日”主题宣传活动。2013年7月8日，各保险公司在所辖经营场所张贴主题海报，并在营业网点设立宣传台，普及保险知识，宣传公司文化建设。协会在当天《扬州日报》《扬州晚报》《扬州时报》三大报刊登整版宣传。二是利用媒体宣传阵地，加大保险知识和典型事例的宣传力度。2013年，协会对新闻媒体合作版面进行调整，不同媒体，各有侧重。三是利用与媒体的战略合作，营造行业发展良好舆论环境，对于出现的负面新闻，协会及时与传媒集团沟通，妥善解决客户问题和诉求，将矛盾化解在行业之内，营造外部良好的舆论环境。

【重大活动】 2013年1月14日下午，扬州市保险行业协会召开保险纠纷调处座谈会。扬州市中级人民法院民二庭、基层法院庭长及人保财险扬州市分公司法务工作人员等十余人参加会议。

5月15日，扬州市保险行业协会消费维权投诉站挂牌成立。

7月8日，扬州市保险行业协会和各保险公司围绕“倾听由心，互动你我”年度主题，开展各项宣传活动。

8月28日下午，扬州市总工会、扬州市保险行业协会联合举办“太平财产保险杯”保险销售从业人员岗位技能（知识）大赛。

扬州市保险行业协会组织机构设置

理事长：黄广银
秘书长：葛天俊
常务理事：杨玉宏　黄广银　吴　华
刘　枫　高继荣　黄占北
高　翔　姚顺利　赵世界
赵丹琳　葛天俊

秘书处机构设置及负责人：
业务部：倪　亮
办公室：吴小峰
投诉处理中心：罗　琳

8月28日，扬州市保险行业协会组织岗位技能大赛

社团组织

会员单位：
中国人民财产保险股份有限公司扬州市分公司
中国人寿保险股份有限公司扬州市分公司
中国太平洋财产保险股份有限公司扬州中心支公司
中国太平洋人寿保险股份有限公司扬州中心支公司
中国平安财产保险股份有限公司扬州中心支公司
中国平安人寿保险股份有限公司扬州中心支公司
泰康人寿保险股份有限公司扬州中心支公司
天安保险股份有限公司扬州中心支公司
新华人寿保险股份有限公司扬州中心支公司
大众保险股份有限公司扬州中心支公司
中华联合财产保险股份有限公司扬州中心支公司
民生人寿保险股份有限公司扬州中心支公司
生命人寿保险股份有限公司扬州中心支公司
中国大地财产保险股份有限公司扬州中心支公司
永安财产保险股份有限公司扬州中心支公司
华安财产保险股份有限公司扬州中心支公司
太平人寿保险有限公司扬州中心支公司
太平财产保险有限公司扬州中心支公司
安邦财产保险股份有限公司扬州中心支公司
合众人寿保险股份有限公司扬州中心支公司
阳光财产保险股份有限公司扬州中心支公司
恒安标准人寿保险有限公司江苏分公司扬州营销服务部
农银人寿保险股份有限公司扬州中心支公司
都邦财产保险股份有限公司扬州中心支公司
华泰人寿保险股份有限公司扬州中心支公司
华泰财产保险有限公司扬州中心支公司
中国人寿财产保险股份有限公司扬州市中心支公司
国泰人寿保险有限责任公司江苏分公司扬州营销服务部
海康人寿保险有限公司江苏分公司扬州营销服务部
永诚财产保险股份有限公司扬州中心支公司
渤海财产保险股份有限公司扬州中心支公司
信泰人寿保险股份有限公司扬州中心支公司
光大永明人寿保险有限公司江苏省分公司扬州中心支公司
中国人民人寿保险股份有限公司扬州中心支公司
华农财产保险股份有限公司扬州中心支公司
友邦保险有限公司江苏分公司扬州中心支公司
中宏人寿保险有限公司江苏分公司扬州市营销服务部
民安财产保险有限公司扬州中心支公司
中银保险有限公司扬州中心支公司
安诚财产保险股份有限公司扬州中心支公司
长安责任保险股份有限公司扬州市中心支公司
平安养老保险股份有限公司扬州中心支公司
中英人寿保险有限公司江苏分公司扬州营销服务部
中意人寿保险有限公司江苏省分公司扬州中心支公司
阳光人寿保险股份有限公司扬州中心支公司
安盛天平财产保险股份有限公司扬州中心支公司
中国人民健康保险股份有限公司扬州中心支公司
紫金财产保险股份有限公司扬州中心支公司
北大方正人寿保险有限公司江苏分公司扬州营销服务部
工银安盛人寿保险有限公司扬州营销服务部
英大泰和人寿保险股份有限公司扬州中心支公司
幸福人寿保险股份有限公司扬州中心支公司
长城人寿保险股份有限公司扬州中心支公司
国华人寿保险股份有限公司扬州中心支公司
建信人寿保险有限公司扬州中心支公司
百年人寿保险股份有限公司扬州中心支公司
利安人寿保险股份有限公司扬州分公司
华夏人寿保险股份有限公司扬州中心支公司
英大泰和财产保险股份有限公司扬州中心支公司
东吴人寿保险股份有限公司扬州分公司
江苏万事安保险代理有限公司
扬州嘉惠保险代理有限公司

8 月 22 日，扬州市保险行业协会举办保险新闻写作专题培训

镇江市保险行业协会

【行业文化建设】 2013年4月初，镇江市保险行业协会、保险学会在全市保险行业组织开展"践行保险行业核心价值观"征文活动，收集31家公司57篇征文。6月19日，协会、学会专程邀请江苏保监局副局长王宝敏到镇江作"保险行业核心价值理念宣讲"专题辅导报告，镇江保险机构主要负责人和办公室主任100余人参加报告会。

【行业宣传】 一是4月中旬召开行业2013年宣传工作会议，部署全年宣传工作任务。二是组织开展保险公众宣传日活动，组织宣传镇江保险业在服务民生，助推经济发展的多篇专题文章，在《京江晚报》和《镇江消费》报登载。三是提高宣传稿件质量，由《京江晚报》记者根据各公司向协会提交有价值的新闻线索进行采访，增强宣传报道价值和可读性，其中《绿化损毁"天价"赔偿》和《丹阳分会打击"黄牛"》的报道引起社会各界的广泛关注。从3月起，协会与市消协联合在市消费报新办"保险与民生"月度专版10期，扩大多渠道保险宣传。四是加强行业宣传队伍培训，先后邀请《京江晚报》财经专栏主任和《中国保险报》江苏站站长祖兆林开展保险宣传新闻写作培训，提高写作能力。

【消费者权益保护】 2013年，镇江市保险行业协会防范和应对银保集中满期给付和非正常退保风险。3月5日，协会联合市银行业协会召开银保产品满期给付合作会议，要求各寿险公司成立以主要领导为组长的银保产品满付应对领导小组和工作小组，制定细化风险防范工作预案，把可能发生的风险控制在最小范围。同时对可能引发的群体事件，协会主动向市委宣传部和市金融办、人行、银监局汇报。5月3日，市政府副秘书长严竹波主持召开市委宣传部和市工行、农行、中行、建行、邮政局，以及中国人寿等五家保险公司就共同应对银保满期给付风险召开协调会，听取各方做法和建议并代表市政府提出四点明确要求，下发政府会议纪要，从政府层面为降低行业风险，维护金融稳定发挥积极作用。协会还及时做好与新闻媒体沟通，加强与报社、文广集团、0511镇江网友之家网、金山网协调联络。向市委宣传部新闻处和网络管理处专题汇报。争取媒体理解，防止片面报道和负面影响。及时平息两起邮政网点银保满期给付引发的小范围群访事件。据统计，全年平稳兑付1.7万名保户满期给付金额4.8亿元。

开展市区机动车查勘理赔服务现场测试活动。10月份，协会联合市消协对全市24家财险公司机动车辆保险查勘理赔服务进行现场测试活动。在事先不通知的情况下，模拟发生碰撞事故，查勘人员到达现场后，协会安排专业摄像人员全程跟拍，对测试结果打分排名并在业内通报和新闻媒体宣传。

【服务行业发展】 2013年，镇江市保险行业协会就道路交通事故人伤鉴定和绿化损毁赔偿标准提出建议。6月，市人大常委会内司委结合人大评议法院、检察院依法行政工作，在市人大召开人伤鉴定和物损评估工作评议座谈会，听取包括市保险行业及有关方面关于司法人伤鉴定和物损评估工作的意见和建议。市人大代表对保险行业的建议表示赞同，提出司法公正的前提是鉴定公正。市人大常委会内司委领导要求有关部门要谦虚听取、吸纳有关建议和要求，依法做好司法鉴定和相关评估工作，促进司法公正。协会组织制定应对机动车辆道交事故造成道路绿化植物损毁赔偿措施，同时向省保监局、省物价局反映行业诉求，要求对现行不合理标准予以调整。

加强司法诉讼人伤鉴定管理，打击不法中介违法行为。10月23日，协会和市中级人民法院司法鉴定处联合召开镇江司法诉讼人伤鉴定工作座谈会。双方领导、各基层法院司法鉴定科和部分公司理赔部门负责人经过讨论，双方达成加强镇江诉讼案件伤残鉴定工作管理六点共识。规范保险诉讼过程中人伤鉴定行为。9月5日，协会邀请市中院民二庭葛荣贵、江苏保监局法制处许扬在人保财险镇江分公司向全市48家保险公司分管法务领导和法务、理赔岗人员进行"保险法"司法解释（二）辅导，提高公司办案人员业务水平和技能。

密切与人行、公安等部门联系，开展反洗钱、反欺诈工作。配合人民银行，严格按照反洗钱相关要求，做好信息报送和各项基础台账工作。配合保监局和省协会落实完善反保险欺诈系统相关功能，定期与公安经侦等部门沟通，发挥公安部门在保险公司"警务室"作用，通过交巡警事故处理大队、保险快赔中

11月8日，镇江市消费者协会、保险行业协会联合组织开展诚信单位创建评议考核工作

心、区刑侦大队开展保险反欺诈工作。全年各公司上报排查涉嫌保险欺诈线索220件，移送公安查处49起案件，公安机关破案34起，挽回公司损失389万元。

【自身建设】 2013年，镇江市保险行业协会制定考核方案，引导行业科学发展。引导、促进全行业由规模数量发展向追求服务、质量、效益转变，把保险业参与社会管理、服务民生、服务和谐社会理念落实到经营管理中，提升全市保险业服务质量和效益。协会在全行业开展科学发展争先创优活动，并将各公司实施方案执行情况纳入年度保险业评比。

组织召开六届二次理事会。3月下旬，协会召开六届二次理事会。市政府金融办、民政局领导和全体会员公司主要负责人参加会议。协会秘书长报告了协会2012年工作和2013年工作计划，市政府副秘书长、金融办主任严竹波和市民政局顾言副局长分别对协会工作提出明确要求。市政府金融办对2012年获得保险行业先进单位的9家公司通报表彰，颁发奖牌。2013年，召开5次常务理事会，及时将协会工作计划、工作完成情况以及行业的重大事项向常务理事单位报告，并通过常务理事会会议纪要形成共识，部署行业统一执行。

指导第一分会主动开展工作。丹阳第一分会不断完善"道路交通事故保险理赔诉调中心"工作；分别在《丹阳晚报》和丹阳人民广播电台开辟宣传阵地；成立"丹阳市消费者委员会保险行业消费维权投诉站"。组织丹阳各保险公司开展创建"放心消费"活动，并通过市级"放心办"验收。

完成保监局委托办理和交办工作。一是协助、配合保监局开展8项检查、调研工作。陪同中国保监会、保监局领导到镇江中国人寿镇江分公司、人保财险镇江分公司进行安全生产检查；参加省保监局副局长葛翎等到镇江市保险行业开展党的群众路线教育实践调研；陪同省保监局副局长王宝敏等到丹阳对分会开展调研工作；协会还协助保监局寿险处、法制处、统研处等在镇江开展各项调研活动；协助中介处召开苏中片区加强保险销售人员管理座谈会。二是接受保监局委托对太平人寿扬中支公司、新华人寿丹阳界牌营销部等5家机构现场验收。

协会、学会联合组织开展编撰《镇江保险志》工作。协会参加市民政局组织的"优秀社会组织"评选活动，12月，镇江市保险行业协会被市民政局评为2013年度优秀社团组织。

【重大活动】 2013年4月2日，镇江市公安交巡警交通事故处理大队、镇江市保险行业协会在中华联合产险公司召开2013年市区道交事故保险快速理赔服务中心第一次工作例会。

4月12日，协会秘书长康勇等到市人大常委会内司委、市司法局反映车险人伤鉴定不实问题，并递交保险行业关于加强交通事故伤残鉴定机构管理的建议函。

5月3日，市政府金融办组织召开全市银保业务满期给付风险防范协调会。

6月6日，协会联合市消协召开全市保险行业规范保险行业经营行为保护消费者合法权益工作动员大会，动员、部署争创年度保险企业"诚信单位"活动。

7月5日，协会邀请《中国保险报》副总编、江苏记者站站长祖兆林来镇江作保险新闻稿件写作专题辅导。

8月22日，协会组织进行镇江保险营销岗位技能选拔赛，31名选手参加比赛。

10月1—7日，国庆假日高速免费通行期间，协会、镇江交巡警高速一大队会同人保财险、太保财险、平安财险、衡量公估公司在沪蓉高速镇江段窦庄服务区和仙人山服务区设立轻微交通事故保险快速处理服务点。

11月4日，市消协、市保协联合对申报创建"诚信单位"公司进行现场评议考核。

11月29日，市消协、市保协联合召开"2013年保险行业诚信单位表彰大会"，表彰15家"诚信单位"并授牌，人保产险、太保产险、平安人寿、新华人寿4家公司做交流发言。

12月18日，市协会、市交巡警事故处理大队联合召开市区道交事故保险快赔中心工作会议。

镇江市保险行业协会组织机构设置

会　长：刘　亮

副会长：姚盛峰　陆　忠

秘书长：康　勇

常务理事：刘　亮　姚盛峰　陆　忠　康　勇　黄锡荣　张雪冰　高　民　孙宏兵　蒋　波

秘书处机构设置及负责人：

办公室：俞　坚

寿险工作部：郑　萍

产险工作部：王　旭

6月6日，镇江市保险行业协会、工商局、消协联合召开会议，就维护消费者合法权益和开展争创行业诚信单位活动进行宣传和发动

中介工作部：俞　坚（兼）
考试分中心：吴　俊
手续费结算中心：陈阿金

会员单位：
中国人民财产保险股份有限公司镇江市分公司
中国太平洋财产保险股份有限公司镇江中心支公司
中国平安财产保险股份有限公司镇江中心支公司
天安财产股份有限公司镇江中心支公司
大众保险股份有限公司镇江中心支公司
中华联合财产保险股份有限公司镇江中心支公司
永安财产保险股份有限公司镇江中心支公司
安邦财产保险股份有限公司镇江中心支公司
阳光财产保险股份有限公司镇江中心支公司
都邦财产保险股份有限公司镇江中心支公司
中国大地财产保险股份有限公司镇江中心支公司
华泰财产保险股份有限公司镇江中心支公司
中银保险有限公司镇江中心支公司
太平财产保险有限公司镇江中心支公司
中国人寿财产保险股份有限公司镇江市中心支公司
民安财产保险有限公司镇江中心支公司
安诚财产保险股份有限公司镇江中心支公司
永诚财产保险股份有限公司镇江中心支公司
渤海财产保险股份有限公司镇江中心支公司
长安责任保险股份有限公司镇江中心支公司
紫金财产保险股份有限公司镇江中心支公司
华安财产保险股份有限公司镇江中心支公司
英大泰和财产保险股份有限公司镇江中心支公司
泰山财产保险股份有限公司镇江中心支公司
中国人寿保险股份有限公司镇江市分公司
中国太平洋人寿保险股份有限公司镇江中心支公司
中国平安人寿保险股份有限公司镇江中心支公司
新华人寿保险股份有限公司镇江中心支公司
泰康人寿保险股份有限公司镇江中心支公司
太平人寿保险有限公司镇江中心支公司
民生人寿保险股份有限公司镇江中心支公司
合众人寿保险股份有限公司镇江中心支公司
生命人寿保险股份有限公司镇江中心支公司
中宏人寿保险有限公司江苏分公司镇江营销服务部
农银人寿保险股份有限公司镇江中心支公司
海康人寿保险有限公司江苏分公司镇江营销服务部
华夏人寿保险股份有限公司镇江中心支公司
国泰人寿保险有限责任公司江苏分公司镇江营销服务部
正德人寿保险股份有限公司镇江中心支公司
长城人寿保险股份有限公司镇江中心支公司
阳光人寿保险股份有限公司镇江中心支公司
中国人民人寿保险股份有限公司镇江中心支公司
华泰人寿保险股份有限公司镇江中心支公司
信诚人寿保险有限公司江苏省分公司镇江营销服务部
信泰人寿保险股份有限公司镇江中心支公司
国华人寿保险股份有限公司镇江中心支公司
中国人民健康保险股份有限公司镇江中心支公司
利安人寿保险股份有限公司镇江分公司

泰州市保险行业协会

【行业自律】 2013年，泰州市保险行业协会组织对12家产险公司车险、非车险业务以及财务情况进行检查。开展车险理赔服务模拟测评工作，关注市政府公务车辆保险、泰州市环境污染责任保险、泰兴市安全生产责任保险、高港区城乡居民大病保险招投标项目，派出工作人员参与评标或现场监督，并向参加投标的保险公司强调监管文件及行业自律相关要求。

2013年，协会开展三轮治理销售误导自律检查，开展部分人身险公司“两证”管理、招聘以及人员流动情况进行检查。对存在不规范增员行为的两家人身险公司作出扣除自律违约金的处理，对未及时注销离开公司营销员展业证的公司及时下发限期整改通知书。

【行业文化建设】 2013年，泰州市保险行业协会制定《泰州市保险行业文化建设工作方案》，邀请保险知识普及教育宣讲团成员、南京审计学院汪祖杰教授进行保险核心价值观解读。加大行业文化形象传播工作，利用“3·15”消费者权益日、7月8日保险公众宣传日等普及保险知识。协助江苏思索文化传播有限公司完成泰州保险行业形象宣传片拍摄工作。

协会与市报业发展有限公司联合举办泰州保险业双十佳“保险服务明星”评选活动。做好文明职工和文明班组、道德模范、市劳模人选推荐工作，开展放心消费创建、岗位技能大赛、保险知识宣传等活动，引导广大职工立足岗位创先争优。

【服务行业发展】 做好电子化考试中心各项管理工作。2013年接受考试报名人数10821人次，实际参考人数10518人，参考率97.1%，考试通过人数7916，通过率75.26%。2013年7月1日保险中介从业人员新政实施以来，严格从业人员资格准入，严格审核考生报名资料真实性，修订出台《工作人员职责》《送考制度》《巡考制度》等相关制度，并将其张贴在考试中心显著位置；完成两

证的换发工作，完善台账登记；在公共部位安装监控视频，实现与江苏保监局同步远程监控，配备不间断电源，积极为泰州地区保险机构提供优质服务。

加强快速理赔中心管理。加大对理赔中心驻点人员考核力度，不定期突查驻点人员到岗情况，并向行业内作通报。做好节假日期间高速公路快赔服务点各项筹备工作，确保此项便民工程落实到位。

认真办好《泰州保险》期刊。每月按时将会员公司业务统计报表汇总上报省协会，及时提供给各会员公司参考借鉴，按季度进行业务分析，了解市场发展动态，并在行业内共享。协会还举办新闻写作培训和摄影培训。与泰州市总工会联合开展全市保险销售从业人员劳动竞赛活动，举办保险行业乒乓球比赛。

【消费者权益保护】 *诉调对接工作初显成效*。2013年，泰州市保险行业协会聘任市交巡警部门、海陵法院、律师事务所、保险公司等单位14人为调解员。2013年参与调解涉诉保险合同纠纷9起，涉案金额计34万余元，其中5起调解成功，3起调解未成功，1起正在调解中。

及时处理保险信访投诉。协会全年处理各类有效信访投诉171件，较上年同期增加22件，同比增长14.8%。其中：上门投诉58件，电话投诉55件，书信投诉10件，“12345”政风行风热线43件，市长信箱投诉5件。另处理公司间纠纷5起，电话咨询若干。

严格执行总经理信访接待日制度。每月对各保险公司总经理信访接待日制度执行情况进行检查，要求各公司上报接访人信息，并将接访公告在公司营业场所显著位置进行张贴，当面听取消费者的诉求和意见。

化解银保业务满期给付风险。协会与市银行业协会联合下发《关于共同做好全市银保业务满期给付工作的通知》，要求全市各保险机构、银行机构做到“共同处理、各司其责”，进一步完善风险应急预案，妥善应对客户纠纷，争取获取客户的理解与认同，最大限度从源头上预防、减少各类矛盾纠纷的发生。

【反保险欺诈】 泰州市保险行业协会定期与泰州市经侦支队召开联席会，沟通协调反保险欺诈工作，建立统一的案件报送制度和反保险欺诈专项基金。2013年，协会向市经侦支队移送案件5起，系统筛选1起，涉及金额102.5万元，成功处理4起，减损金额55.5万元。邀请市公安局经侦支队金融大队大队长就《保险诈骗案件的甄别与防范》进行授课；利用报纸、网站等媒介，加大对反保险欺诈工作的宣传力度，通过《泰州晚报》“保险之窗”栏目普及反保险欺诈知识，提高广大群众防范保险欺诈的认识，鼓励社会公众举报保险欺诈案件，营造严厉惩治保险欺诈犯罪行为的舆论声势。

泰州市保险行业协会组织机构设置

理事长：王晓文

秘书长：朱　彤

常务理事：王晓文　孟　昶　高　巍
张玉梅　李　翔　辛朝辉
赵富洋　李建华　朱　彤

秘书处机构设置及负责人：

综合部：于惠武

业务部：高　翔

考试中心：于惠武

会员单位：

财产保险公司：

中国人民财产保险股份有限公司泰州市分公司

中国太平洋财产保险股份有限公司泰州中心支公司

中国平安财产保险股份有限公司泰州中心支公司

天安保险股份有限公司泰州中心支公司

中华联合财产保险股份有限公司泰州中心支公司

中国大地财产保险股份有限公司泰州中心支公司

华安财产保险股份有限公司泰州中心支公司

永安财产保险股份有限公司泰州中心支公司

安邦财产保险股份有限公司泰州中心支公司

阳光财产保险股份有限公司泰州中心支公司

都邦财产保险股份有限公司泰州中心支公司

中国人寿财产保险股份有限公司泰州市中心支公司

华泰财产保险股份有限公司泰州中心支公司

太平财产保险有限公司泰州中心支公司

民安财产保险有限公司泰州中心支公司

中银保险有限公司泰州中心支公司

长安责任保险股份有限公司泰州市中心支公司

渤海财产保险股份有限公司泰州中心支公司

紫金财产保险股份有限公司泰州中心支公司

英大泰和财产保险股份有限公司泰州中心支公司

天平汽车保险股份有限公司泰州中心支公司

安诚财产保险股份有限公司泰州支公司

泰山财产保险股份有限公司泰州中心支公司

永诚财产保险股份有限公司泰州中心支公司

寿险公司：

中国人寿保险股份有限公司泰州市分公司

中国太平洋人寿保险股份有限公司泰州中心支公司

中国平安人寿保险股份有限公司泰州中心支公司

新华人寿保险股份有限公司泰州中心支公司

泰康人寿保险股份有限公司泰州中心支公司

民生人寿保险股份有限公司泰州中心支公司

太平人寿保险有限公司泰州中心支公司

生命人寿保险股份有限公司泰州中心支公司

合众人寿保险股份有限公司泰州中心支公司

中国人民健康保险股份有限公司泰州中心支公司

友邦保险有限公司泰州中心支公司

信泰人寿保险股份有限公司泰州中心支公司
农银人寿保险股份有限公司泰州中心支公司
华夏人寿保险股份有限公司泰州中心支公司
华泰人寿保险股份有限公司泰州中心支公司
国泰人寿保险有限责任公司江苏分公司泰州营销服务部
阳光人寿保险股份有限公司泰州中心支公司
长城人寿保险股份有限公司泰州中心支公司
中国人民人寿保险股份有限公司泰州中心支公司
中意人寿保险有限公司泰州中心支公司
光大永明人寿保险有限公司泰州中心支公司
工银安盛人寿保险有限公司江苏分公司泰州营销服务部
英大泰和人寿保险股份有限公司泰州中心支公司
建信人寿保险有限公司泰州中心支公司
利安人寿保险股份有限公司泰州分公司
百年人寿保险股份有限公司泰州中心支公司
安邦人寿保险股份有限公司泰州中心支公司
和谐健康保险股份有限公司泰州中心支公司
恒安标准人寿保险有限公司江苏分公司泰州营销服务部
国华人寿保险股份有限公司泰州中心支公司
东吴人寿保险股份有限公司泰州分公司

中介公司：
江苏华鹏保险代理有限公司
江苏板桥保险代理有限公司
江苏华康保险代理有限公司泰州分公司
江苏东泰保险代理有限公司泰州分公司
江苏敏梅保险代理有限公司泰州分公司
江苏华邦保险代理有限公司泰州分公司
泰州市普尔保险代理有限公司
江泰保险经纪有限公司泰州分公司
恒泰保险经纪有限公司泰州分公司
浙商保险销售有限公司泰州营业部
江苏东吴保险经纪有限公司泰州分公司

宿迁市保险行业协会

【概况】 2013年，宿迁市保险行业协会坚持以服务宿迁经济和社会发展为主题，以提高保险增长质量和效益为中心，不断解放思想，转变观念，创新工作思路，促进全行业健康快速发展。市保险行业协会连续三年被宿迁市人民政府评为保险工作先进单位。

【行业自律】 规范财险行业自律公约，强化检查力度。2013年，宿迁市保险行业协会先后召开16次财险工作会议，6次修订和完善车险、非车险和车险电销业务行业自律，3次进行财险业务自律检查，并按照监管要求，对财险自律公约进行清理。

出台寿险工作新举措，强化合规经营行为。4次召开寿险工作会议，分别补充和完善“寿险公司人员流动自律公约”“代理人资格考试巡考考办法”等自律公约；成立治理销售误导专项检查小组，通过研讨会、座谈会、暗访检查等形式督促整改。

强化中介机构自律，强化处罚机制。签订《宿迁市保险专业中介机构自律公约(2013版)》，建立中介自律处罚机制。

关注县区市场，强化触角延伸。完善《宿迁市保险行业协会县级保险机构自律小组工作日常工作规则(暂行)》，明确县级产寿险自律工作小组的工作职责。

【消费者权益保护】 2013年，宿迁市保险行业协会设立投诉电话，建立秘书长信访接待日制度，强化保险合同纠纷调处、信访投诉等中心职能建设，加强对机动车辆保险理赔服务质量评价办法执行力度；开展“金牌服务在宿迁，和谐保险六满意”活动；推动《保险从业人员行为准则实施细则》的学习，联合市级各保险机构，对近万名保险销售人员开展社会公德、职业道德、家庭美德和个人品德教育活动，督促各公司对宣传材料、销售专用语、人员培训等环节进行自查自纠；开展反保险欺诈提示制度执行情况抽查，各机构总体执行情况良好。

10月17日，宿迁市保险行业协会邀请江苏保监局刘长宏处长作报告

【服务行业发展】 宿迁市政府再次将保险业列入考核评比序列，宿迁市人民政府办公室再次下发保险工作年度综合考核办法。2013年2月5日，人保财险、紫金财险、太平洋财险、中国人寿、平安人寿5家公司在宿迁分支机构及协会被评为2012年度保险工作先进单位。

认真开展调研，争当政策建议者。2013年，协会先后就推广小额贷款保证保险、环境责任保险、大病医疗保险和农业保险等议题，向市政府提出建议，引起市政府和有关部门高度重视，促成《宿迁市大病保险暂行办法》《关于开展小额贷款保证保险试点工作的意见》《关于推进环境污染强制责任保险试点工作的意见》《关于深入实施宿迁文明交通工程的工作意见》等文件出台。协会就全市保险业支持和策应宿迁农村新型城镇化建设、农业产业化发展、支持农村创业主体发展等问题进行探讨，提出一系列建议。

注重内外部协调，创造和谐环境。2013年，协会就设立保险纠纷诉调对接、建立交通事故纠纷调解工作室、定点医疗管理、反垄断法实施等工作，与市中级法院、市交巡警支队、市卫生局、市工商局进行沟通。

做好保险代理人电子化考试服务工作。2013年，考试中心开考253场，接受保险公司集体以及个人报考9544人次，参考率96.00%，通过人数5811

人，通过率为63.43%。

【行业宣传】 一是开展"3·15"广场宣传活动，现场听取消费者意见和建议，并在"全国保险公众宣传日"期间，组织各公司开展广场宣传、万名从业者签名、居民进职场等系列活动。二是主动与各主流宣传媒体面对面沟通，对保险宣传内容、形式达成共识，为保险业发展提供良好舆论环境。三是组织各公司利用《中国保险报》、《宿迁日报》、宿迁广播电台、宿迁电视台等宣传平台，刊登保险法律法规知识、保险知识、保险产品介绍。2013年，市保协在《中国保险报》上发表新闻类作品近20篇。其中有宿迁市委常委、常务副市长王益"加快宿迁农业保险发展""强力推进环境污染强制责任保险试点工作——访宿迁市政府副秘书长、金融办主任张林""市场的需求在哪里，协会工作的重点就该定在哪里！——访江苏宿迁市保险行业协会秘书长武士琦"等作品。四是继续办好《宿迁保险信息》，全年出版12期；五是建立舆情监测体系，做好网络问政回复工作。

【自身建设】 2013年，宿迁市保险行业协会一是民主办会，集体决策。坚持定期召开理事会、常务理事会，严格按照章程规定开展活动；各项决定、决议及时向会员通报。二是建章立制，规范工作。完善财务管理制度、秘书处和各专业委员会工作规则等工作流程。三是从严预算，量入为出。建立财务审核审批制度，完善会费管理制度，从严控制，杜绝浪费。四是建立集体学习制度。通过学习培训，提高协会工作人员政治意识、责任意识、服务意识和业务技能。

【重大活动】 2013年1月14日，协会召开保险信息工作暨"诚信服务窗口"和"诚信服务之星"表彰会议，向12个"诚信服务窗口"、10名"诚信服务之星"4个保险信息工作先进单位颁发奖牌和奖状。

7月8日起，协会在"全国保险公众宣传日"期间，开展"十个一"活动。即：万人从业人员签名、广场宣传咨询、意见和建议征集、保险知识竞赛、千位居民观保险、行业形象宣传、保险业核心价值理念研讨、自律检查、保险工作汇报、推先评优活动。

8月7日，宿迁市环保局、市政府金融办、市保险行业协会联合发出《关于推进环境污染强制责任保险试点工作的意见》（宿环发〔2013〕139号）。

10月17日，协会邀请江苏保监局统计研究处处长刘长宏做题为"保险业的发展和监管展望"讲座。

10月25日，经宿迁市政府第四届十二次常务会研究讨论通过的《宿迁市大病保险暂行办法》正式对外颁布，并于2014年1月1日起施行。

12月2日，协会与宿迁市中级人民法院联合召开诉调对接座谈会，讨论《保险纠纷诉调对接工作实施方案》。

12月25日，协会向市政府报送《关于遏制车船使用税等税收流失的报告》，请求强化对保险业税收征管，规范保险业市场秩序。

【公益活动】 2013年4月23日，宿迁市保险行业协会秘书处举行"为雅安地震灾区捐款"活动。

7月8日，宿迁市保险行业协会组织全市近30家保险公司，在金鹰国际广场开展"全国保险公众宣传日"主题宣传活动。

宿迁市保险行业协会组织机构设置

理事长：吴　超

秘书长：武士琦

常务理事：吴　超　王　卓　纪　洋　朱宏亮　卢士军　秦　松　秦　伟　苏文然　曹　军　李　河　胡　耀　魏　波　莫险峰　杨　琦　孙巾云　刘跃虎　吴　龙　赵　峰　苏永辉　杨金华　潘　伟　颜　军　周继东　孙　扬　叶　玲　李海涛　马绍兵　孙　锐　朱晓科　孙惠军　徐　翔　丁友好

秘书处机构设置及负责人：

综合部门（结算中心、考试中心、财务）　胡立芳

业务部门（产险部、寿险部、中介部）　陈北平

会员单位：

中国人民财产保险股份有限公司宿迁分公司
中国人寿保险股份有限公司宿迁分公司
平安财产保险股份有限公司宿迁中心支公司
天安保险股份有限公司宿迁中心支公司
太平洋人寿保险股份有限公司宿迁中心支公司
平安人寿保险股份有限公司宿迁中心支公司
泰康人寿保险股份有限公司宿迁中心支公司
中华联合财产保险股份有限公司宿迁中心支公司
安邦保险股份有限公司宿迁中心支公司
华安保险股份有限公司宿迁中心支公司
阳光财产保险股份有限公司宿迁中心支公司
太平洋财产保险股份有限公司宿迁中心支公司
大地保险股份有限公司宿迁中心支公司
合众人寿保险股份有限公司宿迁中心支公司
中国人寿财产保险股份有限公司宿迁中心支公司
中国人保人寿保险股份有限公司宿迁中心支公司
渤海财产保险股份有限公司宿迁中心支公司
都邦保险股份有限公司宿迁中心支公司
华泰人寿保险股份有限公司宿迁中心支公司
太平人寿保险股份有限公司宿迁中心支公司
长安责任保险股份有限公司宿迁中心支公司
紫金保险股份有限公司宿迁中心支公司
长城人寿保险股份有限公司宿迁中心支公司
信诚人寿保险股份有限公司宿迁营销服务部
利安人寿保险公司宿迁分公司
生命人寿保险股份有限公司宿迁中心支公司
安诚保险股份有限公司宿迁中心支公司
永安财产保险股份有限公司宿迁中心支公司
中银财产保险股份有限公司宿迁中心支公司
华厦人寿保险股份有限公司宿迁中心支公司
东吴人寿保险股份有限公司宿迁分公司

ANGSU BAOXIAN NIANJIAN

推行环境污染责任保险制度　助力江苏生态文明建设

当前，全面推动环境污染责任保险的条件日益成熟。2012年我省GDP首次突破5万亿大关，人均GDP水平历史性跨上“万美元”新台阶，江苏正处于上中等收入地区向富裕地区迈进的重要阶段。根据国际经验，这一阶段保险服务社会经济发展的潜力和空间很大。在现有试点经验不断丰富以及政策条件的日渐完善情况下，保险业推进环污险的发展空间非常广阔。保险业应当把握好机遇，应对好挑战，努力推动环污险不断向前发展，为江苏推进生态文明建设做出更大贡献。

十八大明确提出把生态文明建设纳入中国特色社会主义事业“五位一体”的总布局，努力建设美丽中国。作为全国GDP总量第二的经济大省，江苏的发展正面临生态环境的瓶颈制约，随着工业化、城镇化的向前推进，资源环境问题正成为江苏站在生态文明建设新起跑线上必须跨越的一道坎。改善生态需要有坚强的制度保障。今年7月中旬，江苏省委、省政府出台文件，并发布了全国第一个省级生态文明建设规划，为书写好“美丽中国”江苏画卷做出顶层设计，相关意见中明确提到要强化经济政策导向，对高环境风险企业实行环境污染强制责任保险。

从2008年试点算起，我省环污险试点工作已经历了5个年头，回顾这几年，我们可以看到环污险试点推进取得了积极进展，但与市场需求仍存有不小差距，保险的社会管理职能发挥得尚不充分。今年1月，环保部与中国保监会联合出台关于环境污染强制责任保险试点的意见，将环污险的发展推入一个新的阶段。保险业应该牢牢把握有利时机，认真分析和推动解决当前环污险发展面临的问题，促使这一“绿色保险”为护航“美丽江苏梦”发挥应有作用。

施展“无形之手”，环污险绘写生态江苏蓝图

加快发展环污险，通过市场化手段抑制高污染行业扩张和低水平重复建设，倒逼企业淘汰落后产能，从高能耗高污染转向低能耗低污染，有助于推动实现转变经济发展方式，推进产业结构的优化调整。近日，保监会出台的保险业支持经济结构调整和转型升级的指导意见再次印证这一点，意见提出要创新产品服务，协助政府和企业化解经济结构调整和转型升级过程中可能出现的经济社会矛盾。

以往很多环境污染事件发生后，本应由企业承担的责任，最终却形成了“企业污染，公众受损，政府买单”的怪圈。开展环污险，通过市场化手段，强化事前风险防范，可以减少污染事故发生；使受害人及时获得经济补偿，可以预防和化解群体性事件；还可以改变以往单纯依靠行政手段管理的模式，有助于政府管理职能转变，提升政府在环境污染事故应急处理中的能力，同时也发挥了保险参与社会管理的功能。

从国际经验来看，美国、德国、俄罗斯等国都把环境污染责任保险列为强制保险，作为环境保护体系的一项长期制度安排。美国50个州中已经有45个州出台了相应的危险废物责任保险制度的规定，实施强制保险制度。

“量身定做”，合力打造环污险的江苏蓝本

江苏在推行环境污染责任保险制度试点中走在了全国前列，为环污险推广作出有益探索。

江苏在全国率先推动环污险试点，这背后是相关部门形成合力、共同推动的结果。江苏保监局与省金融办、省环保厅等部门成立联席机制，共同出台了一系列支持政策，对环污险的推动形成了有力支撑。截至2012年底，江苏环污险投保企业占全国70%以上，其中仅无锡就占据全国投保企业半数以上。此外，南京从2012年6月正式开展环污险试点工作，尽管起步较晚，但推进速度也相当可观，截至到今年6月，累计参保企业已经达到140多家。目前，全省已实现十三个地级市试点全覆盖，成为国内试点覆盖最全面的省份。

江苏能够在全国率先推动试点工作，得益于省金融办、省环保厅与保监局等政府部门成立联席机制，共同出台了一系列支持推动环污险试点的政策文件。

由于环污险产品专业性很强，不同企业对投保产品有不同的需求，如何让环污险能有效推开，这就需要根据市场需求来“量身定做”。我们在推进环境污染责任保险试点方面，通过对全省各地、各行业的环境污染风险状况进行深入调研，研究和细分各地、各行业环境污染风险的基本特征，因地制宜地开发了一系列保险产品和保险方案。2008年以来，江苏分别以推进内河船舶污染责任保险和污染高危企业环境污染责任保险两条线，通过产品创新、机制探索，在推进试点工作上取得了积极成效。截至目前，全省累计承保内河油船、化学品船7000多艘次，共计承保各类污染高危企业5200多家次，提供环境污染风险保障高达260多亿元。

试点工作的推进也离不开先行地区的典型经验，由点及面地带动，江苏的环污险试点从无锡、苏州等苏南发达地区开始，形成了有效推进模式和风险防范经验后全省全面推行。目前，南京试点的环污险除了采用共保体参保的模式，还针对南京本地企业的特点进行机制创新，增加8个附加险以扩充保险范围，并开通了20万以下理赔案件的快速通道等等，为投保企业提供优质服务。无锡试点则是形成了有效的风险评估、排查与整改机制，由保险公司聘请建立风险评估专家组，对环保部门确定的相关企业开展环境污染风险动态评估，出具风险评定报告，分别作为环保部门对企业进行管理和考核的依据以及保险公司测算费率的依据。近三年来，专家组先后深入

企业现场为全市1200多家企业提供了风险评估服务，帮助企业排查出较大环境污染安全隐患200多个，提出重要整改建议和意见500多件，对企业及时发现和化解环境污染风险起到了积极作用，提升了企业的风险管理和防范能力，得到政府的认可和支持。

全面覆盖，环污险推进亟待制度破冰

我省环污险的试点工作开展已有五年，这几年的实践为环污险的推广积累了丰富的经验，但也存在一些不足和问题亟待解决。

目前，我省的环境污染责任保险发展深度还相当有限，2012年全省投保企业仅2305家次，据不完全统计，在可保的化工、危化品、重金属等相关企业中投保覆盖面不足10%，环污险助力全省生态文明建设的集约效应还没能有效体现。这其中存在着社会认识不足的问题。相关企业的环境污染风险防范意识还比较薄弱，对发生环境污染事故心存侥幸，投保积极性不高，甚至一些小微企业认为如发生环污事件企业就关门大吉，不愿投保。部分相关部门对环污险的工作认识也不到位、重视不足、推动力度不够、工作抓手不足。对此，在加大宣传力度同时，应建立和完善环境损害责任追究制度，对污染企业形成真正的环保责任约束力，要进一步推动保险机制与环评工作、排污费收取、“绿色信贷”等配套政策形成合力，通过完善激励约束机制，引导企业积极参保。

在风险防范的领域中，事前预防才是保险的核心。当前，行业环境风险评估准则和污染损害认定、赔偿标准缺位，在对污染企业的风险评估与风险防范上投入不足，相关服务还处于简单粗放的阶段，不能适应企业污染风险防范需求。环境污染风险发生往往损失巨大、涉及面广、专业性强，保险机构应当积极探索建立环境风险评估与风险预防体系，要进一步加强环境风险与损失评估、责任认定、巨灾风险保障等配套机制的建立、健全和完善。

此外，环境污染责任保险发展和推动一个非常重要的基础就是法律。从长远看，强制保险方式是发展趋势，印度和德国就是这种趋势的代表。目前，环污险推广的法律法规体系还不够完善。建议在国家层面，尽快制定环境污染责任保险法律法规，并在现有的相关法律法规修订完善过程中，增加有关环境污染责任保险的法则，建立高污染风险企业强制责任保险制度。同时建议我省可根据具体条件，率先开展关于环境污染责任保险的地方立法工作，出台适合江苏地区特色的强制环境污染责任保险法律法规及政策。

作者：江苏保监局局长　宋志华

以十八大精神为指导　不断推进保险社团职业化建设

党的十八大提出全面建成小康社会的宏伟目标，保险业源于风险防范、风险管理、风险救助、风险补偿等方面优势，担负着保障和支持这一目标实现的不可或缺和不可替代的职能；与此同时，保险行业的科学发展和保险功能的充分发挥，对保险社团的期望与要求日益提高，推进保险社团长远发展的迫切性日益增强。

职业化建设是保险社团健康发展的必由之路。回首发展历程，保险社团在发挥自律、维权、服务、交流四项职能的实践中，组织体系不断健全，工作能力不断提高，职能作用不断凸显，呈现出良好的成长趋势；但独立性不够，专业性不强、公信力不足等问题依然比较突出，与行业快速发展要求和经济社会建设需求之间的差距依然较大。解决这些问题，必须以十八大精神为指导，通过解放思想、转变观念，不断推进职业化建设，建立职责更加明晰、职能更加完善、管理更加规范、运行更加有序的保险社团。

一、认清职责定位，是推进保险社团职业化建设的基础

十八大报告提出，要强化企事业单位、人民团体在社会管理和服务中的职责，引导社会组织健康有序发展。保险社团职业化建设，直接与其社会职责的完善和发挥密切相关：(1)保险社团是政府转移职能的承接者。随着市场经济体制的不断完善和行政体制改革的逐步深化，政府社会管理职能向社会组织转移已是必然趋势。十八大报告明确指出，要继续简政放权，推动政府职能向创造良好发展环境、提供优质公共服务、维护社会公平正义转变。因此，保险社团将越来越多地承接从政府部门分离出来的服务性、技术性、协调性职能和行业自我管理职能，也将要提供越来越多的供政府购买的服务产品。保险社团与政府部门将逐步从行政依附关系向合作伙伴关系转变，更加独立更加充分地发挥协调、辅助和补充功能，实现社团发挥作用与政府行政管理有机互补、良性互动。(2)保险社团是创新社会管理的参与者。十八大报告提出，要加快形成党委领导、政府负责、社会协同、公众参与、法治保障的社会管理体制。进一步明确社会管理创新的管理格局。由此可见，社会管理创新的主体是多元的，并更加注重释放社会力量，发挥社会组织在社会管理中的基础作用。保险社团作为社会中间组织，是架构在党委政府、监管部门、保险主体、消费群体之间的桥梁纽带，除引领协调行业发挥社会管理功能外，还通过增进合作交流、促进公平竞争、推进服务维权等，直接参与社会管理，有利于人民安居乐业、社会安定有序、人民群众更充分更有保障地享受经济社会发展成果。(3)保险社团是保险业竞争力的促进者。十八大报告强调，要推进金融创新，提高银行、证券、保险等行业竞争力。创新是保险业发展的动力，是提升保险业服务水平和竞争力的关键。保险社团依托自身职能，发挥思想库、协调员、组织人等

作用，通过开展不同形式的信息交流、业务培训、技术开发等活动，可以为行业进行产品创新、服务创新、政策创新创造良好条件，引导和规范行业主体积极转变发展方式，把推动发展的立足点转到提高质量和效益上，激发行业主体发展新活力，增强创新驱动发展新动力，不断把行业竞争力提高到新的水平，推动保险业在关系全局的“五大体系”建设中发挥更大作用。

二、强化职能作用，是推进保险社团职业化建设的重点

十八大向全党提出了“不动摇、不懈怠、不折腾”的要求，落实到具体工作中，就是要在科学发展观的指引下，各负其责、各尽其能。推进保险社团职业化建设，也必须把有效履行职能、发挥作用作为方向和目标。

（一）维护健康有序的行业秩序

自律是保险社团首要的、基础的职能，发挥保险社团在规范市场行为、督促公平竞争、促进合作交流、推动健康发展等方面的作用，既是党委政府的要求，更是会员公司的期盼。(1)要整合保险社团资源，在辅助监管、促进自律、防范风险等方面发挥整体合力，积极推动构建政府管控、企业运作、社团自律的市场化运行机制。(2)发挥保险社团联系面广、信息来源充分、地位中立的优势，通过制定行业服务标准、建立信用信息体系、规范从业人员流动等途径，推进行业诚信建设，改善行业生态文明。(3)按照十八大提出的“坚持开放的发展、合作的发展、共赢的发展”思路，积极推动行业内外的广泛交流和深入合作，在保险产品开发、业务领域开辟、销售渠道开拓等方面实现共创共赢、互惠互利，推动行业更有效率、更加公平、更可持续发展。

（二）构建和谐有利的外部环境

保险社团作为行业代言人：(1)要以谋取、保护和扩大会员公司的合法利益为己任，发挥熟悉行业、贴近市场的优势，积极参与涉及保险业发展的各种决策论证、法规制定，经常组织保险业人大代表、政协委员开展调查研究，集思广益，提高参政议政能力，提升议案提案办理水平，反映行业呼声，提出行业诉求，争取行业地位，创造有利于保险业发展的社会环境和政策环境。(2)积极联络社会媒体，办好用活自有载体，加大正面宣传力度，加强知识普及深度，提升公众保险意识，释放潜在保险需求。(3)关注以理赔难和销售误导为重点的有损保险消费者利益的各类问题，积极研究规避和化解的办法措施，建立健全纠纷调解和损失补偿机制，切实维护保险消费者合法权益，提高公众认知度和满意度，为保险业长远发展奠定坚实基础。

（三）打造特色鲜明的行业文化

十八大强调，文化是民族的血脉，是人民的精神家园。同样，文化也是保险业发展的灵魂，是保险业的“育人之本、立信之本、立业之本”。在行业文化建设中，保险社团担负着牵头组织和引领协调的重要职责。要结合本地实际，提炼出具有时代特征、行业特色和区域特点的文化理念，并立足现有载体，整合现有刊物，延伸触角、扩大影响、不断创新，推动文化理念逐步渗透和融入保险经营管理和各项制度规范之中，使文化建设激发出来的凝聚力、创造力转化为行业发展的生产力，为推动转型发展，提升服务水平，维护消费者权益，优化行业形象提供强大的精神动力和文化支撑。

三、明确建设内涵，是推进保险社团职业化建设的关键

十八大报告提出，要加快形成政社分开、权责明确、依法自治的现代社会组织体制。自治是社会组织生存与发展的根基，也是社会组织的生命力所在。从国务院办公厅《关于加快推进行业协会商会改革和发展的若干意见》到保监会《关于加强保险业社团组织建设的指导意见》，再到江苏省《行业协会条例》，都一以贯之地体现出独立自治是社团组织的发展方向。保险社团作为社会组织，实现自治目标的关键在于加强职业化建设，持续推进人员队伍专业化、内部管理规范化、工作运行制度化。

（一）人员队伍专业化

专业产生力量，专业就是价值。专业化的工作队伍有利于保险社团各项工作全面深入的开展，有利于为党委政府、会员公司、保险消费者提供更加专业、更加高效、更加优质的服务。(1)要按照保险社团职能定位，合理设计组织结构，公开招聘工作人员，广泛吸纳保险、法律、经济、精算、宣传等方面优秀人员，建立一支专业齐备、结构合理、素质过硬的专职工作队伍。(2)依照劳动合同法，帮助工作人员搞好职业生涯规划，对有能力有志于长期从事社团工作的年轻人员，重点培养，全面锻炼，采取小步快走方式提拔使用，使他们成为社团发展的骨干力量，对不适合社团工作的，打开与公司交流的通道，理顺出口。(3)探索建立配套的绩效管理和薪酬福利制度，认真解决工作人员的后顾之忧，创造一个人尽其才，才尽其用，引得进留得住人才的环境，为保险社团持续稳定发展奠定基础。

（二）内部管理规范化

规范保证秩序，规范促进效益。规范化的管理有助于构建良好的工作秩序，确保权力行使公开透明，有效防止权力寻租、职务犯罪、社团腐败，防范行业倾向性的不正之风，保证保险社团协调有序、健康高效地运转。(1)按照十八大关于加大社会组织党建工作力度的要求，落实党建工作责任制，强化专职秘书长“一岗双责”意识，以健全组织体系、落实组织制度、规范组织运行为重点，巩固和扩大党的组织覆盖和工作覆盖，充分发挥党组织的核心领导和监督保障作用。(2)理顺理事会、常务理事会与秘书处的关系，规范法人设置，建立社团负责人任期制和重大事项报告制度，健全常务理事会工作机制和社团考核机制，逐步规范重大事项民主议事、民主决策的范围、程序和方法，逐步完善和落实财务、审计、固定资产、考试中心等管理制度，不断增强保险社团自我发展、自我管理、自我约束的能力。

（三）工作运行制度化

制度是根本，制度管长远。合理健全的制度体系，是保险社团从依赖政府逐步走向自治的基础，有利于提升保险社团自治能力，增强工作的有效性和发展的持续性。当前：(1)需要加强对社会组织的立法，以法律法规形式确定保险社团的性质、地位、职能和作用，确定保险社团的社会责任、法律责任、权利义务、活动规则等，真正使保险社团工作做到有法律支撑、政策支持、会员支助。(2)要建立和完善统计分析、调查研究、自律纠偏、纠纷调解、合作交流等工作运行机制，充分发挥理事会、常务理事会和各专业委员会作用，加强各级各类保险社团的信息交流和工作联系，确保保险社团工作高效运行、体现公正、富有公信、充满活力。

作者：江苏保监局副局长　王宝敏

新形势下银行保险的创新与转型

——基于对江苏省36家寿险分公司的调查

引言

银行保险(Bancassurance)于20世纪70年代出现于法国,最初指银行代销保险一种分销方式,该方式被认为是经济全球化和金融自由化背景下金融管制放松后出现的新生事物[1]。美国1999年通过的《金融服务现代化法案》(Financial Services Modernization Act或称Gramm - Leach - Bliley Act)标志着金融管制放松的开始。因该法案的示范作用,自1999年之后世界各发达和发展中国家对金融业分业经营限制逐渐放宽(deregulation),金融自由和创新使得银行和保险之间的融合更为紧密,在此背景下,银行保险业在世界各地异彩纷呈,并逐渐在各保险分销渠道中占据重要地位[2]。

我国的银行保险始于1995年,由于其分销途径包括银行和邮局,也称银邮保险,简称银保。至今,我国银行保险已实现跨越式发展:2001年银保渠道保费收入仅为45亿元,占人身险保费收入比重为3.6%,而2012年银保保费达到4131.47亿元,占当年人身险保费收入比重达41.50%。从银保代理机构数量、保费收入规模和银行收取的手续费角度看,我国银行保险正处于快速发展阶段。银邮已成为寿险产品最重要的销售渠道,推动着我国保险业的快速增长,对保险公司的业务量提高发挥重要作用。

近年来,银行保险在快速发展过程中出现一系列问题:销售网点的过快扩张降低了银保的发展质量;销售人员数量的过快增长导致客户服务的整体质量低下,结果便形成了一个既"高速发展"而又"极度落后"的市场[3]。针对我国银行保险无序低质发展的状况,银监会、保监会2009年开始连续出台多项措施,对银行保险无序经营和销售误导现象进行了整治,随之而来的表面效果是银保渠道业务量萎缩,然而,业务量萎缩的同时银保市场长期发展所累积的深层次问题依旧存在,银保运行的体制和机制未有效理顺,监管的资源、方式和可持续性面临着更大挑战[4]。

《中国保险业发展"十二五"规划纲要》明确提出:"推进银行代理渠道专业化转型"、"促进银行等金融机构代理保险业务的专业化、规模化、规范化发展"。"十二五"是全面建设小康社会的关键时期,也是我国保险业发展的战略机遇期和黄金发展期,这也使我国银行保险面临着难得的发展机遇。新形势下如何快速稳步地推进我国银行保险的创新和转型是非常值得探讨的问题。本文试图通过文献研究、专家咨询、专题组讨论、问卷调查和面对面访谈等方式方法搜集相关资料,采用扎根理论和统计描述进行定性定量资料的分析,基于行业视角全面审视银行保险存在的问题,通过定性和定量研究相结合的方法,结合行业发展的内外部环境,对新形势下我国银行保险的创新与转型问题进行研究并提出对策建议。

一、我国银行保险发展面临的新形势

近年来,我国银保业务发展迅速,银邮渠道保费收入占寿险保费总收入比重在40%以上,银保业务已成为寿险销售的重要支柱。银保业务在促进保险业务量提升之外增加了银行的中间业务收入,丰富了银行的产品体系,也在一定程度上满足了客户多样化的金融服务需求。

随着我国社会经济形势发展和金融制度改革的稳步推进,银行保险发展面临着新的形势。

(一)外部形势

1.银保政策对银行保险影响显著

金融管制与税收等政策因素会影响银保业的发展。Bernard Dorval (2002)、Mark Teunissen (2008)、Franco Fiordelisi(2007)认为,房产税和资本所得税的存在促进了包括美国、加拿大等国的寿险业特别是银保业的发展,而政府对银行与保险业合作的金融管制政策的宽松与否又导致了美国和加拿大的银保业表现殊异。我国监管机构长期以来对银保合作采取鼓励的政策,尤其是2003年,保险监管部门出台了保险行业规范,解除了银行代理保险"一对一"的限制,自此保费进入了"突飞猛进"的增长阶段。我国银保业的发展虽少受税收政策的影响,但因为监管机构对银保业的监管长期以来较为宽松,使得银保成为中国最大的寿险销售平台。

近十年来,我国银行保险业务在快速发展的同时也出现了诸多问题,如销售误导、账外违规支付手续费。部分保险公司和银行一味追求销售规模,不重视对销售人员的培训,对销售过程和产品售后服务方面缺乏投入,导致产品的品质下降。部分销售人员为了完成销售任务,获得高额的业务提成,片面夸大保险产品收益、故意将保险产品与存款混淆、隐瞒保险产品中存在的风险和费用扣除,误导消费者,损害了消费者权益,也严重影响了整个保险行业的形象,不利于保险品牌形象的树立。

为促进银保业务的发展,监管机构和保险经营主体均将积极引导和促进银保渠道转型升级列为当前工作的重中之重,银保经营活动处于银监会和保监会的双重监管之下,监管部门一方面为促进业务发展积极出台扶持政策,另一方面也在对行业弊端从严治理。

对于市场的不规范现象,银监会、保监会在2009年之后连续出台多项政策对银保市场秩序进行规范(见表1)。这些政策尤以银监会2010年11月下发的《关于进一步加强银行代理保险业务合规销售与风险管理的通知》(下称90号文)对银保发展影响最大。该文要求2010年年底前银行肃清驻点的保险公司销售人员,同时限定银保合作模式为"一对三",即一家银行网点只能代理三家保险公司。

2011年3月，银监会、保监会联合发布《商业银行代理保险业务监管指引》，要求银、保加强协作，销售保险产品的银行人员亦须持有保险代理人资格证书，并再次强调商业银行不得允许保险公司人员派驻银行网点。

相关政策对银保渠道的销售行为、网点资源配置、利益分配机制、销售队伍建设等影响较大。2011年以来，银保新单业务下滑明显，一些寿险公司银保业务量甚至负增长。例如：2012年新华保险公司银行保险渠道仅实现保险业务收入521.63亿元，同比下降8.0%；太保人寿2012年银行渠道业务收入345.41亿元，同比下降22.3%，其中新单业务收入182.45亿元，同比下降高达40.2%。

虽然短期看银保政策的推出对银保业务冲击较大，进而影响了寿险市场保费规模的提升，但从长远看，银保新规的实施对于解决银行保险当前经营过程中存在的问题具有积极的作用。

表1　2009年以来监管部门颁布的银保政策

颁布时间	单　位	文件名称	主要内容
2009.11	银监会	商业银行投资保险公司股权试点管理办法	每家商业银行只能投资一家保险公司，且原则上应选择现有保险公司。
2010.1	保监会	关于加强银行代理寿险业务结构调整促进银行代理寿险业务健康发展的通知	促进银行代理寿险业务可持续发展，充分发挥银行业、寿险业双方的优势，更好地满足客户的需求。
2010.8	保监会	关于进一步规范银保专管员管理制度的通知	进一步要求文件规定银保专管员应由保险公司正式员工担任。
2010.11	银监会	关于进一步加强商业银行代理保险业务合规销售及风险管理的通知(2010银监会90号文)	将充分保护客户利益作为制定《通知》的基本原则和主线，不允许业务员驻点销售。
2011.3	银监会、保监会	商业银行代理保险业务监管指引（2011年10号文）	保护保险消费者合法权益，从规范银保市场秩序、加快银保发展方式转变入手，促进银保业务健康可持续发展。
2011.4	银监会、保监会	保险公司委托金融机构代理保险业务监管规定(征求意见稿)	包括银行、证券公司在内的金融机构在获得保监会的保险兼业代理资格后，可接受保险公司委托，在保险公司授权的范围内代理销售保险产品及提供相关服务，并依法向保险公司收取佣金。

资料来源：中国银监会、中国保监会官方网站

2.经济环境变化对银保发展将产生持续影响

银行保险业务发展依托于经济发展的土壤。早期国内外研究者认为经济发展是保险业发展的推动力，Browne & Kim (1993) 以45个国家1980至1987年的数据为样本研究发现寿险人均消费与人均国内生产总值之间存在一定的因果关系，通过对55个国家自1976年至2004年的数据进行实证分析发现，国内生产总值、私人存款、股市成交量、市场开放程度等因素直接决定保险业的发展规模，同时保险业的发展对经济发展也会有促进作用[5]。Ward，Damian，Zurbruegg & Ralf (2000)等人对OECD国家的实证研究也得出过同样的结论。

我国经济环境的变化将从几个方面对银保发展带来持续影响：(1)经济的快速发展将为银保发展提供不竭动力。Mark Teunissen(2008)认为亚洲人普遍具有较高的储蓄倾向，从而使其倾向于购买带有储蓄性质的银保产品[6]。相比股票、基金、期货等投资工具，多数银保产品具有较强储蓄性，部分产品兼有投资和保障的功能。近年来国民经济发展持续稳定，人们收入水平提高快速。2000年—2012年间，我国城镇居民人均可支配收入年均增长率逾10%，居民收入水平的快速提高及我国居民特有的高储蓄偏好导致我国居民存款率与存款总额高居世界前列，目前低存款利率的存在将促使人们通过购买银保产品以改善家庭资产结构、合理理财的要求，部分储蓄将逐渐从银行的存款账户分流到寿险产品上来。(2)保险业与其他金融业之间存在着相互反馈、协同发展的关系，金融改革一定程度上会对银保发展带来正向及负向冲击。近年来我国金融改革稳步推进，金融业发展快速，给我国保险业发展带来机遇和挑战。(3)通货膨胀通过价格效应和收入效应影响银保产品的市场需求。一是通过减少未来固定金额给付的实际价值，从而降低人们对寿险的需求。二是通货膨胀产生收入效应，使消费者收入水平的实际增长速度慢于名义增长速度，甚至会出现收入的负增长，而且通货膨胀还会导致其他商品价格的上升，从而产生替代效应。我国近年来物价上涨迅速，货币购买力持续下降，会动摇人们对未来保险实际保障水平的信心，从而抑制人们对保险的需求。

3.改革的深化使得人们的风险观念发生了深刻变化

以住房、医疗和教育为代表的新“三座大山”抑制了人们的保险需求、降低了人们的保险消费能力。按照马斯洛的层次需求理论，人的需求分为五个层次，衣食住行是最低层次的需求，该层次的需求基本得到满足之后人们会追求安全的需求。保险是人们应对主观风险和客观风险的重要工具，可以减少人们对未来的担忧、弥补人们因人身伤亡带来的收入减少、费用损失以及精神伤害。国内外调查显示，我国民众的风险意识很高而保险购买动力不足，原因之一在于绝大多数人仍处在

为第一层次需求奋斗的阶段，人们在住房、医疗、子女教育及养老等难以得到基本保障的情况下，不可能对保险有过高的需求。住房市场的稳定、养老和医疗基本保障制度的全面推行必将成为未来银保发展的推动力。瑞士再保险（Swiss Re）在2011年4月至5月期间对亚太地区11个保险市场的社会风险意识进行了研究。在中国大陆，该调查组通过计算机辅助电话访问方式对北京、上海和广州共2800名20至40岁之间的成年人进行了调查。调查通过使用瑞士再保险消费者风险态度指数（CAFRI）进行，调查显示，与亚太地区其他国家或地区的受访者相比，中国大陆的受访者风险意识更强，对其财务未来的准备更充分，其中最主要的原因是缺乏足够的社会保障，而且有高达72%的中国大陆受访者计划在未来12个月内购买寿险或健康险产品[7]。这一调查结果表明，我国成年居民的风险意识较高。如何把人们的高风险意识转化为高保险意识，需要保险行业和保险监管部门系统谋划。

4.保险文化变化显著

我国保险业全面复业经营三十多年以来，保险已经成为经济的重要组成部分，影响到人们生活的方方面面，渗透进各行各业。随着保险业的快速发展，人们的保险意识有了很大的提高。2012年开始，为提高保险行业形象，保监会对保险行业的违规现象加大了整治力度。2013年3月21日，中国保监会发布保险监管核心价值理念和保险行业核心价值理念。加强保险文化建设，是保险业贯彻落实党的十八大精神推进社会主义文化强国建设的重要举措。培育和践行保险监管核心价值理念、保险行业核心价值理念是保险文化建设的关键环节，是转变发展方式、推动行业科学发展的内在要求，是加强行业文化建设、凝聚行业力量的有效途径，是加强改进保险监管、提高监管效能的重要手段，也是提升行业形象、增强行业软实力的迫切需要，对促进保险业持续健康发展具有十分重要的意义。[8]

5.新技术对银保业务将产生影响

信息技术为银保业务提供了新的发展途径。进入21世纪，信息技术的发展已经影响到人们生活的方方面面。随着计算机的普及，人们的行为越来越多地数据化，数据背后潜藏着巨大的商业机会，不同公司在不同维度的数据分析和服务正创造出新的商业模式。大数据时代最大的转变就是，放弃对因果关系的渴求，而取而代之关注相关关系。也就是说只要知道“是什么”，而不需要知道“为什么”。这颠覆了千百年来人类的思维惯例，对人类的认知和与世界交流的方式提出了全新的挑战。[9]大数据的分布式处理能够在计算机上实现跨集群操作，扩展到成千上万种设备上。内存数据库的产生无疑给企业提供了利用实时数据的新工具：尽可能快地在数据产生之初就进行分析，发现其趋势并更快地做出反应，实现降低服务成本和提高收益的目标。

（二）内部形势

1.银保经营主体数量增长快速

近年我国保险公司数量增长迅速，至2013年8月底，我国共有保险公司165家，其中寿险公司71家，寿险经营主体数量远超部分保险发达国家。与之相应，2012年，我国保险密度为1143.8元/人（186.7美元/人），保险深度为2.98%，两指标均低于亚洲平均水平（平均保险密度321.7美元/人，保险深度为5.73%）。我国保险主体数量与保险发展水平不一致。寿险公司是银保业务的经营主体。寿险公司数量快速增长的同时，保险公司对于银保销售渠道的竞争加剧。

2.银保合作模式落后且不对等

银保双方合作还停留在浅层次的代理协议合作，是一种松散的“多对多”关系，银保双方除了进行销售环节的代理合作外，在产品开发、售后服务、利益分享方面合作很少。在对银行保险的认识上，目前银保双方尚未从“银行保险就是银行帮保险公司卖保险”这一认识水平上有显著改变，远未达到从共同合作开发和提供高层次的复合型金融产品和服务的高度认识银行保险。

3.存在较多不规范经营现象

某些保险公司运用高手续费等不正当手段片面追求市场份额的做法，造成了市场的无序竞争和严重内耗，恶性竞争使市场正常规则被扭曲；保险理赔时效性差，流程不透明，伸缩性强。部分保险公司理赔服务难以遵循“客户第一”的原则，“承保时热忱，理赔时冷漠”现象较多，导致社会对保险持较多负面看法。

4.保险资金投资收益率低

2008年至2012年，保险资金投资收益率分别为1.89%、6.41%、4.84%、3.49%和3.39%，均低于同期五年期定期存款利率，收益率缺口较大。银行保险业务的利润主要取决于利差益，而利差益取决于险资的投资收益。险资的低投资收益水平导致满期收益低，进而造成客户不满，甚至引起集中退保事件，带来不良社会反响。

此外，受多因素影响，目前我国银保业务规模下降，行业利润低成为较普遍现象。

二、新形势下我国银行保险现状——基于对江苏省36家寿险分公司的调查

当前我国经济的快速发展和新的人口形势提供了银行保险快速发展的良好机遇。同时，近几年银行保险相关政策的推出使我国银行保险的发展出现短暂的业务停滞甚至倒退，在此背景下，保险公司必须对现有的一些不适应新形势的问题进行解决，对银行保险进行创新和转型。新形势下，我国银行保险如何迎接挑战、承接新形势是全行业和保险监管部门亟需考虑的问题。江苏保险发展水平长期位居全国前列，是国内最重要的保险市场之一。江苏也是我国经济大省，其社会经济发展水平先行于绝大多数省市。社会经济形势的变化对江苏省保险业会产生更为深远的影响。2009年以来，各金融监管部门对银行保险采取的一些措施已经对江苏银保市场产生重大影响，社会经济形势的变化对江苏银保市场的影响较之其他省份尤为显著。对江苏省的银保市场进行研究，可以较好地反映全国银保行业的问题。

通过对银保管理层进行问卷调查、对行业资深专家进行专业咨询、对行业高管进行深度面对面访谈等方式可以深入了解目前银保业务发展存在的问题和面临的困境。基于此目的，研究组在2013年7月底和8月初对江苏省共36家省级

寿险公司的共43名涉银保的中高层管理人员进行了半结构化的、由被调查者不受任何限制的完全笔述方式的问卷调查，以全面反映目前银保行业存在的问题和困境，为我国银行保险业务的创新、转型及健康发展提供信息。

(一)银行保险现状——基于问卷调查的分析

1.调查对象、调查方法和问卷分析方法

1)调查对象和调查方法

本次调查共涉及36家省级寿险公司，调查的对象是江苏省级保险公司的中高层管理人员，共43人，具体包括副总裁3人，省级分公司总经理5人、副总经理3人，银保部门经理或负责人23人，支公司总经理或副总经理5人，其他银保管理人员4人。此次调查共收集问卷43份，无效问卷1份。

调查采取半结构式问卷调查方法，问卷条目设置包括定量和定性两部分。定量调查内容主要涉及各保险公司在江苏保险市场于2009年以来的银保经营数据。定性的调查内容主要涉及银保政策认知、银保险种、银保合作、银保队伍建设等四部分内容。

研究者先将此次研究的目的、方法及要求等告之研究对象，由调查对象笔述的方式回答问卷，以有效收集银行保险业务经营信息。问卷(见附录1)对涉及银行保险的共五部分内容进行了调查。

2)调查问卷的分析方法

(1)定量的资料采用简单统计描述分析方法。

(2)定性的资料基于扎根理论，提取主题和分主题，对相关主题进行研究。

扎根理论研究法由Barney Glaser和Anselm Strauss(1985)共同提出，是运用系统化程序，针对某一现象发展并归纳式地引导出结论的一种定性研究方法，在哲学思想上，扎根理论方法基于的是后证主义的范式。研究者在研究开始之前没有理论假设，直接从实际观察入手，从原始资料中归纳出经验概括，即在系统收集资料的基础上寻找反映社会现象的核心概念，然后上升到理论，是一种从下往上建立实质理论的方法。在分析步骤上，首先通过对定性资料进行编码、归类，归纳出主题和分主题，然后在研究主题中找出代表绝大多数被调查者(或被访者)看法和意见的“核心变量”，直到研究主题达到饱和状态，即无新的主题出现为止，最后对主题和分主题进行归纳和总结。

2.问卷分析结果

1)银保政策认知情况分析

(1)基于扎根理论的银保政策认知情况分析

基于扎根理论，对收集的问卷中相关条目进行归纳和概括，提取出主题，分别是：银保新政正面影响、银保新政负面影响。每个主题有若干个分主题(或称编码)(见表3)。

①在对银保政策的正面评价这一主题中，提取出三个分主题：市场规范、避免销售误导、提升行业形象。

尽管保险公司性质、大小不同，但绝大多数银保高管在银保新政规范了保险市场这一点上认识相同。在该分主题下面，可以归结为下列分类属：银保政策厘清了银保分工、加强银保合作转型、规范市场竞争、促使银行和保险公司加强风险管控、合规销售和风险管理、提高了柜面人员的销售技能等。

表3 银保政策的主题和分主题一览

编码归类	对应的编码
1.对银保新政的正面评价	
市场规范	厘清了银保分工、加强银保合作转型、规范市场竞争、促使银行和保险公司加强风险管控、合规销售和风险管理、提高了柜面人员的销售技能、有利于支持资本市场改革
避免销售误导	改善客户需求、完善银保产品、改善专业素质、合理引导客户投保、保障客户权益
提升行业形象	改变银保形象、提升保险和银行的声誉、消除人们对保险的误解
2.对银保新政的负面评价	
竞争环境恶化	手续费攀升、短期影响大、对后进入银保渠道的公司阻碍大、中小寿险公司边缘化、中小公司挤压出局、保险公司无利润
银保合作不对等	银保合作不对等、银行产品与银保产品存在竞争、银行员工因保险知识缺乏更容易误导、约束只针对保险公司

在避免销售误导这一分主题下，可归结为下列分类属：银保政策改善了客户需求、完善银保产品、可以改善销售人员专业素质、可以合理引导客户投保、可以保障客户权益等。

在提升行业形象这一分主题下，可归结为下列分类属：银保政策可以改变银保形象、提升保险和银行业声誉、消除人们对保险的误解等。

②在对银保政策的负面评价这一主题中，提取出两个分主题：竞争环境恶化、银保合作不对等。

接受调查的所有高管均认为，银保政策的推出导致银保合作地位不对等、手续费攀升；中小保险公司高管认为，新政的推出阻碍了后进入银保渠道的公司，使中小寿险公司被边缘化、大公司可轻易将中小公司挤压出局；绝大多数调查对象认为手续费的攀升导致保险公司无利润。

(2)银保政策认知情况的描述性定量分析

42个有效调查对象中，17人对2009年以来的银保政策非常熟悉，21人比较熟悉，4个一般熟悉。其中21个调查对象认为银保政策的推出对保险公司的冲击大(调查表中，该条目的备选项包括“冲击非常大、冲击大、冲击一般、没影响、提高了我公司效益”五个有序选择项)，8人认为冲击一般，3人认为对其所在公司业务无影响，4人认为这些政策的推出提高了所在公司的效益；调查对象中有30人认为90号文对银保的冲击最大，3人不清楚哪个文件对保险公司影响大，3人认为《商业银行代理保险业务监管指引》对银保的影响最大，4人不表态或认为所有文件对银保都有影响。总体上看，90号文对保险公司的影响最大。

结果分析可知，这些政策的推出对非银行系保险公司的影响较大，对银行系保险公司基本上没有影响或者使其利润增加，少数规模较小的保险公司的高管认为这些政策的推出增加了其所在公司的利润。

2)银保险种分析

(1)基于扎根理论的银保险种问卷分析

从问卷反映的信息看,目前热销的银保险种主要是分红险与万能险,险种期限以短险为主,在缴费方式上以趸交占主流方式;银保的购买人群以学历水平不高、年收入在5–10万之间的中老年人为主,涵盖各类职业;期交难占主流的原因主要在于产品结构复杂、难有短期收益、缴费繁琐及销售技巧要求高等;银保产品的购买主体绝大部分是中老年人,趸交产品的购买群体以中老年人偏多,期交群体以中青年人偏多;从购买群体的学历结构看,主要以大专以下学历层次者居多,趸交客户一般学历低(高中),没有太多投资渠道,以追求短期回报为主,而期交客户学历层次稍高(以大专及以上学历为主)且认可保险;从收入特征看,银保产品的购买人群以8–10万且有较稳定收入来源的客户为主,且高收入人均占比较少;从职业特征看,购买者涵盖各个行业，但一般都有较为稳定的职业或收入来源,其中几乎每份问卷都提及退休人员这一购买主体;少数被调查者反映银保在县域销售比在中心城市销售要好、在城乡结合部销售较好和购买主体以女性居多等特征。从特征上分析,这部分客户一般缺乏中长期的理财规划意识和保险意识。之所以这部分人群能成为保险的主要购买群体,一部分原因是由于投资渠道缺乏,而带有投资理财、收益回报等功能的银保产品恰好可以满足这部分人的投资回报需求,这也很好的解释了为什么银保销售的主要是分红险而且以短期居多的问题。

(2)银保险种资料的描述性数据分析

表4 银保经营险种调查的主题和分主题一览

编码归类	对应的编码
1.险种类型	
分红险、万能险、投连险	1)分红险约占70%,万能险与投连险占比较低; 2)不管是什么保险,收益高效益好管理费低的险种较受欢迎; 3)保险资金的投资收益低,客户对分红无信心,易退保; 4)部分万能、分红险收益低于银行利率,客户无信心。
期限长短	1)期限长的险种客户不愿买; 2)热销险种期限多为5年
产品形态	1)形态简单的产品容易理解,柜面容易销售; 2)起售门槛低的产品受欢迎; 3)同质化严重
2.缴费方式	
趸交占主流	1)趸交产品形态比较简单,客户比较容易接受; 2)大行对市场份额的追求和考核决定了趸交产品销售是主流; 3)客户更注重短期收益,客户喜欢购买短期型收益类产品; 4)趸交产品销售相对简单;期交相对较复杂,销售难度增加; 5)银行更愿意卖趸交产品
期交不占主流	1)期交产品形态复杂,不易理解,销售技巧要求高,在银行渠道销售时难以成交出单,必须多次跟进与促成,银行员工销售技能跟不上,有畏难情绪; 2)柜员讲不清楚,客户听不明白; 3)期交产品形态类似,收益低,保障不充分; 4)银行销售模式和习惯决定了简单产品的销售是主流、银行储蓄整存整取的习惯影响,更喜欢趸缴产品; 5)销售期缴及保障型产品的环境要求较高,大厅销售的环境无法满足,大多数人不太愿意听长时间的产品讲解; 6)期交产品缴费次数多、时间长、利率低; 7)银行这个特定的场所,客户来银行以投资为主、期缴产品保障特点不明显,保费量小; 8)期缴产品偏保障型的较多,比较能体现保险的本质,但是保险的购买需要对保险的认可; 9)期交产品需要长时间讲解,来银行存款的客户难以接受。
3.购买人群	
年龄、性别特点	1)中老年人偏趸交,期交购买人群以中青年人居多; 2)绝大部分是中老年人;购买者多为女性
区域特点	趸交客户集中在乡镇或城乡结合部,期交客户集中在苏南中心城市;
学历水平	1)高学历人员少,以大专以下学历层次为主; 2)趸交客户学历低(高中)、期交客户学历高(大专及以上)且认可保险

续表

编码归类	对应的编码
收入水平	1)年收入8-10万,高收入人群占比较少; 2)收入较稳定,有一定积蓄
职业	1)个体工商户居多; 2)工农商都有;3)退休人员多;

35家省级公司(36家公司中一家公司未提供数据)提供的数据资料显示,2012年度该35家公司共计275个银保产品在售,其中1个险种2013年停售。275个险种中分红险179个,占比64.9%,万能险26种,占比9.2%,其他险种70个(其中投连险10个,意外险10个,健康险25个,普通寿险25个),占比25.9%。从保费收入看,2012年该35家保险公司在售的这275个险种的保费收入总计272.01亿元,其中分红险新单保费收入为113.84亿元,万能险96.97亿元,按缴费方式看,趸交保费收入为221.43亿元,占比约为81%,期交保费收入50.5亿,占比约为19%。从新单件数看,2012年全年,该35家公司的新单数为1272387件,其中分红险为1033973件,占比81.3%,万能险232551件,占比18.2%,其他险种5863件,占比0.5%(见表7)。

对上述35家样本寿险公司取每家公司2012年新单数量排名前两位的险种,从险种类别看,分红险占比71%,万能险占比25%,其他类型为4%;从缴费方式看,趸交保费方式的险种占比71%,期缴险种占比29%。从保险期限看,43%的险种为5年左右的中短期保险。

表5 35家样本寿险公司2012年银保渠道在售险种情况(共271种)

	分红	万能	其他	趸交	期交	其他
险种数	176	25	70	108	108	55
新单件数	1033973	232551	5863	713098	559289	–
保费收入	1113834.3	1178696.4	4805.5	2214290.5	50.5	–

数据来源:根据35家样本公司在调查问卷中填报数据汇总整理,其中个别公司填报数据明显有误,但对总体数据的分析影响不大。注:35家样本公司2012年银保渠道在售险种当年新单首年保费收入合计2720133.1万元,新单共计1272387件,调查在售险种数共计275种。

通过对调查问卷及各保险公司提供的保单资料和保单销售数据分析可知:第一,银保产品期限结构不平衡。从银保保费收入构成角度看,期限在5年左右的中短期寿险业务占较高比重,而长险很少。第二,银保的寿险功能结构发展不均衡,产品大都是带有储蓄和分红性质的分红险、万能险等新型寿险,这些产品的保障设计较为简单,大多都是以身故为保险责任的定期两全保险。相对而言,银行保险业对于传统保障型的寿险产品一般少有涉及。第三,险种同质现象普遍,很多银保产品与银行自营的储蓄产品趋同,而且其中基本以"储蓄+分红"的分红两全保险为主,较为忽视保险最为本质的保障功能,片面强调保险的投资功能,常以高回报率吸引客户购买。这样做最大的问题在于,如果产品达不到其承诺的高回报率,可能会导致退保,保单失效率会很高,而且对保险公司和银行的信誉会造成不可逆转的损害,不利于银行保险的持久发展。

3)银保合作分析

对收集的问卷采用扎根理论就银保合作主题进行分析,可提取出如表6所示的主题和分主题。对从合作银行的类型看,银保合作采用"分对分"方式,即省行与省级保险公司之间达成准入协议,由下级银行再与下级保险公司达成合作协议。银保合作的形式多样,主要采取协议代销或包销方式,总体上合作层次较浅。从合作的银行类别看,大中小银行均有,每家保险公司合作的银行一般为6至7家。在银保合作过程中,存在银行居主导地位的现象,保险公司缺乏合作的对等性,银行太高手续费导致保险公司盈利较难。

在操作层面上,常常是保险公司与银行合作对银行销售人员进行培训,且培训主体一般是保险公司。在银保合作过程中,少数情况下存在恶意竞争现象,主要表现为抬高手续费、恶意挖脚、给予额外手续费等不合规的扰乱市场行为。

4)银保队伍建设情况分析

经多年发展,银保专管员队伍规模和素质有了长足进步,但仍存在诸多问题:第一,人员流动性高。原因包括三个方面,一是目前银保专管员年龄普遍较轻,学历以大专为主,由于银保专管员没有很好的职业规划,银行保险销售工作多为他们短期过渡的职业选择。二是面对激烈的市场竞争和日趋严格的监管政策,专管员普遍感觉压力较大,会主动离岗,或者流入其他公司;三是保险公司常对产能过低的银保销售人员不定期淘汰。第二,人员分散难以管理。因为银保专管员队伍分散于各个银行网点,导致保险公司难以对其进行有效管理,且对于部分优秀员工存在同业挖脚现象。第三,大多数寿险公司对专管员的管理仍存在重使用,轻教育、轻管理的问题。专管员在寿险公司短期竞争策略及产品政策的指导下,看重短期利益,仅仅依靠公司组织的短暂、集中、突击式的培训获取主

表 6 银保合作现状的主题和分主题一览

编码归类	对应的编码
1.合作方式	
合作银行	1)分对分； 2)各类型银行，常见的是大公司与大银行，小公司与小银行； 3)中邮保险的合作对象为邮局和邮储银行； 4)银行系保险公司与其关联银行合作层次深、手续费低
合作举措	1)分地区包销模式； 2)协议代销(巡点经营)：当地市行签订协议，确保完成指定保费后制定目标业务，达成者保险公司给予奖励； 3)全面合作协议； 4)与合作银行在局部地区，开展产品联合营销，同时做好到期产品的满期给付服务工作
销售人员培训	1)与银行共同组织产品培训、能力培训和潜力开发培训； 2)二元理财沙龙、训练营、专项培训、联合营销； 3)网点培训、支行培训; 4)理财沙龙、高端客户联谊会；
非善意竞争	1)高手续费、承诺收益远高银行同期定期存款利率 2)额外支付 3)拉存款支持银行时点考核； 4)恶意挖脚抬高手续费；
2.合作困境	1)合作不规范、保险公司与银行合作几乎没有利润，费用太高，合作成本与风险不断加大； 2)银行需求太多，保险公司盈利难，商业银行居于主导地位，保险公司缺乏合作的对等性； 3)竞争主体多，可经营网点获取难度大； 4)银行单方面有目的性地选择保险公司，造成了恶意竞争； 5)银行人员对银保产品认识度不够； 6)商业银行受满期给付收益问题影响，保险销售积极性不高

推产品的基本信息和销售手段；培训内容也仅是简单的产品介绍，偏重与银行储蓄等理财产品的比较，不具根据客户实际状况量身定制保险计划的技能。(见表 7)。第四，销售行为待规范。面对激烈的市场竞争，在获得更多绩效报酬的利益驱动下，部分专管员在介绍产品时会片面夸大投资增值功能，忽略产品的基础保障功能，许诺高额收益率，做出“存款送保险”等不实宣传，回避保险合同中的免责条款和风险提示，给消费者带来经济损失并引发对行业的信任危机[10]。当前有关银行保险人员误导客户的新闻充斥媒体，据中国消费者协会的统计显示，银行保险的销售误导已占到保险违规投诉的 8 成以上，银行保险已成为人身保险领域监管重点。

(二)银行保险发展趋势——基于定性访谈的分析

1.访谈对象的基本情况

为进一步对相关主题进行深入探讨，针对前期调查问卷中反映的共性问题及调查问卷中未充分反映的问题，研究组于 2013 年 8 月 5 日对包括中国人寿、中邮保险、泰康人寿和建信人寿在内的 4 家公司的相关银保部门负责人进行了访谈。选取该四家单位的银保管理人员进行访谈主要基于这四家企业具有不同的代表性：中国人寿是最大的寿险公司，中邮人寿是一家于 2011 年新成立且有独立销售渠道的公司，建信人寿是银行系保险公司，泰康人寿是新兴保险公司的代表。

表 7 银保队伍建设的主题和分主题一览

编码归类	对应的编码
1.银保专管员特征	
年龄	1)24-40 岁之间
学历	1)大专以上
收入	1)部分小公司 3000 元左右/月，部分大保险公司超过 6000 元/月； 2)大多有社保，内勤岗编制；少数公司不给编制，无社保。
本外地	1)本外地均有，本地居多。
留存状况	1)1 年留存率 60%左右，部分公司为 30%左右。
2.队伍建设情况	
招募方式	1)社会招聘、同业推荐、网上招聘
队伍不稳	1)收入不稳定、销售没有什么技术含量、产品同质化、销售压力大，没有好的职业发展生涯 2)渠道竞争惨烈，产品单一，价格与费用竞争导致销售成本上升，员工收入下降； 3)销售队伍流动性大； 4)队伍不精干，不高端； 5)人力成本压力大，团队业务较难达成，收益偏低； 6)人员分散，管理难度较大；收入低，同业挖角。

共对 5 名银保部门负责人完成了面对面半结构深入访谈，访谈对象的职级分别为银行保险部门总经理、银保部门支持部经理和市场部经理。

2.访谈结果分析

通过深入访谈，共提取出三个主题：对社会经济发展形势的认识、对银保险种的看法、银保合作。每个主题有若干个分主题(见表 8)。

1)对社会经济发展形势的认识。在对社会经济发展形势这一主题中，访谈对象分别提到了五个分主题。一是社会经济发展形势走好，会进一步推动银保业务的发展；二是 2013 年银行利率的放松管制将使银保业务面临一定的压力，原因在于目前银保业务与银行储蓄有一定的替代性，若银行提高存贷款利率，将使银保产品提高回报率承诺，这样会使本已利润微薄甚至亏损的银保业务雪上加霜；三是寿险预定利率水平的提高带来的普通寿险价格下降会在一定程度上提高整个寿险业的业务规模，但银保险种主要是分红险和万能险，价格几乎不会调整，从而银保业务会受到一定的影响，但影响不会很

表8 银保访谈资料的主题和分主题一览

编码归类	对应的编码
1.对社会经济发展形势的认识	
经济发展形势走好	对银保业务长期利好
银行储蓄利率市场化	银保业务将面临更大压力
普通寿险利率放开	对银保业务影响不会太大
保险投资渠道放开	可增加银保业务的竞争力
社会老龄化	人力成本提高，险种结构应适应这种变化
2.对银保产品同质化现象的看法	
产品创新	趸交产品难以创新，必然同质；市场需求决定了期交产品难占主流
客户分流	目前保险公司都在试图进行客户分流
3.银保合作	
银行系保险公司银保业务	手续费低，银保业务发展势头良好
邮政系保险公司银保业务	全部通过邮政、邮储系统销售，势头非常好，手续费低
一般保险公司银保业务	手续费太高，公司不盈利甚至亏损赚规模

大；四是今年保险资金投资渠道的放开使得银保分红险的分红和万能险的投资收益有一定程度的提高，使得银保产品与其他投资产品在回报率上有一定的竞争优势，如果监管层进一步放开投资渠道的限制，将会使银保业务有更好的发展；五是老龄化带来的劳动人口减少及社会平均工资水平的上升将使得银保业务的人力成本进一步提高，对银保队伍建设带来挑战。

2)银保产品同质化。在目前我国保险业尚未得到广泛认同，民众热衷短期投资的背景下，银保险种的同质化是必然现象，无法在短期内得到解决。事实上保险公司一直在对现有险种进行创新，也乐于推出期交保障型的险种，银保产品几乎涵盖了人身险的各类险种，无奈这种创新无法得到市场认可。根据问卷调查和访谈收集的信息看，“产品同质化”的表象是多种原因导致的结果：(1)从市场需求看，以趸交为主要缴费方式的分红型、万能型短期险可以迎合市场的需要。目前的购买群体主要是缺乏投资渠道的中等收入阶层，这部分群体比较注重短期收益，购买短期型收益型产品，趸交形式的短期分红险、万能险形态简单，客户比较容易接受。(2)银行对银保追求的本质是手续费，趸交产品可以一次性收取保费，而期交产品的续期保费客户不一定再通过保单促成银行缴纳，银行存在促成了保单而无法收取续期手续费的风险，所以银行对市场份额的追求和考核决定了趸交产品是销售主流；(3)在销售环节对于形态较为复杂的期交保障类产品，存在“柜员讲不清楚，客户听不明白”的现象，银行大厅难以促成期交产品的销售。(4)银行销售模式和习惯决定了简单产品的销售是主流。(5)从保险公司角度看，新政的落实使各公司的作业网点大幅锐减，部分公司为了争夺市场份额、实现增长目标，在银保产品方面推出了一味迎合市场、牺牲内含价值的产品。这些产品保障责任不突出、形式简单，本质上是储蓄的替代品，难以发挥寿险应有的优势。

3)银保合作。根据访谈资料可知，对于不同类型的寿险公司，其银保业务的发展渠道有很大差异。对于占市场比重较高毫无银行背景的保险公司，其渠道建设困难重重，既面临着银行和保险公司地位不对等的劣势，又面临着同行业的手续费和其他违规行为的竞争压力；对于银行系保险公司来说，如果同一母公司下有规模大、网点多的商业银行，则二者之间受企业行政力量的推动会达成深层次的合作关系，银保业务的发展会很顺利。但是如果其同一母公司下的商业银行规模较小，因其他商业银行对其兄弟银行客户竞争的担忧，使这些保险公司在于其他银行的合作更为困难，从而会限制银保渠道的建设。对于邮政系保险公司(中邮保险)来说，因为邮局、邮储银行广泛分布于城乡，网点众多，该公司的业务发展完全不需要依靠外力，也不需要单独组建银保专管员队伍，银保业务就可以得到迅速的提高（中邮保险江苏分公司2011年开业，当年银保保费收入19亿，2012年保费收入42亿，2013年上半年保费收入为43亿)，并且因受企业内部行政因素影响，手续费低于同行业，使得银保业务前景好于其他类型保险公司。

(三)银行保险现状——基于问卷和访谈的进一步分析

结合问卷调查、定性访谈及进一步的专家咨询和数据分析可知，当前银保业务仍是寿险公司业务发展的主要渠道。受社会经济因素和政策环境变化的影响，当前我国银保业务发展面临严峻挑战，亟待创新和转型以适应新形势的发展。

1.政策调整一定程度上规范了银保市场

相关政策的推出打破了原有的银保格局，从制度上对银保业务的责权利进行重新界定，对销售模式提出诸多限制，对发展方向提出新的要求。这一系列举措从长期来看规范了银保业务，保证了其健康发展。(1)避免了各保险公司与商业银行合作时的手续费的恶性竞争，保证了银保市场的良性发展。(2)通过政策监管和指引，有效遏制了各类销售误导事件的发生，保障了客户合法权益。(3)此类政策规范了商业银行保险代理业务发展，“1+3”的网点合作方式引导商业银行合理使用网点资源，避免保险公司在网点的恶性竞争。

2.政策调整进一步强化了银行的强势地位，使银保合作更加不对等

我国商业银行的经营理念仍然比较滞后，没有把银行保险放到战略的高度上去经营，谋求短期利益倾向严重。银保业务因“借地生财”，需借助银行品牌、信誉、人才、管理等诸多优势，银行具有的网点优势和客户聚集优势导致银保合作中银行占主导地位。从理论上讲，银保合作有银行主导、保险主导、银行保险合作三种模式，而现实中往往是获得允许后保险公司的销售人员才能进场销售，在合作关系上始终是银行居于上风。银保政策的推出在规范市场行为的同时导致保险公司在与银行合作过程中能够自己掌控的主动销售权利逐渐丧

失，从而更加强化了银行的强势地位。分析表明，保险公司的业务量大小及与银行之间的血缘关系是决定银行是否愿意与其合作的重要因素。(1) 银保政策的调整对非银行系保险公司，尤其是后进入市场的中小型公司产生的排斥效应较为明显。这类保险公司通常成立时间短，服务跟不上，没有自己的销售队伍，主要依托于高手续费借助银行渠道扩张，新政之后极易被银行排除在“1+3”之外。后进入市场的公司无法迅速拿到更多的合作网点，这势必引导更多的公司通过加大资源互换、引入短期高收益产品来获取网点资源，越发偏离保险的本质。(2)血缘关系是银保合作的第二重要因素。在银行面对的众多备选保险公司中，血缘关系是重要的网点合作“入场券”。银行系保险公司与银行之间的血缘关系有助于银行以较低的手续费与其合作。(3)业务量大的保险公司较易与银行达成销售协议。90号文确定的由“一对多”到“一对三”的政策转变导致一家银行网点最多只能和三家保险公司合作，银行为提高中间业务收入，必然选择业务量大的保险公司与自己合作。

3.政策调整后银保业务利润下降明显

银行由于在银保合作中居于强势地位，相关政策限制了银行网点保险合作对象数量，借助强势地位尽可能追逐高手续费，保险公司争夺网点而不得不牺牲性利润，使代理手续费成为竞争的热点。部分保险公司为争夺销售网点，不得不以更高的手续费与银行之间达成销售协议。银保经营微利或亏损现象普遍。虽然监管部门规定了“总对总”进入制和费用结算制，但是为充分提高银行销售人员销售积极性，保险公司对银行所属的销售人员采取非正常的激励手段以提高保险产品的销售规模，从而保险公司的利润空间进一步压缩，风险进一步加大。总体来看，银保新政强化了银行的优势地位，导致保险销售成本攀升，进而导致大部分保险公司的银保业务经营困难。

4.银保政策未完全消除销售误导

驻点销售方式遭政策禁止之后，银保专管员的工作转为银行员工保险销售培训、保险业务咨询以及提供联络、查询、单证管理等服务工作。相关政策的本意是消除销售误导，但从实际情况看，该政策未有效消除销售误导现象：(1)银保专管员的培训内容和方式会影响银行工作人员的销售行为，银保专管员如果传达给银行工作人员的是利益趋向性的信息，则销售过程中更容易出现销售误导；(2)银行工作人员对银保产品的理解和熟悉程度会影响其销售行为。在保险销售过程中，销售人员与客户口头沟通时，对保险条款的解释、对客户经济能力的判断等是销售误导产生的最核心因素，当直面客户的销售行为从保险公司转到商业银行后，信息传递所产生的误差效应一定程度上加剧了销售误导，对误导产生根源的追查也会愈加复杂。(3)银行员工的保险知识逊于保险公司驻点销售人员，造成产品讲解不清、忽略保障概念的情况发生，这也是存单变保单的事件屡屡发生的原因之一。从实施效果看，目前的银保政策尚无法杜绝销售误导现象。

总体而言，商业银行的网点优势决定了银行保险仍将长期是寿险的重要销售渠道，目前的银保政策在规范了银保市场的同时进一步强化了银行在银保合作中的强势地位，由此导致银保利润降低或无利可图，也因之削弱了保险公司之间为争夺销售网点而进行的手续费恶性竞争意图。

三、新形势下我国银行保险的创新与转型

从寿险发展看，银保渠道仍然是并将长期是寿险公司市场开拓、保费规模增长的主要渠道，社会经济、政策等外部环境的变化使我国银行保险面临着各种机遇和挑战。(1)在目前人们的保险意识弱、保险未成为必需品从而需求刚性不强而对保险没有主动需求的情况下，只有银行网点才是保险潜在客户的物理集中点，保险公司抢占了银行网点就是抢占了最重要的潜在市场；(2)目前情况下只有银行能够大规模地掌握潜在客户信息，尤其是中高端客户的信息，与银行合作是保险公司能够资源共享、客户共享、信息共享的唯一途径，与银行进一步的深化合作可以抢占中高端市场；(3)银行的网点优势目前仍无法为其他渠道所取代，包括网络银行在内的银行渠道是保险销售的重要市场。(4)2013年8月27日，中国保监会发布《关于保险业支持经济结构调整和转型升级的指导意见》，要求“进一步发挥保险对经济结构调整和转型升级的支撑和服务作用，持续加强对重点领域和薄弱环节的保险支持，助推实体经济发展，服务小微企业和科技创新，推动保险业在现代金融体系、社会保障体系、农业保障体系、防灾防损体系和社会管理体系中发挥更大作用。”新形势下，保险行业与保险监管部门应当积极顺应形势，针对行业突出问题求存求变，主动进行创新与转型，通过长期的市场培育和发掘，不断促进银保业务的广领域、深层次发展。

(一)银保政策在促进市场规范的同时应兼顾扶弱抑强

银保业务的健康发展离不开政府部门的大力扶植。为促进银保的健康快速发展，政府部门应对银保发展政策进行合理微调，理顺银保合作关系，并给予银保适当的政策。银保的发展需要相应的法律制度作保证，合理的政策是促进我国银行保险健康发展必要前提。(1)充分认识当前银保发展困境，对银保合作政策微调和完善。监管部门应针对目前保险公司势弱银行势强的现象对原有政策进一步完善，保险与银行的监管部门应进行合作，引导保险公司之间的合理竞争，完善保险公司与银行之间的合作制度。尤其在目前银行存在较高的资源和渠道垄断势力度的情况下，放任保险公司进行合作网点的竞争是不符合经济原则的。该情况下，通过监管政策几乎把所有的规范要求都压在了保险公司一方则必然进一步弱化了保险公司的地位。为改变现状，政府可以通过行政手段(包括政策制定、严格规范手续费标准等)进行适当的市场干预，理顺银保合作关系，强化保险公司在合作中的地位以减轻保险公司负担，同时也可以兼顾各类型保险公司利益，使银保业务能够健康可持续发展。(2)税优政策是促进银行保险业的发展重要保证。以法国为代表的欧洲绝大多数国家对银保业务常有税优政策的扶持，且该政策切实提高了银保业务的健康快速发展。银行保险在我国的发展时间不长，在发展过程中需要包括税优政策在内的各种政策的呵护。针对低端市场，政府可参照国外经验，通过给予低收入群体保费补贴的方式，积极促成小额银保产品市场的发展。

(二)转变合作观念，促进银保业务发展模式的转变

非银行系保险公司应积极寻求银保合作的创新和转型，

从改变合作模式入手，促使银保业务向深层次、多层次和全方面的合作方向发展。

1.银保业务合作主体之间企业文化的兼融。在我国，银行在人们心目中具有良好的形象，中国人对稳健和信守承诺的关心使他们绝大部分成为银行的客户，但未必是保险公司的客户。现阶段，我国银行保险所面临的一个难题正是保险公司与银行之间的文化差异。银行的保守作业文化，讲求作业精确、规避风险等，而保险公司讲求个性展现、激励机制、活力激发、营销训练、话术运用等。只有两种文化相互渗透和融合，才能使银行自上而下愿意推销保险，才有利于银行保险发展模式的顺利进入。[10]金融高层决策者要将银行代理业务纳入金融业发展的重要组成部分加以考虑，通过政策引导，使不同层面的银行、保险经营管理者转变思想观念，平衡它们之间的文化差异。由于银行强势地位短期内难以改变，单一的保险公司尚无法有效实施对银行的综合考核和责任追究，需要保险全行业统一规范银保业务考核体系，以有效提升银保业务的品质。

2.银行保险经营理念革新。从国际银行保险的成功经验看，银行和保险公司的合作应该是长期的、稳定的、利润共享的关系。从银行角度来看，发展银行保险业务，除了直接获得代理保费手续费收入之外，银保业务的效益还广泛体现在银行个人金融、公司业务、资金业务等各个方面。因此，银行应当实施中间业务与传统业务并重的经营战略，把开发以代理保险为重要内容的中间业务视为促进银行发展的大事，是应对国际竞争的战略选择，而不是帮保险公司的忙，两者的合作是朝阳式的长期合作，而不是夕阳式的短期行为，更不能单纯地停留在增加银行储蓄存款的低层次认识水平上。只有这样才能真正提升银行保险合作理念，才更有利于将银行保险业务由现在简单的“协议合作”推向长期合作的“战略联盟”阶段。

3.在制度层面上深化银保合作模式。欧洲银行业与保险业相互结合已具有悠久的历史，欧洲是银行保险发展最成熟的地区。目前，欧洲500家大银行中46%的银行拥有专门从事保险业务的附属机构；保险公司也广泛涉足银行业务，在英国有17家银行为保险公司所拥有，法国有9家保险公司拥有12家银行。保险公司应积极强化与银行之间的战略合作关系，加强二者在资本与股权层面的合作，形成长远的、利益共享的战略伙伴关系，促进商业银行与保险公司合作的多样化发展；合作内容应应扩展到融资业务、资金汇划、网络结算、电子商务、联合发卡、保单质押贷款、客户信息共享、金融咨询服务等全方位、宽领域。

4.在操作层面上拓展银保产品的销售模式。理财和保障并不是对立的，居民财富持续增加本身就是一种保障。财富管理也是金融业的发展主流，理财型产品的发展，对于保持保险市场的稳定增长，巩固保险在金融业中的地位，具有重要意义。(1)打破银行柜台的单一销售模式，发挥银行与保险公司各自专长以扩大理财产品种类，携手建立客户理财中心，最终为客户提供更多更好的资产保值、增值的服务，扩大理财业务服务范围。(2)通过实施分层营销、联动营销、合作营销、客户营销以及产品营销等多种新的销售方式，将银行保险带出银行柜台，与客户进行更多的双向沟通，提供适合的风险保障计划和个性化服务。

5.采用先进技术积极拓展销售渠道。(1)以银行现有的网上销售平台为基础，建立统一电子化信息平台，利用信息手段不断拓展产业链和价值链。(2)借助数据库和平台，深度分析和处理客户信息，向公众普及银行保险知识、进行银保宣传、保险销售以及完善售后保单保全、满期给付、续期缴费、理赔及客户服务等。

(三)针对社会经济现状，调整和优化险种结构

银行保险产品应定位于单独为银行设计的保险产品，因此必须要充分考虑银行保险产品的特点，有针对性地设计特色产品，操作手续简便、快捷、免核保、易宣传，才能更好地利用这种方式进行营销。对于目前银保市场存在“产品同质化”现象，保险公司应针对人们追求短期回报、保险意识不高等等客观事实积极调整产品结构、努力走有自己特色的产品开发道路。

1.推动产品结构转型。从长期看，国内三十年的超高速经济增长已经难以持续，稳增长、调结构、防风险的经济结构调整势在必行。该背景下，银保行业必将告别长期高速增长的势头，银保业务后发优势的红利已释发迨尽，将迎来以建立在调整产品结构基础之上的稳增长时代，银保产品也应当回归保险和保障的根本职能；现实中，人们追求短期回报的心态与保障型产品的轻回报重保障是一对矛盾，针对这一矛盾，保险公司应从长远利益，转变银保业务发展思路，基于提高公司长期可持续竞争力目的，把产品从简单趸交向高内涵价值期交产品转型，扩大保障型和期交型产品占比；经营导向上，保险公司应当放弃以保费规模为考核标准的传统思路，通过合理激励手段，引导银保经营网点更多地销售高内涵价值期交产品；保障型银保产品缴费期限长，利于进行资金长期投资、提高收益水平，如此也会提高对客户的分红水平，有利于提升客户投保的信心可以吸引更多的客户投保，进而形成良性循环。

2.基于客户利益进行产品开发。《人民日报》2013年06月13日发表了《内地居民为何热衷在港买保险？》的文章，文中提到，内地访客在香港保险市场所占的份额，近年来节节攀升。2012年，香港保险业向内地访客销售的新单保费达到99亿元，占全年个人新单业务的12.8%。内地人之所以到香港买保险，原因是香港的保险产品费率低、收益高、责任覆盖广。香港保单的热销说明，市场并不缺保险需求，缺的是有吸引力的保险产品。没有客户利益就不可能有保险企业的利益，银保产品的开发应更多关注客户的实际需要，通过对客户群体、销售渠道、职业特征等参数进行市场细分，从传统、简单化的产品逐步向多样化“套餐”转变，丰富银保产品体系，提高银保产品的收益率及分红水平以适应市场需求。

3.顺应社会经济形势变化，推出合适险种。在当前养老制度、医疗制度改革的大背景下，针对人口老龄化严重、社会养老保障水平低、医疗保障不充分等社会现实，开发适合银保销售的社会保险的补充保险。

4.推动银保产品与银行产品的交叉设计。充分分析银行客户特征，针对银行客户需求并充分考虑现有银行金融产品

的特征，设计一些可对银行产品起到补充作用的险种，为银保产品与银行金融产品的交叉销售提供可能。将保险销售带动存款，用保险锁定存款客户，摆脱银保合作的被动地位。(1)应体现银保产品风险保障和资产负债长期匹配的特色，强调银保产品与银行理财产品的区隔性；(2)保险产品应体现与商业银行主营业务和产品的结合，争取在信用卡透支保险、个人消费贷款还款保险、目标存款保险、信用保险、保证保险、保单质押贷款方面有所突破，向客户提供集保值、增值、损失补偿、年金给付和各类保障等相结合的多元化金融服务。

(四)细分市场逐渐实现精准营销

借助大数据分析平台，通过对形式多样的客户数据进行挖掘、追踪和分析，将不同客户群体进行聚类，从而根据不同客户的消费习惯、风险偏好等特征信息，打造个性化的产品及销售方案，逐渐将银保向精细化经营方式转变。

1.保险公司应当适应高端群体的需要，有针对性的开发适合高端人群的银保产品。保险公司可以借助银行的客户服务平台有效筛选高端客户，通过与银行合作或其他途径提高该人群的保险需求。例如泰康人寿保险公司针对高收入群体建设养老社区，以寿险销售与养老社区入住资格相对接的方式来积极开发高端市场就是很好的例证。利用银行理财室对客户高端进行销售，主打重大疾病医疗、意外险、子女教育等高保障产品。

2.完善社会保障体系。在新型城镇化过程中，低收入人群的保障需求将不断释放，保险公司应以长远的眼光来看待低端市场，根据新型城镇化过程中进城务工人员、失地农民的特点，积极发展失地农民养老保险、务工人员意外伤害保险、生育保险等保险业务，为其提供意外、养老、医疗、生育等多层次、多类别和长期均衡的保障，提高新型城镇化的质量。在普通人身保险市场无法突破的情况下，保险公司可以针对低收入人群的需求特点开发和销售小额保险。国外经验表明，虽然小额保险的保费收入不多，但是由于其销售范围广、目标市场明确，发展空间很广阔。只要保险公司能够创新出适合低收入群体的保险，投入一些必要的宣传费用，这个市场将存在巨大的利润空间[11]。因此保险公司立足我国社会保险保障不足的现状，可开发一些能适应低收入群体的长效还本型保险。

3.重视对未来市场的培育。不远的未来，银保的客户群体将主要以70后、80后、90后，新生代在保险需求方面将有异于现在的银保购买主体。保险公司通过学校教育、在学校设立奖学金、积极赞助高校文体活动等方式，既可以提高商业保险的影响力、提高自己的品牌形象，又可以提高未来潜在客户群体的保险意识。通过该种方式可以催生未来潜在的市场需求。

(五)加强银行保险销售服务队伍建设

目前多数寿险公司将银保业务视为提高保费规模的重要手段而忽视售前、售后服务及业务质量，这一定程度上导致银保退保率较高。另一方面，银保业务回访机制不健全，导致事后监控流于形式，客观上给销售误导创造了条件。调查结果显示，部分寿险公司电话回访缺乏对客户信息真实性的确认，甚至个别公司默许银行对投保单资料造假。由于事后监控流于形式，导致该渠道投诉事件屡有发生。因此，银保销售的转型首先应提高银保销售人员的专业化水平，在此基础上实现保险销售事前事后的服务专业化。

1.保险行业应积极探索理财规划师专业化销售服务。长期致力于打造一支全面掌握银行保险业务，同时具备各种投资市场知识，懂得营销技巧，又通晓客户心理的高素质理财人员队伍，为不同职业、不同消费习惯、不同文化背景的各类客户提供理财信息咨询、财务状况分析、理财方案制订和持续理财服务等专业性、个性化的金融理财顾问式服务，提高银保专管员队伍稳定性和专业化水平。

2.要突出营销中的文化含量和文化品位。人类除了依靠实践活动来维持自己的生存和改造周围环境以外，总是企图把简单的生存上升到一种至真、至善、至美的环境，总是希望在满足生理需求的同时，获得心理上的愉悦。随着生活水平的提高，消费者行为越来越具有文化性。也就是，现代营销不再是简单的一买一卖，而同时是一种文化交流，需要在营销中巧妙地融入保险知识、生活习俗、文化艺术等，使买卖关系淡化为文化展示与交流，从而拉近客户与公司的关系。服务作为一种特殊的保险商品也大体具有商品的一般特征，无论是“名牌”、“特色”还是“创新”服务，都是公司员工经过多年的实践创造出来的有鲜明个性的服务“精品”，它以一种文化形态渗透在企业经济活动中，体现在公司与客户接触的各种层面上，并赋予公司名称以特有的内涵，使其信誉倍增，极富魅力。

3.加强银保销售人员的培训。(1)保险公司应通过创新手段，如通过制度制定、辅导培训、会议经营、方案支持、督导追踪等体系化运作等方式，实现对银行柜员及理财经理的业务培训，为银行人员独立销售提供专业支持，提高银行销售人员的专业化水平。(2)加强对网点销售人员的保险知识培训，提高销售人员的保险销售技巧，并对误导宣传等不规范销售行为进行处罚，以“洗脑”方式将保险公司的经营理念、营销策略、产品特色等植根于银行销售人员脑海中，使特定的银行网点成为保险公司的专属代理单位。

4.提高银保销售人员的专业化水平，在此基础上实现保险销售事前事后的服务专业化。服务专业化要求银行与保险销售首先应当实现售前的分工与合作，其次在售后保单保全、满期给付、续期缴费、理赔以及客户服务方面也应当实现银保专业化分工。保险公司通过理顺银保合作过程、明确银保双方的责任、规范服务流程和标准等方式才能维护与客户之间客户良好关系，赢得客户的信赖。

5.改革银保销售队伍用工方式。中国传统文化强调群体意识，这种文化源于中国长期的封建经济统治，保险业要适应中国传统文化，不仅仅是要形成严格管理的银保销售团队，最关键的是必须提高银保销售人员的集体归属感。银保销售队伍用工制度改革的方向，应当是保险公司与之建立起长期稳定的用工关系。在员工拥有归属感后，可以逐步建立符合中国儒家文化的团队内层级制度，通过晋级的方式形成更强大的激励机制。

(六)提高投资水平以使客户享受到经济发展成果

银保产品在银行渠道销售过程中直面着银行储蓄和各类银行投资产品的竞争，提高保险资金运用水平，提高投资收益

率是保证现在银行保险健康发展的最根本途径。当前形势下银保行业利益空间被压缩，以及因销售误导致的集中退保事件，均与保险资金的运用与投资收益水平有很大关系。银行保险业务的利润主要取决于利差益，而利差益取决于险资的投资收益，保险公司必须稳步提高资金运用水平和投资收益率。目前，保险业资金运用面临的主要问题仍然是市场化程度不高，保险资产的结构和收益不能有效支持负债。主要表现在投资收益率偏低。与国际比，很多国家的保险投资在经济高速增长期均实现了较高投资收益。以美国为例，2001 年~2010 年十年中，美国经济年均增长 1.8%，年均通胀率 2.39%，同期美国保险投资收益率为 5.6%，超过 GDP 增速与通胀之和。因此，当前过低的投资收益水平意味着保险业并没有充分分享到经济社会发展的成果，也直接或间接地导致保险产品吸引力低、销售困难以致销售误导等一系列问题。保险资金运用应坚持市场化改革导向，把投资权和风险责任交给市场主体，增强市场活力。(1)进一步简政放权。如，整合比例监管政策，重新整合定义大类资产，取消一些不适应市场发展要求的比例限制，按照投资品种风险属性不同，纳入到大类资产配置比例中，不再单独设置具体比例。(2)鼓励创新。研究发起设立小微企业投资基金，以及投资中小企业私募债(PPN)的相关问题。(3)改进监管。按照“放开前端、管住后端”的思路，加大偿付能力和资产配置的硬约束，强化信息披露和风险责任人的硬要求，落实追责制度，坚守不发生系统性区域性风险的底线。[12]

(七)提高保险公司形象，变高风险意识为现实保险需求

保险公司应积极配合保监会为提高保险行业形象所作努力，着眼于长远利益，不断规范和强化银保业务合规经营；积极参与保险公众宣传，努力提高银保及至保险行业形象，逐渐将人们的高风险意识转变为现实保险需求。

1.开展正面宣传，寻求舆论突围。在信息时代，舆论的力量异常强大，保险业应以“守信用、担风险、重服务、合规范”保险行业核心价值理念为依据，建设积极向上的保险行业文化，并在全社会多方位开展保险形象的正面宣传，为舆论环境注入积极的正能量，改变保险行业的公众形象。

2.推进市场化改革，改变竞争方式。市场化是中国改革的大方向，推进保险市场的市场化改革，建立有序、高效的市场竞争机制，是改善保险业形象的重要途径。推进市场化改革，需要更加清晰地明确监管部门、保险公司、行业协会等市场参与者的角色定位。(1)监管部门要切实履行市场监督职责和消费者保护者职责，负责搭建公平、科学、有效的市场框架，并予以监督管理。例如，建立“投保提示制度”，在保险销售环节增强对消费者的保护力度，包括身份提示、条款提示、回报率和风险提示等，减少不必要的纠纷。(2)保险公司要成为真正的市场主体，就必须自负盈亏，必须对自己的行为负完全责任。(3) 建立市场退出机制。只有保险公司成为了真正的市场主体，才能更加重视自己行为的后果，才有可能改变目前中国保险市场中规模导向的竞争理念，才能以利润为考核目标，树立品牌意识，重视服务投入，才有足够的动力开展产品创新，改变目前保险产品单一的局面，从而大幅度减少恶性竞争行为，改善保险行业形象。

结语

银行保险是现代金融业相互融合的产物，银行保险业务的健康发展对促进我国保险业的健康发展、促进金融市场的完善发挥重要的作用。我国银行保险的健康发展既需要适应自身长期发展的行业自律，也需要迎合新形势的个体创新；保险公司应通过体制创新、产品创新，与银行建立更深层次合作关系，推动银行保险的深化，推进银行保险的创新与转型，提高银行保险的整体效益，促进中国保险业健康快速发展。

作者：江苏保险应用课题　张正宝　周建再　姚晓维　张震　朱震　偶见　曾海军

参考文献

[1]Franco Fiordelisi；Ornella Ricci.Bancassurance efficiency gains in the insurance industry：the Italian case .working paper. 2008.

[2]Carow，Kenneth A.Citicorp –travelers Group merger：challenging barriers between banking and insurance.Journal of Banking & Finance，Aug2001，Vol.25 Issue 8.

[3]薛梅.银行保险非理性发展的思考[J].广东金融学院学报，2006(6).

[4]孟龙，施强等.困境与出路——银行保险专业化问题研究[J].保险研究，2012.

[5]Arena，Marco.Does insurance market activity promote economic growth A cross–country study for industrialized and developed and developing countries.Journal of Risk & Insurance，Dec2008，Vol.75 Issue 4，p921–946.

[6]Sidorenko，Alexandra A.；Butler，James R.G.Financing Health Insurance in Asia Pacific Countries.Asian–Pacific Economic Literature，May2007，Vol.21 Issue 1，p34–54.

[7]Swiss Re.Asia–Pacific Risk Appetite and Insurance Survey.www.swissre.com/media/news_releases/pr_20110728_WYRI_AP.html2011

[8]卢晓平.保监会首次发布监管和行业核心价值理念[N].上海证券报，2013 年 03 月 22 日.

[9]维克托·迈尔–舍恩伯格(Viktor Mayer–Sch nberger)、肯尼思·库克耶(Kenneth Cukier).大数据时代：生活、工作与思维的大变革[M].盛杨燕、周涛译.杭州：浙江人民出版社，2013–01–01.

[10]赖小民.推动银保合作　加强风险监管[J].中国金融，2005(13).

[11]荆涛，陈雪.关于在城市低收入人群中推广小额人身保险的思考[J].上海金融，2008，(9)..

[12]黄蕾.资产配置转向　险资“股市依赖症”逐步缓解[J/OL].中国证券网，2013–08–07.

新型城镇化背景下发展农村商业养老保险的机遇与路径①

[摘要] 新型城镇化道路的核心思想是“以人为本”,而老有所养是人生存与发展的基本要求,因此新型城镇化要求提高农村养老保障水平,缩小城乡养老保障差距,使农民在养老保障层面享受“市民化”服务。本文认为,大力发展农村商业养老保险是构建农村养老保障体系的重要抓手。传统城镇化未给商业养老保险进入农村市场提供必要的制度和政策保障,而新型城镇化无论在制度还是政策上都获得突破,为商业养老保险进军农村养老市场创造了前所未有的机遇。文章梳理并总结出五大机遇,论证了商业养老保险在农村市场发展的可能性,并给出了具体的发展路径。希冀本文的分析能够在新型城镇化的建设进程中为完善多层次的农村养老保障体系、统筹城乡养老保险发展、促进和谐社会建设有所裨益。

[关键词] 农村商业养老保险;新型城镇化;农村养老保障

一、引言

建国以来,我国城镇人口从建国初期的5765万人增加到2011年末的69079万人,城市化率达到了51.27%。根据美国经济地理学家诺瑟姆的“S”型城市化发展轨迹规则,我国城镇化进程正处于加速发展状态。但是传统城镇化的重点在城市,甚至为了城市的发展牺牲了农村的利益,对农村的经济发展产生了一定的负效应,如城镇化进程中的高成本降低了农民福利、人口流动降低了农村留守劳动力的素质、“圈地运动”剥夺了农民的土地增值收益,等等。这些负面效应严重阻碍了我国经济的转型发展,走新型城镇化道路迫在眉睫。党的十八大报告明确指出“新型城镇化是我国现代化建设的历史任务”。新型城镇化道路的“新”体现在,“以人为本是基本原则、生态集约是发展模式、社会公正是价值导向、保障民生是发展目标。”而老有所养是保障民生的最基本要求,是“以人为本”原则的基本体现,因此养老保障在新型城镇化进程中具有重要地位。当前,城乡养老保障资源配置严重不均衡,不管是覆盖率还是保障程度,农村居民与城镇职工(居民)基本养老保险之间都存在着巨大差异。全面提高农村养老保障水平是城乡养老保障一体化的基本要求,是缩小城乡差距的基本要求,是创建和谐社会的基本要求,因此在新型城镇化背景下如何改善并提高农村养老保障水平是中央到地方各级政府工作的核心内容之一。

前保监会主席吴定富在2007年全球商业养老金论坛上曾指出,“工业化、城镇化、市场化和国际化对中国养老保障体系提出挑战,为商业养老保险积极参与养老保障体系建设提供了难得的机遇”。因此,在新型城镇化建设全面铺开的时代背景下,探讨农村商业养老保险的发展机遇和路径问题,无疑是解决农村养老保障问题的有效途径。

二、文献综述

中国既是人口大国又是农业大国,农业人口占据大多数,因此农村人口的养老保障问题受到来自国内外学者的关注。Felix Salditt等(2008)[1]指出自1997年以来,中国的养老保险制度历经多次改革,尽管取得了一定进展,实现了保障更多人的主要目标,但是该保障体系的保障范围有限,农村人口在很大程度上仍然在系统之外,在未来的几年里,绝大多数农村人口将仍然依赖于家庭进行养老,中国要建立一个全面覆盖的养老保障体系仍然面临着巨大的挑战。YAN(2009)[2]指出,20世纪80年代以来改善社会养老保险已经成为一种国际趋势,国外一方面在完善社会养老保险制度的公正性和有效性,另一方面在调整退休年龄,将养老金与工作时间和薪酬相联系。在总结西方社会养老保险政策经验的基础上,他分析了中国目前养老政策的冲突和问题,提出了统筹城乡养老保险发展、建立完善的投资管理制度、改变系统总成本和隐性债务以及鼓励家庭养老方式来完善中国社会养老保险制度的建议。Ce Shen等(2010)[3]通过研究中国的政府报告、研究报告以及其他发展中国家农村地区的养老保险情况,辅之以对中国部分官员、学者和农民的采访,指出在中国农村传统的养老保障来源受到侵蚀的情况下,为了缩小城乡贫富差距,获得可持续的经济发展和社会稳定,中国政府正在大力实施新型农村养老保险制度。在中国实施的新型农村养老保险制度不仅可以缓解中国农村的养老压力,还能够刺激其他国家在农村地区发展养老保险。文章最后还提出在新农保的基础上发展一种普及性的非缴费型养老保险来提高农民的养老保障水平。

国内学者的研究也是多方面多层次的。王敏等(2006)[4]指出城镇化对农村养老产生了重要的影响。中国农村的家庭养老模式受到巨大冲击,土地养老功能愈发弱化,社会养老保险存在着实现城乡养老保险制度一体化的挑战,但是城镇化对商业养老保险的发展影响并不明显。龙梦洁(2007)[5]认为,随着我国养老保险制度结构性改革,政府主导下的基本养老保险计划的保障水平逐步降低,政府在老年经济保障领域的责任进一步退出,市场化管理运营的企业年金计划和个人储蓄性养老保险计划的作用逐步凸显,商业保险在完善养老保险制度中发挥着越来越重要的作用。杨德清等(2008)[6]指出我国现有农村养老保险制度并未取得预期效果,在参考世界其他国家农村养老保障制度的基础上,提出我国农村应实施普惠制养老金制度,即凡居住在农村,具有农村户籍,年龄在65周

[基金项目] 国家社科基金项目(批准号12BJY150)“推进我国农业现代化的金融支持模式的创新研究”和江苏保险学会2013年度研究课题资助。并受江苏高校优势学科建设工程项目资助(PAPD)

岁以上的老年人都自动享有领取养老金的资格，获得以国家财政为基础的按月领取的有保障的养老金。在我国农村实施普惠制养老金制度是“反哺”农村和缩小城乡收入差距的需要、有利于加快城市化进程、对于完善中国社会保障体系具有重大意义。徐文芳(2009)[7]发现由于商业保险在农村养老保障体系中的定位不清、保险公司对农村商业养老保险市场的重要性认识不足、大部分农民对保险的认知程度不高以及对农村商业养老保险监管力度不够等一系列原因，造成商业保险占我国农村养老保障体系的比重远低于国际水平，农村商业养老保险的发展水平也远低于城市，与农村经济社会发展状况不适应。郭振华(2010)[8]认为人们在养老方式的选择上多数存在信息和知识缺乏、短视、过度自信等问题，很难做出购买商业养老保险的理性决策。在个人养老保险税收优惠政策的指导下，个人用部分工资收入购买养老保险，在缴费环节和投资环节免交个人所得税，可以在当下就获得可见的利益，可以极大地提高商业养老保险的吸引力。钱振伟等(2011)[9]提出在新农保的实践过程中政府应当积极探索购买社会保障服务的模式，引导商业保险参与社会保障体系建设，有效克服新农保“政府失灵”和“市场失灵”的问题。这种新的服务方式既可以提高社会保障管理服务体系管理绩效，也可以实现商业保险和社会保险的协同发展，带动保险产业结构调整。安华(2012)[10]指出，目前我国的养老保险存在着社会分层的福利差异，这种养老保险的待遇差异会进一步强化已有的社会分层，因此要加强顶层设计，合理整合错综复杂的养老保险制度，改变养老保险制度碎片化对部分群体的利益伤害，最大程度发挥养老保险缩小贫富差距、化解社会风险和维护社会稳定的功能。沈毅(2013)[11]根据2011年截面数据消费模型实证分析得知，农村养老保险基金支出平均每增加1亿元当年可以拉动农村居民生活消费支出18亿元左右，同时农村居民上一年度消费水平对当年消费产生约1.2倍的正面影响。因此，增加农村社会养老保险基金支出既可以在一定程度上缓解农村养老压力，又可以提高农村的消费水平。

纵观以上研究，虽成果丰富且对针对性强，但都没有脱离“传统城镇化”这个大的时代背景，新型城镇化“以人为本”的核心理念没能得以充分体现。党的十八大以来更加注重公平的新型城镇化正在逐步展开，相关的体制变革和政策制定也在逐步推进和落实。在此背景下，农村养老保障体系面临着新一轮的重构，商业养老保险的重要补充功能将有更大的发展空间。因此，在新型城镇化建设之始，顶层设计农村商业养老保险的发展路径就显得至关重要了。本文的写作正是基于此。

三、我国城乡社会养老保险现状分析

我国存在着城乡二元经济结构，随着经济发展和城市化率的提高，农村和城市之间的养老保障水平也逐渐呈现出二元结构特征。不可否认，农村社会养老保险在一定程度上缓解了农民养老压力，特别是新农保实施以来，参保农民人数显著上升。但是不管是覆盖率还是养老保障程度，农村社会养老保险都与城镇职工和居民的养老保险存在着巨大差距。一直以来，农村参保人数明显少于城镇人口参保人数，农村保障水平也明显低于城镇居民保障水平。2011年末，农村参加社会养老保险的人数首次超过了城镇参保人数，但是城镇的人均保障水平却达到了农村的19倍左右。农村居民人均367.31元的养老金显然远远不能满足农民的养老需求(见表1)。

表1 2000—2011年城乡社会养老保险情况对比

年份	参保人数(万人)		基金累计结存(亿元)		人均保障水平(元)	
	农村	城镇	农村	城镇	农村	城镇
2000	6172	12135	195.5	947	316.75	780.39
2001	5995	12363	216.1	1054	360.46	852.54
2002	5462	14736	233.3	1608	427.13	1091.21
2003	5428	15506	259.3	2207	477.71	1423.32
2004	5378	16353	285	2975	529.94	1819.24
2005	5442	17487	310	4041	569.64	2310.86
2006	5374	18766	354	5489	658.73	2924.97
2007	5171	20137	412	7391	796.75	3670.36
2008	5595	21891	499	9931	891.87	4536.57
2009	8691	23550	681	12526	783.57	5318.90
2010	10277	25707	423	15365	411.60	5976.97
2011	32643	28391	1199	19497	367.31	6867.32

资料来源：2000——2011历年《劳动和社会保障事业发展统计公报》

同时，农村商业养老保险市场由于缺乏参与主体和有效的激励机制，保险公司和农民参与积极性都不高，造成商业养老保险在农村地区的发展非常缓慢。国家统计局公布的《2008年江苏农民工就业形势回顾与展望》中指出，2008年全部农村劳动力中，参加农村社会养老保险的占19.4%，参加城镇基本养老保险的占14.9%，参加商业养老保险的占2.6%。上海市统计局公布的《松江区2012年上半年农民工检测调查分析》显示，截至2012年第二季度，上海市松江区农民工参加商业养老保险的只占6.7%(图1)。在经济发达的江苏和上海，商业养老保险的参保率尚且如此，在经济欠发达的中西部农村地区，农村商业养老保险的参保率则要更低。

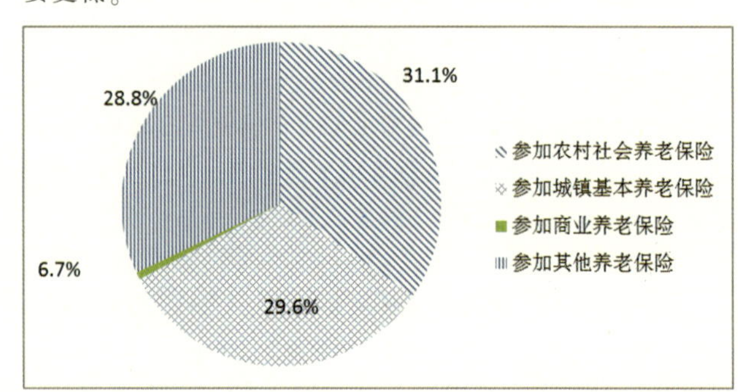

图1 上海市松江区2012年上半年农民工参加养老保险调查情况

四、新型城镇化进程中农村商业养老保险发展的新机遇

我国农村社会养老保险虽然取得了一定成效，但是仍然

存在保障水平低和覆盖率低的"双低"局面,同时商业养老保险推进缓慢,没能有效发挥其作为社会保障的重要补充功能。新型城镇化"以人为本"的核心理念从制度和政策层面为发展农村商业养老保险提供了保障,拓展了空间。随着新型城镇化的推进,我国农村的经济社会发展将呈现出新的特征,传统的农村养老模式将受到新的冲击。例如,传统的土地养老功能被大大削弱、青壮年劳动力流出导致农村老龄化问题加剧;同时,广大农民的经济状况得到明显改善、农民的居住方式将由散居变迁到群居、生产方式由自我雇佣到被他人雇佣,等等这一系列改变为商业养老保险的发展带来了新的契机。

(一)土地养老功能弱化,商业养老需求增加

土地养老是指依靠土地为家庭成员提供养老保障,是我国传统的养老方式。土地既是生产资料,又可以提供基本保障,农民失去土地,也就失去了这一基本保障。土地养老是农民最后的一道养老保障,它是农村家庭养老的核心。在传统城镇化进程中,政府一方面征收农民的土地发展集约生产的现代农业,另一方面征用农民土地进行城市规划建设,土地城镇化的速度快于人口城镇化速度。土地的征收直接导致我国耕地面积的锐减。数据显示,1997 年到 2002 年,六年间耕地净减少 6164 万亩,年均减少 1027 万亩,到 2003 年底,国家耕地面积已经锐减至 18.51 亿亩,2004 年初,各地城市化进程中仅开发区单项的规划面积已经超过了城镇建设用地总量,到 20008 年底,人均耕地仅有 1.37 亩①。2012 年,又有 643.65 万亩农用地和 389.1 万亩耕地转变为建设用地②。

土地使用方式的转变使得农民从土地中获得的收益有限,难以获得持续的养老保障。表 2 反映了 2000 年以来农民依靠土地获得的农业纯收入情况。虽然农村家庭平均每人农业纯收入的绝对值在不断增加,但是农业纯收入占人均纯收入的比重却不断下降,这说明了土地收益在家庭总收入中发挥的作用越来越小,土地养老功能正在逐步弱化。

表 2　2000—2011 年农民农业收入情况

年份	农村居民家庭平均每人农业纯收入(元)	农村居民家庭平均每人纯收入(元)	农业纯收入占人均纯收入的比重
2000	833.93	2253.42	37.01%
2001	863.62	2366.4	36.50%
2002	866.67	2475.63	35.01%
2003	885.71	2622.24	33.78%
2004	1056.5	2936.4	35.98%
2005	1097.71	3254.93	33.72%
2006	1159.56	3587.04	32.33%
2007	1303.76	4140.36	31.49%
2008	1426.96	4760.62	29.97%
2009	1497.93	5153.17	29.07%
2010	1723.49	5919.01	29.12%
2011	1896.67	6977.29	27.18%

资料来源:中国统计年鉴 2001—2012

新型城镇化进程中现代农业的发展以及城市规模的扩张客观上都将造成农民失去土地,形成众多失地农民。赵丽萍(2009)[12]指出我国城市化水平每提高 1%,需要占用耕地约 12.7 万公顷,并以此推算目前我国失地农民人数应在 5100-5525 万。我国目前的城市化水平只有 51.27%,与发达国家还有很大的差距,随着新型城镇化的发展,还会有更多的耕地被占用,形成更多的失地农民。对部分农民而言,失去了土地保障就意味着失业,经济来源大幅降低,养老失去保障。2010 年全国第六次人口普查数据显示,在接受调查的 482895 个失业农民中,有 16495 位农民是由于失去土地,占全部失业农民的 3.42%③。

农民失去了养老的最后一层保障,但是他们从政府获得的征地补偿却不能满足他们的长期养老需求。我国《土地管理法》规定:征用耕地的土地补偿费用为该土地征用前 3 年平均产值的 6 至 10 倍。法律规定的补偿费用并没有考虑土地征收后的商业增值。事实情况是地方政府以较低的成本征收土地,以高额的市场价格卖出土地,获取了超额的土地增值收益,农民获得的土地增值收益只占整个超额土地收益的 5%——10%。

土地是稀缺的不可再生资源,农村土地的集约使用以及农用地和耕地转为建设用地是新型城镇化进程中的必然趋势。一方面,农民养老所依赖的人均耕地面积在不断减少,另一方面是政府土地征收补偿较低,农民的养老得不到保障。在这样的背景下,商业养老保险作为农村土地养老的替代品,农村社会养老的补充品,其养老保障功能将突显出来。新型城镇化进程中土地养老功能的弱化为发展农村商业养老保险带来了前所未有的新机遇。

(二)生产组织形式创新,年金养老大有可为

新型城镇化进程中,农民生产组织形式也在不断创新,农民专业合作社、集体农庄、乡镇企业等一系列新老生产组织形式百花齐放,农民由自我雇佣的个人劳作转变成为他人雇佣的集体生产。

多样化的创新生产组织形式都突出体现了集体化的特征。对于农业生产组织而言,生产同类农产品的农户聚集到一起,农民专业合作社或集体农庄可视为一个企业,参社农民就是企业的员工,农民在生产经营过程中往往会面临相同或相似的风险,而生产经营收入是这些农民养老保障的主要经济来源,因此他们对商业养老保险的需求具有共性特征。农民专业合作社或集体农庄可以作为一个企业为所有参加合作社的农民投保,保险公司根据类别特征,提供不同类别农业生产组

①资料来源:李茂生,李光荣.《中国"三农"保险发展战略:努力构建三支柱"三农"保险体系》.中国社会科学出版社.2010.29-30

②资料来源:《2012 中国国土资源公报》

③资料来源:《中国 2010 年人口普查资料》

织的年金保险服务。而对于乡镇企业等非农生产组织而言，农民转变为企业职工，企业亦可为其投保相应的年金养老保险。众多风险类似的个体共同投保有利于分散风险，降低保险公司的风险，保险公司因而具有了开展年金养老保险的激励；众多风险类似的个体共同投保有利于保险公司进行针对性的研究，分别设定相应的养老保险条款，从而为广大农民提供针对性的年金保险产品和服务。

农村生产组织形式集体化趋势使得发展农村年金养老保险成为开拓农村商业养老保险市场的一个重要突破点。年金养老保险健康快速地发展有利于提高农村养老保障水平，是打破城乡养老保障不平衡局面的有效途径。

（三）农民居住形态集中，保险服务成本降低

新型农村社区的建设是推动城镇化的关键环节。随着新型城镇化的顺利进行，我国城镇化已进入到"工业反哺农业，城市带动农村"的发展新阶段，新型农村社区的建设试点工作被提上了日程。早在21世纪初，江苏省就已开始进行农民集中居住方案的探索。2001年，苏南地区尝试把一些人口较少的村庄撤并到人口大村，建设公寓型农民小区。目前，全国多数省份都在通过村庄合并、征地拆迁、产业带动、旧村完善、服务共享等方式推进新型农村社区建设。在新型农村社区的建设过程中，农村地区人口密度小，农民居住分散的情况得以改善。邻近村庄的农民聚居到一个大村庄内，或者是村庄内农民在一起聚居，农民集中居住，共享基础设施和公共服务。

过去，由于农村人口居住分散，呈点状分布，保险公司依靠保险代理人逐个上门推销养老保险产品的成本很高，且人口的散居状态也不利于保险公司开展养老保险知识的宣传，导致了中国农村广大农民的商业养老保险意识普遍较弱。苗富春（2006）[13]的调查表明，在农村养老问题的安排方式上，48.8%的人选择了儿女赡养，个人储蓄占28.3%，而愿意买保险的则只有16.5%。在对保险知识的认识上，65.2%的农村居民仅了解一点保险，23.6%的人不了解，只有11.2%的人比较了解。

新型农村社区的建设可以有效改善这一局面。新型农村社区的主要特征是农民集中居住，共享基础设施和公共服务，这一特点使得保险公司在农村展业的成本大大降低。成本的降低将使得保险公司在农村地区有利可图，激励其开展农村商业养老保险业务。随着宣传和销售力度的增加，农民的保险意识也会随之提高，主动参与到商业养老保险中，保险公司的服务成本也将进一步降低，形成良性循环。

（四）农村老龄风险加剧，商业保险前景广阔

1953年，我国老龄化系数为7.32%，到2000年第五次人口普查时已增加到10.46%，我国已经进入老龄化社会，最新的人口普查数据显示，该系数已经增长至13.32%①。我国的老龄化问题已经相当严重。《中国老龄事业发展"十二五"规划》指出，我国人口老龄化进程将进一步加快，从2011年到2015年，全国60岁以上老年人将由1.78亿增加到2.21亿，老龄化系数将进一步增加到16%，我国的老龄化风险加剧。2006年《中国老龄事业的发展》指出，中国老年人口近60%分布在农村，最近的2010年第六次人口普查结果也显示，农村的老龄化系数为14.98%，而同期城镇的老龄化系数为11.69%②，农村面临着更为严峻的老龄化风险。

在新型城镇化进程中，大量的农村青壮劳动力流入城镇是必然趋势。数据显示，2012年全国农民工总量为25278万人，其中外出农民工15863万人，占全部农村人口的24.16%③。农村有近1/4的劳动力转移到城镇，这些转移劳动力大多是年轻、有文化、有一技之长的青壮年劳动力。黄怡（2010）[14]根据福建省第二次农业普查数据资料分析农村人口外出从业特征时发现，福建省外出从业人员有2/3的人员处于20—40岁年龄组，50岁以上年龄组占比最小。随着新型城镇化的推进，这些劳动力将逐渐"市民化"，他们的子女和配偶也将逐渐转移到城镇，留守在农村的绝大部分都是老年人口。随着新型城镇化的不断深入，农村将面临愈加严峻的老龄化风险。

值得注意的是，2012年国家统计局公布的全国人口普查公报中显示，我国人口平均预期寿命达到74.83岁，比2000年的71.40岁提高3.43岁，而同期世界人口的平均预期寿命为69.6岁。长寿风险进一步加大了养老保险资金的压力，我国比世界上许多国家都面临着更为严峻的养老保障问题。敬老养老是中华民族的传统文化，发展老龄事业，解决养老问题是构建和谐社会的重要内容。随着新型城镇化的推进，农村老龄化问题日益严峻，农民的养老压力日益加重。农村老龄化风险的加剧是挑战，但也蕴藏着机遇。在当前农村社会养老保险以及土地养老功能难以满足农民养老需求的情况下，必然会寻求其他途径解决养老问题。商业养老保险应该抓住机遇，积极参与到多层次的农村养老保障体系建设中，从而自身也得以发展壮大。

（五）农民收入水平提高，参保经济能力增强

我国曾提出将农村社会养老保险向商业养老保险过渡以减轻政府负担，但是受限于当时农村经济的发展水平，农村商业养老保险的尝试以失败告终。2004年起国家连续发布了四个"一号文件"，分别从"促进农民增收"、"提高农业综合生产能力"、"推进社会主义新农村建设"、"积极发展现代农业"四个主题促进农村经济的发展，农村经济取得了显著发展。农村居民家庭人均年收入保持着较高的增长速度，从1999年的2210.3元增长到2012年末的7917元，并于2010年超过了城镇居民人均可支配收入的增长速度（图2）

收入的变化直接影响到了农民的支出情况，农村地区的恩格尔系数呈现下降趋势，农民在购买食物上的比例逐年递减，这反映了农民的消费结构正在逐步发生变化。图3可以看出农村地区与城镇地区恩格尔系数之间的差距逐渐减小，这在一定程度上可以说明农民的消费结构将逐渐接近城镇居民

①资料来源：《中国统计年鉴》

②资料来源：笔者根据国家统计局数据计算。

③资料来源：农民工数据来自《中华人民共和国2011年国民经济和社会发展统计公报》，农民工占农村人口比例比为笔者计算。

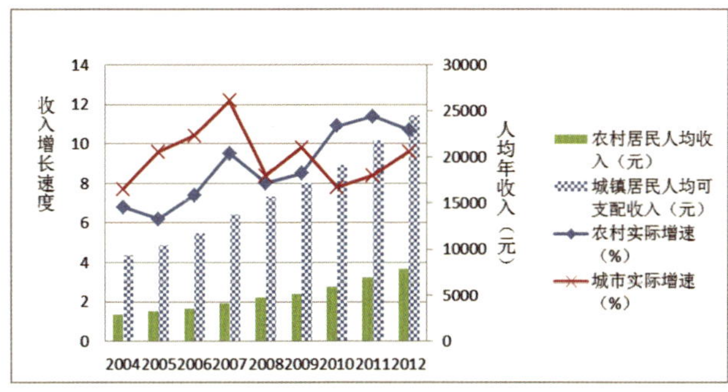

图 2 2004—2012 年城乡居民收入对比情况

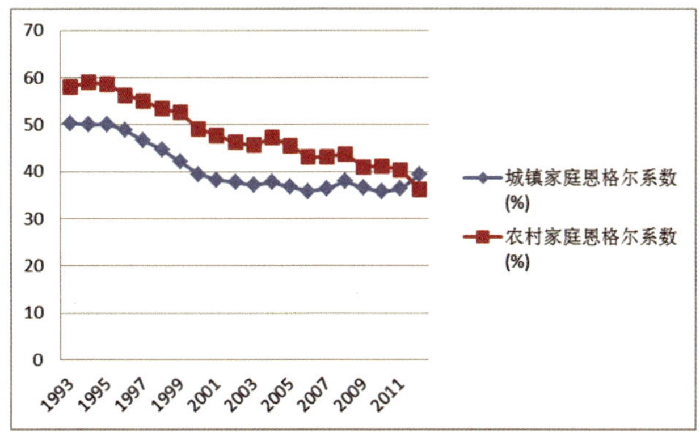

图 3 1993—2012 年城乡居民恩格尔系数对比情况

的消费结构。

过去，农民即使有参加商业养老保险的愿望，也受限于收入水平低下而不能实现。随着新型城镇化的进行，农村地区经济持续增长，农民收入提高，农民参加商业养老保险的经济能力将稳步提高，这种改变是农村商业养老保险发展的一个重要机遇。

五、发展农村商业养老保险的路径

(1)宣传养老保险知识，提高农民参保意识。农民对商业养老保险的各方面知识缺乏了解，很少通过购买商业养老保险来保障老年时期的生活，这严重影响了商业养老保险在农村地区的发展。因而保险公司应当做好全方位的宣传工作，帮助农民树立风险保障意识，了解商业养老保险，积极参加商业养老保险。在宣传方式上，要结合农村特点，以电视广告、广播、集体宣传栏、营销小品、街头剧、设立农村咨询服务工作站点、定期召开产品说明会等方式宣传养老保险知识。在宣传内容上，既要用通俗易懂的语言宣传商业养老保险合同条款等内容，还要宣传具有较大影响的重大养老保险金给付事件，通过农民的口口相传让农民切实感受到商业养老保险给老年人的生活带来的有效保障。值得注意的是，任何方一种宣传式都不是一蹴而就的，保险公司不能因为短期的宣传没有发挥明显作用而放弃宣传，要持续深入宣传，在潜移默化中帮助农民提高参保意识。

(2)创新养老保险产品，提高养老保障能力。保险公司应成立农村工作小组，深入农村地区调研访谈，从年龄结构、收入水平、文化程度、消费水平等指标对农民的养老需求进行研究，设计出真正贴近农民需求的养老保险产品。对于收入和消费水平较高，以及文化程度也相对较高的农民，可以设计"类城市"的养老保险产品，在保障基本养老需要的同时还能实现一定的投资理财目的；对于收入和消费水平处在平均线上下，文化程度一般的最广大的人群，他们大多习惯家庭养老，保险公司应当开发"类储蓄"的家庭养老保险产品，农民只要缴纳少量保费，就可以定期获得适中的保障，而且只要一张保单就能保全家；对于收入和消费水平都很低，几乎没有接受过教育的农民，可以借鉴农村小额人身保险的经验，开发"类互助"的团体养老保险产品，集合众多贫困农民的力量共同投保，既可以解决单个农民无法缴纳保费的情况，也在一定程度上降低了保险公司的风险。除了传统的养老保险产品，保险公司还可以将居家养老服务作为养老保险产品出售。农民的养老需求不仅仅是定期从保险公司领取养老金，对于许多高龄、失能、半失能的老人来说，他们需要保险公司提供更深入细致的养老服务。国家"十二五"规划纲要确立了"建立以居家为基础、社区为依托、机构为支撑的养老服务体系"的目标。保险公司作为专业经营养老保险的机构，可以出售以居家养老服务为主体的养老保险产品，积极参与到养老服务体系的建设中来。例如，在农村社区开展保健讲堂、法律讲堂、老人食堂。对于高龄和失能、半失能老人提供家政服务、送饭上门等服务。保险公司还可研发缴费方式灵活多变的保险产品，农民既能够以现金支付保费，也可以选择以土地换保障、以农产品作保费，多种灵活的缴费方式能够吸引农村居民参与到商业养老保险中来，有利于农村商业养老保险的发展。

(3)创新保险销售模式，降低保险营销成本。在农村地区销售商业养老保险产品，要结合农村地区的特点，创新低成本的销售模式。首先，随着村镇银行和农村信用合作社等金融机构数量的增加，保险公司可以进一步拓宽银保渠道，在保持与商业银行合作的情况下充分利用村镇银行和农村信用合作社的存贷款农户资源、具备基础金融知识的工作人员、完备的基础金融设施来推销农村商业养老保险；其次，要与农村基层组织机构合作，将粮食站、化肥公司、畜牧站、农机站、卫生所、移动和联通营业厅等基层单位发展成为保险公司的兼业代理人，或者派工作人员入驻在这些单位从事保险产品销售工作；最后，要充分利媒体和通信工具，采用短信直销、广告直销、网络直销、信件直销等手段销售养老保险产品。营销渠道的创新，为保险公司开拓农村养老保险市场提供了必要的保障。

(4)积极争取政府支持，形成政保合作模式。2012 年，国家出台大病医疗保险新政，采取政府主导、商业保险机构承办的方式，承诺实际报销比例不低于 50%，有效缓解了老百姓"因病致贫"和"因病返贫"的困境。将市场竞争机制引入大病医疗保险有效提升了效率、优化了资源配置。在新型城镇化进程中，农村商业养老保险的发展问题可以借鉴大病医疗保险的操作模式。保险公司可积极争取政府的支持和合作，从新农保基金中或财政资金中划拨部分资金购买商业保险公司的服务。商业保险机构的承办可以充分发挥商业保险机构的专业特长；可以借助商业保险机构在全国范围内统筹核算的经营特点，逐步实现城乡养老保障一体化；可以提高农村养老保障水平，完善农村养老保障体系；可以减轻政府的农村养老压力。同时，有了政府的参与，会极大增强农民的参保积极性。

六、结语

新型城镇化建设的大幕已经拉开，如何践行“以人文本”的理念，切实保障农民的利益，提高农村养老保障水平，实现城乡养老保障一体化，是亟待破解的难题。本文认为，大力发展农村商业养老保险是构建农村养老保障体系的重要抓手。传统城镇化未给商业养老保险进入农村市场提供必要的制度和政策保障，而新型城镇化无论在制度还是政策上都获得突破，为商业养老保险进军农村养老市场创造了前所未有的机遇。文章梳理并总结出五大机遇，论证了商业养老保险在农村市场发展的可能性，并给出了具体的发展路径。希冀本文的分析能够在新型城镇化的建设进程中为完善多层次的农村养老保障体系、统筹城乡养老保险发展、促进和谐社会建设有所裨益。

作者：南京大学保险教育研究所　孙武军　祁　晶

参考文献

[1]Elix Salditt，Peter Whiteford，Willem Adema.Pension reform in China[J].International Social Security Review，Vol.61，Issue3，47–71，2008.

[2]YAN An.Chinese Social Pension Insurance System：Improvement and Development [J].Canadian Social Science，Vol.5，No.3，2009.

[3]Ce Shen，John B Williamson.China′s new rural pension scheme：can it be improved [J].International Journal of Sociology and Social Policy，Vol.30，Iss：5，239–250，2010.

[4]王敏，文红梅，卿锦威，杨宇霞。城镇化对我国农村人口养老保障的影响及对策[J]。重庆社会科学，No.1，2006。

[5]龙梦洁。人口老龄化背景下商业保险对完善养老保险制度的作用[J]。保险研究，No.8，30–32，2007。

[6]杨德清，董克用。普惠制养老金——中国农村养老保障的一种尝试[J]。中国行政管理，No.3，54–58，2008。

[7]徐文芳。我国农村商业养老保险存在的问题与对策探析——基于完善社会保障体系的视角 [J]。保险研究，No.8，2009。

[8]郭振华。从决策非理性谈必须实施养老保险税收优惠政策[J]。保险研究，No.2，64–68，2010。

[9]钱振伟，王翔，张艳。新型农村社会养老保险经办服务体系研究：基于政府购买服务理论视角[J]。农业经济问题，No.2，2011。

[10]安华。社会分层与养老保险制度整合研究[J]。保险研究，NO.3，110–115，2012。

[11]沈毅，穆怀中。新型农村社会养老保险对农村居民消费的乘数效应研究[J]。经济学家，No.4，32–36，2013。

[12]赵丽萍。城镇化进程中失地农民养老保障制度理论与实践——以甘肃省张掖市梁家墩镇为例 [D]。兰州大学，2009。

[13]苗富春，林岱仁。县域保险发展研究报告[R]。中国财政经济出版社，2006。

[14]黄怡，李秀珠。农村人口外出从业的特征及影响分析——基于福建省第二次农业普查数据的分析[J]。中国农学通报，Vol.26，No.24，2010。

“三农”保险　大有可为

最近，我的手机铃声一直响个不停。原因是我的爱车保险即将到期，于是许多保险公司的业务员纷纷打电话给我，向我推销产品。烦恼之余，我深感现在保险业的竞争激烈；同时又很纳闷，他们为什么只是盯着车险这一块蛋糕，而把更加广阔的“三农”保险市场丢在一边呢？

所谓“三农”保险，就是对“农业、农村、农民”三大类保险业务的统称。对此，目前还没有统一的权威的定义。原因是它的内涵一直在不断的扩大之中。比如，《农业保险条例》对农业保险的定义是：“本条例所称农业保险，是指保险机构根据农业保险合同，对被保险人在种植业、林业、畜牧业和渔业生产中因保险标的遭受约定的自然灾害、意外事故、疫病、疾病等保险事故所造成的财产损失，承担赔偿保险金责任的保险活动。”实际上，它这里说的还是狭义的农业生产过程的保险，而从广义上来说，农业保险不仅包含抵御自然风险，还应包含抵御市场风险（价格风险）、质量风险（信誉风险）等一系列保险产品。农村保险，则包含农民家庭财产险、农村集体经济组织财产险，以及农村企业、个体经营户的财产保险等；农民保险主要包括农民及其子女的人寿保险、医疗保险等。可以说，“三农”保险是横跨产险与寿险、纵跨过程与结果、包含短期与长期的“一揽子”式的综合性保险业务。

“三农”保险市场究竟有多大？目前还难以妄加断言，更难以定量预测。但有一点是肯定的，即便从目前低水平的农业保险来说，我国农业保险业务规模已超过日本，仅次于美国，跃居世界第二，成为全球最重要、最活跃的农业保险市场之一。随着保险市场竞争的进一步加剧，“三农” 保险业务将成为各家保险主体积极争夺的战略制高点。特别是在车险市场相对饱和、城市保险业务发展空间受到制约的情况下，谁赢得农村保险市场，谁就占据了市场竞争的先机；谁赢得了农村保险市场，谁就拥有了优化业务结构、改善盈利格局、引领市场发展的主动权和话语权。

在这方面，苏州作出了积极的探索。早在 2006 年农业保险试点开始时，苏州就谋划好了未来的路线图和时间表。对此，苏州称为“三个拓展、三个延伸”，即：拓展保险范围，从抗击自然风险向防御市场风险延伸；拓展保险对象，从个人参保为主向合作社参保为主延伸；拓展保险领域，从农业生产领域向整个“三农”保险延伸。通过这样做，2012 年苏州市政策性农业保险为35.97万户参保农户，提供了30.21亿元农业保险保障，承保公司保费收入首次突破亿元，达10316万元。与此同时，政策性农业保险正在向政策性“三农”保险发展。例如，人保张家港公司推出“幸福港城计划”，开办了由财政补贴保费、面向城乡居民的自然灾害公众责任保险和重大自然灾害房屋保险；太保太仓公司推出温氏养鸡户的鸡舍保险、劳务合作社的雇主责任险、农民集中居住小区的家庭财产险等，使农业保险延伸到了农村保险、农民保险。2013年6月18日，人保财险张家港中心支公司成功签发了全省首单农产品价格指数保险，从而实现了农业保险“向防御市场风险延伸”的零的突破。

实际上，从单一的农业保险拓展为整个“三农”保险是世界上许多发达国家和地区的共同选择。例如，对于农业保险的范围，联合国贸易与发展委员会作了以下定义：“总的说来，它(指农业保险)涉及农业的整个过程。它包括农作物收割后储藏、加工以及将农作物运输到最终市场。进一步讲，它并不局限于耕种农作物，园艺、种植园、森林等都是。其次，农业生产过程中所使用的财产包括房屋、机器、设备和工具、加工厂等都需要得到保护。再次，从事这些活动的人的保险，也是完备意义上的农业保险的必备内容。第四，对农户来说，各种手工业和家庭产品通常是一种重要的收入来源。所有这些都包括在农业保险的范围。”很显然，联合国贸易与发展委员会所下的农业保险定义就是广义的，也就是我国所说的“三农”保险。在实际工作中，欧美国家的农业保险都经历了从承保单一风险到综合风险甚至一切风险的过渡。加拿大从1978年开始在大多数农业区域实行了农作物一切险；美国从1980年起将“农作物一切险”推广到全国各个县和所有农产品；日本从1939年开办农作物一切险，到1960年以前就已有94%的水稻、52%的旱稻、77%的小麦和大麦保了险，一切险的规模相当大。

*发展“三农保险”，一是靠政府扶持。*首先要加强立法支持。尽快制定《农业保险法》等有关“三农”保险的法律法规，从法律上界定“三农”保险的性质、组织形式、基本目标、经济原则、业务范围、资金运用、政府支持方式、巨灾保险的补偿及投保人、被保险人、再保人的职责和义务等，使经营者和监管者有法可依。法律可以规定对国计民生和重要物资生产一定规模以上的农户和企业进行强制保险，也可以对损失重大的某个自然灾害进行强制保险，如地震、洪水等。可对农业巨灾保险进行明确规定，并要求投保人必须购买巨灾保险，才能追加购买其他保险。第二要加强政策支持。国家可以通过税收、利率、信贷政策等经济手段，制定国家“三农”保险计划，提出相应配套措施。如美国《农业保险修正案》中所规定的：“不参加政府农作物保险计划的农民不能得到政府诸如农产品贷款计划、农产品价格补贴和保护计划等其他福利计划。”从而能更好地调整农业发展方向，优化农村经济结构，推广农业新技术，满足农民的保险需求，引导保险业又好又快发展。此外通过给农户的保费补贴，给保险公司的经费补贴和再保险公司的补贴，调动农户和保险公司的积极性，逐步扩大业务领域，持续健康推进业务发展。

*发展“三农保险”，二靠产品开发。*保险公司要不断开发和增加保险产品，扩大保险覆盖率。从保险险种看，应根据农业收获的季节性和农民收入的不确定性等特点推出“保费低、覆盖广、补贴多、保障适度”的“三农”保险产品。做到：“保险公司保得起、政府补得起、农民买得起”，以满足“三农”不断增长的需求。理想的状况是保险市场也像商品超市那样摆满琳琅满目的保险产品，如农业保险、农村基础设施建设保险、农户及农企贷款信用保险、雇主等各种责任保险、意外伤害险、健康险、养老险、房屋险、农机具保险、水利保险等，让农民、农村集体经济组织、农村合作组织、农村企业和个体工商户能很方便地买到自己需要且满意的产品，实现由“要我买”到“我要买”的转变。

*发展“三农”保险，三靠服务网络。*保险公司应积极借助并发挥各级政府的推动作用，强化农村渠道建设从而实行分散业务集中做。在这方面，一要完善网络功能。扎实推进“三农保险”基层服务体系建设，按照农村经济发展强弱，在经济较为发达、地处中心位置的中心乡镇设立乡镇农村营销服务部，在非中心乡镇设立“三农”保险服务站，在行政村设立“三农”保险服务点等农村保险市场的销售服务网络。农村网点设立务求做到乡有农险办公室、村有协保员，在支公司统一领导下，负责管理、组织、培训、销售、服务相关业务的发展。二要建立销售作业团队。在乡镇驻地层面建立个人销售团队，在所辖村层面建立协保员队伍，选择威信高、有影响力的人员(村支书、主任、会计等)发展为“三农”保险协保员。三要优化资源配置。农网是公司在农村市场开拓的前端，地位突出、作用重要，因此要加大投入、优化资源配置，从而强化农网发展、服务、竞争的功能，在农村构建就近投保、就近理赔的服务平台。

*发展“三农”保险，四靠协作配套。*建议设立农村小额贷款担保贴息专项资金，在此基础上由保险经纪公司协同担保公司、商业银行、保险公司开展银保合作，开发抵押、担保、贷款、保险、补贴“五合一”的农村金融服务新产品。即由贷款人将经过当地人民政府确权发证的农村集体资产，首先参加“五合一”财产保险；在需要贷款时，将这些集体资产抵押给担保公司，然后取得银行贷款。贷款人一旦发生自然灾害风险，则由保险公司进行定损理赔，并将赔付款优先偿还银行贷款；贷款人一旦出现经营风险，则由担保公司以抵押物优先偿还银行贷款；贷款人按期偿还贷款的，持担保公司出具的证明，至当地财政所领取小额贷款担保贴息补贴。这是一项全新的创造，可在有条件地方试行。

*发展“三农”保险，五靠管理创新。*各地农业保险推委会，要全面提升服务水平。进一步健全推委办的日常运行制度，完善政策性农业保险工作机制，规范业务操作，加强过程管理，提升服务水平。创新保险公司与农技部门的联运机制，积极试行抗灾减灾自救奖励措施。切实加强保险业务队伍建设，提高专业服务能力，搞好承保和理赔服务。切实加强政策性农业保险协管员队伍建设，完善管理费使用办法和协管员补贴办法，确保他们得到应有的报酬和待遇。继续加强政策性农业保险信息员队伍建设，加大政策性农业保险的宣传力度。进一步动员全市各级各部门关心农业、支持保险。建议将推委会办公室

作为一个专职日常工作机构，以适应“省管县”体制和“联办共保”新形势。

发展“三农”保险，既是江苏经济社会发展的大势所趋，也是保险公司自身发展的需要。今后要力争做到：险种设计更加符合群众需求，保障水平更加适应当地实际，基本形成具有江苏特色、体现江苏城乡一体化发展水平的“三农”保险体系，为率先基本实现现代化作出积极贡献！

说到最后，我还是期望我的手机铃声继续不断响起，但不同的是，通话的内容不再是连篇累牍地向我推销车险，而是向我咨询、与我探讨如何加快推进“三农”保险。

作者：苏州市农村经济研究会常务副秘书长　卢水生

环境污染责任保险在促进经济社会和谐发展中的作用、问题与建议

环境污染责任保险是一种特殊的责任保险，是在二战以后经济迅速发展、环境问题日益突出的背景下诞生的。由于环境污染责任保险对环境损害赔偿的有效性，使环境污染责任保险从产生发展到成熟完善短短十多年的时间，成为西方发达国家通过社会化途径解决环境损害赔偿责任问题的主要金融工具，也成为企业风险管理部门管理环境风险的重要方式。

一、引言

2007年5月，由于无锡及周边地区企业排放大量未经处理或未完全处理达标的污水进入太湖，导致无锡爆发太湖蓝藻水危机，几天时间居民甚至无水可用。这一事件直接导致了各个层面对于环境污染的巨大关注。近年来，中国的环境保护情况不容乐观，仅2010年就相继发生了福建紫金矿业重大污染、大连新港油管爆炸、松花江化学原料泄漏等一系列环境污染事故。环境污染不仅对自然生态造成严重破坏，也对事发地居民的身体健康和财产安全带来了巨大的危害。目前环境保护和环境污染的赔偿等问题引起了世界各国对环境保护问题的高度关注，环境污染风险的管理及其损害赔偿一时成为社会各界关注的话题。随着工业化的迅速推进，确保污染地区的自然生态环境得以恢复，让遭受环境污染侵害的居民及时足额地获取损害赔偿，已经不仅仅是一个环境问题，更是一个涉及经济社会和谐发展所需要迫切解决的社会问题。

2009年，江苏省无锡市被列为国家首批环污险试点城市之一；2011年，无锡市在全省首先出台了《无锡市环境污染责任保险实施意见》，标志着无锡市进入全面推行所谓“绿色保险”阶段。以保险手段化解和治理太湖蓝藻污染，助力蓝天碧水生态文明建设，无锡在实践中趟出了一条新路子。截至2012年底，无锡市对拟投保企业进行的环境风险评估累计达到1200余家，经风险评估后的投保企业共824家，承担责任风险11亿元。2012年，无锡市环污险企业投保率约达68.7%，在全国环境污染责任险试点市中一枝独秀。在推进环境污染责任保险的过程中，由当地环保部门与保险公司的财险专家组商定各辖区相关企业并展开环境风险评估服务，要求企业做好风险评估的各项配合准备；各县(市)、区环境监察部门或应急中心组织人员与专家组一起，到企业进行环境风险评估服务。专家组在环境风险评估服务后10日内出具评估报告，15日内由人保财险专业团队送达企业及当地环保部门。环保部门对评估中发现存在环境风险隐患的企业，要求其限期整改。通过这种风险公司与地方政府部门合作开展环评工作、订立环污险赔偿条款和保费费率的方式，使得环境污染责任保险起到了监督企业排污、治理企业污染、保障居民财产安全、应对潜在污染风险的重要作用；与此同时，也起到了维护社会安定和谐、促进经济社会发展的“助推器”和“减震器”作用。

为了推动企业主动投保环污险，无锡市加大政策引导力度，对参保企业实施优惠政策，明确规定环保专项资金可用于环污险保费补贴；对参保企业完成风险整改的，在企业申报污染防治资金时给予优先解决。对已参保企业，在企业环境行为信息公开等级评定时提高一个等级；对参保不积极的高污染、中污染和风险行业企业，在环境行为信息公开等级评定时给予降一级的评定。此外，无锡市金融办、人民银行、银监部门等还引导各商业银行将企业是否投保环污险作为实施差别化信贷政策的重要依据，对投保企业给予优先放贷等优惠政策。这一系列的措施颇见成效，几年时间里，就将曾经饱受蓝藻危害的太湖恢复了山清水秀的旖旎风光。

但是，在推进环境污染责任保险的过程中，保险公司等相关部门也发现，环境污染责任保险的开展涉及到政府排污企业保险公司和社会公众等众多利益相关主体，牵涉面甚广。目前，对于通过环境污染责任保险来实现外部性内化，解决环境损害的赔偿问题，以达到社会福利的最大化等目的仍存在一定的困难和误区。归纳起来，目前推行环污险的过程中主要面临三大难题：一是环污险缺乏法律、法规保障；二是环污险在推进中的保障和激励问题；三是专业和技术性制约比较突出，环污险专业性强，风险识别和量化难度大。环境污染责任保险运行效率低下阻碍了环境污染责任保险进一步普及和推广。本文将借用福利经济学的理论来分析环境污染责任保险的重要作用，并结合现实情况指出其存在的问题，从而提出相应的建议。

二、环污险在经济社会和谐发展中作用的经济学分析

从一个具体的案例可以看出，环污险对于居民财产保护和维护社会稳定的重要性。2007年底，由原国家环保总局与保监会联合发布了《关于环境污染责任保险工作的指导意见》后的全国首例环境污染责任保险赔付案，即2008年9月湖南省株洲市昊华公司氯化氢气体泄漏事件的处置就引起了公众、政府部门和企业对于环污险的重视。这家企业在2008年7月投保中国平安集团旗下平安产险承保的环境污染责任保险，在接到泄漏报案后，平安产险立即派出勘察人

员赶赴现场,确定了企业对污染事件负有责任以及保险公司应当承担的相应保险责任,依据相应条款、平安产险与村民们达成赔偿协议,在不到10天的时间内就将赔款给付到村民手中,这起牵涉到120多户村民投诉的环境污染事故得以快速妥善解决。

产权经济学和福利经济学的基本理论已经告诉我们,即当一个人从事一项影响旁观者福利,而对这种影响既不付报酬又得不到报酬的活动时,就产生了外部性。如果对第三方的影响是不利的,则将这种影响称之为负外部性。当外部性存在时,社会对市场结果的衡量将扩大到参与市场的买者与卖者的福利之外,并包括那些间接受到影响的第三方的福利。企业排放污染物,造成环境污染,损害了人们的身体健康,然而又不将这些污染成本纳入其生产决策中,而消费者也不会考虑他们的购买决策所引起的全部污染成本,这就产生了负的外部性,损害了社会福利。一种商品的价格无法反映它的社会价值,社会资源得不到有效配置,市场就是无效率的。市场均衡仅仅反映了生产的私人成本,社会总成本应包括企业生产的私人成本加上受到污染的不利影响的第三方所承担或付出的成本;如果仅仅单独考虑市场交易双方的均衡,则会出现整体社会均衡的无效状态。要使社会福利最大化,必须保证企业的供给曲线与边际社会成本曲线一致,也就是说企业在进行生产决策时必须将污染成本考虑在内,将环境污染损害转化成企业内部的生产成本,即实现外部性成本内化。

外部性成本内化最有效的手段实现环境污染外部性成本内化的方法,而环境污染责任保险正是以排污单位发生的事故对第三者造成的损害依法应负的赔偿责任为标的的保险。在这种保险机制中,排污单位作为投保人,向保险公司预先缴纳一定数额的保险费,保险公司则根据约定收取保险费并承担赔偿责任,即对于排污单位的环境污染事故给第三人造成的损害,直接向第三人赔偿或者支付保险金。当排污企业和保险公司签订环境污染责任保险合同并支付保费时,实质上就是排污企业把自己可能造成的负的外部性转化成企业自身的生产成本,此时的市场将是更有效率的。

环境污染责任保险在促进市场经济效率提升和维护社会安定和谐方面具有重要的作用,其不仅使保险公司分担排污企业的一部分风险从而降低企业破产倒闭的风险。另一方面是能减少企业的寻租行为。因为签订环境污染责任保险合同的双方是排污企业和保险公司,政府部门并不参与其中,所以企业的寻租行为会大大减少。其次,保险公司在签订环污险保险合同的同时也能起到监督作用。企业可能会因为有了保险公司和自己共同承担风险和填补损害,所以不努力加强排污控制。当企业发生严重的污染事故时,保险公司需要支付很多的赔偿款,遭受很大的损失。为了防止这种情况发生,保险公司需要对责任保险合同做合理设计,对投保人控制污染的设备和义务做出明确的要求,并适时监督投保人。再次,环境污染责任保险有利于保护受害人的利益,进而维护社会稳定。

三、环污险推行存在的问题与投保方式

在实际的保险市场上,风险集中与区分总是会受到“逆向选择”和“道德风险的影响”信息经济学的原理和结论已经明确指出,市场经济当中所存在的“逆向选择”和“道德风险”问题将严重干扰经济运行的效率与均衡结果。信息不对称现象不仅出现在责任保险合同签订之前,对保险人评估判断风险水平产生影响。同样,信息不对称现象也会发生在责任保险合同签订之后的合同履行过程中。投保之后,由于有了风险保障,投保人往往会降低对风险的谨慎注意,疏于对投保风险的监督,从而引发道德风险。在环境污染责任保险中,因为已经将可能发生的环境风险投保,势必会在客观上部分消减被保险人在生产活动中对环境风险的谨慎注意义务的压力,忽略行为所可能产生的损害后果,纵容污染行为,最终违背环境保护法的要求。所以,必须考虑对被保险人投保之后的激励措施,使其部分暴露于环境风险之中,维持有可能承担环境责任的一定的压力。激励被保险人有意识的控制环境污染风险,给予其一定的压力尽到谨慎注意义务。

一般而言,保险人可以设法通过各种风险评估和分类技术,确定一定的免赔额和除外责任范围。实行免赔额制度,可以使投保人承担一些潜在的损失。除外责任条款则可以通过排除对某些类型损失的承保,促进投保人负责任的生产行为。比如早前美国的CGL保单,普遍排除对渐进式污染造成的损失的承保,在某些情况下甚至还包括突然和意外排放的除外。环境污染责任保险开设的目的,不仅仅在于投保环境风险的转移,减轻投保人的责任压力,制度设计者也希望通过对投保人行为的环境评价,承保范围的区分,反映投保人注意程度的保险费设定,使投保人的预防污染行为能够得到鼓励。由于保险费率的合理厘定需要以往风险事故的大量案例数据为基础,而环境污染事故往往缺乏这样的数据积累,这就给统计分析环境风险带来困难,特别是对大型企业或组织适用的风险区分方式对中小型企业未必适用。此外,在缺乏大量的历史性污染风险事故数据的前提下,谋求获得较为准确的投保风险信息的另一个途径是保险人之间信息分享。保险人可以通过信息共享,加强监测,减少因信息不对称而引起的逆向选择和道德风险的负面效应。但是,要做到保险人对环境风险信息的共享,在自愿保险的模式下显然难以实行。自愿保险模式下的保险人显然不会将属于商业秘密的环境风险信息随意披露给同自己有竞争关系的其他保险人共享。因此,希望扩大信息来源,尽量获得环境风险信息只有在共享的平台上,并且通过强制保险的模式才能实现。所以,有关逆向选择以及道德风险的防范问题只有采取强制保险的模式才能解决强制责任保险的设立目的在于促进社会公益,完善社会保障救济体系,确保受害第三人得到及时赔偿,注重社会效益。需要注意的是,强制责任保险仍然属于商业保险,遵循商业保险的一般运行模式。同时,由于强制责任保险又借鉴社会保险的一些特点,注重社会效益。所以,可以认为,强制责任保险的运作方式是商业性与社会性的结合,强制责任保险是“借鉴了社会保险特点的一种特殊的商业保险”。强制责任保险不同于一般意义上的社会保险,其完全采用商业模式经营,通过市场化的运作方式,促进社会效益最大化。与社会保险不同之处在于,强制责任保险一般采用市场化的运作来平衡国家、企业、个人之间的利益关

系，协调运用行政手段和市场手段，调动各方积极性，以商业保险弥补社会保险的不足当前，在美国的50个州中，已经有45个州出台了相应的危险废物责任保险制度的规定。在美国，环境污染责任保险是工程保险的一部分，无论是承包商、分包商还是咨询设计商，如果涉及该险种的情况下而没有投保的，都不能取得工程合同。而瑞典等北欧国家和德国都实行了强制保险模式。英国、法国采取自愿与强制相结合的环境污染责任保险模式，但是都成立了相应的超额基金；针对某些风险类型英、法等国家也采取了强制保险方式，例如英国将放射性物质引发的责任进行单独强制承保，对海上油污损害赔偿领域也实行强制责任保险。

四、结论与建议

首先，环境污染责任保险是通过众多企业的参保来化解少数企业的高额赔偿负担，这意味着必须有足够规模的参保企业才能实现环境风险的分散和分担的目的。因此，在推行环境污染责任险的时候比较适宜采取强制保险方式，但法定强制性要求强制责任保险的实施必须以法律为依据，未经法定程序，不得推行强制保险。这就急需国家在立法层面对环境污染责任险的相关法律进行完善和补充，并对已有法律规定进行详细的解释。

其次，为避免环境污染风险责任给保险人带来的巨大资金压力，可以选择三个途径解决这一问题。第一，建立共保联合体，由众多保险人分担同一环境风险。第二，运用再保险的方式，将保险人承担的部分环境风险责任通过再保险的方式转移给其他再保险人，部分化解保险人的经营风险。第三，发展二级市场的风险交易分散风险。

再次，初期的环污险优惠政策激励要辅助实行。由于环境污染行为的特殊性，保险公司经营环境污染责任保险的难度高于一般的责任保险。在环境污染责任险开展实行的初期，有关环境污染责任保险的法律和政策体系不完善，投保企业的风险防范预期和保险公司的盈利预期都很难确定。环境污染责任保险属于新生事物，社会认可度不高。由于实行自愿保险，主动投保的企业不多，所以难以符合保险业“大数原则”的要求，在缺乏必要激励机制的情况下，保险公司的经营风险增大。投保企业也会因缴纳保费增加运营成本而降低在同类企业竞争力。考虑到环境污染责任保险具有较强的公益性以及鼓励更多排污企业参与进来的因素，在试点阶段有必要制定可行的优惠政策。政府应当从财税和金融等微观政策入手，考虑对参保企业和保险公司进行一定的政策补贴或经济激励，以促进环污险的参保积极性。

作者：江南大学金融研究所　周方召　吴园一

主要参考文献：

[1]黄小敏.环境污染责任保险补贴的政策需求与制度供给.保险，市场，2012(9)

[2]邹琪慧.环境污染责任保险运行效率为何不高？.环境经济，2013(4).

[3]张晶，寇江华.论环境责任保险中政府的作用.保险研究，2009(4).

[4]薛丹.基于环境责任保险的动态环境侵权救济体系研究.中国，人口、资源与环境，2012(7).

[5]张伟.承保约束与中国环境污染责任保险的制度供给，广东金融学院学报，2011(5).

江苏保险业落实行业核心价值理念研究

[摘要] 文化建设不同于其他方面的建设，需要长期积累才能逐渐形成文化共识，进而潜移默化为文化自觉，其传承发展很重要。江苏既是保险大省，又是文化强省，根植于这样一方土壤，在保险监管、业界、学界的共同努力下，江苏保险文化建设已取得了一定的理论和实践成果，形成了自身特色。本文在第一部分首先总结了江苏保险文化的发展历程，接着分析了江苏保险文化建设中的优势和不足之处，最后建议江苏保险业使用“五化法”落实行业核心价值理念。

[关键词] 江苏保险；核心价值理念

2013年3月21日，中国保监会发布了保险行业的核心价值理念——“守信用、担风险、重服务、合规范”，这是对保险业过去30多年发展的总结提炼和对未来行业发展的理性思考，揭示了保险行业文化的精髓，指明了保险业未来的发展方向。江苏保险业正处于从保险大省向保险强省转变过程中，如何结合实际，探索践行核心价值理念的有效途径，对于促进江苏保险业结构调整、转型升级，具有十分重要的意义。

一、江苏保险文化的发展历程

保险文化是指保险业在长期经营过程中逐步形成的价值观、行业精神以及由此形成的行业规范、道德准则和行业风俗习惯等。其中，价值观是保险文化的核心。保险文化在企业层面，体现为企业文化，它是保险企业在生产经营实践中逐步形成的、为全体员工所认同并遵守的、带有本企业特点的使命、愿景、宗旨、价值观和经营理念，以及这些理念在生产经营实践、管理制度、员工行为方式与企业对外形象上的体现。保险文化对于整个保险行业而言，属于行业文化，是指反映保险行业本质的、在保险业长期发展过程中所形成的理念、价值观和行业习惯。

江苏保险文化的生成、发展和更迭与保险业的发展息息相关，其核心价值观时刻受到整个经济社会大环境的影响。近代以来，江苏作为经济发达地区，一直与国际社会保持交往，经过中西方多元文化的综合作用，保险业也形成了自身的特色文化。

江苏保险文化的发展可分为五个阶段：

(一)保险文化孕育阶段(1840-1948年)

近代保险自19世纪50年代由西方传入江苏，一些江苏籍或旅居于江苏的开明人士在此前后通过著作向国内介绍西方近代保险思想或论述各自的保险观点。其中，最著名的有魏源的《海国图志》(1843年)、洪仁玕的《资政新篇》(1860年)、王韬的《弢园文录外编》(1883年)、郑观应的《盛世危言》(1894年)以及张謇的保险思想和主张。他们都认为保险是分散和转嫁危险的恤商之政，并主张中国要自办保险。1949年之前，江苏保险市场共有352家保险机构，其中外资保险公司244家。其时，江苏的保险业务仅局限于通都大邑，众多的小城镇和广大农村对保险一无所知。

(二)保险文化启蒙阶段(1949-1978年)

1949年12月1日，中国人民保险公司南京分公司、苏南分公司、苏北分公司同时成立。由于受计划经济模式影响，加之对保险理论研究不够重视，不能正确认识保险在国民经济中的作用，导致1959年国内保险业务的停办。这一时期民众保险意识淡薄，苏联的国家保险理论作为保险经营的主要指导思想。人保苏南和苏北分公司创业之初，就设立了宣调股，注意面向社会和企事业单位，广泛宣传保险的政策、宗旨和作用.

(三)保险文化萌发阶段(1979-1987年)

1979年4月，国务院批准恢复国内保险业务，经历过保险停办的老一代保险人闻讯纷纷归队。尽管复业初期条件艰苦，一切都要从零开始，但他们仍怀揣复兴之梦投身到复业之中。鉴于国内业务中断时间较长，民众缺乏保险意识，1980年，刚复业的人保江苏省分公司立即系统、全面地开展保险宣传工作，通过召开保险宣传大会、新闻发布会、刊登广告、赞助大型活动等形式宣传保险。1984年委托南京电影制片厂制作了以宣传家庭财产保险知识为内容的影片《婚礼变奏曲》，公开放映后，全省观众50万人次。各市县支公司纷纷结合体育比赛、书画比赛、各类文艺晚会等进行保险宣传。《江苏保险》1982年5月试刊，1986年1月正式创刊，对繁荣保险理论、宣传保险文化起到了事半功倍的效果。

(四)保险文化自发建设阶段(1988-2001年)

1988年12月，交通银行苏州支行试办保险业务，在机构体系上打破了人保江苏省分公司市场垄断地位。1992年、1993年，太平洋保险南京分公司、中国平安保险公司江苏省办事处先后成立，随后江苏保险市场主体逐年增加，市场要素不断完善，开始呈现出多元竞争文化。不同保险主体在竞争中意识到企业文化对吸引人才和长远发展的重要性，重视和倡导企业文化。除大力宣传公司品牌形象外，开始关注产品和客户服务建设。

(五)保险文化自觉建设阶段(2002年-2012年)

2002年，南京保监办将保险信用体系建设作为监管工作重要内容，制定了《建设江苏保险信用体系五年规划》和《2002年度建设江苏保险信用体系工作安排》，从2006年开始将保险信用全面社会化，使保险信用体系真正融入社会的分支体系，并借助社会基础征信数据充盈保险信用的内容。2007年，江苏保监局联合行业和南京大学等高校启动保险行业文化建设项目，对江苏保险业如何构建行业文化进行了深入全面的研究，提出江苏特色的保险行业文化体系：以诚信文化为价值核心，以合规文化、爱心文化、责任文化和创新文化为主要内容，以和谐文化为最终目标。2012年，江苏保险业以保险文化建设成果丰富。理论研究方面，保险文化征文获得保监会、中国保险学会和省社科联举办的保险文化建设征文等8个奖项；开展“优秀服务标兵”“优质服务窗口”“双十佳”评选以及争创工人先锋号、青年文明号等活动，提升保险业社会形象；举办保险业第二届岗位技能大赛，举办“保险杯”微电影竞赛，开展青年礼仪风采大赛等，提升了保险从业人员的综合素质和服务能力。

二、江苏保险文化建设的优势与不足

(一)江苏保险文化建设的优势

1.充分意识到诚信为行业文化核心，信用系统覆盖全体营销员

2006年底，江苏15家寿险公司的12万保险代理人已经全部进入江苏省征信系统数据库，他们从业期间的奖励荣誉，以及不诚信、不守职业道德的行为，都会记录在案。保险代理人员换发从业证，都要提供个人信用报告。客户投保时，也可以向代理人索要个人信用报告。

2.重视服务文化建设，不断提升客户满意度

关注客户需求，按照客户需求开发特色服务。2006年，江苏保监局、江苏省公安厅交巡警总队和江苏保险业共同探索建立了交通事故快速处理及保险快速理赔机制，至2009年全省13个省辖市全部建立了轻微事故快速理赔中心，共建成理赔服务点19个，有效缓解了交通拥堵，节约了社会管理成本。2012年，华泰保险创新服务新模式，引进欧、美等国保险市场成熟的专属代理制度，建立了首套适合中国市场的专属代理人(EA)模式。目前，在全省南京、苏州、泰州等8个地区设立EA门店(营业部)113家，服务网络遍布城乡。

3.推广责任文化，勇担社会责任

十一五期间，江苏保险业为全省提供了50万亿元的财产风险保障和21万亿元的人身风险保障，累计支付各类赔款和给付1111亿元。2012年5月，苏北地区爆发了30年一遇的大面积小麦赤霉病，受灾面积达240万亩，江苏保险业共向273万受灾农户支付农业保险赔款近6亿元，亩均赔款近150元，受灾严重的地方，亩均赔款达到200元，覆盖了农户小麦种植成本的50%，为受灾农户恢复生产起到了巨大经济补偿作用。

4.保险文化传播注重集合效应

江苏保监局整合行业力量，建立了报纸有文、广播有声、网络有贴、电视有影的全方位、立体的宣传阵地；开展中小学师生谈保险、党政领导谈保险、专家谈保险活动；组建保险知识普及教育宣讲团，2012年安排了26场宣讲活动；全省13个保险行业协会都成立了新闻宣传工作委员会，在当地主流媒体开设专版、专栏宣传保险业；江苏省保险学会编写了3套《保险知识普及丛书》，与江苏设有保险专业的院校合作，加强

保险理论研究。宣传工作有声有色，保险的整体形象和社会影响力不断提升。

(二)江苏保险文化建设中存在的主要问题

1.业界高管对行业文化建设现状满意度不高

2011年12月19日—2012年2月10日，江苏保监局针对全省所有保险公司省级机构与地市级机构主要负责人，开展行业文化认知情况的调查，共发放问卷616份，收回511份，回收率83%。调查结果显示：(1)对文化建设现状总体满意度不高。33.8%的基层保险机构高管对行业文化建设表示“不满意”，选择“比较满意”、“很满意”的分别为63.2%和3%。(2)行业的社会形象整体偏负面。27.4%的高管认为行业的社会形象“很差”或“较差”，56.3%的高管认为“一般”，仅有16.3%的高管认为“较好”或“很好”。(3)多数企业存在“经济利益至上”的经营文化。对于“现阶段保险公司只关注经济利益的倾向是否严重”问题，6.4%的高管认为很严重，50.9%的高管认为比较严重，42.7%的高管认为“不太严重”或“不严重”。(4)基层机构高管认为“中介机构与营销员”、“公司职员”最应为行业形象不佳负责任。在“谁最应该为行业形象不佳负责任”问题中，中介机构与营销员、公司职员、监管部门、媒体、股东、上级机构、行业协会被选比例分别为41.7%、17.6%、11.1%、9%、6.1%、5.2%、0.8%①。

2.定位不准，缺乏系统筹划

保险文化建设是一个长期的渐进过程，不可能一蹴而就，效果发挥也是缓慢的，短期内很难助力企业竞争力的提升。由于人员变动较为频繁，导致一些公司在企业文化建设中急功近利，不是从根本上去建设和形成一套完整的文化体系，而是不顾本单位和地区实际，采取揠苗助长方式人为提速企业文化建设的进程，引起员工反感，进而导致企业文化建设无法顺利开展。少数负责人甚至将企业文化搞成政绩文化，片面追求所谓的轰动效应，按照个人偏好恣意篡改总公司企业文化建设目标，一任领导一套模式，导致本单位的企业文化随意性大，缺乏延续性和传承性，造成员工思想的混乱和工作流程的紊乱。

3.认识肤浅，落实不力

不少保险公司员工乃至管理层对保险文化的认识还比较肤浅，主要表现为：(1)将保险文化与思想政治工作简单划等号，认为保险文化工作就是做好员工的思想政治工作；(2)将保险文化建设混同于精神文明建设，认为保险文化建设就是搞活动、树典型、唱赞歌；(3)将保险文化混同于员工娱乐文化，认为保险文化就是组织员工开展业余文化活动；把文化体系建设简单理解为举办一次文艺晚会、组织一次职工运动会、建设一个简易文体活动室等。

4.缺乏约束机制，建设水平参差不齐

企业文化是在企业长期经营活动中逐步形成的人们的共同价值观、企业成员的行为准则，不像业务指标那样看得见、摸得着、易量化。监管机关对各保险公司企业文化建设效果的考核还处于探索阶段，总公司对分支公司企业文化建设的考核也尚未完善，由于缺乏硬性指标的约束，很多保险公司企业文化建设成为业余生活的点缀，建设水平层次不齐；领导重视的，已开花结果，收到阶段性成效；不重视的，至今未将企业文化摆上适当位置；更普遍的现象是较多地关注经营业绩而对企业文化建设不够重视，“说起来重要、忙起来不要”，“说得多、做得少”，缺乏抓企业文化的高度自觉。

三、江苏保险业落实核心价值理念的“五化法”

文化建设是一项长期、系统的工程，江苏保险文化建设虽然已经取得一定的成就，但仍然存在不少问题有待解决，我们应以此次核心价值理念提出为契机，结合江苏实际深入贯彻执行，让先进的文化理念活化于根、内化于心、固化于制、显化于物、外化于行，推动江苏保险文化建设向深度和广度发展。

(一)活化于根——力求行业文化与企业文化共生相融、和谐发展

1.高度认同行业核心价值理念，并将之融入企业文化建设中

行业核心价值理念是以行业历史文化为基础，在行业发展过程中逐渐形成的为行业内员工所普遍认同并自觉遵守的核心理念，是建立在行业内企业个性核心价值理念基础之上的具有行业共性的价值理念。监管机关提炼出行业核心价值理念，并非简单地否定各企业已经形成的个性核心价值理念，而是旨在行业文化与企业文化相互提供正能量，促进行业文化与企业文化协调、和谐发展，是为了更好地发展企业文化。企业文化要发展，必须以认同行业核心价值理念为前提，因为个性的前提是共性，个性的基础是共性，只有在共性的基础上发展个性，企业文化才能够真正形成整合效应，形成推动企业和行业发展的合力。

2.坚持开放包容，力求形成特色

每个发展中的市场主体都有属于自己的特有文化形态和文化个性，而这种特有的文化就成为公司亲和力和凝聚力的重要源泉。例如，人保财险公司“以人为本，和谐奋进”的企业核心理念；太平洋财险江苏分公司“友爱互助、情系客户、尽职尽责、快乐工作”的十六字方针；太平洋寿险“诚信天下，稳健一生，追求卓越”的企业核心价值观；民生人寿江苏分公司“简单、务实、价值、激情、诚信”的企业核心价值观。保险行业核心价值理念的提出，使行业文化建设有据可循，但并不意味着不允许创新，文化本身就具有很强的包容性，不同企业可以在行业核心价值理念基础上，繁衍出体现各自企业特点的派生企业文化。鼓励各家保险公司建立适合企业实际的、能够提升企业发展潜力的、具有本企业股东背景、发展传统和保险家风格的特色企业文化，在拥有本质文化的基础上，彰显各自魅力。

(二)内化于心——力求从业人员广泛认同

保险是一种无形产品，保险从业人员从事保险职业肩负着化解社会风险的职责，这要求保险从业人员具有自律意识、高度职业荣誉感、责任感和认同感，并在言行上维护保险行业的形象，使社会的信任与保险从业人员的自律形成良性互动，共同推动社会文化的进步。

①吴彤.江苏保监局.江苏保险行业文化认知情况调查报告——于基层保险机构高管调查问卷(R).江苏保监局网站.2012-09-26.

1.积极宣传核心价值理念

行业文化建设取得成果的一项重要标志是从业人员发自内心对行业价值理念的认同。(1)要培育保险从业人员的文化自信和自觉,必须充分利用各种载体、各种渠道、各种形式大力宣传核心价值理念,营造浓厚的企业文化建设氛围,不求立竿见影之效,但求滴水穿石之功,久而久之,使从业者产生自觉认同并形成习惯。(2)在解读行业核心价值理念时,要向从业者充分讲清保险行业文化发展的历史渊源,讲清当前保险行业所面临的内、外部形势,讲清保险行业提出这一核心价值理念的必要性,讲清建设与核心价值理念相匹配的企业文化的重要性。(3)通过核心理念的宣导,使文化核心理念丰富的思想和精神内涵深植于员工心灵,激发起从业者参与行业文化建设的积极性,凝聚广大从业者的创造力,使文化核心理念的导向功能、激励功能、规范功能、凝聚功能得以最大的发掘和展示,使核心理念转化为从业者对未来的信念。

2.推进保险从业队伍职业化建设

2013年6月,江苏保监局下发关于贯彻《保险销售从业人员监管办法》的实施意见(以下简称《意见》),对从业人员的从业资格和执业规范做了具体要求:2013年7月1日后销售从业人员报名参加资格考试,应当具备高中及以上学历。其中,1980年1月1日以后出生人员报名参加资格考试应具备大专及以上学历。2015年7月1日起,所有报名参加资格考试的人员,必须具备大专及以上学历。该通知的出台,将有利于提高保险从业人员的素质和职业化水平。于此同时,应把保险从业队伍建设与行业文化建设紧密结合起来,努力建立一套适应行业文化建设的用工体制和计酬体制,形成橄榄型收入结构;改善一线人员待遇,强化一线人员的职业认同、情感认同、价值认同、理念认同和团队协作,激发一线人员的职业神圣感、使命感、自豪感、归属感,培养一批适应行业发展需要、职业素质高、职业形象好的保险从业人员队伍,吸引大量优秀的人才入行,遏制优秀人才流失,为切实推进江苏保险再上新台阶、提升行业竞争力打牢组织基础。

3.经理人有责任自觉参与文化建设

在建设行业文化的诸多力量中,各市场主体经理人的主导带头作用举足轻重。身教胜于言教,经理人的文化背景、行为习惯、人格魅力、经营思路、管理作风等,甚至是日常一举一动、一言一行都会在员工心中刻下烙印,影响员工的思维模式和行为方式。在行业文化建设中,每一位经理人均有责任把握好自身的管理角色,作道德努力,实现自我定位、自我约束、自我实现,乃至自我超越。(1)自觉实践行业核心价值理念,使核心价值理念融合到经营管理的具体实践中,体现在日常行为中。一种文化、一种理念,如果各级机构经理人能够身体力行、率先垂范,那么员工将看在眼里,放在心上,化为行动,形成上行下效之风。(2)加强自身修养,培养职业良知,保持一个宽容的心态和合作的态度。在权力运作中,不以善小而不为,不以恶小而为之,把正确处理"人-己"的辩证关系作为做好一切工作的基础和标准,并融入日常管理中,在本单位提倡一种相互支持、相互奉献的人际关系准则和经理人与员工共同发展、共同成长的管理理念,促成人的自觉和"人性化管理"具体实现。

(三)固化于制——力求目标明确、路径清晰

要保证行业文化核心理念得以贯彻,必须有制度的保障,将核心价值理念通过制度设计贯穿到产品销售、客户服务、理赔、财务管理的每一个流程中。

1.制订行业文化建设规划

一种文化的发展和进步不只是他本身是否具有潜质,关键是如何去发展它,让它更具有与时俱进的生存环境和发展轨迹。具有中国特色、江苏特点的江苏保险行业文化作为一种建立中还未最终实现的文化理想,从战略研究的角度看,它是能够设计并且必须进行设计的。所谓"设计",就是为达成一种目标而寻找有效的路径;所谓文化建设的"顶层设计",就是应该统筹考虑行业文化建设的各个层次和各种要素,追根溯源,统揽全局,在最高层次上寻求问题的解决之道。制订行业文化建设规划需要理性、统筹、战略眼光与全局观念,要对自身发展历史的沉淀进行深入的分析研究,萃取精华,去除糟粕,准确把握行业文化整体建设水平,再以江苏保险业的发展历史为背景,以江苏保险文化建设理论成果与实践经验为基础,以当下先进国家或地区当代保险企业文化建设的经验与教训为参照,以行业核心价值观为指导,以广大从业人员的精神需求、现实诉求与理想追求为根本目标及动力,以培植社会诚信风尚为己任,以社会和谐发展和保险消费者幸福指数的提升为最终目标,科学合理地确定行业文化建设的步骤、进度和阶段目标。

2.建立保险文化建设效果评价机制

以考核评价机制引导和规范保险从业人员的观念和行为,充分发挥奖惩激励在行业文化建设中的积极作用,是确保保险从业人员队伍始终保持蓬勃朝气和昂扬向上的不竭动力。因此,要结合行业实际,制定一套科学适用、得到绝大多数保险从业人员认同的文化建设考评办法,将各单位文化建设情况纳入考核评价体系,层层签订责任状,年终认真考评,按规定兑现奖惩;并把考评结果列入个人档案,作为包括管理人员在内的从业人员评先报功、职务任用、晋级晋职的重要依据。形成既有利于从业者和社会接受,又有利于塑造积极进取精神的行业文化建设的准则。

(四)显化于物——力求载体鲜活

1.发挥典型示范效应

在行业文化建设过程中,先进典型对员工的示范作用很大。受到身边个别的、具体的典型影响,员工会引起思想感情上的共鸣,进而促进自身争先创优。各级管理者及党、工、群、团、妇组织要成为有心人,注意发现、总结、提炼先进人物和先进事迹,把行业核心价值理念人格化,使每一个理念都有一个人一个故事作为经典来展示。监管机关和行业组织要继续通过风采礼仪大赛、岗位技能大赛、党员示范岗等活动,在从业人员心中强化保险业核心价值理念。

2.创新文化载体

文化必须凝结于各种有效载体才能充分地表现自己。无论从理论还是实践的角度来观察,文化载体都是文化传播最为关键的部件。①要避免脱离经营活动实际的、单纯的、作秀式

的所谓文化建设运动，要着眼于经营活动工作实际，多做体现保险经营特色、展现保险人风采的文化活动，要让从业人员和社会通过一个个活生生的案例真切体会到行业文化建设的精髓和内涵。(1) 通过在办公场所张贴宣传核心价值理念的海报，悬挂横幅，张贴标语，营造浓厚的宣贯氛围；(2)在内部办公平台、内部报刊、新闻媒体上开辟专栏、制作行业文化专题，让核心价值理念成为大家讨论热点话题；(3)运用博客、微博、微电影、彩信、飞信、手机报等新媒体，以从业人员和保险消费者喜闻乐见的方式宣传行业文化建设的优秀成果，使保险文化建设更加大众化、更具时代性；(4)开展"假如我是保险消费者"轮流接访、旁听庭审活动，促使从业人员换位思考、体察消费者疾苦，催发从业人员良知、正气、责任心；(5)举办行业文化建设、道德文明建设征文比赛、演讲、微电影比赛，唱响主旋律；(6)继续开展"学习型行业"、"学习型公司"建设活动，鼓励从业者每人学历再提一档，多读书，读好书，善读书，争当"学习型员工"；(7)将品格建设从业内向业外延伸，大力开展"健康情趣进家庭"活动，评选和谐家庭、书香人家、敬亲敬老模范等活动，启迪保险从业人员的家庭责任；(8)组织保险从业人员参加"春蕾计划"、"爱心一日捐"、"311"巾帼扶贫工程等公益事业，培养保险从业人员正直善良、扶危济困的社会良知；(9)通过网络论坛、座谈研讨、知识竞赛等生动活泼的文化形式打造行业文化品牌；(10) 行业社团要致力于保险行业文化传播，要通过公益讲座、主题征文、专题宣传、大型晚会、行业性体育活动传播行业文化，改善行业形象，提升行业影响力和凝聚力②。

3.重视保险产品文化建设

无论哪家公司，他的每一份保单代表的不仅仅是简单的服务，而且是整合了保险文化的产物。保险公司不仅可将保单的销售作为服务销售，还可作为整合了企业文化、保险文化的文化产品加以推广③。(1)保险产品设计不仅名称要富有文化内涵，在功能上更要体现互助共济的文化色彩，在提供保障、补偿、风险管理服务的同时传递一种爱心关怀④。(2)积极开发社会急需的保险产品，推动保险业在关系全局的现代金融、社会保障、农业保障、防灾减灾、社会管理等"五大体系"建设中发挥更大的作用，让社会发展与保险行业文化建设互动，切实让保险业发展成果惠及更广大人民群众。

(五)外化于行——力求从业人员行为规范

1.提高从业人员的道德素质

将诚信思维成为保险经营活动的主要思维模式。诚信思维是一种整体性的思维，是一种行业治理的理念、视角和思路。从经营活动的角度看，它不仅是经营活动中的价值追求，更是一种行业治理方法、手段的选择，在经营活动的各种手段中，更侧重于对行业规范的尊重，强调诚信经营。诚信的实现，不仅仅是建立一套完备的法律体系，更重要的是把诚信变为一种普遍的行为模式。而要做到这一点，就必须存在一种与之相适应的行业思维模式，即诚信思维。具体而言，在处理业务发展过程中各种难题时，把诚信思维模式作为创新管理的基本思维模式，确立经营者和从业人员规则意识和契约意识，彻底扭转以业绩论英雄的文化导向。

2.提升从业人员的专业素质

能力与知识、经验和个人特质共同构成人的素质，成为担任某种职务，履行职责的条件。在实际工作中，一个人是否有责任心当然重要，但有了责任心，如果没有工作能力，也担当不了责任，所以还必须提升能力。随着保险知识的普及，消费者风险意识的提高，许多消费者购买保险产品时，不仅看重营销员的服务态度，更加关心产品本身的保障、条款内容、退保损失、分红收益等。但从目前的实际情况来看，许多营销员对本公司的产品不熟知、不了解，营销员的服务水平很难满足消费者的需求。在许多销售误导案件中，确实存在营销员故意向客户隐瞒条款内容、夸大收益的现象，但也有相当一部分案件是营销员本身对条款一知半解，将错误的信息传递给消费者。出于业绩的压力，保险公司对营销员培训侧重于推销话术，营销员对产品功能理解不全面、不准确，甚至有些新人培训几天就匆忙上岗。随着消费者文化层次和服务要求的日益提高，保险公司应加大对营销员专业素养的培育，促进营销员向综合性理财人员方向发展，使之成为向社会传播优秀保险文化的使者。

作者：江苏省保险学会　许　芬

参考文献：

[1]仝春建.加强保险文化建设　构建行业核心价值体系[N].中国保险报，2011-12-08.

[2]祖兆林，李画，李雪艳.江苏：文化软实力是保险行业发展的硬支撑[N].中国保险报，2011-11-22.

[3]12 万保险人率先建档[N].扬子晚报，2007-01-09.

[4]梁君.江苏省保险企业文化建设：经验、问题与对策[J].江苏商论，2008，(12).

[5]江苏保监局.江苏评出 2012 年保险业十大新闻[J/OL].江苏保监局网站.

[6]曾春莲，傅晓玲.文化典籍外译与文化自觉[J].语言与翻译，2010，(04).

[7]赵文和，马骏川.用儒家文化引领保险行业文化建设[N].中国保险报，2013-01-29.

①傅华.文化建设中的三个基础性问题[J].红旗文稿，2010(08).

②王喜军.百花齐放的保险行业文化[N].中国保险报，2012-12-04.

③苍蜀.文化，如何保险[N].中国保险报，2013-04-23.

④蒙羞叶.打造文化强国需重视保险文化建设[N].中国保险报，2011-11-09.

ANGSU BAOXIAN NIANJIAN

江苏省及各市保险业务情况表(2013)

表 1

(单位:人民币百万元)

地区名称	全部业务			财产保险业务			人身保险业务			保险密度(元)				保险深度(%)				保险金额(亿元)
	名次	保费收入	同比增长(%)	名次	保费收入	同比增长(%)	名次	保费收入	同比增长(%)	名次	全部业务	财产保险	人身保险	名次	全部业务	财产保险	人身保险	
南京市	2	26279.02	11.94	2	9418.86	14.77	1	16860.16	10.44	1	3209.53	1150.35	2059.18	1	3.28	1.18	2.10	75809.09
无锡市	3	16734.93	10.76	3	6506.00	15.12	3	10228.93	8.21	2	2580.92	1003.38	1577.54	8	2.07	0.81	1.27	52031.01
徐州市	6	9240.14	11.99	6	3152.35	14.94	6	6087.79	10.53	9	1075.56	366.94	708.62	7	2.08	0.71	1.37	17103.74
常州市	5	10918.71	7.91	4	4004.94	17.04	5	6913.77	3.30	4	2327.04	853.55	1473.49	3	2.50	0.92	1.59	28941.60
苏州市	1	26827.11	15.47	1	12279.69	17.20	2	14547.42	14.07	3	2535.96	1160.79	1375.16	9	2.06	0.94	1.12	107496.38
南通市	4	13934.05	8.09	5	3944.85	23.83	4	9989.20	2.95	5	1909.38	540.56	1368.81	2	2.77	0.78	1.98	21601.11
连云港市	11	4368.41	12.99	11	1567.22	22.13	11	2801.19	8.51	10	986.48	353.91	632.57	4	2.45	0.88	1.57	7806.09
淮安市	12	4237.41	17.64	12	1446.49	21.09	12	2790.92	15.95	12	877.87	299.67	578.20	12	1.97	0.67	1.29	40411.83
盐城市	9	6800.04	6.45	8	2065.12	19.30	9	4734.92	1.73	11	941.86	286.04	655.82	11	1.96	0.59	1.36	18485.37
扬州市	7	7886.22	10.65	7	2372.63	22.22	7	5513.59	6.38	7	1764.26	530.79	1233.47	5	2.43	0.73	1.70	15619.86
镇江市	10	5832.45	6.64	10	1706.35	21.69	10	4126.10	1.42	6	1842.56	539.06	1303.50	10	1.99	0.58	1.41	11561.67
泰州市	8	7199.38	7.34	9	2021.63	18.19	8	5177.75	3.66	8	1553.60	436.26	1117.34	6	2.39	0.67	1.72	10908.11
宿迁市	13	3324.54	11.91	13	1375.22	20.22	13	1949.32	6.73	14	689.87	285.37	404.50	13	1.95	0.81	1.14	7983.78
合　计	—	144608.29	11.13	—	51861.35	17.62	—	92746.94	7.80	—	1821.38	653.21	1168.17	—	2.44	0.88	1.57	415759.64

说明:在最后合计栏中,人身保险业务项包含了中国人寿保险(集团公司)业务保费收入1025.88(百万元),此两项数值即为总保费收入与各分项之和的差值。

江苏省财产保险分公司业务统计表(2013)

表 2

(单位:人民币百万元)

保险机构	保费收入													保户储金及投资款	赔款支出													赔案件数(万件)	未决赔款	保险金额
	合计	企业财产保险	机动车辆保险	货物运输保险	责任保险	工程保险	信用保证保险	农业保险	短期健康保险	意外伤害保险	家庭财产保险	船舶保险	其他		合计	企业财产保险	机动车辆保险	货物运输保险	责任保险	工程保险	信用保证保险	农业保险	短期健康保险	意外伤害保险	家庭财产保险	船舶保险	其他			
人保	19695.35	1268.97	14906.14	260.95	779.69	109.36	87.43	1220.38	266.94	370.14	111.51	201.34	112.49	219.25	12072.68	1385.54	9326.54	101.68	377.10	55.80	15.08	457.77	112.89	78.79	36.84	124.50	0.14	226.26	8374.37	15071125
太保	9430.21	960.12	7166.48	186.67	357.83	91.46	11.02	51.87	127.99	319.71	40.19	101.11	15.74	6.83	5535.98	477.72	4504.62	88.90	169.61	27.75	0.79	10.87	82.29	143.61	6.50	21.16	2.17	107.33	2800.15	6412548
平安	8740.78	426.94	6255.90	70.22	216.84	63.76	1465.66	0.27	39.74	148.95	19.03	29.31	4.16	0.70	4512.27	176.10	3857.92	35.47	106.22	12.38	234.02	–	27.86	39.18	2.36	18.82	1.94	98.71	2328.53	3366764
天安	811.77	78.39	599.97	7.44	22.45	17.40	0.43	–	15.30	52.16	3.16	4.70	10.37	0.23	449.13	21.68	389.96	1.48	7.35	4.18	0.01	–	5.77	15.59	0.36	1.13	1.62	8.30	259.74	621143
大众	218.40	18.49	173.17	5.28	7.02	0.90	–	–	–	12.09	0.48	0.97	–	0.00	168.30	6.63	152.09	2.46	2.70	0.13	0.00	0.00	0.00	4.17	0.08	0.04	0.00	2.78	87.74	110089
华泰	241.72	31.42	170.46	9.32	10.15	3.51	0.01	0.00	0.07	8.31	6.52	1.78	0.17	0.00	127.29	13.48	92.06	13.18	4.64	0.35	0.00	0.00	0.06	3.27	0.04	0.20	0.00	2.72	96.28	151992
出口信用	1063.61	–	–	–	–	–	1063.61	–	–	–	–	–	–	0.00	654.64	–	–	–	–	–	654.64	–	–	–	–	–	–	0.05	1246.41	292096
中华联合	1538.77	75.94	1115.24	10.01	34.55	3.57	2.26	150.38	38.44	61.00	7.48	39.88	0.02	0.00	972.63	16.79	803.59	1.00	10.56	2.00	0.00	58.00	15.81	25.75	0.77	31.89	6.46	21.35	459.27	1497989
太平	623.17	42.33	505.84	22.24	17.88	1.83	0.40	0.06	1.02	30.82	0.78	(0.04)	0.01	0.00	291.22	11.61	261.10	3.98	4.81	(0.39)	0.31	0.02	1.12	8.54	0.09	0.02	0.02	8.80	142.43	221627
大地	895.61	35.29	725.63	12.40	14.63	20.90	4.15	–	33.27	27.52	1.44	20.38	–	0.00	625.87	10.37	541.68	1.98	8.96	6.89	8.33	–	29.34	14.16	0.03	4.13	–	9.09	556.01	359072
永安	540.91	57.40	367.93	8.53	25.37	18.73	1.19	0.00	1.86	46.86	1.67	11.36	0.00	0.00	360.15	12.84	289.50	2.69	9.49	1.20	0.00	0.00	24.68	15.55	0.23	3.96	0.00	4.85	246.67	232089
华安	284.83	8.19	267.18	0.75	1.28	0.21	0.31	0.00	0.29	4.55	0.69	1.37	0.00	17.52	153.79	1.49	149.04	0.34	0.47	0.66	(0.04)	0.00	0.45	1.26	0.00	0.12	0.00	3.48	66.65	49537
安邦	421.93	0.17	419.53	0.00	0.11	0.01	–	–	–	2.11	0.00	0.00	–	0.00	293.56	0.10	293.35	0.00	0.01	–	–	–	–	0.10	0.00	0.00	–	5.62	70.34	63991
阳光	886.06	40.96	629.02	7.89	41.84	6.86	98.97	–	8.09	39.20	1.94	7.79	3.50	0.07	512.23	11.11	457.15	2.11	23.26	1.93	1.95	–	4.53	4.65	0.34	5.14	0.07	13.00	315.25	580213
都邦	608.86	71.92	450.61	9.24	22.93	4.27	(0.00)	–	5.44	34.78	3.87	5.75	0.05	0.11	302.94	14.16	269.98	1.82	5.04	0.17	–	–	3.12	5.91	0.19	2.52	0.03	7.63	134.03	332444
中银	528.26	80.53	82.51	1.01	39.57	6.06	204.25	–	14.11	56.87	40.15	3.20	–	0.00	126.73	16.50	57.16	0.13	2.27	0.21	30.79	–	5.50	6.94	1.93	5.25	0.04	1.43	111.65	516223
天平车险	250.67	0.00	249.44	–	0.00	–	–	–	–	1.23	0.00	–	0.00	0.00	258.32	–	257.98	–	–	–	–	–	–	0.34	0.00	–	0.00	5.59	107.97	54376
永诚	293.28	60.32	208.14	1.32	8.22	4.42	0.00	–	0.58	7.02	1.74	1.52	0.00	0.00	176.59	15.36	146.57	0.51	5.32	3.68	0.00	–	0.00	2.69	0.19	2.26	0.00	3.28	112.48	152881
民安	207.38	8.76	156.96	3.92	4.36	9.77	0.00	0.00	0.35	19.02	0.05	4.19	0.00	0.00	118.10	5.30	98.58	0.49	1.58	1.60	0.00	0.00	1.27	5.16	0.00	4.13	0.00	1.82	63.82	57074
国寿财	2698.68	105.79	2371.22	10.68	78.88	17.69	1.10	–	–	78.82	11.68	22.82	–	5.39	1429.98	30.96	1338.03	1.45	30.06	4.52	0.01	–	–	18.46	1.07	5.41	–	23.69	644.06	790634
渤海	83.17	1.88	62.10	0.20	2.15	0.11	0.00	0.00	2.77	12.53	1.42	0.00	0.00	0.00	53.96	0.16	49.84	0.01	1.66	0.06	0.00	0.00	1.14	1.08	0.00	0.00	0.00	0.73	25.55	26465
安诚	269.54	5.05	243.14	0.36	3.31	3.75	0.00	0.00	0.00	11.76	2.16	0.00	0.00	0.00	147.85	0.57	140.88	0.05	2.79	2.09	0.00	0.00	0.00	1.43	0.04	0.00	0.00	1.97	77.83	74904
华农	94.59	1.60	84.48	0.19	1.35	–	–	–	0.18	6.84	(0.05)	–	–	0.00	44.95	0.13	44.46	–	0.01	–	–	0.01	0.08	0.26	–	–	–	0.70	28.25	24170
长安责任	525.86	14.03	434.89	3.51	24.68	1.02	–	–	8.90	29.77	0.87	8.20	–	0.00	286.82	3.16	259.14	1.72	11.41	0.15	0.00	–	6.18	4.94	0.20	1.15	(1.22)	4.68	153.64	186472
三星	127.80	82.76	9.77	18.97	1.68	1.48	0.23	–	–	12.90	–	–	–	0.00	23.42	7.66	3.46	9.63	0.92	–	–	–	–	1.76	–	–	–	0.18	42.36	282094
紫金	1167.35	143.82	671.75	11.94	45.40	14.83	(0.80)	149.65	31.01	66.30	6.47	26.26	0.73	17.17	652.64	60.51	423.83	4.39	26.69	4.99	3.84	88.68	15.60	11.85	1.29	10.96	0.00	10.64	304.59	1034754
国泰	66.47	13.43	33.66	0.82	16.82	1.59	0.08	–	–	–	0.06	–	–	0.00	37.06	15.04	11.22	0.58	9.66	0.50	–	–	–	–	–	–	0.06	0.36	20.53	40217

续表 2

保险机构	保费收入													保户储金及投资款	赔款支出													赔案件数(万件)	未决赔款	保险金额
	合计	企业财产保险	机动车辆保险	货物运输保险	责任保险	工程保险	信用保证保险	农业保险	短期健康保险	意外伤害保险	家庭财产保险	船舶保险	其他		合计	企业财产保险	机动车辆保险	货物运输保险	责任保险	工程保险	信用保证保险	农业保险	短期健康保险	意外伤害保险	家庭财产保险	船舶保险	其他			
日本财产	79.18	44.56	0.00	15.46	15.84	1.12	0.26	–	0.82	1.12	0.00	0.00	0.00	0.00	46.78	37.45	0.00	4.10	4.45	0.32	0.00	–	0.40	0.07	0.00	0.00	0.00	0.15	10.03	160120
英大	546.18	149.91	312.94	4.30	46.47	3.07	0.71	0.00	0.14	19.21	0.43	8.99	0.00	0.00	198.27	21.05	136.97	2.77	27.45	0.36	0.00	0.00	0.00	9.36	0.09	0.21	0.00	4.53	54.45	367375
三井	83.86	40.67	0.04	16.19	15.75	1.74	7.00	–	0.00	0.66	0.00	1.80	–	0.00	34.53	19.26	0.01	11.17	2.61	0.55	0.00	–	(0.01)	0.06	0.00	0.88	–	0.06	18.77	119333
丘博	7.37	0.00	–	1.76	4.48	–	–	–	0.18	0.95	–	0.00	–	0.00	1.37	0.00	–	0.84	0.07	–	–	–	0.02	0.44	–	–	–	0.03	1.74	9057
信达	318.47	10.20	290.46	0.92	3.05	3.47	0.17	–	6.21	3.12	0.83	0.05	–	0.00	134.45	2.34	128.34	0.05	1.29	0.01	0.00	–	1.16	0.72	0.54	0.00	–	3.26	73.27	104160
太阳联合	13.17	0.16	0.00	0.13	8.53	0.00	0.00	0.00	0.00	4.35	0.00	0.00	0.00	0.00	7.28	0.03	0.00	0.10	3.82	0.00	0.00	0.00	0.00	3.33	0.00	0.00	0.00	0.09	3.43	6807
东京海上	73.94	33.04	1.29	27.83	10.10	1.11	0.14	–	–	0.41	0.00	–	0.02	0.00	12.17	4.84	0.17	5.16	1.26	0.72	0.00	–	–	0.02	0.00	–	0.00	0.04	4.73	157119
浙商	232.84	3.89	211.09	0.38	9.49	0.61	0.35	–	–	5.53	0.02	1.49	–	0.00	107.88	0.27	104.76	0.01	1.18	0.03	–	–	–	1.07	–	0.56	–	2.12	71.05	92455
泰山	102.11	1.61	98.23	0.46	1.16	0.03	0.00	0.00	0.06	0.52	0.00	0.03	0.00	0.00	30.61	0.77	30.00	0.09	0.03	0.10	0.00	0.00	0.01	0.00	0.00	0.00	(0.39)	0.76	17.37	18425
美亚	29.24	7.01	0.00	0.75	12.89	0.00	1.88	0.00	0.58	5.89	0.23	0.00	0.00	0.00	2.06	0.03	0.00	0.03	1.27	0.00	0.00	0.00	0.08	0.63	0.01	0.00	0.00	0.09	0.54	199191
安信农业	87.46	2.14	74.12	0.00	2.45	0.00	0.00	0.00	0.00	8.74	0.01	0.01	0.00	0.00	17.18	1.60	13.65	0.00	0.09	0.00	0.00	0.00	0.00	1.84	0.00	0.00	0.00	0.33	13.90	22499
乐爱金	98.04	49.02	0.00	13.83	12.32	12.60	0.07	–	4.05	6.15	0.00	0.00	0.00	0.00	115.90	102.66	0.00	3.24	4.92	0.26	0.00	–	2.23	0.61	0.00	1.99	0.00	0.37	503.30	183229
众安(虚拟)	0.82	–	–	–	–	–	0.07	–	–	–	–	–	0.75	0.00	0.30	–	–	–	–	–	0.01	–	–	–	–	–	0.29	0.03	0.00	15
合　计	53987.70	3976.75	39349.33	745.89	1921.51	427.27	2950.94	1572.60	608.40	1517.91	264.83	504.26	148.01	267.26	31097.88	2505.24	24633.63	303.62	871.03	133.24	949.73	615.34	341.62	433.57	53.20	246.42	11.24	586.90	19649.16	34042768

南京市财产保险分公司业务统计表(2013)

表 3

(单位:人民币百万元)

保险机构	保费收入													保户储金及投资款	赔款支出													赔案件数(万件)	未决赔款	保险金额
	合计	企业财产保险	机动车辆保险	货物运输保险	责任保险	工程保险	信用保证保险	农业保险	短期健康保险	意外伤害保险	家庭财产保险	船舶保险	其他		合计	企业财产保险	机动车辆保险	货物运输保险	责任保险	工程保险	信用保证保险	农业保险	短期健康保险	意外伤害保险	家庭财产保险	船舶保险	其他			
人保	3814.78	170.60	3078.49	76.93	131.09	38.64	17.73	70.48	41.08	59.20	9.03	85.53	35.99	17.91	2294.10	53.05	1996.56	28.41	45.64	22.43	4.53	21.52	19.15	9.79	3.12	89.77	0.13	59.74	1313.81	1841229
太保	897.59	144.65	596.30	24.59	33.08	13.23	3.49	–	12.70	41.01	1.46	22.57	4.49	1.28	569.81	56.31	416.93	12.38	24.71	9.12	0.66	0.02	12.62	34.95	0.20	1.90	0.01	10.91	209.73	873681
平安	1300.37	78.51	796.63	19.75	34.27	40.09	285.28	0.05	5.99	25.22	1.78	10.18	2.62	0.39	663.12	25.59	527.64	13.51	22.02	6.46	48.01	–	3.07	3.60	0.32	11.03	1.87	15.56	343.56	763920
天安	92.90	11.92	44.68	0.84	8.39	4.97	0.14	–	4.12	10.99	0.03	0.23	6.59	0.12	41.54	2.58	27.88	0.14	3.93	2.45	–	–	1.92	2.49	0.04	0.02	0.10	0.96	25.66	91504
大众	29.83	1.45	19.05	1.31	2.33	0.41	–	–	–	5.28	0.01	–	–	–	15.76	0.41	12.78	0.52	1.25	0.00	0.00	0.00	0.00	0.77	0.02	0.00	0.00	0.18	9.74	40747
华泰	57.11	9.87	26.91	7.70	2.68	2.88	0.02	0.00	0.00	0.72	6.05	0.28	0.00	0.00	36.44	7.18	22.20	3.79	2.97	0.18	0.00	0.00	0.01	0.09	0.02	0.00	0.00	0.70	29.67	34855
出口信用	1063.61	–	–	–	–	–	1063.61	–	–	–	–	–	–	–	654.64	–	–	–	–	–	654.64	–	–	–	–	–	–	0.05	1246.41	292096
中华联合	183.34	8.71	137.32	1.22	6.15	0.40	0.00	0.00	4.80	5.20	0.24	19.30	0.00	0.00	143.82	2.38	109.60	0.22	2.39	0.51	0.00	0.00	4.28	1.25	0.01	23.17	0.00	3.31	86.94	70214
太平	58.64	4.37	40.57	1.91	6.19	0.09	0.08	0.00	0.21	5.09	0.11	0.02	0.00	0.00	19.76	0.84	13.50	0.23	1.09	0.00	0.01	0.01	0.10	3.93	0.05	0.00	0.00	1.78	8.39	30791

续表 3

保险机构	保费收入													保户储金及投资款	赔款支出													赔案件数（万件）	未决赔款	保险金额
	合计	企业财产保险	机动车辆保险	货物运输保险	责任保险	工程保险	信用保证保险	农业保险	短期健康保险	意外伤害保险	家庭财产保险	船舶保险	其他		合计	企业财产保险	机动车辆保险	货物运输保险	责任保险	工程保险	信用保证保险	农业保险	短期健康保险	意外伤害保险	家庭财产保险	船舶保险	其他			
大地	50.37	1.49	34.68	0.65	0.60	5.97	0.84	-	0.76	2.35	0.03	3.00	-	-	45.36	0.54	32.51	0.17	0.65	1.97	6.66	-	0.48	0.86	0.01	1.51	-	0.72	14.64	20455
永安	75.21	15.99	42.21	2.73	7.27	0.81	0.16	0.00	0.06	4.26	0.20	1.52	0.00	0.00	66.09	6.35	52.82	0.30	3.76	0.13	0.00	0.00	0.67	1.79	0.01	0.26	0.00	0.58	41.65	53142
华安	37.86	1.41	35.06	0.20	0.07	0.07	0.32	0.00	0.05	0.37	0.00	0.31	0.00	177.51	25.32	0.03	24.71	0.03	0.03	0.01	−0.04	0.00	0.32	0.16	0.00	0.07	0.00	0.64	8.01	7634
安邦	27.60	0.00	27.49	0.00	-	0.01	-	-	-	0.09	-	0.00	-	0.00	22.27	-	22.27	-	-	-	-	-	-	-	-	0.00	-	0.54	5.41	4039
阳光	109.49	3.41	65.94	0.88	3.68	4.07	20.07	-	2.30	3.97	0.19	2.08	2.91	0.07	55.37	0.74	42.85	0.11	5.78	1.42	0.29	-	0.49	0.60	0.02	3.06	0.01	1.57	34.26	54382
都邦	114.66	14.32	77.48	6.00	6.24	2.71	0.06	-	0.79	6.19	0.02	0.84	-	-	53.62	3.44	43.61	1.20	2.41	-	-	-	0.36	1.43	0.00	1.17	-	1.66	24.00	112550
中银	89.05	16.88	9.74	0.34	9.82	4.84	24.40	-	3.15	11.74	7.41	0.72	-	-	14.19	1.53	4.35	0.06	0.14	0.04	1.85	-	1.98	2.09	0.80	1.35	-	0.18	3.90	98529
天平车险	54.94	0.00	54.91	-	0.00	-	-	-	-	0.02	-	-	-	-	89.09	-	88.85	-	-	-	-	-	-	0.24	-	-	-	1.52	26.01	10163
永诚	82.99	22.01	55.85	0.52	0.81	0.77	0.00	-	0.00	2.45	0.01	0.58	0.00	0.00	42.78	6.96	33.00	0.18	1.28	0.83	0.00	-	0.00	0.51	0.02	0.01	0.00	0.68	28.58	53685
民安	44.07	0.93	21.30	3.38	1.40	9.41	0.00	0.00	0.07	3.50	0.03	4.06	0.00	0.00	20.53	0.01	11.59	0.42	1.11	1.60	0.00	0.00	1.19	1.48	0.00	3.13	0.00	0.27	29.77	21078
国寿财	285.86	10.44	224.04	1.12	18.16	10.90	0.30	-	-	16.99	0.19	3.71	-	0.01	122.67	4.40	103.56	−0.44	8.03	0.70	0.00	-	-	2.99	0.07	3.36	-	2.40	83.03	107912
渤海	4.23	0.32	3.03	0.12	0.00	0.00	0.00	0.00	0.03	0.71	0.02	0.00	0.00	0.00	7.04	0.07	6.56	0.00	0.12	0.00	0.00	0.00	0.08	0.21	0.00	0.00	0.00	0.13	2.50	2077
安诚	62.11	1.47	55.40	0.27	0.17	2.82	0.00	0.00	0.00	1.90	0.08	0.00	0.00	0.00	37.29	0.30	34.85	0.00	0.54	1.39	0.00	0.00	0.00	0.20	0.01	0.00	0.00	0.41	18.48	12598
华农	50.84	0.08	44.64	0.02	0.06	-	-	-	0.13	5.87	0.03	-	-	-	15.21	0.00	14.93	-	0.00	-	-	-	0.02	0.26	-	-	-	0.22	13.25	12871
长安责任	51.05	2.14	33.18	0.65	7.66	0.01	-	-	3.74	3.05	0.01	0.61	-	-	29.76	1.45	16.82	0.01	4.49	0.13	-	-	3.21	0.10	0.00	0.02	3.52	0.65	11.11	32619
紫金	322.45	58.68	152.87	4.40	17.51	8.23	1.83	44.37	6.71	16.21	0.06	11.28	0.30	16.85	180.04	17.65	94.56	3.10	12.92	3.17	0.02	40.99	3.69	1.78	0.00	2.16	0.00	2.58	80.88	608226
国泰	33.32	1.22	27.76	0.30	4.00	0.03	-	-	-	-	0.01	-	-	-	11.34	0.18	9.02	0.01	2.10	-	-	-	-	-	-	-	0.02	0.18	8.02	7841
英大	230.55	133.13	52.92	0.83	29.89	2.53	0.30	0.00	0.00	10.84	0.01	0.09	0.00	0.00	86.99	19.25	32.96	1.07	25.95	0.34	0.00	0.00	0.00	7.28	0.02	0.10	0.00	1.17	24.07	266712
三井	53.56	27.34	0.01	8.87	6.84	1.60	6.96	-	0.00	0.14	0.00	1.80	-	-	23.21	12.01	0.00	8.53	1.61	0.18	0.00	-	−0.01	0.00	0.00	0.88	-	0.03	8.55	79165
丘博	7.33	0.00	-	1.74	4.48	-	-	-	0.18	0.93	-	0.00	-	-	1.37	0.00	-	0.84	0.07	-	-	-	0.02	0.44	-	-	-	0.03	1.74	9057
信达	92.42	1.68	87.49	0.23	0.78	0.44	-	-	0.76	0.74	0.29	-	-	-	76.09	0.28	74.50	0.00	0.36	0.00	-	-	0.23	0.24	0.48	0.00	-	1.20	35.48	19028
太阳联合	13.17	0.16	0.00	0.13	8.53	0.00	0.00	0.00	0.00	4.35	0.00	0.00	0.00	0.00	7.28	0.03	0.00	0.10	3.82	0.00	0.00	0.00	0.00	3.33	0.00	0.00	0.00	0.09	3.43	6807
浙商	120.47	1.06	110.70	0.17	4.24	0.01	0.35	-	-	2.73	0.01	1.21	-	-	82.35	0.05	80.35	0.00	0.85	-	-	-	-	0.72	-	0.37	-	1.46	49.84	43703
泰山	79.82	0.94	77.26	0.44	0.87	0.01	0.00	0.00	0.04	0.25	0.00	0.02	0.00	0.00	27.68	0.77	26.94	0.09	0.03	0.10	0.00	0.00	0.00	0.00	0.00	0.00	−0.25	0.70	16.05	13415
美亚	29.23	7.01	0.00	0.75	12.89	0.00	1.88	0.00	0.58	5.89	0.23	0.00	0.00	0.00	2.06	0.03	0.00	0.03	1.27	0.00	0.00	0.00	0.08	0.63	0.01	0.00	0.00	0.09	0.54	199191
安信农业	84.51	2.13	71.54	0.00	2.06	0.00	0.00	0.00	0.00	8.74	0.01	0.01	0.00	0.00	17.01	1.60	13.49	0.00	0.08	0.00	0.00	0.00	0.00	1.84	0.00	0.00	0.00	0.32	13.80	21969
乐爱金	72.98	35.82	0.00	13.09	7.00	12.05	0.00	-	1.35	3.68	0.00	0.00	0.00	0.00	14.53	4.38	0.00	3.00	3.60	0.19	0.00	-	0.83	0.55	0.00	1.99	0.00	0.17	217.04	155421
众安	0.82	-	-	-	-	-	0.07	-	-	-	-	-	0.75	-	0.30	-	-	-	-	-	0.01	-	-	-	-	-	0.29	0.03	0.00	15
合 计	9779.13	790.17	6105.47	182.09	379.21	167.97	1427.89	114.90	89.60	270.67	27.55	169.96	53.65	214.15	5615.83	230.38	3992.20	78.03	184.98	53.36	716.64	62.54	54.79	86.61	5.24	145.35	5.71	113.41	4077.95	6073321

无锡市财产保险分公司业务统计表(2013)

表 4 （单位：人民币百万元）

保险机构	保费收入													保户储金及投资款	赔款支出													赔案件数(万件)	未决赔款	保险金额
	合计	企业财产保险	机动车辆保险	货物运输保险	责任保险	工程保险	信用保证保险	农业保险	短期健康保险	意外伤害保险	家庭财产保险	船舶保险	其他		合计	企业财产保险	机动车辆保险	货物运输保险	责任保险	工程保险	信用保证保险	农业保险	短期健康保险	意外伤害保险	家庭财产保险	船舶保险	其他			
人保	2029.45	176.80	1649.20	29.62	92.23	5.36	8.89	15.05	7.23	29.10	6.77	7.73	1.47	17.34	1861.15	745.14	1031.41	7.26	44.63	10.48	6.67	3.02	2.92	7.13	1.60	0.89	0.00	27.12	2642.52	2438303
太保	1274.91	127.22	983.18	29.75	48.42	7.99	0.03	2.28	13.51	34.26	5.13	20.52	2.62	0.72	875.22	129.75	662.64	16.95	22.59	5.57	−0.01	0.50	11.88	21.18	0.97	3.21	–	15.68	590.53	776243
平安	1579.05	52.99	1070.55	5.12	17.88	3.37	405.81	–	6.63	12.48	2.39	1.83	0.01	0.00	741.73	9.48	642.15	3.27	5.89	0.41	67.93	–	4.25	6.01	0.65	1.71	0.00	17.40	264.55	452723
天安	115.40	10.04	96.69	1.33	2.31	1.85	0.24	–	0.46	1.27	0.71	0.50	0.00	0.01	60.39	2.36	54.94	0.49	0.32	0.62	–	–	0.33	0.72	0.04	0.56	–	1.03	38.11	45105
大众	16.39	1.28	14.05	0.97	0.05	0.13	–	–	–	0.24	−0.45	0.11	–	–	19.78	0.12	18.79	0.64	0.01	0.00	0.00	0.00	0.00	0.18	0.00	0.04	0.00	0.33	21.68	6978
华泰	35.48	3.19	30.23	0.31	0.74	0.11	0.00	0.00	0.00	0.62	0.17	0.11	0.00	0.00	15.95	1.26	14.22	0.01	0.00	0.14	0.00	0.00	0.00	0.32	0.00	0.00	0.00	0.38	13.63	12517
中华联合	347.31	20.78	305.11	5.20	4.63	0.57	0.11	2.79	2.41	4.66	0.07	0.97	0.00	0.00	234.14	2.63	223.41	0.44	1.21	0.03	0.00	0.43	0.99	3.87	0.03	0.82	0.27	6.10	91.34	114034
太平	121.09	6.61	106.95	2.86	1.51	0.02	0.28	0.00	0.00	2.66	0.21	0.00	0.00	0.00	57.59	0.45	54.87	0.35	0.81	0.00	0.12	0.00	0.00	0.99	0.00	0.00	0.00	1.36	29.10	27474
大地	88.97	5.37	70.36	0.83	3.13	4.01	–	–	1.24	3.59	−0.02	0.46	–	–	56.52	1.91	49.88	0.09	0.87	0.93	–	–	0.57	2.27	0.00	–	–	0.98	303.67	43696
永安	54.15	1.94	48.79	0.78	1.56	0.00	0.00	0.00	0.03	1.10	−0.06	0.00	0.00	0.00	36.01	0.03	34.47	0.26	0.37	0.00	0.00	0.00	0.17	0.71	0.00	0.00	0.00	0.62	32.11	18692
华安	45.46	1.82	43.20	0.00	0.13	0.00	0.00	0.00	0.00	0.36	−0.06	0.00	0.00	−169.56	23.26	0.49	22.73	0.00	0.00	0.00	0.00	0.00	0.00	0.04	0.00	0.00	0.00	0.64	13.63	8049
安邦	15.49	0.07	15.31	0.00	0.06	–	–	–	–	0.05	–	–	–	0.00	9.90	–	9.90	0.00	0.00	–	–	–	–	0.00	–	–	–	0.28	2.20	2716
阳光	135.38	10.52	78.05	1.31	18.08	0.01	20.45	–	1.86	3.82	0.26	1.03	–	–	62.03	2.36	53.26	0.69	3.75	0.25	0.41	–	1.07	0.24	0.01	–	–	1.85	37.43	70027
都邦	50.33	5.65	38.77	0.50	2.20	–	–	–	0.90	2.01	0.28	0.02	–	–	24.64	0.79	22.89	0.06	0.19	–	–	–	0.41	0.29	0.01	–	–	0.47	13.66	23096
中银	50.21	5.93	12.24	0.19	7.43	0.22	15.85	–	1.81	5.20	0.89	0.46	–	–	27.07	1.52	5.65	0.00	1.84	–	16.68	–	0.39	0.42	0.57	–	–	0.17	2.19	46644
天平车险	45.35	–	45.33	–	–	–	–	–	–	0.02	–	–	–	–	29.39	–	29.36	–	–	–	–	–	–	0.03	–	–	–	0.87	14.28	10319
永诚	31.59	1.81	26.29	0.08	1.50	0.36	0.00	–	0.00	1.35	0.03	0.18	0.00	0.00	24.85	1.08	17.24	0.00	0.11	2.72	0.00	–	0.00	1.55	0.04	2.10	0.00	0.42	7.63	6467
民安	27.35	0.84	26.08	0.03	0.05	0.00	0.00	0.00	0.00	0.33	0.01	0.00	0.00	0.00	11.95	0.35	11.55	0.00	0.00	0.00	0.00	0.00	0.00	0.06	0.00	0.00	0.00	0.19	5.02	4183
国寿财	322.62	24.59	276.03	1.88	10.64	1.92	0.30	–	–	2.67	1.49	3.10	–	4.87	158.95	3.16	150.11	0.26	3.67	0.03	0.00	–	–	0.76	0.06	0.90	–	3.25	83.85	109487
渤海	10.66	0.41	9.18	0.05	0.09	0.00	0.00	0.00	0.02	0.91	0.00	0.00	0.00	0.00	4.27	0.00	4.22	0.00	0.05	0.00	0.00	0.00	0.00	0.00	0.00	0.00	0.00	0.06	1.89	1726
安诚	37.30	0.32	36.74	0.00	0.15	0.00	0.00	0.00	0.00	0.09	0.00	0.00	0.00	0.00	20.33	0.01	20.28	0.00	0.00	0.00	0.00	0.00	0.00	0.03	0.00	0.00	0.00	0.27	10.63	4462
华农	5.39	0.06	5.09	–	–	–	–	–	0.01	0.31	−0.08	–	–	–	2.64	0.02	2.62	–	–	–	–	–	0.00	–	–	–	–	0.08	2.27	1203
长安责任	56.73	0.72	42.39	0.02	5.19	–	–	–	1.70	6.68	0.03	–	–	–	25.72	0.04	21.87	0.00	2.29	–	–	–	0.74	1.27	0.00	–	−0.49	0.41	18.13	42889
紫金	75.48	7.41	58.63	0.72	1.22	0.04	0.16	2.89	1.60	2.33	0.02	0.48	0.00	0.00	55.25	7.25	46.10	0.21	0.05	0.03	0.00	0.54	0.87	0.21	0.00	0.00	0.00	0.77	31.91	42512
英大	48.08	4.32	39.29	1.34	1.47	0.27	0.00	0.00	0.14	1.19	0.06	0.00	0.00	0.00	19.43	0.58	17.44	0.60	0.44	0.02	0.00	0.00	0.00	0.35	0.01	0.00	0.00	0.49	5.33	23754
信达	31.54	0.42	30.12	0.22	0.34	–	0.17	–	0.21	0.04	0.01	–	–	–	11.92	0.17	11.53	0.03	0.03	–	0.00	–	0.02	0.14	0.00	–	–	0.34	6.84	5655
浙商	8.97	0.03	8.94	–	–	–	–	–	–	0.00	–	–	–	–	0.63	–	0.63	–	–	–	–	–	–	–	–	–	–	0.03	0.72	855
安信农业	2.96	0.00	2.58	0.00	0.38	0.00	0.00	0.00	0.00	0.00	0.00	0.00	0.00	0.00	0.17	0.00	0.16	0.00	0.01	0.00	0.00	0.00	0.00	0.00	0.00	0.00	0.00	0.01	0.10	530
合计	6663.08	471.16	5169.36	83.11	221.39	26.21	452.29	23.01	39.76	117.33	17.86	37.50	4.10	−146.62	4470.89	910.95	3234.32	31.58	89.14	21.23	91.80	4.49	24.61	48.78	3.98	10.21	−0.21	81.60	4284.95	4340338

徐州市财产保险分公司业务统计表(2013)

表 5

(单位:人民币百万元)

保险机构	保费收入													保户储金及投资款	赔款支出													赔案件数(万件)	未决赔款	保险金额
	合计	企业财产保险	机动车辆保险	货物运输保险	责任保险	工程保险	信用保证保险	农业保险	短期健康保险	意外伤害保险	家庭财产保险	船舶保险	其他		合计	企业财产保险	机动车辆保险	货物运输保险	责任保险	工程保险	信用保证保险	农业保险	短期健康保险	意外伤害保险	家庭财产保险	船舶保险	其他			
人保	1185.06	43.16	889.90	11.50	21.02	4.45	1.50	190.72	2.40	15.92	3.06	1.44	0.00	13.12	618.76	10.03	489.32	0.67	17.63	0.00	0.00	97.33	0.45	2.34	0.41	0.57	0.00	9.30	392.78	736304
太保	776.80	36.46	690.22	2.79	13.29	5.72	-0.01	–	7.24	18.68	1.15	1.26	–	0.02	431.38	8.26	407.63	0.83	6.43	0.00	–	–	4.08	3.69	0.17	0.28	–	6.48	180.57	214736
平安	415.14	17.11	385.43	0.03	5.96	0.03	0.13	–	0.75	4.87	0.30	0.39	0.14	0.13	226.17	9.12	211.36	–	4.56	0.00	–	–	0.78	0.35	0.01	–	0.00	4.85	149.51	104779
天安	53.97	2.33	46.72	0.08	0.25	0.81	0.00	–	0.45	2.96	0.07	–	0.30	–	23.72	0.09	22.62	0.18	0.00	–	–	–	0.32	0.24	–	–	0.27	0.46	14.07	15576
大众	26.19	0.84	24.70	0.00	0.21	–	–	–	–	0.43	0.00	–	–	–	16.09	0.20	15.76	0.00	0.08	0.00	0.00	0.00	0.00	0.04	0.00	0.00	0.00	0.33	5.06	5016
华泰	39.80	12.29	25.48	0.12	0.90	0.00	0.00	0.00	0.02	0.67	0.01	0.14	0.17	0.00	12.78	3.77	8.64	0.21	0.05	0.00	0.00	0.00	0.00	0.12	0.00	0.00	0.00	0.30	12.44	37565
中华联合	59.46	2.95	51.90	0.24	2.38	0.00	0.00	0.00	0.36	1.63	0.00	0.00	0.00	0.00	33.53	0.00	31.44	0.00	0.75	0.00	0.00	0.00	0.49	0.85	0.00	0.00	0.00	0.44	26.24	24339
太平	30.23	1.64	26.91	0.79	0.23	0.00	0.00	0.00	0.00	0.66	0.00	0.00	0.00	0.00	13.73	1.03	12.36	0.00	0.22	0.00	0.00	0.00	0.00	0.11	0.00	0.00	0.00	0.25	8.91	4663
大地	66.05	1.82	55.41	0.09	1.40	1.61	–	–	4.92	0.73	0.01	0.07	–	–	47.06	0.11	37.10	–	1.03	–	–	–	7.21	1.54	–	0.07	–	0.70	20.81	22716
永安	38.14	1.02	30.99	0.55	1.14	1.01	0.00	0.00	0.07	2.95	0.00	0.42	0.00	0.00	23.68	0.01	22.41	0.24	0.23	0.00	0.00	0.00	0.49	0.24	0.00	0.05	0.00	0.36	17.52	12892
华安	23.88	0.59	22.52	0.00	0.01	0.00	0.00	0.00	0.00	0.12	0.64	0.00	0.00	1.53	6.40	0.03	6.11	0.00	0.10	0.00	0.00	0.00	0.00	0.16	0.00	0.00	0.00	0.17	3.91	3252
安邦	18.96	–	18.96	–	–	–	–	–	–	0.00	–	–	–	0.00	9.77	–	9.77	–	–	–	–	–	–	–	–	–	–	0.15	2.31	2330
阳光	61.14	0.46	59.01	0.02	0.63	–	–	–	0.05	0.94	0.01	–	0.02	–	41.26	0.04	40.88	–	0.26	–	–	–	0.02	0.01	–	–	0.06	1.16	25.10	13847
都邦	33.80	2.14	28.38	0.24	1.96	0.03	–	–	0.09	0.96	0.00	–	–	–	22.79	0.40	21.92	–	0.16	–	–	–	0.12	0.19	–	–	–	0.50	10.88	14955
中银	24.14	1.99	4.19	–	3.21	0.08	11.00	–	0.36	2.37	0.94	–	–	–	6.85	1.82	2.47	–	–	–	1.19	–	0.72	0.63	0.03	–	–	0.18	13.35	19444
永诚	8.77	-0.10	8.60	0.00	0.09	0.00	0.00	–	0.05	0.12	0.00	0.00	0.00	0.00	3.58	0.37	2.95	0.00	0.21	0.00	0.00	–	0.00	0.04	0.00	0.00	0.00	0.10	1.50	1345
国寿财	241.49	2.99	232.36	0.23	1.48	0.56	–	–	–	3.56	0.31	–	–	0.09	127.91	0.14	126.20	0.14	0.31	0.00	–	–	–	1.08	0.03	–	–	1.54	64.42	35552
渤海	6.74	0.00	5.06	0.00	1.51	0.00	0.00	0.00	0.00	0.15	0.02	0.00	0.00	0.00	4.14	0.00	3.20	0.00	0.94	0.00	0.00	0.00	0.00	0.00	0.00	0.00	0.00	0.05	1.55	4912
安诚	36.47	0.94	31.42	0.00	0.19	0.00	0.00	0.00	0.00	3.00	0.91	0.00	0.00	0.00	18.06	0.10	17.21	0.00	0.02	0.00	0.00	0.00	0.00	0.71	0.02	0.00	0.00	0.21	10.15	13746
长安责任	27.95	0.24	24.75	0.06	0.64	–	–	–	0.35	1.64	0.04	0.23	–	–	13.69	0.03	12.50	0.01	0.16	–	–	–	0.37	0.88	0.00	0.00	-0.27	0.25	9.41	11669
紫金	67.13	10.69	35.13	0.02	1.16	0.12	0.00	7.67	7.35	4.99	0.00	0.00	0.00	0.00	39.97	0.95	26.79	0.01	0.57	0.00	0.86	5.47	4.61	0.71	0.00	0.00	0.00	0.91	17.00	30657
浙商	2.95	–	2.89	–	–	–	–	–	–	0.06	–	–	–	–	0.26	–	0.26	–	–	–	–	–	–	–	–	–	–	0.01	0.13	358
合计	3244.25	139.56	2700.92	16.76	57.65	14.41	12.62	198.39	24.48	67.42	7.47	3.94	0.63	14.88	1741.57	36.50	1528.90	2.29	33.71	0.01	2.05	102.80	19.67	13.95	0.67	0.97	0.06	28.70	987.62	1330653

常州市财产保险分公司业务统计表(2013)

表 6

(单位:人民币百万元)

保险机构	保费收入													保户储金及投资款	赔款支出													赔案件数(万件)	未决赔款	保险金额
	合计	企业财产保险	机动车辆保险	货物运输保险	责任保险	工程保险	信用保证保险	农业保险	短期健康保险	意外伤害保险	家庭财产保险	船舶保险	其他		合计	企业财产保险	机动车辆保险	货物运输保险	责任保险	工程保险	信用保证保险	农业保险	短期健康保险	意外伤害保险	家庭财产保险	船舶保险	其他			
人保	1346.50	140.20	1031.69	15.38	72.10	5.88	2.27	38.97	7.03	19.15	7.91	3.87	2.05	16.16	818.92	40.31	704.86	7.08	46.43	0.99	0.35	8.79	4.14	3.62	1.77	0.58	0.00	15.12	433.68	1281510
太保	935.24	78.44	765.53	19.28	20.44	2.25	0.55	0.16	12.14	25.12	1.37	5.09	4.87	−0.19	552.66	41.24	475.49	11.83	6.50	3.55	0.01	0.00	5.96	6.52	0.48	1.08	–	9.09	181.23	550324
平安	654.45	15.33	420.19	6.55	20.51	0.47	176.55	0.20	2.66	9.43	1.72	0.85	0.00	0.01	313.77	5.19	262.09	2.32	15.19	0.00	25.68	–	0.90	2.26	0.13	0.00	0.00	6.12	184.64	154460
天安	80.90	7.18	62.52	1.51	0.89	0.18	0.00	–	1.26	2.94	0.36	0.71	3.35	–	46.85	0.42	42.34	0.07	0.15	0.43	–	–	0.33	1.77	–	0.13	1.21	0.91	26.36	28945
大众	10.87	1.11	9.06	0.40	0.09	–	–	–	–	0.23	−0.02	–	–	–	13.85	1.29	12.27	0.11	0.03	0.00	0.00	0.00	0.00	0.15	0.00	0.00	0.00	0.20	5.87	6388
中华联合	134.71	11.78	102.99	0.34	4.10	0.10	−0.01	5.03	1.90	7.15	0.80	0.51	0.02	0.00	89.04	2.62	78.74	0.09	1.57	0.00	0.00	1.66	1.52	2.45	0.02	0.06	0.32	1.92	35.16	54745
太平	28.90	3.38	21.63	2.72	0.65	0.00	0.01	0.00	0.00	0.50	0.01	0.01	0.00	0.00	15.72	0.16	15.65	−0.41	0.11	0.00	0.00	0.00	0.00	0.22	0.00	0.00	0.00	0.35	9.70	18913
大地	168.91	6.05	156.68	0.70	1.38	–	0.03	–	0.94	2.38	0.67	0.07	–	–	131.54	1.32	128.38	0.22	0.26	–	–	–	0.53	0.83	0.00	–	–	1.97	62.51	36645
永安	57.01	3.22	40.40	1.59	5.52	0.00	0.00	0.00	0.41	4.67	−0.14	1.34	0.00	0.00	46.71	2.45	40.08	0.88	1.44	0.00	0.00	0.00	0.90	0.88	0.00	0.08	0.00	0.64	33.77	21720
华安	20.92	0.46	19.26	0.00	0.04	0.14	0.00	0.00	0.00	1.03	−0.06	0.04	0.00	0.57	13.17	0.05	12.09	0.00	0.00	0.65	0.00	0.00	0.00	0.37	0.00	0.00	0.00	0.31	3.92	3916
安邦	34.20	0.04	34.12	–	–	–	–	–	–	0.04	–	–	–	0.00	22.74	0.00	22.74	–	–	–	–	–	–	0.00	–	–	–	0.54	4.10	4969
阳光	54.86	0.34	25.58	0.50	5.12	–	22.85	–	0.05	0.32	0.04	0.01	0.05	–	30.22	0.00	29.78	0.01	0.01	–	0.36	–	0.04	–	0.01	–	–	0.70	18.53	7506
都邦	32.10	2.95	21.78	0.10	2.57	0.01	−0.01	–	1.57	2.95	0.10	0.08	0.00	0.10	17.28	0.39	15.37	–	0.16	0.03	–	–	0.70	0.47	0.00	0.15	–	0.31	5.58	16609
中银	40.72	6.67	6.10	0.05	1.13	0.23	18.47	–	1.13	3.89	3.05	–	–	–	7.12	0.40	3.73	–	0.01	–	2.39	–	0.41	0.07	0.11	–	–	0.10	27.96	36358
天平车险	29.97	0.00	29.96	–	–	–	–	–	–	0.00	–	–	–	–	28.38	–	28.38	–	–	–	–	–	–	0.00	–	–	–	0.57	13.76	6495
永诚	30.62	5.91	24.10	0.21	0.13	0.00	0.00	–	0.00	0.26	0.00	0.00	0.00	0.00	17.11	0.25	16.68	0.12	0.04	0.00	0.00	–	0.00	0.02	0.00	0.00	0.00	0.33	11.63	8418
民安	22.33	0.99	19.87	0.07	0.30	0.00	0.00	0.00	0.29	0.81	0.00	0.00	0.00	0.00	17.55	0.13	16.56	0.00	0.02	0.00	0.00	0.00	0.07	0.64	0.00	0.12	0.00	0.28	4.50	4553
国寿财	174.25	8.85	142.20	0.16	10.96	–	0.35	–	–	10.60	0.93	0.20	–	–	96.70	2.17	85.60	0.22	4.28	0.17	0.00	–	–	4.17	0.08	0.01	–	1.62	30.59	105504
渤海	11.33	0.48	6.74	0.00	0.20	0.00	0.00	0.00	2.00	1.91	0.00	0.00	0.00	0.00	7.72	0.00	6.65	0.01	0.05	0.00	0.00	0.00	0.80	0.20	0.00	0.00	0.00	0.16	3.59	5004
安诚	19.12	0.26	18.44	0.00	0.03	0.23	0.00	0.00	0.00	0.16	0.00	0.00	0.00	0.00	9.54	0.00	9.49	0.01	0.01	0.00	0.00	0.00	0.00	0.03	0.00	0.00	0.00	0.13	4.32	3727
华农	19.66	0.99	17.22	0.13	1.18	–	–	–	0.03	0.11	0.00	–	–	–	9.68	0.08	9.58	–	0.01	–	–	–	0.02	0.00	–	–	–	0.18	5.10	6752
长安责任	60.56	1.88	55.46	0.15	0.83	0.27	–	–	0.49	0.85	0.33	0.30	–	–	47.56	0.01	47.56	0.09	0.23	0.00	–	–	0.28	0.27	0.00	0.01	−0.89	0.78	17.27	13403
紫金	72.38	12.76	41.48	0.69	2.01	0.06	0.22	3.71	1.29	7.09	2.66	0.42	0.00	0.21	39.82	3.18	33.62	0.04	0.42	0.00	0.00	0.00	1.19	0.81	0.54	0.02	0.00	0.76	18.32	34464
英大	51.96	1.46	37.93	0.05	10.67	0.02	0.00	0.00	0.00	1.84	0.00	0.00	0.00	0.00	9.22	0.02	8.24	0.00	0.86	0.00	0.00	0.00	0.00	0.09	0.00	0.00	0.00	0.28	4.44	15104
信达	37.76	0.85	36.37	0.03	0.12	–	–	–	0.22	0.16	0.00	–	–	–	5.93	0.01	5.77	0.00	0.06	–	–	–	0.00	0.09	0.00	–	–	0.28	4.49	6073
浙商	7.79	0.06	7.57	–	0.04	–	–	–	–	0.12	–	–	–	–	4.46	0.12	4.14	–	–	–	–	–	–	0.03	–	0.18	–	0.12	2.42	1333
泰山	4.04	0.00	4.02	0.00	0.00	0.00	0.00	0.00	0.01	0.01	0.00	0.00	0.00	0.00	0.16	0.00	0.16	0.00	0.00	0.00	0.00	0.00	0.00	0.00	0.00	0.00	0.00	0.00	0.35	636
合计	4142.08	311.63	3158.91	50.60	161.00	9.84	221.28	48.07	33.42	103.72	19.74	13.53	10.34	16.86	2413.42	101.82	2116.04	22.68	77.85	5.83	28.79	10.46	17.80	25.95	3.15	2.43	0.63	43.77	1153.79	2434474

苏州市财产保险分公司业务统计表(2013)

表 7 （单位：人民币百万元）

保险机构	保费收入													保户储金及投资款	赔款支出													赔案件数（万件）	未决赔款	保险全额
	合计	企业财产保险	机动车辆保险	货物运输保险	责任保险	工程保险	信用保证保险	农业保险	短期健康保险	意外伤害保险	家庭财产保险	船舶保险	其他		合计	企业财产保险	机动车辆保险	货物运输保险	责任保险	工程保险	信用保证保险	农业保险	短期健康保险	意外伤害保险	家庭财产保险	船舶保险	其他			
人保	4139.10	416.68	3193.32	61.49	244.34	34.27	34.14	22.86	42.89	58.80	27.34	2.98	0.00	75.63	2595.41	344.15	2049.54	26.75	110.20	17.57	1.44	7.49	13.81	17.36	6.68	0.44	0.00	58.07	1366.25	2636818
太保	3439.78	376.96	2478.89	82.23	196.70	24.07	7.51	38.39	62.34	132.71	24.08	12.15	3.76	3.67	1971.47	168.26	1563.52	34.71	92.06	6.21	0.04	8.07	39.68	52.02	4.10	0.65	2.16	49.13	1034.71	3202814
平安	2629.99	185.52	1847.16	25.98	89.11	15.13	395.66	-	16.04	41.61	10.79	2.98	0.00	0.04	1411.49	83.29	1182.63	8.96	33.09	1.74	85.15	-	7.63	7.14	1.05	0.74	0.07	34.61	673.17	1209022
天安	133.80	15.19	97.11	0.61	2.71	8.21	-0.16	-	1.36	7.98	0.75	0.04	-	-	72.77	5.01	65.56	0.25	0.33	0.11	-	-	0.38	1.04	0.08	-	-	1.78	30.43	287599
大众	63.24	7.17	50.82	0.64	2.04	0.08	-	-	-	2.35	0.13	-	-	-	53.99	1.78	49.37	0.17	0.90	0.13	0.00	0.00	0.00	1.60	0.05	0.00	0.00	1.10	20.72	21360
华泰	21.33	4.56	7.54	0.63	4.10	0.52	-0.02	0.00	0.00	3.45	0.23	0.33	0.00	0.00	21.58	1.23	7.73	9.17	1.47	0.02	0.00	0.00	0.00	1.94	0.01	0.00	0.00	0.41	5.60	48415
中华联合	208.84	11.79	174.27	0.88	6.84	0.28	0.06	0.00	4.50	7.83	2.27	0.13	0.00	0.00	138.25	3.18	128.40	0.00	1.25	0.00	0.00	0.00	1.84	3.55	0.03	0.00	0.00	3.94	55.60	81564
太平	196.95	14.87	153.46	11.93	4.70	1.05	0.04	0.00	0.75	10.39	0.30	-0.53	0.00	0.00	87.85	5.03	77.10	3.48	0.86	-0.63	0.18	0.00	1.01	0.80	0.01	0.00	0.00	2.83	45.23	75077
大地	94.66	3.97	71.43	0.59	1.24	9.15	2.35	-	1.49	4.08	0.20	0.15	-	-	65.98	1.29	59.42	0.18	1.57	0.99	1.35	-	0.33	0.85	0.00	-	-	1.51	26.12	62067
永安	136.55	23.77	85.80	0.68	2.42	15.14	0.00	0.00	0.48	7.07	0.77	0.41	0.00	0.00	59.61	1.02	52.49	0.16	0.93	0.90	0.00	0.00	1.10	2.80	0.20	0.00	0.00	1.23	45.69	48991
华安	12.45	0.63	11.26	0.18	0.03	0.00	-0.01	0.00	0.01	0.34	0.01	0.00	0.00	1.37	9.51	0.32	8.99	0.09	0.00	0.00	0.00	0.00	0.00	0.12	0.00	0.00	0.00	0.22	3.25	3087
安邦	11.25	0.02	11.22	0.00	0.00	0.00	-	-	-	0.01	-	0.00	-	0.00	12.49	-	12.49	-	0.00	-	-	-	-	0.00	-	-	-	0.35	1.86	1803
阳光	114.58	13.37	49.74	2.48	6.13	2.53	26.35	-	1.98	10.95	0.61	0.30	0.14	-	57.99	5.62	36.27	0.69	11.05	0.25	0.89	-	1.85	1.36	0.01	-	-	1.53	24.65	293734
都邦	174.57	28.38	125.87	1.06	3.54	0.71	0.00	-	0.97	11.70	2.33	-	0.01	-	82.72	4.91	75.63	0.25	0.58	-	-	-	0.73	0.56	0.07	-	-	2.98	36.20	86108
中银	109.93	15.46	7.62	0.01	16.98	0.66	49.49	-	1.71	7.92	10.08	-	-	-	21.25	5.88	6.10	0.05	0.00	0.17	7.62	-	0.38	1.00	0.06	-	0.00	0.18	27.99	95049
天平车险	69.85	0.00	69.85	-	0.00	-	-	-	-	0.00	0.00	-	0.00	-	57.47	-	57.47	-	-	-	-	-	-	0.01	0.00	-	0.00	1.74	28.39	16476
永诚	73.89	15.91	51.22	0.27	2.42	0.52	0.00	-	0.12	1.74	1.70	0.00	0.00	0.00	48.52	2.28	44.24	0.04	1.38	0.12	0.00	-	0.00	0.32	0.14	0.00	0.00	1.01	42.82	41400
民安	40.31	1.34	37.42	0.06	0.64	0.00	0.00	0.00	0.00	0.85	0.00	0.00	0.00	0.00	15.89	0.03	15.10	0.00	0.45	0.00	0.00	0.00	0.00	0.31	0.00	0.00	0.00	0.42	7.40	7345
国寿财	335.81	26.18	267.18	3.04	16.56	1.28	-	-	-	11.54	4.37	5.67	-	-	181.79	8.40	160.71	0.29	6.15	1.87	-	-	-	4.18	0.15	0.05	-	4.47	66.37	131588
渤海	0.44	0.04	0.33	0.00	0.00	0.00	0.00	0.00	0.00	0.07	0.00	0.00	0.00	0.00	1.70	0.00	1.65	0.00	0.02	0.00	0.00	0.00	0.03	0.00	0.00	0.00	0.00	0.02	1.40	174
安诚	12.26	0.25	11.61	0.00	0.25	0.09	0.00	0.00	0.00	0.06	0.00	0.00	0.00	0.00	12.81	0.00	12.43	0.03	0.24	0.00	0.00	0.00	0.00	0.11	0.00	0.00	0.00	0.16	6.64	1730
华农	0.59	0.21	0.28	-	0.06	-	-	-	0.00	0.02	0.00	-	-	-	0.77	-	0.77	-	-	-	-	-	0.00	-	-	-	-	0.02	0.10	453
长安责任	52.95	0.95	49.05	0.12	1.75	0.01	-	-	0.10	0.94	0.02	-	-	-	26.88	0.51	26.25	0.12	0.30	0.00	0.00	-	0.16	0.17	0.00	0.00	-0.62	0.66	11.45	10301
三星	127.81	82.76	9.77	18.97	1.68	1.48	0.23	-	-	12.90	-	-	-	-	23.42	7.66	3.46	9.63	0.92	-	-	-	-	1.76	-	-	-	0.18	42.36	282094
紫金	178.72	27.97	120.79	2.14	10.36	3.30	-4.18	0.00	7.26	9.87	0.30	0.90	0.00	0.00	103.81	14.74	74.33	0.25	7.93	0.43	0.38	0.00	2.20	0.99	0.06	2.51	0.00	2.47	49.33	149022
国泰	33.14	12.21	5.90	0.52	12.82	1.56	0.08	-	-	-	0.05	-	-	-	25.73	14.86	2.20	0.57	7.56	0.50	-	-	-	-	-	-	0.04	0.18	12.51	32376
日本财险	79.18	44.56	0.00	15.46	15.84	1.12	0.26	-	0.82	1.12	0.00	0.00	0.00	0.00	46.78	37.45	0.00	4.10	4.45	0.32	0.00	-	0.40	0.07	0.00	0.00	0.00	0.15	10.03	160120
英大	28.52	6.04	21.59	0.32	0.15	0.07	0.00	0.00	0.00	0.20	0.15	0.00	0.00	0.00	6.75	0.15	6.51	0.00	0.05	0.00	0.00	0.00	0.00	0.01	0.04	0.00	0.00	0.26	1.27	13847
三井	30.30	13.33	0.03	7.32	8.91	0.14	0.05	-	0.00	0.52	0.00	0.00	-	-	11.32	7.25	0.01	2.64	1.00	0.37	0.00	-	0.00	0.05	0.00	0.00	-	0.03	10.22	40169
信达	92.65	5.31	78.64	0.34	1.63	2.46	-	-	3.05	1.08	0.10	0.03	-	-	22.57	1.05	19.97	0.01	0.81	0.00	-	-	0.39	0.34	0.00	0.00	-	0.82	15.45	54968

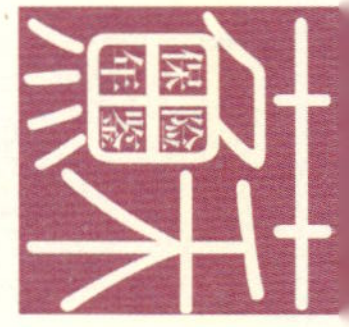

续表 7

保险机构	保费收入													保户储金及投资款	赔款支出													赔案件数（万件）	未决赔款	保险金额
	合计	企业财产保险	机动车辆保险	货物运输保险	责任保险	工程保险	信用保证保险	农业保险	短期健康保险	意外伤害保险	家庭财产保险	船舶保险	其他		合计	企业财产保险	机动车辆保险	货物运输保险	责任保险	工程保险	信用保证保险	农业保险	短期健康保险	意外伤害保险	家庭财产保险	船舶保险	其他			
东京海上	73.94	33.04	1.29	27.83	10.10	1.11	0.14	–	–	0.41	0.00	–	0.02	–	12.17	4.84	0.17	5.16	1.26	0.72	0.00	–	–	0.02	0.00	–	0.00	0.04	4.73	157119
浙商	37.35	0.87	30.25	0.08	4.92	0.44	–	–	–	0.53	0.00	0.26	–	–	7.27	0.03	6.83	0.01	0.32	0.03	–	–	–	0.05	–	0.01	–	0.14	7.58	35171
乐爱金	25.04	13.20	0.00	0.74	5.32	0.55	0.06	0.00	2.70	2.47	0.00	0.00	0.00	0.00	101.37	98.28	0.00	0.24	1.32	0.08	0.00	–	1.40	0.06	0.00	0.00	0.00	0.20	286.26	27808
合计	12779.78	1402.52	9120.72	266.60	674.30	125.94	512.05	61.25	148.59	351.52	86.59	25.79	3.93	80.71	7369.38	828.47	5807.29	107.99	288.45	31.91	97.05	15.57	73.30	100.55	12.73	4.40	1.65	172.84	4001.78	9315669

南通市财产保险分公司业务统计表(2013)

表 8 （单位：人民币百万元）

保险机构	保费收入													保户储金及投资款	赔款支出													赔案件数（万件）	未决赔款	保险金额
	合计	企业财产保险	机动车辆保险	货物运输保险	责任保险	工程保险	信用保证保险	农业保险	短期健康保险	意外伤害保险	家庭财产保险	船舶保险	其他		合计	企业财产保险	机动车辆保险	货物运输保险	责任保险	工程保险	信用保证保险	农业保险	短期健康保险	意外伤害保险	家庭财产保险	船舶保险	其他			
人保	1539.15	63.65	1140.83	9.21	47.14	2.88	3.53	165.09	33.92	42.88	14.71	8.49	6.84	26.32	901.35	28.19	732.56	3.95	29.26	0.10	0.19	65.44	23.02	11.13	5.83	1.68	0.00	17.65	409.95	833873
太保	479.12	33.11	391.40	5.92	5.89	5.46	0.00	–	6.75	22.78	1.63	6.17	–	0.10	303.12	27.91	255.71	1.52	0.67	0.79	–	–	2.72	12.33	0.20	1.29	–	4.96	102.53	175916
平安	640.22	24.05	478.84	3.38	9.45	1.48	101.73	–	2.04	10.43	1.16	6.59	1.07	0.10	346.73	7.98	309.38	0.94	4.58	0.00	5.94	–	6.29	10.20	0.02	1.39	0.00	7.05	197.94	166171
天安	110.09	15.20	74.46	0.96	1.41	1.23	0.06	–	3.99	9.98	0.92	1.82	0.06	0.10	56.23	4.45	46.52	0.05	0.16	0.04	–	–	0.92	3.84	0.19	0.06	–	1.27	43.78	56266
大众	38.44	5.67	25.30	1.89	2.05	0.27	–	–	–	1.96	0.66	0.65	–	–	22.69	1.18	18.85	1.02	0.40	0.00	0.00	0.00	0.00	1.22	0.00	0.00	0.00	0.34	13.40	22270
华泰	24.30	0.21	21.53	0.08	0.03	0.00	0.00	0.00	0.00	2.43	0.01	0.00	0.00	0.00	9.17	0.00	8.98	0.00	0.00	0.00	0.00	0.00	0.00	0.20	0.00	0.00	0.00	0.24	10.30	5735
中华联合	109.28	3.79	71.92	0.79	2.11	0.00	−0.01	15.83	0.75	10.89	2.70	0.51	0.00	0.00	72.99	1.63	58.79	0.10	1.21	0.00	0.00	3.95	1.55	4.77	0.55	0.18	0.27	1.99	46.52	30064
太平	61.02	2.17	54.31	0.44	1.63	0.62	0.00	0.00	0.00	1.81	0.03	0.00	0.00	0.00	34.05	1.20	31.40	0.00	0.88	0.24	0.00	0.00	0.00	0.31	0.02	0.00	0.00	1.00	13.15	15981
大地	69.98	1.47	48.00	5.40	0.67	0.10	0.98	–	1.89	5.57	0.04	5.85	–	–	37.24	0.20	28.40	0.25	0.54	2.85	–	–	0.96	3.39	–	0.65	–	0.52	24.40	32588
永安	61.34	5.91	35.59	0.55	1.01	0.21	1.03	0.00	0.49	15.71	0.19	0.66	0.00	0.00	55.12	2.76	24.10	0.01	0.95	0.14	0.00	0.00	20.44	6.71	0.00	0.00	0.00	0.57	19.64	30390
华安	21.71	0.74	20.40	0.10	0.27	0.00	0.00	0.00	0.00	0.12	0.01	0.06	0.00	1.03	13.63	0.05	13.52	0.00	0.00	0.00	0.00	0.00	0.00	0.07	0.00	0.00	0.00	0.29	4.89	3876
安邦	44.72	0.00	44.49	–	0.01	–	–	–	–	0.22	–	–	–	0.00	33.28	–	33.28	–	0.00	–	–	–	–	0.00	–	–	–	0.82	6.85	6826
阳光	144.29	6.60	122.42	1.25	3.28	0.04	–	–	1.25	7.49	0.41	1.52	0.03	–	93.36	0.27	89.37	0.17	0.81	0.00	–	–	0.68	1.42	0.00	0.63	–	2.69	48.91	49493
都邦	31.94	2.63	25.93	0.25	0.33	0.00	–	–	0.31	1.99	0.48	–	0.02	–	14.75	0.81	13.24	0.01	0.01	–	–	–	0.28	0.31	0.10	–	–	0.36	4.92	8891
中银	51.03	5.01	10.67	0.08	0.03	0.02	16.34	–	1.87	7.91	7.37	1.74	–	–	14.95	0.65	9.51	0.00	0.14	–	0.38	–	0.44	0.22	0.04	3.58	–	0.22	10.61	62139
天平汽车	15.72	–	15.51	–	–	–	–	–	–	0.20	–	–	–	–	29.64	–	29.62	–	–	–	–	–	–	0.02	–	–	–	0.45	13.03	3213
永诚	30.92	4.92	21.99	0.17	2.02	0.13	0.00	–	0.41	0.77	0.01	0.52	0.00	0.00	23.94	3.39	18.30	0.09	1.88	0.00	0.00	–	0.00	0.23	0.00	0.04	0.00	0.48	10.97	15633
民安	18.77	0.40	14.59	0.22	1.74	0.03	0.00	0.00	0.00	1.80	0.00	0.00	0.00	0.00	9.87	0.02	9.40	0.10	0.00	0.00	0.00	0.00	0.00	0.12	0.00	0.24	0.00	0.18	4.16	6979
国寿财	348.18	9.39	316.79	1.25	4.74	0.72	0.03	–	–	11.03	1.67	2.57	–	0.03	185.31	5.19	176.44	0.40	0.86	0.29	0.00	–	–	1.41	0.44	0.28	–	3.48	64.56	71718
渤海	2.60	0.00	2.59	0.00	0.00	0.00	0.00	0.00	0.00	0.01	0.00	0.00	0.00	0.00	1.08	0.00	1.08	0.00	0.00	0.00	0.00	0.00	0.00	0.00	0.00	0.00	0.00	0.02	0.23	459
安诚	36.23	0.66	33.14	0.09	0.43	0.00	0.00	0.00	0.00	1.61	0.31	0.00	0.00	0.00	22.85	0.05	22.66	0.00	0.00	0.00	0.00	0.00	0.00	0.13	0.00	0.00	0.00	0.46	8.47	7999
华农	3.73	0.02	3.16	0.04	–	–	–	–	0.01	0.50	–	–	–	–	4.45	–	4.41	–	–	–	–	0.01	0.04	0.00	–	–	–	0.07	1.54	888

续表 8

保险机构	保费收入													保户储金及投资款	赔款支出													赔案件数（万件）	未决赔款	保险金额
	合计	企业财产保险	机动车辆保险	货物运输保险	责任保险	工程保险	信用保证保险	农业保险	短期健康保险	意外伤害保险	家庭财产保险	船舶保险	其他		合计	企业财产保险	机动车辆保险	货物运输保险	责任保险	工程保险	信用保证保险	农业保险	短期健康保险	意外伤害保险	家庭财产保险	船舶保险	其他			
长安责任	41.13	1.02	34.43	0.93	0.24	–	–	–	0.49	3.69	0.25	0.08	–	–	19.56	0.04	18.82	0.28	0.00	–	–	–	0.18	0.29	0.19	0.16	−0.41	0.38	9.24	12574
紫金	69.71	5.63	47.83	0.48	1.08	0.32	0.26	4.99	1.26	5.08	0.55	2.23	0.00	0.09	41.21	1.85	31.53	0.31	0.40	0.00	0.00	0.75	0.59	3.94	0.07	1.78	0.00	0.77	22.67	33307
英大	113.79	2.82	95.52	1.35	1.92	0.05	0.05	0.00	0.00	3.64	0.02	8.41	0.00	0.00	59.06	0.39	55.82	1.08	0.07	0.00	0.00	0.00	0.00	1.55	0.02	0.11	0.00	1.80	11.75	28956
信达	39.09	1.63	34.32	0.01	0.11	0.57	–	–	1.42	0.60	0.44	–	–	–	11.03	0.81	9.68	0.00	0.03	0.00	–	–	0.48	−0.03	0.06	–	–	0.42	6.95	13593
浙商	20.82	1.45	17.91	0.05	0.07	0.16	–	–	–	1.15	0.01	0.02	–	–	8.12	0.08	7.75	–	0.02	–	–	–	–	0.27	–	–	–	0.25	4.52	6121
泰山	6.57	0.05	6.50	0.00	0.02	0.00	0.00	0.00	0.00	0.00	0.00	0.00	0.00	0.00	0.37	0.00	0.39	0.00	0.00	0.00	0.00	0.00	0.00	0.00	0.00	0.00	−0.03	0.01	0.30	1000
合计	4173.90	198.20	3210.36	34.90	87.68	14.30	124.00	185.91	56.83	172.22	33.58	47.91	8.01	27.77	2425.15	89.10	2059.52	10.29	42.85	4.46	6.51	70.15	58.58	64.04	7.74	12.08	(0.16)	48.74	1116.18	1702919

连云港市财产保险分公司业务统计表(2013)

表 9

（单位：人民币百万元）

保险机构	保费收入													保户储金及投资款	赔款支出													赔案件数（万件）	未决赔款	保险金额
	合计	企业财产保险	机动车辆保险	货物运输保险	责任保险	工程保险	信用保证保险	农业保险	短期健康保险	意外伤害保险	家庭财产保险	船舶保险	其他		合计	企业财产保险	机动车辆保险	货物运输保险	责任保险	工程保险	信用保证保险	农业保险	短期健康保险	意外伤害保险	家庭财产保险	船舶保险	其他			
人保	780.48	28.47	519.76	5.81	31.67	3.91	2.21	112.38	7.66	14.24	2.65	8.64	43.08	9.53	442.08	20.53	340.93	5.24	19.89	2.22	0.38	46.16	2.59	1.10	0.47	2.57	0.00	5.24	261.29	415684
太保	221.48	17.49	165.30	1.69	5.54	23.25	−0.29	–	0.96	4.21	0.18	3.14	–	0.01	107.52	3.53	96.70	1.09	2.05	1.24	–	–	0.31	1.42	0.08	1.11	–	1.79	30.90	62175
平安	136.49	1.08	129.33	0.55	1.22	0.31	0.00	–	0.47	1.85	−0.08	1.75	0.00	0.01	74.31	0.45	69.28	2.20	0.60	0.00	–	–	0.58	0.25	0.02	0.93	0.00	1.45	48.02	27502
天安	43.43	3.81	35.00	0.20	0.95	–	0.00	–	0.64	2.72	0.01	0.07	0.04	–	28.10	2.73	23.20	0.03	0.47	–	–	–	0.54	1.08	0.00	–	0.04	0.39	13.56	21634
中华联合	37.28	0.80	29.63	0.02	0.83	0.33	1.87	0.00	0.93	2.75	−0.29	0.41	0.00	0.00	19.44	0.00	18.15	0.00	0.06	0.01	0.00	0.00	0.48	0.64	0.01	0.09	0.00	0.36	8.83	17710
太平	22.55	0.42	20.38	0.05	0.13	0.00	0.00	0.00	0.00	1.51	0.06	0.00	0.00	0.00	8.84	0.01	8.54	0.00	0.01	0.00	0.00	0.00	0.00	0.27	0.00	0.00	0.00	0.21	4.68	4593
大地	37.07	3.16	29.99	0.28	0.36	0.02	–	–	0.14	0.64	0.01	2.46	–	–	20.03	1.90	17.25	0.12	0.49	0.15	–	–	0.00	0.11	–	–	–	0.22	7.88	9425
华安	21.56	0.24	19.62	0.01	0.35	0.00	0.00	0.00	0.15	1.06	0.13	0.00	0.00	0.20	8.01	0.34	7.25	0.00	0.30	0.00	0.00	0.00	0.09	0.03	0.00	0.00	0.00	0.20	3.16	3180
安邦	28.42	–	28.41	–	–	–	–	–	–	0.01	–	0.00	–	0.00	15.91	–	15.91	–	–	–	–	–	–	–	–	–	–	0.25	4.39	2906
阳光	20.05	0.19	17.79	0.44	0.82	–	–	–	0.04	0.33	0.02	0.08	0.23	–	12.22	0.15	11.77	0.10	0.20	–	–	–	0.00	–	0.00	0.00	0.00	0.30	13.40	5712
都邦	15.05	2.30	11.05	0.37	0.23	0.03	−0.04	–	0.18	0.87	0.04	——	0.01	–	13.48	0.90	12.34	0.08	0.01	–	–	–	0.04	0.11	0.01	–	–	0.19	3.30	6639
中银	22.48	3.43	3.61	0.07	0.11	–	11.47	–	0.58	1.50	1.71	——	–	–	3.31	0.32	2.46	0.02	0.00	–	0.12	–	0.21	0.04	0.13	–	–	0.06	7.42	20203
国寿财	171.35	3.39	159.76	0.82	1.20	0.91	–	–	–	4.25	0.26	0.74	–	−0.04	91.15	0.55	88.02	0.11	0.68	1.23	–	–	–	0.48	0.05	0.03	–	1.07	34.59	27856
渤海	5.22	0.01	4.36	0.00	0.04	0.00	0.00	0.00	0.03	0.19	0.60	0.00	0.00	0.00	1.60	0.00	1.58	0.00	0.00	0.00	0.00	0.00	0.02	0.00	0.00	0.00	0.00	0.03	0.77	905
华农	1.08	0.01	1.06	–	–	–	–	–	0.00	0.00	–	——	–	–	0.58	–	0.58	–	–	–	–	–	–	–	–	–	–	0.01	0.35	165
长安责任	26.57	1.23	23.76	0.00	1.14	–	–	–	0.09	0.31	0.01	0.03	–	–	13.76	0.34	12.78	0.01	0.78	–	–	–	0.10	0.00	0.00	0.00	−0.25	0.20	10.53	5656
紫金	26.12	3.23	19.16	0.10	1.44	0.86	0.07	0.00	0.19	0.95	0.00	0.12	0.00	0.00	22.50	8.14	13.46	0.01	0.80	0.02	0.00	0.00	0.05	0.01	0.01	0.01	0.00	0.23	6.97	10158
合计	1616.67	69.27	1217.98	10.43	46.03	29.62	15.29	112.38	12.06	37.39	5.32	17.44	43.46	9.71	882.82	39.88	740.20	9.01	26.35	4.86	0.50	46.16	5.02	5.53	0.77	4.75	(0.21)	12.20	460.04	642103

淮安市财产保险分公司业务统计表(2013)

表 10　　　　(单位:人民币百万元)

保险机构	保费收入													保户储金及投资款	赔款支出													赔案件数(万件)	未决赔款	保险金额
	合计	企业财产保险	机动车辆保险	货物运输保险	责任保险	工程保险	信用保证保险	农业保险	短期健康保险	意外伤害保险	家庭财产保险	船舶保险	其他		合计	企业财产保险	机动车辆保险	货物运输保险	责任保险	工程保险	信用保证保险	农业保险	短期健康保险	意外伤害保险	家庭财产保险	船舶保险	其他			
人保	572.83	31.90	449.27	2.99	16.54	1.64	1.44	16.21	35.12	16.67	0.45	0.59	0.00	7.50	282.53	12.66	245.29	0.59	5.75	0.24	0.33	4.28	11.47	1.29	0.06	0.57	0.00	4.09	169.93	2343449
太保	258.87	14.85	211.95	1.85	8.32	0.47	−0.15	10.62	1.62	6.15	2.86	0.33	–	0.04	124.74	3.89	108.94	1.15	4.53	0.50	–	2.28	0.97	2.32	0.01	0.16	–	1.57	58.87	97297
平安	166.00	3.93	140.87	0.52	14.84	0.33	−0.01	–	1.58	4.17	−0.26	0.03	0.00	0.02	100.48	1.65	89.00	1.01	6.50	0.01	0.10	–	1.01	1.17	0.02	0.02	0.00	1.50	64.16	112096
天安	26.94	0.85	22.85	0.25	0.61	–	0.16	–	0.39	1.79	0.05	0.00	–	–	17.82	0.04	16.21	0.04	0.39	–	–	–	0.18	0.97	–	–	–	0.21	12.43	9565
中华联合	182.60	3.50	56.05	0.31	1.42	0.11	0.01	94.71	19.94	6.32	0.15	0.08	0.00	0.00	85.82	0.09	37.66	0.00	0.75	0.01	0.00	38.39	2.54	3.21	0.00	0.00	3.18	1.38	31.55	1030606
大地	33.71	0.17	32.13	0.15	0.18	–	–	–	0.39	0.65	0.01	0.02	–	–	22.27	0.09	20.94	–	–	–	–	–	0.30	0.44	0.01	0.50	–	0.24	10.78	8948
华安	10.05	0.01	9.95	0.01	0.01	0.00	0.00	0.00	0.00	0.07	0.00	0.00	0.00	0.11	5.25	0.00	5.25	0.00	0.00	0.00	0.00	0.00	0.00	0.00	0.00	0.00	0.00	0.13	2.96	1395
安邦	25.06	0.01	25.03	–	–	–	–	–	–	0.03	0.00	–	–	0.00	14.34	–	14.34	–	–	–	–	–	–	–	–	–	–	0.22	3.73	3422
阳光	29.82	0.90	28.16	0.03	0.25	–	–	–	0.03	0.37	0.02	0.06	–	–	22.46	–	22.10	0.05	0.08	–	–	–	0.09	0.07	0.00	0.06	–	0.35	15.20	8373
都邦	10.82	1.40	7.98	0.05	0.42	–	0.00	–	0.03	0.56	0.17	0.20	0.00	–	5.45	0.17	4.83	0.16	0.04	–	–	–	0.04	0.18	–	0.02	–	0.09	2.37	5928
中银	15.01	3.21	2.24	–	–	–	6.94	–	0.57	1.50	0.54	–	–	–	1.90	0.07	0.85	–	–	–	–	–	0.10	0.87	0.00	–	–	0.02	0.18	13672
国寿财	115.41	2.58	109.87	0.32	1.85	0.03	–	–	–	0.63	0.11	0.01	–	0.12	70.22	0.49	68.80	0.17	0.56	0.00	–	–	–	0.12	0.07	0.00	–	0.71	24.24	24843
渤海	10.47	0.03	9.08	0.03	0.15	0.00	0.00	0.00	0.21	0.88	0.10	0.00	0.00	0.00	4.78	0.00	4.51	0.00	0.19	0.00	0.00	0.00	0.03	0.05	0.00	0.00	0.00	0.06	3.07	2711
长安责任	30.13	0.90	27.32	0.03	0.46	0.21	–	–	0.18	0.93	0.03	0.07	–	–	18.25	0.09	17.70	0.00	0.64	0.00	–	–	0.09	0.00	0.00	0.00	−0.27	0.17	8.77	5941
紫金	38.87	1.23	31.03	0.75	0.95	0.10	0.04	0.00	0.74	2.64	0.00	1.39	0.00	0.00	16.41	0.10	14.61	0.05	0.33	0.00	0.00	0.00	0.30	0.20	0.00	0.81	0.00	0.31	11.65	14126
信达	25.02	0.30	23.52	0.08	0.07	–	–	–	0.55	0.49	0.00	0.01	–	–	6.91	0.02	6.88	0.00	0.01	–	–	–	0.05	−0.06	0.00	0.00	–	0.19	4.05	4842
合计	1551.58	65.78	1187.29	7.36	46.08	2.88	8.43	121.54	61.34	43.84	4.23	2.80	0.00	7.78	799.62	19.37	677.90	3.22	19.78	0.76	0.43	44.95	17.17	10.82	0.17	2.14	2.91	11.24	423.94	3687214

盐城市财产保险分公司业务统计表(2013)

表 11　　　　(单位:人民币百万元)

保险机构	保费收入													保户储金及投资款	赔款支出													赔案件数(万件)	未决赔款	保险金额
	合计	企业财产保险	机动车辆保险	货物运输保险	责任保险	工程保险	信用保证保险	农业保险	短期健康保险	意外伤害保险	家庭财产保险	船舶保险	其他		合计	企业财产保险	机动车辆保险	货物运输保险	责任保险	工程保险	信用保证保险	农业保险	短期健康保险	意外伤害保险	家庭财产保险	船舶保险	其他			
人保	1033.85	49.11	676.90	14.03	34.78	1.49	2.23	177.30	38.36	16.40	13.14	10.12	0.00	11.28	538.75	18.89	402.32	4.77	17.35	0.47	0.00	69.37	16.42	3.92	4.32	0.92	0.00	7.23	325.41	645471
太保	235.52	19.97	201.28	4.62	5.30	0.72	0.00	–	0.70	2.31	0.39	0.22	–	0.01	130.00	3.21	116.41	6.37	2.09	1.16	−0.11	–	0.27	0.57	0.00	0.02	–	1.70	78.45	81958
平安	259.93	13.31	223.16	2.57	7.15	0.36	0.00	–	0.56	9.63	1.14	2.06	0.00	0.00	156.20	5.52	136.43	0.88	4.12	3.66	0.18	–	0.48	2.87	0.01	2.05	0.00	2.34	93.67	87462
天安	15.40	–	13.80	–	0.89	–	–	–	0.16	0.55	0.00	–	–	–	17.14	0.25	15.06	–	0.62	0.10	–	–	0.01	1.09	–	–	–	0.12	8.02	6223
中华联合	101.85	4.95	50.72	0.31	2.93	0.46	0.19	32.00	1.02	5.75	1.13	2.39	0.00	0.00	48.02	0.68	28.72	0.01	0.44	0.34	0.00	13.56	0.43	0.83	0.12	0.46	2.43	0.67	19.31	26660
大地	1.04	–	1.04	–	–	–	–	–	0.00	0.00	0.00	–	–	–	2.49	–	2.46	–	–	–	–	–	–	0.03	–	–	–	0.01	0.82	187
永安	9.23	0.31	8.42	0.00	0.33	0.00	0.00	0.00	0.00	0.13	0.05	0.00	0.00	0.00	2.72	0.03	2.62	0.00	0.03	0.00	0.00	0.00	0.03	0.01	0.01	0.00	0.00	0.04	2.73	3083

续表 11

保险机构	保费收入													保户储金及投资款	赔款支出													赔案件数（万件）	未决赔款	保险金额
	合计	企业财产保险	机动车辆保险	货物运输保险	责任保险	工程保险	信用保证保险	农业保险	短期健康保险	意外伤害保险	家庭财产保险	船舶保险	其他		合计	企业财产保险	机动车辆保险	货物运输保险	责任保险	工程保险	信用保证保险	农业保险	短期健康保险	意外伤害保险	家庭财产保险	船舶保险	其他			
华安	3.04	0.50	1.50	0.00	0.00	0.00	0.00	0.00	0.01	0.12	0.01	0.90	0.00	0.26	0.60	0.00	0.55	0.00	0.01	0.00	–	0.00	0.00	0.01	0.00	0.02	0.00	0.01	0.32	752
安邦	160.60	0.02	159.29	–	0.03	–	–	–	–	1.25	–	–	–	0.00	108.50	0.08	108.36	–	0.01	–	–	–	–	0.05	–	–	–	1.75	28.64	23754
阳光	29.47	0.55	27.72	0.26	0.50	0.06	–	–	0.07	0.26	0.05	–	0.01	–	22.32	0.03	22.20	0.00	0.04	–	–	–	0.02	0.02	0.00	–	0.01	0.51	19.78	8288
都邦	10.74	1.21	8.17	0.03	0.13	0.11	–	–	0.10	0.98	0.00	0.01	–	0.01	7.77	0.15	7.23	0.02	–	–	–	–	0.09	0.28	–	–	–	0.11	2.22	4528
中银	25.83	5.71	1.74	0.11	0.56	–	10.18	–	0.48	4.90	1.95	0.21	–	–	3.36	0.33	1.53	0.00	–	–	0.56	–	0.10	0.70	0.00	0.13	–	0.03	1.92	44666
天平车险	11.14	–	10.99	–	–	–	–	–	–	0.16	–	–	–	–	7.34	–	7.34	–	–	–	–	–	–	–	–	–	–	0.15	6.63	2048
国寿财	113.84	1.92	108.24	0.24	2.07	0.58	–	–	–	0.55	0.07	0.18	–	0.02	62.68	0.40	61.49	0.00	0.57	0.17	–	–	–	0.02	0.02	0.00	–	0.76	21.19	22264
渤海	5.31	0.03	4.27	0.00	0.01	0.00	0.00	0.00	0.01	1.00	0.00	0.00	0.00	0.00	2.83	0.01	2.82	0.00	0.00	0.00	0.00	0.00	0.00	0.00	0.00	0.00	0.00	0.04	2.34	1396
长安责任	17.77	0.19	14.06	1.29	0.55	–	–	–	0.68	0.99	0.00	0.00	–	–	14.89	0.00	12.55	1.20	1.04	–	–	–	0.07	0.25	0.00	0.00	−0.21	0.12	8.73	7634
紫金	81.60	4.41	37.55	0.85	1.79	0.52	0.23	30.16	0.25	2.47	2.67	0.70	0.00	0.02	38.27	0.33	20.46	0.15	0.22	0.90	0.00	14.83	0.08	0.44	0.55	0.32	0.00	0.43	16.56	27290
英大	15.67	0.02	14.77	0.00	0.52	0.12	0.00	0.00	0.00	0.24	0.00	0.00	0.00	0.00	1.10	0.01	1.09	0.00	0.00	0.00	0.00	0.00	0.00	0.00	0.00	0.00	0.00	0.04	1.33	5001
浙商	23.56	0.01	23.29	0.07	0.00	–	–	–	–	0.19	–	–	–	–	3.86	–	3.86	–	–	–	–	–	–	–	–	–	–	0.09	4.36	2839
合计	2155.39	102.22	1586.90	24.37	57.53	4.42	12.83	239.46	42.38	47.88	20.60	16.78	0.01	11.59	1168.82	29.91	953.50	13.41	26.55	6.80	0.63	97.76	18.00	11.08	5.04	3.93	2.22	16.15	642.43	1001504

扬州市财产保险分公司业务统计表(2013)

表 12

（单位：人民币百万元）

保险机构	保费收入													保户储金及投资款	赔款支出													赔案件数（万件）	未决赔款	保险金额
	合计	企业财产保险	机动车辆保险	货物运输保险	责任保险	工程保险	信用保证保险	农业保险	短期健康保险	意外伤害保险	家庭财产保险	船舶保险	其他		合计	企业财产保险	机动车辆保险	货物运输保险	责任保险	工程保险	信用保证保险	农业保险	短期健康保险	意外伤害保险	家庭财产保险	船舶保险	其他			
人保	1146.83	54.60	804.39	20.29	37.02	3.83	4.18	124.63	17.24	27.02	15.05	15.54	23.04	10.01	649.56	54.61	490.07	13.45	19.43	0.27	0.39	44.39	4.17	9.54	6.72	6.53	0.00	7.90	373.63	682807
太保	235.03	23.63	184.09	3.38	8.10	2.29	−0.77	–	2.56	5.96	0.72	5.07	–	0.63	142.96	15.28	116.91	0.81	5.22	−0.12	0.20	–	1.07	2.68	0.10	0.81	–	1.66	47.32	108368
平安	379.85	7.21	261.86	1.94	3.62	0.73	91.25	–	0.82	9.73	0.28	2.10	0.32	−0.01	159.52	18.75	132.82	1.93	1.70	0.00	1.11	–	0.65	2.09	0.01	0.47	0.00	2.65	87.87	105923
天安	22.45	1.32	14.66	0.06	0.33	0.09	0.00	–	1.08	4.14	0.00	0.77	–	–	13.90	0.29	12.01	–	0.05	–	–	–	0.28	1.14	–	0.14	–	0.17	7.15	9231
大众	20.40	0.21	18.13	0.05	0.23	0.00	–	–	–	1.48	0.09	0.21	–	–	16.60	0.04	16.45	0.00	0.02	0.00	0.00	0.00	0.00	0.08	0.00	0.00	0.00	0.20	7.11	4693
华泰	34.97	0.73	32.43	0.13	0.61	0.00	0.00	0.00	0.00	0.13	0.03	0.92	0.00	0.00	18.31	0.01	18.00	0.00	0.07	0.00	0.00	0.00	0.00	0.03	0.01	0.20	0.00	0.40	13.39	6936
中华联合	62.19	1.89	50.39	0.34	0.61	0.81	0.04	0.00	0.65	4.58	0.10	2.79	0.00	0.00	41.07	0.00	35.36	0.00	0.12	1.06	0.00	0.00	0.80	2.96	0.01	0.76	0.00	0.42	19.25	17795
太平	30.65	6.90	19.38	1.05	0.26	0.05	0.00	0.00	0.02	2.84	0.01	0.13	0.00	0.00	16.30	2.21	12.70	0.33	0.13	0.00	0.00	0.00	0.00	0.92	0.00	0.00	0.00	0.26	6.04	23071
大地	96.52	6.71	62.92	0.32	1.53	0.04	0.02	–	19.55	3.66	0.33	1.44	–	–	63.15	2.10	40.20	0.07	0.26	0.00	–	–	18.11	2.14	–	0.27	–	0.75	15.88	56724
永安	14.08	0.90	7.30	0.40	0.56	1.18	0.00	0.00	0.09	1.77	0.11	1.77	0.00	0.00	10.85	0.01	8.96	0.02	0.05	0.00	0.00	0.00	0.39	0.49	0.00	0.93	0.00	0.11	5.26	7386
华安	22.34	0.38	21.80	0.05	0.02	0.00	0.00	0.00	0.00	0.07	0.01	0.00	0.00	0.32	12.51	0.01	12.50	0.00	0.00	0.00	0.00	0.00	0.00	0.00	0.00	0.00	0.00	0.24	6.32	3863
安邦	7.27	0.00	7.23	0.00	–	–	–	–	–	0.04	0.00	–	–	0.00	6.99	–	6.99	–	–	–	–	–	–	0.00	–	–	–	0.11	2.11	1537
阳光	37.91	0.48	27.51	0.03	0.18	–	9.24	–	0.05	0.36	0.04	–	0.01	–	19.91	0.03	19.56	–	–	–	–	–	0.05	–	0.27	–	–	0.44	11.52	7861

续表 12

保险机构	保费收入													保户储金及投资款	赔款支出													赔案件数(万件)	未决赔款	保险金额
	合计	企业财产保险	机动车辆保险	货物运输保险	责任保险	工程保险	信用保证保险	农业保险	短期健康保险	意外伤害保险	家庭财产保险	船舶保险	其他		合计	企业财产保险	机动车辆保险	货物运输保险	责任保险	工程保险	信用保证保险	农业保险	短期健康保险	意外伤害保险	家庭财产保险	船舶保险	其他			
都邦	20.45	1.86	14.49	0.15	0.10	0.25	0.00	–	0.11	2.24	0.01	1.24	0.00	–	9.35	0.16	8.79	–	–	–	–	–	0.11	0.04	–	0.26	–	0.15	3.32	6725
中银	21.62	1.88	2.68	–	0.03	–	12.20	–	0.54	1.98	2.30	–	–	–	1.33	–	1.25	–	0.00	–	0.00	–	0.06	–	0.02	–	–	0.02	0.94	16807
天平车险	11.16	–	11.15	–	–	–	–	–	–	0.01	–	–	–	–	13.68	–	13.62	–	–	–	–	–	–	0.06	–	–	–	0.18	3.68	2570
永诚	14.87	1.07	12.32	0.07	0.90	0.00	0.00	–	0.00	0.31	0.00	0.20	0.00	0.00	9.01	0.01	8.38	0.07	0.42	0.00	0.00	–	0.00	0.02	0.00	0.11	0.00	0.16	6.77	7006
民安	17.45	0.20	15.97	0.01	0.07	0.00	0.00	0.00	0.00	1.21	0.00	0.00	0.00	0.00	16.75	3.58	13.15	0.00	0.00	0.00	0.00	0.00	0.00	0.02	0.00	0.00	0.00	0.15	4.24	3062
国寿财	178.50	6.94	153.58	1.11	3.95	0.31	–	–	–	9.21	1.64	1.76	–	0.24	107.59	3.22	100.48	0.21	0.95	0.04	–	–	–	2.01	0.08	0.59	–	1.27	57.58	58438
渤海	1.00	0.00	0.90	0.00	0.07	0.00	0.00	0.00	0.00	0.02	0.00	0.00	0.00	0.00	2.66	0.00	2.45	0.00	0.22	0.00	0.00	0.00	0.00	0.00	0.00	0.00	0.00	0.02	1.27	366
安诚	19.79	0.15	18.63	0.00	0.62	0.00	0.00	0.00	0.00	0.40	0.00	0.00	0.00	0.00	9.53	0.03	9.09	0.00	0.41	0.00	0.00	0.00	0.00	0.00	0.00	0.00	0.00	0.11	3.13	5004
华农	13.32	0.23	13.02	–	0.04	–	–	–	0.01	0.03	0.00	–	–	–	11.62	0.03	11.58	–	–	–	–	–	0.01	0.00	–	–	–	0.12	5.63	1838
长安责任	33.18	1.08	26.80	0.03	2.12	0.16	–	–	0.35	2.43	0.00	0.20	–	–	17.01	0.03	15.29	0.00	0.82	0.00	–	–	0.26	0.51	0.00	0.41	−0.31	0.25	13.00	14134
紫金	48.36	2.54	25.95	0.87	2.56	0.57	0.00	6.14	1.67	4.58	0.01	3.47	0.00	0.01	19.09	2.67	11.97	0.04	0.15	0.00	0.00	1.48	0.86	0.37	0.02	1.54	0.00	0.29	10.66	22920
英大	12.20	0.98	9.92	0.06	0.13	0.00	0.00	0.00	0.00	0.82	0.00	0.28	0.00	0.00	1.38	0.18	1.17	0.00	0.00	0.00	0.00	0.00	0.00	0.03	0.00	0.00	0.00	0.03	0.25	3188
合计	2502.38	121.91	1817.48	30.35	63.68	10.30	116.16	130.77	44.75	84.99	20.72	37.89	23.37	11.19	1390.63	103.22	1119.74	16.93	30.03	1.25	1.70	45.87	26.81	25.12	7.24	13.02	(0.31)	18.06	713.32	1178253

镇江市财产保险分公司业务统计表(2013)

表 13

(单位:人民币百万元)

保险机构	保费收入													保户储金及投资款	赔款支出													赔案件数(万件)	未决赔款	保险金额
	合计	企业财产保险	机动车辆保险	货物运输保险	责任保险	工程保险	信用保证保险	农业保险	短期健康保险	意外伤害保险	家庭财产保险	船舶保险	其他		合计	企业财产保险	机动车辆保险	货物运输保险	责任保险	工程保险	信用保证保险	农业保险	短期健康保险	意外伤害保险	家庭财产保险	船舶保险	其他			
人保	575.04	40.52	431.52	7.32	13.41	3.73	5.63	43.34	5.08	19.98	1.38	3.14	0.00	6.01	281.62	29.71	231.15	0.90	4.75	0.58	0.68	9.75	1.74	1.56	0.35	0.45	0.00	3.43	188.22	354080
太保	303.65	64.28	205.63	8.03	6.39	2.55	0.65	−0.01	1.71	11.28	0.34	2.79	–	0.52	138.12	13.23	119.20	−0.12	1.68	−0.45	–	0.00	0.55	2.25	0.19	1.58	–	1.63	213.20	137925
平安	245.97	20.85	201.38	1.53	4.98	0.10	8.53	0.02	0.95	7.14	0.23	0.25	0.00	0.00	115.31	6.04	105.85	0.40	2.06	0.07	–	–	0.52	0.35	0.02	0.00	0.00	1.70	81.35	86559
天安	37.33	5.44	27.79	0.85	0.69	0.07	−0.01	–	0.21	2.19	0.10	–	–	–	20.40	0.90	18.67	0.19	0.02	–	0.01	–	0.28	0.16	0.01	0.16	–	0.28	12.09	15066
大众	13.04	0.76	12.06	0.03	0.03	–	–	–	–	0.12	0.06	–	–	–	9.55	1.60	7.82	0.00	0.00	0.00	0.00	0.00	0.00	0.12	0.00	0.00	0.00	0.11	4.15	2637
华泰	15.29	0.00	14.76	0.32	0.08	0.00	0.00	0.00	0.00	0.10	0.04	0.00	0.00	0.00	7.03	0.00	7.02	0.00	0.00	0.00	0.00	0.00	0.00	0.01	0.00	0.00	0.00	0.14	5.12	3326
中华联合	40.92	2.19	35.91	0.01	0.17	0.10	0.00	0.00	0.53	1.77	0.21	0.02	0.00	0.00	21.37	2.68	17.67	0.00	0.01	0.00	0.00	0.00	0.30	0.70	0.00	0.00	0.00	0.33	11.57	10658
太平	53.30	1.46	44.71	0.08	1.85	0.01	0.00	0.06	0.04	4.86	0.04	0.18	0.01	0.00	24.06	0.30	22.40	0.00	0.42	0.00	0.00	0.00	0.00	0.93	0.00	0.00	0.00	0.52	12.78	15645
大地	38.99	1.21	36.37	0.02	0.41	–	−0.07	–	0.09	0.95	0.01	–	–	–	28.69	0.17	27.84	–	0.24	–	0.32	–	0.07	0.05	–	–	–	0.31	21.02	12713
永安	36.82	1.41	31.73	0.35	0.68	0.37	0.00	0.00	0.08	1.83	0.16	0.21	0.00	0.00	23.17	−0.13	22.30	0.09	0.10	0.02	0.00	0.00	0.12	0.49	0.00	0.17	0.00	0.29	16.46	11181
华安	21.11	0.06	20.66	0.01	0.03	0.00	0.00	0.00	0.04	0.32	−0.01	0.00	0.00	0.74	11.69	0.01	11.60	0.00	0.00	0.00	0.00	0.00	0.03	0.05	0.00	0.00	0.00	0.24	4.74	3314
安邦	10.14	0.01	10.12	0.00	0.01	0.00	–	–	–	0.01	0.00	–	–	0.00	7.32	–	7.31	–	–	–	–	–	–	0.00	0.00	–	–	0.15	1.73	1984
阳光	60.21	0.89	52.46	0.09	0.74	0.10	–	–	0.07	5.71	0.15	0.01	–	–	31.12	0.11	30.55	–	0.00	–	–	–	0.01	0.44	–	0.00	–	0.63	23.20	30168

续表 13

保险机构	保费收入													保户储金及投资款	赔款支出													赔案件数(万件)	未决赔款	保险金额
	合计	企业财产保险	机动车辆保险	货物运输保险	责任保险	工程保险	信用保证保险	农业保险	短期健康保险	意外伤害保险	家庭财产保险	船舶保险	其他		合计	企业财产保险	机动车辆保险	货物运输保险	责任保险	工程保险	信用保证保险	农业保险	短期健康保险	意外伤害保险	家庭财产保险	船舶保险	其他			
都邦	19.22	1.11	15.47	0.16	1.69	0.20	–	–	0.08	0.41	0.10	–	–	–	9.15	0.78	8.07	0.04	0.15	–	–	–	0.03	0.08	–	–	–	0.11	5.91	17103
中银	49.14	10.70	17.71	0.09	0.26	0.01	11.70	–	1.07	4.62	2.88	0.10	–	–	19.99	3.90	14.33	0.00	0.13	–	–	–	0.53	0.87	0.15	0.07	–	0.19	11.72	35782
永诚	19.62	8.78	7.77	0.00	0.36	2.63	0.00	–	0.00	0.02	0.00	0.06	0.00	0.00	6.81	1.01	5.78	0.00	0.01	0.01	0.00	–	0.00	0.00	0.00	0.00	0.00	0.11	2.58	18927
民安	26.04	3.61	11.59	0.12	0.14	0.33	0.00	0.00	0.00	10.14	0.00	0.10	0.00	0.00	16.28	1.18	12.58	0.01	0.00	0.00	0.00	0.00	0.00	2.51	0.00	0.00	0.00	0.16	6.09	7450
国寿财	101.83	2.35	95.64	0.10	1.86	0.40	0.12	–	–	0.73	0.23	0.40	–	0.03	55.49	2.28	50.83	0.00	2.15	0.01	0.00	–	–	0.07	0.01	0.13	–	0.65	30.17	22663
渤海	2.63	0.50	1.45	0.00	0.00	0.11	0.00	0.00	0.01	0.56	0.00	0.00	0.00	0.00	3.23	0.08	3.09	0.00	0.00	0.06	0.00	0.00	0.00	0.00	0.00	0.00	0.00	0.03	1.33	856
安诚	19.10	0.84	17.05	0.00	0.09	0.56	0.00	0.00	0.00	0.55	0.00	0.00	0.00	0.00	13.88	0.08	11.39	0.00	1.53	0.70	0.00	0.00	0.00	0.17	0.00	0.00	0.00	0.14	6.22	5382
长安责任	37.13	1.70	30.45	0.05	0.52	0.08	–	–	0.12	3.88	0.00	0.30	–	–	16.47	0.30	15.89	0.00	0.09	0.00	–	–	0.08	0.37	0.00	0.00	−0.27	0.20	10.58	11781
紫金	45.97	4.60	27.77	0.54	0.69	0.62	0.07	7.42	0.21	3.29	0.00	0.77	0.00	0.00	20.00	1.78	14.87	0.03	0.37	0.09	0.00	1.85	0.10	0.78	0.05	0.08	0.00	0.26	10.01	18186
英大	19.20	0.69	17.57	0.00	0.10	0.00	0.37	0.00	0.00	0.15	0.17	0.15	0.00	0.00	4.53	0.41	4.07	0.00	0.00	0.00	0.00	0.00	0.00	0.05	0.00	0.00	0.00	0.15	2.27	4141
泰山	5.75	0.38	5.04	0.01	0.09	0.02	0.00	0.00	0.01	0.20	0.00	0.00	0.00	0.00	1.45	0.00	1.53	0.00	0.00	0.00	0.00	0.00	0.00	0.00	0.00	0.00	−0.07	0.02	0.30	2101
合计	1797.46	174.34	1372.62	19.71	35.28	11.99	26.99	50.82	10.28	80.82	6.12	8.47	0.01	7.29	886.71	66.43	771.81	1.55	13.72	1.10	1.01	11.60	4.38	12.02	0.79	2.65	(0.34)	11.78	682.81	829628

泰州市财产保险分公司业务统计表(2013)

表 14

(单位:人民币百万元)

保险机构	保费收入													保户储金及投资款	赔款支出													赔案件数(万件)	未决赔款	保险金额
	合计	企业财产保险	机动车辆保险	货物运输保险	责任保险	工程保险	信用保证保险	农业保险	短期健康保险	意外伤害保险	家庭财产保险	船舶保险	其他		合计	企业财产保险	机动车辆保险	货物运输保险	责任保险	工程保险	信用保证保险	农业保险	短期健康保险	意外伤害保险	家庭财产保险	船舶保险	其他			
人保	827.50	41.14	533.87	4.80	28.71	2.10	2.20	110.76	20.84	22.63	7.27	53.18	0.00	5.27	425.37	24.58	312.29	2.46	12.83	0.40	0.08	32.14	10.92	5.11	5.02	19.54	0.00	6.67	270.29	383062
太保	259.40	16.86	194.01	2.06	4.32	3.21	0.01	0.44	4.35	12.04	0.31	21.78	–	–	129.58	6.18	108.30	0.76	0.67	–	–	0.00	1.21	3.38	0.01	9.07	–	2.08	47.89	96717
平安	205.64	5.28	182.52	2.28	5.04	1.28	0.73	–	0.70	7.36	0.14	0.31	0.00	–	133.06	2.23	123.43	0.06	4.13	0.00	−0.08	–	0.88	1.90	0.02	0.48	0.00	2.48	95.80	61406
天安	46.86	4.13	37.29	0.62	1.54	0.01	–	–	0.38	2.17	0.15	0.55	0.02	–	29.10	2.53	25.05	0.04	0.60	0.43	–	–	0.07	0.32	0.01	0.06	–	0.49	16.22	20122
华泰	13.43	0.57	11.58	0.02	1.02	0.00	0.01	0.00	0.05	0.19	−0.01	0.00	0.00	0.00	6.01	0.04	5.27	0.00	0.08	0.00	0.00	0.00	0.05	0.56	0.00	0.00	0.00	0.14	6.13	2643
中华联合	58.28	2.18	39.00	0.31	1.80	0.42	0.00	0.00	0.24	1.43	0.14	12.76	0.00	0.00	29.28	0.12	21.83	0.15	0.45	0.05	0.00	0.00	0.18	0.16	0.00	6.34	0.00	0.40	22.67	13977
太平	19.84	0.52	17.55	0.40	0.72	0.00	0.00	0.00	0.00	0.50	0.01	0.14	0.00	0.00	13.32	0.37	12.59	0.00	0.29	0.00	0.00	0.00	0.00	0.06	0.00	0.02	0.00	0.25	4.45	5419
大地	112.92	3.55	91.36	3.34	3.14	0.07	–	–	1.73	2.72	0.16	6.84	–	–	76.52	0.66	68.40	0.89	3.03	–	–	–	0.77	1.64	–	1.13	–	0.89	38.81	45948
永安	55.86	2.91	34.43	0.90	4.69	0.01	0.00	0.00	0.15	7.33	0.40	5.04	0.00	0.00	35.86	0.31	29.00	0.71	1.57	0.00	0.00	0.00	0.38	1.41	0.00	2.47	0.00	0.40	31.54	23679
华安	15.22	0.91	13.59	0.02	0.17	0.00	0.00	0.00	0.00	0.44	0.02	0.06	0.00	2.98	9.58	0.16	9.26	0.00	0.02	0.00	0.00	0.00	0.00	0.13	0.00	0.02	0.00	0.20	5.61	3443
安邦	24.29	–	23.96	–	0.00	0.00	–	–	–	0.33	–	–	–	0.00	18.02	–	17.98	–	–	–	–	–	–	0.04	–	–	–	0.32	6.02	5601
阳光	61.03	2.41	50.27	0.60	1.44	0.02	0.01	–	0.17	3.38	0.24	2.48	–	–	47.00	1.72	41.84	0.30	1.21	–	–	–	0.10	0.47	0.01	1.36	–	0.95	29.88	18923
都邦	65.40	6.51	49.13	0.31	2.74	–	−0.01	–	0.14	2.90	0.33	3.36	–	0.01	28.78	0.56	24.45	–	1.28	–	–	–	0.24	1.34	0.00	0.91	–	0.43	15.31	23039
中银	25.53	3.50	3.86	0.07	0.03	–	13.96	–	0.62	2.54	0.99	−0.02	–	–	5.37	0.08	4.93	–	0.01	–	0.00	–	0.20	0.04	0.00	0.11	–	0.07	3.47	24815
天平汽车	12.55	–	11.74	–	–	–	–	–	–	0.81	–	–	–	–	3.34	–	3.34	–	–	–	–	–	–	–	–	–	–	0.01	2.17	3092

续表 14

保险机构	保费收入													保户储金及投资款	赔款支出													赔案件数（万件）	未决赔款	保险金额
	合计	企业财产保险	机动车辆保险	货物运输保险	责任保险	工程保险	信用保证保险	农业保险	短期健康保险	意外伤害保险	家庭财产保险	船舶保险	其他		合计	企业财产保险	机动车辆保险	货物运输保险	责任保险	工程保险	信用保证保险	农业保险	短期健康保险	意外伤害保险	家庭财产保险	船舶保险	其他			
民安	11.05	0.44	10.14	0.03	0.02	0.00	0.00	0.00	0.00	0.38	0.01	0.03	0.00	0.00	9.27	0.00	8.65	−0.04	0.00	0.00	0.00	0.00	0.00	0.03	0.00	0.64	0.00	0.16	2.64	2423
国寿财	171.24	4.96	151.09	0.22	4.27	0.10	–	–	–	5.77	0.36	4.48	–	0.03	93.68	0.55	90.47	0.00	1.67	0.00	–	–	–	0.92	0.01	0.06	–	1.74	44.99	48956
渤海	2.24	0.00	1.14	0.00	0.00	0.00	0.00	0.00	0.27	0.75	0.07	0.00	0.00	0.00	2.68	0.00	1.96	0.00	0.07	0.00	0.00	0.00	0.10	0.55	0.00	0.00	0.00	0.02	0.63	1557
安诚	21.06	0.10	15.65	0.00	1.35	0.06	0.00	0.00	0.00	3.90	0.00	0.00	0.00	0.00	2.28	0.00	2.19	0.00	0.05	0.00	0.00	0.00	0.00	0.04	0.00	0.00	0.00	0.06	7.29	18658
长安责任	43.94	1.81	31.46	0.14	2.10	0.28	–	–	0.33	1.36	0.09	6.36	–	–	19.85	0.32	18.60	0.00	0.12	0.02	–	–	0.43	0.23	0.00	0.51	−0.39	0.35	11.85	9732
紫金	48.41	1.85	33.54	0.26	2.46	0.00	0.28	2.18	0.34	2.62	0.01	4.45	0.43	0.00	25.60	0.23	20.98	0.21	0.09	0.36	0.00	0.85	0.12	1.04	0.00	1.72	0.00	0.44	12.46	13485
英大	26.21	0.46	23.44	0.35	1.62	0.00	0.00	0.00	0.00	0.29	0.01	0.06	0.00	0.00	9.81	0.06	9.68	0.00	0.06	0.00	0.00	0.00	0.00	0.01	0.00	0.00	0.00	0.31	3.73	6672
泰山	5.94	0.25	5.41	0.01	0.18	0.00	0.00	0.00	0.01	0.06	0.00	0.01	0.00	0.00	0.95	0.00	0.98	0.00	0.00	0.00	0.00	0.00	0.01	0.00	0.00	0.00	−0.05	0.02	0.37	1273
合计	2133.86	100.35	1566.03	16.76	67.35	7.55	17.19	113.38	30.32	81.91	10.70	121.87	0.45	8.28	1154.32	40.72	961.48	5.54	28.22	1.26	0.00	32.99	15.64	19.38	5.09	44.44	(0.44)	18.88	680.22	834642

宿迁市财产保险分公司业务统计表(2013)

表 15

（单位：人民币百万元）

保险机构	保费收入													保户储金及投资款	赔款支出													赔案件数（万件）	未决赔款	保险金额
	合计	企业财产保险	机动车辆保险	货物运输保险	责任保险	工程保险	信用保证保险	农业保险	短期健康保险	意外伤害保险	家庭财产保险	船舶保险	其他		合计	企业财产保险	机动车辆保险	货物运输保险	责任保险	工程保险	信用保证保险	农业保险	短期健康保险	意外伤害保险	家庭财产保险	船舶保险	其他			
人保	704.76	12.15	507.00	1.58	9.65	1.19	1.48	132.61	8.11	28.17	2.73	0.09	0.00	3.19	363.06	3.69	300.24	0.17	3.30	0.06	0.05	48.08	2.08	4.91	0.47	0.00	0.00	4.71	226.62	478535
太保	112.82	6.19	98.71	0.47	2.04	0.24	–	–	1.41	3.20	0.54	0.01	–	–	59.39	0.66	56.25	0.62	0.43	0.18	–	–	0.96	0.30	0.00	–	–	0.67	24.19	34394
平安	127.66	1.78	117.98	0.02	2.81	0.08	0.00	–	0.55	5.02	−0.58	–	0.00	–	70.37	0.83	65.85	–	1.79	0.02	–	–	0.81	1.00	0.07	–	0.00	1.01	44.27	34741
天安	32.29	0.97	26.40	0.15	1.50	–	–	–	0.79	2.48	0.00	–	–	–	21.18	0.04	19.91	–	0.29	–	–	–	0.21	0.73	–	–	–	0.24	11.84	14307
中华联合	12.73	0.63	10.05	0.03	0.58	0.00	0.00	0.00	0.42	1.06	−0.04	0.00	0.00	0.00	15.86	0.78	13.84	0.00	0.33	0.00	0.00	0.00	0.41	0.50	0.00	0.00	0.00	0.12	4.30	5623
大地	36.42	0.31	35.24	0.02	0.57	−0.07	–	–	0.12	0.22	0.00	0.02	–	–	29.03	0.08	28.90	–	0.02	–	–	–	0.02	0.02	–	–	–	0.26	8.66	695960
永安	2.53	0.03	2.27	0.00	0.18	0.00	0.00	0.00	0.01	0.05	0.00	0.00	0.00	0.00	0.32	0.00	0.24	0.00	0.05	0.00	0.00	0.00	0.00	0.02	0.00	0.00	0.00	0.00	0.30	933
华安	29.22	0.43	28.35	0.18	0.12	0.00	0.00	0.00	0.00	0.14	0.00	0.00	0.00	0.49	14.85	0.00	14.50	0.22	0.00	0.00	0.00	0.00	0.00	0.13	0.00	0.00	0.00	0.22	5.92	3776
安邦	13.94	0.00	13.91	0.00	–	–	–	–	–	0.02	0.00	–	–	0.00	12.02	0.02	12.00	–	–	–	–	–	–	–	–	–	–	0.14	0.98	2104
阳光	27.84	0.85	24.36	0.01	0.99	0.04	–	–	0.18	1.30	−0.09	0.20	–	–	16.97	0.05	16.70	–	0.05	–	–	–	0.12	0.02	0.00	0.03	–	0.32	13.39	11899
都邦	29.77	1.47	26.10	–	0.78	0.22	–	–	0.16	1.04	0.00	–	0.01	–	13.17	0.70	11.61	–	0.07	0.14	–	–	−0.02	0.65	–	–	0.03	0.28	6.35	6274
中银	3.55	0.14	0.12	–	–	–	2.24	–	0.22	0.80	0.02	–	–	–	0.04	–	–	–	–	–	–	–	–	–	–	–	0.04	0.00	0.00	2115
国寿财	138.29	1.21	134.43	0.18	1.13	0.01	–	–	–	1.29	0.03	–	–	–	75.84	0.01	75.31	0.09	0.18	0.00	–	–	–	0.23	0.00	–	–	0.73	38.47	23853
渤海	20.29	0.07	13.97	0.00	0.08	0.00	0.00	0.00	0.20	5.37	0.61	0.00	0.00	0.00	10.23	0.00	10.08	0.00	0.00	0.00	0.00	0.00	0.09	0.06	0.00	0.00	0.00	0.09	4.98	4323
安诚	6.08	0.07	5.05	0.00	0.01	0.00	0.00	0.00	0.00	0.10	0.86	0.00	0.00	0.00	1.29	0.00	1.29	0.00	0.00	0.00	0.00	0.00	0.00	0.00	0.01	0.00	0.00	0.02	2.50	1598
长安责任	46.77	0.15	41.77	0.02	1.49	0.00	–	–	0.27	3.02	0.04	0.00	–	–	23.42	0.00	22.50	0.00	0.45	0.00	–	–	0.22	0.59	0.00	0.02	−0.36	0.26	13.57	8139
紫金	92.15	2.82	40.01	0.13	2.17	0.09	0.22	40.12	2.14	4.21	0.18	0.04	0.00	0.00	50.66	1.63	20.55	0.00	2.44	0.00	2.58	21.93	0.94	0.58	0.00	0.00	0.00	0.42	16.16	30401
浙商	10.93	0.39	9.54	0.02	0.23	–	–	–	–	0.75	0.00	–	–	–	0.94	–	0.94	–	0.00	–	–	–	–	–	–	–	–	0.02	1.48	2075

江苏省人身保险分公司原保险保费收入情况表(按销售渠道分类)(2013)

表 16

(单位：人民币百万元)

资本结构	公司名称	公司直销业务		个人代理业务		保险专业代理业务		银行邮政代理业务		其他兼业代理业务		保险经纪业务		合计	
		本年累计	同比增长	本年累计	同比增长	本年累计	同比增长	本年累计	同比增长	本年累计	同比增长	本年累计	同比增长	本年累计	同比增长
中资	国寿股份	5278.28	37.76%	20290.54	10.45%	0.00	–	6799.06	−30.27%	84.04	145.40%	15.98	224.12%	32467.90	1.49%
	太保人寿	643.49	29.29%	6074.67	10.51%	48.65	−5.01%	2999.33	1.41%	226.88	11.56%	7.20	89.63%	10000.22	8.57%
	平安人寿	713.81	43.91%	7513.12	7.49%	0.04	–	1058.96	12.17%	2.87	15.05%	11.53	1.88%	9300.33	10.15%
	新华人寿	415.50	709.91%	1532.89	7.51%	0.25	274.83%	2236.71	−18.32%	3.48	4484.16%	4.45	3884.70%	4193.28	−0.54%
	泰康人寿	115.65	38.14%	1341.47	16.59%	34.35	253.64%	1769.56	−0.65%	8.86	22.18%	6.77	191.47%	3276.66	7.97%
	太平人寿	33.63	10.13%	1639.44	45.70%	0.20	−72.91%	2638.01	35.07%	1.43	3517.75%	0.00	100.00%	4312.70	38.69%
	建信人寿	8.51	55.62%	9.27	276.94%	0.00	–	826.94	−1.64%	0.74	−8.56%	0.79	68.32%	846.26	−0.43%
	光大永明	9.24	−11.02%	32.52	−11.91%	9.39	98.86%	146.50	−57.28%	1.01	530.53%	0.58	385.47%	199.23	−49.59%
	民生人寿	2.33	−46.24%	445.68	10.77%	38.86	−4.22%	118.23	−61.57%	0.20	1.37%	0.00	–	605.31	−19.84%
	生命人寿	3.44	−28.17%	464.23	16.75%	31.95	34.33%	633.83	22.09%	6.64	−45.77%	1.06	–	1141.14	19.17%
	国寿存续	121.36	−11.95%	904.53	−7.03%	0.00	–	0.00	–	0.00	–	0.00	–	1025.88	−7.64%
	平安养老	64.89	9.07%	0.00	–	11.36	146.68%	5.13	450.28%	186.38	10.44%	7.28	119.70%	275.05	16.00%
	中融人寿	0.05	58.07%	0.00	–	0.00	–	1123.51	5755.26%	0.00	–	0.00	–	1123.56	5745.47%
	合众人寿	1.03	6.16%	358.09	13.38%	18.18	6773.95%	89.00	−77.79%	35.81	213.49%	0.47	−19.44%	502.58	−31.13%
	太平养老	51.33	−0.19%	0.00	–	10.41	0.75%	14.72	1.19%	11.67	59.10%	22.62	13.88%	110.75	7.00%
	人保健康	412.05	62.50%	24.77	24.24%	7.17	−35.70%	88.99	−41.82%	16.11	−35.08%	0.87	−98.23%	549.95	7.54%
	华夏人寿	18.80	4.67%	109.87	18.39%	10.28	−21.27%	131.53	−73.86%	6.85	−5.30%	15.05	5.24%	292.39	−54.91%
	正德人寿	0.08	−9.52%	10.34	−4.17%	0.34	68.96%	45.88	−52.50%	0.00	–	0.00	–	56.63	−47.40%
	信泰人寿	2.89	582.09%	107.53	39.42%	50.32	19.99%	717.16	39.28%	0.12	–	0.03	364.57%	878.04	38.41%
	农银人寿	0.90	161.69%	32.05	20.42%	5.95	14.32%	290.86	567.53%	1.12	–	0.00	–	330.89	336.85%
	长城人寿	0.56	−19.88%	120.27	9.91%	2.86	−18.88%	294.52	0.53%	0.00	–	0.00	–	418.20	2.85%
	和谐健康	0.00	−95.88%	0.00	–	1.27	58.63%	0.56	484.06%	0.00	–	0.00	–	1.83	99.62%
	人保寿险	383.53	23.51%	494.67	−36.88%	27.02	−34.30%	3631.59	−11.39%	358.98	59.30%	11.81	–	4907.61	−10.10%
	国华人寿	1.90	−42.44%	0.34	−6.49%	8.16	163028.00%	9.51	−86.12%	28.23	22.08%	0.20	−95.87%	48.33	−51.72%
	国寿养老	0.00	–	0.00	–	0.00	–	0.00	–	0.00	–	0.00	–	0.00	–
	英大人寿	13.26	−51.67%	39.83	110.75%	2.03	244.24%	53.15	208.94%	7.26	–	0.00	–	115.53	80.17%
	泰康养老	4.15	–	0.00	–	0.00	–	0.00	–	0.00	–	0.00	–	4.15	–
	幸福人寿	10.20	28.85%	17.05	27.45%	4.47	78.76%	118.63	−15.98%	0.87	86.65%	7.20	227.35%	158.43	−5.50%

续表 16

资本结构	公司名称	公司直销业务		个人代理业务		保险专业代理业务		银行邮政代理业务		其他兼业代理业务		保险经纪业务		合计	
		本年累计	同比增长	本年累计	同比增长	本年累计	同比增长	本年累计	同比增长	本年累计	同比增长	本年累计	同比增长	本年累计	同比增长
中资	阳光人寿	109.94	44.04%	254.65	48.33%	1.28	52.15%	186.19	−74.81%	5.35	−23.31%	38.77	96.60%	596.18	−41.25%
	百年人寿	26.97	2018.89%	21.34	86.74%	8.67	68.33%	88.78	593.07%	0.47	133.18%	0.45	2484.09%	146.69	374.99%
	中邮人寿	0.61	139.40%	0.00	–	0.00	–	5445.26	28.69%	0.00	–	0.00	–	5445.87	28.70%
	安邦人寿	0.64	131.36%	0.17	−95.18%	0.06	−90.15%	1.14	−95.03%	0.00	–	0.00	–	2.00	−92.66%
	利安人寿	26.69	−14.01%	142.21	181.84%	20.76	1048.26%	1408.06	16.10%	3.08	–	11.08	–	1611.88	24.37%
	东吴人寿	135.40	29071.09%	16.66	10724072%	7.65	220.50%	130.37	226.11%	0.08	–	0.00	–	290.17	577.27%
小计		8611.12	43.58%	41998.20	10.29%	361.92	30.71%	33101.66	−4.77%	998.53	35.56%	164.21	20.06%	85235.63	6.56%
外资	中宏人寿	0.00	–	458.16	18.05%	0.00	–	7.54	176.12%	0.00	–	0.00	–	465.70	19.16%
	中德安联	1.23	6.14%	26.66	22.54%	4.39	137.61%	58.12	26.62%	0.27	64.81%	1.17	89.49%	91.84	28.55%
	工银安盛	49.36	−3.57%	31.64	105.39%	0.14	−95.98%	1034.27	117.89%	0.00	−100.00%	3.35	44221.43%	1118.75	105.33%
	信诚人寿	2.58	27.14%	91.45	0.83%	0.03	−11.79%	58.65	8.38%	0.00	–	0.00	–	152.70	3.97%
	交银康联	2.02	–	0.04	−91.96%	0.00	–	327.18	54.15%	0.00	–	0.00	–	329.24	54.73%
	中意人寿	22.74	116.95%	114.32	10.08%	12.61	228.32%	118.47	−41.60%	0.50	2243.26%	25.02	38.30%	293.66	−13.41%
	友邦人寿	17.95	34.97%	605.41	23.81%	0.03	150.58%	79.85	5.71%	0.34	–	0.64	36.37%	704.20	21.79%
	北大方正	18.38	20.45%	42.67	42.23%	3.04	95.82%	0.00	–	0.00	–	0.00	–	64.09	36.90%
	中英人寿	32.55	15150.68%	4.09	−89.43%	64.20	41.44%	71.52	−33.72%	0.00	–	0.00	–	172.36	−10.23%
	海康人寿	46.68	5.33%	79.33	12.66%	102.43	0.29%	87.14	−0.26%	0.00	−0.21%	0.87	−15.90%	316.45	3.66%
	招商信诺	3.05	217.29%	0.00	–	0.03	–	61.46	63.05%	226.84	17.77%	0.80	−71.62%	292.17	24.81%
	长生人寿	14.42	−8.96%	19.46	38.05%	2.06	824.15%	1.59	−33.77%	0.00	−100.00%	0.05	277.38%	37.58	15.09%
	恒安标准	9.16	11.85%	115.41	21.98%	42.54	−6.18%	55.60	−12.79%	0.12	–	0.46	254.55%	223.28	5.31%
	瑞泰人寿	9.18	9.79%	0.00	–	0.47	2.71%	1.55	−47.19%	0.00	–	0.02	39.01%	11.21	−4.67%
	华泰人寿	9.60	14.11%	492.03	31.24%	0.00	–	182.69	−31.65%	2.65	265.01%	0.00	–	686.96	5.47%
	国泰人寿	45.86	−10.50%	57.21	8.63%	0.00	–	22.51	−9.75%	0.01	−98.15%	1.26	67.70%	126.85	−2.37%
	中美联泰	11.45	2098.91%	59.71	47.90%	0.13	–	210.45	61.82%	1.13	−98.75%	0.09	–	282.96	8.26%
	平安健康	1.95	672.05%	0.00	–	0.00	–	0.00	–	13.04	315.93%	0.00	–	14.99	342.53%
小计		298.15	28.79%	2197.58	20.41%	232.10	13.67%	2378.57	32.71%	244.88	−14.88%	33.72	40.86%	5385.01	23.37%
合计		8909.26	43.03%	44195.78	10.76%	594.02	23.48%	35480.23	−2.93%	1243.41	21.40%	197.94	23.15%	90620.64	7.43%

注：由于四舍五入的原因，表中各公司合计数和本年累计合计与江苏省人身保险分公司业务统计表保费收入可能存在细微的误差。

表 17

江苏省人身保险分公司业务统计表(2013)

(单位:人民币百万元)

保险机构	保费收入																有效保单件数(万件)	赔款及给付									退保金	保险金额
	合计	个人业务							团体业务							其中:新单保费		合计	个人业务				团体业务					
		人寿保险					意外伤害险	健康险	人寿保险					意外伤害险	健康险				赔款支出	死伤医疗给付	满期给付	年金给付	赔款支出	死伤医疗给付	满期给付	年金给付		
		小计	普通寿险	分红寿险	投资连结保险	万能保险			小计	普通寿险	分红寿险	投资连结保险	万能保险															
国寿股份	33493.78	28890.75	4139.83	24750.92	0.00	0.00	514.36	1832.83	313.64	35.34	278.30	0.00	0.00	536.90	379.42	11373.18	2486.30	13950.14	386.19	550.95	9563.33	290.26	452.26	17.05	0.00	1.33	6408.48	2770870.22
太保人寿	10000.22	8750.18	1383.56	7362.38	0.00	4.24	296.33	514.95	61.55	28.71	32.84	0.00	0.00	239.48	137.73	3759.38	1706.49	975.65	160.08	272.60	72.06	390.32	50.39	7.24	0.52	22.44	1727.89	1050098.19
平安人寿	9300.33	7716.07	1015.36	6233.11	21.69	445.91	142.39	1389.35	37.95	37.95	0.00	0.00	0.00	10.46	4.11	2537.68	413.25	1880.41	67.13	350.22	1088.30	346.93	7.08	0.22	0.26	20.27	583.86	501869.91
新华人寿	4193.28	3708.97	462.69	3236.66	0.00	9.62	19.05	422.61	0.30	0.30	0.00	0.00	0.00	14.76	27.59	1444.44	94.05	818.89	23.73	67.54	612.99	85.62	24.28	1.68	0.00	3.05	1419.02	97332.40
泰康人寿	3276.66	3050.15	46.65	2961.95	0.05	41.50	7.93	97.84	2.99	2.98	0.00	0.00	0.01	79.43	38.32	1597.97	153.73	609.39	5.38	45.85	402.95	116.75	30.15	1.04	0.00	7.27	543.76	246478.56
友邦人寿	704.20	389.47	134.42	251.77	0.90	2.38	25.41	252.07	2.02	2.02	0.00	0.00	0.00	15.61	19.62	224.92	23.61	46.18	9.77	17.48	0.43	5.74	12.33	0.43	0.00	0.00	68.29	137291.31
太平人寿	4312.70	4157.32	38.83	4118.39	0.10	0.00	17.69	136.40	0.00	0.00	0.00	0.00	0.00	0.33	1.26	2345.94	62.82	233.45	14.20	22.59	16.65	178.01	1.31	0.31	0.38	0.00	572.32	122521.85
民生人寿	605.31	545.22	0.58	544.64			0.63	58.64	0.00	0.00	0.00			0.79	0.03	87.91	37.75	391.76	4.35	15.46	346.18	24.02	1.75	0.00	0.00	0.00	163.39	20275.92
生命人寿	1141.14	1073.14	2.98	1068.70	0.04	1.42	0.75	58.89	0.39	0.39	0.00	0.00	0.00	5.97	2.00	617.83	33.41	163.82	2.74	9.12	146.93	0.01	5.02	0.00	0.00	0.00	205.39	123467.33
信诚人寿	152.70	130.19	13.65	111.26	4.39	0.89	1.18	15.04	0.30	0.30	0.00	0.00	0.00	2.26	3.73	44.88	6.10	11.41	1.83	3.20	3.61	0.22	2.53	0.02	0.00	0.00	19.86	12792.26
合众人寿	502.58	426.26	25.23	398.12	0.00	2.91	14.41	60.85	0.11	0.11	0.00	0.00	0.00	0.26	0.69	163.58	23.29	362.92	1.70	10.96	323.87	25.72	0.67	0.00	0.00	0.00	289.61	25089.68
海康人寿	316.45	286.01	136.61	177.08	0.07	2.25	5.06	25.38	0.00	0.00	0.00	0.00	0.00	0.00	0.00	49.69	19.40	25.03	2.54	5.13	0.02	17.34	0.00	0.00	0.00	0.00	44.24	24522.50
中宏人寿	465.70	376.30	4.55	371.75	0.00	0.00	4.81	79.03	0.10	0.10	0.00	0.00	0.00	2.88	2.58	108.47	8.20	35.29	0.83	25.11	0.00	6.38	2.97	0.00	0.00	0.00	11.75	13986.21
国泰人寿	126.85	65.08	7.52	57.56	0.00	0.00	0.97	13.81	1.48	0.43	1.05	0.00	0.00	28.41	17.10	61.88	3.41	63.22	12.38	1.84	5.77	6.42	36.81	0.00	0.00	0.00	7.69	96024.26
人保健康	549.95	66.39	1.72	59.56	0.00	5.11	2.17	52.18	9.71	0.00	9.67	0.00	0.04	22.13	397.37	291.15	6.80	413.15	1.22	1.46	36.28	0.00	372.88	0.05	1.26	0.00	15.18	145573.57
北大方正	64.09	48.94	5.34	43.34	0.00	0.26	0.76	10.24	0.31	0.31	0.00	0.00	0.00	1.44	2.40	22.48	1.39	3.20	0.34	0.44	(0.03)	1.75	0.70	0.00	0.00	0.00	4.48	3331.23
中意人寿	293.66	239.90	27.18	212.27	0.40	0.05	6.91	13.43	3.34	3.34	0.00	0.00	0.00	4.98	25.10	108.18	4.01	38.69	1.02	1.79	9.46	7.86	17.38	1.18	0.00	0.00	71.86	29487.13
恒安标准	223.28	193.41	20.38	173.03	0.00	0.00	2.06	0.40	0.68	0.68	0.00	0.00	0.00	4.69	22.04	95.81	8.04	85.62	0.54	2.18	48.73	12.82	21.20	0.15	0.00	0.00	11.53	18551.96
光大永明	199.23	184.18	19.57	164.61	0.00	0.00	0.26	0.88	0.64	0.64	0.00	0.00	0.00	9.19	4.08	148.98	5.63	15.33	0.46	2.92	0.16	3.51	7.99	0.29	0.00	0.00	92.26	2936.35
农银人寿	330.89	321.17	0.17	319.59		1.41	0.15	2.28	0.00	0.00	0.00		0.00	5.67	1.62	291.05	3.11	267.14	0.10	2.00	261.73	2.19	1.12	0.00	0.00	0.00	25.84	5382.43
和谐健康	1.83	0.00	0.00	0.00	0.00	0.00	0.09	0.41	0.00	0.00	0.00	0.00	0.00	1.18	0.15	1.83	1.20	45.36	0.00	0.00	0.00	0.00	0.00	0.30	45.06	0.00	0.24	1895.97
平安养老	275.05	0.00	0.00	0.00	0.00	0.00	0.00	0.00	14.12	14.12	0.00	0.00	0.00	157.05	103.88	275.01	4.38	132.04	0.00	0.00	0.00	0.00	131.30	0.01	0.00	0.73	2.11	407443.44
华泰人寿	686.96	663.71	50.74	599.51	0.00	3.46	6.79	4.21	3.21	2.97	0.24	0.00	0.00	5.46	3.58	259.77	35.59	36.17	4.72	9.34	0.31	17.83	3.64	0.33	0.00	0.00	108.52	24682.12
招商信诺	292.17	158.65	103.01	55.28	0.36	0.00	59.35	70.71	0.00	0.00	0.00	0.00	0.00	0.00	3.46	109.18	45.10	18.72	11.67	4.51	0.00	0.24	2.30	0.00	0.00	0.00	21.56	58050.17
联泰大都会	282.96	246.12	111.16	134.85	0.11	0.00	12.22	23.23	0.12	0.12	0.00	0.00	0.00	0.83	0.44	110.08	9.23	9.86	0.91	5.79	0.96	1.97	0.23	0.00	0.00	0.00	55.44	32318.84
瑞泰人寿	11.21	3.15	1.65	1.44	0.06	0.00	0.52	0.18	0.74	0.74	0.00	0.00	0.00	1.65	4.97	7.96	0.28	7.14	0.02	0.04	0.00	0.00	0.00	7.08	0.00	0.00	0.26	285.93
正德人寿	56.63	55.58	0.02	55.56	0.00	0.00	0.01	0.93	0.00	0.00	0.00	0.00	0.00	0.10	0.01	4.98	22.35	2.90	0.00	2.20	0.70	0.00	0.00	0.00	0.00	0.00	38.87	947.89

续表 17

保险机构	保费收入																有效保单件数(万件)	赔款及给付									退保金	保险金额
	合计	个人业务							团体业务							其中:新单保费		合计	个人业务				团体业务					
		人寿保险					意外伤害险	健康险	人寿保险					意外伤害险	健康险													
		小计	普通寿险	分红寿险	投资连结保险	万能保险			小计	普通寿险	分红寿险	投资连结保险	万能保险						赔款支出	死伤医疗给付	满期给付	年金给付	赔款支出	死伤医疗给付	满期给付	年金给付		
中德安联	91.84	85.83	7.61	77.73	0.46	0.03	0.43	3.61	0.12	0.12	0.00	0.00	0.00	0.33	1.52	28.77	1.53	67.69	0.01	1.36	62.20	3.60	0.52	0.00	0.00	0.00	9.77	2494.68
华夏人寿	292.39	256.25	12.30	241.65	0.00	2.30	9.29	12.50	0.62	0.62	0.00	0.00	0.00	9.75	3.98	108.47	30.58	337.37	4.52	9.41	289.59	26.02	7.78	0.05	0.00	0.00	69.35	24838.19
人保人寿	4907.61	4705.79	244.02	4459.10	0.00	2.67	42.76	30.45	7.64	4.57	3.07	0.00	0.00	36.67	84.30	4575.45	102.95	257.66	14.72	40.69	130.78	0.07	38.34	31.33	0.00	1.73	1964.95	251170.61
英大泰和	115.53	86.70	3.57	82.28	0.00	0.85	0.75	7.58	0.10	0.10	0.00	0.00	0.00	17.20	3.20	84.50	5.32	5.48	0.50	1.04	0.22	1.27	2.44	0.01	0.00	0.00	6.43	101095.24
信泰人寿	878.04	856.93	35.34	817.76	0.00	3.83	0.13	11.07	0.00	0.00	0.00	0.00	0.00	9.42	0.49	487.76	20.50	23.22	0.05	4.83	11.26	0.00	7.08	0.00	0.00	0.00	159.19	39628.21
中英人寿	172.36	157.70	45.31	111.61	0.00	0.78	1.58	9.02	0.16	0.16	0.00	0.00	0.00	0.57	3.33	52.76	3.74	15.79	0.37	1.27	6.18	6.57	1.40	0.00	0.00	0.00	62.75	11257.32
长城人寿	418.20	409.15	13.35	395.80	0.00	0.00	0.99	7.52	0.00	0.00	0.00	0.00	0.00	0.16	0.38	238.05	5.34	14.85	0.00	2.09	0.00	12.39	0.00	0.37	0.00	0.00	134.18	4515.09
工银安盛	1118.75	1099.88	17.42	1082.12	0.34	0.00	0.71	0.68	0.85	0.68	0.17	0.00	0.00	4.27	12.36	1035.37	3.33	34.16	0.80	1.39	0.00	12.60	19.01	0.24	0.00	0.12	382.43	8560.29
太平养老	110.75	0.00	0.00	0.00	0.00	0.00	0.00	0.00	3.54	3.54	0.00	0.00	0.00	36.91	70.30	108.64	5.28	33.40	0.00	0.00	0.00	0.00	31.58	1.82	0.00	0.00	4.07	95996.92
建信人寿	846.26	784.35	131.64	652.65	0.00	0.06	7.62	2.40	0.64	0.64	0.00	0.00	0.00	47.12	4.13	779.64	13.17	7.18	0.78	1.93	0.00	1.20	3.27	0.00	0.00	0.00	170.89	254098.90
幸福人寿	158.43	137.36	0.02	137.21	0.00	0.13	0.09	0.96	0.67	0.67	0.00	0.00	0.00	15.08	4.27	73.65	2.68	12.40	0.03	1.03	0.00	0.93	10.21	0.20	0.00	0.00	58.15	58072.00
阳光人寿	596.18	562.77	110.18	445.43	0.00	7.16	2.68	1.67	9.57	0.71	8.86	0.00	0.00	14.51	4.98	268.58	254.43	54.66	0.62	11.82	36.88	0.00	5.14	0.20	0.00	0.00	511.09	354578.17
长生人寿	37.58	20.02	6.64	13.38	0.00	0.00	1.03	0.66	1.47	1.47	0.00	0.00	0.00	1.35	13.05	15.88	0.85	14.72	0.30	1.36	0.00	0.00	12.91	0.15	0.00	0.00	1.53	9589.90
国华人寿	48.33	18.70	1.68	16.81	0.00	0.21	0.00	0.22	0.00	0.00	0.00	0.00	0.00	29.38	0.03	36.02	17.29	1.02	0.01	0.30	0.00	0.50	0.21	0.00	0.00	0.00	57.16	3606.35
平安健康	14.99	0.00	0.00	0.00	0.00	0.00	0.00	1.23	0.00	0.00	0.00	0.00	0.00	0.05	13.71	13.76	0.10	1.74	0.02	0.12	0.00	0.00	1.60	0.00	0.00	0.00	0.01	5222.50
安邦人寿	2.00	1.93	0.17	1.76	0.00	0.00	0.00	0.01	0.00	0.00	0.00	0.00	0.00	0.06	0.00	1.80	0.25	0.20	0.02	0.00	0.00	0.00	0.18	0.00	0.00	0.00	4.56	324.31
中邮人寿	5445.87	5444.86	0.00	5444.86	0.00	0.00	0.33	0.07	0.00	0.00	0.00	0.00	0.00	0.54	0.07	5316.25	46.75	14.96	0.00	14.67	0.00	0.17	0.12	0.00	0.00	0.00	176.31	24580.47
百年人寿	146.69	134.88	1.43	133.45	0.00	0.00	3.11	2.38	0.13	0.13	0.00	0.00	0.00	4.45	1.74	136.39	0.89	5.24	3.07	0.08	0.00	0.92	1.16	0.01	0.00	0.00	6.98	58607.62
交银康联	329.24	286.05	81.02	205.03	0.00	0.00	31.60	11.59	0.00	0.00	0.00	0.00	0.00	0.00	0.00	308.75	1.37	6.04	5.69	0.00	0.35	0.00	0.00	0.00	0.00	0.00	126.50	19896.47
中融人寿	1123.56	1123.51	0.00	1123.50	0.00	0.01	0.00	0.00	0.00	0.00	0.00	0.00	0.00	0.03	0.02	1123.56	3.18	0.17	0.15	0.00	0.00	0.00	0.02	0.00	0.00	0.00	31.87	1334.05
利安人寿	1611.88	1547.28	24.54	1522.74			5.26	5.71	1.19	1.19				35.41	17.03	1515.89	16.95	24.05	0.29	1.77		6.36	15.63				637.28	82184.24
东吴人寿	290.17	157.36	0.00	157.33	0.00	0.03	0.20	6.45	0.88	0.88	0.00	0.00	0.00	7.06	118.22	290.16	3.39	29.46	0.01	0.17	0.00	0.00	29.22	0.06	0.00	0.00	42.64	148035.61
泰康养老	4.15	2.96	0.00	2.96	0.00	0.00	0.00	0.00	1.19	0.00	1.19	0.00	0.00	0.00	0.00	4.15	0.02	0.00									0.00	2.20
合计	90620.61	79626.57	8469.64	70588.49	28.97	539.47	1250.82	5252.55	482.47	147.03	335.39	0.00	0.05	1421.93	1560.39	42748.46	5758.81	21604.34	745.81	1526.05	13478.85	1614.51	1374.11	71.82	47.48	56.94	17131.79	7533196.97

注:1.合计栏中,中国人寿总保费一项包含了中国人寿保险(集团公司)业务保费收入 1025.88 百万元,此数值即为总保费与各分项和的差值;赔付支出一项包含了中国人寿保险(集团公司)赔付支出 2688.77 百万元,此数值即为总赔付支出与各分项之和的差值;有效保单件数一项包含了中国人寿保险(集团公司)有效保单件数 396.72 万件;退保金一项包含了中国人寿保险(集团公司)退保金 101.81 百万元;保险金额一项包含了中国人寿保险(集团公司)保险金额 64520.95 百万元。

2.养老险公司企业年金受托管理业务累计到账资金 6547.02 百万元(其中:国寿养老 774.99 百万元、平安养老 1850.49 百万元、太平养老 3509.81 百万元、泰康养老 411.73 百万元);投资管理业务累计到账资金规模 9801.79 百万元(其中:国寿养老 884.86 百万元、平安养老 5676.71 百万元、太平养老 1569.44 百万元、泰康养老 1670.78 百万元);账户管理业务累计个人账户 131890 个(其中:国寿养老 12458 个、平安养老 3537 个、泰康养老 103869 个、泰康养老 12026 个)。

南京市人身保险分公司业务统计表(2013)

表 18 （单位：人民币百万元）

保险机构	保费收入																	有效保单件数(万件)	赔款及给付									退保金	保险金额
	合计	个人业务							团体业务							其中:新单保费			合计	个人业务				团体业务					
		人寿保险					意外伤害险	健康险	人寿保险					意外伤害险	健康险														
		小计	普通寿险	分红寿险	投资连结保险	万能保险			小计	普通寿险	分红寿险	投资连结保险	万能保险							赔款支出	死伤医疗给付	满期给付	年金给付	赔款支出	死伤医疗给付	满期给付	年金给付		
国寿股份	2942.68	2582.18	410.20	2171.98			40.96	173.97	35.82	7.68	28.14			50.17	59.58	966.24	153.87	1103.30	31.51	51.19	927.36	27.81	62.10	2.45	0.00	0.88	675.92	233024.51
太保人寿	722.90	624.16	126.44	497.45	0.00	0.27	22.48	48.52	3.07	2.79	0.28	0.00	0.00	21.03	3.64	244.18	91.18	78.10	7.72	18.03	8.40	23.51	0.00	4.51	0.08	15.85	115.60	115600.70
平安人寿	1487.39	1157.02	165.95	920.16	5.75	65.16	18.84	273.23	37.57	37.57	0.00	0.00	0.00	0.50	0.23	340.98	66.76	363.42	7.88	57.84	170.56	113.69	0.29	0.10	0.02	13.04	111.11	79414.61
新华人寿	679.54	579.25	60.61	517.10	0.00	1.54	2.37	78.13	0.22	0.22	0.00	0.00	0.00	3.51	16.06	200.92	13.23	217.80	3.16	10.39	173.38	13.37	13.42	1.58	0.00	2.50	196.26	17523.27
泰康人寿	539.35	478.61	8.88	467.02	0.00	2.71	3.32	23.32	1.68	1.67	0.00	0.00	0.01	12.37	20.05	214.06	21.35	66.31	0.84	4.64	20.51	18.26	14.94	0.85	0.00	6.27	47.81	49150.62
友邦人寿	62.51	34.91	15.03	19.67	0.13	0.08	2.27	22.37	0.08	0.08	0.00	0.00	0.00	1.69	1.19	18.89	1.97	3.62	0.54	1.50	0.00	0.13	1.31	0.14	0.00	0.00	11.68	14213.07
太平人寿	344.84	318.74	7.96	310.78	0.00	0.00	3.37	22.29	0.00	0.00	0.00	0.00	0.00	0.00	0.44	124.91	7.37	30.65	1.86	2.82	7.60	17.33	0.77	0.27	0.00	0.00	33.87	12554.11
民生人寿	42.94	39.18	0.05	39.13			(0.34)	4.23	0.00	0.00	0.00			(0.13)	0.00	0.84	2.04	86.69	0.18	0.66	84.35	1.10	0.40	0.00	0.00	0.00	24.15	1440.85
生命人寿	103.57	89.73	2.70	86.95	0.00	0.08	0.07	7.42	0.38	0.38	0.00	0.00	0.00	4.16	1.81	38.43	3.29	15.58	0.24	0.90	11.15	0.00	3.29	0.00	0.00	0.00	11.81	75031.84
信诚人寿	46.22	38.01	6.30	29.81	1.62	0.28	0.46	6.59	0.05	0.05	0.00	0.00	0.00	0.40	0.71	12.24	2.33	4.48	1.10	0.97	1.52	0.04	0.83	0.02	0.00	0.00	5.45	4197.43
合众人寿	86.70	32.92	1.19	31.59	0.00	0.14	12.14	40.83	0.11	0.11	0.00	0.00	0.00	0.10	0.60	57.22	3.32	49.32	0.06	2.14	44.55	1.98	0.59	0.00	0.00	0.00	51.63	4885.72
海康人寿	195.08	174.88	86.22	87.77	0.02	0.87	3.14	17.06	0.00							21.36	15.58	17.66	1.19	4.21	0.02	12.24					22.17	16102.37
中宏人寿	175.27	143.63	1.49	142.14	0.00	0.00	1.64	28.80	0.05	0.05	0.00	0.00	0.00	0.58	0.57	37.57	2.70	9.69	0.42	6.06	0.00	2.48	0.73	0.00	0.00	0.00	3.89	4718.46
国泰人寿	22.86	13.86	1.18	12.68	0.00	0.00	0.11	2.13	0.36	0.17	0.19	0.00	0.00	2.83	3.57	8.28	0.56	8.99	0.04	0.22	2.49	1.37	4.87	0.00	0.00	0.00	1.31	12867.74
人保健康	122.09	1.54		1.05	0.00	0.49	0.83	17.23	0.00		0.00	0.00	0.00	9.27	93.22	15.62	1.69	111.32	0.52	0.50	22.72	0.00	87.08	0.04	0.46	0.00	1.16	12047.88
北大方正	32.85	24.86	2.54	22.24	0.00	0.08	0.39	5.26	0.06	0.06	0.00	0.00	0.00	1.28	1.00	9.91	0.74	1.76	0.15	0.44	(0.03)	1.14	0.06	0.00	0.00	0.00	2.27	1464.83
中意人寿	80.96	55.38	4.67	50.57	0.13	0.01	2.78	4.20	1.81	1.81				2.93	13.86	39.47	1.15	14.07	0.27	0.28	2.49	1.89	8.38	0.76			11.50	12440.27
恒安标准	47.62	36.03	2.91	33.12			1.00	0.05	0.52	0.52				2.16	7.86	15.42	3.15	24.63	0.01	1.07	12.81	3.21	7.38	0.15			3.18	5612.54
光大永明	22.08	18.03	9.70	8.33	0.00	0.00	0.03	0.09	0.04	0.04	0.00	0.00	0.00	1.78	2.11	10.34	0.64	5.35	0.42	2.23	0.16	0.47	1.88	0.19	0.00	0.00	26.73	699.62
农银人寿	66.67	64.04	0.03	63.92		0.09	0.04	0.13	0.00	0.00	0.00		0.00	1.87	0.59	61.54	0.32	15.15	0.01	0.33	14.44	0.12	0.25	0.00	0.00	0.00	6.41	1867.48
和谐健康	0.96	0.00					0.08	0.35	0.00					0.48	0.05	0.96	0.99	2.09						0.12	1.97		0.06	999.12
平安养老	92.95	0.00	0.00	0.00	0.00	0.00	0.00	0.00	13.52	13.52	0.00	0.00	0.00	43.39	36.04	92.94	1.12	45.76	0.00	0.00	0.00	0.00	45.36	0.00	0.00	0.40	0.77	136088.69
华泰人寿	80.07	76.00	7.18	68.34	0.00	0.48	0.70	0.60	0.23	0.19	0.04	0.00	0.00	0.98	1.56	28.47	3.73	6.16	0.52	1.41	0.18	2.21	1.51	0.33	0.00	0.00	20.97	3936.71
招商信诺	278.11	148.31	99.25	48.71	0.35		58.80	67.54	0.00						3.46	96.67	43.65	18.52	11.50	4.51		0.21	2.30				20.56	56655.77
联泰大都会	177.93	153.98	98.47	55.45	0.06	0.00	6.66	15.90	0.12	0.12	0.00	0.00	0.00	0.83	0.44	55.27	6.50	6.92	0.64	4.95	0.21	0.89	0.23	0.00	0.00	0.00	12.59	23601.41
瑞泰人寿	10.63	3.09	1.65	1.38	0.06	0.00	0.00	0.18	0.74	0.74	0.00	0.00	0.00	1.63	4.97	7.37	0.24	7.12	0.02	0.02	0.00	0.00	0.00	7.08			0.26	173.64

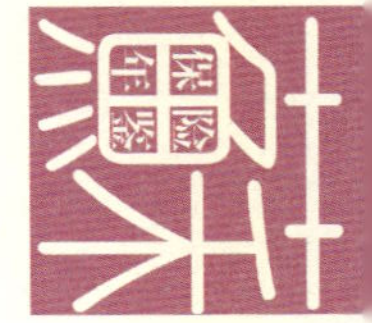

续表 18

保险机构	保费收入																有效保单件数（万件）	赔款及给付									退保金	保险金额
	合计	个人业务							团体业务							其中:新单保费		合计	个人业务				团体业务					
		人寿保险					意外伤害险	健康险	人寿保险					意外伤害险	健康险													
		小计	普通寿险	分红寿险	投资连结保险	万能保险			小计	普通寿险	分红寿险	投资连结保险	万能保险						赔款支出	死伤医疗给付	满期给付	年金给付	赔款支出	死伤医疗给付	满期给付	年金给付		
正德人寿	12.96	12.74		12.74				0.11	0.00					0.10	0.01	4.37	6.23	0.37		0.27	0.10						15.20	458.86
中德安联	20.08	17.12	3.02	13.99	0.09	0.02	0.18	1.25	0.12	0.12	0.00	0.00	0.00	0.33	1.08	8.70	0.32	12.71	0.00	0.27	11.41	0.60	0.43				0.92	1461.56
华夏人寿	47.12	34.33	3.91	30.19	0.00	0.23	4.68	4.29	0.12	0.12	0.00	0.00	0.00	3.37	0.33	13.96	2.46	35.05	3.49	1.42	27.16	2.68	0.30	0.00	0.00	0.00	3.09	8664.34
人保人寿	190.53	172.83	10.65	161.98		0.20	7.35	1.28	1.00	0.40	0.60			1.27	6.80	153.98	9.47	19.63	0.24	4.43	4.73		7.87	1.52		0.84	137.56	61388.69
英大泰和	72.88	50.90	0.27	50.58		0.05	0.03	1.45	0.10	0.10	0.00	0.00	0.00	17.20	3.20	55.66	1.88	3.64	0.01	0.04	0.22	0.92	2.44	0.01	0.00	0.00	5.02	95774.73
信泰人寿	141.03	128.73	10.09	117.82	0.00	0.82	0.01	3.27	0.00	0.00	0.00	0.00	0.00	8.53	0.49	59.29	3.85	8.45	0.02	1.23	0.34	0.00	6.86	0.00	0.00	0.00	38.76	26154.11
中英人寿	124.89	111.62	40.51	70.33		0.78	1.33	7.88	0.16	0.16				0.57	3.33	26.18	2.77	12.33	0.36	1.04	4.09	5.44	1.40				21.53	9567.63
长城人寿	105.89	104.71	0.86	103.85	0.00	0.00	0.02	0.62	0.00	0.00	0.00	0.00	0.00	0.16	0.38	54.30	0.94	1.57	0.00	0.21	0.00	0.99	0.00	0.37	0.00	0.00	40.45	930.14
工银安盛	336.37	333.28	3.36	329.71	0.21	0.00	0.08	0.10	0.25	0.08	0.17	0.00	0.00	1.09	1.57	320.66	0.85	6.58	0.02	0.79	0.00	3.81	1.84	0.00	0.00	0.12	76.13	2046.81
太平养老	90.73	0.00	0.00	0.00	0.00	0.00	0.00	0.00	3.05	3.05	0.00	0.00	0.00	25.16	62.52	88.65	4.99	27.28	0.00	0.00	0.00	0.00	25.63	1.65	0.00	0.00	0.12	82379.39
建信人寿	226.31	209.03	22.23	186.74	0.00	0.06	2.16	0.60	0.14	0.14	0.00	0.00	0.00	12.77	1.61	195.54	3.77	3.60	0.12	1.15		1.19	1.14				54.91	78832.13
幸福人寿	99.87	89.25	0.01	89.23		0.01	0.06	0.26	0.32	0.32				8.04	1.94	34.66	1.64	4.58	0.01	0.83		0.41	3.23	0.10			48.67	51947.52
阳光人寿	160.11	141.60	9.22	131.34	0.00	1.04	0.36	0.23	8.82	0.31	8.51	0.00	0.00	8.08	1.02	78.26	5.34	18.33	0.12	2.24	14.78	0.00	1.00	0.19	0.00	0.00	57.37	8525.27
长生人寿	18.53	2.08	0.13	1.95	0.00	0.00	0.48	0.10	1.47	1.47				1.35	13.05	15.88	0.48	13.35	0.00	0.29			12.91	0.15			0.56	8322.78
国华人寿	41.70	12.10	1.53	10.38	0.00	0.19	0.00	0.19	0.00	0.00	0.00	0.00	0.00	29.38	0.03	34.17	8.51	0.61	0.01	0.04	0.00	0.35	0.21	0.00	0.00	0.00	26.77	1182.15
平安健康	14.99	0.00	0.00	0.00	0.00	0.00	0.00	1.23	0.00	0.00	0.00	0.00	0.00	0.05	13.71	13.76	0.10	1.74	0.02	0.12	0.00	0.00	1.60	0.00	0.00	0.00	0.01	5222.50
安邦人寿	0.56	0.50	0.17	0.33		0.00	0.00	0.01	0.00					0.05	0.00	0.38	0.19	0.20	0.02			0.00	0.18				1.10	178.37
中邮人寿	5445.87	5444.86	0.00	5444.86	0.00	0.00	0.33	0.07	0.00	0.00	0.00	0.00	0.00	0.54	0.07	5316.25	46.75	14.96	0.00	14.67	0.00	0.17	0.12	0.00	0.00	0.00	176.31	24580.47
百年人寿	41.45	33.03	1.31	31.72	0.00	0.00	2.64	1.17	0.13	0.13	0.00	0.00	0.00	3.10	1.38	35.62	0.34	4.67	2.94	0.03	0.00	0.56	1.14	0.00	0.00	0.00	2.34	51727.67
交银康联	172.65	158.74	57.68	101.06	0.00	0.00	13.03	0.88	0.00							166.82	0.58	5.47	5.47								109.35	6946.17
中融人寿	352.06	352.01		352.00		0.01			0.00					0.03	0.02	352.06	0.87	0.15	0.13				0.02				17.18	481.23
利安人寿	289.10	265.28	2.47	262.81			1.73	0.74	0.43	0.43				13.59	7.33	257.62	3.04	7.21	0.18	0.16		1.38	5.49				85.73	19545.83
东吴人寿	25.29	23.76	0.00	23.76	0.00	0.00	0.01	0.18	0.01	0.01	0.00	0.00	0.00	0.85	0.48	25.28	0.25	0.21	0.00	0.06	0.00	0.00	0.15	0.00	0.00	0.00	0.51	433.01
泰康养老	4.15	2.96	0.00	2.96	0.00	0.00	0.00	0.00	1.19	0.00	1.19	0.00	0.00	0.00	0.00	4.15	0.02	0.00										2.20
合　计	16499.89	14589.80	1288.02	13217.67	8.42	75.69	216.62	886.33	113.74	74.61	39.12	0.00	0.01	299.44	393.96	10036.30	555.11	2517.15	83.96	206.60	1567.70	261.95	331.93	22.58	2.53	39.90	2338.71	1443066.82

无锡市人身保险分公司业务统计表(2013)

表 19 （单位：人民币百万元）

保险机构	保费收入																有效保单件数(万件)	赔款及给付									退保金	保险金额
	合计	个人业务							团体业务							其中:新单保费		合计	个人业务				团体业务					
		人寿保险					意外伤害险	健康险	人寿保险					意外伤害险	健康险													
		小计	普通寿险	分红寿险	投资连结保险	万能保险			小计	普通寿险	分红寿险	投资连结保险	万能保险						赔款支出	死伤医疗给付	满期给付	年金给付	赔款支出	死伤医疗给付	满期给付	年金给付		
国寿股份	3670.66	3254.30	410.80	2843.50			42.11	174.09	42.62	2.68	39.94			117.02	40.52	1159.37	125.13	963.13	30.31	55.99	738.85	45.34	90.67	1.53	0.00	0.44	666.58	312661.93
太保人寿	1820.40	1623.03	148.43	1474.37	0.00	0.23	53.50	65.79	2.03	2.03	0.00	0.00	0.00	40.51	35.54	770.67	172.79	172.64	14.94	14.97	11.38	94.65	36.02	0.42	0.00	0.26	304.95	203401.25
平安人寿	1203.09	1023.65	121.23	856.91	3.12	42.39	16.53	152.03	0.03	0.03	0.00	0.00	0.00	7.73	3.12	315.08	41.21	234.96	6.77	33.48	158.05	29.33	5.64	0.00	0.00	1.69	54.52	64675.94
新华人寿	462.35	434.53	59.55	374.37	0.00	0.61	0.28	26.31	0.00	0.00	0.00	0.00	0.00	0.47	0.76	131.29	8.28	157.46	0.89	5.56	142.92	7.37	0.66	0.00	0.00	0.06	187.45	6574.50
泰康人寿	504.94	489.52	5.78	481.30	0.00	2.44	0.79	11.82	0.08	0.08	0.00	0.00	0.00	1.65	1.08	217.46	12.51	55.94	0.29	3.65	27.99	23.12	0.86	0.00	0.00	0.03	34.58	7909.08
友邦人寿	57.62	35.56	4.49	31.01	0.05	0.01	1.26	19.33	0.03	0.03	0.00	0.00	0.00	0.72	0.72	31.01	1.00	3.85	2.47	0.91	0.00	0.11	0.36	0.00	0.00	0.00	10.02	4540.15
太平人寿	418.40	403.98	2.41	401.56	0.01	0.00	1.56	12.77	0.00	0.00	0.00	0.00	0.00	0.00	0.09	180.97	5.77	26.30	1.51	2.50	0.14	21.77	0.00	0.00	0.38	0.00	38.27	6819.32
民生人寿	63.64	58.09	0.02	58.07			0.08	5.29	0.00	0.00	0.00			0.17	0.01	9.88	2.95	23.56	0.72	1.35	19.62	1.69	0.18	0.00	0.00	0.00	4.16	1962.47
生命人寿	86.36	84.06	0.04	83.95	0.01	0.06	0.03	2.24	0.00	0.00	0.00	0.00	0.00	0.03	0.00	59.99	2.17	6.37	0.12	0.15	6.08	0.01	0.01	0.00	0.00	0.00	5.61	10701.69
信诚人寿	23.18	20.63	1.32	18.87	0.41	0.03	0.06	1.56	0.07	0.07	0.00	0.00	0.00	0.29	0.57	6.46	0.61	1.33	0.17	0.06	0.56	0.05	0.49	0.00	0.00	0.00	2.08	1505.67
合众人寿	29.42	28.12	0.75	27.07	0.00	0.30	0.11	1.17	0.00	0.00	0.00	0.00	0.00	0.01	0.01	1.80	1.02	24.31	0.06	0.35	22.51	1.38	0.01	0.00	0.00	0.00	7.59	1452.05
海康人寿	47.77	40.38	11.45	27.78	0.05	1.10	1.40	5.99	0.00							9.63	1.86	3.55	1.12	0.40	0.00	2.03					5.67	5175.39
中宏人寿	128.86	104.38	1.36	103.02	0.00	0.00	1.14	21.97	0.00	0.00	0.00	0.00	0.00	0.78	0.59	29.46	2.45	13.74	0.36	10.75	0.00	2.20	0.43	0.00	0.00	0.00	2.68	3583.44
国泰人寿	13.83	10.80	0.77	10.03	0.00	0.00	0.08	1.43	0.08	0.04	0.04	0.00	0.00	0.87	0.57	3.96	0.38	4.59	0.21	0.14	1.44	1.24	1.56	0.00	0.00	0.00	1.15	1893.56
人保健康	38.44	19.73		19.51		0.22	0.21	14.05	0.00					2.21	2.24	17.33	0.89	7.50	0.09	0.02	2.99		4.40				4.35	119385.83
北大方正	15.04	12.25	2.20	9.99	0.00	0.06	0.16	2.59	0.00	0.00	0.00	0.00	0.00	0.02	0.02	5.11	0.31	0.48	0.11	0.00	0.00	0.27	0.10	0.00	0.00	0.00	1.23	527.40
中意人寿	64.24	55.20	1.77	53.21	0.18	0.04	1.66	4.15	0.13	0.13				0.64	2.46	18.11	1.21	9.90	0.28	0.44	3.97	2.73	2.40	0.08			12.63	4540.63
恒安标准	34.08	21.28	2.09	19.19			0.19	0.06	0.05	0.05				0.82	11.68	25.31	0.40	28.18	0.01	0.12	17.61	0.69	9.75				2.10	6027.11
光大永明	15.24	14.86	1.68	13.18	0.00	0.00	0.03	0.07	0.01	0.01	0.00	0.00	0.00	0.21	0.06	11.40	0.28	0.53	0.00	0.00	0.00	0.52	0.01	0.00	0.00	0.00	3.61	184.37
农银人寿	39.07	37.50	0.00	37.45		0.05	0.01	0.17	0.00	0.00	0.00		0.00	0.95	0.44	34.59	0.21	57.72	0.00	0.40	56.43	0.36	0.53	0.00	0.00	0.00	1.97	1151.24
和谐健康	0.15	0.00					0.01	0.05	0.00					0.09	0.00	0.15	0.13	0.01							0.01			100.20
平安养老	19.24	0.00	0.00	0.00	0.00	0.00	0.00	0.00	0.00	0.00	0.00	0.00	0.00	12.59	6.25	19.24	0.36	7.71	0.00	0.00	0.00	0.00	7.71	0.00	0.00	0.00	0.00	33453.08
华泰人寿	124.42	122.60	5.73	116.65	0.00	0.22	0.47	0.29	0.20	0.07	0.13	0.00	0.00	0.62	0.24	62.75	2.94	3.33	0.18	0.61	0.00	2.25	0.29	0.00	0.00	0.00	24.80	2313.64
招商信诺	14.06	10.34	3.76	6.57	0.01		0.55	3.17	0.00							12.51	1.45	0.20	0.17	0.00		0.03					1.00	1394.40
联泰大都会	59.25	48.09	10.35	37.70	0.04	0.00	5.12	6.04	0.00	0.00	0.00	0.00	0.00	0.00	0.00	27.96	1.10	2.38	0.26	0.59	0.75	0.78	0.00	0.00	0.00	0.00	16.06	7409.44
瑞泰人寿	0.58	0.06	0.00	0.06	0.00	0.00	0.52	0.00	0.00	0.00	0.00	0.00	0.00	0.00	0.00	0.58	0.04	0.02	0.00	0.02	0.00	0.00	0.00	0.00			0.01	112.19

续表 19

保险机构	保费收入																有效保单件数(万件)	赔款及给付									退保金	保险金额
	合计	个人业务							团体业务							其中:新单保费		合计	个人业务				团体业务					
		人寿保险					意外伤害险	健康险	人寿保险					意外伤害险	健康险				赔款支出	死伤医疗给付	满期给付	年金给付	赔款支出	死伤医疗给付	满期给付	年金给付		
		小计	普通寿险	分红寿险	投资连结保险	万能保险			小计	普通寿险	分红寿险	投资连结保险	万能保险															
正德人寿	7.27	7.26		7.26				0.01	0.00							0.30	2.96	0.12		0.10	0.02						3.45	37.39
中德安联	2.98	2.67	0.33	2.34	0.00	0.00	0.03	0.28	0.00	0.00	0.00	0.00	0.00	0.00	0.00	1.97	0.06	0.04	0.00	0.02		0.02					0.17	76.16
华夏人寿	25.56	24.56	0.33	24.14	0.00	0.09	0.08	0.34	0.10	0.10	0.00	0.00	0.00	0.28	0.20	3.12	2.12	49.82	0.02	0.19	46.95	2.36	0.26	0.04	0.00	0.00	5.32	941.57
人保人寿	613.13	575.16	3.23	571.87		0.06	5.97	1.54	2.87	0.40	2.47			6.48	21.11	589.84	6.97	16.01	0.59	1.90	0.22		7.79	4.86		0.65	228.60	30669.25
英大泰和	5.61	4.58	0.10	4.40		0.08	0.06	0.97	0.00	0.00	0.00	0.00	0.00	0.00	0.00	2.30	0.61	0.39	0.03	0.23	0.00	0.13	0.00	0.00	0.00	0.00	0.32	1222.59
信泰人寿	55.78	54.59	3.09	51.31	0.00	0.19	0.03	1.14	0.00	0.00	0.00	0.00	0.00	0.02	0.00	19.13	1.18	3.34	0.00	0.17	3.12	0.00	0.05	0.00	0.00	0.00	15.61	1691.42
中英人寿	2.16	2.13	0.18	1.95				0.03	0.00							0.87	0.02	0.02				0.02					6.58	50.43
长城人寿	44.06	43.47	1.32	42.15	0.00	0.00	0.07	0.52	0.00	0.00	0.00	0.00	0.00	0.00	0.00	22.99	0.60	1.42	0.00	0.32	0.00	1.10	0.00	0.00	0.00	0.00	4.72	390.15
工银安盛	126.66	121.98	3.43	118.50	0.05	0.00	0.20	0.18	0.13	0.13	0.00	0.00	0.00	1.83	2.34	113.12	0.59	5.20	0.11	0.29	0.00	1.98	2.81	0.01	0.00	0.00	26.99	2424.73
幸福人寿	12.31	12.29	0.00	12.29		0.00	0.00	0.02	0.00					0.00	0.00	11.45	0.06	0.04				0.04					1.86	36.48
阳光人寿	64.61	60.47	33.78	26.41	0.00	0.28	0.18	0.08	0.04	0.04	0.00	0.00	0.00	1.20	2.64	21.03	2.42	5.93	0.10	1.07	2.55	0.00	2.20	0.01	0.00	0.00	51.51	10282.46
国华人寿	1.01	1.01	0.00	1.01	0.00	0.00	0.00	0.00	0.00	0.00	0.00	0.00	0.00	0.00	0.00	0.04	0.69	0.10	0.00	0.05	0.00	0.05	0.00	0.00	0.00	0.00	7.92	236.61
安邦人寿	0.00	0.00							0.00								0.00	0.00										0.08
交银康联	59.09	50.99	6.43	44.56	0.00	0.00	7.61	0.49	0.00							54.23	0.23	0.27	0.05		0.22						6.25	4050.46
利安人寿	91.46	90.78	1.33	89.45			0.24	0.39	0.00					0.04	0.01	84.39	0.51	0.77	0.01	0.02		0.70	0.04				65.38	936.85
东吴人寿	5.83	5.07	0.00	5.07	0.00	0.00	0.00	0.43	0.00	0.00	0.00	0.00	0.00	0.26	0.07	5.83	0.20	0.01	0.00	0.00	0.00	0.00	0.01	0.00	0.00	0.00	0.47	258.95
合　计	10071.85	9009.95	849.53	8108.03	3.93	48.46	142.33	538.85	48.47	5.89	42.58	0.00	0.00	198.91	133.34	4092.68	406.67	1893.17	61.95	136.82	1264.37	244.32	175.24	6.95	0.39	3.13	1818.22	862761.55

徐州市人身保险分公司业务统计表(2013)

表 20

(单位:人民币百万元)

保险机构	保费收入																有效保单件数(万件)	赔款及给付									退保金	保险金额
	合计	个人业务							团体业务							其中:新单保费		合计	个人业务				团体业务					
		人寿保险					意外伤害险	健康险	人寿保险					意外伤害险	健康险				赔款支出	死伤医疗给付	满期给付	年金给付	赔款支出	死伤医疗给付	满期给付	年金给付		
		小计	普通寿险	分红寿险	投资连结保险	万能保险			小计	普通寿险	分红寿险	投资连结保险	万能保险															
国寿股份	2733.97	2399.74	392.82	2006.92			42.79	207.99	37.86	2.68	35.18			27.92	17.67	992.22	242.03	1176.25	35.83	50.02	1060.00	12.71	16.63	1.05	0.00	0.01	678.35	171412.37
太保人寿	1147.95	1029.95	235.44	794.18	0.00	0.33	21.94	35.29	0.48	0.48	0.00	0.00	0.00	8.46	1.83	315.06	105.86	63.14	11.34	28.82	3.44	19.34	0.00	0.20	0.00	0.00	181.52	35684.22

续表 20

保险机构	保费收入																有效保单件数（万件）	赔款及给付									退保金	保险金额
	合计	个人业务							团体业务							其中:新单保费		合计	个人业务				团体业务					
		人寿保险					意外伤害险	健康险	人寿保险					意外伤害险	健康险				赔款支出	死伤医疗给付	满期给付	年金给付	赔款支出	死伤医疗给付	满期给付	年金给付		
		小计	普通寿险	分红寿险	投资连结保险	万能保险			小计	普通寿险	分红寿险	投资连结保险	万能保险															
平安人寿	320.90	247.08	53.01	170.28	0.71	23.08	6.57	67.16	0.09	0.09	0.00	0.00	0.00	0.00	0.00	83.59	22.66	103.23	4.46	22.06	51.58	24.70	0.00	0.00	0.00	0.43	31.36	24696.39
新华人寿	207.82	191.64	17.05	174.18	0.00	0.41	0.29	14.49	0.00	0.00	0.00	0.00	0.00	0.84	0.56	58.33	6.24	52.20	1.93	3.41	39.24	7.11	0.51	0.00	0.00	0.00	164.77	3753.43
泰康人寿	181.59	175.67	8.77	163.94	0.01	2.95	0.27	1.16	0.37	0.37	0.00	0.00	0.00	1.93	2.19	98.70	13.43	48.24	0.41	3.69	35.72	6.34	1.93	0.00	0.00	0.15	36.23	15896.46
友邦人寿	21.90	10.78	2.91	7.85	0.01	0.01	1.06	9.80	0.01	0.01	0.00	0.00	0.00	0.14	0.11	8.11	0.89	3.36	0.88	2.20	0.00	0.28	0.00	0.00	0.00	0.00	0.91	1798.63
太平人寿	80.22	69.16	1.28	67.88	0.00	0.00	1.82	9.23	0.00	0.00	0.00	0.00	0.00	0.01	0.00	29.21	3.80	8.83	3.45	1.96	0.17	3.18	0.07	0.00	0.00	0.00	6.91	12495.94
民生人寿	39.57	32.69	0.15	32.54			0.17	6.70	0.00	0.00	0.00			0.01	0.00	5.87	3.73	33.19	0.57	1.79	28.94	1.41	0.48	0.00	0.00	0.00	13.27	2111.77
生命人寿	83.82	75.87	0.02	75.77	0.00	0.08	0.03	7.56	0.01	0.01	0.00	0.00	0.00	0.26	0.09	23.44	3.53	27.47	0.49	1.13	25.78	0.00	0.07	0.00	0.00	0.00	27.05	5203.24
信诚人寿	2.45	2.04	0.13	1.73	0.14	0.04	0.03	0.38	0.00	0.00	0.00	0.00	0.00	0.00	0.00	2.09	0.18	0.05	0.05	0.00	0.00	0.00	0.00	0.00	0.00	0.00	0.09	249.68
合众人寿	16.00	15.18	0.43	14.65	0.00	0.10	0.09	0.73	0.00	0.00	0.00	0.00	0.00	0.00	0.00	6.53	0.73	43.41	0.05	0.46	42.01	0.89	0.00	0.00	0.00	0.00	6.07	787.65
海康人寿	8.25	8.06	0.90	7.14	0.00	0.02	0.04	0.15	0.00							1.58	0.19	0.58	0.03	0.08	0.00	0.47					1.79	375.02
恒安标准	36.78	36.38	4.87	31.51			0.30	0.10	0.00							12.45	0.78	5.03	0.42	0.33	1.95	2.33					1.52	1007.33
光大永明	5.34	5.13	0.57	4.56	0.00	0.00	0.01	0.04	0.00	0.00	0.00	0.00	0.00	0.11	0.05	1.07	0.26	0.37	0.00	0.00	0.00	0.24	0.13	0.00	0.00	0.00	1.90	95.33
农银人寿	25.63	25.15	0.03	24.92		0.20	0.02	0.45	0.00	0.00	0.00		0.00	0.01	0.00	22.22	0.36	27.56	0.03	0.13	27.19	0.20	0.01	0.00	0.00	0.00	1.31	370.58
和谐健康	0.17	0.00					0.00	0.01	0.00					0.08	0.08	0.17	0.05	8.88						0.13	8.75		0.12	58.45
平安养老	8.37	0.00	0.00	0.00	0.00	0.00	0.00	0.00	0.00	0.00	0.00	0.00	0.00	4.77	3.60	8.37	0.24	3.74	0.00	0.00	0.00	0.00	3.74	0.00	0.00	0.00	0.00	14371.34
华泰人寿	96.51	92.17	9.30	82.00	0.00	0.87	1.28	1.59	0.00	0.00	0.00	0.00	0.00	1.00	0.47	30.90	7.67	5.99	1.30	2.01	0.00	1.90	0.78	0.00	0.00	0.00	17.71	3996.63
正德人寿	6.01	5.85	0.02	5.83				0.16	0.00							0.01	3.33	1.39		1.18	0.21						7.79	97.92
中德安联	3.01	2.86	0.03	2.83	0.00	0.00	0.01	0.14	0.00	0.00	0.00	0.00	0.00	0.00	0.00	0.93	0.06	0.18	0.00	0.08		0.10					0.21	46.95
华夏人寿	38.23	35.69	0.87	34.41	0.00	0.41	0.30	1.74	0.00	0.00	0.00	0.00	0.00	0.40	0.10	17.15	3.98	27.18	0.04	0.73	21.98	4.20	0.23	0.00	0.00	0.00	4.37	847.71
人保人寿	536.48	524.52	52.80	471.19		0.53	2.43	6.59	0.00	0.00				1.51	1.03	462.60	11.92	29.85	1.85	3.25	24.00		0.73	0.02			181.37	12166.43
英大泰和	2.88	2.06	0.40	1.59		0.07	0.17	0.65	0.00	0.00	0.00	0.00	0.00	0.00	0.00	1.81	0.58	0.24	0.07	0.13	0.00	0.04	0.00	0.00	0.00	0.00	0.33	1197.74
信泰人寿	45.94	45.25	1.38	43.74	0.00	0.13	0.01	0.67	0.00	0.00	0.00	0.00	0.00	0.01	0.00	15.24	1.45	0.90	0.01	0.59	0.30	0.00	0.00	0.00	0.00	0.00	20.58	935.35
中英人寿	7.59	7.15	1.78	5.37			0.08	0.36	0.00							1.59	0.26	2.21	0.01	0.02	1.73	0.45					11.53	463.32
长城人寿	14.10	12.98	1.64	11.34	0.00	0.00	0.13	0.99	0.00	0.00	0.00	0.00	0.00	0.00	0.00	6.00	0.34	1.07	0.00	0.12	0.00	0.95	0.00	0.00	0.00	0.00	0.53	420.94
建信人寿	69.60	62.54	15.80	46.74	0.00	0.00	1.41	0.44	0.32	0.32	0.00	0.00	0.00	4.49	0.40	65.36	1.29	0.26	0.18	0.08							21.83	65141.49
阳光人寿	28.42	28.11	2.90	24.84	0.00	0.37	0.13	0.12	0.00	0.00	0.00	0.00	0.00	0.05	0.01	5.85	1.99	1.94	0.04	0.38	1.51	0.00	0.01	0.00	0.00	0.00	22.31	1216.66
国华人寿	4.30	4.30	0.00	4.30	0.00	0.00	0.00	0.00	0.00	0.00	0.00	0.00	0.00	0.00	0.00	1.49	0.62	0.05	0.00	0.02	0.00	0.03	0.00	0.00	0.00	0.00	0.87	173.75

续表 20

保险机构	保费收入																	有效保单件数（万件）	赔款及给付									退保金	保险金额
	合计	个人业务							团体业务							其中：新单保费			合计	个人业务				团体业务					
		人寿保险					意外伤害险	健康险	人寿保险					意外伤害险	健康险					赔款支出	死伤医疗给付	满期给付	年金给付	赔款支出	死伤医疗给付	满期给付	年金给付		
		小计	普通寿险	分红寿险	投资连结保险	万能保险			小计	普通寿险	分红寿险	投资连结保险	万能保险																
百年人寿	18.81	18.63	0.00	18.63	0.00	0.00	0.02	0.16	0.00	0.00	0.00	0.00	0.00	0.00	0.00	18.81	0.07	0.00									0.00	74.02
交银康联	38.19	36.68	16.91	19.77	0.00	0.00	1.51	0.00	0.00							38.21	0.12	0.00	0.00								10.44	773.19
中融人寿	66.04	66.04		66.04					0.00							66.04	0.26	0.01	0.01								2.23	71.74
利安人寿	97.74	95.48	2.67	92.81			0.70	0.52	0.00					0.94	0.10	94.32	1.67	0.40	0.01	0.12		0.20	0.07				20.77	1699.32
东吴人寿	1.31	0.89	0.00	0.89	0.00	0.00	0.01	0.41	0.00	0.00	0.00	0.00	0.00	0.00	0.00	1.31	0.04	0.00	0.00	0.00	0.00	0.00	0.00	0.00	0.00	0.00	0.00	28.94
合　计	5995.89	5365.72	824.88	4510.37	0.87	29.60	83.62	425.78	39.14	3.96	35.18	0.00	0.00	53.34	28.29	2496.63	440.61	1677.20	63.46	124.79	1365.75	87.07	25.39	1.40	8.75	0.59	1476.04	379719.93

常州市人身保险分公司业务统计表(2013)

表 21

（单位：人民币百万元）

保险机构	保费收入																	有效保单件数（万件）	赔款及给付									退保金	保险金额
	合计	个人业务							团体业务							其中：新单保费			合计	个人业务				团体业务					
		人寿保险					意外伤害险	健康险	人寿保险					意外伤害险	健康险					赔款支出	死伤医疗给付	满期给付	年金给付	赔款支出	死伤医疗给付	满期给付	年金给付		
		小计	普通寿险	分红寿险	投资连结保险	万能保险			小计	普通寿险	分红寿险	投资连结保险	万能保险																
国寿股份	1962.30	1746.85	269.73	1477.12			24.09	109.47	32.07	3.15	28.92			29.35	20.47	691.94	96.02	756.04	25.48	38.11	641.80	21.94	27.75	0.96	0.00	0.00	430.07	211184.11
太保人寿	1217.75	1058.49	144.43	913.42	0.00	0.64	29.75	64.21	23.71	4.57	19.14	0.00	0.00	26.92	14.67	467.47	113.46	160.81	7.89	23.21	3.54	105.24	14.36	1.05	0.19	5.33	134.43	66301.85
平安人寿	739.47	621.43	92.46	498.16	1.69	29.12	10.69	107.31	0.04	0.04	0.00	0.00	0.00	0.00	0.00	208.06	29.60	142.66	6.66	25.75	77.55	31.83	0.00	0.01	0.00	0.86	45.84	36223.55
新华人寿	425.03	383.02	69.42	312.91	0.00	0.69	0.78	37.57	0.00	0.00	0.00	0.00	0.00	1.53	2.13	133.13	7.43	56.32	2.58	6.19	36.29	9.85	1.41	0.00	0.00	0.00	120.56	7864.49
泰康人寿	373.05	356.87	4.77	347.92	0.00	4.18	0.42	10.80	0.01	0.01	0.00	0.00	0.00	4.16	0.79	220.19	9.69	33.50	0.36	3.54	18.20	10.65	0.72	0.00	0.00	0.03	43.31	7613.60
友邦人寿	13.94	8.56	1.53	7.00	0.01	0.02	0.36	3.72	0.06	0.06	0.00	0.00	0.00	0.59	0.65	4.72	0.68	0.59	0.08	0.15	0.00	0.01	0.35	0.00	0.00	0.00	3.86	4591.23
太平人寿	388.21	379.78	1.19	378.58	0.01	0.00	0.94	7.49	0.00	0.00	0.00	0.00	0.00	0.00	0.00	274.75	3.72	11.69	0.80	1.33	0.51	9.05	0.00	0.00	0.00	0.00	31.07	2565.54
民生人寿	13.26	11.31	0.01	11.30			0.04	1.88	0.00	0.00	0.00			0.03	0.00	1.35	0.78	1.39	0.06	0.08	0.04	1.21	0.00	0.00	0.00	0.00	0.94	636.36
生命人寿	197.72	181.73	0.03	181.54	0.00	0.16	0.30	15.46	0.00	0.00	0.00	0.00	0.00	0.20	0.03	89.49	3.70	19.59	1.14	2.18	16.00	0.00	0.27	0.00	0.00	0.00	22.55	9571.75
信诚人寿	20.95	17.96	0.83	16.47	0.64	0.02	0.13	1.61	0.03	0.03	0.00	0.00	0.00	0.70	0.52	2.95	0.71	1.59	0.04	0.53	0.47	0.10	0.45	0.00	0.00	0.00	1.48	1533.47
合众人寿	78.39	71.02	13.12	57.70	0.00	0.20	0.61	6.65	0.00	0.00	0.00	0.00	0.00	0.06	0.05	26.90	2.86	16.12	0.12	1.19	10.40	4.34	0.07	0.00	0.00	0.00	164.51	5244.21
海康人寿	20.84	18.93	2.51	16.26	0.00	0.16	0.33	1.58	0.00							3.54	0.70	1.29	0.12	0.28	0.00	0.89					4.20	1454.26
中宏人寿	36.55	30.26	0.21	30.05	0.00	0.00	0.34	5.04	0.01	0.01	0.00	0.00	0.00	0.46	0.44	11.00	0.58	2.75	0.02	1.60	0.00	0.54	0.59	0.00	0.00	0.00	2.31	1095.89

续表 21

保险机构	保费收入																有效保单件数（万件）	赔款及给付									退保金	保险金额
	合计	个人业务							团体业务							其中:新单保费		合计	个人业务				团体业务					
		人寿保险					意外伤害险	健康险	人寿保险					意外伤害险	健康险													
		小计	普通寿险	分红寿险	投资连结保险	万能保险			小计	普通寿险	分红寿险	投资连结保险	万能保险						赔款支出	死伤医疗给付	满期给付	年金给付	赔款支出	死伤医疗给付	满期给付	年金给付		
国泰人寿	7.24	6.09	0.37	5.72	0.00	0.00	0.07	0.65	0.03	0.01	0.02	0.00	0.00	0.19	0.21	2.43	0.34	1.63	0.07	0.13	0.11	0.48	0.84	0.00	0.00	0.00	0.54	441.55
人保健康	4.59	4.49		4.42		0.07	0.02		0.00					0.08		0.08	0.10	1.68			1.64		0.04				0.11	77.53
北大方正	9.73	8.28	0.33	7.90	0.00	0.05	0.11	1.25	0.00	0.00	0.00	0.00	0.00	0.05	0.04	4.34	0.17	0.32	0.04	0.00	0.00	0.26	0.02	0.00	0.00	0.00	0.62	314.68
恒安标准	12.35	10.11	1.11	9.00			0.06	0.03	0.08	0.08				0.95	1.12	3.04	0.67	14.02	0.01	0.13	12.18	0.83	0.87				0.17	1444.86
光大永明	4.45	3.90	0.16	3.74	0.00	0.00	0.00	0.00	0.00	0.00	0.00	0.00	0.00	0.33	0.22	2.54	0.19	0.25	0.00	0.00	0.00	0.09	0.16	0.00	0.00	0.00	4.98	86.95
和谐健康	0.08	0.00					0.00	0.00	0.00					0.08		0.08	0.01	15.81						0.00	15.81			268.27
平安养老	18.11	0.00	0.00	0.00	0.00	0.00	0.00	0.00	0.60	0.60	0.00	0.00	0.00	11.07	6.44	18.10	0.27	7.11	0.00	0.00	0.00	0.00	6.98	0.01	0.00	0.12	0.40	28717.23
华泰人寿	102.63	100.55	11.20	88.98	0.00	0.37	0.81	0.48	0.05	0.02	0.03	0.00	0.00	0.43	0.26	33.26	3.50	6.24	0.49	0.95	0.00	4.61	0.19	0.00	0.00	0.00	8.40	2680.63
联泰大都会	17.29	16.29	1.18	15.10	0.01	0.00	0.08	0.92	0.00	0.00	0.00	0.00	0.00	0.00	0.00	12.74	0.16	0.11	0.01	0.10	0.00	0.00	0.00	0.00	0.00	0.00	9.92	666.12
中德安联	21.23	19.70	2.81	16.72	0.16	0.01	0.12	1.24	0.00	0.00	0.00	0.00	0.00	0.00	0.17	1.05	0.26	44.75	0.01	0.25	43.67	0.79	0.03				3.65	288.17
华夏人寿	12.13	9.69	0.26	9.32	0.00	0.11	0.04	0.40	0.09	0.09	0.00	0.00	0.00	0.53	1.32	3.13	3.26	26.98	0.00	0.52	23.16	1.31	1.98	0.01	0.00	0.00	4.52	3170.38
人保人寿	329.63	301.32	6.02	295.04		0.26	1.10	1.16	0.04	0.04				1.21	24.80	302.94	4.75	67.15	0.16	4.14	36.74	0.06	1.70	24.35			285.07	6132.18
英大泰和	6.76	6.48	0.22	6.26		0.00	0.02	0.26	0.00	0.00	0.00	0.00	0.00	0.00	0.00	6.60	0.06	0.01	0.00	0.00	0.00	0.01	0.00	0.00	0.00	0.00	0.13	88.34
信泰人寿	104.10	103.28	5.61	97.31	0.00	0.36	0.02	0.79	0.00	0.00	0.00	0.00	0.00	0.01	0.00	86.18	1.84	0.66	0.01	0.13	0.44	0.00	0.08	0.00	0.00	0.00	17.30	2570.25
长城人寿	22.03	21.33	0.35	20.98	0.00	0.00	0.07	0.63	0.00	0.00	0.00	0.00	0.00	0.00	0.00	9.24	0.27	1.88	0.00	0.14	0.00	1.74	0.00	0.00	0.00	0.00	3.85	259.64
工银安盛	142.80	142.07	3.26	138.76	0.05	0.00	0.13	0.08	0.01	0.01	0.00	0.00	0.00	0.02	0.49	117.40	0.54	5.34	0.04	0.18	0.00	4.44	0.68	0.00	0.00	0.00	94.83	798.95
建信人寿	136.80	127.69	13.19	114.50	0.00	0.00	1.20	0.37	0.08	0.08	0.00	0.00	0.00	6.17	1.29	129.02	2.17	1.63	0.08	0.23			1.32				27.58	31033.00
幸福人寿	0.66	0.65	0.00	0.65		0.00		0.01	0.00					0.00	0.00	0.35	0.02	0.03	0.00			0.02	0.01				1.18	25.42
阳光人寿	55.27	51.78	10.09	41.30	0.00	0.39	0.23	0.10	0.70	0.35	0.35	0.00	0.00	2.16	0.30	31.81	2.24	3.04	0.02	0.91	2.00	0.00	0.11	0.00	0.00	0.00	218.04	3278.60
长生人寿	9.23	8.60	3.48	5.12			0.31	0.32	0.00								0.16	0.87	0.26	0.61							0.33	489.18
国华人寿	0.14	0.13	0.10	0.03	0.00	0.00	0.00	0.01	0.00	0.00	0.00	0.00	0.00	0.00	0.00	0.10	1.44	0.01	0.00	0.01	0.00	0.00	0.00	0.00	0.00	0.00	0.20	379.81
安邦人寿	0.83	0.83		0.83					0.00							0.81	0.03	0.00				0.00					2.66	72.49
利安人寿	270.71	262.76	2.60	260.16			0.38	0.70	0.06	0.06				4.83	1.98	263.77	1.14	2.22	0.01	0.14		0.49	1.58				173.46	20504.12
东吴人寿	0.38	0.19	0.00	0.19	0.00	0.00	0.01	0.18	0.00	0.00	0.00	0.00	0.00	0.00	0.00	0.38	0.05	0.00	0.00	0.00	0.00	0.00	0.00	0.00	0.00	0.00	0.00	18.58
合计	6776.63	6092.42	662.58	5390.46	2.57	36.81	73.56	382.37	57.67	9.21	48.46	0.00	0.00	92.22	78.39	3164.88	293.57	1406.08	46.56	112.71	924.74	210.78	62.56	26.39	16.00	6.34	1863.07	459687.24

表 22

苏州市人身保险分公司业务统计表(2013)

(单位:人民币百万元)

保险机构	保费收入																有效保单件数(万件)	赔款及给付									退保金	保险金额
	合计	个人业务							团体业务							其中:新单保费		合计	个人业务				团体业务					
		人寿保险					意外伤害险	健康险	人寿保险					意外伤害险	健康险													
		小计	普通寿险	分红寿险	投资连结保险	万能保险			小计	普通寿险	分红寿险	投资连结保险	万能保险						赔款支出	死伤医疗给付	满期给付	年金给付	赔款支出	死伤医疗给付	满期给付	年金给付		
国寿股份	3779.32	3312.11	368.30	2943.81			49.73	194.27	33.79	11.67	22.12			95.22	94.20	1379.20	154.34	784.98	34.43	46.78	552.63	47.81	98.05	5.28	0.00	0.00	943.76	464025.81
太保人寿	2155.94	1838.31	179.30	1658.25	0.00	0.76	67.03	83.62	18.00	8.62	9.38	0.00	0.00	87.72	61.26	1083.08	652.46	252.38	55.31	88.86	22.23	84.39	0.00	0.71	0.04	0.84	522.12	244086.09
平安人寿	1920.07	1672.63	246.26	1352.96	4.75	68.66	36.13	208.31	0.01	0.01	0.00	0.00	0.00	2.23	0.76	616.77	55.03	267.20	8.13	49.62	174.73	32.63	1.12	0.02	0.00	0.95	92.07	98303.39
新华人寿	687.28	643.02	45.44	596.97	0.00	0.61	3.51	38.67	0.02	0.02	0.00	0.00	0.00	0.84	1.22	280.62	11.30	97.58	1.49	7.46	74.45	12.22	1.79	0.10	0.00	0.07	213.48	13375.48
泰康人寿	198.34	142.49	3.19	137.75	0.01	1.54	0.98	6.46	0.69	0.69	0.00	0.00	0.00	38.93	8.79	102.57	9.08	30.15	0.13	1.49	13.11	7.78	7.22	0.10	0.00	0.32	27.68	57627.05
友邦人寿	497.80	273.20	103.07	167.31	0.58	2.24	18.40	177.43	1.78	1.78	0.00	0.00	0.00	11.14	15.85	136.66	17.48	31.09	4.89	10.70	0.43	5.13	9.68	0.26	0.00	0.00	29.37	105230.23
太平人寿	1925.74	1882.18	14.64	1867.49	0.05	0.00	4.63	38.24	0.00	0.00	0.00	0.00	0.00	0.00	0.69	1210.14	14.91	78.85	2.32	4.01	0.16	72.31	0.05	0.00	0.00	0.00	336.92	16879.30
民生人寿	22.17	19.10	0.02	19.08			0.03	3.03	0.00	0.00	0.00			0.01	0.00	2.75	1.01	2.03	0.07	0.33	0.00	1.61	0.02	0.00	0.00	0.00	1.01	632.74
生命人寿	207.02	205.87	0.05	205.74	0.02	0.06	0.06	1.07	0.00	0.00	0.00	0.00	0.00	0.02	0.00	191.93	2.68	5.17	0.01	0.16	5.00	0.00	0.00	0.00	0.00	0.00	17.13	1618.70
信诚人寿	46.92	40.88	3.97	35.88	0.95	0.08	0.33	3.26	0.12	0.12	0.00	0.00	0.00	0.69	1.64	16.96	1.40	2.26	0.33	0.48	0.85	0.03	0.57	0.00	0.00	0.00	6.29	4096.28
中宏人寿	64.85	50.99	0.95	50.04	0.00	0.00	1.07	11.42	0.03	0.03	0.00	0.00	0.00	0.72	0.62	15.83	1.20	3.00	0.00	1.97	0.00	0.60	0.43	0.00	0.00	0.00	1.58	2747.17
国泰人寿	62.96	20.95	3.36	17.59	0.00	0.00	0.53	5.94	0.88	0.19	0.69	0.00	0.00	22.85	11.81	41.58	1.38	30.33	0.05	0.70	0.04	2.07	27.47	0.00	0.00	0.00	3.19	78559.63
人保健康	45.79	8.15		8.13		0.02	0.06	4.10	0.00					0.66	32.82	34.69	0.20	30.79	0.04		6.64		24.11				5.59	2212.18
北大方正	4.01	1.77	0.15	1.58	0.00	0.04	0.05	0.52	0.25	0.25	0.00	0.00	0.00	0.08	1.34	1.91	0.08	0.62	0.02	0.00	0.00	0.08	0.52	0.00	0.00	0.00	0.27	885.11
中意人寿	51.30	36.58	1.17	35.37	0.04	0.00	1.15	2.35	1.40	1.40				1.36	8.46	28.24	0.67	10.79	0.13	0.25	2.55	1.18	6.34	0.34			12.18	9810.93
恒安标准	23.00	21.87	3.04	18.83			0.20	0.03	0.03	0.03				0.20	0.67	7.38	0.46	3.23	0.01	0.21	0.46	1.93	0.62				0.40	928.54
光大永明	97.10	91.86	2.12	89.74	0.00	0.00	0.09	0.13	0.06	0.06	0.00	0.00	0.00	4.12	0.84	85.65	0.50	3.61	0.04	0.69	0.00	1.52	1.26	0.10	0.00	0.00	46.92	465.60
和谐健康	0.21	0.00					0.00	0.00	0.00					0.21	0.00	0.21	0.00	7.85						0.02	7.83		0.01	83.91
平安养老	64.70	0.00	0.00	0.00	0.00	0.00	0.00	0.00	0.00	0.00	0.00	0.00	0.00	43.91	20.79	64.70	0.81	21.05	0.00	0.00	0.00	0.00	20.98	0.00	0.00	0.07	0.45	76652.58
华泰人寿	28.52	27.50	1.88	25.50	0.00	0.12	0.19	0.18	0.12	0.11	0.01	0.00	0.00	0.34	0.19	7.39	0.96	1.79	0.17	0.40	0.00	1.19	0.03	0.00	0.00	0.00	2.07	791.04
联泰大都会	12.91	12.63	1.16	11.47	0.00	0.00	0.13	0.15	0.00	0.00	0.00	0.00	0.00	0.00	0.00	4.15	1.38	0.42	0.00	0.12	0.00	0.30	0.00	0.00	0.00	0.00	14.00	373.99
瑞泰人寿	0.00	0.00							0.00								0.00	0.00									0.00	0.10
中德安联	33.03	32.28	1.02	31.22	0.04	0.00	0.06	0.42	0.00	0.00	0.00	0.00	0.00	0.00	0.27	13.28	0.13	8.11		0.08	6.47	1.50	0.06				1.13	313.12
华夏人寿	29.06	22.25	0.71	21.45	0.00	0.09	1.36	0.51	0.30	0.30	0.00	0.00	0.00	3.24	1.40	19.03	2.90	25.44	0.00	0.56	21.13	1.13	2.62	0.00	0.00	0.00	22.74	4858.12
人保人寿	802.38	768.94	14.13	754.38		0.43	4.43	4.52	0.98	0.98				4.19	19.32	766.28	6.76	13.89	1.56	3.56	2.38	0.01	5.83	0.44		0.11	500.47	29414.93
信泰人寿	40.02	39.63	3.23	36.25	0.00	0.15	0.01	0.38	0.00	0.00	0.00	0.00	0.00	0.00	0.00	38.04	0.92	0.03	0.00	0.00	0.03	0.00	0.00	0.00	0.00	0.00	22.33	1180.19

续表 22

保险机构	保费收入																有效保单件数（万件）	赔款及给付									退保金	保险金额
	合计	个人业务							团体业务							其中：新单保费		合计	个人业务				团体业务					
		人寿保险					意外伤害险	健康险	人寿保险					意外伤害险	健康险				赔款支出	死伤医疗给付	满期给付	年金给付	赔款支出	死伤医疗给付	满期给付	年金给付		
		小计	普通寿险	分红寿险	投资连结保险	万能保险			小计	普通寿险	分红寿险	投资连结保险	万能保险															
长城人寿	17.31	16.92	1.29	15.63	0.00	0.00	0.04	0.35	0.00	0.00	0.00	0.00	0.00	0.00	0.00	11.21	0.16	0.90	0.00	0.02	0.00	0.88	0.00	0.00	0.00	0.00	9.39	159.86
工银安盛	299.67	291.62	3.20	288.39	0.03	0.00	0.07	0.07	0.41	0.41	0.00	0.00	0.00	0.70	6.80	284.22	0.45	15.17	0.60	0.00	0.00	2.18	12.16	0.23	0.00	0.00	123.70	1429.01
太平养老	20.02	0.00	0.00	0.00	0.00	0.00	0.00	0.00	0.49	0.49	0.00	0.00	0.00	11.75	7.78	19.99	0.29	6.12	0.00	0.00	0.00	0.00	5.95	0.17	0.00	0.00	3.95	13617.53
建信人寿	165.82	151.60	17.25	134.35	0.00	0.00	0.62	0.42	0.10	0.10	0.00	0.00	0.00	12.51	0.57	156.64	1.14	1.04	0.15	0.11	0.00	0.01	0.77	0.00	0.00	0.00	24.83	33472.40
幸福人寿	34.42	24.18	0.01	24.15		0.02	0.02	0.54	0.35	0.35				7.01	2.32	19.93	0.50	7.45	0.02	0.00		0.37	6.96	0.10			2.46	5713.92
阳光人寿	63.62	62.84	21.79	40.74	0.00	0.31	0.20	0.10	0.00	0.00	0.00	0.00	0.00	0.53	0.15	32.22	2.37	4.13	0.03	0.90	2.70	0.00	0.50	0.00	0.00	0.00	110.52	3036.45
长生人寿	1.61	1.50	0.45	1.05			0.06	0.05	0.00								0.05	0.15	0.01	0.14							0.04	120.63
百年人寿	2.11	1.97	0.00	1.97	0.00	0.00	0.03	0.11	0.00	0.00	0.00	0.00	0.00	0.00	0.00	2.11	0.03	0.00									0.00	59.66
交银康联	59.31	39.64	0.00	39.64	0.00	0.00	9.45	10.22	0.00							49.49	0.44	0.30	0.17		0.13	0.00					0.46	8126.65
中融人寿	128.53	128.53		128.53					0.00							128.53	0.43	0.00									0.07	144.39
利安人寿	227.44	219.55	1.57	217.98			0.24	0.40	0.19	0.19				3.88	3.18	221.90	0.86	3.05		0.11		0.41	2.53				206.07	6259.64
东吴人寿	227.01	101.49	0.00	101.48	0.00	0.01	0.15	2.31	0.87	0.87	0.00	0.00	0.00	4.88	117.31	227.01	2.23	29.14	0.01	0.01	0.00	0.00	29.06	0.06	0.00	0.00	39.25	146677.98
合计	14047.31	12205.03	1042.72	11080.70	6.47	75.14	201.04	799.58	60.87	28.67	32.20	0.00	0.00	359.74	421.05	7302.29	946.99	1780.09	110.12	219.72	886.12	279.27	266.70	7.93	7.87	2.36	3343.90	1433970.33

南通市人身保险分公司业务统计表(2013)

表 23

（单位：人民币百万元）

保险机构	保费收入																有效保单件数（万件）	赔款及给付									退保金	保险金额
	合计	个人业务							团体业务							其中：新单保费		合计	个人业务				团体业务					
		人寿保险					意外伤害险	健康险	人寿保险					意外伤害险	健康险				赔款支出	死伤医疗给付	满期给付	年金给付	赔款支出	死伤医疗给付	满期给付	年金给付		
		小计	普通寿险	分红寿险	投资连结保险	万能保险			小计	普通寿险	分红寿险	投资连结保险	万能保险															
国寿股份	3608.85	3306.85	317.47	2989.38			65.72	130.01	35.90	1.17	34.73			38.16	32.21	1462.43	202.56	1641.89	35.79	56.82	1474.64	30.91	43.44	0.29	0.00	0.00	486.04	181131.61
太保人寿	578.42	518.80	43.38	470.01	0.00	0.41	27.15	15.13	5.31	1.27	4.04	0.00	0.00	9.54	2.49	193.99	126.58	43.97	9.53	14.85	11.14	8.40	0.00	0.02	0.00	0.03	87.87	21724.76
平安人寿	1436.43	1239.93	110.71	1045.46	3.31	80.45	19.24	177.20	0.06	0.06	0.00	0.00	0.00	0.00	0.00	384.49	63.43	338.35	11.12	56.64	230.88	37.37	0.03	0.08	0.00	2.23	62.32	70723.42
新华人寿	750.07	656.79	115.28	539.61	0.00	1.90	4.59	82.76	0.01	0.01	0.00	0.00	0.00	3.19	2.73	283.62	18.09	90.81	6.57	12.77	49.34	18.70	3.01	0.00	0.00	0.42	198.43	13357.55
泰康人寿	338.97	325.90	2.24	321.37	0.03	2.26	0.34	5.55	0.05	0.05	0.00	0.00	0.00	5.82	1.31	176.96	18.05	139.62	2.04	7.79	120.25	9.22	0.26	0.00	0.00	0.06	101.30	10011.64
友邦人寿	14.37	7.90	2.75	5.10	0.03	0.02	0.66	5.14	0.03	0.03	0.00	0.00	0.00	0.32	0.32	5.04	0.59	1.59	0.39	0.97	0.00	0.04	0.16	0.03	0.00	0.00	4.25	3524.22

续表 23

保险机构	保费收入																有效保单件数（万件）	赔款及给付									退保金	保险金额
	合计	个人业务							团体业务							其中:新单保费		合计	个人业务				团体业务					
		人寿保险					意外伤害险	健康险	人寿保险					意外伤害险	健康险				赔款支出	死伤医疗给付	满期给付	年金给付	赔款支出	死伤医疗给付	满期给付	年金给付		
		小计	普通寿险	分红寿险	投资连结保险	万能保险			小计	普通寿险	分红寿险	投资连结保险	万能保险															
太平人寿	217.57	210.91	1.13	209.77	0.01	0.00	0.59	6.07	0.00	0.00	0.00	0.00	0.00	0.00	0.00	106.40	4.09	11.92	0.60	1.34	0.32	9.61	0.01	0.04	0.00	0.00	12.02	2017.80
民生人寿	178.29	169.65	0.02	169.63			0.15	7.98	0.00	0.00	0.00			0.49	0.02	24.62	10.52	154.77	1.04	5.31	139.13	8.66	0.63	0.00	0.00	0.00	67.15	4986.51
生命人寿	92.06	88.70	0.01	88.48	0.01	0.20	0.05	3.18	0.00	0.00	0.00	0.00	0.00	0.12	0.01	50.11	4.30	53.74	0.08	0.91	52.02	0.00	0.73	0.00	0.00	0.00	34.60	3272.66
信诚人寿	7.13	6.11	0.65	4.89	0.41	0.16	0.08	0.63	0.02	0.02	0.00	0.00	0.00	0.10	0.19	1.81	0.48	0.85	0.04	0.54	0.14	0.00	0.13	0.00	0.00	0.00	1.56	641.66
合众人寿	74.58	71.90	1.51	69.84	0.00	0.55	0.39	2.28	0.00	0.00	0.00	0.00	0.00	0.01	0.00	11.25	5.38	117.06	0.39	2.36	109.57	4.74	0.00	0.00	0.00	0.00	18.68	3962.81
海康人寿	21.97	21.43	4.17	17.19	0.00	0.07	0.05	0.49	0.00							7.83	0.67	0.80	0.06	0.08	0.00	0.66					4.29	576.90
中宏人寿	20.41	16.53	0.15	16.38	0.00	0.00	0.17	3.50	0.00	0.00	0.00	0.00	0.00	0.11	0.10	4.32	0.39	2.28	0.00	1.40	0.00	0.22	0.66	0.00	0.00	0.00	0.24	527.55
国泰人寿	8.85	6.17	0.46	5.71	0.00	0.00	0.09	1.47	0.02	0.00	0.02	0.00	0.00	0.70	0.40	2.17	0.32	3.36	0.01	0.22	1.33	0.56	1.24	0.00	0.00	0.00	1.00	741.30
人保健康	119.94	14.86		14.43		0.43	0.46	5.87	0.00					2.08	96.67	97.99	1.33	73.12	0.04	0.60	1.40		71.08				1.12	5151.17
北大方正	0.45	0.34	0.03	0.31	0.00	0.00	0.02	0.09	0.00	0.00	0.00	0.00	0.00	0.00	0.00	0.45	0.01	0.00	0.00	0.00	0.00	0.00	0.00	0.00	0.00	0.00	0.00	35.44
中意人寿	20.02	18.90	3.02	15.88			0.41	0.41	0.00					0.02	0.28	4.74	0.16	0.42	0.04	0.00		0.35	0.03				11.91	829.60
恒安标准	46.83	45.45	3.08	42.37			0.13	0.06	0.00	0.00				0.53	0.66	22.73	1.81	6.38	0.04	0.30	2.81	2.49	0.74				2.46	2799.83
光大永明	37.23	35.87	2.04	33.83	0.00	0.00	0.03	0.09	0.02	0.02	0.00	0.00	0.00	0.96	0.26	31.02	2.20	4.43	0.00	0.00	0.00	0.42	4.01	0.00	0.00	0.00	3.74	761.60
农银人寿	54.85	54.51	0.03	54.10		0.38	0.02	0.31	0.00	0.00	0.00		0.00	0.01	0.00	46.09	0.68	105.36	0.01	0.56	104.26	0.52	0.01	0.00	0.00	0.00	6.26	484.89
和谐健康	0.01	0.00					0.00	0.00	0.00					0.01	0.00	0.01	0.01	10.71						0.02	10.69		0.05	115.04
平安养老	36.44	0.00	0.00	0.00	0.00	0.00	0.00	0.00	0.00	0.00	0.00	0.00	0.00	17.50	18.94	36.43	0.67	33.34	0.00	0.00	0.00	0.00	33.29	0.00	0.00	0.05	0.00	47561.59
华泰人寿	14.94	14.63	0.51	14.11	0.00	0.01	0.07	0.06	0.02	0.02	0.00	0.00	0.00	0.05	0.11	8.89	0.48	0.44	0.04	0.10	0.00	0.27	0.03	0.00	0.00	0.00	0.91	321.55
联泰大都会	15.58	15.13	0.00	15.13	0.00	0.00	0.23	0.22	0.00	0.00	0.00	0.00	0.00	0.00	0.00	9.96	0.09	0.03	0.00	0.03	0.00	0.00	0.00	0.00	0.00	0.00	2.87	267.88
正德人寿	7.90	7.78		7.78				0.12	0.00							0.01	2.96	0.31		0.26	0.05						3.44	83.07
中德安联	5.59	5.47	0.22	5.19	0.06	0.00	0.01	0.11	0.00	0.00	0.00	0.00	0.00	0.00	0.00	1.78	0.44	0.47	0.00	0.05	0.15	0.27					1.98	178.65
华夏人寿	33.00	32.23	0.39	31.80	0.00	0.04	0.09	0.45	0.00	0.00	0.00	0.00	0.00	0.14	0.09	6.60	5.71	52.36	0.02	1.75	46.69	2.43	1.47	0.00	0.00	0.00	5.66	911.06
人保人寿	598.50	576.57	33.54	542.49		0.54	3.32	5.73	0.38	0.38				8.70	3.80	551.53	17.69	35.95	2.52	8.28	18.09		6.90	0.13		0.03	124.68	47476.63
英大泰和	12.67	10.66	0.98	9.52		0.16	0.16	1.85	0.00	0.00	0.00	0.00	0.00	0.00	0.00	7.72	0.72	0.25	0.15	0.09	0.00	0.01	0.00	0.00	0.00		0.18	838.60
信泰人寿	238.94	238.13	2.19	235.04	0.00	0.90	0.01	0.80	0.00	0.00	0.00	0.00	0.00	0.00	0.00	218.35	5.46	1.28	0.00	1.14	0.13	0.00	0.01	0.00	0.00	0.00	19.12	1391.40
中英人寿	10.99	10.41	1.85	8.56			0.12	0.46	0.00							3.54	0.32	0.64		0.09	0.20	0.35					2.84	696.00
长城人寿	48.57	48.19	1.67	46.52	0.00	0.00	0.05	0.33	0.00	0.00	0.00	0.00	0.00	0.00	0.00	28.48	0.74	1.14	0.00	0.39	0.00	0.75	0.00	0.00	0.00	0.00	5.94	356.08
工银安盛	105.35	103.69	2.92	100.77	0.00	0.00	0.20	0.22	0.04	0.04	0.00	0.00	0.00	0.15	1.05	95.99	0.58	1.18	0.02	0.02	0.00	0.10	1.04	0.00	0.00	0.00	28.23	1270.82

续表 23

保险机构	保费收入															其中:新单保费	有效保单件数(万件)	赔款及给付									退保金	保险金额
	合计	个人业务							团体业务									合计	个人业务				团体业务					
		人寿保险					意外伤害险	健康险	人寿保险					意外伤害险	健康险				赔款支出	死伤医疗给付	满期给付	年金给付	赔款支出	死伤医疗给付	满期给付	年金给付		
		小计	普通寿险	分红寿险	投资连结保险	万能保险			小计	普通寿险	分红寿险	投资连结保险	万能保险															
建信人寿	112.30	107.86	14.56	93.30	0.00	0.00	0.72	0.20	0.00	0.00	0.00	0.00	0.00	3.49	0.03	106.74	2.24	0.27	0.02	0.25			0.00				12.57	15522.91
幸福人寿	2.50	2.47	0.00	2.40		0.07	0.00	0.03	0.00					0.00	0.00	1.27	0.10	0.04	0.00	0.01		0.03					1.37	92.22
阳光人寿	82.45	81.72	10.07	70.11	0.00	1.54	0.38	0.29	0.00	0.00	0.00	0.00	0.00	0.04	0.02	32.67	4.75	6.86	0.10	2.44	4.24	0.00	0.08	0.00	0.00	0.00	7.67	2569.48
长生人寿	5.45	5.16	1.39	3.77			0.13	0.16	0.00								0.16	0.35	0.03	0.32							0.59	529.27
国华人寿	0.85	0.83	0.04	0.77	0.00	0.02	0.00	0.02	0.00	0.00	0.00	0.00	0.00	0.00	0.00	0.06	2.50	0.24	0.00	0.18	0.00	0.06	0.00	0.00	0.00	0.00	21.38	610.04
中融人寿	576.93	576.93		576.93					0.00							576.93	1.62	0.01	0.01								12.39	636.69
利安人寿	210.47	203.05	2.61	200.44			0.30	0.58	0.03	0.03				4.75	1.76	199.00	1.20	6.19	0.01	0.59		0.89	4.70				33.29	8437.89
东吴人寿	13.43	13.00	0.00	13.00	0.00	0.00	0.01	0.40	0.00	0.00	0.00	0.00	0.00	0.01	0.01	13.43	0.25	0.10	0.00	0.10	0.00	0.00	0.00	0.00	0.00	0.00	1.90	63.23
合　计	9760.15	8871.41	686.07	8091.37	3.86	90.11	126.14	460.25	41.89	3.10	38.79	0.00	0.00	97.00	163.46	4817.45	510.33	2942.88	70.71	179.55	2366.78	138.03	173.69	0.61	10.69	2.82	1392.30	457193.02

连云港市人身保险分公司业务统计表(2013)

表 24

(单位:人民币百万元)

保险机构	保费收入															其中:新单保费	有效保单件数(万件)	赔款及给付									退保金	保险金额
	合计	个人业务							团体业务									合计	个人业务				团体业务					
		人寿保险					意外伤害险	健康险	人寿保险					意外伤害险	健康险				赔款支出	死伤医疗给付	满期给付	年金给付	赔款支出	死伤医疗给付	满期给付	年金给付		
		小计	普通寿险	分红寿险	投资连结保险	万能保险			小计	普通寿险	分红寿险	投资连结保险	万能保险															
国寿股份	1596.02	1419.51	169.54	1249.97			32.21	105.15	13.89	1.31	12.58			10.89	14.37	613.47	116.87	473.13	26.24	24.63	403.82	9.80	7.94	0.70	0.00	0.00	325.11	93415.19
太保人寿	320.89	283.04	84.75	198.15	0.00	0.14	7.68	25.10	0.09	0.09	0.00	0.00	0.00	3.75	1.23	75.64	50.11	25.05	5.65	10.66	1.66	7.08	0.00	0.00	0.00	0.00	46.98	13369.32
平安人寿	165.07	132.28	24.37	98.49	0.00	9.42	3.23	29.56	0.00	0.00	0.00	0.00	0.00	0.00	0.00	45.26	10.51	35.24	1.64	6.87	17.96	8.76	0.00	0.00	0.00	0.01	17.14	10981.12
新华人寿	50.01	41.92	6.36	35.27	0.00	0.29	0.41	7.25	0.00	0.00	0.00	0.00	0.00	0.19	0.24	21.68	1.17	1.41	0.16	0.53	0.00	0.71	0.01	0.00	0.00	0.00	8.01	1190.67
泰康人寿	152.61	145.20	1.53	139.28	0.00	4.39	0.44	6.45	0.00	0.00	0.00	0.00	0.00	0.37	0.15	74.30	12.03	28.89	0.31	2.56	19.32	6.06	0.57	0.00	0.00	0.07	22.04	3981.65
友邦人寿	3.41	0.97	0.40	0.57	0.00	0.00	0.26	2.14	0.00	0.00	0.00	0.00	0.00	0.02	0.02	2.30	0.16	0.25	0.14	0.10	0.00	0.00	0.01	0.00	0.00	0.00	0.03	279.12
太平人寿	75.07	70.15	0.08	70.07	0.00	0.00	0.58	4.34	0.00	0.00	0.00	0.00	0.00	0.00	0.00	39.13	1.75	3.99	0.20	0.40	0.00	3.39	0.00	0.00	0.00	0.00	2.47	1397.14
民生人寿	27.56	23.77	0.04	23.73			0.06	3.73	0.00	0.00	0.00			0.00	0.00	3.55	1.91	2.31	0.33	0.81	0.00	1.17	0.00	0.00	0.00	0.00	1.50	1236.66
生命人寿	16.90	15.06	0.02	15.04	0.00	0.00	0.00	1.75	0.00	0.00	0.00	0.00	0.00	0.09	0.00	5.02	0.96	2.50	0.01	0.12	2.36	0.00	0.01	0.00	0.00	0.00	4.16	1166.50
合众人寿	8.73	8.29	0.23	8.04	0.00	0.02	0.06	0.35	0.00	0.00	0.00	0.00	0.00	0.02	0.01	1.70	0.31	1.27	0.05	0.11	1.11	0.00	0.00	0.00	0.00	0.00	0.37	452.58

续表 24

保险机构	保费收入 合计	个人业务 人寿保险 小计	个人业务 人寿保险 普通寿险	个人业务 人寿保险 分红寿险	个人业务 人寿保险 投资连结保险	个人业务 人寿保险 万能保险	个人业务 意外伤害险	个人业务 健康险	团体业务 人寿保险 小计	团体业务 人寿保险 普通寿险	团体业务 人寿保险 分红寿险	团体业务 人寿保险 投资连结保险	团体业务 人寿保险 万能保险	团体业务 意外伤害险	团体业务 健康险	其中:新单保费	有效保单件数(万件)	赔款及给付 合计	个人业务 赔款支出	个人业务 死伤医疗给付	个人业务 满期给付	个人业务 年金给付	团体业务 赔款支出	团体业务 死伤医疗给付	团体业务 满期给付	团体业务 年金给付	退保金	保险金额
光大永明	0.72	0.72	0.00	0.72	0.00	0.00	0.00	0.00	0.00	0.00	0.00	0.00	0.00	0.00	0.00	0.69	0.13	0.00	0.00	0.00	0.00	0.00	0.00	0.00	0.00	0.00	1.06	32.48
华泰人寿	30.91	26.99	3.81	23.10	0.00	0.08	0.88	0.03	2.54	2.54	0.00	0.00	0.00	0.33	0.14	14.16	4.23	1.84	0.45	0.29	0.00	0.90	0.20	0.00	0.00	0.00	1.05	2144.59
正德人寿	12.39	12.01		12.01			0.01	0.37	0.00								2.99	0.44		0.16	0.28						5.22	168.36
华夏人寿	1.27	0.99	0.00	0.99	0.00	0.00	0.01	0.00	0.00	0.00	0.00	0.00	0.00	0.04	0.23	1.27	0.16	0.29	0.00	0.00	0.00	0.29	0.00	0.00	0.00	0.00	0.00	38.89
人保人寿	233.77	226.63	21.03	205.60		0.00	4.97	0.98	0.00	0.00				0.97	0.22	215.33	5.83	2.96	0.30	1.76	0.04		0.86				69.41	5804.51
信泰人寿	0.90	0.81	0.30	0.51	0.00	0.00	0.00	0.09	0.00	0.00	0.00	0.00	0.00	0.00	0.00	0.90	0.01	0.00	0.00	0.00	0.00	0.00	0.00	0.00	0.00	0.00	0.00	48.42
长城人寿	22.98	22.64	0.09	22.55	0.00	0.00	0.05	0.29	0.00	0.00	0.00	0.00	0.00	0.00	0.00	18.58	0.17	0.57	0.00	0.06	0.00	0.51	0.00	0.00	0.00	0.00	11.97	130.55
阳光人寿	7.64	7.37	2.43	4.75	0.00	0.19	0.13	0.13	0.00	0.00	0.00	0.00	0.00	0.01	0.00	5.68	1.09	0.50	0.02	0.10	0.38	0.00	0.00	0.00	0.00	0.00	0.12	592.03
利安人寿	24.89	23.38	1.02	22.36			0.16	0.17	0.00					1.02	0.16	23.23	0.54	0.61	0.04	0.04		0.13	0.40				3.66	2076.37
东吴人寿	0.00	0.00	0.00	0.00	0.00	0.00	0.00	0.00	0.00	0.00	0.00	0.00	0.00	0.00	0.00	0.00	0.00	0.00	0.00	0.00	0.00	0.00	0.00	0.00	0.00	0.00	0.00	0.00
合　计	2751.74	2461.73	316.00	2131.20	0.00	14.53	51.14	187.88	16.52	3.94	12.58	0.00	0.00	17.70	16.77	1161.89	210.93	581.25	35.54	49.20	446.93	38.80	10.00	0.70	0.00	0.08	520.30	138506.15

淮安市人身保险分公司业务统计表(2013)

表 25

（单位：人民币百万元）

保险机构	保费收入 合计	个人业务 人寿保险 小计	个人业务 人寿保险 普通寿险	个人业务 人寿保险 分红寿险	个人业务 人寿保险 投资连结保险	个人业务 人寿保险 万能保险	个人业务 意外伤害险	个人业务 健康险	团体业务 人寿保险 小计	团体业务 人寿保险 普通寿险	团体业务 人寿保险 分红寿险	团体业务 人寿保险 投资连结保险	团体业务 人寿保险 万能保险	团体业务 意外伤害险	团体业务 健康险	其中:新单保费	有效保单件数(万件)	赔款及给付 合计	个人业务 赔款支出	个人业务 死伤医疗给付	个人业务 满期给付	个人业务 年金给付	团体业务 赔款支出	团体业务 死伤医疗给付	团体业务 满期给付	团体业务 年金给付	退保金	保险金额
国寿股份	1420.06	1260.54	194.90	1065.64			29.28	78.83	8.26	0.80	7.46			25.82	17.33	481.80	112.53	476.13	24.11	23.67	401.49	8.12	17.88	0.86	0.00	0.00	313.06	312111.13
太保人寿	189.29	157.70	45.54	112.08	0.00	0.08	6.35	16.17	5.26	5.26	0.00	0.00	0.00	3.27	0.54	43.53	22.91	12.23	1.64	6.66	0.54	3.27	0.00	0.09	0.02	0.01	50.79	8527.12
平安人寿	187.07	159.09	21.24	130.52	0.01	7.32	2.28	25.71	(0.01)	(0.01)	0.00	0.00	0.00	0.00	0.00	82.67	9.26	31.10	0.77	4.55	18.99	6.77	0.00	0.00	0.01	0.01	34.25	8553.96
新华人寿	44.51	26.19	6.10	20.02	0.00	0.07	1.88	16.16	0.00	0.00	0.00	0.00	0.00	0.17	0.11	32.30	2.18	1.43	0.13	0.55	0.00	0.53	0.22	0.00	0.00	0.00	9.46	8024.35
泰康人寿	160.12	154.98	1.53	149.60	0.00	3.85	0.16	4.52	0.00	0.00	0.00	0.00	0.00	0.34	0.12	73.35	9.60	43.78	0.09	3.06	35.43	5.05	0.15	0.00	0.00	0.00	73.88	3300.85
太平人寿	78.47	75.24	0.39	74.85	0.00	0.00	0.32	2.89	0.00	0.00	0.00	0.00	0.00	0.02	0.00	34.92	2.06	5.09	0.20	0.75	0.03	4.06	0.05	0.00	0.00	0.00	18.40	960.90
生命人寿	31.12	30.05	0.00	30.05	0.00	0.00	0.00	0.89	0.00	0.00	0.00	0.00	0.00	0.16	0.02	18.52	0.82	2.56	0.01	0.04	2.38	0.00	0.13	0.00	0.00	0.00	4.54	1349.97
合众人寿	4.09	3.85	0.17	3.67	0.00	0.01	0.02	0.22	0.00	0.00	0.00	0.00	0.00	0.00	0.00	0.85	0.16	0.30	0.00	0.00	0.00	0.30	0.00	0.00	0.00	0.00	0.44	197.58

续表 25

保险机构	保费收入																有效保单件数（万件）	赔款及给付									退保金	保险金额
	合计	个人业务							团体业务							其中:新单保费		合计	个人业务				团体业务					
		人寿保险					意外伤害险	健康险	人寿保险					意外伤害险	健康险													
		小计	普通寿险	分红寿险	投资连结保险	万能保险			小计	普通寿险	分红寿险	投资连结保险	万能保险						赔款支出	死伤医疗给付	满期给付	年金给付	赔款支出	死伤医疗给付	满期给付	年金给付		
人民健康	2.77	2.77	0.00	0.00	0.00	2.77	0.00	0.00	0.00	0.00	0.00	0.00	0.00	0.00	0.00	0.00	0.01	0.00										9.38
华泰人寿	2.72	2.61	0.26	2.35	0.00	0.00	0.09	0.00	0.00	0.00	0.00	0.00	0.00	0.01	0.01	1.42	0.22	0.02	0.02	0.00	0.00	0.00	0.00	0.00	0.00	0.00	0.08	100.64
华夏人寿	11.36	10.11	0.06	10.05	0.00	0.00	0.10	0.27	0.01	0.01	0.00	0.00	0.00	0.74	0.13	11.00	0.91	0.84	0.04	0.01	0.00	0.65	0.14	0.00	0.00	0.00	1.48	734.35
人保人寿	365.88	362.47	41.03	321.44			1.03	1.28	0.00					0.55	0.55	353.33	4.32	2.47	0.96	1.25	0.01		0.24	0.01			54.78	4283.00
信泰人寿	97.58	97.34	1.63	95.70	0.00	0.01	0.00	0.24	0.00	0.00	0.00	0.00	0.00	0.00	0.00	11.57	0.62	0.05	0.00	0.01	0.04	0.00	0.00	0.00	0.00	0.00	0.98	739.44
阳光人寿	3.07	2.88	1.07	1.73	0.00	0.08	0.05	0.02	0.00	0.00	0.00	0.00	0.00	0.09	0.03	1.83	0.27	0.32	0.00	0.14	0.18	0.00	0.00	0.00	0.00	0.00	0.10	394.74
利安人寿	86.49	84.93	1.04	83.89			0.17	0.17	0.07	0.07				0.96	0.19	84.09	2.13	0.13		0.06		0.07					9.40	4645.51
东吴人寿	1.14	0.52	0.00	0.52	0.00	0.00	0.00	0.59	0.00	0.00	0.00	0.00	0.00	0.02	0.01	1.14	0.04	0.00	0.00	0.00	0.00	0.00	0.00	0.00	0.00	0.00	0.00	35.59
合　计	2685.74	2431.27	314.96	2102.11	0.01	14.19	41.73	147.96	13.59	6.13	7.46	0.00	0.00	32.15	19.04	1232.32	168.04	576.45	27.97	40.75	459.09	28.82	18.81	0.96	0.03	0.02	571.64	353968.51

盐城市人身保险分公司业务统计表(2013)

表 26

（单位：人民币百万元）

保险机构	保费收入																有效保单件数（万件）	赔款及给付									退保金	保险金额
	合计	个人业务							团体业务							其中:新单保费		合计	个人业务				团体业务					
		人寿保险					意外伤害险	健康险	人寿保险					意外伤害险	健康险													
		小计	普通寿险	分红寿险	投资连结保险	万能保险			小计	普通寿险	分红寿险	投资连结保险	万能保险						赔款支出	死伤医疗给付	满期给付	年金给付	赔款支出	死伤医疗给付	满期给付	年金给付		
国寿股份	2258.57	2021.82	395.38	1626.44			53.88	141.19	3.13	0.48	2.65			21.46	17.09	727.44	273.61	974.97	37.99	46.99	859.45	15.67	14.42	0.45	0.00	0.00	452.11	138461.53
太保人寿	405.23	353.96	124.03	229.62	0.00	0.31	8.83	24.44	0.21	0.21	0.00	0.00	0.00	8.57	9.22	99.15	54.91	28.78	5.28	16.28	1.47	5.74	0.00	0.01	0.00	0.00	50.29	259205.69
平安人寿	728.56	586.05	44.04	483.72	0.78	57.51	12.62	129.84	0.05	0.05	0.00	0.00	0.00	0.00	0.00	176.09	48.33	134.49	7.43	40.48	64.78	21.63	0.00	0.01	0.04	0.12	38.46	45633.01
新华人寿	176.73	156.44	17.85	138.19	0.00	0.40	0.61	17.62	0.04	0.04	0.00	0.00	0.00	1.41	0.61	63.90	7.38	16.03	0.9	4.95	6.93	2.99	0.26	0.00	0.00	0.00	86.76	12278.83
泰康人寿	129.21	121.75	1.90	116.34	0.00	3.51	0.27	4.41	0.08	0.08	0.00	0.00	0.00	1.60	1.10	60.41	10.74	41.26	0.15	3.86	31.49	5.35	0.41	0.00	0.00	0.00	36.58	7735.34
友邦人寿	5.19	2.77	0.55	2.21	0.01	0.00	0.20	2.13	0.00	0.00	0.00	0.00	0.00	0.05	0.04	4.16	0.09	0.09	0.01	0.07	0.00	0.00	0.01	0.00	0.00	0.00	0.12	273.63
太平人寿	150.02	141.62	1.89	139.72	0.01	0.00	1.20	7.16	0.00	0.00	0.00	0.00	0.00	0.00	0.04	58.94	5.04	9.59	0.88	1.20	0.14	7.37	0.00	0.00	0.00	0.00	23.85	2548.38
民生人寿	80.87	70.24	0.17	70.07			0.12	10.50	0.00	0.00	0.00			0.01	0.00	11.83	6.73	46.34	0.50	2.18	41.37	2.28	0.01	0.00	0.00	0.00	21.27	3029.66
生命人寿	47.81	43.23	0.01	42.91	0.00	0.31	0.08	4.30	0.00	0.00	0.00	0.00	0.00	0.18	0.02	10.63	3.39	9.33	0.20	1.17	7.93	0.00	0.03	0.00	0.00	0.00	11.98	2548.42
合众人寿	95.84	90.89	5.43	84.56	0.00	0.90	0.60	4.27	0.00	0.00	0.00	0.00	0.00	0.06	0.02	27.88	4.52	40.83	0.43	2.55	31.72	6.13	0.00	0.00	0.00	0.00	12.48	3545.88

续表 26

保险机构	保费收入																有效保单件数(万件)	赔款及给付									退保金	保险金额
	合计	个人业务							团体业务							其中:新单保费		合计	个人业务				团体业务					
		人寿保险					意外伤害险	健康险	人寿保险					意外伤害险	健康险													
		小计	普通寿险	分红寿险	投资连结保险	万能保险			小计	普通寿险	分红寿险	投资连结保险	万能保险						赔款支出	死伤医疗给付	满期给付	年金给付	赔款支出	死伤医疗给付	满期给付	年金给付		
中宏人寿	2.91	2.25	0.03	2.22	0.00	0.00	0.06	0.57	0.00	0.00	0.00	0.00	0.00	0.02	0.01	0.98	0.08	0.23	0.03	0.18	0.00	0.02	0.00	0.00	0.00	0.00	0.17	113.98
恒安标准	11.66	11.55	1.64	9.91			0.08	0.03	0.00							5.70	0.39	1.07	0.02	0.01	0.46	0.58					1.15	313.39
光大永明	3.70	2.40	0.39	2.01	0.00	0.00	0.01	0.01	0.00	0.00	0.00	0.00	0.00	1.00	0.28	2.69	0.21	0.09	0.00	0.00	0.00	0.01	0.08	0.00	0.00	0.00	1.19	92.32
农银人寿	36.58	36.01	0.06	35.58		0.37	0.03	0.48	0.00	0.00	0.00		0.00	0.06	0.00	30.59	0.60	29.70	0.02	0.25	28.96	0.47	0.00	0.00	0.00	0.00	1.79	485.02
平安养老	14.48	0.00	0.00	0.00	0.00	0.00	0.00	0.00	0.00	0.00	0.00	0.00	0.00	8.87	5.61	14.47	0.44	6.65	0.00	0.00	0.00	0.00	6.65	0.00	0.00	0.00	0.00	27237.05
华泰人寿	40.22	38.99	4.20	34.28	0.00	0.51	0.47	0.24	0.00	0.00	0.00	0.00	0.00	0.39	0.13	13.56	3.00	2.03	0.60	0.82	0.01	0.55	0.05	0.00	0.00	0.00	5.80	1748.99
正德人寿	1.70	1.62		1.62				0.08	0.00							0.05	2.08	0.09		0.05	0.04						2.45	46.72
中德安联	5.92	5.73	0.18	5.44	0.11	0.00	0.02	0.17	0.00	0.00	0.00	0.00	0.00	0.00	0.00	1.06	0.26	1.43	0.00	0.61	0.50	0.32					1.71	130.07
华夏人寿	29.49	26.71	2.15	24.14	0.00	0.42	0.77	1.48	0.00	0.00	0.00	0.00	0.00	0.51	0.02	11.08	3.31	43.74	0.64	1.43	38.45	3.01	0.21	0.00	0.00	0.00	5.40	1530.85
人保人寿	186.00	182.68	16.27	166.09		0.32	0.83	1.54	0.00					0.68	0.27	172.99	7.66	5.10	0.60	3.15	1.12		0.23				58.33	7620.35
英大泰和	6.78	5.45	0.51	4.57		0.37	0.07	1.26	0.00	0.00	0.00	0.00	0.00	0.00	0.00	5.44	0.51	0.46	0.04	0.37	0.00	0.05	0.00	0.00	0.00		0.30	681.01
信泰人寿	26.77	25.88	1.26	24.44	0.00	0.18	0.01	0.87	0.00	0.00	0.00	0.00	0.00	0.01	0.00	7.11	1.66	3.09	0.00	0.34	2.73	0.00	0.02	0.00	0.00	0.00	6.04	818.43
长城人寿	33.62	32.84	1.11	31.73	0.00	0.00	0.11	0.67	0.00	0.00	0.00	0.00	0.00	0.00	0.00	23.40	0.60	1.12	0.00	0.07	0.00	1.05	0.00	0.00	0.00	0.00	11.78	569.98
建信人寿	35.83	33.08	16.32	16.76	0.00	0.00	0.80	0.17	0.00	0.00	0.00	0.00	0.00	1.63	0.15	34.45	0.90	0.06	0.06				0.00				11.17	10992.46
幸福人寿	5.02	4.93	0.00	4.91		0.02	0.01	0.08	0.00					0.00	0.00	2.90	0.28	0.23	0.00	0.19		0.04	0.00				1.01	81.30
阳光人寿	21.28	19.64	4.39	14.08	0.00	1.17	0.38	0.21	0.01	0.01	0.00	0.00	0.00	0.83	0.21	10.71	227.84	2.38	0.11	1.01	1.15	0.00	0.11	0.00	0.00	0.00	5.00	316266.40
长生人寿	2.76	2.68	1.19	1.49			0.05	0.03	0.00								0.00	0.00	0.00	0.00							0.01	128.04
安邦人寿	0.07	0.06		0.06				0.00	0.00					0.01		0.07	0.01	0.00					0.00				0.69	64.18
百年人寿	25.33	24.76	0.01	24.75	0.00	0.00	0.10	0.47	0.00	0.00	0.00	0.00	0.00	0.00	0.00	22.91	0.21	0.23	0.02	0.04	0.00	0.17	0.00	0.00	0.00	0.00	3.10	196.88
利安人寿	74.99	72.59	1.45	71.14			0.27	0.35	0.00					1.55	0.23	64.40	0.89	1.39	0.01	0.14		1.18	0.06				13.14	2592.46
东吴人寿	1.52	0.64	0.00	0.64	0.00	0.00	0.01	0.61	0.00	0.00	0.00	0.00	0.00	0.21	0.05	1.52	0.04	0.00	0.00	0.00	0.00	0.00	0.00	0.00	0.00	0.00	0.00	63.13
合　计	4644.66	4119.26	642.41	3409.64	0.91	66.30	82.49	355.18	3.52	0.87	2.65	0.00	0.00	49.11	35.10	1666.51	665.71	1400.80	55.92	128.39	1118.70	74.61	22.55	0.47	0.04	0.12	864.13	847033.38

扬州市人身保险分公司业务统计表(2013)

表 27 （单位：人民币百万元）

保险机构	保费收入																有效保单件数(万件)	赔款及给付									退保金	保险金额
	合计	个人业务							团体业务							其中:新单保费		合计	个人业务				团体业务					
		人寿保险					意外伤害险	健康险	人寿保险					意外伤害险	健康险													
		小计	普通寿险	分红寿险	投资连结保险	万能保险			小计	普通寿险	分红寿险	投资连结保险	万能保险						赔款支出	死伤医疗给付	满期给付	年金给付	赔款支出	死伤医疗给付	满期给付	年金给付		
国寿股份	2937.14	2622.92	354.58	2268.34			39.46	176.40	24.93	1.57	23.36			42.37	31.06	1043.30	180.30	1112.36	35.99	44.38	978.48	22.13	30.71	0.67	0.00	0.00	412.60	168631.60
太保人寿	434.95	374.53	64.14	310.08	0.00	0.31	15.86	29.96	0.41	0.41	0.00	0.00	0.00	11.51	2.58	137.53	85.89	54.39	14.88	18.44	2.81	17.86	0.00	0.11	0.19	0.10	62.30	36685.27
平安人寿	318.13	247.65	33.33	195.21	0.71	13.40	3.78	66.64	0.06	0.06	0.00	0.00	0.00	0.00	0.00	92.50	18.21	71.12	3.63	11.56	36.22	19.25	0.00	0.00	0.17	0.29	39.05	15404.15
新华人寿	268.13	243.32	23.47	219.25	0.00	0.60	2.28	21.08	0.01	0.01	0.00	0.00	0.00	0.85	0.59	121.96	7.23	37.68	2.04	4.93	27.22	2.56	0.93	0.00	0.00	0.00	102.28	4264.39
泰康人寿	154.66	138.32	1.98	133.36	0.00	2.98	0.22	6.73	0.03	0.03	0.00	0.00	0.00	7.43	1.93	72.78	11.56	31.79	0.19	2.84	20.58	6.42	1.70	0.05	0.00	0.01	24.88	70825.77
友邦人寿	11.95	8.05	0.90	7.12	0.03	0.00	0.28	3.23	0.00	0.00	0.00	0.00	0.00	0.20	0.19	7.89	0.27	0.45	0.18	0.12	0.00	0.01	0.14	0.00	0.00	0.00	6.81	845.94
太平人寿	257.21	247.02	5.90	241.12	0.00	0.00	0.76	9.43	0.00	0.00	0.00	0.00	0.00	0.00	0.00	120.44	5.82	15.03	0.75	2.36	0.55	11.37	0.00	0.00	0.00	0.00	35.35	3007.96
民生人寿	47.53	40.68	0.04	40.64			0.17	6.57	0.00	0.00	0.00			0.11	0.00	6.01	2.94	8.76	0.47	0.74	5.36	2.19	0.00	0.00	0.00	0.00	6.46	1500.78
生命人寿	47.37	43.22	0.02	43.13	0.00	0.07	0.08	3.96	0.00	0.00	0.00	0.00	0.00	0.11	0.00	23.95	2.36	3.81	0.20	0.54	2.98	0.00	0.09	0.00	0.00	0.00	21.70	5922.28
合众人寿	34.36	32.19	1.12	30.80	0.00	0.27	0.16	2.01	0.00	0.00	0.00	0.00	0.00	0.00	0.00	9.48	1.34	14.73	0.22	0.61	11.38	2.52	0.00	0.00	0.00	0.00	6.36	1531.09
海康人寿	9.41	9.26	0.13	9.10	0.00	0.03	0.05	0.10	0.00							3.40	0.19	0.31	0.01	0.03	0.00	0.27					4.58	410.77
中宏人寿	11.49	9.12	0.06	9.06	0.00	0.00	0.13	2.10	0.00	0.00	0.00	0.00	0.00	0.07	0.07	4.16	0.26	0.45	0.00	0.33	0.00	0.08	0.04	0.00	0.00	0.00	0.40	360.34
国泰人寿	5.61	3.08	0.88	2.20	0.00	0.00	0.05	1.20	0.03	0.01	0.02	0.00	0.00	0.83	0.42	2.29	0.14	1.69	0.00	0.35	0.36	0.25	0.73	0.00	0.00	0.00	0.11	1258.20
人保健康	63.58	4.27		4.01		0.26		2.41	0.00					4.39	52.51	56.21	0.76	52.71	0.11	0.23	0.25		52.10		0.02		1.09	3802.57
北大方正	2.01	1.44	0.09	1.32	0.00	0.03	0.03	0.53	0.00	0.00	0.00	0.00	0.00	0.01	0.00	0.76	0.08	0.02	0.02	0.00	0.00	0.00	0.00	0.00	0.00	0.00	0.09	103.77
中意人寿	38.47	35.94	0.73	35.16	0.05	0.00	0.59	1.88	0.00					0.03	0.03	12.35	0.55	3.15	0.20	0.72	0.45	1.55	0.23				13.58	1293.23
恒安标准	9.32	9.11	1.48	7.63			0.09	0.04	0.00	0.00				0.03	0.05	2.19	0.36	3.08	0.02	0.01	0.45	0.76	1.84				0.51	396.53
光大永明	11.39	10.18	2.91	7.27	0.00	0.00	0.06	0.40	0.00	0.00	0.00	0.00	0.00	0.53	0.22	3.11	0.51	0.61	0.00	0.00	0.00	0.21	0.40	0.00	0.00	0.00	0.73	316.60
农银人寿	28.00	24.43	0.00	24.32		0.11	0.01	0.22	0.00	0.00	0.00		0.00	2.75	0.59	24.72	0.37	14.77	0.01	0.18	14.15	0.11	0.32	0.00	0.00	0.00	1.18	590.70
平安养老	9.44	0.00	0.00	0.00	0.00	0.00	0.00	0.00	0.00	0.00	0.00	0.00	0.00	6.22	3.22	9.44	0.15	2.38	0.00	0.00	0.00	0.00	2.38	0.00	0.00	0.00	0.00	23419.11
华泰人寿	23.03	22.48	2.14	20.11	0.00	0.23	0.25	0.22	0.05	0.02	0.03	0.00	0.00	0.02	0.01	9.53	1.27	1.44	0.17	0.56	0.12	0.58	0.01	0.00	0.00	0.00	5.19	695.27
华夏人寿	2.01	1.49	0.02	1.47	0.00	0.00	0.21	0.14	0.00	0.00	0.00	0.00	0.00	0.13	0.04	1.88	0.95	0.58	0.01	0.05	0.00	0.49	0.03	0.00	0.00	0.00	0.07	671.73
人保人寿	377.79	365.49	26.36	338.93		0.20	2.07	2.34	0.00					3.91	3.98	361.48	8.35	50.27	1.72	3.57	40.46	0.00	4.42			0.10	95.31	12838.77
英大泰和	5.39	4.56	0.53	3.95		0.08	0.17	0.66	0.00	0.00	0.00	0.00	0.00	0.00	0.00	2.80	0.73	0.36	0.08	0.18	0.00	0.10	0.00	0.00	0.00		0.13	977.02
信泰人寿	29.69	27.83	2.02	25.65	0.00	0.16	0.01	1.01	0.00	0.00	0.00	0.00	0.00	0.84	0.00	9.35	0.79	3.25	0.00	0.54	2.65	0.00	0.06	0.00	0.00	0.00	4.35	1652.70
中英人寿	26.73	26.39	0.99	25.40			0.05	0.29	0.00							20.58	0.37	0.59		0.12	0.16	0.31					20.27	479.94

续表 27

保险机构	保费收入																有效保单件数（万件）	赔款及给付									退保金	保险金额
	合计	个人业务							团体业务							其中:新单保费		合计	个人业务				团体业务					
		人寿保险					意外伤害险	健康险	人寿保险					意外伤害险	健康险													
		小计	普通寿险	分红寿险	投资连结保险	万能保险			小计	普通寿险	分红寿险	投资连结保险	万能保险						赔款支出	死伤医疗给付	满期给付	年金给付	赔款支出	死伤医疗给付	满期给付	年金给付		
长城人寿	11.79	11.58	0.08	11.50	0.00	0.00	0.02	0.19	0.00	0.00	0.00	0.00	0.00	0.00	0.00	9.11	0.09	0.15	0.00	0.02	0.00	0.13	0.00	0.00	0.00	0.00	6.69	66.05
工银安盛	59.40	59.05	0.75	58.30	0.00	0.00	0.03	0.03	0.01	0.01	0.00	0.00	0.00	0.19	0.09	56.28	0.20	0.68	0.01	0.10	0.00	0.09	0.48	0.00	0.00	0.00	25.03	369.35
建信人寿	56.38	53.00	19.99	33.01	0.00	0.00	0.30	0.08	0.00	0.00	0.00	0.00	0.00	2.94	0.06	54.70	0.76	0.04	0.00				0.04				11.52	8994.16
幸福人寿	3.65	3.59	0.00	3.58		0.01	0.00	0.02	0.00					0.03	0.01	3.09	0.08	0.03				0.02	0.01				1.60	175.14
阳光人寿	33.67	32.98	4.60	27.92	0.00	0.46	0.15	0.09	0.00	0.00	0.00	0.00	0.00	0.37	0.08	15.34	1.70	3.33	0.02	0.86	2.18	0.00	0.27	0.00	0.00	0.00	12.65	1761.22
国华人寿	0.17	0.17	0.01	0.16	0.00	0.00	0.00	0.00	0.00	0.00	0.00	0.00	0.00	0.00	0.00	0.03	1.55	0.01	0.00	0.00	0.00	0.01	0.00	0.00	0.00	0.00	0.01	443.55
百年人寿	11.57	9.77	0.10	9.67	0.00	0.00	0.07	0.25	0.00	0.00	0.00	0.00	0.00	1.17	0.31	10.57	0.08	0.21	0.10	0.01	0.00	0.08	0.01	0.01	0.00	0.00	0.11	5280.41
利安人寿	39.84	37.40	3.05	34.35			0.27	0.63	0.09	0.09				0.73	0.72	36.05	3.93	0.81		0.27		0.16	0.38				6.74	8731.55
东吴人寿	2.59	2.49	0.00	2.49	0.00	0.00	0.00	0.07	0.00	0.00	0.00	0.00	0.00	0.02	0.01	2.59	0.08	0.00	0.00	0.00	0.00	0.00	0.00	0.00	0.00	0.00	0.49	26.98
合计	5383.85	4763.00	557.40	4185.61	0.79	19.20	67.66	340.91	25.62	2.21	23.41	0.00	0.00	87.89	98.77	2347.85	340.22	1491.04	61.03	94.65	1146.81	89.51	97.32	0.84	0.38	0.50	930.22	383734.89

镇江市人身保险分公司业务统计表(2013)

表 28

（单位：人民币百万元）

保险机构	保费收入																有效保单件数（万件）	赔款及给付									退保金	保险金额
	合计	个人业务							团体业务							其中:新单保费		合计	个人业务				团体业务					
		人寿保险					意外伤害险	健康险	人寿保险					意外伤害险	健康险													
		小计	普通寿险	分红寿险	投资连结保险	万能保险			小计	普通寿险	分红寿险	投资连结保险	万能保险						赔款支出	死伤医疗给付	满期给付	年金给付	赔款支出	死伤医疗给付	满期给付	年金给付		
国寿股份	1867.02	1682.42	269.90	1412.52			29.30	97.20	21.61	1.35	20.26			26.70	9.79	613.63	119.00	582.06	22.88	40.52	482.18	18.58	15.48	2.42	0.00	0.00	328.03	165457.66
太保人寿	393.86	338.52	56.52	281.65	0.00	0.35	15.14	24.41	1.95	1.95	0.00	0.00	0.00	11.73	2.11	127.78	169.45	41.99	13.98	14.23	3.25	10.39	0.00	0.12	0.00	0.02	44.84	24883.29
平安人寿	392.45	308.89	41.39	241.69	0.83	24.98	5.40	78.13	0.03	0.03	0.00	0.00	0.00	0.00	0.00	96.77	22.85	72.87	2.67	19.32	37.41	12.87	0.00	0.00	0.00	0.60	33.65	22218.70
新华人寿	172.88	148.20	26.83	120.79	0.00	0.58	0.68	21.68	0.00	0.00	0.00	0.00	0.00	0.72	1.60	52.55	3.94	31.90	0.92	3.15	21.79	4.91	1.13	0.00	0.00	0.00	22.33	3813.37
泰康人寿	200.71	192.20	3.11	184.30	0.00	4.79	0.35	7.52	0.00	0.00	0.00	0.00	0.00	0.47	0.17	87.67	10.09	44.82	0.27	3.45	32.47	7.66	0.60	0.04	0.00	0.33	27.13	4867.85
太平人寿	141.49	134.53	0.39	134.14	0.00	0.00	0.67	6.29	0.00	0.00	0.00	0.00	0.00	0.00	0.00	60.81	2.81	14.77	0.52	1.07	6.43	6.39	0.36	0.00	0.00	0.00	5.31	57901.93
民生人寿	59.34	54.82	0.03	54.79			0.10	4.34	0.00	0.00	0.00			0.08	0.00	17.46	2.99	6.75	0.18	1.63	3.34	1.58	0.02	0.00	0.00	0.00	21.65	1667.22
生命人寿	130.03	122.59	0.05	122.39	0.00	0.15	0.02	7.29	0.00	0.00	0.00	0.00	0.00	0.12	0.01	44.15	2.87	12.18	0.10	1.02	10.89	0.00	0.17	0.00	0.00	0.00	19.07	3250.90
信诚人寿	5.17	4.07	0.24	3.47	0.22	0.14	0.07	0.85	0.01	0.01	0.00	0.00	0.00	0.07	0.10	1.93	0.29	0.74	0.10	0.52	0.07	0.00	0.05	0.00	0.00	0.00	2.88	454.71

续表 28

保险机构	保费收入																有效保单件数（万件）	赔款及给付									退保金	保险金额
	合计	个人业务							团体业务							其中：新单保费		合计	个人业务				团体业务					
		人寿保险					意外伤害险	健康险	人寿保险					意外伤害险	健康险													
		小计	普通寿险	分红寿险	投资连结保险	万能保险			小计	普通寿险	分红寿险	投资连结保险	万能保险						赔款支出	死伤医疗给付	满期给付	年金给付	赔款支出	死伤医疗给付	满期给付	年金给付		
合众人寿	6.94	6.47	0.06	6.34	0.00	0.07	0.02	0.45	0.00	0.00	0.00	0.00	0.00	0.00	0.00	1.23	0.63	13.44	0.26	0.00	12.74	0.44	0.00	0.00	0.00	0.00	1.75	417.66
海康人寿	13.13	13.07	1.23	11.84	0.00	0.00	0.05	0.01	0.00							2.35	0.21	0.84	0.01	0.05	0.00	0.78					1.54	427.79
中宏人寿	25.36	19.14	0.30	18.84	0.00	0.00	0.26	5.63	0.01	0.01	0.00	0.00	0.00	0.14	0.18	5.15	0.54	3.15	0.00	2.82	0.00	0.24	0.09	0.00	0.00	0.00	0.48	839.38
国泰人寿	3.51	2.87	0.30	2.57	0.00	0.00	0.01	0.54	0.05	0.01	0.04	0.00	0.00	0.02	0.02	0.70	0.16	12.38	12.00	0.03	0.00	0.27	0.08	0.00	0.00	0.00	0.29	93.38
人保健康	67.48	9.73	1.72	8.01		0.00	0.03	2.08	0.01		0.01			0.02	55.61	65.32	0.38	74.24		0.03			74.21				0.90	391.06
农银人寿	49.79	49.39	0.01	49.22		0.16	0.01	0.38	0.00	0.00	0.00		0.00	0.01	0.00	43.94	0.37	14.02	0.01	0.14	13.57	0.30	0.00	0.00	0.00	0.00	4.88	283.12
平安养老	11.32	0.00	0.00	0.00	0.00	0.00	0.00	0.00	0.00	0.00	0.00	0.00	0.00	8.33	2.99	11.32	0.32	4.30	0.00	0.00	0.00	0.00	4.21	0.00	0.00	0.09	0.49	19942.77
华泰人寿	38.32	37.37	3.24	34.06	0.00	0.07	0.44	0.06	0.00	0.00	0.00	0.00	0.00	0.33	0.12	17.37	1.49	1.21	0.15	0.47	0.00	0.51	0.08	0.00	0.00	0.00	7.12	1364.20
正德人寿	8.40	8.32		8.32				0.08	0.00							0.24	1.80	0.18		0.18							1.32	55.57
华夏人寿	34.69	31.64	2.10	28.92	0.00	0.62	0.99	1.77	0.00	0.00	0.00	0.00	0.00	0.21	0.08	7.39	2.13	46.53	0.07	1.07	40.93	4.40	0.06	0.00	0.00	0.00	5.49	1017.69
人保人寿	236.29	231.84	3.59	228.24		0.01	1.07	0.50	0.02	0.02				2.25	0.61	226.62	4.42	3.02	1.81	0.93	0.06		0.22				41.90	8252.52
信泰人寿	51.20	50.26	2.30	47.36	0.00	0.60	0.02	0.92	0.00	0.00	0.00	0.00	0.00	0.00	0.00	22.39	1.11	0.43	0.00	0.31	0.12	0.00	0.00	0.00	0.00	0.00	6.56	1205.76
长城人寿	14.02	12.63	2.49	10.14	0.00	0.00	0.10	1.29	0.00	0.00	0.00	0.00	0.00	0.00	0.00	3.04	0.33	1.76	0.00	0.32	0.00	1.44	0.00	0.00	0.00	0.00	0.83	291.18
阳光人寿	53.54	51.70	6.32	44.48	0.00	0.90	0.30	0.18	0.00	0.00	0.00	0.00	0.00	0.94	0.42	23.73	2.86	5.34	0.02	1.28	3.37	0.00	0.67	0.00	0.00	0.00	21.54	5020.18
国华人寿	0.05	0.05	0.00	0.05	0.00	0.00	0.00	0.00	0.00	0.00	0.00	0.00	0.00	0.00	0.00	0.02	1.44	0.00	0.00	0.00	0.00	0.00	0.00	0.00	0.00	0.00	0.01	450.63
利安人寿	57.20	55.62	1.10	54.52			0.16	0.20	0.31	0.31				0.49	0.42	53.30	0.27	0.39				0.18	0.21				9.42	1939.31
东吴人寿	0.81	0.28	0.00	0.28	0.00	0.00	0.00	0.53	0.00	0.00	0.00	0.00	0.00	0.00	0.00	0.81	0.03	0.00	0.00	0.00	0.00	0.00	0.00	0.00	0.00	0.00	0.00	29.86
合计	4035.00	3566.62	423.22	3108.93	1.05	33.42	55.19	262.33	24.00	3.69	20.31	0.00	0.00	52.63	74.23	1587.67	352.78	989.31	55.95	92.54	668.62	70.94	97.64	2.58	0.00	1.04	609.41	326537.69

泰州市人身保险分公司业务统计表(2013)

表 29

（单位：人民币百万元）

保险机构	保费收入																有效保单件数（万件）	赔款及给付									退保金	保险金额
	合计	个人业务							团体业务							其中：新单保费		合计	个人业务				团体业务					
		人寿保险					意外伤害险	健康险	人寿保险					意外伤害险	健康险													
		小计	普通寿险	分红寿险	投资连结保险	万能保险			小计	普通寿险	分红寿险	投资连结保险	万能保险						赔款支出	死伤医疗给付	满期给付	年金给付	赔款支出	死伤医疗给付	满期给付	年金给付		
国寿股份	2561.56	2302.84	447.82	1855.02			39.77	153.51	18.74	0.41	18.33			33.06	13.64	852.31	195.18	1007.50	32.79	54.82	878.57	23.03	17.98	0.31	0.00	0.00	426.59	168114.79

续表 29

保险机构	保费收入																有效保单件数(万件)	赔款及给付									退保金	保险金额
	合计	个人业务							团体业务							其中:新单保费		合计	个人业务				团体业务					
		人寿保险					意外伤害险	健康险	人寿保险					意外伤害险	健康险													
		小计	普通寿险	分红寿险	投资连结保险	万能保险			小计	普通寿险	分红寿险	投资连结保险	万能保险						赔款支出	死伤医疗给付	满期给付	年金给付	赔款支出	死伤医疗给付	满期给付	年金给付		
太保人寿	424.45	385.79	81.97	303.54	0.00	0.28	10.81	19.22	1.03	1.03	0.00	0.00	0.00	5.32	2.28	143.64	38.74	31.63	11.07	11.32	1.65	7.59	0.00	0.00	0.00	0.00	69.68	13027.37
平安人寿	293.53	232.30	43.60	172.09	0.02	16.59	4.83	56.38	0.02	0.02	0.00	0.00	0.00	0.00	0.00	61.23	19.56	69.49	3.99	16.46	41.58	7.40	0.00	0.00	0.02	0.04	18.08	17350.14
新华人寿	268.93	204.65	14.73	188.00	0.00	1.92	1.37	60.89	0.00	0.00	0.00	0.00	0.00	1.04	0.98	64.14	7.58	58.27	2.96	7.65	41.43	5.30	0.93	0.00	0.00	0.00	109.23	5312.07
泰康人寿	244.48	236.49	2.16	229.98	0.00	4.35	0.22	6.41	0.00	0.00	0.00	0.00	0.00	0.95	0.41	133.77	10.82	39.11	0.24	4.27	25.22	8.77	0.61	0.00	0.00	0.00	31.01	4881.77
友邦人寿	15.51	6.77	2.79	3.93	0.05	0.00	0.66	6.78	0.03	0.03	0.00	0.00	0.00	0.74	0.53	6.14	0.48	1.29	0.19	0.76	0.00	0.03	0.31	0.00	0.00	0.00	1.24	1995.09
太平人寿	200.53	191.29	1.54	189.74	0.01	0.00	1.05	8.19	0.00	0.00	0.00	0.00	0.00	0.00	0.00	89.80	4.90	14.05	0.80	2.63	0.60	10.02	0.00	0.00	0.00	0.00	25.08	2732.91
民生人寿	30.14	25.69	0.03	25.66			0.05	4.39	0.00	0.00	0.00			0.01	0.00	3.75	2.15	25.97	0.23	0.58	24.03	1.12	0.01	0.00	0.00	0.00	1.83	1070.90
生命人寿	92.61	88.71	0.03	88.43	0.00	0.25	0.03	3.37	0.00	0.00	0.00	0.00	0.00	0.49	0.01	59.02	3.04	5.07	0.14	0.80	3.91	0.00	0.22	0.00	0.00	0.00	25.11	3600.68
合众人寿	58.78	57.31	0.72	56.26	0.00	0.33	0.13	1.34	0.00	0.00	0.00	0.00	0.00	0.00	0.00	16.42	2.63	37.97	0.05	1.03	34.70	2.19	0.00	0.00	0.00	0.00	18.76	2081.37
国泰人寿	1.99	1.26	0.20	1.06	0.00	0.00	0.03	0.45	0.03	0.00	0.03	0.00	0.00	0.12	0.10	0.47	0.13	0.25	0.00	0.05	0.00	0.18	0.02	0.00	0.00	0.00	0.10	168.90
人保健康	85.27	0.85				0.85	0.56	6.44	9.70		9.66		0.04	3.42	64.30	3.91	1.44	61.79	0.42	0.08	0.64		59.86	0.01	0.78		0.86	2495.97
中意人寿	38.67	37.90	15.82	22.08		0.00	0.32	0.44	0.00	0.00				0.00	0.01	5.27	0.27	0.36	0.10	0.10		0.16					10.06	572.47
恒安标准	1.64	1.63	0.16	1.47			0.01	0.00	0.00							1.59	0.02	0.00		0.00							0.04	21.83
光大永明	1.98	1.23	0.00	1.23	0.00	0.00	0.00	0.05	0.51	0.51	0.00	0.00	0.00	0.15	0.04	0.47	0.71	0.09	0.00	0.00	0.00	0.03	0.06	0.00	0.00	0.00	1.40	201.48
农银人寿	30.30	30.14	0.01	30.08		0.05	0.01	0.14	0.00	0.00	0.00		0.00	0.01	0.00	27.36	0.20	2.86	0.01	0.01	2.73	0.11	0.00	0.00	0.00	0.00	2.04	149.40
和谐健康	0.25	0.00					0.00	0.00	0.00					0.23	0.02	0.25	0.01	0.01						0.01				270.98
华泰人寿	33.52	32.89	1.82	30.91	0.00	0.16	0.41	0.15	0.00	0.00	0.00	0.00	0.00	0.05	0.02	6.81	1.91	1.68	0.23	0.72	0.00	0.73	0.00	0.00	0.00	0.00	7.72	857.51
华夏人寿	26.21	24.43	1.46	22.68	0.00	0.29	0.65	1.03	0.00	0.00	0.00	0.00	0.00	0.07	0.03	10.60	2.58	27.88	0.19	1.68	23.14	2.39	0.48	0.00	0.00	0.00	11.21	1376.97
人保人寿	268.09	255.87	7.38	248.49		0.00	4.12	0.76	2.35	2.35				3.52	1.47	253.66	8.64	5.93	1.34	3.36	0.02		1.21				101.27	10476.72
英大泰和	2.56	2.01	0.56	1.41		0.04	0.07	0.48	0.00	0.00	0.00	0.00	0.00	0.00	0.00	2.17	0.23	0.13	0.12	0.00	0.00	0.01	0.00	0.00	0.00		0.02	315.21
信泰人寿	46.09	45.20	2.24	42.63	0.00	0.33	0.00	0.89	0.00	0.00	0.00	0.00	0.00	0.00	0.00	0.21	1.61	1.74	0.01	0.37	1.36	0.00	0.00	0.00	0.00	0.00	7.56	1240.74
长城人寿	71.38	70.42	1.39	69.03	0.00	0.00	0.08	0.88	0.00	0.00	0.00	0.00	0.00	0.00	0.00	46.82	0.71	1.96	0.00	0.28	0.00	1.68	0.00	0.00	0.00	0.00	37.57	528.95
工银安盛	48.50	48.19	0.50	47.69	0.00	0.00	0.00	0.00	0.00	0.00	0.00	0.00	0.00	0.29	0.02	47.70	0.12	0.01	0.00	0.01	0.00	0.00	0.00	0.00	0.00	0.00	7.52	220.62
建信人寿	43.22	39.55	12.30	27.25	0.00	0.00	0.41	0.12	0.00	0.00	0.00	0.00	0.00	3.12	0.02	37.19	0.90	0.28	0.17	0.11			0.00				6.48	10110.35
阳光人寿	22.50	21.68	3.52	17.73	0.00	0.43	0.19	0.12	0.00	0.00	0.00	0.00	0.00	0.41	0.10	9.45	1.56	2.56	0.04	0.49	1.84	0.00	0.19	0.00	0.00	0.00	4.26	1634.68
国华人寿	0.11	0.11	0.00	0.11	0.00	0.00	0.00	0.00	0.00	0.00	0.00	0.00	0.00	0.00	0.00	0.11	0.54	0.00	0.00	0.00	0.00	0.00	0.00	0.00	0.00	0.00	0.00	129.81
安邦人寿	0.54	0.54		0.54					0.00							0.54	0.02	0.00									0.11	9.19

续表 29

保险机构	保费收入																有效保单件数(万件)	赔款及给付									退保金	保险金额
	合计	个人业务							团体业务							其中:新单保费		合计	个人业务				团体业务					
		人寿保险					意外伤害险	健康险	人寿保险					意外伤害险	健康险													
		小计	普通寿险	分红寿险	投资连结保险	万能保险			小计	普通寿险	分红寿险	投资连结保险	万能保险						赔款支出	死伤医疗给付	满期给付	年金给付	赔款支出	死伤医疗给付	满期给付	年金给付		
百年人寿	47.42	46.72	0.01	46.71	0.00	0.00	0.25	0.22	0.00	0.00	0.00	0.00	0.00	0.18	0.05	46.37	0.16	0.13	0.01	0.00	0.00	0.11	0.01	0.00	0.00	0.00	1.43	1268.98
利安人寿	95.61	91.57	2.66	88.91			0.47	0.67	0.01	0.01				2.20	0.69	89.26	0.59	0.72	0.01	0.12		0.43	0.16				5.83	3616.69
东吴人寿	9.15	8.04	0.00	8.03	0.00	0.01	0.00	0.05	0.00	0.00	0.00	0.00	0.00	0.79	0.27	9.15	0.10	0.00	0.00	0.00	0.00	0.00	0.00	0.00	0.00	0.00	0.02	333.90
合　计	5065.52	4492.07	645.42	3820.69	0.08	25.88	66.50	333.37	32.42	4.36	28.02	0.00	0.04	56.17	84.99	2029.58	307.53	1398.73	55.11	107.70	1081.42	71.28	82.05	0.33	0.80	0.04	932.11	256168.44

宿迁市人身保险分公司业务统计表(2013)

表 30

(单位:人民币百万元)

保险机构	保费收入																有效保单件数(万件)	赔款及给付									退保金	保险金额
	合计	个人业务							团体业务							其中:新单保费		合计	个人业务				团体业务					
		人寿保险					意外伤害险	健康险	人寿保险					意外伤害险	健康险													
		小计	普通寿险	分红寿险	投资连结保险	万能保险			小计	普通寿险	分红寿险	投资连结保险	万能保险						赔款支出	死伤医疗给付	满期给付	年金给付	赔款支出	死伤医疗给付	满期给付	年金给付		
国寿股份	1129.75	978.67	138.39	840.28			25.06	90.75	5.02	0.39	4.63			18.76	11.49	389.83	118.14	209.63	12.84	17.03	164.06	6.41	9.21	0.08	0.00	0.00	168.45	86717.03
太保人寿	188.19	163.90	44.19	119.58	0.00	0.13	9.81	13.09	0.00	0.00	0.00	0.00	0.00	1.05	0.34	57.66	22.15	10.54	0.85	6.27	0.55	2.86	0.01	0.00	0.00	0.00	56.52	7601.26
平安人寿	108.17	88.07	12.77	67.46	0.01	7.83	2.25	17.85	0.00	0.00	0.00	0.00	0.00	0.00	0.00	34.19	5.84	16.28	1.98	5.59	8.01	0.70	0.00	0.00	0.00	0.00	6.01	7690.05
泰康人寿	98.63	92.15	0.81	89.79	0.00	1.55	0.15	2.69	0.00	0.00	0.00	0.00	0.00	3.41	0.23	65.75	4.78	5.98	0.06	1.01	2.66	2.07	0.18	0.00	0.00	0.00	37.33	2676.88
太平人寿	34.93	32.72	0.03	32.69	0.00	0.00	0.20	2.01	0.00	0.00	0.00	0.00	0.00	0.00	0.00	15.52	0.78	2.69	0.31	0.22	0.00	2.16	0.00	0.00	0.00	0.00	2.80	640.62
生命人寿	4.75	4.32	0.00	4.32	0.00	0.00	0.00	0.40	0.00	0.00	0.00	0.00	0.00	0.03	0.00	3.15	0.30	0.45	0.00	0.00	0.45	0.00	0.00	0.00	0.00	0.00	0.08	228.70
信诚人寿	0.68	0.49	0.21	0.14	0.00	0.14	0.02	0.16	0.00	0.00	0.00	0.00	0.00	0.01	0.00	0.44	0.10	0.11	0.00	0.10	0.00	0.00	0.01	0.00	0.00	0.00	0.03	113.36
合众人寿	8.75	8.12	0.50	7.60	0.00	0.02	0.08	0.55	0.00	0.00	0.00	0.00	0.00	0.00	0.00	2.32	0.39	4.16	0.01	0.16	3.18	0.81	0.00	0.00	0.00	0.00	0.97	531.08
华泰人寿	71.15	68.93	9.47	59.12	0.00	0.34	0.73	0.31	0.00	0.00	0.00	0.00	0.00	0.86	0.32	25.26	4.19	4.00	0.40	1.00	0.00	2.13	0.47	0.00	0.00	0.00	6.70	3730.72
华夏人寿	2.26	2.13	0.04	2.09	0.00	0.00	0.01	0.08	0.00	0.00	0.00	0.00	0.00	0.03	0.01	2.26	0.11	0.68	0.00	0.00	0.00	0.68	0.00	0.00	0.00	0.00	0.00	74.53
人保人寿	169.14	161.47	7.99	153.36		0.12	4.07	2.23	0.00					1.03	0.34	164.87	6.17	5.43	1.07	1.11	2.91		0.34				86.20	14646.63
长城人寿	12.45	11.44	1.06	10.38	0.00	0.00	0.25	0.76	0.00	0.00	0.00	0.00	0.00	0.00	0.00	4.88	0.39	1.31	0.00	0.14	0.00	1.17	0.00	0.00	0.00	0.00	0.46	411.57
利安人寿	45.94	44.89	0.97	43.92			0.17	0.19	0.00					0.43	0.26	44.56	0.18	0.16	0.01			0.14	0.01				4.39	1198.70
东吴人寿	1.71	0.99	0.00	0.98	0.00	0.01	0.00	0.69	0.00	0.00	0.00	0.00	0.00	0.02	0.01	1.71	0.08	0.00	0.00	0.00	0.00	0.00	0.00	0.00	0.00	0.00	0.00	65.46
合　计	1876.50	1658.29	216.43	1431.71	0.01	10.14	42.80	131.76	5.02	0.39	4.63	0.00	0.00	25.53	13.00	812.40	163.60	261.42	17.53	32.63	181.82	19.13	10.23	0.08	0.00	0.00	369.94	126326.59

江苏省财产保险公司市场份额表(2013)

表 31　　(单位人民币百万元)

本地区各分公司	保费收入	占比(%)
人　保	19695.35	36.48
太　保	9430.21	17.47
平　安	8740.78	16.19
天　安	811.77	1.50
大　众	218.40	0.40
华　泰	241.72	0.45
信　保	1063.61	1.97
中华联合	1538.77	2.85
太　平	623.17	1.15
大　地	895.61	1.66
永　安	540.91	1.00
华　安	284.83	0.53
安　邦	421.93	0.78
阳　光	886.06	1.64
都　邦	608.86	1.13
中　银	528.26	0.98
天平车险	250.67	0.46
永　诚	293.28	0.54
民　安	207.38	0.38
国寿财	2698.68	5.00
渤　海	83.17	0.15
安　诚	269.54	0.50
华　农	94.59	0.18
长安责任	525.86	0.97
三　星	127.80	0.24
紫　金	1167.35	2.16
国　泰	66.47	0.12
日本财产	79.18	0.15
英　大	546.18	1.01
三　井	83.86	0.16
丘　博	7.37	0.01
信　达	318.47	0.59
太阳联合	13.17	0.02
东京海上	73.94	0.14
浙　商	232.84	0.43
泰　山	102.11	0.19
美　亚	29.24	0.05
安信农业	87.46	0.16
乐爱金	98.04	0.18
众安(虚拟)	0.82	0.00
合　计	53987.70	100.00

江苏省人身保险公司市场份额表(2013)

表 32 (单位：人民币百万元)

本地区各分公司	保费收入	占比(%)
国寿股份(含集团存续)	33493.78	36.96
太保人寿	10000.22	11.04
平安人寿	9300.33	10.26
新华人寿	4193.28	4.63
泰康人寿	3276.66	3.62
友邦人寿	704.20	0.78
太平人寿	4312.70	4.76
民生人寿	605.31	0.67
生命人寿	1141.14	1.26
信诚人寿	152.70	0.17
合众人寿	502.58	0.55
海康人寿	316.45	0.35
中宏人寿	465.70	0.51
国泰人寿	126.85	0.14
人保健康	549.95	0.61
北大方正	64.09	0.07
中意人寿	293.66	0.32
恒安标准	223.28	0.25
光大永明	199.23	0.22
农银人寿	330.89	0.37
和谐健康	1.83	0.00
平安养老	275.05	0.30
华泰人寿	686.96	0.76
招商信诺	292.17	0.32
联泰大都会	282.96	0.31
瑞泰人寿	11.21	0.01
正德人寿	56.63	0.06
中德安联	91.84	0.10
华夏人寿	292.39	0.32
人保人寿	4907.61	5.42
英大泰和	115.53	0.13
信泰人寿	878.04	0.97
中英人寿	172.36	0.19
长城人寿	418.20	0.46
工银安盛	1118.75	1.23
太平养老	110.75	0.12
建信人寿	846.26	0.93
幸福人寿	158.43	0.17
阳光人寿	596.18	0.66
长生人寿	37.58	0.04
国华人寿	48.33	0.05

续表 32

本地区各分公司	保费收入	占比(%)
平安健康	14.99	0.02
安邦人寿	2.00	0.00
中邮人寿	5445.87	6.01
百年人寿	146.69	0.16
交银康联	329.24	0.36
中融人寿	1123.56	1.24
利安人寿	1611.88	1.78
东吴人寿	290.17	0.32
泰康养老	4.15	0.00
合　　计	90620.61	100.00

江苏省养老保险公司企业年金业务情况表(2013)

表 33　　(单位:人民币百万元)

公司名称	企业年金到帐缴费	受托管理资产	投资管理资产	账户管理数
太平养老	773.12	3509.81	1569.44	103869.00
平安养老	749.44	1850.49	5676.71	3537.00
国寿养老	862.00	774.99	884.86	12458.00
泰康养老	169.50	411.73	1670.78	12026.00
合　　计	2554.06	6547.02	9801.79	131890.00

江苏省历年保险业务发展情况表(1993~2013)

表 34　　(单位:人民币亿元)

年度	保费收入							赔(给)付支出						
	总保费收入	财产险保费	人身险					总赔款支出	财产险	人身险				
			合计	寿险	小计	意外险	健康险			合计	寿险	小计	意外险	健康险
2013	1446.08	518.61	927.47	810.27	117.20	41.91	75.29	527.03	303.23	223.80	216.04	7.76	4.34	3.42
2012	1301.28	440.92	860.36	767.60	92.76	35.21	57.55	387.06	240.12	146.94	141.07	5.87	3.70	2.17
2011	1200.02	379.96	820.06	771.81	48.25	19.67	28.58	324.43	178.59	145.84	141.35	4.49	2.93	1.56
2010	1162.68	311.92	850.76	792.55	58.21	26.29	31.92	251.59	134.44	117.15	101.77	15.38		
2009	907.73	228.41	679.32	624.71	54.61	21.01	33.60	273.53	127.38	146.15	121.96	24.19		
2008	775.49	180.92	594.57	535.14	59.43	19.46	39.97	261.50	118.06	143.44	122.31	21.13		
2007	578.88	156.85	422.03	381.18	40.85	15.72	25.13	183.37	81.15	102.22	85.05	17.17		
2006	503.31	121.45	381.86	341.23	40.63	12.79	27.84	165.14	78.44	86.70	66.02	20.68		
2005	433.34	93.52	339.82	309.17	30.65	10.86	19.79	111.24	53.32	57.92	45.20	12.72		
2004	415.95	82.41	333.54	310.16	23.38	9.50	13.88	112.45	43.55	68.90	60.62	8.28	2.77	5.51
2003	380.06	61.99	318.07	303.89	14.18	7.00	7.18	82.82	39.35	43.47	37.68	5.79	1.71	4.08
2002	278.41	55.89	222.52	212.85	9.67	4.23	5.44	54.22	28.76	25.46	21.34	4.12	1.17	2.95
2001	179.03	47.53	131.50	122.92	8.58	3.99	4.59	36.22	21.83	14.39	11.09	3.30	1.23	2.07
2000	131.93	40.43	91.50	84.61	6.89	4.04	2.85	34.13	20.35	13.78	11.71	2.07	0.98	1.09
1999	117.60	36.73	80.87	75.28	5.59	3.42	2.17	31.25	18.36	12.89	10.71	2.18	0.94	1.24
1998	99.57	35.10	64.47	59.64	4.83	2.84	1.99	28.03	16.45	11.58	9.41	2.17	1.04	1.13
1997	84.35	34.25	50.10	46.22	3.88	2.63	1.25	23.76	15.32	8.44	6.88	1.56	0.96	0.60

续表 34

年度	保费收入							赔(给)付支出						
	总保费收入	财产险保费	人身险					总赔款支出	财产险	人身险				
			合计	寿险	小计	意外险	健康险			合计	寿险	小计	意外险	健康险
1996	54.59	30.87	23.72	20.76	2.96	2.87	0.09	22.31	14.57	7.74				
1995	41.16	25.50	15.66	13.53	2.13			18.10	13.21	4.89	3.89	1.00		
1994	34.02	20.43	13.59	11.72	1.87			18.33	12.91	5.42	4.50	0.92		
1993	29.10	16.90	12.20	10.70	1.50			13.59	10.38	3.21	2.56	0.65		

江苏保险与国民经济和社会发展关系表(2009~2013)

表 35

项目		2009	2010	2011	2012	2013
地区生产总值(亿元)	总计	34061.19	40903.34	48604.30	54058.20	59161.75
	第一产业	2201.64	2539.59	3064.80	3418.30	3646.08
	第二产业	18416.13	21753.93	25023.80	27121.90	29094.03
	第三产业	13443.42	16609.82	20515.70	23518.00	26421.64
年末人口(万人)	总计	7724.50	7869.34	7898.80	7920.00	7939.49
	城镇	4294.82	4767.63	4889.36	4989.60	5090.01
	乡村	3429.68	3101.71	3009.44	2930.40	2849.48
居民生活	城镇居民人均可支配收入(元)	20552	22944	26341	29677	32538
	农村居民人均纯收入(元)	8004	9118	10805	12202	13598
	城镇居民人均生活消费支出(元)	13153	14357	16782	18825	20371
	农村居民人均生活消费支出(元)	5797	6543	7693	8655	9607
	城乡居民存款余额(亿元)	20303	23533	25914.70	30057.20	33823.90
	居民人均储蓄存款(元)	25996	29652	32808.00	37951.00	42602.00
保费收入(亿元)	总计	907.73	1162.67	1200.02	1301.28	1446.08
	财产险	228.41	311.94	379.96	440.92	518.61
	寿险	624.71	792.50	771.81	767.60	810.27
	意外险和健康险	54.61	58.23	48.25	92.76	117.20
赔付给付金额(亿元)	总计	273.53	251.58	324.43	387.06	527.03
	财产险	127.38	134.44	178.59	240.12	303.23
	寿险	121.96	101.77	141.35	141.07	216.04
	意外险和健康险	24.19	15.37	4.49	5.87	7.76
保险深度(%)	总保费	2.66	2.84	2.47	2.41	2.44
	财产险	0.67	0.79	0.78	0.82	0.88
	人身险	1.99	2.05	1.69	1.59	1.57
保险密度(元)	总保费	1175.13	1477.46	1519.25	1643.03	1821.38
	财产险	295.69	412.04	481.04	556.72	653.21
	人身险	879.44	1065.42	1038.21	1086.31	1168.17

江苏省级财产保险公司机构、人员结构统计表(2013)

表 36　　　　　　　　　　　　　　　　　　　　　　　　　　　　(单位:个、人)

各地区保险机构		总机构数	年末分支机构数		总人数	男	女	文化结构				专业技术职称			年龄结构			年末保险代理人数
			省、县机构数	营销服务部数				博士	硕士	本科	大专及以下	高级	中级	初级	35岁以下	36~45岁	46岁以上	
江苏省公司本部	人保	1	1		605	216	389	5	77	276	247	31	51	16	475	63	67	
	太保	1	1		270	130	140		10	131	129	4	20	15	184	53	33	
	平保	10	3	7	454	196	258		46	259	149		22	70	346	76	32	45
	天安	1	1		64	40	24		3	43	18		6	2	40	10	14	
	大众	1	1		50	27	23		1	26	23		1		24	13	13	84
	华泰	1	1		45	28	17		3	29	13		3	2	21	20	4	6
	信保	6	6		175	107	68		91	77	7				154	14	7	
	中华联合	1	1		212	68	144		9	110	93		7	9	179	20	13	
	太平	1	1		70	37	33		3	42	25		5	4	45	16	9	18
	大地	1	1		92	45	47		8	66	18		9	1	66	16	10	
	永安	1	1		80	50	30		3	35	42	4	10	7	56	12	12	
	华安	1	1		60	39	21		4	35	21		3	1	47	8	5	
	安邦	1	1		63	25	38		9	36	18				43	15	5	
	阳光	1	1		97	53	44		5	57	35		15	7	48	34	15	
	都邦	1	1		60	30	30		5	36	19	15	11	15	34	19	7	
	中银	1	1		64	35	29		8	48	8	1	9	5	40	18	6	4
	天平	1	1		60	27	33		3	19	38		2	5	54	3	3	2
	永诚	1	1		47	17	30		2	33	12				32	9	6	3
	民安	1	1		42	21	21		3	30	9	1	8	2	22	15	5	
	人寿财险	1	1		168	70	98		12	107	49	4	9	1	135	20	13	
	渤海	1	1		25	15	10			21	4		2	2	17	5	3	
	安诚	1	1		62	33	29		1	35	26		5	9	40	14	8	1
	华农	1	1		32	20	12			17	15		1		22	7	3	
	长安责任	1	1		138	106	32		1	49	88		5	8	99	19	20	
	三星火灾	1	1		26	15	11		3	18	5				24	2		
	紫金	1	1		55	31	24	1	5	17	32		2		32	16	7	
	国泰	1	1		52	26	26			38	14				43	6	3	35
	日本财产	1	1		40	13	27		6	34					34	5	1	
	英大泰和	1	1		69	33	36		8	48	13		5	2	53	12	4	
	三井住友	1	1		28	13	15		3	19	6				25	2	1	
	丘博	1	1		11	4	7		1	7	3		1	1	10		1	
	信达财险	1	1		39	25	14		3	31	5	1	1	1	31	6	2	
	太阳联合	1	1		10	4	6		1	9					8	2		
	东京海上	1	1		26	10	16		6	17	3			1	19	5	2	
	浙商	3	3		125	71	54		1	56	68		4		78	32	15	
	泰山	1	1		70	36	34		1	30	39	1	5	9	51	12	7	
	乐爱金	1	1		36	20	16		8	27	1				26	9	1	
	美亚	1	1		26	13	13		3	14	9				20	6		
	安信农保	1	1		129	68	61		2	61	66	1	6		63	40	26	
	总计	55	48	7	3777	1817	1960	6	358	2043	1370	63	228	195	2740	654	383	198

续表 36

各地区保险机构		总机构数	年末分支机构数		总人数	男	女	文化结构				专业技术职称			年龄结构			年末保险代理人数
			市、县机构数	营销服务部数				博士	硕士	本科	大专及以下	高级	中级	初级	35岁以下	36~45岁	46岁以上	
南京市公司	人保	26	12	14	1140	575	565		47	539	554	8	91	104	752	183	205	129
	太保	8	8		282	123	159		3	102	177	1	18	17	175	73	34	7
	天安	8	3	5	79	40	39			17	62		3	1	39	26	14	
	大众	3	3		2		2				2					1	1	13
	华泰	1	1		28	10	18			8	20				17	9	2	1
	中华联合	12	3	9	201	96	105			21	180			2	151	25	25	137
	大地	3	2	1	49	27	22			20	29				33	15	1	
	永安	4	3	1	50	22	28			17	33		2		23	18	9	9
	华安	6		6	21	7	14			4	17				12	6	3	
	安邦	12	3	9	31	14	17			14	17				20	10	1	18
	阳光	5	3	2	78	34	44		2	30	46				35	29	14	1
	都邦	3	2	1	107	40	67			19	88		3	5	47	44	16	
	永诚	1	1		11	5	6		1	4	6				8	2	1	
	民安	1	1		20	8	12			16	4		3		14	3	3	
	人寿财险	10	10		265	134	131		5	98	162		4	3	177	56	32	22
	渤海	1		1	9	6	3			2	7				6	1	2	2
	安诚	2	2		14	7	7			2	12				8	3	3	4
	长安责任	6	6		38	21	17			10	28			2	16	10	12	22
	紫金	4	4		196	86	110		4	65	127				119	50	27	
	英大泰和	1	1		31	16	15		1	15	15				21	10		3
	信达财险	1	1		9	5	4			6	3				6	3		
	小计	118	69	49	2661	1276	1385	0	63	1009	1589	9	124	134	1679	577	405	368
无锡市公司	人保	84	10	74	937	429	508		8	465	464	4	49	78	555	195	187	550
	太保	35	10	25	620	265	355		7	317	296	1	56	105	345	193	82	108
	平保	32	5	27	581	289	292	1	8	313	259		11	7	474	83	24	230
	天安	7	5	2	110	55	55		1	26	83		5	4	51	36	23	
	大众	6	4	2	31	16	15			5	26				8	16	7	
	华泰	2	2		22	10	12			11	11				12	5	5	2
	中华联合	6	6		285	134	151		1	33	251		14	23	148	85	52	256
	太平	6	6		42	19	23		1	18	23		1	1	33	7	2	95
	大地	4	3	1	64	37	27			33	31		3		55	4	5	
	永安	7	3	4	52	31	21			8	44		3	3	25	17	10	16
	华安	5	3	2	49	20	29			7	42			1	29	15	5	17
	安邦	7	3	4	47	20	27		1	23	23	1	1	4	33	9	5	20
	阳光	4	4		94	44	50		1	37	56		5	2	52	26	16	7
	都邦	3	1	2	84	44	40			20	64		1	7	42	29	13	
	中银	1	1		18	10	8		2	12	4		1	2	10	6	2	17
	天平	1	1		33	15	18		1	18	14				29	3	1	
	永诚	2	2		28	14	14			6	22				12	11	5	15
	民安	3	3		43	20	23			14	29		1	5	19	14	10	
	人寿财险	7	7		232	105	127	1	1	113	117		8	4	133	72	27	39
	渤海	3	1	2	22	14	8			6	16			1	11	7	4	

续表 36

各地区保险机构		总机构数	年末分支机构数		总人数	男	女	文化结构				专业技术职称			年龄结构			年末保险代理人数
			市、县机构数	营销服务部数				博士	硕士	本科	大专及以下	高级	中级	初级	35岁以下	36~45岁	46岁以上	
无锡市公司	安诚	3	3		25	10	15			8	17			1	14	9	2	20
	华农	3	1	2	8	5	3			2	6		1		5	1	2	
	长安责任	3	3		45	21	24			12	33		2	13	20	13	12	28
	紫金	3	3		109	58	51		2	34	73	1	2	4	58	38	13	
	英大泰和	3	3		59	33	26		1	31	27	1	1	1	35	22	2	
	信达财险	3	3		14	10	4			9	5				11	3		
	浙商	1	1		17	5	12		1	2	14				7	9	1	
	安信农保	1	1		16	6	10			6	10				14	2		
	小计	245	98	147	3687	1739	1948	2	36	1589	2060	8	165	266	2240	930	517	1420
徐州市公司	人保	123	12	111	600	325	275		5	242	353	6	26	81	355	130	115	418
	太保	10	10		333	151	182		1	70	262	1	7	12	172	116	45	300
	平保	8	7	1	137	69	68			73	64		3	24	86	35	16	71
	天安	7	2	5	67	34	33			16	51		2		41	18	8	
	大众	2	2		26	13	13			3	23				19	6	1	16
	华泰	1	1		23	11	12		1	3	19				9	10	4	4
	中华联合	10	7	3	79	43	36		2	25	52		1	1	46	19	14	21
	太平	3	3		13	5	8		1	9	3	1			8	2	3	25
	大地	12	5	7	78	41	37			20	58		3	2	36	26	16	
	永安	5	4	1	53	25	28			13	40		4	1	31	9	13	
	华安	3	1	2	19	13	6			3	16		3		12	4	3	
	安邦	6	1	5	40	18	22			24	16				18	14	8	15
	阳光	5	4	1	67	37	30			20	47		1	1	41	15	11	11
	都邦	2	1	1	51	23	28			11	40			4	26	17	8	
	中银	1	1		12	6	6		1	7	4	1		2	10	2		
	永诚	1	1		12	5	7			7	5				6	4	2	8
	人寿财险	9	9		266	125	141		2	92	172		2	8	195	58	13	165
	渤海	1	1		17	7	10			3	14			1	10	5	2	
	安诚	3	3		24	15	9			8	16		2	3	17	4	3	30
	长安责任	5	5		41	18	23			11	30			2	19	20	2	45
	紫金	3	3		77	30	47		2	26	49		5		40	29	8	
	浙商	1	1		12	7	5			7	5				6	5	1	
	安信农保	1	1		11	6	5			5	6				5	2	4	
	小计	222	85	137	2058	1027	1031	0	15	698	1345	9	59	142	1208	550	300	1129
常州市公司	人保	74	8	66	603	287	316		1	275	327	14	38	77	287	151	165	400
	太保	15	8	7	354	163	191		2	175	177		44	6	208	88	58	572
	平保	4	4		122	63	59		1	85	36		1	17	100	13	9	65
	天安	8	4	4	82	41	41			13	69		2	2	38	26	18	
	大众	5	1	4	17	9	8			1	16				5	7	5	5
	中华联合	10	7	3	125	46	79			36	89		1	11	57	37	31	94
	太平	2	1	1	15	7	8			4	11	1			8	5	2	17
	大地	4	3	1	137	69	68		1	47	89	1	7	2	75	34	28	
	永安	5	2	3	127	62	65			18	109		3		52	28	47	16

续表 36

各地区保险机构		总机构数	年末分支机构数		总人数	男	女	文化结构				专业技术职称			年龄结构			年末保险代理人数
			市、县机构数	营销服务部数				博士	硕士	本科	大专及以下	高级	中级	初级	35岁以下	36~45岁	46岁以上	
常州市公司	华安	4	1	3	34	17	17			8	26				19	7	8	
	安邦	7	1	6	47	16	31			28	19				19	26	2	13
	阳光	4	4		57	27	30			19	38		4	1	32	11	14	1
	都邦	5	3	2	60	27	33			12	48			2	23	17	20	
	中银	1	1		14	9	5		1	9	4	1	2	1	8	2	4	
	天平	1	1		16	9	7			3	13			1	12	4		
	永诚	1	1		19	11	8			8	11				5	9	5	
	民安	1	1		32	14	18			13	19		1	1	14	10	8	
	人寿财险	5	5		143	76	67		1	57	85		6	10	78	48	17	83
	渤海	2	2		20	7	13			5	15			1	9	9	2	5
	安诚	1	1		13	6	7			6	7		1	2	7	3	3	19
	华农	2	2		20	12	8			2	18				10	5	5	
	长安责任	4	4		60	25	35			7	53				19	28	13	58
	紫金	4	4		87	40	47		1	38	48	3			43	35	9	
	英大泰和	4	4		51	19	32			23	28				26	22	3	
	信达财险	1	1		12	7	5			7	5				6	5	1	
	浙商	2	2		17	10	7			3	14				6	7	4	
	泰山	1	1		22	12	10			6	16			1	14	5	3	
	安信农保	1	1		16	10	6			9	7		1		8	6	2	
	小计	178	78	100	2322	1101	1221	0	8	917	1397	20	111	135	1188	648	486	1348
苏州市公司	人保	202	19	183	1581	891	690	1	21	750	809	4	95	151	941	329	311	1375
	太保	56	19	37	1183	550	633		20	446	717	2	43	94	806	233	144	1385
	平保	40	7	33	899	488	411		11	518	370	1	33	114	706	146	47	282
	天安	14	8	6	134	64	70			22	112	1	5	8	63	44	27	
	大众	7	1	6	90	50	40			16	74		3	1	32	35	23	120
	华泰	3	1	2	18	8	10			7	11				13	4	1	5
	中华联合	15	9	6	211	42	169		1	45	165		2	6	105	64	42	83
	太平	7	7		87	38	49		1	39	47	1	6	7	56	26	5	164
	大地	8	8		90	54	36			31	59			2	56	21	13	
	永安	9	5	4	128	45	83		2	20	106		2		30	26	72	
	华安	6	6		28	15	13			10	18			2	17	8	3	6
	安邦	6	3	3	45	18	27		1	20	24				26	15	4	17
	阳光	8	8		106	49	57			31	75	1	4	7	70	20	16	
	都邦	10	9	1	230	106	124			24	206			3	87	74	69	60
	中银	6	6		44	27	17		3	27	14	1	4	10	24	14	6	10
	天平	1	1		41	22	19			15	26				37	4		2
	永诚	6	6		72	39	33			29	43				35	26	11	
	民安	3	3		53	19	34		1	14	38		3	1	22	19	12	2
	人寿财险	9	9		314	140	174		1	89	224		5	9	204	73	37	96
	渤海	1	1		3	1	2		1	1	1				2		1	
	安诚	3	3		18	7	11			9	9				11	5	2	7
	华农	5	1	4	3	3				2	1				1	1	1	

续表 36

各地区保险机构		总机构数	年末分支机构数		总人数	男	女	文化结构				专业技术职称			年龄结构			年末保险代理人数
			市、县机构数	营销服务部数				博士	硕士	本科	大专及以下	高级	中级	初级	35岁以下	36~45岁	46岁以上	
苏州市公司	长安责任	7	7		63	30	33			16	47		1	5	34	20	9	10
	紫金	8	8		238	114	124			60	178	2	3	1	109	84	45	
	国泰	2	2		36	14	22			15	21				32	4		17
	英大泰和	4	4		33	21	12		2	22	9				20	10	3	
	三井住友	1		1	12	6	6		2	5	5				8	4		
	信达财险	4	4		99	48	51			26	73		1		76	19	4	5
	浙商	4	4		60	42	18			29	31	1	1	1	40	18	2	
	乐爱金	1		1	4	2	2		1	3					3	1		
	小计	456	169	287	5923	2953	2970	1	68	2341	3513	14	211	422	3666	1347	910	3646
南通市公司	人保	104	10	94	671	337	334		6	308	357	6	67	50	397	116	158	816
	太保	7	7		339	133	206		2	78	259	1	8	8	192	94	53	120
	平保	8	7	1	155	59	96		4	77	74		4	20	107	27	21	21
	天安	9	7	2	123	60	63			25	98	1	8	7	45	39	39	
	大众	7	4	3	44	15	29			9	35				17	17	10	49
	华泰	1	1		14	7	7			7	7				9	4	1	1
	中华联合	15	6	9	187	77	110		1	30	156			11	79	60	48	26
	太平	3	3		25	13	12			5	20		1		18	6	1	35
	大地	5	5		78	38	40			14	64	1	3	3	45	13	20	
	永安	7	3	4	61	22	39			20	41		1		28	17	16	5
	华安	2	1	1	30	14	16			5	25				11	14	5	
	安邦	9	1	8	50	18	32		1	29	20				38	9	3	10
	阳光	9	9		110	44	66		1	25	84		2	2	48	41	21	1
	都邦	5	2	3	50	20	30			10	40			3	25	16	9	1
	中银	1	1		18	8	10			13	5		1	3	10	8		12
	天平	1	1		18	10	8			5	13			1	17	1		
	永诚	3	3		24	10	14		1	10	13				14	5	5	8
	民安	1	1		26	13	13			5	21		1		12	11	3	
	人寿财险	9	9		275	127	148		1	127	147	1	9	2	184	65	26	204
	渤海	1	1		10	6	4			5	5			1	6	1	3	
	安诚	3	3		23	11	12			5	18		3	2	16	6	1	26
	华农	2	1	1	5	3	2			3	2				5			
	长安责任	5	5		40	11	29		1	9	30			5	23	15	2	27
	紫金	4	3	1	91	43	48			23	68			2	53	25	13	
	英大泰和	5	5		69	32	37		1	22	46				50	14	5	18
	信达财险	2	2		18	12	6			8	10				10	7	1	
	浙商	3	3		24	13	11		1	6	17				13	7	4	
	泰山	1	1		12	5	7			5	7			1	5	7		
	小计	232	105	127	2590	1161	1429	0	20	888	1682	10	108	121	1477	645	468	1380
连云港市公司	人保	98	8	90	440	236	204		7	247	186	2	31	43	242	124	74	573
	太保	6	6		135	77	58		3	41	91		13	9	59	48	28	61
	平保	6	5	1	60	30	30		1	30	29			7	41	15	4	17
	天安	7	1	6	59	30	29			11	48		4		24	22	13	
	中华联合	7	5	2	62	31	31			15	47		1	1	25	30	7	19

续表 36

各地区保险机构		总机构数	年末分支机构数		总人数	男	女	文化结构				专业技术职称			年龄结构			年末保险代理人数
			市、县机构数	营销服务部数				博士	硕士	本科	大专及以下	高级	中级	初级	35岁以下	36~45岁	46岁以上	
连云港市公司	太平	2	2		10	5	5			3	7				5	3	2	21
	大地	4	3	1	32	20	12			16	16		2	2	13	13	6	
	华安	2	1	1	22	13	9			7	15			1	11	7	4	
	安邦	6	1	5	35	18	17			24	11				23	7	5	20
	阳光	4	1	3	38	19	19			10	28		6	2	19	10	9	
	都邦	2	1	1	27	16	11			5	22		1	4	8	15	4	
	中银	1	1		11	4	7			6	5		1		8	2	1	3
	人寿财险	6	6		159	77	82			68	91				108	39	12	37
	渤海	1	1		14	7	7			3	11				5	8	1	7
	华农	1	1		3	3					3				1	1	1	
	长安责任	3	3		32	14	18			12	20		2	29	18	8	6	15
	紫金	2	1	1	47	23	24	1	2	19	25	1	3	6	26	15	6	2
	小计	158	47	111	1186	623	563	1	13	517	655	3	64	104	636	367	183	775
淮安市公司	人保	57	10	47	378	214	164		3	121	254		41	66	194	83	101	610
	太保	8	8		138	63	75		2	53	83		8	6	74	48	16	183
	平保	7	4	3	71	41	30			35	36		1	11	53	10	8	19
	天安	6	1	5	40	19	21			10	30		5	1	10	20	10	
	中华联合	8	8		152	68	84			32	120	2		5	54	67	31	46
	大地	4	1	3	36	19	17			13	23		1	4	17	11	8	
	华安	2	1	1	11	6	5			3	8				8	2	1	
	安邦	6	1	5	31	19	12		2	16	13				19	7	5	25
	阳光	4	1	3	47	27	20		1	17	29		1	2	25	15	7	
	都邦	1	1		21	13	8				21			2	9	8	4	
	中银	1	1		8	4	4			6	2		1	1	5	1	2	
	人寿财险	8	8		133	76	57			38	95		1	1	59	52	22	63
	渤海	1	1		21	10	11			7	14			1	8	10	3	
	长安责任	3	3		29	16	13			9	20		1	5	10	12	7	29
	紫金	3	2	1	42	23	19		1	17	24		2		26	12	4	
	英大泰和	1	1		13	7	6			5	8				9	4		
	信达财险	2	2		10	5	5			8	2				8	2		
	小计	122	54	68	1181	630	551	0	9	390	782	2	62	105	588	364	229	975
盐城市公司	人保	152	10	142	604	364	240		4	279	321	4	76	72	285	167	152	1139
	太保	7	5	2	131	59	72			37	94		6	11	69	48	14	72
	平保	9	6	3	115	41	74		1	52	62		2	11	74	27	14	28
	天安	9	1	8	26	13	13			7	19		3	1	8	9	9	
	中华联合	8	8		124	62	62			29	95	1	7	5	65	33	26	74
	大地	2	1	1	7	5	2			2	5		1	1	1	2	4	
	永安	1	1		21	8	13			5	16			2	6	9	6	
	华安	2	1	1	10	5	5			4	6				4	4	2	
	安邦	11	2	9	112	55	57			63	49				97	13	2	15
	阳光	3	3		42	25	17			8	34		4	1	17	18	7	
	都邦	1	1		19	8	11		1	3	15			4	9	9	1	6

续表36

各地区保险机构		总机构数	年末分支机构数		总人数	男	女	文化结构				专业技术职称			年龄结构			年末保险代理人数
			市、县机构数	营销服务部数				博士	硕士	本科	大专及以下	高级	中级	初级	35岁以下	36~45岁	46岁以上	
盐城市公司	中银	1	1		11	6	5			6	5		2	2	5	4	2	8
	天平	1	1		17	8	9			5	12			1	14	3		
	人寿财险	9	9		115	60	55			44	71			10	61	42	12	109
	渤海	1	1		13	5	8			4	9			1	8	3	2	
	长安责任	3	3		29	18	11		1	10	18		1	1	14	7	8	
	紫金	4	3	1	88	56	32		2	20	66	2		1	45	26	17	
	英大泰和	1	1		28	12	16			15	13				13	12	3	
	浙商	2	2		25	9	16			5	20				17	6	2	
	小计	227	60	167	1537	819	718	0	9	598	930	7	102	124	812	442	283	1451
扬州市公司	人保	30	9	21	526	281	245		9	278	239	4	56	44	309	116	101	937
	太保	6	6		134	56	78			35	99		9	12	55	51	28	31
	平保	5	5		99	47	52			48	51		3	16	67	26	6	40
	天安	5	2	3	36	19	17			8	28		2	1	22	6	8	
	大众	3	1	2	24	4	20			2	22				11	11	2	1
	华泰	1	1		18	9	9			3	15				8	9	1	1
	中华联合	4	3	1	78	34	44			8	70			10	31	31	16	37
	太平	3	3		15	5	10			5	10			1	7	6	2	27
	大地	5	5		81	45	36			23	58		1	6	39	26	16	
	永安	4	2	2	30	18	12			12	18		2	2	16	10	4	6
	华安	5	1	4	27	14	13			6	21		1		14	9	4	
	安邦	5	1	4	18	6	12			11	7				11	5	2	4
	阳光	5	3	2	47	23	24			8	39			2	20	20	7	20
	都邦	1	1		32	13	19			8	24			2	13	11	8	2
	中银	1	1		8	3	5			7	1				6	2		
	天平	1	1		12	7	5			5	7			1	11	1		
	永诚	2	1	1	17	8	9		1	3	13				7	5	5	6
	民安	1	1		27	12	15			10	17		1	2	16	7	4	
	人寿财险	7	7		137	68	69			70	67	1		9	93	36	8	60
	渤海	1	1		8	2	6			5	3			1	5	2	1	
	安诚	1	1		9	3	6			1	8		1		7	2		12
	华农	4	1	3	9	4	5		1		8		2		7	2		
	长安责任	4	4		35	17	18			8	27		3		13	15	7	9
	紫金	4	3	1	24	8	16			7	17				13	8	3	18
	英大泰和	1	1		25	12	13			16	9		2		19	6		
	小计	109	65	44	1476	718	758	0	11	587	878	5	83	109	820	423	233	1211
镇江市公司	人保	71	8	63	338	175	163		5	112	221	2	36	51	133	107	98	363
	太保	6	6		178	78	100			54	124		10	14	89	53	36	
	平保	5	4	1	98	31	67		2	52	44		1	14	66	22	10	15
	天安	4	2	2	53	27	26			8	45		3		17	21	15	
	大众	4	1	3	17	7	10			3	14				6	9	2	
	华泰	1	1		14	8	6		1	5	8				8	4	2	

续表 36

各地区保险机构		总机构数	年末分支机构数		总人数	男	女	文化结构				专业技术职称			年龄结构			年末保险代理人数
			市、县机构数	营销服务部数				博士	硕士	本科	大专及以下	高级	中级	初级	35岁以下	36~45岁	46岁以上	
镇江市公司	中华联合	3	3		55	25	30			4	51			9	24	13	18	17
	太平	4	2	2	19	7	12		1	10	8	1	1		14	3	2	38
	大地	4	1	3	35	20	15		1	11	23		2	1	21	6	8	
	永安	5	2	3	47	19	28		1	5	41	2	2	5	20	17	10	32
	华安	3	1	2	28	17	11			8	20				11	13	4	
	安邦	5	1	4	22	7	15		1	9	12				11	10	1	11
	阳光	4	1	3	57	30	27			20	37		3	1	35	20	2	
	都邦	2	1	1	39	15	24		1	2	36		1	5	15	20	4	
	中银	2	2		17	11	6		1	14	2		1		12	3	2	
	永诚	1	1		10	5	5			5	5				4	4	2	6
	民安	2	2		45	21	24			12	33	1	3		18	16	11	
	人寿财险	4	4		87	40	47		1	29	57	1	3	8	53	26	8	17
	渤海	1	1		9	4	5			4	5		1		1	7	1	
	安诚	1	1		13	5	8			2	11		2	5	7	4	2	18
	长安责任	3	3		35	14	21			8	27			3	15	12	8	12
	紫金	3	3		48	20	28		1	9	38	1	3	7	21	13	14	
	英大泰和	2	2		29	11	18			15	14		2		18	8	3	
	浙商	1	1		13	3	10			3	10				5	7	1	
	泰山	1	1		22	11	11		1	8	13			1	13	9		
	小计	142	55	87	1328	611	717	0	17	412	899	8	74	124	637	427	264	529
泰州市公司	人保	16	6	10	377	200	177		2	175	200	3	24	55	191	109	77	334
	太保	6	6		141	65	76		1	36	104		4	6	67	47	27	11
	平保	6	5	1	82	35	47			38	44		3	12	56	19	7	14
	天安	5	3	2	61	33	28			14	47		6	9	21	24	16	
	华泰	1	1		13	8	5			3	10				8	4	1	2
	中华联合	5	5		64	31	33			14	50		4	2	31	25	8	24
	太平	2	2		13	8	5			3	10				10	3		20
	大地	5	4	1	102	60	42			29	73		3		58	23	21	
	永安	6	5	1	68	31	37			12	56				38	21	9	45
	华安	3	1	2	23	13	10			6	17				12	8	3	
	安邦	6	1	5	35	13	22			26	9				27	7	1	7
	阳光	5	5		73	33	40			23	50		4	3	36	22	15	27
	都邦	6	4	2	81	35	46			15	66		1	9	39	32	10	
	中银	1	1		15	8	7			12	3			1	11	3	1	
	天平	1	1		10	5	5			4	6			1	8	2		
	永诚	1	1		5	2	3			3	2				5			
	民安	1	1		17	8	9			4	13				12	3	2	
	人寿财险	6	6		142	72	70		2	55	85		7	4	81	50	11	22
	渤海	1	1		7	3	4			2	5				6	1		
	安诚	1	1		9	5	4			7	2			1	7	2		3
	长安责任	4	4		44	18	26			12	32		6	5	17	20	7	45

续表 36

各地区保险机构		总机构数	年末分支机构数		总人数	男	女	文化结构				专业技术职称			年龄结构			年末保险代理人数
			市、县机构数	营销服务部数				博士	硕士	本科	大专及以下	高级	中级	初级	35岁以下	36~45岁	46岁以上	
泰州市公司	紫金	3	3		73	37	36			29	44		6	5	46	20	7	23
	英大泰和	3	3		33	15	18			12	21			1	22	11		
	泰山	1	1		19	10	9			8	11			1	11	6	2	
	小计	95	71	24	1507	748	759	0	5	542	960	3	68	115	820	462	225	577
宿迁市公司	人保	17	6	11	333	209	124		3	144	186		22	19	232	61	40	401
	太保	4	4		105	49	56		3	21	81	1	3	2	73	21	11	60
	平保	5	5		60	28	32			33	27			9	48	10	2	30
	天安	5	2	3	38	18	20			4	34		3	1	12	14	12	
	中华联合	4	4		45	19	26			10	35			1	25	12	8	17
	大地	5	2	3	45	24	21			11	34		2	2	25	13	7	
	永安	1	1		12	9	3			6	6		1	1	6	4	2	12
	华安	4	1	3	30	14	16			6	24		1	1	16	12	2	24
	安邦	4	2	2	22	10	12			13	9				16	5	1	8
	阳光	4	2	2	55	27	28			16	39		5	1	38	11	6	28
	都邦	2	1	1	54	29	25			6	48			1	26	23	5	
	中银	1	1		4	2	2			4					3	1		
	人寿财险	4	4		132	66	66			39	93	1	2	6	86	30	16	34
	渤海	1	1		25	12	13			2	23		1	1	14	11		
	安诚	1	1		7	4	3			3	4	1			4	2	1	3
	长安责任	4	4		49	22	27			13	36		7		18	20	11	46
	紫金	3	3		97	52	45		2	36	59	2	11	5	56	26	15	16
	浙商	1	1		39	16	23			6	33				15	18	6	
	小计	70	45	25	1152	610	542	0	8	373	771	5	58	50	713	294	145	679

续表 36

	各地区保险机构	总机构数	年末分支机构数		总人数	男	女	文化结构				专业技术职称			年龄结构			年末保险代理人数
			省、市、县机构数	营销服务部数				博士	硕士	本科	大专及以下	高级	中级	初级	35岁以下	36~45岁	46岁以上	
合计	人保	1055	129	926	9133	4739	4394	6	198	4211	4718	88	703	907	5348	1934	1851	8045
	太保	175	104	71	4343	1962	2381		54	1596	2693	11	249	317	2568	1166	609	2910
	平保	145	67	78	2933	1417	1516	1	74	1613	1245	1	84	332	2224	509	200	877
	天安	95	42	53	972	493	479		4	224	744	2	57	37	431	315	226	
	大众	38	18	20	301	141	160		1	65	235		4	1	122	115	64	288
	华泰	12	10	2	195	99	96		5	76	114		3	2	105	69	21	22
	信保	6	6		175	107	68		91	77	7				154	14	7	
	中华联合	108	75	33	1880	776	1104		14	412	1454	3	37	96	1020	521	339	851
	太平	33	30	3	309	144	165		7	138	164	4	14	13	204	77	28	460
	大地	66	44	22	926	504	422		10	336	580	2	37	26	540	223	163	
	永安	55	32	23	729	342	387		6	171	552	6	30	21	331	188	210	141
	华安	48	20	28	392	207	185		4	112	276		8	6	223	117	52	47
	安邦	91	22	69	598	257	341		15	336	247	1	1	4	401	152	45	183
	阳光	65	49	16	968	472	496		10	321	637	1	54	32	516	292	160	96
	都邦	44	29	15	915	419	496		7	171	737	15	18	66	403	334	178	69
	中银	19	19		244	133	111		16	171	57	4	22	27	152	66	26	54
	天平	8	8		207	103	104		4	74	129		2	10	182	21	4	4
	永诚	19	18	1	245	116	129		5	108	132				128	75	42	46
	民安	14	14		305	136	169		4	118	183	2	21	11	149	98	58	2
	人寿财险	94	94		2568	1236	1332	1	26	1026	1515	8	56	75	1647	667	254	951
	渤海	17	14	3	203	99	104		1	70	132		4	10	108	70	25	14
	安诚	20	20		217	106	111		1	86	130	1	14	23	138	54	25	143
	华农	18	8	10	80	50	30		1	26	53		4		51	17	12	
	长安责任	55	55		678	351	327		3	186	489		28	78	335	219	124	346
	三星火灾	1	1		26	15	11		3	18	5				24	2		
	紫金	49	44	5	1272	621	651	2	22	400	848	12	37	31	687	397	188	59
	国泰	3	3		88	40	48			53	35				75	10	3	52
	日本财产	1	1		40	13	27		6	34					34	5	1	
	英大泰和	26	26		440	211	229		13	224	203	1	10	4	286	131	23	21
	三井住友	2	1	1	40	19	21		5	24	11				33	6	1	
	丘博	1	1		11	4	7		1	7	3		1	1	10		1	
	信达财险	14	14		201	112	89		3	95	103	1	2	1	148	45	8	5
	太阳联合	1	1		10	4	6		1	9					8	2		
	东京海上	1	1		26	10	16		6	17	3			1	19	5	2	
	浙商	18	18		332	176	156		3	117	212	1	5	1	187	109	36	
	泰山	5	5		145	74	71		2	57	86	1	5	13	94	39	12	
	乐爱金	2	1	1	40	22	18		9	30	1				29	10	1	
	美亚	1	1		26	13	13		3	14	9				20	6		
	安信农保	4	4		172	90	82		2	81	89	1	7		90	50	32	
	总计	2429	1049	1380	32385	15833	16552	10	640	12904	18831	166	1517	2146	19224	8130	5031	15686

江苏省级人寿保险公司机构、人员结构统计表(2013)

表 37

各地区保险机构		总机构数	年末分支机构数		总人数	男	女	文化结构				专业技术职称			年龄结构			年末保险代理人数
			省、县机构数	营销服务部数				博士	硕士	本科	大专及以下	高级	中级	初级	35岁以下	36~45岁	46岁以上	
江苏省公司本部	国寿股份	1	1		571	250	321		49	454	68	9	80	147	377	115	79	
	太保人寿	1	1		153	69	84		6	122	25		9	1	96	31	26	
	平安人寿	14	3	11	388	191	197		27	258	103				287	79	22	3423
	新华人寿	1	1		180	79	101		23	126	31		13	9	133	38	9	
	泰康人寿	1	1		578	180	398		21	189	368				470	84	24	
	友邦人寿	2	1	1	127	49	78		14	74	39				78	41	8	
	太平人寿	3	1	2	235	108	127	1	10	141	83	1	5	1	172	51	12	591
	民生人寿	1	1		84	34	50		6	56	22		6	3	57	20	7	
	生命人寿	1	1		147	59	88		5	84	58		1	1	107	29	11	
	信诚人寿	1	1		49	18	31		3	30	16		3	1	31	14	4	
	合众人寿	4	1	3	130	60	70		4	88	38		1		95	28	7	76
	海康人寿	2	1	1	56	11	45		2	35	19		5	1	33	21	2	49
	中宏人寿	1	1		53	19	34		2	29	22				42	5	6	613
	国泰人寿	1	1		41	15	26			33	8	3	13	12	36	1	4	19
	人保健康	4	1	3	146	56	90		10	76	60	2	9	10	78	45	23	
	北大方正	1	1		19	9	10			14	5				12	6	1	
	中意人寿	1	1		71	29	42		3	53	15	5	3	4	52	15	4	932
	恒安标准	1	1		75	32	43		4	48	23	1	2		50	19	6	
	光大永明	1	1		44	15	29		4	28	12	1	2		25	17	2	
	农银人寿	1	1		72	33	39		1	46	25		4	1	40	29	3	27
	和谐健康	1	1		22	6	16			22					10	6	6	
	平安养老	1	1		140	51	89		6	89	45				97	34	9	
	华泰人寿	2	2		46	21	25		3	31	12	1	4	2	25	15	6	
	招商信诺	1	1		29	7	22			11	18			1	24	5		
	联泰大都会	1	1		70	20	50		6	35	29	3	6		29	38	3	163
	瑞泰人寿	1	1		40	8	32		1	23	16				18	16	6	
	正德人寿	1	1		39	20	19			22	17	1	2	2	27	8	4	

续表 37

各地区保险机构		总机构数	年末分支机构数		总人数	男	女	文化结构				专业技术职称			年龄结构			年末保险代理人数
			省、县机构数	营销服务部数				博士	硕士	本科	大专及以下	高级	中级	初级	35岁以下	36~45岁	46岁以上	
江苏省公司本部	中德安联	1	1		26	14	12		1	17	8				17	9		
	华夏人寿	3	1	2	98	56	42		3	66	29				74	20	4	96
	人保人寿	1	1		89	41	48		7	72	10		2	5	51	28	10	
	英大泰和	1	1		49	28	21	1	3	41	4	2	8	2	32	16	1	
	信泰人寿	4	1	3	89	39	50			68	21				63	20	6	8
	中英人寿	2	1	1	58	24	34		3	35	20		4	1	32	22	4	107
	长城人寿	1	1		57	25	32		3	24	30				34	17	6	
	工银安盛	1	1		124	54	70		7	52	65				78	31	15	95
	太平养老	2	2		117	42	75		8	70	39	2	2	2	72	36	9	
	建信人寿	1	1		87	33	54		6	53	28	1	3		48	28	11	
	幸福人寿	1	1		193	88	105		1	107	85		7	9	112	55	26	179
	阳光人寿	1	1		87	40	47		6	71	10				61	22	4	
	长生人寿	1	1		35	12	23		3	25	7	1			25	8	2	
	国华人寿	1	1		50	20	30			28	22				29	18	3	12
	国寿养老	1	1		29	15	14		6	22	1		12	15	16	9	4	
	平安健康	1	1		17	7	10		1	13	3		3	1	15	2		
	安邦人寿	1	1		51	28	23		4	47					28	21	2	
	中邮人寿	1	1		61	36	25		23	31	7	3	5	39	45	12	4	
	百年人寿	1	1		48	29	19		1	38	9	2	3	4	29	18	1	
	交银康联	1	1		83	27	56			41	42		8		55	24	4	
	中融人寿	1	1		28	11	17		1	19	8		2		17	9	2	15
	泰康养老	1	1		215	89	126		5	72	138				186	20	9	
	利安人寿	1	1		36	16	20		2	28	6		2		20	14	2	
	东吴人寿	1	1		38	20	18		1	29	8	1	3	1	21	12	5	
	总计	82	55	27	5370	2243	3127	2	305	3286	1777	39	232	275	3661	1281	428	6405

续表 37

各地区保险机构		总机构数	年末分支机构数		总人数	男	女	文化结构				专业技术职称			年龄结构			年末保险代理人数
			市、县机构数	营销服务部数				博士	硕士	本科	大专及以下	高级	中级	初级	35岁以下	36~45岁	46岁以上	
南京市公司	国寿股份	92	12	80	439	175	264		18	307	114	2	49	73	187	139	113	
	太保人寿	12	10	2	243	74	169		4	110	129	1	4	2	126	73	44	1208
	新华人寿	10	7	3	101	57	44		4	82	15		2		89	10	2	1105
	泰康人寿	13	1	12	48	21	27		6	21	21				39	8	1	614
	友邦人寿	6	1	5	23	8	15		2	15	6				13	10		238
	民生人寿	2	1	1	6	4	2			5	1				5		1	3
	生命人寿	8	1	7	20	11	9			11	9				9	10	1	287
	信诚人寿	1	1		15	7	8			8	7	1			11	3	1	
	北大方正	1		1	12	2	10			5	7				9	2	1	72
	中意人寿	3	1	2	34	11	23			8	26		2	24	18	10	6	256
	恒安标准	1		1	4	2	2			4					3	1		33
	华泰人寿	8	6	2	42	16	26		2	14	26			4	32	6	4	392
	正德人寿	1	1		41	12	29			5	36				25	9	7	
	中德安联	1		1	9	3	6			5	4				4	5		55
	人保人寿	4	2	2	24	8	16			16	8				18	4	2	226
	英大泰和	2		2	4	3	1			4					4			48
	长城人寿	1	1		5	4	1			2	3				1	2	2	36
	建信人寿	1		1	41	13	28			15	26				24	13	4	22
	阳光人寿	6	3	3	22	14	8		1	18	3				18	4		378
	百年人寿	1		1	0													18
	利安人寿	3	3		77	24	53			21	56				49	24	4	270
	东吴人寿	1	1		22	11	11			16	6				12	7	3	33
	小计	178	52	126	1232	480	752	0	37	692	503	4	57	103	696	340	196	5294
无锡市公司	国寿股份	150	10	140	495	213	282		6	250	239	1	30	41	216	171	108	
	太保人寿	42	7	35	386	124	262		7	176	203		23	50	221	106	59	2246
	平安人寿	31	3	28	274	122	152		5	177	92				208	52	14	2867
	新华人寿	4	2	2	59	27	32		2	39	18		2	3	43	15	1	430
	泰康人寿	16	3	13	104	34	70			42	62				66	30	8	817
	友邦人寿	8	1	7	26	12	14			17	9				18	6	2	144
	太平人寿	5	4	1	100	49	51		1	53	46			5	63	33	4	437
	民生人寿	4	2	2	34	18	16			17	17		3	1	20	11	3	215
	生命人寿	4	1	3	26	9	17			14	12				19	5	2	67
	信诚人寿	1	1		10	4	6		1	4	5				9	1		
	合众人寿	2	1	1	18	8	10			12	6			1	13	4	1	72
	海康人寿	3	2	1	26	9	17			15	11		3	2	17	7	2	71
	中宏人寿	2	1	1	26	9	17			13	13				8	17	1	552
	国泰人寿	1		1	12	5	7			6	6		1	2	8	3	1	18
	人保健康	2	1	1	44	16	28			20	24		1	1	24	13	7	
	北大方正	1	1		11	4	7			7	4				7	3	1	88
	中意人寿	3	1	2	37	17	20			14	23		1	17	27	9	1	263

续表 37

各地区保险机构		总机构数	年末分支机构数		总人数	男	女	文化结构				专业技术职称			年龄结构			年末保险代理人数
			市、县机构数	营销服务部数				博士	硕士	本科	大专及以下	高级	中级	初级	35岁以下	36~45岁	46岁以上	
无锡市公司	恒安标准	2	1	1	28	11	17			11	17				18	8	2	48
	光大永明	1	1		5	1	4			4	1				3		2	
	农银人寿	2	1	1	33	15	18			14	19			1	15	15	3	12
	和谐健康	1	1		7	2	5			5	2				3	4		
	平安养老	1	1		25	5	20		1	17	7				17	6	2	
	华泰人寿	7	6	1	68	19	49			15	53		2	1	38	16	14	367
	招商信诺	1		1	8	4	4			4	4				7	1		
	联泰大都会	1		1	19	8	11		1	8	10		2		12	7		92
	瑞泰人寿	1		1	12	4	8			6	6				8	2	2	
	正德人寿	1	1		37	14	23			12	25			4	29	5	3	
	中德安联	1		1	4	2	2			3	1				4			55
	华夏人寿	2	2		30	11	19		1	18	11				18	11	1	106
	人保人寿	6	6		40	18	22			20	20				20	11	9	302
	英大泰和	3	2	1	14	8	6			14			3	2	8	6		51
	信泰人寿	2	1	1	26	13	13			8	18				16	8	2	114
	中英人寿	1	1		1		1			1					1			
	长城人寿	3	1	2	19	9	10			8	11				12	6	1	157
	工银安盛	1	1		52	27	25			23	29				32	19	1	120
	建信人寿	1	1		30	11	19		2	12	16				19	9	2	
	幸福人寿	1	1		14	6	8			4	10		1		11	3		31
	阳光人寿	3	3		29	12	17			22	7				20	8	1	165
	国华人寿	1	1		9	2	7			4	5				4	3	2	3
	安邦人寿	1	1		6	4	2			6					3	1	2	
	交银康联	1	1		41	21	20			26	15		2	3	32	8	1	27
	利安人寿	4	4		43	16	27		1	15	27			1	28	14	1	80
	东吴人寿	3	3		23	13	10			17	6				15	5	3	197
	小计	331	82	249	2311	936	1375	0	28	1173	1110	1	74	135	1380	662	269	10214
徐州市公司	国寿股份	120	12	108	446	214	232		5	259	182	3	23	49	209	155	82	
	太保人寿	41	8	33	310	105	205			89	221		3		134	122	54	4030
	平安人寿	19	2	17	133	68	65		1	94	38				115	12	6	2583
	新华人寿	5	1	4	41	15	26			26	15		1	1	29	10	2	177
	泰康人寿	8	1	7	98	22	76		2	40	56				56	35	7	515
	友邦人寿	4	1	3	20	10	10			10	10				12	8		187
	太平人寿	4	2	2	49	23	26			30	19				31	18		289
	民生人寿	4	1	3	26	13	13			11	15				20	4	2	222
	生命人寿	6	1	5	53	28	25			24	29				36	13	4	473
	信诚人寿	2	1	1	14	6	8			8	6		1		8	5	1	
	合众人寿	3	1	2	26	13	13			10	16			1	15	10	1	69
	海康人寿	1	1		10	3	7			5	5		1		7	3		
	恒安标准	3	1	2	23	8	15		1	10	12				15	7	1	272

续表 37

各地区保险机构		总机构数	年末分支机构数		总人数	男	女	文化结构				专业技术职称			年龄结构			年末保险代理人数
			市、县机构数	营销服务部数				博士	硕士	本科	大专及以下	高级	中级	初级	35岁以下	36~45岁	46岁以上	
徐州市公司	光大永明	1	1		1		1			1					1			
	农银人寿	2	1	1	28	6	22			8	20			1	17	8	3	50
	和谐健康	1	1		5	3	2			5					2	2	1	
	平安养老	1	1		13	7	6			9	4				12	1		
	华泰人寿	18	7	11	60	20	40		1	32	27		1	6	34	24	2	725
	正德人寿	1	1		29	8	21			10	19	1			20	8	1	
	中德安联	1		1	3	1	2			1	2					2	1	28
	华夏人寿	7	3	4	51	18	33			26	25				33	16	2	313
	人保人寿	8	4	4	63	29	34			16	47				35	21	7	613
	英大泰和	3	2	1	16	8	8			11	5		2		10	5	1	143
	信泰人寿	4	1	3	26	12	14		1	9	16				19	7		85
	中英人寿	1	1		7	4	3			4	3				5	2		61
	长城人寿	2	1	1	20	6	14			9	11				9	11		349
	建信人寿	2	2		41	15	26			15	26			1	22	16	3	
	阳光人寿	4	4		21	12	9		1	15	5				17	3	1	193
	国华人寿	1	1		10	2	8			3	7				4	5	1	4
	百年人寿	1	1		11	5	6			4	7				7	3	1	200
	交银康联	1	1		21	8	13			15	6		1		16	5		
	中融人寿	1	1		8	3	5			2	6				6	2		8
	利安人寿	6	5	1	57	17	40			18	39		1	1	26	28	3	281
	东吴人寿	1	1		18	10	8			12	6		1	1	11	5	2	136
	小计	287	73	214	1758	722	1036	0	12	841	905	4	35	61	993	576	189	12006
常州市公司	国寿股份	73	7	66	355	168	187		6	225	124		33	54	140	116	99	
	太保人寿	22	7	15	427	174	253		3	229	195	1	25	79	251	112	64	3259
	平安人寿	16	3	13	160	73	87			98	62				126	30	4	2021
	新华人寿	7	3	4	63	25	38		1	39	23		3		46	12	5	467
	泰康人寿	13	3	10	89	32	57		1	44	44				62	22	5	488
	友邦人寿	2	1	1	9	6	3		1	5	3				5	1	3	51
	太平人寿	5	2	3	65	28	37			33	32		1		49	9	7	156
	民生人寿	3	1	2	18	7	11			8	10			1	9	8	1	96
	生命人寿	8	1	7	58	25	33			33	25	1	1	4	41	15	2	589
	信诚人寿	2	1	1	14	7	7		1	7	6				7	6	1	
	合众人寿	3	1	2	33	12	21			21	12				21	9	3	138
	海康人寿	2	1	1	15	3	12		1	4	10		2		7	7	1	11
	中宏人寿	1	1		16	3	13			8	8				10	6		161
	国泰人寿	1		1	8	5	3			6	2		2		7	1		12
	人保健康	1	1		17	6	11			10	7		1	1	6	5	6	
	北大方正	1		1	5	2	3			4	1				3	2		29
	恒安标准	1	1		16	4	12			6	10				12	2	2	17
	光大永明	1	1		7	2	5			4	3				6	1		

续表 37

各地区保险机构		总机构数	年末分支机构数		总人数	男	女	文化结构				专业技术职称			年龄结构			年末保险代理人数
			市、县机构数	营销服务部数				博士	硕士	本科	大专及以下	高级	中级	初级	35岁以下	36~45岁	46岁以上	
常州市公司	和谐健康	1	1		2	1	1			2					2			
	平安养老	1	1		19	11	8		1	11	7				14	4	1	
	华泰人寿	7	5	2	39	12	27			22	17		8	4	21	13	5	317
	联泰大都会	1		1	18	9	9			10	8		2		10	7	1	84
	中德安联	1		1	7		7			4	3				4	3		8
	华夏人寿	3	3		25	9	16			11	14				21	4		13
	人保人寿	6	6		38	17	21			20	18				18	13	7	93
	英大泰和	1	1		12	5	7			11	1				8	4		70
	信泰人寿	4	1	3	30	13	17			11	19				11	16	3	94
	长城人寿	3	1	2	19	7	12			8	11				15	3	1	132
	工银安盛	1	1		44	17	27			16	28				26	15	3	86
	建信人寿	2	2		54	11	43			20	34				39	14	1	
	幸福人寿	1	1		9	3	6		1	5	3		1	1	6	2	1	6
	阳光人寿	4	4		26	12	14			19	7				15	8	3	175
	长生人寿	1		1	17	7	10			10	7				10	6	1	103
	国华人寿	1	1		9	5	4			6	3				8	1		3
	安邦人寿	1	1		10	5	5			10					4	5	1	
	利安人寿	5	5		59	18	41		1	26	32				37	16	6	244
	东吴人寿	1	1		18	10	8			14	4				12	5	1	121
	小计	207	70	137	1830	754	1076	0	17	1020	793	2	79	144	1089	503	238	9044
苏州市公司	国寿股份	175	11	164	557	238	319		11	281	265		53	88	210	194	153	
	太保人寿	69	9	60	637	236	401		8	331	298	12	27	47	388	158	91	3710
	平安人寿	41	5	36	330	135	195		9	213	108				254	64	12	4166
	新华人寿	6	2	4	72	31	41		5	44	23				57	14	1	412
	泰康人寿	11	2	9	107	42	65		1	42	64				68	28	11	456
	友邦人寿	13	1	12	59	32	27		2	47	10				44	15		1285
	太平人寿	12	6	6	373	146	227		5	186	182		7	6	253	95	25	1957
	民生人寿	5	1	4	18	5	13			8	10			1	13	4	1	11
	生命人寿	5	1	4	41	20	21		1	24	16				35	5	1	118
	信诚人寿	3	1	2	17	8	9			10	7		1		13	3	1	
	中宏人寿	3	1	2	23	7	16			11	12				15	6	2	383
	国泰人寿	1		1	27	14	13		1	12	14	3	5	1	20	6	1	63
	人保健康	2	1	1	42	16	26		2	19	21			1	31	9	2	
	北大方正	1		1	4	1	3		1	2	1				2		2	21
	中意人寿	3	1	2	37	14	23			9	28	1	4		22	13	2	174
	恒安标准	1	1		16	11	5			8	8				15	1		109
	光大永明	3	3		54	18	36		2	14	38				37	15	2	
	和谐健康	3	3		5	2	3			4	1				5			
	平安养老	1	1		50	20	30		1	26	23				37	11	2	
	华泰人寿	6	6		27	9	18			10	17	1	4	5	14	9	4	186

数据统计

续表 37

各地区保险机构		总机构数	年末分支机构数		总人数	男	女	文化结构				专业技术职称			年龄结构			年末保险代理人数
			市、县机构数	营销服务部数				博士	硕士	本科	大专及以下	高级	中级	初级	35岁以下	36~45岁	46岁以上	
苏州市公司	联泰大都会	1	1		11	3	8			4	7		1		7	4		
	瑞泰人寿	1	1		7	2	5			3	4				3	1	3	
	中德安联	1		1	8	5	3			6	2				7	1		18
	华夏人寿	6	6		216	85	131			24	192				93	81	42	169
	人保人寿	6	5	1	40	13	27			21	19				24	10	6	263
	信泰人寿	4	1	3	27	12	15			14	13				19	8		90
	长城人寿	3	1	2	14	7	7			6	8				9	4	1	40
	工银安盛	1	1		55	27	28			23	32				48	4	3	45
	太平养老	1	1		22	9	13		1	11	10	1			14	4	4	
	建信人寿	2	1	1	80	36	44		3	45	32		9	1	59	19	2	6
	幸福人寿	4	3	1	47	23	24			28	19		3	8	35	8	4	95
	阳光人寿	5	5		27	13	14			20	7				22	4	1	154
	长生人寿	1		1	7	3	4			4	3				6	1		21
	国华人寿	1	1		6	4	2			5	1				5	1		2
	百年人寿	1	1		11	4	7			7	4				9	2		94
	交银康联	1	1		59	29	30		2	27	30				50	9		
	中融人寿	1	1		7	5	2			6	1			1	6	1		7
	利安人寿	5	5		63	27	36			23	40				39	23	1	159
	东吴人寿	10	10		106	54	52		2	54	50		2	5	65	35	6	471
	小计	419	101	318	3309	1366	1943	0	57	1632	1620	18	116	164	2053	870	386	14685
南通市公司	国寿股份	102	7	95	531	226	305		4	316	211	3	59	39	223	188	120	
	太保人寿	14	7	7	185	59	126			61	124		10		75	72	38	701
	平安人寿	10	2	8	343	145	198		1	224	118				249	83	11	3758
	新华人寿	11	3	8	88	33	55		1	57	30		2		69	16	3	702
	泰康人寿	12	5	7	123	38	85			32	91				54	45	24	331
	友邦人寿	4	1	3	13	2	11			8	5				6	7		90
	太平人寿	6	2	4	64	16	48			29	35		1	4	38	26		106
	民生人寿	7	2	5	49	21	28			20	29		2		30	16	3	399
	生命人寿	5	1	4	44	18	26			19	25				32	9	3	248
	信诚人寿	4	1	3	23	7	16			14	9		1	1	16	5	2	
	合众人寿	6	1	5	58	24	34			35	23			1	40	14	4	182
	海康人寿	1	1		15	4	11			6	9			1	7	8		
	中宏人寿	1		1	10	4	6			1	9				4	6		134
	国泰人寿	1		1	7	4	3			4	3		1		6	1		15
	人保健康	2	1	1	58	29	29		1	26	31		1	1	41	14	3	
	北大方正	1	1		6	1	5			4	2				4	2		30
	中意人寿	1	1		21	6	15			5	16				13	6	2	42
	恒安标准	3	1	2	37	18	19			19	18				10	23	4	127
	光大永明	4	1	3	13	5	8			5	8		1		4	9		
	农银人寿	4	1	3	34	11	23			14	20		2	2	18	14	2	74

续表 37

各地区保险机构		总机构数	年末分支机构数		总人数	男	女	文化结构				专业技术职称			年龄结构			年末保险代理人数
			市、县机构数	营销服务部数				博士	硕士	本科	大专及以下	高级	中级	初级	35岁以下	36~45岁	46岁以上	
南通市公司	和谐健康	1	1		2	1	1			2					1		1	
	平安养老	1	1		30	10	20			18	12				12	9	9	
	华泰人寿	4	4		16	9	7			9	7		3	1	9	5	2	26
	联泰大都会	1		1	10	5	5			3	7		1		8	2		
	正德人寿	1	1		32	9	23			11	21		2		22	7	3	
	中德安联	1		1	6	2	4			4	2				5	1		79
	华夏人寿	3	2	1	25	9	16			8	17				19	2	4	196
	人保人寿	7	5	2	80	26	54			41	39		1		50	23	7	999
	英大泰和	4	3	1	22	6	16			17	5		1		14	7	1	252
	信泰人寿	4	1	3	28	11	17			10	18		2	2	11	13	4	45
	中英人寿	2	1	1	9	7	2			8	1				8	1		120
	长城人寿	3	1	2	17	7	10			6	11				10	6	1	117
	工银安盛	1	1		103	46	57			28	75				68	30	5	292
	建信人寿	1	1		36	11	25			11	25				19	16	1	
	幸福人寿	1	1		9	4	5			7	2		1		8	1		3
	阳光人寿	9	7	2	41	17	24			25	16				28	12	1	360
	长生人寿	1		1	9	2	7			3	6				2	6	1	60
	国华人寿	1	1		14	3	11			4	10				6	6	2	8
	安邦人寿	1	1		3	2	1			3					1	2		
	中融人寿	1	1		8	6	2			5	3		1		5	1	2	15
	利安人寿	6	6		67	20	47			28	39				33	22	12	247
	东吴人寿	1	1		18	8	10			5	13				10	8		120
	小计	254	79	175	2307	892	1415	0	7	1155	1145	3	92	52	1288	744	275	9878
连云港市公司	国寿股份	75	6	69	278	128	150		2	196	80		27	36	146	83	49	
	太保人寿	17	7	10	149	55	94			78	71				68	45	36	1620
	平安人寿	8	1	7	75	42	33		1	55	19				63	12		1462
	新华人寿	5	4	1	36	19	17			25	11		1		28	8		327
	泰康人寿	19	2	17	92	41	51			32	60				44	36	12	887
	友邦人寿	2		2	6	2	4			2	4				4	1	1	63
	太平人寿	4	3	1	50	29	21			36	14				36	12	2	326
	民生人寿	3	1	2	17	6	11			9	8	1			9	7	1	80
	生命人寿	6	1	5	39	16	23			20	19				30	7	2	275
	合众人寿	2	1	1	14	6	8			14					10	4		34
	光大永明	1	1		3	1	2			1	2				3			
	华泰人寿	5	5		39	18	21			19	20			1	19	12	8	496
	正德人寿	1	1		30	12	18			10	20		1		15	10	5	
	华夏人寿	1	1		21	10	11			12	9				12	7	2	85
	人保人寿	6	6		34	15	19			16	18				19	13	2	543
	信泰人寿	1	1		16	10	6			7	9				11	5		58
	长城人寿	1	1		13	6	7			4	9				7	6		106

续表 37

各地区保险机构		总机构数	年末分支机构数		总人数	男	女	文化结构				专业技术职称			年龄结构			年末保险代理人数
			市、县机构数	营销服务部数				博士	硕士	本科	大专及以下	高级	中级	初级	35岁以下	36~45岁	46岁以上	
连云港市公司	阳光人寿	2	2		17	12	5			14	3				11	6		255
	利安人寿	4	4		38	13	25			10	28				14	21	3	105
	东吴人寿	1	1		15	9	6		1	8	6				11	4		
	小计	164	49	115	982	450	532	0	4	568	410	1	29	37	560	299	123	6722
淮安市公司	国寿股份	129	7	122	295	152	143		1	172	122		20	33	124	108	63	
	太保人寿	11	7	4	93	40	53			34	59	1	4	3	38	48	7	962
	平安人寿	7	1	6	77	38	39			42	35				56	19	2	757
	新华人寿	5	4	1	38	18	20			24	14				31	7		545
	泰康人寿	11	5	6	97	29	68		1	25	71				51	37	9	523
	太平人寿	4	2	2	57	25	32			29	28				35	19	3	141
	生命人寿	6	1	5	33	16	17			16	17				25	5	3	227
	合众人寿	2	1	1	15	8	7			15			1		12	3		48
	人保健康	1	1		34	10	24			21	13				27	7		
	和谐健康	1	1		3	1	2			2	1				2		1	
	华泰人寿	2	2		12	8	4			5	7		1		5	7		135
	华夏人寿	3	1	2	26	16	10			15	11				16	5	5	97
	人保人寿	6	6		29	15	14			16	13				13	9	7	202
	英大泰和	1	1		10	7	3			8	2				8	2		
	信泰人寿	2	1	1	26	15	11			8	18		1		15	8	3	78
	阳光人寿	3	1	2	17	10	7			10	7				12	4	1	133
	利安人寿	3	3		50	14	36			17	33				16	30	4	116
	东吴人寿	1	1		18	9	9			11	7				12	5	1	223
	小计	198	46	152	930	431	499	0	2	470	458	1	27	36	498	323	109	4187
盐城市公司	国寿股份	210	10	200	526	275	251		4	242	280	1	65	69	197	204	125	
	太保人寿	33	8	25	159	65	94			57	102	1			47	97	15	1506
	平安人寿	23	2	21	212	126	86		1	140	71				174	34	4	4428
	新华人寿	5	2	3	46	22	24			22	24		2	3	28	15	3	236
	泰康人寿	22	8	14	82	24	58		1	22	59				34	28	20	463
	友邦人寿	1		1	8	5	3			5	3				5	3		64
	太平人寿	6	3	3	73	29	44			30	43			1	40	23	10	359
	民生人寿	7	1	6	38	21	17			14	24		1		17	18	3	410
	生命人寿	6	1	5	42	15	27		1	14	27	1	3	2	27	13	2	327
	合众人寿	8	1	7	63	31	32			32	31	1	3		30	30	3	392
	中宏人寿	1		1	9	5	4			6	3				2	7		86
	恒安标准	3	1	2	22	8	14			13	9				14	8		63
	光大永明	5	1	4	8	5	3			3	5		1		1	7		
	农银人寿	4	1	3	29	6	23			10	19			1	17	9	3	74
	平安养老	1	1		18	5	13			6	12				9	6	3	
	华泰人寿	14	8	6	41	20	21			16	25	1	6	2	21	12	8	861
	正德人寿	1	1		29	7	22			3	26		2	2	9	13	7	

续表 37

各地区保险机构		总机构数	年末分支机构数		总人数	男	女	文化结构				专业技术职称			年龄结构			年末保险代理人数
			市、县机构数	营销服务部数				博士	硕士	本科	大专及以下	高级	中级	初级	35岁以下	36~45岁	46岁以上	
盐城市公司	中德安联	1		1	0													9
	华夏人寿	5	2	3	34	20	14			9	25				21	12	1	120
	人保人寿	8	6	2	36	20	16			8	28				14	17	5	391
	英大泰和	5	5		25	12	13			16	9		1		16	8	1	259
	信泰人寿	5	1	4	29	14	15			10	19				12	16	1	116
	长城人寿	5	1	4	24	11	13			11	13				14	8	2	169
	建信人寿	1	1		31	10	21			16	15				18	12	1	89
	幸福人寿	2	2		13	5	8			11	2		3	3	3	9	1	16
	阳光人寿	7	7		35	15	20			23	12				26	8	1	255
	长生人寿	1		1	12	4	8			4	8				7	4	1	65
	安邦人寿	1	1		6	4	2			6					1	5		
	百年人寿	3	3		11	3	8			5	6		1		7	4		84
	利安人寿	8	7	1	58	21	37			19	39				28	23	7	465
	东吴人寿	1	1		23	10	13			13	10		1		13	7	3	162
	小计	403	86	317	1742	818	924	0	7	786	949	5	89	83	852	660	230	11469
扬州市公司	国寿股份	88	6	82	486	233	253		10	290	186	1	36	32	193	204	89	
	太保人寿	19	5	14	186	67	119			54	132				77	61	48	1155
	平安人寿	11	2	9	91	36	55		1	49	41				66	23	2	832
	新华人寿	4	2	2	49	18	31		1	27	21		1	1	39	9	1	266
	泰康人寿	17	6	11	72	18	54		1	25	46				41	24	7	218
	友邦人寿	3	1	2	11	3	8			6	5				5	5	1	90
	太平人寿	7	2	5	102	20	82			23	79		1		51	43	8	313
	民生人寿	5	2	3	29	10	19			12	17			1	15	14		158
	生命人寿	7	1	6	38	16	22			14	24		5		20	11	7	242
	合众人寿	6	1	5	35	15	20		1	18	16			1	19	12	4	127
	海康人寿	1	1		5	1	4			2	3				3	2		
	中宏人寿	1		1	10	5	5			6	4				7	3		168
	国泰人寿	1		1	5	2	3			4	1			1	4	1		11
	人保健康	3	1	2	42	14	28		2	13	27		2		17	17	8	
	北大方正	1		1	5	3	2			5					4	1		27
	中意人寿	3	1	2	31	6	25			12	19	1	1	12	17	11	3	99
	恒安标准	2	1	1	11	5	6			6	5				3	6	2	36
	光大永明	1	1		2		2				2				2			
	农银人寿	4	1	3	31	13	18			12	19			1	19	8	4	8
	平安养老	1	1		17	5	12			6	11				11	5	1	
	华泰人寿	6	5	1	43	12	31			10	33		1		16	19	8	190
	华夏人寿	3	1	2	21	9	12			13	8				14	5	2	20
	人保人寿	5	1	4	46	16	30			19	27				24	15	7	601
	英大泰和	3	1	2	19	11	8			11	8				13	6		172
	信泰人寿	6	1	5	37	16	21			16	21		4		24	11	2	134

数据统计

续表 37

各地区保险机构		总机构数	年末分支机构数		总人数	男	女	文化结构				专业技术职称			年龄结构			年末保险代理人数
			市、县机构数	营销服务部数				博士	硕士	本科	大专及以下	高级	中级	初级	35岁以下	36~45岁	46岁以上	
扬州市公司	中英人寿	1	1		8	3	5			4	4				4	4		101
	长城人寿	2	1	1	16	6	10			6	10				11	5		125
	工银安盛	1	1		32	12	20		1	11	20				18	13	1	64
	建信人寿	1	1		31	6	25			15	16				20	11		
	幸福人寿	3	3		19	13	6			11	8		2		8	8	3	26
	阳光人寿	5	5		26	13	13		2	13	11				16	8	2	201
	国华人寿	1	1		8	4	4			4	4				5	3		3
	百年人寿	3	3		12	3	9			10	2			1	7	4	1	25
	利安人寿	5	5		47	20	27		1	14	32				23	20	4	269
	东吴人寿	1	1		17	6	11		1	6	10				8	5	4	97
	小计	231	66	165	1640	640	1000	0	21	747	872	2	53	50	824	597	219	5778
镇江市公司	国寿股份	61	7	54	325	150	175		2	219	104	2	39	28	140	121	64	
	太保人寿	14	3	11	139	44	95		2	48	89				65	49	25	920
	平安人寿	20	1	19	123	57	66			79	44				95	25	3	1758
	新华人寿	5	2	3	45	21	24			34	11		5		37	7	1	294
	泰康人寿	11	3	8	71	18	53		1	31	39				40	22	9	585
	太平人寿	5	3	2	66	28	38		2	34	30	1	2		42	22	2	273
	民生人寿	4	1	3	30	9	21			13	17		2		18	9	3	100
	生命人寿	5	1	4	48	26	22			28	20		1	3	35	10	3	329
	信诚人寿	3	1	2	11	4	7			3	8				6	3	2	
	合众人寿	3	1	2	18	7	11			11	7				15	2	1	35
	海康人寿	1	1		8	3	5			3	5		1		5	3		
	中宏人寿	1		1	10	4	6		1	8	1				5	5		149
	国泰人寿	1		1	5	3	2			2	3				4	1		11
	人保健康	1	1		28	5	23			10	18		1	2	15	10	3	
	农银人寿	1	1		25	13	12			9	16		1		8	17		34
	平安养老	1	1		12	3	9			7	5				7	4	1	
	华泰人寿	4	4		32	9	23			13	19		1		19	9	4	210
	正德人寿	1	1		23	5	18			10	13		2		13	9	1	
	华夏人寿	5	2	3	36	13	23			24	12				21	14	1	98
	人保人寿	5	4	1	28	11	17			17	11				14	11	3	182
	信泰人寿	4	1	3	25	8	17			8	17		2	2	10	13	2	99
	长城人寿	4	1	3	16	9	7			8	8				10	4	2	220
	阳光人寿	5	5		29	12	17			24	5				20	6	3	211
	国华人寿	1	1		8	2	6			1	7				3	2	3	6
	利安人寿	4	4		43	15	28			11	32				18	21	4	153
	东吴人寿	1	1		17	7	10			8	9				8	7	2	151
	小计	171	51	120	1221	486	735	0	8	663	550	3	57	35	673	406	142	5818
泰州市公司	国寿股份	140	5	135	488	221	267		5	284	199	1	15	45	202	201	85	
	太保人寿	16	7	9	114	32	82		1	34	79	1	3	4	34	60	20	872
	平安人寿	14	1	13	110	50	60		1	61	48				83	24	3	1030
	新华人寿	8	4	4	71	33	38		1	51	19			1	59	11	1	308

续表 37

各地区保险机构		总机构数	年末分支机构数		总人数	男	女	文化结构				专业技术职称			年龄结构			年末保险代理人数
			市、县机构数	营销服务部数				博士	硕士	本科	大专及以下	高级	中级	初级	35岁以下	36~45岁	46岁以上	
泰州市公司	泰康人寿	16	5	11	92	25	67		1	31	60				49	38	5	405
	友邦人寿	5	1	4	17	5	12			10	7				11	5	1	131
	太平人寿	5	2	3	77	32	45			38	39			5	51	24	2	219
	民生人寿	7	1	6	35	20	15		1	11	23		1		23	9	3	151
	生命人寿	7	1	6	43	15	28			22	21				28	12	3	173
	合众人寿	5	1	4	46	20	26		1	23	22			1	27	13	6	140
	国泰人寿	1		1	5	2	3			2	3				4	1		9
	人保健康	3	1	2	55	13	42		1	15	39		1	2	31	17	7	
	中意人寿	1	1		25	4	21			7	18		1		9	15	1	98
	恒安标准	1	1		10	4	6			6	4				6	3	1	124
	光大永明	1	1		7	4	3			5	2				3	3	1	
	农银人寿	2	1	1	22	10	12			11	11			1	10	11	1	59
	和谐健康	1	1		3	2	1			3					3			
	华泰人寿	6	6		26	6	20			4	22				17	6	3	139
	华夏人寿	5	5		39	19	20			18	21				27	10	2	223
	人保人寿	5	5		36	12	24			14	22				18	16	2	339
	英大泰和	2	1	1	16	9	7			14	2				10	6		176
	信泰人寿	6	1	5	31	12	19			10	21				18	12	1	30
	长城人寿	5	1	4	31	10	21			6	25				18	10	3	539
	工银安盛	1	1		19	7	12		1	9	9				7	9	3	11
	建信人寿	1	1		38	12	26			18	20				19	17	2	59
	阳光人寿	5	4	1	26	10	16			17	9				16	9	1	266
	国华人寿	1	1		5	4	1			2	3				2	1	2	
	安邦人寿	1	1		3	2	1			3					3			
	百年人寿	3	2	1	12	4	8			10	2				6	5	1	90
	利安人寿	8	6	2	60	19	41			25	35				25	33	2	392
	东吴人寿	2	2		24	9	15			15	9			1	11	11	2	107
	小计	284	71	213	1586	627	959	0	13	779	794	2	21	60	830	592	164	6090
宿迁市公司	国寿股份	70	4	66	258	137	121		1	115	142		6	11	121	91	46	
	太保人寿	4	3	1	66	26	40			30	36		1	2	42	20	4	814
	平安人寿	6	1	5	54	26	28			34	20				47	7		804
	泰康人寿	7	2	5	53	15	38			17	36				22	24	7	256
	太平人寿	4	4		31	18	13			19	12			1	24	7		148
	生命人寿	3	1	2	30	16	14			8	22		2	2	23	4	3	154
	信诚人寿	2	1	1	9	7	2			2	7		1	1	6	2	1	
	合众人寿	3	1	2	17	8	9			17					14	3		106
	华泰人寿	7	5	2	48	19	29			14	34			2	29	17	2	612
	华夏人寿	1	1		19	8	11			11	8				14	5		136
	人保人寿	4	2	2	33	13	20			8	25				15	13	5	546
	长城人寿	3	1	2	18	6	12			3	15				5	13		264
	利安人寿	4	4		33	11	22			13	20				21	10	2	152
	东吴人寿	1	1		20	11	9			8	12			1	15	5		341
	小计	119	31	88	689	321	368	0	1	299	389	0	10	20	398	221	70	4333

续表 37

	公司名称	总机构数	年末分支机构数		总人数	男	女	文化结构				专业技术职称			年龄结构			年末保险代理人数
			省、市、县机构数	营销服务部数				博士	硕士	本科	大专及以下	高级	中级	初级	35岁以下	36-45岁	46岁以上	
合计	国寿股份	1486	105	1381	6050	2780	3270		124	3610	2316	23	535	745	2685	2090	1275	
	太保人寿	315	89	226	3247	1170	2077		31	1453	1763	17	109	188	1662	1054	531	23003
	平安人寿	220	27	193	2370	1109	1261		47	1524	799				1823	464	83	29889
	新华人寿	76	37	39	889	398	491		38	596	255		32	18	688	172	29	5269
	泰康人寿	177	47	130	1706	539	1167		36	593	1077				1096	461	149	6558
	友邦人寿	50	9	41	319	134	185		19	199	101				201	102	16	2343
	太平人寿	70	36	34	1342	551	791	1	18	681	642	2	17	23	885	382	75	5315
	民生人寿	52	15	37	384	168	216		7	184	193	1	15	7	236	120	28	1845
	生命人寿	77	14	63	662	290	372		7	331	324	2	13	12	467	148	47	3509
	信诚人寿	19	9	10	162	68	94		5	86	71	1	7	3	107	42	13	
	合众人寿	47	12	35	473	212	261		6	296	171	1	5	5	311	132	30	1419
	海康人寿	11	8	3	135	34	101		3	70	62		12	4	79	51	5	131
	中宏人寿	11	4	7	157	56	101		3	82	72				93	55	9	2246
	国泰人寿	8	1	7	110	50	60		1	69	40	6	22	16	89	15	6	158
	人保健康	19	9	10	466	165	301		16	210	240	2	16	18	270	137	59	
	北大方正	7	3	4	62	22	40		1	41	20				41	16	5	267
	中意人寿	15	7	8	256	87	169		3	108	145	7	12	57	158	79	19	1864
	恒安标准	18	9	9	242	103	139		5	131	106	1	2		146	78	18	829
	光大永明	19	12	7	144	51	93		6	65	73	1	4		85	52	7	
	农银人寿	20	8	12	274	107	167		1	124	149		7	8	144	111	19	338
	和谐健康	10	10		49	18	31			45	4				28	12	9	
	平安养老	9	9		324	117	207		9	189	126				216	80	28	
	华泰人寿	96	71	25	539	198	341		6	214	319	3	31	28	299	170	70	4656
	招商信诺	2	1	1	37	11	26			15	22			1	31	6		
	联泰大都会	5	2	3	128	45	83		7	60	61	3	12		66	58	4	339
	瑞泰人寿	3	2	1	59	14	45		1	32	26				29	19	11	
	正德人寿	8	8		260	87	173			83	177	2	9	8	160	69	31	
	中德安联	8	1	7	63	27	36		1	40	22				41	21	1	252
	华夏人寿	47	30	17	641	283	358		4	255	382				383	192	66	1672
	人保人寿	77	59	18	616	254	362		7	304	305		3	5	333	204	79	5300
	英大泰和	25	17	8	187	97	90	1	3	147	36	2	15	4	123	60	4	1171
	信泰人寿	46	12	34	390	175	215		1	179	210		9	4	229	137	24	951
	中英人寿	7	5	2	83	38	45		3	52	28		4	1	50	29	4	389
	长城人寿	36	13	23	269	113	156		3	101	165				155	95	19	2254
	工银安盛	7	7		429	190	239		9	162	258				277	121	31	713
	太平养老	3	3		139	51	88		9	81	49	3	2	2	86	40	13	
	建信人寿	13	11	2	469	158	311		11	220	238	1	12	2	287	155	27	176
	幸福人寿	13	12	1	304	142	162		2	173	129		18	21	183	86	35	356
	阳光人寿	59	51	8	403	192	211		10	291	102				282	102	19	2746
	长生人寿	5	1	4	80	28	52		3	46	31	1			50	25	5	249
	国华人寿	9	9		119	46	73			57	62				66	40	13	41

续表 37

	公司名称	总机构数	年末分支机构数		总人数	男	女	文化结构				专业技术职称			年龄结构			年末保险代理人数
			省、市、县机构数	营销服务部数				博士	硕士	本科	大专及以下	高级	中级	初级	35岁以下	36−45岁	46岁以上	
合计	国寿养老	1	1		29	15	14		6	22	1		12	15	16	9	4	
	平安健康	1	1		17	7	10		1	13	3		3	1	15	2		
	安邦人寿	6	6		79	45	34		4	75					40	34	5	
	中邮人寿	1	1		61	36	25		23	31	7	3	5	39	45	12	4	
	百年人寿	13	11	2	105	48	57		1	74	30	2	4	5	65	36	4	511
	交银康联	4	4		204	85	119		2	109	93		11	3	153	46	5	27
	中融人寿	4	4		51	25	26		1	32	18		3	1	34	13	4	45
	泰康养老	1	1		215	89	126		5	72	138				186	20	9	
	利安人寿	66	62	4	731	251	480		5	268	458		3	2	377	299	55	2933
	东吴人寿	26	26		377	187	190		5	216	156	1	7	9	224	121	32	2159
	总计	3328	912	2416	26907	11166	15741	2	519	14111	12275	85	971	1255	15795	8074	3038	111923

江苏省各保险中介公司基本情况(2013)

表 38　　(单位:人民币百万元)

中介机构名称	成立时间	总部所在地	注册资本	股东单位数(个)	职工数(人)	法人代表	资产	负债	所有者权益	保险业务收入	营业收入	营业支出	营业利润	利润总额	净利润
江苏华邦保险销售有限公司	2001年6月	南京	1000	4	728	李萍萍	2.18	1.70	0.48	42.70	42.70	47.85	−5.15	−5.23	−5.36
江苏诚信保险代理有限公司	2001年6月	南京	200	2	35	范　腾	2.18	1.70	0.48	7.90	7.90	7.70	0.20	0.20	0.09
江苏东恒保险代理有限公司	2001年6月	南京	200	4	24	周惠平	3.00	0.94	2.06	1.81	1.81	1.79	0.02	0.02	0.02
江苏新润保险代理有限公司	2002年3月	南京	200	8	77	史福明	1.80	0.38	1.42	8.86	8.86	8.92	−0.06	−0.06	−0.06
江苏中天龙保险代理有限公司	2002年4月	南京	200	4	5	隆晓辉	1.19	0.05	1.14	0.07	0.07	0.05	0.02	0.02	0.02
江苏汇丰保险代理有限公司	2002年4月	南京	200	20	188	韩翠霞	1.66	1.17	0.49	19.52	19.52	19.44	0.08	0.08	0.08
江苏东泰保险代理有限公司	2002年4月	南京	225	2	27	徐建民	1.06	0.40	0.66	1.45	1.45	1.50	−0.05	−0.05	−0.05
苏州希尔保险代理有限公司	2002年4月	苏州	200	2	17	刘　勇	0.90	0.07	0.83	1.47	1.47	1.43	0.04	0.04	0.04
江苏华信保险代理有限责任公司	2002年4月	苏州	200	2	4	叶　锋	0.83	0.05	0.78	0.01	0.01	0.03	−0.02	−0.02	−0.02
江苏泰和保险代理有限公司	2003年4月	盐城	220	11	15	刑必强	1.84	0.41	1.43	2.96	2.96	3.46	−0.50	−0.56	−0.58
江苏中诚保险销售有限公司	2003年5月	淮安	320	5	102	陈允志	3.17	0.14	3.03	1.28	1.28	1.26	0.02	0.02	0.02
江苏博达保险代理有限公司	2003年7月	连云港	1100	2	60	凌　晖	9.61	0.01	9.60	0.00	0.00	0.19	−0.19	−0.19	−0.19
苏州铭诚保险代理有限公司	2003年7月	苏州	200	2	315	袁　琳	1.88	0.04	1.84	3.12	3.12	3.12	0.00	0.00	0.00
江苏平衡保险代理有限公司	2003年8月	常州	200	4	73	许　菁	2.54	0.08	2.46	1.22	1.22	1.39	−0.17	−0.17	−0.17
江苏广汇保险代理有限公司	2003年8月	苏州	200	2	56	孙哲贤	2.69	0.14	2.55	2.42	2.42	2.28	0.14	0.14	0.11
江苏信益保险代理有限公司	2003年8月	苏州	300	3	5	周国良	1.99	0.00	1.99	0.71	0.71	0.86	−0.15	−0.15	−0.15
江苏首信保险代理有限公司	2003年8月	无锡	200	2	5	袁琪芝	2.37	0.05	2.32	1.72	1.72	1.69	0.03	0.03	0.01
盐城市荣泰保险代理有限公司	2003年8月	盐城	200	2	13	刘建莲	1.94	0.01	1.93	0.60	0.60	0.57	0.03	−0.03	−0.05
江苏统一保险代理有限公司	2003年8月	无锡	200	2	65	张雪燕	2.25	0.24	2.01	5.52	5.52	5.51	0.01	0.01	0.01
江苏东方保险代理有限公司	2003年8月	南京	250	2	25	王洋津	2.55	0.00	2.55	2.12	2.12	2.10	0.02	0.02	0.02
苏州金鹰保险代理有限公司	2004年1月	苏州	260	3	20	陈　丽	3.11	0.20	2.91	1.25	1.25	1.24	0.01	0.01	0.01
江苏宏泰保险代理有限公司	2004年1月	盐城	200	3	44	刘红玲	1.71	0.06	1.65	1.17	1.17	1.16	0.01	0.01	0.01
南京益通保险代理有限公司	2004年3月	南京	200	2	8	李一彤	2.53	0.14	2.39	3.24	3.24	3.24	0.00	0.00	−0.01
江苏华美保险代理有限公司	2004年4月	无锡	220	3	76	崔　飒	2.13	0.01	2.12	6.95	6.95	6.92	0.03	0.04	0.04

续表 38

中介机构名称	成立时间	总部所在地	注册资本	股东单位数(个)	职工数(人)	法人代表	资产	负债	所有者权益	保险业务收入	营业收入	营业支出	营业利润	利润总额	净利润
苏州华成保险代理有限公司	2004年6月	苏州	300	1	44	将元生	6.73	0.80	5.93	6.23	6.23	5.77	0.46	0.46	0.35
南京富邦安泰保险代理有限公司	2004年8月	南京	250	3	27	朱　泉	1.44	0.15	1.29	0.23	0.23	0.31	-0.08	-0.08	-0.08
江苏盛大众联保险代理有限公司	2004年9月	南京	1000	14	210	赵建玉	9.12	0.45	8.67	5.41	5.41	5.34	0.07	0.07	0.07
南京恒生保险代理有限公司	2004年9月	南京	200	3	62	李崇宁	2.10	0.46	1.64	9.52	9.52	9.51	0.01	0.01	0.01
苏州林安保险代理有限公司	2004年10月	苏州	200	2	3	潘佩珍	1.59	0.01	1.58	0.08	0.08	0.13	-0.05	-0.05	-0.05
无锡诚安保险代理有限责任公司	2004年10月	无锡	201	2	7	邵伯松	3.03	0.18	2.85	2.24	2.24	1.40	0.84	0.90	0.68
江苏人和安邦保险代理有限公司	2004年10月	盐城	280	1	68	凌嘉功	2.19	0.24	1.95	0.13	0.13	0.13	0.00	0.00	0.00
南京舜安保险代理有限公司	2004年11月	南京	200	1	4	许　舜	1.73	0.00	1.73	0.30	0.30	0.32	-0.02	-0.02	-0.02
南京安吉利保险代理有限公司	2004年11月	南京	200	3	352	张　丽	1.64	0.02	1.62	3.94	3.94	3.93	0.01	0.01	0.01
江苏金阳光保险代理有限公司	2004年11月	盐城	280	5	407	徐明凡	3.01	0.38	2.63	8.16	8.16	8.15	0.01	0.01	0.00
南京佳诚保险代理有限公司	2004年12月	南京	200	2	85	蒋文理	2.59	0.60	1.99	6.35	6.35	6.31	0.04	0.04	0.03
南京泰恒保险代理有限公司	2004年12月	南京	200	2	55	李贵龙	1.42	0.01	1.41	0.54	0.54	0.61	-0.07	-0.07	-0.07
江苏一迪保险代理有限公司	2004年12月	南京	200	4	72	龚爱顺	2.40	0.02	2.38	8.43	8.43	8.33	0.10	0.10	0.09
江苏兴华保险代理有限公司	2004年12月	苏州	200	4	24	顾志刚	2.68	0.54	2.14	2.00	2.00	1.97	0.03	0.03	0.03
盐城惠康保险代理有限公司	2005年2月	盐城	200	2	95	严　广	2.24	0.25	1.99	1.15	1.15	1.12	0.03	0.03	0.03
江苏顺和安保险代理有限公司	2005年3月	南京	200	2	5	刘义琪	1.81	0.09	1.72	5.79	5.79	5.80	-0.01	-0.01	-0.01
江苏恒诺保险代理有限公司	2005年4月	徐州	500	2	213	刘　伟	4.68	0.25	4.43	1.96	1.96	2.10	-0.14	-0.14	-0.14
江苏万事安保险代理有限公司	2005年5月	扬州	200	2	11	李永坚	1.54	0.04	1.50	1.27	1.27	1.58	-0.31	-0.31	-0.31
连云港民安保险代理有限公司	2005年5月	连云港	200	2	117	何庆武	2.42	0.60	1.82	2.54	2.54	2.58	-0.04	-0.04	-0.04
江苏华厦保险代理有限公司	2005年6月	盐城	1000	2	37	成　飞	9.36	0.11	9.25	0.90	0.90	1.11	-0.21	-0.21	-0.21
江苏长大保险代理有限公司	2005年6月	常州	1000	2	69	陈文钊	10.33	0.05	10.28	2.39	2.39	2.08	0.31	0.10	0.08
苏州市惠尔保险代理有限公司	2005年6月	苏州	200	3	74	施益民	1.96	0.05	1.91	3.87	3.87	3.86	0.01	0.01	0.01
盐城万帮保险代理有限公司	2005年6月	盐城	5000	2	24	王学翠	1.74	0.01	1.73	0.34	0.34	0.34	0.00	0.00	0.00
江苏后羿新诚保险代理有限公司	2005年6月	盐城	220	2	32	宋晓金	1.36	0.27	1.09	3.54	3.54	3.44	0.10	0.10	0.07
江苏华尊保险代理有限公司	2005年6月	常州	200	4	248	陶　涛	0.04	1.38	-1.34	5.17	5.17	5.15	0.02	0.02	0.02
江苏鼎泰保险代理有限公司	2005年6月	南京	200	3	17	赵　文	2.04	0.08	1.96	0.80	0.80	0.80	0.00	0.00	0.00
盐城昌泰保险代理有限公司	2005年6月	盐城	200	3	7	唐晓东	1.96	0.72	1.24	0.84	0.84	1.06	-0.22	-0.22	-0.22
江苏嘉泰保险销售有限公司	2005年7月	南京	1000	2	32	程　勇	8.32	0.04	8.28	2.18	2.18	3.17	-0.99	-0.99	-0.99
徐州汉源保险销售有限责任公司	2005年9月	徐州	200	4	6	赵兴民	1.66	0.68	0.98	0.35	0.35	0.38	-0.03	-0.03	-0.03
无锡新天地保险代理有限公司	2005年9月	无锡	201	3	10	潘　汀	1.97	0.01	1.96	1.35	1.35	1.41	-0.06	-0.06	-0.06
江苏安康保险代理有限公司	2005年10月	盐城	200	2	73	徐寿娟	1.49	0.01	1.48	0.64	0.64	0.63	0.01	0.01	0.01
南京国瀚保险代理有限公司	2005年10月	南京	200	1	12	汪龙勤	0.11	0.82	-0.71	0.18	0.18	0.24	-0.06	-0.06	-0.06
无锡万盛保险代理有限公司	2006年2月	无锡	1000	18	452	许振芳	7.18	-3.00	10.18	9.92	9.92	10.13	-0.21	-0.21	-0.21
江苏双双飞保险代理有限公司	2006年2月	盐城	200	3	13	陆晓英	1.92	0.06	1.86	0.45	0.45	0.46	-0.01	-0.01	-0.01
昆山沃马保险代理有限公司	2006年2月	苏州	200	1	8	苏昭仁	0.57	0.06	0.51	0.24	0.24	0.77	-0.53	-0.53	-0.53
江苏嘉德保险代理有限公司	2006年3月	盐城	228	3	31	刘　青	2.63	0.44	2.19	5.51	5.51	5.48	0.03	0.03	0.03
苏州赛华保险代理有限公司	2006年3月	苏州	200	2	6	冯　芸	2.10	0.10	2.00	0.41	0.41	0.40	0.01	0.01	0.01
江苏福泰保险代理有限公司	2006年3月	南京	500	2	105	陈大帮	4.37	0.04	4.33	6.57	6.57	7.58	-1.01	-1.01	-1.01
泰州市普尔保险代理有限公司	2006年4月	泰州	200	2	51	鲁小兵	2.10	0.01	2.09	1.95	1.95	1.94	0.01	0.01	0.01
江苏恒宇保险代理有限公司	2006年4月	南京	200	3	72	翟传谨	2.57	0.52	2.05	6.43	6.44	6.45	-0.01	-0.01	-0.01
苏州百佳保险代理有限公司	2006年6月	苏州	200	2	10	陈川德	2.39	0.51	1.88	2.03	2.03	2.01	0.02	0.02	0.02
江苏大平保险代理有限公司	2006年6月	南京	200	3	106	黄雪芳	2.28	0.01	2.27	1.88	1.88	1.84	0.04	0.04	0.04

续表 38

中介机构名称	成立时间	总部所在地	注册资本	股东单位数(个)	职工数(人)	法人代表	资产	负债	所有者权益	保险业务收入	营业收入	营业支出	营业利润	利润总额	净利润
江苏苏通保险代理有限公司	2006年7月	南通	200	1	126	吴　伟	2.23	0.08	2.15	0.81	0.81	0.76	0.05	0.05	0.04
盐城市通凯保险代理有限公司	2006年7月	盐城	200	1	8	贾秀全	5.81	0.74	5.07	1.37	1.37	0.90	0.47	0.47	0.35
扬州嘉惠保险代理有限公司	2006年7月	扬州	200	2	4	周　云	2.39	0.03	2.36	0.98	0.98	0.95	0.03	0.03	0.02
江苏金鑫保险代理有限公司	2006年7月	淮安	500	8	68	殷振炎	4.38	0.19	4.19	7.13	7.13	7.13	0.00	0.00	0.00
南京太和保险代理有限公司	2006年8月	南京	200	2	5	居拯民	2.13	0.00	2.13	0.74	0.74	0.71	0.03	0.03	0.02
江苏华能保险代理有限公司	2006年9月	徐州	5000	3	23	宋　静	48.60	0.34	48.26	0.03	0.03	0.55	−0.52	−0.52	−0.52
南京新达新保险代理有限公司	2006年9月	南京	200	2	6	吕　萍	1.77	0.11	1.66	2.46	2.46	2.42	0.04	0.04	0.04
江苏中凡保险代理有限公司	2006年9月	盐城	200	6	20	林　海	2.01	0.00	2.01	2.94	2.94	2.93	0.01	0.01	0.01
江苏恒创保险代理有限公司	2006年10月	宿迁	260	2	182	陆　刚	2.04	0.00	2.04	0.17	0.17	0.19	−0.02	−0.02	−0.02
苏州崇爱保险代理有限公司	2006年12月	苏州	200	2	375	萧人萌	1.56	0.05	1.51	5.85	5.85	4.82	1.03	1.02	1.02
无锡市瑞达信保险代理有限公司	2006年12月	无锡	200	2	9	韩志军	1.90	0.01	1.89	1.66	1.66	1.73	−0.07	−0.08	−0.09
江苏成跃保险代理有限公司	2007年5月	南京	650	2	139	汪桂萍	1.93	0.33	1.60	10.95	10.95	10.84	0.11	0.11	0.10
江阴市颖达保险代理有限公司	2007年6月	无锡	200	5	6	张　莉	11.34	0.01	11.33	2.45	2.45	1.40	1.05	1.05	0.88
南京众达保险代理有限公司	2007年7月	南京	2000	7	234	朱建亚	21.54	4.85	16.69	11.31	11.31	11.31	0.00	−0.17	−0.17
镇江江天民生保险代理有限责任公司	2007年8月	镇江	300	2	135	吴志秀	2.30	0.16	2.14	3.93	3.93	3.62	0.31	0.30	0.30
苏州宏鑫保险代理有限责任公司	2007年9月	苏州	300	2	9	陈德明	3.24	0.13	3.11	0.60	0.60	0.58	0.02	0.02	0.02
江苏立德保险代理有限公司	2007年10月	南通	200	3	48	崔景祥	1.42	0.01	1.41	1.53	1.53	1.59	−0.06	−0.07	−0.07
连云港顺联保险代理有限公司	2007年10月	连云港	260	3	56	刘臻瑾	2.19	0.00	2.19	1.46	1.46	1.54	−0.08	−0.08	−0.08
吴江名成保险代理有限公司	2007年10月	苏州	200	2	26	钮连荣	2.11	0.02	2.09	1.40	1.40	1.35	0.05	0.05	0.04
江苏恒瑞达保险代理有限公司	2008年3月	南京	300	5	69	汤月梅	2.09	0.28	1.81	1.25	1.25	1.53	−0.28	−0.28	−0.28
南京通鼎保险代理有限公司	2008年5月	南京	205.4	2	73	宋雁雁	1.59	0.07	1.52	1.79	1.79	1.85	−0.06	−0.06	−0.06
江苏惠多利保险代理有限公司	2008年6月	南京	200	3	4	王　君	2.06	0.01	2.05	3.59	3.59	3.81	−0.22	−0.22	−0.22
南京誉凯保险代理有限公司	2008年6月	南京	200	1	244	戴迪煌	1.18	5.51	−4.33	12.78	12.78	12.93	−0.15	−0.14	−0.14
南通合安保险代理有限公司	2008年7月	南通	1000	2	14	施晓峰	10.35	0.33	10.02	1.18	1.18	1.16	0.02	0.02	0.01
泰州苏靖保险代理有限公司	2008年7月	泰州	200	4	49	吕　健	1.59	0.00	1.59	0.77	0.77	0.84	−0.07	−0.07	−0.07
江苏泛华联创保险代理有限公司	2008年8月	南京	300	2	113	武东方	0.44	4.47	−4.03	0.84	0.84	1.40	−0.56	−0.56	−0.56
南京江盛保险代理有限公司	2008年8月	南京	200	2	35	全晓兵	1.45	0.36	1.09	6.84	6.84	7.02	−0.18	−0.22	−0.22
盐城中顺保险代理有限公司	2008年8月	盐城	200	1	8	吴　妍	2.05	0.06	1.99	0.74	0.74	0.73	0.01	0.01	0.01
苏州和元保险代理有限公司	2008年8月	苏州	200	2	11	王元平	1.32	0.01	1.31	2.19	2.19	1.98	0.21	0.21	0.21
苏州亚联保险代理有限公司	2008年9月	苏州	200	3	4	漆采华	4.79	1.11	3.68	1.61	1.61	1.14	0.47	0.49	0.36
南京界和保险代理有限公司	2008年9月	南京	200	3	45	邱樟贵	2.00	0.00	2.00	8.83	8.83	8.82	0.01	0.01	0.01
江苏华为保险代理有限公司	2008年9月	苏州	700	2	6	张爱军	5.54	0.15	5.39	0.01	0.01	1.13	−1.12	−1.12	−1.12
江苏世纪通保险代理有限公司	2009年1月	南京	200	3	6	王召芬	2.07	0.02	2.05	2.44	2.44	2.40	0.04	0.04	0.03
昆山丰盛保险代理有限公司	2009年4月	苏州	200	2	51	董峰如	2.26	0.17	2.09	2.52	2.52	2.10	0.42	0.42	0.38
敏梅保险代理有限公司	2009年4月	南京	5000	3	58	孙敏梅	49.84	1.43	48.41	31.71	31.71	32.20	−0.49	−0.49	−0.49
江苏苏仁保险代理有限公司	2009年4月	南京	200	5	12	尹　娇	0.07	1.12	−1.05	0.29	0.29	1.75	−1.46	−1.51	−1.51
江苏爱建保险代理有限公司	2009年7月	淮安	400	4	43	丁广和	4.24	0.45	3.79	0.85	0.85	0.97	−0.12	−0.12	−0.12
徐州蓝惠保险代理有限公司	2009年7月	徐州	200	2	9	许国宏	5.06	2.85	2.21	5.18	5.18	4.91	0.27	0.27	0.19
江苏华鹏保险代理有限公司	2009年7月	泰州	599	23	142	帅映珍	4.72	1.69	3.03	19.16	19.16	19.12	0.04	0.06	0.05
江苏迦丰保险代理有限公司	2011年11月	苏州	500	1	99	陈树佳	1.59	2.53	−0.94	4.35	4.83	5.99	−1.16	−1.15	−1.15
江苏宁凯保险代理有限公司	2009年9月	南京	200	2	27	鲍秀玲	2.17	0.04	2.13	7.75	7.75	7.61	0.14	0.14	0.09
江苏板桥保险代理有限公司	2009年9月	泰州	1000	2	108	赵继兰	10.41	0.24	10.17	3.05	3.05	3.02	0.03	0.03	0.02

续表 38

中介机构名称	成立时间	总部所在地	注册资本	股东单位数(个)	职工数(人)	法人代表	资产	负债	所有者权益	保险业务收入	营业收入	营业支出	营业利润	利润总额	净利润
江苏万联保险代理有限公司	2010年8月	淮安	200	2	37	孙茂法	1.34	0.00	1.34	1.08	1.08	1.04	0.04	0.04	0.04
江苏江翰保险代理有限公司	2010年8月	镇江	300	3	18	姚春山	2.57	0.11	2.46	2.01	2.01	2.00	0.01	0.01	0.01
江苏华远保险销售有限公司	2010年9月	无锡	200	3	5	吴亮明	0.21	1.90	−1.69	0.14	0.14	0.21	−0.07	−0.07	−0.07
江苏沆润保险销售有限公司	2010年9月	无锡	200	5	20	姜龙昆	1.10	0.23	0.87	5.10	5.10	5.35	−0.25	−0.25	−0.25
江苏奕诚保险代理有限公司	2010年11月	南京	300	2	63	顾　浩	3.02	0.03	2.99	6.44	6.44	5.99	0.45	0.45	0.43
新一站保险代理有限公司	2010年12月	南京	10000	1	55	沈锦华	95.44	1.16	94.28	6.01	6.36	8.89	−2.53	−1.17	−1.17
江苏圣泰达保险代理有限公司	2010年12月	南京	500	1	13	王　旭	5.04	0.36	4.68	3.55	3.55	3.73	−0.18	−0.14	−0.14
江苏鑫顺保险代理有限公司	2011年4月	南通	200	2	15	张　杰	1.77	0.01	1.76	1.24	1.24	1.26	−0.02	−0.02	−0.02
江苏君仪保险代理有限公司	2011年6月	南京	1000	2	154	王培昭	6.93	0.00	6.93	0.92	0.92	2.09	−1.17	−1.17	−1.17
苏州东江保险代理有限公司	2009年7月	苏州	500	1	7	王建春	6.19	0.08	6.11	2.03	2.03	1.37	0.66	0.66	0.46
江苏祺顺保险代理有限公司	2011年7月	南通	200	3	57	方家淮	1.02	0.01	1.01	0.19	0.19	0.58	−0.39	−0.39	−0.39
江苏华阳保险销售有限公司	2011年4月	苏州	1000	8	92	顾家桂	10.02	0.21	9.81	2.97	2.97	3.12	−0.15	−0.15	−0.15
江苏红叶保险代理有限公司	2011年12月	徐州	2000	3	90	梁　亮	19.57	0.04	19.53	1.55	1.55	1.98	−0.43	−0.43	−0.43
江苏徽商保险代理有限责任公司	2012年2月	连云港	500	8	18	孙义前	6.06	1.21	4.85	0.47	0.47	0.48	−0.01	−0.01	−0.01
南京融通创富保险代理有限公司	2012年4月	南京	200	2	7	陈　芳	0.58	0.08	0.50	8.11	8.11	9.08	−0.97	−0.97	−0.97
康宏保险销售服务(江苏)有限公司	2013年1月	南京	1000	1	13	吴家炜	10.20	0.10	10.10	0.00	0.00	0.14	−0.14	−0.14	−0.14
江苏东沅保险代理有限公司	2013年3月	无锡	5000	1	15	李　苏	49.99	0.01	49.98	0.00	0.00	0.01	−0.01	−0.01	−0.01
江苏德和汽车保险销售有限公司	2013年10月	常州	1000	1	18	邵丹薇	10.00	0.00	10.00	0.00	0.00	0.00	0.00	0.00	0.00
紫金保险销售有限公司	2011年3月	南京	5000	1	5690	沈发鸿	80.20	74.31	5.89	120.86	123.29	149.79	−26.50	−28.14	−28.14
江苏益福汽车保险销售有限公司	2013年12月	南京	1000	2	15	刘懋难	10.00	0.00	10.00	0.00	0.00	0.00	0.00	0.00	0.00
恒泰保险经纪有限公司	2001年6月	南京	5900	24	136	徐祖坚	107.29	45.11	62.18	61.80	61.80	61.70	0.10	0.66	0.49
江苏东吴保险经纪有限公司	2008年12月	苏州	1200	4	21	唐少文	16.75	3.58	13.17	7.10	9.10	9.94	−0.84	3.14	2.86
江苏定律保险经纪有限公司	2005年8月	南通	1000	1	15	朱旭东	8.85	0.09	8.76	3.67	3.67	3.06	0.61	0.46	0.36
江苏远东海领保险经纪有限公司	2004年12月	南京	5000	14	15	李贵珊	50.61	0.57	50.04	2.79	1.70	1.60	0.10	−0.99	−1.02
江苏常信保险经纪有限公司	2008年2月	常州	1000	4	10	潘俊铭	7.97	0.54	7.43	2.02	2.02	2.21	−0.19	−0.19	−0.20
江苏康安保险经纪有限公司	2007年12月	无锡	1000	4	6	谢菊宝	9.39	0.38	9.01	0.29	0.29	0.38	−0.09	−0.09	−0.09
江苏方正保险公估有限公司	2004年7月	南京	400	2	101	陈　英	3.78	1.25	2.53	16.67	16.67	15.86	0.81	0.81	0.48
南京阳光智恒保险公估有限公司	2005年3月	南京	200	3	30	杨晓峰	4.05	0.62	3.43	6.92	6.92	6.86	0.06	0.06	0.04
江苏娄江保险公估有限公司	2004年6月	苏州	200	5	50	陶宝华	2.60	0.18	2.42	2.92	2.92	2.86	0.06	0.06	0.05
江苏顺诚保险公估有限公司	2007年3月	苏州	200	3	26	沈国强	1.91	0.06	1.85	2.93	2.93	2.86	0.07	0.07	0.06
江苏宁价保险公估有限公司	2003年8月	南京	220	4	40	胡修云	2.88	3.99	−1.11	0.03	0.03	0.05	−0.02	−0.02	−0.02
南京金典保险公估有限公司	2004年12月	南京	200	2	26	方　青	1.32	0.66	0.66	1.79	1.79	1.77	0.02	0.02	0.02
江苏远东海平保险公估有限公司	2006年5月	南京	200	3	8	茅光华	3.12	0.01	3.11	1.72	1.70	1.71	−0.01	−0.04	−0.04
江苏智德保险公估有限公司	2002年4月	南京	200	5	19	刘　飚	1.34	0.05	1.29	0.50	0.50	0.39	0.11	0.11	0.10
江苏苏禾保险公估有限公司	2006年10月	南京	200	2	7	王　毅	0.79	0.21	0.58	0.55	0.55	0.82	−0.27	−0.27	−0.27
江苏中恒保险公估有限公司	2003年7月	南京	206	14	24	李　政	2.03	0.02	2.01	0.08	0.11	0.08	0.03	0.09	0.07
江苏徽商保险公估有限公司	2012年8月	连云港	500	1	9	田　泉	4.56	0.03	4.53	0.04	0.04	0.48	−0.44	−0.44	−0.44
江苏乐泰保险公估有限公司	2013年8月	南京	200		10	杨安卡	1.95	0.06	1.89	0.00	0.00	0.00	0.00	0.00	0.00

江苏高等院校保险专业设置情况(2013)

表 39 (单位:人)

校名	所设系或专业	在校学员						师资力量				
		总计	博士	硕士	学士	大专	中专	总计	教授	副教授	讲师	助教
南京大学	金融与保险学系	650	10	140	500			20	10	6	4	
东南大学	医疗保险	178		28	150			12	4	6	2	
南京财经大学	保险系	441		35	406			9	2	2	5	
南京审计学院	风险管理与保险系	488			488			13	2	6	4	1
江苏大学	金融保险系	163		2	161			7	1	2	4	

长三角地区城市保险费收入情况表(2003~2013)

表 40 (单位:人民币亿元)

城市	保费	2003	2004	2005	2006	2007	2008	2009	2010	2011	2012	2013
上海	小计	291.6425	307.142	324.0417	408.1186	486.0607	604.0521	665.0259	734.7693	753.1052	853.7902	830.1651
	财产险	58.9934	74.8136	88.4763	102.4581	106.0385	135.5336	151.807	194.8731	233.3943	497.8409	297.0849
	寿险	207.916	204.4188	214.2639	265.2947	331.2518	382.4445	458.3952	506.7136	453.8718	271.9532	470.7250
	意外健康	24.7331	27.9096	21.3015	40.3658	48.7704	86.074	54.8237	33.1826	65.8391	83.9961	62.3552
南京	小计	69.8967	70.3384	72.4637	94.1577	103.137	132.4025	147.3203	184.57498	18411.72	233.9337	27304.9
	财产险	11.2723	13.9602	16.1604	20.354	27.9029	31.2127	38.1803	53.05118	6433.29	81.5899	9418.86
	寿险	53.5483	49.5489	50.4936	65.9127	67.5328	87.5526	98.8047	99.8316	11105.83	134.2134	15729.42
	意外健康	5.0761	6.8293	5.8097	7.891	7.7013	13.6372	10.3353	31.6922	872.6	18.1304	2156.62
苏州	小计	63.6712	68.2507	75.7143	83.8477	96.6545	124.0301	147.3027	192.7271	21014.11	232.0322	26827.11
	财产险	14.152	18.6763	21.4042	28.8982	37.1284	42.8819	53.5112	73.722	9035.98	104.7739	12279.69
	寿险	46.2893	46.3904	48.6343	48.8206	52.336	72.1922	84.8407	99.2494	11070.7	110.3947	12265.9
	意外健康	3.2359	3.184	5.6758	6.1289	7.1901	8.956	8.9508	19.7557	907.43	16.8636	2281.52
无锡	小计	57.5212	55.6058	57.3911	66.1603	76.2266	92.3193	109.0078	132.379	14270.69	151.192	16734.93
	财产险	9.3692	12.8943	14.0982	17.6518	21.8323	25.1791	31.6922	42.6492	5238.78	56.9914	6506
	寿险	45.3288	38.9801	39.5415	42.5418	49.7129	56.5714	69.3963	78.3388	8653.76	84.5117	9058.42
	意外健康	2.8232	3.7314	3.7514	5.9667	4.6814	10.5688	7.9193	11.391	378.15	9.6889	1170.51
常州	小计	32.0268	32.9747	37.4883	42.0861	47.8829	61.9539	72.0236	86.7709	9379.72	101.0529	10918.71
	财产险	5.7572	7.7034	7.8404	11.1047	13.7467	15.18	18.7103	24.8075	3082.56	34.2178	4004.94
	寿险	24.0732	22.5733	26.7626	27.5213	30.4427	42.9018	49.4744	55.5207	5949.04	60.3601	6150.09
	意外健康	2.1964	2.698	2.8853	3.4601	3.6935	3.8721	3.8389	6.4427	348.12	6.475	763.68
镇江	小计	17.167	16.9805	19.6275	21.8533	25.3236	32.1073	40.2797	54.0469	5084.6	54.7466	5832.45
	财产险	3.1408	3.7548	3.9554	4.6748	5.6903	6.7654	8.1626	10.9576	1324.29	14.0222	1706.35
	寿险	12.9577	11.9042	14.2102	15.476	17.8404	23.4712	29.9246	38.9276	3521.63	36.3065	3590.62
	意外健康	1.0685	1.3215	1.4619	1.7025	1.7929	1.8707	2.1925	4.1617	238.68	4.4179	535.48
南通	小计	31.6344	33.9642	36.6017	44.557	53.57	77.408	96.1118	134.1971	13309.97	128.7819	13934.05
	财产险	4.0773	5.4028	6.3033	8.4791	10.7758	12.6913	16.4136	22.2597	2646.62	31.8564	3944.85
	寿险	25.6147	26.2495	27.7778	33.0702	39.5707	57.4825	75.2608	104.8498	10163.32	88.4254	8913.3
	意外健康	1.9424	2.3119	2.5206	3.0077	3.2235	7.2342	4.4374	7.0876	500.03	8.5001	1075.9

续表 40

城市	保费	2003	2004	2005	2006	2007	2008	2009	2010	2011	2012	2013
扬州	小计	24.0503	22.7797	26.7272	30.46	34.0559	44.0885	53.0228	65.1906	6581.22	71.13	7886.22
	财产险	3.0622	3.8782	4.2925	5.4135	6.5219	7.5672	9.5907	13.1863	1673.09	19.413	2372.63
	寿险	19.7039	17.1015	20.4302	22.2813	24.4135	33.6322	39.1534	46.4798	4574.12	45.6882	4788.62
	意外健康	1.2842	1.8	2.0045	2.7652	3.1205	2.8891	4.2787	5.5245	334.01	6.0288	724.97
泰州	小计	18.0762	19.7714	23.7089	27.0354	29.5484	39.6332	49.0874	66.0851	6555.34	66.9621	7199.38
	财产险	2.211	2.9815	3.5086	4.8585	6.2817	6.9747	9.3852	12.7649	1515.75	17.1048	2021.63
	寿险	14.7543	15.19	18.5145	19.9191	21.051	29.9894	36.5233	49.1125	4743.43	44.6963	4524.49
	意外健康	1.1109	1.5999	1.6858	2.2578	2.2157	2.6691	3.1789	4.2077	296.16	5.161	653.26
杭州	小计	65.8353	71.1664	72.5381	83.5612	107.4192	147.6782	158.4213	178.3595	21110.25	248.243	25735.37
	财产险	18.0477	23.3375	27.3246	32.233	42.3832	49.4245	59.3634	79.9662	9622.7	113.6833	12776.68
	寿险	43.2069	43.0995	38.9324	44.2416	56.9691	86.6034	87.9336	86.3072	10097.31	115.7218	10512.12
	意外健康	4.5807	4.7294	6.2811	7.0866	8.0669	11.6503	11.1243	12.0861	1390.24	18.8379	2446.57
宁波	小计	35.7803	47.193	51.1768	58.9514	72.2219	87.1073	103.365	144.0615	148.5985	164.7056	196.04
	财产险	13.3934	19.1815	22.3692	27.077	34.4267	40.3431	52.8541	66.2002	77.2854	86.2294	96.84
	寿险	19.7209	23.9101	24.5785	26.7729	32.6365	41.0661	46.2856	71.0269	63.424	69.2873	88.65
	意外健康	2.666	4.1014	4.2291	5.1015	5.1587	5.6981	4.2253	6.8344	7.8891	9.1889	10.55
嘉兴	小计	22.6334	24.7619	26.7792	30.8611	36.1625	48.9141	50.9579	60.1588	6759.92	72.9189	7620.82
	财产险	5.5153	7.0976	8.0592	9.8091	12.4463	14.2124	16.7965	22.3219	2774.11	32.5721	3776.65
	寿险	15.5115	15.6694	16.427	17.8928	21.0824	31.0631	29.865	34.1552	3554.3	35.4785	3266.89
	意外健康	1.6066	1.9949	2.293	3.1592	2.6338	3.6386	4.2964	3.6817	431.51	4.8683	577.28
湖州	小计	13.3779	14.8498	15.8377	17.4764	20.0169	29.2403	30.5141	36.8863	4388.92	46.5643	5411.41
	财产险	3.2054	4.0506	4.6937	5.4864	7.0306	8.3069	10.5983	14.1156	1706.56	19.4402	2923.03
	寿险	9.2272	9.7294	9.7818	10.557	11.4546	19.1441	17.6395	20.3913	2383.62	23.7025	2057.15
	意外健康	0.9453	1.0698	1.3622	1.4343	1.5317	1.7893	2.2763	2.3794	298.74	3.4216	431.23
绍兴	小计	20.9089	22.7083	24.7664	29.219	35.1496	41.7197	47.6017	55.5707	6503.54	74.3032	7715.06
	财产险	5.2376	6.8853	8.31	10.326	13.7899	15.3965	18.3015	23.823	2878.47	33.6842	3931.26
	寿险	13.7412	13.8985	14.0688	16.2893	19.2102	23.3381	26.0099	28.5293	3254.44	35.8653	3232.51
	意外健康	1.9301	1.9245	2.3876	2.6037	2.1495	2.9851	3.2903	3.2184	370.63	4.7537	551.29
舟山	小计	7.0761	7.507	8.7527	10.0706	11.7383	15.5878	16.0513	16.9956	1869.97	19.7003	1924.8
	财产险	1.9373	2.3681	3.2493	3.9261	4.6208	5.4642	6.3837	7.7946	847.01	8.6623	908.23
	寿险	4.8352	4.6911	4.9208	5.4225	6.2255	8.8662	8.5862	8.1929	896.23	9.3088	816.02
	意外健康	0.3036	0.4468	0.5826	0.722	0.892	1.2574	1.0814	1.0081	126.73	1.7292	200.55
台州	小计	20.408	24.3007	27.3527	33.4642	40.0507	52.2	57.9162	67.5699	7714.75	84.1407	8954.94
	财产险	6.0647	7.7731	9.6756	12.6807	16.4723	19.1052	23.05	29.3268	3396.23	38.0817	4292.54
	寿险	12.5486	14.4451	15.2996	17.72	20.2497	28.5473	30.3606	33.6766	3779.28	39.382	3905.5
	意外健康	1.7947	2.0825	2.3775	3.0635	3.3287	4.5475	4.5056	4.5665	539.24	6.677	756.9

续表 40

城市	保费	2003	2004	2005	2006	2007	2008	2009	2010	2011	2012	2013
合计	小计	791.7062	840.2945	900.968	1081.88	1275.2187	1630.4423	1844.0095	2210.3439	143856.4237	2604.1976	175026.37
	财产险	165.4368	214.7588	249.7209	305.431	367.0883	436.2387	524.8006	691.8204	52486.1197	1190.1635	71257.26
	寿险	568.9777	557.7998	584.6375	679.7338	801.9798	1024.8661	1188.4538	1361.3032	84264.3058	1205.2957	89370.44
	意外健康	57.2977	67.7349	66.6096	96.7165	106.1506	169.3375	130.7551	157.2203	7105.9982	208.7384	14398.67

注：根据 2003 年~2013 年《中国保险年鉴》和其它有关的统计数据进行整理。

全国各地区原保险保费收入情况表(2013)

表 41 (单位：人民币万元)

地 区	合 计	财产保险	寿 险	意外险	健康险
全国合计	172222375.2	62122577.83	94251414.16	4613422.77	11234960.47
北 京	9944445.36	2880314.72	5708117.63	299261.29	1056751.72
天 津	2768019.81	1022782.71	1485404.32	59112.65	200720.13
河 北	8375850.3	3097712.2	4672419.72	166282.14	439436.24
辽 宁	4466513.65	1655047.84	2427332.89	93429.66	290703.26
大 连	1760042.09	636011.98	968374.02	38954.95	116701.15
上 海	8214286.69	2852463.2	4358917.71	324371.9	678533.87
江 苏	14460778.02	5186081.39	8091738.95	418809.09	764148.59
浙 江	9244182.79	4151449.33	4351602.91	253673.86	487456.7
宁 波	1854981.44	968425.03	781030.25	46622.16	58904
福 建	4630608.22	1571587.03	2571703.4	135096.65	352221.14
厦 门	1117845.33	481262.94	532426.95	32241.75	71913.7
山 东	11014356.26	3704670.76	6284557.45	252250.95	772877.1
青 岛	1789854.28	751294.03	882377.35	40906.17	115276.73
广 东	14341486.36	4873457.17	8051088.34	402695.99	1014244.87
深 圳	4687626.16	1727972.63	2527580.01	133451.06	298622.46
海 南	726055.97	316954.51	356217.55	18791.59	34092.32
山 西	4123840.38	1445458.69	2397032.16	79712.97	201636.56
吉 林	2664427.3	910943.58	1506752.81	44839.99	201890.92
黑龙江	3843234.52	1136230.62	2404736.42	75726.29	226541.19
安 徽	4830124.23	2038467.72	2425611.9	90036.41	276008.2
江 西	3179534.27	1161965.36	1775238.21	77035.8	165294.9
河 南	9165234.88	2388330.18	6133971.69	148057.95	494875.06
湖 北	5873983.01	1693459.76	3628095.24	157893.15	394534.86
湖 南	5085651.96	1760163.05	2861286.65	137011.36	327190.89
重 庆	3592327.51	1125204.93	2084162.2	138158.26	244802.12

续表 41

地　区	合　计	财产保险	寿　险	意外险	健康险
四　川	9146768.91	3151222.07	5209850.08	267034.47	518662.3
贵　州	1816151.91	890349.26	749021.79	72448.79	104332.07
云　南	3207743.25	1517550.62	1316541.83	123037.2	250613.6
西　藏	114309.15	79598.42	9380.07	14083.61	11247.05
陕　西	4174519.55	1370730.14	2468164.48	103952.4	231672.53
甘　肃	1801517.73	683427.8	957826.42	49364.96	110898.55
青　海	390154.84	195111.26	138211.11	13327.65	43504.82
宁　夏	727028.52	313954.39	321085.8	20363.95	71624.38
新　疆	2734861.4	1132306.37	1243999.82	106555.33	251999.88
内蒙古	2746908.65	1297293.41	1213780.64	64583.99	171250.61
广　西	2754732.94	1121501.24	1354202.46	104974.36	174054.88
集团、总公司本级	852387.62	831821.55	1572.9	9272.05	9721.12

注：1.本表数据是保险业执行《关于印发〈保险合同相关会计处理规定〉的通知》(财会〔2009〕15号)后，各保险公司按照相关口径要求报送的数据。

2.集团、总公司本级是指集团、总公司开展的业务，不计入任何地区。

3.上述数据来源于各公司报送的保险数据，未经审计。

全国保险业经营情况表(2013)

表 42　　(单位:人民币万元)

原保险保费收入	172222375.2
1.财产险	62122577.83
2.人身险	110099797.4
(1)寿险	94251414.16
(2)健康险	11234960.47
(3)人身意外伤害险	4613422.77
人身保险公司保户投资款新增交费	32123183.65
人身保险公司投连险独立账户新增交费	831751.31
养老保险公司企业年金缴费	5887621.45
原保险赔付支出	62129030.29
1.财产险	34391379.13
2.人身险	27737651.16
(1)寿险	22531329.39
(2)健康险	4111271.11
(3)人身意外伤害险	1095050.66
业务及管理费	24595864.37
银行存款	226409772.33
投资	542324291.55
资产总额	828869456.04

续表 42

养老保险公司企业年金受托管理资产	24953391.99
养老保险公司企业年金投资管理资产	21675214.21

注:1.本表数据是保险业执行《关于印发〈保险合同相关会计处理规定〉的通知》(财会〔2009〕15号)后,各保险公司按照相关口径要求报送的数据。

2.原保险保费收入为按《企业会计准则(2006)》设置的统计指标,指保险企业确认的原保险合同保费收入。

3.原保险赔付支出为按《企业会计准则(2006)》设置的统计指标,指保险企业支付的原保险合同赔付款项。

4.原保险保费收入、原保险赔付支出和业务及管理费为本年累计数,银行存款、投资和资产总额为月末数据。

5.人身保险公司保户投资款新增交费为依据《保险合同相关会计处理规定》(财会〔2009〕15号),经过保险混合合同分拆、重大保险风险测试后(投连险除外),未确定为保险合同的部分,为本年度投保人交费增加金额。

6.人身保险公司投连险独立账户新增交费为依据《保险合同相关会计处理规定》(财会〔2009〕15号),投连险经过保险混合合同分拆、重大保险风险测试后,未定为保险合同的部分,为本年度投保人交费增加金额。

7.银行存款包括活期存款、定期存款、存出保证金和存出资本保证金。

8.养老保险公司企业年金缴费指养老保险公司根据《企业年金试行办法》和《企业年金基金管理试行办法》有关规定,作为企业年金受托管理人在与委托人签署受托合同后,收到的已缴存到托管账户的企业年金金额。

9. 养老保险公司企业年金受托管理资产指养老保险公司累计受托管理的企业年金财产净值,以托管人的估值金额为准,不含缴费已到帐但未配置到个人账户的资产。

10.养老保险公司企业年金投资管理资产指养老保险公司累计投资管理的企业年金财产净值,以托管人的估值金额为准,不含缴费已到帐但未配置到个人账户的资产。

11.养老保险公司企业年金缴费为本年累计数,养老保险公司企业年金受托管理资产和养老保险公司企业年金投资管理资产为季度末数据。

12.养老保险公司企业年金缴费、养老保险公司企业年金受托管理资产、养老保险公司企业年金投资管理资产的统计频度暂为季度报。

13.上述数据来源于各公司报送的保险数据,未经审计。

全国财产保险原保险保费收入情况表(2013)

表 43　　(单位:人民币万元)

资本结构	公司名称	原保险保费收入
中 资	人保股份	22300500.46
	大地财产	1984601.32
	出口信用	1403116.87
	中华联合	2971153.86
	太保财	8161322.97
	平安财	11536500.97
	华 泰	644784.99
	天 安	995097.59
	大 众	147458.31
	华 安	658576.74
	永 安	747888.36
	太平保险	1079980.3
	民 安	260330.64
	中银保险	509893.68

数据统计

续表 43

资本结构	公司名称	原保险保费收入
中资	安信农业	93615.56
	永 诚	549570.01
	安 邦	650011.35
	信达财险	304295.13
	安华农业	272339.41
	天平车险	500560.68
	阳光财产	1659796.15
	阳光农业	275386.86
	都 邦	337395.14
	渤 海	180438.76
	华 农	44819.38
	国寿财产	3184854.46
	安 诚	201989.13
	长安责任	224145.96
	国元农业	230707.08
	鼎和财产	194265.73
	中煤财产	47653.16
	英大财产	667662.67
	浙商财产	306189.42
	紫金财产	303138.65
	泰山财险	85787.66
	众诚保险	62251.98
	锦泰财产	84376.58
	诚泰财产	21768.74
	长江财产	28035.36
	富德财产	15683.54
	鑫安汽车	19559.59
	北部湾财产	32697.2
	众安财产	1274.67
	小 计	63981477.1
外资	美 亚	114890.87
	东京海上	46929.63
	丰 泰	25694.6
	太阳联合	16957.41
	丘博保险	13114.96
	三井住友	46939.17
	三 星	61172.87
	安 联	65597.78

续表 43

资本结构	公司名称	原保险保费收入
外资	日本财产	29670.02
	利宝互助	84701.2
	安　盟	143034.18
	苏黎世	39493.94
	现代财产	10473.19
	劳合社	79.59
	中意财产	20054.43
	爱和谊	4966.31
	国泰财产	51874.19
	日本兴亚	5383.23
	乐爱金	9803.74
	富邦财险	35722.01
	信利保险	3588.79
	小　计	830142.12
合　　计		64811619.22

注:1.本表数据是保险业执行《关于印发〈保险合同相关会计处理规定〉的通知》(财会〔2009〕15号)后,各保险公司按照相关口径要求报送的数据。

2.原保险保费收入为本年累计数,数据来源于各产险公司报送保监会月报数据。

3.原保险保费收入为各产险公司内部管理报表数据,未经审计,各产险公司不对该数据的用途及由此带来的。

4.由于计算的四舍五入问题,各产险公司原保险保费收入可能存在细微的误差。

全国人身保险原保险保费收入情况表(2013)

表 44　　(单位:人民币万元)

资本结构	公司名称	原保险保费收入	保户投资款新增交费	投连险独立账户新增交费
中资	国寿股份	32671989.03	1108960.15	
	太保寿	9510121.59	275576.14	
	平安寿	14609092.52	7191725.01	273521.6
	新　华	10363979.12	1013229.37	
	泰　康	6112387.55	1533497.77	144433.36
	太平人寿	5185274.83	32266.62	1120.3
	建信人寿	701156.98	411540.5	3057.89
	天安人寿	203057.74	682798.02	
	光大永明	301925.42	433774.14	772.26
	民生人寿	767489.95	222.42	
	生命人寿	2224283.97	4854621.28	
	国寿存续	1259717.22		
	平安养老	697710.28	313129.23	
	中融人寿	382164.84	47129.3	
	合众人寿	691841.03	786409.21	

续表 44

资本结构	公司名称	原保险保费收入	保户投资款新增交费	投连险独立账户新增交费
中资	太平养老	132750.66	15645.98	
	人保健康	763996.38	532288.51	
	华夏人寿	376404.15	3319788.3	
	正德人寿	11663.8	1144694.4	
	信　泰	286213.37	810180.79	
	农银人寿	723082.46	74921	
	长　城	268176.22	31386.2	
	昆仑健康	41629.33	36233.75	
	和谐健康	13191.98	1036523	
	人保寿险	7527343.74	1178072.88	
	国　华	232425.64	824441.59	
	国寿养老			
	长江养老			
	英大人寿	112336.43	234495.75	
	泰康养老	5940.62		
	幸福人寿	411525.34	68308.5	
	阳光人寿	1575583.66	481670.3	20284.81
	百年人寿	468101.38	26033.7	
	中邮人寿	2303716.76		
	安邦人寿	136817.47	820747.42	
	利安人寿	161222.72	63838.81	
	前海人寿	39346.12	1391408.12	
	华汇人寿	25534.22		
	东吴人寿	29017.16	77113.07	
	珠江人寿	2399.13	169090.97	
	弘康人寿	95817.7	32698.93	10159.21
	吉祥人寿	14312.56	46671	
	小　计	101440741.1	31101132.13	453349.43
外资	中宏人寿	298744.39	3.7	1420.27
	中德安联	179386.81	11167.43	65505.62
	工银安盛	1028719.47	185.15	44667.57
	信　诚	413329.16	192660.34	142306.77
	交银康联	134403.32	4221	
	中　意	478893.8	48544.01	8106.36
	友　邦	940776.61	50788.62	25031.9
	北大方正人寿	61739.02	19533	151.21
	中荷人寿	212159.52	6292.04	112.22
	中英人寿	353060.47	54521.54	799.84
	海康人寿	144866.44	46391.52	657.04

续表 44

资本结构	公司名称	原保险保费收入	保户投资款新增交费	投连险独立账户新增交费
外资	招商信诺	424027.3		3509.1
	长生人寿	27117.52	4423.06	23.7
	恒安标准	117989.74	23203.37	38.19
	瑞泰人寿	14253.87	350986.73	9202.53
	中法人寿	1056.1		
	华泰人寿	289186.71	47750.55	500
	国泰人寿	47602.76	13133.07	498.7
	中美联泰	567006.01	37325.65	49909.84
	平安健康	30848.36	23749.86	
	中航三星	33648.49	37344.15	
	中新大东方	25966.35	48612.83	
	新光海航	34790.92	214.94	
	汇丰人寿	75937.75		25961.03
	君龙人寿	22214.01	749.33	
	复星保德信	1648.36	249.65	
	中韩人寿	8930.08		
	德华安顾	214.21		
	小　计	5968517.56	1022051.52	378401.88
合　　计		107409258.6	32123183.65	831751.31

注:1.本表数据是保险业执行《关于印发〈保险合同相关会计处理规定〉的通知》(财会〔2009〕15 号)后,各保险公司按照相关口径要求报送的数据。

2.原保险保费收入为本年累计数,数据来源于各寿险公司报送保监会月报数据。

3.原保险保费收入为各寿险公司内部管理报表数据,未经审计,各寿险公司不对该数据的用途及由此带来的后果承担任何法律责任。

4.友邦合计包括友邦上海、友邦广州、友邦深圳、友邦北京、友邦苏州、友邦东莞和友邦江门。

5.由于计算的四舍五入问题,各寿险公司原保险保费收入可能存在细微的误差。

6.本表不含中华控股寿险业务原保险保费收入 1497.37 万元。

7.各公司数据以最新发布数据为准。

全国养老保险公司企业年金业务情况表(2013)

表 45　　　　(单位:人民币万元)

公司名称	企业年金缴费	受托管理资产	投资管理资产
太平养老	606356.11	2860327.55	3098576.28
平安养老	1859935.08	7229034.59	8048551.81
国寿养老	2643396.17	10204882.09	6947931.76
长江养老	459509.51	3678693.22	3580154.37
泰康养老	318424.58	980454.54	—
合　　计	5887621.45	24953391.99	21675214.21

注:1.企业年金缴费、受托管理资产、投资管理资产的统计口径见表 1。

2.以上数据来源于各养老保险公司报送保监会统计报表数据,未经审计,目前统计频度暂为季度报。

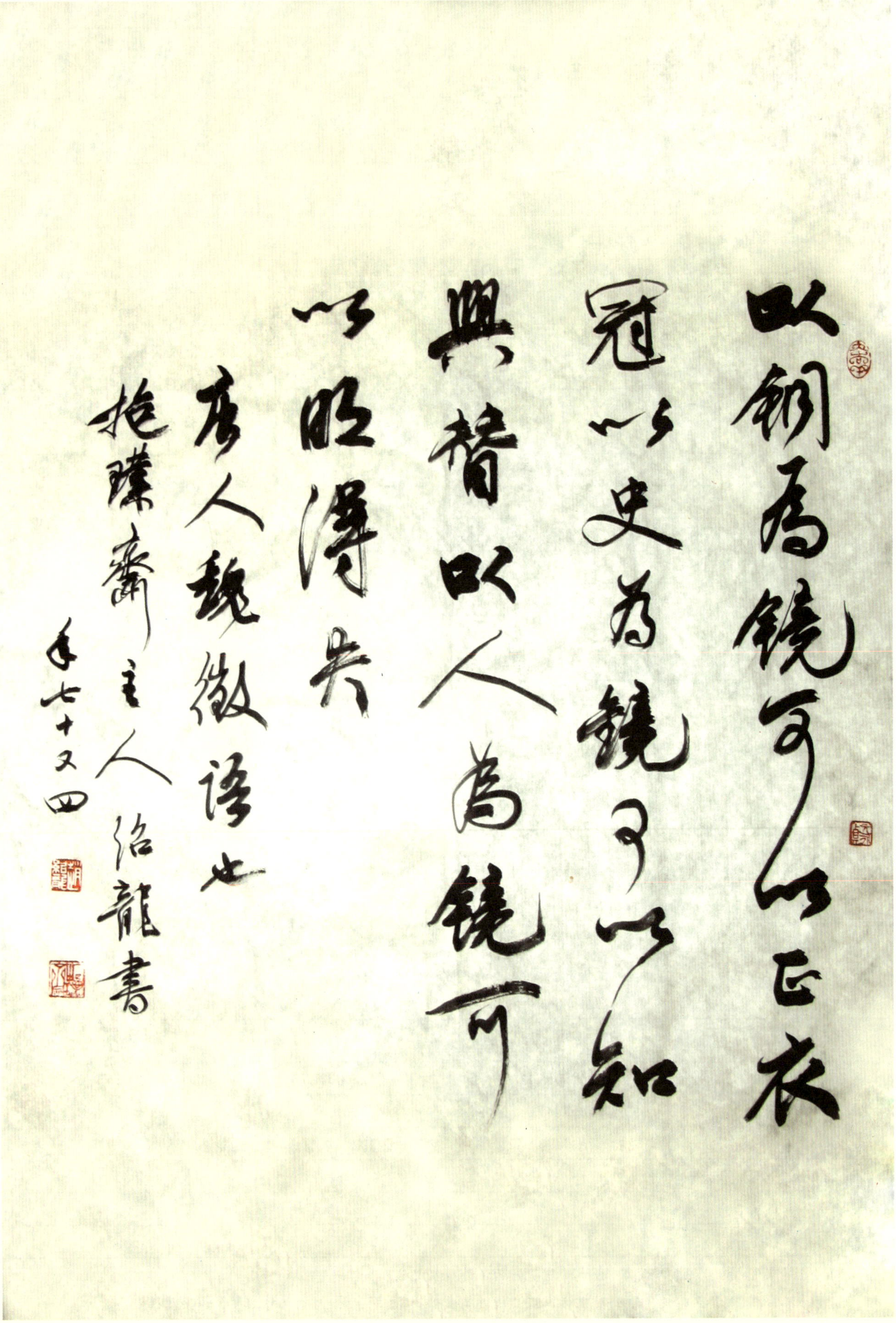

以銅爲鏡可以正衣冠以史爲鏡可以知興替以人爲鏡可以明得失

唐人魏徵語也

抱璞齋主人紹龍書

年七十又四

ANGSU BAOXIAN NIANJIAN

文件选编

国务院关于加快发展养老服务业的若干意见

国发〔2013〕35号

各省、自治区、直辖市人民政府,国务院各部委、各直属机构:

近年来,我国养老服务业快速发展,以居家为基础、社区为依托、机构为支撑的养老服务体系初步建立,老年消费市场初步形成,老龄事业发展取得显著成就。但总体上看,养老服务和产品供给不足、市场发育不健全、城乡区域发展不平衡等问题还十分突出。当前,我国已经进入人口老龄化快速发展阶段,2012年底我国60周岁以上老年人口已达1.94亿,2020年将达到2.43亿,2025年将突破3亿。积极应对人口老龄化,加快发展养老服务业,不断满足老年人持续增长的养老服务需求,是全面建成小康社会的一项紧迫任务,有利于保障老年人权益,共享改革发展成果,有利于拉动消费、扩大就业,有利于保障和改善民生,促进社会和谐,推进经济社会持续健康发展。为加快发展养老服务业,现提出以下意见:

一、总体要求

(一)指导思想。以邓小平理论、“三个代表”重要思想、科学发展观为指导,从国情出发,把不断满足老年人日益增长的养老服务需求作为出发点和落脚点,充分发挥政府作用,通过简政放权,创新体制机制,激发社会活力,充分发挥社会力量的主体作用,健全养老服务体系,满足多样化养老服务需求,努力使养老服务业成为积极应对人口老龄化、保障和改善民生的重要举措,成为扩大内需、增加就业、促进服务业发展、推动经济转型升级的重要力量。

(二)基本原则。

深化体制改革。加快转变政府职能,减少行政干预,加大政策支持和引导力度,激发各类服务主体活力,创新服务供给方式,加强监督管理,提高服务质量和效率。

坚持保障基本。以政府为主导,发挥社会力量作用,着力保障特殊困难老年人的养老服务需求,确保人人享有基本养老服务。加大对基层和农村养老服务的投入,充分发挥社区基层组织和服务机构在居家养老服务中的重要作用。支持家庭、个人承担应尽责任。

注重统筹发展。统筹发展居家养老、机构养老和其他多种形式的养老,实行普遍性服务和个性化服务相结合。统筹城市和农村养老资源,促进基本养老服务均衡发展。统筹利用各种资源,促进养老服务与医疗、家政、保险、教育、健身、旅游等相关领域的互动发展。

完善市场机制。充分发挥市场在资源配置中的基础性作用,逐步使社会力量成为发展养老服务业的主体,营造平等参与、公平竞争的市场环境,大力发展养老服务业,提供方便可及、价格合理的各类养老服务和产品,满足养老服务多样化、多层次需求。

(三)发展目标。到2020年,全面建成以居家为基础、社区为依托、机构为支撑的,功能完善、规模适度、覆盖城乡的养老服务体系。养老服务产品更加丰富,市场机制不断完善,养老服务业持续健康发展。

——服务体系更加健全。生活照料、医疗护理、精神慰藉、紧急救援等养老服务覆盖所有居家老年人。符合标准的日间照料中心、老年人活动中心等服务设施覆盖所有城市社区,90%以上的乡镇和60%以上的农村社区建立包括养老服务在内的社区综合服务设施和站点。全国社会养老床位数达到每千名老年人35-40张,服务能力大幅增强。

——产业规模显著扩大。以老年生活照料、老年产品用品、老年健康服务、老年体育健身、老年文化娱乐、老年金融服务、老年旅游等为主的养老服务业全面发展,养老服务业增加值在服务业中的比重显著提升,全国机构养老、居家社区生活照料和护理等服务提供1000万个以上就业岗位。涌现一批带动力强的龙头企业和大批富有创新活力的中小企业,形成一批养老服务产业集群,培育一批知名品牌。

——发展环境更加优化。养老服务业政策法规体系建立健全,行业标准科学规范,监管机制更加完善,服务质量明显提高。全社会积极应对人口老龄化意识显著增强,支持和参与养老服务的氛围更加浓厚,养老志愿服务广泛开展,敬老、养老、助老的优良传统得到进一步弘扬。

二、主要任务

(一)统筹规划发展城市养老服务设施。

加强社区服务设施建设。各地在制定城市总体规划、控制性详细规划时,必须按照人均用地不少于0.1平方米的标准,分区分级规划设置养老服务设施。凡新建城区和新建居住(小)区,要按标准要求配套建设养老服务设施,并与住宅同步规划、同步建设、同步验收、同步交付使用;凡老城区和已建成居住(小)区无养老服务设施或现有设施没有达到规划和建设指标要求的,要限期通过购置、置换、租赁等方式开辟养老服务设施,不得挪作他用。

综合发挥多种设施作用。各地要发挥社区公共服务设施的养老服务功能,加强社区养老服务设施与社区服务中心(服务站)及社区卫生、文化、体育等设施的功能衔接,提高使用率,发挥综合效益。要支持和引导各类社会主体参与社区综合服务设施建设、运营和管理,提供养老服务。各类具有为老年人服务功能的设施都要向老年人开放。

实施社区无障碍环境改造。各地区要按照无障碍设施工程建设相关标准和规范，推动和扶持老年人家庭无障碍设施的改造，加快推进坡道、电梯等与老年人日常生活密切相关的公共设施改造。

（二）大力发展居家养老服务网络。

发展居家养老便捷服务。地方政府要支持建立以企业和机构为主体、社区为纽带、满足老年人各种服务需求的居家养老服务网络。要通过制定扶持政策措施，积极培育居家养老服务企业和机构，上门为居家老年人提供助餐、助浴、助洁、助急、助医等定制服务；大力发展家政服务，为居家老年人提供规范化、个性化服务。要支持社区建立健全居家养老服务网点，引入社会组织和家政、物业等企业，兴办或运营老年供餐、社区日间照料、老年活动中心等形式多样的养老服务项目。

发展老年人文体娱乐服务。地方政府要支持社区利用社区公共服务设施和社会场所组织开展适合老年人的群众性文化体育娱乐活动，并发挥群众组织和个人积极性。鼓励专业养老机构利用自身资源优势，培训和指导社区养老服务组织和人员。

发展居家网络信息服务。地方政府要支持企业和机构运用互联网、物联网等技术手段创新居家养老服务模式，发展老年电子商务，建设居家服务网络平台，提供紧急呼叫、家政预约、健康咨询、物品代购、服务缴费等适合老年人的服务项目。

（三）大力加强养老机构建设。

支持社会力量举办养老机构。各地要根据城乡规划布局要求，统筹考虑建设各类养老机构。在资本金、场地、人员等方面，进一步降低社会力量举办养老机构的门槛，简化手续、规范程序、公开信息，行政许可和登记机关要核定其经营和活动范围，为社会力量举办养老机构提供便捷服务。鼓励境外资本投资养老服务业。鼓励个人举办家庭化、小型化的养老机构，社会力量举办规模化、连锁化的养老机构。鼓励民间资本对企业厂房、商业设施及其他可利用的社会资源进行整合和改造，用于养老服务。

办好公办保障性养老机构。各地公办养老机构要充分发挥托底作用，重点为“三无”（无劳动能力，无生活来源，无赡养人和扶养人、或者其赡养人和扶养人确无赡养和扶养能力）老人、低收入老人、经济困难的失能半失能老人提供无偿或低收费的供养、护理服务。政府举办的养老机构要实用适用，避免铺张豪华。

开展公办养老机构改制试点。有条件的地方可以积极稳妥地把专门面向社会提供经营性服务的公办养老机构转制成为企业，完善法人治理结构。政府投资兴办的养老床位应逐步通过公建民营等方式管理运营，积极鼓励民间资本通过委托管理等方式，运营公有产权的养老服务设施。要开展服务项目和设施安全标准化建设，不断提高服务水平。

（四）切实加强农村养老服务。

健全服务网络。要完善农村养老服务托底的措施，将所有农村“三无”老人全部纳入五保供养范围，适时提高五保供养标准，健全农村五保供养机构功能，使农村五保老人老有所养。在满足农村五保对象集中供养需求的前提下，支持乡镇五保供养机构改善设施条件并向社会开放，提高运营效益，增强护理功能，使之成为区域性养老服务中心。依托行政村、较大自然村，充分利用农家大院等，建设日间照料中心、托老所、老年活动站等互助性养老服务设施。农村党建活动室、卫生室、农家书屋、学校等要支持农村养老服务工作，组织与老年人相关的活动。充分发挥村民自治功能和老年协会作用，督促家庭成员承担赡养责任，组织开展邻里互助、志愿服务，解决周围老年人实际生活困难。

拓宽资金渠道。各地要进一步落实《中华人民共和国老年人权益保障法》有关农村可以将未承包的集体所有的部分土地、山林、水面、滩涂等作为养老基地，收益供老年人养老的要求。鼓励城市资金、资产和资源投向农村养老服务。各级政府用于养老服务的财政性资金应重点向农村倾斜。

建立协作机制。城市公办养老机构要与农村五保供养机构等建立长期稳定的对口支援和合作机制，采取人员培训、技术指导、设备支援等方式，帮助其提高服务能力。建立跨地区养老服务协作机制，鼓励发达地区支援欠发达地区。

（五）繁荣养老服务消费市场。

拓展养老服务内容。各地要积极发展养老服务业，引导养老服务企业和机构优先满足老年人基本服务需求，鼓励和引导相关行业积极拓展适合老年人特点的文化娱乐、体育健身、休闲旅游、健康服务、精神慰藉、法律服务等服务，加强残障老年人专业化服务。

开发老年产品用品。相关部门要围绕适合老年人的衣、食、住、行、医、文化娱乐等需要，支持企业积极开发安全有效的康复辅具、食品药品、服装服饰等老年用品用具和服务产品，引导商场、超市、批发市场设立老年用品专区专柜；开发老年住宅、老年公寓等老年生活设施，提高老年人生活质量。引导和规范商业银行、保险公司、证券公司等金融机构开发适合老年人的理财、信贷、保险等产品。

培育养老产业集群。各地和相关行业部门要加强规划引导，在制定相关产业发展规划中，要鼓励发展养老服务中小企业，扶持发展龙头企业，实施品牌战略，提高创新能力，形成一批产业链长、覆盖领域广、经济社会效益显著的产业集群。健全市场规范和行业标准，确保养老服务和产品质量，营造安全、便利、诚信的消费环境。

（六）积极推进医疗卫生与养老服务相结合。

推动医养融合发展。各地要促进医疗卫生资源进入养老机构、社区和居民家庭。卫生管理部门要支持有条件的养老机构设置医疗机构。医疗机构要积极支持和发展养老服务，有条件的二级以上综合医院应当开设老年病科，增加老年病床数量，做好老年慢病防治和康复护理。要探索医疗机构与养老机构合作新模式，医疗机构、社区卫生服务机构应当为老年人建立健康档案，建立社区医院与老年人家庭医疗契约服务关系，开展上门诊视、健康查体、保健咨询等服务，加快推进面向养老机构的远程医疗服务试点。医疗机构应当为老年人就医提供优先优惠服务。

健全医疗保险机制。对于养老机构内设的医疗机构，符合城镇职工（居民）基本医疗保险和新型农村合作医疗定点条件的，可申请纳入定点范围，入住的参保老年人按规定享受相应

待遇。完善医保报销制度，切实解决老年人异地就医结算问题。鼓励老年人投保健康保险、长期护理保险、意外伤害保险等人身保险产品，鼓励和引导商业保险公司开展相关业务。

三、政策措施

（一）完善投融资政策。要通过完善扶持政策，吸引更多民间资本，培育和扶持养老服务机构和企业发展。各级政府要加大投入，安排财政性资金支持养老服务体系建设。金融机构要加快金融产品和服务方式创新，拓宽信贷抵押担保物范围，积极支持养老服务业的信贷需求。积极利用财政贴息、小额贷款等方式，加大对养老服务业的有效信贷投入。加强养老服务机构信用体系建设，增强对信贷资金和民间资本的吸引力。逐步放宽限制，鼓励和支持保险资金投资养老服务领域。开展老年人住房反向抵押养老保险试点。鼓励养老机构投保责任保险，保险公司承保责任保险。地方政府发行债券应统筹考虑养老服务需求，积极支持养老服务设施建设及无障碍改造。

（二）完善土地供应政策。各地要将各类养老服务设施建设用地纳入城镇土地利用总体规划和年度用地计划，合理安排用地需求，可将闲置的公益性用地调整为养老服务用地。民间资本举办的非营利性养老机构与政府举办的养老机构享有相同的土地使用政策，可以依法使用国有划拨土地或者农民集体所有的土地。对营利性养老机构建设用地，按照国家对经营性用地依法办理有偿用地手续的规定，优先保障供应，并制定支持发展养老服务业的土地政策。严禁养老设施建设用地改变用途、容积率等土地使用条件搞房地产开发。

（三）完善税费优惠政策。落实好国家现行支持养老服务业的税收优惠政策，对养老机构提供的养护服务免征营业税，对非营利性养老机构自用房产、土地免征房产税、城镇土地使用税，对符合条件的非营利性养老机构按规定免征企业所得税。对企事业单位、社会团体和个人向非营利性养老机构的捐赠，符合相关规定的，准予在计算其应纳税所得额时按税法规定比例扣除。各地对非营利性养老机构建设要免征有关行政事业性收费，对营利性养老机构建设要减半征收有关行政事业性收费，对养老机构提供养老服务也要适当减免行政事业性收费，养老机构用电、用水、用气、用热按居民生活类价格执行。境内外资本举办养老机构享有同等的税收等优惠政策。制定和完善支持民间资本投资养老服务业的税收优惠政策。

（四）完善补贴支持政策。各地要加快建立养老服务评估机制，建立健全经济困难的高龄、失能等老年人补贴制度。可根据养老服务的实际需要，推进民办公助，选择通过补助投资、贷款贴息、运营补贴、购买服务等方式，支持社会力量举办养老服务机构，开展养老服务。民政部本级彩票公益金和地方各级政府用于社会福利事业的彩票公益金，要将50%以上的资金用于支持发展养老服务业，并随老年人口的增加逐步提高投入比例。国家根据经济社会发展水平和职工平均工资增长、物价上涨等情况，进一步完善落实基本养老、基本医疗、最低生活保障等政策，适时提高养老保障水平。要制定政府向社会力量购买养老服务的政策措施。

（五）完善人才培养和就业政策。教育、人力资源社会保障、民政部门要支持高等院校和中等职业学校增设养老服务相关专业和课程，扩大人才培养规模，加快培养老年医学、康复、护理、营养、心理和社会工作等方面的专门人才，制定优惠政策，鼓励大专院校对口专业毕业生从事养老服务工作。充分发挥开放大学作用，开展继续教育和远程学历教育。依托院校和养老机构建立养老服务实训基地。加强老年护理人员专业培训，对符合条件的参加养老护理职业培训和职业技能鉴定的从业人员按规定给予相关补贴，在养老机构和社区开发公益性岗位，吸纳农村转移劳动力、城镇就业困难人员等从事养老服务。养老机构应当积极改善养老护理员工作条件，加强劳动保护和职业防护，依法缴纳养老保险费等社会保险费，提高职工工资福利待遇。养老机构应当科学设置专业技术岗位，重点培养和引进医生、护士、康复医师、康复治疗师、社会工作者等具有执业或职业资格的专业技术人员。对在养老机构就业的专业技术人员，执行与医疗机构、福利机构相同的执业资格、注册考核政策。

（六）鼓励公益慈善组织支持养老服务。引导公益慈善组织重点参与养老机构建设、养老产品开发、养老服务提供，使公益慈善组织成为发展养老服务业的重要力量。积极培育发展为老服务公益慈善组织。积极扶持发展各类为老服务志愿组织，开展志愿服务活动。倡导机关干部和企事业单位职工、大中小学学生参加养老服务志愿活动。支持老年群众组织开展自我管理、自我服务和服务社会活动。探索建立健康老人参与志愿互助服务的工作机制，建立为老志愿服务登记制度。弘扬敬老、养老、助老的优良传统，支持社会服务窗口行业开展“敬老文明号”创建活动。

四、组织领导

（一）健全工作机制。各地要将发展养老服务业纳入国民经济和社会发展规划，纳入政府重要议事日程，进一步强化工作协调机制，定期分析养老服务业发展情况和存在问题，研究推进养老服务业加快发展的各项政策措施，认真落实养老服务业发展的相关任务要求。民政部门要切实履行监督管理、行业规范、业务指导职责，推动公办养老机构改革发展。发展改革部门要将养老服务业发展纳入经济社会发展规划、专项规划和区域规划，支持养老服务设施建设。财政部门要在现有资金渠道内对养老服务业发展给予财力保障。老龄工作机构要发挥综合协调作用，加强督促指导工作。教育、公安消防、卫生计生、国土、住房城乡建设、人力资源社会保障、商务、税务、金融、质检、工商、食品药品监管等部门要各司其职，及时解决工作中遇到的问题，形成齐抓共管、整体推进的工作格局。

（二）开展综合改革试点。国家选择有特点和代表性的区域进行养老服务业综合改革试点，在财政、金融、用地、税费、人才、技术及服务模式等方面进行探索创新，先行先试，完善体制机制和政策措施，为全国养老服务业发展提供经验。

（三）强化行业监管。民政部门要健全养老服务的准入、退出、监管制度，指导养老机构完善管理规范、改善服务质量，及时查处侵害老年人人身财产权益的违法行为和安全生产责任事故。价格主管部门要探索建立科学合理的养老服务定价机制，依法确定适用政府定价和政府指导价的范围。有关部门要建立完善养老服务业统计制度。其他各有关部门要依照职责分工对养老服务业实施监督管理。要积极培育和发展养老服务行业协会，发挥行业自律作用。

（四）加强督促检查。各地要加强工作绩效考核，确保责任到位、任务落实。省级人民政府要根据本意见要求，结合实际抓紧制定实施意见。国务院相关部门要根据本部门职责，制定具体政策措施。民政部、发展改革委、财政部等部门要抓紧研究提出促进民间资本参与养老服务业的具体措施和意见。发展改革委、民政部和老龄工作机构要加强对本意见执行情况的监督检查，及时向国务院报告。国务院将适时组织专项督查。

国务院

2013年9月6日

最高人民法院　关于适用《中华人民共和国保险法》若干问题的解释(二)

（2013年5月6日最高人民法院审判委员会第1577次会议通过）

法释〔2013〕14号

中华人民共和国最高人民法院公告：

《最高人民法院关于适用〈中华人民共和国保险法〉若干问题的解释(二)》已于2013年5月6日由最高人民法院审判委员会第1577次会议通过，现予公布，自2013年6月8日起施行。

最高人民法院

2013年5月31日

为正确审理保险合同纠纷案件，切实维护当事人的合法权益，根据《中华人民共和国保险法》《中华人民共和国合同法》《中华人民共和国民事诉讼法》等法律规定，结合审判实践，就保险法中关于保险合同一般规定部分有关法律适用问题解释如下：

第一条　财产保险中，不同投保人就同一保险标的分别投保，保险事故发生后，被保险人在其保险利益范围内依据保险合同主张保险赔偿的，人民法院应予支持。

第二条　人身保险中，因投保人对被保险人不具有保险利益导致保险合同无效，投保人主张保险人退还扣减相应手续费后的保险费的，人民法院应予支持。

第三条　投保人或者投保人的代理人订立保险合同时没有亲自签字或者盖章，而由保险人或者保险人的代理人代为签字或者盖章的，对投保人不生效。但投保人已经交纳保险费的，视为其对代签字或者盖章行为的追认。

保险人或者保险人的代理人代为填写保险单证后经投保人签字或者盖章确认的，代为填写的内容视为投保人的真实意思表示。但有证据证明保险人或者保险人的代理人存在保险法第一百一十六条、第一百三十一条相关规定情形的除外。

第四条　保险人接受了投保人提交的投保单并收取了保险费，尚未作出是否承保的意思表示，发生保险事故，被保险人或者受益人请求保险人按照保险合同承担赔偿或者给付保险金责任，符合承保条件的，人民法院应予支持；不符合承保条件的，保险人不承担保险责任，但应当退还已经收取的保险费。

保险人主张不符合承保条件的，应承担举证责任。

第五条　保险合同订立时，投保人明知的与保险标的或者被保险人有关的情况，属于保险法第十六条第一款规定的投保人“应当如实告知”的内容。

第六条　投保人的告知义务限于保险人询问的范围和内容。当事人对询问范围及内容有争议的，保险人负举证责任。

保险人以投保人违反了对投保单询问表中所列概括性条款的如实告知义务为由请求解除合同的，人民法院不予支持。但该概括性条款有具体内容的除外。

第七条　保险人在保险合同成立后知道或者应当知道投保人未履行如实告知义务，仍然收取保险费，又依照保险法第十六条第二款的规定主张解除合同的，人民法院不予支持。

第八条　保险人未行使合同解除权，直接以存在保险法第十六条第四款、第五款规定的情形为由拒绝赔偿的，人民法院不予支持。但当事人就拒绝赔偿事宜及保险合同存续另行达成一致的情况除外。

第九条　保险人提供的格式合同文本中的责任免除条款、免赔额、免赔率、比例赔付或者给付等免除或者减轻保险人责任的条款，可以认定为保险法第十七条第二款规定的“免除保险人责任的条款”。

保险人因投保人、被保险人违反法定或者约定义务，享有解除合同权利的条款，不属于保险法第十七条第二款规定的“免除保险人责任的条款”。

第十条　保险人将法律、行政法规中的禁止性规定情形作为保险合同免责条款的免责事由，保险人对该条款作出提示后，投保人、被保险人或者受益人以保险人未履行明确说明义务为由主张该条款不生效的，人民法院不予支持。

第十一条　保险合同订立时，保险人在投保单或者保险单等其他保险凭证上，对保险合同中免除保险人责任的条款，以足以引起投保人注意的文字、字体、符号或者其他明显标志作出提示的，人民法院应当认定其履行了保险法第十七条第

二款规定的提示义务。

保险人对保险合同中有关免除保险人责任条款的概念、内容及其法律后果以书面或者口头形式向投保人作出常人能够理解的解释说明的，人民法院应当认定保险人履行了保险法第十七条第二款规定的明确说明义务。

第十二条　通过网络、电话等方式订立的保险合同，保险人以网页、音频、视频等形式对免除保险人责任条款予以提示和明确说明的，人民法院可以认定其履行了提示和明确说明义务。

第十三条　保险人对其履行了明确说明义务负举证责任。

投保人对保险人履行了符合本解释第十一条第二款要求的明确说明义务在相关文书上签字、盖章或者以其他形式予以确认的，应当认定保险人履行了该项义务。但另有证据证明保险人未履行明确说明义务的除外。

第十四条　保险合同中记载的内容不一致的，按照下列规则认定：

（一）投保单与保险单或者其他保险凭证不一致的，以投保单为准。但不一致的情形系经保险人说明并经投保人同意的，以投保人签收的保险单或者其他保险凭证载明的内容为准；

（二）非格式条款与格式条款不一致的，以非格式条款为准；

（三）保险凭证记载的时间不同的，以形成时间在后的为准；

（四）保险凭证存在手写和打印两种方式的，以双方签字、盖章的手写部分的内容为准。

第十五条　保险法第二十三条规定的三十日核定期间，应自保险人初次收到索赔请求及投保人、被保险人或者受益人提供的有关证明和资料之日起算。

保险人主张扣除投保人、被保险人或者受益人补充提供有关证明和资料期间的，人民法院应予支持。扣除期间自保险人根据保险法第二十二条规定作出的通知到达投保人、被保险人或者受益人之日起，至投保人、被保险人或者受益人按照通知要求补充提供的有关证明和资料到达保险人之日止。

第十六条　保险人应以自己的名义行使保险代位求偿权。

根据保险法第六十条第一款的规定，保险人代位求偿权的诉讼时效期间应自其取得代位求偿权之日起算。

第十七条　保险人在其提供的保险合同格式条款中对非保险术语所作的解释符合专业意义，或者虽不符合专业意义，但有利于投保人、被保险人或者受益人的，人民法院应予认可。

第十八条　行政管理部门依据法律规定制作的交通事故认定书、火灾事故认定书等，人民法院应当依法审查并确认其相应的证明力，但有相反证据能够推翻的除外。

第十九条　保险事故发生后，被保险人或者受益人起诉保险人，保险人以被保险人或者受益人未要求第三者承担责任为由抗辩不承担保险责任的，人民法院不予支持。

财产保险事故发生后，被保险人就其所受损失从第三者取得赔偿后的不足部分提起诉讼，请求保险人赔偿的，人民法院应予依法受理。

第二十条　保险公司依法设立并取得营业执照的分支机构属于《中华人民共和国民事诉讼法》第四十八条规定的其他组织，可以作为保险合同纠纷案件的当事人参加诉讼。

第二十一条　本解释施行后尚未终审的保险合同纠纷案件，适用本解释；本解释施行前已经终审，当事人申请再审或者按照审判监督程序决定再审的案件，不适用本解释。

中国保监会关于印发《保险公司城乡居民大病保险业务管理暂行办法》的通知

保监发〔2013〕19号

各保监局，各保险公司：

为贯彻落实国家发改委、卫生部、财政部、人力资源社会保障部、民政部、中国保监会《关于开展城乡居民大病保险工作的指导意见》（发改社会〔2012〕2605号），促进城乡居民大病保险业务健康发展，保护参保城乡居民的合法权益，我会研究制定了《保险公司城乡居民大病保险业务管理暂行办法》。现予印发，请遵照执行。

中国保监会

2013年3月12日

保险公司城乡居民大病保险业务管理暂行办法

第一章　总　则

第一条　本办法所称城乡居民大病保险（以下简称“大病保险”），是指为提高城乡居民医疗保障水平，在基本医疗保障的基础上，对城乡居民患大病发生的高额医疗费用给予进一步保障的一项制度性安排。具体做法是从城镇居民基本医疗保险（以下简称“城镇居民医保”）基金、新型农村合作医疗（以下简称“新农合”)基金或城乡居民基本医疗保险(以下简称“城乡居民医保”)基金中划出一定比例或额度作为大病保险资金，通过招投标方式向符合经营资质的商业保险公司购买大病保险。

大病保险是基本医疗保障制度的拓展和延伸。

第二条　本办法适用于与城镇居民医保、新农合或城乡居民医保相衔接的大病保险业务。部分地区建立的覆盖城镇职工、城镇居民、农村居民的统一的大病保险制度也可适用本办法。

第三条　本办法所称投保人为地方政府授权的部门;被保险人为大病保险开展地区参加城镇居民医保、新农合或城乡居民医保的全部参保(合)人;受益人为被保险人本人。

如无特别指明,本办法所称保险公司,包括保险公司及其分支机构。

第四条　保险公司开展大病保险业务，应优先维护被保险人的合法利益,通过提高运行效率、服务质量、风险管理水平、医疗服务和费用监控能力，实现大病保险业务可持续发展,树立良好的市场信誉。

第二章　经营资质

第五条　保险公司总公司开展大病保险业务应当具备以下基本条件:

(一) 注册资本不低于人民币20亿元或近三年内净资产均不低于人民币50亿元;专业健康保险公司除外;

(二)满足保险公司偿付能力管理规定,专业健康保险公司上一年度末和最近季度末的偿付能力不低于100%，其他保险公司上一年度末和最近季度末的偿付能力不低于150%;

(三) 在中国境内连续经营健康保险专项业务5年以上，具有成熟的健康保险经营管理经验;

(四)依法合规经营,近三年内无重大违法违规行为;

(五)能够对大病保险业务实行专项管理和单独核算;

(六)具备较强的健康保险精算技术,能够对大病保险进行科学合理定价;

(七)具备完善的、覆盖区域较广的服务网络;

(八)配备具有医学等专业背景的人员队伍,具有较强的核保、核赔能力和风险管理能力;

(九)具备功能完整、相对独立的健康保险信息管理系统,能够按规定向保险监管部门报送大病保险相关数据;

(十)中国保监会规定的其他条件。

第六条　同一保险集团公司在一个大病保险统筹地区投标开展大病保险业务的子公司不超过一家。

保险集团公司应当整合资源,加强指导,统筹协调子公司做好大病保险业务。

第七条　保险公司省级分公司 (含计划单列市分公司、总公司直管的分公司)开展大病保险业务应当具备以下基本条件。

(一)总公司具有开展大病保险业务资质;

(二)总公司批准同意开展大病保险业务;

(三)近三年内无重大违法违规行为;

(四) 在开展大病保险的地区配备熟悉当地基本医保政策,且具有医学等专业背景的专职服务队伍,能够提供驻点、巡查等大病保险专项服务;

(五)当地保监局规定的其他条件。

第八条　中国保监会根据本办法，公布并及时更新具有资质的保险公司总公司名单。

保监局根据本办法和中国保监会公布的保险公司总公司名单,公布并及时更新具有资质的保险公司省级分公司(含计划单列市分公司、总公司直管的分公司)名单。

列入资质名单的保险公司可以依照本办法开展大病保险业务。

第九条　直接保险公司总公司作为大病保险的再保险接受人或转分保接受人时，应具备本办法第五条规定的基本条件,并应具有大病保险经营资质;其分支机构作为大病保险的再保险接受人或转分保接受人时，该分支机构应具备本办法第七条规定的基本条件,并应具有大病保险经营资质。

第三章　投标管理

第十条　具备大病保险经营资质的保险公司，在符合招标文件规定资格条件的基础上，可作为投标人参加大病保险投标。

第十一条　投标人应按照招标文件的要求编制投标文件,对招标文件提出的要求和条件作出实质性响应。投标文件应根据招标人提供的基本医保经验数据及提出的管理服务要求,科学预估承保风险和管理服务成本,合理确定保险费、保险金额、起付金额、给付比例,同时包括大病保障对象、保障期限、责任范围、除外责任、结算方式、医疗管理和服务措施等内容。

投标文件应经保险公司总公司批准同意，并由总公司出具精算意见书、法律意见书和相应授权书。

第十二条　投标人不得弄虚作假，不得相互串通投标报价,不得恶意压价竞争,不得妨碍其他投标人的公平竞争,不得损害招标人或者其他投标人的合法权益,不得以向招标人、评标委员会成员行贿或者采取其他不正当竞争手段谋取中标,不得泄露招标人提供的参保人员信息。

第十三条　投标人应在投标7个工作日之前，向当地保监局报告拟投标大病保险项目的名称、招标人、投标时间等基本情况。

保监局应全程跟踪招投标过程，监督保险公司依法合规参与大病保险投标。对投标价格明显偏低的,保监局要进行综合评估,禁止恶性竞争。

第十四条　投标人在中标后,应按照招投标文件内容规定,与投保人签订大病保险合作协议。大病保险合作协议的期限原则上不低于三年,大病保险合同内容可每年商谈确定一次。

大病保险合作协议签署后，应在一个月内由保险公司省级分公司(含计划单列市分公司、总公司直管的分公司)报送当地保监局。

第四章 业务管理

第十五条 保险公司对大病保险实行专项管理。保险公司总公司对大病保险项目进行统一审核。

第十六条 保险公司可根据中国保险行业协会发布的大病保险示范条款制定大病保险专属产品条款，大病保险专属产品的定名应当符合下列格式：

“保险公司名称”+“说明性文字”+“城乡居民大病团体医疗保险”

大病保险专属产品报中国保监会人身保险监管部备案。

保险公司不得以其他产品承保大病保险。

第十七条 大病保险保险期间为一年。保险公司每年按照大病保险合作协议约定时间向投保人收取保险费。

保险公司承办大病保险后应向社会公布保障责任和服务内容。

第十八条 保险公司应完整准确记录并及时更新被保险人信息，信息应包括被保险人姓名、性别、出生日期、证件类别、有效身份证件号码、社会保障号码、联系方式等，并与当地基本医保对参保人的信息要求保持一致。

保险公司对被保险人信息负有保密责任。

第十九条 保险公司应根据投保人提供的基本医保经验数据，建立大病保险精算模型，科学制定产品参数、厘定费率，审慎定价。

保险公司应在经营周期中加强经验数据积累和分析，准确、真实地分析评估大病保险经营情况，为完善大病保险的经营管理和服务提供依据。

第二十条 保险公司应建立大病保险信息系统，信息系统应具备信息采集、结算支付、信息查询、统计分析等功能。保险公司应加强大病保险信息系统的管理和维护，严格用户权限管理，确保信息安全。

保险公司应与政府有关部门加强沟通合作，实现大病保险信息系统与基本医保信息系统、医疗救助信息系统和医疗机构信息系统的对接。

第二十一条 保险公司应按照行业监管要求和有关规定，及时报送和提供大病保险相关报告、报表、文件、信息和资料。

第二十二条 开展大病保险业务的保险公司出现合并、分立、解散、依法被接管或撤销、破产以及中国保监会规定的其他情况，应妥善处理大病保险业务相关事项，保障被保险人权益不受损失。

第二十三条 大病保险合作协议期满，如果保险公司不再继续承办该大病保险项目，应配合投保人妥善做好衔接过渡工作。

第二十四条 保险公司承办大病保险，不得以任何形式向任何单位或个人支付手续费用或佣金；不得给予或者承诺给予保险合同约定以外的回扣或者其他利益。

第五章 服务管理

第二十五条 保险公司应协同各地政府做好大病保险政策宣传工作。在宣传大病保险时不得误导公众，不得减少或夸大保障范围，不得强制搭售其他商业保险产品。

第二十六条 保险公司应加强服务能力建设，建立大病保险专业队伍，定期进行专业培训和服务质量考评，提升大病保险服务人员的综合素质。

第二十七条 保险公司可会同政府有关部门通过电话、网络等方式为被保险人提供咨询、查询服务，接受投诉，切实维护好被保险人的合法权益。

第二十八条 保险公司应根据被保险人居住和就医分布情况，设立服务网点，为投保人和被保险人提供便捷服务。应加强与基本医保、医疗救助的衔接，提供大病保险的“一站式”即时结算服务。积极利用机构网络优势，为被保险人提供异地就医结算服务。

第二十九条 保险公司应加强与当地政府相关部门的沟通协调，联合制定大病医疗服务评价考核标准，建立大病保险定点医疗机构评审机制，切实加强医疗行为管理。

保险公司应在基本医保主管部门的授权下，依据诊疗规范和临床路径等标准或规定，通过医疗巡查、驻点驻院、抽查病历等方式，做好对医疗行为的监督管理；探索开展疑难案件的医疗专家评审制度。

第三十条 保险公司应遵循实事求是、客观公正的原则，规范审核标准，严格按照当地有关政策规定及保险合同约定对被保险人的医疗费用进行审核给付，及时将发现的冒名就医、挂床住院、过度医疗等违规问题通报投保人和政府有关部门，并提出相关处理建议。

第三十一条 保险公司应积极配合政府有关部门推进医保支付方式改革，探索总额预付、按病种付费等支付方式。

第三十二条 保险公司应积极开发与大病保险相衔接的商业健康保险产品，开展健康管理服务，满足参保群众多层次、多样化的健康保障和服务需求。

鼓励有条件的保险公司积极参与各类基本医保经办服务。

第六章 财务管理

第三十三条 保险公司应按照国家财务会计法规和相关监管规定，单独核算和报告大病保险业务，实现大病保险业务与其他保险业务彻底分开，封闭运行，真实、准确地反映大病保险经营情况。

第三十四条 保险公司应加强大病保险的资金管理，建立大病保险保费收入上划机制，遵循“收支两条线”原则，严格按照账户类型及用途划拨和使用资金。

第三十五条 保险公司经营大病保险业务，应设立独立的大病保险保费账户及赔款账户，并按照收付费管理相关监管规定的要求，积极推动大病保险业务非现金给付，切实保障大病保险资金安全。

第三十六条 保险公司应按照费用分摊的相关监管规定，核算大病保险业务管理成本，严格区分仅在大病保险经营过程中产生的专属费用和按规定分摊公司经营成本的共同费用，合理认定费用归属对象，据实归集和分摊，不得挤占其他业务的成本，不得把其他业务的成本分摊至大病保险业务。

第三十七条　保险公司应据实列支经营大病保险所发生的费用支出，包括人力成本、硬件设备、软件开发、医疗管理、案件调查、办公运营、宣传培训等费用，不断加强费用管控力度，降低大病保险管理成本，提高经营效率。

第三十八条　保险公司应定期核对财务、业务系统中的大病保险数据，保证财务数据与业务数据的一致性。

第三十九条　保险公司应建立大病保险业务的内部监督检查机制，确保财务、业务数据的真实性。

第四十条　保险公司大病保险保费账户和赔款账户的运行情况、费用列支情况应当接受政府有关部门监督，公开透明运行。

第七章　风险调节

第四十一条　保险公司经营大病保险应遵循收支平衡、保本微利原则。

保险公司应合理定价，与投保人协商合理确定大病保险赔付率、费用加利润率。

第四十二条　保险公司应与投保人协商建立动态风险调节机制，采取合理方式，对保险期间的超额结余和政策性亏损等盈亏情况进行风险调节，确保大病保险业务可持续发展。

第四十三条　保险公司应根据大病保险实际经营结果、医保政策调整和医疗费用变化情况，依据大病保险合作协议与投保人协商调整下一保险期间的保险责任、保险费率等。

第四十四条　保险公司应与投保人协商，在一个保险期间内因当地基本医保政策调整或其他政策性因素导致的大病保险业务亏损，应由投保人进行相应补偿。

第八章　监督管理

第四十五条　保险监管机构人身保险监管部门对保险公司经营大病保险业务实行统一监督管理。

人身保险监管部门对保险公司开展大病保险业务进行全流程监管。应加强市场准入和退出监管，加强市场行为监管，确保有序竞争，提升服务质量和水平。应开展定期或不定期检查，对业务经营过程中出现的问题及时予以纠正和解决。

第四十六条　保监局应加大对大病保险业务的监管力度，维护市场秩序。因监管不力导致大病保险业务出现严重问题或重大风险的，要依法追究相关责任人责任。

第四十七条　保监局应探索建立以保障水平和被保险人满意度为核心的大病保险业务考核评价制度。

第四十八条　保险公司应认真履行保险合作协议，接受当地财政、审计等政府部门和群众的监督。

第四十九条　保险公司开展大病保险业务存在以下行为的，保险监管机构依《保险法》及保监会有关规定给予行政处罚。

(一)拒不依法履行保险合同约定的赔偿或者给付保险金义务；

(二)违反规定泄露被保险人信息；

(三) 在投标或承办大病保险业务过程中存在商业贿赂、不正当竞争行为；

(四)未按照规定报送或者保管报告、报表、文件、资料的，或者未按照规定提供有关信息、资料的；

(五)编制或者提供虚假的业务数据和财务报表；

(六)保险监管机构禁止的其他行为。

第九章　市场退出

第五十条　保险公司在开展大病保险过程中应符合本办法第五条、第七条规定的条件，依法合规经营。

第五十一条　保险公司总公司和省级分公司 (含计划单列市分公司、总公司直管的分公司)有下列情形之一的，保险监管机构三年内不再将其列入资质名单，期间该保险公司不得开展大病保险业务：

(一) 保险公司总公司因大病保险业务受到行政处罚的，或者一年内其省级分公司(含计划单列市分公司、总公司直管的分公司)大病保险业务受到行政处罚达到 3 家次以上的；

(二)保险公司省级分公司(含计划单列市分公司、总公司直管的分公司)因大病保险业务受到行政处罚的，或者一年内其分支机构大病保险业务受到行政处罚达到 3 家次以上的；

(三) 大病保险投标文件违反有关法律、法规和监管规定的；

(四)违反本办法第十二条规定的；

(五)违反本办法第二十四条规定的；

(六)在大病保险期间内单方中途退出的；

(七)发生足以影响大病保险业务正常经营的其他重大情况。

第五十二条　保险公司地市级分支机构有下列情形之一的，三年内不得开展大病保险业务：

(一)因大病保险业务受到行政处罚的；

(二) 大病保险投标文件违反有关法律、法规和监管规定的；

(三)违反本办法第十二条规定的；

(四)违反本办法第二十四条规定的；

(五)在大病保险期间内单方中途退出的；

(六) 发生足以影响大病保险业务正常经营的其他重大情况。

第五十三条　已开展大病保险业务的保险公司有本办法第五十一、五十二条所列情形之一的，保险监管机构应建议负责招标的地方政府在该保险年度结束后终止大病保险合作协议，并协助政府选择其他保险公司承接该大病保险合作协议。

第十章　附　则

第五十四条　已开展城乡居民补充医疗保险等业务的保险公司，应配合地方政府有关部门做好与大病保险的衔接过渡工作。

第五十五条　本办法自下发之日起施行。

中国保监会关于印发《保险公司分支机构市场准入管理办法》的通知

保监发〔2013〕20号

各保险公司,各保监局,机关各部门:

为统一规范保险公司分支机构审批工作,加强保险公司分支机构设立管理,我会制定了《保险公司分支机构市场准入管理办法》,现印发给你们,请遵照执行。

中国保监会

2013年3月15日

保险公司分支机构市场准入管理办法

第一章　总　则

第一条　为加强保险市场体系建设,规范保险公司分支机构市场准入,根据《保险法》、《保险公司管理规定》等法律、行政规章,制定本办法。

第二条　本办法所称保险公司,是指经中国保监会批准设立,并依法登记注册的商业保险公司。

第三条　本办法所称保险公司分支机构,是指保险公司依法设立的省级分公司、分公司、中心支公司、支公司、营业部和营销服务部。

第四条　保险公司设立分支机构,应当遵循以下原则:

(一)统筹规划,合理布局;

(二)审慎决策,严格管理;

(三)程序规范,质量过硬;

(四)保障运营,强化服务。

第五条　保险公司分支机构设立,分为筹建、开业两个阶段。

第二章　筹建条件

第六条　保险公司注册资本为两亿元的,在其住所地以外每申请设立一家省级分公司,应当增加不少于两千万元的注册资本。注册资本在五亿元以上的,可不再增加。

第七条　保险公司在注册地所在省域以外设立分支机构的,应当开业满两年。专业性保险公司除外。

第八条　保险公司设立分支机构应进行市场调研和可行性论证,制定科学规划。

分支机构设立规划应当充分考虑自身经营战略、资本实力、管控能力、人员储备及地方经济社会发展状况、市场环境、竞争程度等因素。

第九条　保险公司申请设立省级分公司,应当符合以下条件:

(一)符合自身发展规划。其中,成立三年以内的保险公司设立省级分公司,如与该公司成立时提交的发展规划不一致的,应当说明理由;

(二)上一年度及提交申请前连续两个季度偿付能力均达到充足Ⅱ类;

(三)上一年度及提交申请前连续两个季度分类监管类别均不低于B类;

(四)具备良好的公司治理,内控健全;

(五)具备完善的分支机构管理制度;

(六)最近两年内无受金融监管机构重大行政处罚的记录;

(七)不存在申请人或者其管理人员因工作行为涉嫌重大违法犯罪,正在受到金融监管机构或者司法机关立案调查的情形;

(八)已设立的省级分公司运转正常,最近两年内没有发生省级分公司市场退出情形;

(九)有符合省级分公司高级管理人员任职条件的筹建负责人;

(十)中国保监会规定的其他条件。

第十条　申请设立省级分公司以外分支机构的,应当符合以下条件:

(一)符合申请人自身发展规划;

(二)保险公司上一年度及提交申请前连续两个季度偿付能力均达到充足Ⅰ类;

(三)保险公司上一年度及提交申请前连续两个季度分类监管类别不低于B类,且省级分公司上一年度及提交申请前连续两个季度分类监管类别不低于C类;

(四)保险公司具备良好的公司治理,内控健全;

(五)申请人具备完善的分支机构管理制度;

(六)在保险公司住所地以外的省、自治区、直辖市申请设立的,当地省级分公司已经开业;

(七)拟设机构的上级直接管理机构开业满三个月。省级分公司在其所在地市设立分支机构不受此限制;

(八)拟设机构的上级直接管理机构内控健全;

(九)有符合拟设机构主要负责人任职条件的筹建负责人。

第十一条　申请设立省级分公司以外分支机构的,不得有以下情形:

(一)申请人或者拟设机构所属省级分公司最近两年内受到金融监管机构重大行政处罚的;

(二)申请人或者其管理人员因工作行为涉嫌重大违法犯罪,正在受到金融监管机构或者司法机关立案调查的;

(三)在拟设机构所在地保监局辖区内的其他分支机构最近六个月内受到重大保险行政处罚的;

(四)在拟设机构所在地保监局辖区内,最近一年内有三家次以上分支机构受到保险行政处罚的;

(五)拟设机构的上级直接管理机构最近六个月内受到保险行政处罚的。

第十二条 申请设立省级分公司以外分支机构的,在拟设机构所在地保监局辖区内的其他分支机构运营情况不得有以下情形:

(一)无主要负责人或者临时负责人超期的;

(二)无稳定、规范的营业场所的;

(三)自行停业连续三个月以上的。停业情形已向保险监管机构报告的除外;

(四)存在重大内部控制缺陷,尚未整改到位的;

(五)最近一年内撤销分支机构三家以上的;

(六)最近一年内同一分支机构变更营业场所两次以上或者变更主要负责人三次以上的;

(七) 最近六个月内发生过五十人以上群访群诉事件,或者一百人以上非正常集中退保事件,影响较为恶劣的;

(八)保险监管机构认定的其他情形。

第十三条 专业性保险公司申请设立分支机构的,应具备专业化特色,主业突出。

第十四条 保险公司分支机构改建为其他级别分支机构的,除符合本办法规定的筹建条件外,还应当符合以下条件:

(一)改建具有必要性和合理性;

(二)对改建可能造成的影响已进行充分评估,并有可行的应对措施。

第三章 开业标准

第十五条 保险公司分支机构名称应当合法规范。同一保险公司各分支机构应保持统一的命名规则。

第十六条 保险公司分支机构开业应当符合以下标准:

(一)营业场所权属清晰,安全、消防等设施符合要求,使用面积、使用期限、功能布局等满足经营需要。营业场所连续使用时间原则上不短于两年;

(二)办公设备配置齐全,运行正常;

(三)信息系统符合监管要求;

(四)内控制度完善;

(五)拟任高级管理人员或者主要负责人符合任职条件;

(六)特定岗位工作人员符合法律法规规定的执业资格要求。工作人员经过培训,符合上岗条件;

(七)产品、单证、服务能力等满足运营要求;

(八)筹建期间未开办保险业务;

(九)中国保监会规定的其他条件。

第十七条 保险公司分支机构改建为其他级别分支机构的,应当符合本办法规定的开业标准。

第四章 设立程序

第十八条 保险公司设立省级分公司,向中国保监会提出设立申请。中国保监会收到完整申请材料之日起三十日内对设立申请进行审查。对符合规定的,向申请人发出筹建通知,并抄送当地保监局;对不符合规定的,作出不予批准决定,并书面说明理由。

申请人应当自收到筹建通知之日起六个月内完成分支机构的筹建工作。筹建工作完成后,申请人向当地保监局提交开业验收报告。

自收到完整开业验收报告之日起三十日内,当地保监局完成开业验收并向中国保监会报送验收情况报告,中国保监会据此作出批准或者不予批准的决定。予以批准的,保险公司持中国保监会批准文件到当地保监局领取分支机构经营保险业务许可证;不予批准的,中国保监会应当书面通知申请人并说明理由。

第十九条 设立省级分公司以外分支机构的,由保险公司总公司,或者省级分公司持总公司批准文件向当地保监局提出申请。当地保监局收到完整申请材料之日起三十日内对设立申请进行审查。对符合规定的,向申请人发出筹建通知;对不符合规定的,作出不予批准决定,并书面说明理由。

申请人应当自收到筹建通知之日起六个月内完成分支机构的筹建工作。筹建工作完成后,申请人向当地保监局提交开业验收报告。

当地保监局收到完整开业验收报告之日起三十日内,完成开业验收并作出批准或者不予批准的决定。批准设立的,颁发分支机构经营保险业务许可证;不予批准设立的,书面通知申请人并说明理由。

第二十条 保险公司分支机构筹建期间不计算在行政许可的期限内。筹建期满未完成筹建工作的,应当重新提出设立申请。筹建机构不得从事任何保险经营活动。

第二十一条 保监局根据开业标准对保险公司分支机构实施开业验收,可以采取现场验收、远程审核或者委托查验等形式。验收方法包括谈话、抽查、专业测试、系统演示等。

第二十二条 除设立营销服务部外,申请人应当在提交开业验收报告的同时,向当地保监局提交该机构高级管理人员任职资格核准申请,由当地保监局作出核准或者不予核准的决定。其中,省级分公司总经理的任职资格核准文件作为验收情况报告的附件报送中国保监会。

第二十三条 经批准设立的保险公司分支机构,应当持批准文件以及分支机构经营保险业务许可证,向工商行政管理部门办理登记注册手续,领取营业执照后方可营业。

第二十四条 保险公司分支机构改建为省级分公司的,向中国保监会提出申请。中国保监会自收到完整申请材料之日起二十个工作日内,作出批准或者不予批准的书面决定。

中国保监会在作出决定之前,需要对改建机构进行验收的,通知当地保监局进行验收,当地保监局完成验收后向中国保监会报送验收情况报告。

第二十五条 保险公司分支机构改建为省级分公司以外

分支机构的，向当地保监局提出申请。当地保监局自收到完整申请材料之日起二十个工作日内，作出批准或者不予批准的书面决定。保监局在作出决定之前，可以根据需要对改建机构进行验收。

第二十六条　申请人应当在提交改建申请的同时，向当地保监局提交该机构高级管理人员任职资格核准申请，由当地保监局作出核准或者不予核准的决定。其中，改建为省级分公司的，当地保监局应将其总经理的任职资格核准文件抄送中国保监会相关部门。

第五章　材料报送

第二十七条　设立保险公司分支机构，应当提交以下材料：

（一）设立申请书；

（二）申请前连续两个季度的偿付能力报告和上一年度经审计的偿付能力报告；

（三）保险公司上一年度公司治理报告以及申请人内控制度清单；

（四）申请人分支机构发展规划和管理制度；

（五）分支机构设立的可行性论证报告，包括拟设机构三年业务发展规划和市场分析，设立分支机构与公司风险管理状况和内控状况相适应的说明；

（六）受到行政处罚或者立案调查情况的说明；

（七）拟设机构筹建负责人的简历以及相关证明材料；

（八）保险机构和高级管理人员管理信息系统客户端程序生成的电子化数据文件；

（九）申请设立省级分公司以外分支机构的，提交拟设机构所在地保监局辖区内的其他分支机构运营情况说明，并就是否存在本办法第十二条所列情形做出声明；

（十）中国保监会规定提交的其他材料。

同一机构申请设立多家分支机构，以上第（二）、（三）、（四）、（九）项材料内容未发生变化的，只需首次报送时提供，再次报送需提交已报送说明。说明内容包括该材料首次报送时间、文号及具体事项等。

第二十八条　申请人提交的开业验收报告，应当附拟设机构的以下材料：

（一）筹建工作完成情况报告，其中应说明筹建机构是否符合本办法第十六条所规定的分支机构开业标准；

（二）营业场所所有权或者使用权证明；

（三）消防证明或者已采取必要措施确保消防安全的书面承诺；

（四）计算机设备配置、应用系统及网络建设情况报告；

（五）内控制度建设情况报告，说明分支机构内控制度建设总体情况，不包括内控制度文本；

（六）机构设置和从业人员情况报告，包括员工上岗培训情况等；

（七）拟任高级管理人员或者主要负责人简历及有关证明；

（八）保险机构和高级管理人员管理信息系统客户端程序生成的电子化数据文件；

（九）中国保监会规定提交的其他材料。

第二十九条　保险公司分支机构改建为其他级别分支机构，应当提交本办法第二十八条除第（一）项以外其他项内容规定的材料，同时还应当提交以下材料：

（一）改建申请书；

（二）保险公司同意改建的书面文件；

（三）申请人分支机构发展规划和管理制度；

（四）改建报告，包括改建的必要性、合理性说明，改建情况，改建对保险业务和投保人、被保险人或者受益人的影响及处理方案，改建机构三年业务发展规划和市场分析，改建机构与公司风险管理状况和内控状况相适应的说明；

（五）改建为上级分支机构的，提交申请前连续两个季度的偿付能力报告和上一年度经审计的偿付能力报告；上一年度公司治理报告；受到行政处罚或者立案调查情况的说明；改建机构所在地保监局辖区内的其他分支机构运营情况说明，并就是否存在本办法第十二条所列情形做出声明。

第三十条　申请人提供的申请材料中有复制资料的，应当签注“经核对与原件无误”字样，并加盖申请人公章。

第六章　附　则

第三十一条　保险公司在计划单列市设立分支机构，参照其在各省设立分支机构执行。

第三十二条　相互制保险公司设立分支机构，参照本办法执行。

第三十三条　保险公司设立专属机构的，由中国保监会另行规定。

第三十四条　本办法第九条、第十一条规定的受到行政处罚和接受违法行为调查的“申请人”指本级机构，不包括其下辖分支机构。

本办法所称上级直接管理机构是指对拟设分支机构实际履行管理职能的上一级保险机构。

第三十五条　本办法自2013年4月1日起施行。中国保监会现行规定与本办法不一致的，按照本办法执行。

中国保监会关于印发《人身保险电话销售业务管理办法》的通知

保监发〔2013〕40号

各保监局,各人寿保险公司、健康保险公司、养老保险公司:

为进一步规范人身保险电话销售业务,切实维护保险消费者权益,我会制定了《人身保险电话销售业务管理办法》。现予以印发,并将有关事项通知如下,请遵照执行。

一、本办法实施前已经开展电话销售业务的人寿保险公司、健康保险公司和养老保险公司(以下简称"保险公司"),应按照本办法相关要求在6个月内完成改建。

(一)改建申请

已经设立电话销售中心的保险公司,应根据本办法有关规定对电话销售中心进行改建,并向电话销售中心所在地保监局提出改建申请,向呼入地保监局报告。改建申请材料应包括:

1.改建申请书,应明确机构名称、专用号码、所在地、销售区域等;

2.改建报告,应说明改建机构是否符合本办法第十一条各项标准;

3.改建机构负责人的简历及有关证明等。

通过与其他机构合作开展人身保险电话销售业务的保险公司,应根据本办法相关规定对合作机构资质进行审核,并向合作机构呼出地保监局备案,向呼入地保监局报告。备案材料参见本办法第十七条。

(二)改建审批和备案

关于电话销售中心改建的,保监局自收到完整申请材料之日起20个工作日以内,作出批准或者不予批准的书面决定。批准改建的,颁发专属机构经营保险业务许可证;不予批准改建的,应当书面通知申请人并说明理由。

关于保险公司委托保险代理机构开展电话销售业务备案的,保监局收到备案材料后可视情况对备案项目进行检查,对不符合有关条件的及时提出整改意见。

二、为统一监管标准、提升监管效率,各保监局应根据本办法修订完善现有关于人身保险电话销售业务的规范性文件。

中国保监会

2013年4月25日

人身保险电话销售业务管理办法

第一章 总 则

第一条 为规范人身保险电话销售业务,保护消费者合法权益,维护良好的市场秩序,鼓励新兴渠道专业化发展,依据《中华人民共和国保险法》、《保险公司管理规定》、《人身保险业务基本服务规定》等法律、法规,制定本办法。

第二条 人身保险公司(以下简称"保险公司")直接或委托具有保险代理资格的机构(以下简称"保险代理机构")在中华人民共和国境内开展电话销售业务,适用本办法。

第三条 本办法所指的电话销售业务,是指保险公司主动呼出或接受客户呼入,通过电话销售中心或委托保险代理机构销售保险产品的业务。

第二章 市场准入

第四条 保险公司应设立电话销售中心或委托保险代理机构开展电话销售业务,其他单位和个人不得经营或变相经营电话销售业务。

保险销售从业人员个人不得随机拨打电话约访陌生客户,或者假借公司电话销售中心名义约访客户。

第五条 保险公司开展电话销售业务,应符合以下条件:

(一)上一年度及提交申请前连续两个季度偿付能力均达到充足;

(二)最近2年内无受金融监管机构重大行政处罚的记录,不存在因涉嫌重大违法违规行为正在受到中国保监会立案调查的情形;

(三)对拟设立电话销售中心的可行性已进行充分论证,包括业务发展规划、电话销售系统建设规划等,并具备电话销售业务管理制度;

(四)有符合任职资格条件的筹建负责人;

(五)中国保监会规定的其他条件。

第六条 保险公司总公司和省级分公司可以向拟设地保监会派出机构(以下简称"保监局")申请设立电话销售中心。电话销售中心是保险公司直接经营电话销售业务的专属机构。

总公司申请设立的电话销售中心,可以在总公司经营区域内开展电话销售业务;省级分公司申请设立的电话销售中心,可以在省级分公司经营区域内开展电话销售业务。

第七条 设立电话销售中心,应当提交下列材料:

(一)设立申请书,应包括机构名称、拟设立地、销售区域等;

(二)偿付能力符合条件的说明;

(三)电话销售中心设立的可行性论证报告,包括拟设机构3年业务发展规划、电话销售系统建设规划、电话销售业务管控体系及主要制度等;

(四)受到行政处罚或者立案调查情况的说明;

(五)拟设机构筹建负责人的简历及相关证明材料;

(六)中国保监会规定提交的其他材料。

第八条　保险公司申请设立的电话销售中心，名称至少应当包含“申请人名称”和“电话销售中心”两个要素。

第九条　保险公司电话销售中心负责人属于保险公司高级管理人员，应当在任职前取得中国保监会核准的任职资格。

保险公司电话销售中心负责人应当具有下列条件：

（一）大学本科以上学历或者学士以上学位；

（二）从事金融工作3年以上或者从事经济工作5年以上；

（三）具有1年以上电话销售业务管理经验或2年以上金融业务管理经验；

（四）《保险公司董事、监事和高级管理人员任职资格管理规定》规定的其他条件。

第十条　电话销售中心所在地保监局应当自收到完整申请材料之日起30日内对设立申请进行审查。对符合本规定第五条的，向申请人发出筹建通知；对不符合本规定第五条的，作出不予批准决定，并书面说明理由。

申请人应当自收到筹建通知之日起6个月内完成电话销售中心的筹建工作，筹建期间不计算在行政许可的期限内。筹建期间届满未完成筹建工作的，应当根据本办法重新提出设立申请。筹建机构在筹建期间不得从事任何保险经营活动。

第十一条　保险公司电话销售中心开业应当符合以下标准：

（一）营业场所权属清晰，安全、消防等设施符合要求，使用面积、使用期限、功能布局等满足经营需要。营业场所连续使用时间原则上不短于两年；

（二）具备专业、完备的电话销售系统，通过该系统实现电话呼出、电话呼入、录音质检、实时监听、客户信息管理、销售活动管理、号码禁拨管理等功能；

（三）拟任高级管理人员或者主要负责人符合任职条件；

（四）筹建期间未开办保险业务；

（五）中国保监会规定的其他条件。

第十二条　保险公司电话销售中心筹建工作完成后，申请人应向拟设地保监局提交开业验收报告，并提交以下材料：

（一）筹建工作完成情况报告，其中说明筹建电话销售中心是否符合本办法第十一条所规定的开业标准；

（二）拟任电话销售中心负责人的简历及有关证明；

（三）电话销售系统建设报告，包括计算机配置、应用系统、网络建设情况等；

（四）拟设机构营业场所所有权或者使用权证明；

（五）消防证明或者已采取必要措施确保消防安全的书面承诺；

（六）中国保监会规定提交的其他材料。

第十三条　电话销售中心所在地保监局应当自收到完整的开业验收报告之日起30日内，进行开业验收，并作出批准或者不予批准的决定。验收合格批准设立的，颁发专属机构经营保险业务许可证；验收不合格不予批准设立的，应当书面通知申请人并说明理由。

第十四条　经批准设立的电话销售中心，应向受话地保监局报告，并持批准文件以及经营保险业务许可证，向工商行政管理部门办理登记注册手续，领取营业执照后方可营业。

第十五条　保险公司委托保险代理机构开展电话销售业务，应对保险代理机构资质进行审核。拟合作的保险代理机构应符合下列条件：

（一）配备专业、完备的电话销售系统，通过该系统实现自动拨号、电话呼出、录音质检、实时监听、客户信息管理、销售活动管理、号码禁拨管理等功能；

（二）建立必要的组织机构和完善的电销业务管理制度；

（三）具有合法的运营场所，安全、消防设施符合要求；

（四）中国保监会规定的其他条件。

第十六条　保险公司委托保险代理机构开展电话销售业务，应提前向保险代理机构呼出地保监局备案，并告知受话地保监局。保险代理机构呼出地保监局视情况对备案项目进行检查，对不符合有关条件的及时提出整改意见。

第十七条　保险公司就开展电话销售代理业务申请备案，应当提交下列材料：

（一）保险公司委托保险代理机构开展电话销售业务的项目书，包括拟委托的保险代理机构名称、合作方式、管理模式、销售区域、3年业务发展规划和市场分析等；

（二）偿付能力符合条件的说明；

（三）受到行政处罚或者立案调查情况的说明

（四）委托代理合同复印件；

（五）保险代理机构资质证明，包括经营保险代理业务许可证、营业场所合法性报告、电话销售系统建设报告、电话销售业务运营管理制度等；

（六）中国保监会规定提交的其他材料。

第十八条　保险公司开展电话销售业务，销售区域应当符合保险公司的经营区域。保险公司委托保险代理机构开展电话销售业务，销售区域应同时符合保险公司和保险代理机构的经营区域。

第十九条　保险公司开展电话销售的产品范围限于普通型人身保险产品，但连续经营电话销售业务两年以上，期间未受到金融监管机构重大行政处罚的，可以通过电话销售分红型人身保险产品。产品选择应充分考虑电话销售的特殊性，简明易懂，便于投保。

第二十条　保险公司设立电话销售中心开展电话销售业务，应设置全国统一的专用号码。保险公司委托保险代理机构开展电话销售业务的，应对保险代理机构进行号码审查，确保其使用统一的专用号码。

保险公司和保险代理机构开展电话销售业务，应保持电话销售号码的稳定性，专用号码使用年限不得少于1年。

第二十一条　保险公司开展电话销售业务，应在保险公司及保险代理机构官方网站显著位置开辟信息披露专栏。披露内容应至少包括：

（一）保险公司及保险代理机构用于开展电话销售业务的统一专用号码；

（二）通过电话销售的产品信息，包括产品名称（宣传名称）、条款、产品说明书（如有）等；

（三）委托开展电话销售业务的保险代理机构名称、合作期限、销售区域等；

（四）消费者投诉维权途径。

第二十二条　保险公司电话销售中心负责人和营业场所变更，应报电话销售中心所在地保监局批准；电话销售中心名称和电话销售号码变更，应向机构所在地保监局备案。

保险公司委托保险代理机构开展电话销售业务，保险代理机构营业场所、电话号码发生变更，应向合作项目所在地保监局备案。

第二十三条　保险公司撤销电话销售中心，应参照保险公司撤销分支机构办理。

保险公司终止委托保险代理机构电话销售的，应在终止合作前15个工作日向电话销售中心所在地保监局备案，并提交妥善的后续业务处理方案。

第三章　销售行为

第二十四条　保险公司开展电话销售业务，应建立严格的客户信息管理制度，遵守个人信息保护相关法律法规，通过合法途径获取客户信息，有序开发、规范使用现有客户资源，确保客户资料和信息采集、处理、使用的安全性和合法性。

第二十五条　保险公司及保险代理机构应建立健全电话销售禁拨管理制度。

（一）应通过电话销售系统对销售时间进行管理，根据不同地区、不同人群的生活习惯设置禁止拨打时间。除客户主动要求外，每日21时至次日9时不得呼出销售。

（二）应通过电话销售系统建立禁止拨打名单。对于明确拒绝再次接受电话销售的客户，应录入禁止拨打名单，并设定不少于6个月的禁止拨打时限。

（三）应建立因禁拨管理不当对客户造成骚扰的责任追究机制。

第二十六条　保险公司应加强对电话销售人员的培训：

（一）应对电话销售人员统一进行岗前和岗中的培训教育，培训内容应至少包括业务知识、法律知识及职业道德等；

（二）应按照有关规定，对销售分红型人身保险产品的电话销售人员进行专门培训；

（三）应由保险公司总公司统一设计制作电话销售人员培训材料，保险代理机构、电话销售中心不得擅自修改培训材料内容；

（四）应建立健全电话销售人员销售资质认证体系、销售品质考核制度和培训档案管理制度。

第二十七条　保险公司应加强对电话销售人员的销售行为管理，不得允许电话销售人员规避电话销售系统向客户销售保险产品。

第二十八条　保险公司应针对不同电话销售模式和保险产品制定规范的销售用语。电话销售人员销售保险产品须正确使用电话销售用语，禁止不当阐述。

电话销售用语由保险公司总公司统一制定并存档备查，保险代理机构、电话销售中心未经总公司同意不得更改。

第二十九条　保险公司制定电话销售用语，应至少包括以下内容：

（一）电话销售人员工号、所属保险公司或代理机构名称；

（二）产品名称、承保公司名称、产品信息披露方式、保险责任、责任免除、保险金额、保险期间、缴费期间、退保损失、新型产品保单利益不确定性等；

（三）缴费方式、保单生效时间、投保意愿确认方式、保单形式、保单送达方式等；

（四）犹豫期、客户服务电话、保单查询方式等。

保险公司委托代理机构开展电话销售业务，电话销售用语除包括以上内容外，还应明确告知保险代理性质。

第三十条　保险公司可以通过签署投保单和电话录音两种方式确认投保人的投保意愿。

保险公司通过电话录音确认投保人投保意愿的，须同时满足以下条件：

（一）投保人与被保险人为同一人，年届18周岁至60周岁间；

（二）所售产品应为普通型人身保险产品，且免于体检；

（三）销售用语应包含“您是否同意通过电话录音确认投保”的内容，并取得投保人肯定答复。

第三十一条　保险公司可以在风险可控的前提下使用移动支付设备、网上银行、支付平台等新技术提升收付费效率。保险公司通过银行转账方式或其他电子支付方式收取保险费的，应通过书面或电话录音的方式取得客户授权。

保险公司以电话录音方式确认客户转账授权的，应符合以下条件：

（一）客户明确表示同意通过其名下账户支付保险费用；

（二）销售用语明确告知首期保费支付时间及续期保费支付时间、频率等内容；

（三）保费扣划成功后，通过电话或短信等方式通知投保人。

第三十二条　保险公司通过电话销售保险产品，可以向投保人提供纸质保单或电子保单。

保险公司向投保人提供电子保单的，应符合以下条件：

（一）通过有效途径确认投保人收到保单；

（二）在官方网站上设置保单查询功能；

（三）在保险期间内根据投保人要求及时提供纸质保单。

第三十三条　保险公司应建立健全电话销售质量检测体系，符合以下基本要求：

（一）具备完善的质检制度，应包括质检流程、质检标准、对质检发现问题件的整改处理以及人员责任追究等内容；

（二）配备专职质检人员，质检人员应与销售人员岗位分离；

（三）应通过信息系统进行质检，并通过权限划分、模块划分、系统分离等方式实现质检系统与销售系统分离；

（四）质检记录应通过质监系统生成，保存期限不少于保险期间。

鼓励保险公司通过技术手段实现系统信息化质检，如语音识别、关键字、音调时长等新技术进行系统化质检。

第三十四条　保险公司通过不同销售模式开展电话销售业务的，应按照统一标准进行质检，质检比例不得低于以

下标准：

（一）对保险期间在1年以上的成交件录音按不低于30%的比例在犹豫期内全程质检；

（二）对保险期间在1年期以内的成交件录音按不低于20%的比例在保单期限内全程质检。

第三十五条　保险公司开展电话销售业务，应将电话通话过程全程录音，并对成交件录音备份存档。电话录音及其它投保文件的保存时限自保险合同终止之日起计算，保险期间在一年以下的不得少于五年，保险期间超过一年的不得少于十年。

保险公司对客户信息和电话录音内容负有保密义务，不得用于其他商业用途。

第三十六条　保险公司应加强电话销售信息数据管理工作，确保信息数据的安全性、完整性、准确性和时效性，并做好数据备份。

保险公司设立电话销售中心开展电话销售业务的，应实现电话销售系统与保险公司核心业务系统无缝对接。保险公司委托保险代理机构开展电话销售业务的，应强化数据传输管理，确保主要业务数据、销售录音、客户信息等数据传送的及时性和安全性。

第三十七条　保险公司直接或委托保险代理机构通过电话赠送保险的，参照电话销售业务进行规范和管理。

电话赠险人员属于电话销售人员，电话赠险号码应与电话销售号码一致。保险公司不得委托没有取得经营保险代理业务许可证的机构开展电话赠险业务。保险公司应对电话赠险业务进行抽样质检，抽检比例不低于1%。

第三十八条　保险公司电话销售业务涉及投保单、保险合同、转账授权书等纸质文件递送的，应在投保人同意投保之日起7个工作日内送达。如遇客观原因无法按时送达的，应通过电话、短信等方式通知投保人。

第三十九条　保险公司电话销售业务，犹豫期起算日期应以确认投保人收悉保单之日或保单生效之日中较晚者为准。

第四十条　保险公司至少应为客户提供电话和柜面两个渠道受理保全及理赔申请，鼓励保险公司探索高效便捷的服务渠道。保险公司通过电话接受客户保全及理赔申请的，应全程录音并在保单期限内存档备查。

第四十一条　保险公司应建立健全投诉受理和处理制度，至少为客户提供电话和柜面两个投诉渠道，并配备必要的人员和设备。

保险公司委托代理机构开展电话销售业务，应制定统一规范的投诉处理程序，明确职责、分工合作，确保妥善处理投诉纠纷事件。

第四十二条　保险公司接到客户投诉后，应于2个工作日内向投诉人说明办理流程，于10个工作日内向投诉人反馈处理结果。投诉处理过程应通过书面记录、录音等方式详细记录并存档备查。

投诉事项涉及电话销售行为的，保险公司应在投诉处理过程中调听电话销售录音。因自身原因不能提供有效电话销售录音的，保险公司应按照有利于投保人的原则处理客户诉求。

第四十三条　保险公司应根据电话销售业务流程和特点，改造和完善现有服务支持体系，确保投保人享有不低于其他渠道的服务水平。

第四章　监督管理

第四十四条　中国保监会委托各保监局对电话销售业务进行监管。

呼出地保监局依法对保险公司在辖内设立电话销售中心进行审批，对保险公司委托代理机构开展电销业务的项目进行备案，并履行日常监管职责。

受话地保监局对电话销售业务实行属地监管，依法查处电话销售业务中出现的违法违规行为。

第四十五条　保监局应根据《保险公司管理规定》和《保险公司董事、监事和高级管理人员任职资格管理规定》有关规定对保险公司电话销售中心及其负责人进行监督管理。

第四十六条　保险公司应加强对保险代理机构及其电话销售人员的销售行为管理，并对该机构在授权范围内的代理行为依法承担责任。

第四十七条　保险公司及保险代理机构存在违反本办法第二十五条相关规定，对客户构成滋扰的，中国保监会有权依据监管需要采取通报、监管谈话、下发监管函或其他必要的监管措施。

第五章　附　则

第四十八条　本办法自印发之日起实施，《关于促进寿险公司电话销售业务规范发展的通知》(保监发〔2008〕38号)和《关于进一步规范人身保险电话销售和电话约访行为的通知》(保监发〔2010〕99号)同时废止。

中国保监会关于人身保险伤残程度与保险金给付比例有关事项的通知

保监发〔2013〕46号

各保险公司，中国保险行业协会：

为进一步规范人身保险合同对伤残程度与保险金给付比例的约定，更好地保护投保人和被保险人利益，现将有关事项通知如下：

一、保险责任涉及伤残给付的人身保险合同应在保险条款中明确约定伤残程度的定义及对应保险金给付比例。保险公司应科学划分伤残程度，公平设定保险金给付比例。

二、保险条款中约定的伤残程度评定标准为经国家标准化行政主管部门制定的国家标准，或由国务院有关行政主管部门制定并报国务院标准化行政主管部门备案的行业标准的，条款内容应包含该标准的全称、发布机构、发文号及标准编号。

三、中国保险行业协会应加强对相关技术标准的基础研究工作，研究制定伤残程度评定与保险金给付比例标准，供保险公司使用。行业协会应请相关专业组织或专业鉴定机构对行业标准进行论证，并将论证结果向社会公示。行业协会应根据实际情况建立科学调整机制。

保险条款中约定的伤残程度评定标准为行业标准的，条款内容应包含该评定标准全文，并注明“行业标准”字样。

四、保险公司应在每年3月15日前向中国保监会提交短期意外伤害保险产品的定价回顾报告。定价回顾报告要求参照《关于〈健康保险管理办法〉实施中有关问题的通知》（保监发〔2006〕95号）第七、八、九条执行。

五、需要调整伤残程度与保险金给付比例的保险条款，应于2013年12月31日前完成重新备案和条款更换工作。对于已经生效的保险合同，保险公司应做好客户服务工作，确保产品调整工作平稳有序进行。

六、本通知自下发之日起执行，中国保监会《关于继续使用〈人身保险残疾程度与保险金给付比例表〉的通知》（保监发〔1999〕237号）同时废止。

中国保监会

2013年6月4日

人身保险伤残评定标准中国保险行业协会、中国法医学会联合发布

二零一三年六月八日

目录

前言

根据保险行业业务发展要求，制订本标准。

本标准制定过程中参照世界卫生组织《国际功能、残疾和健康分类》(以下简称“ICF”)的理论与方法,建立新的残疾标准的理论架构、术语体系和分类方法。

本标准制定过程中参考了国内重要的伤残评定标准,如《劳动能力鉴定,职工工伤与职业病致残等级》、《道路交通事故受伤人员伤残评定》等,符合国内相关的残疾政策,同时参考了国际上其他国家地区的伤残分级原则和标准。

本标准建立了保险行业人身保险伤残评定和保险金给付比例的基础,各保险公司应根据自身的业务特点,根据本标准的方法、内容和结构,开发保险产品,提供保险服务。

本标准负责起草单位:中国保险行业协会。

本标准规定了人身保险伤残程度的评定等级以及保险金给付比例的原则和方法,人身保险伤残程度分为一至十级,保险金给付比例分为100%至10%。

1适用范围

本标准适用于意外险产品或包括意外责任的保险产品中的伤残保障,用于评定由于意外伤害因素引起的伤残程度。

2术语和定义

下列术语和定义适用于本标准。

2.1 伤残:因意外伤害损伤所致的人体残疾。

2.2 身体结构:指身体的解剖部位,如器官、肢体及其组成部分。

2.3 身体功能:指身体各系统的生理功能。

3标准的内容和结构

本标准参照ICF有关功能和残疾的分类理论与方法,建立“神经系统的结构和精神功能”、“眼,耳和有关的结构和功能”、“发声和言语的结构和功能”、“心血管,免疫和呼吸系统的结构和功能”、“消化、代谢和内分泌系统有关的结构和功能”、“泌尿和生殖系统有关的结构和功能”、“神经肌肉骨骼和运动有关的结构和功能”和“皮肤和有关的结构和功能”8大类,共281项人身保险伤残条目。

本标准对功能和残疾进行了分类和分级,将人身保险伤残程度划分为一至十级,最重为第一级,最轻为第十级。

与人身保险伤残程度等级相对应的保险金给付比例分为十档,伤残程度第一级对应的保险金给付比例为100%,伤残程度第十级对应的保险金给付比例为10%,每级相差10%。

4伤残的评定原则

4.1 确定伤残类别:评定伤残时,应根据人体的身体结构与功能损伤情况确定所涉及的伤残类别。

4.2 确定伤残等级:应根据伤残情况,在同类别伤残下,确定伤残等级。

4.3 确定保险金给付比例:应根据伤残等级对应的百分比,确定保险金给付比例。

4.4 多处伤残的评定原则:当同一保险事故造成两处或两处以上伤残时,应首先对各处伤残程度分别进行评定,如果几处伤残等级不同,以最重的伤残等级作为最终的评定结论;如果两处或两处以上伤残等级相同,伤残等级在原评定基础上最多晋升一级,最高晋升至第一级。同一部位和性质的伤残,不应采用本标准条文两条以上或者同一条文两次以上进行评定。

5说明

本标准中“以上”均包括本数值或本部位。

人身保险伤残评定标准(行业标准)

说明:本标准对功能和残疾进行了分类和分级,将人身保险伤残程度划分为一至十级,最重为第一级,最轻为第十级。与人身保险伤残程度等级相对应的保险金给付比例分为十档,伤残程度第一级对应的保险金给付比例为100%,伤残程度第十级对应的保险金给付比例为10%,每级相差10%。

中国保监会关于印发《人身保险公司风险排查管理规定》的通知

保监发〔2013〕48号

各人身保险公司:

为防范人身保险公司经营风险,保护保险消费者合法权益,我会制定了《人身保险公司风险排查管理规定》,现印发给你们,并就2013年风险排查工作要求通知如下:

一、各人身保险公司应当按照本通知要求,对公司经营管理风险进行全面排查。各总公司应当做好风险排查的组织工作,在总、分两级机构成立风险排查工作责任部门,确保排查工作不走过场,不流于形式。

二、2013年度风险排查报告(含附表)应于9月30日前上报。其中,总公司向保监会报告,分公司向保监局报告。各单位应在规定的时间内报送正式文件,并同时通过保监会电子文件传输系统报送信息模块,将文件电子版报送至保监会人身保险监管部。自2014年起,上述材料应统一于每年7月31日前报送。

三、我会将对各人身保险公司的风险排查工作情况进行跟踪指导,对排查情况和排查结果进行抽查。对风险排查工作组织不力、排查不认真、整改不到位的公司,我会将采取行业通报、监管谈话、开展专项现场检查等方式依法严肃处理。

中国保监会

2013年6月19日

人身保险公司风险排查管理规定

第一条　为建立风险排查长效工作机制,防范人身保险业经营风险,促进行业持续健康发展,根据《中华人民共和国保险法》等有关法律法规,制定本规定。

第二条　本规定所称人身保险公司,是指经中国保监会批准设立的人寿保险公司、健康保险公司、养老保险公司及其分支机构。

第三条 本规定所称风险排查，是指对人身保险公司经营过程中可能导致公司发生司法案件、群体性事件以及其他损害保险消费者合法权益等系统性风险的业务环节、操作流程、内控管理等进行排查的活动。

第四条 人身保险公司风险排查应当遵循以下基本原则：

(一)系统性原则。制定全面系统的风险排查制度,有组织、有计划地开展风险排查工作。

(二)全面性原则。风险排查应覆盖公司各项业务环节、各个业务领域,各层级分支机构,并对每一类风险及可能引发风险的可疑业务、可疑人员、重点内控风险点进行严格细致排查,确保排查工作全面有效。

(三)及时处置原则。对于排查发现的各类重大风险,应当立即采取预防和处置措施,防止风险扩散蔓延。

(四)持续优化原则。风险排查内容和排查方法应结合公司经营情况和外部经营管理环境的变化不断调整优化，确保及时发现各类潜在风险隐患,促进公司稳健经营。

第五条 人身保险公司的风险排查工作由总公司牵头组织实施。人身保险公司应当按照本规定,在总、分两级成立风险排查工作小组，明确风险排查的组织机构、参与部门、责任人员及各层级机构的相关责任。各公司应制定符合本公司实际、切实有效的风险排查制度,明确排查内容、排查标准,排查方法以及具体工作流程。风险排查过程中要留存工作底稿和有关数据资料,确保排查工作过程可重现、可复查。

第六条 人身保险公司的风险排查应包括但不限于以下内容：

(一)保险资金案件风险。梳理各类案件线索并对较明确的案件线索组织排查，特别是要排查保险机构内部工作人员或保险销售从业人员挪用、侵占客户资金及诈骗保险金的案件线索。

1.挪用客户保费；

2.利用伪造、变造保险单证或私刻印章等手段进行保险诈骗；

3.利用虚假或重要空白单证进行保险资金“体外循环”；

4.私自将客户保单退保获取退保金；

5.伪造客户签名、印鉴将客户保单质押贷款套取资金；

6.侵占、挪用或非法占有客户理赔、退保、给付资金,冒领生存金；

7.挪用、非法占有公司营运资金；

8. 以保险公司名义或办理保险业务名义进行非法集资、民间借贷等活动；

9.投保人利用保险进行洗钱,或保险机构员工、保险销售从业人员协助他人利用保险进行洗钱。

(二)财务管理风险。重点排查人身保险公司因财务管理问题可能导致发生司法案件、引致群体性事件或其他损害保险消费者权益的风险隐患。

1.未严格执行收付费管理制度,现金收费、大额转账未采取有效手段对客户身份及交费账户进行识别；

2.保险销售从业人员或公司员工代客户开立、保管收付费存折或银行卡；

3.基层机构和业务人员私设“小金库”；

4.直销业务虚挂中介业务套取佣金及手续费；

5.管理人员侵占佣金及手续费；

6.编造假赔案、假业务套取公司资金、费用；

7.虚列业务及管理费套取费用；

8.虚列销售人员人数或绩效、奖金等套取费用。

(三)业务管理风险。重点排查人身保险公司销售活动中因销售行为不规范可能导致发生司法案件、引致群体性事件或其他损害保险消费者权益的风险隐患，特别要排查因销售误导、满期收益显著低于客户预期等原因,可能引发公司及代理机构营业场所内突发出现投保人集中退保或要求给予满期给付金之外的额外补偿的群体性突发事件的风险。

1.私自将客户保单转保为其他险种；

2.保险销售从业人员及保险代理机构不具备销售资格；

3.销售过程中存在夸大保险责任或保险产品收益,对保险产品的不确定利益承诺保证收益，将保险产品当做储蓄存款、理财产品销售,隐瞒除外责任、犹豫期客户权利、退保损失以及万能保险、投资连结保险费用扣除情况等保险条款重要事项等销售误导行为；

4.培训课件以及对外宣传资料存在不实、夸大等误导性表述,对销售从业人员的岗前培训不符合监管要求；

5.保险销售从业人员或代理机构擅自设计、修改、印制宣传资料,擅自使用含有误导内容的宣传资料及产品信息；

6. 未对合同期限超过一年的个人新单业务进行100%回访；

7.回访品质控制不到位,回访过程未对投保人进行身份识别,或因回访语速过快、对多个问题合并提问及回避客户提问等导致回访失真；

8.客户投诉及回访问题件未及时妥善处理完毕。

(四)内控管理缺陷。重点排查人身保险公司在内控管理方面存在的制度缺陷及风险隐患。

1.不相容岗位未实施人员分离；

2.业务财务系统未实现全封闭运行,未对补录、修改等特殊性操作建立有效的内部管控制度；

3.重要单证未进入单证系统管理,或者未实现系统实时管理,对重要单证未定期盘点、定期核销；

4.保单未全部实现系统联网出单,或者单证系统未与业务系统、财务系统实现对接；

5.保险机构及工作人员私刻、伪造公司印章,省级以下分支机构行政用章、合同专用章未上收一级管理,印章使用未实行严格审批登记制度；

6.客户信息管理使用制度不健全或执行不到位,存在客户信息泄露风险。

第七条 各人身保险公司应定期对单证印鉴、可疑人员、可疑业务线索以及相关内控制度开展排查。各公司应当根据具体业务及公司内部管控情况，明确风险排查的具体标准及抽查比例,细化排查业务流程及各项指标。排查方法可以采取

但不限于以下方面：

（一）对单证印鉴进行排查。各人身保险公司应定期对重要单证进行清理核销。存在以下情况的，应对单证、印鉴及相关接触人员的经办业务进行排查：

1.存在长期未核销单证或单证去向不明的情况，应对未核销及去向不明单证进行排查；对单证遗失较多的团队、个人和代理机构进行重点排查；

2.存在遗失印鉴情况的，应对相关部门、机构及有关人员经办业务资金去向进行调查；

3.分支机构未经批准擅自刻制印章或者伪造、变造印章的，应对印章管理和使用情况进行排查；

4.有线索表明保险公司工作人员、销售从业人员私刻印章，变造、伪造保险公司单证的，对其经办业务进行排查。

（二）对可疑人员线索进行排查。存在以下情况的，应对有关人员领用的单证进行排查，对其接触的业务进行复查，对有关客户进行回访或采取其他有效方式进行排查：

1.销售从业人员展业活动较为频繁，但业绩靠少量保单长期维持相对均衡水平，或业绩较高但保单继续率指标较差；

2.保险机构工作人员、销售从业人员及续期收费人员涉及地下赌博、传销组织、非法集资、民间借贷、洗钱等活动；

3.销售从业人员与客户存在经济债务纠纷；

4.基层保险机构的工作人员仅有1–2人且长期无调整；

5.保险机构销售从业人员被客户或其他销售人员、公司内勤投诉次数较多；

6.保险机构工作人员、销售从业人员及续期收费人员经常代替客户办理变更交费账户等客户重要信息，代办金额较大的退保、理赔、给付业务，或者使用银行卡为客户刷卡交费的。

（三）对可疑业务线索进行排查。存在以下情况的，应通过客户回访或其他有效方式对有关人员经办业务进行排查：

1.不同投保人保费来源于同一交费账户；

2.多批次不同投保人的保单退保、理赔等资金支付对象为同一账户；

3.退保、理赔、给付、分红等资金支付给投保人、被保险人、受益人之外的人；

4.存在大面积犹豫期内撤单情况；

5.同一客户投保单、投保提示书、保险合同送达回执等业务档案上签名笔迹明显不同；

6.投诉、咨询及失效保单回访中发现客户称已交费且能够提供交费记录，但业务系统无记录；

7.对大额退保、赔款、给付业务抽取一定比例客户进行回访；

8.对未实现收付费全额转账的保单抽取一定比例客户进行回访；

9.对投保人年龄较大且交费期限较长的保单抽取一定比例客户进行回访；

10.客户信息不真实的，对该销售从业人员或代理机构经办的业务进行抽查回访。

11.发生大额保单质押贷款的，抽取一定比例客户进行回访。

（四）对满期给付及退保风险进行排查。排查要求、排查方法及排查结果报送另行规定。

（五）对重点内控风险点进行排查。对内控管理流程进行梳理，对可能引发公司发生重大风险的业务环节及操作流程进行排查整改：

1.保险公司内部工作人员兼任多个不相容岗位；

2.保险公司外勤人员兼任收付费、单证管理、外勤人力资源管理等岗位；

3.系统操作权限的设置和岗位牵制存在问题，如：一人持有多个不相容岗位的系统用户名，不同岗位系统密码未妥善保存，对具有较高系统操作权限的人员缺少监督，存在越权或未经授权使用他人权限处理业务情形；

4.销售人员或者工作人员私自留存客户身份证、保险合同复印件等资料；

5.可在业务系统外打印收付费环节凭证并可在系统中事后补录；

6.业务财务系统约定的保费收入来源及理赔给付去向账户名称可以为非客户本人；

7.对内或对外使用的产品宣传资料、各类培训资料存在违规、失实或易造成重大误解内容；

8.未建立产品宣传资料、各类培训资料的审核及管理机制，或已建立但与监管规定不相符或未严格执行；

9.未建立产品说明会的审批、管理及巡查/暗访制度，或已建立但与监管规定不相符或未严格执行；

10.公司业务系统不具备客户信息真实性自动提示、校验功能；

11.未建立一年期以上个人新单业务100%回访的有效机制，或虽已建立但并未严格实施。

第八条　人身保险公司开展风险排查工作后，应针对具体的风险项目提出相应整改措施、整改时限，并落实到具体的职能部门和责任人。其中，对于排查发现的重大风险隐患应在排查发现之时立即采取措施进行整改，防止风险的扩散和蔓延；对于因内控缺陷导致的风险问题，应当通过强化制度建设、加强风险管理指标考核、优化管控流程、完善信息系统等措施加以解决。

第九条　各人身保险公司应指定专门的部门负责跟踪检查整改落实情况，评估整改效果。对实际效果不佳的整改措施应及时调整修正，确保风险消除或可控。

第十条　对于排查发现重大案件及存在重大风险隐患的，各人身保险公司应按照《保险机构案件责任追究指导意见》、《人身保险公司销售误导责任追究指导意见》以及公司内部责任追究制度，对有关机构和人员进行责任追究。

第十一条　各人身保险公司风险排查应当采取常规排查与应急排查方式结合进行。每年7月1日至次年6月30日为一个常规排查周期，各人身保险公司应于7月31日以前向中国保监会报送上一排查周期的常规风险排查报告。对满期给付及退保风险排查另有规定的，从其规定。发生重大案件或发现重大风险线索时应及时向监管部门报告并开展应急风险排查工作，并于排查结束后5个工作日内向监管部门报送应急风险排查报告。各人身保险总公司向保监会报告，各人身保险公司分公司向当地保监局报告。

年度常规风险排查报告至少应当包括以下内容：公司全面风险排查的组织实施、排查范围、排查内容、排查出的主要风险点、采取的处置措施、后续整改情况、责任追究等，并附排查工作表(见附表)。

第十二条　各人身保险公司未按照本规定进行排查、未及时上报排查报告、后续整改不力、责任追究不到位，以及排查工作存在重大疏漏或过失，风险排查之后仍然发生重大案件的，中国保监会将依法进行行政处罚或采取必要的监管措施。

第十三条　本规定自颁发之日起实施。各人身保险公司。

中国保监会关于发布《中国人身保险业重大疾病经验发生率表(2006–2010)》的通知

保监发〔2013〕81号

现发布《中国人身保险业重大疾病经验发生率表(2006-2010)》。有关说明如下：

一、中国第一张人身保险业重大疾病经验发生率表命名为《中国人身保险业重大疾病经验发生率表(2006-2010)》，英文名称为“China Life Insurance Experienced Critical Illness Table(2006-2010)”，简称“CI(2006-2010)表”。其中，6病种经验发生率表两张，25病种经验发生率表两张，分别为：

1.6病种经验发生率男表，简称CI1(2006-2010)；

2.6病种经验发生率女表，简称CI2(2006-2010)；

3.25病种经验发生率男表，简称CI3(2006-2010)；

4.25病种经验发生率女表，简称CI4(2006-2010)。

二、6病种是指根据中国保险行业协会颁布的重大疾病有关定义所规定的第1-6种重大疾病，即恶性肿瘤、急性心肌梗塞、脑中风后遗症、重大器官移植术或造血干细胞移植术、冠状动脉搭桥术(或称冠状动脉旁路移植术)和终末期肾病(或称慢性肾功能衰竭尿毒症期)。

25病种是指根据中国保险行业协会颁布的重大疾病有关定义所规定的全部25种重大疾病。

三、ix是指重大疾病的经验发生率。kx是指在包含重大疾病保险责任的人身保险产品中，因患重大疾病死亡的人数占全部死亡人数的比率。

中国保监会

2013年10月31日

中国保监会关于印布《人身保险客户信息真实性管理暂行办法》的通知

保监发〔2013〕82号

各保监局、各人身保险公司、各保险中介机构：

为加强人身保险公司客户信息真实性管理，提高客户服务质量，保护保险消费者合法权益，我会制定了《人身保险客户信息真实性管理暂行办法》(以下简称《办法》)。现印发给你们，并将有关事项通知如下，请遵照执行。

一、各人身保险公司、保险专业中介机构、银行邮政等保险兼业代理机构要高度重视人身保险客户信息真实性管理工作，认真做好《办法》的贯彻落实工作。各人身保险公司要加强组织领导，建立由主要负责人牵头的工作领导小组，组织相关部门和专人负责该项工作的组织、实施和落实。各保险专业中介机构、银行邮政等保险兼业代理机构要积极配合人身保险公司开展《办法》的贯彻落实工作。

二、各人身保险公司应按下列要求对历史保单开展客户信息清查和补充更正工作：

(一)各人身保险公司应结合公司实际情况制定有针对性的工作方案，认真组织客户信息清查工作，采用多种方式鼓励客户主动补充更正客户信息，加强对清查和补充更正工作的监督考核，确保基层机构将清查和补充更正工作落实到位。

(二)各人身保险公司应正式致函保险专业中介机构、银行邮政等保险兼业代理机构，要求其配合人身保险公司对其代理销售的历史保单进行客户信息清查，并限期对存在缺失、虚假问题的客户信息进行补充更正；明确告知保险专业中介机构、银行邮政等保险兼业代理机构，如果不配合开展客户信息清查和补充更正工作，要对由此造成的违法违规问题，以及

侵害保险消费者合法权益等问题承担相应的法律责任。

(三)历史保单的范围包括:本通知下发之日保险合同有效,且保险期间超过一年的个人人身保险业务;本通知下发之日保险合同效力中止或效力终止但尚未领取现金价值,以及保险合同到期但仍存在未了结保险责任,且保险期间超过一年的个人人身保险业务。各人身保险公司应于2014年6月30日前,从上述历史保单中清查出存在投保人联系电话和联系地址缺失、虚假或发生变更的保单,并进行补充更正,同时做好客户服务工作,维护保险消费者合法权益。

(四)各人身保险公司应于2014年7月31日前向中国保监会报送工作总结报告和报表(附件1-3),报告和报表电子版通过保监会电子文件传输系统报送信息模块报送至保监会人身保险监管部。报告内容包括工作组织情况、工作方法、客户信息清查和补充更正情况,以及下一步工作计划等。

三、各保险专业中介机构、银行邮政等保险兼业代理机构要积极配合人身保险公司对中介机构代理销售的历史保单开展客户信息清查和补充更正工作,对于存在客户信息缺失、虚假或发生变更的,要限期进行补充更正,确保将真实、完整的客户信息提供给人身保险公司。

四、保监会及其派出机构发现人身保险公司、保险专业中介机构、银行邮政等保险兼业代理机构存在下列问题,情节严重的,依照《中华人民共和国保险法》第一百七十二条限制其业务范围、责令停止接受新业务或吊销业务许可证,同时依照《中华人民共和国保险法》第一百七十三条对直接负责的主管人员和其他直接责任人员进行处罚:

(一)在本通知下发之日后承保或代理销售的保险期间超过一年的个人人身保险业务存在客户信息缺失、虚假的。

(二)在本通知下发之日前承保或代理销售的保险期间超过一年的个人人身保险业务,2014年7月1日以后仍存在客户信息缺失、虚假的。

五、各保监局要结合当地市场情况,对辖区内的人身保险公司分支机构、保险专业中介机构、银行邮政等保险兼业代理机构加强指导,督促辖区内的保险专业中介机构、银行邮政等保险兼业代理机构积极配合人身保险公司的工作,特别是历史保单的客户信息清查和补充更正工作,确保《办法》得到有效贯彻落实。各保监局要严格监管,对于在客户信息真实性管理方面存在违法违规问题的人身保险公司、保险专业中介机构、银行邮政等保险兼业代理机构,要依法严肃处理,并依法追究有关人员责任。

请各保监局将此文件印发辖区内各保险专业中介机构、银行邮政等保险兼业代理机构。

中国保监会

2013年11月4日

人身保险客户信息真实性管理暂行办法

第一条　为加强人身保险公司客户信息真实性管理,提高客户服务质量,保护保险消费者合法权益,根据《保险法》、《反洗钱法》等法律法规,制定本办法。

第二条　本办法所称客户信息是指投保人、被保险人和指定受益人的姓名、性别、出生日期、身份证件或身份证明文件的类型、号码,以及投保人的联系电话和联系地址等客户个人信息。

第三条　本办法适用于人身保险公司承保的保险期间超过一年的个人人身保险业务。

第四条　人身保险公司、保险专业中介机构和银行邮政等保险兼业代理机构及其从业人员从事人身保险产品的销售、承保和保全等业务活动和提供客户服务时,应按照本办法的要求收集、记录、管理和使用客户信息。

前款所称保险专业中介机构包括保险专业代理机构和保险经纪机构。

第五条　保险专业中介机构、银行邮政等保险兼业代理机构,以及人身保险公司的保险销售人员应按照准确、完整、安全、保密的原则,收集、记录客户信息,并将客户信息真实、完整地提交给人身保险公司,保证人身保险业务经营和客户服务的需要。

人身保险公司应按照合法、合理、安全、保密的原则,管理、使用客户信息,妥善保管记载客户信息的人身保险业务文件,采取有效措施确保客户信息的安全性,防止客户信息泄露。

第六条　人身保险公司、保险专业中介机构和银行邮政等保险兼业代理机构及其从业人员在办理承保、保全等业务时,应按照下列要求,认真审核客户信息,保证客户信息的真实、完整:

(一)向客户解释说明采集客户信息的必要性和用途,以及不提供真实、完整客户信息可能带来的后果。

(二)采取有效措施核实客户身份,准确、完整地记录客户信息。

(三)对于下列客户信息存在缺失的,应要求客户补充更正,补充更正完成前不能核保或保全通过:投保人的姓名、性别、出生日期、证件类型、证件号码、联系电话和联系地址;被保险人的姓名、性别、出生日期、证件类型和证件号码;被保险人与投保人的关系。

(四)提示客户如果联系电话和联系地址等客户信息发生变更,应及时办理更正手续。

(五)鼓励和引导客户提供其本人的手机号码。

(六)中国保监会的其他有关要求。

第七条　人身保险公司应在投保单上告知客户以下内容:

(一)客户必须提供的客户信息项目和有关要求。

(二)人身保险公司采集客户信息特别是联系电话和联系地址的用途,包括但不限于计算保费、核保、寄送保单和客户回访等。

(三)客户不提供真实、完整客户信息可能带来的后果。

(四)人身保险公司承诺未经客户同意,不会将客户信息用于人身保险公司和第三方机构的销售活动。

第八条　人身保险公司应加强客户信息真实性管理,建立健全客户信息真实性管理制度和相关内部操作规程,对客户信息的收集、记录、管理和使用等方面提出明确要求,指定专门部门牵头负责客户信息真实性管理工作。

人身保险公司应在遵守有关法律法规的前提下，明确要求保险专业中介机构、银行邮政等保险兼业代理机构，以及人身保险公司的保险销售人员按照人身保险业务经营和客户服务的需要提供真实、完整的客户信息，并对其所提供客户信息的真实性、完整性进行认真有效的审核。

第九条　人身保险公司应在遵守有关法律法规的前提下，根据承保、保全等业务和客户服务的需要，与保险专业中介机构、银行邮政等保险兼业代理机构协商确定双方以及第三方机构接触、使用客户信息的机构、部门、岗位和人员的权限，严格限定接触、使用客户信息的机构、部门、岗位和人员范围，维护双方的合法商业利益。

第十条　人身保险公司应按照本办法的有关要求，在与保险专业中介机构、银行邮政等保险兼业代理机构的合作协议中明确双方在客户信息的收集、记录、管理和使用等方面应履行的义务和应承担的责任。

人身保险公司审核发现保险专业中介机构、银行邮政等保险兼业代理机构提供的客户信息存在真实性、完整性问题的，应要求保险专业中介机构、银行邮政等保险兼业代理机构限期进行补充更正，在客户信息补充更正前不予支付手续费；如果手续费已经支付，应在下一次支付时予以扣除。对于保险专业中介机构、银行邮政等保险兼业代理机构所属分支机构或网点拒不补充更正或逾期未补充更正的，应终止与其的委托代理或合作关系，并向保险监管部门报告。

第十一条　保险专业中介机构、银行邮政等保险兼业代理机构应按照本办法的有关要求，建立健全相关内控制度，与人身保险公司协商修订完善合作协议，配合人身保险公司升级改造业务系统。

保险专业中介机构、银行邮政等保险兼业代理机构要严格遵守与人身保险公司的合作协议中的相关规定，根据人身保险业务经营和客户服务的需要，向人身保险公司提供真实、完整的客户信息；严禁伪造、篡改或拒不提供客户信息。

第十二条　人身保险公司、保险专业中介机构、银行邮政等保险兼业代理机构应加强对从业人员特别是保险销售从业人员的管理，在劳动合同和代理合同中明确从业人员在客户信息的收集、记录、管理和使用等方面应履行的义务和应承担的责任；应对从业人员提出明确的管理要求，严禁诱导客户提供不真实的客户信息，严禁伪造、篡改客户信息，严禁违反限定范围接触、使用客户信息，严禁泄露和倒卖客户信息。

第十三条　人身保险公司、保险专业中介机构、银行邮政等保险兼业代理机构应当以公司规章制度或者代理合同条款的形式，将客户信息真实性纳入对保险销售从业人员和公司其他从业人员的考核体系中，综合运用佣金和薪酬发放、降级、解除合同等多种手段建立惩戒机制。对于诱导客户提供不真实的客户信息，伪造、篡改客户信息，违反限定范围接触、使用客户信息，以及泄露和倒卖客户信息的保险销售从业人员和公司其他从业人员，应与其解除劳动合同或代理合同，同时其他人身保险公司、保险专业中介机构、银行邮政等保险兼业代理机构一般不得聘用或委托上述从业人员从事保险销售等保险业务活动；涉嫌构成犯罪的，应当依法移送司法机关，并追究相关管理人员的责任。

第十四条　人身保险公司应建立销售行为实名制，在保险单和核心业务系统中真实、完整的记录保险销售从业人员的姓名、工号，通过网络销售的除外。通过保险专业中介机构、银行邮政等保险兼业代理机构销售的，还应记录其分支机构或网点的名称。保险专业中介机构、银行邮政等保险兼业代理机构应向人身保险公司提供其保险销售从业人员的姓名、工号。

第十五条　人身保险公司应采取以下措施对客户信息的真实性进行审核：

(一)人身保险公司的核心业务系统、银(邮)保通系统及其他与核心业务系统对接的保险专业中介机构的业务系统应具备客户信息字段完整性和逻辑准确性的控制功能。

(二)定期抽取一定比例的保单，人工核对投保单与业务系统记录的客户信息是否一致。

(三)在犹豫期内对保险期间超过一年的人身保险新单业务进行回访，并在回访时对投保人进行身份验证，确认受访人是否为投保人本人；如果受访人非投保人本人，应在投保人联系电话更正后再次回访。

(四)定期抽取一定比例的保单，采取有效措施核实客户信息是否真实或发生变更，审核保单上记录的保险销售从业人员的姓名、工号是否真实、完整；保险专业中介机构、银行邮政等保险兼业代理机构及其从业人员，以及人身保险公司的保险销售从业人员不得单独直接负责客户信息核实的有关工作。

第十六条　人身保险公司每年应对分支机构的客户信息真实性管理工作进行检查，督促分支机构严格落实监管要求，并依据公司规章制度对相关机构和责任人进行责任追究。

第十七条　人身保险公司违反本办法，有下列内控不健全情形之一的，不予许可其设立分支机构的申请：

(一)未建立健全客户信息真实性管理制度。

(二)核心业务系统、银(邮)保通系统等有关业务系统不具备客户信息字段完整性和逻辑准确性的控制功能。

(三)未将客户信息真实性纳入对保险销售从业人员和公司其他从业人员的考核体系，并建立相应的惩戒机制。

第十八条　人身保险公司、保险专业中介机构和银行邮政等保险兼业代理机构编制或者提供虚假文件、资料，情节严重的，由中国保监会及其派出机构依照《保险法》第一百七十二条限制其业务范围、责令停止接受新业务或吊销业务许可证，同时依照《保险法》第一百七十三条对直接负责的主管人员和其他直接责任人员进行处罚。

第十九条　人身保险公司、保险专业中介机构和银行邮政等保险兼业代理机构及其从业人员违反本办法，中国保监会及其派出机构可以依照有关规定予以处罚，涉嫌构成犯罪的，应当依法移送司法机关。

第二十条　本办法自下发之日起施行。

江苏省发改委等六部门下发《关于开展城乡居民大病保险工作的实施意见》

苏发改社改发〔2013〕134 号

各市、县(市、区)人民政府:

城乡居民大病保险,是在基本医疗保障的基础上,对大病患者发生的高额医疗费用给予进一步保障的制度性安排。根据国家发展改革委等六部委《关于开展城乡居民大病保险工作的指导意见》(发改社会〔2012〕2605 号)和《省政府关于"十二五'' 时期深化医药卫生体制改革的实施意见》(苏政发〔2012〕90 号)精神,为扎实推进我省城乡居民大病保险工作,有效提高重特大疾病保障水平,经省政府同意,现提出以下实施意见:

一、总体要求

坚持"以人为本、统筹安排;政府主导、专业运作;责任共担,持续发展;因地制宜,创新机制''的原则,把维护人民群众健康权益放在首位,在基本医保待遇基础上,建立与经济社会发展、医疗消费水平及承受能力相适应、覆盖城乡的大病保险制度。政府负责基本政策制定、组织协调、筹资管理,并加强监管指导。利用商业保险机构的专业优势,支持商业保险机构承办大病保险,发挥市场机制作用,提高大病保险的运行效率、服务水平和质量。促进基本医疗保险、大病保险与医疗救助的协同互补,切实减轻人民群众大病医疗费用负担。

二、主要目标

按照试点起步、稳妥推进、规范运作的要求,2013 年每个省辖市至少选择 1 个县(市、区)开展大病保险试点工作,有条件的地区,可以全市统一政策、统一组织实施。已开展城乡居民大病保障、补充保险等的地区,要积极完善机制,做好衔接工作。力争到 2014 年底全省各地普遍建立大病保险制度,大病保险覆盖全省所有城镇居民医保、新农合参保(合)人,探索建立城乡居民大病保险省级管理服务平台, 逐步实现大病保险省级统筹.形成长期稳健运行的大病保险长效机制,明显降低群众大病费用负担,有效缓解大病患者家庭因病致贫、因病返贫问题。

三、主要任务

(一)确定保障内容

1、保障对象。大病保险的保障对象为城镇居民医保、新农合的参保(合)人。有条件的地区可以探索建立覆盖城镇职工、城镇居民、农村居民的统一的大病保险制度。

2、保障范围。大病保险的保障范围要与城镇居民医保、新农合相衔接。城镇居民医保、新农合应按政策规定提供基本医疗保障。在此基础上,大病保险主要在参保(合)人患大病发生高额医疗费用情况下,对城镇居民医保、新农合补偿后需个人负担的合规医疗费用给予保障。高额医疗费用,可以个人年度累计负担的合规医疗费用超过当地统计部门公布的上一年度城镇居民年人均可支配收入、农村居民年人均纯收入为判定标准,具体金额由各地政府确定。合规医疗费用,指实际发生的、合理的医疗费用(可规定不予支付的事项),具体由省人力资源社会保障厅、省卫生厅等部门确定。

3、保障水平。合理确定大病保险补偿政策,实际支付比例不低于 50070;按医疗费用高低分段确定支付比例,原则上医疗费用越高支付比例越高。具体支付比例由各地政府确定。随着筹资、管理和保障水平的不断提高,逐步提高大病保险补偿比例,最大限度减轻个人医疗费用负担。做好基本医疗保险、大病保险与医疗救助的衔接,建壹大病信息通报制度,及时掌握大病患者医保支付情况,强化政策联动。城乡医疗救助的定点医疗机构、用药和诊疗范围分别参照基本医疗保险、大病保险的有关政策规定执行。

(二)建立筹资机制

1、资金来源。从城镇居民医保基金、新农合基金中划出一定比例或额度作为大病保险资金。城镇居民医保和新农合基金有结余的地区,利用结余筹集大病保险资金;结余不足或没有结余的地区,在城镇居民医保、新农合年度提高筹资时统筹安排大病保险资金,逐步完善城镇居民医保、新农合多渠道筹资机制。

2、筹资标准。各地结合当地经济社会发展水平、医疗保险筹资能力、患大病发生高额医疗费用的情况、基本医疗保险补偿水平,以及大病保险保障水平等因素,精细测算,科学合理确定大病保险的筹资标准。在试点起步阶段,筹资标准原则上每个保障对象每年不低于 15 元。根据城镇居民医保和新农合的筹资标准、补偿比例等情况逐步提高大病保险筹资水平。

(三)明确承办方式

1、采取向商业保险机构购买大病保险的方式。各地卫生、人力资源社会保障、财政、发展改革部门制定大病保险的筹资、报销范围、最低补偿比例,以及就医、结算管理等基本政策要求,采取向商业保险机构购买服务的方式,由商业保险机构承办城乡居民大病保险。坚持公开、公平、公正和诚实信用的原则,规范招标程序,通过政府招标形式确定承亦商业保险机构。招标主要包括具体补偿比例、盈亏率、配备的承办和管理力量等内容。符合国家和省规定准入条件的商业保险机构自愿参加投标, 中标后以保险合同形式承办大病保险, 自负盈亏,承担经营风险。商业保险机构承办大病保险的保费收入,按现行规定免征营业税。一个统筹区由一家商业保险机构承办大病保险，鼓励市域范围内各统筹区联合招标选择大病保险承办机构。大病保险招标管理办法由省医改办会同有关部门另行制定。

2、规范大病保险合同管理。省医改办、省卫生厅、省人力资源社会保障厅、省财政厅、江苏保监局等部门制定全省统一的合同范本。各地卫生或人力资源社会保障部门与中标商业保险机构的市级及以上分公司签订大病保险合同，合作期限原则不低于3年。根据收支平衡、保本微利的原则，合理控制商业保险机构盈利率，建立以保障水平和参保(合)人满意度为核心的考核办法，并对超额结余及政策性亏损予以动态调整。因违反合同约定，或发生其他严重损害参保(合)人权益的情况，合同双方可以提前终止或解除合作，并依法追究责任。

3、提升大病保险管理服务能力。切实加强管理，控制风险，加快结算速度，提升服务效率，降低管理成本。商业保险机构应建立大病保险结算信息系统，经城镇居民医保、新农合经办机构授权，与城镇居民医保、新农合信息系统进行必要的信息交换和数据共享，实现大病保险“一站式”即时结算服务，确保群众方便、及时享受大病保险待遇。对暂不能进行即时结算的，如患者单次住院费用达到大病保险补偿标准，商业保险机构应及时办理结报。在合同约定的每个保险年度末，商业保险机构应按参保(合)人当年累计发生的医疗费用计算大病保险补偿额，对补偿不足的予以补充补偿。规范资金管理，商业保险机构承办大病保险获得的保费实行单独核算，确保资金安全，保证偿付能力。

(四)强化监督管理

1、加强对商业保险机构承办大病保险的监管。各相关部门要各负其责，配合协同，切实保障参保(合)人权益。卫生、人力资源社会保障部门作为新农合、城镇居民医保主管部门和招标人，通过日常抽查、建立投诉受理渠道、开展经办服务质量评价等多种方式进行监督检查，督促商业保险机构按合同要求提高服务质量和水平，维护参保(合)人信息安全，防止信息外泄和滥用，对违法违约行为及时处理。保险监管部门做好从业资格审查、服务质量与日常业务监管，加强偿付能力和市场行为监管，对商业保险机构的违规行为和不正当竞争行为加大查处力度。财政部门对利用基本医保基金向商业保险机构购买大病保险明确相应的财务列支和会计核算办法，规范拨付流程，加强基金管理。审计部门按规定进行严格审计。

2、强化对医疗机构和医疗费用的管控。各相关部门和机构要通过多种方式加强监督管理，防控不合理医疗行为和费用，保障医疗服务质量。卫生、人力资源社会保障部门要加强对医疗机构、医疗服务行为和賡量的监管。商业保险机构要充分发挥医疗保险机制的作用，与卫生、人力资源社会保障部门密切配合，协的考核机制，加强对相关医疗服务和医疗费用的监控。基本医保经办机构要做好与商业保险机构经办服务的衔接，支持商业保险机构加强对医疗机构和医疗费用的管控。

3、建立信息公开、社会多方参与的监管制度。各地政府相关部门将与商业保险机构签订合同的情况，以及保障对象、筹资标准、待遇水平、支付流程、结算效率和大病保险年度收支情况等向社会公开，接受社会监督。商业保险机构要定期向政府有关部门提供大病保险统计报表和报告，并按要求公布大病保险资金收入情况、参保(合)人医疗费用补偿情况等信息。各地要完善群众参与监督管理的有效形式，畅通信访受理渠道，及时处理群众反映的问题。

(五)积极稳妥推进试点

2013年1月底前，各省辖市确定试点地区，并报省医改领导小组。4月底前，各试点地区政府制定实施方案，报省医改办、省卫生厅、省财政厅、省人力资源社会保障厅、江苏保监局备案，省人力资源社会保障厅、省卫生厅商省有关部门提出指导意见。6月底前，各试点地区招标确定商业保险机构，做好相关准备。7月1日起，试点地区开展大病保险工作。

四、保障措施

(一)高度重视，精心组织。开展城乡居民大病保险工作是深化医药卫生体制改革的重要内容，直接关系广大人民群众切身利益各级政府要把这项工作摆上重要位置，结合本地区实际情况，认真制定方案，周密组织实施，明确工作任务和进度，积极稳妥推进，切实维护人民群众健康权益。

(二)统筹协调，合力推进。各地要在医改领导小组的领导下，建立由发展改革(医改办)、卫生、人力资源社会保障、财政、保监、民政等部门组成的大病保险工作协调推进机制。各有关部门要明确职责分工，细化配套措施，强化沟通协作，抓好措施落实，保证城乡居民大病保险工作顺利推进。

(三)积极探索，加强评估。各地要充分考虑大病保险的稳定性和可持续性，循序推进，重点探索大病保险的保障范围、保障程度、资金管理、招标机制、运行规范等，每年对大病保险工作进展和运行情况进行总结，并及时上报年度报告。省有关部门将采取多种形式，定期开展总结评估，加强考核评价，推广行之有效的经验，督促解决工作中存在的问题，确保取得预期成效。

(四)强化宣传，营造氛围。加强对大病保险政策的宣传和解读，及时做好解疑释惑工作，密切跟踪分析舆情，合理引导社会预期。要坚持正确的舆论导向，积极宣传大病保险工作进展与成效，使这项工作深入人心，得到广大群众和社会各界的理解和支持，为大病保险实施营造良好的社会环境。

江苏省发展和改革委员会
江苏省卫生厅
江苏省财政厅
江苏省人力资源和社会保障厅
江苏省民政厅
江苏保监局

江苏省高级人民法院　江苏监管局关于印发《保险合同纠纷案件诉调对接工作办法》的通知

苏高法〔2013〕169号

各市中级人民法院、南京、徐州铁路运输法院、各基层人民法院、本院各部门,苏州保监分局、各保险行业协会:

为贯彻落实江苏省高级人民法院、中国保险监督管理委员会江苏监管局共同制定的《关于加强保险纠纷案件诉调对接工作机制建设的意见》,充分发挥保险行业协会在协助人民法院化解保险纠纷中的优势,切实维护当事人的合法权益,促进全省保险行业健康发展,江苏省高级人民法院和中国保险监督管理委员会江苏监管局共同制定了《保险合同纠纷案件诉调对接工作办法》。现将该《工作办法》发给你们,请你们根据《工作办法》的规定,采取切实有效措施,进一步加强保险纠纷案件诉调对接工作。

江苏省高级人民法院

中国保险监督管理委员会江苏监管局

2013年6月13日

保险合同纠纷案件诉调对接工作办法

第一章　总　则

第一条　为贯彻落实江苏高级人民法院、中国保监会江苏监管局共同制定的《关于加强保险纠纷案件诉调对接工作机制的意见》,充分发挥保险行业协会纠纷调处机构在协助人民法院化解涉诉保险纠纷中的优势,促进社会和谐,制定本办法。

第二条　本办法所称调解,是指保险行业协会纠纷调处机构接受人民法院委托或者邀请,在诉前、诉中对涉诉保险纠纷案件进行的调解。

第三条　保险行业协会纠纷调处机构开展诉调对接应遵循以下原则:

(一)尊重当事人意思自治,平等保护当事人合法权益;

(二)不违背法律、法规和保险监管政策;

(三)尊重商业惯例。

第四条　保险行业协会开展诉调对接工作接受人民法院的业务指导。

第五条　各地市保险行业协会应当与当地中级人民法院建立保险纠纷案件诉调对接工作联席会议制度,积极与法院协调共同推进保险纠纷案件诉调对接工作。

第二章　工作机构

第六条　各保险行业协会应当指定负责消费者保护的工作部门作为诉调对接的日常办事机构。

尚未专门设立消费者保护工作部门的保险行业协会应当按照江苏保监局的有关要求,根据协会章程适时单独设立消费者保护工作部门,负责承办投诉处理、保险合同纠纷快速处理、诉调对接等涉及消费者保护的相关工作。

第七条　保险行业协会消费者保护工作部门在办理诉调对接工作时具体承担以下职责:

(一)负责与人民法院的日常联络与协调;

(二)负责调解员的选聘、日常管理和解聘;

(三)组织调解员开展调解;

(四)接受保监局和人民法院的指导,组织调解员培训工作;

(五)负责诉调对接工作相关的材料数据汇总分析报告、档案管理工作;

(六)其他需要协调处理的工作。

第八条　各保险行业协会应当加强与当地中级人民法院的沟通,根据本协会纠纷调处组织的调解能力,协商确定调解的案件类型及数量。

第三章　调解员

第九条　承担诉调对接工作任务的调解员由保险行业协会纠纷调处组织从现有的裁决员、调解员中选择,经保险行业协会和当地中级人民法院核定后共同聘任。

承担诉调对接工作任务的调解员应具备下列资格条件之一:

(一)从事保险核保、理赔实务工作5年以上的。

(二)曾在各级政府消费者保护部门任职5年以上的。

(三)曾任大专院校法律、金融、保险等相关专业教师1年以上的。

(四)有从事人民调解、消费者保护2年以上从业经验的。

(五)有执业律师、仲裁员等法律职业从业经历1年以上的。

调解员名单应当报省法院和江苏保监局备案。

第十条　保险行业协会应当定期对调解员进行业务培训。

第十一条　调解员在调解工作中有下列行为之一的,由保险行业协会给予批评教育、通报所属单位,情节严重的,商地方中级人民法院予以解聘,被解聘后不得再行聘任:

(一)偏袒一方当事人的;

(二)索取、收受财物或者牟取其他不正当利益的；

(三)泄露当事人的个人隐私、保险公司商业秘密的；

(四)其他不当行为,造成不良后果的。

第十二条　调解员从事调解工作,可以给予适当的办案补贴。补贴标准由保险行业协会根据财务管理的相关规定确定。

第十三条　调解员在承担诉调对接工作任务时，应当遵守本保险行业协会纠纷调处组织章程中关于回避的相关规定。

第四章　工作流程

第一节　诉前调解

第十四条　保险行业协会收到人民法院诉前调解委托函及诉状、证据材料的复印件后,应当在3个工作日内确定调解员,并告知各方当事人。

调解员自接到调解任务后，应当在5个工作日内了解案情,确定调解日程安排,并将日程安排通知各方当事人和有关人民法院。

第十五条　调解开始前应当核对调解参与人的身份。

非当事人本人参与调解的，调解员应当核对其委托授权状况,如系无权委托的,调解中止,责令其在2个工作日内补办授权委托后恢复调解程序。逾期不办理授权委托手续的,调解终结。

第十六条　保险行业协会接受各方当事人调解申请后,应当在20个工作日内完成调解程序。调解期满未达成调解协议的,移送人民法院立案审理。

第十七条　保险行业协会进行调解,应当制作调解笔录,简要记录各方当事人的主张、事实、理由以及调解过程。

调解笔录应当交由当事人签字。

第十八条　当事人达成调解协议的，应当制作协议书并交由各方当事人签字确认。

调解协议应当载明下列事项：

(一)各方当事人基本情况；

(二)纠纷简要事实、争议事项；

(三)协议内容；

(四)履行协议的方式、地点、期限；

(五)当事人签名,调解主持人签名,保险行业协会纠纷解决机构印章。”

调解协议的内容不得具有以下情形：

(一)违反法律、法规的禁止性规定；

(二)违背社会公共利益,不得违反社会公共道德；

(三)损害国家、集体和他人的合法权益；

(四)利用合法形式掩盖非法目的。

第十九条　具有下列情形之一的,调解程序终结：

(一)各方当事人就争议事项达成调解协议的；

(二)当事人一方拒绝接受调解的；

(三)在调解期限内各方当事人未就争议事项达成一致意见的。

经调解未能达成调解协议的,调解员应及时终止调解,填写《终止调解程序回复函》,注明调解不成的原因,并在3个工作日内将相关材料移送人民法院。

第二十条　达成调解协议，当事人不要求人民法院出具民事调解书的，保险行业协会应当将调解协议原件送交相关人民法院。

达成调解协议,当事人要求人民法院出具民事调解书的,保险行业协会应当在3个工作日内将当事人书面申请及调解材料一并移交人民法院立案部门处理。

人民法院审查认为调解协议具有无效或可撤销情形,但当事人同意继续由保险行业协会调解的，保险行业协会可以继续调解。

第二十一条　经当事人或经其授权委托代理人签字确认的调解协议具有民事合同性质。一方当事人不履行的,其他当事人可持调解协议书向人民法院起诉。

第二十二条　保险公司不主动履行已经达成的调解协议的，保险行业协会应当根据自律公约对其进行谴责、公开曝光,并将相关情况报告江苏保监局。

第二节　诉中委托与协助调解

第二十三条　保险行业协会收到人民法院诉中委托调解委托函及诉状、证据材料的复印件后,应当依照本办法第十四条、第十五条、第十六条、第十七条、第十八条、第十九条第一款第(一)项第(二)项、第十九条第二款的规定开展调解工作。

第二十四条　诉中委托调解结束后，保险行业协会应当出具《委托调解回复函》,连同调解笔录、调解协议等材料一并移送相关人民法院。

第二十五条　诉中调解期限由委托的人民法院根据《江苏省高级人民法院关于深入推进诉调对接工作的实施意见》第十八条指定。

第二十六条　保险行业协会收到人民法院邀请协助调解的,应当根据人民法院的要求及时选定调解员,根据人民法院的要求协助审判人员开展调解、协调工作。

第二十七条　保险行业协会应当将受邀参与案件调解的情况(包括案件当事人、争议性质、涉案金额、调解成功与否等)纳入保险合同纠纷快速处理的统计范围。

第五章　其他规定

第二十八条　保险行业协会开展诉调对接工作，不适用业内裁决模式。

第二十九条　在调解过程中,当事人为促成调解协议达成所作出的妥协,不作为在其后的诉讼程序中对其不利的证据。

第三十条　保险行业协会进行保险纠纷案件调解，不收取原起诉人的费用。

保险行业协会承担诉调对接工作所需经费，纳入保险合同纠纷快速处理机制经费筹措渠道，具体筹措方法由各保险行业协会根据江苏保监局的规定制定。

第六章　附　则

第三十一条　本办法由省法院、江苏保监局解释。

第三十二条　本办法自印发之日起实施。

附件:《委托调解回复函》格式样本

附件：委托调解回复函

X保协函复字〔20xx〕第X号

XXXX人民法院：

你院委托我会调解的一案，经我会调解，[ ]已经达成调解协议；[ ]未达成调解协议。根据相关规定，现终止调解程序。

特此函告。

附：调解卷宗1册，共　页。

XXX保险行业协会

年　月　日

江苏保监局关于印发《保险行业协会保险合同纠纷快速处理机制规范化建设指导意见》的通知

苏保监发[2013]69号

各保险行业协会：

为了进一步规范我省保险合同纠纷快速处理机制建设，不断提高保险消费者保护工作水平，我局制定了《保险行业协会保险合同纠纷快速处理机制规范化建设指导意见》，现印发给你们，请遵照执行。

附件：1.《调解协议书》样本

2.《纠纷裁决书》样本

江苏保监局

2013年4月3日

保险行业协会保险合同纠纷快速处理机制规范化建设指导意见

自2005年以来，我省各地保险行业协会(以下统称为协会)积极探索保险合同纠纷快速处理机制，因地制宜积极开展保险合同纠纷调处工作，形成了以行业调解为主体，业内裁决为特色，人民调解、司法委托调解为补充的保险合同纠纷快速处理机制，取得了显著成效。2013年我省成为最高人民法院和保监会确定的开展诉调对接工作的首批试点省份，对我省各协会的合同纠纷快速处理机制建设提出更高的要求。为进一步规范和完善我省保险合同纠纷快速处理机制，推动工作实现可持续发展，切实提高我省保险消费者保护工作水平，现就保险合同纠纷快速处理机制规范化建设提出以下指导意见：

一、指导思想

以邓小平理论、“三个代表”重要思想和科学发展观为指导，按照保监会提出的保险业参与社会管理创新和加强保险消费者保护的工作要求，完善协会纠纷调处机构组织建设，健全管理制度，规范工作流程，建立外部监督机制，引导协会纠纷调处机构不断规范自身行为，增强服务能力，提高公信力和影响力，使之逐渐成为保护保险消费者权益、促进行业发展和社会稳定的积极力量。

二、具体内容

(一)统一机构名称

全省各协会的纠纷解决机构统一命名为“XX(省、市)保险合同纠纷投诉处理中心”。苏州协会的人民调解委员会名称可以继续保留。

各协会按照统一名称刻制调处机构印章。

(二)健全办事机构

分步骤在省协会及各地市协会设立纠纷调处机构的日常

办事机构。

上半年在省协会、苏州、无锡、徐州、盐城、扬州、淮安、南通等8个协会试点设立消费者权益保护工作部，作为协会的工作部门，与纠纷审查办公室、诉调对接办公室等机构合署办公，配备1–2专职工作人员，负责消费者教育、保险纠纷快速处理、诉调对接等与保险消费者保护工作相关的职责。人员可以从现有满足工作岗位要求的人力中调剂；现有人力不足的，可以采取社会招聘的办法解决。下半年在总结试点经验的基础上在全省推开。

纠纷调处机构应当从业内外聘任一批品行良好，为人正派，热心调处工作，具有较强的保险、法律、汽车维修、医疗等专业知识的人员作为兼职调解员。

为确保调处的专业性，调处机构可以聘请专家学者及相关业内外专业人士作为顾问。

(三)明确受案条件

根据保监会的相关规定，各地纠纷调处机制受案范围受理的保险合同纠纷原则上应当符合以下条件：

1.争议金额：

(1)理赔给付类纠纷：人身保险合同中医疗费用补偿及津贴型险种，争议金额在5万元(含5万元)以下；伤残及死亡型险种，争议金额在20万元(含20万元)以下；财产保险合同，金额在20万元(含20万元)以下。

(2)保险合同解除类纠纷：争议标的金额在20万元(含20万元)以下。

2.争议的事项不涉及保险精算，不会对保险市场稳定运行产生重大影响。

3.争议的基本事实清楚，不涉及专业鉴定、检验和评估。

争议数额超过上述标准，但保险机构无异议的，也可以适用调解机制对争议进行调处。保监会对上述数额有新规定的，从其规定。

协会参与诉调对接和道路交通事故一体化处理时，不受前款规定限制。

(四)规范工作流程

调处机构收到保险消费者的调处申请后，经审查符合受案条件的，应当予以立案，并应当告知保险消费者有关权利义务。对不符合受案条件的，应当按照规定告知申请人或者转送有关部门。

调处机构立案后，应当将争议事项及保险消费者主要请求转送相关保险机构，要求保险机构限时答复。保险机构自行与申请人协商达成一致的，调处机构应当将双方协议复印存档，对争议案件作结案处理。保险机构在指定期限内不能与消费者达成一致意见的，由协会根据自律公约的约定采取调解或行业裁决的方式对争议进行处理。调解或裁决的具体程序由调处机构章程规定。

适用调解方式调处纠纷的，调解以二次为限，二次调解不成的，告知双方当事人依照合同约定的争议解决方式解决争议。

调解协议书应当载明以下主要内容：

(一)各方当事人基本情况；

(二)纠纷简要事实、争议事项；

(三)协议内容；

(四)履行协议的方式、期限；

(五)当事人签名，调解主持人签名，保险行业协会纠纷解决机构印章。

裁决书应当载明以下主要内容：

(一)各方当事人基本情况；

(二)纠纷简要事实、争议事项；

(三)分析纠纷当事人的责任、裁决决定及其法律依据；

(四)履行协议的方式、期限；

(五)当事人签名，裁决员签名，保险行业协会纠纷解决机构印章。”

调解协议、裁决书的内容不得具有以下情形：

(一)违反法律、法规的禁止性规定；

(二)违背社会公共利益，不得违反社会公共道德；

(三)损害国家、集体和他人的合法权益；

(四)利用合法形式掩盖非法目的。

调处机构受理纠纷后，如果保险消费者拒绝接受调处意见或者在签署调解协议后反悔的，其仍可以依法申请仲裁或提起诉讼。调解达成协议的，保险机构应当履行。发生拒绝履行协会裁决决定的，行业协会应及时将相关情况报告监管部门。

上述工作应当在30日内完成。

诉调对接工作按照《保险行业协会诉调对接工作办法》的要求执行。

(五)强化内部管理

协会要逐步完善纠纷调处机构的内部管理制度，建立登记、转办、调处、执行监督、情况分析报告与统计、培训考核、档案管理等制度，确保纠纷调处机构有序运转。

(六)完善保障措施

各协会因开展保险合同纠纷快速处理增加专职工作人员及专项经费支出的，允许协会采取专项会费或适度增加会费的方式筹措工作经费，具体方式和标准由协会根据章程提出方案，并报江苏保监局办公室审核同意后执行。

各协会应当根据实际状况为兼职从事纠纷调处活动的人员提供一定的办案补贴。

(七)加强监督制约

保险公司对纠纷调处机构的裁决程序有合理异议的，可以在3日内向协会申诉。协会应另行组织3名以上专家对申诉进行评议。

专家评议认为原裁决确实存在程序错误的，保险公司可以不执行依错误程序作出的裁决决定。专家评议意见应同时告知原裁决申请人。

(八)建立长效机制

纠纷调处机构应加强对调处人员的培训，增强其调处技能，以实现法律效果和社会效果的统一。

协会应通过各种新闻媒体加强对处理机制的宣传，提升处理机制的社会公信力。

协会应加强与政府有关部门的联系、沟通，协调相关政

策,取得相应帮助、支持。

三、工作要求

各协会要把加强纠纷调处机构规范化建设列人重要议事日程,加强领导,统筹规划,对照工作要求查找不足,有针对性地制定加强规范化建设的工作计划和目标措施,并有计划、分步骤地落实,不断提高规范化运作水平。

各保险公司应当加大对纠纷调处工作的支持力度, 在人员、核赔政策、经费方面给予必要的支持。

附件 1.调解协议书范本

xxx 保险合同纠纷投诉处理中心

调解协议书

X 保协调字〔20xx〕第 x 号

申请人(自然人姓名、性别、年龄、文化程度、住址;法人及其他组织名称、地址、法定代表人姓名、职务)

委托代理人(姓名、职业、委托权限)

被申请人(名称、地址、主要负责人姓名、职务)

委托代理人(姓名、职业、委托权限)

纠纷简要情况:

经调解,自愿达成如下协议:

本协议经双方当事人签署后,即具有民事合同的效力。双方当事人应在个工作日内主动履行本协议载明的义务。履行方式:

当事人签名:调解员:

年　月　日

附件 2:裁决书范本

xxx 保险合同纠纷投诉处理中心

纠纷裁决书

X保协裁字〔20xx〕第x号

申请人(自然人姓名、性别、年龄、文化程度、住址;法人及其他组织名称、地址、法定代表人姓名、职务)

委托代理人(姓名、职业、委托权限)

被申请人(名称、地址、主要负责人姓名、职务)

委托代理人(姓名、职业、委托权限)

申请人主张:

被申请人辩称:

经裁决庭书面审查, 并当庭听取争议双方陈述查明:(概述争议事实及焦点)

裁决庭认为:(分析责任,阐述理由)

根据《中华人民共和国保险法》第 x 条第 x 款第 x 项之规定,裁决如下:

本裁决书对被申请人具有单方约束力。申请人应在接到本裁决书之日 5 日内书面向本中心表示是否接受本裁决决定。逾期不表示的,本裁决书对被申请人不产生约束力。

裁决员:XXX

裁决员:XXX

裁决员:XXX

年　月　日

江苏保监局关于贯彻《保险销售从业人员监管办法》的实施意见

苏保监发[2013]100 号

乐爱金财产保险(中国)有限公司,各保险公司省级分公司,各保险代理机构:

为贯彻落实《保险销售从业人员监管办法》(保监会令 2013 年第 2 号),进一步推动保险营销体制改革,提升保险销售从业人员整体素质,促进我省保险销售队伍健康稳步发展,现提出如下实施意见:

一、明确《办法》适用范围。保险销售从业人员包括保险公司和保险代理机构的营销人员、续期收展人员、电话销售人员等与客户直接接触并且从事保险销售服务的人员。保险销售从业人员应当通过中国保监会组织的保险销售从业人员资格考试(以下简称资格考试),取得《保险销售从业人员资格证书》(以下简称资格证书)。

二、提升保险销售从业人员学历要求。2013年7月1日后报名参加资格考试的人员,应当具备高中(以下"高中"均含同等学力)及以上学历。其中,1980年1月1日以后出生人员报名参加资格考试应具备大专(以下"大专"均含同等学力)及以上学历。2015年7月1日起,所有报名参加资格考试的人员,必须具备大专及以上学历。农村保险营销员现行政策不变,2018年7月1日起,不再开展农村保险营销员资格考试。

三、完善销售从业人员资格证书管理。2013年7月1日起,大专及以上学历人员通过资格考试,可以取得全国通用《保险销售从业人员资格证书》(以下简称"A证"),在全国范围展业;高中学历人员通过资格考试,可以取得地方使用《保险销售从业人员资格证书》(以下简称"B证"),在江苏省内展业。高中学历人员取得大专及以上学历后,可以申请换发全国通用的"A证"。

大专以下学历人员在江苏省外参加资格考试取得资格证书,在江苏省内展业的,需重新参加江苏省资格考试,重新获取资格证书。对于2013年7月1日前颁发的保险代理从业人员资格证书,到期之前继续有效。持证人员在证书有效期内,可在全国各保监局申请换领全国通用的"A证"。农村营销员和通过资格授予获得从业资格的人员换发后新证注明展业区域为其住所所在乡镇以下农村地区。

四、加强对销售从业人员执业证书登记管理。保险公司、保险专业代理机构应为取得资格证书的人员在保险中介监管信息系统中办理执业登记。注册成功后各公司可以委托当地保险行业协会统一印制执业证书。2013年7月1日起启用新版执业证书,7月1日前已发的展业证应于2013年10月1日前更换为新版证书。

兼业代理机构自行为本公司保险销售从业人员办理执业登记,并做好登记台帐备查。

五、做好现有从业人员数据清理工作。各保险机构、保险专业代理机构应于6月10日前对现有销售从业人员进行清查,及时注销已离司人员展业证,于6月15日前将清理结果以书面报告形式报送至江苏保监局中介处,并将电子版材料通过oa发送至江苏保监局中介处。

联系人:××× 联系电话:××××××××

江苏保监局

2013年5月24日

江苏保监局关于印发《江苏人身保险业防范处置满期给付与集中退保风险工作指引(试行)》的通知

苏保监发[2013]123号

各人身保险公司省级分公司、总公司直属一级分公司,江苏省邮政公司、各有关商业银行、信用社:

为指导督促全省各人身保险公司、银邮代理机构积极应对人身保险业满期给付与集中退保风险,有效防范并妥善处置可能引发的群体性事件,维护地方金融稳定和社会安定,江苏保监局根据保监会《保险业重大突发事件应急处理规定》等文件精神,制定了《江苏人身保险业防范处置满期给付与集中退保风险工作指引》(以下简称"《工作指引》"),现印发给你们,请结合文件精神抓好以下工作落实:

一、将文件精神传达至基层公司、基层银邮代理网点,并组织好相关部门、相关岗位人员学习,对照抓好落实工作。

二、保险公司分支机构发生满期给付与集中退保风险事件,应由省级分公司牵头按照《工作指引》要求向江苏保监局人身保险监管处报告。如需书面报告的,请通过OA报送至江苏保监局人身保险监管处和办公室。

特此通知

联系人:×××

联系方式:××××××××

附件:江苏人身保险业防范处置满期给付与集中退保风险工作指引

二〇一三年七月二十日

附件:

江苏人身保险业防范处置满期给付与集中退保风险工作指引(试行)

为指导督促全省各人身保险公司、银邮代理机构积极应对人身保险业满期给付与集中退保风险,妥善处置可能引发的群体性事件,切实维护保险消费者的合法权益,确保行业平稳运行,维护地方金融稳定和社会安定,根据保监会《保险业突发事件应急预案》、《非正常集中退保事件处置原则的指导意见》等文件精神,制定本指引。

一、适用范围

本指引所称满期给付与集中退保风险,是指由于市场动荡、销售误导、违规承诺、个案处置不当等原因,引发人身保险公司或银邮代理机构一个营业场所内同一时间出现5名(含)以上投保人集中要求给予正常满期给付金额之外的补偿、要求超出正常退保金额进行退保,或虽不足5名投保人在同一时间同一场所内非正常满期给付与集中退保,但造成明显的不良社会影响,应当采取应急处置措施的满期给付与集中退保风险。

二、工作原则

(一)统一领导,分级负责。江苏省人身保险业满期给付与集中退保风险的防范及应急处置指导工作由江苏保监局统一领导。各人身保险公司、银邮代理机构是风险防范处置工作的责任主体,对防范处置工作负有直接责任,在江苏保监局的统一组织、指挥和协调下,按照各自职责分工开展工作。

(二)预防为主,加强疏导。各人身保险公司、银邮代理机构应立足自身职责,结合工作实际,依法、科学、合理地监测满期给付与集中退保风险,制定有针对性的防范措施,通过强化后续服务、做好安抚解释等工作,及时将风险苗头消除在萌芽状态。

(三)快速反应,协同应对。满期给付或集中退保风险发生后,各人身保险公司、银邮代理机构应当及时处置,采取法律、法规和应急预案规定的一切必要措施控制风险发展蔓延,防止事态升级。

(四)依法规范,严格问责。各人身保险公司、银邮代理机构应依法合规开展保险业务,严禁销售误导行为。因违法违规行为导致发生群体性事件,或者因处置工作不力导致严重后果的,江苏保监局将依法进行查处,并对相关责任人进行问责。

三、防范指引

(一)保险公司工作

1.加强销售过程管理。完善销售管理方面的规章制度,包括宣传材料、产品培训、风险提示、客户回访、品质管理、责任追究等方面,并加强对销售人员的合规培训及销售行为监督检查,发现销售误导的,应严肃追究相关人员的责任。

2.提升客户服务水平。一是做好风险提示工作,确保保险合同和投保提示书由投保人亲笔签名确认,新型产品的风险提示语句由投保人亲笔抄录;加强对接受回访客户的身份识别,确保真实回访到投保人本人。二是简化满期给付、退保流程,提高办理效率,公开服务承诺,提升客户满意度。

3.做好风险监测排查。一是建立满期给付、非正常退保日报制度,掌握各基层机构和银邮代理网点满期给付和非正常退保的情况。二是加强舆情监测,关注媒体报道,制定预案有效应对。三是开展风险排查,定期组织重点渠道、重点产品、重点地区、重点客户进行风险排查,严格监控可能导致出现满期给付与集中退保风险的情形。

4.妥善处理客户投诉。对确认由于销售误导原因而引发的满期给付纠纷件或退保件,应依法对客户损失进行补偿并承担相应责任;对满期或退保客户情绪激动、可能导致其他情况发生的特殊情况,应根据案件具体情况灵活处理。

(二)银邮代理机构工作

1.规范销售行为。一是向保险公司提供真实完整的客户信息,确保保险公司能够及时回访并有效服务。二是全面客观介绍保险产品,特别是应向客户明确告知免除责任、犹豫期、费用扣除情况、保单利益的不确定性等内容。三是加大对保险销售行为的监督检查,发现销售误导问题的应严肃追究相关人员责任。

2.及时处理客户满期给付与集中退保需求。指定专岗负责受理客户的满期给付和退保申请,做好客户满期给付或退保资料的审核、收集、整理、交接等工作。对客户投诉要建立首问负责制,力争在客户第一次到网点质询或投诉时妥善解决问题,不能推诿责任激化客户矛盾。建立健全责任追究机制,对处置不当造成严重后果的应从严追究相关人员责任。

3.加强与保险公司沟通。一是建立风险共担机制,约定双方在处理客户非正常满期给付或退保时的职责分工,明确各自应承担的责任义务。二是及时将客户非正常满期给付或退保申请交接给保险公司,减少客户等待时间。三是建立通报机制。定期通报满期给付与退保情况,对退保量较大的代理网点予以关注,对发现集中退保苗头的应第一时间通报保险公司,防止事态扩大。

四、处置指引

(一)满期给付与集中退保风险等级划分

满期给付与集中退保风险按严重程度由高到低依次为A类、B类、C类、D类。

1.A类情况。保险公司或银邮代理机构一个营业网点突发出现30名以上投保人申请非正常集中满期给付或退保,或一个营业网点当天申请非正常满期给付、退保金额超过500万元,或因集中满期给付、退保金额巨大导致保险公司出现支付困难、申请公安介入维持秩序,以及其他江苏保监局认为应当采取应急处置措施的重大突发事件。

2.B类情况。保险公司或银邮代理机构一个营业网点突发出现20名以上30名以下投保人非正常集中满期给付或退保,或一个营业网点当天申请非正常满期给付、退保金额超过200万元。

3.C类情况。保险公司或银邮代理机构一个营业网点突发出现10名以上20名以下投保人非正常集中满期给付或退保,或一个营业网点当天申请非正常满期给付、退保金额超过100万元。

4.D类情况。保险公司或银邮代理机构一个营业网点突发出现5名以上10名以下投保人非正常集中满期给付或退保,或虽不足5名投保人在同一时间同一场所内非正常满期给付与集中退保,但造成明显的不良社会影响,或一个营业网点当天申请非正常满期给付、退保金额超过50万元。

(二)满期给付与集中退保风险报告流程

1.报告方式

报告分为初报、续报和结案报告。初报可采取口头报送方式,续报可采取电子邮件、传真报送方式,结案报告应当采用书面形式,并加盖报告单位公章。

2.报告内容

(1)初报内容应包括:事发时间和地点、信息来源、涉及机构名称、初步估算涉及人数和金额、当前态势、已采取或拟采取的应对处置措施、报告单位主要负责人、联系人及联系方式等。

(2)续报内容应包括:事件起因和发展过程、当前态势及发展预测、已造成的后果和影响范围、给付与退保方式、涉及人数、涉及保单件数、涉及金额、现已采取的应对处置措施和下一步工作方案等。

(3) 结案报告内容应包括：事件应对处置工作的整体情况，事件造成的后果和影响，总体给付金额，应对处置工作的经验和存在的问题，相关机构和人员的责任认定及责任追究处理结果，下一步预防和完善措施等。

3.报告时限

(1)初报。发生风险事件时，应在事发或知悉后1小时内进行初报。

(2)续报。应在初报后24小时内进行续报，之后每天上午10点前更新续报。

(3)结案报告。在应急响应终止后的十个工作日内上报结案报告。未能在十个工作日内完成责任认定及责任追究处理的，可先上报结案报告，待处理完毕后，再补充上报相关内容。

(三)保险公司工作

1.启动应急预案。满期给付或集中退保事件发生后，涉及到的保险公司应在第一时间启动应急预案，研究提出切实可行的应对措施。

2.及时进行报告。在满期给付或集中退保事件发生后，涉及到的保险公司应按照报告流程要求及时向江苏保监局报告。同时，保险公司应主动向当地政府部门汇报事发现场情况，视情况争取政府部门采取相应处置措施，防止事件影响当地的社会稳定。

3.分级指挥处理。(1)D类情况。如满期给付或集中退保突发事件发生3天内不能解决，省级公司和上级银行应派人进驻事发地现场办公，指导事件处理。(2)C类情况。满期给付或集中退保突发事件发生后，省级公司应成立3人以上的工作组进驻事发地现场办公，省级银行应派人到现场，共同协助事发地机构进行应急事件的处理，确保及时化解风险，避免事态升级。(3)B类情况。满期给付或集中退保突发事件发生后，省级公司应成立以分管总经理为负责人的5人以上工作组进驻事发地现场办公，省级银行分管负责人应到现场，共同协助事发地机构进行应急事件的处理，确保及时化解风险，避免事态升级。(4)A类情况。满期给付或集中退保突发事件发生后，省级公司应成立以总经理、分管总经理为负责人的工作组前往现场，坐镇指挥；省级分行主要负责人、分管负责人应到现场指导。

4.统一处置标准。风险涉及银邮代理机构网点的，各保险公司应加强与银邮代理机构的沟通协调，并根据现场情况，协商统一明确的处置标准。标准一经确定，各保险公司不得擅自更改或突破。

5.确保资金保障。各保险公司应争取总公司支持，建立满期给付和集中退保应急处置准备金，开辟资金拨付绿色通道，确保资金及时到位。

6.加强后援支持。各保险公司应为现场处置工作提供充足人力、物力支持，视情况增加满期给付和退保办理窗口，缩短排队等候时间，减少人员聚集。

7.简化满期给付和退保流程。各保险公司应按照特事特办的原则，最大限度简化退保和满期给付流程，提高业务办理效率，确保资金快速到账。

8.摸清风险底数。风险涉及银邮代理机构网点的，各保险公司应核实事发银邮代理机构近年来代理本公司保险业务存量保单件数和保费金额，摸清风险底数。

9.监测事态发展。各公司应将事发机构每天满期给付或退保情况报告江苏保监局，同时密切关注事发机构周边地区的退保情况，防止事态蔓延。

10.其他必要的风险化解、处置措施。

(四)银邮代理机构工作

1.发现苗头，及早处置。多名投保人同一时间在银行网点聚集、要求非正常满期给付或退保时，银邮代理机构应耐心细致向客户做好解释安抚工作，避免客户情绪激动、现场秩序出现混乱。

2.积极配合，妥善应对。基层银邮网点发生人员聚集后，银邮代理机构应第一时间向上级机构报告，并通知相关保险公司。银邮代理机构与保险公司应根据现场情况协商统一明确的处置标准。标准确定后，任何一方不得更改或突破。

3.主动汇报，争取支持。银邮代理机构应主动向当地政府部门汇报事发现场情况，视情况争取政府部门采取相应处置措施，防止因非正常满期给付和退保事件影响当地的社会稳定。

4.加强监测，防止蔓延。银邮代理机构应密切关注本系统邻近乡镇网点的退保动态，加强对网络、报纸及现场群众的舆情监测。发现外出务工客户集中返乡苗头的，应及时采取劝阻等必要措施。

5.其他必要的风险化解、处置措施。

(五)保险公司、银邮代理机构协调工作

满期给付和集中退保事件发生后，保险公司、银邮代理机构等单位要加强向当地政府的沟通汇报，视现场情况协调地方政府综合采取以下措施：

1.稳定客户情绪。通过在事发机构周围和人群聚集区域张贴政府公告，或是邀请当地政府负责同志现场解答客户疑惑等形式，加强正面宣传，消除客户恐慌心理，防止谣言传播。

2.维护现场秩序。协调地方政府公安部门维护好处置现场的给付或退保秩序，避免出现打、砸、抢等暴力事件，对恶意寻衅滋事人员果断采取强制措施，震慑违法行为。

3.澄清负面报道。对网络、报纸等新闻媒体发布的不实言论或报道，协调地方政府宣传部门及时采取相应处理措施，并及时作出正面回应，避免由于媒体恶意炒作引发风险蔓延扩大。

4.加强政策宣传。通过在满期给付与退保现场设置黑板报、印制宣传材料等形式，客观介绍保险产品，消除部分客户盲目从众心理。

五、监督检查

出现下列行为的，江苏保监局将依法对相关机构进行监督检查，并责成相关机构内部追究人员责任：

1、因违法违规行为导致发生满期给付或集中退保风险；

2、满期给付或集中退保风险发生后，因推诿责任、拖延处置、迟报谎报瞒报导致产生严重后果的。

六、附则

（一）江苏保监局加强对辖内满期给付与集中退保风险防范及处置工作的组织领导，发挥指挥协调作用，并视现场情况组成处置工作组加强处置指导。

（二）本指引由江苏保监局负责解释。

（三）本指引自印发之日起实施。《应对非正常集中退保突发事件操作指引》（苏保监办发〔2009〕10号）、《关于做好非正常集中退保突发事件处置工作的通知》（苏保监发〔2009〕14号）同时废止。

江苏保监局关于明确我省《保险销售从业人员监管办法》实施意见的通知

苏保监发〔2013〕203号

乐爱金财产保险（中国）有限公司，各保险公司省级分公司，各保险代理机构：

为促进我省保险销售从业人员队伍健康稳步发展，提高政策有效性，我局近日就《江苏保监局关于贯彻<保险销售从业人员监管办法>的实施意见》（苏保监发〔2013〕100号，以下简称《意见》）的实施情况对省内各保险公司和保险行业协会开展调研，根据调研及反馈情况，现将《意见》实施有关事项进一步明确如下：

一、出生日期在1980年1月1日以后，且身份证住址在南京、无锡、常州、苏州、南通五市主城区的寿险公司人员（本通知第四条列明人员除外）报名参加保险销售从业人员资格考试，必需具备大专及以上学历，考试通过获得全国A证，展业区域为全国境内（不含港澳台）。其他寿险公司人员可以高中学历参加保险销售从业人员资格考试，考试通过获得B证，展业区域为江苏省辖区内。

南京主城区包括秦淮区、鼓楼区、玄武区、建邺区、栖霞区和雨花台区；无锡主城区包括崇安区、南长区和北塘区；常州主城区包括天宁区、钟楼区、新北区和戚墅堰区；苏州主城区包括姑苏区、相城区、吴中区、苏州工业园区和苏州高新区（虎丘区）；南通主城区包括崇川区和港闸区。

出生日期在1980年1月1日以后，且身份证住址在南京、无锡、常州、苏州、南通五市主城区以外的寿险公司人员恢复执行《意见》学历要求时间另行通知。

二、产险公司、代理机构、农村营销员及社会人员政策不变，参照《意见》执行。

三、应届大学（含大专）毕业生、获得国民教育系列各类函授或远程教育（如华南理工大学-永兴元保宝网学历教育等）专科或本科毕业证书的人员，可视同具有大专及以上学历。

四、持有《中华人民共和国残疾人证》的人员可以高中学历参加保险销售从业人员资格考试，通过资格考试可获得B证，展业区域为江苏省辖区内。

本通知自2014年1月1日起施行，请各机构认真遵照执行。

江苏保监局

2013年12月26日

江苏保监局关于印发《江苏省保险公司分支机构城乡居民大病保险服务基本规范（试行）》的通知

苏保监发〔2013〕205号

苏州分局，各保险公司省级分公司、各保险行业协会：

为加强和改进商业保险机构经营大病保险服务水平，推动保险公司分支机构提升经营大病保险的专业化和规范化程度，在深入调研的基础上，我局制定了《江苏省保险公司分支机构城乡居民大病保险基本服务规范（试行）》，现印发给你们，请遵照执行。

江苏保监局

2013年12月30日

江苏省保险公司分支机构城乡居民大病保险服务基本规范（试行）

第一章　总　则

第一条　为规范江苏省保险公司分支机构城乡居民大病保险服务活动，保护大病保险参保群众合法权益，根据《中华人民共和国保险法》、《人身保险业务基本服务规定》（保监会令〔2010〕4号）、《关于开展城乡居民大病保险工作的指导意见》（发改社会〔2012〕2605号）、《保险公司城乡居民大病保险业务管理暂行办法》(保监发〔2013〕19号),制定本规范。

第二条 保险公司分支机构开展城乡居民大病保险业务过程中,在服务能力建设、理赔结报、客户服务、医疗行为监管、档案管理等方面工作应当符合本规范的要求。

第二章 服务能力建设

第三条 保险公司分支机构应当根据被保险人居住和就医分布情况,在开展大病保险业务的地区建立服务网点并组建大病保险专业服务队伍,为参保群众提供大病保险服务。

服务网点可设在保险公司分支机构营业场所内,利用现有机构、网络及人员提供服务;也可设在城乡居民基本医保经办机构或者定点医疗机构内,与基本医保经办机构实行合署办公。

服务网点应当设置醒目的大病保险服务标识牌,对服务的内容、流程及监督电话等进行公示,并设置投诉意见箱或者意见簿。

第四条 保险公司分支机构应当根据大病保险项目的服务和管理需要,在充分发挥自身已有队伍的基础上,配置大病保险专属服务队伍。每个县级统筹区的大病保险专业服务队伍应包含2名以上医学、财务统计及计算机专业本科学历以上背景的核心工作人员。其中医学背景人员应具有3-5年临床经验或者具备执业医师资格,专业服务核心人员岗位职能必须互相独立、牵制以防止串谋舞弊。负责政策宣导、简单巡访探视等工作的专管员,可以适当放松要求,但应建立严格的学习培训和考核制度,确保其能敬业爱岗。大病保险专业服务队伍总人数应按照每15万参保人配备1-1.5名服务人员。不断提高信息化水平,在有效防范风险的基础上,及时调整人力配备。

第五条 保险公司分支机构应有效部署大病保险信息系统,实现与基本医疗保险信息系统、定点医院管理信息系统无缝对接,交换的信息应包括但不限于:参保人姓名、医保卡号或身份证号、医院名称、疾病代码、诊疗信息、医药费用明细(包括医疗总费用、政策范围内费用、统筹支付费用、个人自费费用)。

保险公司分支机构应协助基本医保经办部门核对参保人员信息,确保参保人姓名、医保卡号或身份证号、联系方式等基本信息的准确性和完整性。

保险公司分支机构应持续关注大病保险信息系统运行情况,定期向上级机构提交改进大病保险信息系统的建议。

第六条 保险公司分支机构应根据当地基本医保部门提供的近3年的历史经验数据,科学、合理地测算城乡居民大病保险保障方案,测算时应考虑以下因素:大病范围补偿人数增长率及平均增长率、大病范围自付总额增长率与平均增长率、医疗费用预期增长率、转外就医影响因素、新生儿出生率、参保人群死亡率。保险公司分支机构应建立大病保险数据分析制度,逐月跟踪大病保险赔付情况与测算模型的吻合程度,并不断改进大病保险测算的方法和工具以提高测算的科学性和有效性。

第七条 保险公司分支机构应根据大病保险项目实际需要配备车辆,统筹区域为主城区的大病保险项目原则上不配车,主城区工作用车应当采用社会化提供;地域较广的县区级统筹地区配备的大病保险专用车辆配备应采用总价在10万以下的经济型轿车,并喷涂“××县(区)大病保险工作专用车”统一标识,作为大病保险理赔调查专用车辆,建立行车记录制度,防止车辆被挪作他用。

第八条 保险公司分支机构应制定完善的业务、财务、风险管理等管理制度。

制定规范科学的业务处理流程,包括协议签署、承保、续保、保全、医疗核查、理赔、投诉处理等。

制定公开透明、科学合理的独立核算财务管理制度,确保对大病保险业务实行独立核算,大病保险项目应当建立独立帐套,单独归集成本费用,接受财政和审计部门监督,适时向社会公开大病保险承办成本。

制定严格的风险管理制度,对潜在的医疗费用风险进行严格管控,确保大病保险资金使用安全、高效。

制定服务质量考核评价制度,建立以投保人和被保险人满意度为核心的大病保险服务评价体系和内部责任追究制度。

第三章 理赔结报服务标准

第九条 保险公司分支机构大病保险理赔服务应与当地基本医疗保险补偿服务有效衔接,为参保群众提供“一站式”出院即时结报等服务。

对于异地就医、无法实现出院即时结报的,保险公司分支机构应充分发挥系统网络优势,提供异地结报服务。

第十条 实行“一站式”出院即时结报的,保险公司分支机构应与基本医保经办机构密切配合,为定点医疗机构提供优质高效的支付服务,服务标准应与基本医疗保险制度要求保持一致。

第十一条 参保群众在当地或异地保险公司分支机构网点申请理赔的,工作人员应一次性告知需要提供的理赔资料,并在理赔资料齐全之日起10个工作日内做出核定;情形复杂的,原则上应当在20日内做出核定。做出核定结论后,应当在2个工作日内通知申请人确认,申请人无异议的,应当在3个工作日内完成支付。理赔款支付应主要通过转账方式,对于申请人坚持现金支付方式的,应提供现金支付服务。

第四章 客户服务要求

第十二条 保险公司分支机构应采用公告、网络等方式向社会公众公布本公司经营城乡居民大病保险的保障责任、服务内容、服务咨询和理赔报案电话,做出服务承诺并严格履行,切实维护好被保险人的合法权益。

第十三条 保险公司分支机构应当建立完善的大病保险业务投诉处理机制。

保险公司分支机构应当自受理投诉之日起10个工作日内向投诉人做出明确答复。由于特殊原因无法按时答复的,保险公司应当及时向投诉人反馈进展情况,并在30个工作日内向投诉人做出明确答复。向投诉人的答复应当经过认真客观

调查后做出,答复方式可以采用书面、电话、电子邮件等方式,但是应与投诉人确认其收到答复,其中采用电话答复方式的应当录音。

第十四条　保险公司分支机构应当建立大病保险回访制度。保险公司分支机构应当设立专门岗位负责大病保险业务的咨询及客户回访,条件具备的应该由省级分公司的呼叫中心统一进行回访。保险公司分支机构应当在赔付义务履行后30日内,对获得大病保险赔付的参保群众进行电话回访,并记录回访情况,回访比例应不低于30%。保险公司分支机构应当在参保人获取赔款时告知参保人保险公司可能要进行电话回访。回访应当包括但不限于以下内容:

(一)确认参保人身份(确认参保人的姓名、医保卡号);

(二)确认参保人所住医院以及大致住院期间,对医疗机构诊疗水平满意程度;

(三)确认受访人实际住院花费及自付部分金额。

回访录音保存时间不得少于5年。

第五章　医疗监督管理

第十五条　保险公司分支机构应当在基本医保主管部门的授权或联合工作模式下,通过医疗巡查、驻院监督、病案评估、以及优化支付方式等方式,积极开展合理的医疗费用管控。

第十六条　保险公司分支机构应加强与当地政府相关部门的沟通协调,协助制定大病医疗服务评价考核标准和建立大病保险定点医疗机构评审机制,配合做好医疗行为监管。

第十七条　保险公司分支机构在大病保险赔付核查中,应严格按照当地有关政策规定及保险合同约定对医疗费用支出的合理性进行全面审核,剔除不合理部分;对疑难案件,应建立医疗专家评审制度,控制道德风险和超额赔付;对冒名就医、挂床住院、过度医疗等违规问题应通报投保人和政府有关部门,并提出相关整改建议。

第十八条　保险公司分支机构应在基本医保主管部门的指导下,建立综合住院率、综合住院次均费用、综合住院自费率等量化考核方案。

第六章　档案管理

第十九条　保险公司分支机构应依据保险法及有关档案管理法律法规做好大病保险档案管理。建立大病保险业务、财务、医疗审核档案管理制度,设置专门场所,配备专门人员,加强档案保密工作及日常管理工作。赔付档案的管理应采取“一人一档”,建立档案索引以便于查阅。

第七章　其他方面

第二十条　经营大病保险的保险公司分支应建立大病保险业务统计分析制度,按月度或按季度做好当地大病保险运行情况分析及对未来的预测,拟采取的管理措施等。

第二十一条　保险公司省级分公司应及时汇总、分析保险公司分支机构大病保险经营情况,根据大病保险实际经营成果修正大病保险精算模型,确保大病保险长期、稳定、健康发展。

第二十二条　保险公司分支机构应协同政府相关部门做好大病保险政策宣传工作。在宣传大病保险时不得减少或夸大保障责任,不得强制搭售其他商业保险产品。

第二十三条　保险公司分支机构应积极配合、主动接受当地财政、审计等政府部门的监督检查。

第二十四条　保险公司分支机构应创造条件,逐步为被保险人提供健康档案管理、风险评估、健康干预等全流程服务,努力提高客户健康水平,降低疾病发生率。

第二十五条　保险公司分支机构应建立省市县专业健康险管理机构或者部门,确保本规范的各项规定落到实处。

第二十六条　本规范自印发之日起执行。

ANGSU BAOXIAN NIANJIAN

光荣榜

江苏保险综合类获奖名单

表 46

获奖单位	授奖单位	奖项名称
中国人民财产保险股份有限公司江苏省分公司	中国金融工会全国委员会	全国金融系统先进工会组织
	江苏省档案局	省级机关档案工作先进集体
	中国金融政研会	“2012–2013 年”全国金融系统思想政治工作先进单位
中国人民财产保险股份有限公司宿迁市分公司	中国人保集团公司	中国人保先进集体
		中国人保五一劳动奖状
中国人民财产保险股份有限公司张家港中心支公司党支部	中国人保集团公司党委	中国人民保险集团先进基层党组织
中国人民财产保险股份有限公司扬州市分公司党委		
中国人民财产保险股份有限公司扬州市开发区支公司	江苏省财贸轻纺工会	江苏省“工人先锋号”
中国人民财产保险股份有限公司东台支公司		
中国太平洋财产保险股份有限公司江苏分公司	江苏保监局、新华日报社	江苏省首届保险知识竞赛优秀组织奖
	中国太平洋保险集团公司	iO9 中小企业转型项目创新试点践行奖
		IT 内控进步奖
中国太平洋财产保险股份有限公司南京分公司	中国质量万里行	中国质量万里行明察暗访 A 类称号
中国太平洋财产保险股份有限公司苏州分公司	江苏省总工会	江苏省模范职工小家
中国太平洋财产保险股份有限公司苏州新区支公司	中国太平洋保险集团公司	2012 年度太保系统“青年文明号”
中国平安财产保险股份有限公司江苏分公司	江苏省放心消费创建活动办公室	江苏省放心消费创建活动先进单位
中国平安财产保险股份有限公司淮安分公司	江苏省人民政府	AAA 级重合同守信用企业
中国平安财产保险股份有限公司镇江分公司	江苏省工商行政管理局	江苏省“守合同、重信用”企业
中国平安财产保险股份有限公司镇江分公司总经理	中国保险学会、保险经理人杂志社	2012 中国十大保险经理人
天安保险股份有限公司江苏分公司	共青团江苏省委	青年文明号
共青团江苏信保委员会	中央金融团工委	全国金融五四红旗团委
中华联合财产保险股份有限公司江苏分公司	江苏省省直机关工会工作委员会	先进职工之家
		全省职工学习贯彻党的十八大精神知识竞赛优秀组织奖
	江苏保监局	2012 年度江苏保险业统计工作“先进单位”荣誉称号
	江苏保监局、新华日报社	江苏省首届保险知识竞赛优秀组织奖
中华联合财产保险股份有限公司江苏分公司财务会计部	江苏省总工会	江苏省工人先锋号

续表 46

获奖单位	授奖单位	奖项名称
都邦财产保险股份有限公司江苏分公司	共青团江苏省委	江苏省五四红旗团委创建单位
中银保险有限公司江苏分公司	江苏省总工会	工人先锋号
中国人寿财产保险股份有限公司江苏省分公司	中国金融教育发展基金会	金融教育先进集体
中国人寿财产保险股份有限公司江苏省分公司电话中心	共青团中央	2011—2012 年度全国青年文明号
	中央金融团工委	全国金融五四红旗团委
中国人寿财产保险股份有限公司泰州市中心支公司王海燕	中央金融团工委	全国金融青年服务明星
紫金财产保险股份有限公司江苏分公司业务管理部沈娟娟	江苏保监局、江苏省保险行业协会	优秀服务标兵
紫金财产保险股份有限公司宿迁中心支公司总经理	中国保险学会、保险经理人杂志社	2012 中国十大保险经理人
中国人寿保险股份有限公司江苏省分公司	中国人寿集团公司	2013 年度创新成果奖
	江苏保监局	2012 年度江苏保险业统计工作“先进单位”荣誉称号
	现代快报	2013 年度最佳保障保险机构
	新浪江苏	江苏最受信赖寿险品牌
中国人寿保险股份有限公司扬州市分公司客户服务中心	共青团中央	全国青年文明号
中国人寿保险股份有限公司江苏省分公司团体业务部	全国老龄工作委员会办公室	第一届“全国敬老文明号”称号
中国人寿保险股份有限公司南通市分公司团体业务部		
中国人寿保险股份有限公司武进支公司团体业务部		
中国人寿保险股份有限公司无锡市分公司	中国人寿集团公司	中国人寿系统 2012 年度业务发展先进单位
中国太平洋人寿保险股份有限公司江苏分公司	江苏省档案局	2013 年度“省级机关档案工作先进集体”
中国太平洋人寿保险股份有限公司苏州分公司	世界卫生组织健康城市合作中心	“健康单位”
	中国健康教育中心	“健康教育最佳合作奖”
中国太平洋人寿保险股份有限公司无锡分公司	中国质量万里行促进会	中国质量万里行服务质量 A 类评价
中国平安人寿保险股份有限公司江苏分公司	江苏保监局、新华日报社	江苏省首届保险知识竞赛优秀组织奖
	江苏省财贸轻纺工会	江苏省“工人先锋号”
	中国质量万里行促进会	中国质量万里行服务质量 A 类评价
友邦保险有限公司江苏分公司	江苏保监局	2012 年度“信访投诉工作先进单位”
	江苏保监局、新华日报社	江苏省首届保险知识竞赛优秀组织奖
太平人寿保险有限公司江苏分公司	江苏保监局	2012 年度“信访投诉工作先进单位”
太平人寿保险有限公司苏州分公司	中国太平保险集团公司	“我为三年再造作贡献”系列活动之“太平青年合理化建议征集活动”优秀奖

续表 46

获奖单位	授奖单位	奖项名称
生命人寿保险股份有限公司江苏分公司	中共生命人寿保险股份有限公司委员会	先进基层党组织
	江苏省放心消费创建活动办公室	江苏省放心消费创建活动先进单位
海康人寿保险有限公司江苏分公司	保险经理人	2013 年度最具创新性产品
中国人民健康保险股份有限公司江苏分公司	中国人保集团公司	中国人民保险集团 2012 年交叉销售及互动业务竞赛“团结协作奖”
		中国人保五一劳动奖状单位
		中国人保 2013“女职工文明示范岗”
中国人民健康保险股份有限公司镇江中心支公司	江苏省财贸轻纺工会	江苏省“工人先锋号”
中国人民健康保险股份有限公司南通中心支公司	中国人保集团公司	中国人保五一劳动奖状单位
中国人民健康保险股份有限公司苏州中心支公司		中国人民保险集团 2012 农村保险“创新发展奖”
中国人民健康保险股份有限公司南通中心支公司		中国人民保险集团 2012 年交叉销售及互动业务竞赛“业绩突出奖”
平安养老保险股份有限公司江苏分公司于琼	中国平安集团品牌宣传岗	2013 年品牌系统“专业技能 PK 赛”优胜奖
平安养老保险股份有限公司江苏分公司王超	中国平安集团法律事务岗	集团年度优秀个人法律岗
华泰人寿保险股份有限公司江苏分公司	江苏保监局	信访投诉工作先进单位
	华泰人寿保险股份有限公司	华泰人寿首届客服节优秀组织奖
		2013 年度优秀分公司
		2013 年个险保费贡献单位
中美联泰大都会人寿保险有限公司江苏分公司	江苏省保险行业协会	2013 年全省人身保险个人保单信息有奖查询活动优秀组织奖
英大泰和人寿保险股份有限公司江苏分公司	江苏苏商研究院 江苏省苏商发展促进会	2012 年度苏商首选创新型保险公司
	中国质量万里行市场调查中心	2013 年中国 3·15 诚信企业
建信人寿保险有限公司常州中心支公司	中国建设银行	青年文明号
	建信人寿保险有限公司	2012 年建信人寿“巾帼建功标兵”
阳光人寿保险股份有限公司江苏分公司	江苏省总工会	江苏省“工人先锋号”
	江苏省财贸轻纺工会	江苏省“工人先锋号”
	阳光保险集团公司	2013 年度集团十大价值贡献单位
中国人寿养老保险股份有限公司江苏省分公司	江苏保监局	2012 年度江苏保险业信访投诉工作先进单位
中邮人寿保险股份有限公司江苏分公司	江苏保监局	2012 年江苏保险行业统计先进单位
	中国邮政集团	2012 年“营销创优”劳动竞赛营销体系建设先进单位
		第九届全国邮政企业管理现代化创新成果三等奖
	中国通信企业协会	第十届通信行业企业管理现代化创新成果三等奖
泰康养老保险股份有限公司江苏分公司	泰康人寿集团公司	优秀分公司
敏梅保险代理有限公司	中国互联网协会	企业信用评价 AAA 级信用企业
	江苏省质量监督管理委员会、江苏名牌事业促进会	江苏省用户满意服务明星企业

江苏省保险业第三届岗位技能大赛获奖名单

表 47

获 奖 单 位	授奖单位	奖项名称
中邮人寿保险股份有限公司江苏分公司 曾小艺	江苏保监局	销售从业人员岗一等奖
华泰人寿保险股份有限公司常州中心支公司 倪建东		销售从业人员岗二等奖
华泰人寿保险股份有限公司常州中心支公司 周佳		
中国人寿财产保险股份有限公司连云港市中心支公司 刘涛		销售从业人员岗三等奖
中邮人寿保险股份有限公司江苏分公司 李福洲		
江苏东吴保险经纪有限公司 朱晓丽		
中国平安人寿保险股份有限公司盐城中心支公司 胥铃铃		
中邮人寿保险股份有限公司江苏分公司 杜玉阳		
中国太平洋财产保险股份有限公司无锡新区支公司 陈乡		销售从业人员岗优秀奖
长城人寿保险股份有限公司无锡中心支公司 邓卫玲		
太平人寿保险有限公司徐州中心支公司 姚远		
中国人民财产保险股份有限公司南京市城北支公司 李洁		
中国人寿保险股份有限公司苏州市分公司 宋亚宣		
中国人民财产保险股份有限公司泰州市分公司 杨清		
紫金财产保险股份有限公司南通中心支公司 徐敬琰		
中国太平洋财产保险股份有限公司无锡宜兴支公司 周洁		
泰康人寿保险股份有限公司南京营销本部 李飞飞		
瑞泰人寿保险有限公司江苏分公司 陈洁		
中邮人寿保险股份有限公司江苏分公司		优秀组织奖
江苏省保险行业协会		
苏州市保险行业协会		
无锡市保险行业协会		
常州市保险行业协会		

2010–2012 年度江苏省文明单位标兵、文明行业单位的表彰名单

表 48

获 奖 单 位	授奖单位	奖项名称
中国人寿保险股份有限公司江苏省分公司	中共江苏省委、江苏省人民政府	2010–2012 年度江苏省文明单位标兵
中国人民财产保险股份有限公司江苏省分公司	江苏省精神文明建设指导委员会	2010–2012 年度江苏省文明单位
中国太平洋人寿保险股份有限公司江苏分公司		
都邦财产保险股份有限公司江苏分公司		
中华联合财产保险股份有限公司江苏分公司		
江苏省保险学会		
中国人寿财产保险股份有限公司江苏分公司		
华泰人寿保险股份有限公司江苏分公司		
太平人寿保险有限公司江苏分公司		
恒泰保险经纪有限公司		

续表48

获 奖 单 位	授奖单位	奖项名称
阳光人寿保险股份有限公司江苏分公司	江苏省精神文明建设指导委员会	2010-2012年度江苏省文明单位
中国太平洋财产保险股份有限公司南京分公司		
中国人民财产保险股份有限公司无锡市分公司		
中国太平洋财产保险股份有限公司无锡分公司		
中国人寿保险股份有限公司无锡市分公司		
中国太平洋人寿保险股份有限公司无锡分公司		
中国人寿财产保险股份有限公司无锡市中心支公司		
中国人寿保险股份有限公司徐州市分公司		
中国人民财产保险股份有限公司徐州市分公司		
中国人寿财产保险股份有限公司徐州市中心支公司		
中国人寿保险股份有限公司徐州市贾汪支公司		
中国人寿财产保险股份有限公司常州市中心支公司		
中国人民财产保险股份有限公司苏州市分公司		
中国人寿保险股份有限公司南通市分公司		
中国人寿财产保险股份有限公司南通市中心支公司		
中国人寿保险股份有限公司海安支公司		
中国人寿保险股份有限公司通州支公司		
中国人寿保险股份有限公司连云港市分公司		
中国人民财产保险股份有限公司连云港市分公司		
中国人寿财产保险股份有限公司连云港市中心支公司		
中国人民财产保险股份有限公司连云港市海州支公司		
中国人寿财产保险股份有限公司淮安市中心支公司		
中国人寿保险公司淮安分公司		
中国人民财产保险股份有限公司淮安市分公司		
中国人寿财产保险股份有限公司盐城市中心支公司		
中国人民财产保险股份有限公司扬州市分公司		
中国人寿保险股份有限公司扬州市分公司		
中国人寿保险股份有限公司江都支公司		
中国人寿保险股份有限公司宝应支公司		
中国人寿保险股份有限公司镇江市分公司		
中国人寿财产保险股份有限公司镇江市中心支公司		
中国人寿保险股份有限公司扬中支公司		
中国人寿保险股份有限公司句容支公司		
中国人寿保险股份有限公司泰州市分公司		
中国人寿财产保险股份有限公司泰州市中心支公司		
中国人寿保险股份有限公司靖江支公司		
中国人寿保险股份有限公司泰兴支公司		
中国人民财产保险股份有限公司泰兴支公司		

续表 48

<table>
<tr><th>获 奖 单 位</th><th>授奖单位</th><th>奖项名称</th></tr>
<tr><td>中国人寿保险股份有限公司兴化支公司</td><td rowspan="5">江苏省精神文明建设指导委员会</td><td rowspan="5">2010—2012 年度江苏省文明单位</td></tr>
<tr><td>中国人寿保险股份有限公司姜堰支公司</td></tr>
<tr><td>中国人寿保险股份有限公司宿迁市分公司</td></tr>
<tr><td>中国人寿保险股份有限公司泗洪支公司</td></tr>
<tr><td>新华人寿保险股份有限公司江苏分公司</td></tr>
</table>

全省保险业青年第九套广播体操比赛名单

表 49

<table>
<tr><th>获 奖 单 位</th><th>授奖单位</th><th>奖项名称</th></tr>
<tr><td>泰康人寿保险股份有限公司江苏分公司和泰康养老保险股份有限公司江苏分公司联合代表队</td><td rowspan="29">共青团江苏省保险行业工作委员会</td><td rowspan="3">第九套广播体操比赛一等奖</td></tr>
<tr><td>中国人民财产保险股份有限公司江苏省分公司和中国人民健康保险股份有限公司江苏分公司联合代表队</td></tr>
<tr><td>新华人寿保险股份有限公司江苏分公司</td></tr>
<tr><td>中国人寿保险股份有限公司江苏省分公司</td><td rowspan="5">第九届广播体操比赛二等奖</td></tr>
<tr><td>中国太平洋人寿保险股份有限公司江苏分公司</td></tr>
<tr><td>中国人寿财产保险股份有限公司江苏省分公司</td></tr>
<tr><td>中华联合财产保险股份有限公司江苏分公司</td></tr>
<tr><td>中国平安财产保险股份有限公司江苏分公司</td></tr>
<tr><td>永安财产保险股份有限公司江苏分公司</td><td rowspan="7">第九届广播体操比赛三等奖</td></tr>
<tr><td>中邮人寿保险股份有限公司江苏分公司</td></tr>
<tr><td>中国太平洋财产保险股份有限公司江苏分公司</td></tr>
<tr><td>中国平安人寿保险股份有限公司江苏分公司</td></tr>
<tr><td>建信人寿保险股份有限公司江苏分公司</td></tr>
<tr><td>中国人民人寿保险股份有限公司江苏省分公司</td></tr>
<tr><td>华泰人寿保险股份有限公司江苏分公司</td></tr>
<tr><td>都邦财产保险股份有限公司江苏分公司</td><td rowspan="4">第九届广播体操比赛优秀奖</td></tr>
<tr><td>太平人寿保险有限公司江苏分公司</td></tr>
<tr><td>阳光人寿保险股份有限公司江苏分公司</td></tr>
<tr><td>江苏敏梅保险代理有限公司</td></tr>
<tr><td>泰康人寿保险股份有限公司江苏分公司</td><td rowspan="10">组织奖</td></tr>
<tr><td>泰康养老保险股份有限公司江苏分公司</td></tr>
<tr><td>中国人民财产保险股份有限公司江苏省分公司</td></tr>
<tr><td>中国人民健康保险股份有限公司江苏分公司</td></tr>
<tr><td>新华人寿保险股份有限公司江苏分公司</td></tr>
<tr><td>中国人寿保险股份有限公司江苏省分公司</td></tr>
<tr><td>中国人寿财产保险股份有限公司江苏省分公司</td></tr>
<tr><td>永安财产保险股份有限公司江苏分公司</td></tr>
<tr><td>江苏敏梅保险代理有限公司</td></tr>
</table>

保险行业核心价值理念征文获奖名单

表 50

作品	获奖者	授奖单位	奖项名称
江苏保险业落实行业核心价值理念研究	江苏省保险学会　许芬	江苏省保险学会	保险行业核心价值理念征文一等奖
论践行保险行业核心价值理念的几个关系	中国人民财产保险股份有限公司南通市分公司　杨卫刚　崔益平　孙炳岩		保险行业核心价值理念征文二等奖
四力齐发　提升保险业国际水平	常州市保险学会　华建平　中国人民财产保险股份有限公司连云港市分公司　许乾		
践行保险行业核心价值理念增强保险文化软实力	江苏保监局　钟赟		
保险行业服务文化建设的制度保障与建设路径	友邦保险有限公司江苏分公司　时敏		
加强保险文化建设　践行保险核心价值	中国人寿保险股份有限公司张家港支公司		保险行业核心价值理念征文三等奖
践行保险业核心价值理念初探	中国人民财产保险股份有限公司射阳支公司　沈茂亭		
践行核心价值理念　提升保险行业形象	新华人寿保险股份有限公司江苏分公司刘英		
践行核心价值理念　助推行业健康发展	中国太平洋人寿保险股份有限公司江苏分公司　卢波		
保险行业核心价值理念是寿险业的精神力量	中国太平洋人寿保险股份有限公司南通中心支公司　邱晶		
回归保险本质　凝聚行业力量	中国人寿养老保险股份有限公司江苏省分公司　张斯蕊		
社会学视角下的保险文化评价体系构建	江苏保监局　夏建荣	江苏省保险学会	保险行业核心价值理念征文优秀奖
践行保险行业核心价值理念　提升企业发展软实力	新华人寿保险股份有限公司南京中心支公司　林雅洁		
践行核心价值理念　发展保险企业文化	安诚财产保险股份有限公司江苏分公司徐子诚		
依据行业本质特征　构建核心价值体系	南通市保险行业协会　曹宇坤		
浅谈如何践行保险行业核心价值理念	中国太平洋人寿保险股份有限公司连云港中心支公司　鲁凡		
全力践行保险行业价值理念的几点思考	中国人民财产保险股份有限公司大丰支公司　沈小童		
让文化成为梦的翅膀	阳光人寿保险股份有限公司江苏分公司袁永攀		
用理念凝聚人心　用文化圆满“保险梦”	张瑜英		

ANGSU BAOXIAN NIANJIAN

江苏省保险机构通讯录

表 51

机构名称	机构地址	邮编	电话
中国保监会江苏监管局	南京市汉中路169号金丝利大厦12F	210029	025-86793900
中国保监会苏州监管分局	苏州市工业园区苏惠路98号国检大厦14F	215021	0512-85667666
	财产保险公司		
乐爱金财产保险(中国)有限公司			
乐爱金财产保险(中国)有限公司	南京市建邺区庐山路188号新地中心27F2701—2703室	210019	025-87780888
紫金财产保险股份有限公司			
紫金财产保险股份有限公司	南京市建邺区兴隆大街188号奥体邻里中心综合楼1-4F	210019	025-85669999
中国人民财产保险股份有限公司			
江苏省分公司	南京市玄武区长江路69号保险大厦	210005	025-84715888
南京市分公司	南京市玄武区龙蟠中路69号	210016	025-68185012
无锡市分公司	无锡市中山路58号	214002	0510-68865669
徐州市分公司	徐州市建国东路437号	221003	0516-68006016
常州市分公司	常州市和平北路11号	213000	0519-68867020
苏州市分公司	苏州市运河路8号	215011	0512-80986011
南通市分公司	南通市青年中路90号保险大厦	226006	0513-68095665
连云港市分公司	连云港市新浦区苍梧路1号	222006	0518-86077168
淮安市分公司	淮安市健康东路67号	223001	0517-80879256
盐城市分公司	盐城市亭湖区建军东路58号	224001	0515-68826889
扬州市分公司	扬州市文昌中路388号	225000	0514-87348181
镇江市分公司	镇江市正东路35号	212003	0511-85589177
泰州市分公司	泰州市海陵区凤凰东路80号	225300	0523-80916801
宿迁市分公司	宿迁市宿城区黄河路222号	223800	0527-88018500
中国太平洋财产保险股份有限公司			
江苏分公司	南京市洪武路137号	210002	025-84514334
南京分公司	南京市洪武路137号	210002	025-84819719
无锡分公司	无锡市崇宁路8号	214002	0510-65218858
徐州中心支公司	徐州市建国西路59号	221002	0516-85708512
常州分公司	常州市广化街281号	213001	0519-86627943
苏州分公司	苏州市干将西路218号	215002	0512-65218858
南通中心支公司	南通市人民中路203号中南大厦B座8-10F	226001	0513-85587859
连云港中心支公司	连云港市新浦区海昌北路48号	222001	0518-85486004
淮安中心支公司	淮安市淮海东路118号	223001	0517-83755243
盐城中心支公司	盐城市西环中路87号	224005	0515-88351515
扬州中心支公司	扬州市文昌中路540号	225002	0514-87316117
镇江中心支公司	镇江市中山东路19号	212003	0511-84407526
泰州中心支公司	泰州市鼓楼南路557号	225300	0523-86363610
宿迁中心支公司	宿迁市洞庭湖路111号	223800	0527-84392968
中国平安财产保险股份有限公司			
江苏分公司	南京市建邺区江东中路108号万达广场C座18F	210019	025-84787806
无锡分公司	无锡市解放北路1号锡行大厦7F	214000	0510-82767329
徐州中心支公司	徐州市解放南路矿业大学科技园科技大厦2F206室	221006	0516-85805599
常州中心支公司	常州市晋陵中路590号	213002	0519-86808135
苏州分公司	苏州市工业园区圆融时代广场24幢B栋平安财富中心105、602室	215028	0512-67876500
南通中心支公司	南通市崇川区五一路399号	226007	0513-81186927

续表 51

机构名称	机构地址	邮编	电话
连云港中心支公司	连云港市新浦区海连西路 30-6 号	222000	0518-81189590
淮安中心支公司	淮安市经济开发区厦门西路 16-1 号	223005	0517-83750655
盐城中心支公司	盐城市人民南路 1 号华邦国际东厦 7F	224000	0515-88377900
扬州中心支公司	扬州市邗江区邗江大道 471 号(邮政大楼西侧 EMS 速递主楼)	225012	0514-82985310
镇江中心支公司	镇江市长江路 267 号翠堤春晓 20 幢	212002	0511-88660228
泰州中心支公司	泰州市海陵南路 295 号	225300	0523-86898962
宿迁中心支公司	宿迁市洪泽湖路 49 号气象局 4F	223800	0527-80800091
天安财产保险股份有限公司			
江苏省分公司	南京市石鼓路 107 号华威大厦 6F	210000	025-66007012
江苏省分公司营业部	南京市龙蟠中路 30 号东来商务中心 3F	210016	025-66007300
无锡中心支公司	无锡市太湖西大道 258 号金星睦邻中心附楼 5F	214023	0510-66961011
徐州中心支公司	徐州市淮海西路 255 号公交商贸大厦 4、9F	221006	0516-66662098
常州中心支公司	常州市新北区通江中路 396 号时代广场中创大厦 19F	213003	0519-83089113
苏州中心支公司	苏州市高新区塔园路 133 号	215011	0512-89185770
南通中心支公司	南通市桃坞路 89 号莘园大厦 6F	226006	0513-80106199
连云港中心支公司	连云港市新浦区朝阳中路 168 号祥源国际大厦 11F	222000	0518-85350050
淮安中心支公司	淮安市健康东路 30 号联通大厦 16F	223001	0517-83779115
盐城中心支公司	盐城市解放南路 123 号	224005	0515-88181788
扬州中心支公司	扬州市文昌西路 47 号 8F	225009	0514-85865551
镇江中心支公司	镇江市黄山北路韵成大厦 B 座 2-4F	212000	0511-85116050
泰州中心支公司	泰州市海陵区海陵南路 389 号	225300	0523-82190705
宿迁中心支公司	宿迁市洞庭湖路 277 号	223800	0527-88011188
大众保险股份有限公司			
江苏分公司	南京市秦淮区龙蟠中路 459 号鸿意地产大厦 A 座 4F	210000	025-83781350
南京中心支公司	南京市秦淮区龙蟠中路 459 号鸿意地产大厦 A 座 4F	210000	025-83781350
无锡中心支公司	无锡市新生路 107 号新鼎球大厦 15F	214000	0510-82765491
徐州中心支公司	徐州市泉山区湖北路 66 号滨湖花园一期 G2 号楼 101、103-1102F	221000	0516-83900059
常州中心支公司	常州市青果巷 192 号长安大厦 5-6F	213000	0519-86806222
苏州分公司	苏州市干将西路 389 号	215002	0512-65226303
南通中心支公司	南通市崇川区中南世纪城 34 幢 3001-3004、3013-3014 室	226000	0513-85128986
扬州中心支公司	扬州市文昌中路 382 号琼花工行 3F	225200	0514-87933336
镇江中心支公司	镇江市京口区桃花坞 5 区 32 号	212000	0511-83900059
华泰财产保险有限公司			
江苏省分公司	南京市鼓楼区中山北路 8 号紫峰大厦(副楼)名义楼层 2802—2804 室	210008	025-52228900
南京中心支公司	南京市鼓楼区中山北路 8 号紫峰大厦(副楼)名义楼层 2802—2804 室	210008	025-52228900
无锡中心支公司	无锡市新区长江北路 6 号百仕达大厦 8F825 室	214028	0510-81819600
徐州中心支公司	徐州市泉山区淮塔东路南茗城逸墅 1 号 1-114-115 室	221009	0516-85698159
苏州中心支公司	苏州市工业园区苏华路 1 号世纪金融大厦 701A 室	215021	0512-65238866
南通中心支公司	南通市姚港路 6 号方天大厦 7F	226006	0513-85128597
扬州中心支公司	扬州市邗江中路 458 号汇好数码广场 6F	225009	0514-82988805
镇江中心支公司	镇江市长江路 11 号滨江银座 B 座 11F1102	212001	0511-85084538
泰州中心支公司	泰州市海陵区鼓楼南路 355 号金地花园 D-2 幢 5F	225300	0523-82088904
中国出口信用保险公司			
江苏分公司	南京市湖南路 1 号凤凰广场 B 座 21—22F	210009	025-84467829

续表 51

机构名称	机构地址	邮编	电话
江苏分公司营业部	南京市湖南路 1 号凤凰广场 B 座 21F	210009	025-84467532
无锡办事处	无锡市滨湖区万达广场 A 区写字楼 7F	214060	0510-85010049
常州办事处	常州市新北区龙锦路 1268 号常检大厦 12F	213022	0519-85601558
苏州办事处	苏州市工业园区苏雅路 308 号苏州信投大厦 7F	215021	0512-67613968
南通办事处	南通市经济技术开发区通盛大道 188 号创业外包服务中心 E 幢 20F	226009	0513-87116800
中华联合财产保险股份有限公司			
江苏分公司	南京市珠江路 229 号	210000	025-83078318
南京营业总部	南京市建邺区梦都大街 152 号	210000	025-84665686
无锡中心支公司	无锡市人民中路 97 号佳福大厦 17F	214001	0510-82702652
徐州中心支公司	徐州市泰山路东坡广场红十字会院内	221006	0516-83686775
常州中心支公司	常州市晋陵中路 515 号	213000	0519-88162301
苏州中心支公司	苏州市三香路 53-105 号	215004	0512-66091708
南通中心支公司	南通市虹桥路 66 号	226000	0513-85158512
连云港中心支公司	连云港市新浦区建设东路 88 号海通集团办公楼 3F	222006	0518-85838353
淮安中心支公司	淮安市西安路 168 号(淮安市红十字会院内)	223001	0517-83648897
盐城中心支公司	盐城市盐马路 39 号	224001	0515-88266580
扬州中心支公司	扬州市新城河路 520 号水利大厦 3F	225009	0514-87965101
镇江中心支公司	镇江市中山北路 19 号金山大厦 5F	212002	0511-85293609
泰州中心支公司	泰州市江洲南路 117 号	225300	0523-86395113
宿迁中心支公司	宿迁市青海湖路与世纪大道交叉口阳光华城一期 3 号商铺 02 号	223800	0527-84387189
太平财产保险有限公司			
江苏分公司	南京市中山南路 414 号投资大厦 2F	210006	025-84727111
无锡中心支公司	无锡市滨湖区隐秀路 872 号鑫园开发区 A2 栋 7F	214071	0510-82809088
徐州中心支公司	徐州市迎宾大道千家惠建材市场 1 号 2-B08	221008	0516-83821177
常州中心支公司	常州市北大街 21 号中亚大厦北 8F	213000	0519-81189078
苏州分公司	苏州市工业园区华池街圆融时代广场 24 栋 A 座 17F1701 室	215028	0512-65238000
南通中心支公司	南通市崇川区工农南路 156 号鑫乾国际广场 A 座 15F	226001	0513-85219668
连云港中心支公司	连云港市朝阳东路东盛名都广场 B 座 806 室	222000	0518-85688808
扬州中心支公司	扬州市文昌西路 56 号公元国际大厦 9F908-910 室	225000	0514-87965599
镇江中心支公司	镇江市大西路 286 号同德大厦 2F	212000	0511-85282666
泰州中心支公司	泰州市鑫泰花园沿街商铺 S1 栋 5 室 1-3F	225300	0523-86390555
中国大地财产保险股份有限公司			
江苏分公司	南京市龙蟠中路 93-8 号	210016	025-87766615
南京中心支公司	南京市龙蟠中路 93-8 号	210016	025-87766742
无锡中心支公司	无锡市清扬路 91-99 号太湖明珠数码大厦 404-2 室	214023	0510-85051087
徐州中心支公司	徐州市建国西路 88 号	221000	0516-85809036
常州中心支公司	常州市大庙弄 3 号华鹰大厦 5-7F	213003	0519-88176971
苏州中心支公司	苏州市东环路 1400 号一幢开元大厦 8F	215021	0512-62555182
南通中心支公司	南通市青年西路 15 号新海通大厦 10F	226001	0513-89086333
连云港中心支公司	连云港市新浦区苍梧路 6 号龙河大厦 A 座 17F	222003	0518-85681200
淮安中心支公司	淮安市淮海北路 50-1 号清江中学南综合办公楼 3F	223001	0517-83995101
盐城中心支公司	盐城市青年路 14 号国飞尚城 A 区 13 幢 3F	224055	0515-88128012
扬州中心支公司	扬州市四望亭路 326-5 号	225002	0514-89711098
镇江中心支公司	镇江市电力路 30 号 7F	212000	0511-85288087
泰州中心支公司	泰州市海陵区鼓楼南路 398 号广电中心西北角一幢 3F 办公室	225300	0523-86398591

续表 51

机构名称	机构地址	邮编	电话
宿迁中心支公司	宿迁市青海湖路89-78号	223800	0527-84395678
永安财产保险股份有限公司			
江苏分公司	南京市建邺区庐山路158号嘉业国际城4栋25F	210018	025-87702631
南京中心支公司	南京市建邺区庐山路158号嘉业国际城4栋24F	210018	025-83273565
无锡中心支公司	无锡市南长区五星家园787-1号	214000	0510-82811573
徐州中心支公司	徐州市中山南路65号轻工大厦11-12F	221000	0516-83720662
常州中心支公司	常州市武青路御龙苑1幢	213003	0519-86677616
苏州中心支公司	苏州市虎丘区滨河路625号创业大厦3-101	215011	0512-69373983
南通中心支公司	南通市工农路5号亚太大厦裙楼6F	226007	0513-81552677
盐城中心支公司	盐城市亭湖区建军中路177号汇金大厦19F	224003	0515-89901879
扬州中心支公司	扬州市文昌中路168号名都华庭商务楼5F507-517室	225009	0514-87905166
镇江中心支公司	镇江市运河路广厦大厦西5F	202000	0511-85030653
泰州中心支公司	泰州市海陵南路315号东楼1F	225300	0523-86392288
宿迁中心支公司	宿迁市宿城区名人国际花园18-20号楼商铺01-03铺	223800	0527-81001565
华安财产保险股份有限公司			
江苏分公司	南京市江东中路311号2101室	210019	025-87792702
无锡中心支公司	无锡市湖滨路688号华东大厦11F1101-1102室	214000	0510-81009176
徐州中心支公司	徐州市齐鲁南巷汉御花园A座04号	221000	0516-83819536
常州中心支公司	常州市钟楼区广化街7、9号	213000	0519-85225956
苏州中心支公司	苏州市西环路1638号国际经贸大厦1104-1107室	215000	0512-65128110
南通中心支公司	南通市工农路135号三喜大厦A座302 303室	226000	0513 55081862
连云港中心支公司	连云港市新浦区通灌北路三禾城中城11幢107、207室	222000	0518-85851012
淮安中心支公司	淮安市解放东路57号	223001	0517-83622808
盐城中心支公司	盐城市双元东路9号15幢101号	224000	0515-88166538
扬州中心支公司	扬州市名城花园沿街商业房V1幢162号	225000	0514-87857198
镇江中心支公司	镇江市黄山南路2-16号	212000	0511-84432111
泰州中心支公司	泰州市江州南路90号	225300	0523-86898758
宿迁中心支公司	宿迁市西湖路凯瑞商务楼8F	223800	0527-84391005
安邦财产保险股份有限公司			
江苏分公司	南京市中山北路30号城市名人酒店39F	210008	025-83122170
南京中心支公司	南京市后宰门西村95号2号楼2015室	210016	025-86884271
无锡分公司	无锡市崇安区解放北路21号锡银大厦13FA	214002	0510-82830276
徐州中心支公司	徐州市建国东路29号人寿大楼12F	221000	0516-83909290
常州分公司	常州市天宁区关河东路88号大成大厦11F	213004	0519-89896001
苏州分公司	苏州市高新区狮山路88号金河国际中心1幢501室	215011	0512-67326866
南通中心支公司	南通市人民中路203号中南大厦B座16F3-7号	226001	0513-85158892
连云港中心支公司	连云港市新浦区朝阳东路30号凯旋广场212号	222000	0518-85827016
淮安中心支公司	淮安市健康东路与承德路交叉处中鑫上城E327-328室	223001	0517-83776780
盐城中心支公司	盐城市青年中路12号青年大厦3FB区	224000	0515-69930300
扬州中心支公司	扬州市文昌西路南侧金茂广场3栋407-411室	225000	0514-85122219
镇江中心支公司	镇江市朱方路233号华宇大厦1幢505室	212005	0511-85905777
泰州中心支公司	泰州市海陵区阳光新城5幢511、513室	225300	0523-86395680
宿迁中心支公司	宿迁市青海湖路80号君临国际A座8F	223800	0527-84390200
阳光财产保险股份有限公司			
江苏省分公司	南京市中山东路145号15F	210002	025-84651876

续表 51

机构名称	机构地址	邮编	电话
南京中心支公司	南京市中山东路 145 号 16FE 座	210002	025-84550336
无锡中心支公司	无锡市中山路 118 号置业新天地 4F412 室	214000	0510-82733158
徐州中心支公司	徐州市彭城路 93 号泛亚大厦 4F	221001	0516-83721061
常州中心支公司	常州市博爱路 72 号博爱大厦 15F	213003	0519-88198186
苏州中心支公司	苏州市高新区狮山路 28 号高新广场 11 楼 1102 室	215001	0512-68028202
南通中心支公司	南通市桃坞路 2 号友谊大厦 15F	226006	0513-85053816
连云港中心支公司	连云港市新浦区郁州南路 12 号山水丽景广场 C 综合楼 2F	222006	0518-85688220
淮安中心支公司	淮安市淮海南路 10 号华城大厦 5F	223002	0517-83989909
盐城中心支公司	盐城市盐马路 21 号华荟大厦 5F	224001	0515-88162078
扬州中心支公司	扬州市扬子江北路 22 号 1 幢 5F	225001	0514-87985235
镇江中心支公司	镇江市学府路 64 号恒顺尚都花苑 5 幢	212003	0511-85115933
泰州中心支公司	泰州市海陵区宫涵花园公建 C 幢 112-114 室	225300	0523-86896222
宿迁中心支公司	宿迁市洪泽湖路 61 号(人民银行大楼东首)	223800	0527-84399806
都邦财产保险股份有限公司			
江苏分公司	南京市建邺区江东中路 311 号中泰国际广场 05 幢 20F	210019	025-87783016
南京营业部	南京市建邺区兴隆大街 172-7 号清竹园综合楼 1-3F	210002	025-68125016
无锡中心支公司	无锡市湖滨路 77 号锦绣大厦 9F	214071	0510-85116520
徐州中心支公司	徐州市民主南路 200 号天禄大厦 3-4F	221006	0516-83900372
常州中心支公司	常州市钟楼区劳动西路 12 号金谷大厦 15F	213002	0519-89805090
苏州中心支公司	苏州市吴中区东吴北路 109-119 号东吴大厦 14-15F	215128	0512-66037007
南通中心支公司	南通市崇川区城山路 78 号金和大厦 B601B 室	226006	0513-81185680
连云港中心支公司	连云港市新浦区郁州南路博大新城 D 楼沿街 1735-1736 号	222001	0518-85600661
淮安中心支公司	淮安市健康东路 102 号(农行 3F)	223100	0517-83658802
盐城中心支公司	盐城市亭湖区盐马路 25 号	224000	0515-88162800
扬州中心支公司	扬州市邗江中路 428 号凯旋国际大厦 11F	225009	0514-82981060
镇江中心支公司	镇江市丁卯桥路 97 号(农委大院)	212001	0511-88918812
泰州中心支公司	泰州市海陵区济川西路 376 号 4F	225300	0523-86399922
宿迁中心支公司	宿迁市发展大道 69 号金陵名府 37 幢 103、203	223800	0527-84390808
中银保险有限公司			
江苏分公司	南京市洪武路 29 号东方金融大厦 15F	210005	025-84477888
南京中心支公司	南京市洪武路 29 号东方金融大厦 14F	210005	025-84477818
无锡中心支公司	无锡市滨湖区梁青路 2 号中行 4F	214061	0510-85801907
徐州中心支公司	徐州市云龙区建国东路 427 号中国银行 2-3F	221003	0516-85901989
常州中心支公司	常州市天宁区和平北路 21 号中银大厦 13F	213000	0519-88167595
苏州分公司	苏州市干将西路 1359 号 4F	215004	0512-62695566
南通中心支公司	南通市人民中路 78 号中国银行 2F	226000	0513-85121300
连云港中心支公司	连云港市新浦区海昌北路 46 号	222000	0518-85573305
淮安中心支公司	淮安市健康东路 73 号	223001	0517-83995551
盐城中心支公司	盐城市亭湖区建军东路 20 号中国银行大厦 14F	224000	0515-88218113
扬州中心支公司	扬州市广陵区汶河南路 8 号	225000	0514-87338908
镇江中心支公司	镇江市中山东路 189 号 5F	212000	0511-85218892
泰州中心支公司	泰州市海陵区人民西路 6 号 3F	225300	0523-86998611
宿迁中心支公司	宿迁市宿城区发展大道 64 号中国银行 1-2F	223800	0527-84358586
天平汽车保险股份有限公司			
江苏分公司	南京市江东中路 359 号国睿大厦二号楼 15F	210000	025-57038050

续表 51

机构名称	机构地址	邮编	电话
无锡中心支公司	无锡市滨湖区金融一街10号国联金融大厦701室	214121	0510-81807390
常州中心支公司	常州市国泰新都3幢403室	213000	0519-88178727
苏州中心支公司	苏州市工业园区东环路1408号1幢(东环时代广场)1206-1209室	215021	0512-65095818
南通中心支公司	南通市城山路78号金和大厦B座508室	226006	0513-89019692
盐城中心支公司	盐城市人民南路1号华邦东厦A区2209室	224000	0515-83066161
扬州中心支公司	扬州市文昌西路283号金都汇大厦9F903	225000	0514-82981095
泰州中心支公司	泰州市海陵区老街北停车场南管理楼2F	225300	0523-86155519
永诚财产保险股份有限公司			
江苏分公司	南京市中山路338号苏粮国际大厦14F	210009	025-86932888
南京中心支公司	南京市中山路338号苏粮国际大厦14F	210009	025-84822399
无锡中心支公司	无锡市滨湖区太湖新城金融商务第一街区10号楼704室	214121	0510-85095552
徐州中心支公司	徐州市泉山区建国西路71号农业银行9F	221000	0516-85790110
常州中心支公司	常州市新北区通江中路368号A座5F	213000	0519-85223500
苏州分公司	苏州市高新区狮山路277号名城花园68幢	215011	0512-68059002
南通中心支公司	南通市桃坞路2号友谊大厦10F	226006	0513-81121186
扬州中心支公司	扬州市邗江区扬子江北路399号瘦西湖新天地商业街2号门3F	225009	0514-87757837
镇江中心支公司	镇江市京口路41号3F	212000	0511-85010330
泰州中心支公司	泰州市太厚实东进西路28号404室	225300	0523-86999356
民安财产保险有限公司			
江苏分公司	南京市庐山路188号新地中心5F	210019	025-84671500
南京营业部	南京市庐山路188号新地中心5F	210019	025-84671529
无锡中心支公司	无锡市广益路188号广益行政大厦13F	214000	0510-82798105
常州中心支公司	常州市西横街61号常柴大厦11F	213000	0519-86811806
苏州中心支公司	苏州市工业园区信息大厦9F	215021	0512-62988267
南通中心支公司	南通市工农路111号华辰大厦3座6F	226000	0513-55013891
扬州中心支公司	扬州市望月路328号铂金商务楼5F	225012	0514-82982030
镇江中心支公司	镇江市寿邱街8号3F	212000	0511-85080819
泰州中心支公司	泰州市海陵区海陵北路186号601室	225300	0523-86998188
中国人寿财产保险股份有限公司			
江苏省分公司	南京市中山东路298号14-16F	210002	025-68167608
南京市中心支公司	南京市建邺区兴隆大街170-1号	210019	025-681651611
无锡市中心支公司	无锡市解放南路槐古豪庭8号11-13F	214007	0510-82798912
徐州市中心支公司	徐州市云龙区民主南路69号恩华药业股份有限公司大厦9F	221000	0516-83811099
常州市中心支公司	常州市天宁区晋陵中路588号红晋大厦北楼1-2F	213000	0519-69968281
苏州市中心支公司	苏州市工业园区苏雅路308号信投大厦9F北	215022	0512-80995006
南通市中心支公司	南通市起凤大楼4-5F	226007	0513-68195566
连云港市中心支公司	连云港市苍梧路22号兴业金色家园14号楼A座2F	222006	0518-86071991
淮安市中心支公司	淮安市健康东路55号创业大厦9-11F	223001	0517-83500596
盐城市中心支公司	盐城市开放大道55号	224005	0515-88579566
扬州市中心支公司	扬州市文汇东路138号	225000	0514-80988806
镇江市中心支公司	镇江市黄山南路20号德润大厦10F	212000	0511-85218560
泰州市中心支公司	泰州市江洲南路115号	225300	0523-80185569
宿迁市中心支公司	宿迁市太湖路兴鸿一品北门	223800	0527-84399908
渤海财产保险股份有限公司			
江苏分公司	南京市建邺区云龙山路88号烽火科技大厦B座20F	210019	025-83219555

续表51

机构名称	机构地址	邮编	电话
南京营业部	南京市建邺区云龙山路88号烽火科技大厦B座20F	210029	025-85262932
无锡中心支公司	无锡市南湖大道588号奕淳大厦501、502、509、510室	214100	0510-85410518
徐州中心支公司	徐州市泉山区泰山路文化城4-4	221009	0516-83685889
常州中心支公司	常州市延陵中路506-2号4F	213000	0519-88178677
苏州中心支公司	苏州市竹辉路201号恒润大厦7F	215006	0512-68381599
南通中心支公司	南通市工农路129号嘉隆大厦B408-409室	226001	0512-55012398
连云港中心支公司	连云港市新浦区解放中路18号兴业房地产公司院内1F	222000	0518-85573026
淮安中心支公司	淮安市淮海北路50号清江中学北侧楼6F	223000	0517-83938779
盐城中心支公司	盐城市开元路与盘古路交汇处新都街道娱乐社区居委会办公楼3F	224001	0515-88579099
扬州中心支公司	扬州市江阳中路43号九洲大厦610室	225009	0514-82982177
镇江中心支公司	镇江市中山东路68号嘉源大厦606-607	212000	0511-85082789
泰州中心支公司	泰州市海陵区海陵北路288号6F二单元603室	225300	0523-86508899
宿迁中心支公司	宿迁市苏宿工业园普陀山大道7号生产力中心办公楼B区2F205室	223800	0527-84390609
安诚财产保险股份有限公司			
江苏分公司	南京市秦淮区升州路122号	210001	025-66007671
无锡中心支公司	无锡市滨湖区建筑西路567号宝通大厦3A楼	214000	0510-82325169
徐州中心支公司	徐州市青年东路104号供水首创水务大厦14F	221003	0516-83709696
常州中心支公司	常州市东横街2号6F	213000	0519-83059989
苏州中心支公司	苏州市高新区马运路198号1-3F	215006	0512-69335826
南通中心支公司	南通市外环西路49号外滩大厦5F	226026	0513-81567016
扬州中心支公司	扬州市江阳中路43号九洲大厦5F	225009	0514-82981512
镇江中心支公司	镇江市京口区梦溪路5号工人文化宫南楼3-4F	212001	0511-85110755
泰州中心支公司	泰州市海陵区江州南路	225300	0523-82101058
宿迁中心支公司	宿迁市经济开发区世纪大道西侧阳光华城63-B03、B04号	223899	0527-88122206
华农财产保险股份有限公司			
江苏省分公司	南京市长江路99号长江贸易大楼20F	210005	025-66776268
无锡中心支公司	无锡市惠山区堰桥镇花园街9号601室	214174	0510-66688683
常州中心支公司	常州市新北区府琛广场2幢B座3F	213022	0519-83028096
苏州中心支公司	苏州市工业园区苏华路8号中银惠龙大厦1幢1510室	215021	0512-88881308
南通中心支公司	南通市崇川区亚太苑配套楼2F	226007	0513-80108758
连云港中心支公司	连云港市新浦区海连东路54号2F	222069	0518-86052677
扬州中心支公司	扬州市邗江区新城河路194号	225012	0514-85882996
长安责任保险股份有限公司			
江苏省分公司	南京市白下区金銮巷9号华盈大厦10F	210002	025-86956269
南京市中心支公司	南京市江宁区东山大街上元路1089号	211100	025-57913901
无锡市中心支公司	无锡市清扬路333号16F	214023	0510-66072799
徐州市中心支公司	徐州市云龙区复兴南路247号3F	221000	0516-66663157
常州市中心支公司	常州市博爱路72号博爱大厦10F	213003	0519-83030777
苏州市中心支公司	苏州市金阊区金门路1299号金运科技创业园4F403、406室	215004	0512-85888968
南通市中心支公司	南通市人民东路159号瑞景广场4号7F	226001	0513-80108153
连云港市中心支公司	连云港市新浦区通灌南路102号建院观筑大厦(2号楼)17F01-04号房	222003	0518-85356889
淮安市中心支公司	淮安市淮海北路50-1号综合楼6F	223001	0517-86287003
盐城市中心支公司	盐城市盐马路27号	224000	0515-88128097
扬州市中心支公司	扬州市广陵区运河西路230号(阳光城家居广场)F幢11F	225003	0514-85581777
镇江市中心支公司	镇江市中山东路45号15F	212000	0511-85118815

续表 51

机构名称	机构地址	邮编	电话
泰州市中心支公司	泰州市江州南路 90 号(胜家宾馆)4F	225300	0523-82121023
宿迁市中心支公司	宿迁市中兴君临国际广场 A 栋 5F	223800	0527-84358229
三星财产保险(中国)有限公司			
苏州分公司	苏州市工业园区华池街时代广场 24 幢苏州国际金融中心 503 室	215028	0512-62925968
乐爱金财产保险(中国)有限公司			
苏州营销服务部	苏州市工业园区翠园路 181 号商旅大厦 6 幢 606 室	215028	0512-62964617
紫金财产保险股份有限公司			
江苏分公司	南京市建邺区江东中路 359 号国睿大厦 A 区 3F、6F	210019	025-51850108
南京分公司	南京市建邺区江东中路 359 号国睿大厦 A 区 3F、6F	210019	025-51850017
无锡中心支公司	无锡市湖滨路 688 号华东大厦 601、602、701、702	214071	0510-82738922
徐州中心支公司	徐州市泰山南路金泰商办 1 号 01、101、201、301	221000	0516-69098117
常州中心支公司	常州市通江大道 301 号新惠大厦 13F	213000	0519-83089080
苏州分公司	苏州市人民路 3158 号万融国际大厦 1F104 室、8F	215004	0512-69325227
南通中心支公司	南通市城山路 129 号 4 号楼 3F	226001	0513-85586805
连云港中心支公司	连云港市新浦区朝阳东路 26-2 号 6F	222006	0518-85810033
淮安中心支公司	淮安市经济开发区翔宇中道 55 号 17 幢 A 座	223005	0517-89860900
盐城中心支公司	盐城市开放大道 10 号海关监管点综合楼 501 室	224003	0515-88191080
扬州中心支公司	扬州市文汇西路 152 号	225012	0514-85100298
镇江中心支公司	镇江市大西路 120 号 4F	212000	0511-89982999
泰州中心支公司	泰州市海陵区凤凰东路 98 号	225300	0523-82219888
宿迁中心支公司	宿迁市洪泽湖路 114 号	223800	0527-88266901
国泰财产保险有限责任公司			
江苏分公司	南京市奥体大街 128 号奥体名座 D 座 3F	210000	025-83715188
苏州营销服务部	苏州市环府路 66 号信息大厦 3B	215000	0512-62555058
日本财产保险(中国)有限公司			
江苏分公司	苏州市工业园区旺墩路 188 号建屋大厦 16F1602 室	215123	0512-62969918
英大泰和财产保险股份有限公司			
江苏分公司	南京市汉中路 1 号南京国际金融中心 21F	210005	025-66007777
南京市中心支公司	南京市龙蟠中路 85 号	210016	025-58500602
无锡市中心支公司	无锡市建筑西路 567 号宝通大厦 21F	214000	0510-66682126
常州市中心支公司	常州市广化街 7-9 号津通现代服务业交易中心 9F	213000	0519-86927802
苏州市中心支公司	苏州市工业园区苏华路 1 号世纪金融大厦 1609 室	215021	0512-88881397
南通市中心支公司	南通市工农南路 156 号鑫乾国际广场 A8F	226000	0513-55015008
淮安市中心支公司	淮安市淮海东路 1 号丰惠财富广场 10F	223000	0517-83398505
盐城市中心支公司	盐城市东进中路 66 号钱江方洲小区南区 57 号楼 103 室	224001	0515-88886168
扬州市中心支公司	扬州市文昌中路 638 号 1-2F	225000	0514-85162910
镇江市中心支公司	镇江市长江路 35 号 601 室	212002	0511-85999531
泰州市中心支公司	泰州市青年南路 58 号金水湾 2 幢 105 室	225300	0523-82100055
三井住友海上火灾保险(中国)有限公司			
江苏分公司	无锡市新区龙山路 4 号旺庄科技创业中心 C 幢 1001-1004 室	214028	0510-81122333
苏州营销服务部	苏州市工业园区圆融时代广场 24 栋 B 区 7F711 室	215028	0512-62808839
丘博保险(中国)有限公司			
江苏省分公司	南京市建邺区庐山路 188 号新地中心 1001/1002/1012	210019	025-86700101
信达财产保险股份有限公司			

续表 51

机构名称	机构地址	邮编	电话
江苏分公司	南京市鼓楼区中山北路26号新晨国际大厦27F	210008	025-52685800
南京市中心支公司	南京市汉中门大街46号3F	210029	025-86266867
无锡市中心支公司	无锡市兴源路100号4F	214000	0510-82306623
常州市中心支公司	常州市新北区太湖东路142号府翰苑2幢701-722	213022	0519-86928522
苏州市中心支公司	苏州市工业园区苏州大道西8号中银惠龙大厦32F	215000	0512-80994999
南通市中心支公司	南通市南大街89号(总部大厦11F)	226001	0513-89018090
淮安市中心支公司	淮安市淮海东路142号新亚国际大厦12F	223001	0517-89867573
太阳联合保险(中国)有限公司			
江苏省分公司	南京市建邺区庐山路188号新地中心12F	210019	025-83162888
东京海上日动火灾保险(中国)有限公司			
江苏分公司	苏州市工业园区华池街时代广场24幢苏州国际金融中心1801室	215028	0512-62966770
浙商财产保险股份有限公司			
江苏分公司	南京市建邺区庐山路158号嘉业国际城3号楼2201	210019	025-85303999
无锡市中心支公司	无锡市滨湖区太湖大道2288号华仁逸景国际大厦3F302	214000	0510-85858397
徐州市中心支公司	徐州市淮海西路255号公交商贸大厦1-2305	221000	0516-85767077
常州市中心支公司	常州市广化街7、9号津通现代服务业交易中心8F	213000	0519-81082210
苏州市中心支公司	苏州市工业园区苏州大道西1号世纪金融大厦508室	215000	0512-62551268
南通市中心支公司	南通市崇川区青年西路15号新海通大厦14F	226000	0513-89018988
盐城市中心支公司	盐城市青年中路59号钱江财富大厦A座10F	224000	0515-88657001
镇江市中心支公司	镇江市长江路滨江银座B座15F	212000	0511-81983150
宿迁市中心支公司	宿迁市湖滨新城开发区玉兰路9号	223000	0527-84385018
泰山财产保险股份有限公司			
江苏分公司	南京市建邺区江东中路359号国睿大厦东区9-10F	210019	025-66009888
常州中心支公司	常州市关河中路68号怡康机电广场1号楼19F	213000	0519-86052776
南通中心支公司	南通市工农南路88号海外联谊大厦13F	226007	0513-85320336
镇江中心支公司	镇江市中山东路288号八佰伴12F1201	212001	0511-83997272
泰州中心支公司	泰州市海陵区鼓楼南路348号1幢1F	225300	0523-82168605
美亚财产保险股份有限公司			
江苏分公司	南京市建邺区庐山路188号新地中心39F	210019	025-66083600
安信农业保险股份有限公司			
江苏分公司	南京市建邺区奥体大街69号新城科技园3幢4F南区	210019	025-83681406
无锡中心支公司	无锡市南长区南湖大道855号扬名科创中心21F2101室	214000	0510-85411915
徐州中心支公司	徐州市科技城软件市场2号-0103、0202、0303	221000	0516-80136069
常州中心支公司	常州市天宁区兰陵北路508号5F	213000	0519-88050001
	人身保险公司		
利安人寿保险股份有限公司			
利安人寿保险股份有限公司	南京市建邺区云龙山路88号烽火科技大厦B座22-23F	210019	025-86785555
东吴人寿保险股份有限公司			
东吴人寿保险股份有限公司	苏州市高新区狮山路22号人才市场23-25F	215011	0512-69580000
中国人寿保险股份有限公司			
江苏省分公司	南京市中山东路298号	210002	025-84856000
南京市分公司	南京市汉中路88号	210005	025-84783036
无锡市分公司	无锡市梁青路4号	214000	0510-85875921
徐州市分公司	徐州市建国东路407号	221003	0516-83823701

续表 51

机构名称	机构地址	邮编	电话
常州市分公司	常州市和平北路 11 号	213001	0519-88114332
苏州市分公司	苏州市狮山路 103 号	215011	0512-68077007
南通市分公司	南通市环西路华威园 7 号	226001	0513-85100621
连云港市分公司	连云港市新浦区海连中路 8 号	222001	0518-85509500
淮安市分公司	淮安市淮海东路 20 号	223001	0517-83750993
盐城市分公司	盐城市太平路 101 号	224002	0515-89963166
扬州市分公司	扬州市文昌中路 543 号	225002	0514-87340906
镇江市分公司	镇江市正东路 148 号	212003	0511-84425473
泰州市分公司	泰州市人民西路 28 号	225300	0523-86230228
宿迁市分公司	宿迁市洪泽湖路 148 号	223800	0527-84399608
中国太平洋人寿保险股份有限公司			
江苏分公司	南京市鼓楼区凤凰街 2 号	210029	025-69818018
南京中心支公司	南京市江宁区上元大街 529 号	211100	025-52192980
无锡分公司	无锡市县前东街 86 号-B	214002	0510-82700152
徐州中心支公司	徐州市淮海西路段庄广场西城华庭 B 座 5F	221000	0516-69858088
常州分公司	常州市广化街 281 号	213000	0519-86632367
苏州分公司	苏州市干将西路 218 号	215002	0512-65216660
南通中心支公司	南通市工农路 33 号	226007	0513-85018305
连云港中心支公司	连云港市新浦区海昌北路 48 号	222002	0518-85503666
淮安中心支公司	淮安市淮海东路 118 号	223001	0517-83776005
盐城中心支公司	盐城市解放南路 275 号棕榈泉广场 13F	224005	0515-68661766
扬州中心支公司	扬州市文昌中路 542 号	225002	0514-87313480
镇江中心支公司	镇江市中山东路 19 号	212002	0511-85580807
泰州中心支公司	泰州市鼓楼南路 559 号	225300	0523-86363123
宿迁中心支公司	宿迁市青海湖路 80-82 号君临国际广场 A 座 3F	223800	0527-84220385
中国平安人寿保险股份有限公司			
江苏分公司	南京市庐山路 188 号新地中心 52F	210019	025-84737575
无锡中心支公司	无锡市中山路 343 号东方广场 A 座 12F	214000	0510-82740279
徐州中心支公司	徐州市淮海西路 150 号	221000	0516-85835011
常州中心支公司	常州市延陵西路 29 号投资广场 20F	213003	18018223991
苏州中心支公司	苏州市苏雅路 388 号新天翔商业广场 16F	215021	0512-65119336
南通中心支公司	南通市人民东路 328 号天一大厦 4F	226001	0513-81186217
连云港中心支公司	连云港市新浦区海连西路 7-2 号	222003	0518-85486896
淮安中心支公司	淮安市健康西路 146-2 号海关大厦 6F	223001	0517-83649612
盐城中心支公司	盐城市迎宾南路 80 号	224005	0515-88378483
扬州中心支公司	扬州市扬子江中路 771 号	225009	0514-82985729
镇江中心支公司	镇江市长江路 11 号滨江银座 7F	212001	0511-89881004
泰州中心支公司	泰州市迎春西路 69 号邮政大厦 3F	225300	13815991307
宿迁中心支公司	宿迁市人民大道东侧君临国际 6F	223800	13851373328
新华人寿保险股份有限公司			
江苏分公司	南京市洪武路 198 号城开大厦 3F、A 幢 15F	210002	025-52277777
南京中心支公司	南京市鼓楼区华侨路 56 号大地建设 6-8F	210002	025-52277800
无锡中心支公司	无锡市永乐路 29 号新天地休闲广场 1 号楼 4-5F,10F1001、1002、1004 室	214023	0510-85059821
徐州中心支公司	徐州市西安北路 6 号恒茂大厦 5F	221000	0516-85730601

续表 51

机构名称	机构地址	邮编	电话
常州中心支公司	常州市南大街 28 号商务楼 C 座 5-6F	213000	0519-81681193
苏州中心支公司	苏州市干将东路 599 号 4F	215002	0512-69331502
南通中心支公司	南通市崇川区城山路 78 号金和大厦 2、3、5F	226006	0513-89012333
连云港中心支公司	连云港市新浦区朝阳中路 168 号祥源国际大厦 2F	222002	0518-85603699
淮安中心支公司	淮安市淮海北路 30 号电信 2 号楼 3F	223001	0517-83995801
盐城中心支公司	盐城市人民中路 2 号 5-7F	224000	0515-88319199
扬州中心支公司	扬州市文昌中路 338 号 3-4F(建行琼花支行西侧)	225002	0514-87317388
镇江中心支公司	镇江市解放路 288 号东邦国际商务大厦 5、7F	212000	0511-85038567
泰州中心支公司	泰州市东进东路 118 号锦泰商城东楼 5-6F	225300	0523-86398608
泰康人寿保险股份有限公司			
江苏分公司	南京市龙蟠中路 323 号	210001	025-84470666
无锡中心支公司	无锡市梁清路 58-1 号华邸国际大厦 9F 西侧、10F	214000	0510-85819106
徐州中心支公司	徐州市西安南路 79 号综合楼	221006	0516-85799218
常州中心支公司	常州市钟楼区关河西路 180 号	213002	0519-88128955
苏州中心支公司	苏州市邓尉路 9 号润捷广场北楼 11F	215005	0512-68710090
南通中心支公司	南通市崇川区外环西路 49 号外滩大厦 10-11F	226007	0513-85294911
连云港中心支公司	连云港市新浦区海昌南路 49 号	222003	0518-85015668
淮安中心支公司	淮安市淮海北路 50 号 2 号综合楼 5F	223000	0517-83908155
盐城中心支公司	盐城市解放南路 199 号 D 段 5F	224000	0515-88418708
扬州中心支公司	扬州市文昌西路 47 号金海岸 9F	225012	0514-87957361
镇江中心支公司	镇江市中山东路 288 号 13F1306 室	212002	0511-85296302
泰州中心支公司	泰州市海陵区海陵北路 288 号(坡子街商业中心)6F1 单元	225300	0523-86216933
宿迁中心支公司	宿迁市青海湖路 80 号君临国际广场东写字楼 5F	223800	0527-84219531
友邦保险有限公司			
江苏分公司	南京市建邺区庐山路 188 号南京新地中心 15F1507-1511	210019	025-83260088
南京中心支公司	南京市北京东路 4 号江苏广电城大厦 23F2301 室	210008	025-83260088
无锡中心支公司	无锡市保利广场 8 号 25F 局部	214005	0510-82327558
徐州中心支公司	徐州市彭城路商业区 3 号楼 5F	221000	0516-83737588
常州中心支公司	常州市河景花园 1 幢 2501 室部分	213003	0519-88887998
苏州中心支公司	苏州市工业园区苏绣路 89 号恒宇商务广场 3F301、304、306-310 室	215021	0512-65225558
南通中心支公司	南通市工农路 6 号华丽大厦 3F0303 室	226001	0513-85798588
连云港营销服务部	连云港市新浦区朝阳中路 168 号祥源国际大厦 1803、1805 室	222003	0518-85571099
盐城营销服务部	盐城市世纪大道华邦西厦 7F713-714 室	224000	0515-89020707
扬州中心支公司	扬州市文昌西路 56 号公元国际大厦 8F819-820 号及 821 号部分	225002	0514-82982388
泰州中心支公司	泰州市海陵区济川东路 220 号万达广场写字楼 8F804-806 号	225300	0523-86216508
太平人寿保险有限公司			
江苏分公司	南京市洪武北路 55 号置地广场 5、24、26F	210005	025-84512111
无锡中心支公司	无锡市北大街 1 号 A 座华锦大厦 6F	214005	0510-82699802
徐州中心支公司	徐州市淮海西路 120 号颖都大厦 9-10F	221006	0516-87321877
常州中心支公司	常州市兰陵北路 590 号 7F	213003	0519-68859603
苏州分公司	苏州市狮山路 35 号金河国际大厦 13、15、29F	215011	0512-68415888
南通中心支公司	南通市南大街 89 号总部大厦 0903-0907、0909 室	226001	0513-68002001
连云港中心支公司	连云港市新浦区海昌南路 28 号 5-7F	222001	0518-86071571
淮安中心支公司	淮安市淮海北路 43 号金马广场南楼 11F	223001	0517-80877695
盐城中心支公司	盐城市太平路 39 号 3-4F	224000	0515-86806222

续表 51

机构名称	机构地址	邮编	电话
扬州中心支公司	扬州市文昌西路 56 号公元国际大厦 9F	225002	0514-80826811
镇江中心支公司	镇江市解放路 22 号 3-5F	212001	0511-85918789
泰州中心支公司	泰州市海陵区海陵北路 199 号 401-407 室	225300	0523-80813360
宿迁中心支公司	宿迁市宿城区凯林瑞交通银行大厦 6F	223800	0527-88006916
民生人寿保险股份有限公司			
江苏分公司	南京市中山南路 1 号 19F	210000	025-84662666
南京营销服务部	南京市星汉大厦 19F1904-1905 室	210000	025-84666143
无锡中心支公司	无锡市兴源北路 600 号 2501	214000	0510-82716352
徐州中心支公司	徐州市民主南路 69 号恩华大厦 6F	221000	0516-83808268
常州中心支公司	常州市南大街 28 号商务楼 C 座 4F	213003	0519-86811726
苏州中心支公司	苏州市三香路 188 号东润商务大厦 4F	215004	0512-65165092
南通中心支公司	南通市人民东路 88 号凤凰汇 1 幢 10F	226006	0513-89012190
连云港中心支公司	连云港市通灌北路 188 号东新绿苑 A5 幢 2F	222004	0518-85600612
盐城中心支公司	盐城市盐马路 25 号 3F	224005	0515-88351093
扬州中心支公司	扬州市扬子江中路 438-1 号天地大厦 12F	225000	0514-87315173
镇江中心支公司	镇江市中山东路 423 号 7F	212004	0511-89882311
泰州中心支公司	泰州市青年路 39 号 6F	225300	0523-86392371
生命人寿保险股份有限公司			
江苏分公司	南京市建邺区庐山路 188 号新地中心 47F	210019	025-66083300
南京中心支公司	南京市鼓楼区草场门大街 101 号文荟大厦 13F	210036	025-86956818
无锡中心支公司	无锡市健康路 6 号华岳大厦 6F	214001	0510-88662588
徐州中心支公司	徐州市泉山区少华街 115 号中联五交化综合楼 5F	221000	0516-82160118
常州中心支公司	常州市武青北路 58 号	213002	0519-88015511
苏州分公司	苏州市苏雅路 308 号信投大厦 14F	215000	0512-88168619
南通中心支公司	南通市桃园路 12 号中南世纪城 34 幢 B 座 24F	226001	0513-81566315
连云港中心支公司	连云港市新浦区通灌南路 102 号建院观筑大厦 17F	222000	0518-85355535
淮安中心支公司	淮安市淮海东路 1 号丰惠广场 29F	223001	0517-86297666
盐城中心支公司	盐城市解放南路 148 号综合办公楼 6-7F	224005	0515-88115000
扬州中心支公司	扬州市文汇西路 215 号华远国际大厦 4F	225012	0514-85108866
镇江中心支公司	镇江市解放路 430 号和盛大厦 5-6F	212000	0511-85118899
泰州中心支公司	泰州市鼓楼南路 355 号金地商务大厦 6F	225300	0523-82111999
宿迁中心支公司	宿迁市宿城区西湖路 139 号交通银行 14F	223800	0527-81002087
信诚人寿保险有限公司			
江苏省分公司	南京市中山路 268 号汇杰广场 19F	210008	025-83196899
南京营销服务部	南京市中山路 268 号汇杰广场 19F	210008	025-83196899
无锡营销服务部	无锡市中山路 159 号时代大厦 20F	214000	0510-82616333
徐州营销服务部	徐州市民主南路 69 号恩华大厦 3F	221000	0516-83906222
常州中心支公司	常州市广化街 20 号丰臣海悦广场 303-305 室	213000	0519-86618199
苏州营销服务部	苏州市吴中区宝带西路 111 号城龙大厦 8F805-808 室	215000	0512-68411666
南通中心支公司	南通市人民东路 6 号王府大厦 B 楼 6F	226000	0513-85065999
镇江营销服务部	镇江市中山东路 381 号中山大厦 14F	212000	0511-85218099
宿迁营销服务部	宿迁市发展大道 64 号宿迁日报社副楼 4F	223800	0527-81001111
合众人寿保险股份有限公司			
江苏分公司	南京市珠江路 88 号新世界中心 A 座 16F	210008	025-84535858
无锡中心支公司	无锡市南禅寺商城 111 号 310-312	214026	0510-82740909

续表 51

机构名称	机构地址	邮编	电话
徐州中心支公司	徐州市青年路182号商业综合楼3F301室	221003	0516-83718311
常州中心支公司	常州市钟楼区北大街玉隆花园7幢601-606,610-612室	213000	0519-86618300
南通中心支公司	南通市姚港路6号方天大厦4F401室、6F601室	226000	0513-85159911
连云港中心支公司	连云港市朝阳中路168号祥源国际大厦1702、1703、1705、1709室	222004	0518-85358882
淮安中心支公司	淮安市淮海北路38号乐园大厦17F	223001	0517-83938823
盐城中心支公司	盐城市迎宾南路67号国飞尚城F区2F	224000	0515-88348388
扬州中心支公司	扬州市扬子江北路22号1幢301室	225002	0514-87363079
镇江中心支公司	镇江市市辖区电力路30号6F	212001	0511-85083688
泰州中心支公司	泰州市海陵区青年北路219号金茂大厦807-816室	225300	0523-86218316
宿迁中心支公司	宿迁市人民大道东侧城宇大厦(东栋)15F	223800	0527-84220298
海康人寿保险有限公司			
江苏分公司	南京市中山东路288号新世纪大厦A幢50F	210002	025-84404868
无锡中心支公司	无锡市南长区永和路6号903-906室	214023	0510-82804868
徐州营销服务部	徐州市西安北路6号恒茂大厦16F1608-1610室	221006	0516-66664868
常州中心支公司	常州市关河东路66号九洲环宇A座1810-1811室	213003	0519-86184868
南通营销服务部	南通市崇川区人民东路159号瑞景商贸广场4号楼901室	226001	0513-85524868
扬州营销服务部	扬州市扬子江北路22号403、406室	225000	0514-87354868
镇江营销服务部	镇江市长江路35号229、231室	212004	0511-85524868
中宏人寿保险有限公司			
江苏分公司	南京市洪武路29号东方金融大厦5-7F	210005	025-84546366
无锡中心支公司	无锡市人民中路97号佳福大厦1001、1003-1011、1601室	214001	0510-82762020
常州中心支公司	常州市延陵中路672号消防指挥中心5F	213003	0519-88101199
苏州中心支公司	苏州市干将东路879号瑞基大厦201室	215006	0512-65234688
南通营销服务部	南通市人民东路159号瑞景商贸广场4幢3F0301A附1-3室	226001	0513-83573088
盐城营销服务部	盐城市青年路盛世华城20号楼303室及304室部分区域	224005	0515-89913666
扬州营销服务部	扬州市邗江中路428号(凯旋国际大厦)8F01-02单元	225009	0514-87319977
镇江营销服务部	镇江市中山东路25号京口教育大厦13F	212001	0511-88989095
国泰人寿保险有限责任公司			
江苏分公司	南京市山西路8号金山大厦A楼20F	210008	025-83718688
无锡营销服务部	无锡市滨湖区湖西大道1890号太湖明珠大厦605-607室	214072	0510-82322838
常州营销服务部	常州市延陵西路15号嘉宏世纪大厦1214-1219室	213000	0519-88118798
苏州营销服务部	苏州市人民路1058号房地产大厦5F	215002	0512-65120928
南通营销服务部	南通市崇川区中南世纪城17幢605-607室	226001	0513-85050118
扬州营销服务部	扬州市维扬区文昌西路56号公元国际大厦5F521-522室	225012	0514-82961788
镇江营销服务部	镇江市京口区长江路35号517、519室	212000	0511-85226538
泰州营销服务部	泰州市青年北路58号金通大厦5F	225306	0523-86998966
中国人民健康保险股份有限公司			
江苏分公司	南京市中山路228号地铁大厦8F	210008	025-83212999
无锡中心支公司	无锡市中山路58号保险大厦12F	214002	0510-82822022
常州中心支公司	常州市新北区天安工业村C座4F	213022	0519-69890220
苏州中心支公司	苏州市高新区滨河路1156号金狮大厦12F	215011	0512-65813908
南通中心支公司	南通市青年中路90号保险大厦13F	226000	0513-89018936
淮安中心支公司	淮安市清河区淮海北路19号A座办公楼4F	223000	0517-83967188
扬州中心支公司	扬州市扬子江中路438-1号天地大厦3F	225002	0514-82981001
镇江中心支公司	镇江市学府路80号恒美嘉园2A	212000	0511-88786321

续表 51

机构名称	机构地址	邮编	电话
泰州中心支公司	泰州市海陵区海陵南路 47 号	225300	0523-82195591
北大方正人寿保险有限公司			
江苏分公司	南京市建邺区江东中路 359 号国睿大厦主楼西 6F	210009	025-83208966
南京鼓楼营销服务部	南京市玄武区中山路 338 号苏粮国际大厦 15F	210009	025-84713818
无锡中心支公司	无锡市南长区清扬路 99 号数码广场 6F618	214023	0510-85031678
常州营销服务部	常州市钟楼区北大街 21 号中亚大厦北楼 10F	213003	0519-85229555
苏州营销服务部	苏州市南园北路 118 号 6 幢 1F	215006	0512-69161999
南通中心支公司	南通市工农路 33 号金融汇 805 室	226007	0513-85016099
扬州营销服务部	扬州市邗江区邗江中路 330 号星座国际大厦 12F1201 室	225009	0514-87206001
中意人寿保险有限公司			
江苏省分公司	南京市中山东路 288 号新世纪广场 A 座 43F	210002	025-86903888
南京营销服务部	南京市中山东路 288 号新世纪广场 A 座 52-53F	210002	025-86970888
无锡中心支公司	无锡市中山路 359 号东方广场 B 座 8F	214001	0510-80186777
苏州中心支公司	苏州市工业园区苏州大道西 1 号世纪金融大厦 1 幢 901 室	215021	0512-85669088
南通营销服务部	南通市人民东路 159 号瑞景商贸广场 4 幢 11F	226001	0513-80208288
扬州中心支公司	扬州市文昌西路 56 号公元国际大厦 15F	225009	0514-85861688
泰州中心支公司	泰州市鹏欣丽都 G7 幢 4F	225300	0523-82195788
恒安标准人寿保险有限公司			
江苏分公司	南京市秦淮区中山南路 49 号商茂世纪广场 38FA、B、D 座	210000	025-66673888
南京中心支公司	南京市珠江路 88 号 1 栋 904-907 室	210008	025-68710287
无锡营销服务部	无锡市北大街 1 号 A 座华锦大厦 11F	214000	0510-66678640
徐州中心支公司	徐州市民主南路 69 号恩华大厦 10F	221000	0516-83903888
常州营销服务部	常州市延陵西路 27 号投资广场 14F1401-1407 室	213000	0519-88029088
苏州中心支公司	苏州市干将西路国涛商务大厦 93 号 7F	215000	0512-68316088
南通中心支公司	南通市姚港路 2 号七彩豪庭商办楼 5F	226000	0513-80107088
盐城中心支公司	盐城市盐马路 10 号 1-B 栋 401 室	224000	0515-83356488
扬州营销服务部	扬州市文汇路 268 号邯郸大酒店 15F	225000	0514-87370188
泰州营销服务部	泰州市海陵北路 288 号 6 幢 18F01-06、08、10、12、14 室	225300	0523-82109800
光大永明人寿保险有限公司			
江苏分公司	南京市华侨路 56 号大地建设 26F	210029	025-66671188
无锡中心支公司	无锡市滨湖区金融一街 10 号金融中心 1F01 单元	214001	0510-66678689
徐州中心支公司	徐州市建国东路 111 号广达大厦 11F	221000	0516-66662282
常州中心支公司	常州市新北区万达广场 C 座 2404 室	213002	0519-83088602
苏州分公司	苏州市干将西路 515 号佳福大厦 4F	215004	0512-88180066
南通中心支公司	南通市港闸区长平路 99 号 6 号楼 901 室	226001	0513-80208192
连云港中心支公司	连云港市新浦区巨龙南路 59 号八佰城市走廊君辰大厦 701 室	222001	0518-85010930
盐城中心支公司	盐城市开放大道 27 号	224002	0515-66661307
扬州中心支公司	扬州文汇西路 155 号现代广场 25 幢 623、625、630、631 室	225007	0514-85165269
泰州中心支公司	泰州市鼓楼北路 20-1 号	225399	0523-82210151
农银人寿保险股份有限公司			
江苏分公司	南京市玄武区中山路 348 号中信大厦 15F	210008	025-83366688
无锡中心支公司	无锡市崇安区健康路 6 号华岳大厦 7F	214001	0510-82723898
徐州中心支公司	徐州市云龙区青年路 182 号综合楼 4F401 室	221000	0516-66663568
南通中心支公司	南通市虹桥路 66 号易家桥中学综合楼 4F	226006	0513-89012660
盐城中心支公司	盐城市世纪大道 101 号华逸汽贸综合楼 3F	224400	0515-83066066

续表 51

机构名称	机构地址	邮编	电话
扬州中心支公司	扬州市邗江中路479号联合广场A座10F	225000	0514-87922208
镇江中心支公司	镇江市中山东路189号诚和大厦13F	212000	0511-85936908
泰州中心支公司	泰州市海陵区海陵北路288号坡子街商业中心二单元202	225300	0523-89595581
和谐健康保险股份有限公司			
江苏分公司	南京市建邺区奥体大街69号新城科技园6栋703室	210019	025-66008710
无锡中心支公司	无锡市复兴路155号机械大厦10F	214000	0510-80212898
徐州中心支公司	徐州市云龙区马市街8号	221006	0516-85790200
常州中心支公司	常州市关河东路88号大成大厦11F	213002	0519-86810288
苏州中心支公司	苏州市狮山路88号金河国际中心5F516-518室	215000	0512-67326900
南通中心支公司	南通市人民中路中南大厦B座16F	226000	0513-85159295
淮安中心支公司	淮安市和平东路1号丰惠财富广场29F	223200	18705231777
泰州中心支公司	泰州市万达写字楼801-802	225300	0523-82168999
平安养老保险股份有限公司			
江苏分公司	南京市中山东路218号长安国际中心4F	210002	025-84677272
无锡中心支公司	无锡市中山路343号东方广场A座16F	214016	0510-82718688
徐州中心支公司	徐州市淮海西路150号5F	221002	0516-85833409
常州中心支公司	常州市延陵西路29号投资广场23F	213003	0519-88136681
苏州中心支公司	苏州市工业园区苏州大道西1号世纪金融大厦1101室	215005	0512-69291747
南通中心支公司	南通市工农路168号文峰大厦18F	226007	0513-85018096
盐城中心支公司	盐城市迎宾南路80号	224001	0515-88388200
扬州中心支公司	扬州市扬子江北路771号	225009	0514-87863011
镇江中心支公司	镇江市长江路11号滨江银座6F	212001	0511-84677219
华泰人寿保险股份有限公司			
江苏分公司	南京市秦淮区小心桥东街18号	210006	025-52310399
南京中心支公司	南京市白下区游府西街46号南京广播电视大学新校区综合楼12F	210002	025-84536700
无锡中心支公司	无锡市五爱路78号德源大厦4F	214000	0510-82811178
徐州中心支公司	徐州市建国西路75号财富广场A座6F	221006	0516-85902616
常州中心支公司	常州市天宁区关河东路66号九州环宇商务广场A20F	213003	0519-85223996
苏州中心支公司	苏州市工业园区东环路1408号东环时代广场1幢20F2001-2005室	215021	0512-65128346
南通中心支公司	南通市濠西路78号汉庭酒店3F	226006	0513-89011310
连云港中心支公司	连云港市新浦区通灌北路39号乐天玛特5F	222000	0518-85683030
淮安中心支公司	淮安市淮海东路136号淮汽大厦12F	223001	0517-83930292
盐城中心支公司	盐城市亭湖区毓龙西路52号盐城中学综合楼3F	224001	0515-88163002
扬州中心支公司	扬州市文昌中路20号1-801(文昌国际大厦)8F	225003	0514-82988567
镇江中心支公司	镇江市中山东路5号京谷大厦6F	212001	0511-85223758
泰州中心支公司	泰州市江洲南路90号	225300	0523-86399786
宿迁中心支公司	宿迁市宿城区洪泽湖路8号锦江之星2F	223800	0527-81880206
招商信诺人寿保险有限公司			
江苏分公司	南京市鼓楼区鼓楼街88号绿地广场701室	210008	025-66620536
无锡营销服务部	无锡市滨湖区梁溪路51号万达广场903室	214000	0510-85867818
中美联泰大都会人寿保险有限公司			
江苏分公司	南京市汉中路1号国际金融中心32FBCDE、35F	210005	025-83329688
无锡营销服务部	无锡市崇安区中山路343号东方广场商务楼9FA-K单元	214001	0510-82760060
常州营销服务部	常州市关河东路66号801、1001、1002室	213017	0519-86188558

续表 51

机构名称	机构地址	邮编	电话
苏州支公司	苏州市高新区狮山路88号金河国际中心1幢1112、1115室	215011	0512-68185136
南通营销服务部	南通市人民东路159号瑞景广场4号楼1001室	226000	0513-89012929
瑞泰人寿保险有限公司			
江苏分公司	南京市白下区中山南路1号南京中心大厦46FD4、A区	210005	025-66678888
无锡营销服务部	无锡市人民中路123号摩天360大厦3706室	214001	0510-82747296
苏州中心支公司	苏州市工业园区圆融时代广场23幢广运国际金融中心508室	215000	0512-85550898
正德人寿保险股份有限公司			
江苏分公司	南京市玄武区龙蟠中路23号南1-3F	210016	025-68551666
无锡中心支公司	无锡市永定巷1号华通大厦4F	214001	0510-85139862
徐州中心支公司	徐州市淮海西路134号小世界大楼6F	221000	0516-83616000
南通中心支公司	南通市城山路34号5F	226000	0513-89015127
连云港中心支公司	连云港市新浦区瀛洲路28号众兴华庭A2号楼	222000	0518-85861555
盐城中心支公司	盐城市建军中路21号国贸大厦12F	224000	0515-83071899
镇江中心支公司	镇江市大西路347号3F	212002	0511-85930080
中德安联人寿保险有限公司			
江苏分公司	南京市中山北路105-6号中环国际广场11F11-15单元	210009	025-83642379
南京营销服务部	南京市中山北路105-6号中环国际广场11F07、19单元	210009	025-83453522
无锡营销服务部	无锡市中山路531号8F01、21、22、23、25室	214002	0510-81807337
徐州营销服务部	徐州市和平路64号帝都大厦1号1-414室	221010	0516-83900118
常州营销服务部	常州市西横街61号常柴大厦5F	213000	0519-86811520
苏州营销服务部	苏州市新区狮山路199号1幢新地中心1806-1808室	215011	0512-69368711
南通营销服务部	南通市工农路249号都市豪庭11F	226007	0513-81181991
盐城营销服务部	盐城市建军中路21号国贸大厦10F	224001	0515-83068028
华夏人寿保险股份有限公司			
江苏分公司	南京市鼓楼区山西路8号金山大厦A座29F	210009	025-83230866
无锡分公司	无锡市崇安区新生路107号新鼎球大厦11F	214000	0510-68005124
徐州中心支公司	徐州市复兴北路金凯隆大厦5F	221000	0516-85935082
常州中心支公司	常州市北大街玉隆花园7号5F	213000	0519-68856668
苏州分公司	苏州市广济南路199号金景大厦5F	215000	0512-88866899
南通中心支公司	南通市人民中路20号南通大厦A座1901-1902室	226001	0513-85588999
连云港中心支公司	连云港市苍梧路6号龙河大厦B座9F	222000	0518-86079588
淮安中心支公司	淮安市淮海北路39号新华书城大厦9F	223001	0517-80870700
盐城中心支公司	盐城市中茵海华广场11号楼6F及716-717室	224001	0515-83700010
扬州中心支公司	扬州市祥和路95号金天城B座2F	225009	0514-85068088
镇江中心支公司	镇江市运河路4号南1-5F	212004	0511-85930888
泰州中心支公司	泰州市税务桥东街9号	225300	0523-82196000
宿迁中心支公司	宿迁市宿城区文汇巷仁恒公寓E座南1F公用间、仁恒公寓E座南2F	223800	0527-80908696
中国人民人寿保险股份有限公司			
江苏省分公司	南京市白下区建邺区98号鸿信大厦23F	210004	025-86978819
南京中心支公司	南京市白下区建邺区98号鸿信大厦2F	210004	025-86951802
无锡中心支公司	无锡市中山路58号保险大厦13F	214002	0510-66968018
徐州中心支公司	徐州市淮海西路与二轻路交叉口中级人民法院东隔壁理想国际大厦12F	221006	15852001200
常州中心支公司	常州市武青北路1号金汇大厦5F	213003	0519-88017802
苏州中心支公司	苏州市高新区运河路8号人保大厦6F	215011	0512-87775500

续表 51

机构名称	机构地址	邮编	电话
南通中心支公司	南通市青年中路90号保险大厦1703室	226006	0513-80113297
连云港中心支公司	连云港市新浦区解放西路6号	222000	0518-85616329
淮安中心支公司	淮安市清河区北京北路83号工业设计园6号楼	223001	0517-80856663
盐城中心支公司	盐城市盐马路16号5F	224002	0515-88190366
扬州中心支公司	扬州市邗江中路469号人保大厦5F	225009	0514-85866350
镇江中心支公司	镇江市中山东路45号华星大厦7F	212001	0511-85895123
泰州中心支公司	泰州市海凤凰东路68号建工大厦7F	225300	0523-80729068
宿迁中心支公司	宿迁市洪泽湖路124号中健大厦5F	223800	0527-88106818
英大泰和人寿保险股份有限公司			
江苏分公司	南京市建邺区庐山路188号新地中心12F	210019	025-86968600
南京鼓楼营销服务部	南京市正洪街18号25FB、D座	210005	025-66080300
无锡中心支公司	无锡市新生路107号新鼎球大厦9F	214002	0510-66076000
徐州中心支公司	徐州市淮海西路29号财富大厦20F	221002	0516-66662217
常州中心支公司	常州市天宁区延陵西路15号文化宫中联大厦5F	213000	0519-88051129
南通中心支公司	南通市青年中路111号通明大厦B座6F	226000	0513-80103000
淮安中心支公司	淮安市万达广场环宇路商铺3-10、111	223001	0517-89958109
盐城中心支公司	盐城市盐都新区开元路2号	224005	0515-88128300
扬州中心支公司	扬州市运河西路185号东城国际大厦8L室	225000	0514-85555488
泰州中心支公司	泰州市鼓楼南路315号盐务局3F	225300	0523-82162666
信泰人寿保险股份有限公司			
江苏分公司	南京市建邺区河西大街198号同进大厦五单元6-7F	210019	025-68536111
无锡中心支公司	无锡市解放东路槐谷豪庭15号3F	214007	0510-68001001
徐州中心支公司	徐州市建国东路111号广达大厦4F	221000	0516-67668766
常州中心支公司	常州市博爱路67号机电大厦8F、11F1104-1106	213003	0519-69890363
苏州中心支公司	苏州市工业园区苏华路1号世纪金融大厦908室	215021	0512-80916016
南通中心支公司	南通市工农路256号鑫龙大厦第4-5F	226008	0513-81121629
连云港中心支公司	连云港市新浦区朝阳东路36号凤凰国际12B楼	222006	0518-80680679
淮安中心支公司	淮安市淮安北路金马广场B座7F	223001	0517-80868186
盐城中心支公司	盐城市人民南路1号华邦国际东厦2幢304-305、309-310	224001	0515-83069222
扬州中心支公司	扬州市邗江区文汇西路268号新辰大厦3-4F	225009	0514-85827377
镇江中心支公司	镇江市电力路39号中基大厦5F	212000	0511-85907888
泰州中心支公司	泰州市鼓楼北路1号泰州书城5F	225300	0523-86998228
中英人寿保险有限公司			
江苏分公司	南京市建邺区庐山路188号新地中心8F802-809	210019	025-66670088
无锡营销服务部	无锡市北大街22号禾嘉大厦414-415单元	214000	0510-66613652
徐州营销服务部	徐州市西安北路与夹河街交叉口恒茂国际商务中心6F606单元	221006	0516-66663652
南通营销服务部	南通市工农南路88号海外联谊大厦2007-2011及2012的一部分	226001	0513-80112659
扬州营销服务部	扬州市邗江区文昌西路56号公元国际大厦13F08、10单元	225009	0514-85559052
长城人寿保险股份有限公司			
江苏分公司	南京市洪武路121号苏苑大厦6F	210018	025-84457522
南京中心支公司	南京市洪武路121号苏苑大厦7F	210018	025-84457522
无锡中心支公司	无锡市崇安区解放北路21号金马大厦15A	214000	0510-82790577
徐州中心支公司	徐州市大马路99号文化大厦6F	221000	0516-83739865
常州中心支公司	常州市博爱路博爱大厦8F	213000	0519-88178568

续表 51

机构名称	机构地址	邮编	电话
苏州中心支公司	苏州市沧浪区三香路188号东润商务5F	215006	0512-66095211
南通中心支公司	南通市人民中路203号中南大厦17F	226001	0513-85589197
连云港中心支公司	连云港市新浦区瀛洲路8号气象局办公楼4F	222006	0518-85807791
盐城中心支公司	盐城市盐马路20号华兴嘉园综合楼3F302室	224001	0515-83066001
扬州中心支公司	扬州市邗江区山姆月城明珠园1幢410-420室	225000	0514-87978556
镇江中心支公司	镇江市电力路139号同德里大厦3F	212002	0511-85295838
泰州中心支公司	泰州市坡子街二单元606-607室	225300	0523-86221500
宿迁中心支公司	宿迁市西湖路328号城宇大厦B座9F	223800	0527-81889708
工银安盛人寿保险有限公司			
江苏分公司	南京市秦淮区汉中路139号五星年华大厦14F	210005	025-66622288
无锡营销服务部	无锡市人民中路220号财富大厦26F	214001	0510-81189086
常州营销服务部	常州市广化街20号丰臣海悦广场17F	213000	0519-89962666
苏州营销服务部	苏州市金阊区西环路1638号国际经贸大厦21F2102室	215004	0512-68187022
南通营销服务部	南通市人民东路159号瑞景商务广场3F	226000	0513-81159418
扬州营销服务部	扬州市兴城西路191号金缘国际大厦10F	225009	0514-85882010
泰州营销服务部	泰州市海陵区阳光新城3幢1F	225300	0523-86519800
太平养老保险股份有限公司			
江苏分公司	南京市洪武北路55号置地广场26F	210005	025-86919919
苏州营业部	苏州市西环路2718号海弘大厦602室	215008	0512-88607105
建信人寿保险有限公司			
江苏分公司	南京市建邺区江东中路156号4幢	210019	025-58866088
南京金山营销服务部	南京市建邺区江东中路156号2-3幢	210009	025-58866088
无锡中心支公司	无锡市滨湖区金融一街10号楼702	214000	0510-85010019
徐州中心支公司	徐州市泉山区二环西路29号-1-02	221000	0516-85619577
常州中心支公司	常州市延陵中路25号通信大厦4F	213000	0519-88061022
苏州分公司	苏州市工业园区星海街198号星海大厦4栋1001室	215021	0512-88879999
南通中心支公司	南通市崇川区工农路529号4F	226000	0513-55088218
盐城中心支公司	盐城市解放南路48号4F	224000	0515-89855551
扬州中心支公司	扬州市邗江区博物馆路547号德馨大厦903室	225000	0514-82930186
泰州中心支公司	泰州市东风北路1号301室	225300	0523-86519598
幸福人寿保险股份有限公司			
江苏分公司	南京市鼓楼区中山北路26号新晨国际大厦裙楼4F、18F	210008	025-86905888
无锡中心支公司	无锡市新生路新鼎球大厦8F	214072	0510-66682003
常州中心支公司	常州市怀德中路42号申龙商务广场东座	213000	0519-88016398
苏州中心支公司	苏州市工业园区苏惠路98号15F	215000	0512-86669353
南通中心支公司	南通市工农路5号亚太大厦11F	226000	0513-80106809
盐城中心支公司	盐城市人民中路80号悦达都市花园东园商办楼4F	224001	0515-88128155
扬州中心支公司	扬州市文昌阁皇宫广场33号3幢4F	225000	0514-80596828
阳光人寿保险股份有限公司			
江苏分公司	南京市山西路68号颐和商厦3F	210009	025-83566000
无锡中心支公司	无锡市中山路159号时代中心大厦7F	214001	0510-82717627
徐州中心支公司	徐州市彭城路商业区3号楼泛亚大厦4F401-403、405-407、409	221000	0516-66663311
常州中心支公司	常州市新丰街20号天安城市酒店6F	213000	0519-69890810
苏州中心支公司	苏州新区邓尉路9号润捷广场16楼北楼1601-1605室	215011	0512-69370901

续表 51

机构名称	机构地址	邮编	电话
南通中心支公司	南通市南大街290号崇川大厦3F	226000	0513-85158585
连云港中心支公司	连云港市新浦区通灌北路103号万源大厦5F	222000	0518-86097000
淮安中心支公司	淮安市健康东路98号601-604室	223001	0517-83760006
盐城中心支公司	盐城市盐马路21号华荟大厦1幢5F501-504室、508-512室	224005	0515-68822883
扬州中心支公司	扬州市扬子江北路22号1幢210-1至210-8室,505-512室	225001	0514-85823088
镇江中心支公司	镇江市梦溪路2号船院空调2F	212003	0511-84415166
泰州中心支公司	泰州市海陵区鹏欣丽都G3号3F302、303、304-1室	225300	0523-86390660
长生人寿保险有限公司			
江苏分公司	南京市白下区王府大街8号801-804室	210005	025-83078688
常州营销服务部	常州市钟楼区西横街61号常柴大厦601-606室、612室、1111室	213000	0519-86812680
苏州营销服务部	苏州市高新区邓尉路9号润捷广场北楼17F01-02、06-08室	215011	0512-69000018
南通营销服务部	南通市工农路155号天鑫大厦310-312室	226001	0513-55012858
盐城营销服务部	盐城市双元路63号万方花园1幢3A室	224405	0515-89026577
国华人寿保险股份有限公司			
江苏分公司	南京市白下区游府西街46号19F	210002	025-82212666
无锡中心支公司	无锡市滨湖区金融一街国联金融大厦10号楼703室	214000	0510-85043001
徐州中心支公司	徐州市淮海西路255号公交商贸大厦901室	221000	0516-61882001
常州中心支公司	常州市钟楼区广化街20号丰臣海悦广场10F1003室	213001	0519-89966803
苏州中心支公司	苏州市工业园区苏惠路88号环球财富广场A幢2107-208	215000	0512-68732709
南通中心支公司	南通市青年中路29号藏珑大厦邮政局2F	226000	0513-85331202
扬州中心支公司	扬州市文昌西路56号公元国际12A-16	225000	0514-85065918
镇江中心支公司	镇江市京口区解放路东邦国际商务大厦11F	212001	0511-88990809
泰州中心支公司	泰州市海陵区鼓楼南路288-20-1号	225300	0523-86583111
中国人寿养老保险股份有限公司			
江苏省分公司	南京市中山东路298号中国人寿大厦12F	210002	025-84856471
平安健康保险股份有限公司			
江苏分公司	南京市白下区中山东路218号长安国际中心5F507	210002	025-85496000
安邦人寿保险股份有限公司			
江苏分公司	南京市鼓楼区中山北路30号名人酒店39F	210008	025-83122136
无锡中心支公司	无锡市崇安区解放北路21号金马大厦13F	214002	0510-82830235
常州中心支公司	常州市关河东路88号大成大厦11F	213000	0519-89896009
南通中心支公司	南通市崇川区人民东路德民花苑5幢商业08室	226001	0513-83566396
盐城中心支公司	盐城市青年中路12号青年大厦3F东区	224005	0515-69930306
泰州中心支公司	泰州市海陵区阳光新城5幢513	225300	0523-86699993
中邮人寿保险股份有限公司			
江苏分公司	南京市广州路101号广海大厦B座7-8F	210066	025-83631900
百年人寿保险股份有限公司			
江苏分公司	南京市中山南路8号苏豪大厦17F	210005	025-89631100
南京中心支公司	南京市鼓楼区山西路8号金山大厦A座27F	210009	025-89631058
徐州中心支公司	徐州市建国东路111号广达大厦裙楼2F	221000	0516-87721876
苏州中心支公司	苏州市工业园区星港街283号中园大厦3FC区	215006	0512-62720451
盐城中心支公司	盐城市亭湖区太平路197号华兴大厦1号楼商办楼4F	224001	0515-89807206
扬州中心支公司	扬州市文汇西路173号19幢现代广场3F	225000	0514-82983206
泰州中心支公司	泰州市东风北路85号鑫隆大厦4F	225300	0523-86510119

续表 51

机构名称	机构地址	邮编	电话
交银康联人寿保险有限公司			
江苏省分公司	南京市建邺区庐山路188号新地中心26F2605-2608	210019	025-85896968
无锡市中心支公司	无锡市北塘区北大街28号8-9F	214043	0510-81195559
徐州中心支公司	徐州市泉山区泰山路0号	221000	0516-83867657
苏州市中心支公司	苏州市工业园区华池街圆融时代广场23幢B座807-809	215000	0512-62607100
利安人寿保险股份有限公司			
江苏分公司	南京市玄武区长江路2号凯润金城1号楼21F	210000	025-88035100
南京市分公司	南京市玄武区长江路2号凯润金城1号楼21F	210000	025-88035100
无锡市分公司	无锡市崇安区中山路333号华光大厦21F	214000	0510-81808801
徐州市分公司	徐州市泉山区淮海西路253号新都佳苑A座4F	221000	0516-85610161
常州市分公司	常州市钟楼区劳动西路206号金谷大厦23F	213001	0519-88063900
苏州市分公司	苏州市工业园区星海街198号星海大厦9F	215021	0512-65922332
南通市分公司	南通市工农南路156号鑫乾国际广场A座23F	226000	0513-55012255
连云港市分公司	连云港市新浦区朝阳东路36号凤凰大厦1幢15F	222006	0518-85807158
淮安市分公司	淮安市淮海南路65号4F	223001	0517-83116900
盐城市分公司	盐城市亭湖区青年中路12号311、324室	224000	0515-88897899
扬州市分公司	扬州市广陵区新城信息大道1号产业基地8号楼1F	225000	0514-87916111
镇江市分公司	镇江市京口区中山东路288号八佰伴16F	212000	0511-85289807
泰州市分公司	泰州市鼓楼南路539号	225300	0523-86159798
宿迁市分公司	宿迁市宿城区西湖路139号交通银行12F	223800	0527-81882809
东吴人寿保险股份有限公司			
江苏分公司	南京市江东中路289号联强国际大厦30F	210019	025-87780009
南京分公司	南京市白下区新街口王府大街8号南京测绘勘察研究院二期科研业务楼2F	210005	025-87780158
无锡分公司	无锡市北塘区兴源北路600号凤凰大厦(恒韵商务楼4F)	214000	0510-82629883
徐州分公司	徐州市和平路64号帝都大厦509-513	221000	0516-83819520
常州分公司	常州市通江南路255号15F	213003	0519-81166019
苏州分公司	苏州市工业园区苏州大道西1号世纪金融大厦401室	215000	0512-68767033
南通分公司	南通市工农路33号金融汇11F1102室	226000	0513-55082616
连云港分公司	连云港市新浦区郁州北路77-1号5F	222000	0518-81162677
淮安分公司	淮安市清河区淮海东路1号丰惠广场7F	223000	0517-83168602
盐城分公司	盐城市亭湖区环城北路22号4-5F	224000	0515-89819303
扬州分公司	扬州市邗江区文汇西路215号华远国际大厦4F	225000	0514-89991386
镇江分公司	镇江市中山东路288号八佰伴商厦17F	212001	0511-83813005
泰州分公司	泰州市江洲南路90号3F北侧	225300	0523-86680060
宿迁分公司	宿迁市名人国际花园12-15-101商铺	223800	0527-82961182
中融人寿保险股份有限公司			
江苏分公司	南京市庐山路188号新地中心28F2802-2805室	210009	025-66081372
徐州中心支公司	徐州市淮海西路29号财富大厦19F1906-1907	221009	0516-66691691
苏州分公司	苏州市工业园区苏州大道东381号商旅大厦6幢1705室	215000	0512-87663979
南通中心支公司	南通市人民东路159号瑞景商贸广场4号楼1-7轴、A-F轴(7F)	226001	0513-89018806
泰康养老保险股份有限公司			
江苏分公司	南京市龙蟠中路323号泰康人寿大厦4F	210001	025-84470801
	保险中介公司		

续表 51

机构名称	机构地址	邮编	电话
江苏华邦保险销售有限公司	南京市江东中路311号中泰国际广场5栋1215室	210007	025-57712578
恒泰保险经纪有限公司	南京市中山北路30号名人城市广场12F	210008	025-83123209
江苏智德保险公估有限公司	南京市汉中路185号鸿运大厦7F702室	210029	025-84507458
敏梅保险代理有限公司	南京市玄武区花园路8号一号楼166室	210000	025-84780259
江苏恒诺保险代理有限公司	徐州市淮海东路133号803	221000	0516-80101591
保险学会			
江苏省保险学会	南京市白下区中山东路298号中国人寿8F	210002	025-84709772
无锡市保险学会	无锡市崇安区中山路58号10F1005室	214000	0510-68865676
徐州市保险学会	徐州市奎园小区望月园3号楼2F	221000	0516-83953394
常州市保险学会	常州市和平北路11号	213001	0519-68867055
苏州市保险学会	苏州市狮山路103号	215011	0512-68077002
连云港市保险学会	连云港市新浦区通灌南路旺角名座319室	222000	0518-85516319
扬州市保险学会	扬州市史可法东路8号	225002	0514-87329656
镇江市保险学会	镇江市健康路11号6F	212001	0511-85636906
盐城市保险学会	盐城市解放南路275号棕榈泉广场商务楼2F	224000	0515-88320003
保险行业协会			
江苏省保险行业协会	南京市中山东路18号国际贸易中心2111室	210002	025-84791911
无锡市保险行业协会	无锡市五爱路33号	214031	0510-82731961
徐州市保险行业协会	徐州市奎园小区望月园3号楼3F	221009	0516-83953395
常州市保险行业协会	常州市和平北路132号和平假日大饭店1109室	213003	0519-88889002
苏州市保险行业协会	苏州工业园区苏雅路388号新天翔商业广场A栋1509室	215004	0512-86362086
南通市保险行业协会	南通市跃龙路28号跃龙楼南6F	226001	0513-81125096
连云港市保险行业协会	连云港市新浦区通灌北路43号农行大厦1205室	222002	0518-85510100
淮安市保险行业协会	淮安市淮海东路20号中国人寿大楼5F	223001	0517-83750018
盐城市保险行业协会	盐城市解放南路棕榈泉商业广场601室	224001	0515-88302323
扬州市保险行业协会	扬州市史可法东路8号	225002	0514-87329272
镇江市保险行业协会	镇江市中山东路381号中山大厦7F	212005	0511-85213358
泰州市保险行业协会	泰州市济川西路376号	225300	0523-82098508
宿迁市保险行业协会	宿迁市洪泽湖路49号	223800	0527-81883631

索引

说明

一、本索引采用条目分析法编制，按汉语拼音顺序排列，同音字按声调排列，音调相同按笔画排列，音调形相同则按下一字的音序排列。

二、理论研究、数据统计、文件选编、光荣榜和通讯录未作索引。

三、本索引标引词一般采用中心词。

四、索引词后的数字表示内容所在页码，数字后的字母a、b、c分别表示左栏、中栏和右栏。

A

B

C

D

T

W

X

Y

Z